沖縄文教部／琉球政府文教局　発行

復刻版

文教時報

第3巻

第10号〜第17号
（1954年9月〜1955年9月）

編・解説者　藤澤健一・近藤健一郎

不二出版

『文教時報』第3巻（第10号〜第17号）復刻にあたって

一、本復刻版では琉球政府文教局によって一九五二年六月三〇日に創刊され一九七二年四月二〇日刊行の一二七号まで継続的に刊行された『文教時報』を「通常版」として仮に総称します。復刻版各巻、および別冊収載の総目次などでは、「通常版」の表記を省略しています。

一、第3巻の復刻にあたっては左記の各機関および個人に原本提供のご協力をいただきました。記して感謝申し上げます。

沖縄県立図書館、那覇市歴史博物館、沖縄県高等学校障害児学校教職員組合教育資料センター、藤澤健一氏

一、原本サイズについては、第10号から第17号までB5判サイズです。

一、復刻版本文には、表紙類を含めてすべて墨一色刷り・本文共紙で掲載し、各号に号数インデックスを付しました。なお、表紙の一部をカラー口絵として巻頭に収録しました。また、白頁は適宜割愛しました。

一、史料の中に、人権の視点からみて、不適切な語句、表現、論、あるいは現在からみて明らかな学問上の誤りがある場合でも、歴史的史料の復刻という性質上そのままとしました。

（不二出版）

◎全巻収録内容

復刻版巻数	原本号数	原本発行年月日
第1巻	通牒版1〜8	1946年2月〜1950年2月
第2巻	1〜9	1952年6月〜1954年6月
第3巻	10〜17	1954年9月〜1955年9月
第4巻	18〜26	1955年10月〜1956年9月
第5巻	27〜35	1956年12月〜1957年10月
第6巻	36〜42	1957年11月〜1958年6月
第7巻	43〜51	1958年7月〜1959年2月

復刻版巻数	原本号数	原本発行年月日
第8巻	52〜55	1959年3月〜1959年6月
第9巻	56〜65	1959年6月〜1960年3月
第10巻	66〜73／号外2	1960年4月〜1961年2月
第11巻	74〜79／号外4	1961年3月〜1962年6月
第12巻	80〜87／号外5、7、8	1962年9月〜1964年6月
第13巻	88〜95／号外10	1964年6月〜1965年6月
第14巻	96〜101／号外11	1965年9月〜1966年7月

復刻版巻数	原本号数	原本発行年月日
第15巻	102〜107／号外12、13	1966年8月〜1967年9月
第16巻	108〜115／号外14〜16	1967年10月〜1969年3月
第17巻	116〜120／号外17、18	1969年10月〜1970年11月
第18巻	121〜127／号外19	1971年2月〜1972年4月
付録	『琉球の教育』1957（推定）、1959／別冊＝『沖縄教育の概観』1〜8	1957年（推定）〜1972年
別冊	解説・総目次・索引	

〈第3巻収録内容〉

『文教時報』琉球政府文教局 発行

号数	表紙記載誌名（奥付誌名）	発行年月日
第10号	沖縄文教時報	一九五四年 九 月一三日
第11号	琉球文教時報	一九五四年一二月二〇日
第12号	琉球文教時報	一九五五年 一 月三一日
第13号	琉球文教時報	一九五五年 三 月 七 日
第14号	琉球文教時報	一九五五年 四 月一五日
第15号	琉球文教時報	一九五五年 六 月二四日
第16号	琉球文教時報（文教時報）	一九五五年 八 月三〇日
第17号	琉球文教時報（文教時報）	一九五五年 九 月三〇日

（注）一、第15号において、以下の頁には不鮮明な個所がある。

13、14、29頁

（不二出版）

『文教時報』復刻刊行の辞

わたしたちは、沖縄現代史のあゆみをどこまで知っているだろうか。この問いを掲げつつ、第二次大戦後、米軍によって占領されていた時期（一九四五—一九七二年）、沖縄・宮古・八重山（一時期、奄美をふくむ）において、文教担当部局が刊行した『文教時報』を復刻する。

同誌は沖縄文教部、つづいて琉球政府文教局が刊行した。前者では示達事項を中心とした指導書であり、後者では教育行政にかかわる情報、教育についての調査・統計、教室での実践記録や公民館を中心とした社会教育関連記事など、盛り込まれた内容は幅広い。総じて教育広報誌といえる同誌は、発行期間の長さと継続性から、沖縄現代史を分析するうえで、もっとも基礎的な史料のひとつと目される。しかし、これまで同誌は全体像についての理解を欠いたまま、断片的に活用されるにとどまってきた。

その背景にはなにがあるのか。まず、発行が群島ごとに分割統治されていた時期から琉球政府期にいたるまで四半世紀におよび、雑誌としての性格が変容していることがある。くわえて多くの機関に分蔵されるとともに、附録類、号外や別冊など書誌的な体系が複雑に入り組みつかみにくい。このために本格的な調査が進まなかった。今回、わたしたちは所蔵関係にかかわる基礎調査をふまえ、添付書類までもふくめた全体像の把握に体系的に取り組んだ。その成果をこうして全一八巻、付録に集約して復刻刊行する。解説のほか、総目次や執筆者索引などから構成される別冊をあわせて刊行する。今回の復刻により、教育行政側からみた沖縄現代史について、それを総覧できる史料的な環境がようやく整備されることになる。

統治者として君臨した、米国側との関係、また、沖縄教職員会をはじめとした教員団体との関係、さらに「復帰」に向けた日本政府や文部省との関係、さらに離島や村落の教育環境など、同誌は変動する沖縄現代史のダイナミズムを体現するかのような史料群となっている。沖縄の「復帰」からすでに四五年にいたるいま、沖縄研究者はもとより、教育史、占領史、政治史、行政史など複数の領域において、本復刻の成果が活用され、沖縄現代史にかかわる確かな理解が深まることを念じている。物事を判断するためには、うわついた言説に依るのではなく事実経過が知られなければならない。あらためて問いたい。沖縄現代史のあゆみはたしてどこまで知られているか。

（編集委員代表　藤澤健一）

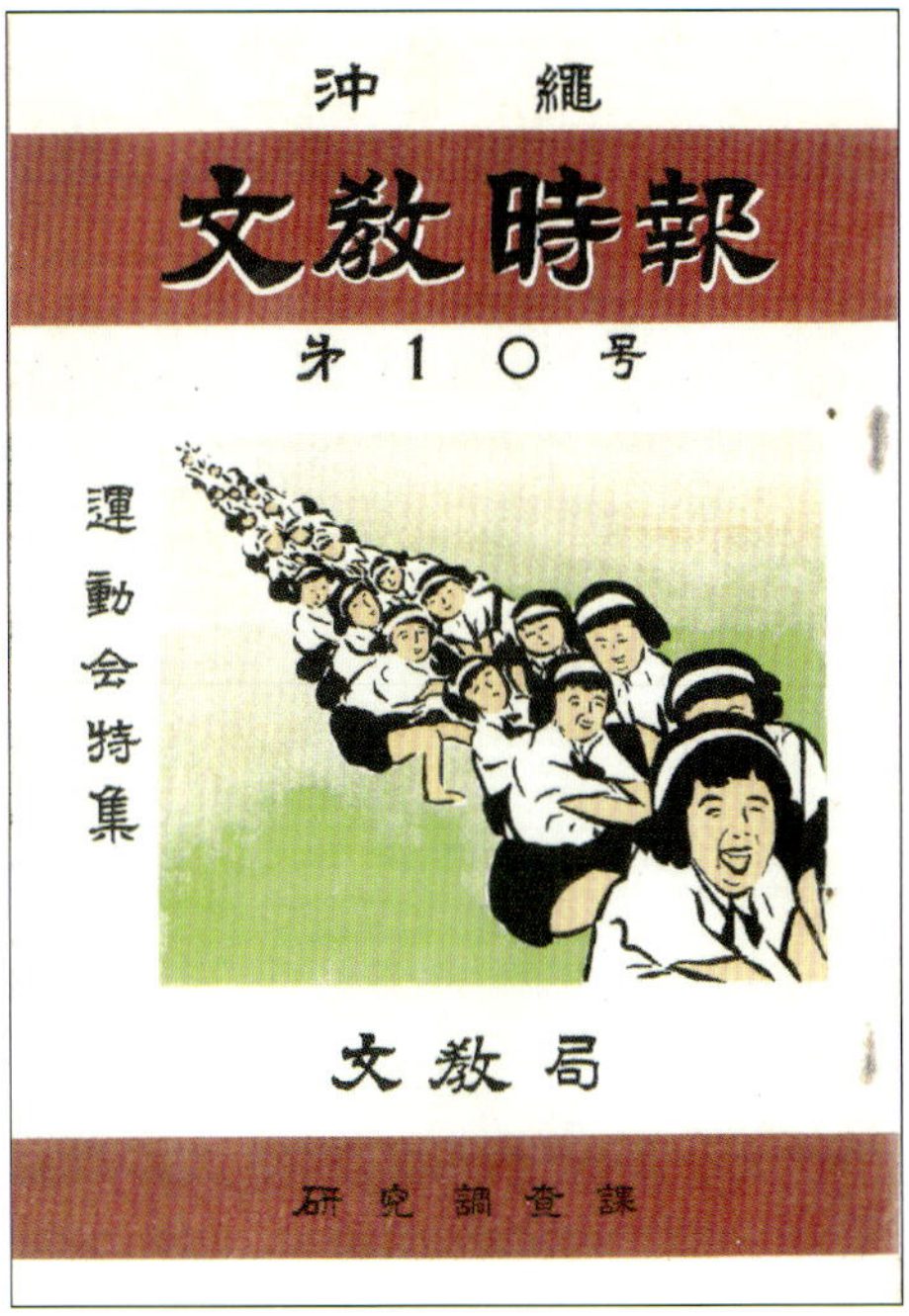
沖縄
文教時報
第10号
運動会特集
文教局
研究調査課

10号

第11号
琉球
文教時報
文教局
研究調査課

11号

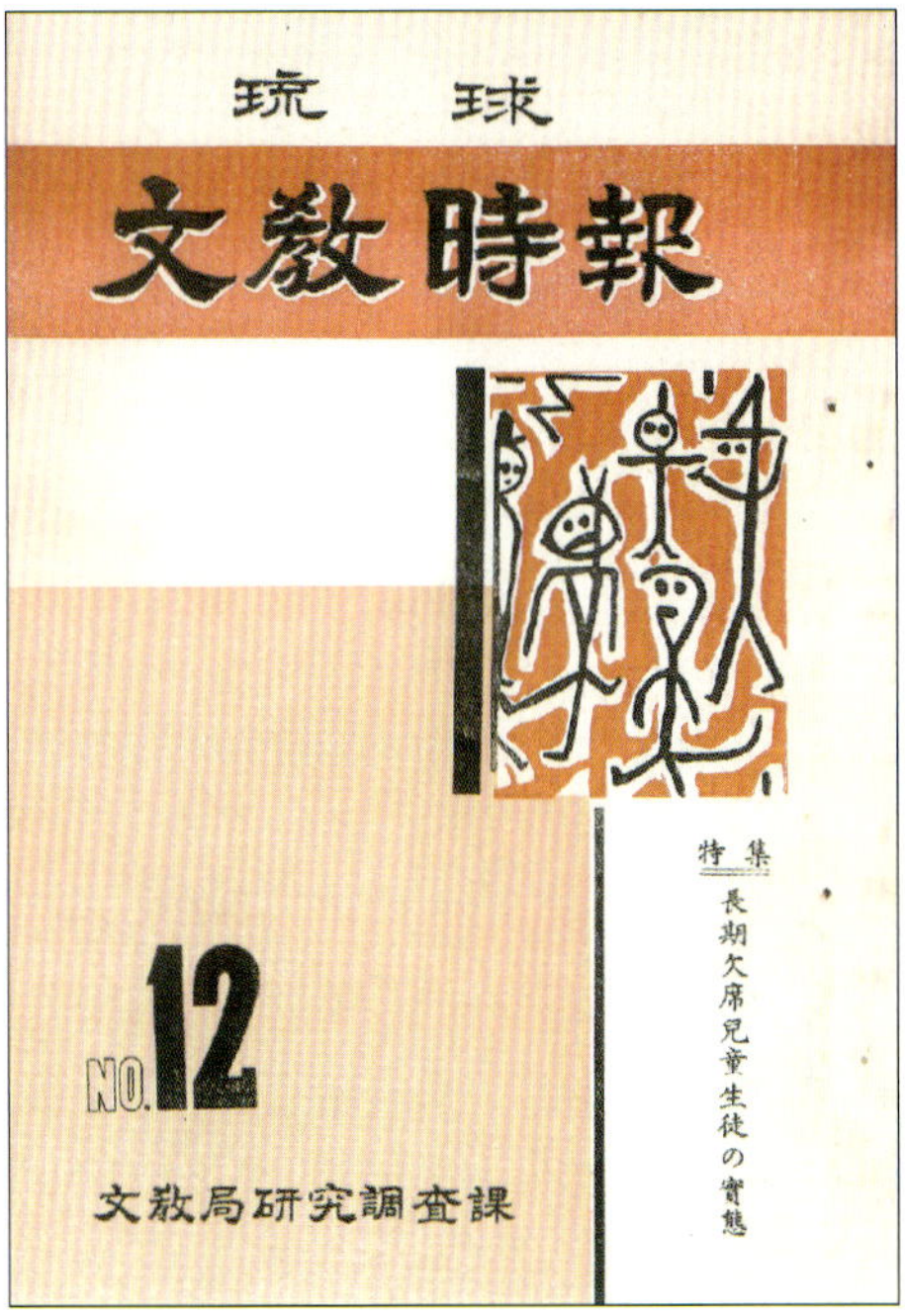
琉球
文教時報
特集
長期欠席児童生徒の實態
NO.12
文教局研究調査課

12号

沖縄

文教時報

第10号

運動会特集

文教局

研究調査課

文教時報 第十號 目次

＝運動会特集＝

文 教 時 報

第 10 號

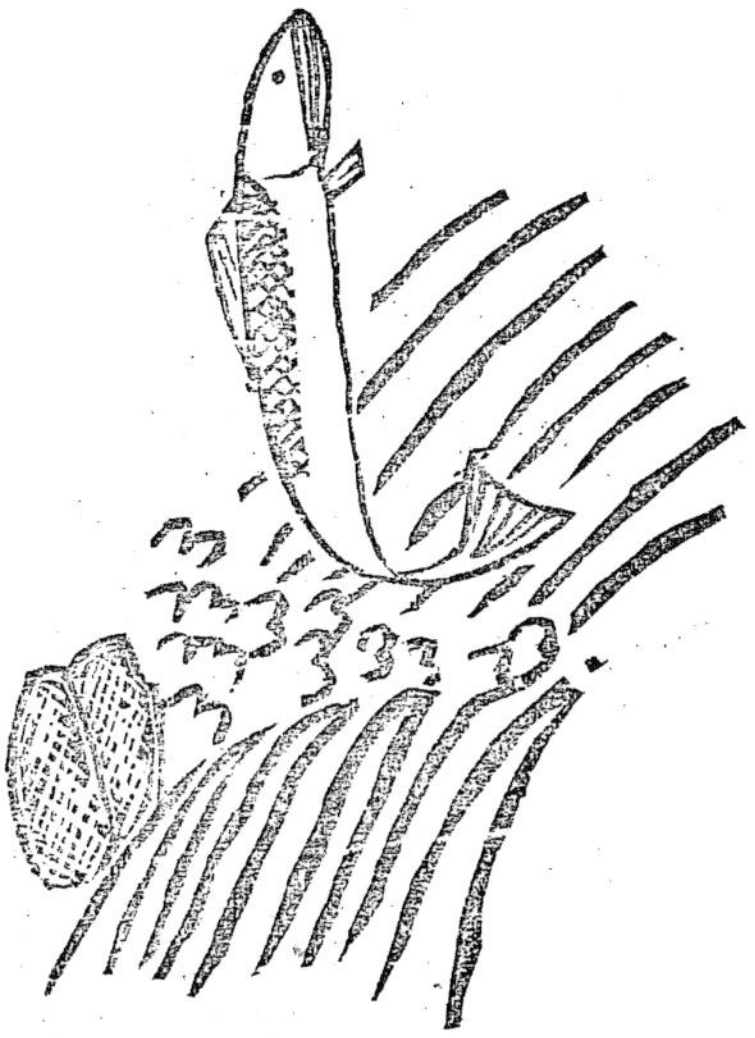

文 教 局

主張

楽しい運動会を

秋の行事の一つとして、運動会は教育的にも、社会的にも大きな地位をしめている。うららかな秋の一日、我が子の走るのを見て喜ぶ親たちにとつては勿論、その他地域社会の人たちにも、やはり楽しい行事として、喜ばれる。

純朴なる農村になればなる程、社会行事としての意義は大きくなるであろう。

戦前の運動会は先生が演出、生徒は演技、父兄は見物人に過ぎなかつた。それが戦後は非常にレクリエーション的になつた。しかし単なるレクリエーションとしてならほかに、いろいろの事が考えられるが、学校教育と切りはなせないところに、運動会のねらいがあるわけで、小中学校では先生、生徒、父兄が一体となつて創り出したレクリエーションとしての價値、自分たちが創り出したという喜びそこに大きなねらいがあるのではなかろうか?。

運動会に參加する人々、觀覧をする人々すべてが楽しい思いをする様に計画し運營することが、何よりも大切であろう。

賞品をもろう者だけが嬉しがつたり、ビリになつた者が恥をかく思いをさせられたりする様な運動会、体育主任だけがバタバタ走りまわつて、他の教師が熱意を欠ぐような運動会にしたくない。

あくまでも全校的な營みとして一人々々が楽しめるような運動会にしたいものである。日常の生活においまくられて、楽しい機会を持つことの少い今日、せめて秋の一日位、教師も生徒も父兄も、心から楽しく有意義な一日を過せるような、運動会を計畫し実踐したい。

望ましい運動会の運営

指導課　屋部和則

運動会の性格について

長い夏休みも終り、愈々心地よい秋の季節がおとずれて來ました。嚴しい自然の試練にも負けずに陽焼けした健康な子供達は、今日も亦元氣一杯遊戯に、ゲームに運動場狭しと駈け廻つています。たしかに秋の季節は、私達になにか充実したものを感じさせます。それは心身共に張りのある生活が展開されるからでありましよう。私達は、今こうした児童達の旺盛な運動意欲と活動を見る時に、子供の伸びんとする発らつたる生命をより一層育てて、健康なそして豊かな人間としての成長を心から願うものであります。秋といえば運動会のシーズンであります。学校の行事の中で何といつても挙げて力を注ぐのは秋の運動会でありましよう。学校教育計画の中の大きなプログラムの一つとして行われる運動会、しかも生活學習としてのこの運動会の実施は、教育上重要な意義を持つものであります。新しい教育が生活に直結した学習を重じ、生活によつて生活を高めていこうとする全人的活動でありますことは、既に御承知の通りでありますが、生活学習の最も重要な場としての運動会の意義を適確に把握し教育としてのこの会の効果を十分発揚するようつとめることが大切であります。唯単に長い歴史を持つ学校行事の一つとして行わねばならぬというような義務的な受動的な態度で臨むことなく、教育上に占める意義を正しく、くみとつていただいて進んでこれがよりよき実現のため企画や運営に清新な創意と工夫とを織り込む真剣な態度でありたいと思います。

運動会は直接には体育に関する行事でありますが、けれども教育的には学校全体としての教育活動でありまして、子供の日常生活に於ける生活創造えの全我的活動の機会でもあります。運動会が真に教育としての実をあげるためには運動会のあり方は如何にあるべきかということが問題になつてくると思います。その点について、すこしばかりふれてみたいと思います。

新教育の線にそつた運動会は先づ児童を主体的立場に於て考え、子供達の学習活動の一環として取扱うことだと思います。子供達が運動会を生み出すまでの過程は学習上十分な内容と、まとまりをもつていると思います。しかしながら運動会の中心は当日の諸活動でありまして、この目的のために準備のための学習活動があるのです。従つて運動会の内容は子供の興味や希望によつて決定されることが望ましいことと思います。第二には運動の種目は体育の学習によつて得た諸活動を最も単的に表現したものでありたい。運動会のための新奇なものをあさり歩くことは本末を轉倒した考え方であると思います。第三に児童も教師も父兄も一般社会が一体となつて樂しくそして、なごやかな雰囲氣をかもしだす運動会でありたいと思います。それで運動会は余り形式的、訓練的になつては行う方も見る方も面白くないのでプログラム中には生徒の余興的種目や父兄、一般社会の人々のレクリエーション的な種目、又は児童と父兄とが一緒になつて行う種目等を配置すると大變愉快な樂しい運動会になると思います。

以上運動会の性格といつた點について申し上げたつもりですが、要は新しい運動会の持つ性格や、教育活動上の位置づけを、しつかりと把握した上で各学校の実情に適した具体的な計画を立案して実施なされる様希望致します。

次に運動会の運営面に必要な点を五つほど、拾いあげて書いてありますが、皆様の運動会の計畫と運營面に參考になりますれば幸いに存じます。

運動会の種目選択について

運動会にどんな種目をやるかは、運動会の中心でもある。種目の適否は直接に運動会の雰囲氣を決定し、教育的効果を左右するものである　適切な種目は演技者に、滿足感と運動の喜びを與えて見るものにも明朗な力強い精神的な糧を與えてくれると思います。

種目選定に於て先づ考慮しなければならないのは、次のような点でありましょう。

(1) 平素の學習内容と結びつきのあるもの

學習活動の一環として行われるのであるから年間計畫にもられた既習教材の中から選択して、これを運動会に適するような方法上の變化を與えたものを中心とし、これに郷土的色彩の豊かな種目を加えるようにしたい。農村は農村らしく、都会は都会らしい運動会であることが望ましい。

(2) 力一杯活動できる學年相應のもの

種目によつて、全力を出そうにも出せないようなものでは、おこなつた者自身が滿足感を得ないのです「かけつこ」に例をとつてみれば、百米位走ると走つた甲斐もあり「あゝよくやつたなあ」という自己滿足感があるが、五・六年生が五十米ほどしか走らないとすると、そこには物足りなさを感じるわけです。「せいぜい百米あればもう一人ぬけたかも知れない」ということにもなるわけであります。要するに子供達の實力と發展段階を考えの中に入れておこなつていくことが大切であります。

(3) 實施者に興味が持てるものであると同時に、觀衆にも興味深い種目

規則がいくつもあるようなものは、規則を理解している者以外には樂しく見ることはできないわけです。この点製作競爭（文字、繪、模型などを一チームの個人がだん〳〵に形作つていく競爭）などは實施者側は早さを競い、觀衆は、さて何が出來上るのだろうかと想像しながら樂しめて、よい種目であるといえましょよう。

(4) 品のよい種目

學校教育の一環としておこなわれる運動会はやはり教育的、体育的でなければなりません。この点、大人が行う、レクリエーションとしての運動会とは、根本的に異なるわけです。それゆえ、パン食い競爭（何もこれが品が悪いというのではありませんが、そこには教育的なねらいはないと思われます）とかおかしな仮裝行列などはよい種目とはいいえないでありましょう。

(5) 危險性の伴わない種目

運動会は兒童からは少くとも一ケ月前から指折りかぞえて待たれ、しかも澄み切つた青空のもと、微風のただよう一日を、兒童、教師、父兄が三位一体の美しい姿で、この行事を通じ、健康の喜びと價値と感じ、健康增進への意欲を高揚させるよう、仕組まれなければならないときに傷者などをだすことは、とんだ罪作りをすることになるわけです。

(6) 時間の適當な種目

運動会の雰囲氣から考えて、あまり長すぎる種目は適當でないし、またあまり短かすぎて、入場、退場の方が時間を要するというものもどうかと思われます。普通一つの種目を一般觀覽者があきずに興味深く見ている時間は十分から十五分の間でしょう。（しかし模範演技の様な、特に教育的なねらいのある種目の場合は又その限りではない）それ以上になると全体の空氣もざわついてくるので、なるべくこの時間内に終了するような種目を考えることゝ、この時間内に終了するように方法を工夫することが必要でありましょう。

(7) 体育的な種目

運動会の種目が体育的であるということは、あたり前のことには違いありません。しかし体育的ということは單に身体運動の面からのみいつているのではありません。もちろん身体的にも有効な發育發達が招來されるような種目であることも大切ですが、体育的であるということは、このほか種々の社会的、情緒的性格の育成にも大いにあづかるものであつてほしいものです、人生には樂しいこともあるが苦しいこと、つらいこと、頑張らねばならないことなど數多くの人間形成の必要事項がありますが、運動にはこういう性格を養うのに適した種目が數多くあります。騎馬戰でだれもが馬にのりたい、棒倒しでは、だれもが攻める側に入りたい、しかし、その要求は全部受け入れられないのが普通です。あるときには縁の下の力持ちをしなければならないこともあります。こうしたことは子供の人格形成の上にぜひとも必要な條件であり、運動会及び練習中には、またと得られないよいチャンスなのです。こうした面の指導をも考えて種目は選ばれるべきであると思います。

(8) 簡單な設備で行い得る運動を選ぶ。

一つの種目をおこなうために、多大の經費を必要と

するようなものは適当な種目であるとはいい得ないでしよう。運動に限らず何事もできるだけ経済的にできるように種目が選択されなければなりません。借りてすむものであれば借りてやるなり、作り得るものはたとえ上手にいかなくとも、心を合せて製作するところに、子供の生活になりきつた運動会がいとなまれるのであると思います。

(9) 父兄、來賓の種目はレクリエーション的な運動種目がよい。

特殊な人のみが勝を得るような種目は適当とはいわれない。ユーモラスな、その場限りで笑つておしまいになるような種目（紅白球入れ等や簡單なダンス）が望ましい。

要するに子供の運動会は、あくまでも子供本位で計畫し、実施できるように、学校教育の一環としておこなう学校の運動会は教育的であり、かつ体育的であるはように明朗で、樂しく、愉快にそして日頃の精華がいかんなく発揮され、次の運動会には、もつと頑張つてやつてみようという意欲がもり上るようになればいいわけです。

こうした欲求が湧いてきてこそ子供の生活となり、その生活を営むことによつて、教育的、体育的効果がおのずからあげられることになるわけです。

○運動会における子供のしつけをどうすればよいか。

(1) 新しい教育が叫ばれるようになつてからの運動会は、たんに見るものだけであつたり、あるいは運動会のための運動会としてではなく、子供たちの学習の一環として教師も子供たちもまた廣く地域社会の人々たちも一体となつておこなわれる教育的な最大の行事として、運動会のもつ教育的効果が高く評價されるようになつた。それゆえ、運動会当日のできばえはもちろんでありますが、むしろ運動会を計畫されてからの準備期間が重要視されたといつても決していい過ぎではない。さてこのような準備期間において、運動会が立派におこなえるためにぜひ考えてみなければならない一つとして、しつけに関する問題があります。とくに新しい教育では團体的な行動の規律を守るような躾は必要性を感じながらも忘れられがちである。したがつて見る人にとつて近頃の子供は何とだらしないのだろうといつた感じを抱かせることが多いようであるから、このような準備期間中に適切な指導をなし、一夜漬のきかない團体的な規律を守るしつけを身につけることが肝要であると思います。

(2) どのような躾が望ましいか。

そこで、これらのしつけをする場合にいろ〳〵な角度より見ることができるであろうが、私は運動競技を実演する立場と他人の演技を見学する立場を考えてみよう。

実演する立場よりの望ましきしつけの項目

「低学年」	「中学年」	「高学年」
○自分の持物をまとめてせいとんしておく	○同上	○同上
○持物に記名しておく	○同上	○同上
○整列する前に用便をしておく	○同上	○児童監督係はプログラムをみて親切に世話する。
○さわがないで早く上手にならぶ。	○動作を活潑に早くならぶ	○状況を判断して速にならぶ。

○ならんだら腰をおろして入場を待つている。	○同上	○よい態度で腰をおろして静かに他の演技を見る。
○音樂にあわせて上手に入場する。	○音樂に合せて正々堂々と入場する。	○同上
○先生の話をきくときはしづかにきく	○先生の注意や説明はきゝもらさない。	○先生の注意や説明の要点を正しくつかむ。
○先生のさしずをよく守る。	○先生や引率係の指導をよく守る。	○同上
○きめられた規則をよくまもる。	○同上	○同上
○他人がやると行儀よく腰をおろして應援する。	○列を正して腰をおろして應援する。	○同上

低学年	中学年	高学年
○下品な言葉で應援しない。	○同上	○同上
○競技は全力をつくす。	○同上	○同上
○ころんでも最後までやり通す。	○同上	○同上
○ずるいことをしてまで勝とうとしない。	○同上	○同上
○勝つてもいばらない。	○同上	○同上
○負けた相手をばかにしない。	○同上	○同上
○勝敗について、いつまでもこだわらない。	○同上	○同上
○失敗したり、おそい者をいじめたり悪口をいつたりしない。	○同上	○同上
	○きめられた仕事をしつかりする。	○自分から進んで仕事をする ○自分の責任を最後まで果すようにする。
○チームのために頑張る。	○同上	○チームのために進んで協力する。
○用具を大切にする。	○同上	○同上
○礼ぎ正しく賞品をいただく。	○同上	○同上
○音樂に合せて退場する。	○同上	○同上

どんな點に留意して指導したらよいか。

△正しい行動についてよく理解させるとともに、正しい行動の目的をわからせる。

△指導の機会をにがさない。

△重點的に一つずつ身につけること。

△叱るよりほめてやること。

△根氣強く指導を続けること。

△見学する立場よりの望ましいしつけの項目

「低学年」	「中学年」	「高学年」
○自分の席をはなれないでみる。	○同上	○同上
○たつたり、さわいだりしないでみる。	○同上	○お互に注意し合い立派な態度でみる。
○下品な言葉で應援しない。	○同上	○同上
○きめられたとき以外は物をたべない。	○同上	○同上
○上手な入場、演技には拍手をする。	○同上	○同上
○ころんでも最後までやり通した人には拍手する	○同上	○同上
○たべかす、紙くずなどを散らさない。	○同上	○同上 ○紙くずなどを片付ける。

運動会の賞品はどうしたらよいか。

(1) なぜ賞品をやるか。

近頃の運動会は、子供たちの欲求を考え教師の助言によつて、P・T・Aなどの地域社会を背景として營まれるように性格がかわつてきた。したがつて、子供たちの本能的にもつ、所有欲や蒐集欲を満足させてやりたいということも考えなければならない。まして運動会はつね日頃きたえた技倆を、全校学友の前であるいは地域社会の多くの人々の面前で力一ぱい競い合うのであるから、ここに從來も慣例的におこなわれてきた賞品をどうしたらよいかという問題が生じてくる。

ところで、これらの賞品は、運動会を実施するについての豫算と密接な関係があることであつて、一律にはいい得ないかもしれないが、子供達の真剣な努力に対するシンボルとして與へるべきであると思います。

(2) 賞品の與え方はどうするか。

では、賞品をやるとすればどのような者にやるのがよいであろうか、私は少なくとも参加した者は、各自の力量相應にどの子どもも全力を傾注して頑張るのであるから、参加賞の形で全部の子供にゆきわたるようにすることが教育的であると思う。それとともに個人競爭の如き種目においても事情が許されるならば、賞品にわずかの差をつけなるべく多くの子供にやるようにすることが理想的でありましよう。もしそれの実現が困難な場合は、せめて一年生の子供だけでよいから全部に賞品をやるように努力することが望ましい。

(3) どんなものを賞品にえらぶか。

いうまでもなくこれらの賞品は最善の努力を拂つた功績に対してのシンボルであるから、決して高價なものをやる必要はない、なるべく金がかからないで、しかも長く記念になるものの方が理想的である。というと一体どんなものがあるたろうか、事務的な繁雑さを生ずるかもしれないが、わたくしは賞状がもつともよいと思います。それに又学校の紋章、校名を入れた手拭等、これだけで殺風景な感じが伴なうときは、子供達が喜ぶ学用品等を学年に應じて添えてやるとか、ただそれだけをやるとかという方法がとられるのが教育的でありましよう。ところでこれらは豫算とか、児童数、演技種目などと照し合わせて決定しなければならないわけであるから、充分考慮して決めるようにしなければなりません。

又記念のための印、たとえば、「賞」「優勝」等の印を押して與えるような工夫をなすことが望ましい。

体力の弱い子供、参加しない子供はどうするか。

(1) 体力の弱い子供は体力の強い子供と同一の班に入れて競争させることはしないで、ほぼ同程度の体力をもつ子供同士で、競技させるように組合せをすること。

(2) 体力の弱い子供と体力の強い子供と一緒に競技に参加させる場合には、その競技種目は体力の差がそのまま如実にあらはれるものでなく、多分偶然性をもち、勝敗が機会によつて左右されるものを選定する。

(3) 体力の弱い子供が自己の体力の弱いことを意識することなく、しかも多くの觀衆の前で思う存分、自己表現のできるような演技種目を考案してやること。

(4) マスゲーム、遊戯等の勝敗に全然関係のない演技種目に出場できるように考えてやること。

(5) 体力の弱い子供の判定は主として、運動能力検査によるべきであるが、それとともに担任教師の日常生活に対する觀察の結果、家庭の意見、医師の診察などを綜合的に考察することによつて行うこと。

(6) 体力の弱い子供は体力の強い子供よりも長い期間をかけて練習させ、運動会当日には相当の自信をもたせるようにすること、その際健康状態にはとくに注意して運動練習のために健康障害をおこすことのないようにすること。

(7) 参加ができない子供は、参加できない健康上の理由によつて同一に論ずることができないが、医師の意見によつて通学を許されている程度の者であつたら、その子供の運動会の役目は、主として体力の消耗をあまり必要としない役員の仕事をあたえ、できるかぎり自分も運動会に参加しているという意識をもたせることが大切であります。体力の弱い子供で競技に参加することを欲しない者についても同一のことをいうことができます。

(8) 高度の肢体不自由児の参加は遠慮すべきであります。

(9) 弱い子供は運動会終了後　校医の診察によつて健康上の異常有無を検査し、運動会のための疲労からおこる健康障害がないように養護することを忘れてはなりません。この点をとくに家庭と密接に連絡をとるべきであります。

運動会の進行を円滑ならしむるにはどうしたらよいか。

(1) プログラムの順序にしたがつて、一つ一つの演技に責任者を定めておく。

(2) 全体の進行に関して責任をもつのが進行係であ

るが、それには体育主任があたるがよい。

(3) プログラムが決定したら開会から閉会までの時間のうちに各演技に費やす時間を示す図表をつくることがよい。(分単位で例示の如し)

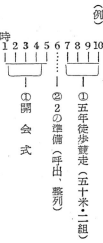

(例)

9時
1 2 3 4 5 ─ ①開会式
6 …… ─ ②2の準備 (呼出、整列)
7 8 9 10 ─ ①五年徒歩競走 (五十米・二組)

(4) プログラムには時間表を入れておくことが進行を円滑ならしむるため是非必要である。

(5) 時間表入りのプログラムを各学級にも適当数配つておくこと。

(6) 標準時計を控席とアナウンス席に準備し、自分達の演技をよく進めたり、会の進行が遅れていないか否かに注意するよう、よく指導しておくこと。

(7) 進行が早すぎる時は調節しやすいが、その逆に遅くなつた時には、せつかくの演技時間や回数の減少も断行する、やむなきに至りますが、その際には十分に演技責任者に諒解させることが必要であります。これはプログラム作成とも密接な関係がありますのでプログラム編成の折も十分考慮していただきたいと思います。

運動会の音樂はどのようにしたらよいか。

運動会のときの音樂は朝から閉会まで、レコードをかけつづけることは、かえつて効果があがらない、しばらく休んでその場その場に適当なレコードをかけることが必要であります。それでまず、六つの分野にわけて考えてみましよう。

(1) 開会前につかう音樂
氣持のよい、さわやかな音樂

(2) 入、退場のときにつかう音樂。
速足行進曲としてつくられたもの

(3) 競走遊ギおよび競技のときにつかう音樂
駈足行進曲としてつくられたもの

(4) ダンスのときにつかう音樂
レコードを使用するときは、あらかじめ、テンポをきめておかなければ、折角一生懸命に練習しておいてもいざとなるときあわなくなつて演技が台なしになつてしまう。レコードは練習用と当日用の二枚用意しておくことが無難であります。なお針は一回ごとに取りかえることが大切であります。

(5) 休憩のときの音樂
今まで活動しつづけた氣持をしずめ、そして精神におちつきを与えるような音樂でありたい。

(6) 閉会の時の音樂
これはその学校で特色のあるものをやればよいが、大体校歌などを齊唱したり合唱したりすることもよいでありましよう。

新しい運動会の在り方

沖縄教職員会
事務局次長　喜屋武眞栄

今年も亦運動会シーズンが近づいて來た

運動会は学校に於ける年中行事の中にで最も大きな学校行事の一つであり、学習活動の好機会であるそれだけに、教育の一環としての運動会たらしめるか、それとも単なるお祭騒ぎに終らせるかということは、子供たちに與える教育的影響からは実に大きいものである　そこで運動会が学校教育の一環としての立場から「いかにあるべきか」ということを十分に検討してかかることは運動会の成果をあげる上から大切なことであると思われるので、ここに「新しい運動会」の性格に対する希望的意見を述べてみたい。

「新しい運動会」ということは、今日の所謂新教育の思潮に即する運動会ということであつて、単なる流行の姿を追う「新しさ」ではない。

新教育が地域社会の上に立つ生きた教育であるためには、学校教育の内容にも地域性をもつと同時にその運営も地域社会の人々と一体となつて、もたれることが望ましいことは当然である。運動会は地域社会との関連が非常に大きいので、都市と農村、山村と漁村とはそれぞれその運営、方法等に於いても多少の相違があることは当然であると思われるし、又小学校、中学校及び高等学校に於ける運動会の在り方も多少異つて来ることは当然考えられる。更に運動会を行事として行う場合

○学習活動として行う場合

○行事と学習活動を平行的に考えて行う場合

が考えられるが、それぞれによつて、その在り方も異つて来るものと思うが、然し何れの場合であつても、運動会は常に子供中心のものでなければならないと考える。運動会は地域社会の祭典的行事ではあつても、学校中心のものであり、学校教育の一環として行われるものであるから、あくまでも子供中心に考えられた運動会でなくてはならない。いやしくも青年團の参加によつて児童の立場がなおざりにされたり競技会と運動会の混同があつてはならない、そこでその計画、運営後始末まで、なるべく、子供たちのリーダーシップのもとに行わるべきものであり、父兄や教師はよき相談相手、よき助言者、よき協力者の立場に立つべきものである。

さて、次ぎに過去の浅い体験に基づいて、現在の沖縄の運動会の現状を反省し乍ら具体的に私見を述べてみたい。

㈠　教育の一環としての運動会

凡そ如何なる行事であつても、学校教育に関する限り、教育の一環としての行事でなければならないし、又学習活動の機会としての運動会に於いては単元学習を如何に展開させて行くかということについて関心が向けられなければならない。若しも、運動会という一大行事が学校運営上、又学習指導上危険視されたり、邪魔物扱いされたり、うるさい運動会は早く片付けねば学園が落ちつかないというような声が、学校長や教員からきかれるとすれば、誠に残念なことであり、子供たちのためにも、不幸此の上もないことである。

それではこの誤れる言辞は一体何に原因があつて生れて來たかを分析してみたい。それは

一つには、運動会という行事が教育の一環としての立場にあり、学習活動の好機会であるとの認識が足りないためである、即ちカリキユラムの中に位置づけられていないためである。

二つには、体育觀の欠除のためであり。

三つには、運動会の企画、運営が拙劣なため、幾多の教育上の弊害をかもしているためであり、

四つには、指導及び練習の過程に於いて、必要以上に他の教科を割き、事前の練習に時間をかけすぎて強度の無理があつたりして、子供も教師も疲労困ぱいし、不平不満があつたからではないだろうか。

㈡　企画、運営に父兄、児童も参加させよ

教育の一環として子供中心のための学校行事を運営して行くためには常に学校、社会、家庭を含めての地域社会の基盤の上に立つて行事が進められねばならないということは、今更言うまでもない。從つて運動会は学校、社会の行事であると同時に地域社会と学校を結びつけるための有効適切な機会であることも忘れてはならない。地域社会の人々は単なる觀客ではなく役員や演技への参加者に加えていくよう計画することが大切である。

即ち教師が企画し、児童が実践し、父兄がこれを觀覧するという姿の運動会は舊式の運動会であつて、新しい運動会には教師も、児童生徒も、父兄も、その企画運営に参画すべきである。これなくして学区域の人々が、学校を文化のセンターとして絶えず親しみをもち、又皆んなで楽しむ運動会も望めないのである。

然し乍ら、それはあくまでも、子供たちの自主性を育成するための助言者、協力者であるという根本態度を忘れてはならない。

㈢　自主的な運営を

運動会が児童生徒の自らの手によつて自主的に運営されるためには、先づ十分なる企画が企畫委員に於いてなされ、運動委員によつて周到なる運営がなされねばならないが更に大事なことは運動会だけの問題でなく、平生の学校生活に於ける、遊びや学習活動が自主的になされる躾の段階がなければならない。そして凡ての行事が、常に計畫と実践と処理と反省が一貫性あるものとして実践されて行かねばならない。

次ぎに運動会の自主的運営の内容として項目的に問題を提示して私見を加えてみたい。

①　時期と期日

必要以上に他の教科を割き差し迫つてから過度の練

習を強いて心身共に、児童も教師も過労に陥らないためには四月の新学年度始めに於いて、年間計畫の中に明示し、カリキュラムに位置づけて教材の練習も正課時を利用し、又正課時に修得した教材を演じさせるということが大切である。時期は季節的には秋がよく、秋でも十月頃が快適である。九月は残暑が尚消えないし、十一月は雨期に突入するし、それに暮れ易く、又氣候が冷えて來るからである。

最近全島的に運動会の時期が早くなつた傾向のようである。期日は休日、祭日を利用したがよいということは、公職や軍作業に従事している父兄の参集に都合のよい日という点から当然である。沖縄の現状に於ては、父兄の経済的負担軽減という點から、教育的成果は別として村内の学校を同日に催すということも研究を要する問題であろう。

② 始めと終りの時刻

運動会は明るい中に終りたいものである。午前九時に開始して遅くとも午後五時から六時頃までには後始末を終りたい。父兄も開会から參集し、最後まで残つて貰うような運動会でなければならない。開会の頃には、僅か二、三名の父兄がちらほら見え、閉会の頃には、日もとつぷり暮れて観覧席には父兄、來賓の姿も殆ど見受けられないということでは、いけないと思う。

③ 回数について

回数の多少は、学級数の多少にも影響するので一概には決められないものとは思うが、過去に於いては、回数の多いことをもつて運動会の盛会を評價したこともあつた位であつた。そこで各学校は競つて六十回、七十回と多くの回数を求め、私の記憶では八十二回の学校もあつたと記憶している。職員は目の廻るような忙しさでプログラムを終るために血眼になり、技の巧拙を鑑賞どころか、幾多の非教育的な處置や態度が見受けられた。回数の多いことは更に進行の貧さと相俟つて、折角のプログラムを削除する非教育的な処置も見られた。暮色迫る頃から職員は色めき立ち、泰然と構えて居らるべき学校長さんが会長席を立つて控席に往きつ戻りつ、体育主任に進行を迫り、体育主任又職員同僚に怒声を浴びせている様は、傍で見ていて氣が氣でならない。

更に折角のプログラムを削除せねばならないということは、何という非教育的措置であろう。即ち削除された指導者の氣持もさること乍ら、今日あるを樂しみにして毎日練習をつづけて來た児童の氣持を察してみたいものである。天災地變による不可抗力的処置であるならいざ知らず、敢えてこの愚を繰り返えさないために回数の決定については愼重を期したい。

児童一人の出場回数は三種目から多くて五種目までがよい。それ以上は無理である。

全体の回数は四十五回から五十回程度が適当である　私が調査した日本本土に於ける学校の運動会の回数は三十五回から四十五回であつた。

尚種目の内容については、從來の個人種目中心から團体種目に重点をおくようにしたい。

更にPTAや父兄や教師、其の他外部團体の參加種目は全回数の一割から二割以内に止めるべきである。

④ 種目について

カリキュラムに位置づけられた運動会であるなら当然種目内容は体育教材そのものが多く演ぜらる筈であるが、実状は必らずしもそうでないのみならず、運動会の種目と体育教材の内容とが著しくかけ離れているきらいがあるということが実状であろう。必要以上に事前の練習に時間をかけねばならないということも、他の課業を割いて練習にあてるということも、こんなところにありはしないか。普段から基礎訓練もやり、体育教材の中から採り上げるとすれば間際になつてから猛烈な練習も俄仕込みの訓練もいらなくなり、もつとゆとりのある楽しい運動会たらしめることが出來るであろう。新奇をてらう華やかさはないにしてもより教育的な運動会が望まれるであろう。

所謂「運動会用」という考え方を拂拭したいものである。

⑤ 假装行列について

低俗な興味本位の假装行列はもうそろそろ教育的反省を加えて清算してよい時期である。全体の緊張しきつた雰囲氣を和げる意味に於いてレクリエーション的な効果がないわけではなく又工夫創意という意味に於いて無價値であるわけではないが、目に余る運動会の惰落として、世のきびしい批判をされることがあつてはいけないと思う。のみならず、假装行列を運動会の種目に取り入れなければならない積極的理由は見出せないからである。

⑥ 入退場について

戦後教育の盲點の一つは躾教育の軽視ということである。その一つとして規律訓練と秩序訓練がゆるがせにされていることではないだろうか。民主社会を造り上げるために必要な個々人の規律訓練と社会の一員としての秩序訓練が文化人としての教養を身につける躾であることを忘れ去つているきらいはないであろうか、毎年よくなりつゝあるとはいえ集團行進や集合に於ける態度が、だらしがなく、烏合の衆を思わせるざまは、それを如実に物語るものであろう。今後益々團体行動の基礎をなす集合や、歩行訓練をもつと重視し入退場に於ける正常歩並、正常走はもつと、基礎的に然も生活に即して鍛えられねばならないものと思う。われわれが個人として規律ある行動をし、團体の一人として秩序ある行動をなすことは文化人としての躾を身につけることであつて、決して復古調ではないことを断つておきたい。

更に運動会に於ける演技は、演技の巧拙だけに捉われることなく、控室に於ける集合から→入場→開列→演技→退場→退散（控席）と、一連のつながりのもとに演技の完了と見て行きたいものである。

⑦　進行について

すべて行事の進行がスムースに運ぶことは、その行事の九分通りの成功を意味するものである。運動会の進行がスムースに運ぶためには、次の諸條件が大切である。

(イ)　児童、生徒の指揮能力を高めるために指揮の要領を指導し、十分に指揮し得る能力を身につけさせ、自信をもつて指揮台に立たせるべきである。そのためには、號令調整も必要であり、號令には完全號令と不完全號令があり、完全號令には豫令と動令があることを體得させねばならない。

(ロ)　ベルの吹き方、手旗の使い方の要領を練習すること。

(ハ)　手の使い方（上げ、下ろし）の呼吸を體得させること。

(ニ)　音樂との緊密な連絡をとること。

指揮者が音樂堂との緊密な連絡がとれないままに、發進停止の號令をかけたために、統制がとれず、ばらばらな動作が展開され、折角の演技が台なしになることが多い。即ち停止の號令が既にかかつているのに樂隊は依然として鳴りつづけていたり、停止の號令もかからないのに樂隊がストップしたりして、ちぐはぐな狀態になることがあるがこれは特に指揮者として、音樂の知識をもち、曲のどこで發進の號令をかけ、どこで停止の號令をかけたらよいかということをわきまえていなければならない。

(ホ)　トラックとフィールドの種目の組合せを適當ならしめること、即ちプログラムの編成を考慮すること

(ヘ)　入退場の歩法を考慮すること。

△正常歩で入場し、正常歩で退場する場合
△正常歩で入場し、正常走で退場する場合
△正常走で入場し、正常走で退場する場合

(ト)　徒歩（学年別走）の場合、次々と追走をさせること

即ち一組を完全にゴールインさせてから次の組をスタートさせるのでなく、適當な距離を置いて次々とくり出すことである。その場合秩序がよく守られて混乱をきたさないようにせねばならない。

更に入賞者と、しない者を区別する場合には　入賞しない者をその都度各自帰らせるのでなく、一應全体が終るまで適當な場所に待たせ、全体が終つてから係の引率のもとに秩序正しく控所に退場させるがよい、尙受賞の作法も指導する必要があることを痛感させられることが度々である。

(チ)　プログラムには種目毎に豫定の時刻を記入しておくこと。

日本本土に於いては、プログラムに種目毎に豫定時刻を記入することは常識となつているが、沖繩では殆ど見受けられない、進行をスムースにするために時計を掲示するのもそのためである。今年の運動会から是非共実行してもらいたいものである。

(リ)　事前の心構えを十分に

役員には事前の打合せを十分にとるためにプログラムを配り、準備すべきことも豫め知らせ、入退場の場所、演技の位置、徒歩の發着点等よく知らせておくこと、尙掲示板の位置も誰のための掲示板であるかをよく考えて掲げるべきである

⑧　賞品について

児童生徒の真剣な努力に対する報酬として是非與えたいものである。然し賞を厚くするために余計金をかける必要はない、品も実用的で低廉なものがよい、賞には個人賞と團体賞と参加賞があるが、個人賞は等位によつて差をつけないがよく、参加賞は成るべく全員に上げたいものである。

ＰＴＡ及び他團体の賞品は実用的なものがよいが、児童の賞は他團体の賞品より重くすべきである。豫算との関係もあることだが、せめて一年生には初めての運動会でもあるし、激励する意味においても全員賞品を上げることが望ましい。

尙　賞品の代りに、名譽を表彰する意味に於いて賞狀を與えることは、スポーツの精神にも合するものであり、同時に経費の節減にもなつて一挙兩得である。

⑨　豫算について

終戦後の運動会は計上豫算によつて催されるのでなく、父兄一般有志の寄附を仰いで催したのであるが、今日でも殆どの学校がそうであろうが、本來なら当然計上豫算によつて実施さるべきものである。

尙父兄の経済的負担の過重にならないために出來る

だけ豫算は切り詰め、餘剰金でもあれば体育施設や図書設備に充てたいものである。

⑩ 装飾について

装飾も他教科との関連のもとに図工部で考案すれば必らずしも毎年作り替える必要もないと思う。表面の装飾は別として、尙傳統的にどこの学校でも造つて來た校門のアーチも緑化運動や、植樹運動に積極的に協力する意味に於いても緑葉を使用してのアーチ作製は暫らく遠慮したいものである。然し地域によつては必らずしもそうではなくてよいが。

更に花園の管理についても十分に氣を配り、父兄への協力も求めるべきである。

⑪ 服装について

服装は質素で軽装でありたい。鉢巻やシャツや、パンツや運動靴も運動会を機会に買うということであれば別であるが、当日だけ新らしいものを着用するためにわざわざ新品を購入させることは児童の虚榮心をそそることにもなり、尙父兄の負担を過重にすることであるから成るべく持ち合わせのもので間に合わせるように指導したいものである。

⑫ 徒手体操の貧困さ

集團美を発揮するためのマスゲームや徒手体操が特に終戰後の運動会に影をひそめた感がするが、これはよくきかされる声である。それは平生の体育指導で徒手体操が軽視されていることを物語るものではないだろうか、若人の生命の躍動を象徴する徒手体操の実演によつて、若あゆの如き青少年の肉体の律動美が見られたら胸のすく思いがするであろうに。

それを期待して止まない、更に自校体操を各校で考案して集團的に演ずることは精神的面からも望ましいことである。

⒀ 校歌を歌おう

学校行事、特に運動会等にはつとめて校歌を歌わせ、愛校心を培い、はつらつたる雰囲氣を醸成させたいものである。

そのためには是非共各学校、校歌をもつてもらいたい、尙校歌ダンスも運動会の一種目として演ずれば一層効果的であり、振付も、児童生徒の振付か、職員の振付によるものであれば更に教育的であろう。

以上、思いつくままに書いてみたが、御參考になれば幸である。最後に運動会の評價を忘れてはならない、そのためには評價委員(三名)を決め、運動会当日は終始、あらゆる角度から全体を觀ていただき評價していただきたい。

どのような觀点から評價するのかということについて、御參考に供したい。

評價要項

㈠ 運動会の企画はよかつたか
(1) 期日は適当であつたか
(2) 指導並に練習計畫は適切であつたか
(3) 事前の準備期間は適切であつたか
(4) 企畫、運營に対するPTAや児童の參加は適当であつたか
(5) 各係や役員の編成計畫は適切であつたか

㈡ プログラムの編成計畫はよかつたか
(1) 開会式並閉会式の時刻、回数、種目間の時間は適当であつたか
(2) 種目内容の組合せ、配列はよかつたか
(3) 參加者(学年別、性別、PTA職員等)のそれぞれの參加回数は適切であつたか
(4) 児童の組分けは適切であつたか

㈢ 当日の運營管理はよかつたか
(1) 各係や役員は分担任務を各自十分に果し得たか
(2) プログラムは計畫通りスムースに進行したか
(3) 參加出場者の態度は立派であつたか
(4) 会場全体が、なごやかな雰囲氣が十分生起されていたか
(5) 應援や觀覽の態度は立派であつたか
(6) 事故や故障は起らなかつたか
(7) 接待は十分になされていたか
(8) 学校と地域社会との結びつきに役立つところがあつたか
(6) 児童の学習目標は十分に果されたか

㈣ 運動会終了後の評價及び結果の活用はよくなされたか
(1) 適当な計畫にもとづいて評價がなされたか(反省会)
(2) 運動会についての諸記録や評價の結果はよく整理され、大切に保管されているか
(3) 記録や評價の結果は、その後の学習指導に活用されたか。

「一九五四、八、五」

＝座談会＝

反省期に立つ運動会

期日　一九五四、八月九日
場所　文教局研究調査課
出席者
司会　指導課長　中山興真
首里中学校長　真榮城朝敎
大道小学校長　中里喜俊
那覇地区社教主事　赤嶺貞義
那覇地区教育委員　又吉嘉榮
〃　仲井真八重子
指導課研究調査課各主事

一、運動会をどう考えるか

司会　本日は忙しいところ皆様にお集りをお願いしましたのは、これまで運動会について、いろ〳〵と、批判しつゝ又批判されつゝ参りましたが、この座談会によつて、指導助言の資料を得たいと思いましてお願い致しました所、快よくおいで下さいまして誠に有難うございました。

これまで学校行事について、研究教員の意見も度々伺いまして、私達の考えていることの裏付をしていたゞきました。それで具体的に一つ一つの問題について、論ずることが、現在の段階に於て、大きな推進力となつているのではないかと思います。

それではこれから、二時間ばかりお話合いをお願いします。主催者側として、私に司会をさせていたゞきたいと思います。話合いを始める前に、座談会の進め方についてよい方法がありましたら、承り度いと存じます。

大庭　要項に示された順に、進められたら、次第に深まつて行くのではないかと思いますが。

司会　要項に捉われる必要はないと思いますが、その他に方法がありましたら、どうぞ。

真榮城　運動会をどう考えるかによつて、過去の反省すべき点とか、今後の在り方とか、が、はつきりしてくると思います。

司会　真榮城先生がおつしやるように、運動会をどう考えるか、というような点から、進めて行きましようか－賛成――

それではその辺から話合いを進めて行きましよう。都市に於ける運動会とか、農村に於ける運動会とかいろ〳〵考えられると思いますが、根本問題からどうぞ。

真榮城　運動会を考えます場合に、教育的な立場と娯樂的な立場があるのではないか、と思います。今までの運動会は娯樂的で樂しみを目的にしていたのではないでしようか、その点から、見せる事、喜ばせる事ばかり考えて、体育面からも不健全と思われるものがあつたのではないか。もう一つは、あまり体育的になつて、陸上競技会みたいになつていたのではないか。今後の行方としてこの両面をマッチさせたところの方向に進められなければならないと思いますがね。

屋部　去年の運動会を五、六校見ての感じですが、運動会は、兒童を主体に考えられるべきであると思うが、種目から見ても、学校外のプログラムが多く、主体が兒童生徒であるのか、一般にあるのか、一寸疑問の点がありました。又教育的にみても不適な種目が多く、見せるためのもの、喜ばせるためのものという感じを受けました。

宏里　運動会の済んだ後で、先生方の茶話の中にあそこの運動会はよかつた、こちらのはわるかつた等とよく聞かされるのですが、一体何を基準にして判定しているのか、理解に苦しむことがあるのです。
児童生徒が運動会を実施することによつてどれだけ

成長したか、この点が重要な問題と思います。体育的の面だけでなしに、全人教育の面から考えて、実施すべきですね。そのためには子供を中心に、運営されるべきで、従來は教師を中心に実施された感がする。兒童生徒を出來るだけ、運營計畫に參加させるべきで、どの程度計畫や運営に參加させるかによつて、子供達の成長の度合がきまると思います。

中里　小学校で、出來るだけ、そのような線にまでしむけていこうと考えていますが、低学年では無理で五、六年は教師と相談してやらせて居ります。

司会　兒童中心でなければならないという考え方、地域社会の協力はあるが主体は児童であるという考え方、その辺からもうすこし突込んだ話合をお願いします。

中里　教師、児童、PTAは、あくまで子供の成長を目指して進み乍ら、三者一体となり、後援よりは、協力、協力よりは共催というような点まで持つていきたいですね。

又吉　体育の面から、兒童の健康の保持増進を考慮された計畫であれば、種目等にも無理なく、運動会の理念にかなつたものが生れてくると思いますが。

赤峰　運動会は子供のものという考えから、新学期以來の全体カリキユラムを、運動会を契機として、綜合的に展開させたい。そのためには四月から学校として、全体計畫が立てられていなければならない。

二、計画の問題

司会　今までの意見で、はつきりして參りました所は体育行事を中心として、綜合的に各カリキユラムが、協力するという、計畫の方面まで進んできていますので、計畫の問題にうつります。

中里　去年はPTAの体育部と五、六年と、学校側と一しよになつて計畫しました。最初は体育主任が計畫を立て、学級で審議して、PTAにはかり、その結果を更に学級に持帰つて研究し、職員会にかけて決定しました。一昨年よりは昨年と向上して來て居ります。学校の運動場計畫もPTAでやつています。

屋部　去年或学校のプログラムに九三回というのがありましたが、その辺計畫的に考えなければならないと痛感しました。

安谷屋　どうですか屋部さん、シーズンになつてから計畫されているのですか、それとも最初から教育課程の中におりこんで、新学年度から計畫されているのでしようか。

屋部　それは一概に言えませんが、計畫的にやつている学校もあり、季節になつてから新しい種目を得るために、専門家の門を叩いてバタ〳〵しているところもあるようです。平素の学習をまとめて、之を発表するのが望ましいと思いますがね。

又吉　父兄の立場として屋部さんの意見に賛成です。運動会の時期になつて、子供が過勞に陥つたりしているのではないかと思われますね。

真榮城　私、さつき運動会の考え方について、問題を出しましたが、私たちの頭の中に、どこか違つた種目をとり入れなくては、というような氣持がこびりついているような氣が致します。さつき屋部さんがいわれたように、今までの運動会は、何か、はなやかな事をしないと、運動会でないという氣持があるのではないか、もつと誰のための運動会かという事を十分考えたら、たしかに向上すると思います。これは実際はむつかしいけれども……

司会　これは長く教壇にあつた吾々の罪でもありますが、改革というものはなか〳〵簡単には出來ませんね。

大庭　或る学校の校長が、理想的な運動会を提唱したら、あなたはこの学校には適しないからと、轉任を進められたという話がありましたが、現場では、理想と現実の点でも、困つて居るようですね。

司会　各学校で新学期に計画をたてゝ、委員会あたりの諒解を得ておく事は、大切な事だと思います。

屋部　それから、指導要領を研究してほしいですね、例えば小学校では、タンプリング等は三人までの組立てぐらいですが、おそらく十分位の組立てまでやつているのではないかと思われますね。

安里　時期の問題ですが、地方では、青年團の地区豫選を兼ねるため、児童生徒にとつては、時期的に、少し早いと考えられる場合でも強行してしまう場合がある。これでは一体誰のための運動会かと言いたくなりますね。子供たちのための運動会が、それ以外のものによつて左右されるようではね……

三、どんな種目を選ぶか

司会　今少し種目の問題について、話合いたいのですが、私の聞いた話で、或婦人会で、〃戻り籠〃の節に歌詩をつけたものをやつたり或は仮装行列の問題で、男が女のまねをして、飛出したりしてくるのですがね、どうしてあんな服装して出てくるのですかね。

真栄城　仮装行列で氣になるのは、不具者のまねをしたりすることですね。その他にパン喰い競争などどうかと思いますね。

司会　來賓競技はどうですか。

真栄城　特別な人々を前に出してやるのはどうですかね。皆がその場で出來るような、更生体操みたいなものがよいと思いますね。

中里　父兄と子供が一しよにやるのはどうですかね、去年はやりましたが。

真榮城　父兄の競技としては、そのようなものがよいと思いますね。

赤嶺　発達段階と種目という點を考える必要があると思われます、低学年の子供に長距離の疾走をやらせたり、親子三代競爭等と、お爺さんに無理な疾走をやらせたり。

屋部　又その逆もありますね、もう少し走らせばよいのにと思われる所もあります。

当銘　神戸でみた話ですが、一年生から六年生まで学年対抗のリレーをやつていましたが、上学年に行くに従つて、適当にハンデイキヤツプをつけて、六年生は一番遠い所を走るようになつていました。結局二年生が勝ちましたがね、この様な種目は面白いと思いますね、どちらが勝つか、ということが始めから解つていませんからね。一年生と六年生では勝負にならないと考えることは、一寸考え問題ですね。

屋部　そうですね、子供達には始めから勝敗は分つていますから走ることに興味を持つのは一、二番になるような可能性のある子供だけで、他の生徒には、面白くない、誰が勝つかわからないような走らせ方も考えるべきですね。

当銘　一番や二番になるような子供は豫めわかつているから、他の生徒には興味がない、そのために中学校あたりでは疾走に出るのは半分位しかないのではないでしようか。

知念　さつき話に出ましたタンプリングですね、あのような種目は、日頃はあまりやらないで、全く運動会用といつた感じがする。又それの練習訓練の仕方が学年の発達段階を無視したようなやり方で、教育的でないようなのもありますね。

安谷屋　ふだんはやらない種目を、運動会用とするところに無理がある。—父兄をアツといわせる為か知らんが—あのような種目は教育的でもないしどうかと思いますね学年的にも指導要領を研究すれば、自然と採択の問題もはつきりする。

知念　スケアダンスはどうですか。

又吉　強制にさせられた感じがしますね。

安谷屋　悲壮な氣持で、女生徒と手をつなぐ男生徒も見られてね……爆笑……

当銘　農村では不人氣ですね。

真栄城　スケアダンスは中学校の生徒で心理的に好んでやる時期であるかどうか、アメリカの中学校でもそうであるのかどうか疑問に思つているのですがね高校あたりでは好んでやると思いますが、中学校ではどうですかね。

安里　お祭り氣分の運動会では、ややもすると、教師の目が全体に奪われて、一人一人の子供の立場を忘れ勝ちになるのですが、一人一人の子供が満足するような配慮が必要ですね。

健康にめぐまれた子供はいゝのですが、身体虚弱児とか肢体不自由児でも、何か出來るような仕事を與えて、みんなが滿足するような風にしたいものですね、例えば旗持ちとか。

真栄城　そのような子供は運動会に出るのを好まないのが普通ですので、音楽室にあつめて、樂隊に参加させるという処置をとつています。

中里　私の学校では喜をともにするという面から一ヶ所に集めて見学をさせました。

司会　徒手体操はどうですか。

真栄城　極端に不振ですね。

屋部　競技種目ばかりに終つているのもありますね。

安里　そのような競技面も児童本位の種目も適当にかみ合さなければならない。そのような點で地域社会学校としての考え方をもつと研究する必要がありますね。

赤嶺　先刻の徒手体操が運動会に取上げられないのは父兄に意味がないからでしようね。

安谷屋　徒手体操が軽視されているのは、運動会を競爭と興行という見方が地域に多いのではないでしようか。

仲井真　戦前は教師が指揮していたが、戦後は生徒に指揮をさせるようになつて、なんとなくぎこちない様ですが、教師が指揮をすれば、単なる型にはまつた號令に終らずに、臨機應變の處置をとつて、うまくいくのではないかと、毎年それを感ずるのですが

安里　中学校の生徒ならば指導さえすれば、充分指揮が出來ると思います。計畫的な指導がほしいものですね。

司会　生徒主体の運動会で生徒の成長をはかるのであるから、指揮力の養成も必要であり、ぎこちないのは訓練がたりないのではないでしようか。

更に近代の学校では生徒や教師の創作がとりあげら

れるべきですが、その辺はどうですか。

屋部　生徒や教師の創作をうまくとり入れたよい学校も二、三あります。

司会　戦前は女教師の運動会の教材研究講習とかいつて、大きく仕入れをして來たものたが戦後は教師や生徒の創作が大きく取あげられている。非常によい傾向ですね。

四、時間の問題

司会　次に時間の問題についてどうぞ。

真榮城　時間の問題ですが、運動場の翌日、運動会のきたない様子を考えると、不愉快でたまらない。それで時間は、翌日の授業に差支えない様に、その日で清掃をして運動会で学級の話会いが出來る位の余裕があるように計畫したいと思つています。

中里　去年は運動会の所々に塵箱をおいて、時々『紙屑等はちりばこに入れて下さい』とアナウンスをしました所、非常に効果がありました、おかげで去年はちり拾いをすることが少なかつた様です。

當銘　時間の問題としては、都市では割合解決しやすい問題ですが、地方では一般の競技会をかねる場合が多いのでおそくなる（別々にやると経費の問題で村に豫算がないとかで一しよになる場合が多い）

屋部　市町村の実狀として、競技会と一しよにしなければならないようになつたとき、特に種目の選択には考究を要すると思いますね。例えば槍投げとか、円盤投とかですね。

当銘　そのような危險な種目は、別に会場を設けてそこで行うようにするとよいでしょうね。

五、経費の問題

司会　次は経費の問題ですが、運動会はそんなにお金のかゝるものでしようかね。

真榮城　主として賞品代ですが、私の所では七千円程度で出來ました。

知念　農村では生徒はノートエンピツ程度で、青年の方には手拭とか、高價なものを用い、青年側に経費はよけい使うような向もあるが感心出來ない。

司会　私が本土で聞いた話ですが、寄附は運動会用でなく、教師の慰労費に使つてくれという事でした。

沖縄では経費がないので止むを得ませんね。

安里　農村では、生徒から一般までの選手の榮養費として寄附をつのつている所もある。運動会に対する考へ方が徹底すれば、そのようなことはないですがね。

赤嶺　寄附の問題で、或る子供をひがますというような事がありましたら問題ですね。それと同じような事に來賓席もありますがね。

真栄城　経費の問題が許されるならば、寄附はお断りしたいですね。

私の所では、学藝会や、音樂会では断つているのですが、好評をはくしています。

司会　來賓席とか來賓の徽章は考え問題ですね。

又吉　壺屋では、來賓席や徽章はやめています。

真栄城　外部からの特別の來賓は別として、父兄の來賓席はやめた方がよいと思います。

知念　農村では運動会の寄附で学校運営の財源にあてるところがある。そのために大げさになり、父兄中心の運動会に傾いていくのではないか、都市では経費の面ではよほど困つていないようですから、そのような事もないと思いますが。

安里　運動会が派手になるから寄附が必要になるのではないでしようか。

知念　動運会の費用のみではない。運動会の費用はむしろ僅少で、学校備品の購入等のため、大きの財源の一つとして考えられているようです。特に教育税の徴收が悪くて学校運営に困つている所では尚更です。

安谷屋　いわゆるよくない意味での興業價値が低いと學校長の人氣に関する問題まで起る場合もある。運動会の意義を地域の人々も理解してもらえば、解決出來る問題で、いわゆる「財源としての運動会」の偏向も防げる。

司会　教育的立場であり乍ら、実際問題として、線外にはみ出ることがあるのは、経費の問題と思われますので、経費さえ局又は委員会が持てば理想的な運動会が出來るかどうか、その辺で一つ。

中里　そうなればあとは父兄の負担だけということになりますが、なるべく経費を少くするために、学校でバザーをひらいて、食券で弁当を買うように、豫め父兄に呼びかけて辨当等に経費をかけない様にする方法も考えられますが。

大庭　都市ではいゝが、農村では、それより自分で作つた方がやすくつくようです。

真榮城　一般が見榮をすてゝ、自分で作つたもので一家だんらんするということが大切ではないか。

又吉　絶えず学校側から見栄にならないように、呼びかけるとよいですね。

六、どのように準備するか

司会　それから運動会の準備のために、教師や、生徒が疲労を感じているのではないでせうか。

真栄城　私の所では学年始めに計畫を立ててありますので、さして問題になりません。

最初は学年全体の遊戯とか、全体的のものが問題になりました。

運動会に新しいものを取入れようとするから無理があるのであつて、カリキュラムに組まれているものをやれば大した事はないと強引におしてきました。

運動会が近づくにつれて、公的に人を迎えるのであるから準備をしなければなりませんが、そのために特に時間をさくことなく、放課後一時間か、二時間位をとつてやつています。

音樂部等も平生のクラブ活動でやつていきすので、我々が考えている程には時間をとりませんでした。

その代り千變万化的な目新しい種目はとり入れられませんでした。

中里　私の学校では、二部授業をして居りましたので体育の時間以外には準備のために時間をさかない様に注意してやりました。午前組を持ち乍ら全体訓練を午後にやらなければならないようになつたりして、先生方にも随分無理をして参りました。その外に学年別の合同時間を持つて居りますので、それでどうやら緩和して居りますが、三千人からの子供を持つて居りますので随分無理をして居ります。追々無理なくやつていきたいと思つて居ります。

司会　唯今のお話のように、樂隊との連絡とか、合同の準備には、時間をとることも考えられますが、基本的なものは、常日頃からやつているものであれば無理なくやつていけると思います。

もう一つ運動会の規模について、何かありましたら……春秋にやれば、一年一回の運動会だからという氣持はなくなるという考え方もありますが。

当銘　一般に父兄は、学校だけの運動会でなくて一般のレクレーションを意圖している面が多分にあるので、その面をどう考えるか、その辺の問題が大切だと思いますね。

屋部　部落対抗意識が強くなつて、子供の遊戯等は副物になつてしまう場合もありますね。

赤嶺　市民運動会みたいなもので、そのような競技をやつて、純粋に生徒のための運動会をというような考え方はどうでせう。

大庭　理想的ではあるが、地方農村ではむづかしいですね。

司会　それでは、開会もおそく、司会がまずくて長い間貴重な時間をつぶしてしまいました。お蔭様で各方面の意見を伺いまして、誠に有難うございました。

文教時報に記載して現場の参考に資したいと思います。

長時間誠に有難うございました。

特別教育活動としての運動会の運営

指導課　安里盛市

一、運動会の意義をどこに見だすか

運動会の持つ意義については体育とか、特別教育活動とか、ある限られた一つのわく内で考えられるべきではない。学校教育の全分野から、あるいは地域社会学校としてのより廣い立場からあらためて考えてみる必要があると思うが、ここでは專ら特別教育活動の立場からこの問題を考えてみたいと思う　即ち特別教育活動の領域内における生徒会の活動として運動会の意義とか性格を考え、その運営の方法について述べてみたいのである　従つて記述の内容が主として中、高等学校を対象として進められる傾向になるのであるが、それぞれの学校の特質に應じ、あるいは個々の学校の現状にてらして、真に実質的な立案を期待したいのである。

從來の運動会を反省し、正しい運動会のあり方を考える場合、いろいろな面から検討を加えなければならない問題が多いのであるが、運動会を運営する主体をどこにおくか、ということもその重要なものの一つである。運営の主体を教師におくか、生徒におくかによつて、運動会から期待し得る教育的効果は著しくちがつてくるものである。もつぱら教師の手によつて計画が立てられ、プログラムが編成され、当日の運営がなされるといつたような運動会からは、体育的教育効果はあがるとしても、その他の重要な社会的態度や技能を期待することはむづかしいのではなかろうか。もちろん運動会が教育活動として体育の目標達成に寄與する分野がもつとも多く、むしろそのためにこそ、このような学校行事が考えられたのだということは肯定されなければならない。

然しながら教育全般に対する根本的な考え方の変遷は何時までも、昔通りの考え方に立つて運動会のもつ教育的意義を固定してはおかないのである。生活主義の教育の一つの営みとして、児童生徒の諸経驗を統合実踐する絶好の機会として運動会を意義づけなければならない。即ち教科としての体育の目標の達成に寄與しつつ、更に各教科の学習によつて得られた教育の成果と教科以外の教育的活動とを綜合的に実踐する場を與えるものとしてその意義を考えたい。これはそのまま特別教育活動の立場に通ずるものである。

このような立場に立つ運動会が教師のみによつて運営された時に果してそのねらいを充分に達成することができるであろうか、計畫、準備、運営に生徒が自主的に參加する分野が多くなればなる程、そこから得られる教育の効果はより廣く、より実践的なものを期待することができるのではなかろうか、もちろんこのことは教師が全面的に手を擧げてすべてを児童生徒に一任することを意味しない。凡そ生徒の自治活動というものは教師の適切な指導と援助がなければ、到底彼等だけのよくなし得るものではない。むしろ教師が直接表面に出て活動する分野が狭くなればなる程、その背後において、児童生徒を指導する苦労は倍加するものと見なければなるまい。殊に生徒の自治活動があまり進んでいないところや、社会的能力程度の低い小学校においては相当な困難が豫想されるのである。

然しながらいくら困難が伴うと豫想されても、全人としての教育を目ざす我々の熱意はその困難に押しつぶされてはならない。年一年と一歩、一歩、この困難を克服して児童生徒の全人としてののぞましい成長に寄與するように意図されなければならない。

その道は容易ではない。

しきたりを繰りかえすのは誰にでもできる。

新しいものを生み出すのはよういでない。

一人の歩みが、一校の前進が、沖縄教育の礎石ともなればよい。

投げた一石は必ず波紋となつてひろがつていくであろう。

ところでこの教師の感ずる困難や戸迷いはどこから生ずるのであろうか。つきつめて考えてみると、それは教師があまりにも整いすぎた運動会を頭に描き過ぎているからではなかろうか。衆人環視の下におのれの技を競うといつたような何か切迫した氣持が意識の底の方に働いているのではなかろうか。であればこそ、ちよつとした間違いにも氣をもみ、そのできふできによつて一喜一憂するということになつて來るのではなかろうか。このような教師の心の持ち方から生れてくるもの、あるいは期待されるものは結局「形」ではなかろうか。

形をととのえることはいとたやすい。過去の軍隊教育がそのよい模範ではなかつただろうか。

教育は形そのものであつてはいけない。

要はそれによつて子供達がどれだけ成長したかにある。

而もそれは偏つた成長であつてはいけない。

それは全人としての成長でなければならない。

われわれの教育の営みはすべて子供の成長と幸福のためにのみ用意さるべきである。

なる程、子供達の手によつて営まれる運動会は觀た目にはまずくもうつろう。進行も思うようにはいかないだろう。然しながら彼等のたどたどしいながらも、自らの力によつて計畫し、準備し、運営し反省する一連の活動を通して得られる人間としての成長は存外に大きいものがあるということを知らねばならない。これは教師が主体となつて運営される運動会には到底期待し得ない、而も人間形成上重要な社会的、個人的諸能力や態度が相当に期待され得るということを忘れてはならない。

そこでこのような立場に立つた運動会から児童生徒の成長にとつてどのようなことが期待できるであろうか。

二、運動会は児童生徒の成長にどのような機会を与えているだろうか。

1 生徒会が全機能を動員して生徒全体が参加する活動であることによつて、完全な集團自治を行うことができる。

2 運動会の民主的運營を通して民主的な生活のし方を学ぶことができる。

3 自主的経営参加を通じて自主的自律的態度を養う。

4 自発性、企畫性を高め、個性の伸長に資することができる。

生徒の工夫立案によつて組織的に行われる運動会は、すべての生徒がそれぞれの長所を発揮して分業的に協力して行われるので生徒各人の資質が高められていく。

5 集團的自治活動を通して、服装、奉仕、統率、規律、協同、友愛、約束、清潔、礼儀等の社会道徳が拾われる。

6 各教科学習、クラブ活動等の成果を綜合的に実踐することができる。

図畫関係クラブによるポスターの作製工作関係クラブによる諸施設、科学関係クラブによる放送施設、ダンスクラブによる創作発表、音楽クラブを中心とした樂隊の活動、家庭クラブによる接待の計畫等々、運動会によつて期待される分野はいくらでも廣げられるものである。

7 各人に生徒会の一員としての自覺を促し全校に対する親愛感と同僚間の親密さが深められ、校風に同化すると共に、この活動を通して新たな校風を樹立するようになる。

8 生徒の平素の活動の結果を客觀的に表現するよい機会となる。

単に体育科の面だけでなしに、生徒会によつてなされる学校生活の自治的活動面を運動会を通して客觀的に表現するということは大きな意味があると思う。

9 人間性を豊かにし、自分達の生活を樂しくしようとする態度と技能を学ぶことができる。

10 生徒自らの内心の要求と、興味に基いて活動が選択されるような運動会であるなら彼等に欲求満足の機会を与え非行の豫防と矯正に役立てることができる。

非行の豫防と矯正については、文部省発行の「問題青少年の理解と指導」中の一生徒集会による非行の豫防と矯正」が全面的に運動会の場合に当てはまると思うので参考までに掲げたい。

(イ) 良い校風が生徒集会の自主的活動を通じて、しだいに盛り上り、一人一人の自覺が高まるにつれて非行は自ら減少し、あるいは非行を未然に防ぐことができる。

(ロ) 自主的な計畫立案や運營を通して、自己の能力を発揮する機会に恵まれると共に情操を純化することにより自己閉鎖的な生徒の非社会性を除去することができる。

(ハ) 良き指導者となり、あるいは良き協力者として活動する態度を培うことにより、秩序を乱したり独善的行為や反抗的態度を豫防し、矯正することができる。

(ニ) 生徒集会の社会的制約は、それ自身、非行の豫防と矯正に大いに役立つ。たとえば集会の秩序を乱す行為は集会における全員の批判の対象となり、その行為が如何に反社会的なものであるかと行為者に反省させる機会を与える。このことは教師の叱責や威嚇による非行の豫防や矯正より大きい効果をあげる場合が多い。

(ホ) 教養や娯樂のための行事を通して非社会的、あるいは反社会的な生徒は集会における他の生徒の自由な活溌な活動に接し、しだいにその明るいふんいきの中に溶け込んでいく。かくてかれらは生徒社会の一員としての自覺を持ち、生徒会の成長発展のために積極的協力を惜しまぬという境地に導かれるようになる。

以上積極、消極両面から、運動会の教育的効果について述べたのであるが、これを要するに特別教育活動としての運動会は、自発性、企畫性、綜合性、実踐性を如実に明示する典型的な活動であるということができる。

三、運動会の効果的な運営

◈運動会を効果的に運営するための留意点

1 目標を生徒に明確に自覺させること。

2 実質的な組織機構を通して運營させる。

○教師側の指導組織と生徒会側の特別委員会を設けて計畫立案を実施させることがのぞましい。

○生徒の興味と必要に基いて、自発的に進めるようにしたい。そのためには、ホームルームやクラブの意見を参考にし、その協力を得るようにしたい。

3 実施計畫を詳細に作り充分なる反省のもとに行なわなければならない。

4 平素からのいろいろな調査を利用することがのぞましい。

5 一般の生徒に対しては事前、当日事後の計画的指導を行う。

6 練習については生徒自身による自主的計畫に従い、創意工夫による方法を彼等自ら生み出させるように指導することがのぞましい。

◈運動会を効果的に運営するための組織と手続

運動会を特別教育活動の一環として取り上げる場合、当日の活動は勿論、それに至るまでの計畫立案の段階から準備、練習、実施、反省に至る一連の諸活動をゆるがせにしてはその教育的効果を期待することはできない。むしろ、ある意味においては、事前の段階こそ、最も教育的に計畫的に意図されなければならない。そこで、ここではこれまで述べた趣旨に従つて運動会を効果的に運営する方法について手許にある二、三の資料を手がかりに一つの構想を描いて見ることにする。

㈠ 準備委員会の成立

職員会議によつて運動会の見とおしがつくと、その主体となる生徒会の活動を円滑に運営するために、臨時的な運動会に関する準備委員会を作ることが必要となつてくる。学校によつては生徒会の組織の中に常時設置されている集会委員会がこれに當ることもあり得る。

(イ) 準備委員会の指名

先ず生徒会の中央委員会（各校によつて事情は違うであろうが）が招集され、委員長から準備委員を何名にするかの原案が提出される。

この委員長の提案に対して、中央委員会は、その学校の運動会の性格からみて原案の人数と　各学年への割り當てが適當であるかどうかを検討する。これが決定されると委員長はこの人数に従つて各種の準備にふさわしいと思われる人物を指名する。ここにおいて準備委員の構成が出來上るのであるが、この場合、委員長側から一名、その中に加わることがのぞましい。

(ロ) 準備委員会の活動

さて成立した準備委員会は運動会を目標にして、その詳細な企畫立案をなし、当日までの諸準備を主宰する。此の場合　前年度における記録や隣校の計畫を參考にしたり、時に指導教師の意見を聞いたり等して、いろいろな面から検討していく。

◈ 準備の具体案

生徒会の組織を全面的に生かすことがのぞましい。即ち運動会の各種の準備にふさわしい各経営部や、各クラブをもつて、それぞれの役割にあてがうことが考えられる。

◈ 準備の具体案

部クラブ	活動内容
集会部	◎会場設計、作製、割當
規律部	◎守るべき事項の協議、傳達、指導（應援、服装、食事、練習時、集合時、解散時等）
整備部	◎運動場　整備計畫
放送部	◎運動会に関する啓蒙　宣傳 ◎準備委員会の動向、準備の進行状況等を随時放送 ◎拡声装置の整備
新聞部	◎運動会前の啓蒙 ◎輿論調査 ◎標語の募集 ◎準備の進行状況、ニュース、選手一覧、プログラムの報道
体育部	◎種目の研究、用具の整備と工夫 ◎競技場の設計と準備 ◎練習の計畫と方法の研究、立案 ◎プログラム原案作製
保健部	◎救護設備、材料の整備
経理部	◎運動会に関する経理一切
美術クラブ	◎ポスター募集、審査、作製、掲示 ◎場内装飾の研究
工作クラブ	◎演技用品作製 ◎門の作製
音樂クラブ	◎運動会歌の練習指導 ◎運動会用のレコードの選定、整備 ◎演奏練習
陸上クラブ	◎審判についての研究 ◎審判用具の整備
ダンスクラブ	◎ダンスの種目の研究 ◎ダンス創作 ◎練習指導
習字クラブ	◎來賓席、受付等の各種掲示の準備
家庭クラブ	◎接待案内の研究 ◎接待用具の整備

◆当日までのスケジュール例

週	活動の主体	活動内容
第一週	職員会	◎運動会の意義について討議 ◎〃の目標、性格の検討 ◎実施の時期について大体の見通しをつける。
	生徒会中央委員会	◎期日の決定 ◎運動会の運営方針の討議 ◎準備委員会の構成並に人選
第二週	準備委員会	◎運動会の計畫、立案 ◎準備から當日までのスケジュールの作製 ◎當日の諸準備について各部、各クラブ役割決定 ◎種目の選択についての與論調査（ホームルームを対象とする） ◎以上の事項について公式に発表（新聞部、放送部による）
	圖畫クラブ	◎ポスター募集
	ホーム・ルーム	◎準備委員会の発表について、ホーム・ルームの意見をまとめる ◎種目について研究討議し、與論調査に應ずる
	クラブ並各経営部	◎準備委員会の決定した準備のため、自分たちの部やクラブの役割について計畫、立案
第三週	準備委員会	◎運営方法、豫算について検討 ◎種目の決定 ◎練習計畫の立案 ◎新聞部、放送部を通じて発表
	ホーム・ルーム	◎ホーム・ルームに割当てられた種目の内容決定 ◎練習の計畫と方法について研究 ◎練習の開始
第四週	準備委員会	◎プログラムの編成 ◎実施委員会の構成、人選 ◎新聞部、放送部を通じての発表
	各部、クラブによる準備	◎「準備の具体案」で示した各部、各クラブの分担に依つて準備を進める
	実施委員会	◎豫行演習の運営計畫 ◎豫行演習の実施 ◎豫行演習の反省
第五週	準備総仕上げ	◎会場、競技場、諸施設、装飾
	運動会	
	整理会	◎用具、記録の整理
	反省会	

このようにして少数からなる準備委員会は主として、全体的な計画立案を掌り、その具体的な詳細な計畫、準備については、生徒会の各経営部や各クラブ等の末端に廣げていくことによつて、「自分たちの運動会」という自覺に立つた運営がなされるようになるのである。

以上のようにして運動会当日までのスケジュールが組まれ、諸準備が進められ当日の運営順序プログラム等が決定されていくのである。

㈡　運動会の実施

(1)　実施委員の指名

準備委員会が以上の仕事を完了すると、運動会当日の仕事の分担が決まる。この仕事を分担してその運営に当つていくのが実施委員である。実施委員会は次のような手続を経て成立する。

先ず準備委員会は仕事の分担を決めると同時にそれを担当するにふさわしい候補者をあげる。この人選に当つては準備委員は教師の意見を求めることがのぞましい。尚準備委員はそれぞれ各人にふさわしい仕事の分担に加わり、新しく選定された人々と共に実施委員となる。これらの人々は生徒会長により正式に実施委員に指名されるのである。

(ロ)　実施委員の活動

実施委員の活動は運動会当日の成否のかぎを握る。即ちこれらの委員は本部の指揮に從つて各係の任務と責任を果していくのである。勿論各係の活動は、これまでの準備委員の活動の成果に俟つところが大きいが、更に日頃の学校生活、わけても特別教育活動によつて養われた能力と態度を充分に発揮することはよつて活潑に行われるものである。この意味において運動会は唯單に運動会当日、もしくはその事前の一、二週間の活動の展開というだけのものではなく実に日頃の学校生活の分野から得た成果を綜合的に発表する機会だと見ることができるのである。

このようにして運動会は実施委員の手によつて秩序を保ちながら進行されていくのであるが、その際、各係と本部との連絡は勿論、各係相互の有機的なつながりを重んじ、緊密な連絡を保ち共同の責任の下に営まれなければならない。更に一般の生徒も生徒会の一員として自分たちの意志によつて決定された計畫を自分たちによつて作られた組織によつて運営するのだという自覚に立つて、自発的に積極的に協力し委員と共に共同の責任を分担するような心構えを持つていくことが大切である。

○演技不参加者の協力

運動会は集團的な参加の形をとるためにややもすると、一人一人の児童生徒を見失い勝ちである。楽しい運動会であるべき筈なのに身体不自由なために演技に参加ができず、人垣の後から同僚の楽しそうな活動を淋しく眺めている子供はいないだろうか、或はお友達の服装にひけ目を感じておろおろしている子はいないだろうか。若しこのような子供が、そのまま放任されているとしたら、それはこれらの子供達にとつて不幸な運動会といわねばならない。「運動会がなかつたならば、自分の身体的欠陥に伴う不幸感を意識せずに済んでいた筈だのに」とでも思わしたらどうなるだろうか。

われわれはこれらの特殊な子供達に対して暖い思いやりと細かい心づかいをもつてひとしく運動会の楽しさを味わさなければならない。「運動会は子供達のよりよい成長のために用意されたものである。そしてすべての子供はひとしく、その恩恵を享受すべき權利がある」とでも云つたら大げさであろうか。

運動会を單に体育の祭典とのみ考えるならば、もはや彼等の參加の餘地はなかろう。われわれの運動会が学校生活の綜合的な表現の機会であるとするならば、これら身体障碍の子や身体虚弱児がそれぞれの健康度に應じた參加の機会はいくらでもころがつている筈である。場合によつてはわざわざこれらの子供達のためにのみ用意された機会もあつて然るべきではなかろうか。そうすることによつて、彼等も濃厚な參加意識を持つことができ、自分の不幸を殊更に意識することなく、心ゆくばかり満足感にひたることができるであろう。

賞品係、受付係、音楽班、放送班、救護班等思いつくだけでも相当な魅力を感ずる仕事が、彼等の欲求を満足させる機会として用意されているのである。

身体不自由児の外に運動会を通しておこる児童生徒の貧困意識の問題等もガイダンスの立場から考え直さなければならないのであるが、ここでは割愛することにした。

(ハ)　反　省　会

運動会がおわると、なるべく早い時期に反省会が行われる。あまり時期をのばすと当日の生徒の体験がうすらぐおそれがある。

この反省会に加わるメンバーは、それぞれの学校の事情によつても異るであろうが、生徒会の会長、副会長、書記と実施委員が中心となつて行われるのであるが一般の生徒も自由に參加して、意見を述べられるようなしくみにすることがのぞましい。この反省はいわば生徒達によつて行われる自己評價ともいうべきもので極めて重要な教育活動とみなければならない。

取り上げられる事項としては凡そ次のようなことが考えられる。

実施委員の活動について

(イ) 計畫立案は妥当であつたか。
(ロ) スケジュールは適当であつたか。
(ハ) 内容は適当であつたか。
(ニ) 実施方法はよかつたか。
(ホ) 各人が充分に責任を果したか。
(ヘ) 各係の連絡協力はうまくいつたか。

一般の生徒の活動について

(イ) 全員が満足したか。
(ロ) 喜んで誠実に參加したか。
(ハ) 秩序が保たれたか。
(ニ) 礼儀が重んじられたか。
(ホ) 集團としての行動がよくとれたか。
(ヘ) 協力体制はよかつたか等、あらゆる角度から反省がなされ丹念に記録に残されるのである。

なお、反省会前に生徒会員を対象とする質問紙を用意して回答を求め反省資料とすることは極めて有意義である。その一例をあげると

(1) あなたは運動会の一日が楽しかつたか。〈大

変楽しかつた。△楽しかつた。△別に楽しくなかつた、△つまらなかつた)
(2) つまらなかつた理由は何ですか。(△いそがしすぎた。△種目のえらびかたがまずかつた。△自分の活動面が少なか△つた。一部の人が不真面目だつた。△からだのつごうがわるかつた△その他あつたら書きなさい)
(3) 自分の行動をふりかえつて(△できるだけ一生懸命したつもり。△やや努力した。△普通。△反省点多い。)
(4) 運動量はどうだつたか。(△つかれすぎた。△やや多かつた。△平日と變りない。△足らなかつた。)
(5) 生徒の自主性は発揮されたと思うか。(△十分発揮された。△大体よろしい。△不十分。)
(6) 來年もやつたがよいと思う種目を書きなさい。
(7) 又除いた方がよいと思つた種目があつたらかきなさい。
(8) なお、最後にこうしたら一層よくなると思うことがあつたら何なりとおかきなさい。

この反省会は生徒自身による自己評價であるか、更に來年の運動会の改善のために意図されなければならない。

四、運動会における教師の位置

今まで、運動会は、あくまでも生徒を主体として運営されるべきであることを強調してきたのであるが、このことは責任の所在をも生徒側た帰することにはならない。

生徒の自治活動はあくまでも教育の立場から考えられたもので、普通の成人社会における自治とは自ら立場を異にするものである。

即ち彼等に自治的な活動を營ませることによつて期待される教育的効果を目ざしているのである。従つて自治そのものに最終目的があるのでなしに、実に自治を通して得られる兒童生徒の成長というところに最終目標があるということを忘れてはならない。兒童生徒ののぞましい成長、即ち教育の責任はあくまでも教師にあるのである。

次に運動会は何と云つても対外的立場が濃厚な活動である。ということに伴つて教師の責任わけても校長の責任を忘れてはならない。

更に経理上の問題は何といつても教師が全責任を負うべきであることはいうまでもない。これらの責任を果すために教師は十分なる指導をしなければならない。たとえ、生徒会の全面的な自治的運営であるにしても、その成否の責任はあくまでも教師の側にあるのである、子供の中にひそむ可能性を信じつつ教える者のもどかしさを押えながら、彼等の成長を静かに見守つて行こうとする教師の大らかな心は自ら最善の道を見出していくであろう。

最近の運動会傾向

指導課主事　與那嶺仁助

今年も又運動会が訪づれて参りました。各学校におきましては既に何回となく、何十回となく実施して來られた事でありますので特別に書きたてる事もありませんが、常に進歩して止まない兒童生徒を対象としての營みであり、更に又、より体育的に、より教育的にという立場から去年の運動会を反省しつつ素直に検討してみたいと思います。

運動会は都会と田舎によつても異なるし、又在籍の多い学校と少ない学校によつても異なつてきますし、小学校と中学校、高等學校と學校によつても異なつて來るのは当然であります。そして又学校運動会が市民運動会や青年運動会、職場運動会等と異なつてくるのも当然であります。私は学校運動会を全校的な一日の授業であり、生活であり、そこに教育的なみのりを求めねばならぬと思つています。更に又学校運動会はその当日たけが問題になるものでもなく、その前後即ち運動会当日迄に個々の児童、生徒がどの程度教育的に成長したかという事であり、運動会終了後、之を如何に教育的に價値づけ、又どう処理するかに問題があると思うのです。

こう考えて來ると運動会もいろ〱と問題点が挙げられるが、私は一般的な運動会のそれも体育的な面のみから眺めてみたいと思います。

一、プログラムに就いて

運動会の種目にはいろいろあると思いますが、一應個人種目、團体種目、マスゲーム、模範演技等が考えられます。そして之等の種目は地方地方により、人数と時間と用具に依つて制約を受けるのですが、原則として平素の体育学習が当日に移行されるならば最も望ましい事だと思います。そして種目決定に際してはいろいろの資料集から求める方向とは逆に、体育の要素（走、跳、投、懸垂、運搬……等からリズム、機敏、持久、協同…という指導要領の目標に述べてあるもの）から生み出し、それ等が児童、生徒の能力と発達に則して種目が決定づけられ、資料蒐集は種目構成のヒントとして用いる事が望ましいと思います。

徒らに新奇なものをねらい、あちら、こちら駈まわつて資料を集めるとか、運動会前になつてから運動会の種目の選定を目的とする講習会が催されるという事は教育的でないと思います。指導要領が示す様に教師が突飛な新しい種目を考案するより、児童生徒自体の創意工夫に依り、古い種目に改良を加えるとか、各種の遊戯からヒントを得て、運動会の種目として適するように改良するという方法で良いと思います。従つて平素の学習時間は、工夫研究をさせる授業形態が望ましいわけであります。そしてこの形態がそのまま練習の型態として行われる事が大切です。勿論それには綿密周到な練習計畫が絶対に必要となります。

更に又運動会は所謂競爭と協同という型に於て、実施することと、觀ること、應援することの三つの面から形成されている複雑なものであります。そこで行なわれる競爭は直接的なものであり、競爭によつて子供達は客觀的な自巳評價を行うことが要求されます。従つてそこには当然成功感、失敗感が伴うものでそれが多くの觀衆の前でなされるのであるから、特に教育的にプログラム編成上注意しなければならない問題があると思います。運動会が「運動能力の秀れた者にとつても劣つている者にとつても、共に樂しいものであらしめたい」否、そうでなければならぬ所に又今後私達がもつと研究努力せねばならぬ問題点があるのではないでしようか。

猶去年、全琉の学校にプログラムを一部づつ送つてもらう様　御願いしてありましたが、小學校と中学校が合同して実施された分が八十八校、中学校のみのものが十三校、高等学校の分が九校、戴きましたのでそれを資料として左の様な調査をしてみました。

(イ)　プログラム全体の種目数の調査

小学校	四〇回〜五〇回
中学校	三五回〜四五回
高等学校	四五回〜五五回

(ロ)　一人当出場回数

小学校	三回〜五回
中学校	四回〜六回
高等学校	六回〜八回

(ハ)　走、競爭遊戯、徒手体操、ダンスの総種目に対する調査

	走	競爭遊戯	徒手体操	ダンス
中学校	55%	30%	8%	7%
高等学校	45%	35%	10%	10%

(ニ)　学校以外の他團体の出場回数

小学校では五回〜一〇回が最も多く、次ぎに一〇回〜十五回、そして五回以下となつて居ります。

中学校では五回以下が多く、中には一〇回〜十五回も三、四校ありました。

高等学校では五回以下が最も多いようです。

以上の様になつて居りますが、(イ)の全体の種目数は一般に多い様な感がします。勿論在籍の多少に依り、(ロ)の一人当り出場回数と共に異なりますが普通三〇〜四〇回位だとされている様であります。即ち運動会を一日の授業だと考えた時、父兄や地域社会の人々とともに閉会式も行いそして後片付けも出來て、仕事を翌日に残こさない程度が望ましいと思います。(ロ)については四回〜五回位が適当だと思います。次に、(ハ)についてでありますが私達が一番反省される項だと思います。中校と高校ののを調査したのですが小学校の方はまだ〱この傾向が強いと思います。種目からはつとめて陸上競技的なものを減じ、平素の学習時間の延長として、もつと徒手体操やダンス等も実施して戴きたいと思います。(ニ)の他團体の出場回数は、五〜六回位が良いのではないかと思います。即ち出演時間は一種目五分程度として、延時間二〇〜三〇分位が適当だと思います。猶プログラムを見ますとプログラムそれ自体が氣持よくみられるもの、注意してみないと読めないものプログラムより公告の方が紙面を多く占めるもの等々いろ〱ありました。字体や様式、紙面の使い方等も

つと美的に出來ないものだろうかと思います。しかし中には裏面に、全体の種目中、最も中心になる種目を解説したもの、一つ〳〵の種目に学習目標、方法等を書いて父兄等に理解し易くしたもの、学校として運動会に何を望むかという、目標や一般的な注意事項等書いたのもありました。いろ〳〵と大變参考になりました。たとえ一枚のプログラムでも、平素の子供達への指導上からも、地域社会の人々に対する教育的な立場からも充分に考慮され、美的に、氣持良く見られる様な親しみのあるものにしたいものです。

二、種目選定について

前にも二、三述べたのでありますが、更に具体的に検討してみたいと存じます。

A　種目のもつ教育的氣品

児童・生徒が社会的にも情緒的にも成長する為には、学校行事の氣品は高く求めねばなりません　運動会にパン喰い競争や只無批判に仮装して面白い動作で皆を笑わせる事のみに興味をもつ仮装行列や、（中には教育的意味をもつたのもあるが）眼かくししてバケツたゝき（暗夜の一聲）の如きレクリエーションの過ぎた運動のどこに教育的價値と品位があるでしようか。又児童生徒のみでなく一般父兄や卒業生等もあくまで教育的立場で参加してもらい、親として、先輩としてのプライドをもつて實施していたゞく様に指導したら良いと思います。

拡声機の乱用も慎みたいものです。

B　学年の能力と発達に應ずる種目を選定

(イ)　徒競走について

他府県の徒競走のプログラムをみますと

一、二年生　四〇米
三、四年生　八〇米
五、六年生　一〇〇米
とあるのが多く

東京教育大学附属小学校ののをみますと

一年生　四〇米
二年生　五〇米
三、四年生　八〇米
五、六年生　一〇〇米

となつて居る様であります。猶指導要領の四七頁の年間計畫例として五年生が一〇〇米走となつています。ところが普通沖縄ではどうなつて居りますか、各学校で御検討していたゞきたいと存じます。凡て競争遊戯等も子供の實態に即する様距離や、時間、廣さ、用具等にも十分な考慮が必要だと思います。去年の運動会で、中学校生が、スタンリング・スタート（立つていてのスタート）の出來ないもの、小学校生で走り方の指導のあとが全くみられない者、等が相当居りました。（小学校の基準教育課程ではスタンリング・スタートが三年生で大体出來、四年生では出來る、という所まで要求しています。）

運動会の一般的な傾向として走の指導よりも、演技種目に時間を多くかけるという傾向から、走をみれば大体の平素の体育学習の一端が現われてくるものです。

スタンリング・スタートについて簡單にその要領を述べますと、先づ一方の足を出発線に接して出し、他の足は約四十糎後方において立つ「位置について」の合圖で前脚の膝をまげ、上体をやゝ前に倒して体重を前脚にかけるようにする。「ヨーイ」の合圖で前脚と反対の腕をまげて前にあげ、後の腕は約直角にまげて後方にあげ、一層体を前に倒す、この場合の眼は約十米前方をみており「ドン」の合圖で走り出す。この時、出來るだけ前傾を保つて出発することが大切で最初から急に上体を起すのはよくありません。ついでにスターターの件ですが小学校等では一般青年のしかも選手のみの競争とは異なりますのでやり方も、もつと児童生徒の立場、即ち運動会の雰囲氣に昂奮しきつた児童のことを考えて

「さあ白い線の所にならびなさい」

「いいですか――ドン」の號令の語尾を静かに伸ばしておいて全体の体勢が整つたと思つた時、「ドン」と合図する。こうすると大体揃つたスタートをさせる事が出來ます。尚言葉の工夫としては「いいか、いいか、ドン」、「さあまつすぐ前をみて、ドン」等々あります。中学校生からはつとめてクラウチング・スタートとし、スタート技術も向上してきているから、スターターも小学校程度よりも少い程度をあげて行つても良いと思う。

(ロ)　プログラムの中に五〇〇米とか中には一万米等あるのもありますが、私は運運会当日に実施するのはどうかと思います。一日中外で運動して疲労しているのに、四〇〇〇米や五〇〇〇米以上も走ることは、他にいろ〳〵の種目もあることだし、保健上よくないと思います。

(ハ)　親子競走について

親子競走にはいろ〳〵あつて、一定距離を親が子供を背負つて、走るもの、子供が一定距離を走つてから親の手を引いて走るもの、親と子供が組んでリレーをするもの等ありますが、其時の年令と能力に應じた距離を考慮することが大切です。

㈡ 棒倒しについて

棒倒しはそれ相当のルートを定めて実施しないといけない。即ちける、つく 乱打等の如きことがあつては大變なことで、いろいろと禁止、罰則 除外等定めておかないといけないと思う。之も小学校では高学年だけが適当だと思はれる。

㈭ 障碍物競走

用具や、方法にもよるが、学年の能力と平素の学習効果とを念頭において適当な用具を使用する様にしたい。

㈥ 二人三脚

低学年では無理であると思う。即ち足に依つて走力を競うのであるが その足が制限されるという矛盾が一 二年生では難問題である。走る方法と、距離に留意すべきだと思う。

三、寄附に対する考え方について

運動会が盛大だつたか否かを計るバロメーターとして寄附金の多少を言う位最近の沖縄では寄附金集めの為の運動会かと思うような学校も相当ある。運動会には相当の経費が必要である。そして運動会は恒常的なものである。従つて学校としても PTAとしても、その調達の方法には教育的に考えるべきだと思います。学校の設備や用具が不十分だから運動会でも盛大にやつて寄附金をより多く集めようと、もし考えでもしたら運動会の教育的意義は全くなく、体育が学校の設備、用具の整備の為に犠牲にされることになる。

運動会を教育的に円滑に運営する鍵は実に豫算の合理的立場と、適近な調達方法にあると言つても過言でないと思う。

四、運動会と観衆

勝敗に対する父兄の指導であるが、先般のオリンピックで水泳の千五百米に二着となつた橋爪選手が意氣消沈している處へ 母親からの慰めの電報により初めてにつこり笑つたという。一般家庭でも勝負に対する理解は相当深まつてきたが、子供達の不成績を眼の前に見せられて父や兄等が案外叱つたり、けなしたりしている場面をみることがある。

負けて來ても家族全員が拍子で迎え 健斗を褒めてやり、次の運動会を期して頑張るよう激励してやる事が望ましい。

又プログラムの中には一般觀衆を対象とした保健体操とか 厚生体操とか 全体体操とかの種目のあるのもありますが、大變良い事だと思います。地域の人々が簡單に氣軽るに老いも若きも久方ぶりに運動をたのしみ 健康生活の再創造に資することでしよう。

五、行進について

戦後いろいろと疑問をもち、問題となつていたものに秩序運動があります。私は特にその中で行進について述べてみたいと思います。

行進、所謂歩くことは運動会にのみ必要であるのでなく、私達は常に歩くことに依つて生活して居ります。そしてこの歩くこと自体が身体に及ぼす影響も大であります 従つて行進についても、又姿勢についても平素の学習時間に指導されることが望ましいわけであります。

歩法は從來行つて來た、所謂正常歩を用いることが望ましい。參考の為に正常歩の具備すびき要件をあげることにします。

1 上体の姿勢は概ね真直であること。決して前傾したり、又殊更に反りもしない。

2 頭は真直に保ち、視線は概ね進む方向に真直になるようにする。極端に視線を下げたり、傍見等しない。

3 臂は十分に脱力され、肩胛関節に於て大きく、肘関節に於て小さく振れる。

4 肘関節は臂が前方に振れる伴れて少しく屈がることになる。この際 臂が最後まで棒のようになつているのは、緊張していてよくない証拠である。

5 指は、脱力の結果いつも軽く屈がつているか若しくは軽く伸びている程度がよい。

6 臂の振れは、真前でなく、心持ち内方に振れることになる。勿論故意に内へ振るのではない。

7 臂の振れは、歩長に正比例して振られる。歩長と不均合に、殊更に大きく振ることは過失と認められる。

8 足尖は概ね歩く方向を向いている。極端な外鰐 ソトワ)、内鰐(ウチワ)は矯正されなければならない。

9 振動脚は、脱力の結果前方へ振れて、地床に着く直前に軽く伸びているのを最上とする。但し伸びるといつても、かたちの上では幾分屈がつて見えるものである。

10 足は地床に最初踵の部分から觸れ その後直ちに全足蹠に及び最後に足先から離床することになる。

11 足が地床に觸れた瞬間から、膝は屈がり始める。この際伸びていると推進力がそれだけ妨げられることになる。

12 膝は、支持脚から 振動脚に 移る直前に 於て一度伸ばされる。

13 完全な正常歩に於ては振動脚の終りに一度軽く伸膝され、支持脚の終りにやや強く伸脚されることになる。

14 体のどの部分も一切コルことなく、終始ゆつたりした体勢であるべきこと。

15 氣分はいつも明朗で、かつ達であることが大切である。

16 歩長は狭きに失せず、歩数は少きに偏せず常に適正なる歩長と歩数とをもつて「さつさ」と歩くべきである。

以上は一昨年東京教大での講習の際の大谷武一先生の説明であります。

猶小学生の歩数と歩巾を調べてみますと

一年生 男五七糎 一五二歩 女五五糎 一五〇歩　四年生 男七二糎 一四〇歩 女六九糎 一四二歩

五年生 男七五糎 一三八歩 女七二糎 一三八歩　六年生 男七七糎 一三四歩 女七五糎 一三六歩

従つて全校行進の際は小学校一三六歩より一四〇歩中学校一二六歩より一三〇歩、一般一二〇歩とすれば大体揃う様になると思います。

指導上注意すべき点としては、先生は指導さえすれば良いのであるから、先生のテンポに合せよう等とするのはいけないことであります。又注文することはあまりやらず最少にとどめることが必要だと思います。例えば腕をもつと振れ！というのでなく、個人的に、〇〇君もう少し振つてみろと注意する程度で良いと思います。「元氣を出して歩け」ではなくて「サッサと軽快に歩け」である。

次に足を合はせる方法としては

〇調子を合はすこと

(イ) 一律にやる方法　(ロ) 手を叩かしてやる

(ハ) 目をつぶらして　(ニ) 左（右）足を強く踏み又は手を一つおきに強くたたき

(ホ) 其場で生徒の歩数に会つたレコードを聞かす。

〇歩数を知らすこと

〇踏みかえを教えること等があります。

終戦直後東京のある学校で、CIDの米人に運動会見学をさせ、秩序運動について意見を聞いたところが「皆よろしい、只声は軍曹の様な声はいけない」といつただけであつたそうである。私達は指導法や、考え方に問題があるのであつて、どこまでもこの秩序運動は平素から正しく指導すべきだと思います。

プログラムを通じて最近の運動会の傾向について述べて参りました。要はその運動会が成功するか、否かは、運動会のもつ性格をどの様な方向にもつていくかという点と、その方向に対する着実な実践的なそして具体的計画の如何にあると思います。

運動会を行事として運営するか、学習として展開するか、その中間的な型にしていくか、等々あると思います。そして準備から、練習、運営組織、役員分担、更に反省会迄、綿密周到な計画の下に、全校的な行事として展開されることが望ましい。

今年は殊に運動会に対して各方面からの関心があり、文教局としても座談会を催しますし、教職員会でも同様な催が計画されているようであり、各地区に於ても校長会を開いて検討されるようであります。

特に体育主任及中心になつて企画し運営される方々の御自重を祈りますと共に、体育的活動がどの程度迄教育の一般目標に結びつき得るか、地域社会の人々にも展開してみようではありませんか。

座談会

運動会をめぐる諸問題

琉大夏季講習受講者

司会　琉大夏季講習の午後の部は、幸に全島各地から來られた中・高校の体育担当者の方々が大部分を占めておりますので、この機会に、間近に迫つた運動会をめぐる諸問題について、既に何回となく、学校の中心となつて企画し、運營して來られた皆様とお話し合いを願い、沖縄体育、否沖縄教育向上のため　廣く沖縄の全先生方にお傳え致したいと思います。一昨日御話し致しました内容に從つてお話し合い願います。

▽運動会の性格について

司会　一口に運動会と言いましても地域により、個々の学校によりいろいろあると思いますが、学校教育の行事として行はれる運動会は一般的に どんな性格のものが望ましいか、この問題がしっかり把握出

期日　一九五四年八月二〇日
場所　琉球大学
出席者

(司会)	琉球大学	小橋川　寛
	琉球大学	新里　紹正
(記録)	文教局	與那嶺　仁助
	首里高等学校	石川　逢英
	工業高等学校	玉城　幸男
	首里高等学校	平仲　孝榮
	知念高等学校	花城　清功
	仲西中学校	佐川　正二
	宮古伊良部中学校	川満　恵元
	西原中学校	石原　佑哲
	北山高等学校	仲里　マサエ
	読谷高等学校	伊波　邦子
	古堅中学校	大湾　芳子
	楚辺小学校	大田　一夫
	真和志中学校	東江　慶雄
	同右	宮城　治男
	那覇高等学校	富原　加代子
	首里中学校	新垣　久子

來ないと次の問題にもいろいろと影響して參りますので、このことからお話し合い願います。

玉城　運動会には学校によって、創立記念運動会とか、校舎落成祝賀運動会等々表現の仕方はいろいろあるが、原則的に一つでなければならないと思うのですね、つまり表現の仕方の根本的なものは、指導要領にある体育の目標にあるのですから、それで私は目標を越えない限り、競技的種目も入れてよいと思いますね。

司会　運動会は、子供達のものですからね、しかし各学校では実際にどの様にしてやつて居られますか。

平中　体育教材と、レクリエーション的種目が大部分で、その中に競技種目も入れています。

玉城　運動会の種目に対する考え方も、先話しました体育の目標を尺度としてみました時、運動会はあらゆる種目の完成されたものを公表するのでなく、平素の学習の流れとしての一部面もあつて良いのでないかと思いますね　そして運動会の結果を足場にして次の教材に展開していくというのが望ましいいき方でないでしょうか。

司会　玉城先生の御意見はたしかによい御意見だと思いますね、ところで今の御意見の線まで向上させていくのに、実際問題として何か困難な問題はありませんか。

宮城　都会と田舎とでも大部違うと思いますが、運動会となりますと、一般観衆は何か新奇なもの、變つたものを欲している面もありますね、一般父兄の新教育、新しい体育についての啓蒙も必要です。それに又都市ではプログラムを編むのにも簡單だが、田舎ではいろいろと問題がありますよ。

花城　都市に比較的近い農村に於ては、学校運動会と青年運動会とを切り離すことについて、経費等の面から考えて村当局、村民としてはなかなかよろこばないようです。

平仲　たしかにそうですね、只一方的に経費のみにとらわれて 運動会の價値を忘れ、形式的に考えている。それで運動会となると青年競技が主で、児童は二義的になつている、打破すべきですよ。

川満　そんなこともありますか、私の所は不便な所で映畫館も勿論ない離島ですが、父兄や青年はそのため運動会を唯一の樂みとしているのですが、決して子供達が二義的にされる様なことはありません。学校が小さいので、隣校の先生方も應援して下さつて和やかにやつていますね。

宮城　宜野座では運動会の運営も、P・T・Aの係員と生徒が主体となつて居りまして、青年競技会と学校運動会とは別にやつています。

司会　そうしますと運動会当日は先生方は何をしますか。

宮城　当日は児童、生徒の管理が主です。

佐川　浦添村も三校ありますが、青年競技会とは全く別にしてやつています。

玉城　それはどこの地方でも、学校自体でやるもの、青年競技会も合同でやるもの、あると思います。問題は其の割合いですがね。

司会　結局、学校が主体でそれに地域の方々も協力しつつやつていくのがよいのであるが、青年競技会とのつながりがあつて困つている所もあるという事ですね、それは一つの傳統があつてやりにくいのですか。

平仲　傳統とか何とかいうものでないですよ、只経費面なんですよ。

玉城　最近の新聞に運動会は競技会とは異なると書いてありましたが、運動会に競技的なものをやつては

困るという意味ですかね。

司会　そういう意味でないでしよう、それは運営の問題と、学校運動会に、どのように青年競技会をもつていくかという問題でないでしようか、運動会には対抗意識の濃厚なものは望ましくないでしようね。

玉城　青年競技会とは別に行うことは勿論よいことと思いますが、競技的な種目となると問題があると思いましたので。

司会　運動会が、児童生徒中心か、青年かという点ではつきりしたところがないために学校で行う運動会は児童生徒中心としたものでなければいけないということで、それに地域社会の人々も参加するということを示したにすぎないと思いますね、そして一般の参加も個人的な競技的なものよりも、むしろレクリエーション的な團体種目が望ましいと思いますね、田舎等では二、三部落合同して実施するとかしたら全体として和やかな雰囲氣の中に演技が出來ると思いますね。

平仲　青年競技と合同してやりますと、一番困まるのは、その競技会が地区へ派遣する豫選会も兼ねていることです。そこで大きな村等は青年競技会が回数も多く、従つて時間的に学校が制限されてくるのですよ。

石川　それでは学校行事として行う運動会の性格から全く離れたもので、問題外ですね。（笑声）

花城　全くそうですね。

大田　私の学校では、一昨年区長さん達に集まつてもらつて協議いたしましたが、出場する青年選手も一流の者でないので、せめてこの機会にでも出場させてくれないか、という意見でした。それでも十種目だけ加えましたが、去年は七種目に減して部落毎の採点もしないようにしました。それに学校の父兄の$\frac{2}{3}$が外來者であるため、関心がわりに薄いようです。この点、父兄の啓蒙も必要だと思つて居ります。

玉城　要は対外的に仂きかけることですね。

佐川　私達の所では青年の参加も、字対抗でなくて、チーム対抗としてやつている。従つて定められた人員揃えたらどの字の者と組んで良いというようにしています。

司会　同じリレーでもそのようにやりますと組織だつた團体の代表という意識もありませんからレクリエーション的なものとなるわけですね、米國でも、プレーデーとか、スポーツデーというように数校が一場に会し、楽しくそしてレクリエーション的にやつているそうですね、では次の地域社会との問題について願います。

▽地域社会と運動会

玉城　性格のところでもこの問題は大分活されたと思はれますが、地域社会の問題でその地域の人々が参加するという問題と、その地域の特性例へば民謡とか、唐手とか、棒術等々あると思はれますが之等も大いに生かしていくことが必要でないかと思います。

司会　生活体育という面からも考えて、地域の特技は必要であると思いますね。

玉城　地域社会の人々と関係の比較的うすい工業高校等では、学校の性格から、工場とか職場等の團体も参加してもらいましたが大變好評でした。

司会　時間が大分たちましたがまだ〳〵問題は多いようですがこのへんで次の項に進みたいと思います。

▽平素の体育学習と運動会

司会　毎年のことですが、運動会のために多くの授業が練習に当てられるということを聞いています。そこで日常の体育学習を計画的に、カリキユラムに即してすゝめていくと良いと思いますが、運動会を単元的に取扱う様にしたら一層その欠陥が除かれると思いますね　体育の生活化という点からも所謂放課後の利用ということも考えられます。一番問題なのは、ダンスと思いますがどうですか。

新垣　私達の学校ではカリキユラムを作製してやつて居りますが、どうしても計画的に四月始めから始めなと困まると思います。

司会　運動会前になつてからダンスをやるという事自体が間違つていますね、既に四月から例へば或クラスは象の表現をさす、他のグループは鶏、猿、等々学習させ、一ケ月前位から之を纒めて発表するというようにすればよいと思いますね。理論的には運動会の翌日から直ちに次ぎの運動会の準備をやらぬといけない事になりますよ。

新垣　一番困りますのは一般觀衆です、父兄は新鮮味のあるもの、何か變つたもの　という意見もありますので。

司会　富原先生どうですか。

富原　計畫的にやるという事は同感であります。私は平素の体育学習には基礎的なものをみつちり練習し学習させる事だと思つています。新鮮味のあるものといいましても基礎が出來ないと大変困ります。先づ基礎的学習をやることだと思います。

司会　新鮮味のあるもの、變つたもの、といいましても　それが体育目標にてらして子供達の成長になるのでしたら、カリキユラムをそのようにかえていけばよいわけですね。

新垣　生徒の学習のことも、父兄や一般觀衆のことも考えます時、困まつてしまうのですよ（笑声）でも私の学校では三ケ年間田毎の月をやつていますが、最初はむつかしい、程度が高いという評判でしたが、次第にリズム等も良くなり、古い教材でも一寸隊形でもかえていくとよいと思いますね。

大田　中校や高校では教料担任制で、ダンスでも專門の方が居られますが、小学校では其点大變困ります。そこで平素からやられていない傾向がありまして、必然的に時間をさくという事になつてしまうのです。又一学級のみでなくて、学年としてやるもの全校的なもの等もあるし、、時間的には問題がありますね、従つて私は、要は指導力の問題、つまり平素から基礎的なものを学習させる力が必要だと思います。時間の問題と申上げましたが、他教科の時間をさくという意味でなくて、放課後の時間をいつているのです。子供達の過重になる様なことが考えられるのです。

司会　大田さんの御意見も四月からさの学校に渉つたカリキユラムを作製していく様にすれば、幾分良くなると思いますがね。只今の指導者の問題ですが、たしかに資質の向上策をお互で考えないといけないと思いますよ、そのためには沖縄では先ず組織をつくることですよ、研究所や、研究機関、研究のための資料の少ない沖縄ではお互が切瑳し合つていく学校体育連盟という様なものを結成し、そこで研究していく様にしたいものだと日頃から思つて居りますね。

平仲　大田先生がいわれた様に基礎が出來ていたら組立てるのは易いと思います。問題は本当に小学校の先生方が、國語や算数や社会科等々の学科と同じ様な考え方で、一週三時間の体育の時間に子供達の個々に対して真劍に体育学習をしているか、どうかにありますよ。（そうですねと、三四人同意を示す）

富原　平素必要なレコードを店へ行つて求めようとしますと、主人から時期が來ないからありませんよと簡單にことわられる、そのかわり運動会時期にはたいへんよく賣れるそうですよ。（笑声）

司会　此の点私達は深く反省しなければならぬと思いますね。それでは次の運動会の練習について何か。

▽運動会の練習について

平仲　私の前居りました学校では二回運動会を企畫してやつて參りましたが、運動会三、四日前迄は放課後だけしかやりませんでした。徒手体操、ダンス、巧技等もそれぞれリーダーを四、五名指導しておいて、実際にはそのリーダーを中心にして練習をするのです。先生も、生徒も運動会後、へとへとになつて疲れるということもありますが、それは演技練習等のためでなくてむしろそれに附髄したもののためですよ。（笑声）

玉城　実際問題として練習をしている時間は少なくて、只無意味につぶしている時間の方が多いと思はれますね、要は周到な合理的な練習計畫をつくる事ですよ、そして全職員、全生徒に緊密に連絡することが大切だと思います。練習でも教育効果をたかめるには、児童、生徒、職員も一体になつて運動場の割当てから用具の問題　オルガンの問題、等々十分に計畫してやらないといけませんよ。

新垣　同感です、私のところでも計畫表をつくつてやつていますが、平素はクラス單位に部分的にやつていますので、綜合的にやる場合、計畫しておいてさえ、いろいろ困つて來ることもありますからね。

玉城　計畫表をつくつても十分に徹底さすことが必要ですよ。

平仲　そんなこともありますかね。

玉城　それは高校では主任がおつて一人でやるから問題ないが、小、中校は絶対に必要ですよ。

大湾　私の学校では二学期の始めに、体育研究部員が大体の計畫をたて、四週間位前になりますと一年生から中校三年生まで一週三時間の体育の時間を、六時限定にかち合はない様に時間割を組みかえてやつています。そして定められた時間しか出來ませんので必然的に與えられた時間を計畫的にやつています。

玉城　その計畫は職員会議で大体やられるのですが、実際には常に前日で発表して計畫していかないと困つてきますよ。

大湾　先生方同志が話し合つて時間を交換したり、或は讓つたりしてやつていますね。

司会　やはり練習には、計畫的に、そして組織的にやらないといけませんね、当日迄、統制ある計畫と実踐が必要ですね。

大田　先きも述べましたが、カリキユラムと教師に依りますよ。

石原　去年私は非常に困まつた事がありました。小学校の方から、運動会前になつてから小学校には男教員が一人も居なくて困まつているから、ラジオ体操を指導してくれと頼まれたのですよ。（笑声）

司会　それではこのへんで次ぎし種目選定について何かお話し下さい。

▽種目の選定について

玉城　種目選定の時期は要項決定の時でよいと思います。平素カリキユラムに従つて基礎的なことはやつているのですから。

宮城　中校や高校等で子供達に体育の教師が或特殊の演技を指導するのに困難を感じた場合、之をどういう様にしますか、例えば空手とか、棒等カリキユラムにないのを行う場合なんですが。

司会　普段指導はしないが、それを種目としてとりあげる場合には特別に考えないといけないでしようね。どうですか皆さん。

石川、花城　たしかにそう事はありますね。

大湾　九月始めに職員会がありますが、その前に、学年打合せをやり、種目に対する指導者も定め、特技等も従つて職員会でその指導者についても話し合いがあり、定められます、そして練習計画がたてられるのです。

玉城　カリキユラムにないのをやる時でも、クラブ活動で研究し、練習させておくとか特技をやるに適当な指導者に日頃からやつてもらう様にしたらよいと思いますね。

新里　種目の選定の中で、大切なことは教育的に氣品のあるものを選ぶということだと思います。パン喰い競争とか、仮装行列とかいう様な徹底的なレクリエーション種目の内容はどうかと思いますね。

花城　運動会が教育行事の一環として展開される以上そこで營なまれる凡ゆるものが教育的に考えられなければいけないと思います。たとえ一枚のプログラムでもそれを教育的に美的に親しみやすいものと心掛けるとか、拡声機の使用にしても、又一般の参加にしても品のあるものでないと困まると思います。

司会　他府県でもそういう傾向があつた様ですが、最近では大分検討されている様です。

玉城　品があるか、どうかを計る尺度は体育の指導目標ですよ。

司会　いろいろと問題があると思いますが、時間も大部遅くなつてしまいました。議題の半分しかまだやつて居りませんが残つた問題の中で殊に重要なものを先きにやろうではありませんか。（異議なしの多数の声）

玉城　経費の問題についてはどうですか。

司会　それではその問題にうづりましよう。

▽運動会の経費について

石川　運動会には相当な費用が必要でありますし、又恒常的に營まれるものでありますから、当然学校としても、P・T・Aとしましても豫算化する必要があります。勿論、なるべく経費のかからぬ様にする必要はありますが、運動会が寄附金集めの道具になつてしまうと大變だと思います。

玉城　豫算化することはどうしても必要ですよ。

大田　この問題は去年も本校でいろいろありました。豫算は二千円しかないのに、八千円もかかり、やつと寄附金でうめました。今年も八千円要求していますが、寄附金でやつたら良いだろうとでも言はれると全く困まりますよ。

宮城　残つた之から後の議題も相当良い問題ですし、又私達は之からすぐ、この問題に関係することですので、大部時間も過ぎましたし、之から講習終了後毎日三時頃からでも話し合いをしたいと思いますが。

司会　文教時報の印刷関係もありますが、皆さんどうですか。

大多数　文教時報とは関係なしにお互の研究という意味で座談会をしたらよいと思います。

司会　皆様がそうでしたらそれで結構だと思います。それでは石川先生その様に計畫して下さい。
折角の土曜日でありましたが、長時間に亘つて、真劍に御話し合い下さいましてありがとうございました。
では之で終ります。

……☆……　……☆……

——我が校の企画——

運動会の企画と実践

中城中学校教諭　知念　清

他府県の某小学校で学校行事がどの程度子供達の興味を引き其の生活にとけこんでいるか、六年の卒業生に調査したところ二五〇名中、六五名すなわち二六%の児童は、六年間の学校生活最大の思い出として運動会、遠足、学藝会等と学校行事を語つている。又一、二、三年生に、二学期末の自由作文の題材について調査してみると運動会、遠足、学藝会等の学校行事に関するものは一四%　三二%、二三%、となり期待と興奮とねむれない前夜を迎えることを書綴つている。

中学校に於いても同様であり学校生活三年間の回顧の中にも異句同音に述べていることは如何に学校行事そのものが興味と関心を引き、彼等児童生徒の精神を強くゆり動かしていることは否めない事実である。

秋晴れの澄みきつた空高くとびはねる子供達にうれしさ、その場のかもし出す明朗で楽しい和やかな雰囲氣それこそスポーツ本來の平和な姿であり　健康のよろこびそのものである。

それは単なる子供達だけのものでなく、父兄母姉全村民ひとしく待ちこがれる楽しい一日である。教育は生徒の成長発達を助ける仂きであり学校は児童生徒の生活経験の場であつて教室内の学習も教科外の学習も一切をあげて生活経験を最も有効に且能率的に導くものでなければならない。そういう意味に於いて運動会は生徒の成長にとつて貴い生きた経験の場と舞台を提供するものである。こう考えると学校行事としての運動会の果す教育的役割は大なるものがある。

時代は移り教育の動向は變つても單なる年中行事の一つとして何等の計畫も目標もなく、マンネリズム的慣行的反覆であつては決して初期の目的を達することは出來ない。教育的に、効果的に、行うには運動会の性格を把握し、綿密周到なる計畫と組織的運營にまたなければならない。

標題に関しては浅学菲才運動会指導の経験の浅い私にとつて大なる困惑を感ずるものであるが、これを機に将來の進歩発展への轉機にし度く、本校において実施していることを発表して、あえて御批判を乞うことにした。

勿論本企畫は比較的文化や娯楽施設にめぐまれず、レクリレーション行事に乏しく、経済的に窮迫した農村の現実に立脚して企画されたものであり、教育的に批判されるべき幾多の欠陥を持つているものであるが、飽迄農村の特殊的、過度的な企画であり、農村における普遍妥当的理想的運動会の在り方の規範を示したものではないと、言うことを念頭において検討してもらい度い。

▲運動会の性格

特別教育活動の一環として古くから傳統的性格を持ち学校社会をあげての大行事であり新教育の立場からいろ〳〵な角度から検討されているが主要な立場として次の様なことが考えられる。

(1) 行事單元として展開する立場

此の立場は運動会という行事を凡ゆる学習活動に関連づけて、其の学習経験が統合されて運動会を構成していくと言う立場で其處から生れるものは自主性であり、計畫性であり、創造性であろう。特に共同の仕事に於いて役割を担当し、組織的集團活動を経験することは新しい社会の要求するパーソナリテイーの形成に役立つであろう。

(2) 体育祭典を見る立場

平素の体育学習の成果を公開して各自の健康を謳歌

し、より強いより健康への自覚たらしめる機会とする。

(3) 学校地域社会のレクリエーションとしての立場

此の立場は前者の教育的運動会に対する反省としてあらわれたものであり、より自由にして解放的な立場を強調し、学校地域社会のレクリエーションとしての運動会を考える立場で、特に農村に於ける運動会はレクリエーションとしての色彩が強く、学校社会をつなぐ滑らかな窓であり、通路であり、緊密化の機会である。

以上運動会の性格を三つの立場から眺めたのであるが、軽重の差こそあれ三つの要素をふくんだのが現行の運動会ではなかろうか。そしてどちらかと言うと、農村に於ける運動会は三番目の村民運動会としての性格が強い様に思われる。

勿論運動会は地域社会の行事として眺めることも必要であるが、何よりも学校社会の行事であることは否定できない。新教育の線に沿うた運動会は、生徒を主体的立場に於いて考え彼等の学習活動の一環として取扱わなければならない。即ち生徒児童を中核とし、父兄教師が外廓としての所謂同心円的関係に於いて人間育成の角度から企畫運営されなければならない。

しかしながら農村に於ける学校行事としての運動会は地域社会との結びつきが強く、準備実施に相当の経費を要すると言う点から、学校の主体性がはつきりした行事というよりも、地域社会と共同のものと言う色彩が強い。勿論それにはプラスもあればマイナスもある。地域社会を主体的に考えるならば、村民運動会と言う形で一應子供達の運動会から切り離し、学校行事としての運動会はあくまで子供を中心に考えた方が性格もすつきりする。そして村民運動会は別個の角度から青年を中心にして充実したものにする方が効果的ではなかろうか。

事実他府県に於いてはこの様な運動会がふえつゝある傾向にあるといわれている。私の村においても実現に努力してきたものの、農村の持つ社会的性格は進歩より保守に、科学より因襲に、知性よりは慣習に、個人より集團に吸引され易い根強い性格をもつており、簡単に解決出來ない状況下にある。このために数多くの障害があるにしても、よりよき運動会を実現するために努力していきたい。

▲運動会に対する基本的態度

1 生徒の組織的集團活動の重視
2 全員が関心を持ちたのしめる運動会
3 父兄に体育の意義と必要を理解して貰い家庭学校協調の機会たらしめ度い。
4 運動会の企畫や準備を計畫的に進め他教科を犠牲にしない。
5 純競技的種目とレクリエーション的種目を適当に按配し、体力的に恵まれない生徒にも機会を與え運動意欲をおこさせる。
6 級対抗として学級團結の機会たらしめる。

▲企画運営について

(一) 職員会開催

運動会諸計畫について検討し、職員としての態度を決定する。

(二) 運動会準備委員会の開催

運動会について職員の態度決定後学校長は左記の人々を以つて準備委員会を組織し、運動会の性格、目標、期日、種目その他運動会諸計畫に対する大綱を審議決定しその執行は運動会実施委員会にまかす。

準備委員会の構成

学校職員、生徒代表、各区長、各区青年会長、PTA会長、各区婦人会長

(三) 生徒会

1 準備委員会の結果を知らせ、生徒会としての行動につて討議
2 運動会についての具体的組織をつくる。
3 構成人数、メンバーの決定

(四) 実行委員会

1 組織　生徒代表、クラブ代表、ホームルーム代表、教師を以つて組織する。
2 準備委員会の趣旨を体して自主的態度をもつて実施計畫、方法を立案し、毎週定期的に開催する。運営の実際を示すと左記の通り。
一、委員長副委員長の選出
二、各委員の役割決定（後述）
三、種目についての意見をまとめる
四、運動会実施計畫豫定表の作成
五、係教師との密接なる連けい
六、その他必要なる事項

(五) 期日について

地区大会、天候状況、仕事関係、晝の長短等を基礎にし十月の中旬とする。（豫定）

(六) 種目について

1 種目選定方針
一、種目は教育的、レクリエーション的に價値あるもの

二、機会均等の原則に立つもの
三、性別を考慮して選択する
四、職員、ＰＴＡも参加出來る種目を選定
五、平素の学習内容と結びついたもの
六、余り複雑にならないもので長時間を要しないもの。

2　種目は団体と個人とし、更にこれを男女別とし得点種目の非得点種目に分けた。

3　学校生徒

㈠　得点種目

本校運動会は競技会形式を多分に帯び且地区出場選手選出の性格を持っているので、出場種目中不可能な種目以外は全部実施する事にした。

㈡　非得点種目

一、競争遊戯　全男二回
二、ダンス　各学年女二回、全校女二回　全校男女一回
三、体操（巧技をふくむ）　五種目

4　一般父兄及青年会

一、ＰＴＡ、婦人会の種目（適当なもの）
二、青年会種目　生徒種目に同じ

太來ならば村民運動会を開催、青年競技会を別個に持つべきであるが、一般村民や青年の理解と協調によつて、これが実現を見るまでの漸定的措置として学校運動会の中に吸收してある。

㈦　運動会実施計畫日程について

九月上旬　運動会実行委員会開催、各係役員決定
九月中旬　運動会種目調査、種目決定用具の準備購入、練習開始（必修時、自由時、放課後）

指導計画一例

	保健と生徒会	放課後	必修時
一週	(1) 学級生徒会 1 運動会を目指しての計画 2 全校生徒会提出の意見をまとめる 3 対抗方法について (2) クラス生徒会 1 全校生徒会及学校計画に基いてクラス計畫改正 2 練習法について話す (3) クラス会 運動会実施上の注意について	運動会種目練習 体操 ダンス 音遊 スタンツ 競技練習	1 徒手体操 2 組立体操 3 功技（器械体操） 4 女子ダンス
二週	(1) クラス生徒会 1 自由時に於ける運動の仕方について反省 2 運動衛生について 3 運動と栄養について	運動会種目練習 1 体操 2 ダンス　各学年女全女 3 音遊　全男 4 スタンツ 5 競技練習	1 徒手体操 2 陸上競技 イ、ジョツキング ロ、コーナーの走り方 ハ、短距離走 ニ、継走 ホ、巾とび ヘ、規則と審判法
三週	(1) クラス大会 1 自由時運動練習法について反省 2 社会生活とスポーツについて 3 衣食住の衛生について	右同	1 徒手体操 2 ジョツキング 3 走高跳 4 三段とび 5 中距離走 6 規則と審判法
四週	(1) クラス生徒会 1 運動会当日のクラスの動きについて決める 2 運動会運營に必要な組織について知る 3 運動と体育について 4 スポーツマンシップについて	右同	1 徒手体操 2 組立体操（各種） 3 運動会演技種目の練習 4 運動会場の設計 5 とび箱 6 マツト運動
五週	(1) クラス生徒会（反省会）	反省	

十月中旬　運動会豫行演習実施
　運動会実施
十月下旬　運動会反省会
　参考　運動会演技種目申込様式例

学年男女	演技種目	種別	人員	準備用具	所要時間	指導者

(八) 役員とその任務について

当日迄の仕事

1 総　務　運動会運営の原則についての協議会開催。関係方面への連絡案内。各係の総合統一
2 準備係　運動会場の設計。運動の器具用具の準備配置。用具出入の順序。後仕末
3 接待係　総務との連絡。接待用具の準備。その他接待についての具体案を持つ。
4 賞品係　賞品の購入、準備（各種目別）
5 放送施設　入退場に必要な音樂、演技に必要な音樂及レコード準備。
6 記録係　記録簿の準備。
7 進行係　選手名簿の作成。
8 装飾係　会場門、樂屋の装飾。役員徽章の準備。
9 会場係　運動会場の経営。会場及樂堂の作製

当日の係

1 総　務　当日の総指揮者となり一切を統制して大会の充実をはかる。
2 準備係　プログラムに従つて演技に使用する用具器具の配置や後片付。
3 進行係　プログラムに従つて演技の円滑なる進行を司る。
4 接待係　來賓接待。作法の実習。
5 受付係　受付案内。プログラム配布。
6 生徒係　生徒控場に於ける定位置の決定。生徒行動の指導。会場警備にあたる。大会運営を円滑ならしめるために、各係と緊密なる連絡をとる。
7 召集係　一般観集に見える様な大プログラムの準備。演技が遅滞しない様に次から次へと召集し指揮者にひきつぐ。
8 記録係　運動会狀況を記録。競技記録の整理保管。
9 音樂係（放送）　入退場の音樂。演技に必要な音樂（レコード）の準備。
10 賞品係　会長の側に位置し賞品を誤りなく会長にわたす。
11 出発係　競技の出発合図。
12 審判係　総ての競技を審判し入賞者を賞品係まで誘導する。決勝審判。途中審判（監察）フイールド審判（走跳投に分類）

(九) プログラム編成について

編成方針

1 運動会の円滑なる進行に留意しその流れにリズムをつける。
(イ) 変化をもたす。
(ロ) プログラムに山をつける。
(ハ) 種目と運動場使用準備時間等考慮。
2 参加者の運動量を考慮。
3 出場回数と演技時間の考慮。
4 各演技間は中断することなく流れて、いく様に演技の所要時間を決めておく。
5 個人競技、團体競技、ダンス等の組合せを適切にする。
6 PTA、職員、來賓の種目は終りの方にくむ。

(十) 運動場経営計畫

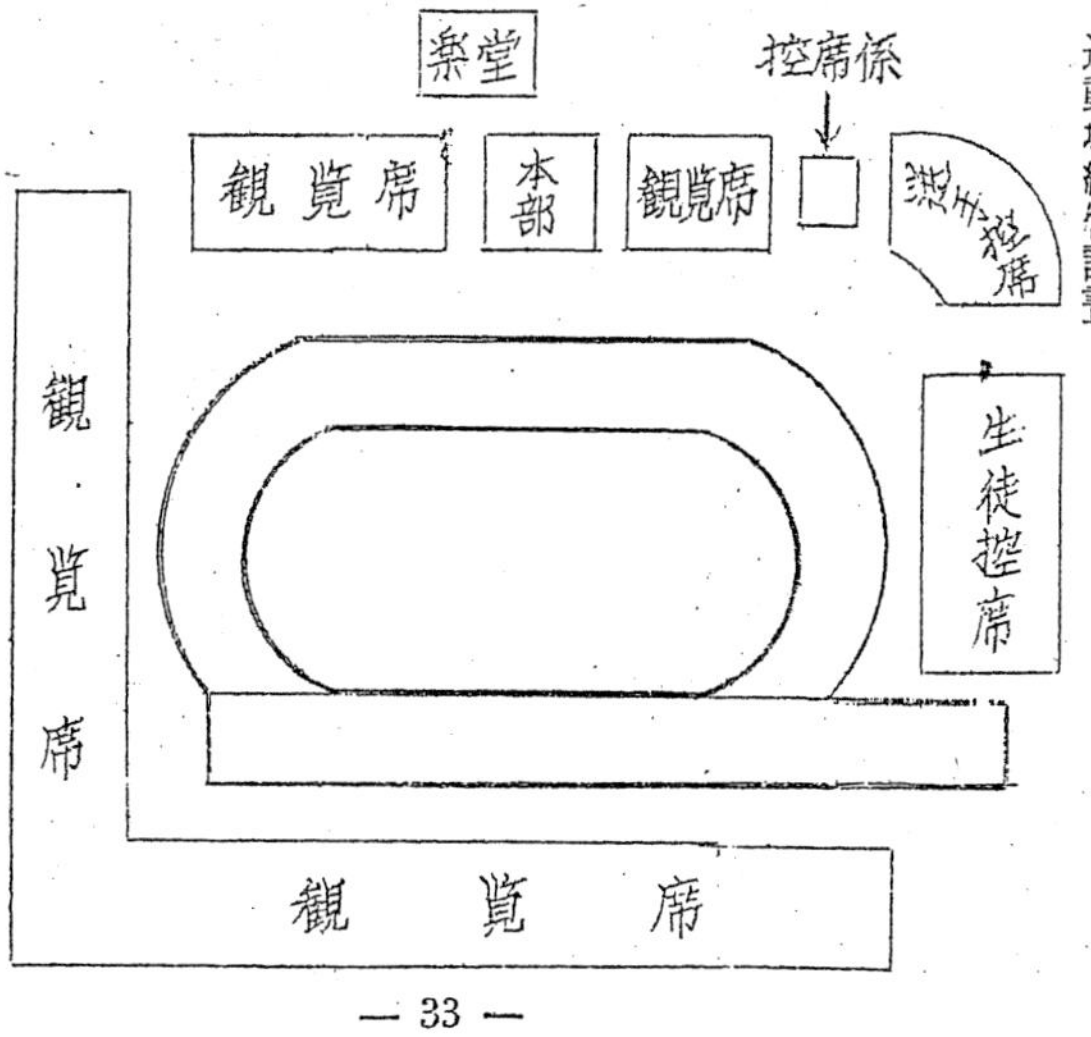

(十一) 賞品について

1 競争で勝つのが第一目的でなく参加すること自体に価値をおく。従つて参加賞として全員に與える。
2 勝つた者に対する賞品。
以上の二つの角度から賞品を與える。

(十二) 豫算について

経済的に窮迫しているので、出來るだけ豫算節限を

はかる。放送費、用具費、賞品費、消耗品費、に分類計上する。

㈢ 豫行演習について

1 期日　運動会一週間前

2 目的

(イ) 平素の練習で昂まりつゝある學習意欲を昂揚すると共に、種目の變更等の改善の資とする。

(ロ) 各演技所要時間の測定と、全種目修了後の目標を立て、当日の運営の基礎資料とする。

3 演技種目

リズム運動、團体的演技種目、入退場の仕方等、当日実際運営に必要な種目

4 豫行演習前に職員生徒各会議を開いて趣旨、方法について審議し、理解点を同じくする。

5 各係は当日と同様部署につく。

6 修了後は反省会の開催。

㈣ 前日の運営

1 学校全体の清掃。

2 各係に於いて細かい分野の点検。

3 校門の装飾

4 樂堂の作製

5 其の他必要なる準備

以上の点を午前中に完了午後帰宅。

㈤ 当日の運営

1 各係競技開始前一時間前に登校各持場の準備完了。

2 開会式開始三〇分前に諸準備完了、十分前には入場隊形を完了待機。

3 開会合図によつて行進を開始、所定の位置で開会式を生徒司会で行う。

4 退場後は各係役員直に配置につき演技開始。

5 各係役員は競技の進行に注意し、予定時間内に必ず演技が終る様にする。それには各係役員の責任の遂行と協力が必要である。

6 教師は蔭の人となり、生徒の自主活動を助長する。

7 閉会式終了後は各係役員に於いて用具器具の点検後仕末を行つて解散する。

㈥ 運動会終了後の処理

1 用具器具の一括整理を行い所定の場所に整理保管する。

2 反省会の開催

3 記録の集録

1 役員諸係の任務表　2 プログラム

3 運動場経営計畫　4 練習計畫

5 成績記録　6 反省記録簿

7 賞品一覧表　8 会計簿

9 來年度運動会計畫に対する要望事項

運動会に感多し

指導課　中山興眞

三十年近く教育界にお世話になつている。だから三十回近くの運動会を経験したことになる。この頃、この三十回近くの運動会の中に自分の姿を思い浮ばせてそれらの運動会を眺めてみることがある。そこでそれらのいくつかについてみることにした。

○白かて赤かて

運動会場に運動会氣分を造り出すものに緑のアーチと共に運動会の象徴としての繪と或は勇ましい熟語の額がある。それから今は清楚な石灰の白線に變つたが昔は木杭をつなぐ二重三重の張り繩があつた。又当日の会長（校長）席のテーブルの上に山と積まれる賞品

はなくてはならない要素となつていた。会長の胸は、いかめしくきらびやかな徽章で飾られていた。いづこの運動会場でもこれらの要素の組合せの間を包むかのように、発散させるかのように樂屋から流れるメロデーやリズムで会場に氣勢をあげ氣分を湧き立たせるのであつた。その氣勢とか氣分というものは、優勝劣敗審判への関心であり、歓喜の合唱である。だから額には競技するポーズが描かれ会長の前のテーブルには賞品が積まれる。そうなると運動会は競技がその中核主流をなすものであろう。なるほど運動会の歌も「競い競いし運動会」であり、運動会のことを学ばせる教科書にも、しろかてあかかて、がありきつと競争の繪が出ている。

運動会がどのようにしてはじめられ、どのようにして発展して來たかは存じないとこであるが、大学にはじまつたという見方が正しいだろうといわれている。明治十九年三月に、東京帝國大学運動会ができ、学生の運動競技を運營する組織であつたが、この運動会が秋の陸上運動会を主催したそうである。だから始め運動会は組織であり、あるときは行事となつたりしたことになる。そこで明治二十年の東京大学春季短艇競漕会で述べられた渡辺総長の祝辞の一節を紹介すると、「墨提下春水に棹し藤丘楓前秋風をおう、正にこれ帝國大学運動会春秋二季の大会なり、而してこの外なお常に水陸の運動を奨励し、会場を設け器具を供し、もつて厚くこれを保護する所のものはたゞ会員をして遊戯によつてその精神を爽快にし、もつて平日学窓に労苦するうつを散ぜしめんとするのみにあらず、その目的とするところ主として精神の発育と身体の營養と均衡を失わしめず、即わち培養しもつて完全充美の学士陶成せんと期するにあり。」

これは体育の本質について語つているようであるがこのような考え方は、今日の学校行事の運動会にも通用させたいものである。個人や團体の競争競技に主流が奪われることなく、歓声や拍手が児童生徒の心身の成長と発達への喜びから生れる現象へもつていきたいものだ。

○運動会はだれのもの

十月、十一月頃の教員同志の挨拶は「運動会はいつですか」「運動会はすみましたか」である。その心の一つは、年一回、十月、十一月頃にはどの学校でも運動会は必ずなさるべき行事であるという意味である。若しも取り止めにした場合には相当の理由の立つ辦明が必要である。もう一つは、運動会は学校の一大行事で、骨の折れるもので、それの前は忙しく、苦しく、それの後はほつとするという意味がある。運動会を、子供の日々の学習から遊離して、それとは関係のないところに考へ方の基礎をおくから骨が折れる。

その出來榮えが、学校の名譽や教師の名声にかかわると考え過ごしたり、優勝旗の活用に結びつけたりするとんでもない方向へ行く筈である。迷惑するのは子供である。運動会によつて伸びるのではなく、縮まるのである。子供は演技に參加するなら計畫にも參加せねばならぬ。

○べんとう、はちまき

運動会と切り離すことのできないものに、べんとうとユニホームやはちまきがある。幼学年では、或はそのための運動会であるかも知れない。いつもは味わえない一家揃つての屋外でのおいしい中食のかたまり。その時の喜びに生きた顔、勇ましいユニホームにはちまき姿。まことに美しく、まことに明かるい光景である。そこには劣等生もいない。優越感に浮く子もいない。この状景を日常の教室にもつていけないものだろうか、と思つてみたのであるが、しかしこのような時でも細心で眺めていると矢張り暗いところを見つけることがある。自他同等と思つていた子供が樂しかるべき、べんとうの中味に貧富の差を発見する。服装の差に家庭の関心の度を発見するのである。平等同價値の栄養食に統一したり同質の服装にはめ込むことは困難である。どうしても、そのようなことに近づけないとか、劣等感に泣かせたり、優越感に高ぶらせたりさせないだけの配慮がありたいものだ。

○徽章の席

入口に受付係があつて、そこを利用する客の住所氏名を記入した名簿を作成し來年度に備える係りがいる。そこを通過した客は色付きの徽章が胸につけられ一般とは判別された特定の席に案内される。大方正面と設定せられた位置にある。大方日光に対する処置もされている。ここでは会長自ら適当な時に御挨拶の回礼も行われ、お茶も出る。氣の利いたというよりも豫定や見通しのついたところでは茶菓も運ばれる。そのための係員も席の廣さに應じて豫め決められ、人夫も施設も用意されている。受付の係は運動会を観るよりもその勤務に精励することになる。従つてその人達には相当の協力と奉仕をすることになる。従つてその人達には相当の考究を要する。そうして時々刻々の成果というものを中心部の然るべき係に通報することを忘れない。

中心部ではその通報を成敗判断の資料とする。このような見えない然も緊張した活動が運動会の進行中の裏にあるのである。経費のない行事遂行の悲げきである。悲げきはそれだけではない。演技の演出が徽章席を主体に配慮されていることである。集團の演技遊ぎダンスの配別体形から競技の快なる致点をそこに設計されている。その設計が常にその席との関係に於て考慮されていたことは否めないであろう。徽章席外の父兄一般も等しく運動会の参加者でなくてはならない筈である。彼等は終日、日に照らされ、演技の背面から眺めておらねばならない。子供は我が父、我が母の席の位置にも優劣を知らされるであろうし、終始正面と背面に固定されゝ自分の位置に依つても演技に対する緊張と弛緩の差を生ずることでもあろう。民主社会の民主教育にもつと明るい計畫と工夫が出來ないものだろうか。

○一年分の運動

運動会をひかえて、その準備のための特別な時間割が設定されたことである。普通の課業と運動場の合理的活用という立場からの科学的、氣の利いた計畫として尊重せられたのである。そんなことせずに年間計畫の一環とすればそのような特別時間割も要らないのではないかと年々に語られたが知りながらも、納得しながらも繰り返した慣習でもあつた。体育主任の悩みは実にこの特別時間割の編成と職員承認であつた。然しこれが忠実に履行されれば最上の策ではないにしても被害は最少限度にとまる筈ではあつたがそうはいかなかつた。

演技の優劣を競う教師の教育的情熱は運動会豫定日の切迫するにつれて猛然と烈しくなつていくのである。暫定時間割に違反していつの間にか教室の机は片付けられる。運動場の隅々まで利用するようになる。太鼓やオルガンの奪い合いが演ぜられる。子供は自己判断自己推量で無視すべき時間割としてその真價に従つて教科書や用具なしに登校する。隅々時間割によつて授業を行う場合自己の判断の誤りに苦笑しつつ内心は義憤に燃えても形式上の学習に従うのである。かくして教師はその信頼を失つたであろう。教師の運動会へのこの熱烈な情熱は、更に昂揚して一分の隙もないまでに発展する。全児童の個々に團体的にその演技々術の徹底を期して練習と訓練に猛烈を極めるのである一動作を一人の誤りも不正確さもなくなるまで、左、右、前後と方向を換え又別々に男女別に何十回という繰り返しとなる。まづいと怒られても運動会参加の喜びと希望を思へば問題でない。へとへとになつて帰宅する途はもううす暗くなつている。こうして行くうちにすつかり運動会氣分は完成し、その他は省みなくなる。かくして運動時数と運動量の総決算は体育計画総時数の一ヵ年分に達しえないだらうか。

○運動会用

戦前の男子中等学校では、教科課程の中に柔道と劍道があつたし、クラブ活動として空手があつた。運動会にはそれがプログラムの中にも織りこまれそれぞれ巧みな演出で呼びものの一つとされていた。また小学校では騎馬戦、棒倒しという男性的なものがあつて今に絶えることがない。特殊樂器にあわせる棒術というものが農村などでは古典体育として特に老人を喜ばせてきた。今日では小学校から程度に差はあるが造形体操というものがあつて觀衆をひやひやさせたり感心させたりしている。その外假装行列的なもの、來客競爭のみかん食いなどは笑わせるものとして役立つようだ。数えてみるとまだあると思うが武道の外のこれらの種目は大体に於て運動会のみに見られる代表的な種目であろう。運動競技にはそれぞれ教育的なねらいや價値がなければならないし、その練習にも骨が折れるのとそうでないのがあろう。教育課程の中から運動向きに演出して取り入れることは無論望ましいことであろうが運動会の時だけそれが現はれるということはどうだろう。無理な練鍛主義でいけば小学校でも或程度可能ではあつても真似ごとみたようなことは見ておれない。まして品位のうたがわしいものになると觀衆の笑いは実は苦笑である。いくら特別演技でもその運動のねらいを十分理解しその技術が無理なく体得でき競技規則が正確に守られることが絶対的に必要である。

○ゆうぎ、ダンスの仕入れ

毎年夏の休暇に女の先生方はダンスの講習で忙しかつた。二学期の大行事運動会に備えるため、ゆうぎ、ダンスを仕入れねばならないからである。だから女教員会や体育同好会や教育会などでは、毎年その向きの講習会を主催しなければならなかつた。講習会で仕入れたゆうぎとダンスの数は相当に多かつたが、先生方はその中から特に運動会に最適のものを好みによつて選定するのである。ところで講習会の趣旨がみごとに達成されてそれがその年の運動会に反映したのは確かである。不思議に思つたことはどこの学校でも大方同じ首題のゆうぎとダンスが演ぜられ正にコンクール的光景が演じられたことである。

人間の好みというか判定力というものにはあまり差も距離もないものとみえる。ただあるのは同じ講師から受け取つたものを持ち帰つて、それぞれの学校の児童生徒の上に表現されるまでに生ずる差である。まことにおもしろいことである。その差というものは、受け取る人の能力の差にもよるとは思うが、しかし受け取る人の個性の差と考えることも出きないものだろうか。また個性の差はあるにしても更に表現への創意を加えた部分もあることと思う。しかしそのような創意のあることが肯定されるにしても今日はもうその程度の創意では済まされなくなつた。

なぜなら新しい教育では、教師も児童生徒も創作的能力と態度が強く要請されているからである。運動会や学藝会に既成ものばかり繰り返していては進歩はないのである。そのためには先づ教師の創作能力の培養である。しかし創作といつてもでたらめと無軌道では手もつけられないであろう。何んといつても基本を体得することである。その基本を無視しては創作も生れないし、既成のものの習得さえ実は困難であろう。講習会も思い切つて基本的なものを主体とされたいものだ。そうしない限り運動会のための仕入れさわぎは永久に必要とされるであろうし、真の創作表現力も生れてこないであろう。

○心配すみて

「優勝劣敗審判すみて。」がどうも「心配すみて。」と歌われていた。音楽主任は毎年苦労するのであるが翌年も矢張り心配に戻るのであつた。

考えてみるとその方が正しいようにある。來たれり來たれりあゝゆかい。終れり終れりあゝゆかい。とは歌つてもそのゆかいの真実のいみは、心配がすんでのゆかいのようだ。運動会の演出者、指導者の練習中のきびしい躾け。おそろしい小言。いささかのゆだんもならない規律。次々にたゝみかけて來る説教と注意。眼のつけどころ。手や腕や脚の角度から動作の順序の正確さ、一人といえども容赦のないきびしさ。そして「みごとさ」を期するため、暑さ何者ぞ。疲労何者ぞ。時間何者ぞ。すべてを超越した名譽ある猛訓練が前日まで續けられるのである。

ああこの辛さもたつた一日の晴の舞台のため。当日は出演前、定位置に集められた子供達に「思い切つてやるんだぞ。いゝか。眼だぞ。脚だぞ。いいね、よし。」と又來る。いよいよ入場となり演技となり退場するまでの指導関係者の緊張振りは想像を絶するものがあつた。全員が一つになつて一人の動作の如くになることが最高の「みごとさ」であるから、一人の狂いがあれば一点の減点、十回の狂いは十点の減点の如く感ずるのである。だから子供達のみに注がれる氣づかいだけではない。樂堂に注がれる神経もまた格別な鋭さがあつた。かくしてとかくやり終せたが万一減点が大きい場合はたしかにがつかりであり、満点に近い程正に心配すみてあゝゆかいである。夕日西に傾くころ、夕風渡る校庭に心配すみての歌声の高いほど実は心配すべき問題ではないだろうか。心配と必要以上の緊張のあるところに、「伸び伸び」も「思い切つて」も生まれては來ない筈である。子供の能力を信じたいものだ。彼等の心の中にゆかいさとゆとりを充分に與えておくなら少々の狂いは自ら正しさへ然かも極めて自然のうちに取り戻せるものである。ゆとりを取りあげて心配と緊張においてしまへば一ヶ所の狂いは次々に多くの狂い否困乱を生むばかりである。でき上りや完成を見せるのではなく、過程を通して、過程の中の成長の姿をみせたものだ。

運動会のダンス指導について

古堅中学校　大湾芳子

運動会におけるダンスの在り方

今日の運動会は、生徒の総合的な生活内容の発表であり、教育効果の評價の幾会でもあり、更にその地域社会を背景にした社会的活動の一分野でもある。

地域社会の文化の中心である公共施設の学校が中心となつてのその村なり町なりの年中行事でもある。

運動会を地域社会との一般的な運動会とする場合に時間的な関係もあると思いますが次の様な分け方で種目が考えられる。

1 生徒だけで踊る種目。

教師が教材を選んで生徒たちにやらせるというよりもかつて勉強したもの、中でも特に面白かつたとか、樂しかつたというものを撰ぶべきで全体のうちで中位の者でもよくこなしているというような簡單なもので、全体のまとまつた出來ばえをねらう考え方で材料を撰べば成功する。

2 生徒、母姉、卒業生と一緒になつて踊るもの。

全校生徒と集つて來た卒業生も一緒になつて踊るようなダンスをその学校が持つているということは、実に望ましいことである。卒業後も母校に來ては、在学生や同窓の者と一緒になつて踊るという学校ダンスをもつているという學校は、これこそ学校ダンスの極致であると思う。

時代は變つても、学校独特のダンスを送り迎えする考えを子供たちに、徹底するような指導があつて欲しい。こうした種目は名曲に簡素な素朴な振付をしたものがよい。

3 青年團、婦人團その他の者も加わつての演技。

生徒とP・T・Aなり母姉たちと一緒になつて演技するような種目は、簡素で誰にでも踊れるようなもので曲目は二拍子か四拍子の一般に聽なれたものが良い。例えば最近フォークダンスとして各地に普及しているもの或は民謡等が学校教材としても適当でありましよう。踊りにしても悪質は良質を駆逐する恐れが過分にあるので健全なもの樂しい明るいものを育てるためには、運動会の教材については充分指導する必要がある。

4 青年團、婦人團、P・T・A等の踊り。

郷土色豊かな民謡が一般的に歓迎せられるようである、運動会に一般青年や婦人層のダンス種目を加えるとき直ちに服装のことが問題になる、男子が女装したり手拭で頰かぶりをしたりするようなことは一切禁じ又婦人にしても平常服、作業服、割烹服で踊るように自分たちでとりきめさせてやらせるよう指導したいものである。

運動会におけるダンスの一般的注意

1 表現の隊形について。

隊形を考慮しないで個々の踊りだけを練習した場合は必ず失敗に終る。個々の動作にしても、隊形が整わない場合は決して一人一人が存分にその技價を発揮することも出來ない。身長なども考慮を拡い組み合わせる場合の配慮も必要である。

2 入退場。

ダンスの演技にあたつて入退場が全体の出來ばえに影響する場合がかなり多い。入場に余り時間のかからないようにすることが大切である、各組各班の中心となる者をよく訓練しておくことが必要である。踊りは見せようとか、見て貰うというのでは決して良い踊りにはならぬ、どこまでも樂しく面白く踊ろうというのが一番大切なことで日頃の指導においてもその点を充分強調し踊つている中にも「間違いはしないか」「先生に叱られはせぬか」というような態度では決して本当の踊りになつていない。踊りの美しさは何よりも樂しそうに本当に踊つている姿である。

リズムに乗つて大きい隊形のうねりに沿つてよい雰囲氣で踊りさえすれば、手足の動き、身体の向きなどは、やかましくいう必要はないと思う。集つた者全部を引き立ててよい雰囲氣を上手に盛りあげてゆくのが優れた指導である。

3 マイク拡声器の整備。

踊り始めたが速くてやり直したとか、無理だと思いながらそのまま最後までやつてしまうというような場合も往々あるがこれは平素の学習の功を一瞬に欠くことになるもので呉々も注意すべきである。

運動会のダンスの指導

ダンスは運動会の華であるといわれている。紅白の勝敗を競つて、一競技毎に一喜一憂する中に快いリズムの流れにのつて展開される集團の美しさは、觀る者の心に一つの樂しさと、ほほえましさを與えるものである。このダンスが運動会だけの演技であり、又人に見せるために、非教育的に努力がなされたのであつたら折角築かれた平素の学習形態を損うことになる。運動会が平素の学習の成果の発表であるとすれば、ダンスは一学期の始めから計画的に指導されたことが二学期において、運動会に発表出來るように演出の工夫をすればよいような段階になつていなければならない。

そこで、平素におけるダンス指導について特に強調したいことは、

第一　調和のとれた美しい身体、良きスタイル美しい動きということについて具体的に知らせること。

第二　喜怒、哀樂、感情、意志の表現形式の基本的なものを教えること。

第三　身体の動きの基礎的、基準的なものを教育すること。

これらに基く幾つかの代表既成作品を反覆練習せしめてダンスの良さや樂しさを充分体得させる即ちよい

表現をさせるためのリズム練習や身体的練習、創作練習或は民謡等が楽しい活動の中に系統的に指導されて行かなければならない。一学期に一つ位は子供自身の作品が生み出されるように指導したいと思います。そして子供の考えた事が、運動会の演技の中に織りこまれていつたら、もつと子供の活動が活潑になり自主的な運動会となり得ると思います。現状に於きましては指導者がなくて運動会の時だけにやる学校がどんなに多いことでしようか又施設がなくて、基本的な練習さえも思うように出來ず創作的活動をさせようにも、その雰囲氣さえもつくれないところもありましようし、又指導者の行過ぎた理想から子供に要求するところが過大となつてついにダンスの学習をいやがらせるような状態に陥らせている例もきつと多い事でしよう。

要するに子供が喜んで学習するダンスの指導が望ましい。

平素の指導の一例

授業は一週各学年三時間の内一時間は理論二時間は実習で運動会のために特別の時間をとることはない。生徒は女子だけで二五〇人、能力は種々雑多で理解の程度は全般的に見て普通である。

一学期は主として基本的な歩法と、態勢の練習を種々結合してリズムに合して興味のあるように指導し計画する。

九月中に指導を終つて、十月になつて隊形をつくらせ音楽にあわせてみる、こうして毎週二時間宛殆んど基本的なことと部分的な練習をして運動会のための練習時間を特にとらなくても子供に自信を持たせることが出來た。その結果例え既成の作品であつても又は名曲に振付けした作品であつてもその表現創作能力に、平素の学習指導の効果を得、生徒を通して涙ぐましい演技を発表しました。

中学校の女子の体育を指導するに当つて簡単に記述致しました。

体操

運動会雑感

與那原小学校　安谷屋　勇

天高く馬肥えるスポーツの
秋ともなれば

どこの学校でも、大なり小なり、運動会が催される。青空高く万國旗が掲げられ、拡声器の軽快なメロデイーが村中に響きわたると、もうそれだけで、子供たちや村人たちの心はおどり、身はうきうきする。

これまで、運動会といえば、学藝会や卒業式などとともに、学校の一大行事として、学校はそのために多大な労力、時間、経費等を費しても措まないし、町村は挙げて鳴物入りのお祭騒ぎになつたものだ。

日頃仕事に忙殺され、無味になりがちな農村の人々にとつて、運動会の催しはそれこそ無上の慰安でありあの無邪氣な子供たちの遊戯や逞しい若人たちのくりひろげる妙技に目を樂しませ、心をおどらせ、明日への生氣を養う大衆向きの健全娯樂として、年一度これだけのことは当然だとも考えられる。尚、個人の発達を助成し、各自のもつて生れたあらゆる能力を充分に伸ばして、社会的に有能な人間育成を目ざす全人教育において、体育の受持つ役割の如何に重大なるかは今更論ずるまでもないし、この点からも、大いに意義があり、大々的に催してよいと考えられる。しかしその在り方について、まだ満足できない點が多々あり、それを一々擧げてここに論ずることは不可能であるので氣づくままにその一端を述べてみたい。

まず、運動会準備についてのことだが、これほど不合理な人生の浪費はない。今日では餘程改まつて來たと思うが、大体十日、二十日、時には一ヶ月前から、民主教育を無視しての無軌道な練習が続く。子供の一生においてかけがえのない他の大切な授業までが、それのためにさかれ、お蔭で学力は益々低下する。計画的な教育によつて、子供たちに望ましい経驗を與えようとするカリキュラムも糞もあつたものではない。特に本末を顛倒して「見せるための運動会なり」と考え見榮ばかり張り、ボス的な一部父兄の顔色を窺つているような学校でもあつたとすると、そこで学ぶ子供たちこそ氣の毒千万である。一週間も目近に迫ると、授業もそつちのけの、それこそ朝から暗くなるまでの猛練習が續く、劃一的にある型にはめこむために、子供たちはまるで馬車馬のように否應なしに扱われ、全く重労仂を課しての虐待である。教えている教師は軍隊の指揮官よろしくむちを振りまわして叱咤する。毎日同じことを機械的に繰返しての練習に、子供たちは既にやつていることに興味を失つているし、疲労はその極に達しているので、教師が躍起になつている割についてこない。しまいには目をむき出し、本氣に怒つて子供をたたくといつた醜体を演ずる。

ずつと前に聞いた話だが、例の通り子供が意の如く動いてくれないので、或る村の若い教師が手にしていた細い竹のむちで熱心のあまり一人の子供の頭をなぐつてしまつた。弱くうつたつもりであるが、うちどころが悪く、傷口から噴水のように血がふき出してたちまち満面は朱に染つた。医者のいない片田舎のこととて大騒ぎとなり、やれ刻煙草だ、いもの葉だと、あの手この手と手当に大童となつたが、皮肉にも血は容易に止つてくれない。やつとのことで止つてけりがついたが、親からは散々どなりこまれるし、当の教師は全く青くなり、実に氣の毒だつたという、誠に笑えぬナンセンスも起つたりした。

以上のような事態は、第一に體育のための運動会というより見世物としての運動会の方をより重視し、規準を觀衆の快感におき子供の発達を無視して、要求の程度が高すぎたこと。第二に、毎年秋に運動会が行われるのは恒例でありながら、それをカリキュラムの中に位置づけて、かねがねから計画的に準備をしないで切迫してから泥縄式に間に合せようとしたこと。第三に、合同遊戯といつたような全校児童または二、三学年をまとめての種目を取入れ、従つて時間を特設しなくては練習が困難であつたり、発達程度の餘程異つた子供たちの興味関心を無視して劃一的に一つの型にはめようとして教師の満足するまで練習を強行したことなどが原因したものと考えられる。

見世物本位の運動会はその他に幾多の弊害をともなうものであるが、そのための各家庭の負担も軽視できない。女子のダンス等に集團美を効果的に発揮しようとして、服装や履物などを一定にするようなことがよくあるが、子供の多い親の身になるとそれこそたまつたものではないでしよう。たしか去年だつたと思うが、一父兄の声として新聞紙上にこれを訴えたのを見たが一考を要する。

学校自体としても　今後は體育本位に重点をおき、簡素化を図つて冗費を省き経費を軽減してその他の重要な教育施設にまわせば、設備不充分な今日どれだけ賢明な策か知れない。

體育の目的は、兒童生徒の健康増進、體位向上、體力の増強、明朗かつ達なスポーツ精神の涵養などが擧げられるが、運動会もこれらの目的を達成すべく計畫がたてられ実施されなければならない。それに興味的ということがこの問題として擧げられよう。

以上の觀点により、學年初めに運動会の種目を決めそれを年間計画に組入れるなり、或はカリキュラムに示された既習教材の中から運動会に適した種目を抜き出してやることにするなりして、平常の體育の時間にやつたことを近づいてからちよつと鍛えて運動会に臨めば、別に授業をさいての練習といつた不合理はさけられるだろう。従つて從來のような不愉快な思いと過労のため、折角の馬肥ゆる秋に、教師も児童もやせ細らなくてもよいわけである。

運動会の種目　進行、入退場の方法、隊形、会場の設計等細い點に至ると種々問題が山積されているが、只前々からのしきたりに従つて機械的に行つているのはないでしようか。よく觀察すると、かび臭くて鼻もちならないようなものも交つているかも知れない。褒賞の問題だけ見ても割り切れないのがある。徒歩の時決勝點で受賞者以外は白いテープで無慚にも切られてしまう光景をよく見受ける。むしろ走つて來た子供のみんなに、参加賞といつたようなことにして賞はうすくても等しく褒賞したいものだ。兎に角創意と工夫によつて一層新鮮味の溢れた運動会であり、また明るく伸び伸びした運動会ができるよう教師各位の研究を切に望むものである。

これまでに觀た教育雑誌によると、日本々土では民主的な運動会の在り方として、子供たちが出來るだけ「自分たちの自分たちによる運動」ということを目ざし、既に実施しているとのことである。従來のように企画実施、反省に至るまでのすべてが、教師の手のみによつて行われていたのに対し、児童生徒のできることは児童生徒の手に移し、企画は勿論、一切の運営に彼等を参加させて、教師、児童生徒一體の実を擧げようというわけである。かくてこそ、人間錬成の運動会といえるでしょう。最近の研究教員の座談会記録によつても、実際に日本々土ではうまく実施されているとのことですから嘘ではないと思われる。沖縄はこの段階には達してないが、やれば出來ないこともない。あるいは、この秋からこうした計画のもとに実施する運びになつている学校もあるかも知れない。

次に運動会を單に学校だけの運動会とせず地域の人々が参加して共に樂しめる運動会たらしめたいことです。從來もなかつたわけではないが時間や回数の許すかぎり一般民衆の氣軽に参加出來る種目を多く加え、一年一回の樂しい皆の運動会であらしめたい。最近こうした動運会が多くなり各地で婦人会員の童心に帰つての遊戯や親子揃つてのほほえましい競技等が盛に行われているのを見受けるが誠にいい傾向である。

只おそれるのは盛に行われている字対抗とか区対抗の競技で、極端に対抗氣分をあふりたてることである。これは若人たちの意氣を盛にし血を湧かせ、見るものをして心をおどらせ、スリルを味わせるよい點もあるが、兎角スポーツ精神を忘れ、勝つことのみに走りがちで、そのために度々問題の種になりやすい。勝ちそうな時は出場も早いがそうでない時はしぶり進行がくるわされたことは殆んどの運動会の悩みではなかつたか。小さい島國的な團結で全體という大乗的なことを忘れてしまうのがいけないのである。今時そうないが、勝つためには不正も仂くし、審判に対する抗議も正式の手続を経ないで暴力沙汰を起したり、字民が騒いで應援旗を振りまわし、途中から引揚げたりして折角の樂しかるべき運動会を台なしにしてしまつたような例もあつた。時には審判にあたつた教師が闇討ちにあつてひどい目にあつたことなどもあつた。こうした暴力の街さながらのことは單なる昔の語りぐさにしたいものだ。

対抗競技につきものとして各字各区では勝つためにと、区長や青年会長などが中心になつて、選手の栄養費、その他の費用にあてるための寄附金募集が行われる。こうした無駄も馬鹿にできない。勝てば祝賀会、負けても残念会とか慰労会といつたものはつきもので、募金の大部分は酒代に流れがちだ。生活改善の叫ばれている今日感心できない。

最後に会場のよごれ方についても文句を言いたいがきりがないからよすことにする。

とりとめもなく書いたが、要は毎年反省と研究を重ねて體育本位の無駄のない運動会、しかも民主的で明るい伸び伸びした運動会ができるよう努力しようではないか。

＝一九五四・八・一五＝

学校身体検査統計について（一九五四年度）

学務課　謝花喜俊

一、調査の概要

㈠ 目的

学校身体検査規程にもとづいて、毎年四月に実施される児童生徒ならびに職員の身体検査の結果について調査する本調査は、発育および疾病異常の狀態を明らかにすることによつて、学校衛生行政上の基礎資料を得るために行うものである。

㈡ 対象と範囲

調査の対象と範囲は、全琉の幼稚園、小学校、中学校、高等学校、盲ろう学校の学徒および職員であるが、幼稚園、盲ろう学校はまだ実施していないのでこの統計に含まれていません。また未提出校も半数程あります。

㈢ 調査事項

一九五三年度の統計調査項目は次の事項である。

〇身長、体重、胸囲（様式A）

〇栄養要注意、近視弱視（両眼）色神異常トラホーム、難聴（両耳）寄生虫病、身体虚弱、精神薄弱運動障害、要養護、ツベルクリン皮内反應、結核性疾患、要注意、要休養、要療養、う歯等について調査したものであります。

㈣ 統計について

統計上あまり極端な集計は除外して集計してあります。

校医の身体検査を受けていない学校が相当ありましたが、其の分は疾病異常の統計から除外して集計してあります。

疾病異常の該当率は、受験者に対する割合で算出してあります。

測定器具については、大部不備な点はありますが測定には大部意を用いられたようであります。

二、結果の概観

㈠ 発育状況

日本に於ける児童生徒の発育状況は、明治初年以來、年々上昇し、昭和十二年～十五年頃最高に達したが、戦争の結果食糧事情其の他で非常に低下し、昭和二十一年には、最低を示したが最近また年々非常な勢で上昇し、昭和二十七年頃でほぼ戦前最高の域に達するようになつたといわれています。

沖縄では、戦後の子供は戦前の子供にくらべて体位が向上しているのではないかという声をよく聞きますが、一体どうなつているでしようか。昭和十五年頃から一九五二年の十ヶ年餘は、統計がないためどうなつているかわかりませんが、昭和十四年頃の統計と五三年のとくらべてみますと、全般的に男女共に身長では約一、四センチメール、体重では一、〇キログラム、胸囲では一センチメートル程度の体位の向上を示しています。

即ち、人々の概念的な見方と統計とが一致していることになりますので、誠に喜ばしいことであります。

この体位の向上は何に原因することでありましようか、これは戦後沖縄の生活水準が向上した結果だと思います。つまり体位向上の原因の一つは、食生活の食生活向上だと思います。

戦前の食生活といいますと三食芋で副食物も栄養價の少い粗食の家庭が多かつたのでありますが終戦直後の食糧は、米國の厚意により極めて栄養價の高い食糧の配給がなされ且つ、学校その他に粉ミルクの配給などもあつて食生活が極めて良好になつたためだと思います。特に発育盛りの子供にかゝる榮養價に富んだ食物は影響が実に大きいのであります。

次に子供から過重な作業が極めて少くなつたことが体位向上の大きな原因だといえると思います。戦前は、農村の子供は学校から家庭に帰ると、農耕作業、水汲み、運搬作業と子供達の発育を外部から阻害するような作業が極めて多かつたのでありますが戦後は其の数が極めて少くなつたために子供達の体位が向上してきたということもいえると思います。

其の他生活様式が変つたとか、衛生面がよくなつたとか色々あると思いますが、大きな面は以上の二つではないかと思います。

以上子供の体位向上の重なる原因についてのべましたが、それでは日本とはどれぐらいの差があるでしようか。

身長については、全般的に約三センチメートルの差があり、体重では一、六キログラム、胸囲は〇、六センチメートル程度の差があります。

沖縄は戦前よりは大部向上したとはいうものの日本とはまた相当の差があることになつています。このひらきが次第に接近していくか、又離れていくかということが今後の大きな問題であります。其の他部分的な面については、五三年度のみの統計でありますので次にまわしたいと思います。

㈡ 疾病及び異常

疾病及び異常の結果を重なる項目について考察してみますと

「近視」については沖縄は戦前から日本よりは大部少いといわれていますが、戦前の統計がないため戦前、戦後の比較が出きないのは残念であります。

近視は日本沖縄を通じて直線的小学校、中学校、高等学校と上に行くに従つて率が高くなつていくのは当然のことだと思いますが、小学校、中学校、高等学校とも男子より女子の方に多いのは興味のある事実であります。

「トラホーム」は学校傳染病の一つで、戦前から沖縄はトラホームが非常に多いといわれていましたが、戦後はなお多くなつているといわれる方もいます。これは今後の学校保健衛生面上十分研究し、處置を講じなければならない大きな部面であります。

生徒一〇〇人中小学校では約一四、五人で日本の三倍、中学校では一六、五人で日本の三倍、高等学校では九、五人で日本の四、五倍という高率です。

沖縄日本ともに統計は山形で小学校より中学校が罹患者の多いのは、注目すべき事項であります。

「難聴」も戦前から沖縄は多い方であつたが戦後もやはり日本よりも多いことになつています。これもトラホームと同様、小学校よりも中学校の方が多いことになつていることも注目すべきことであります。

「ツベルクリン皮内反應」の陰性擬陽性の該当者は小学校八七パーセントに対し日本六八パーセント、中学校七六パーセントに対し日本四五パーセント、高等学校七二パーセントに対し日本三一パーセントで、陽轉者は日本の方がはるかに多いことになつています。日本の場合は、自然陽轉者だけでなくB、C、G接種によく陽轉者も含まれているといわれています。

「う歯」の未処置の率は日本よりは少し高率で小学校五九パーセント、中学校三五パーセント、高等学校は四五%で日本と同様U字形をなしています。

中学校の生徒はちようど乳歯から永久歯に生え変つたときで、う歯が少いといわれています。

健康優良児の検査の結果は、う歯のない者は三十名程からわずかに三、四名という状態からしまして或る人は、沖縄は、う歯の率はもつと高率だろうと話しています。

其の他の項目は、調査規準がまちまちであるためあまりふれないことにします。

それから傳染性皮膚病、中耳炎、扁桃腺肥大、蓄膿症、寄生虫卵保有者等のような項目がないため統計に現われていませんが、次年度の統計からは其の項目も設けて統計にあらわしたいと思つています。疾病異常の状況は、大体以上のようでありますが、今後の学校保健衛生面上取りあげられなければならない点は、現在よりも一層家庭に対し衛生面の認識を深かめ、生徒に対しては健康に必要な習慣、態度、知識、技能を得させ、学校としては、学校養護教諭を配し学校医の指導のもとに、病氣の豫防と簡単な治療をほどこし、児童生徒の疾病異状をなくするように努めなければならないと思います。

学校によつては、養護教諭を配し病氣の豫防と、其の簡単な治療等に当つたためにトラホーム等も年々減少しているという学校もあります。

かように疾病異常をなくすることにより、児童生徒の健康を保持増進し、且つ又学習効果もあげることが出きます。

体位の向上の面では、日本では現在学校給食が行われているようであります。

沖縄でも終戦直後よりは栄養價のある食糧という點になると大部劣つてくる様にも思われますので、学校給食等により児童生徒の体位向上面に十分考慮しなければならないと思います。

以上学校身体検査統計の結果の報告をなし、今後の学校保健衛生の資料にあてたいと思います。

1953年　年令別比体重・比胸囲比較

		比体重				比胸囲				備考
		男		女		男		女		
		沖	日	沖	日	沖	日	沖	日	
小学校	6	16.8	16.9	16.4	16.5	52.5	51.6	51.6	50.2	
	7	17.6	17.9	17.3	17.5	52.1	51.0	50.9	49.8	
	8	18.5	18.9	18.3	18.5	51.5	50.5	50.3	49.3	
	9	19.4	19.9	18.9	19.5	51.0	50.1	50.2	48.8	
	10	20.2	20.9	20.0	20.5	50.5	49.8	49.3	48.4	
	11	21.3	21.8	21.3	22.0	50.2	49.5	48.8	48.4	
中学校	12	22.2	23.4	22.9	24.0	50.2	49.4	49.3	48.6	
	13	24.2	25.0	25.4	26.3	50.1	49.2	50.2	49.5	
	14	26.3	27.4	27.2	28.4	49.9	49.4	51.2	50.3	
高等学校	15	29.5	30.1	30.3	30.3	50.4	49.7	51.7	51.0	
	16	30.8	31.7	31.7	31.6	50.5	50.2	52.1	51.8	
	17	31.9	32.9	32.7	32.3	51.1	50.7	53.2	52.3	
	18	32.2	33.5	32.8	32.7	51.5	51.1	53.7	53.1	

1953年度　生徒児童発育比較表

日琉 / 年令	身長（男）			身長（女）			体重（男）			体重（女）			胸囲（男）			胸囲（女）		
	沖縄		日本	沖縄		日本	沖縄		日本	沖縄		日本	沖縄		日本	沖縄		日本
	戦前	53年		戦前	53年		戦前	53年		戦前	53年		戦前	53年		戦前	53年	
6	105,7	106,6	109,3	105,1	106,0	108,6	17.3	17.9	18.6	16.9	17.4	18.1	55.0	56.0	56.4	53.3	54.7	54.8
7	110,1	111,6	114,2	109,2	110,6	113,6	19.0	19.7	20.6	18.3	19.2	20.0	56.8	58.2	58.3	55.3	56.4	56.6
8	115,1	116,2	119,2	113,9	115,8	118,3	20.6	21.5	22.6	20.0	21.1	22.2	58.4	59.9	60.1	56.7	58.1	58.3
9	119,1	120,1	123,9	118,3	119,8	123,3	22.4	23.3	24.7	21.8	22.7	24.1	60.0	61.3	61.8	58.4	59.5	60.2
10	122,6	124,2	128,3	123,0	123,9	128,0	24.1	25.1	26.9	23.9	24.8	26.6	61.9	62.8	63.6	60.1	61.1	62.1
11	127,3	128,5	132,5	127,9	129,3	133,1	26.3	27.4	29.2	26.3	27.6	29.6	63.6	64.6	65.6	62.3	63.2	64.5
12	131,1	133,0	137,4	132,9	135,0	138,4	28.3	30.2	32.0	29.6	31.0	33.5	65.9	66.8	67.6	65.1	66.6	67.6
13	136,2	138,4	142,9	138,3	139,4	143,8	31.4	33.6	36.1	33.7	35.5	38.0	68.0	69.4	70.0	68.3	70.0	71.1
14		145,0	148,8		143,7	147,7		38.2	41.1		39.1	42.1		72.4	73.8		73.6	74.5
15		152,9	156,8		148,3	151,0		45.4	47.4		45.0	46.0		77.1	77.3		76.8	77.3
16		156.2	160,3		149,3	152,1		48.2	51.0		47.4	48.3		79.0	80.1		77.9	78.8
17		159,0	162,6		150,1	152,8		50.1	53.6		49.1	49.6		81.3	82.2		79.9	80.0
18		159,5	163,0		150,6	152,9		51.5	54.5		49.4	49.7		82.2	82.8		81.0	80.5

※　沖縄戦前のは昭和14、5年頃の統計、日本のは1952度の統計

1853年　児童生徒の学校種別疾病異常該当者数および該当者率

学校	性別	検査人員	栄養要注意	近視	弱視	トラホーム	色神異常	難聴(両耳)	寄生虫病	身体虚弱	精神薄弱	運動障害	要養護	肺結核	その他の結核	要注意	要休養	要療養	ツ反應 検査人員	ツ反應 陰性	う歯 検査人員	う歯 未處置者
小学校	男	22,623	193	275	65	3.369	42	201	17	50	22	49	387	—	—	14	1	7	2.406	2.109	18.452	10.809
			0.85	1.21	0.29	14.82	0.18	0.80	0.08	0.22	0.10	0.21	1.90	—	—	0,06	0.004	0.03		87.65		58.58
	女	21,585	170	265	66	3.134	8	128	11	48	15	33	434	2	1	33	1	4	2.494	2.176	17.658	10.523
			0.78	1.32	0.30	14.42	0.04	0.22	0.05	0.22	0.07	0.15	2.08	0.01	0.005	0.15	0.005	0.02		87.25		59.59
	計	44,208	363	540	131	6.503	50	329	28	98	37	82	821	2	1	47	2	11	4.900	4.285	36.110	21.332
			0.83	1.24	0.30	14.65	0.12	0.75	0.06	0.22	0.09	0.19	1.89	0.005	0.002	0.11	0.005	0.03		87.44		59.07
中学校	男	10,459	25	299	76	1.775	77	163	11	20	11	36	174	3	3	2	2	2	3.027	2.323	8 083	2.906
			0.24	2.84	0.72	16.86	0.73	1.55	0.11	0.19	0.11	0.34	1.65	0.03	0.03	0.02	0.02	0.02		75.60		35.93
	女	9,750	40	303	42	1.618	15	122	27	13	9	29	163	—	1	6	—	1	3.206	2.436	7.686	2.674
			0.40	3.03	0.42	16.44	0.15	1.22	0.27	0.13	0.09	0.29	1.63	—	0.07	0.06		0.01		75.98		34.79
	計	20,209	65	602	118	3.393	92	285	38	33	20	65	337	3	4	8	2	3	6.233	4.759	15.769	5.580
			0.32	2.95	0.58	16.62	0.45	1.40	1.86	0.16	0.10	0.32	1.65	0.01	0.02	0.04	0.01	0.01		76.35		35.38
高等学校	男	3,399	2	168	7	295	42	11	6	4		6	45	—	—	5	—	—	1.323	942	2.390	994
			0.06	5.04	0.21	8.85	1.26	0.33	0.18	0.12		0.18	1.35	—	—	0.15	—	—		71.20		41.59
	女	2,605	7	140	7	300	4	3	—	14		3	63	—	—	3	3	—	1.006	735	1.904	952
			0.27	5.46	0.27	11.55	0.16	0.12	—	0.55		0.12	2.46	—	—	0.12	0.12	—		73.06		48.00
	計	6,004	9	308	14	595	46	14	6	18		9	108	—	—	8	3	—	2.329	1.677	4.294	1.946
			0.14	4.93	0.22	9.52	0.74	0.22	0.10	0.29		0.14	1.72	—	—	0.13	0.05	—		72.02		45.32

1853年　兒童生徒の学校種別疾病異常該当者数及び該当者率

学校別	沖日	性別	榮養要注意	近視	弱視	トラホーム	色神異常	難聴(両耳)	寄生虫病	身体虚弱	精神薄弱	運動障害	要養護	肺結核	其他の結核	要休養	要注意	要療養	ツ反應陰性	う歯未處置	備考
小学校	沖	男	0.85	1.21	0.29	14.82	0.18	0.88	0.08	0.22	0.10	0.21	1.90		0.004	0.004	0.06	0.03	87.65	58.58	
	日	%	1.77	6.90	0.22	4.73	1.32	0.45	0.21	0.45	0.22	0.28	3.58	0.44	0.13				70.10	40.10	
	沖	女	0.78	1.32	0.30	14.42	0.04	0.59	0.05	0.22	0.07	0.15	2.08	0.01	0.005	0.005	0.15	0.02	87.25	59.59	
	日	%	1.72	8.57	0.26	5.46	0.14	0.31	0.22	0.48	0.19	0.24	3.65	0.37	0.12				66.10	40.18	
中学校	沖	男	0.24	2.84	0.72	16.86	0.73	1.55	0.11	0.19	0.11	0.34	1.65	0.29	0.29	0.19	0.19	0.19	75.60	35.93	
	日	%	1.35	8.47	0.87	5.01	2.58	0.75	0.12	0.28		0.31	1.73	0.45	0.07				46.48	33.69	
	沖	女	0.40	3.03	0.43	16.14	0.15	1.22	0.27	0.13		0.29	1.63		0.01		0.06	0.01	75.98	34.79	
	日	%	1.46	10.57	1.06	5.79	0.45	0.50	0.09	0.30		0.20	1.67	0.39	0.06				43.32	40.76	
高等学校	沖	男	0.06	5.04	0.21	8.85	1.26	0.33	0.18	0.12		0.18	1.35				0.15		71.20	41.59	
	日	%	0.63	11.53	0.74	2.20	2.87	0.50	0.10	0.10		0.15	1.00	0.40	0.02				31.89	42.42	
	沖	女	0.27	5.46	0.27	11.55	0.16	0.12		0.55		0.12	2.46			0.12	0.12		73.06	50.00	
	日	%	0.48	13.85	0.65	2.00	0.25	0.31	0.50	0.99		0.09	1.55	0.42	0.05				30.93	45.10	

※　日本の統計は1952年度のもの。

私のおすゝめしたい本

体育関係図書紹介

指導課　與那嶺仁助

※子供の生活する運動会　竹之下体藏外　金子書房
三三〇円（日本円）

子供の生活を中心に、教師の助言と地域社会を背景とする新しい運動会の計画、運營を記述してある。猶各学年の演技種目にわたつて、豊富な資料が記されている。特に小、中学校にはおすゝめしたい。

※運動会の企画ゝ運営　竹之下休藏外　明治図書
三四〇円（日本円）

運動会の企画と運営、演技の資料、校内競技会等々に互り記されてあり、特に演技の資料は二〇〇頁近くも記述され　資料書としては一番良いと思う。

※新しい運動会　森田重利著　日本体育社
一五〇円（日本円）

学校運動会、職場運動会等に參考になると思う。豫算から跡始末まで細かく分類し、種目も相当数記されている。

※学校ダンス　伊沢エイ　金子書房
三〇〇円（日本円）

ドイツ体操華やかな頃、〃ボーデの表現運動〃を研究されて帰朝された著者が永年研究されて纒めたものである。学校ダンスの理念は、自然運動を中心とした、基礎的な身体訓練により、はじめてなされるものであると強調し、その方法も親切に記され、中・高校の指導者には特に參考となると思う。

※中学校のダンス　山田光　明治図書出版社
一五〇円（日本円）

女子体育指導者の少ない現狀では必然的に他教科受持ちの人々が苦労して、ダンスの指導に当つて居られる。この方々は中学校のダンス指導書を欲しがつて居られる。私はこの様な方々にはいつもこの書を紹介している。初心者にも、専門家にもよく理解出來、ダンスの意義、位置、指導内容、指導法及計畫等懇切に説かれてある。

※学校ダンスの指導　河井富美恵　蘭房書
三五〇円（日本円）

小学校指導要領の線にそつて、リズム遊び、リズム運動の好ましい有り方を理論づけ、体系づけ、その指導法を実際に役立つ様丁寧に記るされている。

※小学体育の学習指導　指導要領編纂委員総執筆　大修館書店
六〇〇円（日本円）

新しく文部省より公表された指導要領の唯一の解説書である。表題には小学校とあるが学習の原理は、大学教育にも通づるものであり、現職の先生方及び各学校図書館には是非備えて体育教育の正しい指導を把握していたゞきたいと思います。文教図書で発賣中

※体育科教育　日本体育指導者連盟篇　大修館書店
月刊　三〇円位（日本円）

月刊雜誌である。体育関係の月刊雜誌にはいろ〳〵あつて又その特質も認めるが、本書は特に体育界一流の方々が毎月執筆され、内容もよくそして図書の紹介、文部省ニユース、体協ニユース、体育連盟ニユース等々記され、中央の動きがよく知られ沖縄の体育指導者には最も良いと思う。八月號より文教図書及中部、北部の支店で発賣する様に依頼してある。本書も是非、愛讀していたゞきたい。

※小学校の体操　（遠山喜一郎）　新体育社
二八〇円（日本円）

指導要領の線に添い、各学年毎に教材を配当し、親切に理解し易く解説されている良書、八〇〇の挿画を加え、説明のみで理解出來にくい技術書の欠点を十分に補つている。那覇崎間書店にて発賣

※体　操　本間茂雄　旺文社
一〇〇円（日本円）

徒手体操と組立、轉回、器械運動と平易に纒められた良書、初心者と熟練者との両者に考慮し運動技術に対しても親切に解説されている。附録の図解も参考となる。

編輯後記

△暑中御見舞申上げます。

焼きつけるような猛暑の中で、遠路はるばるおいで下さいました日本の先生方をかこんで講習会も、あと四五日で幕を閉ぢようとしています。

講習会で收めた成果を、二学期から現場の実践に役立てようと大いに張切つておられる事と思います。現場の実踐に一段の光彩を放つことでしよう。自重自愛の程、祈つて止みません。

△夏休み明けと共に、天高く馬肥ゆるの候となります。澄切つた、青空を見上げ乍ら、子供達は來るべき運動会に、小さな胸をはずませ乍ら、語り合つていることでしよう。時報第十號が『運動会特集』として生れました、結果は如何でしようか。

△だれのいうことも、どこの学校のすることも、みな同じことだと片付けないで下さい。その同じことをよくよんで戴くことによつて、今年の新しい運動会の構想が生れてくる筈です。新奇なものでなく、昨年通りでもなく、昨年通りでもない。同じ者同志が集つて話合う話のはしばしから、新しい運動会が生れてくるのではないでしようか。

△講習会も終つて、いろいろの事についての思出も多いと思います。レクリエーションの一時、講習会場の一風景、受講しての感想等。

更に期間中に研究された研究物、レポート等いろいろさま〴〵のものをお持ちと思います。どし〳〵投稿して戴き度いと思います。

△最後に玉稿を戴きました、執筆者の方々、座談会に參加していただいた方々に、厚く御礼を申上げると共に、讀者諸兄姉の御愛讀をお願い致します。（K）

一九五四年九月十日印刷
一九五四年九月十三日発行
発行所
琉球政府文教局
研究調査課
（非賣品）
印刷所
合資会社 ひかり印刷所
那覇市三區十二組
（電話一五七番）

第11号

琉球 文教時報

11

文教局

研究調査課

文教時報 第十一號 目 次

文 敎 時 報

第 11 号

文 敎 局

研究教員を迎えて思うこと

指導課長　中　山　興　真

研究教員諸君が、われわれの教育活動に教育の条理と、方向ど力を与え、後進性の高い琉球教育の充実と向上に貢献しつゝあることはありがたい次第である。教育の根本が、子供の成長と発達にあることを信念として把握し、そこから出発して、教育の計画も、教員の勤務も、学校の施設も、実際の運営も、そしてあらゆる教育活動が決定せられる。このことは、実に教育転換の根源である、とは知りながら、観念として促えただけで、その実際は過去の慣習にとぢこもつて実践への試みも努力も払われることなく、実現した時の像を描いてみるでもなく、結局それは実在の彼方に在るもの実践は困難なものとして流して来た感があつた。そこで、その現実の実態を持つて帰つた研究教員の功績は実に大きい。

ところで、今回第五期の研究教員を迎えて、また思うことがあるので、そのいくつかを書いてみたい。

◎よい設備　よい施設　よい待遇

日本のよい設備、よい施設、よい待遇にはどの諸君も驚いて帰つた。戦前もそうであつたが、終戦後はとくにその差はひどいのである。それを見て、「美しい」とか、「気ぬけがした」などと誰もがいうことである。「それさえなければ」と来る。もつともである。然し、それだけにとどまつては困る。なるほど、新教育は、とくに施設、設備を教育活動への重要な要素として要請する。教職員の待遇もそうであろう。しかし、教育に高さを高め、深さを深め、香りと豊かさと温かさを添えるために教師の研修と信念と努力と情熱と愛は教育というものの本質からどの程度に要請されるべきか。

教育永遠の効果は　施設と設備に比例するよりも、教師の見識や愛情その他の一切を含めた教育者的力に比例することが大きいことを忘れてはならない。ぎりぎりのところ、そして、単に教育作用ということのみを考えてみれば、音楽で最後の要素であるリズムだけでも音楽は成立する如く、施設、設備はなくとも、教育は成り立つともいえるからである。その中でも教育学者や、父兄や、一般人は何時の時代でも教育者に教育愛を要求している。教師もそれを肯定してその培養につとめている。しかし、東西古今の教育の実際世界何人が、教育愛に徹したと自他安んじ得る教育者がいるだろう。

ペスタロツチには学ぶだけである。慕うだけである。しのぶだけである。このごろ悲の教育愛という提言をした人がいる。いくら子供を愛したいと思つても　愛していると思つても、その子の親には及ばない。そして徹しきれなくて泣く気持である。まことに尊い境地である。実はこれが教育愛湧出永遠の泉である。

　われわれはこの悲の境地にまで深まらねばならない。こゝまで落ちたらその上に襲つて来る万般を子供の成長と発達のために最大に駆使できる力が教育者の体内からおのづと生れて来よう。

◎職員朝会

　戦争中職員朝会は、学校運営上日々の日程に最重要の位置を占め、参観人も学校評価の第一歩をそこから出発した。学校ではそれほど真剣な思いをかけ、だから朝会という、ことばではしつくりしない。会を礼に改めて朝礼としたものだ。終戦後新教育の立場から朝礼の存否を語る校長や教師が出た。教育の転換という驚きは、一切の古さをぬぎ捨てねば新人の突入感が来ないのであろう。戦争中は一億一心、絶対服従、皇道精神の一点に結集するため神性を尊び霊厳にひたるようおごそかさを作らねばならなかつた。そのおごそかさを全校朝礼や教室に運び子供に伝えるのである。子供はそれによつて一切を皇国のために学び、皇国のためにさゝげる決意をする。朝礼はその在り方をこの目的のために工夫され実施されたのである。がしかし、それはおごそかさが朝礼であり、朝礼がおごそかさであるとの結論にはならないであろう。

　おごそかさは朝礼の在り方である。いくら新教育という転換はあつても、朝礼そのものの中には新教育に立つ目的が設定され、在り方もその立場から考えられてよいと思う。学校生活に朝礼を設定し、その目的と在り方を規定することは当事者の識見と判断と信念による外ない。ところで、名護中校の富名腰君のおみやげに、「職員朝礼のない学校」のことがあつた（全然ないのではなく、殆どないというふうに私は受取つたのではあるが）が、まことに痛快な話と思つた。

　従来朝会の伝統的姿は、時間を始業前何分と決め、校長、教頭、或は週番からの伝達や連絡や注意がなされ、大方問題が提議され、審議協議に発展し、時には重要事項という理由で定刻を越えることさえあつた。かくして遂に職員朝会は職務会と化し、毎日の必須課程としての観念が形成された訳である。然るに、朝会で取り上げられたすべての事項はその日の日程と共に職員室の行事板に掲示されている。各教師はその掲示に注意を払うことによつて大方は納得のいく事項である。だのに、職員朝会で念入りに口頭による復唱的伝達をしたり、説明に及ぶのだから切角の掲示もさほどの重要感が持てなくなる。かくして職員室の行事板は権威を失い単なる装飾的存在と化す次第である。職員室の行事板乃至掲示板は、学校経営と学級経営の直結点である。その尊い使命を果すために、その重要性を認識し、各職員の注意と理解と協力が敏感、確実になされるなら毎日毎朝繰り返される朝会も省略できることゝ思う、その省略から来る気分の涼々しさを味いつゝ、剰余時間と余力の蓄積が児童生徒の指導に向けられ、又は教師の自己研修の時間に活用されるよう工夫ができないものか……

　富名腰君のおみやげをこうして私は理解した。（他は次号へ）

第五回研究教員座談会

▽中山（司会）　まだ全員はみえておりませんが、時間がきておりますので、はじめようと思います。おつかれのところはるばる遠方からおいで下さまして御苦労さんであります。皆さんが、それぞれの任地にいかれまして第五回研究教員としての任務を果してこられましたが、私たちも皆んながおかえりになりましたら、それぞれの任地の状況をおきゝして現場の学校におつたえしようと思つておりました。

皆さんが半年の間に、研究された事、見て来られた事柄を短い時間で全部おきゝすることは、不可能と思いますので、特に研究されたこと、見聞された事柄について印象的なものを、ひとりびとり発表ねがいたいと思います。こまかい事柄に就いては、あとで話し合いの時間に致したいと思います。

▽中村（現南風原中校）埼玉県　私は、主として指導要録の記述法と数学教育を中心にみて参りましたが結論を申し上げますと、沖縄の教師が苦しんでいる事は日本でも同様に苦労している様に感じました。

非常に感心した事は、職員朝礼の仕方で、四一名の職員であるが、校長が前もつて議題を提出させ研究しているので、議題外の事柄についてはこれを取上げない為、統一がとれてスムースに運営されていた。それから指導計画や其の他の責任分野がはつきりしていた。生徒の自主性は非常に尊重され、特にクラブ活動は、自主的に運営され、つくづく羨やましくなりました。教師も自主的に教科の研究をしていて他人から云われぬ位い熱心であつた。規律の面で申しますと、校外には、放課後までは敷地外に一人も出ないという事でありました。男女共学の面でありますが、中学校の生徒が水泳プールの中で仲よく泳いでいる様子も見られ、沖縄の子供達と較べて見たとき尚研究の余地がありと考えさせられました。

時間の観念に関しては沖縄の模範であつて、けじめがつき、躾教育が確立していることが、これからもうなづける気がした。校長の教育方針が、職員児童にまで徹底していた。最後にＰＴＡや学校職員の合同歓迎会を受け、しかも県指導課や教育研究所の御指導も毎月受けることが出来、埼玉県に派遣された吾々三人の一生の思い出となり、誇りに思つている。

▽船越（現名護中校）新潟県　主として道徳教育と社会科の授業を中心にみてまいりましたが、印象に残つた事柄について申しますと各教科毎に一ヶ月二回実際問題についてしんけんに研究していた。組織的な研究会であるため、学校で解決出来ないものは、市の研究会で解決するという方法でありました。それから職員朝礼がないので不思議に思い校長に聞いてみましたら、各自が責任を以つてやつているので一度だつて間違いがないとのことでした。

教師の研修の面で申しますと、職員は五時になると下校するが、お茶呑みの時間でも研究討議をするという熱心さで、研究会の時には午前の一時や二時までも真けんにやるとのことである。道徳教育の面では吾々が学校で苦労していることが、殆んど家庭で出来ているような感じが致しました。

▽上地（現大道小校）長崎県　私は、図工科に於ける創造性を本土でどのようにして伸ばしているかということを中心にみたのですが、この学校では、校長が民主的な科学日本は理科教育、創造教育が第一だというモットーでやつていたし、子供たちが工夫すれば何んでもすぐつくれるという設備がされていた

飼育、栽培、気象等の整備をなし、教師が子供と共に実践していた。職員の研修面では研究会は毎週一回、各教科にわたつて研究授業は一ヶ月に一回もつており、結果は学習指導の参考資料にしていた。子供たちも図書館を利用して自分の力で問題を解決していくというやり方で、教師共にその熱心さは頭のさがる思いがした。理科、図工科の創造性について研究会に参加して、理論の面はわかつたように思いますが実践の面では相当困難な点があるように思つた。結局創造性は子供個人個人の個性に応じて表われなければならないということがわかつた。

▽石垣（現南部農林）熊本県　学校農業クラブの運営と日本の農業教育がどのように動きつゝあるかということを中心に研究テーマをもちましたが、施設面

では文部省の指示の関係で画一的なものが多いという感じを受けましたが、とにかく具体的な農業教育をおしすゝめていた。

子供たちに就いて感じた事は社会性と自主性に富み、沖縄で大人のするような事を子供がてきぱき実行していた。学校運営が校長の信念のもとになされ着実に成果をあげつゝあつた。

▽安村(現久米島高校)京都府　私がいつた学校では学力低下と道徳教育の向上をテーマにかかげて研究していましたが、教師の間には何を以つて学力低下とするのかという意見も大分あるようでしたが、しかし日本の教育はもう反省期に来ている。内容についても今迄とは違う。今はもう実践の時機であるとしてみつちり取組んでいた。又高校入試についてもアチーブでは判断力をみるには都合が悪いと言うことで研究され、研究所でも二、三年前は、カリキュラムの研究が盛んであつたが、今はどのようにしたら子供たちの学力を向上させるかということに力をそゝぎつゝあるようである。

▽運天(現天底小学校)京都府　私は、保健体育の面が研究テーマでありましたが、京都は戦争による校舎等の被害がありませんので戦前そのまゝで、一歩足を入れての感じでありますが、校舎や教室等もすみでよごしたあとが一つもなく小刀でけづつた机、腰掛一つなかつたことから躾教育の徹底を物語るものと思いました。とにかく行動の面に重点をおいて教育を進めている感じでした。

学力の問題について申しますと、私が国語の補欠に行つた時、読める人と言いましたら子供たちが目をぱちぱちさせていた。私も困りましたが、後で子供たちに問うてみましたら本をよめない人がありますかというわけで沖縄の子供たちと較べたとき、学力の差をこゝでも知らされた。又社会科のとき、「何んでもかんでも」ということゝ、「猫もしやくしも」とどう違いますかというものがいて担任も相当困つていましたが、徹底するという点でも大ぶん差があるように感じました。

体育の面で申しますと、一週一時間や二時間で果して子供の体位を向上させることが出来るかどうかと相当問題があるようでしたが、この学校では、自由時間をうまく利用してやつていた。それから対抗競技はないが校内体育は非常によくやつていた。給食も一〇〇パーセント実施され、規律の面では、逆コースと言われる程徹底していた。ハチマキ等も必ず運動会前だからということでなしに常に持参して特別の場合とはなかつた。

▽嘉手苅(現久米島具志川中校)愛知県　読書指導をテーマに行つたのですが、日本では図書館法で殆んど図書館はありますが、読書指導の面では、期待程ではなかつた。しかし、設備と利用（授業）の方面では感心した。やゝもすれば特別の時間を設けたがるが、それをやらずに出来るという事を知つた。

授業は、愛知の言葉でやり、標準語は沖縄のように取上げなかつた。

学校運営の面では、教師が遅刻がなく、教案も学期案、週案、日案を立てゝいて時間の欠ける事を嫌うようでした。教師の質は非常によく、各自の自分の教科に就いての充分な研究をしているので、その教科についての権威の程を示めしていた。

▽屋我(現知念中校)埼玉県　私は、習字の新しい指導をテーマにして行きましたが、先づ学校へ行つて印象的なものを申しますと、体育での躾の面が徹底していたことで、学校が何時みてもきれいであるし整備が十分ゆきとどいて塵一つ落ちていないことだつた。体育クラブの活動が活発で、実際の活動に重点をおいて三年生がリーダーとなつて陸上、野球、排球、籠球、柔道、剣道をやり、対抗競技もたくさんありましたが、選手だけ引率の教師がつれていく方法であつた。毎日午後団体訓練を実施しているので、運動会も特別時間をかけず行われていた。

習字教育に就いて申しますと、新教育での今迄の習字教育が反省されつゝあり、独立教科にしようという時機に迄来ているようでした。私の習字担当の時間割が行く前に組まれていて困りましたが、結局習字と二年の国語をもつことになつた。文部省から出した資料に基づいてテストをしましたが、その結果を整理し、帰つて来て知念の生徒と比較しました時に約二ケ年の差が書く面でも表われているということがはつきりわかつた。結局国語科の中で書くことの教育を適当にやればよいというやり方は、児童、生徒の書字能力の低下となり、筆順の出鱈目となつて表われてきた。習字教育の必要性は、沖縄でも認められ、習字講習会も行われているので嬉しい事であるが、沖縄で実施する際、特に注意すべきことは、日本では、小学校三年頃から毛筆習字を指導しているので、日本から来る手本をそのまゝ使用したときに、必ず無理がくる。その無理をどのように処理するかという事を先づ研究しなければならないと思います。担当される教師は、そこに意を用い基本筆法を重視されることが大切であると思う。よく個性と言う事をきゝますが、習字においては或程度基本筆法を修得させてから、個性を伸ばすべきであつて、始めから何にもないところに個性が生まれる筈はないと思う。その点、日本の習字教育は沖縄に較べて容易と思われますが、沖縄の場合は、負担も大きい上に、基本筆法の面も十分でないからどのようにしたらこれを面白くないものと考えさせずに楽しく進めていくかという問題になると思われる。指導に当る教師の研究、技術は特に要求される問題だと感じました。

▽島袋(現石川中校)東京都　この学校は、昭和二十六年文部省指定のモデル建築スクールで出来た学校で末だ三年しかならなかつたが、学校訪問客が他県から毎日のようにありましたので、校舎にふさわしい内容をもとうということで、学習指導に熱心に取組んでいました。職員朝礼、児童朝礼を週一回もち全児童のラジオ体操も実施していたが、土曜日は、二時間授業をなし、あとは、集合教育で規律面を重視していた。子供たちの全父兄が公務員で、あまり貧富の差がなく、日に日に育つ学校であるという感じが致しました。あちこちの学校もまわりましたがどこでも感じた事は、子供たちが大切にされていることでした。

▽局長挨拶　本日は、第五回研究教員として大任を果してこられた皆さんと最後までいたいのですが、午後、会がありますので最後までおきゝすることが出来ず残念であります。

今迄の報告をきゝまして、問題があらゆる面にわたつて取り上げられていますが、沖縄としてはどの問題も大切で、これを教育実践にどういかすか、その面からも皆さんの責任は非常に重いと思います。沖縄の復興は、人間の復興でありまして、その面で教育の重要性が生まれ、何んとかレベルを高めていきたい気持から皆さんに期待するものであります。

或教師への手紙の中に、「自発活動と興味におもきをおいた観念的な理想主義が書かれているが、生徒は教えるものであるということもあつてこれは新教育と逆の方向であるようですが、日本でも理屈めいた事は言わないようになつているし、選ばれた皆さんが、善意に判断して大担にやつてもらいたい。待遇問題でも不満でありましようが、今度は局を別にしても一般公務員よりよくなつている。しかし未だ満足はしておりません、政府も教員待遇については考えている。この二、三年には改善を何とか実現していきたい。資質が向上すれば待遇は必ず改善される事と思う。皆さんの話しの中には設備の事がありましたが、日本は戦後も或程度残つていた。しかし沖縄は、すべてを失いほんとに無からこゝまで出来ているのであります。日本では改築と自然増による設備に困つている状態でありますが、どうぞ皆さん子供と共に明るい希望をもつて下さい。政府も五ケ年開発計画で国頭の横断道路も完成するし、移民計畫や労務計画も実施されつゝありますので、必ずや生活の向上を期することが出来ると思います。このような事を社会科等にも取り入れて子供たちを指導して貰いたい。「祖国なき沖縄」とか、「太陽なき子ら」は全く観念的で何もプラスにはなりません。暗い面を取り上げればどこの国でも同じで、吾々は与えられた境遇を突破するだけの強い子供たちをつくらねばなりません。民族を興す問題でも観念的民族主義はつゝしんで具体的に民族を興すことを考えてもらいたい。とにかく広い視野から子供をみつめ、どんな困難な事でも突破し得る明るい希望を抱いた子供をつくつて貰いたい。

▽宮平(現糸満中校)大阪府　私は、中学校における英語教育がどのように行われつゝあるかという事を中心に研究しようと思つていきましたが、日本では英語は選択科目でありますが、時間数からでも沖縄の必修より多く、相当深く研究している。特に指導法の研究は熱心で、立派な指導振りを示していた

施設面について申しますと、学校長がお願いしないでも委員会が至れり尽くせりで考えているようでした。教育計画も子供たちの実態の上に立つて充分研究され、旅行にも一緒に行きましたが、計画的にあらかじめ資料を準備し、クラブ活動を中心に生徒と教師が討議して、それに基づいて実施し、帰つて来たら感想を書かせ立派に処理していた。教員の研修ですが、講習を受けて一ケ年で二〇単位ぐらいとれるとの事で、其の上費用は委員会もちという恵まれたところがり、その外にも貧困児の学資を委員会が負担し、就学奨励費等も与えていた。

▽前城(現真和志中校)栃木県　私が行つた中学は、生徒数が九七〇名、職員が二八名で丁度手頃の学校でしたが、学校長の運営方針が、すべて子供を中心においていましたので、それに従つて具体的に目標を定め実施していた。先づ子供の時間を絶対にさかないこと、映画見学は放課後にすること、始業と下校時がはつきりしていて職員も生徒も五時には全部下校するようになつていた。その外に体育行事は殆んど夏休みに実施し、始業式の日から平常通りの授

業が行われて休日との区別をはつきり保つていた。通信簿がないこともこの学校の特色で、父兄を学校によんで面談する方法に変つていたが、その外にも町内懇談会等もあり、学校と父兄が真に協力していて吾々には非常に学ぶべきところだと思つた。学校が非常に解放的で市民が気がるに学校も使用するが反面責任も忘れなかつた。生徒会等の運営でも自主的になされ、特に女生徒が活発で、学校放送等には、生徒がアナウンサーの募集もしていたが、旧アナウンサーが実施していた。

▽与嘉良(現那覇高校)東京都　　校長が授業を担当してもよいとの事でありましたので、授業もしましたが、この学校は教育法規の通りすべての学校運営、学習活動が営まれていた。旧教育における教育の目標は、教育勅語の「斯の道」を全うすることでありましたが、戦後は教育基本法に従つて教育の目標が定つている。教育の直接の責任者は、教師であつてそれ以外はそれを達成せんがための方法であるという事を念頭においてやらなければならないという事でした。生徒は、優秀児が殆んどで、教科書からテスト問題を出すと全員が満点、入試問題集から出しても皆んな満点というすばらしさで、教師のテスト問題の出し方を評価するぐらい実力をもつていた。学校放送や図書館設備も内容共一流で、沖縄から行つて羨ましいぐらいであつた。教授法の研究も熱心で、特に生徒の自主性を重んじ生徒にまかせていた教師が具体的に計画して実施した場合に、生徒がしんみりと聞いているのは、一見立派に見えるが、それは教師が悪い。生徒の自主性はそのようにしては伸ばすことは出来ないということでした。生徒指導の面では、校長と教師の権限がはつきりし校長は、指導の面では権利がないという立場で、校長も法的に学校運営をしているので、どこまでも法治国民としての厳とした立場であたつていた。生徒会活動も、校務の一部を生徒会に委嘱するという立場で、生徒の自主性を養う上に、必要と認めたとき実施するという考え方を父兄も生徒も支持していた。男女共学については慎重で、共学は考えられないとのことであつた。とにかく新しい教育法には、慎重に研究するという態度をとつていた。

環境の整備に就いて申しますと、東京では、殆んどの学校が整備され、どの教室でもいつでも使えるようになつている。訓育の面でも、指導要録に書かれている通り実施され、教育目的を達成する為に法に示めされている範囲に於いてどのようなことがのぞましいかを常に研究していた。

▽親田(現南原中校)神奈川県　　私が、行きました学校は、昭和二十七年に文部省指定の実験学校で、第一次は、職業科の体型第二次は、実施の方法について発表することになつていた。一年で英語、職家の必修が四時間、二年も同様で、三年まで四時間づつやれば、就職組でも困ることはないとのことでした。三年で進学組は英語、就職組は職家を取つてやつていた。その外に、夜間の中学校があり、昼の教師が五人兼任で千弐百円の手当も受けていた。施設の面では、機械類が完備しミシン等は、全クラス員が一度に使用出来るようになつていた。施設面の補助金は後援団体の組織もありましたが、PTA会員から毎月二五〇円、生徒から五〇円宛出していた。その外に横浜市のPTA活動を調査しましたが、全国のトップを切つているようです。父兄も教師も学校に協力し、何れにも引きづられる面がなかつた。市の予算が十億でPTA予算が二億円であつた。予算も設備面や研究費、図書費に多く当てられ、人件費は、あまりとられていなかつた。私は数学をテーマに行きましたが、八月三日から三日間、全国数学研究会に出席しましたが、特に図形教育が重視されているようでした。その外に視聴覚教育をどうするかとか、数学で単元学習が可能であるかどうかの問題で、結論として出来ないとのことであつた。しかし社会科、理科では、望ましいとの意見が大部分であつた。

▽高良(現小禄中校)長野県　　信州教育は、始めは何かわからなかつたが学校にいるうちに次第に深みのあるように感じました。特に理科教育においては、理科の好きな子供をつくることが真先で、自主的な理科学習を重じて深く突込んだ指導をしていた。理科においては、指導内容が多過ぎて実際指導には困難で、特定の単元を取り上げて突込んだ指導をしようという事でした。資料を豊富にもち、教師の研究が深く、時には学界に貢献するようなことも発見するとのことでした。新教育についても別に取立てゝいなかつた。昭和五年から十二年まで今の綜合カリキュラムで指導していたとのことであつた。

運動会に賞状を出すかの問題で討議していましたが、大衆の前で一番で走るだけで賞に値するとのことで賞を出さなかつた。この学校では古くから賞品は出さなかつたのであまり問題にはされなかつた。長野は一般的に教師を尊敬するところで、大臣よりも大学教授を尊敬するとのことで、従つて教育には熱意があり、教師も研究心旺盛で、下校は八時、九時が普通で時間を問題にしなかつた。

▽比嘉敏子(現玉城中校)東京都　私が行きました学校は、商店街で交通頻繁なところにありましたが、上級生が引率して登校下校するので事故もありませんでした。特に家庭生活指導を重視し、父兄の協力もたいしたもので、給食も全部父兄の手で行われ、教室の整備まで当るという熱心さであり、特に職家では至れりつくせりで羨ましい程でした。学習面でも、教師は、子供たちと一日中取組んでいて教師間では一日中顔を会わさないのが普通であつた。専科の職員もおりましたが、担任教師以上に忙しく苦労するとのことであつた。家庭科では、男女を同様に取扱い男の生徒も真剣に運針の練習をしている姿も見られた。担任と専任がよく連絡がとれ困ることはないようだつた。

▽比嘉良子(現名護高校)東京都　私が行きました学校は、歴史が新しく繁華街にありましたが、ぢみでみつちりすべてを運営しておりました。

特色としては、毎日朝礼の終りに校歌を歌つていたが、常に新しいものを聞いている感じがした。行事の為に授業をさかない事は勿論であるが、子供を非常に大事にし、特に身体検査の結果は、一人一人について処置を学校看護婦がやつていました。

男教師と女教師の区別がなくすべての面で同じ事をしていた。沖縄の女教師としてつくづく反省させられ、私たちでもやろうと云う熱意さえあれば出来るという自信を得て来ました。

▽比嘉（現野嵩高校）東京都　私が行つた東京都教育大附属中学校では、教育方針が、全人教育で、訓話等も殆んど暗示的で、自ら求める事を要求しているように感じた。

職員が専科あわせて四〇名であつたが、職員会議では、議長をおき、手を挙げて意見をのべる方法をとつていた。この学校は、先に校長、教頭の選挙制も行われたところで、校長が解任されたこともあるとのことでした。

特に印象的なのは時間を厳守するということで、授業が終るとすぐ下校するようだつた。その外、英語教育においては昔のまゝで、学校によつてはいくぶんのちがいはあつた。

▽田場（現前原地区具志川中校）東京都　私が、行つた学校は校長が音楽に非常に熱心な方でありましたが、音楽教育の面では日が浅くあまり収獲は得ませんでした。しかし、設備や教具の面では完備し、テープレコーダーやレコードを使用するという技術面では、びつくりするぐらい発達している感を受けました。音楽では、発声の問題がどこでも議論されるが、それも解決されたというところまできていたがただもの足りなさを感じたのは、音楽全体としての進み方であつた。

読符の問題点はどこにあるかというような具体的な問題を取り上げ、機械力を利用してそれを解決しようとしていた。しかし今後は、音楽教育をどのように生活化するかという点にあると思つた。

臨海学校にも一緒に行きましたが、未だ未た生活化されていないような気がした。しかし沖縄では、技術面からやらなければならない状態でありますので、日本のレベルにどう引き上げるかという事が大切な事と思います。

▽仲地（現宜野座高校）東京都　学校行つて感じた事は、職員の和がとれ、それが学校全体に及ぼされ立派な雰囲気であつた。校長が実践家で、その日の仕事はその日で終るという方針で教案等もその日で提出させ、しかも熱心に批判もし、指導もしていた。

それから対抗競技は、小学校は、校内程度、中学校は、宿泊を要しないこと、高校は年一回で、上級学校が下級学校の試合を主催しない方針であつた。

高校入試については、高校で何を専攻するかをはじめにきめて、それに従つて指導していた。

又高校に入学してからもその成績をみて夏休み等を利用して指導しているようであつた。

▽比嘉（現山田中校）千葉県　私のいつた学校は、職員が三四名、生徒が一〇四八名でありましたが、校長が千葉県での第一人者で、学校運営、学習指導の面でも相当すぐれていた。国語指導の実験学校でありましたが、私も一週十二時間授業をもちましたが、子供たちは発表力があり、字が上手で、うらやましい程でした。校長は、常に教育の場は学校だけでなく、家庭も重視しなければならないという方針であつた。子供たちは、家庭でも、常に発表の機会をもつていて、その点からも恵まれているように感じた。字を書く事にしても教師が熱心に、一字一句指導するので、上達するのも無理のない事だと思つた。子供たちの躾がよく、図書館等に一、二年生が入つても何一つ音も立てず、いたづら一つしない徹底したもので教師の指導の程がわかつた。

中学の一年から補修授業もやつていたが、夜は、絶対にやらなかつた。しかし受験に就いては、むしろ沖縄以上に真剣であつた。

▽金城（現津波中校）静岡県　私が行つた静岡県の

富士宮市立第三中学校は、体育に熱心な学校でありましたが、職員が二七名、生徒が七八五名で丁度手頃な学校で施設が完備し、すべての面でスムースに運営されていた。男女共学を実施し、一度も事故がないという事であつた。

その外に、職員の研修も熱心で経済的裏付けもよく、研究会等は夜おそくまで議論もつづけられた。私もあちこち講習会や研究会にも参加致しましたが結論として教育は、理論よりも実際が優先するということを痛感した。

▽名城（現本部中校）奈良県　私が日本の学校に行つて感じたことは、設備と教具、よい組織をもてば教授法は、日本と沖縄は大同小異であつた。

特に沖縄の場合は財政面で日本よりおとつている事を痛感した。

この学校では、すべてが、文部省から示した指導要領の通り実施され、体育の時間には、立派な服装で、女生徒は、一人もスカートを着けたまゝ授業を受けている者はなかつた。それから常に学力を重んじ、選手を決定する場合でも学力が、基準以下の者はどんなに競技が優秀でも選手にはなれなかつた。一般的に感じた事は子供たちの体位が向上していることには、びつくりした。

▽座談会出席者△

文教局長、指導課長、指導課主事、研究調査課主事

第五回研究教員全員

（附）

（記）

その外に個々の問題についてもおききしたいし、尚今後の琉球教員への要望や改善点等についても意見の開陳もしていただくつもりでしたが、時刻もおそくなつている上に、教員団の方でも、団体としての団結をするため少時を持ちたいとの御都合で以上印象的な点にとどめました。これから各位の御健斗に期待するとともに、尚個々の問題についてもその都度御所見を拝聴しその解決に資していただくよう御願いして御礼といたします。

「中山」

第五回 研究教員（一九五四年三月派遣）

氏名	現任校	配置府県名
高良 弘英	小祿 中校	長野県（中）
世嘉良 栄	那覇 高校	東京（高）
登川 正雄	開南 小校	埼玉（小）
上地 安呈	大道 小校	長崎（小）
前城 仁幹	真和志小校	栃木（中）
宮平 正春	糸満 中校	大阪（中）
石垣 長三	南農 高校	熊本（農高）
松田 正精	古堅 中校	千葉（中）
比嘉 篤仁	野嵩 高校	東京（中）
田場 盛徳	具志川中校	東京（小）
親田 勇	南原 中校	神奈川（中）
比嘉 昇一	山田 中校	千葉（中）
島袋ハル子	石川 中校	東京（小）
仲地 清雄	宜野座高校	東京（中）
比嘉 良子	名護 高校	東京（中）
運天 政宏	天底 小校	京都（小）
富名腰義幸	名護 中校	新潟（中）
名城 久男	本部 中校	奈良（中）
金城 祥栄	津波 中校	静岡（中）
安村 昌雄	久米島高校	京都（中）
嘉手苅喜朝	具志川中校	愛知（中）
大山 春翠	多良間小校	京都（小）
宮良 芳	石垣 小校	大阪（小）
新崎 善仁	登野城小校	東京（小）
前新 透	竹富 中校	神奈川（中）
中村 栄助	南風原中校	埼玉（中）
屋我 嗣幸	知念 中校	埼玉（中）
比嘉 敏子	玉城 小校	東京（小）
福里 秀雄	伊良部小校	神奈川（小）
仲間 哲雄	西辺 中校	奈良（中）

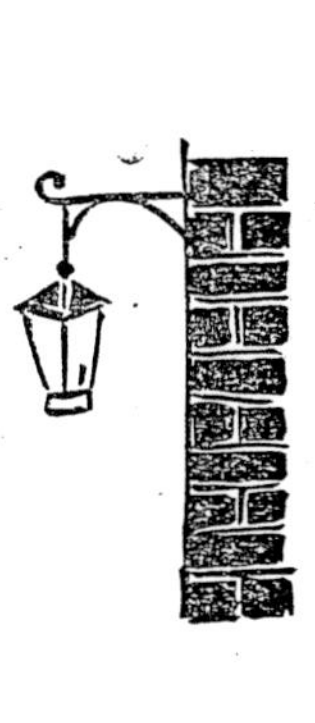

英語学習指導への一つの提言

永山政三郎

去る六月十三日に行われた伊良部中学校のカリキュラム研究第二回発表会の際の英語分科討議会に於ける討議の内容から、二、三の問題を拾つてみたい。

宮古の教師たちの関心の一つは、「沖縄本島は米人も多く、絶えず英語をきくチャンスがあるから、学習意欲も高まり、英語教育の能率をあげているであろうが、宮古はその点甚だ不利である。」ということであつた。

たしかに一応うなずけることである。然しこのことは、沖縄本島内でもいえることであり、強ち沖縄と宮古との比較においては、当らない。即ち沖縄でも那覇地区や胡差地区と他の地区との間では、同様のことが云えると思うのである。結局都市地区と農村地区に於ける英語学習に対する刺戟の問題に帰着するので、沖縄でも大部分の学校は宮古同様の環境におかれているとみてよい。

①この種のハンデイギャップを補うために＝　目標の設定に工夫を加えなければならないと思う。而して目標の設定には、英語教育は国民教養の一部として、人格形成に必要であるということの確認を前提とする。そして実用英語の需要度の低い地方では、それだけ教養としての英語の面を強く打出して目標を設定すべきであると思う。尤も英語に於ける実用価値と文化教養価値の限界は明確なものではない。今日の現状は教養面の目標を明白に設定して指導計画を樹立している教師は少いようである。その結果、機能の面で望ましい成果を期待できないときに、焦燥のあまり、自分の行つている英語教育に疑惑をいだくことになつている。あの生徒は英語の出来が悪いという場合の「出来が悪い」という意味は機能の面において振わないことをいうが、そのような生徒をも、英語教育の恩恵にあずからしめるのは、教養価値の重視である

②次に地域として英語学習への刺戟に恵まれない時程＝　英語教室の整備が必要である。これは英語教室を特設する必要はない、普通教室の一部を、又は英語（主任）教師の受持つホームルームを利用すればよい。英語教室は英語への関心を呼び起し興味を刺戟することを主眼として英語教育の目標を満足させる資料の提供を目ざして、経営されなければならない。

英語が世界を知る一つの窓であるとすれば、この英語教室は世界を知る国際室である。そこでこの英語教室には、英語及び海外に関する凡ゆるニュースを絶えず掲示して、英語学習の意欲をそそると同時に、広く国際的な知識雰囲気を与えるようにしたいと思う。

この教室に備える資料として、どのようなものが考えられるか。簡単な例を二、三あげると、

(イ)、世界地図及び米英を中心とした地図
　（英・米の正しい位置観念を与え、また英米への親密な感情の育成に役立つ）

(ロ)、言語地図、　言語系統図

(ハ)、産業地図

(ニ)、英米を始め世界各国の文人、芸術家、学者、その他すぐれた人の肖像など。

(ホ)、有名な金言、処世訓など。

(ヘ)、文学者年表や名著年表。

(ト)、世界各地の風景、風俗画など。

(チ)、その他海外雑誌、新聞など。

などに思いつくし、尚実際に工夫すれば、いろいろな資料に思い当ると思う。そしてなるべくこれは英語クラブの生徒たちの共同労作になるものが望ましい。私も過去においてこのような資料を生徒たちの協力を得て、作つたことがあるが、生徒たちも自分等の手になる資料のふえることに非常な興味をもつていた。恐らく彼等の一生の思い出となつたにちがいない。

英語教室に限らず、中学校では状況これを許せば、学科教室を設けることが私としては望ましいと思う。けれども数学室の札がかかつてはいても、一向に数学の気分が漂うていない教室であるならば特設しただけ

の意味がないし、何のために、時間毎に教室を移動するのか意味がない。

③次に宮古の教師たちの一致した問題は＝　「生徒たちの個人差が大きいが、如何に指導するか。」ということであつた。この問題は出来る生徒の指導には大した問題はないが、所謂遅進児の指導をどうするかに関心があるようであつた。

英語を何年か指導している中に、恐しい個人差のできることは、遺憾ながら凡ての教師の体験する憂ウッである。そこで私は、個人差の大きいという現実の実態そのものよりも、個人差を大きくしてきた指導の過程が問題だと思う。

男生徒十二人、女十四人、計二十六人という誠にうらやましい理想的な人員のクラスで行われる指導をみていると、五十人或は百人のクラスを指導するのと何ら変らない指導ぶりをみて、勿体ないことだと思つたことがある。二十六人でも五十人でも、相手にされるのは特によく出来る数人に限られて、後は学習活動不参加か、きくともなしにラジオにでもきき入つているような状態にひとしい。講演は各人のもてるものを引き出してくれるものではない、受け入れ得るもののみが受け入れるだけである。

更に不必要に親切であるあまり、生徒の活動を封じ全く思考力を減殺していることがある。即ちやたらに板書が多く、単語の訳語や果ては全文の日本語訳を懇切丁寧に板書なさるために、生徒は筆記することで、貴重な一時間を疲労し、英語の訓練は殆んど施されなかつたということになつてしまう。

文法事項の取扱いになると大変だ。定義法則めいた事の注入に始まり、定義法則めいたことの記憶を強られることで終るようだ。

このようなことが、だんだん個人差を大きくしていくと考えられるので、まず教師は自分の指導法の検討が先決ではないかと思う。

④出来ない生徒の問題＝　教師が自分の指導法に改善を加えても尚且優劣の差は出るもので、これはやむを得ない。だがやむを得ないで放つておいてよいものではない。さればこそ我々教師はなやむのである。

アメリカのある外国語教授研究の委員会では、語学力の低い生徒の処置方法を主題として研究しているのがある。この委員会では、先ず二つの大目的を設定した。即ち語学教受の一般的な目的である。

㈠話学の学習を完全にするためには、当該国民の慣習、芸術、音楽、文学、歴史や地理、特に外国文化と自国文化の相関関係に重点をおくべきである

㈡外国語と母国語の接触面に重点をおき、外国語の学習と共に生徒の母国語の知識が拡大され且つ深まるようにする。

このような一般的目標ならば外国語を話し言葉として習得し得ない人でも到達し得るとしている。

外国語を習いはじめたばかりの少年少女は誰でも外国語が好きだ。彼等は外国語に魅せられている。そして外国の風物、習慣、歴史、伝説、民謡へのあこがれ外国語を一言でも話し得る喜び、外国語と母国語との関係、外国文化の影響等、外国語学習の魅惑は非常に多岐に亘つている。教師は余りに多く、又深いことを狙わずに生徒の到達し得る目標を設定してその目的に全力を注ぐことにする。

まず、

㈠できるだけ初学年においては、文法的な事項を除く。これは文法を無視するということではなく、文法の好きになる、又理解し得るようになる上級までのばしておいて、生徒の年令に応じて興味の多いことからとりあげる。

㈡教師はできるだけ生徒の興味のある、又生徒がある程度の成功を示す面をできるだけとりあげる。初歩からあまり正確ということを狙わないで、むしろ少しは間違つても、外国語を話し、了解し得る喜びを味わすようにしたい。生徒が英語を口にすることを嫌がるようになつては、折角の英語に対する興味もぶちこわしである。「出来るようになつた。」という喜びをもたせることが大切である

この委員会が、前にあげた二つの目的で外国語を教えた場合、どのような効果をあらわすかについて、次の五つをあげている。

社会的態度＝　外国文明への興味及び自国文明との聡明な比較、寛容と国際心、国際的理解と親善。

語学的能力＝　外国語で簡単なテキストを読む能力外国語で普通の表現のできる能力、簡単な話し言葉を理解する能力

情緒＝　成功したスリルと立派に習得した喜び、歌ダンス、絵、詩、劇などに積極的に参加することによつて美を感得すること。

学習の習慣＝　記憶練習による忍耐力、書く練習による正確ときれいさ。風物材料を集め類別するによる材料の組織。宿題や課外読物などにより自分一人で勉強する能力。

手の熟練＝地図をかいたり、スクラップを作ったり、テキストにある絵をかいたり、人形を作ったり、種々の模型を作ることによる組織的芸術的能力。

⑤学習活動への提案－

英語学習の刺戟に乏しい伊良部島の教師たちの訴えるところを綜合してみると、

一、テキストがよく読めない。従つて意味がとれず英語がいやになる。
二、教室英語に十分なれていない。従つて英問英答が活発に行われない。
三、単語力がない。

このような問題の効果的な指導法はどうすればよいかということに、討論の焦点があつたように思う。

極端な例だが、「今日から第○課を勉強します。自分がよんでみて、よみにくいところはきいて下さい。」といつたようなのがあつた（宮古本島）。自発学習のつもりか知らないが、無茶苦茶に視覚に訴えては、読書力はつくものではない。土台、読書力に限らず、凡ての言語活動は聴覚像が基礎になつている。従つて聴覚像の形成に何の工作も施されないで、視覚作用のみで読書力が養われると思う誤謬をまず取除かなければならないのではないか。

読本第一巻の第一頁から、発音記号が出ているというので、その指導に一生懸命になつている教師に、その目的をきくと、文章がよく読めるようになるためだという。この努力は他の方面にむけるべきであろう。一頁から発音記号が出ているからといつて、これを指導しなければならないと考えるのは、教科書に対する認識のあやまりであろう。だいたい発音記号の指導は予習の指導と関連する。予習が要求されるのは、中学一年の終り頃からであろう。従つて発音記号の指導も大体その頃からということになる。

教室英語は出来る限りこれを用いなければ、いつまでもなれるものではない。これを用いて、指導をすすめもしないのに、教室英語になれるということはあり得ない。

単語力の養成は、最も工夫を要すると思うが、これも教師が活動言語というものに対する認識を堅持しない限り、効果はあがらない。まず、聴覚像の形成、そさから凡ゆる感覚に訴える記憶（運動型記憶の）指導。単語力の養成と関連があると思われるので、外国語学習の良習慣（基本的習慣）とは何か、これを明かにしよう。

一、教壇の発音をよくききわける。
二、教師の発音をよくまねる。
三、反復練習の結果、教師の発音が機械的に発音できる。
四、聴覚像と概念の結合。
五、派生的言語材料をつくること。
六、口頭の刺戟に対する即時的反応。

聴覚像という言葉をやたらに使つた。同じ音をくりかえし、くりかえしきけば、遂にはその音をきいた瞬間に、その音の表わす概念が、無意識の中に我々の脳裡に映る。その脳裡に映つたものを聴覚像と呼ぶ。

× × ×

さきに紹介したアメリカの委員会が、出来のよくない生徒を対象として、学習活動に一つの提案をなげつけている。これをそのまま、我々の生徒に施してよいかは検討の余地があると思う。何故ならば、彼等の場合は、外国語といつても、母国語と同一語族に属する場合が多いし、言語材料の類似、言語構造が殆んど同一であつたりするからである。けれども我々にとつても、好個の参考であるので、以下これを紹介することにする。

（A）読み方

一、目的
1、楽しく簡単なテキストを読めるようにする。
2、語イをます。
3、読本を理解するに必要な文法的構造を認めること。
4、簡単なテキストを再生させたり、いいかえさす
5、外国の文化への興味をおこさす。

二、テキストの性質
テキストの内容は、ぐう話、逸話、短い読物等最も簡単なものでなければならない。文は単文で語イを制限し、且つくりかえすようにできていなくてはならない。

三、生徒の読書力を増すために次の方法をすすめる。
1、まず理解を助けるために、教師は内容を説明する。（筆者註 内容が生徒によつて、日本語の文献で調査できるものであれば、生徒に説明させたり生徒同志で話し合いさせた方がよくはないか）
2、生徒に本を開かせて、教師はテキストを十分な表現力をもつて読む。新らしい単語やいい廻しは黒板にかく。（読む前でも読んでいる間でもよい）生徒にはその間どんどん質問させる。
3、次に生徒が教師の読み方をまねて静かに読んで

みる。

4、日本語で生徒の理解の程度をためす。勿論簡単な英語できくのも交える。

5、できる生徒を前にだして日本語でゆつくりと正確に話の大要を話す。クラスの他の生徒が補足したり、訂正したりする。

6、4と5は必要によつては順序を逆にする。

7、次に音読又は各個によます。

四、宿題。宿題は学校で読んだものについて行う。

1、テキストを絵にしてみる。

2、話の大要又は一部分を日本語でかく。

3、日本語又は英語での問に対する答をかく。もし英語で答えさす場合は、その答えが必ず本文中にあるものでなければならない。

4、英語で不完全な文章を完全にさせる。但し一語か二語で完全な文章になるようにしておく。

五、理解をためす方法

1、未完の文を完全にする。

2、言葉をあわす。

3、たくさんの中からえらばせる。

4、梗概をかく。

5、正しい答と間違つた答をだして正しいものをえらばせる。（筆者註、文章の間違いの意味でなく内容の正否である。）

6、問答を英語で行う。答は文法的正確さよりもすぐ問答ができるかどうかに重点をおく。尚日本答で問答をしてもよい。このときは完全な日本語であることが必要。

六、単語力を増す方法

1、母国語と結びつける。

2、同意語と反意語。

3、語原的関係。

4、単語の組合せ。（例、**Hand－Glove**）

5、問答。

6、文章を完結するのと代入。

7、関連ある単語の中から、関連ない単語を除去させる。

8、ある範囲に従つて単語をあつめる。

七、文法の認識を発達させること

1、文法の構造を解剖的でなく語イとして教える。（既定の事実として教える）

2、完成や多肢選択によつて、構造の理解を助ける

3、以上の如くにして、理解に必要な構造をのみ強調する。

（B）対話

一、目的

簡単な英語を話し理解する喜びを理解させる。

二、対話の性質

1、必ず短いこと。

2、日常用語を含む。

3、生徒の日常生活を含む。

4、対話の形式で簡単な逸話を含んでもよい。

5、テキストの劇化したのもよい。

三、対話の構成

1、教師が英語で対話をかく。

2、教師は生徒と協同で劇を考え出す。生徒が母国語でいうのを教師が英語に直す。

3、教師は時々生徒にも適当な外国語でいわしてみる。その時文法よりも意味がわかる点に重点をおく。

4、教師は生徒と一緒になつて読み方教材を劇化する。

四、やり方

1、教師は対話をまず黒板にかく。

2、生徒はノートにそれを写しとる。この際教師は余程監視しないと生徒は正確に写しとらない。

3、対話は大声で読む。正確な発音で劇的によむ。いろいろ生徒の役割をかえてみて、興味と共に競争心をおこさせる。教師と生徒、教師とクラス全体、生徒と生徒、クラスの半分と半分という風にいろいろかえてみる。

4、対話は暗記し、本をみないで書ける程度にする。

（C）歌

一、目的

1、歌える喜びを与える。

2、発音の改良。

3、語イをます。

4、外国文化の簡単な手引。

5、外国の特徴ある音楽の鑑賞の手引。

6、生徒に永続的価値の文化的宝を与える。

二、歌の性質

1、曲の単純なこと、易しく、メロディがあり、程よい長さ。

2、歌詞の単純なこと。

三、歌の型

1、民謡

2、過去及び現在の流行歌

3、歌劇的選択。

4、国民的な歌

四、指導法

1、教師は簡単に歌の背景を説明する。
2、教師及び生徒はまず、単語をよみ、発音とリズムを強調する。
3、歌の完全な理解。
4、教師の指導によるクラス全体の歌。良いレコードがある場合は蓄音機を使用する。
5、不断に歌つて暗記すること。
（筆者註、英語の歌は英語の雰囲気を作るとか、授業中の気分の転換をはかるために有効である。小学校児童や低学年などでは歌詞の意味は分らずとも、とにかく歌えばよいのではないだろうか）

（D）暗記

一、目的
1、全生徒が参加して、結果として満足感を味わせること。
2、組織的に記憶させるように訓練し、それによつて注意力と、正確と忍耐力を養う。
3、英語である程度の材料を暗記させ、（a）それをすらすらと正確に楽しく思いおこさせ、（b）日常的口頭表現の基礎となる。
4、発音を訓練させる。
5、生徒のリズム感を養う
二、記憶する材料の性質
1、有用な表現及び単語、日、月、季節、数、日附時、天候、教室英語、挨拶用語。
2、対話、歌、童謡、ことわざ、単純な詩、易しい散文の引用。
三、指導法
1、対話と歌はそれぞれその項参照。
2、詩の場合は歌の単語の場合の指導法に従う。詩の言葉を理解のために分解することは避けねばならない。詩を全体として理解するように強調せねばならない。詩及び詩練習への興味は教師及び生徒により絵、劇化、蓄音機などを利用することによつて高められる。

（E）文化的材料

一、目的
1、珍らしい新奇なことを好む子供の心理に投じて生徒の興味と理解の範囲内の外國文化の特徴を理解さす。
2、生徒の周囲のものでその根源を外国に有しているものの理解を助ける。
3、外国文化の理解を助ける絵を組織的に集めるように訓練する。
4、口答及び筆答を日本語でやれるように訓練する
5、他学科との関係又は接触をもたせるようにする
二、文化的材料の性質
1、生徒の理解と興味の範囲内であること。
2、はつきりして、単純で、注意を喚起するものであること。
3、容易に入手できること。
4、客観的な絵及び風物に重点をおく。
三、材料と活動の型
1、写真、ポスター、絵葉書、新聞、雑誌、旅行ばさみ、ガイド・ブック、時間表、プログラム、メニュー、ホテルの勘定書、切符、カタログ、モデル、人物、切手、貨幣、絵本。
2、船、博物館、図書館、教会、百貨店、店、映画文化の中心地、料理屋、外国文の要る地域、音楽会やオペラへ行くこと。
3、生徒に切抜帳や、モデルや収集を準備さす。
4、ラジオ、蓄音機、幻燈、フイルム、その他の聴覚及び視覚材料。
四、範囲
決定は教師の経験による。文化的事実は孤立的でなく、重要教材を中心として発展させること。
五、指導法
1、次の方法により興味を喚起させること。
（a）読本内のことを敷えんして説明する。
（b）話題や適当な目的は教師又は生徒により紹介する。
（c）時事問題。
2、計画の実行
根本は生徒自身の活動である。各生徒は分に応じて何かやるべきで、それは興味により能力により違う。教師は次のように指導し、協力する。
（a）若し問題が食物ならば生徒はグループに分れて、
(1)、外国の料理屋や蒸気船等からメニューを集める。
(2)、食物のでどころを調べる。
(3)、食物の絵をかいて外国の名前のレツテルをはる。
(4)、日本の料理に入つてきた西洋料理の英語名を表にしてあげさせる。
(5)、若し生徒が割烹をやつているなら外国の食物を作つてみさせる。
(6)、できれば食物の見本を持参させる。
（b）若し問題が衣しようと近代的洋服の問題ならば、各グループの生徒は、

(1)、絵葉書や外国のカタログを集める。
(2)、衣しようの絵をかく。
(3)、人形又は自分の衣しようをつくる。
(4)、集会やクラブにでる衣しようをつくる。
(5)、流行雑誌や衣しように関する本を持参さす
(6)、衣服に関しての英語の言葉の表をつくる。
(7)、博物館や百貨店に行く。

(**c**) 若し問題が地理ならば、
(1)、色のついた地図をかく。それに市や山や河を示す。
(2)、粘土か石鹸で地図をつくる。
(3)、絵の地図をつくる。
(4)、はめ絵式地図をつくる。
(5)、天候と産物の関係を研究する。
(6)、地図に農業や鉱物地域や産業の中心等を記入する。
(7)、旅行地図。

(**d**) 習慣とか旅行の方法とかの問題は教師が直接に教えた方が効果的である。即ち、
(1)、自分の経験や研究をかいてみせる。
(2)、他科の教師をよんでくる。
(3)、絵葉書や幻燈や映画で景色をみせる。
(4)、できれば生徒に手つだわせて集めてある風物材料を並べてみせる。

(**F**) 言語事実と慣用句

一、目的
理解に必要な言語事実を認めさせる。

二、材料の性質
言語材料の性質は読物によつてきかせる。大体、性と時制と語順を認める知識を含む。

三、指導法（読み方の指導法参照）
1、言語事実は語イとして教えること。
2、語イとして教えるのが十分理解させることが困難ならば、説明が必要となる。例えば語順が日本語と異なる際など。
3 (**a**) 品詞変化表を訓練するな。
(**b**) 日本語を英語に訳することをきまつた練習題とするな。
(**c**) さして重大でない言語事実を分解してみせるな。
(**d**) 規則や例外を強調するな。
(**e**) 文法的術語を用いるな。
(**f**) 文法的説明を生徒に重荷となるように感ずるようにするな。
(**g**) 生徒の話の途中を切つて訂正せずに、終りまで考えて述べさせる。

（以上小川芳男氏著　英語の教え方による）

右の委員会の提案を検討すると、我々の教室で実行困難なものもあるにはあるが、大体において非常な示唆に富んだものである。そして我々の沖縄の英語教師が不問に附していたような、或はそこまで努力が及んでいなかつたような事柄を多く含んでいて、沈滞なそして極く限られていた教室活動に対して正に頂門の一針をあてられた感じがする。

×　×　×

伊良部中学校に於ける英語教育の討議は、僻地に於ける英語教育の悩みを如実に吐露した感があつた。そして僻地の英語教育に一つの開拓路を築きつつあるのが、伊良部中学校である。ひとり同校のみならず、この切実な課題に沖縄をあげて、新境地を切り開いて行くべきではなかろうか。

希望をもつて旅行することは、目的地に到達するよりも尊いことである。真の成功とは努力することそのものである。（スティーブンソン）

日本講師団を迎えて

上野　芳太郎（文部省視学官）

石川地区　教育行政

○ 教員の養成

御挨拶を申上げます。

一同一人の事故者もなく、六週間の講習を終ることが出来ました事を非常に有難く感じているのであります

私どもは同胞としての血のつながりを持つて居りますから、こちらへ来て何か少しでもお役に立てば結構だというつもりで参つたのであります。にもかゝわらず、非常な手厚いもてなしを各方面から受けまして一

層感激しているのであります。又今夕はこういう盛大な宴を設けて下さいまして、私共に何でも感じた事を述べよということでございますので私共も感じた事を遠慮なく申上げまして皆様方の少しでも参考になれば幸と思います。まだあと二人集つて居りませんけれども、これは地域の方との送別会がありまして、そのような関係でまだみえていません、之も地域とのつながりが強いためにまだ参りかねておりますが之も沖縄のために大いになつているのだと思いますので此の点御諒承を願います。挨拶はこれ位にしまして私の感想を申上げたいと思います。

　私は仕事の関係があるものですから、この間沖縄タイムスにかけということでかいたのですが、大体こゝの地域的な事情を前提にしてかいたものでありますから皆様には大体御諒解得たものと思いますが特に教員の問題でやはり問題になるのは小中校では中堅層がかけているという問題でしよう。

　特に心配致しますのは琉大と高等学校の問題でこゝの高等学校の教員組織は実際はきて驚いたのです。高等学校の教員組織に穴があるのですね、内地は高等学校に問題はありません。皆専門学校以上を出て中等教員の免許状を皆持つている。あとは新制大学を出て高等学校へ行けばよい方である。そういう点で高等学校の教員組織は非常に強化されている、問題があるのは中学校小学校であります。

　高等学校の教員組織に問題があるとすれば産業教育関係、芸能、体育に限定されている。それ以外の教員組織に問題はない東京の場合ですと学士でなければ中学校でも採用しません。その様な状態ですから高等学校には田舎の場合でも問題はない。今あるのは芸能体育に産業教育、そこに助教がおるのであつて普通の教科には問題はない。

　此処へ来て見ましたら検定を免許法以前にやられたと思うが小学校中学校から高等学校へきりかえられた先生が相当多い。これはまちがつていませんでしようか？

　私の見た範囲では……私は校長先生方に書かしてみたのですがこれは一寸驚いたことです。全県的にそうですかこれは供給源がないということですね、内地では今供給源がありすぎて計画養成する必要がない。昔は高等師範で計画養成したが今はない、ここでは琉大に内地から輸入出来ないという所に琉大自体の悩みもあり高等学校でも同じ悩みです。
だからこゝの卒業生を内地の大学に入れるということは本当は至難な問題です。内地の高校を出ても一流の大学に現役で入るのは五割位であとは浪人組です。

　一年浪人を一郎という二年浪人を二郎、三年浪人を三郎といゝます。内地では四郎、五郎まで受ける、従つて此処の学生が内地で入るためには非常なハンディキャップがある。

　それから私がこゝへ来て気の毒に思いますのはやはり電気ですね、此処那覇はそうでもないでしようが終夜燈でないですね。十一時になるとすぐきえてしまうそれでは高等学校の生徒が内地の生徒と競争するのに暑いことが障碍である以上に電気が非常に気の毒だと思う。私がこちらへ来て経験して、特に口頭はひどいと思う。あの辺に生活する人々には本当に同情せざるを得ない。

　これは外の問題ですけれども教員組織の問題で内地では助手級が講師になつている。そういう点で琉大自体にも問題があるんですが、……小中校の方は今度みたいな講習を継続すれば相当解決するのではないか、割合に若い人々が熱心ですからその穴はうまると思う。むしろ高等学校の穴をうめる方がむづかしいそういう点で何か行政的な措置を考える必要があるのではないかと思います。

　中の人を育てるとか或は移入するとか何らかの方法を講じないと今後高校に入る生徒ですね、現在中学校にいる生徒が気の毒でたまらない。
では私はこれ位で

鈴木　清（横浜国立大学）
糸満地区　児童心理

○ 環境を整える

糸満に行つておりました、横浜大学の鈴木であります。

始めに綜合的な印象を申上げますと、沖縄に来てよかつたと思つております。

参りますときは、実は応用心理学会で今度の免許法の改正について文部省に文句があつたのですよ。私に代表して文部省に申入れをしてこいと言われましたので上野先生に申入れをしましたら上野先生ニヤニヤ笑つてきいていましたが「それは解りましたこんどは私の方から頼みがある沖縄に行つてくれませんか」と言われまして「ハハアきたな」と思つてここまで来たらおことわり出来ないと思つて……〃それにいろいろの事情があるのですが〃……沖縄の人々に役立ていたゞければと思つてきましたが今日では大いに上野先生に感謝しています。もう少し台風が吹いてくれればいゝが台風が吹けばもう少し滞在出来ると思つたりしています。

これまで私たちは沖縄に対する認識がたりませんでした。沖縄へ来てよく理解し得ることが出来ました。

こちらへ来て考えました事を申上げますとこちらの教育をよくするためには少くとも二つの面から考えてみたいと思います。

一つはやはり教育の行われる態勢を整えるという事でありますが、社会教育の面で非常にその……学校教育の面でねらつていることと大きなへだたりがあるように考えられます。新教育の受入れ態勢（？）が出来ていないと思います。

更に今一つは、今局長さんの話をきいて安心したのですが先生方が熱心にやりましてもそれでこの四十何日かの講習だけでは充分でない。そのためには研究の組織ということが恒久的に建てられなければならない

それにつきまして研究所の計画もあるとかで有難い事だと思いました。

こちらへきましてから先生方からそれとなしにきゝました事は内地の先生に比べて素質が劣るだろうか或はその子供たちの素質が劣つているのではないかそういう事を伺つたのであります。実はこちらへ参りました序にこちらの先生方にお願をいたしまして私たちの簡単につくりました道徳テスト環境の検査それから知能検査を極くわずかではありましたがやつて結果を出してみましたら知能検査においては本土の平均と殆ど同じでございます。

道徳テストの結果では本土の平均よりやゝよいという結果でありました。

糸満の子供は全琉のどの位置にあるかわかりませんがそれだけの結果からのぞきますと知能的な素質は劣つていないということがわかります。

それから道徳テストでよいというのは沖縄の子供が人柄と申しますか性質がよいということをあらわしている。ところが之に反しまして環境の検査は全然問題にならない程悪かつたのであります。本土の最低の基準にもこちらの平均が追ついていない特に悪いのは物質的な環境でこれは当然出てくるわけですが……。

けれども両親の教育に対する熱心さは内地に比べますと殆どひらきがありません、こういう点から考えましてこちらで子供の教育の問題というのは子供の教育環境を整えることが大切だと感じました。それから先生方の研究組織が劣つているとは申しませんが先生方が勉強しようという意欲をどう伸すかということが大切ではないかと思います。

昨日も或学校の校長先生が参りまして今まで本を買つてくれ等と一ペンも言つた事のない若い女の先生が今度は私にこの本を買つてくれと言つて来ましたので私はうれしくてたまらなかつた。これも先生方のお蔭だと言われました。これはまあお世辞でございましようけれども、私どものやつた事が少しでも役立てば幸と思つて居ります。

もう一つだけ申上げますとこちらに参りましてから私診療的な方面もやつているものですから、こちらの高等学校の神経症を起している子供から相談を受けましたところが〃東京の大学に行つて勉強したい、そういう気持で寝るにも寝ないで一生懸命勉強しておつたところが最近になつて家庭の経済的事情からどうもいけそうもないと考え出してそれからは夜も寝られない手足が冷える頭が痛いと完全な神経症状を示しているのです。これは高等学校の三年生で、きいてみるとこちらの特性をよくあらわしている例だそうです、こういう子供がたくさんいるのではないかと思われます。

こういつた子供の指導というか、相談というかこういう部門を担当して戴くカウンスラーを養成してほしいものですね。この点は本土よりももつと必要性が多いのではないかと思います。

○ 教師の自己研修

井坂　行男（東京教育大学）
名護地区　ガイダンス

一般の感想から申上げます。

正直に今日告白致しますと、神経症になる程の事もないのですが、一つの不安定感を持つて参りました。それは我国で実際戦場になつて（今は別ですが）当時は兵隊も民間人も戦争の巻添えをくつてひどい目にあつたという所はこゝだけで、或はそういう経験が一般の人々の中にうらみというような感じになつて残つているのではないか、そんな事がなければよいがと思つたのですが少くとも私が居りました六週間はそんな事は全然なくうれしく感激致しました。

それから教師の問題ですが、教育的な熱情の強い先生はすぐにその本土とのつながりというところへ発展してしまつて、教育の内容の問題よりも、或はそういうことについての元気づけ激励を求めているのに急いであるのじやないかと熱心な教師、まあはつきり申しますと、器用なる教師ということになつてしまつてい

るのじやないかと思います。

勿論その気持はよくわかりますけれどもそういうことがほんとうにですね、ほんとに沖縄の復興のため教育の確実な前進のためにプラスなるのかと（おさえつけてしまつては勿論いけませんけれど）そういうことを思うのであります。

私は被占領国家に於ける文教行政の末端を担当した上野さんと一しょのものの一人ですが、いつも、板ばさみになつて、にくまれるのは被占領国家に於ける政府当局者なんです、まつたく同情申上げることもあるんじやないかと思つております。

井伊直弼のような心境で今日も又無事で家に帰れたというような心境も味われるじやないかと思います。

それから、その次の点は現場に於ける教員の研修という面から具体的な問題の一つとして、やはり教師個人が本を買うということは非常に大きな負担であると抽象的概念的でなく実感としてはつきりわかりました

しかし、やはりまだまだ図書による研修も、ときたまひらかれる、こういつた講習でなく、先生同志の研修も先生同志のワークショップ形態の研究組織も必要だと思います。

それから手つとり早いのは、やはり今度普及部あたりが研究図書を各会場にわけてありましたので、そういうもの或は文教局あたりが、教員のためのライブラリーを使用し得る範囲はどれ位かおしらべになつて是非之は経済的に恵れない教師に公費で研究する機会をより多く与えるようにする。

しかし結局図書館でよむ教師は自分でも購入して読む教師です。之は私の狭い経験ですがライブラリーでも読まない教師は自分でも買わない教師です。

では最後に私が担当しているガイダンスの領域の中ですが之は先に鈴木さんがおつしやつたように先ずカウンスラーは本土でも本当の専任のカウンスラーをおくことは困難で私は随分努力したのですが、なかなか滲透しないで今でも責任を感じているのですが。

そういつた特に問題児の見方について三回程調査ともつかずレポートともつかず、どういう子供を問題児と見るか素朴的なものですが、かゝせました、やはり乱暴的な子供、反抗的な子供を取上げてありました。六週間話してあげましたら大分わかつていただけたと思いましたが、そういう点もありましたからこの中に一人でもよいから同僚としてしかもそういうことがわかつて中心になる人を作つて下さいと申しました。

ガイダンスの問題はそこが中心ですと申上げましたこれは文教局あたりでもその方面の担当者をおいて、その方面の指導にもあたるし、或は直接に出かけていつて問題行動を示す子供の指導もしてやるというようなその辺にも文教局指導主事あたりとしての課題があるのではないかと思います。

是非、相談、助言態勢を作つて戴き度い。

橋本　重治（横浜国立大学）

本部　教育評価

○教育成果の責任者は

私は横浜国立大学の橋本でありますが、今回は国頭で教育評価をやりました。

国頭地方は非常に山の緑も深く水もきれいでありまして、地域の人々の人情もこまやかで六週間の中であの地域の人々に完全に同化されてしまつたという状況であります。

教育についての感想ですが、言いたい事は、前の人が申してしまいましたので、等差級数的に時間が減つてしまうと思うのであります。

私の先生方に接してきくことがいろいろあるのでありますが、第一は、それはどこでも同じことをきくのでありますが、それは待遇問題であります。つまり、待遇がよくないと生活に安定がない自分の子供は一体どうなるかという話をきかされましてですね、これはどこでも同じでありまして、こゝでも待遇が悪いんだなと思いました。このことは基本問題でありますのでできるだけよくしてやらなければ教育に没頭するように激励することも出来ない話であります。

第二にきゝますことは、今先も話がありましたような復帰問題であります。この問題につきましては、私もいろいろ考えまして先刻井坂さんがおつしやつた事と大同小異でそのような態度をとつて参りました。

第三にきゝますことは、社会に対する反抗といゝますか、或は低抗といゝますか、それはいろいろあるようですが、社会に対して、或は文教局ですか、指導当局に対して自分の立場をうつたえたいような態度を感じました。近頃生徒の学力が足りない事でそれは教師の責任のように世間が騒いでいるように感ぜられる。私も、その様に感じました。それには何か云いたい事がある様に感ぜられました。その点について、私も考えたわけでありますが、私は教育評価をやつて居りますが、教育評価には御承知のように学校評価が入つております。

校長グループで学校評価をやりたいというのでやり

ましたが、学校評価には学校教育の成果を挙ぐべき条件がならべてありまして、申すまでもありませんが、成果を八つ程あげて居りますね、いうまでもなく教育計画とか学習指導とか、或は生活指導とか、或は管理とか、施設とか、図書館とか……教育の成果とか、学力とか申しますが、えて我々は施設がどうだとか図書館がどうだとか、あゝいう物に言つても何とも答えないので、生き物である人間を責めたくなるのが人情であります。

然し教育成果が非常に多くの要因の複合しているものでありますから、あまり教職員ばかり責めることは科学的にいけないと思います。教職員にもいくらか原因はあると思いますが、例えば施設等をとりましても図書館や図書室に例をとりましても貧弱を感じました

教師用の図書、児童用の図書にしましてもそういうようなことが相当充実しなければあまり児童生徒の教育成果は期待出来ないのではないかと思います。

その外校舎の問題があると思いますが、之は追々出来ると思います。教育成果は綜合的なものでありますので、教職員の方は、その一部面です。

実は私きた当時、一寸表面の観察でこれは基礎的学力が少しおちているのではないかと思いました。それらしい事を座談の茶のみ話に話した所が、座談会の記事に挿入されて私は実は一寸困つたんでありますが、そういうことがありましたが、後でですねレポートを出してもらいまして、それを読んでいつたんでありますが、それを読んで後の感想では、それ程でもないと思いました。それはなかなか立派なレポートがあり、たとえばそれが誤字の問題でもですね、今頃の若い人は字を誤ることが多いといわれますが、私が今まで向うで見た事に比べて誤字は少いのではないかと思いました。

教職員の能力は十分ある、内地の教員に劣らないような気がした。今後いろいろやる中に教育の成果が大いにあがるのではないかと思いました。

○幼児教育と科学的教育技術

大西憲明（大阪市立大学）
名護地区　児童心理

名護で児童心理を担当しました。大阪市立大学の大西であります。

感想を申上げますと社会の新教育に対する理解が不充分である。もつと学校と密接な連関をとつてですね新教育の精神を理解してもらいたいと思います。

その次に同じく女性は男性に劣るかということについて、これは家庭教育をうまくやるためにお父さんがですね、母親の家庭内に於ける教育的な機能というものに対して理解してもらいたいと思います。

これから沖縄タイムスに幼児教育について、かいたのですが、これは幼稚園を見ましてですね、実は幼稚園が一番貧弱でないかと感じたわけなんです。これは家庭教育とも連関しましてですね、小さな字や区の事務所を使つてですね幼稚園をやつて居る、然もそれが学校教育法による幼稚園でもなく児童福祉法による幼稚園でもなく、何かしらはつきりわからないような、そういうものを幼稚園と称してそれの保姆さんたちも事務所の事務員兼用で、然もその保育料によつて給料にあてるという不安な状態であると思うのであります

その次に子弟の問題について、かきましたのは児童心理の実習として知能検査をやつたわけなんです。

更に学校に行つて累加記録にどのように記入されているかということをしらべたのでありますが、どうも利用の仕方がですね、それは日本の田舎も同じことですが、かつて有名な沖縄教育という立場から考えて実は弱いのではないかと思つたのであります。そのような意味で科学的な教育技術の問題をやつてもらいたいと思つたのです。

三年前に田中B式の団体知能検査をやつたときいたのですが、これは唯やつただけですね、それを学校の教育にどのように生かしていくかということに対しては先生方が、あまり意見を述べてくれなかつたという面からもつと子弟の科学的な診断というものをやらねばならない。このような教育技術の問題についてですね、もつと文教局に於て活潑にやつてもらいたいと思います。

それから更に、やはり沖縄タイムスに私の見た沖縄人という妙なものをかいたのですが、実はあれも児童心理の実習としてですね、淡路式の向性検査をやつたわけなのですが、数が少いしサンプルの問題もあるし更に向性検査自体にも問題があるのですが、同じ人数で曽て私が農村でやつた場合に比べて、外向性が多かつたわけたんです。それについてですね、地域的な自然的な或は政治的な圧迫があり乍らもですね、外向性が高いという事はですね、やはりそれに何か楽観的なものがあるのではないかと感じた所からあんなつまらないものをかいたわけなんです。結局はですね、先刻おきゝしたのですが文教局が教育研究所の問題につい

てもつと、重要視してもらいたい。それから児童相談所をですね、青少年犯罪が次第にふえている。戦前に比べて十倍以上もふえている様な状態もきいたのですが、児童相談所をつくつてそこに適確な専門家をおいてですね指導をして戴きたいとそういつた様な面もあつたわけなんです。

然し、こちらの先生方がですね、本土復帰に熱心になつているのは大いに同感なんですが、ところが、こちらの学校の先生の勉強態度とかそういうものについて僕がいらんことを申しますとですね、沖縄の事情を知らないで、判断することはいけないと批判を受けたわけなんですれど、如何なる事情があろうとも、教師として児童に接する限りは、教師である限りはですねいかなる障碍があろうと大いに勉強しなければならないと講義を結んだわけなんですが、その点から教師たちが大いに勉強出来るように教育研究所の発足を早くそして活溌な活動をして戴き度いと願つて止まないものであります。失礼しました。

上田　敏見（奈良学芸大学）
石川地区　教育評価

○教職員が思い切つて研究できるように

奈良の学芸大学から参りました上田です。今回は石川地区で教育評価を担当しましたが沖縄に来ての印象、それから教育当局にお願いしたいことを簡単に申し上げます。

今まで私は沖縄をしらなかつたわけなんですが、私の想像していた沖縄は非常に暑い所だと思つて居りましたが、来てみるとそんなに暑くないということがわかつたわけであります。それから自然の美、それから人間の美、それがはるかに予想を上廻るもので六週間愉快に過させて戴きました。今日これが沖縄に於ける最後の宴であるかと思うといさゝか胸がせまるような感が致します。

教育に対する希望を申上げますと、先生方は研究意欲があつて大いにやろうという気持はあるようです。そういうことは私が身を持つて感じましたが、さつきから、諸先生が申されましたがその意欲を消さないように、他のいろいろなものを整えてやることが文教当局のもつとも力を入れてあげなければならない点ではないか、それから先生方の福利厚生の施設をもつと作つていただくことが望ましい事ではないかという気が致します。

非常に何か生活に疲れられて居るような、そういう気が致します。ですからもつと教職にあつてそれを喜びと感ぜられるような他の条件を整えるよう努力して戴きたい。それには例えば待遇改善という面もありましようし、その他先生方が一日愉快に過し得るようなそういつた施設を作つて先生方の疲れをいやすといつた設備を作るよう努力して戴き度い。

それからもう一つこういう講習会に参加した人たちを今後もそれをばらばらにせずに、何らかの研究組織に作つて行く様に努力して戴けたら結構じやないかという気が致しました、此の六週間愉快に過させていただいて喜びを持つて帰ることが出来ます。有難うございました。

安丸　一郎（福井大学）
前原地区　ガイダンス

○綜合的研究組織を

私は福井大学から参りました安丸であります。こちらに参りまして、政治的な経済的な事情につきましていろいろと教えられる、考えさせる所がありまして、私自身にとりまして非常によい機会であつたと思います。

特に沖縄の従来の習慣というものが、現代の民主主義の教育、或は新しい教育というものの立場と可成り対立する部面があるように見受けられまして、例えば男女の関係というものが、沖縄の従来の家族並に社会的な場におきまして、かなりの封建的な階級差というものを見出すようでございます。

尚その他にもこういつた様なものがありましてこれが現場の先生方の口を通じて我々の耳に或は目に入つてくるわけでございます。こういつた問題が、やはり根本的に大きな問題が提起せられ、論議せられ、出来るだけ解決の方向に向つて努力することが、当然要求せられるのではないかとかんがえているわけでございます。こういつた意味からも綜合的な研究組織というものゝ必要性を感ずるわけでございます。

最後に一つかんがえて居りますことは沖縄の全面積或は空間の大きさから申しまして、之は一つの地域社会といえる範囲ではないか、大きくかんがえた場合、あまりディバイドして考えるよりも全体が大きな社会として、考えるのでございますが、特にその横の関係だけでなく縦の関係におきまして、小学校、幼稚園から大学に到るまでの間に連絡というものがどういうふうになつているか、尚文教当局との関係というものがとくにうつて一丸とするような研究体制、或は問題解決の体制という協力の態制が必要ではないかと、そういつた事柄が感ぜられるわけでございます。簡単ではございますが感じたことについて申し上げました。

前原地区　教育評価

金井　達蔵（横浜国立大学）

○精神的安定感を

私横浜国立大学から参りました、金井というものであります。

前原で教育評価を六週間大過なく過させて戴きました。もうすでに諸先生方が教育の問題につきましておい述べになつて居ります。あえて私が申し上げることもないので同じような事でございますが、私が感じました事について申し上げます。

一つは非常に熱心に六週間の講習を過しまして先生方の素質が我々本土の教職員と何ら変りないと感ずるのであります。唯現在の資格、小学校、中学校、高等学校の話が出ましたが、小中学校の職員組織の受講者の方の経歴から拝見致しますと非常にバラエテイーに富んでいる、それは一つは教員養成組織のバラエティーが反映しているのではないかと思います。私達の理解のいかない准免というものがありいろいろの段階がございますが、級が直ちに資格を反映するかどうか私には一寸合点がいかない様なふしがあります。資格が非常にバラエティーに富んでいる。もう少し、すつきりした様なのを何か……級が直ちに能力差に何かはつきりしたものがありたいものだと感じました。

それにつきまして、学校の現在の資質の向上ということが問題となる。何といいましても皆様方が申された様に教員の研修ということに帰する問題と思いますでこの研修には研修機関の問題と研修時間を与えるということの時間の方の問題がまだかなり重要な問題があるのではないかと思います。

機関の問題につきましては、研究所を立てるというお話もございますし、私は研究所を全島で一ケ所作ることも望ましいけれども、最少限地区に、教員の要求に応じ指導するに足るだけの末梢的な機関を最少限地区に一つ位はほしいと思います。

それから、もう一つは機関は設置されてもやはりおちついて研修時間が各人が持てるような体制にしてほしいということです。これは何かやはり経済的な問題に入つてくるのだと思いますが、何か生活におわれて安じて教育にばかり専念も出来ないと伺つておりますが、結局はやはり今日の状勢上止むを得ませんが、給与面に於て、出来るだけ引上げて行きたいような気が致します。

もう一つは、一番痛感するのでありますが、精神的な安定を与えて上げるということです。それは福祉更生ということが一番近道です。将来に対する保障ということが、そのような生活に導く大きな力じやないかと思います。こんどの講習で、特に感じますのは、戦前の先生は恩給も支給されるとか、これが新しい先生方にも何らか、そういうような保障なり或は共済会的な教職員会ではすでにその組織があり活発に動いていると承つておりますが、政府の方でも、大いにこういう制度を（いろいろ事情があるとは思いますが）設けて精神的な安定を与えたら安んじて教育に専心出来るのではないかと思います。此の点を強く感じました。

宜野座地区　児童心理

上代　晃（広島大学）

○イデオロギーに對する無關心

私は広島大学の上代と申します。今日まで宜野座で児童心理学を担当して参りました。沖縄は本土の県で言いますと島根県や鳥取県位の或はそれより少しく小さいかと思いますが、そういう点から考えましても大学がたつた一つしかないということですね、これは少しもの足らんと思います。短期大学でもいゝからもう一つ二つはあつて然るべきじやないかと思います。

特に特徴のある短期大学、例えば音楽とか図画工作教員養成を目的とする大学には限りませんが、何か特徴のある大学がもう一つや二つ出来てもよいのではないか、大学が琉大の専売特許みたいにならないようにするということも必要じやないか、これはまあいろんな経済上の問題もありましようが、出来ればそういう風にしてほしいものです。

それから教育に対する情熱が非常に高いという点は皆さんも指摘された通りで喜ばしい事だと考えておりますが、だんだん世界が進歩して参りますと、教育は唯熱情だけでは出来ない。近代の学校教育というのはどうしても高度な教育技術というものをどうしても必要とする所謂技術という言葉はどうも我国では比較的いやしまれた、何だ技術、手先かというんで、まあ精神主義的な面から云えば技術というものの価値が低く評価されていた。こういうことからでもありましょうが、教育評価とか、心理学とか、我々がやつて居ります学問は、そういう、教育技術に非常に深い関係を持つてくるのですが、先生方の教育に対する情熱は高いその反面教育技術がもし劣つているとすれば、その点がもつと充実されていけば、学習指導に於ても、評価に於ても、あらゆる領域に於てうんと教育が実をむすんでいくのではないかという事を感じます。

それについては先生方の先程から出ている研修の利便、便利ということが必要でありましょうし、出来れば地区毎にでも先生方の研究のセンターが出来ると、そして相当な文献もセンターに行けば、そろつていると、いうような仕組にもつていけたら、非常にいゝと考える。それからもう一つ箇条書になりますが、いろいろなお話をしたり又物を書いて戴いたりしたところから判断してイデオロギーという点でも白紙の状態の方が比較的多いのではないかという気がします。

よいにつけ悪いにつけともかく、そういう点では、割合に白紙の方が多い、イデオロギーに対する無関心というものが感ぜられます。極端な場合には復帰というような先程井坂さんが出した問題でもかなり忠君愛国的な日本にひきつけるというような、割合こう単純な考え方も、ほのみえたような気もするのですが、誤解でなければ幸であります。

甚だ申上げにくい点ですが、一寸まわりましたせいに申上げました。有難うございました。

○劣等感をなくせよ

知念地区　教育評価

種橋　正徳（愛知学芸大学）

名古屋から参りました種橋です。

知念地区で教育評価をやつておりました。

先程等差級数的時間が減つていくと申されましたが、等比級数的になつているように思います。（笑声）

私も云いたい事は沢山あるのでありますが、前にいわれた事は箇条書に致しまして、研究組織の問題、それから我々が今沖縄を去るにものたりないものがあるとすれば、私達が残したものがあれば、それがどう発展するかということです。それが一つ気掛りだといえます。それは研究組織だとか何らかの形のものと結びついて行くと思うのであります。

それから次に先生方の組織だつた何とか、勉強の態度がどうだとかという問題がありますが、やはりそれは全部生活の安定、それに結びつくと思うのであります。私たちでも此処へくるとき生活の安定がなければ二の足をふむのではないかと思うのであります。自分の身を殺してどうするというところまで、まあ昔云えば、それが美徳だつたかも知れませんが、そこまで行くかどうか疑問です。そういう点で生活の安定、まあ経済的な面が主でありますがその点非常に痛感させられました。

それから駄足的でありますけれども先生方と話すのだけでなく幼稚園の子供と又、高等学校の生徒とはなしても、それから婦人会なんかに行きまして、余分な仕事でありますが、話しましても此処に共通したものを持つている。例えば、私山が好きですので少しでも高い所があると時々登るのですが残念乍ら沖縄は山という山がないので、一月半は悲観的な生活です。友達は皆山へ行つているのですが、一寸夕がた登りますと時々高等学校の生徒にぶつかります。何しているんだろうかと大抵私の方から言葉をかけるんですが、先ず日本から来たということをかくして話しかけます、だんだん解つて参りまして、何をいうかと思うと日本の話を……、それを海の遠くを眺めて話をするんです。それは高等学校の生徒は言つているだけでなくて何かを眺めているです。その眺めている方角はひしひしと私にも解ります。

それから幼稚園位の子供の中に日本の先生に会いたいというのが二、三人出てまいりまして、それや大変だと思いました。しかしそれで会つてみますと、日本の先生に会いたいというのは母親からの影響です。日本の先生が来ていることをきいてですね、それであつてみたいと子供心にも日本の先生というとよつぽど大したものだと人間ぢやない位に思つていたのではないかと思いました。それで会つてみます普通の人間と変らない、そこでどんな質問をしましたかと申しますと、日本又は大和（やまと）ということばを使つて「やまとはどこ行のバスにのつて行くの」こうきかされたほろりとさせられましたね。

そういう風な問題は先程から出ています。日本とのつながりということにもつていかれると思います。

それから、もう一つこれは今までの意見にブレーキをかけるような意見になると思いますが、ちようど沖縄を向うにすれば一つの県ですね、で丁度今沖縄の教育の気持は一つの国と一つの国とのレベルをそろえようとする気持があつて、これが私達に一番強く教育に熱心であるという形で感ぜられるのですが、もうすこし一つの県という形ですね、向うの立場で一つの県として考えますとあまり一足とびな進め方をするのは危険ぢやないかと思います。私達も戦後アメリカの教育といえば何でもかぢりついた。アメリカの本が入ると早くそれを訳してどんどん本を出された方もたくさんあるわけなんですが、そういうふうなものが今ある程度批判的になつて、それがヘタをすると逆コース的になつて、これは、ある程度誤つた行き方だろうと思うのですが、それをおくりかえしならないようにお願したいと思います。

まあ比喩的ないゝ方をしますれば一つの県にして考えれば、そう劣等感的に感ずるようなものはないんぢやないかと、まあ否定的な見かたを致します。

高等学校の生徒でも非常に劣等感を持つておりまして、日本はいゝなあ、沖縄なんかつまらないそれがどこへ行くかというと自分たちを教えている先生もつまらない、こういう形にもつていく、そこでそういうもんぢやないというんですけれど、やつぱり話の最後は最後の所に行きますので、私のように教育年数も少いものには、なかなか旨く話せないのであります。

まあ、これは感想みたいなお願いみたいなものになつてしまいました。

岡山　超（茨城大学）
糸満地区　ガイダンス

○指導者養成と社會教育の徹底

私は、南、糸満地区に居りました茨城大学の岡山であります。

今までに先の先生がたがおつしやつたような事をくりかえすようになると思いますが、やはり私も先生がたと同じく六週間の間一しよに研究するというような態度でディスカッションや何かをして参りました。

又リポートを提出して戴いて、今朝までみていたのでございますが、このことを通して考えますことは前々から、再三出て居りますように、決して沖縄の教員の素質は悪くないということです。又リポートや何かを拝見致しましても、又ディスカッションでのいろいろな御意見等を伺つてみましても、私のつとめて居りました茨城県ですね、茨城県の教員に決して劣らないということは、お世辞でなく申し上げることが出来ると思います。

唯、リポート等を拝見致しまして感じますことは、優秀な教員がもつと伸びるべき点がのびていないというような点があると思います。大体、いゝ方の所は、たけのこのせいくらべのようで指導すれば、もつともつと伸びる筈だと思う所が頭打になつている。やはりいろいろの研究組織とあるいは研究施設とが協同研究の進め方の指導とかそういつたような面がやはり充分でないからと思うのです。もしそういうものが完備すればもつともつと優秀な教員が出ると思う。

そのためにはやはり、優秀な教員を特に伸ばすという風な意味で教育指導者講習といつたようなものを計画して戴いて各地区にそういつた指導者格の教員を作つていたゞくということがよいのではないか、之が一番始めに感じました。

第二に感じますことは、先程大西先生からもおつしやいましたように家庭と学校の新教育との間に出てくる学校教育と家庭教育との間にギャップがあるということです。大体討議等で先生方のいろいろの意見等を聞いてみますと、学校の方で例えば劣等感のある子供とか、問題児とか、いつたようなものを一生懸命先生方が指導されても御家庭の方では、両親が之と反対の御指導をされて、逆効果になつているような例があつて、新教育を理解して戴くために、もつと社会教育に努力をして戴きたい。

そのような点を特に感じました。

津留　宏（大阪学芸大学）
琉大　青年心理

○沖縄の青年に希望を與えよ

受講の先生方には、文教局や、その他、民政府へ行つて貴重の資料を私のためにもつて来て下さつた方が多く、私これを内地へ持つて帰つてゆつくり検討したいと思つて居ります。

先生方のため、文教当局の方々が、いろいろ御便宜計つて下さつたんだろうと厚く御礼申し上げます。

そういうわけで、私はこの六週間、主として青年というものを眺めてきたわけでありますが、どうも、我々が沖縄の青年の現実というものをみて行きますと、我々が学んで来た青年心理学というものは、一寸、ロマンチックにすぎると、もつと、ずつと深刻なものだということを今度来て得られたと思います。

私は沖縄の事を考えますと、非常に深刻な気持になります。どうしてよいのか、私にも解決策がつかない位い難しい問題だと思います。第一沖縄の青年は、一般に希望を持つて居りません。

それから、ボーイズビーアンビシアスといわれる、青年を救うべき希望がない。それから沖縄の青年は、大人に対する反抗心が猛烈に今起つているような気がします。之は非占領下という特殊な事情から特にその施政者に対して向けられているようです。そこで私はせめてものこの青年達に沖縄の現状を理解させるだけのことは、教育者としてすべきだろうと思います。

我々がいま、どうしてこうゆう立場にあるのか、何故我々はこうしなければならないかということを、青年達によく理解させてやること、理解させないで、色々な事をさせるから青年がいよいよ反抗的になり、或は、デカタンスになつていくのぢやないかと思います之は我々教育関係の者も努力すべき方面だと思います

もう一つは、沖縄の青年に希望を持たせるということは、沖縄の将来に希望を持つようにしていかなければ根本的な解決はつかない事だと思います。

尚、我々本土の方で出来ることならいろいろと御援助致しまして、例えば、本土の大学にも、もう少し進学にも便宜を計るとか、文化交流をもつと活発にするとか、そういうようなことで、少しでも沖縄の青年にもつと希望を与えたい。そして真面目に一生懸命努力すれば幸福な人生が送れるんだという気持を持たしてあげたいと思います。

こういうことについて、私は六週間の観察で一方的だつたかも知れませんが、感想の一端を申し上げまして先生方の具体的な施策の参考になれば幸と思います

○沖縄の畑には草がはえている

村瀬隆二（東北大学）
辺土名地区　教育評価

私は辺土名地区で教育評価を担当致して居りました村瀬でございます。

長い間いろいろの方面の方、或は地域の方から御親切な歓待を受けまして非常に恐縮して居ります。

尚、唯今文教局の方からの御質問の題目がありますが、私教育心理学を担当して教育評価を講義したものとして、実は行政的なことはよくわかりません、非常にトンチンカンな事だと思います。けれども、今まで先生方のおつしやつたような結論が私としても出ておりますので、私の出した過程を申上げてみたいと思います。それは私はこちらへ参りまして、教員が社会でどういう地位をしめているかということを知り度いと思いまして、これはもつと大きな問題としては、教育と世界観をいう東北大学の教育学部の全体の研究テーマと関係があるわけなんです。

私と致しましては今言つたように社会に於ける教師というような事をしらべてみたいと思いまして、ついては先生方と懇談するのもよい方法であるが地域社会の中に飛込んで地域社会の人々が先生というものをどういう風に見ているか、或は地域社会の人々がどういう風な生活をしているかというようなことを知りたいと思つたわけです。

実はいろいろこまかい事まで知る事が出来まして、或はほんとでないこともあるでしようし、或はヤンバルにしか通用しない事もあるかと思いますが、こまかい視察事実や、或はきゝこんだ事実がございまして、まだまとめてないもんですからはつきりした結論は出ませんけれども例へば私の第一印象の一つでありますが、沖縄の畑には草が生えているという事なんです。これは実ははつきり申しますと桃原の水瓜畑でこういうことをきいたんですが、この畑なんの畑だといつたら水瓜の畑だというのでよくみたら、ところどころに水瓜がころがつているというような畑があつた。でその事を或機会に（私の所へ遊にくる人達は教育評価の話は全然しないんですが）

沖縄の畑は随分草が生えているという話をしたら、実は之は草がはえているのは終戦後の出来ごとなんだそれまでは草ははえてなかつたというお話でありました。それはそのまゝにして、その中に私のうちのすぐ前にバスの停留所がありまして、暇なもんですから、あつちこつちあるいている中に、バスの終点に、行つて運転手や車掌と話をするのが面白いという事で三日、四日つづけざまに行きまして、車掌や運転手と話をしたんです、彼等の生活が労働時間が長いということを発見しました。

内地の場合は一寸あゝいう風な労働条件というのはないのですが、午前六時前に出まして、終りが午後の十一時という勤労時間を持つているわけです、一番彼等が困つているのは家へ帰つて寝る時間しかないとい

うことを異口同音にいうのであります。

所が一寸これは、おかしいと思つて一寸しらべたのですが、非常にぶらぶら仕事をやる。朝始発で出かける運転手と車掌さんは非常に気の毒だとねぼけまなこでみていたわけですが、帰つてくるのが十一時半、十一時ごろです。その間労働時間が八時間になる様に作つてあるのだそうです。それで非常にぶらぶら仕事をしているということを発見したのです。その事を頭の中に入れておつた所が、今度は奥間のビーチに来ております本土からの技師達の話をきゝ込みまして、要所要所ですね、例えばゲイトであるとか、そういつた一寸要所だと思われる所には内地からの労務者をつれてくるという話をきゝました。これは私こちらへきてから随分長い事たつてからきいたのですから、非常にしやくにさわりました。

内地からわざわざ何故門番をつれてくるんだという気になつたんです。所がアメリカ人といゝますと一寸語弊がありましたが、占領者の眼からみますと、沖縄人というのは非常に役に立たない、或は頼んでも用にならないというような、そういう印象を持つているということが、その中にわかつたのです。この事は教育と大いに関係のあることだと思いますし、文教局とも関係のある事と思つて、実はお話しているわけです。

それはですね、このあいだからときどきあつたというのですが、八時半から九時頃の朝の出勤時間に門の当直が居眠りをしていたということがあつたそうですこれはアメリカさんの方で怒らないで、内地から来たものを通じまして、あゝいうことでは困るから、あなたの方から注意してもらいたいと非常に紳士的な態度で出てきたと言つておりましたけれども、内地から来た連中はこちらの人達とですね、アメリカ人との間にはさまつて、妙な感じに打たれていると思うのです。そのことをきゝまして、おやおやと思いまして、今までお話しましたいくつかの事を、つなぎあわせてみました所が、沖縄の実状としてですね、勤労意欲がないということです。

これは出ていると配給がもらえるという時代が五二年の何月かまであつたというお話をきゝました。こうなりますと復興がおくれるということですね、私痛切に感じました。

それから文教局だと思いましたが、五二年の四月から五月頃に杭をおたてになつたという話をきゝましたが、十三人の労務者をやとつて、午前中かかつて十三本しか杭をうてなかつたと、午前中かかつて一人の労務者が、杭を一本しか打たなかつたという話をききました。事実であるかどうかは別として考えて戴き度いのであります。それはですね、出ておりさえすれば何がしかの金がもらえると、これは沖縄の復興には関係がない、唯我々が喰えばよいというような感じで労務者達が働いたのではないかという感じがするのであります。それが二六本であれ、三九本であれ、私たちは大した違いはないと思うのであります。

これは明らかに悪じゆん環でありまして、アメリカさんの方で信用がないという。これは始めの頃は誤解だつたと思いますが、お医者さんに聴診器を見せて、これ何だか知つているかという質問もあつたという笑話のようなものもありますから、誤解もあると思いますが、その間、だんだんアメリカさんが沖縄の人に対してどう思つているか、或は沖縄の人が現在どういう気持で働いているかというようなものをつなぎ合せて考えてみますと現在沖縄の問題というようなものが浮び上つてくるような感じがします。その事は、実は先生方がどういう事を学校で教えておられるかということと関係があると思うのであります。

・こちらの方々は勤労意欲を別に致しましても非常にゆつくりしている。勿論地域というものを考えまして、我々内地から来ているのが内地の基準ではかろうとは思つておりません。けれども時間的な点が非常にルーズであるというのは私琉大の座談会でも云つたのですが時間がルーズであるということだけですまない問題があると思うのです。

そういう風な社会における教師というものを考えまして今前にいわれたような講師の人たちと同じような意見が私の場合にも出てくる。私はそういうふうな経路を通つて教員に社会、或は文教局の方々にも同じ希望を申上げたいと思います。有難うございました。

新堀 通世（広島大学）
琉大 教育社会学

○青年教師資質の向上をはかれ

私は広島大学から参りました新堀です。先程津留さんと同じように琉大で教育社会学を担当しました。こちらの文教局に私自身をはじめ講習生も資料その他の関係でいろいろ御世話になりました。まずその点厚く御礼申上げます。

最後になりまして大体私のいうべきことはいつてし

まわれた様ですが、極く簡単に箇条書にして申上げたいとおもいます。

第一は青年教師の問題ですが、私講習で沖縄の教師という問題についていろいろと調査し、研究もさせてもらいましたが、文教学校であるとか、教員訓練所であるどか、そういつた皆さんの目から見ればいわゆる沖縄の困つた教師たちと申しますか、戦後の質のわるい教師たちというものが問題ですね。彼等の考えているもの乃至は意見というものをいろいろ調査してみますと非常にそのあわれむべき点があると思います。

その様な経路を辿りました青年教師たちにもつと温い眼をむけて「素質は十分あるわけですから」その質を向上せしめる機会というものを、彼等を中心にしてたとえばこの様な講習というようなものでありましても沖縄の教育に於て多数を占めます。

青年教師たちを中心にして催すようにしたい。従つてこれは琉大に申上げますが、六週間の講習等で一つの専門科目をやるよりも、もつと小さな期間に概括的な教育の方向というようなものを知らしめる様な講習が必要ではないかと思います。

第二の問題として先刻から皆様がいわれました待遇の問題ですね、それに関係しまして、今まで述べられなかつた一つの問題を（彼等の分担というものについて）例えば那覇高校みたような大世帯でありましても事務職員が、わずか一名であるというような事でありますから、まして中学校、小学校ではごういつた事務職員というものをもつと考える必要があると思います

それから第三に申上げますのは、それも先程から申されました交換教授の問題を真剣にとり上げて下さい

沖縄の琉大の教育学部の卒業生を以つてしては、現在、沖縄に於ける教員の需要を充し切れないということであります。これはまあ結局、沖縄に於て教員の計画養成がされておらないということを示すことになります。

そういつた点で琉大というものの在方を文教局が中心になりまして、もうすこし強力に一定の方向に進めたらと思います。

それから第四の点は受験教育について、おとといでしたが、私那覇中学校をみましたが、あそこで七時頃まで補習教育或は受験教育というものをやつている。之はまあ、教師の負担という面から考えましても教育の本来の在方と多少違うのではないか、そういつた点で高等学校の増設というような事が今後頭に入れて、考えるべき点だと思います。

それから第五の点は社会教育について申上げます。社会との間に先程から沖縄の学校教育とのギャツプというようなものがあるということをいわれましたが、あらゆる角度からみまして沖縄の社会というものを、もつと新しい方向に導いていかねばならぬと思うのですが、そういつた点で社会教育に力を入れて戴きたいと思います。

特に私は青年達の遊ぶというような青年達のですね彼等の余暇というものを健全にすごさせる施設というものが皆無じやないかという点を痛感致します。

例えば運動場というものにつきましても乃至は一家団欒して日曜にでもハイキングに行く、そういつた機会というものが殆どない。こういつた点で社会教育がもつと必要ではないかと考えます。

以上大体五つ程箇条書のまとまりのないものを申上げました。いずれも現在の沖縄に致しまして、そう簡単に実現するようなものではないと考えますが、そういつた点、力を入れて下さるように希望します。

× × ×

宮古地区、八重山地区、久米島地区を担当された先生方は、別個に御懇談の機会を持ちました。先生方の御所見を箇条書にまとめました（筆記責中山）

小川 先生（宮古）

◇新教育の形の面は修得されたようだが、質(内容)の面ではいまだしという感じがした。

◇教師の組織の上で、中堅層が欠けていると思つた。研究生として一ヵ年位大学に入学せしめてはどうかと考える。そうすることは、琉大としても大きく育つことになる。

◇那覇へ来たことのない教師が四分の一か五分の一はいる。地域社会を知るという点から時々那覇に出られるようにしては。

◇子供のための映画館がないために、子供が普通の映画館にはいるのが多いようです。社会教育の立場から考慮すべき問題であろう。

◇若い教師の声だが、「年とつた教師には、ボスがいる」といつていたが、自分達も勉強していかねばならないといつて来た。

◇宮古辺りは、図書が少い。勉強するための資料や施設がほしい。

児玉 先生（宮古）

◇教師の担当教科が多い。四教科乃至五教科持つてい

る状態である。しかも、理科系と文科系を混合していて、困るだろう。これの解決は急務である。

◇若い教員に優秀な者がいるが、上からおさえられて伸びないようである。これは先生方だけの問題ではなく、社会一般の影響もある。

◇一般に低学年担任者が弱いように感じた。

◇幼稚園をしっかり指導してもらいたい。その方の教師は気の毒である。

◇小学校の五、六年に英語を課すことはどうだろうかよい教師が得られるなら別だが。

田中　先生（久米島）

◇児童に対し知能テストをやってみたが、知能は低いようだ。しかしそれは素質がわるいとはいえない。文化的環境が低いからだと思う。それに学力も低いようだ。

◇子供達は、勤勉でよく働いている。

◇遊びの種類と内容が貧弱である。幼児教育の振興を望む。

◇教師の質がよい。一校に三—四名の校長級がいる。

◇産児が多すぎはしないか。

小川先生は宮古に於る迷信の事を語られ更に特に印象深く感じられた事を笑い草として左の様に纏められた

◉汚いのは　子供らのシャツの色
　美しいのは　海の水
◉多いのは　料亭
　少いのは　労働賃銀
◉うまいのは　バナナ
　うまくないのは　バンジュロ
◉驚いたのは　女の水くみ
　驚かないのは　映画
◉わかるのは　日本復帰
　わからないのは　会話
◉大きいのは　人口増加
　小さいのは　大神島

松村　先生（八重山）

◇学校と家庭との中間のようなものを八重山で研究した。

◇八重山はいいところであった。大変楽しくやれた。

◇子供の遊びということであるが、調べてみたら百以上もあった。老人達にもきいてみたのだが、余りそれには手がつけられていなかったようです。

◇次に家庭教育と幼児の発達についても調べてみたが今までの流れというものも調べてみると、意図的にはやられていなかった。幼児の発達状態をはっきりつかまねばならないと思う。現状をつかんでから望ましい方法や施策を生み出さねばならない。誰が見ても、どこへ行っても、何れの時にも望ましい人を作らねばならない。

◇学力低下の原因であるが、子供自身が学力低下していると考えているようだが、その考え方はよろしくない。自分自身を劣等だと思ってはならない。運命を切抜ける気迫をつくってもらいたい。

☆　★　☆　★　☆　★

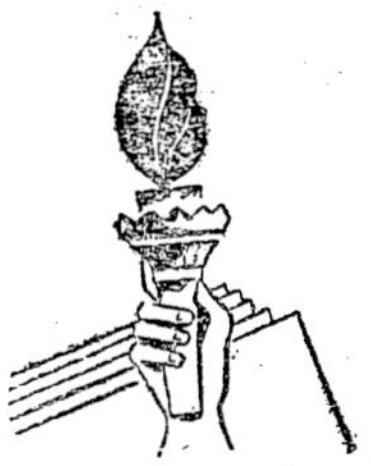

私の俳句指導

伊江中校
内間武義

はじめに

国語学習の一環として取扱われる創作指導はややもすると不振の非を受けるものである。わけて俳句指導ともなれば実に低調と言わざるを得ないのが現状だと思う。斯ることから俳句指は導ホントに多事多難であるというのがいつわらざる心境であろう。この問題解決に全力を結集して突入せねばならぬ筈だが、それが遅々として進行しない。そこに思いを致すとき、まだまだ反省の余地がありそうである。

就中俳句作の目的が崇高な人間完成への道であるというのであつてみれば、ホントに調査し研究すべき幾多の問題が転つているといつても過言ではあるまい。

斯様な意味に於て私自身興味を持つて研究し始めてから四ヵ年になるが、ここに集録したのは過去一ヵ年の自己の歩みと言えるものであるが、敢えて浅学非才をも顧みず、すべてをさらけ出してみたい焦燥にかられるのである。

しかしこれとて文献の持合せもないままに或は識者の御教示も得ぬままにただ日々教壇に立ちながら感ずる事柄を集録したにすぎないものであり或は公表をはばかるのがよいとお考えになる面もあるかも知れないが、自己を繕い偽る必要はなく、ありのままの姿を吐露し発表してみるのも又私への大きな課題ではなかろうかとの見地から意を決しているわけであり、ここに於て皆様の心からなる御指導を仰ぎたいのである。

さて只今から発表致したいテーマの目録は、

①俳句指導はなぜ必要か。
②俳句指導実際案の例。
③実作指導と添削鑑賞指導の具体例。
④本年度特に努力した事柄。
⑤今後の俳句指導への要望。

以上五項目に亘つてであるが、この程度で責任を免れさせて戴きたいと思う。

俳句指導はなぜ必要か

率直に端的に言うならば文学教材に盛られているから必然的に指導せざるを得ないのであるが、この項はそれが主体ではない。

第一に俳句道即ち人間道といわれるように俳句指導の第一要諦は、「人間の完成」の線になければならないと思う。

即ち人間道は道徳的のみでなく絶対への霊性を念願するものであつて、ここに俳句と人間との合一がありかくてこそ俳句指導がはつきりした目標を持つと思う従つて我々の俳句指導は消閑の具ではないのは勿論であり、忙しい時にも悲しい時にも怒れる時にも、いよいよ緊張していよいよ指導せねばならないのである。換言すれば我々の魂を洗い反省を生み思索を生み感慨を生むものである。

つまり俳句を念ずる心はまことを念ずる心と関連し俳句を通じてまことに徹せしめようという処に俳句指導の必要があるのである。この人格完成即ち反省と注意と鍛練とによつて人格を向上せしむること、約言すれば人間の道を指導するのである。人の人たらんとする道を求めさせるのである。

次に俳句の要ていは、まことにありという至誠天に通ずれば人の心を動かさずには止まないのである。私心を没却したまことによる日本人特有の民族詩なるものが即ち俳句である。世界広しと雖ども何れの国にこの俳句なるものがあるだろうか。

この日本独特の民族詩の伸張に努め指導するということは我々の当然の義務であり誇りではなかろうか。斯る見地から多感で情熱的で物事に熱心で人間を知ること、深く自然の美を感ずること、厚く鋭敏な心をもつた人——即ち俳人育成は当然すぎる程当然である。

第三に創作不振云々の巷間の声に敢然と斗う意味に於ても、つまり創作指導の実際の場合、単元計画の位置づけがかなりむずかしい処から、ついおろそかになり不振云々の声もとび出るかと思うが、これに対して揺がぬ創作指導を樹立する意味に於ても、ますます重視さるべきであると思う。

第四に民主的な実践人を育成するということは広義の創作人を育て上げることであり、人格の尊厳とか個性の尊重とかいうことは個々のかけがえのない創作人である人間の認識を基礎にしていなければならないのである。従つて創作活動の指導は教育の核心にふれる重要な問題であると言える。斯る観点からも是が非でも指導の要ありということになるだろう。

第五に創作指導は習練によつて向上し進歩するものであればその間の尊い努力とつらい批評に逢着してもめげない不ぎよう不屈の精神と寛容の実を結ばしめることになる。換言すれば練習によつては進歩するのであるから指導せざるを得なくなるのである。尚これにつけ足すならば情操教育の面からも……ということになるかも知れない。

最後に現在参考書として或は自習書としてある図書の殆んどが語句の読ませ方と解釈のみに拘泥している観がある。従つて生徒には興味もなく、ろくろく理解も観賞もしないといつても言いすぎではないと思う。これを補う意味からも俳句指導の必要論は生れて来るのである。

俳句指導案の実例

私はこの実例を二方面から述べてみたいと思う。その一つは教科課程内に於ける指導略案であり、他の一つはクラブ活動に於けるそれである。

先づ教科としての案をのべると中学三年の文学教材にある単元五ゆたかな大地の小単元芭蕉の名句の実例を挙げてみたい。

設定の理由とか生徒の実態とか目標とか時間配当計画とか準備等は私の愚察を浪するまでもないと思うので省略して導入の課程で俳句の一般的学習と芭蕉についての研究をなさしめ、展開の段階にきて先づ読めるようにさせ、暗誦させ一句ごとに鑑賞させ、その鑑賞した事柄を文章にさせ短冊を作らせ各自の実作をさせるようにし、整理及び反省の面で作品の互選と添削及び鑑賞をさせ芭蕉についてまとめさせ、更に俳句概念の総まとめをさせたいのである。評価の処に至つて理解出来たか、読み味うことが出来たか、創作しようという意欲が昂揚されたか、芭蕉の句のすぐれている点がわかつたか等で評価すれば、まずまずということになるだろう。

次はクラブ活動に於ける指導案である。先づ一週間程前もつて課題し或は自由題、雑詠にし又は席題にしてもよいと思うが、一人三点以内位に限定し提出させそれを互選で選出させ批評鑑賞させ次期のクラブ活動についての打合せを行うのである。

或は趣向を変えて俳句の材料のありそうな所、例えば近くの岡とか海岸を利用して吟行を行うのは、リクレーションもとり入れた生きたクラブ活動の在り方であり、生徒の欲求にそつた真の指導案といえるのではなかろうかと思う。

尚補足すれば只今の構想は、このクラブ活動による作品を集録し併せて俳句に関する随筆や雑感といつたものを織り交ぜて、クラブ活動の発表会にはパンフレツトを発行するよう準備を進めているのである。

実作指導と添削鑑賞指導の実例

先ず実作指導の方から五句を挙げて実例を述べてみよう。

【その一】或る朝、梅雨の玉が葉末にきらきら光つていたのを見た男生徒が実に美しいなあと言つたので面白半分「句にしてみないか」と励してやると長い間推こうしている様子であつたが「どうもむづかしいですなあ」と嘆息をもらしていた。そこで「梅雨の玉が葉つぱに溜つて太陽の光をはじいているのだね」とヒントを与えてやると即刻

梅雨の玉　青葉溜りて　陽をはじき

と句作してくれた時には、その句のよしあしは別として私は非常に嬉しく感じた思い出として忘れ難いものである。

【その二】或る生徒が五月雨に家鴨がぬれながらころんでいる姿をみて、そこに句はないかと尋ねてくれたことがあつたので、五月雨に喜んでいる家鴨がころんだのだろうと暗示を与え、更にころぶということをまろぶと表現したら面白いだろうよと言つてやつたら

五月雨に　喜ぶ家鴨　まろびつつ

と句作してくれた。

【その三】去年の十二月初めのこと或る女の生徒が朝寒いので首ひつこめて布団の中で読書した経験は実に味わい深いものですね、ともらしていたので早速その気持を句の材料にしたらといつたら、ホホーといつただけでニヤニヤしていたが、これだけの感興があつたら必ず作品が生まれると思い間一髪も入れず、寒い中ではあるが面白味があつたのだろう、とやりかえすとハイという。その面白いとかを入れないでその時の気持を表現してみなさいと言つたら、相変らずニヤニヤしていたが、布団の中でというのを布団ぐるみのと表わしてみたらいいよとつけ加えると

声高く　布団ぐるみの　読書かな

の作品を残してくれた。

【その四】今度高校に合格した生徒がおそくまで勉強して遥かな家路の帰途についた時に道の両側のすすきの花が一面につづき、おまけに道路は真白でとても美しいと感じたが俳句にするにはどう表現したらよいかと質問して来たので、すすき原の中に一本道が白く続いていて君はその中を美しいなあと思いながら通つたという訳だねというと、ハイそうです実によかつたですよ、と微笑んでくれたので、すすき原の中に一本道が白く続いて、きれいだと感じたんだからその通り表現したらどうといつてやると

すすき原　野路白々と　一筋に

と吟じてくれた。

【その五】又或る朝、週番の〃早登校を励行しましよう〃の目標が実践されて生徒は早登校の励行に努力していたが、二人の女生徒が学級の花園にたたずんで話していたので寄つていつたら芝生も枯れたままの花園ではさびしいので何とかして生々した草花でかざりたいものだという話である。早速その気持をとらえて句にしてみたらというと二人は顔を見合わせてニツコリしていたが、ホレ露もまだ宿つたままではないか、それに芝生も枯れたままでは淋しい感じだが、その淋しいという言葉を入れないで作つてみろよ、とヒントを与えると二人共じつと考えていたがその中の一人が先生これはどうでしようという。ホウ出来たかとききき返すと

露宿す　花園の芝生　枯れしまま

と結んでくれた。斯様に生徒の生活の中から遊びの中から感じの中からでも句作は出来るものである。教師

の一寸した関心とヒントの与え方ではなかろうか。即場指導をすることが、よい実作指導だと思う。我々の周辺には到る処に俳句の材料がゴロゴロしている。その着想を生かすことが生徒をして実際句作に当つての意欲を向上させる要ていだと思う。

以上五点の内容はよしあしでも構わないと思う。要するに作りたいという心境をあふりたてるのが先づ先決問題ではなかろうか。

次は句会の作品抄から拾つて六点だけ添削指導した実例について述べてみよう。

【その一】原作ー師の声や一きわ高し夏の雨ーこの句は三段切れである。つまり切れ字が二つも入つているので〃師の声の一きわ高し夏の雨〃とするか〃夏雨に師の声一きわ高くなりぬ〃とやればこの欠点は補うことが出来るのである。

【その二】原作ー蚊を追いつ老母へたより心こめーこの句は川柳めいているので〃蚊を追いつ老母へ長きたより書く〃にした方がよい。

【その三】原作ー新緑や喜戯の園児等輪を広めーこの句の輪を広めという表現はむだである。即ち蛇足なのである。つまり喜戯の園児等で輪を広め遊び戯れている状況が目に浮かぶからである。そこで〃新緑に映えて園児の遊戯かな〃とか〃喜戯として遊べる子らに躍る新樹〃とやれば面白くなる。

【その四】原作ー衣替え着初めしズボン泥捕うーこの句はどつちかというと不自然でしかも虚偽な表現である。従つて〃衣替えしたるズボンの泥捕う〃にした方が素直な表現ということになる。

【その五】原作ー白百合や弾痕の岩覆いけりーこの句もやけりの切れ字の重複である。〃百合や弾痕の岩覆いたる〃とか〃百合咲いて弾痕の岩覆いけり〃にすればよいのである。

【その六】原作ーむづかゆしあせもにセミがあおりたてーこの句は季重ねのうらみがある。そこで〃むづかゆしセミあおり来ていよよなる〃にすると実感が倍加されると思う。

本年度特に努力した事柄

① 多作と技能の養成＝百の理論より一つの実作をねらつて先づ作らせることを取上げ極力努力した。

その方法を断片的ではあるが申上げると、掲示板を利用して呼びかけ、教壇実践でとり上げ、題を課して句作させ宿題を課したり句会やクラブ活動による多作を奨励した。

② 俳句作の意欲昂揚＝先づ感興が句を生むという観点から意欲の昂揚にも努力した。その方法は句会に於ける賞品授与或は批評会、短冊作製、朝会その他の機会をとらえての作品発表、クラブ活動に於ける作品切り抜き等によつて実績を挙げつつある。

③ 読書の奨励＝俳句は人間完成という大きな目標をめざして居り、単なる狭義の文学趣味に終止してはいけない。換言すると経験を豊かにするという意味で読書を奨励しているのである。豊かな生活からは常に伸び伸びした作品が生れることと思う。その方法は毎朝必ず自習する方法を植えつけてあり、毎週木曜日の一回はクラス発表会を開催し、朗読をとり入れて貰つたりしている。

更に普段の教壇実践にも読む力を養うべく生徒自体の指名読みによる全体をねらつての読書をさせつつあり、文庫学校図書の貸出しも行つた。

④ 作品の発表と切り抜き＝作品のよしあしというよりも先づ発表したいという欲は、むしろ人間の本能に近いものだと思う。

生きている以上は何か心に思うことがある。この思うことを表わしたいのは当然だと考える。ジャンジャン発表して指導なり助言を仰ぐ処に進歩し向上する方向が樹立されるのである。斯る意味から新聞紙上を通じ或は句会に於て更に書簡などで発表することに努力した。その切り抜き帳をみると二十七回目を数え、毎月二回程度発表しているということになる。その切り抜き帳のなつかしさは又格別な味がある。

⑤ 添削指導＝添削する事は容易な事ではないと思う徒らに美辞麗句を以つてしても、その着想を全然異つたものにすれば、添削指導の本意とする処ではないと思う。斯る意味において如何にすればその着想を生かしつつ而もその個性、人格を尊重しつつ添削出来るかという点に苦心し努力した。その方法は課題により或は自由題によつて提出して来る作品を添削するのであるが、納得のいくように添削する事は勿論、添削後は比較参照する事を忘れさせなかつた。

⑥ 芳魂句会の結成とその運営＝教養人としての研修をし相互の親睦をはかろうという思い立ちで去年結成を見たのであるが、その運営方法は定例会を月一回もち、臨時にも開催することが出来るようにし、会員は職員生徒及び有志でもつてあて役員は同人の会長、副会長、書記、会計、顧問をおき、会費は月十円ずつ支払うことになつている。

句会の方法は運座による互選句会であるが、只今の抱負としては、新聞紙上に発表したのを切り抜い

て一ヵ年分ずつパンフレットにしたいと思つている
更に具体的な方法として課題し或は自由題で各自の作品を清書して持ち寄り無記名で記入し用紙に番号をつけるか一枚の大きな用紙に書き連ねて掲示するか或は黒板を使うかして互選するわけだが選句用紙に清書して提出、入選作は一句ずつ読み上げる。その時に作者は名前を言うのである。採点表の用紙で採点し順位をつけ批評し合い賞品を与える、といつたのがその具体的な方法である。

今後の俳句指導への要望

沢山あり過ぎる程であるが、その主なものだけを挙げてみたい。

① 句集や俳句雑誌の入手巧妙な言葉の使い方、物事の感じのとらえ方を会得する面だけからみてもせめて学級に一冊ずつは是非ありたいものである。

② 歳時記の購入、季語を知る上から教師各自一冊はありたいものである。

③ 読書力の養成学習全域の基盤をなすものであるといつても過言ではあるまい。機会ある毎に根気強く読書力を培養し助言したいものである。

④ 同好会、吟行の実行教師の研修を図る意味で、いわゆる有名無実なるものでなくして細密な立案の下に細く長く実行出来る実質的な強力な組織があつて然るべきだと思う。

⑤ 創作評価の具体的方法の樹立折角創作して貰つても教師の主観的評価によらず具体的に方針細目を立案し、客観的な評価が出来るよう政府あたりで立案されたところの研究パンフレットがあつて然るべきだと思う。

⑥ 生活化をはかれ教育を支えている基盤としての生活から隔離された過程であつてはならない。

⑦ 日記の奨励書く訓練は勿論、着想の練習、表現法の練成の面から具体的教師の処理方法まで検討され奨励したいものである。

以下は項目だけに留めたいと思う。

その一、教師の自己研修の立案をして実行すべきではないだろうか。

その二、個別指導に関心をもつて戴きたいということ

その三、指導前の教材の最良の準備に心掛けて貰いたいということ。

その四、パンフレットの発行を実行して貰いたいということ。

その五、創作意欲振興の具体化をねらつてもらいたいということ等が私の要望である。

伊江中学校　壷影

一九五四年度 高等学校入学試験の結果をみる

研究調査課

高校入学試験について

(一) 問題作製について（一九五四年度）

本年度の高等学校入学試験問題は、北部、中部、南部、宮古、八重山とそれぞれの地区毎になされた。問題形式やテストの方法はほぼ従来通りで、アチーブを主体として全教科にわたつて実施された。

(二) 結果の統計処理と解釈について。今年の場合は、問題作製が、地区毎になされたので、全琉的なまとまつた統計は出来ませんでしたが、各地区毎の統計は一応まとめることが出来た。

① 処理の方法としては、問題作製地区を単位にA地区、（二一八五名）B地区、（七六一名）C地区

（一九二六名）とし、それらの地区毎に、全受験人員の５／１を標本として抽出し、それを整理、集計し、図表に表わしたものである。ただし、テスト、内申、合計点（テスト、内申）の最高、最低点と合格点は、その地区毎に全受験者について調べたものである。又未提出校の５校と先島は都合により含まれていない。

先づ、各地区毎にテスト、内申、合計点の最高、最低を示めせば次の第一表の通りである。

第１表

校名		テスト			内申		合計点		
		最高点	最低点	合格点	最高点	最低点	最高点	最低点	合格点
A地区	イ	207	43	98	267	109	473	185	240
	ロ	224	44	84	294	72	492	153	270
	ハ	207	45	81	268	75	471	182	266
	ニ	261	33	67	269	74	445	145	256
	ホ	186	54	83	301	117	430	189	275
	へ	216	50	101	269	150	471	216	269
	平均	233.5	45	85.6	278	99.5	463.9	178.3	262.6
B地区	イ	174.5	38	56	266	131	439.5	173	243.5
	ロ	184.5	57.5	92.5	270	133	445	213	290.5
	ハ	167	45	104.5	257	178	398.5	159	312.5
	ニ	177.5	30.5	56.5	161	77	327	132.5	200
	平均	175.8	42.7	77.4	238.5	129.7	402.5	169.4	261.6
C地区	イ	230	46	91	270	142.3	486.8	192.3	299.3
	ロ	225.5	64	108	270	160	494.5	224	322
	ハ	229	47	86	223	100	432	151	228
	ニ	187.5	44	55	251	102	427	175	263.5
	ホ	220.5	49	83	269	214	484.5	321	321
	平均	215.7	50	84.6	256.6	143.7	465	212.7	284.8

この表から示めすことは、内申の最高、最低点がテストのそれよりもはるかに上廻つている事と、テストと内申の最高、最低をその地区で比較しても、相当の差があることである。それについては、凡ゆる面から研究と批判が考えられると思う。

※　次に各地区毎の内申、テストの平均得点を男女別に調べたのが第二表である。この表では、他地区との比較は、各地区毎に得点の最高点（満点）が異つているので出来ないが、その地区に於ける学校の比較は出来ると思う。この表から云える事は、テスト得点は、男子がよく、内申得点は女子が上廻つていることである。

第２表

校名		テスト			内申		
		男	女	平均	男	女	平均
A地区	イ	133.5	124.5		213.7	216.4	
	ロ	121.1	115.6		190.2	193.9	
	ハ	116.7	104.1		194.4	198.9	
	ニ	109.5	94.4		201.1	193.2	
	ホ	110.3	100.8		191.0	193.4	
	へ	141.7	124.8		228.3	218.6	
	平均	121.7	112.4	117	201.9	202.7	202.3
B地区	イ	93.2	90		195.7	206.6	
	ロ	120.0	108.8		205.8	212.2	
	ハ	127.5	120.1		202	203	
	ニ	98.1			120.5		
	平均	111.8	102.6	107.2	178.2	200.8	189.5
C地区	イ	126.1	113.6		207.9	211.4	
	ロ	143.5	135.6		215.2	220.7	
	ハ	137.5	120.7		134.5	139	
	ニ	103.3	92		166.2	171	
	ホ	135			248.6		
	平均	131.3	118.6	124.9	192.5	179.6	186

※　次に各地区毎のテスト、内申得点の頻数表を示めすと次の表の如くになる。下はそれをグラフにしたものである。

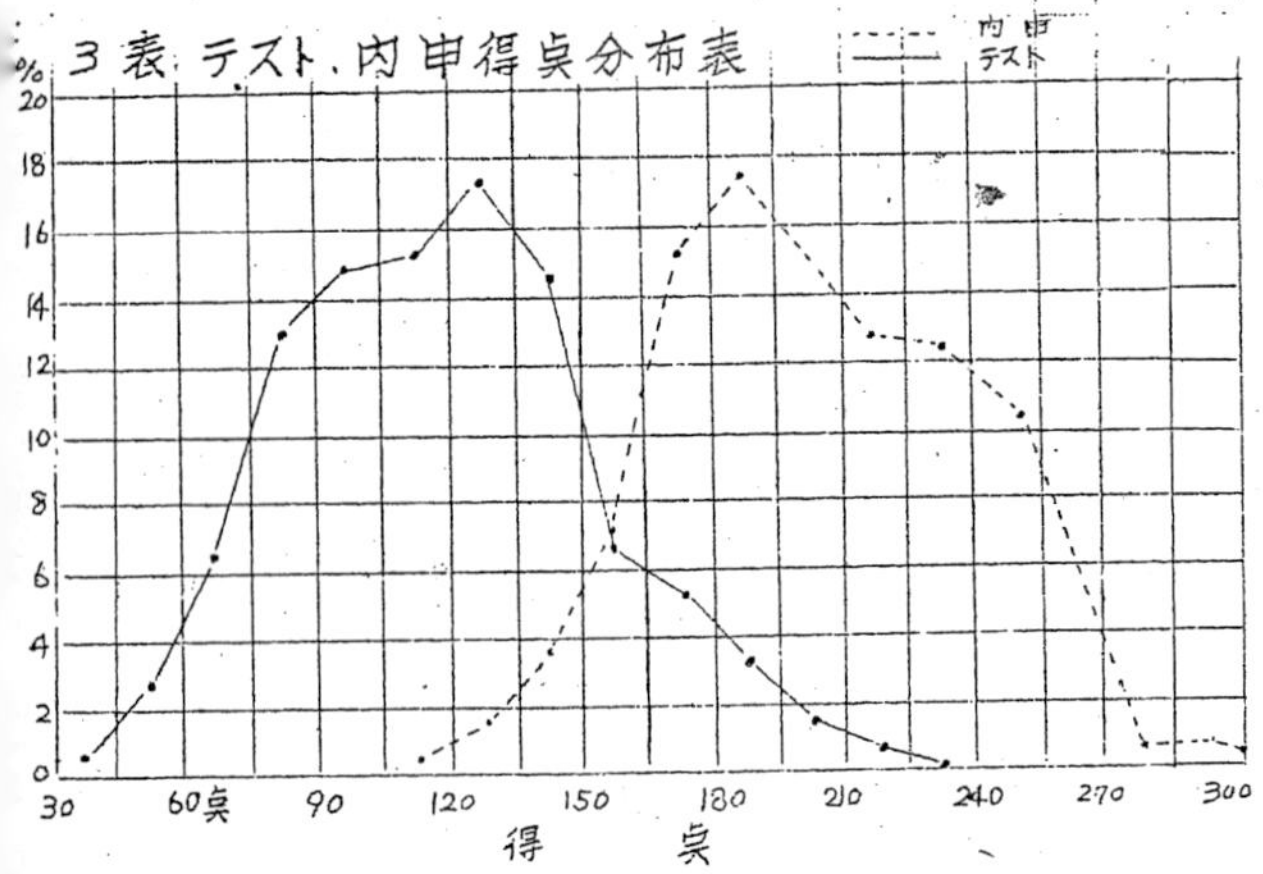

A　地　区

テスト、内申成績頻数分配表

テスト			内申		
級　間	頻数	%	級　間	頻数	%
30－44	2	0.47	105－119	1	0.3
45－59	11	2.6	120－134	6	1.4
60－74	26	6.2	135－149	15	3.5
75－89	55	13.0	150－164	29	6.9
90－104	62	14.7	165－179	63	15.0
105－119	63	15.0	180－194	72	17.2
120－134	72	17.2	195－209	63	15.0
135－149	60	14.2	210－224	53	12.6
150－164	27	6.4	225－239	51	12.2
165－179	22	5.2	240－254	43	10.4
180－194	14	3.3	255－269	23	5.5
195－209	6	1.4	270－284	1	0.3
210－224	1	0.3	285－299	1	0.3

4表 テスト内申得点分布表 - - - - 内申 ——— テスト

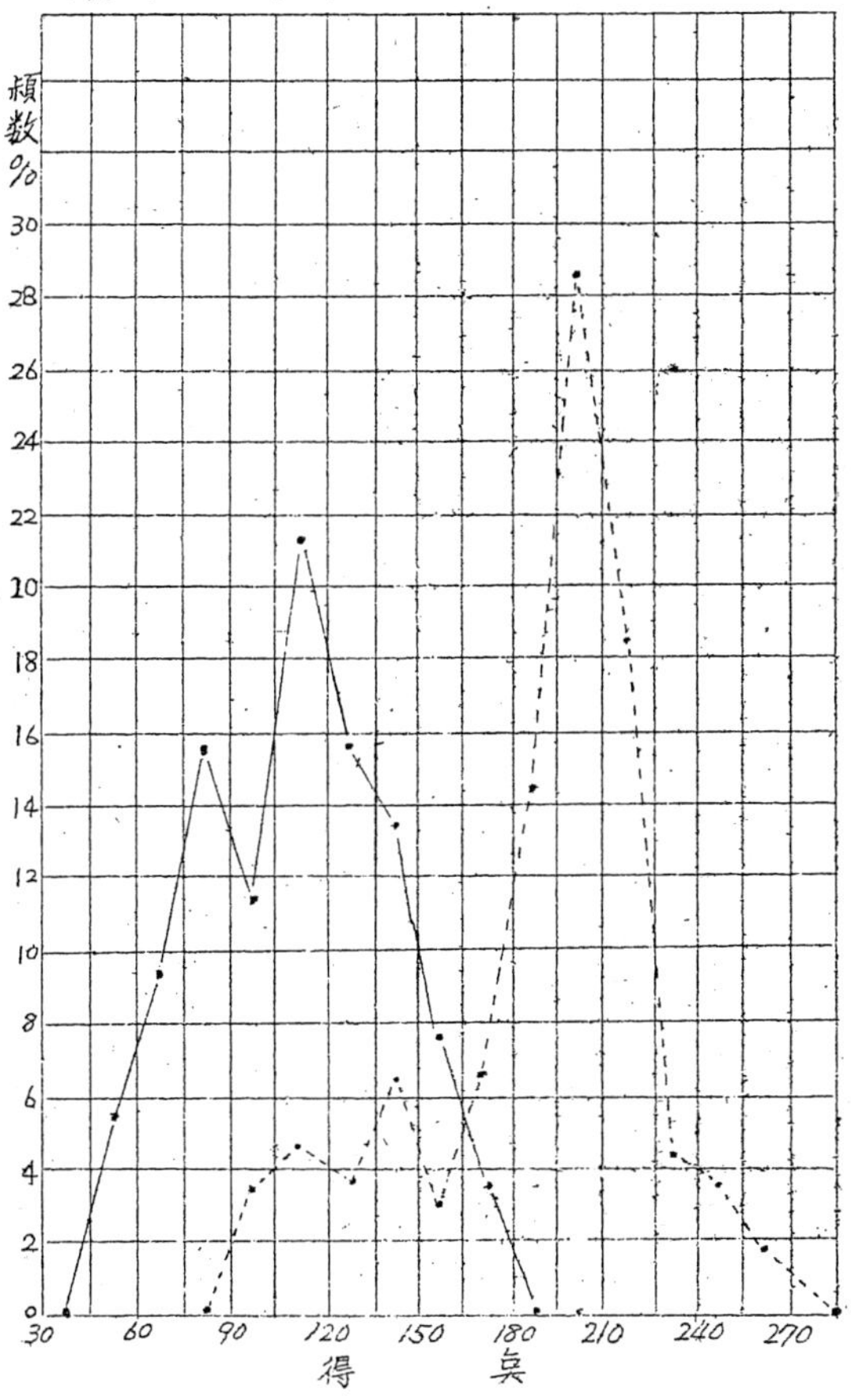

B 地 区

テスト、内申成績頻数分配表

テスト			内申		
級 間	頻数	%	級 間	頻数	%
45−59	7	4.6	90−104	5	3.2
60−74	14	9.1	105−119	7	4.5
75−89	24	15.7	120−134	6	3.9
90−104	17	11.1	135−149	10	6.5
105−119	32	20.9	150−164	4	2.6
120−134	24	15.7	165−179	10	6.5
135−149	20	13.1	180−194	22	14.4
150−164	12	7.9	195−209	44	28.8
165−179	3	1.6	210−224	28	18.3
180−194	0	0	225−239	8	5.2
	153		240−254	6	3.9
			255−269	3	1.9

5表 テスト、内申、得点分布表

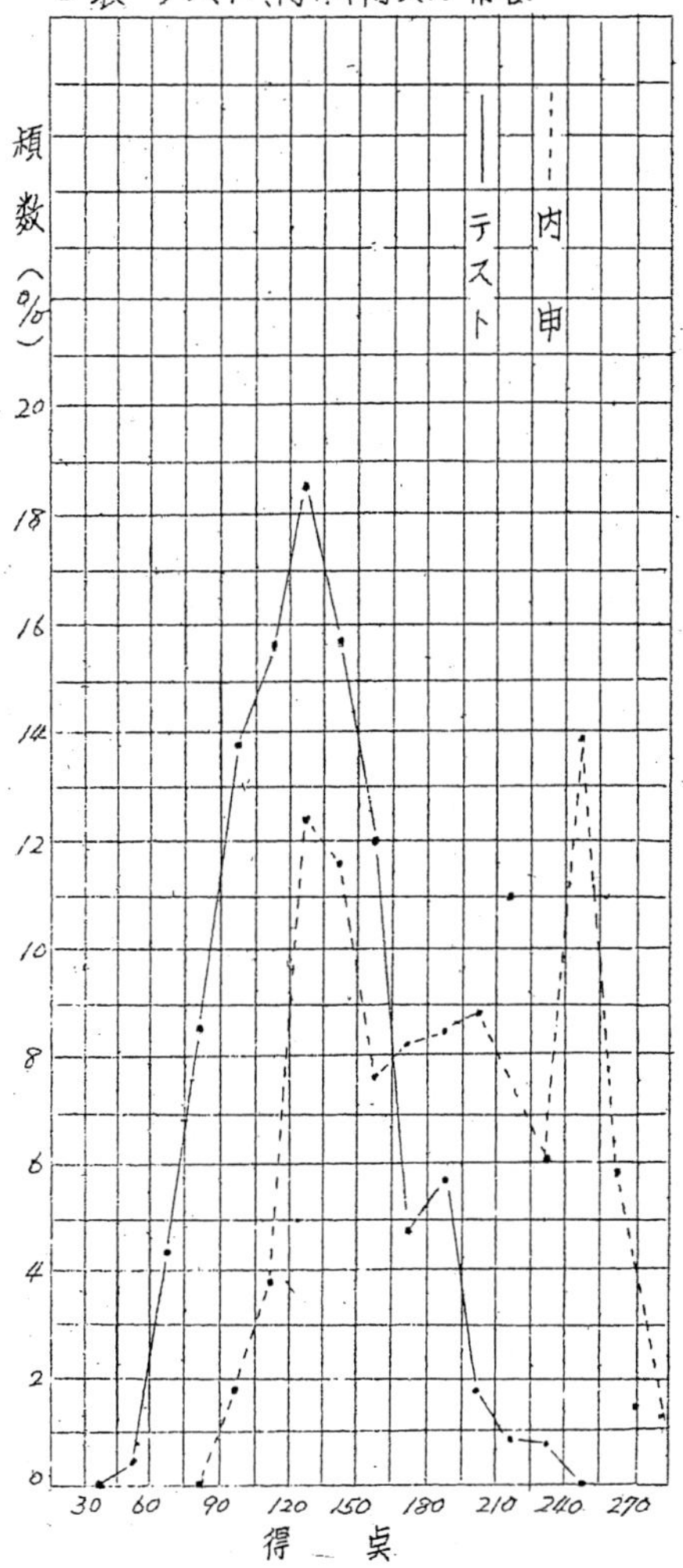

C 地 区

テスト、内申成績頻数分配表

テスト			内申		
級 間	頻数	%	級 間	頻数	%
45−59	2	0.5	90−104	7	1.6
60−74	16	4.2	105−119	15	3.9
75−89	32	8.4	120−134	47	12.3
90−104	51	13.7	135−149	44	11.5
105−119	59	15.4	150−164	25	6.5
120−134	70	18.7	165−179	32	8.4
135−149	59	15.4	180−194	32	8.4
150−164	42	11.0	195−209	34	8.9
165−179	18	4.7	210−224	42	11.0
180−194	22	5.8	225−239	23	6.0
195−209	4	1.5	240−254	53	13.9
219−224	3	0.7	255−269	22	5.8
225−239	3	0.7	270−	5	1.3
240−254	0	0			
	381			381	

6表

A地區 テスト、内申相関係数

1954年（高校入試）

x テスト ＼ y 内申	105–119	120–134	135–149	150–164	165–179	180–194	195–209	210–224	225–239	240–254	255–269	270–284	285–299	F	y	Fy			Fy²	Σx'	y'
210〜224										1 +21				1	+7	7			49	21	
195〜209							1			1 +18	4 +96			6	+6	36			216	114	
180〜194								2 +10	3 +30	4 +60	5 +100			14	+5	70			350	200	
165〜179							2		5 +40	5 +60	8 +128			20	+4	80	+473		320	228	
150〜164						3 −9	3	3 +9	9 +54	6 +54	4 +48			28	+3	84			252	165	−9
135〜149				1 −6	1 −4	6 −12	6	17 +34	16 +64	13 +78	1 +8			61	+2	122			244	184	−22
120〜134			1 −4	2 −6	2 −4	16 −16	18	16 +16	14 +28	2 +6	2 +8		1 +6	74	+1	74			74	64	−30
105〜119			2	3	4	15	19	10	3	6	1			63	0						
90〜104				5 +15	22 +44	19 +19	8	5 +5	2 −4	2 −6				63	−1	−63			63	78	−15
75〜89		1 +10	7 +56	7 +42	20 +80	13 +26	6					1 −10		55	−2	−110			220	214	−10
60〜74		2 +30	3 +36	7 +63	11 +66	2 +6	1	1 −3						27	−3	−81			243	201	−3
45〜59	1 +24	2 +40	3 +48	2 +24	4 +32									12	−4	−48	−312		192	168	
30〜44					2 +20									2	−5	−10			50	20	
F	1	5	16	27	66	74	64	54	52	40	25	1	1	426	(N)		+161				
x	−6	−5	−4	−3	−2	−1	0	+1	+2	+3	+4	+5	+6					Σy²=	2273	1157	−89
Fx	(−6	−25	−64 −382	−81	−132	−74)	+		104	120	100	5	6		=	7				Σx'y'=1568	
Fx^2	(36	125	256	243	264	74)	+		208	360	400	25	36)		=	2081	(Σx²)				

公　式

$$\gamma=\frac{\frac{\Sigma x'y'}{N}-C_xC_y}{\sqrt{\left(\frac{\Sigma x^2}{N}-C_x^2\right)\left(\frac{\Sigma y^2}{N}-C_y^2\right)}}$$

$$C_x=\frac{7}{426}=0.0164$$

$$C_x^2=0.00026896$$

$$C_y=\frac{161}{426}=0.3779$$

$$C_y^2=0.142129$$

$$\gamma=\frac{\frac{1568}{426}-(0.0164\times0.3779)}{\sqrt{\left(\frac{2081}{426}-0.000268\right)\left(\frac{2273}{426}-0.1426\right)}}$$

$$\gamma=\frac{3.674}{5.03}=0.73$$

- 人　員 ＝ 426人
- テスト平均 ＝ 117
- 内申平均 ＝ 202
- S.D テスト ＝ 34.2
- 内　申 ＝ 33.7
- 相関係数 ＝ 0.73

7表　　　B地區　テスト、内申相関係数　　　1954年（高校入試）

y 内申 / x テスト	90 104	105 119	120 134	135 149	150 164	165 179	180 194	195 209	210 224	225 239	240 254	255 269	F	y	Fy			Fy^2	Σx' (+)	y' (−)
165～179			1 −16		1 −8					1 +12			3	+4	12			48	12	−24
150～164				2 −18			1	6 +18	2 +12	1 +9			12	+3	36	+	112	108	39	−18
135～149				1 −6				10 +20	7 +28		1 +8	1 +10	20	+2	40			80	66	−6
120～134			1 −4	1 −3	1 −2		2	7 +7	4 +8	4 +12	3 +12	1 +5	24	+1	24			24	44	−9
105～119		2		2			6	9	8	2	1		30	0						
90～104	2 +12	1 +5		1 +3		3 +3	5	4 −4	1 −2	1 −3	1 −4		19	−1	−19			19	23	−13
75～89	1 +12	2 +20	1 +8	1 +6	1 +4	2 +4	5	8 −16	4 −16			1 −10	26	−2	−52	−	133	104	54	−42
60～74	2 +36	2 +30	2 +24			4 +12	2	1 −3	1 −6				14	−3	−42			126	102	−9
45～59				2 +24	2 +16		1						5	−4	−20			80	40	0
F	5	7	5	10	5	9	22	45	27	9	6	3	153			−	21 Σy^2=	589	380	−121
x	−6	−5	−4	−3	−2	−1	0	+1	+2	+3	+4	+5							Σ$x'y'$	=259
Fx	(−36	−35	−20	−30	−10	−9)	+	(45	54	27	24	15)	=	31						
			−134																	
Fx^2	(180	175	80	90	20	9)	+	(45	108	81	96	75)	=	959	(Σx^2)					

人員　153
平均テスト　107
内申平均　189.5
標準偏差
テスト　30.5
内申　37.4
相関係数　0.35

公式
$$= \frac{\frac{\Sigma x'y'}{N} - C_x C_y}{\sqrt{\left(\frac{\Sigma x^2}{N} - C_x^2\right)\left(\frac{\Sigma y^2}{N} - C_y^2\right)}}$$

$C_x = \frac{31}{153} = 0.20261$　　$C_y \quad \frac{-21}{153} = 0.1372$

$C_x^2 = 0.0408$　　$C_y^2 \quad 0.0187$

$$\gamma = \frac{\frac{259}{153} - \{0.20261 \times (-0.1372)\}}{\sqrt{\left(\frac{959}{153} - 0.0408\right)\left(\frac{589}{153} - 0.0187\right)}}$$

$$\gamma = \frac{1.7209}{4.88} = \boxed{0.35}$$

8表　C地區、テスト、内申相関係数　1954年度(高校入試)

内申(y) / テスト(x)	90 104	105 119	120 134	135 149	150 164	165 179	180 194	195 209	210 224	225 239	240 254	255 269	270 ~	F	y	Fy		Fy²	Σx'y' (+)	(−)
225～239												1 +35		1	+7	7		49	35	
210～224												1 +30	1 +36	2	+6	12		72	66	
195～209					1 −10		1				1 +20	1 25		4	+5	20		100	45	−10
180～194				2 −24	1 −8	1 −4	4	2 +8	1 +8		6 +96	3 +60		20	+4	80	+323	320	172	−36
165～179			2 −24	2 −18	2 −12	1 −3			1 +6	1 +9	9 +108	2 +30		20	+3	60		180	153	−57
150～164			1 −8	8 −48	3 −12	3 −6	1	4 +8	4 +16	2 +12	7 +56	9 +90		42	+2	84		168	182	−74
135～149		3 −15	5 −20	12 −36	2 −4	2 −2		5 +5	11 +22	5 +15	11 +44	4 −20		60	+1	60		60	106	−77
120～134	1	3	15	8	1	3	4	12	10	6	8	3		74	0	0				
105～119	2 +12	4 +20	8 +32	3 +9	4 +8	2 +2	6	6 −6	9 −18	5 −15	8 −32	1 −5		58	−1	−58		58	83	−76
90～104		3 +30	5 +40	6 +36	9 +31	6 +12	4	6 −12	3 −12	5 −30	2 −16	1 −10		50	−2	−100		200	154	−80
75～89	1 +18	2 −30	6 +72	1 +9	2 +12	10 +30	6		3 −18		1 −12			32	−3	−96	−328	288	171	−30
60～74	1 +24	1 +20	3 +40	2 +24	1 +8	2 +8	4	1 −4	1 −8					16	−4	−64		256	132	−12
45～59	1 +30				1 +10									2	−5	−10		50	40	
F	6	16	45	44	27	30	30	36	43	24	53	26	1	381			−5	Σy²=1801	1339 Σx'y'=887	−452
x	−6	−5	−4	−3	−2	−1	0	+1	+2	+3	+4	+5	+6							
Fx	(−36	−80	−180	−132	−54	−30)	+	+36	+86	+72	+212	+130	+6	=30						
Fx²	(216	400	720	396	108	30)	+	36	172	216	848	650	30)	3828 Σx²						

公　式

$$\gamma = \frac{\frac{\Sigma x'y'}{N} - C_x C_y}{\sqrt{\left(\frac{\Sigma x^2}{N} - C_x^2\right)\left(\frac{\Sigma y^2}{N} - C_y^2\right)}}$$

$$C_x = \frac{30}{381} = 0.0787$$

$$C_x^2 = 0.0061936$$

$$C_y = \frac{-5}{381} = -0.0131$$

$$C_y^2 = 0.000171$$

$$\gamma = \frac{\frac{887}{381} - (0.00102)}{\sqrt{\left(\frac{3828}{381} - 0.00619\right)\left(\frac{1801}{381} - 0.00017\right)}}$$

$$\gamma = \frac{2.31898}{6.90} = 0.336$$

人員 N = 381
テスト平均 = 125
内申平均 = 186
標準偏差 {テスト = 34, 内申 = 48}
相関係数 = 0.33

それぞれの地区のテスト得点と内申得点を比較検討した場合、いづれの地区でも内申得点がテスト得点を上廻っていることが言える。しかしそれよりもむしろ検討を要する事は、内申、テスト得点をグラフにした時の山の形だと思われる。普通何ら人為的な手を加えないで、自然の状態における集団の多数について測定した場合、分配図に表られる結果は、平均を中心として左右が全く相称的な形をとり、概ね釣鐘型になつているとされていますが、その反面、非相称的になる場合は統計法の教えるところによると、

1、見本の数が少いとき。

2、特殊の選択の結果であるとき。

3、測定法が不完全なとき、教育テストで

　イ、問題が容易或は困難なとき。

　ロ、問題数が少いとき。

　ハ、各問題の配点が不平当のとき。

　ニ、採点法が不適当なとき。

　ホ、時間の与え方が不適当のとき。

とされている。従つて以上あげた事項が反対の場合には逆に正常分配曲線に近くなるということが云えるのである。これによつてテスト得点、内申得点の分配をみた場合、第2項の条件による事が考えられると思う。テストの場合も前に挙げた歪みの原因となる事項と関連して判断する事が出来る。しかし、テストも内申もそれぞれの地区における同一人について調べた結果であるので、グラフに表われるテスト、内申得点の山の形もほゞ同形になる事が予想されるのであるが、結果は相当な変化を示めしているので、テストにおいても、内申においても尚検討すべき事柄を蔵している事がうなづける。

※次は、A地区、B地区、C地区毎にテスト得点、内申得点の相関係数を調べてみた。

相関係数とは、二個の現象間における共変の度を数量的に表わしたもので、例えば、テストにおける成績と内申成績とをみた場合、テストにおいて優れた者が、内申に於いても優れる傾向があれば、この二種類の成績の間には、相関々係があるといえる。この相関の度合をどの程度のものであるかを数量的に現わしたのが相関係数である。即ち係数が0の時は相関々係がなく、＋1のときは、密であることを示めすわけである。第六表、七表、八表は、統計法に従つてA地区、B地区、C地区におけるテスト、内申の相関係数を算出したものである。

先づA地区について考えてみたときに、表の縦に示めした数字がテスト得点で横に示めした数字が内申得点である。二本線で示めした級間が平均得点の含まれている級間である。

調査人員の各個人についてテストと内申の合致点すなわちその個人についてテストが四五から五九の間の得点で内申が一六五と一七九点の間の得点をした場合の頻数が四と記入されている。一般的にこの分配表の平均（テスト、内申）を中心として、右上と左下に対角線に分配されたときに相関が密である

このA地区では、相関度が或程度密であることを示めしている。B地区、C地区と比較して見たときにB地区でもC地区でも表の殆んど全面にまたがつている。その結果は統計法に従つて算出した相関係数がはつきり示めしている。

結論として、B地区とC地区では、テストは優れて、内申がおとり、内申はすぐれて、テストは悪いという結果を示めしているので、それらを判断してテスト、内申とも今一段の研究の余地が残されていると思われる。（尚都合により問題集と教科別の正答率は、示めさない。）

※　参考までに一九五四年度の志願者数、入学者数、合格率を示めすと別紙の通りである。

普通高等学校　　(1954年度)

	志願者数	入学者数	比率
全琉	5,988	4,489	74.9
沖縄	5,559	4,126	74.2
宮古	253	210	83.—
八重山	176	153	87.9

職業高等学校

全琉	2,562	1,715	66.9

高等学校入学者選抜方法研究会を終えて

参会者　教育長、区教育委員代表、高等学校長、中学校長代表、文教局指導課、研究調査課、学務課主事。

会　場　名護（北部）　期日　名護　十月二十二日
　　　　石川（中部）　〃　　石川　十月二十三日
　　　　那覇（南部）　〃　　那覇　十月二十五日

状況

研究事項	北部	中部	南部
一、時期	◎本年通り二月二十日前後がよい（全員の意見） ☆高、中校卒業式との関係 ☆教科書注文との関係 ☆旧正月との関係 ◎全高校一斉に	北部に同じ	◎大多数は北部と同意見 ◎一部の意見十二月、三月の二回にわたつてやつてもらいたい ◎これには委員側も反対
二、期間	◎従来通り三日間でよいそれ以上は不可 （全員の意見）	北部に同じ	北部に同じ
三、志願書〆切期日	◎試験期日二週間前（高校側より）☆内申書審査期間の必要から	北部に同じ	北部に同じ

研究事項	北部	中部	南部
四、募集要項	志願書〆切期日より一ケ月前までに各中学校必着するように（中学校側から）	北部に同じ	北部に同じ
五、方法	1、内申とテストを併用する 2、両者の比重は同率 3、面接は行う、但し採点はしない。内申書の裏付として ☆これは中校側から種々の質問があつたが、結局高校側の必要という意見があり、中校側もそれを了とした。 4、体育の実技 教育長、中学校側からの理由についての質疑があつたが、体育の現状から又教科の特性に鑑み全員実施することを了とした。但し、著しく及第の判定に影響する程の配点をしないこと又複雑にわたらないようにすること	1、北部に同じ 2、北部に同じ 3、北部に同じ 4、北部に同じ	1、北部に同じ 2、◎内申3　試験7　内申4　試験6の意見もあつた ◎同比重の方が多かつた 3、北部に同じ 入学後の教育の資料としても必要がある 4、体育ばかりでなく表現教科である図工、音楽も適当に実施してもらいたい 高校側としては、時間の都合で不可能という意見であつた

	5、身体検査 高校側から入学後呼吸器患者が発見される過去の体験から、入試前厳格な診断を受け診断書を提出せしめてはという意見もあつたが、本意見について研究討議の結果、実施上困難という結論に達し、結局従来の通り各高校で行うことに一致した。	5、北部に同じ	5、北部に同じ
六、手続書類	従来の通り ◎入学志願書 ◎指導要録 ◎学級の成績一覧表の三種に一致した。一高校長から資産調書を提出せしめたいとの意見もあつたが殆んどの会員からその必要もなし又機会均等の立場からも不当であるとの意見があつて否定された	◎結局北部と同じことになつたが、一覧表を二通り作成し、一通は教育長か文教局に提出してはという意見があつた。 それは一覧表の正確性を期するという意図からであつた。	◎できるだけ簡単にしてほしい（中） ◎できるだけ詳しいのがよい（高） ・指導要録についてはいろいろ意見がでたがまとまらなかつた
七、テストについて	1、内容 ◎全教科について行う 2、時間 ◎一時限五〇分の四回	1、北部と同じ 2、北部と同じ	1、北部に同じ 2、北部に同じ
	3、分量 ◎今学年より少なくしてもらいたい。然しアチーブの場合は極端に少なくするとその特質を失うおそれもあるので適当にやつてもらいたい。 4、程度 ◎学力の水準を知るのが目的ではなく、及第決定の資料を得るのがねらいであるから、できるだけ平易な問題にしてもらいたい 5、形式 ◎アチーブ式を中核として、論文形式は加味する程度にしてもよい	3、もつと少なくしてもらいたい 4、できるだけ平易に。 5、北部に同じ	3、四十分程度の分量にしてもらいたい（中） 一通りはどの生徒でも目を通し得るような分量を（中） 4、進度は実施の日まで（全） 5、北部に同じ
八、問題作成	◎文教局で作つてもらいたい ◎今年度のようにブロックで作ると経費が高くつく ◎沖縄本島で一委員会を組織し文教局の助言によつて作成したらどうか	◎北部に同じ	◎北部と同一意見もでた ◎止むを得なければ単独で作つてもよい（高） ◎文教局で（或る中校）

研究事項	北部	中部	南部
九、要望	1、実業高校（商、工）は名護で出張試験をしてほしい（中校側） 2、家庭の経済関係で自宅からは出せないが地域に居る縁者の援助によつて、その地域の高校には出せる者に対しては校区のわくを外して受験ができるようにしてもらいたい（中校側） 3、試験問題の印刷に、不明やもれのないように、明瞭さと確実さを期してもらいたい（中校側） 4、指導要録の統一をしてほしい（高校） 5、募集要項を各中校にもれなく送付してもらいたい（中校） 6、入試手続書類は高校側で受領証を発行したらどうか（高校側）	1、受験料が高い（中） 2、問題印刷を明瞭に、正確にしてもらいたい（中）	1、特活は一教科以上の比重をもたしてもらいたい（中） 2、社会的公民的発達の記録の比重を重くみてもらいたい（中） 3、受験料をやすくしてもらいたい（中） 4、テストは教科毎にまとめてやつてもらいたい（中） 5、文字を教科書文にして紙数を減じてもらいたい（中） 6、ミスプリント、頁抜け、誤字、脱字のないようにしてもらいたい（中）

＝余談＝ ‘耳垂い馬’ 教育長研修會

これは去る十一月五日から十四日までの十日間、辺土名地区で行われた全琉教育長研修会の最後の晩のこぼれ話の一つである。

十日頃は地区での主席教育行政官の教育長の面々も、十日間ですつかりあくがとれてしまつて、最後の慰労晩餐会は、楽しいレクリエーションで十日間の苦行を一時にふつ飛ばした。ハークネス氏、レーモンズ氏、アレキサンダー氏も十日間毎日つききりでワークショップに参加、指導に当つたが、この日もハークネス、シーモンズの二人は、晩餐会にも出席、不恰好にも長い脚をタタミの上に投げ出して坐つている。

宜野座の大城教育長さん、さつそく、

頭打ちヒザを曲げるに骨が折れ。

尻上り軽く上つて得意顔。

横すべり足並そろわず不平顔。

と即興の川柳と来た。二人のアメリカさんもともと川柳とか俳句なんて理解が出来ないのへ、理解させようと琉大の赤嶺さん、しきりに説明に及ぶ。二人はわかつたような顔つきでにが笑いしながら聞いている。文教局の誰かが、

職階制口ほど物言う机かな。

天井に頭つかえてはりもなし。

と皮肉をとばす。

島産愛用量の大きい知念の平田教育長さん、真先に大気えんを上げて、十日間の禁酒（?）の解禁を礼讃すれば、ハークネス氏もつられて泡盛をちびりやり出して曰く、

沖縄では、夫が酒をのんで帰つても、妻は無条件に家に入れるのは、実に羨ましい。アメリカでは、のんで帰ると、先づ玄関から被つた帽子を中に投げ込

む、と、帽子が投げ返されてくれば、夫は中へ入ることが出来ない。幸い自分は無帽で通しているが、しかしその代り、家内の内外（心理、表情）の偵察には並々ならぬ苦労がいるね。と、

二人のアメリカさん、割箸も器用に、味噌臭い汁や御飯もおいしそうに食べている。

シーモンズ氏が白い歯並をみせて、絶えず面白そうに微笑しているのも印象的で、すつかりとけこんだ情景である。

かつて孤独で八重山での勤務時代、八重山娘に惚れられて、終に結婚までゴールインしただけあつて、八重山民謡にかけては、島出身よりうまいと自讃する那覇の阿波根教育長さん、流石にすばらしい歌手で、ラジオ放送もさることながら、じかに聞くと実にうつとりさせられる。成程その歌にだけは惚れられたであろうと思わせる。

中里節の主人公の後エィを思わせるようなタイプの中里教育長さんの弾く中里節は、聞く者を「花のもと」に誘うに十分である。

この伴奏に勇敢に飛出した小波蔵次長さん、あの大きな図体で、踊りながらよくジャンプをまぜるくせをそのままに、琉舞ともダンスともつかない新舞踊を発明、確に一家の相はある妙技で、軽快至極な手振り腰振りである、同じく重量感そのものの佐久本主事、法規以外には何物もないと思われるあの人が、こんな奥の手もあつたのかと、思われるようなジャズ琉舞の名手であるとは、文教代表の数がこれで新しく一人増えて頼母しい限りである。

新しいといえば、新米教育長の糸数さん、ハークネス、シーモンズの二人をつかまえて「何故八重山には来ないか、是非来てくれ」と、八重山のよさを宣伝これつとめている。二人はＯＫ、ＯＫを連発して流石に持て余し気味であるが、それでも互に首をだき合つたりして益々親近感を深めて行く。

免許の糸洲さん、歌国の出身だけあつて、本職は音楽が専門、若い頃ラブによいつぶれた極致を作曲した自作を独唱に及べば並居る白髪頭連も身を忘れて、心とう然として月の浜辺へいざない行く、げに名曲か秘曲かである。

昼間のワークショップで興奮してつい長口舌を並べたシーモンズ氏「ほえる犬は人を咬まず」とありますからねと、いつたのを思い出した阿波根さん、沖縄にもそれに似たのがあります、

「耳垂(だ)い馬ぬど人(ちゅ)を咬(く)うゆる」

と、成程始めて聞く、これこそ名諺だ。

全琉の教育長がシュンと耳を立てたしゅん馬になつて、新しい教育をのせて思いきり馳けてくれることを期待するや切である。（知念）

☆ ◈ ☆

推薦図書

待望の書 遂に出た！

標準語対照 **沖縄語の研究**

附篇、沖縄語から見た古典

著者、那覇高等学校講師 桑江良行

昭和五年初版を出され、国語教育者や沖縄語の研究家に多大なひ益を与えられた本書が、戦後絶版になつていたのを、今回改訂増補を加えて新しく再刊されたことは、沖縄教育界は勿論、内外の沖縄語研究家達にとつて、この上もない大きな慶びであり、著者桑江先生に絶大の感謝の念を捧げたい。

研究書の多くは、むづかしい専門語が並べられて、読解に苦しむものであるが、本書は、著者が東京での長い学生生活や、教壇生活や、郷土出身の学生達が、言葉の上で、苦んだ体験からの実例や例話などを豊富に取り入れられて、平易に適切に解明されているので初心者にも、専門家にも親しめる本で、巻を開けば一気に読み下さねば措けないといつた感じである。

又、三十有余年の永い国語教育道の深い御研究の結晶であるだけに、標準語と沖縄語の関係や、日常生活に起る言語上の問題、現在特に沖縄方言の直訳語、混用語が、標準語励行や、言語指導の上に大きな妨げとなつている今日、本書は明確に之を解きほぐしてあるので、沖縄の国語教育にとつては、無くてはならぬ必備の指導書である。

尚再刊に当つては、「沖縄語より見た古典」を附篇として増補されているので、斯道の研究家にとつては特に貴重な文献である。

本書は、東京のおきなわ社で印刷され十二月初には那覇市崎間書店で販売されることになつている。定価はＢ円で三〇〇円である。

一九五四年十二月十五日印刷
一九五四年十二月二十日発行

発行所　琉球政府文教局
研究調査課
（非売品）

印刷所　旭堂印刷所
那覇市四区十五組
（電話六五五番）

琉球

文教時報

12

特集

長期欠席児童生徒の實態

NO.12

文教局研究調査課

文教時報 第十二号 目次

よい校舎

明るく
楽しく
美しく
健やかに

一、露天教室

炎天《えんてん》に木蔭《こかげ》欲《ほ》りせし学校は雨降り出《い》でて休《やす》みとなりぬ

二、テント校舎

夏されば蒸焼《むしや》く如く風吹けばバタバタ飛びしテント教室

三、草葺校舎

父母《ちゝはゝ》は国《くに》頭山に丸太《まるた》切《き》り吾等《われら》草苅《かや》りて成れる学校

四、瓦葺校舎

米松《べいまつ》の二掛四《トーバイフォー》に赤瓦暴風にも休まずホットせりけり

五、ブロック校舎

砂ジャリのブロック建《た》ての美事《みごと》さに若返り来《き》て又学びたし（後世美し）

一九五五・一・＝俊成迂士作る＝

年頭の辞

文教局長　真栄田義見

謹しんで年頭の御祝を申上げると共に此の一年が皆様に取つて最良の年になるよう祈念致します。

二〇世紀に入つての世界は加速度的にその動きを早めて、戦争までの十年の動き戦後十年の動きはまことにはげしいもので、意識して世界を考えないでも、これでもか、これでもかと、のしかゝつて来る、歴史の重圧は、「あゝ世界は動く」と考えさせる位に世界はあわたゞしい動きを示して来ました。殊に戦後のわが沖縄はもう太平洋の孤島でなしに、世界の動きが直接に岸を洗う所の世界の焦点となつたといつた感じであります。

無風地帯温室のような静かな島の中で、のんびりした生活は吾々年輩のものゝ楽しい心ゆく思い出ですが、もう二度と帰つて来ない神話としてのおもかげに思い浮べるだけです。

神代の如き思いぞすると詠嘆された原始性、未分化の叙情、それ等はもう沖縄に取つて永久に過去のものとなるでしょう。

温室育ちの沖縄には、進歩への過程としての現実は、余りに変化が激しく感情的、精神的な不適応、生活的な不適応のために、不安定行動や反社会的行動が目立つて多くなつて来ました。

結核処女地の人が、都会の結核菌に犯された時に、急速に病気が感染し悪化するといつた様な、目まぐるしい社会的変化がありますが、之等の変化に押しつぶされないだけの人間としての強さが強く要求されて来ました。

之等の人間育成の、すぐれた仕事を担当するのは吾々教職員であると確信します。

私は各地区の教研大会において、自らの強い人間的自覚で立ち上りつゝある教職員の強さの中からも亦其の確信を強めるものであります。

戦後十年間は教職員は建設と云う重責も背負わされて教員の本質的な仕事である教育実質面に重い圧力を加えられていたうらみがあるが、今年あたりからは純粋な意味の教育の実質的な仕事がお互の肩に背負わされることとなりますが、しかし之はまことによろこばしい荷物で、五千教員の努力によつて、其の進歩をかち取りたいものであります。

年頭に立つて今年あたりから沖縄にも希望がもたれる明るい年になるのではないかという気持になります。

教育の振興はつまる所、現場の教職員の立上がる事にあるのであります。

現場の充実を期して、五千教員と共に足音高く前進亦前進の喜びを共にしたいと思います。

就任にあたつて

研究調査課長　比嘉信光

新春を迎え諸先生方には、覚悟を新たにして教育の道に御精進の事と存じます。

私、旧年十二月一日付をもつて研究調査課長に任命されました事は、偏に諸先生方の御指導御鞭達の賜と深く感謝致しています。

指導主事在任中は一方ならぬ御世話を戴き、楽しく、且つ大過なく務めさせて下さいました事を併せて御礼申し上げます。

終戦後の宿願であつたよい校舎、よい先生、よい待遇の三原則が着々と実施されるにしたがつて、新しい希望と勇気が満ち溢れてくるのをおぼえます。然しながら沖縄の教育には戦災と後進性と地域性から来る解決しなければならない諸問題が山積しているのでありまして、これが解決にはいろ〳〵の分野で、いろ〳〵の角度から、いろ〳〵の方法で努力しなければならないことは勿論でありますが、研究調査課は科学的方法により、問題を一つ〳〵捉えこつ〳〵と調査や統計を行い、広く資料を収集して、研究し、その結果を提供して問題解決に務める重大な責務を持つていると痛感するのであります。

先づ私は今迄の研究調査課の職務分野と内容を検討し、それに従つて既に実施したもの及び実施しつゝあるものを調査し、今後実施すべきものを挙げて、課の自己評価を行い、私の立つ足場を見極め、進むべき道を見定めて、着々と仕事を進めていきたいと念じています。

文教局研究調査課という組織の中では、法的に、人的に、時間的に、予算的に、制約を受けることは勿論でありますが、制約を受ければ受けるだけ、どのような教育の問題を、どういう順序で取り上げていくのが、能率的で、効果的であるかも研究し、諸先生方の御知恵を御借りする必要があると思います。又調査研究の方法が科学的妥当性があるように研究しなければならないでしよう。調査を各学校の先生方に御願いしなければならないことも多いのでありますが、直接調査して戴く先生方の調査の確実性が集計後の信頼度を決定する場合がありますので是非とも諸先生方の御協力を御願い致します

そうして、調査研究した結果が果して問題点を明らかにし、解決の方法を与えたかどうか、教育現場で適用して効果があつたかどうか、を評価してみなければいけないでしよう。

こう考えていきますと、研究調査課の各過程に於て教育現場の諸先生方と最も密接に結びつき、理解し合い、協力していかなければいけないということになります。

近代のいろ〳〵の研究に於て、人、一人の力で解決される時代は去つたのです。エジソンのように一人で問題が解決された時代は去つたのです。（英雄一人で国家が救われるというような時代が去つたように）近代の研究は、原子爆弾の発明のように、多くの科学者の協力と、国家全体の綜合力によつて初めて可能であつたのです。沖縄の教育の諸問題の解決は、教育関係者は勿論のこと、総ての人々の叡智と協力と沖縄全体の綜合力によつて解決出来ると信じます。諸先生方の積極的御協力を戴き、課員と協力して私の職責を果したいと存じます。諸先生方の御健康と御自愛を御祈り致すと共に御指導御協力を御願い致します。

長期欠席児童生徒の実態

＝研究調査課＝

I　調査方法の概要

1　調査目的

琉球に於ける小学校、中学校の長期欠席児童生徒の状態およびこれら児童生徒の環境を調査し、児童生徒の就学奨励や不良化防止などの施策の資料とすることを目的とした。

2　調査方法

悉皆調査により、各小、中学校長に報告を求めた。

3　長期欠席児童生徒の概念（定義）

本調査に於ては一九五四年九月二〇日現在に於て三〇日連続して欠席したものを長期欠席者とした。

（文教局学務課学校在籍一斉調査、文学第二〇九号による）

4　調査事項

(1)　学校名

(2)　学校種別

(3)　全在学者の保護者の職業別調査

(4)　長期欠席者の保護者の職業別調査

(5)　長期欠席児童生徒の理由別調査

(6)　労働種別長期欠席児童生徒調査

(7)　疾病異常別長期欠席者調査

(8)　児童長期欠席生徒の父母の状態別調査

II　調査結果の概観

1　結果の概要

今年度の調査において、長期欠席児童生徒の総数長期欠席者数と在学者に対する比率等を示すと第一表の通りである。長期欠席者は小学校より中学校に多いことが目立っている。

【第一表】　長期欠席者と在学者に対する比率

区　分	長欠総数	長欠率%	在学者総数
小学校	829	0.84	98,610
中学校	2,113	3.89	54,316
計	2,942	1.90	152,926

これを地区別に見ると第二表の如くであり、

【第二表】　地区別、長期欠席者と在学者に対する比率

区　分	糸満	那覇	知念	胡差	前原	石川	宜野座	名護	辺土名	久米島	宮古	八重山	全琉
小学校	0.95	0.77	0.75	0.79	0.99	1.00	0.27	0.51	0.28	0.28	1.70	0.53	0.84
中学校	5.09	3.90	2.87	4.1	4.45	4.1	1.89	1.77	1.26	1.37	8.18	2.19	3.89

小学校に於ては宮古地区石川地区、前原地区、糸満地区等が高率で、中学では宮古地区、糸満地区、前原地区、胡差地区等が高率である。

全琉一校当りの長期欠席者数は第三表の通りであつて中学校は小学校の約3倍である。

【第三表】　一校当り長期欠席者数

区　分	一校当り長欠者数
小学校	4.4人
中学校	14.9人

各地区別に一校当り長期欠席者数を見ると第四表の通りで、小学校、中学校とも宮古地区が多い。

【第四表】　地区別、一校当り長期欠席者数

区　分	糸　満	那覇	知念	胡差	前原	石川	宜野座	名護	辺土名	久米島	宮古	八重山	全琉
小学校	4.6人	8.8	4.1	5.5	6.1	4.8	0.4	2.3	0.5	1.0	10.1	1.6	4.4
中学校	23.1人	38.6	16.6	14.8	3.5	5.8	1.7	3.4	1.7	3.4	25.0	4.5	14.9

長期欠席率を保護者の職業別に見ると、第五表の通りで小学校では、林業、接客業、自由労務、行商、露天商の児童が多く、中学校では接客業、自由労務、行商露天商の生徒に多い。全琉小、中学校生徒の保護者中小学校では〇、八六％中学校では三、八％の保護者が長期欠席の児童生徒をかゝえている事になる。

【第五表】　保護者の職業別欠席率

区分	農業	林業	水産業	鉱業	運輸業	自宅商	自宅工	自由労務	工員
小学校	0.88	4.28	0.8	0	0.68	0.51	0.33	1.7	0.35
中学校	4.2	4.3	4.3	0	2.9	1.6	3.5	7.3	2.8

区分	公務員	学校職員	会社員	旅館飲食店	接客業	軍作業	行商露天商	其の他	全琉
小学校	0.22	0	0.25	0.84	2.15	0.5	1.43	2.06	0.86
中学校	0.7	0	1.2	3.6	7.8	3.0	5.71	6.1	3.8

2　長期欠席者の態様

第五表では保護者の職業別の欠席率を考察したのであるが、これ等の長期欠席者はどのような理由で欠席しているかを示したのが第六表である。

第六表によれば小学校の長期欠席者は本人によるものが多いが中学校に於ては家庭によるものが多い。尚これを本人によるもの、家庭によるものの別にくわしく考察したのが第七表である

【第六表】　理由別長欠者数

区分	本人によるもの	家庭によるもの	計
小学校	441人 53.2%	388人 46.8%	829人 100%
中学校	889人 42.1%	1,234人 57.1%	2,113人 100%

【第七表】　A　本人によるもの　（理由別長欠者）

区分	本人の病気	勉強ぎらい	友人にいぢめられる	学用品がない	衣類、はきものがない	学校が遠い	本人の居所不明	小使銭かせぎ	非行児童	其の他	計
小学校	% 44.0	〃 24.0	〃 0.9	〃 5.0	〃 1.0	〃 3.0	〃 14.0	〃 0	〃 2.0	〃 5.0	% 100
中学校	% 16.7	〃 56.3	〃 1.6	0.9	〃 0.5	〃 0.3	〃 12.3	〃 1.9	〃 1.6	〃 7.3	% 100

【第七表】　B　家庭によるもの　（理由別長欠者）

区分	家庭の無理解	家庭の災害	家庭の疾病異常	教育費が出せない	家計の一部又は全部を出したら出校する	家計をたすけるため	其の他	計
小学校	% 41.0	〃 3.0	6.0	〃 9.0	〃 6.0	〃 28.0	〃 6.0	% 100
中学校	% 31.2	〃 2.0	〃 4.8	〃 5.3	〃 5.1	〃 44.8	〃 5.8	% 100

第七表Aによれば小学校に於て本人によつて長期欠席となつたものは本人の病気と、本人の居所不明が高率であり中学校では勉強ぎらいと本人の居所不明が高率である。

第七表Bの家庭の為に長期欠席者となつたものは、小学校では家庭の無理解及び家計をたすけるため等が高率であり、中学校では家計をたすけるためが著しく高率である。

長期欠席者が疾病異常でない場合何等かの労働を行つていることが普通で特に中学校の長期欠席者と労働問題が密接な関係のあることや、小学校の長期欠席者と疾病異常の問題が関係の深いことを知り得る。

理由別長欠者数を各地区別にみると第八表の通りである。

【第八表】　A　本人による長期欠席者の理由別、地区別調査
小学校の部

区分	糸満 %	那覇 %	知念 %	胡差 %	前原 %	石川 %	宜野座 %	名護 %	辺土名 %	久米島 %	宮古 %	八重山 %
本人の病気	42.1	36.2	72.4	34.6	46	43	75	67.7	100	66.6	24.4	47.9
勉強ぎらい	28.9	22.8	10.3	26.7	40	8.7	25	22.5			24.4	26.3
友人にいぢめられる		0.9		1.4	2							5.2
学用品がない		4.7				4.3					27.3	
衣類やはきものがない											6.5	5.2
学校が遠い	2.6	0.9				39.1						
本人の居所不明	18.4	20.9	13.7	21.1				6.4		16.6	9.8	10.5
小使銭かせぎ					8							
非行児童	2.6	1.9		2.8	4	4.34		3.2				
其の他	5.3	11.4	3.4	4.2						16.6	8.3	5.2
計　人員 %	38人	105人	29人	71人	50人	23人	4人	31人	4人	6人	61人	19人

【第八表】　B　家庭による長期欠席者の理由別、地区別調査

小学校の部

区分	糸満	那覇	知念	胡差	前原	石川	宜野座	名護	辺土名	久米島	宮古	八重山
	%	%	%	%	%	%	%	%	%	%	%	%
家庭の無理解	41.9	41.0	28.5	35.8	57	54.3	100	12.1	20	100	40	66.7
家庭の災害	3.2	7.1				9.1					6.3	
家庭の疾病異常	3.2	5.3	9.5	2.2	4.9			15.1	20		6.3	
教育費が出せない	6.4	8.9		2.2	3.2	18.1		21.2	20		15.4	
家計の一部又は全部を出したら出校できる		1.7	14.3	1.6	1.6			12.1	40		10	8.3
家計を助けるため	38.7	14.2	42.8	52.2	29.5	9.1		39.4			21.8	25
其の他	6.4	21.4	4.7	8.7	3.2	9.1						
計　人員	31人	56人	21人	46人	61人	11人	1人	33人	5人	1人	110人	12人

【第八表】　C　本人による長期欠席理由別、地区別調査

中学校の部

区分	糸満 %	那覇 %	知念 %	胡差 %	前原 %	石川 %	宜野座 %	名護 %	辺土名 %	久米島 %	宮古 %	八重山 %
本人の病気	12.6	16.2	21.3	10.8	14.1	14.2	81.7	41.8	50	10	12.6	30.4
勉強ぎらい	58.2	43.4	48.1	64.4	72.9	48.6	9.1	39.5	50	90	63.9	50.9
友人にいぢめられる	1.4		1.9	2.4	1.9	2.8	9.1				2.6	4.3
学用品がない		1.5		0.6	1.9			2.3				4.3
衣類やはきものがない				2.4							0.9	
学校が遠い		1.0										4.3
本人の居所不明	13.4	26.7	7.7	7.8	4.7	20.0		4.6			9.0	
小使銭かせぎ	1.4			2.4	0.9			2.3			7.2	
非行児童	3.7	1.5	1.9	3.6								
其の他	8.9	9.4	1.9	5.4	2.8	14.7		9.3			3.6	
計　人員数	134人	192人	52人	166人	107人	35人	11人	43人	6人	10人	111人	23人

【第八表】　D　家庭による長期欠席者の理由別、地区別調査

中学校の部

区分	糸満	那覇	知念	胡差	前原	石川	宜野座	名護	辺土名	久米島	宮古	八重山
	%	%	%	%	%	%	%	%	%	%	%	%
家庭の無理解	29.8	16.5	44.5	34.7	33.3	20.5	7.1	42.5	17.6	100	39.0	24.3
家庭の災害	4.1		1.5	1.6	0.7	7.7		6.2			1.1	
家庭の疾病異常	4.9	7.7	3.1	4.8	4.0	12.8		11.2	5.8		4.5	2.4
教育費が出せない	4.1	3.8	1.5	4.3	8.1	2.56	7.1	6.2			7.9	2.4
家計の一部又は全部を出したら出校できる	6.6	2.5	1.5	13.0	4.9			5.0	11.7		1.8	12.3
家計を助けるため	43.0	61.8	19.0	37.5	47.5	53.8	71.4	28.7	58.8		43.1	58.7
其の他	7.43	7.3	28.5	0.5	4.9	2.5	14.5		5.89		2.2	
計　人数	121人	233人	63人	184人	184人	39人	14人	80人	17人	7人	294人	41人

A　長期欠席者と疾病異常との関係

疾病異常による長期欠席者は、小学校一九五人中校一四九人で全長期欠席者の小学校二三%中校七%であるが本人の（長期欠席者）疾病異常の場合に、どのような種類かを示したのが第九表である。

【第九表】　疾病異常別長期欠席率

区分	肺結核	法定伝染病	伝染性皮膚病	外科的疾患	精神異常	難聴盲ろう	外科的不具	其の他	計
小学校	29人 15%	5人 3%	12人 6%	32人 16%	17人 9%	9人 5%	10人 5%	81人 41%	195人 100%
中学校	24人 16.1%	2人 1.3%	11人 7.3%	21人 14%	10人 6.7%	7人 4.7%	13人 8.7%	61人 40.8%	149人 100%

第九表によれば小学校に於ては、外科的疾患及び肺結核が高率で中学校では肺結核が高く、次は外科的疾患及び外科的不具の順である。

小学校、中学校とも肺結核による長期欠席者を多くかゝえている事を示している。

B　長期欠席者と労働との関係

長期欠席者小学校八二九人中学校二、一一三人中就労しているものは小学校四八七人中学校一、八〇六人で就労率は小学校五八・一%中学校八四・五%で中学の方が著しく高率である。就労者をくわしく分析して如何なる労働に従事しているかを見たのが第十表である。

第十表は労働種類を家事の手伝を主としたものと、外部に出て就労しているもの、つまり他人に雇傭されているものの二つに分類してまとめたものである。

第十表によれば小学校では家事手伝が三一〇人六三・六%他人に雇傭されているもの一七七人三六・四%で中学校に於ては家事手伝一、二四三人六八・八%他人に雇傭されているもの五六三人三一・二%で、小学校、中学校とも家事手伝いの方が高い。

尚、これを細分して考察をしたのが第十表B・Cである。

【第十表】　A　労働種別長期欠席者

区　分	家事手伝が主であるもの	他人に雇傭されているもの	計
小学校	310人 63.6%	177人 36.4%	487人 100%
中学校	1243人 68.8%	563人 31.2%	1806人 100%

【第十表】　B　労働種別長期欠席者　家事手伝が主であつた者

区　分	農耕伐木	漁業・水産・養殖	女中・小使給仕・雑役	大工・工員物品修理	販売従事	靴みがき	留守番・子守・看病	其の他	計
小学校	23%	8%	18%	0	0.3%	0	35%	16%	310人 100%
中学校	43.8%	4.6%	11.9%	1.5%	2.9%	0.4%	18.4%	16.0%	1243人 100%

【第十表】　C　労働種別長期欠席者　他人に雇傭されて就労している者

区　分	農耕伐木	漁業・水産・養殖	女中・小使給仕・雑役	販売従事	歌・遊興・遊芸	子守・看病・留守番	靴みがき	軍労務	其の他	計
小学校	5%	2%	9%	2%	6%	27%	0.5%	0%	47%	177人 100%
中学校	18.1%	4.2%	22.3%	3.2%	1.9%	12.0%		8.1%	29.8%	563人 100%

第十表B・Cに依れば家事手伝が主であつた長欠者は小学校に於ては（留守番、子守看病）が最も高率で中学校に於ては（農耕伐木）が高率を示している。

他人に雇傭され就労している長期欠席者は小学校に於ては（子守看病、留守番）に雇われているのが多く中学校では（女中、小使、給仕、雑役）に雇傭されているのが多い。中学校に於て軍労務が八・一%を示しているのは特徴である。

第十表のB・Cを地区に分析して考察したのが第十一表である。地区ごとの特徴がよく現われている。

【第十一表】　A　地区別、労働種別長期欠席者　家事手伝が主であつた者　小学校

区　分	糸満%	那覇%	知念%	胡差%	前原%	石川%	宜野座%	名護%	辺土名%	久米島%	宮古%	八重山%	計%
農耕、伐木	21.2	4.5	22.2	18.4	30.5			15.0	33.3	100	30.9	6.3	
漁業、水産、養殖	45.4				1.6			7.1			1.1	31.2	
女中、小使、給仕雑役	3.0	9.9	33.4	23.7	25.5	33.3		35.3			8.3	18.8	
大工、工員、物品修理													
販売従事											1.1		
靴みがき													
留守番・子守・看病	9.1	40.9	27.7	47.3	30.5	50.0	100	42.8	66.6		40.4	25.0	
其の他	21.2	45.4	16.6	15.1	11.8	16.6					17.8	18.8	
計　人	33人	22人	18人	38人	59人	6人	1人	28人	3人	2人	84人	16人	

【第十一表】　B　　地区別、労働種別長期欠席者
家事手伝が主であつた者　　中学校

区　分	糸満%	那覇%	知念%	胡差%	前原%	石川%	宜野座%	名護%	辺土名%	久米島%	宮古%	八重山%	計%
農耕、伐木	57.8	11.3	45.9	39.5	52.6	25.6	16.7	56.2	60.0	50.0	55.2	46.3	
漁業、水産・養殖	7.8	3.6			2.3			1.4		12.5	9.4	14.6	
女中、小使、給仕雑役	4.7	10.0	16.4	13.3	11.5	10.3	50.0	9.6			15.1	14.6	
大工、工員・物品修理	0.7	7.1			1.4	2.5		1.4	6.6				
販売、従事	3.9	5.6	1.6	4.8	4.7						0.6	2.4	
靴みがき											1.5		
留守番・子守・看病	8.6	25.4	22.8	19.1	16.1	35.9	16.7	24.6	33.3	25.0	13.5	17.0	
其の他	16.4	36.5	13.1	23.3	11.5	25.6	16.7	6.8		12.5	4.4	4.8	
計　人	128	197	61	210	148	39	6	73	15	8	317	41	

第十一表のA・Bによれば家事手伝が主であつた長期欠席者は小学校ではほとんどの地区が留守番、子守看病に集中しているのに前原と久米島は農耕伐木が高率であり、ひとり知念地区のみは、女中、小使、給仕、雑役が多い。中学校に於てはほとんどが農耕、伐木に集中しているが那覇と石川は留守番、子守看病が高率で宜野座のみは女中、小使、給仕、雑役が多い。

【第十一表】　C　　地区別、労働種別長期欠席者
他人に雇傭されて就労している者　　小学校

区　分	糸満%	那覇%	知念%	胡差%	前原%	石川%	宜野座%	名護%	辺土名%	久米島%	宮古%	八重山%	計%
農耕、伐木				10.7	4.7						13.1		
漁業、水産、養殖			33.3									4.0	
女中、小使、給仕雑役	16.6	3.3	33.3	14.3	4.7			12.5			13.1		
販売従事	8.3	6.6		3.6									
歌、遊芸、遊興		9.9		7.1		10.5					7.8		
子守・看病・留守番	50.0	12.1	33.3	14.3	42.8	5.0		31.2	100		44.7		
靴みがき					4.7								
軍労務													
其の他	25.0	69.7		50.0	42.8	84.2		56.2			21.1	60.0	
計　人	12人	23人	3人	28人	21人	19人	0人	28人	2人	0人	38人	5人	

他人に雇傭されている長期欠席者は第十一表C、Dに依れば小学校に於ては胡差地区の女中、小使、給仕雑役に集中しているのを除いてはほとんどの地区が子守、看病、留守番が高率である。

中学校に於ては那覇、知念、胡差、宜野座、名護、久米島は女中、小使、給仕、雑役が高率で糸満、石川辺土名、宮古は農耕、伐木に集中しており、中学校の

【第十一表】　D　　地区別、労働種別長期欠席者
他人に雇傭されて就労している者　　中学校

区　分	糸満%	那覇%	知念%	胡差%	前原%	石川%	宜野座%	名護%	辺土名%	久米島%	宮古%	八重山%	計%
農耕、伐木	29.8	1.0	14.7	7.9	18.5	33.3	9.1	21.9	80.0		39.7	26.7	
漁業、水産・養殖	13.4		5.9			22.2	18.4			57.1	1.2	26.7	
女中、小使、給仕雑役	16.4	11.2	20.6	15.2	15.7	22.2	45.4	58.6	20.0	42.8	34.6	20.0	
販売従事	10.0	7.1	2.9		1.46			2.4			1.2		
歌、遊芸、遊興		3.0	2.9	2.1	2.86		9.1				1.2		
子守・看病・留守番	11.9	10.0	2.9	13.1	17.3	11.1		7.3			14.1	26.7	
靴みがき													
軍労務	1.4	2.4	5.9	14.5	24.3		9.1	4.9			1.2		
其の他	16.4	65.3	44.1	47.2	20.0	11.1	9.1	4.9			6.4		
計　人	67人	98人	34人	138	70人	9人	11人	41人	5人	7人	78人	15人	

特徴として、胡差、前原地区は軍労務に相当高い率を示している。

C　長期欠席者の父母の状態

長期欠席者の父母の状態を示したのが第十二表である。

【第十二表】　長期欠席者の父母の状態

区分	父母共に死亡	父、母別居	父のみなし	母のみなし	父母共に健在	父母共に病気	母病気	父病気	継母	継父	其の他	計 %
小学校	58人 7.2%	47人 6.0%	165人 20.6%	67人 8.4%	334人 41.7%	5人 0.6%	16人 2%	14人 1.7%	31人 3.9%	40人 5.0%	23人 2.9%	800 100%
中学校	212人 10.6%	61人 2.9%	462人 22.6%	141人 6.4%	881人 43.1%	17人 0.8%	56人 2.7%	49人 2.3%	72人 3.5%	51人 2.4%	51人 2.4%	2053 100%

第十二表に依れば長期欠席者を持つ家庭が小学校八〇〇戸、中学校二、〇五三戸で其の中、父母共健在の家庭に(小学校四一、七%中学校四三、一%)長期欠席者が多い事を示している。

次に長期欠席者の率の高い家庭は父のみない家庭である。

「おすゝめしたい圖書」

「小さな学校」

著者　山川武正

発行所　名古屋市昭和区白金町二ノ八　光風書房

定価　日円　二〇〇円

「複式学級の学習指導」

著者　文部省

発行所　東京都千代田区神田小川町一ノ一　光風出版株式会社

定価　日円　一五三円

「小さな学校の経営手引き」

著者　文部省

ヒユーマニズムの精神につらぬかれた教育の機会均等ということは近代教育の一大原則である。へき地教育の振興は、その原則にのつとつてあらゆる角度から検討され、実施されなくてはならない。へき地教育の振興というと、やゝもすれば施設の面や教師の待遇改善の面だけが強くとりあげられがちであります。勿論このことはこども等の成長発達に大きな意義をもつものであつて、これらの解決は急務でありますが、それにもまして、直接こども自体に向けられる教師の研究やへき地教育のカリキユラム等は更に重大であり、むしろこのようなへき地教育計画にしたがつて、前者の条件は整備されるのが当然であろう。

日本におけるへき地教育振興法が沖縄に適用されるとしたら沖縄の学校の三分の二はへき地の学校として取り扱われるでしよう。

以上紹介した図書には全国へき地教育の理論と実際とが、もつともわかりやすく解説され、全国の雪の中の学校から、山間へき地の学校、絶海の孤島の学校から、へき地の子どもらを担当する教師がその生々しい経験を描きつくしてあります。

特に郷土出身者である山川武正氏をはじめ、へき地教育の指導的立場にある権威者が筆をそろえて、へき地教育を実際的立場から論じ、具体的なカリキユラムを例示して懇切なる説明を加えてある。

全国的にわき興るへき地教育の振興は私たちの沖縄でこそ特に重要であり、殊に教育の現場を担当する教師の方々に以上の図書をおすゝめする。

へき地の教育に真の教育があり、ヒユーマニズムの精神が流れてこそ、全琉の教育は全きを得ると思う次第である。

長欠児の実態とその對策

山田朝良

はじめに

戦後の著しい現象の一つとして、最も憂慮されていることは、青少年の犯罪の増加である。一九五三年度の一ヵ年間の沖縄本島に於ける青少年の犯罪検挙数（十八才未満）は一、四八八人であつたが、検挙されない者の多いことを考えた時、その実数はもつとぼう大なものになると思われる。そしてこれ等犯罪少年が、罪を犯すまでに辿るコースの第一歩が決つて学校の遅刻、欠席から遂に常習的な長欠になることからであることは否めない事実である。

こうした青少年が学校を休み、遂に悪に走るようになるには、そうなる原因が伏在しているのである。それは青少年をとりまく環境即ち家庭、社会が感受性、模倣性の強い青少年にとつて非常に好ましいものでないからである。これも「自由主義」そのものに対する理解の不十分さから子供に対する親の在り方を非常に不安定にしてしまつたことと、生活の窮乏と父母の多忙との為に子供たちを見まもる努力を行わしめ得なかつたためではあるまいか。

私がある長欠児の家庭を訪問した時のことである。うす暗い部屋の片隅で、ほこりつぽいゴザの上で毛布一枚を被つて母親の帰りを待ちわびている病児、その枕もとにどびんのおかれてあつたのが印象的だつたがやつと六時頃、一日のはげしい労働から解放されて帰つて来た母親、この病児の看病さえ出来ずにすぐ疲れた身体で、子供たちの食事の世話、それがすむと冬物のつくろい等、それに洗濯など考えた時、全くの重荷だ。もしもこの病児の為、休もうものならその日の賃銀を差引かれるのはまだしも、すぐにでもカク首される軍労務者のかなしさ、この様にして生活の糧を得るための労働に追われている母親たちの生活には、子供を見まもる余裕などない。火の気のない家に居てもつまらないと、とび出して野良犬の様に盛り場をうろつく男の子、パンパンやハーニーの派手な生活が羨しくなり汗臭い着物に愛想をつかして転落する女の子。

こうした現状はわれ〳〵教育者としては到底そのまゝ黙視することは出来ない。一人の子供でも落伍させることなく、現実にいろ〳〵条件の下にある家庭のうちに、さま〴〵な素質を持つ子供を育てあげねばならぬ。それで一方には現実の家庭環境の適正をはかると共に、他方に於て子供をそこに適応させることに努力することが必要である。そのためにはそのよつてくるものをあらゆる角度から、調査究明するのでなければ指導はむずかしい。そこに又訪問教師の努力がなされるのである。

ではコザ地区訪問教師（兼城、山田）の四月から十二月まで九ヵ月間に取扱つた、長欠児の実態をこゝに披瀝しその対策について考えて見よう。

一、長欠児の問題行動

(1) 取扱つた長欠児の数

	学年	性別 男	性別 女	計	パーセント
小学校	一	1		1	19%
	二	3	2	5	
	三	3	1	4	
	四	3	4	7	
	五	4	6	10	
	六	6	1	7	
	計	20	14	34	
中学校	一	25	18	43	81%
	二	32	24	56	
	三	33	17	50	
	計	90	59	149	
合計		110	73	183	100%

長欠児は小校一九%に対し中校八一%となり思春期の青少年に問題を多くはらんでいることを表わしている。中校の生徒は青年期に属し、身体が著しく発達し一人前の労働が出来、従つて、貧困な家庭では男女共に軍労務者として、家計を援助しているのもいる。又この年頃は批判的、反抗的になり感情は動揺し易くしば〳〵気まぐれの行動に出ることが多いためであるそれが中校二年の女子に著しく現われていることも注意すべきであろう。

(2) 長欠の期間

長欠の期間	性別 男	性別 女	計	パーセント
月上 一ヵ以	18	11	29	53%
月上 三ヵ以	15	9	24	
月上 六ヵ以	15	13	28	
月上 九ヵ以	16		16	
一年以上	31	21	52	47%
年月上 一六ヵ以	6	9	15	
年上 二以	9	10	19	
合計	110	73	183	

欠席の期間の長い者は、家庭貧困で家計援助の為、固定的な仕事に従事しているのが多く、これを学校に復帰せしめることは困難なことで、またこれを学校に戻したところで、二年以上の空白をもつ彼等には、余程のしつかり者でない以上、真面目な就学はむずかしい。要はこうならない以前の対策が、今後、考究されねばならない。それには、何といつても、法の周知徹底である。そして全住民に遵法の精神を涵養せしめることでなければならぬ。この事は後でのべてみることにする。

(3) 長欠の理由

一八三人の長欠の理由を調査してみると次の通りである。

(イ)本人の病気。 二一人
(ロ)学校嫌い。 一五人
(ハ)友人にいじめられる。 五人
(ニ)職についている。 一三人
(ホ)悪友に引づられている。 八人
(ヘ)教育費がない。 二七人
(ト)家庭が教育に無関心である。 五四人
(チ)家事の手伝いをするから。 四〇人

ではこうした長欠児がどんな非行をしたか次にその事例を挙げてみよう。

(4) 長欠児の問題行動

問題行為	家出	浮浪	窃盗	性行為	自殺未遂	軍施設立入	脅迫	傷害	映画狂	計	常欠	総計
性別 男	10	11	22			3	6	2	3	57	53	110
性別 女	15	0	5	7	1				3	31	42	73
計	25	11	27	7	1	3	6	2	6	88	95	183

「小人閑居して不善をなす」で長欠児はきまつて非行を犯しているようである。一八三人中八八人が、表面に表われたもので、残りの九五人の中、病気二一人職に就いている者一三人、計三四人を差引いた六一人が表面には現われてはいないが、裏面では或る非行をなしているかも知れないし、又その虞れもあるわけである。

二、長欠児の家庭環境

子供の長欠は広い意味での環境、中でも、学校、社会環境より家庭に於ける、物心両面の諸条件が大きな影響を持つている。それは即ち家庭に於ける幼児期の生活経験が、青少年の行動に大きな関係を持ち、人格形成に影響を及ぼすからである。そこで長欠児の非行の原因を彼等が生育した家庭に、あらゆる角度から調査しその諸要因の中に、探り出すことが、彼等を正しく導く所以である。

両親の有無

両親の揃つている者	九八人	五四%
両親の揃つていない者	八五人	四六%
計	一八三人	一〇〇%

両親の揃つていない者の内訳

性別	両親のない者	父親のない者	母親のない者
男	七	三八	二
女	四	二八	六
計	一一	六六	八

両親の揃つていない不健全な家庭から長欠児（非行児）は出るのが、われ〳〵の常識だつたが、必ずしもそうではないようである。これは思うに両親が揃つていても、その躾の態度、家庭の雰囲気、親の教育に対する関心、或は最近の社会の諸条件が、その原因として、働いているためであろう。

次に両親が揃つていない家庭について、父親のない者と、母親のない者とに分けた場合、父親のない者が母親のない者に較べて、その八倍にもなつている。これは勿論、全沖縄の学童に就て、その比率が明かにされねば云々することは、出来ないかも知れないが、先づ不完全家庭に於ては、父親のない者が間違いを起し易いといえる。更に母親のない家庭は少数ではあるが思春期の女児の指導に於て母親の占める役割は大きいのではないか。

(2) 両親の関係

実父実母	実父継母	継父実母	継父継母	計	死別	離別	計	総計
七二	一一	一四	一	九八	五七	二八	八五	一八三

両親が揃つている場合でも、それが実父母であるか或は継父母であるか、両親の欠けている場合でも、死別、離別かの関係も、子供に動揺を与える。

(3) 家庭の関係

同居人	病人、不具者	刑余者	ハーニー パンパン	不良行為者	計	パーセント
一五	二一	三	二三	一二	七四	四〇・五%

「他人、病人、不具者、精神病、刑余者」かゝる家を持つことは、子供の自尊心を傷け、劣等感を起さし易い。そして不適応性に導き易いのである。

(4) 職業

種類	軍作業	農業	小店経営	料亭カフェー業	職人	公務員	パンパンハーニー	無職	其他	計
人数	五七	三五	一五	一一	一〇	一	四	二	二九	一八三
パーセント	三一%	二四	七・二	六	五・四	〇・六	二・二	一・六	一六	一〇〇%

保護者の職業の分布状態を見るに、基地特有の軍労務が三一%を示している。しかもこの軍労務者の半数は母親である。こうした人達は朝は早くから、夕方頃まで働いて、子供に食べさすことに、追われ、自分の子がどうなつているのか、省る余裕さえない。PTAの集りがあつても、出席出来ないのである。

(5) 経済状態

経済状態	極貧	貧困	中流以下	中流	上流	計
人員	一一	五六	七四	四二		一八三
パーセント	七七%			二三%		

この基準はわれ〳〵の生活を中流とした場合のものである。家計が子供に及ぼす影響の著しいことは云うまでもない。最も家計状態が悪くても、父母が教育的に心得ている場合には子供の心に直接不安定を起させずにすむ場合もあるが「貧すれば鈍す」で父母の教育的配慮は家計と密接な関係にある。家計の悪化は、子供にとつて、マイナスの環境を作り易い。殊に父なき母子家庭に於ては一家の経済を支える為に血みどろである。従つてこの家計援助の為に子供も働かされる。次は一八三人の中家計を援助しているものの数である

種別	軍作業	子守	日傭	農業	家事	ゴルフ場	軍新聞配達	其地	計	パーセント
性別 男	七		四	二		一二	七	二	三四	
性別 女	六	一一	—	—	二	—	—	—	一九	
計	一三	一一	四	二	二	一二	七	二	五三	二九%

(6) 兄弟姉妹の人数

兄弟数	一人	二人	三人	四人	五人	六人	七人	八人以上	計
人数	一四	五	二〇	三七	五八	三四	六	九	一八三

「貧乏人の子沢山」と一般に云われている通り、子供の多い家庭は誰かゞ犠牲にさせられる。直接働かせられるばかりでなく、母親の留守を預つて、小さい弟妹達の守りをする為、学校にも出られない者がいる。甚しいのになると、母の次々と産む不義の子を守りさせられる為に学校に出られない者がいるのである。

(7) 兄弟姉妹の出生順

出生順序	一人子	第一子	中間子	末子	総計
性別 男	一〇	三二	五九	九	一一〇
性別 女	三	二一	四二	七	七三
計	一三	五三	一〇一	一六	一八三
パーセント	七・一	二九	五五・二	八・七	一〇〇%

一人子、第一子、末子は、父母をはじめ、家族の人達の寵愛を受けて甘やかされるので、意志薄弱、わがまま、強情等の好ましくない性格が培われてよく不適応な子供になり易いのであるが、この調査から見ると不適応なのは中間子に多い。これは結局、中間子は家庭の犠牲にさせられ易いことゝ、中間子である為に、放置されて、家族の人達から、第一子や、末子のように、構つて貰えないことから、反抗的な態度に出る為ではなかろうか

(8) 両親の躾の方法

両親の躾け方で失敗しているのではないか。次に失敗しているやり方を列挙して見ると、

(イ) 両親の躾けに対する意見が違う。
(ロ) 子供について無関心である。
(ハ) 厳格すぎる。
(ニ) 支配的態度で望む。
(ホ) 家族揃つての和楽がない。
(ヘ) 子供の暇の時間は放任している。
(ト) 躾けに対して一貫性がない。
(チ) 子供を厄介視している。

(9) 破壊家庭

両親の離別、親の犯罪、父又母との死別、或は父又は母の病気、親の事業の失敗等の事件は子供にとつては、実に大きな家庭的悲劇であり、子供が親に対して抱いている観念に一大痛棒を加えるのにひとしく、ために安定感並に情緒的安定を破壊させる。一八三人の長欠児の中、この家庭的破壊と思われるものをあげて見よう。

孤児	離別	死別	父母の疾病	父母の不法行為	父母の事故死	父母の失職、事業の失敗	計
二	二三	八四	五	一七	二	一四	一四七

以上のべた様に、長欠児の家庭環境は教育的に好ましくない要因を多分に含んでいる。故にわれ〳〵は現実の問題として、こうした現実を重視し、子供の環境をより適正に導くと共に、その環境下に適応出来る様な子供に、強く、正しく、明るく伸ばさねばならぬ。

われ〳〵が学校、児童福祉司、社会福祉主事、警察等と連絡し、これ等長欠児の実際指導の結果、一応学校に帰すことの出来た数は次表の通りである。

	小学校	中学校	計
男	一六	五六	七二
女	七	三四	四一
計	二三	九〇	一一三
パーセント	七〇%	六八%	六二%

三、長欠児の対策

長欠児を社会に適応させるべく正しく指導する為には、次のことが考えられなければならぬ。

1、対学校関係の問題

イ、欠席児の早期処置を考ずる
ロ、躾の問題重視
ハ、家庭関係の調査実施
ニ、アルバイト生の補導
ホ、映画見学の正しい指導
ヘ、校外自治会、子供会の活動促進
ト、知能学力テストの結果の重視
チ、長欠児受入態勢の確立。
　学校全体が温い気持で迎えてやる
リ、特殊学級の設置
ヌ、訪問教師との緊密な連けい。
ル、福祉施設の利用
ヲ、PTAの積極的協力
ワ、子供を守る会の推進

2、対政府関係の問題

イ、託児所（無料）の設置——村単位
ロ、就職斡旋
ハ、供子の生業援護の促進
ニ、児童福祉施設（遊園地等）の早期設置
ホ、高校、中校卒業生の就職斡旋
ヘ、救済金の増額
ト、児童図書館の設置
チ、法の周知徹底
◎　義務教育法
◎　労働基準法
◎　福祉三法

（筆者は胡差地区訪問教師）

長欠児を訪ねて

宮城仁吉

教育の機会均等の面から又義務教育の徹底の立場から、一面不良化の防止の面からも長欠児を一掃することは大事な事と考えられるので、各学校を訪れ、担任教師の依頼をうけて長欠児の家庭訪問を行つている。今まで二百名位の長欠児の家庭を訪問したのであるが長欠の理由には種々あつて本人によるもの、家庭によるもの、又その両方にまたがるもの、又一寸した理由での長欠児もいる。しかし那覇地区のみで五百名以上の長欠児が居る事はゆゝしい問題だと思う。

併し、こゝに訪問教師としての責務の大なるを痛感し、一人でも多く、喜んで学びの道にいそしむようにと念じつゝ訪問をつゞけている。ところが訪問に際して保護者や本人が留守で連絡がつきにくい場合もあり又二、三日がかりで居所を探しあてる場合もあつて、仕事がはかばかしくいかない点もあるが、その中で訪問の結果出校するようになつたものゝ一例を挙げて見ることにする。

N君は中学二年生。父、母、妹（二人）。Nは母の連子である。アルバイトに靴みがきをしているが真面目に働いて儲けた金は皆母にやつていた。それが夜間おそくまでやるようになりとう〳〵学校も行かず、その中に一週間も家に帰らず、時には映画館附近で仲間と共に寝泊するようなこともあつた。借家住いで生活は楽ではないようだ。さりとて子にかせがさなくても生活には困らないと母は云つている。N君としては義父への気兼ねも手伝つてアルバイトをやつているようである。本人もアルバイトをやつている中に面白くなつて学校も欠席するようになつたらしい、数回の家庭訪問で出校するようになつている。それでも時々午前中盛り場で見る事がありまだ順調な通学ではないが学校出るようになつたことは何といつてもうれしい。しかし、よほど気をつけないと不良化のおそれもあるので絶えず担任、家庭との連絡をとつている。

A君は中学校一年生である。彼の家庭は父、母、姉（中校二年）、妹（五才）、本人と六名の家族である。A君は新聞配達しながら通学していた。那覇で浮浪児等と知り合いになりお菓子や、そばをおごられたのがきつかけとなり、お礼に自分もおごらねばならなくなつて、徴収した新聞代を使い込んでつい浮浪児の誘惑におとし入れられ、夜も遅くまで遊ぶようになつた。時には数回家出をしたこともある。始めて我が子の行状に気付いた親たちはびつくりして悪友から切り離すために当分学校を出るのを止めさせたらしい。一ヵ月も常欠しているし気の毒なので或日姉と二人で那覇に映画見物に出したところ映画館前で例の浮浪児等にぶつつかり、したゝかなぐられて逃げ帰つたとのことであつた。然し浮浪児から切り離すために子供を学校を休ますということよりも、絶えず、学校と連絡をとりつゝ、日頃の行動を見守ることが、子供を救う道ではなかろうか……

色々と話し合い、出校を確約して帰つたのである。その後数度の家庭訪問の結果、今では順調に通学している。又父も新聞配達をしているのでたび〳〵街でも顔をあわす機会があるので絶えず連絡をとりつゝ補導につとめている。

H君は中校三年生である。家庭は貧困で母と二人暮しである。家庭貧困のため一年以上も長欠している。彼はふとした出来心で非行をしたこともあるが、自責の念にかられ自首して来た。未成年のため説諭だけで済んだ。

その後訪問したとき彼は前非を悔い学校へ行きたいと明るい希望をもらしたので、母親とも相談し、学校とも連絡をとつて出校させた。以来本人は新聞配達をしながら真面目に通学して無事に学校を卒業した。今では新聞社の仕事に専念している。（尚、側面的に福祉司の方の力のあつたことを附記しておく）

（筆者は那覇地区訪問教師）

カウンセリングの悩み

幸地長弘

私が、この方面（補導）の仕事を始めたのは、一九五一年四月頃からと記憶している。

その頃はまだ生徒指導のための自治組織による集団指導のみで積極的な計画的なカウンセリングの域まではいたらなかつた。

そして生徒指導のための諸問題と取つ組んでいる間にいつとはなしに校内から校外にまで足をのばしてしまつていたのである。それは一つの問題を取り扱う場合に、校内、校外の区別がつかなくなつていつたからであつた。たまたま去年十一月に本地区にも訪問教師が新しく置かれるに及んで、私、不徳菲才ではあるがこの仕事を引受けた次第である。それは上原校長の裁断と同職各位の御支援により勇気を得たからである。

私は、この記録のはじめをザラ紙二枚折りにしてつくつた帳面にかいていつた。それは幾つかの長欠児の実態と取り扱いをしているうちに、その子供が他の事件にも関係を持つているということがわかり、その対策を立てるためには、どらしてもその都度、動機とか、事件の進展とか、それに対して取つた処置、処置後の所感を書き、これらのものから或る一貫したものをつかみとるようにしたかつたからである。

或る時は、切角誠意をもつて訪ねても、そつぽを向かれてしまい寒風の中を帰つた事もあつた。又或る時は、夕食時をあてにして訪ねて行き、居なければ帰宅を深更まで待つた事もあつた。又、非行少年と夕暮の畑中を語らいながら歩いた事もあつた。又、早朝登校時に訪ねて行き一緒に連れて来たこともあつた。

しかしながら、誠に不徳の致すところ、万事がうまく運べたというのではなく、十中七、八はだめだつた。ここで一応記録をたどり、再反省をなし、あわせて先輩各位の御批判と御指導をうけたまわることは、私の参考にもなり、又子供達のためになることでもある所で私の補導記録を整理して、次の数項目をあげて原稿衣頼に対する責任の一端にしたいと思う。

一、校外補導の必要性

(一) 児童、生徒の生活の「場」は校外での生活が長い。しかも環境は児童、生徒が生活するためには余りにも整備されていない。

(二) 父兄の子女に対する教育熱意が不十分

(三) 機械論的職業意識より、教育者としての良心的態度が要請される。

二、補導の「場」

(一) 校外指導現場

(二) 田圃道、散歩道、川べり、畑中

(三) 作業場

(四) 教室内や校庭、其の他

三、補導実践に際しての着眼点

(一) 先入感に捉われない。

(二) 解決困難なしかも複雑な問を発して、詰問することを廢する。

「何故ウソをつくか」この問の要因は複雑であり、児童、生徒自身が意識しないで、をウソ吐く場合が多いのであつて、その問に対する児童生徒の答は「悪うございました、許して下さい」とか極く思い出しやすい申訳的な理由を述べるに止まる。そして、それらは多くの場合「ウソを吐く」ようになつたという解決には意味がない事が多いのである。むしろ、「どうしてそういう事になつたか」と前後を考えさせて、その時の「場」の解決になるような誘導を試みた方がよいように思う。

(三) 指導者対被指導者という相対した位置づけに於て話し合いするよりも、一緒に田圃道を歩きながら、或は丘の上で草をむしりながら彼が抱いていた所のものをざつくばらんに話させる方がよかつた。

(四) 効をあせつてはならない。一度、二度、三度、……の裏切りがあつても立腹してはいけない。「先生に申訳ない」ここまできたとき、叱る事も、さとすことも可能となるのではなかろうか

(五) カウンセリングの場は、子供と胸襟を開き合える「場」をえらぶ。散歩道、田圃道、丘の上、川べり、

(六) 子供の主観や観念を不用意に自分の論理でおさえてはならない。

(七) 担任教師及家庭との密接な連絡を保つことに留意すると共に、特に「交友グループ」の熟知については配慮しなければならぬ。

四、校外の補導協力体として次の三つの協力体の設置が緊急ではなかろうか

(一) P・T・A部落委員会

(二) 不良化防止対策協議会

(三) 小、中、高校連絡委員会

五、取扱つた事例（次回記することにする）

六、示唆

(一) この方面の識知や抜術を知り得る参考書は多いが、この方面のものは少ない。

(二) 教育は愛と鞭が必要であり、父親としての訓育主任、母親としてのカウンセラーがあるべきである。カウンセラーは他の事務を課すべきでなく、授業時数も八時間から十三時間位が適当だといわれている。要するに現状としてはティチャー即カウンセラーとして個々の問題と取組むことが適当であると思う。

(三) 教師から雑務をとり上げねばならない。そしてこの方面に対する研究の時間が与えられると共に、教師皆が真剣にこの問題と取組むことが出来るようにならなければならない。

(四) 教師は教科面の指導のみに孤立しがちではなかろうか。学校長はその運営に留意されるべきである。どちらかというと、高等学校に多数合格せるをもつて良教師などとし、或は一部の生徒の名をあげさせたいために……優良教師と考えている向が現在残つているのではなかろうか。

(五) 長欠児童の中の貧困児を除いた他の長欠児の長欠理由については、子供や親の責なりとする前に教師自身よく反省せねばならたい点が多分にある。

七、今後の課題

「この問題をどう指導し、将来をになうべく正しく伸ばすことが出来るか」これに対しては論理的に云々する事は今の私にはとうていむづかしい。只答えられることは「今の問題と取組む」という事だけである。

（筆者前原地区訪問教師）

辺土名地區

人間形成をめざし地域の課題と取りくむ生産教育の實態

喜如嘉小中学校

はしがき

喜如嘉小中校の教育はすべての生徒を幸福にするための計画と実践になつている、又地域社会をスタートして地域社会へプラスするものへつきすゝむことをモットーとするいとなみとなつている。自主独立の真の教育は若き世代に「ゆめ」を持たせ「理想」をもたせることに始まる。そこで自ら考え、自ら計画し、自ら実行し、自ら反省し、創造する即ち、自立する態度と実践が生れる。われ〳〵は、抽象的な生活の志向を精算し、人間と環境の対決ともいうべき現実の生活を凝視し、その中核を「生産」においている。つまり「生産による生産へ」の教育によつて日々の教育実践に筋金を通し、地域社会、村、ひいては国際社会に役立つ実践人の育成を念じながら教師、地域民及生徒との協力体として計画され実践されているところに教育効果が大きい。即ち、喜如嘉小中校の教育は生徒の欲求と地域の要求に応え……地域の総合開発とタイアップする教育総合計画の樹立に力強く進みつゝある所に頼もしいところがある。

以下本校の実践状況を概略にのべる。

△実践学校として何故「生産教育」をテーマにとつたか

一、沖縄の教育は生産教育を軽視している

（三大目標）

任務	国	社	数	英	音	家	農	工	科	計
よき市民をつくる	5	2	1	1	3	5	5	1	3	26
よき家庭をつくる	5	2	1	1	3	5	5	1	1	24
よき生産者をつくる	5	1	1	1	1	3	2	1	1	16
物知りをつくる	5	5	5	5	5	5	5	3	5	43
計	20	10	8	8	12	18	17	6	10	109

五点満点

以上の表は一九五〇年ネルソン氏の沖縄教育の採点表である。これから見ると次の諸点に注意しなければならない。

1、三大目標を達成するに当つて各教科の目標の達成に均衡をはかることが大切である。

2、「よき生産者をつくる教育」の面に弱点があるのでこれが補助に重点をおかねばならない。

3、「物知りをつくる教育」に改善を要する。

4、各科の弱点の補助に努力せねばならない。

5、施設備品の充実をはからねばならない。

6、教科課程の改善をはからねばならない。

二、本校区に於ける不安はどこにあるか

1、経済の貧困であること。

2、精神的に萎縮していること。

3、道徳的に混乱していること。

4、戦争の危機におびえていること。

5、学力が低下していること。

三、本校に於ける教育目標と主努力点

1、合理的な生産人をつくる。

① 生産的人間の育成に努力する

② 地域の産業開発の意慾に燃えた人間形成に努力する

③ 勤労に対する正しい信念の確立と、楽しく働く態度の養成に努力する

④ 近代の生産と社会機構、人間関係を把握せしめる

⑤ 家庭職場の仕事を科学的能率的に処理し且つ工夫創造の態度を養う

2、自主性の確立をはかり、実践力を涵養する。

① 自主的学級経営と学習指導に努力する

② 自発的学習態度の養成に努力する

③ 特別教育活動に努力する

3、個人の人格を育成する。民主的社会人をつくる

① 民主生活の理解に努力する

② ガイダンスの強化

③ 環境の整備

④ ＰＴＡの自主的協力

4、平和愛好、国際協調の精神を培う。

① 正しい判断力の養成に努力する
② 民主主義と人間尊重の理解に努める
③ 赤十字団の活動に努力する

5、学力の向上をはかる。

① 学習指導時間の尊重と充実
② 学習態度の養成
③ 学習指導法の改善
④ 行事の合理的運営（学習と一体化）
⑤ 遅進児指導と基礎指導
⑥ 施設設備の計画的充実
⑦ 図書館の充実
⑧ 聴視覚教具の整備と活用
⑨ 教師の研修
⑩ 師魂の昂揚

四、生産教育三ヵ年計画

1、施設備品

年次	学年度	第一類	第四類	科学	図工
一年次	五四年	六〇%	六〇%	四〇%	五%
二年次	五五年	八〇%	七〇%	六〇%	四〇%
三年次	五六年	九〇%	九〇%	八〇%	七〇%

2、教科課程

一年次　男子コース―従来実践せるものゝまとめ
　　女子コース―村のカリキユラムの実践
　　中校男子の家庭科コース無し
　　三月までカリキユラムに編入

二年次　職家の性格によるカリキユラムの実践
　　特活行事を生産教育の場として強化
　　ホームプゼクトの強化
　　子供信用協同組合の強化
　　評価研究
　　生産教育の関連に於て社会図工理科のカリキユラムの編成

三年次

3、予想生産実収益

一年次 四万円　二年次 七万円
三年次 一〇万円

五、本校教育に対するＰＴＡの協力

1、水肥溜、中校便所―木材と賦役
2、トタン校舎床張り一切、畜舎建築一切
3、発電室の移転―賦役
4、家事室―木材と賦役
5、運動会バザー及寄附委員会の純益（九、四一三円寄附）
6、放送部設備に（二八、〇〇〇円）
7、図書―（一七、八六〇円）
8、五四年度予算（四四、四〇〇円）
9、実験学校についての指導助言
10、校旗―日本価格（三、五〇〇円）
11、宗教教育についての指導助言
12、牛一頭田嘉里酒造所より―（一〇、〇〇〇円）
13、小豚一頭田嘉里協同組合―（二、八〇〇円）
14、大宜味区教育委員会―（二〇、〇〇〇円）
15、実習地購入―（四〇、〇〇〇円）
16、理科室の雨戸ガラス―（五、〇〇〇円）

六、持別教育活動

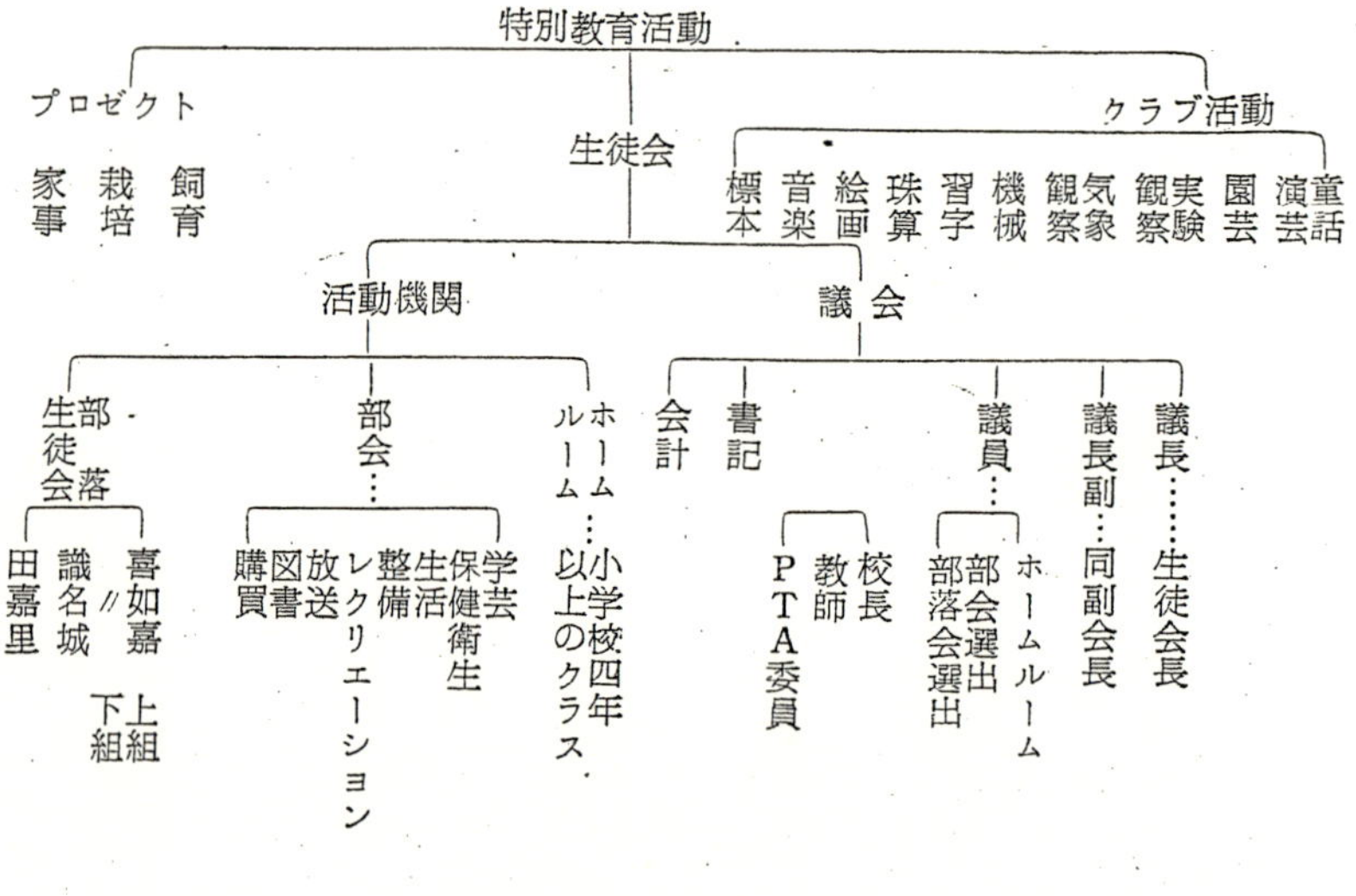

七、職業家庭科の内容について

△態度

1、本校の実施して来た学習活動を中心として体形化したものである。

2、本校の実情は教育活動が先になつているためにコマ切れ的になる恐れがあつたので一貫した系統化に努力したつもりである。

3、本校に於ける施設設備教師の現段階に立脚して現代の生産社会に於ける共通的な基礎能力として修得しなければならない最少必要規準を修得できるような根本態度を堅持し生産を通して普遍的一般的陶治をはかることに意を用いた。

4、基礎技術を広く修得するためにはまだ幾多の施設設備の必要が考えられるので現在比較的取扱いのおろそかにされている機械や木工電気金工等の設備を充実したいと思つている。

5、地域の要求、学校の実態に基いて編成された点は認められるが関連知識や関係知識についてはもつと研究を深めていきたい。

6、必修の時間、選択の時間では到底やりこなせないので特別教育活動や日常の仕事を重視すると共に全体作業を計画し、仕事を遂行するようにした。尚家庭にも技術修得の場を置いた。即ちホームプロゼクトである。

△基礎学習の内容

単元＼大項目	製図	木工	金工	電気	栽培	飼育	経営	家事
学校の美化	立札の設計 花だんの設計	1、立札づくり 2、木工具の使い方 3、木取りの仕方 4、仲仕切戸の修理 5、清掃用具つくり 6、外箒置場をつくる			1、耕土の扱い方 2、中耕除草 3、育成の仕方 4、種のまき方 5、灌水の仕方 6、間引きの仕方 7、移植の仕方		1、農具の整理整とんの仕方 2、工具の手入れの仕方 3、栽培設計の仕方	整理清掃の仕方
学校園の仕事					1、耕土の扱い方 2、土寄畦立ての仕方 3、育成の仕方 4、摘心摘芽の仕方 5、支柱のたて方 6、農用器具の使い方 7、肥料薬剤の使い方		1、 2、荷造りの仕方 3、値段の調べ方 4、購売の仕方	
家畜のせわ		1、山羊舎つくり 2、木工具の使い方 3、山羊舎の修理 4、牛舎の修理			1、廐肥のつくり方 2、摘果の仕方 3、日覆いの仕方 4、人工授粉の仕方	1、家畜の手入れの仕方 2、搾乳の仕方、えさのやり方 3、病気を早く発見する	1、飼育日誌のつけ方 2、飼育用具のせいりせいとん	

第2学年　男子コース

単元＼大項目	製図	木工	金工	電気	栽培	飼育	経営	家事
学校農園の仕事					1、耕土の扱い方 土地の耕し方 中耕の仕方 除草の仕方 畦立の仕方 2、育成の仕方 苗の見分け方 種いもの保存の仕方 苗のうえ方 3、農機具の使い方 鎌の使い方 鍬の使い方 雰霧器の使い方		栽培設計の仕方	
家畜の飼育	1、豚舎の設計 2、鶏舎の設計	1、豚舎の修理 2、母鶏育雛器の造り方 3、給餌器のつくり方 4、鶏舎修理			1、厩肥のつくり方	1、えさのつくり方 2、えさのやり方 3、病気を早く発見する仕方 4、卵のかえし方 5、ひなの育て方 6、伝染病予防の仕方	1、飼育日誌のつけ方 2、飼育用具、清掃用具の整理保管の仕方	1、いもの煮力 2、器具の整理 3、燃料の使い方
農産加工								1、つけものゝ作り方 2、みそのつくり方 コージのつくり方 3、計量器の使い方 4、実習器具の扱い方

第3学年男子コース

単元＼大項目	製図	木工	金工	電気	栽培	飼育	経営	家事
学校園のしごと					1、耕土の取扱い方 2、育成の仕方 3、農器具の取扱い方 脱穀器の使い方 箕の使い方		1、栽培設計の仕方	
山の利用					1、株分、挿木、取木接木の仕方 2、樹苗の仕立方 3、造林の仕方 4、桑のつくり方 5、果樹の作り方 6、パインのつくり方	1、蚕のかい方 桑のつみ方 桑のやり方 蚕のかい方 熟蚕の見分け方 まぶしの作り方		乾温度計の取扱方
農業協同組合				1、モーターの操作 2、電気工具の取扱方 3、結線の仕方 4、精米、製材の見学			1、帳簿のつけ方 2、計算の仕方 3、売買の仕方 4、貯金の仕方 5、現金出納簿のつけ方 6、伝票記入の仕方 7、事務用器具の取扱方 8、印刷の仕方 9、包装荷造りの仕方	
農業経営	1、住宅設計 2、庭園設計 3、台所の設計						1、家計簿のつけ方 2、収支決算の仕方 3、農業経営の計画	

中学１年男女共通と女子コース				
月	時	単　　　元	H・P	各教科との関連
4		△たのしい家庭		
	1	1. 家庭生活の重要性		
	1	2. これからのよい家庭		中学１社会１
		△中学生になつて	整理戸棚	
	2	1. みなり　　2.えもん掛と整理棚		中２科学（６の３）
	4	3. ミシンの使い方		中学科学下（４の１）
5	16	4. ジャンバー　スカート		中２科学下（５の１）
6	1	5. 電気アイロン		小学生の理科５下
	4	6. つくろい		中科学上（２の５）小六理科中
	5	7. 洗たく		中２理科小六理科
		△丈夫な体		
	1	1. 健康の重要性		保健体育
	1	2. 風邪		小六理上
	2	3. 寄生虫		小四理
7	2	4. 虫歯		
	2	5. おとなになる		
		ホームプロゼクト	台所改善	
9		△家族の食事		
	2	1. おぜん立と後かたづけ		小科学
	4	2. よい食事		小五理
	4	3. 料理材料のとゝのえ方		小理五中
	10	4. 調理工夫		
10	2	5. よい食事の習慣		
11		△中学生になつて		
	16	ブラウス作製		小学生科学
12		△新しい年を迎える		
	13	1. 大掃除③　2. しようじはり②	しようじはり	中（数学家庭経済）
		3. かざりつけ①		
		4. お正月の買物料理③		
		5. こづかい帳のつけ方①		
		6. 年賀状と案内状①		
		7. 応接②		
		ホームプロゼクト	お正月	
1		△弟妹の世話		
	27	1. 幼児の観察②		
		2. おもり②　3. 赤ちやんおんぶ①		
2		4. 遊び相手⑦		
		5. おやつのせわとよいしつけ④		
		6. 着物のせわ①		
3		7. 子供ぼうし⑩		
	4	△生活をかえりみて		
		1. 私の生活反省		
		2. 家庭生活を楽しくするためには協力できたか		
		3. 仕事の基礎はどの位身につけたか		

中学2年男女共通と女子コース				
月	時間	単元	H・P	各教科との関連
4	7	△季節とくらし		小六　理科
		1．季節のうつりかわり①		中2　科学
		2．季節と食品　②		小五　理科
		3．よい食事②　4．献立②		
5		△涼しい被服		
	23	1．ひとえ長着⑱		
		2．基本刺繍⑤		
6	9	△梅雨から夏への衛生		中1　科学
7		1．住居の衛生②		小五　理科
		2．食物の衛生②		中3　科学
		3．被服の衛生		
8		食生活改善ホームプロゼクト	我が家の献立	
9	18	△秋のよそい		中2　科学
		1．部屋のもようがえ③		中2　科学
		2．設計図		
10		3．スモツクとジャケツの作製⑫		
		4．キルテング③		
	12	△美しいまじわり		
		1．電話のかけ方②		
		2．贈り物について②		
		3．小包のつくり方①		
		4．人と応接する場合②		
		5．お招き⑤		
11		6．客料理		
	17	△寒さにそなえて		小五　理科
		1．燃料の問題③		中2　科学
		2．食品の貯蔵		
		3．保温料理③	正月料理	
		4．あたゝかい被服（あみもの）⑪		中2　科学
12		編物のホームプロゼクト		
1	17	△上手な看護		
		1．症状の観察②		
		2．看護の方法⑤		
		3．病人食　③		
2		4．応急手当　⑤		
		5．家庭常備薬について②		
	9	△家庭生活と職業		
		1．家務を分担しよう		中1　社会
		2．家庭生活における職業の重要性②		中2　社会
3		3．女子の職業②		
		4．働く人への協力		

中学校3年男女共通と女子コース				
月	時間	単元	H・P	各教科との関連
4	4	△将来の見とおし		中2　社会科
		1. 真の職業人①		
		2. 職業の選択①		
		3. 希望とその実現②		
	38	△これからの衣生活		
		1. 被服費の問題　②	家族の被服比表	小五　理科
5		2. 計画的な衣生活②	しぼりぞめの応用	中3　科学上
6		3. 時間と学力と物の活用⑭	ぬい方	
		4. ふだん着の調整　⑳		
7		夏休みのホームプロゼクト	押入れ	図工
9	24	△これからの食生活		理五中
		1. 栄養改善の問題　②		
		2. 粉料理の調査　③		
		3. いも料理の改善　②	いも料理実習	
		4. 食事のしたくに費す時間と労力の問題⑤		科学　中2上
		5. 食物経費の問題　②		科学　中2下
		6. 食物衛生の問題　①		
10		△これからの住居	清掃計画表作成	科学　中2上
	12	1. 住みよい家の条件①		
		2. 住居の設計　⑩		理小五
11		3. これからの住居①		理小五中
	14	△おさな子と共に	家の整理せいとん	
		1. 健康な乳幼児　①		
		2. 乳幼児の栄養　④		
		3. 乳幼児の身のまわりのせわ①		理科　小六上
		4. 乳幼児の病気とその予防手当④		科学　3上
		5. 母子保護の施設①		
12		6. 被服　①		
		乳幼児服の調整		
		かぎ針編の基礎（くつ下）①		
		冬休みのホームプロゼクト	毛糸編物	
	9	△くらしの設計		中社会中(I)
		1. 家庭経済③		
		2. 家計簿　②	家計簿記入	
		3. 将来にそなえて④		
		△食品加工		
		1. 漬物　2. 切り干大根	大根の漬物	理小五上
	10	△これからの衣生活	切り干大根	
		1. 仕事着の調整⑩		中1社会
		△家庭と社会		
		△謝恩会		
		茶話会料理		

学校農場を中心とした技術修得の組織

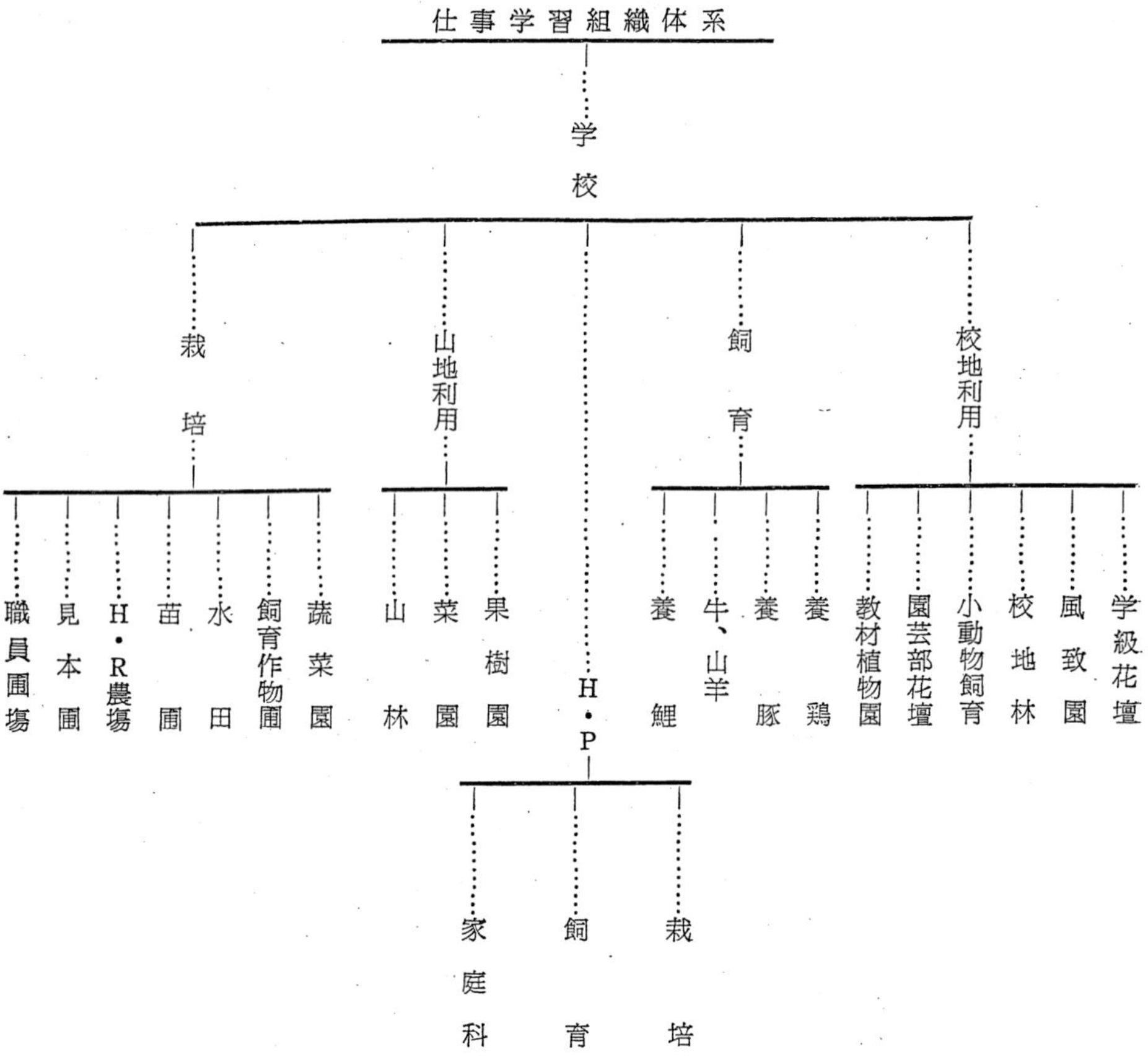

むすび

以上喜如嘉小中学校の生産教育を見ての結論は次のとおりである。

1、地域振興の総合計画に貢献をなし、若い世代の人間形成を分担している。

2、新しい教育欲と人間像が確立されつゝある。

3、生活の中核を生産に見出し「生産による生産への教育」を志向することにより「社会的教養をもつ健康な生産人」の育成をめざしている。

4、生命尊重の教育……生きぬく教育に中心総合の教育を見出し「右手に生産右手に道徳」の教育を念願している。

5、教育即生活の立場から社会の課題ととつくみながら社会理想実現への人間形成をめざしている

6、すべての地区民は「勤労の責任と義務を果す」の精神の顕われる教育が実践されている。

7、経済自立のないわが沖縄の現実から「生きぬく」生活態度及び技術を要請する教育が実践されている。

8、国際社会への緊密化の重要なる今日、平和を愛し、広い教養を身につけ世界に愛され信じられる人間の形成をめざす教育が実践されつゝある

9、生徒の実態の把握により目標は生徒自体に立体化され、現実の行動をゆり動かすものがある。

以上の基本線により「生産」を教育の原理として「生産による生産への教育」によつて人間形成の教育が実践され、計画されつゝある点は実に頼母しいものがある。

－執筆者　大庭正一－

よい校舎

端山敏輝

よい校舎、よい教師、よい待遇ということはこれまで米民政府がたび〜言明している教育界への嬉しい贈物である。職階制格付による待遇改善は予算僅少で期待していたものとは程遠いものになつたが、とにかく増俸はしたし、さらに将来への希望も残されている。教師の資質向上を目的とする夏季冬季の単位修得講習も順調に行われているのでだん〜よい教師が増えることは喜ばしい。校舎建築はどうであろう。

量の面からいうと五五年度予算を消化した時復旧率は七六・七三%とになり、五六年度では一〇〇%にするよう努力している。五五年度は一九〇、三三七、九〇〇円の予算で六六四教室が出来ることになつている。その中米国及び米民政府補助金が一五六、六一一、七〇〇円で実に八二、二二%に当つていることは忘れてはならない。以上の事実は米民政府の贈物が着々と実を結びつゝある証左で教育界に明るい希望を与えている所以である。

一〇〇%に達したとしてもこれは度々報道されているとおりカヤ葺校舎を解消するための最少限の目標達成であることは勿論である。これによつて小中校一人当り面積が〇、六坪、高校〇、九坪、職業学校一、〇坪が確保されるわけである。従つて適正基準に到達し毎年自然増加（推定七、〇〇〇人）する児童に満足する校舎を与え、さらに既設の木造校舎で戦災を受けたもの、老朽したもの、戦後の資材難の時代に粗材で作られたもの一、三九七教室の改築等を考えた時校舎建築の前途はなお遼遠だともいえる。それにしても五四年度から急ピッチをあげている校舎建築の現状をみた時誰しも将来の明るさをおもうことであろう。さて、質の面の校舎はどのような設計になつているでしょう

よい校舎とは、健康的で、文化的でなければならない。健康的とは、採光、通風、温湿度、色彩音響等において児童の心身の発育を助長していく教育環境であり、文化的とは近代的美しい校舎（校舎配置を含めて）室内の諸施設が新しい学習形態に適したものと解している。以下現在建てつつあるよい校舎について拾い挙げてみよう。

※ 教室の広さ

新しい学習形態では普通教室の広さもなるべく広くした方がよいとおもうが、予算との関係もあつて現在の規格は日本と同じ基準で一人当り〇、四坪にしてある。普通型の教室は室内面積が一八、三坪であるから四六名が適正収容人員である。然し、小学校の場合は五〇人位は収容出来るようである。五五年度はB型といつて、四教室分の予算で五教室建てる設計もしてある。瀬底小中校と北美小校がこの型である。これは一学級の児童が三五名から四〇名位の学校に適している。C型は三教室分の予算で四教室建てる設計で、伊計小中校、比屋定小学校がこの型である。三〇名から三四名位収容出来る。さらに離島や僻地の小さい学校には澄井型（俗称）といつて一教室分で二教室建てる設計がある。昨年度澄井小中校（愛楽園内）稲沖小中校（宮古南静園）渡嘉敷小中校及び阿波連分校、阿嘉の慶留間分校がこの型で、こじんまりしたスマートな校舎が出来ている。戦後九年も経つた今日、既に児童数も安定し、又将来の見とおしもつきつゝある現状ではそれ〜の学校に適した規格の教室が要望されるのは当然である。

※ 採光

採光には自然採光と人工照明と二つ考えられるが、昼間の自然採光だけを利用している沖縄の現状であるからその点から検討してみよう。

教室の第一要件は明るさである。明るさは建物の配置及び立地条件によつて決定される。従つて校舎の配置は分散型にし、並列型が適当である。並列型にする場合棟と棟との距離が南側校舎（他の遮へい物でも同様）の軒高の二倍以上はなければならない。これは室内に入る光線を妨げない最小限の角度（入射角三〇度）を保つためである。日本に於いては年間を通じて平均した明るさを保つためには主光線窓を北側にしたほうがよいと唱える学者もいると聞いている。然し通風とも関連して光線の多い南側に主光線窓を持つて来るほうが自然の理に叶つているようにおもう。即ち校舎の向きは東西かそれより一五度乃至二〇度東に片寄つたほうがよい。一般に窓の大きさは床面積の五分の一

以上ということが教室の場合の基準とされている。普通型の教室は床面積一八、三坪に対して窓面積六坪もあるから一八三分の六〇で基準以上である。照度にして普通一〇〇ルクス以上あればよいが一五〇ルクスから四〇〇ルクスあるといわれているので曇天でも学習に支障を来たさい明るい教室ということが出来る。明るさとは別に太陽光線が教室内、特に机上に直射させないということは学習能率の点から軽視出来ない点である。立地条件によつて理想的な向きに出来ない校舎のことも考えて、特に刷硝子を上に取付けてある。これはその外に光線を分散させて照度の均等をはかるという意味もある。児童のよそ見を防ぐのとは使用目的が違うのでその点よく了解して頂きたい。

※ 通風

琉球における季節風が夏は東南又は南が多く冬季は北又は北西風であることは周知のとおりである。従つて校舎の向きも北側廊下にして主通風窓を南側にすることが望ましい。通風は窓の大きいことが条件であるから先に述べたように先ず十分といえる。然し風は吹き抜けるのが涼しさを感ずるから夏の暑い時など両側の窓を開けることを忘れてはならない。冬は換気のために常に欄間だけでも開けておく必要がある。現在の設計では廊下側に展示板があるので、そのために暑いという声も聞くがこれは一応もつともである。然しみれを設けたのには二つの理由がある。即ち室内の展示面を広くすることと、室内と室外を遮断して騒音を防止して静かに学習に専念させるということである。それについては五三年度工事終了後各学校にアンケートを出したがその適否は半々であつたので取り外し易い式で取入れてある、従つて蒸し暑い日や通風が悪い日など一時外しておくことは一向差支えないのである。

※ 音響について

学校は落着いて勉強の出来る雰囲気が望ましいことはいうまでもない。然し都市に於ては（都市形態をしている地域も含めて）騒音が多く、そのために児童の注意力を失い、神経を疲れさせ、話の明瞭度を減じ、従つて学習能力、作業能力を低下させていることは明らかである。商店や映画館からの宣伝マイクや各種自動車の警笛や、地響がまるで狂躁曲のようである。

それについては都市自体で騒音防止の問題として対処すべきである。学校をこの騒音から守るにはどうしたらよいでしよう。都市の学校としては環境衛生の問題と同様重要な課題であろう。郊外の静かな場所に敷地が得られることにこしたことはないがそういうことは望むべくもない現状である。せめて校舎配置の時道路面から離して校舎を建て、常緑樹を植えて防音に役立てる位であろう。教室内での騒音の大きさや継続時間が授業及び児童の心身に及ぼす影響については十分な資料がない。然し教師や児童相互の話が明瞭に聞き取れる程度であれば差支えない。

そのためには床面、天井、壁梁等の材料は比較的吸音率の高いものを使用すべきである。床面はリノリユウムやゴムや板張りがよいわけである。又壁もテックスを張るほうがよいし、天井も二重にする方法もある

然し実際には工事費の関係で理想的な防音装置は無理である、床板張りと天井のプラトン張り（木毛セメント板）の設計がやつとである。板張りは恒久性の点からあまり採用されていないので音響についての考慮はプラトンだけといえる。プラトン張りは防暑の役目が主目的であるが使用している先生方の所見をお聞きしたい。今一つ室内の反響は面積と天井高さの相関的な釣合によるともいわれている。天井高さ一〇呎になつているが低く過ぎる感はないかどうか。静かな教室としての設計はこれでよいでしようか。

※ 色彩について

近代建築にはいろ〳〵な特色があるとおもわれるが先ず吾々が直ぐ目につくことは建物の塗装美である。都市の殺風景な雰囲気の中に色とりどりの階層が立並んでいるのは、何といつても吾々に落着きとやわらぎを与えてくれる。学校も近代建築である。然し外部塗装がないのでその点はさびしい。学校の色彩調節は単に校舎の美化ばかりでなく、教室内の本来の目的を助長するものでなければならない。即ち適当な色相で塗装して、教師も児童も目の疲れを少くし、明るい美しい雰囲気によつて、学習意欲を増進し、学習能率の向上を図ることである。

色相の選択については、年令別、性別によつてその好みが違うので、その点考慮が必要である。低学年は概して、性別による好みの差はなく、特に赤、黄、青の暖色系がよいといわれる。小学校の高学年から中学にかけては性別による好みの差もあつて男子は青系統、女子は赤、紫系統を一番好むとされている。然しながら色彩調節の研究については学者によつても種々の見解があり、学校塗装の場合もいろ〳〵異論があるようである。

勿論私たちもズブの素人であり、而も十分な研究もしていないが、建築雑誌やその他の参考文献などを手掛りにして今のような色彩調節を考えたわけである。即ち小学校と中学校とに大別して性別は考慮していない。それは男女共学であるのでその必要を認めない。

小学校の場合正面背面側共に黄緑一色である。これは緑系統は吾々の自然環境に一番多い色彩であるため、目の刺戟をしないのと、色感が落着いていてやわらかいからである。その反面天井を白色にして明るさ与えて、緑との調和がとれるとおもつている。中高校の場合は正面と天井を黄、緑にして壁体をクリーム色にしてある。明るさを重視したつもりである。果たして児童の心身の発達に適している色調かどうかについては現場の先生方及び専門の方々の御批正にまつとして、とにかく明るさと、落着きと、疲労感を少くするよう考慮してある。

※　黒板について

教室で一番はなやかな役目をするのは黒板である。黒板の良否は学習能率の上からも学習効果の点からも影響は大きい。児童が書き易く、見易くするためには、大きさや位置、色彩など十分検討して設計する必要がある。高さは小学校で七五センチ中校八〇センチ—八五センチ高校で九〇センチが適当とされている。巾は一、二米（約四尺）が普通である。教室の正面は勿論、背面、側面にもあるほうか新しい教育の種々な学習形態に応じて望ましい。

現設計は、正面に巾四尺長八尺もの二枚、背面中央に三尺六尺もの一枚を取りつけてある。又用途によつて固定式上げ下げ式、可動式、開き戸式、など工夫する必要がある。壁が固定されている教室には固定式にして横に開閉出来るようにして裏黒板をつけてある。裏黒板は宿題を課したり、一寸したテストの問題を予め書いておいたり、図解、グラフ、地図等の提示に便利である。壁取外し式の場合は普段は固定して取外しが出来るように設計されている。

従来黒板はその名の示す通り黒色と定つていたが、最近は緑・茶・ねずみ、白などが用いられているという。緑系統は感じが柔やかく教室の色彩調節の面から喜ばれている。本年度は緑に統一してある。然し反面色盲助成の心配があるとして反対している学者もあるというが実証的な研究資料はない。

黒板の生命は何といつても、よく書けて、消し易く、光沢がないことである。又材料も耐水耐湿性の大きいのがよいことは当然である。沖縄にある資材では米製のメソナイトが一番よいといわれているが、高価で而も入手難であるので、日本製の防水ベニヤを使用している。日本からの輸入品の売込みもあるけれども、値が高い割りに質は島内産と大差はないので、島産品愛用という点から専門業者数名に見本提出をして貰つて、その中から優秀品三点を指定して採用している。その良否は新しい中は容易に見分け難いので使用後の結果をみてさらに改善させて要望に応えたいと思う。

黒板使用上の留意点は、傷をつけないこと、やわらかくて書き易いチョークを選択すること、黒板ふきも上質で、水にぬらさぬこと等であろう。

※　展示板

視覚教育が重視されている今日教育の壁面を最大限に利用するほうがよい。正面、背面、側面に取付けてあるのはその意味である。特に正面梁を全面展示板にしたのは年代表の貼つけに好適であろう。

学校を訪問して感ずることは折角の展示板が物ほしそうに空白をかこつているところが見受けられることである。又展示はされていても二、三ケ月前のものや前学年のものが残つていたりして、生きた資料としては感心しないのもある。常に児童の関心と興味を引く変化が欲しい。べた〳〵貼つて秩序も調和もないものは教室の美をそぐばかりでなく展示効果も薄いに違いない。知つてはいても実践し継続していくことは難かしい。大いに活用して貰いたい。

※　その他の施設

○　教室の空間を利用する意味で窓側に戸棚を作り、戸袋の下及び上部にも物入れが出来るようにしてある。唯窓側、戸棚の場合コンクリート柱の出ばつたのを利用する点から奥行が浅いので今後改善をする必要がある。

○　電燈施設

将来全島電化の可能性もあり、又学校で発電機のあるところもあるので、夜間照明と共に昼間の配電装置をしておくことは大切である。今後施設が充実して、幻燈、映写、理化學実験、家庭科実習等取入れるには建物と一体にして配管工事をしておく必要がある。而もコンミニュテイスクールとして校舎及び施設を広く社会教育の面に利用するにはどうしても夜間の照明の要がある。五五年度建築の殆んどが電燈施設をしているのは喜ばしいことである。

○　階段及び屋上

建坪一二〇坪につき巾一間の本階段がつくのが一般の基準であるが、学校の場合四教室に一つ（九六坪）の割で本階段を設けさせてある。非常階段は建築基準法及び消防条令の通り設けてある。屋上の利用価値についてはいうまでもない。雨後の体操場、天気の観測は勿論のこと社会科の場合鳥瞰図の説明するなど好適な場所であろう。

◎清浄と戸締り

教室が教師と児童の神聖な道場であり、従つて、常に清浄を保ち整然としておくべきことはいうまでもない。然し実際は室内がごみ〳〵していても、室の内外に紙屑が散ばつていても気にも止めず一月も経たないうちにペンキが手垢で汚れているといつた学校はないでしょうか、建築工事の場合建物から一間以内の清浄は請負者の責任になつている。それ以外のところは当事者（区委員会や学校）の責任である。竣工して教室を使用していながら工事中の雑物が放置されているのは見苦しい限りである。中には使用の日から児童教師の手で学級園を設計し、一、二ケ月もすると立派な庭園が出来ている学校も見受けられて実にすが〳〵しい。

清浄や整頓を保持し、展示物や備品の汚損を防ぎ雨風から校舎を護り、更に盗難や浮浪者の巣になるのを予防する意味で各教室とも戸締りが出来るようにしてある。雨戸は上げ猿式の鍵、硝子戸は中折れ式の差込み錠、出入口戸は一方を内から差込み錠、他方を外から錠をかけるようになつている。鍵や錠は出来るだけ丈夫なものとおもい、特に指定品を利用してある。故意に器具をつかつてこじあけない限り十分戸締りが出来るとおもう。

然しながら最近の社会相は毎日の三面記事でもわかるように强盜位いお茶の子といつた無軌道振りである。学校のなけなしの備品が盗難にあつた学校も一、二にとゞまらない。学校側も宿直員をおいて、校舎や備品の保全保管に万全を期していることとおもうが、この種の被害のあとがたゝないことは何といつても悲しむべき世相である。又心ない者の仕業で故意に雨戸や硝子が叩き割れた学校もあるようである。

学校の管理の全責任は区委員会が持つべきであるが、学校をまかされている校長の責任も重大である折角の立派な校舎が壊わされたり、乏しい教育予算で購入した備品類が盗られては申訳けないことになる。宿直員の巡視の回数を増したり、学校に近い自警団の協力を求めたり、更に特別のパトロールを願うなり一層の関心と予防処置を講じて頂きたい。

※ 結　び

以上現在設計された校舎で特に学習上考慮してある、点を列挙したが、部分的には改善すべきところもあろう。現場の先生方の声も聞いて要望に副いたい。唯今後の設計で是非取入れたいのは排水溝を設けることと屋上の水を給水タンクに溜めて利用する点である。

ブロック建築がどの程度の恒久性があるかは未だ日が浅いので実証されていないが、周知のように現在の校舎は柱、梁、スラブが鉄筋コンクリート造りになつていて、ブロックは唯壁体を積上げただけであるため大した加重はかからないという。従つて鉄筋コンクリート造りと変わらない位い耐風、耐水、耐火、耐震性があるとみて差支えない。即ち恒久校舎と名付ける所以である。

今や米国の絶大なる援助の下に、全島津々浦々に近代的な校舎が建ちつつある。このよい校舎で学ぶことの出来る子供たちを祝福すると共に「新しい酒は新しい革袋に」のたとえのように、よい校舎によい子たちがすく〳〵と伸びていくことを心から念じてやまない。

筆者　文教局施設課主事

西日本初等中等教育研究集會に參加して

指導主事　安　里　盛　市

文部省、九州大学、福岡学芸大学主催による昭和二十九年度の西日本初等中等教育研究集会は、中国、四国、九州各県の参加者、四〇〇人が福岡市の舞鶴中学校に参集して十月二十四日から一週間にわたつて行われた。私もその一員に加えていただきその時の状況をつぶさに見聞して来たので、その概要を紹介して、われわれの今後の指標にしたいと思います。

○　博多駅での会員受付け

十数年振りで本土の土を踏む私には、かつての汽車旅行の経験も何ら役に立たず、又元の振出しにもどつたお上りさん。到るところの駅々で、独り歩きの心細さをいやという程、味わわされた。熊本駅からかろうじて、三等の箱に席を見つけ、ほつとしたのも、暫くの間。一駅々々と博多に近づいて来るにつれて、又新しい不安が次から次へと頭をもたげて来る。体一本の身軽な装いであれば、さほどでもないが、両手一杯に下げられるだけの荷物を持つていたのでは、それこそ荷厄介なしろもの。今となつては、あれも、これもと欲を出し過ぎてつめ込んで来たのがくやまれてならない。さて駅に着いたらこのしろものをどうするか。旅館をどこに決めたらよいものか、等と今にして思えばとるにも足らぬことに気をもんだものである。

何の考えもまとまらぬ中に私を乗せた汽車は博多駅にすべり込んだ。大勢の客の流れのまゝにホームを押されて開札口の前まで来た時、壁に張り出された筆太の字に目がとまつた。

「西日本初等中等教育研究集会受付。」

救われた思いで、張出しの案内に従い西開札口へ向つていくと、そこには既に受付の方が三、四人机を前に陣取つている。こちらの様子を見て、それと分つたらしく、すぐに立ち上つてこころよく迎えてくれた。殊更に「沖縄」という言葉に力を込めて来意を告げると、「遠方からどうも御苦労さん」と、さもいたわるように、何かと教えてくれた。

聞けば既に旅館の手配もしてあるとのことで、傍には旅館の女中さんさえ立つているではないか。何とその手廻しのよいこと。片手の荷物を女中さんに分けてもらい、案内されるまゝに電車通りに出る。

「六本松、佳穂」

これがわれわれ沖縄から来た一行の宿泊所である。

○　議題に上つた沖縄の特別参加

駅の受付の方で「唯今会場校で企画委員会を開いているから沖縄の方からも代表一人を出してくれ。」との事だつたので、旅館に荷物を置き、その足で舞鶴中学へ駆けつけて行つた。ちようど開会中であつたが幸にも先着の塩屋中校の大城校長と、研究教員の大堂君が列席していたので安心した。

渡されたプリントに急いで目を通すと。協議事項の中に「琉球政府の依頼に関する件」というのが出ている。隣席の大城校長に小声で説明を求めると、文教局から文部省宛に出してあつたわれわれ一行の参加願いについて、これを許可してよいか、どうかを唯今まで協議したとのことである。私はちよつと意外に思つたわれわれは文部省が既に許可したものと思つていたので、まさか開会前日になつて、このようなことが問題になろう等とは考えてもみなかつたのである。―これは後になつて完全に私の認識不足だということが分つた―幸にも、これには、どの県も異論がなく、むしろ好意をもつて、われわれの参加を心から歓迎してくれたつた今、満場一致で決定されたとの事で、ほつとさせられた。それにしても正式会員としてではなく、特別参加ということになつたことについては、今にいたるまでさびしい思いがすることをどうすることもできない。

企画委員の各県の代表の方々は好意以上の好意をもつてわれわれを迎えてくれたのであるが、研究修会の性格から、どうしてもこのような手続を取らざるを得なかつたのである。

このことは、本研究修会が如何に民主的に会員自体の主体性の上に企画運営されているかを物語るものでかえつてわれわれの認識の足らなさを知つたようなものである。

しかも、本研究集会の運営費として各県から分担金を出し合つていることが後になつて分り、有難いやら、申し訳ないやら、ただ食いの身の肩身の狭さをしみじみと味わつたのである。

こゝで私は、本研究集会の性格とその民主的な運営の状況を説明しなければならなくなつた。私達の今までの通念では「どこかに研究会がある。これを聞きつけて、方々から心ある人々が集つて来る。主催者側はその日のために永い間苦労を重ねて諸準備を整える。研究主題を設定し、それを中心に必要な調査をし、討議し、結論を出す、プリントにする。発表者を決めるそして当日は実地授業に、研究発表に水も漏らさぬ態勢を御披露に及ぶ。馳せ参じた会員は、次々と展開される、研究の一駒一駒に、眼を見張つて驚嘆する。或は概嘆する」。ただそれだけのことである。予めどのようなテーマが取り上げられ、それがどのように研究討議されて今日に及んだかは知るよしもない。こゝでは完全に研究する側と、それを見る側とに分離されている。共同の責任なんて始めから出て来るすべもないのである。これが、われわれが過去に持つた研究会の大方の姿ではなかつたろうか。

ひるがえつてわが西日本の研究集会はどうであつたか。先ず、実施要項をのぞいて見ることにしよう。

（目的）

初等教育及び中等教育の分野における重要な問題をとりあげ、これを指導的立場にある教職員らの共同研究によつて解決し、初等、中等教育の振興をはかる。即ち

(一) 独立後の初等、中等教育の問題点を究明し、新教育の充実発展に資する。

(2) 初等、中等の各教育における性格に立つて問題を解明すると共に、小中高一貫の教育体系の樹立につとめる。

(3) 現下教育現場の課題を重点的に検討し、それらに対する実践的指導力ならびに継続的研究態度の向上をはかる。

(4) 広地域にわたる研究会員の構成をいかにして十分の討議をまじえ、お互に採長補短の実を挙げる

ことを目的とする。」となつているのであるが、特に第四項は、われ〳〵の注意を引くに十分である。北は鳥取から東は徳島、南の鹿児島に到るまで十五県の広い地域にわたる研究組織をどのように構成し、如何に運営していくかは、難事中の難事でなければならない筈である。そこで繁雑をいとわず、その運営の組織と経過について記して見よう。

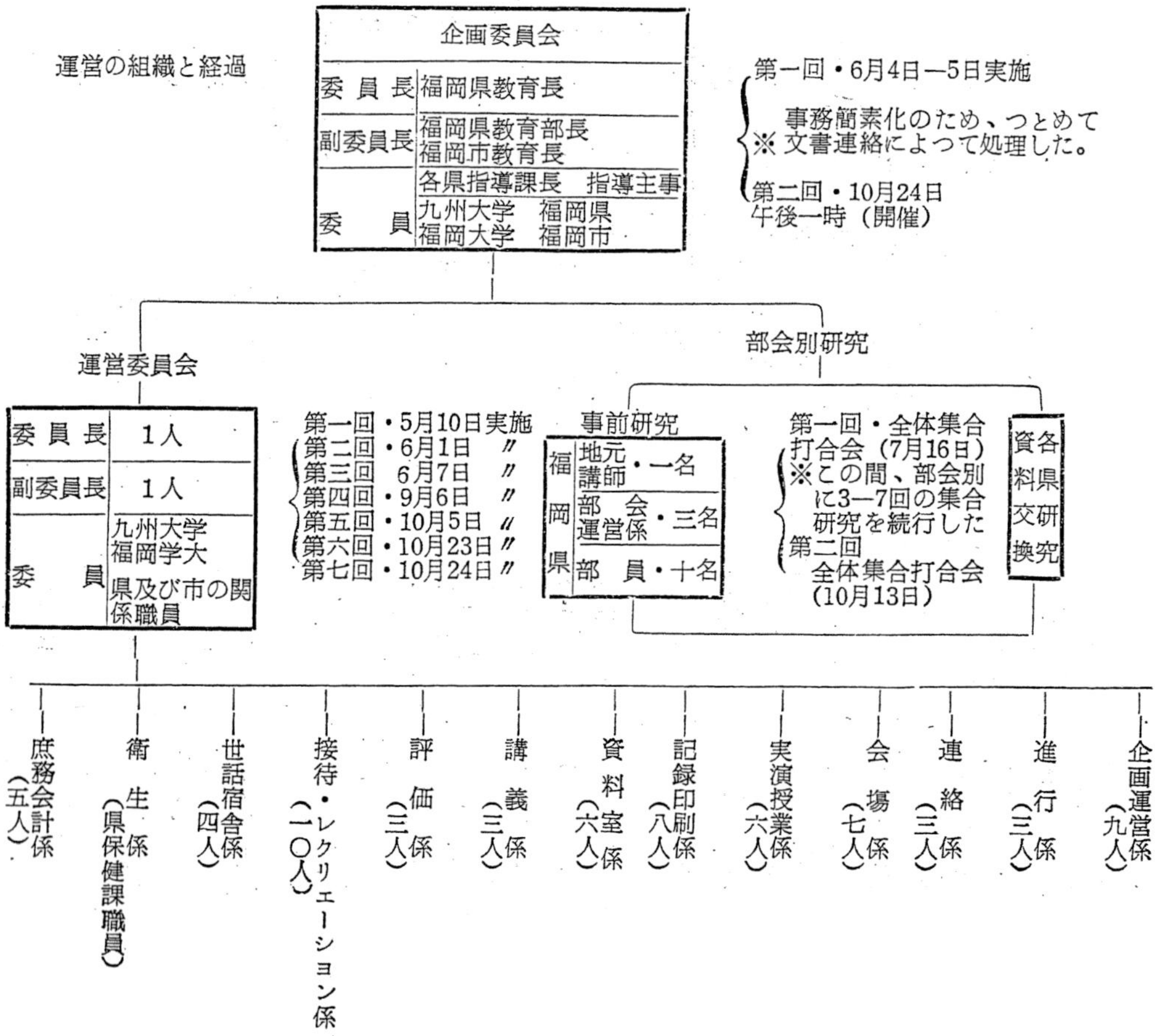

この運営の組織と経過を見ただけで、もはや、われわれが、この組織の中に正式の会員として入る資格の無いものであることを認めなければならなかつた。
　すでに第一回目の企画委員会が六月四日に開催され事前研究のための全体打合会が、七月十六日に持たれその後、部会別に三―七回の集合研究を続行しているのである。
　われわれが、この研究集会があるということを知り参加申込をしたのは九月に入つてからの事で、而も何ら事前の用意も無く研究テーマさえ参加してはじめて分つたのである。このような状態ではたとえ正式会員として参加できたとしても、その実全くのオブザーバーにしかならない。矢張り今回は特別参加であまんじなければならないと思つたのである。せめて次回からでも、始めからその組織の中に加入させてもらい、充分、事前の研究を積み、その研究資料を各県とも交換した上で、研究集会に臨まなければならないと痛切に感じたのである。

〇 部会編成と研究課題

　さて今回の研究集会でどの分野でどのような重要な問題が取り上げられたか、これを知ることによつて、われわれの今後の研究課題設定の参考に供したいと思う。

第一、学校図書館部会（共通）

〇学習指導をより有効にする学校図書館の設置運営について研究しよう。
1、相当な施設と資料を有する学校の図書館活動をより有効にするにはどうしたらよいか。
2、学校図書館の資料施設が、不十分な学校の整備運営はどうしたらよいか。
3、学校図書館の運営を円滑、有効にするためには人的構成（司書教諭、職員組織分担、児童生徒の図書委員の構成指導）をどのように工夫したらよいか。

第二、へき地教育部会（共通）

〇へき地における児童生徒ならびに地域社会に対する効果的な教育活動について研究しよう。
1、複式の指導計画はどのようにしたらよいか。
2、へき地の学校は地域社会に対してどのように働きかけたらよいか。

第三、学校経営部会（初等）

〇地域社会職員、児童施設設備等の特性に即応する学校経営について研究しよう。
1、地域社会の特性に即応する学校経営はどうしたらよいか
2、職員の特性に即応する学校経営はどうしたらよいか。
3、児童の特性に即応する学校経営はどうするか
4、施設設備の特性に即応する学校経営はどうするか。
5、学校経営の根底をなすものとしてどんなことが考えられたか。

第四、道徳教育部会（初等）

〇道徳教育のための指導計画の作成について研究しよう。
1、民主的な社会を形成する望ましい道徳的資質はどのように規定したらよいか。
2、小学校に於ける道徳教育の全体計画はどのようにつくればよいか。
3、各教科及び教科以外の活動は、どのような道徳指導の内容と機会とをもっているか。
4、道徳教育計画を有効にするには個別指導の計画と方法をどうすればよいか。

第五、道徳教育部会（中等）

1、特別教育活動に於ける道徳教育計画樹立上特に重要な点にはどんなことがあるか。
2、特別教育活動のそれぞれの分野において、道徳教育はどうすればよいか。
3、中学校、高等学校の特別教育活動に於ける各分野の道徳教育はそれぞれどのような特色と関連をもたせたらよいか。

第六、理科教育部会（初等）

〇理科に於ける技術的能力を伸ばすための重要な実験観察をあげその指導上の留意点について研究しよう。
1、技術的能力を伸ばすための重要な実験観察にはどのようなものがあるか。
2、1で研究した実験観察の中で指導上困難なものにはどのようなものがあるか、又、それを解決するにはどう指導したらよいか。

第七、理科教育部会（中等）

〇重要な実験観察をあげ、その効果的な方法と設備について研究しよう。
1、重要な実験観察にはどのようなものがあるか
2、工夫された効果的な実験にはどのようなものがあるか。
3、効果的な設備はどのようにしたらよいか。

第八、家庭科教育部会（初等）

〇家庭科の学習内容のうち、男女によつて問題となる点、及びその原因を明らかにして、五、六年の

指導計画について研究しよう。

1、家庭科の学習内容の中で、男女によつて問題となることがらは何か。

2、男女による問題点を考慮して、のぞましい家庭科学習の指導計画をたてるにはどのようにしたらよいか。

第九、職業教育部会（中等）

○中等教育における職業関係教科の今後のあり方及び改善について研究しよう。

1、中学校の職業家庭科教育をより効果的にするには、今後どのようにしたらよいか。

2、高等学校普通課程で実施を予想される新教科はどのようなものであることがのぞましいか

第十、職業指導部会（中等）

○職業指導主事を中心とする職業指導の組織運営と評価基準について研究しよう。

1、職業指導主事を中心とする職業指導の組織と運営はどのようにしたらよいか。

2、職業指導の評価を適正に行うには、どのような基準を設立したらよいか。

○事前研究

さて以上のような研究課題に対して、どのようにしていどんでいつたか。

それには、「事前研究の手引」を作製して各県に於ける研究を便ならしめると共に、研究の方向についてある程度の一致点を求めているのである。その手引には、各部会毎に、

・主題設定の理由
・研究問題とその展開例、
・研究活動の例
・事前研究
・準備すべき資料
・参考文献

等、極めて詳細な資料を盛り込んである。

さてこの研究の手引により、どのような経過で研究を進めていつたか。

(1)、手引の活用はあくまでも、研究方向の設定であり、研究焦点の展開であり、決して研究の拘束ではない。

(2)、従つて設定された研究主題並に問題等を十分研究して、その基本的方向に添い、足らざるを補い、無駄を除き、各県の生きた実態と各自の主体的な見解とによつて具体的な内容を整備するように努力すること。

(3)、尚、お互がすゝめる事前研究の結果については僅か六日間の会期中に熟読精査することも仲々困難であり、まして会期中の相互討議の資に供すること等も過去の経験に照らして実績僅少と考えられるので、特に今回の研究集会では、

イ　九月十日までに、各県々内の事前研究を一応終了させ、

ロ　その事前研究資料を綜合整理の上プリントにうつし、

ハ　九月二十日前後には各県資料を一斉に交換し、

ニ　会期前約一ケ月の間を第二次の事前研究の期間として、交換した各県の研究資料を中心に十分の比較研究をすすめ

ホ　会期中の各部会別研究討議には、各県の研究実態をもあらかじめ把握して参加研究し得るように運ぶべく努力すること。

3、各県の「研究資料」の作製について

(1)、研究資料を次の三種類とする。

・主資料…研究問題を各県の実態に即して解明したもの。（提出、事前交換すべき中心資料である）作製基準によつて調製のこと。
・副資料…各県の実態又は参加員の自主的見解から、研究討議の資料として配布したいと考え作製する自由資料である。
・陳列資料…資料室に出品し、陳列の上相互研究の資料にしたいと考え、陳列申込みをする一般資料である。

(2)、提出する主副の研究資料は、すべて六〇部を印刷の上、用意すること。

(3)、主資料の作製要領

イ　各部会別の研究問題について逐条的に研究解明し、相互研究のための資料としてまとめること。

ロ　主資料の内容は、単に量の大を競わず、質的に精選し、然も具体的であることを切望する。

ハ　主資料の作製は、各県参加員の共同研究であるか、研究問題を分担しての個人研究であるかは、各県の自由であるが、各県提出資料として綜合したものであるよう十分全体的に調整の上作製されたい。

以上事前研究が、どのようにして進められて来たかを、「研究の手引」を通してのぞいてみたのであるが沖縄に於ける今後の教育研究集会のあり方に、大いに

参考になるのではなかろうか。

〇部会別研究会

私の参加した部会は、第五部会の道徳教育部会で研究課題は「特別教育活動における道徳教育について」であつた。

会員四十六名で、その中には私の外、那覇高校の饒平名先生と研究教員大堂安清君（東京教育大附属中学校配属）が加わつた。かたどおり、自己紹介、世話係からの連絡、研究問題の確認を了え、これからの研究態度と計画を全体の協議によつて決めたのである。その重なるものに

・無理に結論を急ぐことなく、じつくり検討していく。

・指導の仰ぎ方…一応皆の意見をまとめた上でそれについての指導の意見を司会者の方から求める。

等があつた。

研究日程については、

第一日目、午前　全体討議
　　　　　午後　班別研究…ホーム・ルーム、生徒会クラブ活動の三班に分れた。）
第二日目、午前　東光中学校に於ける実演授業の参観
　　　　　午後　午前の授業を中心とする研究
第三日目、班別研究
第四日目、午前　班別研究の報告と全体討議。
　　　　　午後　今までの研究のまとめ。

これらの全日程を通して討議されたことを一々記することは紙面の都合でできないのであるが、道徳教育に対する根本的な考えについて一致した結論を述べると、

〇道徳は社会の構造に規制されているものであり、社会構造の変革は当然その社会における人間の道徳を変革する。―封建社会においては縦の道徳が強調されたのであるが、民主社会に於いては、横の道徳を重視しなければならない。

〇現代における道徳は平和と自由とを指向する民主道徳である。

〇民主道徳は何よりも下から盛り上る実践を通しての切実な要求の上に立つたものでなくてはならない。

更に道徳教育のあり方については、

教育の根本的な目標は、民主的社会の形成者としてその発展に貢献することのできるはたらきをもつた自主的人格の育成にあると考えられる。そしてこれはそのまゝ道徳教育の目標である。このような教育の目標は、いうまでもなく、教育の全課程を通して行われるのであつて、道徳教育の観点からいえば、特に次のことに留意することが肝要である。

イ　日常の具体的な生活場面での望ましい行動形成の体得（道徳的習慣）
ロ　明敏な知見による正邪善悪についての判断力の育成（道徳的判断）
ハ　人間性の信頼に基づき、自他を敬愛する豊かな心情の涵養（道徳的心情）
ニ　自主的に正善を実行する強い意志の修練（道徳的意志）

以上の様な道徳教育に対する基本的な立場を再確認し、これを出発点として特別教育活動の道徳教育に於ける地位を明らかにしたのである。

午後は特別教育活動の三つの分野に班を編成し、直ちに班別討議に移つたのであるが、私はホーム・ルームの班に参加した。

この部会別研究を通じての印象を述べると、各会員の発言が極めて活潑で、而もなごやかな中に討議が進められたということである。

勿論各会員が事前に於いて、研究課題に対する研究を積み上げて、討議に臨んだということも、その主たる原因ともなつたであろうが、なにかそこには別に根本的な人間の態度なり性格などが大きく反映しているように思われてならなかつた。

一人が立つて意見を述べている。それをじつと聞いている中に、どうしても、今の意見に、自分の見解をさしはさまなければならないと思つた時、既に手を上げて静かに待つている。

それを司会者はよく見ている。

一人の意見が終つてから発言を求めようなどと考えたら、何時までたつても機会はやつてこない。このような調子だから討議のとぎれるということはめつたにない。

忘れられないのは、司会者、河辺先生の司会ぶりである。静かな中に筋を通しながら進めていかれる。やわらかなものごし。司会の技術というよりか。人間全体の中からにじみ出て来る人の良さ、縁なしの眼鏡の底にたゝえられた細いまなざしが極めて印象的である。

先生は、福岡県粕尾郡宇美中学校の校長で、たしか県委員会の指導主事の前歴をお持ちになるとかいうことであつた。

地元講師、九大教授の前田先生は、最初から最後迄ずつと我々の討議に参加され、要所々々で極めて適切な指導をして下さつた。

「人間を、ある一つのイデオロギーに基いて描かれた社会像の実現のための道具たらしめてはいけない。―今の社会でもつと強く要請されるのは、自主性のある強い人間をつくることだ。」とはつきりと言い切られたあのすんだまなざし。

あのおとなしそうな、やせぎすな体のどこからこのような迫力が出て来るのだろうか、とあやしまれる程の強い調子にしばらくは圧倒されたのである。

○陣中見舞

企画委員会は各県の指導課長、指導主事が主となつているので、沖縄からは私が加わゝることになつた。

第三回の会合は開会二日目の二十六日の部会研究終了後開かれた。先ず各県の旅館の待遇状況についての聴取があり、続いて運営本部からの提案がなされた。

運営委員会の活動は多方面にわたり、特にわれわれ会員のサーヴィスに至つては、実にいたれり尽せりで会期を通じて、快適な生活を送ることのできたのは全く、この委員会の活躍のおかげであつた。旅館の評価をつけさせたり、待遇改善について旅館組合長にかけ合つたり、バスを借り切つて、毎朝各県の宿泊所から会員を会場まで運ばせたり、特に海を渡つて来たわれわれにとつては感激の外なかつた。

ところが、その日の企画委員会で、「二十六日の夕方、各県の宿泊所に運営本部から陣中見舞に上るから」と発表された時にはさすがにびつくりした。沖縄の会員は特別参加で、全く事情にうといため、運営本部の方々には、いろ／＼と御迷惑をかけ、お世話になつているので、何とか謝意を表する機会をつくろうではないかと、内々話し合つていた矢先に、あべこべに先方から、而も、旅館まで激励に下さるとは思いもよらぬことだつた。

特に企画運営係の定村先生のてきぱきとした世話のしぶりと、親しみの持てる人柄には、頭の下がる思いがした。福岡県教育委員会、指導課の一室で、今はすつかり肩の重荷を下ろされて、あの時の忙しさを回想なさつている先生のお姿が、目のまえにちらついてくる。

（新春七日記）

おすゝめしたい圖書

「単元学習のため」初等教育パンフレット

著者　文部省
発行者　東京都新宿区揚場町一　牧書店
定価　日円　35円

新教育にはいろ／＼な用語が戦後用いられてきたが、そのうちでも教育計画の根幹をなすものにカリキユラムという言葉が用いられ、更にカリキユラム（教育課程）を構造しているものに「単元」という言葉が用いられた。

「単元」は教育課程構成上においても、また学習指導上においても重要な概念であり、ある意味においては、新しい教育方法を代表しているとも思われるほどである。

ところで、そのような重要な意味をもつ単元学習について、わかつたようで、わからないことがなか／＼多い。

「単元」という言葉の新教育の中に占める位置とか、又は各教科と単元との関係とか或は単元学習は問題解決学習だといわれているが、その「問題」という意味、「解決」という意味がはつきりしないというのである。

本書は一見簡単なパンフレットに見えるが、以上の疑問に明確な解答を与え、教育課程における単元学習の位置と構造について、もつともわかりやすく論じ、具体例を引用して説明した良書である。

戦後「単元」という言葉を数多く聞き馴れて、かえつて「単元学習」のもつ偉大な力を私たちは忘れ去ろうとしているのではなかろうか。

「単元学習「なくして新教育はない、といつても過言ではないでしよう。○単元学習をほり下げる意味でおすゝめする次第である。

"Kは「悪い子」じゃない"

—非行児ならざる非行児の指導記録—

宮　本　三　郎

はじめに

これは昭和二十五年五月末、郡内のある小学校から私の学校へ転校し、同年八月には再びK校へもどらねばならなかつた非行児K（当時六年生現在中学三年）が今日まで歩んできた足跡のあらましである。

故あつて三年余り筐底に秘しておいたのであるが、教育者としてよりよく生きようとする筆者にとつては忘れんとしても忘れ得ざるものであり、且つ、もしもこのようなケースに悩まれる方には何かの参考になればとのひそかな願いから、あえて記述したものである。

できるだけ真実を語つたつもりであるが、そのことが単なる事実の暴露とならざらんことを心から希うものである。

雨の日の転校

忘れもしない昭和二十五年五月三十日、この日は朝から雨だつた。二時間目の授業がすんで梅雨にけぶるうす暗い職員室へ私が戻つてきた時、私の目に入つたものは一人の老婦人に付添われた一人の男の子。その容貌、態度がいかにも純朴な田舎丸出し—「うん」「ほだ」（そうだ）「ほだね」（そうじやない）というような言葉の連続で、相手をしていたN教頭に何か己の事情を訴えている光景であつた。一見して転校児とわかつた。ときならぬ転校？しかも意外にも婦人は私の顔見知りのIさん—女学校時代私の母と同窓で、若い頃は教員の経験もあり戦前まで夫は東京で長らく教員をし、戦時中娘さんの友達とかの縁でこのN村に疎開されI氏はS一高に事務官として奉職、Iさんはその頃からたびたび私の家を訪問され、終戦で復員後は私も数回あつている—であつた。しかし話中でもあり、又あまりの朴訥さに興味を感じIさんにあいさつするのさえ忘れて聴いていると自分が転校せねばならなかつた事情—心ならずも多くの非行を重ねねばならなかつたことなどを説明するもののごとくであつた。

しかし私は第一に〃この子はそんな「悪い子」じやない〃と直感した。

第三時限開始の鐘がなつたので、なぜかこの子に心ひかれつつ私が教室へ戻ろうとするとN教頭に呼び止められ、六年生でKといいこれこれの事由で郡内のK校から転校した旨伝えられた。Iさんからも説明があつた。

Iさんの話によると「この子は私の(I氏)甥の長男で三年生頃から悪友にさそわれ、かくれやすみ、野あらし、買い食い、喫煙等の非行が多くなり学校でもほとほと手をあまし、最近になつては本人自身も登校するのが全く嫌になつてしまつたという状況であり、父兄もいろいろ思い悩んだあげく、かつては夫婦して教育に従事したほどの叔父叔母（I氏たち）がN村に疎開しているので一時こちらにあずけてみてもらつたらとの考えから、私どものところへあずかつたのだ」というのであつた。

この子の朴訥さ加減は初日のあいさつからして既に級中の注意をひいた。かくしてKは、私のクラスの一員となつた。

忍従の四カ年

事情が事情故、更に詳しく調査する必要があり、放課後Kにはじめからの事情や家のこと学校のことなどをきき、帰りにはIさん宅にKをおくりとどけた際、改めてまた伺つた。しかしなお不充分と思われたので早速K村（N村から四里ほど）の実家を訪問して事情を聴取し、又幸いK校の校長先生はかつて私が心から仕えた方でもあつたので、学校をたずね校長先生からもかつての担任であつた先生方からも詳しい事情を伺つた。やはりKをとりまくすべてからきく必要を痛感したからである。かくしてKおよびKをめぐる環境と現在までの経過がほぼ明らかになつた。それをまとめてみると話はこうであつた。

「Kの家は、祖父母、父母、K、妹二人の七人家族で他に奉公人一人おく、かなり裕福な中農であり祖父母にとつてはKは眼に入れてもいたくないほどの存在で幼少時から甘やかされて育てられ、父母にとつてもあとにもさきにもたつた一人の男児であつた。Kの性格形成に当つてこれらの事情があずかつて力ありそこに多くの問題があることはいうまでもない。家から学校までの距離は小一里ほどもあり、途中は山林と畑続きの村道である。

Kの非行は三年生時新担任の女教師にかわつた時からはじめられた。通学は常に数人の中学生と小学生からなる一団としてなされたのであつたが、この通学友達のうち、中学三年のU、二年のI、一年のN、Yといつた連中が欠席、野荒し、喫煙、買い食いなどは常習で山林で不正な遊びを働いては日をくらしているといつた者どもで、小学生を強制的にそそのかしこれらのすべての非行の手先に使つているという状況であつた。

このような環境の中にあつてKもまた好むと好まざるとに拘らず、全く彼らの手下のごとくに動きまわらねばならなかつた。カバンを背負つて家は出る。しかしゆく先は学校ではない。煙草買いや、買い食いの使い走り、野荒しの助手、これらはKの仕事であつた。そして時に登校はしても教室がすべて灰色と化しその中で教師の弾劾にびくびくしておらねばならず、あるいは教師にはウソをいつて早退して彼らの仲間に入らねばならなかつたのである。すべてがこれら不埒な中学生の強制のままに従わねばKの身の安全が保証されなかつたのである。ある時などは彼らの呼出しに応じなかつたとの理由で四人からさんざんなぐられ顔がはれ上りゆがんでしまつて別人のように思われるほどにされても、日頃可愛がつてくれる祖父母にさえ真実は打ち明けられずに学校で球技中ボールが当つたのだといいはり、学校へは家事手伝い中仕損じてというような苦しいいいのがれをしてすまさねばならなかつた。しかもKのこの心事を知る者とてはなかつた。

Kにはこれら上級生の圧力が絶対的なものであつたのだ。この事実はやがて家人にも判つたが、それに対する家人の態度は「Sさんのところは、どうせ、いつたつて問題にならないし、SさんやOさんとこは昔からの格別の近所づき合いをしてきている仲だし子供のことなんかでお互い気まずくなつても仕様がないしね……といつてこの子も可哀そうだし、何とかならないかと思つてあつちへあずけたわけなんですよ。先生一つよろしくお願いします」というのであつた。

ここではKは〃子供の事なんかで……〃として片づけられ、近所づき合いの方がより大事なものとして考えられている。そのくせ家ではKをでき愛し我儘ほうだいに育てているのである。

近所づき合いも結構である。しかしKやKをめぐる中学生の非行には学校側からもたびたび注意されており、父兄同志お互い悩みの種になつていたはずである。故にこの際親たちがつまらぬことにこだわらずこのようなチャンスをとらえてお互いに手をつなぎ学校側と積極的に協力する態度に出てくれたらあるいはKの転校などはおこらずにすんだかもしれないし、元兇中学生たちも救われたかもしれない。そうして、こうすることによつてはたして近所づき合いが破壊されてしまうものだろうか。

まつたく情ないことだつた。このような流れの中に身をまかせてKは四ヵ年すごさねばならなかつた。

学校での様子も判明した。担任たちは、〃ほんとに困つてしまうんですよ。嘘ばつかりついているんだしきつくただすとこないし……〃という。

とにかく「困つた子だ」「しようのない子だ」というのが学校側の答弁だつた。Kについてあらゆる非行のみが挙げられ結語は「しようがない」という言葉であつた。

Kについての取得などききたくもその余地なく希望的な観察などききうべくもなかつた。ここではKは頭から非行児というレッテルをはられており、しかもその非行のみが問題にされ、なぜKがそうせねばならなかつたかのKの心事や環境などは問うべくもなく、ましてKの立場に立つて考えてやるなど望むことはできなかつたのである。

やるまいとしても非行を重ねねばならなかつたK。そして問われるのは非行の結果のみ。これらの間に身を処さねばならなかつたKはますます非行を重ねねばならなかつた。正に悪循環である。このような学校がどうしてKにとつていきたい所であつたろう。待つているのは教師の叱責、己を責めるあの恐しい眼。Kはこちらにきてからもよく職員室を「訊問室」「訊問室」といつては私を驚かした。自然にでてしまうのである。Kにとつて職員室はどのような所であつたのであろうか。そしてこの「訊問」こそがKをしてますます非行の悪循環に追いやつたのであつた。

Kにとつて校門は誠に「狭き門」であり教室の敷居はあまりにも「高い敷居」であつた。

「訊問室」が「同情室」に代り、「訊問」が「なぐさめ」と「力づけ」に代つたなら、Kはそれだけでも救い得たのではあるまいか。せめて先生がKの味方であつてくれたら。しかし事実はますます厳重な「訊問」になつていつたのである。どうしてKがいたたまれよう。かくして学校も遂にKには忍従のところとなつてしまつたのである。

しかし問題はこれだけではない。正に問われねばならぬのは中学校の教師たちである。小学校で事情を聴取して私は驚いた。いや当時の中学校一般と比べるならば、さほど驚くことのほどでないかもしれない。ガイダンスなどいうものは薬にしたくも見いだせぬ。この点については昨年もそしてつい先頃も卒業生を中学校へ送つた先生方の概嘆である。これは決して責任回避でも転嫁でもない。かつてこのような事を経験している私には心からうなずかれた。そこでは小学校でのしつけがすべて破壊されつつあつた。もちろん、思春期に入り第二反抗期にかかる彼らである。自我に目覚める彼らである。内面的にも外面的にも急に変つていくのは当然である。しかしわれわれが問うているのはそんな表面的枝葉の問題ではないのである。

もちろん社会的な事情もあろう。しかし彼ら中学生の非行を最少限に止めうる途はあろう。

このような調査の中にあつて私がまず感じたことは〃かくも劣悪な環境の中でKはよくも今まで辛棒してきたもんだ〃ということであつた。そしてKに対する私の考え方がKをとりまいた人々とは全然異つていることに気がついた。いや、実際Kなるが故に辛棒し得たのである。偉大なKの忍従。

私には、はじめからKは「困つた子」どころかむしろその「忍耐力」そしてその「純真さ」が強く感じられた。学校側で指摘したKについての非行性は、私にとつては一体どこにそのようなものを見出さねばならないのか、発見に苦しむほどだつた。

ああ、純真なるが故に、重ねねばならなかつた非行。そして忍従の四ヵ年。

日日是好日

ともかくも〃K〃とはこのような経路を辿つてきた子なのである。

私のクラスではKはたちまち皆の人気者になつた。その理由は二つある。一つは、この付近では比較的純朴だといわれているこのN村の子供の中にも、この子ほどの飾り気のない、丸出しでそれでいて平気な子供はなかつたので、Kの一挙手一投足がことごとく級友の注目の的（おかしいというわけ）になつたわけであり、他の一つはKに対する私の配慮からであつた。親もとを離れているK、いかに父の叔父叔母とはいえ他人である。まず、そして常に感ずるのはさびしさである。故にKをつつむ級友の暖かさ、心やすい通学の友を得てやることが私の第一の、そして又終りの眼目だつた。

Kがきて間もなくある日の昼食事、Kが食事しに家にいくという、好機逸せずとばかり、食前のひととき私はクラスの子供達にKの事情を訴えた。子供達は子供達ながらによく理解してくれた。そして人一倍敏捷な子が多かつた私のクラスの子供達が、少々鈍重で気のきかぬ（しかし気は人一倍よい）そして相手にするにはもどかしかつたKを野球をやるといつては第一に仲間に入れ、ドッチボールをするといつては「Kちやん入れ」といつては遊び、学校のゆき帰りには必ずさそつてやるというふうであつた。私は子供達に合掌した。子供は子供たち同志、その中で伸びていく。Kにとつては日日是好日だつた。私はKに対して彼がいやに思うだろうと思われるようなことには一切ふれず、ただ〃KちやんKちやん〃といつて可愛がつてやつただけだつた。Kは根つから信頼してついてきた。

三年生から続いた非行故に学力低下のほども思いやられ、すべての教科がクラスのレベル以下、中間児以下の線にあつた。K自身どちらかといえば算数が好きだという。その算数さえも三年生程度の学力であり、国語に至つては更にはなはだしかつた。基礎教科すらかくのごとし、他は推して知るべしである。

しかし私はKには別に〃できない〃などとは少しもいわず、又急がせる事もしなかつた。Kにとつてこんなことは第一義の問題ではない。指導はほとんど個別指導にわたることが多く加減の問題やひらがなの書き方から教えていつた。すべてがKに消化できる限りのものを与えた。Kは毎日のように催促してきた。評価はもちろん絶対評価、毎日毎日進歩を認めてやつた。クラスの者との比較は一切さけた。Kは学習に興味をもつてきた。クラスの中間児たちが大いに刺激されてき、優秀児たちはよく協力してくれた。このクラスがKにとつて「楽園」であり、今が彼にとつて「わが生涯の最良のとき」であつたかどうかはしらぬ。しかしKが心からよろこんで登校し生活していたのはたしかだつた。

知能テスト（田中A式田中B式）や、アチーブメントテストもやつてみた。結果は予想した通り悪かつたやつと中の下である。しかしこれらの結果についてはもちろん何もいわなかつた。ただ「Kちやん、仲々よくやつたな、これは全部やらなくたつていいのさ、全部やれる人なんかいないんだから」といつて力づけてやつた。Kは満足げだつた。

こうしてKの力は、いや力というより学習に対する意欲はぐんぐん伸びてきた。

私はこちらでの生活が進むにつれて私が最初Ｋについて直感したものが間違いでなかつたことをますます確証されるばかりだつた。接すれば接するほど私はＫの純真さにうたれてしまうのである。Ｋはほんとにそんなこと（非行）をした子だろうかと疑つてみたくなるほどだつた。Ｋの眼の中には最初明らかに何か不安なものを蔵していることを、私ははじめから見抜いていた。そしてそれを取り除いてやることに私の全力が注がれた。この頃はそのようなものが影がうすれてきているのがはつきり分つた。

この間にあつて私は、Ｋの実家とあずかり先のＩさんの家には直接ゆき、あるいは手紙で再三Ｋについての状況を報告し、殊に彼の真面目を伝えることと、心からの理解をしていただくようお願いしＫに対する正しい認識を訴えた。もちろんＫ校へは報告した。

こうして本当にわずかではあつたが―六月は私が折らか千葉、市川市で開かれた関東地方の初等教育に関するワークショップへ出席して一週間あけ、つづいて農繁休、七月は上下旬のみでＫに接したのは僅々二ヵ月足らずだつた―楽しい思い出の中にＫは夏休みを迎えることになつた。

しかしこの夏休み、ここにはＫにとつて第二の試練が準備されていたのだつた。

第二の試練に耐えて

休みも終ろうとする八月下旬のある夜、私は突然Ｉ氏の来訪を受けた。私が宿直の晩であつた。話をきくとＩ氏は急に「Ｋを九月新学期の開始されるのを折に実家へ戻すから」というのである。あまり突然なのに驚いた。詳しい事情はこうである。

はじめのうちこそＫについてかれこれ細かい気を配つたが、とうてい今年一ぱいの面倒ができなくなつたのである。Ｋが実家にいるほどの我儘ができず何とはなしに気まずい思いを感じてきたのは事実であろう。徐々に苦しくなつてきたのも真実だろう。（私の見る限りでは表面上はおばさん、おばさんと云つて使いでもなんでも実によくはしていたが）しかしかかるが故にこのＫの心境が理解されていたら何の問題もなかつたろうに。

〃Ｋはきのう無断でここを飛出して実家へ帰つてしまつた〃〃そんなふらちな奴はもう二度と再びおけぬ〃というのである。ここに見られるのは多分にヒステリックなＩさんの感情である。しかし何としても私には不思議でならなかつた。Ｋはこちらがよくて夏休みすら一、二度実家へ帰つたきりで、あとはずつとこちらにいたほどなのである。つい二、三日前も彼が元気に配給物をとりにきたのを見たばかりなのである。

とにかくこれでは折角よくなりかけたＫを再び汚濁の中へつき戻すようなものである。困つたと思つた私は翌日直ちにＫの実家へおもむいてＫや家人にあつて実情をきいた。

〃Ｋは一昨日の夕方ないて帰つた〃〃もはやおばさんの仕うちには耐えられぬ〃という。

Ｉさんのヒステリックな感情問題。私の予想は的中していた。早速その夜は再びＩ氏を訪れすべての事情をはなして極力折衝した。Ｉ氏もさすがに事情はよく理解してくれる。しかし〃とにかくどのようにいわれてもＫを再びもどす意志はない〃〃家内とＫの間に立つ私の苦しい立場も考えてくれ〃というのでありついにすべての交渉が無に帰してしまつた。二日後には新学期が開始されるという時だつた。

結局ここでもＫは「できない子」「悪い子」「しようのない子」としてのみ扱われてしまつたのだ。交渉に当つて私の耳にしたのはやはりＫの非行（大したものではないしかしＩさん達には大したものであつた）のみであつた。

これではＫがおろうとしてもおられなくなるのは当然だつた。もちろんＫにだつて我儘はあつたかもしれぬ。だからといつて、いちいちヒステリックにそれを取上げられていたのではたまつたものではない。善悪の基準で子供を見、大人の頭で律されては子供は浮ばれない。

Ｋは親許をはなれているのである。実家では眼に入れてもいたくないほどの存在だつたのである。そしてあのような経路をたどつてきた子なのである。いや第一に、何よりもＫは子供なのだ。ああそれなのに、Ｋにとつてはここも「忍従」以外の何物でもなかつたのだ。ここでもＫは負いきれそうにもない重荷を背負わされていたのである。そしてそれが背負いきれなくなつた時―これは当然すぎるほど当然なのだが―Ｋにきせられたのは「意志薄弱」「我儘」「困つた子」「しようのない子」……等々の汚名だつた。

どこへいつてもＫがＫとして、その立場が立場として理解されなかつたＫ。いや、それともＫは果して皆のいうごとく本当に「困つた子」なのだろうか。

Ｋは汽車でこちらへ通うという。親達はせめて今年いつぱい、せめて卒業まで先生にもつていただけたら、という。私も考えた。いろいろ迷つた。しかし現実問題として各種の事情や将来の事を考えれば、こちらへおけぬ限りＫはやはり親もとから元のＫ校へ通うのが一番だと結論された。

再度の転校

九月一日、私は早朝K宅を訪れ早速Kをつれて K校へ向つた。途中、道であつたKの同級の子たちの言葉〃Kが帰つた〃は私には悪く響いた。半ば嘲笑的だつた。

Kには前々から決して心配するなといい含めておいた。しかし職員室に入らんとするKは既に緊張を示した。Kの不安はおおうべくもなかつた。ここにこそ最大の問題があるのだ。教師の前に立つたK、半ばおののいているのである。このようなKを見捨てて私は去らねばならぬのだろうか。「心を鬼にして」とはこのことだろうか。

一切の手続きがすんだあと、心を奮い起してKにいつた。〃Kちやん、じやしつかりやれよ。先生がよくいつた通りだ。心配しないでな〃。この時のK。Kの心中。〃先生さよなら〃というが早いか悲そうというか何といおうか、いいしれぬ表情で逃げるがごとくK校の裏へかけていつてしまつた。ああこのKの心情。この子がはたして「悪い子」であろうか。

K校を辞し去つた私。N校までの四里のみちのりは私にはすでに数十里も歩いてきたごとく感じられた。頭はKのことで一杯。小康と大きな不安とが。

〃K〃とわかれて

先生もつと書いてとしたいきしその子のまなこ今も眼にあり

まど近く前より二列教室にありし姿のわすろえぬかも

さようならといいもはてずに逃ぐるがごと去りゆきにけりあわれその子は

アフター・ケアー

ともかくもKとはかくして別れねばならなかつた。しかしその後私とKとの間には毎日曜ごとにKがこちらへくるか私があちらへ行くかしてずつと交渉が続いた。手紙の往復もひんぱんだつた。こちらの遠足や学芸会など楽しい催しものには必ずKをまねいた。K校でもよく理解してくれた。

私は更にKを担任されるO先生に細かい手紙を書いた。

幸いK校の担任O先生は若い方だつたが、よくKを理解してくれた。そして、つい三ヵ月まえまではKにとつて灰色の学校が今はあざやかな緑の学校としてうつつてきな。

Kは伸びてきた。心も、体も、頭も、態度も。Kから来る手紙は一枚ごとにまとまつてきた。かつての悪友たちの誘いは依然あつたがもはやKにとつてはそれらは何らの権威あるものではなかつた。

学年末がきた。卒業式。Kは努力賞を授与された。ああ、この教師の恩情、うるわしい限りである。私は心から感謝した。もち論、Kも家人も感激したことはいうも更なり。こうしてKは卒業したのである。自己への自信と、人間の愛情とそして学校への信頼をしつかりとつかんで。

おわりに、この頃におけるKの真面目を伝えるエピソード一つ。

十月二十日、晴、この日はこちらの秋の遠足、目的地筑波山。六年生六十五名の児童を引率して早朝O駅から乗車。もちろんKを招く。KとはS駅二番ホームで落ち合う予定。子供達は旅行のよろこびとはじめての山頂突破に胸がなつている。私はS駅でKの顔を見るのに胸がなる。どんな顔をしているのだろうか。しかしどうだ、やがてS駅に着いた私は、ホームはおろか駅前までくまなく探してもKの姿は見当らぬではないか。悪い予感。時間は手紙でもいつてやりこの間日曜に会つた時も再三念をおしたはずだ。どうしたというのだろう。K校でもKがくることを快く承知してくれたはずだし……。そうだバスだ。調べるとKが乗るはずのバスがまだついておらぬ。到着時刻はもうとつくに過ぎているのに。しまつた。だめだ。既にK線下り列車は着いたのだ。子供達を乗車させた私はまた一人で駅前にとつて返した。あと三〇秒。間に合つてくれればいい。発車のベル。無情のベル。私にとつては「試験地獄の鐘」どころの比ではない。Kはまだ見えぬ……。私はコンフリクトにおち入つた。私が行かねば乗車した子供達はどうなる？行けばKは……ああ迷う一匹の羊こそ救わねばならぬのに。一瞬の猶予もない。〃Kよゆるせ〃こう叫んで既に発車している汽車にとび乗つた。

この日の山はよく晴れていた。子供達は楽しそうだつた。しかし私の心は終日Kの上にあつた。〃Kは今頃どこにどうしているのだろう〃山路を登つている時も、山頂にある時も、汽車にゆられている時も……。

夕やみ迫る午後六時、疲れた子供達を率いて乗替時間わずかの急がしいS駅で、O駅への列車に急いでいた私を呼んで走つてくる—Kだ。

「おおKちやんどうしたんだ。」

Kは相変らずの口調でバスが遅れてどうしようもなかつたという。

「そうか、それじやお前は、一日ここで待つていたのか？」

あきれる私に

「うん」

とうなずいたK。ああこのK、Kは一日待つていたのだ。あまりにいじらしくなつて私はもう言うことばがなかつた。Kはこんな子なのだ。今Kが乗つて帰るバスも私達の汽車も発車に間もない。

「Kちやん今度遅れたら大変だ。さあこれ（おみやげ）を持つてすぐ帰れ。この次の日曜日又会おうな」とい」というと

「先生一寸まつて」

という。何だ時間がないというのに、Kは

「先生と食べようと思つて持つてきたおすしとゆで卵をバスまでいつて持つてくるから」というのだ……もう私は完全にKに敗けた。Kはこんな子なのだ。

「うん、よしわかつた。しかし時間がもうだめだ。先生も学校まで行かねばならんし、お時ものり遅れてしまう。とにかくこの次の日曜だ。Kちやん気をつけてな、さあ早く走つて行け。」

「うん、じや先生さよなら」

くるつと向き直つたKはホームを一散にかけて行つた

たくましき歩み

次の中学でのKの変化。思春期を迎える彼。信じつつも私はひそかに不安を感じていた。しかし既にたくましく生きることを知つたKにはそのような私の心配は単なる杞憂でしかなかつた。中学一年、希望に輝いて前進を続け、二年に進んだときKは副委員に選ばれたことを報告してきた。躍進、また躍進である。かつては同級生に嘲笑されたK。今はまつたく皆の信頼を一身に集めるまでになつた。私は感激した。

〃良くやつた、Kちやん、皆の信頼をうらぎるなよ〃

と激励してやつた。

こうしてKは今、中学の最後のコースを健全な足どりで進んでいるのである。

おわりに

最近これらの非行児については多くの診断検査が試みられている。私も当時これを多く使用し得たらもつと科学的なデーターを残し得たかもしれぬ。しかしそれがなかつたばかりにかえつて私はKの心に直に感応するものをつかみ得たのかもしれぬ。

Kが更生したことについては、一時ながら環境が変つたこともたしかに大きな原因の一つになろう。しかしすでに繰り返したように更に根本的なものがあるように私には思われる。Kは再度の転校でなぜ逆行しなかつたかである。

私の現在まで七ヵ年の教員生活の中で真に教師としての自覚を与えてくれたのはさきには遅滞児たち、後にはKとの接触を通してである。理窟でなしに教育の何ものかを教えてくれたのは彼らおよびKである。

さもあらばあれ、Kも今年は中学を卒業する。家ではもう一人前の労働力になつており、ますますたくましい青年として生い立ちつつある。いま私のねがうことは、Kがまじめなしつかりした青年として成人式を迎えることである。

Kとは今でも変りなく時々手紙と体がゆきしている。この夏もKが手がけた梨（Kの実家は梨の本場）を食いにいつたが楽しい一日であつた。

（下館市立第一中学校教諭）

△観察の要領▽

日本教育大学協会第三部會編著（教育実習の手引より）

A観察の方法

観察を正確に、かつ、機敏にするためには、記録の方法を工夫しなければならない。つぎに掲げるものは観察記録の仕方であるが、これは観察の目的や方法に従つて最も都合のよいように適宜に使い分けられるべきものである。

1　行動描写法

この方法は、個々の児童生徒の行動を見たまゝに記録するものである。その解釈は必ず観察事実の記述と別個に記載する。

（例）W児についての行動記録の一節

一月十九日（木曜）第二時限

図画の時間である。Wは姿勢がよくない。上体を右横にひねつて前方に屈んでいる。眼と画用紙との距離は五糎位い。時々鉛筆をなめる。何を書いているかと思つて近寄つて覗いたら、いきなり両手でかくしてしまつた。……

解　釈

「W」はどうしてこのような姿勢をするのだろうか、眼が悪いのだろうか、また何故に自分の作品をかくすのだろうか。……近視か弱視かとにかく眼が悪い。しかし眼の悪いことが姿勢が悪くなつた原因でもなさそうである。この子供の種々な欠点は決して単一な原因には帰せられない。……

その場かぎりの観察でその子の全貌を断定することはできない。ことに人間教育に関する仕事としては、相当長期にわたつて継続的に観察してその累積記録をとることが要望されている。その方法を特に日記法と名づけてとりあげることにする。

2　日記法

日常児童生活に接している間に、見聞する事項を日記式に記録して行つて、資料とするものである。育児日記等の如く長期にわたる観察記録に似たものであつて、方法としては別に新しいものではない。その日の顕著な事象をまとめて記録するため断片的になる恐れもあるが、児童生徒の成長と発達について関心をたかめるためには有効な方法であると言える。

これには、ある一定の児童生徒のみに関する観察日記と、観察者の経験記録との二つがある。

(A)　特定児童の観察日記

これは弟妹のような同一家族のものや、又隣近所の日頃接する機会の多い子供や、担任児童について、ある特定の事項だけを捉えて行くものと、一般にその成長と発達に関し特に重要であると思われる事象を、日記式に記録して行くものとがある。ケース・スタディの重要資料ともなるから、幼少な弟妹をもつ学生はやつてみるがよい。

(例)　M児についての観察記録
(生年月日、住所、家庭状況、身体状況、病歴等は巻頭に附記する)

月日	時限	場所	観察事項	結果及び所感
四月二〇日	a.m.八、〇〇	公民館前	登校途上の活動	二人の学友と野球の話をしながら、石を拾つて電信柱に当てつこする。距離二十メートル位だがなかなか当らなかつた。
四月三〇日	p.m.四、〇〇	榊神社境内	戸外の活動	五人位の友達とかくれんぼしていた。彼は身軽に高い木に登つてその葉のかげにかくれていた。

(B)　観察経験表

これは特定の児童生徒に限定することなく、広く児童生徒の成長と発達に関する研究資料蒐集、あるいは児童生徒研究の興味を喚起するため実施される。普通の日記の形式でもよいがつぎの表のような記録にすれば後日役立つことが多い。

(例)　児童観察経験表

月日	時限	場所	観察事項	結果	所感
四月五日	P・M 3.00―4.00	運動場	小学校五年生の野球	二チームに分れてゲームする。防禦においてダブルプレーが試みられたが失敗した。ルールは厳格に守られた。	五年生がかゝる高度な技術を試るとはおどろいた。運動技術の発達に関し、これは野球のみの特殊現象であろうか、他の競技ではどうだろうか。
四月一〇日	P・M 1.00―3.00	〇〇劇場内部	映画に対する児童の興味	映画が始まるまでは極めて喧騒で滝壷にはいつたため程やかましい。ベルが鳴るとあちこちで口笛が鳴る。急に静粛となる。映写中は極めて静かであつた。	映画館にはいるとどうしてこんなにはしやぐのだろうか。映画そのものの歓喜のみからだろうか。映画館という非現実的な雰囲気が児童にも大いに影響を与えているかも知れない。

3　行動目録法

児童生徒の特殊の行動について観察記録するために予めその目的にかなうような照査表（Check list）を作つて、その項目に該当する行動の現示とその頻度とを記入する方法である。

（例）W児の個性観察記録の一節

一月二十六日（木）晴（第一時限算数）

	特殊行動	前半 九、〇〇—九、二〇	後半 九、二〇—九、四〇	摘要
1	指を口にくわえる	レ		
2	爪をかむ	レレ	レレレ	
3	舌を出す		レ	
4	鉛筆をなめる	レレレ	レレ	
5	頭をかく	レ		
6	わき見をする	レ	レレ	
7	ニコニコする			
8	ゲラゲラ笑う			
9	爆笑する			
10	泣く			
11	怒る			
12	カンシヤクを起す			
13	無駄話をする			
14	いたずらをする			
15	悪口をいう			
16	ごまかす		レ	できたふりをする
17	うそをいう			
18	口論する			
19	不平をいう			
20	発言する			
21	手をあげる		レ	16と関連する
22	便所へ行く		レ	先生の許可を得る
23				

4　評定尺度法

これは個々の児童生徒の特徴について、その程度を評定して記録する方法である。これは用いる者の熟練によるところが大きく、その信頼性は、資料を蒐集し記録し解釈する技術に依存する。

（例）T学校におけるもの

児童が勤勉であるか、に対する評定尺度としてつぎのような照査表を使用している。

○積極性

1　何もしないで傍観する。
2　与えられた仕事をするが、時々無為傍観する。
3　与えられた仕事をする。
4　主として与えられた仕事をするが時々求めてもする。
5　自ら求めて仕事をする。

○作業量、

1　殆んど何もしない。
2　要求されたことをやつとするが又はそれに達しない。
3　要求されたことだけ果す。
4　時々要求された以上のことをする。
5　要求された以上のことをする。

○完成に対する意志力

1　怠けて全然仕事をしない。
2　途中で仕事をやめるか他のことをする。
3　仕事を終りまでやろうとするが時間がくるとやめる。
4　仕事を終りまでやるが、時間が来て時々やめることもある。
5　仕事を終り迄やりとおす。

○規律性

1　何をやつているか分らないほどである。
2　非常にだらしがない。
3　やゝだらしない時もあるが普通程度である。
4　比較的正しく仕事をする。
5　仕事を規則正しくきちんとする。

○いやな仕事に対して

1　自分の好きなことしかしない。
2　自分の好きなことしかしない。強制されるといやいやする。
3　自分の好きな事を主にやるが、命ぜられればいやなことをもする。
4　人のいやがる仕事もするが進んではやらない。
5　得意でない仕事も人のいやがる仕事もする。

5　図示法

観察の結果を一連の図によつてまとめる方法であつて刻々に生起する事象を簡単な記号で表現して行くものである。学級児童の一般動静や交友関係等の記録に適切である。

（例）教室における児童の活動観察の一例

1月26日（木）第一時限社会科単元「雪の家」

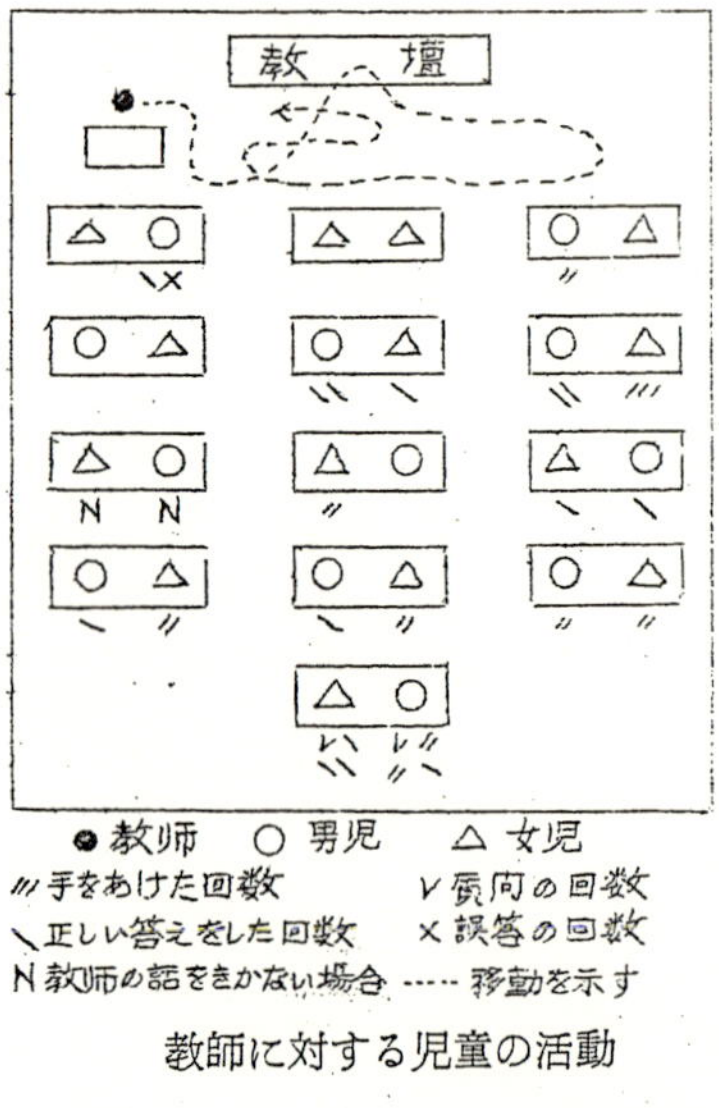

教師に対する児童の活動

1 B 観察事項

幼児の観察

幼児の生活や活動は比較的単純であるから観察が容易である。けれども幼児はあどけなくて、その自由な自然的活動を観察していると、だれしも児童研究に対する意欲が湧いてくるであろう。また観察の初歩的訓練をすることができる。

観察事項	着眼点	摘要
一、幼児の遊び	1、どんな遊びをしているか 2、どんな場所で遊んでいるか 3、どんな人と遊んでいるか	一、行動目録法による記録が適当である。
二、先生に対する行動	1、どんなことに一番世話がやけるか 2、どんなことに逆らうか	一、行動目録法と行動描写法との併用
三、遊び仲間に対する態度	1、遊びにおける対友人行動（友好的か、協同的か、競争的か、反抗的か、傍観的か） 2、けんかはしないか	一、行動目録法と行動描写法との併用

観察テーマの例

① 幼児は一般にどんな遊びを好むか。

② 幼児の喧嘩はどんな時に最も起りやすいか。又そのおさまり方如何。

③ 幼児の遊びと成人の遊びとの根本的な違いはどこにあるか。

2 児童の観察

（A）低学年児童の教室における活動の観察の例

観察事項	着眼点	摘要
一、授業中における児童の活動	1、教室における第一印象はどうか 2、児童の教師に対する行動はどうか 3、級友に対する行動はどうか 4、ノート、教科書、その他の教具、学用品の取扱いはどうか	一、対象は低学年の学級児童である。 二、記録方法は行動目録法と行動描写法の併用が適当である。
二、休時間中の児童の活動	1、休時間中合図のベルに対する児童の反応 2、休時間にはどんなことをしているか 3、休時間中の遊びはどんな遊びか 4、便所に行く子と行かない子	

観察テーマの例

① 教室にはいつて最初に感じたことは何か。

② 授業時間中落ちつきのない児童の休時間中の行動についての観察

（B）高学年児童の教室における活動の観察、これは（A）と同じ要領で行われる。

観察テーマの例

① 算数の不得意な児童が算数の時間にどのような行動をとつているか。

② 休憩時間中の行動を学年別に観察してその変化を比較してみよ。

（C）児童の個人差の観察の例

観察事項		着眼点	摘要
一、個人差の発見		1、この学級の児童につき比較的同質的な点は何か 2、ちよつと見て最も違う点は何か 3 特殊児童はいないか	一、対象は低学年の学級児童
二、特定児童について	1、身体	1、体格、姿勢、血色、元気 2、身のまわりの清潔さ（髪、爪、手足、服装） 3、身体的欠陥の有無	
	2、知的活動	1、質問（その時期、事態及内容） 2、応答 3、好奇心 4、言語の明瞭さ 5、その他各種反応の遅速	
	3、社会的情緒的活動	1、教師に対する態度動作（礼儀、尊敬、服従、反抗等） 2、級友に対する態度動作	

観察のテーマ例

① この学級内の児童で比較的目立つ児童はだれか、その目立つた資料。

② 教師は児童の個人差についてどんな考慮を払つていたか。

（一定時間の観察の結果から）

（D）児童の学習活動の観察の例

観察事項	着眼点	摘要
一、児童の学習態度	1、課業に対する興味の有無（勤勉、怠惰、反抗、拒否、注意集中並びに持続性等） 2、児童の学習に対する安定感（はにかみ、無言、無為、傍観等）	一、対象は低学年の学級児童である。 二、記録は行動目録法、行動描写法が適切である。
二、児童の要求	1、教師に対してどんなことを要求するか（発言） 2、どんなことを質問するか（その内容、その時の事態） 3、となりの児童との話の内容あるいはその態度	
三、教師の態度	1、学習をいかに動機づけているか 2、成功した児童（正答）に対する態度 3、失敗した児童（誤答）に対する態度	

観察テーマの例

① 討論の場合、児童生徒の活動はどのように進められたか。

② 教師の質問はどのような目的のために発せられたか。

③ 単元学習において視聴覚教員がどのように活用されたか、

④ 学習課題はどのような考慮のもとに課されているか。

⑤ 問題解決における教師と児童生徒との関係はどのようであつたか。

3　生徒の観察

（E）生徒の学級生活の観察の例

観察事項	着眼点	摘要
一、生徒の学習態度	1、如何なる態度で学習しているか（勤勉、怠惰、恐怖、心配、反抗等） 2、自ら進んで学習しているか又嫌々ながら学習しているか	一、対象は中学二、三年の生徒
二、生徒の民主的な学級活動	1、学級の活動は協同的であるか 2、学級の活動において男女性別の関係が問われているか 3、互に信頼し、敬愛しあつているか 4、利己的な策略を用いているか 5、教師の指示、命令、禁止はどの程度であるか	二、行動目録法、評定尺度法、図示法等を適宜併用する

観察テーマの例

① 学級活動における性別による差異点

② 学級内の友人構造はどうなつているか

（F）個人差の観察

この観察の事項は、学級で目立つ生徒、学級内生徒の同異点、特異な生活の有無、眼鏡を用いている生徒の数、性別によると差異等によつて個人差を発見し、つぎに、そのような個人差に対して教師のとつている態度等があげられる。

また、身体及び健康については、体格、姿勢、血色、髪爪、服装等の手入れ、身体的欠陥の有無、知的活動については、質問、応答の正誤、言語の明瞭度、その他の反応の遅速。社会的情緒的活動については、教師に対する態度、動作（礼儀、尊敬、拒否、抵抗）。級友に対する態度動作（協同、競争、対立、尊敬、信頼等）などがあげられる。

この観察の対象は中学一、二年の生徒。記録法は行動目録法、評定尺度法、行動描写法を併用する。

観察テーマの例

① 生徒にはどのような個人差がみられるか。

② 指導を個別化するために教科書、教具、諸資料はどのように扱われているか。

（G）学習活動の観察

① 生活の学習態度については、課業に対する興味の有無（勤勉、怠惰、反抗、傍観、注意の集中、持続性）。生徒の学習に対する安全感（はにかみ拒否、孤立）等。

② 生徒の要求については、発言（教師、学友に対する要求質問内容）等

③ 教師の態度については、学習をいかに動機づけているか。生徒の成功（正答）失敗（誤答）の処置。宿題の与え方等。対象は中学校一、二年の生徒。記録法は行動目録法、評定尺度法、行動描写法を併用する。

観察テーマの例

① 学習指導における教師の活動を観察せよ。

② 学級において動機づけ、要求水準、及び代償行動の具体的なものを発見せよ。

（H）民主的活動の観察

① 生徒の民主的活動については、お互に協同的であるか、お互に相手の人格を尊重しているか、互に信頼し尊敬し合つているか、競争場面において利己的策略が用いられていないか、男女性別に差異のある行動がとられているかなどがあげられる

② 教師の態度及び動作については、生徒の行動に対する禁止命令はどの程度であるか、どんな指示を与えるか、生徒の要求をどのように処理しているか等について観察し、対象は中学校二、三年の生徒である。記録法は主として行動目録法による

△事例研究について▽

1 事例研究の目的

事例研究は特殊な児童生徒の行動を正しく指導するために、その人格性と環境との二つの方面について過去、現在における行動の諸事例に基ずいて、その原因の所在を明らかにしようとするものである。

2 事例研究の方法

① 特定の児童生徒を選定する。

② 資料を提供して貰い、行動の継続観察をすゝめる。逸話や記録を毎日集積するとともに、知的、社会的、情緒的、身体的な見地から作成された行動目録によつて照査する。

③ 担任教官の許可を得て実験的な観察をすることも必要である。

④ 成績物、作品、観察記録等を調査して注目すべき傾向の分析を行う。知能検査、性格検査も参考にする。

⑤ 交友関係図（ソシオグラム）を作成し交友関係を明らかにする。

3 事例研究実施上の注意

① 児童生徒を集団から切りはなして孤立的事象として観察しない。

② 児童生徒に、調査されているという疑念を生ぜしめて、閉ざされた状態においこまない。

③ 探索的な興味にかられて立入つた調査にならない。

④ 秘密を守る。

⑤ 児童生徒の事例研究のために学級活動を阻害してはならない。学級または教科担任教官とよく連絡を保つてその指導の下に行う。

4 事例研究の記録形式

① 児童生徒の現状についてその行動、学習、教師との関係。

② 心理学的諸検査―知能、学力、性格、適応性、教科的適性。

③ 交友関係―年上、同年輩、年下。

④ 家庭関係―家族、社会的地位、経済状態、住居職業、生活水準、文化的施設。

⑤ 近隣環境―経済的、衛生的、文化的、娯楽的。

⑥ 身体の発育状況。

⑦ 診断

⑧ 指導の方針

つぎに事例研究の例を示そう。（全国附属学校連盟研究委員会、附属学校年鑑、一九四九年度版、学芸図書株式会社）

▲遅進児童の場合

小山信一（仮名）（東京都〇〇小学校第四学年児童、年令十四年四ケ月）

一、児童に関する資料概要

A、問題と思われる点（担任教諭の所見）

1、知能に比して学力が劣等である。最劣児三人中の一人。知能検査の結果は

検査年月日	名　称	知能偏差値	標準	学級の中央値
一九四八、二、十二	田中B式	四二	五〇	四七

2、級友四四人中二二人から嫌われていること。
理由は、乱暴する、勉強ができない。

B　健康および身体発育（学籍簿、学校医の所見）
身長、体重、姿勢、視力、聴力等の検査の諸記録病歴は麻疹（四歳）。現在問題の点は口臭（買喰癖と関係あり）、軽度のトラホーム、不潔。

C　学業関係事項（学籍簿、担任教諭の所見）
一九四五年―十一月三〇日〇〇県〇〇郡T村小学校より転学。
行動の評価、学習の評価は別表の通りであるが、問題の点を要約とすると、

1、行動に関して
二年―粗野、怠慢、根気乏しく、痴呆的な面濃厚、級中の嫌われ者、特技はスポーツ
三年―破壊的、気力充溢、動作敏捷、自分の思いついたことを善悪におかまいなく堂々と実行奔放自由な行動、机の蓋に彫刻する。よく忘れ物をする。腕白大将、級友とよく喧嘩をする。女児をいじめる。特技はスポーツ
四年―心に思つていることと反対のことを言つたりしたりする。強者に牛耳られやすい。弱い者いじめ、冒険的な行動、級友から相手にされない。家の手伝（品物の配達をするようになつた、自転車で）。姉を尊敬。特技はスポーツ

2、学習に関して
二年―挙手するが正答でない。本はほとんど読めない。一年程度の計算もできない。手先のことは乱暴でまとまらない。学習意欲皆無。知的には遅鈍。体育においては敏捷で、強じんな体力を有するが不まじめである。
三年―学習意欲が極めて沈滞し、学習に対して無関心で、何かいたずらをしてよく注意される知能、技能ともに水準以下だが、比較的技能方面がよい。就中体育において然り。
四年―能力に応じた課題さえ与えれば積極的にやる。適切な賞讃はよい結果を生む。

3、教師との関係に関して
一年―山形県に疎開当時は若い女教師が担任であつたが、この児童が級友にいじめられたとき庇つてやつたのでその女教師に対しては現在も好感をもつている。（母親の所見）

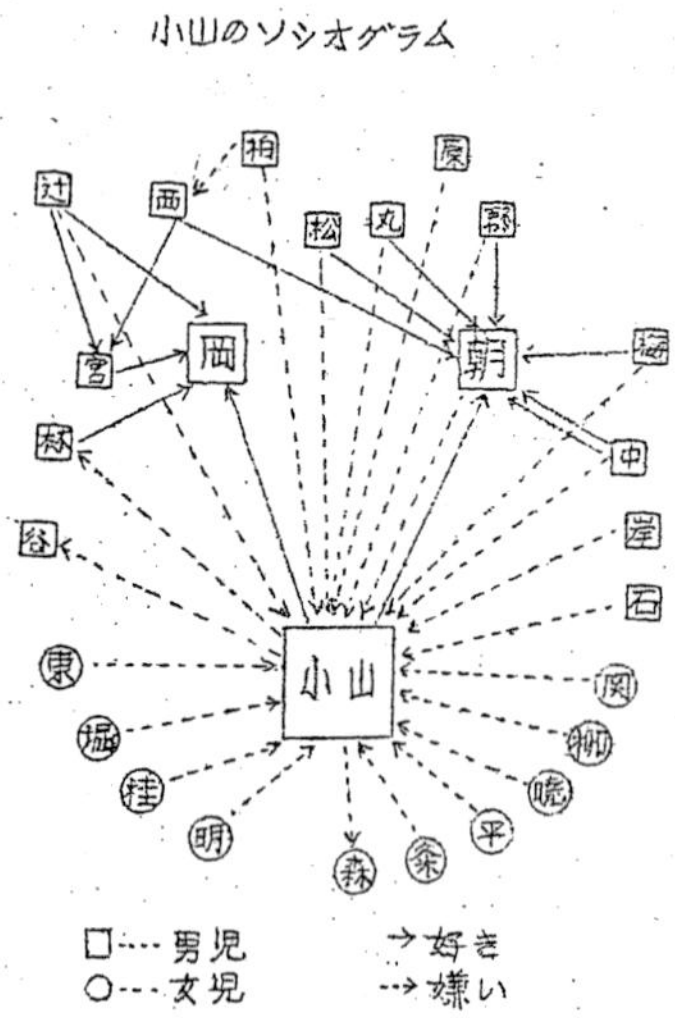

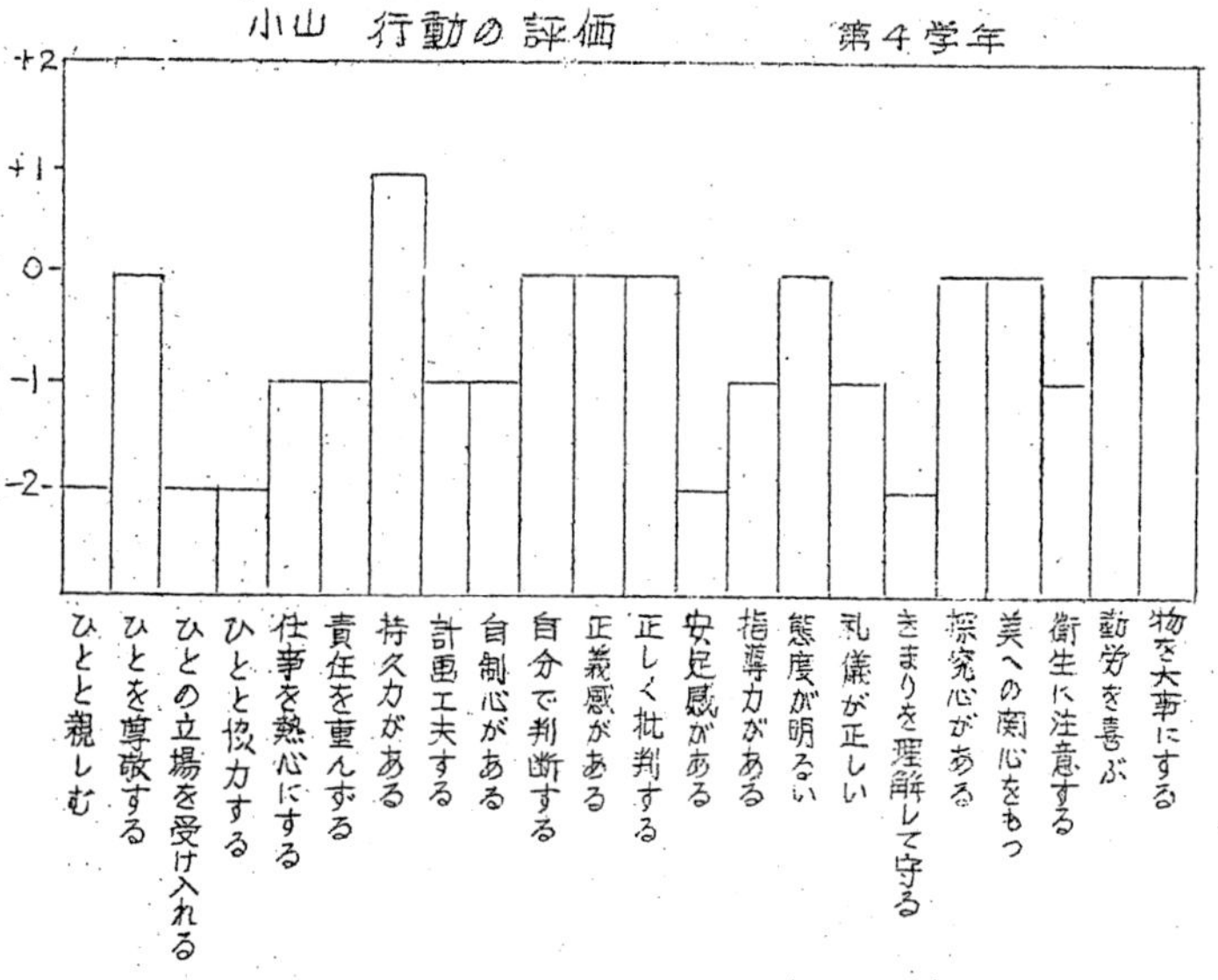

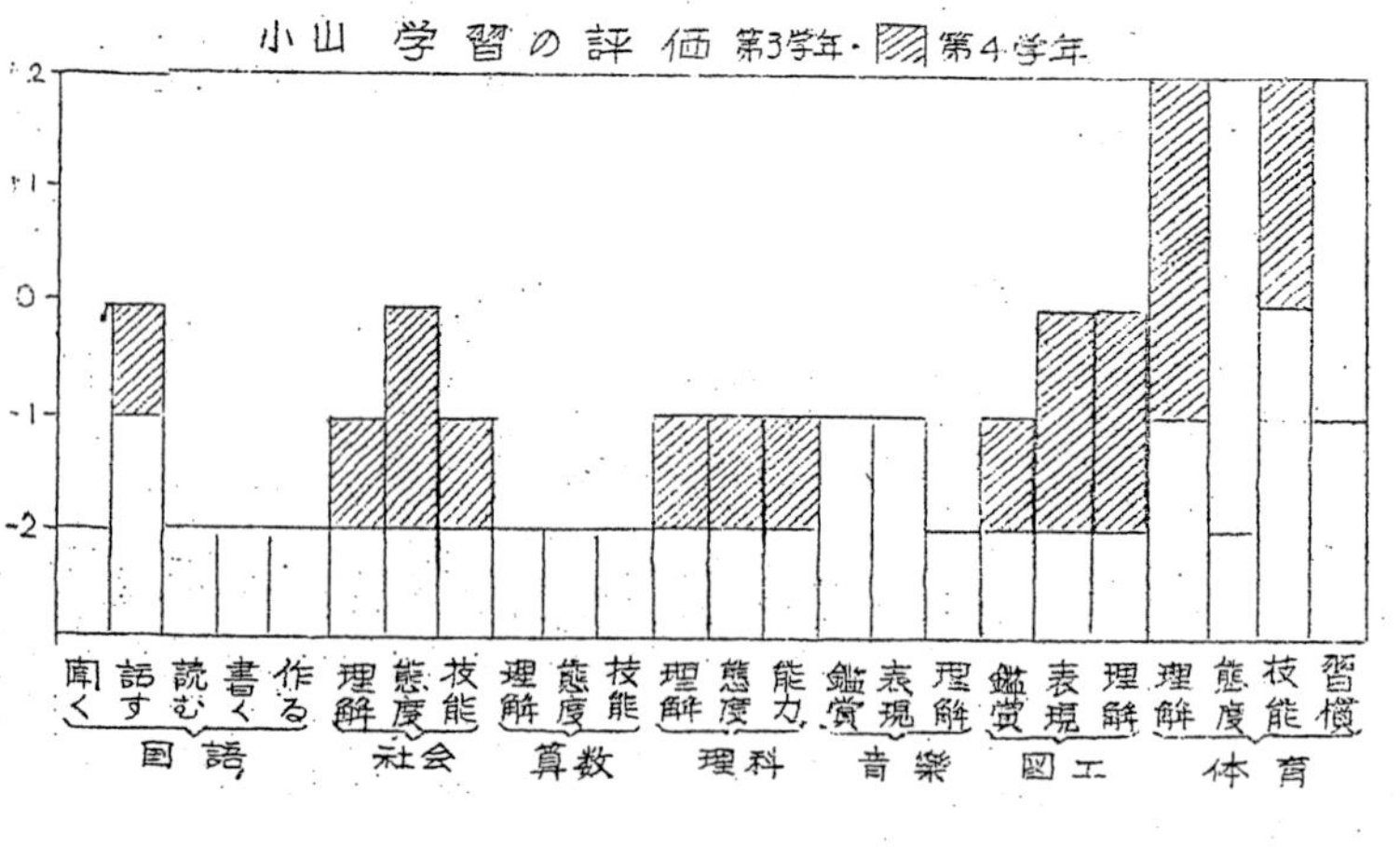

二、三年―劣等児扱いにする教師、特に女教師に対しては反抗的である。そのような女教師に対しては聞えよがしに名前を呼びすてにすることがある。

四年―現在の教師はその児童を個人的に指導するようにしているので、児童の教師に対する態度は極めて良好である。

D　家庭関係事項（学籍簿、家庭訪問）

1、両親、姉、弟に関する事項

父―四四才、中耳炎のため難聴、東京都生れ、高小卒

母―四二才、山形県生れ、高小卒

姉―一七才、新制高等学校（夜間）一年生、学業成績優秀

一四才、新制中学校一年生、西洋舞踊に優れる。

本人―一二才、小学校四年生

弟―八才、小学校一年生、学業成績優秀、兄に教えることがある。

2、経済状態

住居―煤けた板張りの裏長屋、住みついてから十六年経過、四畳半、六畳の二室と土間、児童の勉強部屋はない。入口の附近にチャブ台的机

職業―父は革皮加工業（ハンドバッグ製造）

姉は（一七才）昼間制中学校の給仕

生活水準―普通よりやゝ下の程度か。最近女子用の新しい自転車購入。子供への小遣いは信一の場合は一日平均四〇円

文化的施設―ラジオなし。子供には本、模型玩具、運動具等買いたいものはなるべく買つてやる。文化的雰囲気は低調であるが、住居内の整理整頓はよい。

3両親、姉、弟との関係

父―子供に甘い。信一に関しては「頭が悪いから家の仕事の手伝いをさせようと思う」と嘆息的にいう。信一は父親が大へん好きである

母―「お父さんが駄目だから」と父親の態度に対して批判的である。

姉―姉達に対しては尊敬の念をもつている。

弟―弟に対しては極めて親切である。（例、弟がよその子供にいじめられてころばされ泣いていた。それを聞くと飛んでいつてほこりを払いやさしくおんぶして家へ帰つていつた）

家庭は円満で協調的であり、社会に対する態度も普通である。母親が信一の学習を夜みてやることがあるが、一般に子供に対する規則的習慣のしつけに対してはやゝ無関心である。近所の人達は、「信一君が悪いのは親が甘やかし過ぎ子供が何をしているか無関心だからだ」と評している。

E　交友関係事項（母親、近所の人、同級生との面接観察、質問紙等）

1、疎開時代

疎開児として土地の子供にいじめられ、学校に行くことを嫌がり欠席することが多かつた。ある時は顔面に石をぶつつけられて血を流して帰宅したことがあつた。母親は見かねて担任教師を訪問して事情を訴えた。担任教師が悪童たちに注意したのでその後は余りひどい迫害はなかつたが、信一は学校に行くことを楽しまなかつた。

2、東京における近隣の雰囲気

経済的―裏長屋

道徳的―二〇メートルをへだてて、花柳街、私娼の町がある。

衛生状態―人口密集してごみ〳〵しており、一日中うす暗い感じ、悪臭をはなつ、病気に感染するのをおそれて近くの銭湯へ行かず、行くときは遠くの銭湯へ行くが入浴回数は少い

遊び場所―三〇〇メートル離れて公園があるが余り利用されず小路で遊んでいることが多い

飴売りの紙芝居が一日二―三種廻つてくる。

3、幼児期の交友（疎開前）

信一と同じ頃に生れた子供が近所に五人位いたが、五才位いまでのうちに全部死んでしまつて信一、一人だけ残る。同年輩の遊び友達がいなくなつたので五つ年上バカといわれている子供とよく遊んだ。

4、中学生との関係

一九四八年春、五―六人の中学生のグループに誘われ、手下になつて附近の空地に積んであつた薪を盗む。彼等は信一にそれをノコでひかせて分配、信一は一本ももらえず、つまらぬという。彼等は何か物品を与えねば遊んでやらないという。学校の帰途脅かされ物品を提供したり映画館の入場料を彼等の分まで払う。最近この不良中学生のグループが検挙されたため現在は関係がない。

5、現在の交友関係

自分より五歳位下の幼児の三輪車に乗りそれを

押してもらつて遊んでいる。同級生から嫌われている子供と仲よしである。女児をからかい、いじめる（例、プールで水をひつかける。おしやれをしているといつて冷やかす。土をぶつける。昼食のとき、ウンコだとかゲロだとか、きたないことをいう。いじめて泣かせる。いやだというと無理にいやなことをする。アダ名で呼ぶ。マリ遊びをしているとマリをひつたくつてにげ廻つて喜ぶ。等）ので女児からは特に強く嫌われている。自分より弱い男の同級生の一人に鉛筆をくれという。鉛筆をやらないとぶんなぐつて遊んでやらないという。

F　診　断

A　学力の劣等—読むこと、書くこと、算数の基礎ができないために他の学習も阻害されている話すこと、聞いて理解する力は普通である。

B　劣等感の補償—過去において親も教師も同級生もこの子供を劣等児扱いにしていた。女児や弱い者をいじめるのは劣等感の補償作用であろう。人に認められようとする要求がよくあらわれている行動の例—校舎の三階の窓から樋を伝わつて降下し同級生を驚嘆させ、これを三回繰り返しているところを教師に発見された。

C　技能、運動の優秀—図画も現実的な把握が普通より優れており、運動は水泳もクラスの選手であり、体操スポーツも技術は優秀。

G　指導の方針

A　読むこと、書くこと、算数の基礎について特別指導が必要である。

B　技能、運動の特殊能力を発揮させる機会を与え、自分の長所に対して自信をもたせることが必要である。

C　リンカーンの如き偉人も、最初からあるいは一月にして偉くなつたのではないというような教訓によつて生活態度のたてなおしを決意させることを助けてやる必要がある。

D　児童同志の交友関係、協力して一緒に作業する民主的なあり方について指導（集団的に）することが必要である。

E　買喰癖、眼疾治療、清潔保持に関して両親への助言が必要である。

研究教員を迎えて思うこと（つづき）

指導課長　中山興真

◎自主性

新らしい教育は自主性とか、自発性を尊重する子供は自主的に自発的に学習に参加し、教師も自らの分野を充分に理解して自主的に果さねばならない研究教員諸君の殆んどが、日本でその実態を見て来たようにうかがえる。南風原中校の中村君は「生徒の自主性は非常に尊重され、特にクラブ活動は、自主的に運営され、つくづく羨やましかつた。教師も自主的に教科の研究をしていて他人から云われぬ位熱心であつた」と語つている。自主性は自らの運命を自ら切り開き得る民主的社会人としての中核的要素であつて、そこに人間の思考や行動に対する責任も生じ、その人間の発展も特質の発揮も望まれる。ところでその自主性は、如何にして培われるかであるが、それは自主的にやらせること以外にはない。自主的考察、判断、行動を実際に経験させることである。那覇高校の与嘉良君が「教授法の研究も熱心で、特に生徒の自主性を重んじ、生徒にまかせていた。教師が具体的に計画して実施した場合、生徒がしんみり聞いているのは、一見立派に見えるが、生徒の自主性は、そのようにしては伸ばすことはできない」といつているように、教師が、子供の思考や行動すべき領域にまでは入り込んで、懇切ていねいに学習をすゝめていたら、そのような学習や教育を通じて子供は立派に他律性に富む人間としてでき上るであろう。自我の没却に立つ服従精神の涵養をねらいとした過去の教育においては、学習の展開はすべて教師が計画し、学習中に行われるであろう問答も、作業の内容も時間も一切に亘つて詳細綿密な予定がなされ、教師は学習の中心主体として活動し、生徒児童は教師の発問に答え、説明や解釈をきゝおさめ、書きとめ、命令のまゝに動いておれば、優良の子となり得たのであつた。このような学習に忠実な子供ほど教師なき場合は自らを持てあますことになる。辞書や参考書には親しめず、その活用能力の芽は育たず、また遠足、旅行に際しても教師の命令と号令のないところでは極めて自己を処するにもろいものになる。

新らしい教育から生まれる学力とは実にこの自主的活動を通じて得た力、自己の運命を自ら打開しうる態度であり、能力である。しかしながら私は、自主性を育成する道は「やらせる」ことだといつたが、ただ「自分でやるんだ」「自主的にやれ」といつたところで、やるのは子供である。そのまゝほつておいてはやれないだろう。やりうる状況に置かねばならない。学習ならその計画に参加させることである。そのねらいを明確にしてやることである。更に環境の整備と雰囲気の造成である。行事にしても同様であろう。だから事前においての教師の研究と準備は十分になされることが絶対の必要条件となる。その代り実際指導の場合はできるだけ思い切つて自らの活動を控え、最大に子供に活動の機会を与えねばならない。自主性をねらいとする新しい学習形態は原則として教師の活動時間と子供の活動時間の配分の如何に関連し、学習の効果もそれに比例して決定されるといえないだろうか。子供に自主自発の場と機会を与えよ。

◎しつけ

美しい学校というのがある。校地校舎、施設備品が秩序よく在るべき場所に在つて整理され、それ〳〵の使命を果して無駄なく活用されているのは美しい。一つ一つの草花や家畜が愛情の手を施されて伸ぶべきは伸び、咲くべきは咲き、結ぶべきは結び、怖れず、おのゝかず、それ〳〵の本性に従つて生々と生の営みをしている姿は美しい。全教師と全生徒の間に、理解と信頼と協和と更に努力と寛容の漂う雰囲気も美しいそのようなところには顔をそむけたくなる便所に展開される作者不明のあつぱれなる名絵も、チョークやクレヨンによる勇ましい壁画もない。がた〳〵揺れる片ちんばの腰掛もなければ、ぎざ〳〵に彫刻された机もないだろう。時間におくれたり、時間を無駄にする教師や児童もいない。独りよがりの強情者も、独善者もひねくれも泣き虫も、ごまかしも、へつらいも、日陰者も存在しないだろう。

学校が楽しいからだ。明かるいからだ。そうしてそこには成長と喜びがあるからである。

運天君は「校舎や教室等も墨でよごしたあとが一つもなく、小刀でけずつた机、腰掛一つなかつた。これはしつけ教育の徹底を物語る」

と語り、また「時間の観念に関しては、沖縄の模範であつて、けじめがつき、躾教育が徹底している」「学校が何時見てもきれいであるし、整備が十分ゆきとゞいて塵一つ落ちていない」と中村君と嘉手苅君は述べている。

このことは、その学校の教育効果が高いことの条件に挙げられたことだけに考えさせられることが大きい又「東京では殆どの学校が整備され、どの教室でもいつでも使えるようになつている。訓育の面でも、指導要録に書かれている通り実施され、教育目的を達成するために法に決められている範囲においてどのようなことがのぞましいかを常に研究している」と世嘉良君からきいた。

わが沖縄は物に乏しい。環境の整備には困難性が伴うが、しかしそれだけに物を大切にし、整理し、その最大の活用については創意と工夫は特に必要ではないだろうか。中戸、雨戸に穴があいたまゝになつたり、箒がなぎなたに化げたり、休暇中職員室の湯呑みの中に一杯吸殻がお茶汁と共に放置されたり、教室の机や腰掛が脚を天井に向けたまゝ転つたりしては、そこからは「すさみのしつけ」こそ生れ、「美しいしつけ」は生れないであろう。だがしかし「しつけ」は命令でも育たない。標語からも生れない。よい躾はよい場から生れ、よい場に育つものである。よい場は子供を大切にするという信念に徹すし、子供に対する正しい理解と豊かな抱擁と適切な指導と強い実践力の中から自ら造成されるものだと思う。命令や標語は外からする力であるが、場は内からする力である。外からの力は体の一部分である耳にはひゞき、眼には映つてもそれがなくなると消えやすいが、内からの力は心と共に全身にひゞき常に自分と共にあつて行動の習慣性を作る。

◎讀める人

これも運天君の体験みやげだが、運天君が国語の補欠授業に行つて、「読める人」とやつたそうだ。運天君は子供たちが目をパチパチさせていたので困つてしまつたが後できいてみると、「先生、本を読めない人がありますか」とやられたというのである。

思えばこの「読める人」という用語は「できる人」と共に教壇に立つた時の教師のみの発する特殊のことばである。おそらく従来の国語教壇における教師の最初の一発でもあつただろう。これは教壇経験年数の長短、男女の如何を問わず、如何なる教師と雖もこれを実演しないものはなかつたであろう。

否未経験者の教壇生活入門の第一歩から実践すべき用語でもあつたのである。それは教師として身に体すべき極めて重要な用語だつたからである。運天君もしつかり身に体していた次第である。

然らばこの重宝なる用語を創作した偉大なる人物は誰だろう。また何時の時代の遺物だろう。それは知る由もない。知る由もないくらい遠い祖先の出来事にちがいない。おそらく近代の教育形態が創設されると同時に然かも最初に教壇に立つた人が無意識の中におのずからみたした一言だつたにちがいない。従つて作者は不明である。そうして次々の世代に引継や指導されることなしにめん〱として今日に伝わつたと考えられる。実に文化財的存在である。豈運天君を笑うべけんやである。ところでこの普遍性と永続性に努む用語の重宝なるユエンをたずねてみよう。

爾来国語指導は、読みに始り読みに終るとされていた。まず、読まなければならない。そんな理屈は解するまでもなく未経験の国語授業に当つて本を開かせた瞬間、まず読む活動から始めることは自然のなりゆきであつた。「読める人」と来るのは極めて自然であり国語教育における当然性を誰人でも肯定せざるを得ない。ところでこの「読める人」という用語を活用する趣旨は、読める子供は誰か、それに読ましてやろう。読めない箇所が読めるようにしてやる、ということ、もう一つには、これはついでのねらいという程度ではあろうが、「読める人」のする挙手によつて他の競争心又は努力心を刺激しようというところもあつたと考えられる。しかし、以上の趣旨からはこの用語の重宝なるユエンは納得できない。結局、その重宝なるユエンはこうである。趣旨は趣旨であろうで、なかろうが授業の進行は次の通りである。

教師は、挙手の中から順次必要に応じ指名して読みの活動を行い、一教材が完了するまでの毎時間この手を繰り返すのである。粘局一教材の完了までに挙手して読んだ子供の総決算は在籍以上の数になつたかも知れないが、読む子は重複しても、読まない子は依然として読まない。その数も読まない子は相当にあつたことである。

特殊の指導技術をもつ教師の塲合、或は特定の日の塲合を除いては、おそらく読む子は学級の七、八割はよい方で大体は半数以下ではなかつたろうか。然かも読む子は読む子等としての領域が何時の間にか固定的に形成され、変動がないまゝに過ぎて行くのである。その上文に対する読みの深さへの向上などの評価も忘れていたのではなかろうか。かくして一教材は完了し次に進むのである。いうなれば読めない子にこだわつていては前には進めない。読みという活動を特定の代表者によつてなさしめ、全員が読んだことにして済ますのである。これがすべて「読める人」によつて進行される必然の過程であるのだから教師にとつてまことに重宝な用語なるかなである。ところでこの「読める人」から展開された教壇活動を近代的立塲から省みるとしよう。「読める人」といえば読める者は挙手し、読めない子（読めないと思つている子、読もうとしない子）は挙手しないに決つている。教師は挙手を見つけて指名するから読める子が読み、挙手しない子には指名をしないのだから読めない子は読まないことになる。ところが読める子はもう読まなくてもよい子であるから、読めない子こそ読む必要のある子だ。読む必要のない子に読む機会を与え、読む必要のある子には読む機会を与えないことになる。それをくり返している間に読める子は読む役目、読めない子は読まない役目としての学級内における位置を自覚する。読めない子は挙手をする労もなければ、読まされる危険も心配もないから現状を安全地帯として安んじ、打開の意欲も努力も忘れてしまう。こうして年を重ねてその習慣はいよ〱強固となりその位置は自他の確認するところとなる。日々出席には励げんでも、所謂机の番人の資格において読めない字を恨めしく眺めて坐つている苦痛を訴えるすべもなく、何年かの後には卒業証書を握る運命となる。偶々心ある教師ありて、読ませようとしても、もうおそい。子供は予期しない措置に安らかに夢が破られ、教師のこの温情に泣いて感謝すべき心は枯れて、机にしがみついて抵抗することになる。眼を机面に落したまゝ爆弾落下にろうばいし暗黒の世界におのゝくのである。「こんな子に誰がした」ーと子供はいわないけれど「読める人」がしたのである。

子供は均等に学習の機会を与えられねばならない。「読める人」という妙語は一面読めない者がいてもよいことを思わせる。また読まなくても済むという態勢を作らせる。読みのむづかしさの暗示にもなる。子供の能力には差があろうが読めないことはない。読めるのである。読む機会がないから読めないのだ。読む機会を与え、読めるような手を施さねばならない。子供は読みに来るのである。そうして読みたいのである。「読める人」が子供から読む機会と読みへの意欲とを奪いそのことが遅進児を製造するのだ。おそろしいことである。

◎通信簿

「通信簿がなくなつたこともこの学校の特色で、父兄を学校によんで、面談する方法に変つていた」これは真和志中校の前城君のおみやげである。通信簿、通告票、通知票、何れも同じ性質で同じ目的のものである。性格や使命を同じくしながら名称の異なるユエンは法や規則にないからであろう。だからその運用や形式も学校によつて異つているのである。だが事実は様式も各学校殆ど一律であり、発行も学期の終りとして年三回、二回や四回はあまりきいたことがない。運用に至つては保護者所見欄も空白が多く、捺印の実行にも困難性がなかつたか。こう省みると一考に価する問題となろう。

通信簿は子供の成長と幸福のために法を超えてなされる積極的な教育上の手法と思う。子供の実態とその原因を語り合い、父兄、教師相互の正しい認識と協力によつて子供の現在及将来について適切な指導の方途を求める教育的手段と考える。だからそれが、形式化したり、慣習的に流れては、その意義を失うばかりでなく非教育的結果を作ることもある。通信簿が単に教師の机と家庭のひき出しとの往復に終つたり、好ましからざる盗印事件が起つては通信簿が泣くであろう。通信簿を通じて教師の所見が確実父兄に伝わり、父兄の所見が確実教師に伝わらねば効果はない。通信簿は調製が目的ではない。調製されたものが生かされるためにはそれを生かす方法を考えねばなるまい。私は通信簿の意義と効果を強調したいのであるが、運用の適正を欠いた時危険を伴うことを心配するものである。前城君の語る学校ではその危険を見出したのか、或はよりよい方途としてこれを廃し懇談会を採つたのかその何れかであることが想像できる。

私は通信簿をどのような内容にし、それを如何に表現し、その活用を如何にすべきかということが気になる。私が尋常一年の一学期終了の日に、受持の先生からいたゞいた一枚のカードは通信簿であつた。その意味も分らずに手にして帰るところを大きい上級生がそれを取り上げて「みんなコウだな」といつて返してくれたことを今もはつきり憶えている。　しかしその時「コウ」というものゝ意味は分らないまゝに家へ帰つたのであるが、たしか甲という字が並んでいた。その後小学校の八年間、丙はなかつたが乙が加わり師範学校では、或教科に丙をいたゞき「卒業見込み危し」の警告を受けて心配したことがある。

それから平均甲平均乙というものがあつて平均丁は停級ということになつていた。甲の数と乙の数を比べたり、平均の甲乙で安心したり心配したりもした。又国語、算術が乙を、図画、音楽、体操の甲より誇りとし、国語、算術の丙は恐れても所謂芸能科の丙は心配することをしなかつた。かくして何時の間にか甲という字に敬意を表し丙丁に劣意を感ずる習慣となつたのである。講演者が事例を語る時に、甲という人物、乙という人物等という場合の甲、乙には単なる符号として優劣感は起らないが、学級名では丙組、丁組を気にする向もあつた。学校の種別にも徴兵にも甲種乙種があつた。このようにして甲、乙、丙、丁はそのものゝ価値の順位を表示するものとなり、甲に尊敬と優位と親しみを感じ丙、丁に侮蔑と劣位と嫌意を感ずるようになつていた。甲を乙に対して優位を表示し丙、丁が劣位を表示する符号或は標語に使用された理由は浅学にして知らないのであるが、本来これらの文字の第一義はその相対的位置を表示するものではなかつたであろう。

甲、乙、丙、丁が優良可に変り、やがてABCに改められたのであるが、これらの標語の立つている基礎は数字であつた。

子供の具体的実態はそこからは知ることができない標語や符号はその位置を示すのに過ぎない。それはどこまでも相対的であり抽象的である。絶対性に立ち具体性のないところからその子供を成長させるための確実な資料も適正な指導の方法も生れては来ない。+2や0や-1もそればかりではいつの間にか符号の尊重となり抽象的激励や訓戒はあつても温かい指導の手がかりは発見できないであろう。その手がかりとなる通信簿を調製しそれを中心に親しみを以つて父兄との建設的懇談が望しいのではないか。

テストは子供を育てるために

ついでにこの問題に関連あるものとして、数年前或機会に発表した小文をつけ加えることを許してもらいたい。

旧来の評価は考査という名目の下にまことに機械的

に然かも知識の記憶量の測定として行われたもので、考査される者の全的人間には何ら触れようともしなかつた。然かるにそれが在学中は勿論、時には卒業後もその者に対す評価となり、その生徒観を成立せしめていたものである。その上強いて順位というものを考慮し、その序列によつて生徒の真価まで決定づけようとすらしたことである。思えば、甲乙丙丁が十点法の数字に変り、次に優良可に移り、更にＡＢＣに進んでも依然としてその根底には知的記憶の量的測定法がひそみ、測定結果を数字的にしぼり出し、それを前記標語に換算したに過ぎなかつた。

斯くて甲という字に優位の内容を感じ、丁という字に劣位の内容を感ずる錯覚に陥つたり、又、換算法という妙法を案出して標語に到達する便法を講じたり、遂に今日評価という語が生れても尚甲乙、丙丁時代の観念の底流に悩まされてはいないだろうか。

数字がうまく現われる様に工夫された巧妙なる方法によつて行われる学習評価は個々の子供の全人としての真価を没却してまでこれを強行するばかりで個々の子供の将来の学習活動の指導には何等の貢献することができず却つて子供を試験逃避、試験恐怖に追い込んでいつたのである。その結果はそれ許りではなかつたいたずらに記憶の競争場裡の出現となり、受験対策の不正行為すら敢えてする不徳漢の養成となり、息詰まるような学友間の反目を生み、進んでは見苦しい優、中、劣の階級グループを、学園と称さるべき所に作るに至つたことは余りにも多く見受けた現象であつた。平等に楽しかるべき卒業修業の日に、虚栄に満ち自尊に誇る優等生に属する親と子がその日を我が日と振舞い、教師にこびる醜さすら演じかねない一方においてその日の来ることを此の世に地獄を迎える如く、年々幼い胸を痛め、その日ともなれば、あきらめと意地に校舎の蔭に此の世をかこち、自己の悲運に泣く劣等生又、その親は可愛い我が子のため、学校や教師に対する面子もあつて、断腸の痛みを抑えて式場には臨んでも、その日の夕食の卓上に罪なき不びんの我が子を恥かしめたことがなかつたと誰が云えよう。子供を学校に送つたばかりに出現するこの悲劇。このような子供の家庭ではたしかに学校の行事は我が子のためのものではなかつた。いつの間にか賞状権を持つ子供のためのものだという感情的解釈を確立し、校門をくゞる辛さに学校を逃避していたにちがいない。学校がこうした無自覚な処置を何の反省もなく久しく踏襲して来て何の学園といゝたくなる。学校こそは弱き者、幼き者至らざる者程必要であるのに、明らかに強き者、すぐれたる者、至れる者のために有り難いところと化していたのである。

彼の名誉ある優等生は果して全員が社会の優等生となり、人類に貢献し、彼の劣等生の全員が社会の劣等生となりしか。こゝにわれ〳〵新時代の教育者は、時代の覚醒と共に大いなる内省と、驚嘆と転換を誓わねばならぬ。

一体テストの結果の数字的算出が何を意味するかいまだに私にはわからない。集団としての統計の基礎を得るためなら別だが個々にとつての意味がわからないまして他と比較することによつて生ずる序列が何になるかもわからない。相対観に立つて決定づけられたその子供の位置がその子供の将来と何の関係があるか。テストを行えば直ちに点数に換算したがつたり、換算しなければ承知のできない換算型教師は困つたものだ数字的に表示しなくても湯川博士や野口英世やアインシュタインは生れねばならない。順位や序列を決めなくても偉大な学者や政治家は生れ社会への貢献者は作られねばならない。進学上の手続のために取り扱われる書類形式が教育現場における唯一の根本的教育処理と考える誤謬に落ちてはいないだろうか。

思うことはもつとあるのだが以上の問題にぐず〳〵している間に疲れてもう筆が進みません。問題を提供して下さつた諸君の解釈に反したかも知れませんが許して下さい。皆さんの御自重と御奮斗をお願いして終りとします。

投稿案内

一、教育に関する論説、実践記録、研究発表、特別教育活動、我が校の歩み、P・T・A活動の状況、社会教育活動、その他
原稿用紙五〇〇字詰一〇枚以内

一、短歌　俳句　川柳
※五首以上

一、随筆　詩、その他
※原稿用紙(四百字詰)五枚以内

一、原稿は毎月十日締切り

一、原稿の取捨は当課に一任願います。御了承の程を、

一、原稿は御返し致しません。

一、宛先　文教局研究調査課係

学校めぐり

久米島に拾う

金城順一

去る十一月末から十二月にかけて約二週間、学力水準テストの実施並に学校訪問の日程で久米島を訪れた。

島内各学校の先生方の援助と努力によつて地区全校のテストと標本抽出校のテストも終了したので、予定通り学校訪問を始める事にした。短期間に全校を一巡したので、各校の先生方とゆつくり話し合う機会は割に少なかつたが、校長さん方や中堅教員の一部の方々と意見を交換し合つたので、どうやら久米島教育の現況の一端を知る事が出来たのは幸であつた。

久米島地区は戦前から教育熱のある処で、従つて小、中校の教員組織も師範卒のれつきとした先生方が揃つている点、他地区に比して勝るとも劣らない強味がある様だ。そのほか島内出身の有能な先生方が、他地区の小、中、高校にまで進出して活躍している方も相当数居る様で、この点久米島は輸出超過という処。この事は当地区の現在の平均教員給が全琉最高位の四、七〇七円で那覇地区がこれに次ぎ、最下位の前原地区との差が三六六円という学務課の資料からも窺知出来る但しこの数字は高校は含まれていない事を御承知願いたい。

とにかく戦前からの教育経験者が多数居るという事は、久米島教育の堅実性を裏付ける一要素になり得ると思うが、他面離島であるという事と人事交流の困難性から、今後幾多の研究すべき教育問題がこゝに内藏されている様にも思われる。

教職員の進路が天井打ちの状態にある島の特殊事情は、やゝもすると清新溌らつの気がうすれ、すべての面がマンネリズムに落ち入る可能性がある事を注意せねばなるまい。特にこの島の様な全小中校が十校にも足らぬ小さい地区でしかも本島から五十浬も離れているために現状の教職員が他地区の教育現場の実態に接する機会に恵まれぬ離島に於いては特にその危険性があると思う。

この問題の解決策は教職員の生活の安定を計つて人事交流の基盤を確立し、各教育地区の他地区に対する全面的な門戸開放を実践にうつす事によつてのみ達成し得るのではなかろうか。

地区に於けるセクショナリズムな考え方による教育人事から来る教育に対する安易な考え方、研究意欲の不振等がどんなに現状の空気を沈滞させるかという事を吾々は充分に考えていきたい。特にこの事が政治的な或る種の動きと、混線する様なことが仮りにあるとすれば、その弊害は教職員のみに止まらず、いたいけな児童、生徒にまでその害毒が波及するという事を充分に銘記すべきである。

教育委員会は人事交流に関しては偏狭な考え方に捉われる事なく、純教育的な公正な立場から実施して戴きたいものである。そのためには門戸を開放して、子弟のために広く人材を天下に求める気概と熱意がほしい。即ち蜀の劉備が三顧の礼を以て諸葛孔明を迎えた昔の故事に倣うべきである。

以上の様に今後研究解決すべき問題点を孕みつゝも島の先生方が絶ゆまざる教育研究熱と努力によつて、地味ではあるが堅実な教育の基盤を築きつゝあるという事は非常に喜ばしい事である。特に三十代以下の若い男女教師が真剣に教育にとつ組み、求むる心の甚だ切なるものがある事を知り愉快に堪えなかつた。複雑且つ困難な問題を多分に内蔵している沖縄の現実の社会に対決して日夜その打開策に苦斗している若い有為な先生方が相当数居る事を特記しておく。

唯一つ、この様な有為な先生方の教育に対する熱意を裏付ける教育予算が種々の事情によつて順調に現場に供給されず、空手形になる傾向があるのは遺憾な事である。当局の努力によつて一日も早く教育税の徴税成績が向上する事によつて現状の教育活動が、いやが上にも進展する様祈つて止まない。

教育内容や、その取扱いに就いての研究も種々工夫をこらして逐次成績をあげている学校や教師もいるが全般的には未だ充分とはいえない様だ。

特に教える教師の側からの教材研究や学習指導法はある程度考究されている様だし、教師もこの面に関しては関心をもつて研究しているが学ぶ児童、生徒の側からの教育研究が足らない様に思われた。この点に就いては何もこの島に限つた事ではなくて、一般的な傾向としてどの地区にも一応は云える事である。例えば教材、教具に対する工夫にしても、説明、使用する教師の側からの便利さはよく考慮されるが、これを利用して自主的に学習を進める児童、生徒の側から見ればいろ〳〵不満があるのではないかと思われる場合がある。学習指導法研究やその他の教育研究の視点を教師の側から児童生徒の側へ移行すべきである事を特に強調して置きたい。

学習環境の整備については、大体どの学校でも留意し、又それ相応に努力も続けているので結構であるが然しこゝで重要な事は、立派な本や実験器具が整えられ、教室の壁に様々の統計、図表や参考図が掲示されたら、それで望ましい教育環境が出来上つたと考えては、少し甘すぎると思う。心理学でいう、学習の基盤としての行動的環境と、単なる物的環境（地理的環境といつてもよかろう）との区別を充分に認識し、教育の場に適応する事が肝要であると思う。

又掲示教育や視聴覚教育の立場からみて、最少限度の予算で最大限の教育効果を発揮する様、種々研究工夫し、対策を計画実践する事が望ましい。少ない予算をどんなに使つた方が教育的によいかという事を吾々はもつと真剣に考究する必要がある様に思われる。特に沖縄の様な経済的に恵まれぬ地域では予算運営をもつと科学的に研究する事が望ましい。

その点で、種々の廃品や、あり合わせの材料を利用して立派な価値のある教材、教具を考案して学習指導上、その他の面で効果をあげている学校もある。一例を写真に出してあるが、これは島の具志川中校の校庭にある大型の地球儀である。鉄製なので中学のあばれ者がどんなに乱暴に取扱つても破損する恐れがない。

工夫すれば 廃品も 教具となる

戦争後の廃物の機雷を利用して作つたものだが、生徒が自由に取扱える様にしてある点よいと思つた。それに、この近くの校舎の側壁を利用して、メルカトール図法の世界全図をペイントで大きく描き、これを対比して研究が出来る様にした点も一寸面白いアイデアである。

この様に子供達へつぎ込む教育愛を単なる概念的な「情熱」や「信念」だけですますのでなく、具体的な「もの」による裏付けで表現して欲しいと思う。所謂「眼に物をみせる」事が必要である。

その外実験学校として、国語指導上の基礎的研究にこつこつと精進を続けている美崎小学校もあるし、家庭的雰囲気によつて学園が包まれ子供達が幸福そうに勉強していた大岳小校や、熱血校長を先頭に血みどろな苦斗を続けている仲里小校の将来も期待が出来るし、指導授業に愉快に参加し活躍して貰つた清水小学校の子供等の瞳の輝やきも印象的だつた。

以上述べた通りとにかく久米島教育は戦前から引続き今尚健在である。「今日の健在」が「明日の健在」になるためには相当な努力と研究が要るという事を申上げて島の先生方の今後の健斗を祈りたい。

地球は地軸を中心に西から東へ今日も廻り、明日も明後日も永遠に止まる事を忘れて廻転している。この事実を時々想い出して戴きたい。

最後にいろ〳〵世話して戴き、昼は勿論、夜までも退屈する暇もない程、酷使？して戴いた教育長の上江洲先生、宮里、喜久里両先輩並びに喜久里嬢に御礼を申上げたい。

お蔭で帰庁後、久米島での酷使？のたゝりか年末から正月の二日にかけて足掛け二ヵ年寝込んでしまつて新年の味も知らずに過してしまつた事を告白してペンをおく。（筆者指導主事）

中央教育委員会々議概況（自一九五四年一月 至一九五四年十二月）

会議回数	会期	主なる議題並びに、実施事項
第一四回	五日間 自一、一五 至一、一九	○産業教育振興計畫答申について（報告） ○委員会議長選挙（議案第一号） 議長　仲井間宗一（再選） 副議長　森山徳吉 ○布令第六六号改正要請案について（議案第二号） ○教育課程委員会設置規則について（議案第六号）
第一五回	三日間 自二、九 至二、十一	○首席民政官代理 DRバターソン大佐訪問 校舎割当に対して感謝御礼 教員待遇改善について要請 （教育長、校長代表同行）
第一六回	六日間 自三、卅一 至四、五	○議長選挙 議長　森山徳吉 副議長　石垣朝英 ○教育法規について（協議） ○政府立学校の廢止について（宮古女子高校）
第一七回	六日間 自五、八 至五、一三	○政府立学校教職員職務規程について（議案可決） ○教育長任命について 宜野座地区　大城崇仁 辺土名地区　宮城定蔵 ※六月三十日で森山、照屋両委員は任期満了
第一八回	七日間 自六、二三 至六、二九	○五五年度校舎建築割当について（議案第三号可決） ○公立学校公務災害補償補助について ○学校の設置について（寄宮中学校＝可決） ○免許令施行規則について（可決） ○社会教育主事の職務並びに免許に関する規則（可決）
第一九回	十日間 自八、廿一 至八、三十	○評価委員会の委員依嘱について（可決） ○名護英語学校の廢止について（可決） ○八月九日付で 伊礼肇（全琉委員） 宮城久栄（同右） 森山徳吉（沖縄群島代表） 中村信（同右） ○公立学校設置認可基準について（可決） ○政府立学校々地、校舎の使用規則（可決）
第二十回	八日間 自九、二〇 至九、二七	○琉球教育施行規則の一部改正（可決） ○教育関係諸法規（立法要請案）＝協議 ○一九五五年度教員資質向上研修旅費補助配分基準について（可決） ○八重山開拓地校舎割当について（可決）
第二十一回	六日間 自十一、廿六 至十二、一	○一九五五年度職業高等学校入学者選抜要領（可決） ○一九五五年度公立学校（高等学校）入学者選抜要領助言（可決） ○追認単位認定規程（可決） ○工業高等学校に定時制土木科、漆工科新設について 定時制漆工科の新設は（可決） 土木科の新設は保留 ○一九五六年度予算編成方針（決定） ○開洋高等学校の移転について（可決）

琉球育英会だより（一）

紙面を提供して下さるそうだから、これから号を追つて琉球育英会の紹介をしていきたい。御一読を賜り、青少年諸君へ内容等御紹介下さらば幸甚である。

△

一、琉球育英会はどうして生れたか

戦後、琉球島民は島内に釘づけされていた。随つて各地に高等学校は数多く設立されたが、その卒業生は島内できよくせきする外なく、進学して素質を十分に伸展せしめる途は全く封ぜられ、デカダン的な気分を醸成しつつあつた。この情勢を心配したのと、高い水準において復興させるには、その指導的役割を演ずる人材を必要とし、早急に有為な後継者を育成せねばならぬ必要に迫られ、一般、特に教育界、医療界から熱心な要望となつて、当時の軍政府に陳情した。その結果一九四九年に本土の大学又は専門学校を戦争のために止むなく中退し、現在沖縄にいる六三人の学生を就学せしめ、学資を全額支給するという有難い援助の手をさしのべられたが、これが所謂契約学生のこう矢である。

その後この制度は琉球出身で本土に在住する中退者にも及ぼされ、又新卒の生徒をも選抜の上、年々送りだすことになつて、一九五三年までには計四五一人の多数の学生が、この恩典に浴することになつた。

こうして多大の感謝と希望とを以て迎えられ、実施されて来た契約学生の制度ではあつたが、民政府の方では、一九五二年六月を以てこれを打切る、後は琉球政府で責任を持つようにと通告して来た。
そこで取敢えず当時在学していた約三百人の契約学生は琉球政府で世話をすることにし、政府予算に留学生補助として計上して、一切の責任を引継いだ。が政府ではこの重要事業の効果を上げるためには政府財政のみを以てせず、ひろく一般有志の方々をも参加せしめ、強力な出発をしたがよいとの見地から、琉球育英会を創設して、今後に対処することになつた。そこで一九五二年八月十八日に「琉球育英会法」を制定、越えて五三年三月一日に役員を発令して、茲に琉球育英会は誕生することになつたのである。

二、契約学生と公費学生

契約学生は上述のような経緯で生れ、送られたが、一九五二年六月を以て打切られたので、これからの新採用をどうするかが問題になつた。これを中止することは、折角希望に輝いた青少年を再び失望の深淵に投ずることになり、かと云つて貧弱な政府財政を以てこの制度を持続することは困難なことであつたので、琉球政府は極力日本政府に折衝懇願した結果、こゝに契約学生の制度に代るべき、日本政府の補助による公費生制度が一九五三年三月から実施せられることになつた。

公費学生（正しくは日本政府公費琉球学生）は、日本政府（文部省）が主体となり、選抜決定し、全員国立大学に配置し、滞在費（生活費）を支給する等万般の世話をしているが、琉球育英会も選抜試験を協力実施する外、生活費の一部（契約学生との差額）を支給し、その他学校に納入する諸費用や教科書費、被服費旅費、医療費、煖房費等悉く契約学生と同額の支給をしている。だから、公費学生は、日本政府文部省と琉球育英会両面から殆ど半々くらいの補助を受けていることになるわけである。

この制度による公費学生は現在七六人である。この制度は今後も存続するばかりでなく、現在の採用人員三八人を更に増員したいと目下努力中である。

三、どんな組織になつているか

琉球育英会法によつて、名誉会長一人、会長一人、副会長一人、理事五人、監事二人、評議員、書記若干人をおくことになつている。名誉会長は比嘉行政主席会長志喜屋孝信、副会長島袋全幸、理事は、軍情報教育部長デイフェンダーファー、文教局長真栄田義見、同次長小波蔵政光、沖縄食糧会社々長竹内和三郎、沖縄財団常務理事仲原善忠の諸氏。監事は琉銀大河内清栄、会計検査委員会渡久山寛三の両氏。評議員は教育関係、実業関係数十氏を委嘱、他に顧問（早大総長大浜信泉氏）、書記、寮監、寮母等の陣容である。

事務所は本部が琉球政府文教局内、東京は丸ビル七階七七号室、九州は福岡市箱崎米町においている。

予算は現在のところ殆ど政府補助金に頼つているが一部はこの会出発の趣旨からして民間篤志家に仰ぐことになつているから、半官半民的な機関と云つてよかろう。

◎ 図示すれば次のとおりになる。

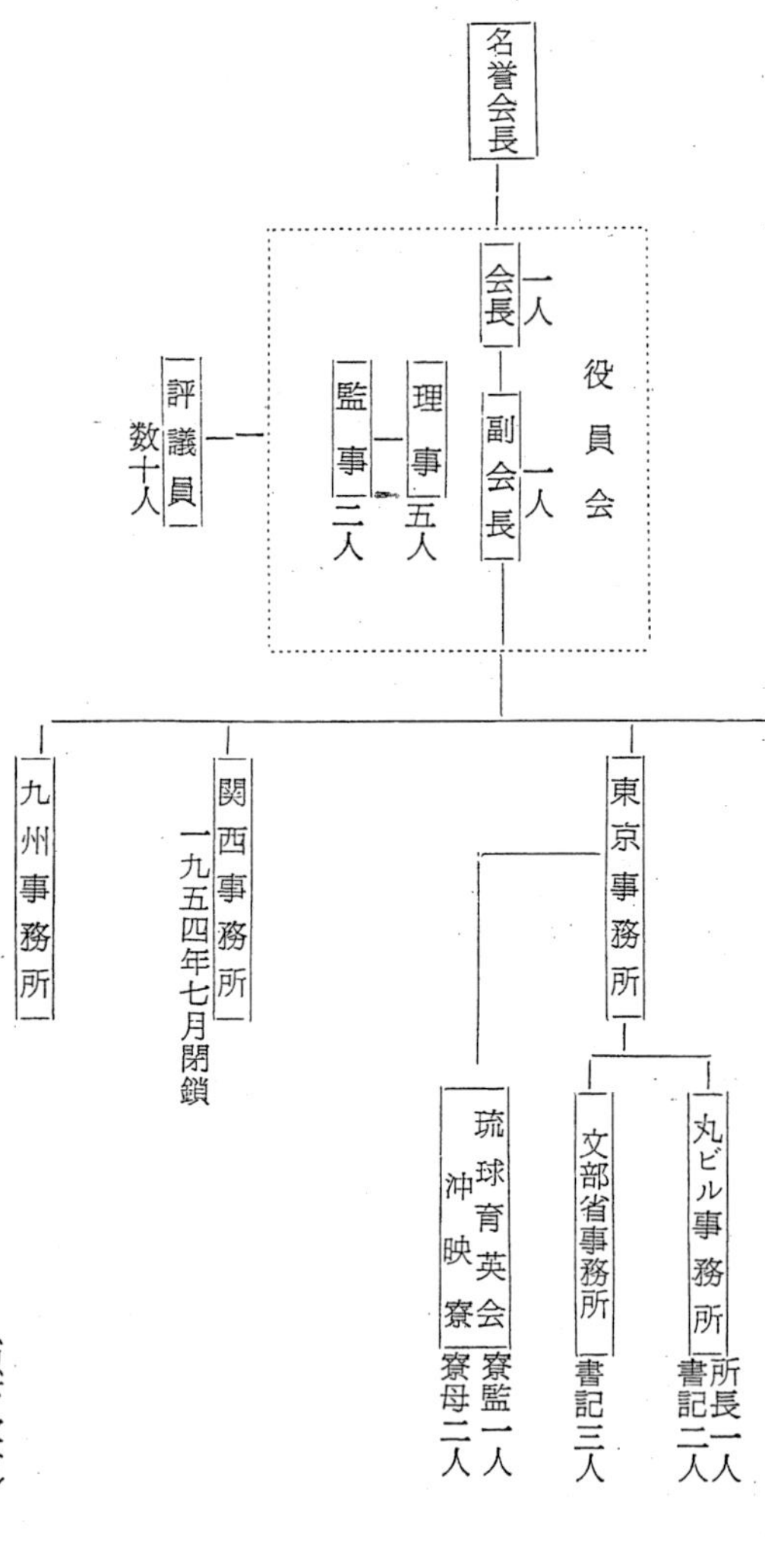

（以下次号）

各課だより

研究調査課

一、ながい間、空席のまゝになつていた研究調査課長の椅子に指導課の比嘉信光氏が新しく就任した。氏の人格の高さと教育研究の深さが今後の琉球教育の進展に一段と期待されるものがある。

一、昨年は小学校の基準教育課程を作成し各学校にお贈したが、引続き、中学校の基準教育課程が構成委員各位の努力によつて、去る十二月末に脱稿して、現在推敲がすすめられている。今月末から印刷を開始する予定であり、遅くとも三月中には各学校に配布して、新しい学年の計畫の参考案として提供したい。各学校におかれては充分御研究の上、学校カリキユラム構成に活用され、施設の充実とともに教育内容の充実を切に希望する次第である。

一、学力水準調査を計畫どおり終つて現在各地区並びに文教局研究調査課において集計がすすめられている。集計の結果が発表されるのは一、二ケ月後になると思うが、「学力水準の向上」という全琉的な大きなテーマの一環として今日の学力の実態が公にさるのも近い。標準検査と並行して、毎年この調査を実施する予定で、たえず日本の水準と比較検討して、琉球の一人一人の子供たちが、真に学力の高い子供たちになれるよう、本調査に対し、各学校、教育委員会並びに一般父兄の御協力を希望する次第である。

一、教育研究所をもたないわが沖縄では文教局研究調査課で研究所の仕事の内容を担当しているが、広汎な教育研究の分野は、すべてにわたつて研究することはむずかしく、重点的にこれまで研究調査をすすめてきたこれについて現場の方でぜひとも研究して貰いたいことがありましたら研究調査課に連絡してもらうよう希望している。

一、琉球歴史の資料収集を研究調査課で開始した。学務課勤務であつた石川主事がこの仕事を担当するために当課勤務を命ぜられた。戦後貴重な資料が散逸のおそれある現状では緊急の要務であり、各位の御協力を要望する次第である。

一、施設課勤務であつた徳山主事が当課勤務を命ぜられて、新しく「文教時報」の編集を担当した。教育研究や実践記録、文教行政の報道機関として、現場並に当局一体となつて、最高度に活用されることを希望している。

編集後記

▲謹んで新年をお慶び申し上げます。併せて、教育界にあつても幸多く前進の年でありますように祈つてやみません。

▲内容として

○局長、課長の年頭及就任の挨拶に始まり

○教育上の問題として長欠児の実態を分析検討して報告いたします。これを契機に個々の長欠児について、その原因と理由を究明し、この一人〱の子供たちが家庭の、又教師の心のなかに座をしめ、温く見守られ立派に成長するように念じます。

○尚那覇、胡差、前原地区の訪問教師の実せん記録を紹介し今後の御奮斗を御願いします。

○ヤンバルの山村で、人間形成をめざし地域の課題と取つくんで生産教育に着々と成果をおさめている実験学校の歩みを紹介します。

○管外の教育事情を紹介する意図で抜萃欄を設け本号にちなんで二、三事例を取り上げました。尚安里主事の参観記は今後の研究会のもち方、進め方について参考になると思います。

○鉄筋化された校舎のよさは勿論、学習環境のめんから見たよい校舎はどのように設計されているか—

○中山課長の「研究教員を迎えて思うこと」—（つづき）は随分お待ち兼ねのことでしよう。

○その他学校めぐり、各課だよりをのせました。

▲いつもながら、御寄稿の各位に厚く御礼申し上げ、読者各位の、あらゆる分野にわたる尊い研究を続々御投稿下さるようお待ち申して居ります

▲次号より特設したいと思つていること

○教育相談欄の設置

教育現場にあつて、いろ〱の問題にぶつかることがあると思います。これをわざ〱出掛けて相談することは、現場の先生方には時間的に経済的にいろ〱支障もありましようから、ハガキで質問をうけ、之について研究し調査して文教時報でお答えするようにいたし度いと思います。何卒御利用下さい。

○質問事項……明確に

○校名、氏名明記のこと

○宛先文教局研究調査課（K・T）

一九五五年一月二十五日 印刷
一九五五年一月三十一日 発行

発行所
琉球政府文教局
研究調査課
（非売品）

印刷所
旭堂印刷所
那覇市四区十五組
電話六五五番

琉球

文教時報

13

特集

特殊児童生徒の實態

NO.13

文教局研究調査課

崇元寺の石門

那覇市にあつて、舜天王統以下琉球歴代の王廟で尚家の家廟であつた。この石門は沖縄石造建築中随一のものである。

文化財（その一）

目次

大濱信泉先生・早大総長就任を祝う

〃写真は首里高校においての歓迎会場〃

祝辞

大浜先生御夫妻をお迎えしまして沖縄住民の光栄と希望にあふれる本日の盛儀に於て先生御就任の祝辞を述べる事を光栄に存じます。

先生は今回日本有数の大学である早稲田大学の総長の学職に御就任になりました。先生の今回の御就任はその深い人格、学殖、識見が全教授の信頼と尊敬をかち得て選ばれたのでありまして、殊に沖縄に生れて推挽する人を持たない孤立無援といつたら言い過ぎかも知れませんが、その中に於て只先生のすぐれた人間の力でこの最高の位置を得られたのでありますす先生のこの御栄誉のかげには、形影相添うて先生を御援助されました令夫人の御内助の功も吾々は強く顕彰されねばならないと信ずるものであります。先生は今日、日本に於ける最高の光栄を担われました先生の栄誉は吾々住民の栄誉でありまして七十万住民挙つて御祝を申上げたいという輿望を容れられて大学総長としての御多忙の御身分を海路はるばる御帰省なられた事に対しても深く感謝申し上げます。今日のあたり先生御夫妻の御高風を仰ぎ、御温容に接すると沖縄一千年の歴史が凝集してこゝに先生によつて最高の光栄を象徴されたような感激を覚えるのであります。

七十万郷党の住民は只感激と光栄で先生の御高風を仰ぎ、先生によつて与えられる精神的影響は強いものがありまして、後輩子弟は先生を頂点として先生につづかんとする熱烈な敢斗の精神と希望を持つ事ができるようになりました。只今沖縄は前古未曽有の悲惨なる戦争を経まして、幸い米国の援助によりまして漸く復興の緒についてはおりますが、なお、今後の発展を期して御期待に添うよう住民うつて一丸となつて一層精励したいと思います。

方今世界状勢複雑な時に当りまして先生の学界、教育界への御貢献は日本に於きまして愈々要請されるのでありますれば、邦家のため、はた又沖縄のためにも愈々御健康と御発展を祈る次第であります。

以上蕪辞を述べまして祝詞と致します。

一九五五年一月二十二日

行政主席　比嘉秀平

あいさつ

大濱信泉

私が大学総長に就任したことにつき、郷土の皆さんがわが事のように喜んで戴いてほんとうに感謝に堪えません。

沖縄の現実がどうなつているか目のあたりにみたいと思つていた。昨日飛行場に降りて歓迎をうけ、市内を車で通り私を歓迎するポスターやノボリをみて恰も母の懐に抱きかかえられたように云うにいえない温さと心の安らぎを感じました。ほんとに郷土というものは有難いものです。私はこれまで二回郷土の有難さを感じました。

一昨年東大総長の矢内原忠雄君とアメリカに行つた時だ、御存知のようにアメリカには沢山郷土出身者が活躍しておられる。私が行つた時は行く先々でこれら郷土の人達に歓迎されました。お陰で矢内原君も余沢を受けた、この前ひよつくり道で矢内原君に会つたので私が沖縄に行くことを告げたら、ぜひ沖縄の皆さんによろしく伝えてくれとの事でした。アメリカに行つた時の歓迎が忘れられないらしく、矢内原君は沖縄の人々ほど人情に厚くまた団結する人々は少い……と語つておりました。

きようはこんなに盛大な祝賀会を開いていただき分に過ぎる讃辞を受け、心から感謝すると共に自分の責任の重大さを痛感する。私が就任したのは昨年の九月二十四日だつたが今日まで丁度四ヵ月経過したことになります。早く来るべきだつたのですが就任早々で公私共に多忙でどうにもならなかつた。年が明けて直ぐと思いましたが皆さんも知つておられるように一月の八日に宮中で行われた「講書始の儀」に進講者控としてばい席したので実現しませんでした。

今年は進講者控えでしたが来年は私が進講することになつています。進講は学者として最高の名誉であり、私の前任者には例がありません。早稲田始まつて以来のことであり、沖縄出身としても私が始めてでありこの喜びをこの機会に郷里の皆さんにお分ちしたい。

私は八重山石垣町に生れ、尋常小学校、高等小学校を経て明治四十一年に師範に入学しました。三年間在学して一身上の都合で退学、それから小倉で二年間兵役に服し、大正三年早稲田大学に入りました。私は二十年間沖縄の自然に育てられ風俗、文化を身につけて育つたので体も魂も基礎は沖縄で培われたものであります。さき程どなたかが話した様に子供時代は非常に弱虫だつたが、八重山の労働は一通りはやりました。田植えも田草取りも、芋掘り芋植え、薪取り、水肥担ぎから果ては煙草つくりまでやりましたので今の青年たちより本当の沖縄の生活を体験していると言うことが出来ると思います。

早大は七十四年の歴史と輝かしい伝統をもつているのみならず、過去の業績があつて今日では学界、教育界では世界的に有名になつた。日本には二百二十の大学があつて総長、学長を推戴していますが中でも早大総長は世界的にも目立つ存在であります。

事実、私が総長に就任したその日から全国のテレビ、ラジオ、新聞が大々的に私の就任を報じておりました。北海道の新聞の如きは何処で調べたのか私が沖縄の石垣町の出身である事を知つて、沖縄魂に期待するとつけ加えていた程でした。非常に名誉であるが、名誉であるという事は責任が伴う事にほかならないのであります。私の大学には約三万二、三千

名の学生と千八百名の教職員がおり、全国に十一万の校友がいてそれぞれ立派な地位を占めております
　現に今の鳩山内閣の閣僚にも五人の校友がおり、衆院の正副議長も早大出身であります。

　このほか政界、経済界、法曹界、新聞界で活躍している多くの校友があります。総長は英雄である必要はありません。私に与えられた使命は丁度オーケストラの指揮者のようなものであります。各楽士を夫々の持ち場で十二分に力を発揮させ全体としての雰囲気をつくるのが指揮者の使命であります。千八百の教職員、三万三千の学生が十二分に各自の能力を発揮させるようにするのが総長としての私に与えられた使命であると思います。よく六代目総長といわれるがこの間、三代位は学長と呼んでいた時もあつたのであります。

　六代目というとすぐ名優菊五郎を思い出しますが最近六代目であるということに重圧を感じるのであります。選挙の際の票数から新聞などが従来より期待がかけられているように書いているし自分としてもそれを感じているのであります。

　目立つ社会的地位を得るには毛並、「ひき」が左右しますが私には何の「ひき」もありませんし毛並もよい家柄でもありません。今まで地位につこうと努力したわけでもないのであります。総長選挙は立候補制ではないのでありましてそんな地位は自ら斗いとるべきものではなく人がつけてくれるものであります。周囲が私に今の難局を任せてみては……と推したのが今度の就任になつたのであります。郷土の皆さんの大きな物心両面からの援助でこの大任を果したいと思います。私の就任が青少年に向学心と夢を与えるとすれば私としても有難いことであります。沖縄に生れたということで他県人との間にハンデギャップを感ずることはいけないと思います。沖縄生れだからといつて気にする必要は毛頭ないのであります。私の総長就任がそのよい例であります。沖縄生れということでこだわりを持つている人があればこの際払拭して欲しいものであります。

　私は大正十年、学校を卒業して一回帰郷しましたがそれから今度来島するまで三十五年になつていたわけです。まるで浦島太郎のようです。

　関心事は郷土がどのような姿に変つているかということでした。目にうつつた沖縄と瞼に描いて来た沖縄とは大きな距りがあります。国も人も変つたようです。問題は外観の変貌に応じて社会、経済、精神生活がどのように変つているか、外観に適応して内容が変つているかどうか、調和が保たれているかこれが数日の滞在期間に私が見届けようと思つている問題であります。

　沖縄の地位はデリケートで私は現実の政治問題に就ての発言は一切さけたいと思つていますが人類の最大の悲劇を味わつた島ー戦後は国際的な重圧をうけている、この生れ島…。

　きようは午前中オグデン少将の案内でぼう大な軍施設を見せて貰いました。その結果、沖縄の風土物質文明が根を下している事に驚嘆したのであります。何時かは日本に帰されるだろうが将来これだけの施設を支えるだけの精神力、経済力が培えるかこれは今から考えねばならないことだと思います。

　民族が自主的に生活したいというのは自然の欲求であります。恒久平和は理想であり、世界一国家などということは夢であります。世界情勢は一対一の対立ではなく今は自由主義諸国と共産主義陣営の対立であります、相互の信頼と理解で平和を保つているのではなく今は力の平和であります、その〃シワヨセ〃が沖縄にかかつているわけです、これが時勢です。われわれ沖縄住民がそれをしのぶことによつて平和が招来されるのであればわれわれは歴史的宿命としてそれをあきらめなければならないと思いますーー考えねばならない事は両属政策であります。平和条約に決められた秩序という現実ーーそれを守り協力することが今の沖縄としては良いのではなかろうか。いたずらに感傷的になり現実を否定することは決して良い結果を生まないと思います。眼前の事実を直視し歴史の流れをうけ入れて現実をどうすればよいかを考えるべき時だと思いますーーこれが建設的であります。

　沖縄同胞が固い団結をもつて新しい社会の秩序の建設と将来のためゼネレーションの育成に努めて欲しい。最後に郷里の皆さんに厚くお礼申しあげて私の話を終りたい。


（文責係）

へき地教育について（講演要旨）

文部事務官　山川武正

一、はじめに

日本に於いては中世時代から江戸時代末期にいたるまで、いわゆる寺小屋の教育が行われていた。維新後学制が布かれるようになつた時、このような寺小屋や私塾などは、小学校に移行され、単級小学校の形態をとるものが多く、明治四十年までは単級の小学校が第一位をしめ、明治四十一年以降は、その数がだんだん少なくなり、明治四十三年頃は三学級以下の学校が相当数増えてきた。爾来小さい学校が併合されて大きな学校が増える傾向になつてきた。しかし、現在でも日本の小学校の約三〇%が所謂へき地的形態の小規模の学校で、中学校を含めると約一万校程度となつている。

二、へき地学校の形態

へき地の学校では、単級、複式の授業形態をとつており、現在では四学級以下の小規模の学校が多い。中には児童五人に教師一人の学校もあるが、普通は三学級乃至四学級の学校で児童在籍が一二〇人から一三〇人、教師が四、五人の所が多い。

尚季節によつて或一定期間分校を設置することがある。いわゆる季節分校というもので冬季分校、夏季分校が、それである。冬季分校は降雪の為に登校が危険を伴なうので、その安全を期する目的で設けられるものである。夏季分校は一ケ年間の食糧生産のため所謂出作りと称して設けられるもので、その期間は二ケ月から六ケ月が普通となつている。何れの場合でも掘立小舎で、教具、備品、その他の施設もなくて授業をすゝめるという特殊の所もある。

要するにへき地には、小さい学校が多く単級、複式の形態で経営されているのである。

三、へき地の特色

1、交通が困難である。

へき地といえば、一般に都市を遠く離れた山間、離島で交通不便な片田舎ということになる。地理的な諸条件に恵まれていない。一例ではあるがツリ橋を渡り、けわしい峠を越して通学するようなところもあつて一名ビックリ峠、思案峠、辞職峠とか呼ばれている所もある。笑い話のようで交通の困難性を如実に表現しているものといえよう。

2、経済的に恵まれない

へき地に物資の豊かなところは少なく、主として産業もほとんどが原始的で農業、山林業、漁業に限定されている。就中農業が多く、山間の谷間にそつた巾のせまい土地や、急傾斜の土地に耕作した段々畑が、多く目につく。一人の農家で、田畑の数が二五〇筆もあるという。要するに小さい土地まで耕作しなければ、食つていけないことを物語るものである。

このようなへき地社会では、日々の生活においては物心両面にユトリを欠き、従つて教育においても、子供に生活の喜びと希望を具体的に経験させることも出来ない状態にある。

3、保守的な思想、伝統がねばりついている。

都市に於いては多くの人に接触する機会が多いのであるが、へき地では、それは、あまりにも少いのである。結局刺戟が少ないので、自我の目ざめがなく、因習や伝統というものにこびりついて、はては人々の行動まで強く支配されている状態にある。更にへき地では血縁関係が濃厚である。それは学校で児童名簿をみて、同姓のものが、三つや五つ位のグループに分かれていることからして容易に推察されるのである。

こういつた地域に於いては、人々の関係も家族制度と結びつき職業も祖先の仕事を踏襲する因習伝統に支配され、血統の力は、政治面でも大きく支配力をもつようになる。

又文化的接触のないへき地では、生活態度も非科学的であり、非衛生的な面があり、合理的方法によつて、生活を改善しようとする努力もなく、むしろ迷信めいたことにとらわれて、伝統的な生活を墨守する傾向が強いようである。

4、文化的施設に乏しい

経済的なユトリが人間生活に於いて、物心両面にうるほいをもたらすことは周知のとおりであり、交通々信機関の発達が文化的接触に及ぼす影響は大きいのである。

ところがへき地においては、自然的、経済的な面から、文化的諸条件に恵まれていない状態である。例えば電気の施設が吾々にいろ〳〵な文化財を提供してくれる根源ともなるのであるが、現在でもその施設のないところが多い。

尚保健施設としての医療機関や、図書館、公民館、ラジオ、映画などによる指導機関も乏しく、文化的欲求を満足させる機関を殆んどもつていない。

5、へき地の児童

◉身体の発育が望ましくない。

これは食生活が合理的でなく、物資に乏しく偏食する傾向にあることは見逃がせない。のみならず医療施設がないという点からも来ていると思われるのである。

尚、地形的関係からくる坂道通学や学校における運動施設の不備なども一因としてあげられると思う。それに家族の手伝（大人の補助的作業が多く）で無理に働かされている。このような過労と栄養が伴なわないところにも、子供の発育に及ぼす影響は大きいと思われる。

◉経験領域が狭く、語いが狭く発表力も乏しい

一般に都市は時代感覚に鋭敏であり人間的接触が多くつぎつぎと新しい考えを相互に交換し、各種の文化的接触によつて見聞を広め、且つ、深めていく機会に恵まれ活動も生き〳〵としている。

だがへき地に於いては、毎日〳〵単純な生活を繰り返えし、文化的な接触が少ないために社会的生活経験はいたつて貧弱となり、いきおい科学的に思考し、観察し、批判する力もとぼしく、経験の領域も都市に比して劣るようである。なお言語生活に於いては語いが極めて少なく自己の思想、意見を発表するにも、気がひけ、他律的となり自主的な生活態度に欠けているように見受けられる。

◉へき地の子供はまじめであり、純真、素朴である

これは色々の原因が考えられる。一つには家庭の封建的職業関係、他の一つには学校での生活環境からきていると思われるが、そこで身につけられた彼等のまじめさは、とかく言いつけられたから言いつけられただけやると云うまじめさであり、自分で考え、計画して、とつくむ積極性がない。又純真、素朴といつても、理性や、意志の裏付けをもたない、ただ知らない為の、又刺戟のない温室の中の生活から培われた所産といえるであらう。

以上のようにへき地の教育においては、教育的環境としてのへき地社会の問題、特殊な学校形態における学習指導上の問題、並に生活指導上に幾多の問題がかもされているといえよう。

教育の営みが近代社会に適応する、自主的な人間育成にあるならば、彼等の社会性をどのように指導していくか、彼等をして将来どのような社会にも適応しうる人間として育るための、教育計画指導技術が、へき地の学校に課された問題点であろう。

四、教師の問題

へき地における共通な困難点の一つは、教師が得がたいということである。それはへき地に於いては公的に又私的にいろいろのなやみがあるからである。

医療施設がないということは、生命安全えのなやみがあり、子供の進学面のなやみもあろうし、文化的接触に乏しい生活えのなやみ、学校並学級の管理的、行政的な事務上の繁雑さ、それに社会教育に対するなやみもあろう。更に又研修上のなやみもあろう。特に若い教師にとつては、将来の希望と夢をもちつゝも、へき地という障壁の為に、学問的にも、社会的にもくぢかれる条件が多いと考えられる。こういつた、なやみがへき地にいきたがらない結果をまねいたといえよう。

そこで教師が不安なく、へき地教育に専念出来るような措置が考えられなければならない。こゝにへき地問題の解決、否、へき地という観念が解消するまで開拓し、発達させねばならない綜合対策としての（へき地振興策）が考えられなければならないのである。こうなれば教師の問題はおのづから解決され、へき地という悪条件もおのづから解消され、児童、生徒をして本来の能力を充分に発揮せしめる事にもなる。

幸いにして、現在では、今まで余りにも省みられなかつた、へき地に対する一般の認識も、関心もたかまり、教師の優遇策や、教師研修のための研修費なども考慮されるようになつてきた。

要は、教育の機会均等の立場から「へき地の学校の児童生徒のよりよい成長発達」のために教師も、地域社会も、国家の教育政策も志向されなければならないと思う。

六、なぜへき地教育を振興させなければならないか、その積極的な理由は

過去において、へき地教育が忘れられていたことは誰でも否定できない。また、へき地社会の人々が、教育に無関心であつたことも、さらに、教師自体が劣等意識を持つていたことも否定することはできない。

しかしながら過去がそうであつたからという理由がそのまゝへき地教育を振興させなければならない理由とはならない。過去がそうであつたということは振興対策の具体的方法に対して反省を促すことはできるが、振興させなければならないという積極的な理由にはなりえないのである。

その積極的な理由というのは、民主教育という根本理念と、日本の社会に於けるへき地社会の位置という面から生まれてくるのである。民主教育ということは基本的な人権を尊重する教育であり、基本的な、人権を尊重することは、教育の機会均等を実現することによつて可能性を見出すことができるのである。この観点からながめた場合に、例えば学習活動は貧弱な教材教具によつてしばられ、児童はよい教師に指導される機会が得られない、という現実の問題にぶつつかる。こゝにへき地教育を振興しなければならない一つの理由がある。次に日本社会の健全な発展を考えた場合に都市、農村、へき地のそれぞれの社会がどのような関連をもつているかを考えねばならない。ある一つの社会が、どんなに進展しても、他にとり残された社会があるという事になれば、全体的な発展を期待する事はできないのである。日本は地形、その他の関係でへき地といわれる処が多く、そのへき地は収容力がないため、他の社会に対して、人的資源を供給している。従がつて、へき地において、立派な資質を持つた人間として教育されるならば、単にへき地社会の進展ばかりでなく、広く一般社会の発展に寄与する事になる。

更に広い面積をようするへき地の資源開発ということは、わが国にとつて大きな意義をもつている。直接この資源を愛護し開発することは、へき地の人々である。以上のようなことが、へき地教育を振興しなければならない他の一つの理由である。従つてへき地教育振興の問題は決してへき地社会及び教育関係者だけの問題でなく、広く一般社会の問題としてとりあげられなければならないということになる。（文責係）

日　程
12月28日―29日糸満
1月6日―7日石川
8日―9日胡差
10日文教局
……………………
1月11日―12日浜小中学校
13日―14日那覇
15日―16日名護
17日―26日へき地学校訪問

おことわり
この原稿は先生の講演の趣旨を充分くみとれなかつた点もあると思いますのでおわび申し上げます。

故郷へ帰つて

山川武正

国頭村の学校を回つているときに、小鳥かごをもらつた。そのかごの中に目白が四羽飼われていた。不注意のために、二羽にがしてしまつた。しばらくすると鳥かごの上にきて、さかんにかごの中をのぞいているので、中の目白を下段におしこめて、かごの上部をあけておいたら、いつの間にかにげた目白を再びかごの中にいれることができた。

私は十六ケ年ぶりで故郷へ帰つてきたせいか、よく帰郷の目的を尋ねられた。そのたびに「親見舞い」とか「墓参」とか答えた―たしかにそれが大きな目的であつた―か、よく考えてみると、むしろ、このような人間のつくつた言葉よりも、あのにげた目白が、なかまのいる古巣を忘れないでもどつてくるという習性が一番的確に私の帰郷の目的を表現しているようである。私は求めに応じて沖縄教育（主として小中校の）に対する感想の一端を述べるのであるが、それも、全くあの目白の習性的な行動のようで―いわばあまり考えないで、みたまゝ感じたまゝを―気軽に断片的に書いて見ようと思う。

一、熱意に輝く教師の瞳

沖縄の教員組織はなんといつても貧弱である。中堅層が少ないということは、まつたくさびしい感じがする。こどもに最も大きな影響をおよぼす教師の社会が組織的にみて、かたよつていることは、けつして望ましいことではない。こどもは、あらゆる人格に接することが必要であり、また学校は経営上中堅層の教師を必要とするからである。

さらに沖縄の小中学校は大部分が地元出身の若い教師によつてみたされているのが特徴である。このことは沖縄の現状からしていたしかたないとしても決して自然の姿ではないと思う。しかしながら、教員組織からくる欠点は、若さと熱意によつて補うことができると思う。各地区の教師に接して感ずることは、あの輝く瞳である。求めてやまない姿である私はその瞳に期待してやまない。

二、悪くないこどもの素質

沖縄本島のへき地国頭村の学校を回つて感じたことは、こどもたちの素質が日本のへき地のこどもたちにくらべて決して劣つていないということである。しかしそのことは、科学的な資料によつて比較したのでなく、私の経験からくる直観的な感じである。こどもの理解力といゝ学習態度といゝ感心させられる点が多かつたが、やはり発表力とか、自主的態度の点においては、不十分のように見受けられた。身体的発達は一般に劣つているので、その原因を科学的に究明してまず、りつぱな体格をつくることが急務ではなかろうか

三、もつと指導技術の研究を

卒直にいうと指導技術の研究が一番不足のように思う。指導技術は教材研究による方向づけがなされなくてはならない。教材をほりさげていくことによつて、むだのない指導技術がうまれてくる。

つぎに指導技術、研究の要点を想いつくまゝにならべてみよう

▲指導しようとする、ねらいをはつきり把握する

▲このねらいを達するための手段をいく通りも考えてみる

▲こどもの関心や興味に適する方法を選びます

▲机の配置や指導の場所を考える

▲教科書や教材教具の利用のしかたを考える。

指導技術の研究は私たちの生活を楽しくし、こどもに実力をつけることになるので、教師としてはこのことに多くの時間をさかなくてはならないであろう

四、活発にしたい教科外の活動

学校はこどもが単に知識を学ぶところではなく、生活経験をゆたかにするための場である。

したがつて、学校はもつとこどもらが自主的に生活が営めるように経営されるべきであろう。

どんなに教室が不備でも、またどんなに教材教具が貧弱でもいや不備でもあればあるほど自主的な生活態度が必要となつてくる。

教科外の活動や特別教育は児童生徒にとつて、自らの生活を律していくための大切な活動である。この活動が見られない学校はやはり教師のための学校という印象を受ける。

教科外の活動を活発にして、児童生徒がもつと学校経営に協力する様になればわれわれがなやんでいる多くの問題がだんだんと解決されていくのであろう

五、理科教育で底力を

実験器具がないという点では、理科教育の危機ともいえる。しかしながら、沖縄の現状は、戦前の非科学的な生活態度に比較すれば、社会一般に科学的な生活態度への関心が高まつているということができる。このような社会的基盤をいかにいかすかは、教師の理科教育に対する考え方と熱意いかんにかゝつているといえよう。

封建的な気風にからみつく迷信や非科学的な生活様式は、戦争という大きな犠牲によつてやゝ改善されつゝあるように思う。

さらにわれわれが戦前経験することのできなかつた科学の精華にふれる機会も恵まれている。わたくしたちは器具のないのをなげく前にわれわれの考え方自体を反省してみなければならない。

あるへき地の学校では、山の自然や動植物の研究によつてりつぱに科学的な態度を身につけた例がある沖縄の現状に於ける理科教育に大きな示唆を与えるような気がする。

沖縄の教育に底力を与えるものは、如何に工夫し科学していくかということはなかろうか。

六、「教科書を」をでなく「教科書で」の指導へ

学習のすゝめ方において、教科書中心になつているように感じた。自主的な学習のしかたが強く要望される新しい教育において、教師が能動的に教えこもうとする考え方、或は教科書そのまゝが便利だからということは最善とはいえないでしよう。

それは教科書のすべてが具体的存在としての各学校にそのまゝ適応されるような性格のものではないからである。

又一面教科書は教師にとつては、学習指導の友であり、こどもにとつては学習活動の友ではあるが、その友は多く抽象的な忠告者であることを忘れてはならない。

そこで、より具体的なものを、地域社会に即しつゝ、又近代社会に適応するような教育計画が必然的に要求されるであろうしそこからこどもの興味も関心も高まつてくると思う。要は、学習指導における教科書の位置を認識することである。

「教科書を」そのまゝ教えこむのでなく、指導しようとする目的を的確に把握し、教材のねらいをはつきりさせて「教科書で」……こどもと共に相談し計画をたて「どんなにすれば」「又どのような勉強のしかたで」学習するか……という態度と意欲を喚起しなければならない。そこに生き〳〵した個性のひらめきのある自主的な学習形態、望ましい学習雰囲気の場が構成されるのではなかろうか。

（文部事務官）

特殊教育

特殊児童生徒調査に際して

研究調査課長　比嘉信光

琉球に於ては、教育法の第十一章第二条第三条に

第二条　右教育区の委員会は、当該教育区内の特殊児童全員の記録簿を毎年三月中に作成し、文教局のために、四月十五日までに教育長に、其の記録を報告しなければならない。

第三条　文教局はかゝる特殊児童の要求を調査し、その適当なる成長に必要なる教育に関する規則及び規程を作らなければならない。

と規定されている。

この主旨は、総ての学令児童に対して、学校教育の機会を均等に与え、向上の志をみたす意味に於て、人道上から大切なことであつて、ともすれば忘れがちな子供たち即ち特殊児童生徒の教育を受ける権利を守つていくところにあります。

この調査を行うには、特殊児童生徒の判別の困難や調査の対象が、就学者、不就学者の両面に分布しており、専門的な知識が必要であつたりして、調査には幾多の困難があつたにもかゝわらず、今日発表出来ますことはひとえに諸先生方がこの調査の主旨を理解して御協力下さつた賜と深く感謝致します。

本調査は、区教育委員会及び学校の責任に於ての悉皆調査であつて、又、特殊教育の諸領域は極めて広く医学、心理学、生理学等の広汎な知識を要求するため思わぬ過誤が犯されているかも知れませんが、本調査方法の限界内では琉球で初めての特殊児童生徒の実態が明らかにされたものと思つています。

琉球に於ける特殊児童生徒数は二千百九名で其の中わずかに十五%三百十八名が特殊学校で教育を受けているに過ぎません。

特殊教育が普通教育に於いて個性化の原理を徹底して行くとき必然的に生れるものであるが、教育のみが救うことの出来る多くの特殊児童生徒が不幸のまゝに放置されることがないように、特殊教育に深い関心と理解を持ち、その重要性を再認識することが急務であると思います。

本調査をけいきとして、一、特殊学校の増設及び充実、二、特殊学級の新設、三、普通学級における特殊児童生徒をどのように指導したらよいか等の施策や改善が生れることを祈つています。

特殊児童生徒調査

1、調査方法の概要

1、調査目的

琉球教育法第十一章、第二条第三条の定めるところにしたがい学令期にある児童生徒中特殊児童生徒と判別されるものを調査し其の教育的施策の資料とする事を目的とした。

2、調査方法

区教育委員会及学校の両者が調査及び報告の責任者となり各教育区ごとに悉皆調査を実施した。

3、特殊児童生徒の概念（定義）

本調査は一九五四年十月現在で実施した。特殊児童生徒判別基準は文部省に於て昭和二十八年六月に制定した特殊児童判別基準を適用した。其の判別基準は下記の通りである。

特殊児童判別基準

一、盲者および弱視者

1、盲者　普通の児童用教科書による教育が不適当でおおむね点字教育を必要と認められるものを盲者とする。

2、弱視者　普通の児童用教科書をそのまま使用して教育することがおおむね不適当で、盲教育以外の特殊の方法を必要と認められるものを弱視者とする。

A基準

1、盲　眼鏡を使用してもその矯正視力が両眼で

○・○二（一メートル指数）に達しないもの。

2、準盲　眼鏡を使用してもその矯正視力が両眼で○・○二（一メートル指数）以上○・○四（二メートル指数）に達しないもの。

3、弱視　眼鏡を使用してもその矯正視力が両眼で○・○四（二メートル指数）以上○・三に達しないもの。

4、視力以外の他の視機能障害を高度に有するもの

5、現在の視力欠損が治療可能な疾患によるものでその治療が完了するのに長期を要し、この間に視力の相当の回復が望まれるもの。

二、ろう者および難聴者

1、ろう者　聴力が欠除するか、または欠除に近いものをろう者とする。

2、難聴者　聴力欠損のあるものを難聴者とする。

A基準

1、ろう　聴力欠除するもの、及び聴力欠損がきわめて高度で話声語を○・二米以下でかろうじて聞きうるか、あるいは、ほとんど聞き得ぬもの（聴力損失が八○デシベル以上）

2、高度難聴　聴力欠損が高度で話声語を、○・二ないし一・五メートルで聞きうるもの。（聴力損失八○－五○デシベル）

3、中等度難聴　聴力欠損が中等度で話声語を、一・五ないし四・五メートルさゝやき語を○・五メートル以下で聞きうるもの。（聴力損失、五○ないし三○デシベル）

4、軽度難聴　聴力欠損が軽微で話声語を、四・五メートル以上さゝやき語を○・五メートル以上で聞きうるもの。（聴力損失、三○デシベル以下）

5、現在の聴力欠損が治療可能な疾患によるものでその治療が完了するのに長期を要し、この間に聴方の相当の回復が望まれるもの。

三、性格異常者

知能に、はなはだしい欠陥は認められないが、性格のかたよりが著しく、そのために環境への悪影響がはなはだしいもの。

A基準

1、反社会的行動が常習的となり、くり返し悪質な不良行為をなし、他の児童、生徒への悪影響がはなはだしいもの。

2、前項より軽度の反社会的行動を示すか、または非社会的行動を示すと認められるもの。

四、精神薄弱者

種々の原因により精神発育が恒久的に遅滞し、このため知的能力が劣り、自己の身辺の事がらの処理及社会生活への適応が著しく困難なものを精神薄弱者とし、なお、これをその程度により、白痴、痴愚、魯鈍の三者に分ける。

A基準

1、白痴　言語をほとんど有せず、自他の意志の交換および環境への適応が困難であつて、衣食の上に絶えず保護を必要とし、成人になつてもまつたく自立困難と考えられるもの。（知能指数（IQ）による分類を参考とすれば、二五ないし二○以下のもの）

2、痴愚　新しい事態の変化に適応する能力が乏しく、他人の助けによりようやく自己の身辺の事がらを処理しうるが、成人になつても知能年令六、七才に達しないと考えられるもの。（IQ二○ないし二五から五○の程度）

3、魯鈍　日常生活にはさしつかえない程度にみずから身辺の事がらを処理することができるが、抽象的な思考推理は困難であつて、成人に達しても知能年令一○才ないし一二才程度にしか達しないと考えられるもの。（IQ五○から七五の程度）

【付】1、境界線児　前項と正常児との中間にあるもの（IQ七五から八五の程度）

【付】2、現在、精神疾患、脳疾患を有する精神遅滞。

五、言語障害者

発声あるいは発語が不完全か、またはまつたく不能なものを言語障害者とする。

A基準

1、会話による意志疎通が困難であるか、不能なもの。

2、会話が不完全であるか、あるいは遅滞するが意志疎通の可能なもの。

3、学習にさしつかえる程度の言語障害であつて、比較的短期間で矯正可能と思われるもの。

六、肢体不自由者

肢体（体幹と四肢）に不自由なところがあり、そのまゝでは将来生業を営む上に支障をきたす虞のあるものを肢体不自由者とする。

A基準

1、きわめて長期にわたり病状が持続し、あるいはしばしば再発をくり返すもの、および終生不治

で機能障害が高度のもの。

2、治療に長期間（二ヵ年以上）を要するもの。

3、比較的短期間で治療の完了するもの。

4、約一ヵ年で治療が完了するもの、またはこの間に運動機能の相当の自然改善、進歩が望まれるもの。

七、身体虚弱者

先天的または後天的原因により、身体諸機能の異常を示し、疾病に対する抵抗力が低下し、あるいはこれらの徴候が起りやすく、そのため、登校停止の必要は認めないが、長期にわたり健康児童生徒と同等の教育を行うことによつて、かえつて健康を障害する恐れのある程度のものは身体虚弱者とする。

A基準

身体虚弱者には多くの種類があり、しかもそれぞれに強弱の程度があるので、こゝには身体虚弱者選定のてがかりとして、一般徴候をあげておく。

1、特に病気にかゝりやすい。重くなりやすい。治りにくい。

2、頭痛、腹痛、その他の症状をしばしば訴える。

3、疲労しやすく、また疲労の回復がおそい。

4、神経質、無気力等。

5、発育不良、栄養不良、貧血等。

6、慢性疾患があるが、たいてい日常生活にさしつかえないもの。
疾病回復期のもの。
結核感染時のように結核の発病しやすい状態にあるもの。

4、調査事項

㈠特殊児童生徒の氏名
㈡特殊児童生徒の生年月日
㈢特殊児童生徒の本籍及び現住所
㈣生育歴
㈤家庭環境
㈥学力
㈦性格
㈧家庭及学校に於ける行動及教師の意見
㈨特殊児童生徒判別基準のいずれに該当するか

以上について調査をすゝめたが盲者及び弱視者の所で視機能障害及治療可能のものは医師の診断の結果はつきりしているものゝみを記入する事にし、精神薄弱の所では境界線児は調査の対象にしないことにした。

2、調査結果の概観

此処では特殊学校（盲ろう学校、実務学校、刑務所少年区、澄井小中校、稲沖小中校）の特殊児童生徒該当者はふくめないで、公立小中校該当の特殊児童生徒の概観を述べる事にする。

本調査に於て特殊児童生徒と判定出来たのは小学校該当者で一、〇九八人、中学校該当者で六九三人である。これを各全学令者と比較して率を出してみると小学校一・一二%、中学校一・二七%で小中校共一%強の児童生徒が特別の取扱を要するものとなつている。かゝる特殊児童生徒で圧倒的に多いのは肢体不自由者で小学校に於て全特殊児童の三一・二四%、中学校で三六・七九%を占めている。しかも肢体不自由者の中でも先天的、後天的に肢体に高度の障害をきたしたのが多い。これは沖縄作戦による影響が最も多いものと思料される。

次に多いのは精神薄弱者で全特殊児童の一五・一%を占めている。これを全学令者と比較して率をみると〇・一七%を示し一、〇〇〇人中約二人は精神薄弱児だと云う事が出来る。しかも本年度調査には境界線児は含まれていないのでこれを合せて考えると、精神薄弱児は多数にのぼる事が推測される。

次は身体虚弱者の一三・五%、ろう者及び難聴者の一一・六%、言語障害の九・五%、性格異常者の九・三%、盲者及び弱視者の七・七%の順になつている。

尚、盲者及び準盲の者が二四人も盲学校に就学しないでいる事や、ろう者及び高度難聴者が五三人も、ろう学校に就学しないでいる事は、注目すべき事がらである。

年令別に特殊児童生徒を概観してみると一三才を最高にやゝ分水嶺型に分布している。尚その中に於ける特徴として沖縄作戦当時出生した八才児にやゝ高率を示していることは研究を要する問題である。

地区別に全学令者に対する特殊児童生徒の率をみると、

糸満地区……………二・六二%
那覇地区……………〇・四九%
知念地区……………一・一二%
胡差地区……………〇・九七%
前原地区……………〇・八七%
石川地区……………〇・九三%
宜野座地区…………〇・七八%
名護地区……………一・三七%
辺土名地区…………一・三〇%
久米島地区…………一・〇四%
宮古地区……………一・〇九%
八重山地区…………二・二六%

で最も高率を示しているのは糸満地区の二・六二%次は八重山の二・二六%であり、低率を示しているのは那覇地区の〇・四九%、宜野座地区の〇・七八%等である。

3 統計表

第一表　年令該当者の内訳と百分比　（全琉公立小中校該当）

	1.盲者及び弱視者						2.ろう者及び難聴					3.性格異常者			4.精神薄弱者				5.言語障害者				6.肢体不自由者					7.身体虚弱	計	学令該当者に対する率%
	盲	準盲	弱視	視機能障害	治療可能	計	ろう	高度難聴	中度難聴	軽度難聴	計	反社会性	非社会性	計	白痴	痴愚	ろどん	計	会話不能	会話困難	矯正可能	計	高度障害	長期治療	中期治療	短期治療	計			
6才	1					1		1	1	2	4		2	2			1	1	1	4	1	6	10	7	1		18	5	37	0.14
7	2		2	1	4	9	7	1	3	9	20	5	8	13	3	8	11	22	6	7	9	22	27	13	4	6	50	21	157	1.14
8	3	1	2	1	3	10	5	1	1	2	9	1	10	11	2	2	11	15	4	8	4	16	16	16	8	2	42	34	137	1.25
9		2	5		1	8	1	1	3	3	8	2	8	10	1	9	32	42	4	8	5	17	13	11	4	6	34	26	145	1.00
10			7	5	2	14	5	3	4	11	23	3	11	14	3	8	26	37	10	11	10	31	31	11	8	5	55	21	195	1.14
11	2		2	1	3	8	3	3	3	8	17	6	20	26	6	7	13	26	5	7	2	14	35	13	18	13	79	28	198	1.16
12	2	3	13		5	23	2	4	17	10	33	9	20	29	1	5	33	39	3	8	5	16	31	20	11	3	65	24	229	1.23
13	2	1	14	3	7	27	1	5	9	25	40	9	24	33	3	9	21	33	5	16	4	25	35	18	11	3	67	25	250	1.41
14	2	1	12	5	1	21	1	3	15	11	30	7	10	17	5	10	13	28		6	3	9	37	26	16	17	96	27	228	1.25
15		1	7	2	2	12	3	1	2	12	18	6	3	9	3	4	12	19	7	3	2	12	25	13	17	5	60	23	153	1.00
16	1		3		0	4	1		1	1	3	2	1	3	1	1	4	6	1		1	2	22	5	0	1	28	6	52	0.3
17				1		1	1			1	2						1	1		1		1	3			1	4	1	10	0.06
計	15	9	67	19	28	138	30	23	59	95	207	50	117	167	28	63	178	269	46	79	46	171	285	153	98	62	598	241	1,791	
学令者に対する率						0.09					0.14							0.17				0.11					0.37	0.16	1.17	
該当者に対する率						7.7					11.6			9.3				15.1				9.5					33.4	13.5	100	

第二表　小中校別該当者の内訳と百分比　（全琉公立小中校該当）

学校別＼種別		1.盲者及び弱視者						2.ろう者及び難聴					3.性格異常者			4.精神薄弱者				5.言語障害者				6.肢体不自由者					7.身体虚弱	計	学令該当者に対する率%
		盲	準盲	弱視	視機能障害	治療可能	計	ろう	高度難聴	中度難聴	軽度難聴	計	反社会性	非社会性	計	白痴	痴愚	ろどん	計	会話不能	会話困難	矯正可能	計	高度障害	長期治療	中期治療	短期治療	計			
小学校	該当者	10	6	31	8	18	73	23	14	32	45	114	26	79	105	16	39	127	182	33	53	36	122	163	91	54	35	343	159	1.098	1.12
	学令者に対する率						0.07					0.12			0.11				0.18				0.12					0.35	0.16		
	全該当者に対する率						6.64					10.38			9.56				16.57				11.11					31.24	14.48		
中学校	該当者	5	3	36	11	10	65	7	9	27	50	93	24	37	61	12	24	51	87	13	26	10	49	122	62	44	27	255	82	693	1.27
	学令者に対する率						0.12					0.17			0.11				0.16				0.09					0.47	0.15		
	全該当者に対する率						9.3					13.42			8.8				12.55				7.07					36.79	11.83		
計	該当者	15	9	67	19	28	138	30	23	59	95	207	50	117	167	28	63	178	269	46	79	46	171	285	153	98	62	598	241	1.791	1.17
	学令者に対する率						0.09					0.14			0.11				0.17				0.11					0.37	0.16	1.17	
	全該当者に対する率						7.7					11.6			9.3				15.1				9.5					33.4	13.5	100	

第三表　地区別該当者の内訳と百分比（公立小中校該当）

学校別		種別	1.盲者及び弱視者						2.ろう者及び難聴					3.性格異常者			4.精神薄弱者				5.言語障害者				6.肢体不自由者					7.身体虚弱者	計
			盲	準盲	弱視	視機能障害	治療可能	計	ろう	高度難聴	中度難聴	軽度難聴	計	反社会性	非社会性	計	白痴	痴愚	ろどん	計	会話不能	会話困難	矯正可能	計	高度障害	長期治療	中期治療	短期治療	計		
1.（糸満地区）	小	該当者		1	6		2	9			19	24	43	1	11	12	1	3	14	18	5	2	5	12	12	18	4	3	37	19	150
	中	該当者	2		15	1		18	2		12	28	42	6	24	30		2	5	7	2	3	6	11	8	15	8	8	39	11	158
	計	該当者	2	1	21	1	2	27	2		31	52	85	7	35	42	1	5	19	25	7	5	11	23	20	33	12	11	76	30	308
		学令者に対する率						0.23					0.72			0.35				0.21				0.19					0.55	0.25	2.62
		全該当者に対する率						8.8					27.6			13.6				8.1				7.5					24.7	9.7	100%
2.（那覇地区）	小	該当者	1		1		1	3	2	1	1	1	5	12	10	22	3	3	12	18	4	7	3	14	19	5	1	2	27	8	97
	中	該当者		1	1	2	1	5	1	1		2	4	1	3	4	2	3	1	6	2	3		5	14	5	7	7	33	4	61
	計	該当者	1	1	2	2	2	8	3	2	1	3	9	13	13	26	5	6	13	24	6	10	3	19	33	10	8	9	60	12	158
		学令者に対する率						0.02					0.03			0.08				0.08				0.06					0.19	0.04	0.49
		全該当者に対する率%						5.1					5.7			16.4				15.2				12.0					37.9	7.6	100%
3.（知念地区）	小	該当者			2	2	1	5		3	3	4	10	2	5	7		1	6	7	3	3	1	7	12	7		6	25	1	62
	中	該当者			3	2	2	7				2	2	5	1	6		4	6	10	1		1	2	18	4	2	3	27	5	59
	計	該当者			5	4	3	12		3	3	6	12	7	6	13		5	12	17	4	3	2	9	30	11	2	9	52	6	121
		学令者に対する率						0.11					0.11			0.12				0.15				0.08					0.48	0.04	1.12
		全該当者に対する率						9.9					9.9			10.74				14.04				7.43					42.9	4.95	100%
4.（胡差地区）	小	該当者	2		3	1	4	10	1	1		2	4		6	6	2	3	12	17		4	10	14	25	10	11	9	55	22	128
	中	該当者	1	1	1		2	5	1	1		2	4	4	4	8	4	6	7	17	1	2		3	17	10	9	2	33	14	89
	計	該当者	3	1	4	1	6	15	2	2		4	8	4	10	14	6	9	19	34	1	6	10	17	42	20	20	11	93	36	217
		学令者に対する率						0.07					0.04			0.06				0.15				0.08					0.42	0.16	0.97
		全該当者に対する率						6.91					3.68			6.45				15.66				7.83					42.85	16.58	100%
5.（前原地区）	小	該当者	2		2	1	1	6	3	1	2	4	10		2	2		2	16	18	3	4	4	11	28	5	4	1	38	9	94
	中	該当者			1	1	2	4	1	1	1		3		2	2		2	7	9	2			2	15	4	2	1	22	5	47
	計	該当者	2		3	2	3	10	4	2	3	4	13		4	4		4	23	27	5	4	4	13	43	9	6	2	60	14	141
		学令者に対する率						0.06					0.08			0.02				0.11				0.08					0.36	0.08	0.87
		全該当者に対する率						7.09					9.21			2.83				19.14				9.21					42.55	9.92	100%

学校別		種別	1.盲者及び弱視者						2.ろう者及び難聴					3.性格異常者			4.精神薄弱者				5.言語障害者				6.肢体不自由者					7.身体虚弱者	計
			盲	準盲	弱視	視機能障害	治療可能	計	ろう	高度難聴	中度難聴	軽度難聴	計	反社会性	非社会性	計	白痴	痴愚	ろどん	計	会話不能	会話困難	矯正可能	計	高度障害	長期治療	中期治療	短期治療	計		
6.（石川地区）	小	該当者												3	2	5	1	1	1	3	1	1		2	15	3		1	19	1	30
	中	該当者					1	1	1				1						1	1					7				7	6	16
	計	該当者					1	1	1				1	3	2	5	1	1	2	4	1	1		2	22	3		1	26	7	46
		学令者に対する率						0.02					0.02			0.1				0.08				0.04					0.53	0.14	0.93%
		全該当者に対する率						2.17					2.17			10.86				8.69				4.34					56.52	15.21	100%
7.（宜野座地区）	小	該当者		1				1	2		1		3		13	13		3	3	6		4		4	6				6	7	40
	中	該当者	1		1			2		1		1	2	1	2	3	1	1		2	1			1	6	4	1	1	12	1	23
	計	該当者	1	1	1			3	2	1	1	1	5	1	15	16	1	4	3	8	1	4		5	12	4	1	1	18	8	63
		学令者に対する率						0.85					0.14			0.45				0.23				0.14					5.1	0.23	0.78%
		全該当者に対する率						4.76					7.93			25.39				12.69				7.93					28.57	12.69	100%
8.（名護地区）	小	該当者	1		6	3	2	12	4	3	3	5	15	4	9	13		9	28	37	1	9	6	16	19	6	14	5	44	35	172
	中	該当者	1		3	3	1	8	1		5	7	13	2	2	4	3	5	10	18	1	7	1	9	22	10	1	3	36	10	98
	計	該当者	2		9	6	3	20	5	3	8	12	28	6	11	17	3	14	38	55	2	16	7	25	41	16	15	8	80	45	270
		学令者に対する率						0.1					0.14			0.08				0.21				0.13					0.41	0.23	1.37%
		全該当者に対する率						7.40					10.37			6.29				20.37				9.25					29.62	16.66	100%
9.（辺土名地区）	小	該当者					2	2		2	2	2	6					2	5	7	2	2		4	3	3	2	6	14	6	39
	中	該当者			4	1	1	6			2	2	4						2	2					1	5		2	8	6	26
	計	該当者			4	1	3	8		2	4	4	10					2	7	9	2	2		4	4	8	2	8	22	12	65
		学令者に対する率						0.16					0.2							0.18				0.08					0.44	0.24	1.30%
		全該当者に対する率						12.30					15.38							13.83				6.15					33.82	18.46	100%
10（久米島地区）	小	該当者						0		1		1	2			0		1	2	3		4		4	1	2	2		5	9	23
	中	該当者						0				1	1		1	1		1	2	3		2		2	3				3	6	16
	計	該当者						0		1		2	3		1	1		2	4	6		6		6	4	2	2		8	15	39
		学令者に対する率											0.08			0.02				1.60				1.60					2.13	5.47	1.64%
		全該当者に対する率											7.69			2.56				15.39				15.39					20.51	38.46	100%

地区	学校別	種別	1.盲者及び弱視者						2.ろう者及び難聴					3.性格異常者			4.精神薄弱者				5.言語障害者				6.肢体不自由者					7.身体虚弱者	計
			盲	準盲	弱視	視機能障害	治療可能	計	ろう	高度難聴	中度難聴	軽度難聴	計	反社会性	非社会性	計	白痴	痴愚	ろどん	計	会話不能	会話困難	矯正可能	計	高度障害	長期治療	中期治療	短期治療	計		
11（宮古地区）	小	該当者	3		3			6	8	1		2	11		5	5		3	7	10	7	3	3	13	7	23	16		46	13	104
	中	該当者			1	1		2		3	1	1	5		3	3	1	1	4	6	3	3	2	8	7	6	14		27	10	61
	計	該当者	3		4	1		8	8	4	1	3	16		8	8	1	4	11	16	10	6	5	21	14	29	30		73	23	165
		学令者に対する率						0.05					0.11			0.05				0.11				0.14					0.48	0.15	1.09%
		全該当者に対する率						4.84					9.69			4.84				9.69				12.73					44.24	13.93	100%
12（八重山地区）	小	該当者	1	4	8	1	5	19	3			2	5	2	12	14	9	7	21	37	7	9	4	20	17	9	1	2	29	27	151
	中	該当者		1	6			7		2		10	12	4	7	11	1		6	7		2	2	4	3				3	4	48
	計	該当者	1	5	14	1	5	26	3	2		12	17	6	19	25	10	7	27	44	7	11	6	24	20	9	1	2	32	31	199
		学令者に対する率						0.29					0.19			0.28				0.50				0.27					0.36	0.35	2.26%
		全該当者に対する率						13.06					8.04			12.51				22.11				12.05					16.08	15.58	100%

第四表　特殊学校における該当者

学校別＼種別	1.盲者及び弱視者						2.ろう者及び難聴					3.性格異常者			4.精神薄弱者				5.言語障害者				6.肢体不自由者					7.身体虚弱者	計
	盲	準盲	弱視	視機能障害	治療可能	計	ろう	高度難聴	中度難聴	軽度難聴	計	反社会性	非社会性	計	白痴	痴愚	ろどん	計	会話不能	会話困難	矯正可能	計	高度障害	長期治療	中期治療	短期治療	計		
盲ろう学校	13					13	48				48						2	2	10			10	2		1		3		59
澄井小中学校																							7	52			59		76
稲沖小中校																											35		35
実務学園														73															73
刑務所少年区														75															75
計	13					13	48				48			148			2	2	10			10	9	52	1		97		318

第五表　全琉特殊児童生徒数

学校別＼種別	1.盲者及び弱視者	2.ろう者及び難聴	3.性格異常者	4.精神薄弱	5.言語障害	6.肢体不自由	7.身体虚弱	計
公立小中校該当者	138	207	167	269	171	598	241	1791
特殊学校在学者	13	48	148	2	10	97		318
計	151	255	315	271	181	695	241	2109

盲ろう教育の目標

校長　又吉康福

沖縄盲ろう学校々歌

一、あらしは過ぎぬあかつきの
　　雲かがやける高原に
　平和の鐘を聞くときぞ
　　われらは集う手をとりて
　めざす光を求めつつ
　　ああ唄わなんわがまなびや

二、春風さそう指先に
　　読むや点字の人のみち
　秋風しみるくちびるに
　　聞くや世に立つ人の意地
　まどかな月を身にあびて
　　ああ育ちゆくわがまなびや

三、辿る闇路のけわしとも
　　閉す言葉の固くとも
　たたくとびらは拓かれん
　　文化の潮に竿さして
　あしたの生命たたえつつ
　　ああ進まなんわがまなびや

教育基準法に盲ろう教育においては、「……幼稚園小学校、中学校、または高等学校に準ずる教育を施しあわせて、その欠陥を補うために、必要な知識技能を授けることを目的とする」との規定にしたがつて、その対象が盲ろうである故に身体障害の「欠陥を補うために、必要な知識技能を授け」なければならない。

盲ろう教育の目標として、

(一) 身体的、精神的能率

① 健康と安全に必要な知識と習慣を養い、他方進んで行動の調整及び筋肉の鍛練に留意する、殊に体育に於いては一般的体育は勿論、治療を目的とする治療体育もやる。

② 他の人々と絶えず愛情ある安定した関係を保ち社会的適応の修練につとめ、他人と交際をよくし社会生活の真相を把握し誤解、偏見、邪推などの悪風を一掃し、明朗、快活の気風を作り、進んで社会の一員として、社会の福祉に貢献するように務む

(二) 普通学科の学力普通教育を修めることは、盲ろう者でも変りはない。身体障害に依つておこる欠陥を補うためにあらゆる残存感覚を使用して、文化財を獲得しなければならない、そこで盲ろう者には正常人にくらべて特別の努力がいる、学校はそのためにカリキユラムを調整し、教育方法を工夫し、種々特殊な装置器具を使用して、その教育の達成につとむ

(三) 職業的準備

盲ろう者も立派な職業を持つことによつて、社会と連関し、社会の福祉に貢献することが出来る、殊に盲ろう者に一定の職業を与えることは自活能力の自覚を与え、不安を一掃し彼らに将来の希望を持たすことが出来る。

盲ろ教育の究極の目的は職業を与えることである学校に於いてはこの究極の目標である職業への陶冶をすることにつとめる。

沖縄盲ろう學園
沖縄盲ろう學校　案内

一、どこにありますか

位置　首里石嶺区五班厚生園南端（電話首里十六のB）

道順　バス屋慶名線又は西原線（首里経由）石嶺停留所下車東方約一千米

二、本施設にはいる人は

◎盲部

1　目の[illegible]も見えない人

2　弱視のために普通学校で一しょに勉強しにくい人即ち〇・四以上の弱視者

3　中途失明者

4　次第に視力が減退する恐れのある人

◎ろう部

1　おし、つんぼ、失聴度七六％以上

2　重難聴者失聴度五一％より七五％まで

沖縄盲ろう学園にはいる人は（社会局管轄現在収容者九十一名）

1　三才から十八才までの盲ろう唖児童のうち保護者のないもの又は保護者に監護させることが不適当と認められるもの。

2　成人の失明者又はろう唖にしてその福祉のために必要な職業訓練、社会訓練、生活訓練を要する者。

沖縄盲ろう学校にはいる子は（文教局管轄現在児童数六十名）一九五三年四月から盲ろう唖児のための義務制が琉球教育法によつて制定されました。目の不自由な子供、ものの言えない子供を持つていられる方はその子供が満六才になれば普通の子供を学校に入れると同じように盲ろう学校に入れなければならなくなりました。

三、指導内容は

◎盲ろう学園

1　生活訓練、日常生活に適応させるために歩行訓練、肉体訓練、家庭衛生および看護、炊事食事法、居間、寝室の注意、子供の世話等の訓練を行うところです。

2　社会訓練、集団生活、規律への馴致、社会適応への涵養をやります。

3　職業訓練、職業能力の発見、実地訓練（織物編物、裁縫、洗濯、按摩術、家具作り、家禽飼育、農業、花卉栽培、看板書、理髪等）をやります。

4　その他個々に対する臨床特別指導読唇法、点字教育をやるところです。

5　入園を希望する者は最寄りの福祉事務所又は市町村駐在社会福祉主事に申し出れば、入園申請書調査書（家族構成、本人の行状経歴素質、環境）、負担能力調査書、健康診断書が作成されて社会局に提出されここで入園の可否が決定され、社会福祉主事を通じて通知される。入園措置となつた者は社会福祉主事の指示に従つて入園するのです。

◎盲ろう学校

1　本校は盲ろう唖児に対し教育法にある小学、中学校に準ずる教育を施し併せてその欠陥を補うために必要な知識技能を授けるところであります。

2　本校のろう部は口話、盲部は点字を教育し、それぞれ口話および点字によつて教育いたします。

3　盲ろう学校は明るい学校です。毎日たくさんの盲ろう唖児達が喜んで勉強しています。そして遊戯をしたり、唱歌をしたり、点字やお話を覚えたりしています。

4　普通の学校と余り変らない勉強をしています日々の勉強も遠足や運動会も普通の学校と同じ様に楽しく行われています。

5　入学の申込みは各市町村に駐在する福祉司さんに話されて、文教局又は学校に申込んで下さい。

6　修業年限は小学部（満六才入学）六ヵ年。中学部（小学部修了者）三ヵ年です。

7　小学部、中学部は授業料は一切不要です。

四、学校のあらまし

（1）敷地五、一六三坪

（2）宿舎、雑屋四〇七坪

五合六勺コンセット四棟宿舎、教室

パトラー一棟　食堂

破風型トタン葺六棟　宿舎、工作室、炊事場浴場

瓦葺木造二棟　宿舎　図書室

（3）　運動場　一、五〇〇坪

盲部遊歩場程度

ろう部運動場として狭隘

（4）　収容人員

			男子	女子
小学部	盲	二〇名	一三名	七名
	ろう	三四名	一九名	一五名
速成部	盲	一八名	一〇名	八名
	ろう	二〇名	一三名	七名
合計	盲	三八名	二三名	一五名
	ろう	五四名	三二名	二二名
	計	九二名	五五名	三七名

（5）　職員数

通学生　盲部　二名　ろう部　五名

△社会局管轄

施設	施設長	一	看護婦	一
	指導員	一	傭人	四
	事務職員	二	講師	三

△文教局管轄

学校	校長兼務		教員	七

短歌

折にふれて

又吉康福

○さわやかに風わたる石嶺に、集めしはこれ宿命の児ら○

○ふれあい行き交うたまゆらの人々を、懐しみゆく盲児らの群○

○言葉なき人々の通る音高き、真昼間の街をわれはゆく○

ろう部の 青い眼のモーリン先生

嘉手納航空隊婦人クラブのモーリンさん（二五）は、テキサスの大学でろう教育について勉強した経験があるので、ろう部の生徒達はモーリン先生の手まねによる授業はよく理解し仲々熱心です。しかし、ろう教育では務めて手話を避けて発声を補助する方法をとつているのでモーリン先生はその点に気をつけて発音もほほや喉の振動の仕方を生徒の掌の感覚を通じて理解させ、少しでも発声に努力するように細心の注意を払つておられる。毎週一回は英語指導もなさいます。

「写真は英語の時間」

眼の衛生

医師　石川敏夫

盲又は失明とは、社会的には、眼を使つて仕事をすることが出来ない程度、即ち一米の距離から指の数を見ることが出来ない視力をいう。盲の原因は多種多様であるが、先天的（うまれつき）に眼の発育が悪い場合や弱視の場合を除いて、大低医学的の治療で癒すことが出来る。眼の病気も身体の病気と同じく四百四病といわれる程、沢山の病気がある。それ等の病気も予防と早期治療によつて、失明から救助することが出来るのである。我々は失明という人生最大の不幸から一人でも多く助けてあげたいと思う。では次に盲の原因となる主な眼の疾患の予防と治療について、簡単に述べてみよう。

（一）膿漏眼

膿漏眼というのは、一晩の中に眼がつぶれるとかいつて大変恐れられていて、一般に良く識られている。これは淋菌が眼に入つて起る急性結膜炎である。大人の場合だと公衆浴場で顔を洗つた時とか、不浄場の洗濯中に汚水が眼に入つた時などに起る。

現在ではペニシリンや、その他有効な薬品が出来て不幸な例を見ないけれども、戦前は盲になつた例がかなりあつた。それでも早期に治療することを忘れない様にしなければならぬ。

初生児に来る場合を初生児膿漏眼という。これは母親から生れる際に初生児の眼に淋菌が入るのである。早期発見と早期治療であとかたもなく治癒するけれども、油断するといけない。私の病院に来た患者さんで二年間に十三名の中三名は手遅れのために片眼ではあるが失明している。これの予防目的のために、助産婦は初生児に必ず予防点眼をする様に法律できめられてある。ついでだから点眼薬についていえば、硝酸銀水は刺戟が強いので五％－一〇％のプロタルゴールが良いと思う。実際古い高濃度の硝酸銀水を点眼して、かえつて失明させた例もある位であるから、その点プロタルゴール液は刺戟がなく安心して使用出来る。

（二）ビタミンA欠乏症

二才から四才位の小児に多い。殊に夏になり子供が下痢を永く続ける場合とか、或は痲疹（はしか）にかかつて食餌をとらない場合に多い。両親は下痢或は痲疹にのみ気をとられて、眼については油断する。眼がおかしいと思つて眼科につれて来た時にはすでに黒眼（角膜）が真白になつてどうにもならない例は、私が開業した時からでもかなりの数である。これは親の不注意であつて早く発見して治療さえうまくゆけば立派に癒るものである。

ビタミンA欠乏の最初の症状は、子供は光に対して眼があけられない。或は又夜になると物が見えないという。即ち夜盲（とりめ）となる。この際ビタミンAをあたえると二、三日の中には癒る。治療をしないでいると結膜（しろめ）がどんよりして来て白いあわが出て来る。更に進むと結膜は全く乾燥してきたない色になる。更に悪化すると角膜（くろめ）も乾燥して、ついには角膜に孔があいて失明する。結膜（しろめ）までの病変の場合は、ビタミンAを多量に与えることによつて、割合に早く癒るけれども、角膜（くろめ）に来たらなかなか治療もむつかしいし、癒つても白い斑が残り視力障碍となる。痲疹や慢性下痢の場合には、よほど気をつけなくてはならぬ。

（三）トラコーマ

トラホームと普通いわれている。これも悪化すると失明する。トラホームは慢性の病気であるから、しらずしらずの中に病気は進んで、気付いた時には、もう重トラになつている場合が多い。重トラになると角膜（くろめ）にもトラホームが入りこんで視力が悪くなる。最悪の場合には失明する。トラコーマは、伝染力が強いことと、最悪の場合は失明することで恐ろしい眼病である。それ故にこそ、入学試験や移民等の健康診断には重要視されるのである。予防法は簡単にいえば、眼を常に清潔にすること、二－三ヵ月に一遍は専門医に診てもらうことである。

（四）交感性眼炎

最近は土木又は工場の仕事が盛んで、眼の負傷が多い。片方の眼を負傷して、その治療中に或は治療後に負傷した眼から健康な他の眼に炎症がうつることがある。これを交感性眼炎という。負傷した眼は勿論、健康な眼まで失明してしまうのである。これは予防することは困難で負傷した眼が失明していて、充血がなかなかとれないで炎症が去らない時には、なるべく早く負傷した眼を摘出してしまうのが一番安全である。親からもらつた立派な目玉を、たとえ負傷しても、ぬきとつてしまうということは誰でも不安であり躊躇するけれども両方失明してはもとも子もない。迷うことなく専門医に相談して善処すべきである。

（五）視神経萎縮

外観上は何等眼に病気がある様には見えないで、眼はあいているけれども、視力障碍がひどい人がある。

こんな場合は大低視神経の萎縮がある。眼はどんなにきれいでも、見る神経が死んでいては物を見ることが出来ない。

この視神経萎縮の原因は、梅毒性視神経萎縮の場合が多い。梅毒性視神経萎縮は、萎縮が現われてからでは治療は困難でほとんど不可能といつてよい位で、梅毒とわかつたならば眼に来ない中に十分なる治療を受けなければならぬ。次で多い原因はメチールアルコールによる中毒性神経萎縮であつて、終戦当時はかなり多数失明した例があつた。現在はあまり見ない様である。一たん視神経が萎縮してしまうと、どんな治療を施しても再生しない。

以上重なる原因をあげたけれども、未だ他に沢山の眼病があり、悪化すれば失明を来すのであるから、どんな病気でも軽視してはならない。一寸でも眼がおかしいと思う時は直に専門医に相談するのが良い。素人療法をやつて、どうしてもなおらないといつて受診に来る患者が多い。

早期の受診と早期の治療は眼の病気ではとくに大切である。以上要するに、常に眼を清潔にすることと、一寸でも眼がおかしいと思つたら早く専門医に診てもらう様に心掛けることである。

ろう児の取扱いに就いて

勝連シズ子

【日本のあるろう学校の校長先生が、「教育をしないろう児は犬猫と同じだ。」といわれた時「ひどいことをおつしやる校長先生だ。」とその時は憤慨したが、一年経つて始めて、校長先生のお話がよく分つた。家に居ると分らないが学校に来ると始めてそういうことがよく分る】といわれた父兄の感想が、ある雑誌に記載されてあるのを見て、子供等の入学して来た当時が思い出された。

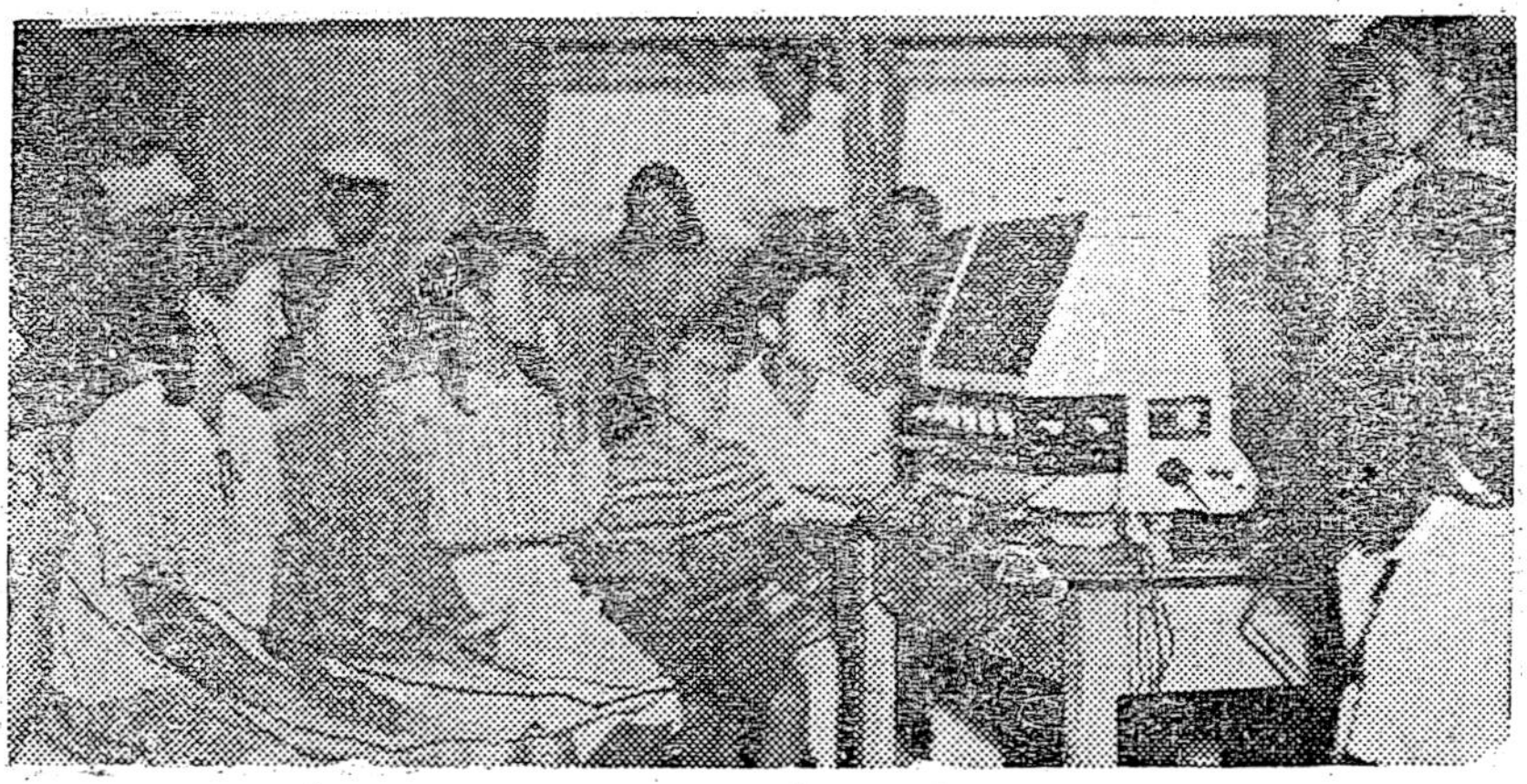

＝写真は補聴器による口話法＝

当校に入学して来た児童の中には、最初の程は、弱い者いじめをして得意がつたり、危険ないたずらをして喜んだり物をこわして楽しんだり、また十五、六才にもなるのに、座談している皆の前で自分一人おいしそうにお菓子を食べたり、「共同作業は何だ」といつた態度で自分勝手な行動をとつたり、甚だしいのになると、豚の飼料としてあるスポイル品を持ち出して食べたり、夜間突然無断で飛び出して行方をくらませたり等して、友達や先生方を途方に暮れさせ、集団生活に支障を来す様な児童が、偶々見受けられた。

この様な児童の家庭では、父兄が「耳が聴えない可哀想な子だ」といつて、ただ大事に大事にしたことが知能の伸展を遅らせて一層不幸にしてしまつたのではないでしようか。世の中には、体は丈夫でも悪いことをする様なものもいる、その方がもつと可哀想です。ろう児は耳が聴えないという一つの後れはあるが、他にセンスがあるから、それを育ててなんら耳明きに劣らない生活が出来る様にすべきではないでしようか。

パリーでは、「ダイヤモンド」と「ジルコン」（ジルコンというのは貴重でない石です）を識別するのは盲人だそうです。普通の人では分らないが、盲人ですと触つてみて「ダイヤモンド」だと冷たいが「ジルコン」は少し温いそうです。盲人のそういうセンスを生かすことによつて、千ドル位もらつて普通人以上の生活をしているということです。「三つ子の魂百まで」の諺があるように、耳の支障を認知した瞬間から、この不幸な可愛いい我が児の為にと躾に専念された家庭の児童は、一を話せば十を知るといつた鋭い感覚を持つているので、礼儀作法や学習ぶりは平常児と変らない位です。却つて純情な点では遙かにすぐれていると思います。

ろう児は、全般的に素直で実直な気性を多分に備えているので入学してから二、三日もすると学校の雰囲気に慣れ、集団生活の楽しさを知り、先生方の熱心な指導も快く受け入れてくれるので、今までの粗野な気分や行動は次第に影をひそめて、明るい朗かな児童に変つてしまうものです。そしてやがては、晴やかな笑顔で朝夕の挨拶をあどけない言葉で「おはよう」「こんにちわ」「こんばんわ」と交し合うようになり、日常生活の簡単な作法言語も修得して、なお「自分のことは自分でする」といつた自主的精神も養われ、時たま休暇で帰省した際など、父兄をはじめ近所の人々から「生徒らしくなつた。全く大した変り方だ」と賞められた児童も少なくありません。

とにかく、ろう児は、社会に出た暁は他人から可愛がられるよい性質の持主であることが何より大切ですこれには幸い当校では、二十四時間教育で職員と児童が常に接触して居り、児童の生活も、女子は女子で一部屋におさまり、男子もまた男子として一部屋に集り兄弟姉妹の様な親しさの中に、上級生は下級生の善導者となり、下級生は上級生の教えをよく守るといつた躾が自然に植えつけられて、温い心と心で結ばれた大きな家庭であつて、規律正しく子供らしく生活をしています。児童の二、三を除いた殆んどが、父兄の待つ我が家より学校の生活を好み、日曜になつても帰宅しようとせず、友達と話し合いながら一週間分の洗濯をしたり、野球やブランコで遊んだり、広い部屋で図画や手芸等してのびのびとした一日を過している様は、平和そのものであります。

最近各種団体の方々が、相当お見えになりますが、案外児童の態度が明朗で手先の器用な工作手芸品に驚かれます。そして帰えられたら早速親せきや知り合いのろう児の入学をあつせんされる方々が多うございますが、父兄の方で納得されない方もあるよう承つて居ります。若し、ろう児を持たれた父兄の方でその子のために歎き悲しんで居られる方がございましたら、どうぞ当校にお出で下さいまして、同じ立場にあるお子様方の生活振りを御覧になつて下さい。必ず光と希望が見出されることでしょう。

（盲ろう学校教諭）

▲N子さんを詠む

職員　池　蓮　子

◎眼も見えず耳もきこえず口きかぬあはれなるかな人の子にして
◎いたましや三重の苦を身一つに負ひて生きゆく悲しき運命
◎時たまは何思ひてかおかしけにくゝと笑へり嬉しとも見えて
◎声立てゝいと悲しげに泣く時の姿のあはれいたく身にしむ
◎とこしへに言はざる見ざるきかざるのその心の中に何思ふらん
◎現世に人と生れし乙女子のむごき宿命に胸のふさがる

▲ろうの子等と

◎かがやけるひとみひとみは一すじに求めてやまぬ子等が心（教室にて）
◎物言へば読みとらむとて吾が唇に食入るばかり凝視るひとみ（読話）
◎吾が示す口形まねてけんめいに発音せむと心はやれど（発音練習）
◎「先生」とよぶ声にふりむけば輝くまみに笑みのあふれて（休み時間）
◎言い初めの幼児のごとき片言のその言の葉に微笑む吾は（口話練習）
◎苦しげにしぼるが如く発語するたどたどしさに涙流れぬ（口話練習）

◎盲ろう教育の困難性

盲ろう学校児童ほど個人差の多く見られる児童はない即ち障害原因障害時の年令程度、或は環境的条件の如何によつて性格、才能、行動の面で大きな差異を生じてくるのである。これらの個人差によつて起る原因を慎重に調査し、考慮された教育こそあらゆる人間を考慮においた教育である。そこでこの個人差を如何なる立場にあつて眺めて行つたらいゝか

①知能的な立場より個人差をみる
②年令の差をもとゝして個人差を考える
③環境及び性格的な立場より社会不適応児を考える
④障害時の年令、原因程度の相違より考える
⑤性別を考慮する

不遇な我が子のために

比嘉敏子

〃白金も黄金も玉も
なにせんに
まされるたから子にしかめやも〃

子供の健やかな成長……ほど親を慰め、かつ力づけてくれるものはないと思います。又親の切なる念願でもありましょう。しかし、この切なる願いもおそろしい戦争の前には、いたしかたなく幾多の尊い犠牲者を出したのである。親として一生忘れることのできない悲劇であり、思い出すだにはらわたがちぎられ、胸がはりさけんばかりになつてまいります。時は一九四五年八月、五才になる子供（絹枝）をかゝえて壕での生活がつゞいた。

今まで歌やお話しをして遊んでいた子供が壕をでてみるとそれまでの状態がぴたりとやんで、わけの分らない言葉でむちやくちやにわめき、いくらあやしても常態でないことがわかつた。爆風のため気の毒にもろう者となつたのだ……時の悲痛……何と変りはてた我が子の表情！呆然としてなすべを知らないのであつた。でも親の身になつてみれば我が子の苦しみを救う当然の務めがあり、その上、自分の子の斯くなれる因果如何なる理由にせよ、すべては親の責任であります

然しこの事を母として書く身になると、余りにも自分の心を責め、子供の心をいぢけさせはしないだろうかと憂えるのであるが、現在玉城中学校で普通の教育課程を修めつゝある喜びに力を得まして（要望もあつたので）、もしやこのような境遇のお子さんのために参考になれば……と心に念じつゝ進まぬ筆をとつたのであります。

子を親の共通の悩みは、ひたすらに子供の将来についてでありましょう。まして不遇な子をもつ親においておやであります。

いたいけない子供の姿をみた私は、悲しみと涙の中か勇気を取りもどし血みどろな教育苦斗を決意しました。どうすればこの子とお話しが出来るようになるだろうか、どうしたら健やかに伸ばせるだろうかと？一人しよんぼり思案にくれていたとき、「タテクービ、タテクービ」とたまげた様子で走つてきた。「何か」と聞いても只手を引つぱつてつれていくだけでさつぱり意志が通じない。あとついていくとドブねずみが一匹。……そのような有様で「オーケーキ(うさぎ)」とか「ムテーチャー(額縁)」とかでさつぱり分らないことばかり……。親に通じないと紙と鉛筆で絵をかいてみせたりした。それにヒントを得て、「これならカナと口形でどうにか言葉を教えることが出来そうだ」ともつぱらその計画にりとかゝつた。併し乍ら第一困つたのは数え年五才で、普通一年生でも、こなす事が難しいカナ文字をどうして呑みこませるかと苦心した。いよ〳〵計画研究も終つて実行に取りかゝつてみたら幸に物覚えが早く其のお話が通ずるという興味も手伝つて初めの不安もそうまでゝなかつた事をよろこんだ

第一、五十音と口形を教えた。先ず「ア」という字を書いて見せ、子供にも書かしてその字を覚えさせてのち、「ア」と口を開いてみせた。そうして発音させてみたら「ア」に近い音を発した。その時の喜びは何とも例えようがなかつた。其の調子で放課後は勿論、一寸のひまさえあれば、この子の言葉を一言でも増してやりたいという死者狂いの努力が報いられて、やつと正確に近い言葉で語るようになり親の言葉も口形によつて判別し得るようになつた。第二は数観念指導に取りかゝりました。

五十音さえ把握すれば既にその半ばを達成されたのも同様で、其の後は比較的急速度に指導も進みました先ず子供の好きな浜辺の貝がらを集めさせ、綺麗なものをえり分けたり、種類別に数えさせたり、一年の指導法を適用してうまく教え込む事に成功した。

数文字については「1」と書かして親が口形により「イチ」を示し、これを五十音のイチと書かせ先に覚えたカナ文字と関連して、数字を数えた。このようにして就学出来る準備を終えた。幸に任地の教育環境がとても良く、日本、南洋帰りが多く、どの家庭でも標準語を生活に取り入れ未就学児童まで標準語で話す位ですから、絹枝も覚え次第他の子供と話し合うようになり、新らしい言葉を覚えたい為には知らない実物を持つて来て示し、色々と質問する様になつた。音楽遊戯を教える時は五線を引き、音符を書き入れ、その段階は手を伸ばし上下に動かし、その他リズムについては一緒に拍子をとりつゝ、拍手をあわせていくようにと苦心して来たのであつたが、此には相当研究と心苦が払われた。現在ではピアノも弾けるようにまでなつている。尚遊戯は、リズムに合わしながら独得の方法

で修得させるようしたのであるが、このような努力にも増して気を配ばる事は、ひがみを持たさないように如何に仕向けるかということです。

幸いに性質が明朗で学芸会などにも率先して舞台に立ち、運動会とか衆人環視の中でも堂々と演技して恥ない性質がこの子を現在のところまで伸ばしてくれたと思います。

ことに感謝にたえないのは、国境を越え、人種を越えた米人将校ハムレン中尉が子供のほしがつていたカメラを与え、はげまして下さつたその後、あらゆる事に努力し、奮斗するようになつた。その姿をみるとき親として感きわまり、いじらしくさえなります。その他各方面の方々が折にふれ励まして下さいますし、その励ましに報いたいといつた気構えがよくうかゞわれ子供心にも自己開拓の決意にもえているようです。

教育は何時初めても遅く、又何時までも限りなくつゞく。いばらの道はこれからであるが、この子自ら創意工夫しつゝあるを喜びつゝ親として、又教育者の片りんとして怠りなき研究を今後も続けたいと存じます。

最後に世界永遠の平和を希求して止みません。

（玉城小学校教諭）

▲先生は、わが子の不幸が如何なる因果にせよ、すべての親の責任であり、子供の幸福のためにつくすことは当然のことで紹介するほどのものでもないと、辞退されたのであるが、無理を願つた。

▲教育は愛情を惜みなくさゝげたとき可能であることを痛感するのであります。

（K・T生）

「児童はどのように守られているか」

◇教育の機會均等◇

すべて国民は、教育を受ける機会を与えられなければならないものであつて、人種、信条、性別、社会的身分、経済的地位又は門地によつて、教育上差別されることはない。琉球政府及び地方公共団体は経済的缺陥の故に就学困難な者に対しその才能に従つて、財政的援助を与える方法を講ずることができる。

◎児童憲章

児童は、人として尊ばれる。

児童は、社会の一員として重んぜられる。

児童は、よい環境のなかで育てられる。

一、すべての児童は、心身ともに健やかにうまれ、育てられ、その生活は保障される。

二、すべての児童は、家庭で、正しい愛情と知識と技術をもつて育てられ、家庭に恵まれない児童には、これにかわる環境が与えられる。

三、すべての児童は、適当な栄養と住居と被服が与えられまた、疾病と災害からまもられる。

四、すべての児童は、個性と能力に応じて教育され社会の一員としての責任を自主的に果たすようにみちびかれる。

五、すべての児童は、自然を愛し科学と芸術を尊ぶようにみちびかれ、また、道徳的心情がつちかわれる。

六、すべての児童は就学のみちを確保され、また、十分に整つた教育の施設を用意される。

七、すべての児童は、職業指導を受ける機会が与えられる。

八、すべての児童は、その労働において、心身の発育が阻害されず、教育を受ける機会が失われず、また、児童としての生活がさまたげられないように、十分に保護される。

十、すべての児童は、よい遊び場と文化財を用意され、わるい環境からまもられる。

△あやまちをおかした児童は、適切に保護指導される。

十一、すべての児童は、身体が不自由な場合、または精神の機能が不十分な場合に、適切な治療と教育と保護が与えられる。

十二、すべての児童は、愛とまことによつて結ばれ、よい国民として人類の平和と文化に貢献するようにみちびかれる。

以上本号にちなんで附記することにした。

（K・T生）

追悼

志喜屋先生の思い出

中今信

昭九会の一員であるわたしの中学時代には、志喜屋校長というより「ライオン」といえば学生全体がそれこそ無条件にシャッポを脱いだものだ。

先生の教育は、それ位、全校生徒に及んでいた。嬉しい時でもつらい時でも、我々は身近に先生を感じた学校のどんな行事の時でも先生は最後まで頑張られた先頭に立って指揮するだけではなく、しんがりに残って激励することも忘れない、先生は教育の実践家だつたのだ。だからこそ、腕白ざかりで正義感の強い中学生たちから、あれ程の信望をかち得られたのであろう

略歴

志喜屋孝信先生は明治十七年具志川村字赤道の農家に生れた。沖縄一中を経て明治四十一年広島高師を卒業、同年熊本県鹿本中学校教諭をふりだしに、明治四十四年沖縄二中教諭に転勤、大正十三年同校々長拝命、昭和十一年同校を辞す爾来二十九年間二中育ての親として、同校発展のためにつくした。後、中谷善英氏の協力を得て私設開南中学校を創立し、終戦にいたるまで四十年間沖縄教育伸展に偉大な功績を印した。

戦後四五年八月諮詢委員長に選出、翌年四月沖縄民政府知事に就任、五〇年九月群島政府の創設に伴い離任、同年十一月四日付、琉球大学初代学長に就任、同学在職中、ドクター・オブ・ヒューマニテイの名誉学位を授与さる。

五一年三月から三ヵ月間、国民指導員として米国視察。五二年六月三十日付で学長退任、五三年三月一日付、琉球育英会長として、人材育成のため貢献された。

先生の生涯は凡てを教育界のために捧げられたのである。その功績を永遠に讃えるため、目下琉球大学内に志喜屋記念図書館を建設中であることは周知の通りである。（享年七十一才）

教室の中でだけのいい先生は多いが、常に生徒と共に行動して、こわがられながら又親しまれる先生の少いことは読者のよく御承知のとおりである。敏感な中学生は、ホンモノとニセモノをすぐ嗅ぎわける。ホンモノだと思つたら徹底的に信頼し尊敬する。「ライオンには歯がたゝん」と生意気な表現をしたのも中学生らしい心服の様式であつた。

二年生の頃、野球に負けて、全校生徒が校庭に坐りこんで悲憤の涙にくれたことがあつた。すつかり日は暮れて、空では星が泣いていた。引率の先生が「もういいから帰れ」という意味のことを云つても、誰も動こうとはしない。十五の少年であるわたしは真暗になつたあたりを見廻して不安になり、そこで又泣いた。その時、志喜屋先生が朝礼台に立たれた。やさしく慰め励ます先生の御声もたしかにうるんでいた。しかも鶴の一声だ。今までテコでも動きそうになかつた上級生が先ず立上つた。わたしは子供心にホッとした。そして「ライオン先生はほんとに生徒思いだ」としみじみ感じたことである。

同じ頃、修身の時間に「いいか、こういうことは他の先生は教えて下さる機会がないだろうからわたしが教えておく。おふろにはいる時には、湯槽にはいる前にまずキンタマをしつかり洗うものじや」とニコニコ顔で云われた時の印象は二十五年後の今日でも鮮やかである。勿論クラスの全員がドッと爆笑した。そしてライオン先生はおつかないだけではなく、随分面白い先生だと感じた。

中学四年の時、海兵に受験はしたものの体格検査ではねられてスゴスゴと学校へ帰つたわたしを、校長室によんで慰めて下さつた先生のあたたかさをどうして

忘れることができよう。――「お前が今日まで勉強してきたことは決して無駄にはならぬ。学校は他にも沢山あるから、それ位のことでヤケでもおこしてはいかんよ。学資の心配はせんでもいい。出してやろうという人はいくらでも居る」と云われた時、わたしは涙が出そうだつた。三年に上つて間もなく、生意気盛りのわたしは校長室に先生をおたずねして直訴したことがあつた。「級長をやめさせて下さい。」「どうしてじや。」「海兵への受験準備を始めたいのです。」「ウム、海兵への受験はいいが、勝手に級長をやめさせる訳にはいかん。」――そういういきさつがあつたので、先生は特に心配して下さつたのであろう。家が貧乏なので学資の要らない海兵を選んでいることも先生はちやんと見抜いて励まして下さつたにちがいない。何しろ、七百の生徒の名前だけでなしに家庭の事情までライオンは知つているぞ、というので皆からこわがられていた先生だからである。

終戦のあくる年、北京から引揚げたわたしは、久場崎の収容所に着いたその日に、知事になつておられる先生にお会いする事ができた。石川から知念にジープで通勤しておられた頃で「毎日のように収容所にお立寄りになりますよ」との診察所の岸本医師に、それではと帰郷報告の手紙を託した処、間もなく先生が、わざわざ私のはいつている一番奥の方のコンセットまで、ジープでお見えになられたのには全く恐縮した。

「よく帰つてきた。が、帰つてきたことを後悔するかもしれないよ。ハハハ…」

そのお言葉はわたしの頭にはつきり刻まれている。先生はお仕合せじやないな、とその時わたしは直感した。

先生が知事になられたことは沖縄の住民にとつては幸福であつたが、先生御自身にとつては不幸であつたということは衆目の一致するところである。先生はあくまで教育者であつて政治家ではない。政治家になるには、先生の性格は余りに清すぎた。知事時代の御苦労が遂に先生の健康をむしばみ、最後にあの緻密で周到な頭脳の働きまで侵したことを思うと、「沖縄人よ。ここに偉大なギセイ者が居る、脱帽敬礼しようじやないか」と叫びたくなる。

明治時代の民主々義運動の先覚者謝花昇先生も、悪戦苦斗の末に遂に狂つてしまわれた。狂うまでに純粋に仕事の上で苦しめる人こそ偉大な人間だ。

志喜屋先生がその意味において、一切の批判を超越して沖縄の全住民から感謝され敬仰されなければならない史的人物であることを、誰が疑い得るであろうか

(筆者琉大助教授)

誠意の人

池宮城秀意

「誠心誠意」という言葉ほどみじめに乱用されている言葉はない。世の政治家をはじめあらゆる面の人々は何かことあるごとに自分の誠心誠意を宣言するが、それがお座なりでないことははなはだまれである。それほど「誠心誠意」ということばは魅力のあるものとなつているということにもなる。魅力というものはなかなか手に入らないものへの一種の憧れであるとすれば、「誠心誠意」を宣言することによつて人の心の弱点をつくということになるかもしれぬ。しかし「誠心誠意」というものは天然の真珠のごとくめずらしいものである。志喜屋先生はそのような「誠心誠意」のもち主であつた。

先生についてはいろいろとエピソードはあるであろうが、ここではそのようなことはやめ、先生の人間的な面についてふれてみたい。先生の美点を誇張することも、また先生の弱点をことさらに大仰に指摘することもしようとは思わない。先生の温い心を素直に受け入れる気持で先生を偲びたい。

先生はきわめて庶民的であつた。しかし庶民的ということはまた一面官尊民卑にも相通ずる。そこから先生の官学（国立大学、専門学校）第一主義はきていた官学は学資も少くてすみ、立身出世という点からも私学（私立大学専門学校）などより便宜があるのであれば、自分の弟子にこれをすすめるのは人情の自然である。実在する社会に順応し、流れにサオさしていくことを望むのは親心の愚かさとばかりはいえぬであろう巣立つものがどこへ飛び去ろうがそれぞれの意にまかせるということは、神秘的な本能を失つた愚かな人間の場合危険きわまることである。であつてみれば愚かなことではあつても子弟の進むべき途に心をくだくのは致し方のないことというべきである。

志喜屋先生はそれほどに「親馬鹿」であつた。出来る子も出来の悪い子も、それぞれに心をくだき、巣立つたあとも、どこでどうつばさをひろげているか、あるいは尾羽打ち枯らせているか、案じているのが先生であり、そしてこれらの小鳥たちがいろいろの変つた姿で古巣に帰つて来れば、これをはげまし、また救いの手をのべるのが先生であつた。

一方、先生の庶民性は先生の斗志にもあらわれていた。晩年の戦後異状な環境は別として、先生の二中校

長時代の県下中等学校長会議などでの先生の発言は異彩をはなつていたが、特に開南中学校長になられた後は、放たれた虎の如くに「官」に対し自主的な態度が強くなり、県庁の学務官僚を強くけん制したものである。その開南中学も戦時下の不自由さの中に十分に発展させ切らずに根を断たれたのは、先生最大のうらみであつたにちがいない。四十年近い教育一すじ道の先生の幸福をみだしたのは戦争であつた。

　戦後の先生は全く「お気の毒」につきる。不純と不正直にみちた政治と経済の世界に引きずり込まれた先生は傍で見るもお気の毒であつた。一九四六年、石川の草庵に先生が住んでおられた頃、筆者はある人と二人でお訪ねして、知事をやめられるようおすすめしたことがあつた。勿論、これは先生への敬愛の心からで単なる反撥からでなかつたのはいうまでもない。したがつて、先生がこれを受け入れなかつた後も、先生は筆者らの気持を愛でこそすれ決して不快とはされなかつた。心の真つ直ぐな先生は若輩な子弟の素朴な心をよく見ることができた。その先生のすぐれた能力が利かなくなつたのは「知事」という地位について後である。

　知事になられて後、先生は「自分は政治も経済も知らん」とはつきりと云われていた。ただ「誠意」をもつてことに当れば何とかなる、というのが先生の気持であり、態度であつたにちがいない。しかし、不幸にして、政治も経済も先生の「誠意」で引き廻すにしては余りにも野獣であり、不倫な生きものであつた。東洋的な倫理と数学的な合理性に生きて来た先生は、戦後の混迷と不合理にほとほと弱り切つたにちがいないいわば、先生は地獄の苦しみを味わう破目となつたのである。先生にしてみれば教育界は極楽で、政治の世界は地獄だつたにちがいない。心から先生を愛する人たちは一日も早く先生をそのような苦界から解放したいとねがつていた。このような先生の破目については流石に東恩納寛惇先生は史家の明哲な洞察をもつてはつきりと語つておられる。(「志喜屋孝信君を憶う」琉球新報)

　冷酷な歴史は志喜屋先生についてどう記述するかわからないが、少くとも「誠意」のビラを撒きちらしたのではなく、「誠意」の有りつたけを使いはたし、疲労こんぱいの果て倒れた人として先生の名をとどめなければならないであろうか。校庭における先生がいかに輝やかしい存在であつたかを想うたびに、知事になられてからの先生がいかにお気の毒であつたかを想い先生もまた一人の戦争犠牲者であつたことを深く心にきざむのである。だから、いつまでも教師としての志喜屋孝信先生の輝やかしい姿を心にとめたいと自分は考えている。(筆者は毎日新聞沖縄通信部記者)

追憶二題

島袋全幸

一、ハアーイ

　魚住校長の後を承けて二中を背負い立つた頃の志喜屋孝信先生は、軒高として獅子吼されたものだ。生徒の名をよく覚えておられ、例の目玉をギョロリと剝いてその出身地から父兄名まで挙げて叱りつけるので、さすが運動場の英雄豪傑ども(これも先生の言)も全くしゆう伏して、数学の時間ともなればまるで台風眼の如く静まりかえつたものであつたが、又よく青年の心理を捕えていて実にうまく生徒を操縦されたものである。

　大正十四年、多分潟原での陸上競技の時だつたと思うが、一中を制して優勝した若人どもが勝利の歓喜に酔い痴れて、応援歌を高唱しつつ那覇市内を練り廻り学校に引き揚げた際は既に日も暮れていた。生徒の集合が終るとみるや、御大やおら指揮台に上り、

「今日は実に愉快ですなア!」

開口一番絶叫された。日頃のギョロリ居士がかく叫んだのであるから何条堪るべき。

「ハアーイ!」

一斉に爆笑した。間髪をいれず、

「われわれは元気ですなア!」

「ハアーイ!」

ますます湧き立つ。

「まだ元気が残つていますなア!」

「ハアーイ!」

こうなれば騎虎の勢の止るべくもない。

「明日も授業をする元気がありますなア!」

「ハアーイ!」

約束してしまつたのである。

暫くして、

「その術(て)には乗らんぞオ!」

と叫んだものがあつて(その声音からそれが長嶺彦昌であることが解つた)それにつれて「わアわア!」と湧きかえしたが、もう後の祭であつた。

わたくしどもは翌朝、ゲートルのボタンをきちんとはめ、荷物を抱えて登校した。

「やられたア!」

社會教育

社会教育振興上の諸問題

金城英浩

社会教育は学校教育と共に教育の二大分野であつてその軽重を附けるべきでない。然るに、沖縄における社会教育の現状は学校教育に比べて後進性が甚だしい。この事実は他府県から来島する教育家たちの眼には鋭敏に映ずるようで、昨年夏来島された日本教授団は、異口同音に沖縄における学校教育と社会教育のギャップを指摘し、その対策を講ずるよう注意を促された。社会教育が何故にこのように特に遅れているか、その原因はいろいろあろうが要するに社会教育に対する理解と認識が足りないということがその最大の原因であろうと思われる。

終戦後日本本土においては、アメリカ教育使節団によつて社会教育の重要性を指摘され、非常な熱意を以てあらゆる困難を克服して、その振興を図りつゝある。

社会教育の振興といつても複雑多岐、広い領域の分野であるので、いろいろ問題点があろう。たとえば勤労青少年教育、施設の充実、方法の刷新、指導者の養成、関係団体の健全なる育成、視聴覚教育設備の充実体育レクリエーションの普及行財政の確立などが挙げられるだろう。

以下社会教育とはどんなことか、その必要性振興上の問題点について述べることにする。

一 社会教育の語義

社会教育とはどんな意味か、人によつて、ちがつた解釈をしている。先ず広い意味では通俗教育、或は庶民教育と言つた。何もかも「ごちやまぜ」の考え方で、昔の名僧、賢者、聖人などの行つた教化活動など社会において行われた教育らしいものを含めての考え方である。次は、学校という特別の教育機関あるいは施設によらない教育活動という意味の考え方でどこまでも学校教育と対比して考えて行こうと

「やられた」

朗かに云い合つた。

二、大ほうこう

二中運動場の西側、一段低い塀をまたいで石垣を下りるとアンモチ屋があつて、猛者連がとぐろを巻いていた。おごり、おごられ、義理は義理を生じて次第に盛大に繁栄していつた。

始めは黙過もしていたであろうが、口さがない童(わらべ)どもまで「二中生(しー)やアンモチ食い(くえ!)」とはやし立てるに及んでは、隠忍の限度に達したと見え、或る日、或る朝、壇上での大ほうこうとはなつた。それはナポレオンが三軍をしつたするもかくやと思わせる実に美事な大ほうこうであつた。

朝礼が済んで各教室に入る間に、この美事なほうこうに魅せられていたわたくしは、

「親の臑をカジる分際で、むだ金をつかうとは何たることじや!」

と思わず知らず大声で真似てみたのである。その時おそく、

「誰だ!そこでどなつているのは!」

ああ南無三!わたくしはほんもののライオンの追跡をうけたのである。いつしか教室に逃げかくれてはいたが、顔面は蒼白となり、心臓は早鐘以上をたたいて今につまみ出されるかと小さくなつていた。

身から出たこととは云い条、更にいけない事には、その日の一時限目が何かの試験であつた。その日、その試験には自信満々たるものがあつたが、あわれや百雷の一時に落つるに会い、目はかすみ、耳は聾し、足はしなえて大しくじりにしくじつたことであつた。

(筆者琉球育英会副会長)

するものである。最後に、法制的、行政的に考えようとするもので「教育基本法」「社会教育法」文部省設置法などの規定の範囲で扱うとするものである。

教育基本法では

「家庭教育及び勤労の場所、その他社会において行われる教育は、国及び地方公共団体によつて奨励されなければならない」となつて従来の家庭教育は、社会教育の中に包含している。次に、社会教育法では

「社会教育とは学校教育法に基ずき学校の教科課程として行われている教育活動を除き主として青少年及び成人に対する組織的教育活動（体育及びレクリエーションを含む）をいう」と定義している。これによれば学校の教育課程として行われる教育活動以外の組織的な一定方式に従つた教育活動であり、主なる対象を青少年及び成人においている。

以上の定義は便宜的のものであつて、理論的或は学問的には異つた角度から十分に研究されるべきであろうが、教育行政の立場からは一応法的規定の概念の上に立つて社会教育活動あるいは行政の執行をなすべきであると考えられる。

次に社会教育という新しい分野がどうして生れたかを考えて見よう。近代国家における学校教育の発展は、まことに目ざましいものがあり、教育の原形態としての社会教育の中から形式的に組織され生れたものでありながら、教育と言えば、学校教育を意味する程である。然し、社会の進歩が急激であればある程、学校教育だけでは解決のできない教育問題が現われて来て、社会の成員は全部何らかの形において再教育を必要とするようになつた。こうした社会の要求に応じて社会教育という新しい分野が現われた。

宮原誠一教授は、

1 学校教育の補足としての
2 学校教育の拡張としての
3 学校教育以外の教育的要求としての

社会教育が成立したと説いている

二　社会教育の根拠

社会教育は如何なる根拠の上に立つて考うべきかということは重要なことである。

先ず第一に「教育は生活なり。」との「デュイ」の言葉もあるように教育はすべて生活の中にあるという考え方からして教育は「揺籃から墓場まで」命のある限り教育はつゞけるべきだということである。即ちわれわれの一生を通じて常住不断の問題である。これは第一に社会教育のよつて立つ基盤である

第二は「凡ての人は教育を受ける権利がある」という世界人権宣言の条文にもある機会均等の立場からで、老若男女を問わず身分や地位を論ぜず教育を受ける権利を持つと言うことで国家はすべての国民に対して教育の機会を提供すべき義務があり、教育を受ける権利は単に子女のみに限らないで人たるの権利だという考え方である。

第三は「人間は死ぬまで学ぶ能力を失わない」という「コロンビヤ大学教授」ソーンダイク博士の結論にもあるように人の学習能力は死ぬまであるのだとの信念の上に社会教育は推進すべきである。

三　社会教育の組織体系

社会教育は内容、主体、対象、方法など、非常に複雑多岐であり十分組織化されていない。社会教育を組織づけ体系づけることは、社会教育振興上、重要な問題である。どのように組織するかはいろいろ問題があると思うが、文部省は次のようにしている。

一、組織

1 行政機構
- △社会教育行政　△文化行政
- △保存行政
- △関係各行政官公署との連絡提携

2 社会教育関係団体
- △青少年団体　△婦人団体
- △P・T・A　△文化団体
- △スポーツ団体

二、施設
- △公民館　△図書館
- △博物館又は類似施設
- △児童文化館　△地域社会学校

三、対象
- △青少年教育　△婦人教育
- △労働者教育　△両親教育
- △復員者教育　△就学前の教育

四、内容
- △政治教育　△公民教育
- △科学教育　△宗教々育
- △芸能教育　△職業教育
- △純潔教育　△保健衛生教育
- △体育レクリエーション指導

五、方法
- △学校拡張　△通信教育
- △成人学校　△視聴覚教育
- △各種講座（文化講座、専門講座）

△討議法及び議事法　△指導者の研修
△資料の刊行配布

六、主体
△国家　△地方公共団体
△私人

以上で大体社会教育の概念がつかめたと思う。

四　社会教育の目標をどう考えるか

従来日本の社会教育は非常に未分化の状態で社会事業、社会教化、社会政策との境がはつきりしない。このことは社会改造、社会運動にまで発展する可能性があつて、社会教育行政の面から大いに注意せねばならない。

およそ教育の目的は「立派な人間を作る」にあるならば、社会教育も亦「一人一人の人間の育成」にあるわけで、その結果よい社会が築かれ、良い政治が行われ、経済が振興され、それによつて、わが村がよくなるようになると言う考え方をしたい。村を良くするための社会教育だからと言つて「村作り運動即ち、社会教育なり。」と考えるのは教育の自主性、教権の確立の基礎がおびやかされる。社会局や経済局の生活改善員や改良委員と社会教育主事との境界がはつきりしなくなるのである。

一九四九年「エルチモア」という所に万国成人教育協議会が開かれた時、その結論として、「およそ生活文化というものは、個人の生活にその根を下している」と。

従つてその個人生活を培う、その個人個人の社会生活、経済生活、政治生活においてその使命を果さねばならない。りつぱな人間が育成され、その個人個人が立派な社会生活をなし経済生活をなすことによつてその結果が社会事業となり、社会教化となり社会政策を成功させるという考え方で、われわれは分化された教育の分野から、公民館運動或は村作り運動を推進すべきである。要するに「良い社会人を作る」「一人一人の良い市町村民を作る」ということを念頭において社会教育活動をしないと、他の関係機関と、もつれが生ずるものである。

五　勤労青少年の教育の問題

教育の機会均等は新教育の理念の一つであるが沖縄の現実はどうでしょうか。

一九五四年度の調査によれば

△勤労青少年数（十六才―二五才）　一三四、〇六三人
△普通高校在校者（十六、十七、十八才）　一二、三五二人
△実業高校在校者　四、三二二人
　合計　一六、六七四人
△定時制高校在籍者　一、〇八五
　（全勤労青年の〇・八％）
△十六才、十七才、十八才の青少年の数
　五〇、四九八人（該当年令青少年の三三％）

である。この残された六七％の勤労青少年の教育をどうするかということは単に社会教育だけの問題ではない。青少年犯罪の逐年増加を単に彼ら青少年のみに責任を負わすべきでない。彼ら勤労青少年の教育施設がどれ位あるか。どれだけの費用をかけているかを考えて見なければならない。

コロンビヤ大学教授「ソーンダイク博士」の研究によれば、人間の学習能力の最高の峠は二十五才であると称せられている。この重要な時期に六七％の勤労青少年、特に義務教育終了者に対しその基礎の上に立つて立派な国民の生活へ導き入れる橋わたしをする施設が重要なことである。或る地域においては、定時制高校として、或は「青年学級」として青年会の活動を促進するなど対策を講ずることは肝要な問題である。

六　方法上の問題

社会教育はその対象が複雑多岐であるので方法も亦機動性、融通性、弾力性をもつべきである。多くの人は社会教育は、定まつた形態をとらず非形式的な行き方をするものだときめているがこれはいけないと思う。

環境に応じ、条件に従つて教育効果があがるような形態を考えるべきである。如何に成人の教育でも形式的にガッチリした形態で進むべきではなかろうか。例えば、興味と能力に応じ対象の要求、必要性を調査し対象別よりもコース別に考えるべきだと思う。

講演シリーズ式から生活化カリキュラム方式を選んだがよい。尚つめ込み主義から誘導助成主義へ、物知り主義から生活化主義へ。即ち毎日の生活の中に実行し生活を豊かに向上するようなものでなければならない。成人の教育は、試験の答案を書くためでなく、毎日の生活を豊かにし身につくものでなければならない

ヴンデリグットという人の研究は人間の五官を通じて学ぶ量を次の通り発表している

○眼を通して　六〇％
○耳でする勉強　二〇％
○触覚によるもの　一五％
○嗅覚によるもの　三％

○味覚によるもの　二%

右は大変興味ある研究であつて、視聴覚教育が如何に重要であるかがわかる。講義式一点張から討論式、演習式、或は見学などの方法を工夫すべきである。

七　社会教育指導者の問題

社会教育は、社会人が誰にも強制されないで進んで自分で自分を教育する自己教育であり、お互いのふれ合いで磨かれて行く相互教育である。だからと言つて指導者がいらないと言うことではない。社会教育の指導者とは社会教育主事や公民館主事などのような専門職から、青年団、婦人会、PTA、などの役員や社会教育委員などもあるが、レイ・リーダーと言つて、それを職業としないで進んでその経験や、智識を提供して指導に立つ、言わば素人指導者で外国ではその養成に非常に力を入れていると言う。

次に沖縄の場合特に重要なことは「学校の先生の協力」ということである。

新教育の立場から考えると、学校は社会と結びついた丁度社会に生い立つた一本の樹のようなもので、その樹を十分繁らすためにはその根に培わねばならない学校という社会に生い立つ樹を繁らすためにその根ざす社会環境を培養せねばならない。

学校と云う樹を育てるのが先生の職務であるならばその根を下ろしている地域社会への奉仕も亦先生の職務の一つでなければならない。現に校長や教員の熱意如何で社会教育の振否に大いに影響している。

学校教育と社会教育は、車の両輪であり鳥の両翼にもたとえられる。学校教育と社会教育とが一体となつて活動して始めて教育の効果はあげられる。然らば学校の先生の社会教育への協力のためにはいろいろの問題がある。過労を防ぐために定員を増し或はその働きに対する相応の報酬を与えるなどの措置を講じなければならない。

更に重要と思われることは教員養成の課程の中に社会教育の講座を設置し、教員免許法に社会教育の単位を加えたいものである。

（教育長、校長免状に加えられている）

次に指導者の持つべき態度であるが或る学者は「指導者は深く考え、広く見、すみやかに判断せよ」と言つている。亦二宮尊徳先生は「指導者はよろしく、たらいの水の中を廻す一本の箸になれ。」たらいの中に突込んだ一本の箸を廻わすとき、うまずたゆまず円を描いている中に静かなたらいの水が一つの流れを作る。一本の箸のまわりからたらい全体の水に流れをさそうようになる。」という態度である、社会教育は真に困難な仕事であり、忍耐と努力が大切である。あせらず、信念と熱情を以て当らねばならない

以上問題点を拾つて考えて見た。社会教育は今なお教育の未開拓地でありそれだけ困難な仕事である。アメリカを視察したある教育家は日本教育の三大盲点を次のように指摘している。それは

○就学前の教育（幼児教育）
○学校卒業後の教育（成人教育）
○特殊児童の教育

このことは沖縄の場合も当てはまる盲点であろう。われわれは広い高い視野に立つて教育を考え、学校教育の充実と共に社会教育に対する関心と理解を深めてその振興を期すべきである。

◎最後に社会教育費についてふれてみたい。

一、△人口一人当社会教育費
日本の平均二二円（B円）
琉球　一一円（B円）

二、琉球とほゞ似ている県との比較
○全教育費に対する社会教育費

島根県	五%
鳥取県	四・七%
香川県	五・八%
琉球	二・一四%

三、学校教育費及社会教育費との割合
（校舎建築費を除いた額との比較）

都道府県各	学校教育費	社会教育費	計
岡山県	九六・一	二・九	一〇〇%
徳島県	九七・二	二・八	一〇〇%
奈良	九四・七	五・三	一〇〇%
北海道	九六・九	三・一	一〇〇%
青森県	九六・一	三・九	一〇〇%
茨城	九六・九	三・一	一〇〇%
東京	九八・五	一・五	一〇〇%
富山	九六・三	三・七	一〇〇%
熊本	九六・七	三・三	一〇〇%
全国	九六・七	三・三	一〇〇%
琉球	九八・四	一・六	一〇〇%

以上の比較を見た場合、琉球の社会教育費が如何に低率であるかゞ、うかゞわれる。

特に地方教育区の社会教育費の少ないことにはおどろかざるを得ない、このことは市町村財政の窮乏のみの問題でなく、社会教育に対する認識と理解が足りないことが最大の原因であると考えられる。社会教育は自分らの手で自分たちのためにやる自己教育であり相互教育であつて、決して他から与えられる恩恵的の賜りではない。自分たちの力でやつて行こうとの熱意を振起したいものだ。

（社会教育課長）

よい教育環境は

まず公民館をつくることから

一九五三年三月、中央教育委員会の音頭とりで公民館が提唱されてかれこれ二年。全琉に二〇九という公民館が誕生し、その歩みも、しつかりした足どりで郷土の振興のため活潑な活動をつゞけておるが、この二〇九という数が、全部落数の僅か二割そこらで日本にくらべるとまだ〳〵足もとにも及ばない現状にある。

（講座後のレクリエーション）

そも〳〵何が公民館の誕生を阻んでいるか、その理由はいろ〳〵あるようだが、公民館ということがはつきりわかつていないということが大きな原因で、仲々わかつたようで、わからないものらしい。それで公民館とは一体何かということを今一度考えてみたいと思う。さて公民館、映画館、図書館、博物館、文化会館、教職員会館等々……わが沖縄にも公民館の館の仲間は相当あるようだ。館とは新修漢和辞典によると「建物のこと」とある。

（美里公民館定期講座）

そうすると、公民館も映画館や文化会館と同様建物の一種にはちがいない。しかしこれらの建物はたゞの建物ではない。或る「組織的な活動」がくつゝいて映画館や文化会館となつておるようで「名は体を表す」とよくいつたものだと今更感を新たにさせられる。

公民館とは一体「何か」というのはこの組織的な活動を指すのではないかと思う。

映画館の組織的な活動は一定の料金を取つて映画を見せることであろう。絶対に人を泊めたり、酒を飲ませたりはしない。

（公民館具我）

公民館の組織的な活動は第一に人を集めることである。全国公民館連絡協議会選定の一等になつた「公民館のうた」の文句に、「平和の春に新しく郷土をおこすよろこびも公民館のつどいから……」とある。郷土をおこすための心を養うという意味のようである。集めるということは、なまやさしいことではない。

青年会でも婦人会でも、きまつたときに集まれることができれば大したものである。共同精神というのはお互が理解し合う中から生れるのではないだろうか。部落の人々が理解し合うには集まることから始まると思う。村の人々が一堂に集まつて話し合つたり、いろ〱相談し合つたり研究し合つたりしておるうちに、お互の心の琴線にふれ合つて、互に理解し合い、そこから共同の精神が生れるのだと思う。

平和のトリデはまず人の心の中に築かれなければならないと平和憲章にうたわれている。

村おこし運動は、まず人の心の中から始められなければなるまい。自主性と共同精神のないところに如何に立派な産業計画を樹てゝみたところで、所詮机上のプランになり、荒地に作物を作るようなものであろう公民館の組織的活動の第一は何といつても集めることからである。

第二は教育することである。どこの公民館も産業振興と取組んでいるが産業振興というと、それ自体専門的技術的なことをするものであり、経済局にそれ〲の専門機関があるので、公民館などのタッチすべきではないという考えが相当あるようだが、公民館で行う産業振興ということは、そんな技術的なことのみをするのではない。現実の地域社会の産業機構や、その経営についての理解や更にそれに適応する知識や技術を習得するばかりでなく、将来の理想的観点からその産業のあるべき姿を探ろうとするものである。産業振興は資源や技術だけでは絶対にできるものではない。それを発見し、これを使う人間の叡知というものが大切で、この叡知を養うことが公民館の第二の組織的な活動である。公民館は産業振興の基盤である。

良材を得ようとするならば良質の苗木を得ることが大切であるが苗床の重要さは、けだしそれにまさるものがあるであろう。公民館は産業振興のよき苗床になろうというのである。

第三に連絡ということである。郷土の振興は各種機関、団体の綜合活動がその基いになるだろう。それらの緊密な連携ということは今更いうまでもないことである。

つまり公民館とは、集会所として、教育所として、連絡所としてその地域社会における村おこしのセンターとしての最も重要な活動体であるといえる。

それでは「村ヤー」と公民館とどんなに変るのだというと、私は大して変らないと思つている。

「村ヤー」も部落の人々の集会所であり、青年などが集まつて学ぶところであり、各種団体や機関等の連絡所でもあるから、公民館であるにはちがいないが、しかし、こちらでいう公民館とは同じではない。

旧式カマドも改良カマドも同じく「カマド」ではあるが、一寸ちがうように。村をおこすためには、村ヤーもまがりなりに組織的な活動をやつているだろうし公民館もそうである。共に村をおこすということには変りはない。変つているところは一方は悪く、一方は良いというまでの話である。悪い公民館はいずれの部落にもある。その中で良い公民館が二〇九というわけである。日本ではこの悪い公民館さえなく、庄屋とか青空を利用していたようで、それにくらべると沖縄の「村ヤー」の歴史は長く、公民館の歩みは過去においては日本に比らべて一日の長があつたといえるが、その生長は「三つ石カマド」から「土カマド」に変つた程度で、地域社会の現実を背負つてその現実に適応していくだけの改良カマドには生長していないのが多いのであるが、これが日本では二段とび三段とびに飛んで優秀な公民館が全国の八割もできたという話である。

公民館は「村ヤー」に科学と文化を加えたものであるといえよう。ともあれ沖縄にも根強い村おこしの基盤としての公民館が発展の芽生を見出したのであるがこのひ弱い草の芽に降りそゝぐ春さきの恵みもあれば心なき突風のいたずらや、雷雨の心憎い妨害もあるであろう。

さま〲な経済的、政治的悪条件も山積している。われ〱はこのわざわいを打はらい、若木を守つて恵み育んでくれる竹囲いとなり、藁床となつてその健全な芽を伸ばさなければ真の産業振興ということも大成しないし、学校での教育も真に地域に根を下すまい。

P・T・Aはどのように活動しているか

山　元　芙　美　子

▲まえがき

終戦後、わが沖縄にも本土に於けると同様、時代の要請に応じてPTA運動が提唱され、教育の民主化と青少年福祉増進への関心が高まり着々PTAが結成され、現在では約八〇％の結成率を見ることができた。

当局で一九五四年にＰＴＡ現況調査を実施し、結果を纒めた中から軌道に乗りつゝある三つのＰＴＡを紹介して、運営の参考にしたいと思います

△現状

㈠組織及び機構

後援会型八八、中間型六三、準則型六不明三、合計一六〇

組織機構は地域の実状に即して構成されなければならないが、右の統計では未だに後援会の範囲を脱しきれない大きな悩みがあり、ここにＰＴＡ改善の必要が痛感される。

②入会方法及び会員数調

入会方法＼学校種別	小校	中小校	中校	高校	計 団体数	計 %
1.申込書による自由入会	3	4	2	1	10	6.25
2.父母と先生は会員になる	11	8	9	5	33	20.63
3.父母と先生と希望者を会員とする	49	25	22	8	104	65.00
4.其の他	6	5	2	0	13	8.12
合計	69	42	35	14	160	100%
会員数	59ＰＴＡ 31,983	33ＰＴＡ 13,315	31ＰＴＡ 21,353	14ＰＴＡ 7.331	137ＰＴＡ 73,682	

自由入会の方法をとっているＰＴＡが極めて少いことはＰＴＡの本質的理解と啓蒙活動の乏しさを現わすもので大部分のＰＴＡは形式的な入会法によっているものと云えよう。

③会計係はＰとＴと何れが多いか。

会計係は原則としてＰ側から出した方がよいが右の統計ではＴ側から多く出ている。ＰＴ両側から出した方が便宜である。

（③会計係は何れが多いか）

	小校	中小校	中校	高校	計
Ｔの方	55 ⑧	27 ④	31	11	124 ⑫
Ｐの方	3 ①	10	2		15 ①
ＰＴの両方	2	1	2		5
書記				3	3
計	60 ⑨	38 ④	35	14	147 ⑬

（④会費について）

月額	小校	中小校	中校	高校	計
10円以下	14	18	8		40
10円－15円	24	14	7		45
15円－20円	10	1	10		21
20円－30円	5	5	5	3	18
30円－40円	1	1		10	12
最低一人負担	15	2	3	20	15
最高	100	50	100	40	100
平均額	10.50	9.76	12.40	34.62	

⑤予算額調（一九五四年度）

	小校	中小校	中校	高校	計
予算額総計	4,642,152.70	2,149,638.10	2,843,614.50	2,844,097.60	12,479,502.90
団体数	69	42	35	14	160
平均予算額	74,873.43	52,430.20	91,729.50	218,776.74	75,177.73
予算のないＰＴＡ	5	1	3		9
不明	2		1	1	4

⑥予算使途内容

	小校	中小校	中校	高校	計
1. 公費援助が大きい	36	33	20	7	96
2. ＰＴＡ本来の事業費が大きい	24	5	10	6	45
3. ①と②同じ	2		1		3
4. 前記以外の支出が大きい	1		1		2
5. 不明のもの	2	3		6	6
予算のないもの	4	1	3		8

※注　公費援助とは当然教育委員会予算でまかなうべきものをＰＴＡで援助しているものである。

㈡活動及び事業

後援会的性格のものが多く、青少年の福祉増進や生活指導等を直接の目的とする活動や会員自体のための事業は至つて僅少である。

△ＰＴＡ活動の事例

(一)真和志区大道小学校ＰＴＡ

㈠主要努力点

①学校教育のよりよき理解と協力

新教育の理解・協力

②ＰＴＡ活動の自主性の確立

学級・学年専門部の活動

③会員の研修と教養の向上促進

教師の研修と父母の教養

④地域ＰＴＡの活動促進

ＰＴＡ精神の末端滲透・不良児・常欠児の補導

㈡定例会合

①総会（年一回）②常任委員会③学級ＰＴＡ（月一回）④学年会（学級委員長会）（随時）⑤専門部会（随時）⑥成人学級（月一回）

㈢専門部主要努力事項

①総務部

。教育予算の獲得と渉外折衝

。学校教育行事とＰＴＡ活動の連絡調整

。会員の親睦　。其の他の部に属しない事業事務

②経理部

。毎月一回の会計指導・会計経理一般収支に関する事

③施設部

。学校緑化計画と実施（溶樹、木麻黄）

。運動場の補修　。排水溝の設営促進

。便所の設営促進　。備品修理と簡易修繕

④体育保健部

。体育用具の整備と充実

。検便と回虫駆除　・母親の奉仕

。給水施設の促進　。手洗場の促進

。運動会の共催

⑤教養部

。会員の研修と教養の向上

成人学級の弾化・教師の研修

。講演会・座談会の開催

⑥文化部

。学校図書館の充実　。音楽会・学芸会の共催

。視聴覚教育の設備充実　。芸能作品コンクール出場と奨励　。教科学習施設の整備

⑦福利厚生部

。学用品の購入斡旋　。貧困児の調査並にその対策　。善行児の表彰　。不良化防止対策（校外補導の教育と実施）

・修学旅行・臨海学校・遠足等への協力援助

㈣大道小学校ＰＴＡ予算（一九五四年度）

一、金六拾四万壱円也才入予算額

一、金六拾四万壱円也才出予算額

才入の部

款	項	目	種目	本年度予算額	前年度予算額
一	1		会費	540,000	252,000
二	1		寄附金	100,000	114,000
三	1		繰越金	1	1
			雑収入		1
			福利部収益金	35,000	
			計	640,001	401,002

（才出の部）

款	項	目	種目	本年度予算額	前年度予算額
一			ＰＴＡ運営費	15,700	20,000
	1		ＰＴＡ運営費	5,700	6,000
		1	常任委員会費	1,290	2,000
		2	各部委員会費	4,410	4,000
	2		ＰＴＡ需要費	7,200	7,500
		1	消耗品費	2,000	5,000
		2	印刷費	5,000	2,000
		3	通信費	200	500
	3		ＰＴＡ事務費	2,800	6,500
		1	諸手当	1,800	5,000

款	項	目	種目	本年度予算額	前年度予算額	款	項	目	種目	本年度予算額	前年度予算額
		2	交通費	1,000	1,500	三			学校後援費	316,022	218,506
二			事業費	258,000	111,505		1		需要費	177,110	26,503
	1		学校行事費	57,000	33,002			1	消耗品費　補助費	20,000	7,500
		1	体育会費補助	15,000	1			2	燃料費	5,110	1
		2	学芸会費	15,000	10,000			3	光熱費	24,000	1
		3	展覧会費	2,000	4,000			4	汲取費	18,000	1
		4	校外指導費	2,000	5,000			5	通信運般費	10,000	5,000
		5	夏季施設費	2,000	3,000			6	備品補助費	100,000	10,000
		6	入学式費	4,000	3,000		2		営繕維持補助費	60,000	10,001
		7	卒業修了式費補助費	15,000	1			1	校舎修繕費	10,000	1
		8	創立記念式費	1,000	5,000			2	校地補修費	1	1
		9	新年祝賀式費	1.000	3,000			3	設備修繕補助費	50,000	10.000
	2		児童活動援助費	2,000	1,000		3		渉外費	5,000	10,000
	3		教育振興費	181,000	68,503		4		教職員補助費	73,911	172,001
		1	教材教具補助費	100,000	1			1	旅費補助費	20,000	11,000
		2	図書整備費	20,000	1			2	諸手当補助費	14,910	17,000
		3	児童文庫費	20,000	1,500			3	教育研究補助費	29,000	129,000
		4	視聴覚教育費	10,000	20,000			4	教職員餞別費	10,000	15,000
		5	衛生薬品補助費	10,000	1			5	弔慰費	1	1
		6	植樹花園整備補助費	10,000	5,000	四			雑費	15,000	15,000
		7	講習講話費	5,000	20,000				予備費	35,279	35,991
		8	新聞購読費	6,000	8,500				計	640,001	401,002

以上の通りであるが、当ＰＴＡでは児童家庭の実態を知り、その資料に基いて会の運営を活潑に進行させるために家庭調査・保護者の職業調査・学習環境調査・文化程度調査を行い、相当詳しい調査資料を得ることができ、尚、どんな子供（社会人）にしたいか。学校へ何を要望しますか。という父兄の真実の声を学年別に調査し、その結果に立脚してＰＴＡの活動方針を樹てて、実行にうつしている。各部は活潑に活動しつつあるが、その他に学年ＰＴＡ、或いは学級ＰＴＡもＰが積極的に協力して教育環境の整備充実、児童の福祉増進を図つているが、或るクラスでは父兄に歯科医師が居られて、歯科モデル学級をつくつて児童の歯の健康に尽力している。

文化部では視聴覚教育の設備充実の重大さを協議した結果、テープレコーダーの必要を切実に感じその購入資金を得るのに文化部が主催で演芸会を催し三万五千円の収益を上げたが、入場券売は児童や教師をわずらわさず殆んど父兄の働きが大きかつた。

スピーカーも子供等がお年玉の中から自主的に出し合いそれに会の援助を得て完備することが出来た。

又会では児童の貯蓄心を培うために子供信用組合を組織し現在では総額約二十六万円位になつている。

当ＰＴＡの特色として相当成果を挙げているのは会員の研修と教養の向上促進のために成人学級講座を開設していることである。

この講座は学年別に設け各学年月一回ずつ開いているが、父兄は一時間わが子の授業参観をやり次には成人講座を持つわけだが、講師は各専門の方とか会員中の有識者が殆んど当つている。

この講座が済むと教育懇談会及び個人懇談の時間割

でPTAの間に児童個人個人の教育指導上の問題や訓育面の問題等が緊密になされるが、父兄の関心度は相当なもので出席状況は五〇%をうえ昇つている。

(二) 恩納区仲泊小学校PTA

(一)本年度の努力事項

①施設の充実
②各区教育懇談会
③校外指導の強化

(二)各部の事業内容

①施設部
。校地の整備　。校舎修理　。炊事場の改修
。裁縫室兼衛生室　。校具修理
。其の他備品修理

②体育部
。排籠球　。野球用具の整備　。シーソー
。ブランコ　。低鉄棒の設置
。其の他の体操器具

③保健部
。寄生虫（回虫、しらみ）の駆除
。健康診断（ツベルクリン反応）
。のみ、蚊、はえの駆除

④文化部
。映写会　。放送教育　。児童図書館の充実
。運動会、学芸会等各種行事への協力
。掲示板の設定

⑤婦人部
。学級PTAの関係（父兄母姉会）　。授業参観
。家庭学習の計画実施　。各区で婦人会の開催
。婦人学級の開催　。学校給食への協力

⑥教養部
。新教育に処する講習会　。会員の教養向上のための講演会　。会員の親睦　。視察研究

⑦校外指導部
。各区教育懇談会の開催　。各区生徒会の開催（指導）　。標準語の指導督励　。児童生徒の生活指導

本年度予算

科		目	予算額	科		目	予算額
第一款		運営費	6,000		7	校外指導部	600
	1目	集会費	3,100	三		学校後援費	28,100
	2	需要費	500		1	教育運営補助	15,400
	3	手当	2,400		2	出張旅費補助	6,000
二		事業費	32,900		3	研究費	2,500
	1	施設費	10,000		4	渉外費	3,700
	2	体育部	16,000		5	手当	1,500
	3	保健部	2,000	四		雑費	3,000
	4	文化部	1,500	五		予備費	1,000
	5	婦人部	500				
	6	教養部	300			計	83,000

以上の通りであるが、校下の地域は農耕地が少く年寄が僅かの農耕に従事し、青年は殆んど軍労務その他の住込の労務に当り、婦人も大部分外人相手の貝細工商売や労務で家を外にするのが多く会員は二五〇名程の小さい会で運営上相当障害もあるが、子供に対する教育熱は非常に高く、万難を排して学校教育に協力している。

まず施設面では校地校舎の整備修理に全会員が積極的に参加し美事に完備した。

文化部では児童図書館の充実を期し、映写会を各部落毎に催しその収入を当てることにして収益をあげつつある。

婦人部、教養部、校外指導部に重点を置きこの三部が相連繋して、まず家庭学習の効果を挙げるには母親の自覚と熱意を必要とする上から特に婦人学級開催を重視計画中であり、児童生徒の生活指導を効果あらしめるために各区教育懇談会等を設けて実質的な歩みをしている。尚当学校区の五四年度の教育税は九九%納入となつている。

(三) 名護区名護小学校PTA

(一)目標

①理念
家庭、学校、社会における児童青少年の福祉を増進する。

②方途
。家庭生活の水準向上を図ること
。学校と家庭の緊密化を図ること
。新教育に対する理解を深めること
。児童生徒の保護対策を樹て福祉施設を図ること

。児童犯罪防止に協力すること
。先生の優遇に対する支持等が考えられる

(二)PTAの活動

①研究的活動と実行的活動

研究的活動によつて実態調査し、事実を知りその結果を当事者だけの問題にせず一般に伝える。伝えることによつて改善する活動が生れる。

②学校参観

一九五三年十一月二十六日二学年のPTAを開催したが吹きさらしのカヤブキ校舎で長時間父兄との教育懇談を催した処、父兄も寒くて耐らず子供達の事が泌々と胸に応えて防寒設備の動議が提案されて可決され全カヤブキ校舎に金網張の防寒設備が完備されたが参観することによつて学校の設備の状況、先生の努力、新しい教育の仕方、子供の保健問題等が父兄にわかるようになり、やがて改善されて教育の完璧が期されると考えられる。

③子供の生活環境調査

。通学時の交通は安全か危険か
。遊び場所は充分であるか
。休養娯楽施設があるか
。教会、図書館を利用しているか
。衛生施設状況はどうか

この調査により相当の教育効果を挙げている。

(三)事業内容

各部の細部に亘る事業内容は略するが特に成果をあげている二、三の部について述べてみよう。

校外指導部では部員会を開き運営方針を決定し、児童の校外生活指導のため各区子供の会を毎月第一日曜日に実施すると共に常欠児の家庭訪問をなし督励したり、盛り場に出入する児童を徹底的に取締り大きな効果をあげている。次に学級部でも宿題展示会、作文応募集加、町内珠算競技会、町内童話大会等を開催した外に学級の備品消耗品の購入に相当の予算を組み修理施設にも協力している。その他に家庭教育部では学年別に母姉教育懇談会を催し特に家庭教育に力を入れている。

又社会教育の必要を認め成人学級を強化し学校教育と緊密な連絡を持つている。

(四) 予算（予算一覧表は紙面の都合省略致します。）

▲むすび

「反省」

以上わが沖縄におけるPTAを概観してきたが、PTA活動は全般的に低調である。その原因としては、大方次のようなことが挙げられると思う。即ち、

(一)PTAの前身が主として校地校舎の整備を大きな任務として発足した後援会であつてPTAになつた今日においてもなおその性格が残つていること。

(二)PTA運動そのものが内からの自覚と要求によつて盛上つたものでなく、アメリカや日本本土のそれによつて刺戟され、啓発されて生まれたもので、父母や一般社会人のPTAに対する本質的理解が不徹底であること。

(三)PもTも共に時間的及び経済的余裕に乏しく、PTAについての研究と啓蒙活動が十分でないこと。

等がPTA不振の因をなすものと考えられる。

「今後の問題」

一、成人教育の振興

さて、PTAの現状から在るべき姿に推進するには如何なる努力が必要であるか。それには何としてもPTAに対する会員の理解と関心を深めることが肝心であるが、その根本的解決策は、成人教育の振興に待たねばならぬと思う。即ちPTA活動の徹底を図るには、先生や父母及び一般成人の相互教育、自己教育を行うことが必要で、あらゆる機会を利用して成人教育を行うことが企画されなければならぬ。

二、組織機構の整備改善

組織機構はその活動の性格を決定づけるものであるから、PTAの活動を次第に本格的なものへ発展させて行くためには、組織機構の改善整備の努力が払われなければならない。

三、PTA活動の本質の確保

会員に対する啓蒙活動によりその本質を理解させ、事業計画にあたつては、外面的、行事的な事業よりも児童生徒は勿論、父兄の日常生活に滲透するような内面的な、文化的な事業を多く企図する配慮が必要である。

（執筆者　社会教育主事）

社會教育課便り

組織的教育活動としての歴史の浅い社会教育の仕事は、ともすればその間口の広さに、われわれは何処からどう手をつけてよいか戸惑いしそうであるが、学者や実際指導者によつて組織化、系体化への努力が積み

重ねられつつある今日、社会教育も今や唯漠然とした場当り式な大衆教育の域に止まることは許されなくなつた。それは学校の教育課程として行われる教育活動以外の主として青少年及び成人に対して行われる組織的な教育活動（体育及びレクリエーションの活動を含む）を指すものであるが、対象の巾の広さと内容の複雑さ及び方法の多様性―絶えず流動する社会の動きに伴い、弾力性と機動性を持たねばならない―を持つ教育の分野であつてみれば、これを軌道に乗せるまでにはなお幾何かの時日を要する仕事なのである。

われわれは左記事項を本年度社会教育の重点目標に掲げ、その達成に努力を続けている。

一、社会教育行財政の確立
二、公民館の設置奨励とその育成
三、図書館、博物館の充実
四、青年学級の振興
五、社会教育関係団体の育成
六、視聴覚教育の充実
七、綜合的社会教育計画の樹立
八、指導者の養成
九、重要文化財の調査並びに指定保護
一〇、各種指導資料の作成配布

このような目安で着々其の歩を進めているが、その概略を述べると次のとおりである。

社会教育行財政確立については、既に社会教育法の立法要請準備態勢を整え、社会教育振興協議会なども地区別に開催してその促進を図つているが、前途程遠しの感なきにしもあらずというところである。

○公民館は次第にこれに対する一般の認識が深まり日を追うて設置への機運が醸成され、今年度開館したものでも読谷村喜名公民館を筆頭に、美里公民館、読谷村都屋公民館、久志村瀬嵩公民館、石川市伊波公民館等があり、現在その数二〇九館に及んでいる。これらの公民館は更に相互の連絡をはかり、共通の問題解決に相提携し共励切さして、公民館の進歩改善に努めようとの自主的要望から去る一月二十六日、浦添村屋富祖公民館において全沖縄の公民館連絡協議会を結成したことは郷土における公民館活動の一つの前進とみてよかろう。

○図書館については建物や蔵書等の基本施設の整備を急いでいるが、隘路が多く行き悩みの状態である。

○働きつつ学ぶ青少年の為の重要な施設の一つは青年学級であるが、本年度から特に従来の成人学級とは別個に此の施設の運営を推進しようと試み、全琉で四十六カ所を指定してその研究に当らせることになつている。これに備えて青年学級の手引を出すことにしている。

○社会教育関係団体の育成強化は当面の重要課題であつて、各地区毎に村別の青年及び婦人幹部講習会を実施し、又開催を勧奨しているが、青年幹部講習会は地区別のを終え、村別のも十余カ所は実施済みである。婦人幹部講習会も各地各村で次々に行われ、幹部の指導力の向上をはかり組織の強化を目指している最近玉城村百名青年会が、活字による月刊機関紙〃農村新聞〃を発行して一つの進歩をみせ、又沖青連が産業開発青年隊創設を指向し、新しい青年会運動の行き方を示して貰つたことは注目すべきことであろう。

○成人教育活動の一つの試みとしてのPTA講座が小波蔵次長、比嘉学務課長、中山指導課長、金城社会教育課長を講師として本島各地区で開講されたが、新教育に対する一般父兄の認識と理解を深めるのに多大の効果があつたものと思われ、其の後各方面から同講座開講の要望が多い。

○視聴覚教育技術講習会も各地で開催され、視聴覚教育が学校教育は勿論成人教育上有力な教育手段となつている折柄、何れの地区でも受講者が多く、真剣な研修振りがみられた。

○体育レクリエーション講習会は各地で計画実施されつつあるが、予想外の好評を受け、レクリエーション指導が社会教育の重要な部面をなすものであることを示している。

○今年度から特に社会教育行政上の重点目標に浮び上つてきた文化財保護の事業は、文化財保護法の立法と文化財保護委員会の発足と共にその活動が活発に展開され、調査に指定保護に適切な対策が講ぜられつつある。この事業の成果を挙げるには、一般の文化財保護に対する認識と理解に基く協力が必要とされるので本月の十二日から来月十一日までを文化財保護強調期間として講演会や映画の夕を催し、その趣旨徹底を図ることになつているが、映画のフィルムはわざわざ日本の文化財保護委員会から借受けた「文楽」「おばあさんと子ども」の全六巻で、一般に大きな感銘を与えるものと期待される。

○本年度のとう尾を飾る事業ともいうべき研究公民館、同青年会及び婦人会の研究発表会は三月から五月に亘つて行われる予定であり、五月下旬から六月にかけては社会教育綜合研究発表会や社会教育主事研修会も開催されることになつている。

○以上は本年度前半における社会教育活動のあらましであるが、急速に成果を挙げることの困難な此の仕事に多少の前進がみられるならば、それは現場において倦まずたゆまず地域社会の啓発推進に取組んでいる社会教育主事や成人学級担当の先生方並びに社会教育に関心を寄せ協力して下さつた方々の労苦に負うところが大きいことを附言しておく。

（一九五五、二、一五　親泊生）

教研大會を省みて

喜屋武眞栄

去る一月十七日から三日間にわたつて全島各地区教育者の代表が教育会館に参集して討議した第一回全島教育研究大会は真剣そのものであり、沖縄の教育史上をまさに画期的にして、歴史的なものであつたと言えよう。

敢えて画期的であり、歴史的なものであつたと言う所以のものは、戦前、戦後を通じ、わが沖縄の教育史上、これだけの組織力をもち而も会員相互が自主的に、そして全教職員の共同の努力によつて、民主的に積み上げられた教育者の事業があつただろうかということを考えたとき、まさに今回の教研大会は沖縄の教育史上、特筆さるべき、画期的にして歴史的な事業であり、沖縄教育史の一頁をかざるものであると言つても過言ではありますまい。

然しながらこの教育研究大会は、決して伊達にやつたものではないということを第一に強調したい。

即ち沖縄教職員会が、文化活動の一つとして教育者自体の資格を高めるための研修、教壇実践を強化して行くための研さん、沖縄教育の盲点がどんなところにあるかと原因を把握するための診断等、所謂教育研究大会をやるべきであるとの胎動は既に二、三年前からあつたわけであるが、当時は全体の世論がまだこれを実現するまでに熟していなかつたのである。

即ち当時は当面に解決を迫られた重要な問題が幾多山積していたために、時間的にも、精神的にも、その余裕がもてなかつたのである。

幸にして去る四月二日の第二回定期総会に於いて教研大会を本年度の文化活動の一つとして実施することが決議されたのである。ところが、例の会長問題や、教職員会の組合移行の問題に難渋を来たし、予期せざる周囲の情勢の変化に災されて具体的の教研が一時棚上げされたかつこうに置かれたのであるが、会員の熱意は、その騒ぎの中に於いても着々研究が推進されてきたのである。

更に、この教育研究大会は、沖縄教職員会の目的からしても、当然、実施さるべきものであり、むしろ遅きに失するものであると言わねばならない。

即ち沖縄教職員会の目的には、「会員の団結を強化して、社会的、経済的地位の向上をはかり、以て教育諸問題を自主的に解決して、文化社会の建設に貢献する」とうたわれているのである。

△第二に強調したい点は、本研究大会は民主的な方法によつて自主的に積み上げて来たということである。

まず研究テーマを「学力向上の対策」と決定するまでには、つぎのような過程を経てきている。四月二日の総会に於いて今年度の事業として実施することが、全員の意志として採決されるや、まず仮設定委員会が設けられ、全学校にアンケートが発せられ、その報告の結果は、正式に設けられた問題設定委員会によつて一応、問題がまとめられ、更に各地区教文部長を以て構成する教文部長会や、指導班を中心とする分科委員会がもたれ、角度から問題が検討され、現在、沖縄教育界に於いて最も緊急に手を打つべき問題は何であるかということで、学力の低下という結論が生れ、そこで「学力向上の対策」という問題設定がなされたのである。

然し乍ら研究問題としては、各地区共通の問題としてもちながら、研究の組織や、問題究明の角度や、深度に於いては、それぞれ地区の実状に即して、研究の独自性をもたせ、それぞれ適当な研究組織、方法がもたれ研究のための研究、発表のための研究にならないよう、自主的に研究が進められたのである。

△第三に強調したいことは、この教研大会は五千会員の共同の努力によつて究明して行く体制を整えて研究が進められて来たことである。

即ち各学校ー地区ー中央との一貫性、小学校ー中学校ー高等学校とのつながり、更に琉球大学ー文教局ー教職員会とのつながりに於いて、それぞれ緊密な連けいと協力体制をもつて研究が進められてきたことである。

△第四の強調点は、あくまでも教育現場の教育診断として実態調査から出発し、単なる特定の書や、特定の人に限定された研究にならぬよう、研究のための研究、発表のための発表にならぬよう、日々の研究が問題解決の積み上げであるように、最も良心的に研究を続けて行くことであつた。

随つて出来るだけ授業を割かないように、児童生徒の学力を低下させることのないように努め、研究集会も、放課後や日曜をつとめて利用し然も夜分遅くまで研究が続けられたのである。

例えば中央大会に於いて研究会場に学校を使用せず、少々の不便はあり乍ら公共建物を使用した意図もそこにあつたのである。

実態の調査についても、まず教育現場の実態を調査して、

△盲点がどこにあるかを把握し

△それに適切な解釈を加え

△その原因がどこにあるかを究明し

△その対策を如何に講ずるか

という科学的な診断態度をとつたのである。

△第五に強調したい点は予算の貧困と研究期間の短いことに随分無理があつたということである。

このような画期的な事業を遂行していくためには、当然予算の裏付けが必要とされることは言うまでもない。ところが財源の貧困な会運営では僅かに既決予算として八万余円しか計上されておらない状態である。そこであらゆる手段を講じてでもこの意義ある事業は遂行すべきであるとの決意のもとに別途予算化する必要を認め、去る八月十八日の中央委員会に於いて五十六万余円成立させたのであるが、あてにしていた文教局からの補助も確たる見通しもつかないままに各地区の研究は着々進められたのであるが、各地区への補助額の捻出にも苦慮し乍ら万難を排してこの有意義な研究大会は遂行せねばとの決意のもとに中央の研究態勢も整えつつ、その苦衷を心ある教育愛好者に訴えたのである。

幸にして篤志家の寄附を仰ぐことが出来、そのお蔭で漸くここまで進めて来たのである。

各地区大会がもたれるまでの全地区の費用は五十万円を越え、中央大会をもつまでの全費用は五十六万円地区、中央を合すれば実に百万円を突破するぼう大な額にのぼつているのである。地区に於ける費用は地区によつては地区PTAや地区教委の御協力があり、教研大会への態意と関心が伺われた。これも当然といえば当然かも知れないが感激に堪えない。

更に或地区に於いては会員各自が臨時に拠出して負担をしている実状も申添えておきたい。

尚研究期日については、一学期中は例のごたごたで空費し、夏休みは琉大講座でお預けとなり、本格的に研究が進められたのは九月以降であり、夫々の地区大会がもたれるまでには、正味二ヵ月程度の研究期間しかなかつたので会期延期の声も一部にはあつたが、既定方針通り、年末、年始にかけて地区大会がもたれ、幾多未解決の問題を残したまま中央大会に突入したのである。

以上私は戦後始めてもつ第一回の教育研究大会の特異性として、

一、伊達にやつた教研大会ではない。

二、民主的な方法により、自主的に積み上げて来た

三、五千会員の共同の努力によつて究明する体制を整えた。

四、研究の基本態度を明らかにし、

五、予算の貧困と研究期間の不足。を強調したのであるが、幾多の制約を受け乍らも結果に於いて予想以上の成果を生み、沖縄教育の現状がわかり、今後の努力点が明らかになつたことを喜ぶものであるが、研究はまさに緒に着いたばかりであり、幾多の問題を残したまま一応けりをつけねばならなかつたということは残念であり、必らずしも満足をしているものではないまさに教育の診断は下されたが対決はこれからであるという希望は今後に残されているといえよう。

尚組織の上では一応全会員の一人一人が参加したことにはなつているが、意識の上では必ずしも五千会員の教研大会であるという切実な雰囲気になつていたかということも問題であろう。

更に研究問題の設定にしても今後も今回のように幅広く広げるがよいのであるか、それとも問題をもつとしぼつていくべきであるかということも、今後の問題になるであろう。又内容の面からも沖縄教育の現状から何を最も必要とするかという具体的な問題についても検討さるべきであろう。

次ぎに本教研大会を評して沖縄タイムスの社説は「基礎学力」にあらず、「教育振興対策」であると批判を加えたが、「基礎学力」をどう定義づけるかということは出発当初から論議されたことであり、度々の会合でも問題にされたのであるが最後まで定義づけずに各地区独自の研究に任せたがよいという意見が多数でわざわざ定義づけなかつたのであるが、これも今後の課題であろう。

次ぎに地区大会を通じて特に感ずることは、特に女教師の活躍が目覚ましいものがあつたということであるが、これは男女待遇の差をなくせよと叫ばれている今日、又五千会員の半数を占める女教師の構成に於いて、実に大事な問題であると思う。

女教師の積極的な活動の如何が、沖縄の民主化に、更に沖縄教育の振興に甚大な影響力をもつものであるからである。

最後に五千の団結ということも、組織の上に乗つた五千の団結でなければならないことは論を俟たないが然し組織の上に乗つても、数のぼう大は必ずしも団結の力に比例はしない。要は強力な組織の上に立つて一人一人の会員が理解と信頼によつて結び合つたときにその団結の力は数に比例して偉力を発揮するであろうそのためには会員各自が絶えず望ましい教師像に照らして、きびしい自己反省を加えつつ進んでいくことである。そして本研究大会を積み上げて来るまでに会員の一人一人が、いかほど責任ある参加をなしたかということによつて自己評価をなし、地区評価をなし、更に中央大会の評価としたいものである。

（沖縄教職員会教文部長）

小学校学習指導要領体育科編改訂の方向

與那嶺仁助

昭和二八年十一月、現行の指導要領が改訂された事は、既に御承知の事と思う。

そもそも、従来の要領は昭和二四年に一度作成されたまま今日に至つており、一方体育に関する研究が著しく向上し、更に終戦後、十分な資料や統計等もとる事が出来ずに編集されたところに今度の改訂の理由があるようである。即ち昭和二十六年に学校教育の目標や時間配当等について学習指導要領一般編が改訂されために体育編は一般編改訂版の基本線にそのままそえない実態にあり、且他教科との連繋についても十分でなかつたところに主な理由があつたと考えられる。

さて改訂の主な方向について述べると大体次のようである。

一、外観上から

1頁数が七五頁も増し、それに文字の大きさや表現の仕方からすると実質的には、それ以上増えている。即ち指導要領という基本的な立場に反しない程度に、つとめて現場の教師のよき手引き書、よき参考書へという精神が十分考慮されている

2従来の要領になくて新しく記るされたところをみてみると、

(イ)体育科の役割、体育科の位置と他教科の関係について

(ロ)発達上の特性と学習内容について

(ハ)指導計画のたて方と、年間計画例について、(更に指導案例が記されてある)

(ニ)新しく評価の項がとりあげられ

(ホ)各運動群の特性と指導について述べ

(ヘ)施設や用具の標準が学級数に応じてその望ましい数量と規格が記され、

(ト)其他、秩序運動、健康教育、虚弱者の指導等も従来の要領よりも詳しくまとめられている

二、内容上から特に重視された問題を挙げてみると次のようなものである。

1体育とは何か、体育は何を目ざすかについて

(概念と一般目標)

未だに学校に於ては、体育が単なる肉体運動によつて体力がつくり上げることを目ざすものであり従つてそれが教育目標への貢献は専ら健康増進にあると考えている傾向がある。そこで之を是正することが問題点である。昭和二十二年の指導要綱は、「体育は運動と衛生と実践を通して人間性の発展を企図する教育である。それは健全で有能な身体を育成し、人生に於ける身体活動の価値を認識させ、社会と生活に於ける各自の責任を自覚させることを目的とする」とし、又今迄の要領では体育は身体活動を通して人間性の発展を計る教育の分野であり「健全で有能な体をつくり、よい性格を養い、教養をたかめて、社会生活で各自の責任を全うすることの出来る人間をつくることを目的とする」としている。いずれも体育が健康増進を目ざず教育分野だけに止まらないことを明らかにしたにかかわらず現実には、その概念を誤り、従つて体育科の目標にそうところの学習指導や管理が見られない。そこで今度の要領では、この事についての正しい認識の徹底を期し、特に体育の一般目標を重点的に掲げてある。

2教材をどう考え、どう位置づけるべきかについて

教材を羅列し、しかも目標との関係については、それぞれの学校の指導計画の際考慮されねばならないとしてあつた従来のやり方は、結局、教材中心の指導を非難しながら、之に終始していた。すなわち、教材と体育の一般目標との間隔を大きくし、系統のある学習指導計画とは思われない機械的教材配当が尊重され、学習指導の効果を教材による技能の指導に結びつけて、それに甘んずる傾向におちいつていた。そこで、今度の要領では、体育の目標と、一方には児童の発達からでてくる必要とを考え、そこに学習内容の体系を作りあげその学習内容を具体的に位置づける事によつて今迄の問題点を改めようとしている。今度の要領の最も味のある部分である。

3従来の伝統的秩序運動をどう考え、いかに指導すべきかについて。

今迄の体育指導が、社会の風潮の影響を受けつつ極端な児童中心主義に走る傾向が見られたことに関して、秩序運動の強化が大きく叫ばれる様になつた。

そこで本要領では、体育の目標から当然でてくる所の集団行動の仕方について、学習内容に含めて考え、学習指導を展開する上に必須の準備的動作として、これまでの秩序運動といわれてきたものを更に検討して、示されてある。

4指導計画を地域の特性に即することについて。

之迄の要領は、指導計画には地域の特性を大いに考慮して作成すべきだと強調していたが、その示唆について殆んど考慮されていなかつたため、実際には地域という有力な環境条件に即さない指導計画が、そのまゝ有力な資料として多くの学校では採用している傾向であつた。そこで、わが国の小学校の現状を種々の角度から眺め、一つの型におちいらず具体的な計画例を示すことによつて、この欠点を補うという見地からいろいろと計画例が示され、又指導案例までも記るされてある。

5教材群及びその比重を改善することについて。

今迄の要領では、教材群の比重について、付録として一例を示してあつた。そして之にはいろいろと批判の声もあつた。

「徒手体操を中学年から学習させるべきだ」

「機械運動とマット運動は分離すべきだ」等々であつた。そこで、改訂の主眼である学習内容を明確にすることによつて、且従来の教材群のような運動種類別にではなしに、ねらいと特徴の面から新たな活動群を作ることによつて、それを解決してある。その比重にはそれぞれ幅をもたせてある

6体育科で取り扱う健康教育について。指導要領一般編には、小学校における健康教育は、健康についての習慣形式をめざし、全教科の学習の機会を通して身につけられることを明らかにしている。ところが今迄の要領は一般編以前のものであつた関係上、健康習慣の育成について体育科がどのようなねらいで取り扱つたらよいかについて全然示してない。そこで本要領では一般編の基本線に沿つて、学習内容において明らかにしてある。

7施設、用具の規準について。

従来の要領では、之等が示されず、その要領の内容にふさわしい程度の施設の面積や、種類及び望ましい教具としての体育用具の種類や数について現場では望んでいた。そもそも、体育科ではその教科の特性から、施設や用具は、教科書であり、参考書であり、実験器具である。新要領ではその希望に添うて最低限の線で具体的に示してある。

8指導法及び評価の具体的方法について。

体育の学習指導法が、教育の理念にしたがい学習指導の原理にそつてなされ、且指導要領が常に現場と直結する為には指導法や評価のことについて要領の性格に反かない程度に具体的に示されることが必要だと思う。新要領では此点、実に親切にそして具体的に記してあり、運動の解説に於いても、指導上の便宜を深く考慮して示してある。

大体以上の立場から改訂されている。従つて今迄の要領に比して非常な成長であり、現場に親まれることだと信じている。

ややもすると他教科に比して立遅れたと自省されていた体育科が、指導要領体育編の改訂を契機として、大きな飛躍を遂げ、一般編や他教科編との密接な関連において正当に位置づけられ、体育が他の教科学習活動に比してより行動的であるとの特色が認識され、小学校教育の振興に大きな力を加えることと信ずる。法規にも、教科課程、教科内容及びその取扱いについては、学習指導要領の基準による、としてある。各学校でも愛用し、研究していただきたいことを切望する。

（指導主事）

最近における学校体育の諸問題

＝その解決をめざして（其一）＝

與那嶺仁助

△見学者や不具者の指導

体育科の授業では、たいてい何人かの見学者がぽつねんと立つて見学しています。中には教師の愛情の発露からとられた方法でしょう……腰かけを用意してそ

れに坐つている場合も見られます。いずれも大同小異で、要するに何することもなく一時限の体育の見学に終始しているのです。

見学者といつてもごく少数なのだから、教師の方もたいして気にもとめないで、旧来のろう習を暗々裡に実施していると解釈してもよいと思います。しかし、之は重要な問題だと思います。皆の子供達をよい体の持主にしてやりたい(身体的発達)、皆の子供達を立派な態度の出来るようにしたい(民主的生活態度の発達)皆がいつも楽しく愉快であるようにしたい(レクリエーション)、と考えて居られると思います。

それなのに、考えることは考えるが、いざ病気回復後の子供や、かぜ引きの子供等をどう指導するかというところまでの考えは浮ばないようです。かなり長い間見学しつづけなければならないような要注意者が居たとしたら、その子は見学あきして、その結果〃体育は一番きらい〃の仲間になつていくおそれがありますそこで、彼等には彼等にふさわしい個別指導をする必要があるのですが、それはどのようにしたらよいでしようか。

先づ指導法以前の問題として個別に健康状態を調べ(校医や父兄との連絡や身体検査の結果を活用)、指導計画をたてます。突発的な怪我などの場合でも、直ちに個人に対する指導計画をたてます。軽い運動の出来る者と、全く出来ない者とに分けます。

そして、例えば、全く運動出来ない者を例にとりますと、出来るだけ他の元気な子供達の運動する場面に接し、いろいろな理解をうるように指導します。すなわち立たせるよりも坐らせ、黙つてみさせるよりも記録させ(感想を記させ)、漠然と相手ばかりさせないで役員(可能な)をやらせ、或は同級生達の評価をさせます。但し低学年には低学年なりに同様な考慮を払います。そして時々教師が見学者に近よつて指導したり、離れて観察評価します。以上は割合い気候のよい時のことですが寒いときには、原則として教室に入れ、体育についての学習をさせます。問題を与えるとか、統計表を整理させ乍ら理解させるとか……。

尚病後まだ静養を要する者はその程度に応じ、暖い時でも外に出さない場合があつてよいと思います。健康者に健康者の体育生活があるように、虚弱者にも虚弱者にふさわしい体育生活があり、その体育生活の営みによつて虚弱者が多少なりとも健康度が向上し、更に生活が豊かになつて楽しみを十分持ちうるようにしなければならぬと思うのです。体育生活は凡ての人々に対して均等の機会を与えねばならぬことは原則だからであります。

指導のねらいは、彼等見学者が可能な最善をつくすことにおくべきでありましよう。そして個別指導を継続するということです。

医者が患者の病状に応じて薬の処方をしたり、看護法を加減するように、虚弱者の体育もそのときどきの健康状態に即して、種々の運動種目を適当に組み合せ且運動量が適量であるように行うことが理想であります。

之まで述べたことは、何かの理由で運動に参加出来ない場合の指導の方法についてですが、その外、不具者の指導も同様に考えたいものであります。琉球教育法施行規則に、児童が身体の状況によつて履修することの出来ない教科は、これを課さないことが出来ると規定してあります。そしてこの条文は中学校にも準用されることになつています。しかしそこでいう身体の状況というのは、極めて雑多で、中にはビツコであるとか、指がないとか、身体のごく一部が悪い者もあります。しかも少し脚が短かいとか、指がない位では、運動を中止するほどな子供達は落ちついていません。ところが多くの先生方は、その子供が恥かしい思いをするだろうと考えてあつさり免除とします。それではかえつて気の毒な子供も多いのです。

ある小学校で、教師がずつと続いてある上学年の男児の運動を免除していましたが、その子供はよく同級生達の運動の世話をするのです。その先生はその子供の態度が立派なので感心はしていましたが、ゲーム等には参加させませんでした。ところが、ある日の放課後久しぶりに事務から解放されて運動場を歩いていたその先生は、ある事実を見てがく然としてしまつたのです。その脚の悪い子供が野球試合の投手をやつているのです。隠れるようにしてみていると、今度は物凄いホームランをかつとばしたのです。但し走れないので代走者がいました。そこでその先生は一人の子供にきいてみますと「〇〇君はホームラン王です」との答でした。その先生は、自分の指導者としての資格をその時ほど疑つたことはなかつたとのことでした。「恥をかかせない」というよりもその子供が自身で「恥と思わない」ところの指導、教師の指導を俟たずに子供達の仲間がその困難な問題を解決していたのです。

さてどのような動機づけや指導計画で、そのような恵まれない子供達を指導するか……。

ただ共通していえることは、どんな子供でもある運動にとくに秀れていること、すなわち得意なものがあると考えられますので、それをとり出して認めてやる方法から入ることがよいということです。尚見学者の取扱いについて特に中高校等ではホームルーム主任等と常に連絡し合つてやることや、カードを作製して記入させ、次時えの指導の手がかりにする事等も考えられます。

△場の構成

先生も子供も場の構成の主体ですが、ここでは、主に学習場所の変化や学習内容の変化という立場から場の構成を考えてみたいと思います。よくあることですが、〃笛吹けど踊らず〃的な膠着状態が生ずることがあります。それは指導が行きずまるか、児童の学習意欲が喚起されないときに生ずる現象です。このとき学習場所の状態がその一つの条件になつていることがあります。又学習内容が〃もう沢山だ〃という気持を児童に起させていることが条件になつている場合もあります。もちろん教師の何等かの原因による感情が勝つて義務的に学習が進行している事が条件になつている場合もあります。過去の教師中心的指導の時代でも、ほんとうに指導法の巧みな教師はうまく動機づけながら、学習意欲を高めつつ指導したものですが、いまの指導法は根本的に児童中心で進めるのですから難かしいのです。

そこで、場の変化は大体次のような観点から考慮されることが適当でしよう。

小学校低学年では、主運動を数種類の性格の異なつた運動をとりあげ、子供達の心理の変化をくみとつてつぎつぎと変えていきます。もし非常な興味を持つているときは、あきるきざしが察しられるまで続けます運動を変えることは場所をかえることを意味します。丁度小さい子供が汽車に乗ると喜び、それをある時間乗りつづけるとあき、自動車に乗ると喜び、又すぐあきるという状態に似ています。ただ同じ自動車に乗つていても鉄橋を走り、山が見え、海が見え停車場にとまるという様に、その中での変化があれば永続きします。指導法は之に似ています。しかしよほどの指導力がないと、ポケットから山を出し、川を出し、海を出し、滝を出し、森を出し、畠を出すというように出来かねるわけですから、一般に異なつた運動にかえ、場の移動を行うという必要に迫られるのです。

小学校中学年では、主運動を三種目位、高学年では二種目又は一種で、中学校以上は一種目を原則とするといわれるのは、主に心理学的な立場と生理的な立場の両方から結論されている望ましい線です。しかし指導案に××運動は五分、△△運動は七分、○○運動は九分と予定しているからというので、時計を見い〱変化させていくというやり方はどうでしようか?「もう一度競争しようか」とリレーで負けた組のある子供に問いかける。するとその子供やその周囲が、手を叩いて喜ぶ。

「では、もう一度だけやりましよう」という具合の場合がたくさんあつていいのではないでしようか。つまり場の変化は、必要あつての、いわば学習効果をそうしなくては高められないか、又は変化した方が高められる場合のことなのですから、状況観察を十分にし、それに変ずるようにすべきです。

次ぎに同じ運動を継続して実施している場合の場の作り方と変化について考えてみますと先づ、場の雰囲気が学習者の意欲を昂めるに適当かどうかを考える必要があります。跳箱がはなれすぎて並べてある。踏切板が放つて置いてある。マットがすりきれて中味がはみ出している。更に運動場に紙片や小石、木片が散在している。そして先生が腕組みしてにらんでいる。之では子供達の意欲は忽ちにして殺減されてしまう。

構成の美というのがあります。芸術的な感覚とまで行かなくとも、感じのよい空間の配合、距離間隔（バランス）これがない場に於ける体育の学習は、いかにも時代的なずれの中に進められるばかりで、効果は半減するでしよう。それに比して、清潔な感じのする用、生徒の服装、はき清められた運動場、教師のどことなく頼母しさを感ずる微笑、その雰囲気はひとりでに躍動するものを誘発する。

〃動機づけ〃の効果も、好ましい場の構成あつてこそ高まるものではないでしようか。

△話し合い

問題解決の過程に於ける話し合い、子供達が自ら考えるための話し合い、自己評価の為の話し合い……体育の学習指導では競争やゲームやグループによる表現などに、その他計画を進めるためになくてはならない話し合いについて、適当な指導がなされているでしようか。

実際に見ていますと、先生は話し合いをさせつぱなし、児童は話し合いをするだけに終つている場合が多いようです。計画の話し合いならば教室で、前の時間の終りにでもやつたらよいでしよう。運動場でするのは、最少の時間で、ごくかんたんに目的を達するようにしたいものです。真夏の太陽が照りつける運動場での話し合い、真冬の寒い運動場での話し合いは時間が長びくことを極力さけ、もしどうしてもじつくり話し合う必要ならば、木蔭や教室でやる方がよいでしよう

先生は子供達が必要を感じて話し合いをしているかを観察し、もし話合いに参加していない子供がいたときには、個別に指導すべきでしよう。例えば何気ないように〃君のグループではどんな話し合いだつた〃ときく等。

理解、態度、技術等すべて学習することがらの反省に話し合いを用いるならば、どんなに有効でしようか……但しだらだらとする〃話し合い〃は体育の学習指導と凡そ縁遠いもので、その目的ならばあつさり休憩させた方がよいと思います。

（指導主事）

研究欄

生いもで回虫駆除が出来るか

宮古地区　久松小学校

農村の子供達が今でもそうであるように私達も子供の頃にはよく生芋を食べた。其の時大人達は「生いもを食たらおなかに虫が湧くぞ、お尻から白いみみずが出て来るよ」と言つて生いもを食べる事を止めさせようとしたが、をどかされてもかくれてよく食べた。そうして大人達の言う通り駆虫剤も服用しないで何回となく蛔虫を排出した事を記憶している。

之の事は、多くの人たちが経験した事だと思う。生いもを食べたら大人達の言つた様にかい虫が湧くものだろうか。蒔かぬ種子が生える事はないから、生いもを食べて蛔虫がわくものでしたら生いもには蛔虫の卵が多量に着いていると言う事になる。

一九五〇年に厚生部が宮古の小中学校児童生徒の糞便検査をやつた結果は九三%まで蛔虫の卵を認めたと言う事であるから、下肥には相当量の蛔虫の卵のある事はうなずかれる。そしてそれは生いもについて蛔虫寄生の原因にもなるかもしれないが、大きな原因が外にもある事は予想に難くない。

私達の目的は寄生するかどうかではないから話を本筋に帰して先を急ぐ事にする。

免に角蛔虫の卵の着いた生いも食べたとしても成虫までに三ケ月を要すると言われる蛔虫が二、三日で成中になつて飛出して来るとはいくら近代科学の生んだ速成法をもつてしても不可能ではなかろうか。まして人体中で蛔虫の速成法が講じられているかどうか。生いもを食べて二、三日中に蛔虫が排出される事は次に述べる事で或る程度の証明は出来る。（駆虫剤も体質に依つて効果は一様でないと言うから全部の人について必ずしもそうであるとは言わないが）此の事は生いもが蛔虫駆除に或る程度の効果を持つている事を認めさせるのに充分であろう。

私の知つている範囲で此の事を実証しようと試みたのは上野小学校と多良間小学校である。

私達は私達の手で「生いもと蛔虫排出の関係」を知るために去つた六月以降調査を進めて来た。其の結果について此れから順を追うて述べる事にするが、実施の方法と調査法が完全ではなかつたとしても幾分でも御参考になる事があつたら幸である。

一、目的　「生いもによつて蛔虫駆除は可能であるか」を調査研究したい。

二、実施方法

生いもを各自用意させて三時限目の休み時間に一斉に食べさせる。

三、量　各自の握りこぶし大

四、実施前の注意

実施前日に予告して「学校から許可するまでは駆虫剤を服用してはならない」ことを注意した。

第一回実施の結果（六月九日実施）

（第一表）

学年	下痢したが排出しない者	下痢と共に排出したもの	下痢しないで排出した者	排出した人員	排出された総数	個人の最高	備考
1年			11	11	18	2	
2年			45	45	66	⑤	
3年			12	12	18	2	
4年			11	11	14	2	
5年			9	9	15	2	
6年	1		6	6	6	1	
計	1		95	95	135		

※調査期日は6月10日11日12日の3日間　人員は3日間の間の延人員

第二表

学年	1年	2年	3年	4年	5年	6年	計
実施人員	136	65	51	81	95	81	509
排出実人員	10	27	12	11	11	6	77
百比	7.37	41.53	23.53	12.44	10.53	7.14	15.13

第二回実施の結果（七月九日）　第三表（実施前の調査）

学年		1年	2年	3年	4年	5年	6年	計
蛔虫を排出した者		1	1			6	1	9
内訳	駆虫剤による	1						1
	生いもによる		1			5	1	7
	自然に					1		1

※ 第三表は学校で実施前に調査したもので蛔虫を排出したものの中で生いもを食べて排出した者が九人の中七人もいる

第四表

	下痢したが排出しない者	下痢と共に排出した者	下痢しないで排出した者	排出人員	排出された総数	個人の最高	備考
1年			24	24	37	③	
2年			19	19	27	2	
3年			10	10	12	2	
4年			19	19	32	③	
5年	3		13	13	14	2	
6年			1	1	1	1	
計	3		86	86	123		

※。調査期日は七月九日、十日、十一日、十二日の四日間

。人員は延人員

。六年生は都合に依つて二学級の中一学級しか参加していない

第三回実施調査　九月二日より三〇日までの一月間

一、方法　第三回目は実施調査の方法を替えて次の様にした。

。一カ月間を通して実施後の状況と普通の場合の状況がどの様になつているかを調査した。

。第一回目の実施は九月七日

第二回目は九月二十一日、二十二日と二日続けた

第五表

学年	1年	2年	3年	4年	5年	6年	計
実施人員	136	65	51	81	95	41	469
排出実人員	24	19	10	19	13	1	86
百比	17.6	29.2	19.7	23.4	13.6	2.4	18.3

※ 蛔虫を排出した者以外にぎよう虫を排出したと思われる者が8人

蛔虫排出者の状況　第六表

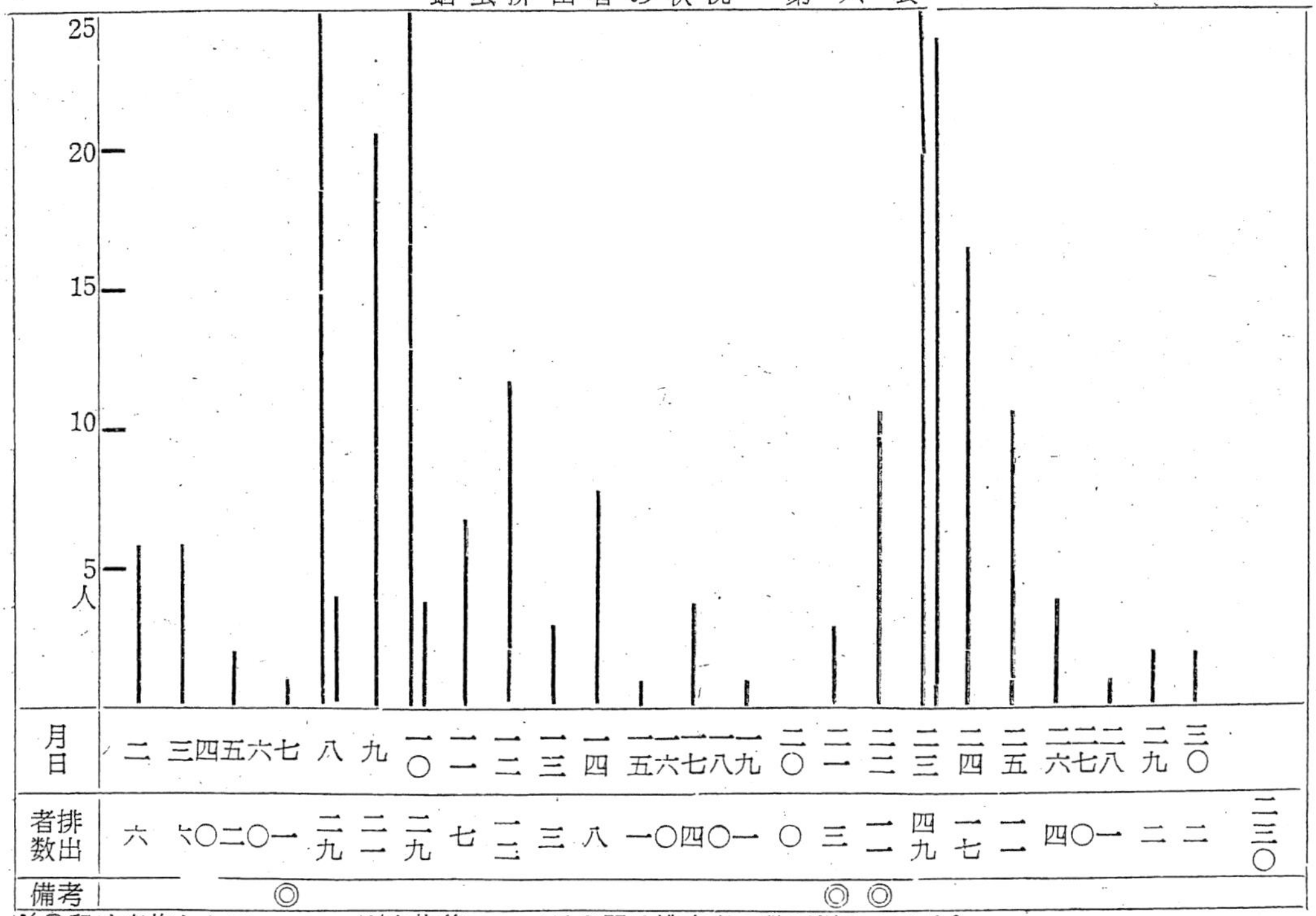

※◎印は実施した日　　※実施後二、三日の間は排出者の数が増えてくる。
※　二一日、二二日は連続した為に二三日の排者は四九人を示した。此の事から二、三日間は連続した方が効果は多いと思われる。

排出された蛔虫の数　第七表

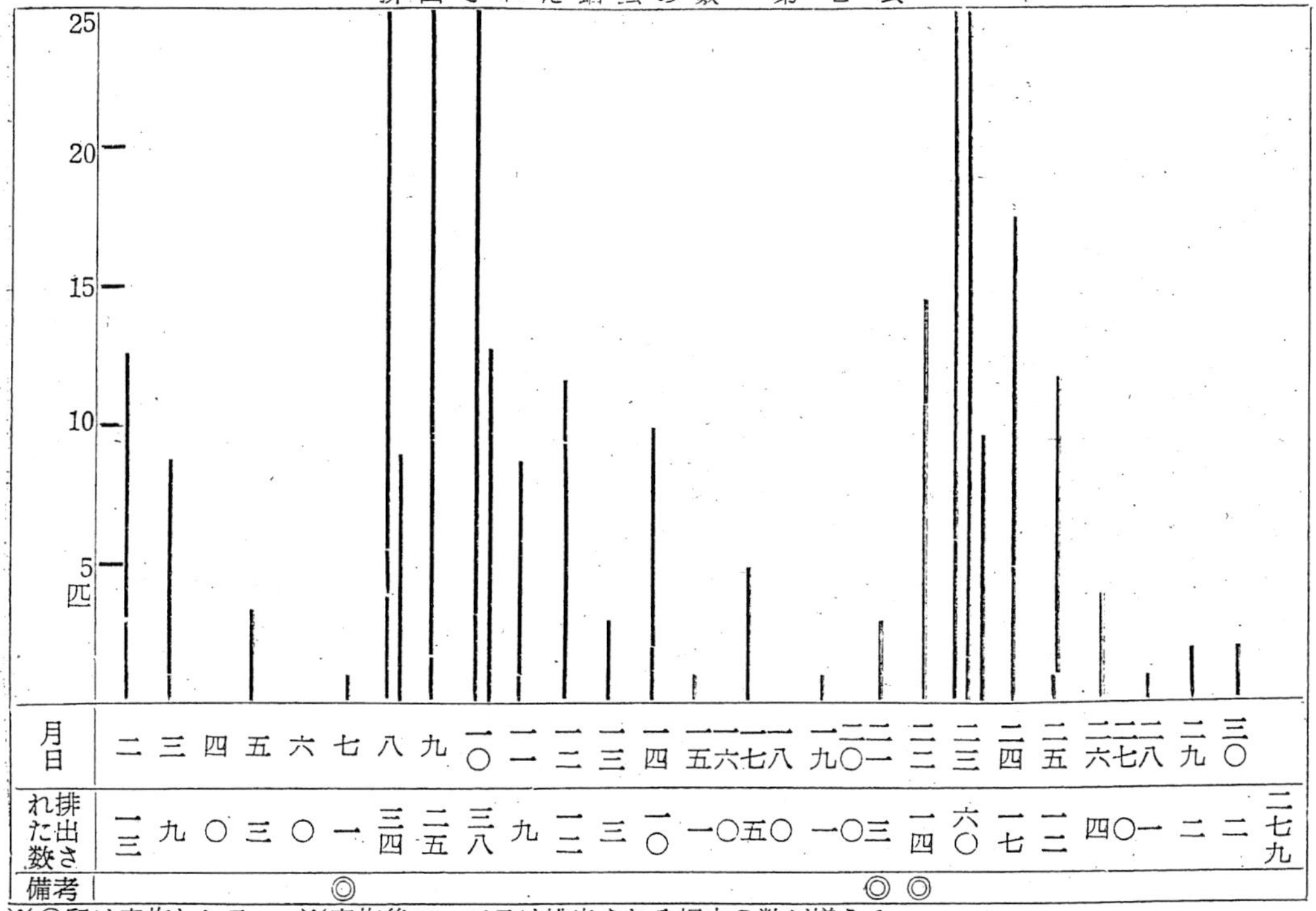

※◎印は実施した日　　※実施後二−三日は排出される蛔虫の数が増える。
※　二一日、二二日は連続して実施した為に二、三日に排出された数が急に増えている。連続したので効果が大であることを示していると思われる。

下痢した者の数　第八表

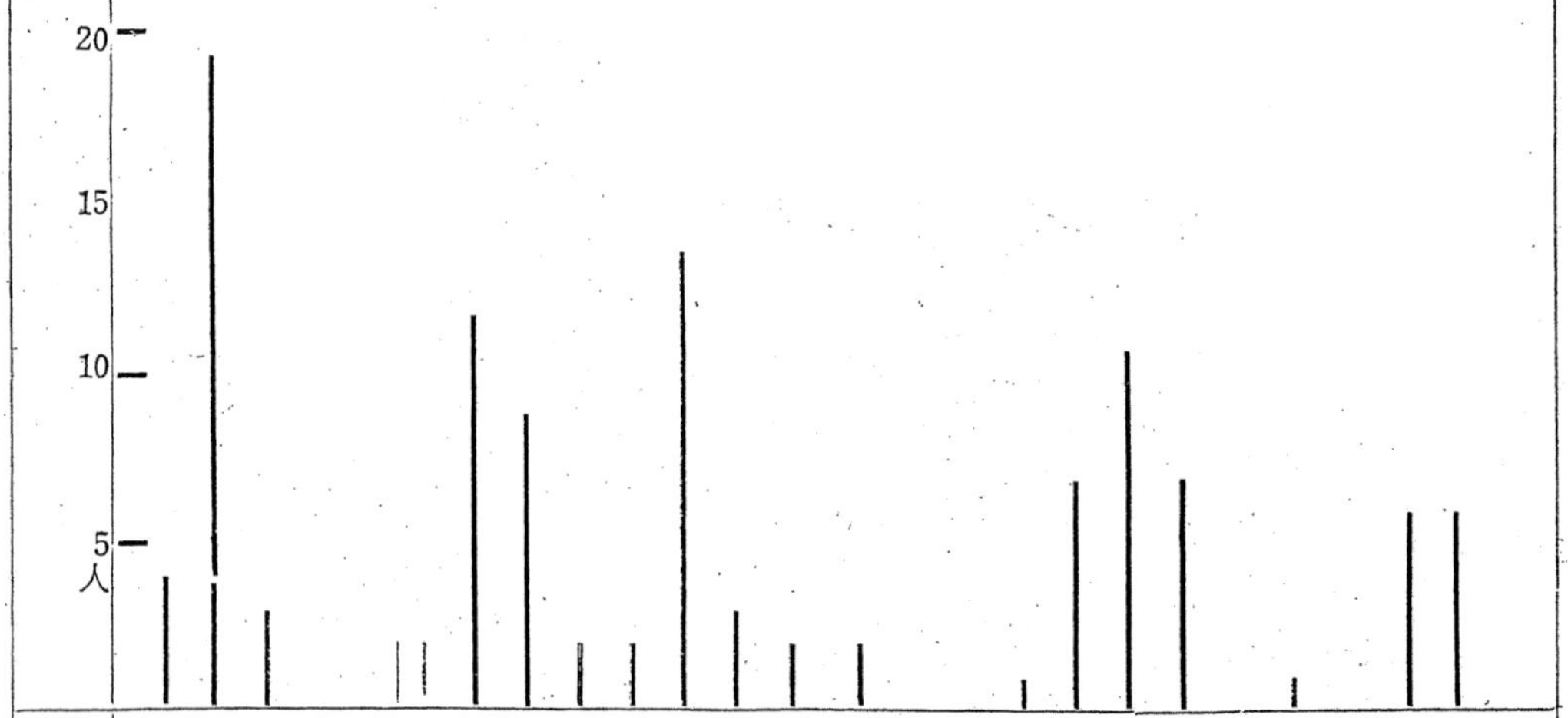

月日	下痢した者	備考
二	四	
三	一九	
四	三	
五	二	
六	二	
七	二	◎
八	一二	
九	九	
一〇	二	
一一	二	
一二	一四	
一三	三	
一四	二	
一五	〇	
一六	三	
一七	〇	
一八	〇	
一九	〇	
二〇	〇	
二一	一	◎
二二	七	◎
二三	一二	
二四	七	
二五	〇	
二六	一	
二七	一	
二八	〇	
二九	六	
三〇	六	
	一二〇	

※◎は実施した日　※実施後の二、三日（八、九、二二、二三、二四日）は下痢患者が増えているがそれ以外の三日、十二日にもそれ以上の下痢患者が多い。第一表、第四表の「下痢した者の数」参照。

九月中の排出状況（延人員）　第九表

	下痢したが排出しない者	下痢と共に排出したもの	下痢しないで排出したもの	排出した人員	排出された蛔虫総数	個人の最高	備考
九月中の合計（延人員）	9	105	125	230人	279匹		
実施後の調査に依る数（延人員）	0	49	118	167	200匹	⑤	七日間
平常の場合の数（延人員）	9	56	7	63	79匹	③	二二日間

※実施後の調査に依る数とは8、9、10の3日間と22、23、24、25の4日間計7日間の計
※平常の場合とは前者以外の22日間の調査に依る
※生いもに依り駆除を実施した直後には相当量の排出数が見られる。

第十表

参考　上野小学校実施成績

	数
服用者数	718人
排出人員	169人
排出総数	487匹
最高排出数	25匹

排出人員の百比23,55%
平均8,2

結び

1 以上は私達の学校で実施した結果の成績で実施及調査の方法が不充分であることは充分認めるが副作用の効果の程度は別として、此の成績「生いも」が蛔虫駆除に役立つことは証明出来ると思う。

2 生いもは常時私達の手近にあるしその「生いも」を蛔虫駆除に使用したら手軽に子供達を蛔虫の寄生から救う事が出来るし、経費もかからないで済む。

駆除の必要を感じながらも金銭の都合で一日一日と延ばしている家庭のあることは事実である。

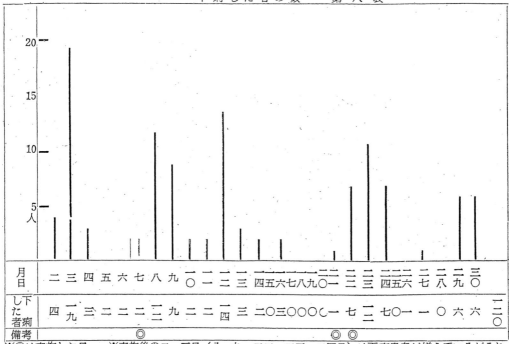

3 私達の研究は此れで終つたわけではなく今後も続けたいと思つているし又其の計画も樹てているが、宮古の全学校が協力して行けばもつともつと合理的な方法を見い出して突込んだ研究も出来ると思う

"遅れた子と進んだ子の作文指導"

名護地区稲田小学校　渡口　繁

⊙おくれた子等をはげまして

出来そこないのお茶わんか、こわれたお茶わんで、それをりつぱなものに直すことは出来ないのです。しかしお茶わんならすてゝしまえばよいが人間はすてゝしまうことは出来ない。これが人間の運命であり、特殊教育の出発点だと考えています。

全く砂の上に石を積むような仕事である。「教育は努力すべきものではあるが、結果を期待してはならないものだ」という。まさしく、そう観念したうえでないと、のんきな顔してやつていける仕事ではない。教えても教えても頭の中に入らない。頭の中に入つたかと思うと片端からすぐわすれていく。それが教師か……自分の教えがまずいのだと、ため息をつく先生方の声を何どもきく。一年間それの連続みたいだ。誰がそうさせたかと考えた時、我々はもうすこし眼をじつと下を見おろすべきではないか。我々の教壇実践に強く反省しようではないか。先づそのおくれた子等に話しかけよう。そして教師はこれらのよき話相手となり、よき友となつて行こう。そうすると必ず物をいいます口があいたら次々と展開して行くでしょう。

教師は時には子等と共に童心にかえり、笑わせ歌い童話をきかせ彼等の心の奥深くまで入つて行くよう努めよう。たえず子供達をはげまして綴る力を育てゝゆかねばならない。そして、文の中から、子供達の真実の声をきゝとつてやらねばならない。真実の姿をみいだしてやらねばならない。しかし、問題はその真実を書き表わす力がこの子供達のものになるまでの長い期間、そこまで育てていくことの苦労。それは全く、ゆけども行けども果のない砂漠の中のようにも思われる我々はあまり、あせり過ぎはしないか。ちえのおくれた子どもという宿命は、その文を、世にいう生活綴方などにまで高めていくということはむつかしい。しかし、やつぱりこの子等には、この子等の生活綴方がある。生活をしている以上、それはきつとある筈である心の底深く眠つている生活のよろこびも悲しみも私たちの深く掘さげる手によつてつかみ出してやれるにちがいない。とにかく、ひらがなの読み書きが一応出来さえすれば、文はかけるものと考えてさしつかえはない。だが、かく力というのはそれだけのものではないひらがなのよみ書きが出来ても、ことばの読み書きがうまく出来ないと、その次の文をよんだり、かいたりすることにまで、のびていかない。書く力を育てるためには、私達は子供の生活力を育ててやらなくてはならない。みる力、話す力、きく力等から生活力からすこしずつきずきあげられる。いろいろな方法で、いろいろなまわり道をしながら、それをきずき上げていく全く波うちぎわに砂の塔をきずくような、そんな仕事のくり返えしのような気がする。

次に、M君の文を出して見よう。

（原文のまゝ）六年十一月下旬

「わたくしたちのせんせいわまいにちわらたりおこたりしますがまたわひとをわらわせたりしますなんといいせんせいでしようときどきはなしをしたりしますがせんせいがはなしをしるものわひじようにおもしろいのですときどきわらわせたりしますまたなかしたりしますまたじぎうのときはしんけんになつておしえますわたくしはせんせいがいしようけんめいおしえてもほかのひとがぜまをするからべんきようができませんせんせいがいしようけんめいにやつてもわたくしわなにもできないのでわたくしわなきたいほどですせんせいゆるしてくださいせんせいいまからわいしようけんめいべんきようをしますでわさようなら」

この子が始めて綴つた文章らしい文章である。純なる子供の叫びをきいて下さい。必ず何かの方法が生れてくると思います。本人は作業は真剣です。特に植木鉢を育てゝは級一番の子供です。根気強く四月より今日まで続けた子で何とかして観察記録をさせようと努力しています。人間味豊かな子で、きつと何物かをやる子供であると思います。この子の文は全部ひらがなでかいてあります。「、」や「。」は全くついていない。話から文へ移る時にまだ指導がたりなかつたと、強く反省をします。促音の指導も、もつとなすべきである。

Y君の文

「ぼくの先生はめがねの先生です。またあたまわ凸凹かみですがはなしがひじようにじよづです。ときにはごはいはなしをきかしたり、またなつかしいはなしをきかしたりして、なかすのでした。またこわに作文がじようずでした。」

Y君は私にこうたずねました。「先生凸凹という字はどんなに書くの」私も何だろうと思いながら教えてやると、その字が使われているのです。わからない所もあるが、現在形と過去形との使用が出来てないし、一時間にわずかにこれだけの文章にしてあるだけですいわゆる忘れられたこの子供達は、家庭でもまた忘れられていることが多い。おくれた子等を励ますためにまず親をはげまさなければならない。そういう励ましの中から、子供は始めて自分を発見し、自分の力で生きようとするものであるならばまことに喜ぶべき事だが、そういうふうに行かない所になやみがある。このような子供達を伸ばすには、綴方は字のけいこ、言葉づかいの練習くらいに目あてをおいて出発した方がよいのではないか。それでいて、生活綴方の本道を忘れはしない。おくれた子等をはげますと同時に又忘れてはならないことは、よく進んだ子等の指導である。今日この方面がやゝとも忘れられているのではないか。進んだ子は、ほつておいても出来るという声をききますが、私はそうではないと思います。彼等にちよつと示唆を与えることによつて彼等はぐんぐん伸びて行きます。現に私の級でも小説を書き、童話を作り、劇作をやる様になつた子等が十名近くも居ります。

この子等の魂をゆり動かす事が必要ではないか。それをほつてしまつては何も出来ないと思います。この子は文を書くことによつて自分をいつそうはつきりと発見することによつて、すゝんだ段階の文をかく――生活綴方の本道を、ひたむきに進んでいくことが出来ると思う。

やがては、おくれた子供も進んだ全人的な人間の育成が出来ると思う。

◉ 進んだ子の指導

進んだ子を六年生は創作を主に取扱つています。創作の意味は広い。一般的に見れば「創作」とか「発見」と同じような意味にも通ずるであろうし、また児童が書く文章のうちで、それが他人の文章の丸写しか、或は焼直しでないものはすべて創作といいうるであろうが、国語の指導要領においては、創作というものをそうした広い意味のものではなく、もう少し限定されたものとして我々に示している。即ち国語学習指導要領の中の「国語科学習指導の目標」の「書くこと」の具体的目標の一つとして次のように書かれる。

▲さまざまの形式の実用的作文をつくることが出来る。これによれば手紙とか、日記、記録というような実用的作文と劇作的作文とをはつきり区別しているが更にその具体的の内容はどのようなものかということを同じく指導要領の「書くことの経験」の中に見ると

▲児童は日常生活を基礎とした生活文を書くことから変じたり考えたりすることをまとめて物語りや小説や詩や脚本やシナリオなどを作つて文学的な創作活動をする。これは生活を豊かにするための、まつたく有効な表現活動である。と述べて創作の内容は文学的な色彩の濃い物語小説、詩、脚本、シナリオなどを、その代表的なものとしているので書く（作文）における創作の内容については一応この指導要領の示ず線にしたがつて行きたいと思う。

◎ 創作の価値

1　個性的な表現力を伸長することが出来る。創作というものが先にいうたものであるとするならば、それは個々の児童の持つ美しい夢とか豊かな空想の世界或は殺那殺那に起る感動の表現である。これらのものはその内容に於て、人により千差万別でこれが表現される場合には、実用的な作文に比し、より自由な立場におかれて自我のおもむくまゝに際限なく、くりひろげていくことの出来る余地を与えられるものであるからそこには、自ら個性というものが充分に表現されるのである。

2　豊かな人間性が養なわれる。創作は創作活動だけでは成立しない。即ち創作を規定するものは鑑賞であり、又その鑑賞を規定するものは創作であるというように、創作と鑑賞は相互に規定し合うといわれているが、鑑賞のために、よい文学作品にふれることは、そこに人間の生き方を発見し、人間そのものの自覚を深めたり、美的、道徳的情操と正しい判断力を増し、人間や社会に対する経験を広め、明かるい健全な人格をつくることが出来るのである。そうしてぞれは、創作によつて更に、たしかなものにして行くことが出来るであろう。

◎創作指導の根本問題

詩を作つたり、物語りや小説を書いたり、脚本とかシナリオなどを作つたりする。創作活動を指導する何れの場合にも直面する問題としては、およそ次の様なことを考えてみなくてはならない。

1感受性

感受性というのは人間の諸官能を通じて印象を受け入れる力であるが、これなくしては創作は成立たない。そしてこれは或る程度教育の可能性を持つていると見なすことが出来るものであから、まず何をおいても此の感受性を養う工夫をしなくてはならない

▲感受性培養の方法

一口に言えば適当な暗示又は刺戟を与える。

A　児童の生活の中に直観に即して教師が暗示を与え「あれごらんなさい。あの松の色をどんな気持がしますか」「あゝちよつと、あの雲を見てごらんなさい。何かの形に見えませんか。雲のむこうの空の色いいね」というように物の見方に暗示を与えるのであるが、それは作文の時間でもよし、道を一緒に歩く時、遠足の時、その他あらゆるチャンスを捉えて指定していく。

B　スケッチによつて感受性を高める。

C　他人の創作を鑑賞させる。

鑑賞材料としては、なるべく児童にわかるような香り高い作品を与えて行くのがよい。以上なような方法によつて感受性というものを養つていくことが出来ると思うが、それたしても「美しい」と感じたことが直ちに表現につながるということは言えないので、それを表現にまで高めるには、何回も何回も繰返してやる事と書くチャンスを逃がさないように、とらえて数多く書かせて行く事が大切である。

2想像力

「想像は創造なり」といわれるように、児童の持つ美しい夢も空想も想像力によつて構成されるのであつて、創作のためには、想像力は欠く事の出来ない重要な要素である。

▲想像力培養の方法

他人の文章を鑑賞する事によつて自らの刺戟をうけ自らそうした境地を作るようにしむける。

3個性

「文は人なり」といわれるように、どの様な文を書いても、それには、その人の個性が大なり、小なり表現されるものであるが、その中でも詩を書いたり物語りを書いたりするような創作活動においては、特に個性がよく表現されるのであつて、ここに創作の創作たるところがあり、個性のひからびた、いわゆる形にはまつた作品は創作に於ては極めて価値の低いものである。個性的な表現は、自主性の確立であり、それは人間性の尊重につながるものであるという意味において、創作における個性の尊重は特に重視しなくてはならない。

▲個性的表現培養の方法

A児童の感受性を高める

B多作する

C常に作品の推こうを充分にやる

◎　教師として

D児童の個性を認めて推賞してやる

E大人の主観をもつて子供の表現を約束したら、指導の手をかえ過ぎないで子供は子供としての表現を伸じて行くようにしてやる

Fなるべく多くの創作的の特色のある作品を読ませ（聞かせ）味わしめて強い刺戟を与えてやる。

四、むすび

書く(作文)における創作について極めて概略ではあるが述べた様に思う。特にこれが実際に生きる為には、創作の内容とか、その指導については、学年的差異に基づく系統的な展開を具体的に把握することが必要であることと思うのであるが、この点については微力の為未だなして居らず深くおわび申し上げます。

最後に最近の児童の詩作の若干を掲載する。

◎新　年　　六年　山　城　房　子

一、夜明だ、新しい年だ
向こうの海をながめれば
はるかにのぼる初日の出
山すそ谷間どことなし
新しい光に、きらつと輝いた。

二、私の心も体も希望にみちて
新しい春と共に……
行きましょう自由の天地へ
しつかりした足どりで夢をえがき
さあ！いこうよ自由の天地へ

◎かえる　　六年　金　城　孝　子

きりの中でさびしげに鳴くかえる
もう冬支度で地上がこいしかろう
ガク／＼／＼と今日も鳴く。

◎さくらの木

さくらの木、葉を散らし
もう冬支度かしら
木枯吹くごとに一枚々々ぬぎ捨てる。

◎風

だれもいない教室、あのやんちやが
今までさわいでいた教室
訪ねるものは風の音
ガタ〱〱ふるわして
どこかへ又去つて行く。

◎学校の池　六年　松川順子

一、学校の池、沖縄の地図
今日も又沖縄一周
廻つた事のないこの島も
も早何回廻つただろう。

二、今日は那覇へ　明日は島尻へ
中頭国頭ホイサッサ
町から村へ一飛びに
も早何回廻つただろう。

◎山　六年　玉城盛義

かすかに見えるあの山は
いつもぼんやりかすんでいる
そこには木が一ぱいはえていて
小鳥が楽しくさえずつて
えだからえだへ飛び廻る。

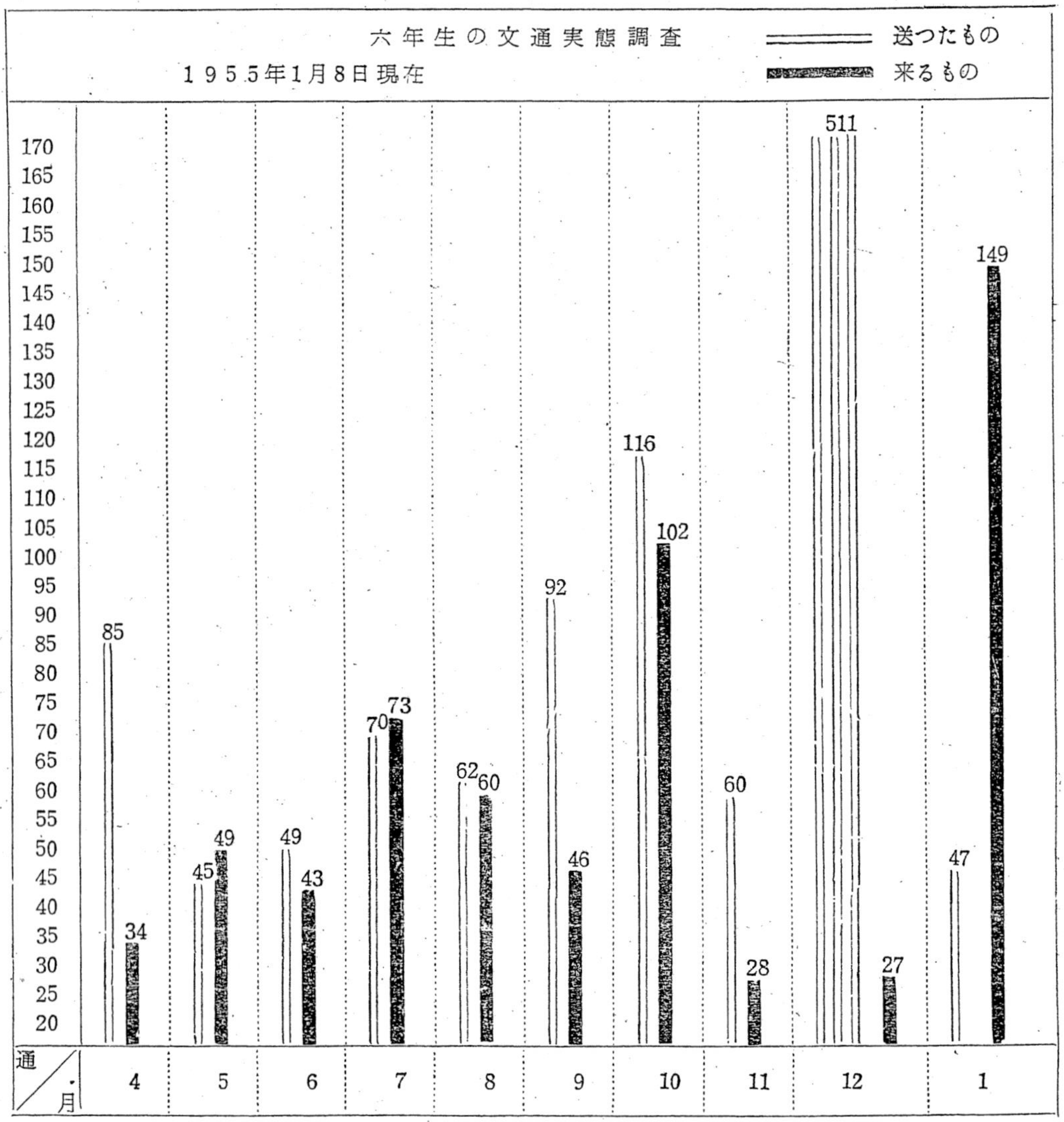

一人一人の子供を伸ばす教育

＝宣野座小学校発表會参観記＝

桑江良善

「はしがき」

新しい教育は児童中心の教育といわれる。教師の計画した内容を子供に教え込む今までの行き方が、戦後コペルニクス的転換をして、児童中心の教育となった。児童中心の教育とは、すべて子供の幸福のため、よりよき発達のために、計画され、実践されなければならないといわれている。今回宣野座小学校が実験学校としての問題を取上げ、一人一人の子供のよりよき成長発達を目指してどんな学習指導をしたらよいか、という問題を算数教育の面から取上げて研究され、その結果を去る一月十五日に発表していただいた。幸にその発表会に参加することが出来たので、その研究の一端を紹介致しまして、皆様方の参考に供したいと思います。

☆一人一人を伸ばすために☆

① 本校の教育目標

本校は琉球教育法、琉球教育の目標、地域の実態、児童の実態及学校の実情に即して教育の目標を次の様に打立てられている。

・素直な子供（真理と正義に生き美を愛する情操豊かな子供）
・親切で寛大な子供（個人の価値を尊び和の精神を愛する子供）
・責任感強く自ら進んで事をなす子供（自主、自律創意工夫のある子供）
・勤労を重んじ喜んで働く子供　（社会に役立つ子供）

② 個人差に応ずる学習指導

右の目標を達成するために教師の学習指導の態度として、特に個人差に応ずる学習指導ということに力を注いでいます。即ち一人一人の子供はかけがえのない尊い存在であり、すべて伸びんとする要求と力がある一人一人の子供の能力を認めてやりその能力に応じて伸ばしたいという熱意のあらわれが今日の実験学校のテーマとして「一人一人の子供を伸ばす学習指導の研究」が生れたのであります。

一人一人の子供を伸ばすということはすべての学校生活の上に於てとりあげられ実行されるべきであり、理想である。目標もここになければならないと思いますが、実は口に云いやすく実行になかなかむずかしい問題であります。本校では先ず手始めとして、算数教育と結びつけて、算数科に於て一人一人の子供を伸ばすための学習指導はどうあるべきかという主題とのもとに研究を続けられたのであります。

☆研究の歩み☆

① 実態調査

この主題解決のために実態調査が一九五四年三月、始められた。児童の家庭的、社会的な実態を調査すると共に更に教研式、全国標準算数学力テストを実施して児童の学力の実態と誤答の分析を行つた。その結果が次の表である。

（算数科各学年比較統計表）

学年 / 平均	1年(32点満点)	2年(32点満点)	3年(35点満点)	4年(40点満点)	5年(59点満点)	6年(59点満点)
本校平均	22.90	19.14	21.14	16.28	21.38	20.93
標準偏差	5.1	5.4	8.0	7.9	11.6	12.1
地区平均	19.7	15.8	17.8	16.2	19.2	18.7
本土全国平均	21.96	17.21	23.64	22.65	29.74	35.53
標準偏差	7.60	5.38	6.21	5.99	11.04	11.90
本土都市平均	24.15	18.84	26.90	24.81	32.61	37.16
本土町村平均	19.28	15.04	21.30	20.05	25.78	33.50
地区検査人員	256人	240人	341人	399人	351人	395人
本校検査人員	40人	35人	56人	57人	60人	45人

尚右の表の外に誤答の分析、個人的な学力の実態、共通的な欠陥、指導法の改善すべき点等くわしく探求されているが、紙面の都合で割愛せざるをえません。こゝで考えたい事は低学年程成績がよく、学年が進むにつれて本土の平均より悪くなつて行く傾向があることで、これは個人的な考えですけれども、本校だけの傾向ではなく全琉球同じ傾向にあるのではないかと思われます。沖縄の子供は決して素質が悪いのでなく、学習指導上に問題点があるのではないかと思われます。この事は次の診断テストと一しよに本校の先生方が反省されておりますので、それが参考になると思います

▲ 診断テスト

更に一人一人の子供の実態を一層ほりさげて把握し個々の子供のひつかかつている困難点を探究し、これを治療していくために診断テストを実施しています。これもくわしく分析し研究されていますが割愛致します。

これら両テストの結果から現在の学習指導上の問題点として本校では次のように反省しています。

- 個人指導が徹底していない
- 子供に学習の目標をはつきり把握させていない
- 教師が叮嚀に料理してあつて子供は喰べるだけであつて、どのように料理するのか、どうしたらうまく料理出来るのかというような事を子供に考えさせるような指導が行われていない。
- 教具の工夫創作及活用の面で不十分な所がある。

このような反省のもとに過去一年間涙ぐましい程の真剣な現場実践が続けられたのであります。

② 研究経過

本校が歩んで来た道を発表された研究概要によつてその一端を拾いあげると、

「我々が子供の実態を調査し誤答の分析研究に没頭している間に一学期はすぎてしまい診断テストを実施検討している中に九月もすぎてしまつた。子供の実態に立つて学習指導法の研究に着手したのはようやく十月中旬、それから今日まで三ヵ月ようやく従来の指導法の欠点短所を深く反省することが出来新しい指導法がどうあるべきかをさとるようになつた。それも理論的に思辯的に得たものでなくテストの結果や誤答の分析研究から又実際教壇の実践研究を通し、子供たちの行動を通してさとつたものである。子供の実態を知ることなしにはどんなすぐれた理論も理論に終つて力ある方法には具体化されないと思う。

テストの結果の検討や誤算の研究に取くんでいるうちに図書や理論では得られない尊いものを得たと信じている。それは子供を深く知つたということである。子供の考え方を知らずしては、その考える態度も養えないし、考える力も伸ばしえない。

われわれが子供の実態を調査研究しこれまでの指導法の短所を知つてこれの改善策を試み、予想したところの「子供の理解を深め考える力を伸ばす」ことが結果として達成されたかどうか、科学的に実証するのでなければ我々の研究は厳密には実験研究したとは云えないと考えている。しかし指導法の改善を計画して以後取扱つた各学年の単元については多少なりとも効果をあげえたと思つている。このことは学年研究の評価として不振児が学習に参加し実力が向上した例を二、三記してある」

以上の様に本校の歩みを語つている。次に学習不振児を喜んで学習に参加させた事例研究を二、三あげてみよう。

B児について（一年）

。九月の実態
- 一〇以内の数観念がない
- 一〇〇までの数字がかけない
- 一〇以内の順序数が全くわからない
- 算数の時間になると外へとび出して遊んだりする

。指導の経過

- 一〇の分解、合成の学習時間にオハジキの当て勝負をさせた。其の時相手の子供がオハジキの数をまちがつて発表したため、自分が負けることになつたそれで相手のオハジキを確かめたら自分の勝となつた。そのことを教師に申し出たので、うんと賞讃を与え頭をなでてやつたらそれこそ得意そうな顔をしていた。それから興味が出て何回もくり返し中々やめようとしなかつた。これがはじめて学習に参加した日であつた。
- 次の算数の時間に眼を光らして又オハジキ遊びをしようと云い出したので一〇以内の分解でジャンケン遊びをさせた。前時にもまして真剣になり学習した。
- 買物ごつこの時店の主人がおつりをちがえて多く渡してあるのを計算してお店に返すと云つた様に積極的に計算しようと云う学習熱が高まつて来た
- カードを使用して五〇までの数の構成の時二九まで行つて困つているのをじつと見ていると三分位考えこんで後赤カードと取りかえた。そして三九四九の次も何なくやりとげて完全に五〇まで構成していつた。

。現在の実態

・一〇までの数え方（一つづつ順序よく）
・五〇までの五、一〇づつまとめてのよみ、
・五〇まで数字の書き、
・一〇以内の分解、合成が
出来るようになつた

・九月まで三三間の中二回しか出来なかつた最下の子が何とか一年生の算数過程においつくようになつた
・それから知つたよろこびに子供はますます学習に意慾が出て一段と伸びるだろうと思う。

A児について（四年）

。九月の実態

・診断テスト五四問題のうち一問題だけできた。
・一位の加減法はわかるが二位、三位となると繰上り、繰下りがわからない
・かけ算九九の意味がわからない。
・文字の読みが不充分。
・ノートするのを大変嫌う。
・学習に落つきなく学習意欲がなかつた。

。指導過程

・お菓子を包んである紙が貨幣の模型であることを知り、今日はたくさんのお金を持つて来たといかにも得意そうな顔で教師に見せかけたので、〃いいものを持つて来たね〃という所から皆に喜こんで見せかけた。それからお金あそびが始まり一円さつ一〇枚と、一〇円さつ一枚ととり替えるあそびから位とりがはつきりし、一位で一〇枚以上になつた場合は十位にやらなければいけないと云うことから始まり十進数がよくわかり筆算計式に移つた。それからは貨幣をたくさん集め乗除法や加減法を理解し、ノートをしなければいけないという所から学習意欲が出て、質問をしたり、宿題を喜ぶ様になつた。

。現在の実態

・十進数がわかつた。
・かけ算九九の意味がわかるようになつた。
・かんたんな二位数に二位数をかけることが出来た
・ノートを好むようになつた。
・質問をし宿題を好むようになつた。

☆研究の成果☆

今日まで研究を続けてきたその成果について本校では次のように確認しておられる。


。子供の一人一人の実態を調査研究する方法を全職員が知つた。

。誤答の分析研究で子供のおかす誤答の原因がおおむねわかつた。

。誤答の原因を除去する方法を或程度知るようになつた。

。普段の学習指導に於て誤算の原因を作らぬよう気をつけるようになつた。

。一人一人の能力に応じて学習を進める工夫をし一人残らず子供を学習に参加させる事が出来るようになつた。

。教具の工夫活用に努力するようになつた。

。子供自身で計算のしかた、考え出すものが出るようになつた。

。子供が算数の学習を好むようになつた。

。残された問題

。子供の実力がどのように変つたか実証する。

。一人一人の子供を伸ばすためにカリキユラムはどのように構成したらよいか。

。書かれた問題の指導はどのようにすればよいか。

。反復練習の指導を強化したい。


以上のように挙げておられるが、それにもまして、大きな成果は教師が研究法を解し、今後も更に之を継続するという熱意に燃えて日常の教育実践に邁進しようとする雰囲気が出来たということだと思う。この雰囲気こそは残された問題を解決して教育の実を挙げる原動力となろう。本校は実験学校として多大の成果を収めた。然しこれからなすべき問題はたくさんある。この事は当日発表会にのぞまれた中山指導課長の所感に如実に物語られている。即ち……本校の教育の今までの段階はたとえて見れば、雑草中にあつた有用植物が雑草を取除いて、その植物がはつきりしたという所である。今までかえりみられなかつた有用植物が今、はつきりしたがまだこの植物は雑草のため栄養を奪われ、青白くひよわである。これからこの植物にいかに肥料を与え、今後どのように管理していつたらよいか、これがはつきりしたのである。算数教育の病根はどこにあつたか、診断テストの結果病根を取除き薬を施してきたが今後どのように投薬を続けたらよいか、それがはつきりした。

遅進児とはどんなものか？どんな状態でつくられるかそれはどこで製造されているか？この様な点を探る武器が診断テストであり、診断テスト・イコール子供の診断である。本校の学習指導を見ると、どなたも形にとらわれないで伸び〳〵とした授業をしておられる。それは一人一人の子供の診断の結果その実態の上に立つておるからである。従つて子供は力がつくし、教師は弾力性のある授業をすることが出来るのである……

この様に問題の解決に勇敢に取組まれた先生方の労を高く評価され、一層の精進を希望された。

× × × ×

教育の分野は広い。しかし一事が万事という言葉の示す通り一つに徹する事は万事に通ずる。教育の全分野に一人一人の子供を伸ばすための研究がなされ実践されることを信じて疑わない。

今日まで安富祖校長の指導のもとに全職員が一致協力して教育の道に精進してきた労に敬意をはろうと共に将来の発展を祈つて筆をおく。

（指導主事）

改善された高校

教育課程審議会の答申

高等学校の教育課程は、これまで運営上種々の問題点が指摘されていたので、その改善のため、去る昭和二七年一二月一九日、教育課程審議会に諮問した。

同審議会では中等教育教育課程分科審議会が主としてこれを担当し、一年間の審議を行つたが、問題が重要なため、昨二八年一一月一二日、ひとまず中間報告を行つた。中間報告に対しては、各方面からの批判や要望もあり、それらを参考として本年度審議会を再開し、去る一〇月一四日、別掲のような答申を行つた。

これは基本的事項についてのみであり、今後さらに研究された具体的事項が答申される予定である。文部省としては、これらの答申の趣旨によつて、昭和三一年度第一学年から、学年進行によつて改訂された教育課程を実施する予定であり、その具体的方策につき目下研究中である。

教育課程改善、特に高等學校の教育課程について（答申）

昭和二九年一〇月一四日

教育課程審議会会長　木　下　一　雄

文部大臣　大達茂雄殿

諮問については、昭和二七年一二月一九日、本審議会に対し諮問されたので、前後三五回にわたり慎重に研究を行い、去る昭和二八年一一月一二日、中間発表を行いました本年度においては去る八月二三日以来、八回にわたりこれを継続審議した結果、基本的事項に関して、下記のとおり結論を得たので、ここに答申いたします。

なお、教育課程改善の細部にわたる事項については今後さらに研究を継続し、早急に結論を得て答申いたしたいと思います。

(一) 改訂の方針

1　高等学校の教育は、この段階における完成教育であるという立場を基本とすること。

2　高等学校の教育課程は各課程の特色を生かした教育を実現することを眼目として編成すること。

3　教育にいつそうの計画性をもたせるため特に普通課程の学校では次の方針によりその教育課程を編成すること。

(1)　第一学年において生徒が履修する科目およびその単位数はこれをできるだけ共通にすること。

(2)　上学年に進むにつれて生徒の進路・特性等に応じて分化した学習を行い得るようにすること。

(3)　生徒が自由に科目を選択履修する立前を改め、学校が定めるコースのいずれかを生徒が選択履修することを立前とすること。

4　各教科・科目の単位数は、各課程・各コースの必要に応じ得るようこれを一種類のみとせず、これに巾をもたせること。

5　社会科・理科・数学科についての知的教養のかたよりを少なくするため、それぞれの履修範囲をひろくすること

6　全日制普通課程における芸術・家庭および職業に関する教育を充実すること。

7　全日制高等学校においては、教科の時数は毎週、三二単位時間、特別教育活動は毎週二単位時間を標準とすること。

(二) 高等学校の教育課程について

1　教科と単位数

教科、科目および単位数の基準は、次のとおりである。

第1表　教科・科目および単位数

教科	科目	単位数	学年別の例 1	2	3	備考
国語	国語甲。	9—10	3,4	3	3	(1) 1箇学年における単位数は2または3とする (2) 1箇学年におけるこの2科目の単位数の計は5までとする。
	国語乙。	2—6		2—6		
	漢文	2—6		2—6		
社会	日本史	3—5		3—5		
	世界史	3—5		3—5		
	人文地理。	3—5		3—5		
	新科目。	3—5		3—5		
数学	数学①。	6, 9		6,	9	
	数学②。	3			3	数①の次に履習する
	数学③。	3, 5			3,5	数②の次に履習ずる
	応用数学	3, 5		3, 5		数①または数②の次に履習する
理科	物理	3, 5		3, 5		
	化学	3, 5		3, 5		
	生物	3, 5		3, 5		
	地学	3, 5		3, 5		
芸術	音楽	2—6		2—6		1箇学年における単位数は2とする
	美術	2—6		2—6		〃
	書道	2—6		2—6		〃
	工芸	2—6		2—6		〃
保健体育	保健体育	9—11	3,4	3,4	3,4	全学年を通ずる保健学習は合計2単位とする
外国語	第1外国語	3—15	3—5	3—5	3—5	
	第2外国語	2—4		2—4		
家庭	略	略		略		略
農業	〃	〃		〃		〃
工業	〃	〃		〃		〃
商業	〃	〃		〃		〃
水産	〃	〃		〃		〃
その他	職業に関する教科					

【。印は名称未定のもの】

その他特に必要な教科

特殊の高等学校で、その学校の教育の目的を達成するために特に必要な場合には、右の表に示されていない教科・科目をおくことができる。

2　教育課程編成の一般方針

学校は、次の一般方針によって教育課程を編成するものとする。

(1)　第1表に示すもののうち、次の科目は各課程のすべての生徒にこれを履修させる。

イ　国語甲、数学1および保健体育。

ロ　社会については三科目、理科については二科目。

ハ　全日制の普通課程においては、イ　ロ　のほかに、芸術、家庭および職業に関する年科のうちから六単位。

ニ　職業課程（全日制および定時制を含む。）においては、イ　ロ　のほかに職業に関する教科について三〇単位以上。

(2)　第1表に示す教科、科目のほかに特別教育活動に週当り一―三単位時間（一単位時間は五〇分とする。）をあてる。

(3)　全日制の各課程においては、週当り三〇―三八単位時間年間三五週以上すなわち毎年一、〇五〇単位時間以上一、三三〇単位時間以内を教科および特別教育活動の指導にあてる。

ただし、職業課程においては、必要な場合は週三八単位時間を超えることができる。

定時制の各課程においては、年一、〇五〇単位時間を下ることができる。

(4)　卒業に必要な単位数は、八五単位以上とする。

3　教育課程編成上の注意事項

(1)　単位数、授業時間数について

それぞれの教科、科目について、その目標・内容を指導するに必要な授業時間数は、単位数によって定まる。すなわち、一単位当り授業時間数は年間三五単位時間以上である。

学校は、それぞれの科目について定められた単位時間の授業を行わなければならない。

(2)　週当り単位時間数について

全日制の各課程において、学校が指導にあてる週当りの単位時間数は、2、(3)にのべたとおりであるが、ふつうの場合は三四単位時間とする。

定時制の各課程における週当り単位時間数は、学校や学年による実情に応じて変化があろうが、およそ年間平均週当り二四単位時間を標準とする

(3)　単位の授与について

生徒の学習の成果がその科目の単位数に相当する目標からみて満足できるものであれば、その科目について第1表で定められた単位が生徒に授与される。特別教育活動には単位は与えられない。

(4)　社会科の履修について

新科目。は、いずれの課程の生徒にも、これを履修させることが望ましい。

(5)　芸術の履修について

芸術の履修について芸術はいずれの課程の生徒

にも、これを履修させることが望ましい。

(6) 全日制の普通課程において芸術、家庭および職業に関する教科のうちから六単位を履修することについて、

イ 芸術については二単位はすべての生徒に履修させることが望ましい。

ロ 女子については家庭科（四単位）を履修させることが望ましい。

(7) 特別教育活動について

学校は2、(2)にのべた方針によつて特別教育活動を教育課程に組み入れる必要がある。その時間単数は、全日制の各課程においては各学年とも週当り二単位時間、定時制の各課程においては第一－四学年に二単位時間、第二－三学年に一単位時間を標準とする。

(8) 卒業の資格認定について

生徒が学校で定められた教育課程によつて履修し、かつ学習の成果がその課程の目標からみて満足できるものであれば、学校長はその生徒に卒業の資格を認める。

4 教育課程編成の要領

学校の教育課程は、各生徒がその進路、特性に応じて、それにふさわしい教科・科目を全学年の間に計画的に履修できるものであり、かつ学校がそれによつて有効に指導を行いうるものでなければならない。したがつて、特に普通課程における教育課程は単一に固定されるものではなく、生徒の進路、特性等に応じて種々の教育課程が編成さるべきものである。すなわち、普通課程においては例えば文科系統の教科の学習に重点をおく教育課程、理科系統の学習に重点をおく教育課程、家庭または職業の教科の学習に重点をおく教育課程等を編成することが必要になる場合が多いであろう。学校がこのような教育課程を編成するとき、次のような諸点に留意することが必要である。

(1) 第一学年においてはなるべく共通に学習し、学年が進むにつれて分化した学習ができるように編成する

(2) 個々の教育課程において、履修すべき教科科目はその大部分を学校がきめることになるが、個々の生徒の特性や希望に応ずるために生徒の科目選択の余地をおくようにする。

(3) それぞれの科目の学習の成果が、できるだけ他の科目の学習にも活用されるように編成する。

(4) できるだけまとまつた経験を生徒に与えるように各科目の単位数を学年に配当する。

付

審議会は今後以下の各問題について早急に審議を行い、結論を得しだい、答申する予定である。

(1) 科目の名称について

(2) 普通課程および職業課程の学校が実際に教育課程を編成するときの具体的な参考資料について。

普通課程における教育の課程編成の例

一 どんな順序に教育課程を編成していくか。

① 入学する生徒の将来の進路にどのくらいの種類があるかを大まかに予想すること。

② 上記の予想に基きa分化に関係なく共通に履修させる教科科目とその単位数b分化に応じて学習する教科科目の総単位との見当をつけること。

イ 今日、普通課程にあつては、その単位数の合計は毎学年三十二、三、年間で九十六程度になるように考える。

ロ 生徒の進度の種類が多く複雑であるときは、aが少くdは多くなる。

③ 上記の教科科目について、その履修の順序を考え、学年に配当すること。

二、第一学年では、どんな考えで教科科目とその単位数を配当したらよいか

a どんなことを考えに入れておかねばならないか

① 生徒の進路希望も多くは未分化である。

② 教師にとつても、生徒の特性はまだよくわかつていない。

③ 一年の間の指導を通して、生徒には将来の進路の見当を次第につけさせるようにし、教師の例でもそれの指導がうまくできるよう、生徒の特性を把握するようにしたい。

b 上の考えを実現するためには、どのようにしたらよいか。

① 各生徒の履修する教科科目とその単位数をなるべく共通にする。

② 分化にかゝわりない教科科目のうちでも、基本的なもの（他教科科目の履修を必要としないもの）を課す。③できるだけすべての教科につ

いて学習するようにする。

④　できるだけ各教科とも大きい単位数で学習する。

上記の方針による一例をあげれば、次のようになる

国語　四　社会　五　数学　六
理科　五　保体　三　外国語　五
芸、職、家のうち　四　計　三二

これを学校によつては、次のようにする場合もあろう。

イ　国語　五　社会　四　その他は同じ
ロ　社会　四　保体　四　その他は同じ

三、第三学年以降の教育課程はどのような考えで作つたらよいか。

①　生徒の進路、特性等に応じて、分化した学習ができるようにする。

②　ある課程の志望変更や、こまかい分化も可能になるような処置を考える。

四、どのようにしたら上の考えを実現できるか。

a　生徒の進路、特性等に応じた教科科目とその単位数はどのようにきめたらよいか。

①　生徒の進路の志望からみて、必要な教科を明らかにする。

一年の学習を通してみた得意な教科を明らかにする。

種々の方法により、これらを検討する。

そして必要な教科と得意な教科とが合致するように指導する。

②　必要な教科科目には、重点をおいて学習できるように時間数を配当する。

b　多くの生徒に対して上のことが可能になるよう学校の教育課程を作るにはどうするか。

①　重点をおく教科群について生徒をグループにわけ、このグループについての計画を立てる。（コース）

グループの種類としては、次のようなものが予想される。

A　国語、社会、外国語に重点をおくもの
B　数学、理科、外国語に重点をおくもの
C　上の五つのいずれにも偏せず、これらに重点をおくもの
D　芸、職、家のいずれか、またはその全部に重点をおくもの
E　比較的、芸、職、家に重点をおきながら、どの教科にも偏しないもの

②　各コースにおいては、個人差にかかわりなく次のような教科を共通に履修する。

イ　そのコースにおいて重点をおく教科群については、その最大限に近い単位数を履修させる。

ロ　他の教科群については一科目の単位数は少い方でもよいから、なるべくひろく一般教養を得るよう計画する。

ハ　イ、ロを含めて当初に考えたすべての生徒に共通に履修させる教科とその単位数が含まれるようにする。

③　各コースにおいてコース内の個人差に応ずるため、毎学年四単位前後の余裕を②の計画において、これを次のように運用する。

イ　重点をおく教科群の中さらに特定のものの単位数を多くして履修する。

ロ　志望の組分によつて②の計画以外で必要となつた他の科目を履修する。

ハ　本人の特性に合致した一般教養の面をひろめる。

ニ　志望のある程度の変更に応ずる。

これを例によつて説明する

Aコースによつて考えると国語は、国語乙、漢文ともに学習させ社会は三科目とも、少くとも四単位で学習させ、外国語は最大限の時間をとるのが②のイに当る。

そして数学については、数学1は九単位として共通にし理科については少くとも二科目を三単位として学習させるのが②のロに当る。

そして、第二学年、第三学年においては国語の二科目の一方は三単位で学習したり、社会のいずれかの科目は五単位で履修したり、第二外国語を履修したりすることも可能になるよう選択の中におくのが③のイに当る。

また文科方面に進むものとしてこのコースを考えた時、方面によつては自然科学や数学の教養をもかりに必要とするものもあろう。

そのような生徒には理科について三単位の科目を五単位として履修したり、数学について数学(2)を選択したりずる余裕をおくことが③のロに当る。

また、芸、職、家の選択もできるようにすることが③のハに当る。③のロに対する対策は同

時に③の二に対する対策ともなろう。

④ 上記のコースを学校運営が能率的になるように配列する。

イ 生徒の志望、特性の調査にもとづいて、少数の生徒のコースは特に考えずに、これがいずれかのコースの③の計画によつて生かされるようその運営を修正し学校におけるコースの数を少くする。

ロ ③イの趣旨の課目をおくことが複雑になるような場合はコースの②の計画にこれを含めるなどしてこれをやめてもよい。

ハ 各コースに共通な課目とその単位数が多くなるよう、若干の修正を加える。

例えばA、Bが少数であればCを中心にCの③の計画の運用によつてA、Bとなることもできるようにする。

また、C、Eを中心においてその③の計画の運用によつてA、B、C、Dが生ずるようにする。

⑤ ①の例であげたA、B、C、D、Eのグループについて④で述べた修正をほどこす以前の③の段階での教育課程の例を示せば次のようになる。

第2表　全日制普通課程における教育課程の例

コース	A			B			C			D			E		
	1年	2年	3年	1年	2年	3年	1年	2年	3年	1年	2年	3年	1年	2年	3年
国語	4	7	7	4	3	3	4	7	5	4	3	3	4	5	5
社会	5	4	8	5	3	4	5	3	5	5	3	4	5	4	4
数学	6	3	0	6	6	3	6	3	3	6	3	0	6	3	0
理科	5	3	3	5	5	8	5	5	3	5	3	3	5	3	3
保健体育	3	4	4	3	4	4	3	4	4	3	4	4	3	4	4
第一外国語	5	5	5	5	5	5	5	5	5	5	3	0	5	3	3
芸術・家庭・職業・	4	2	0	4	2	0	4	2	0	4	8	12	4	6	6
計	32	28	27	32	28	27	32	29	25	32	27	26	32	28	25
個人差に応じて履修する教科目　単位数の計	0	4	5	0	4	5	0	3	7	0	5	6	0	4	7
個人差に応じて履修する教科目　教科・科目の種類		国。	国。		国	国		国。	国。		国	国		国	国
		社。	社。		社。	社。		社。	国		社。	社		国	国
		理。	理。		社	社		社	社		社	社		社。	社。
		第二外	数		第二外	数。		数	数		理。	理。		社	社
		芸	理		芸	理。		理	理。		理	理		数	数
		職	第二外		職	第二外		第二外	理		第一外	第一外		理。	理。
		家	芸		家	芸		芸	第二外		芸	芸		理	理
			職			職		職	芸		職	職		第一外	第一外
			家			家		家	職		家	家		芸	芸
									家					職	職
														家	家

。　印は上欄にある当該教科の科目を大きい単位数でに修する場合を示す。

。　印のないものは上欄の計画には含まれていない科目を履修することを示す。

教科以外の活動の計画と指導

＝文部省初等教育パンフレットより＝

第一　教科以外の活動の意義と必要性

一　なぜ教科以外の活動が教育課程のうちに含まれるようになつたか。

小学校教育は、こどもの生活経験の発展を目ざしている。各教科は、それぞれの立場から、こどもの生活経験を組織づけたものといえる。しかし、それが組織的、計画的な学習であるかぎり、生活実践そのものであることはできない。ところが、学習におけるこどもの生活活動のうちには、教科の学習以外に、種々な生活実践そのものがある。こどもたちはこの生活実践そのものを通して生活経験を発展させることを目ざすならば、教科として組織しがたいこどもの学校活動をも、必然に教育課程のうちに包含しなければならなくなるであろう。なぜならば、教科として組織しがたいこどもの種々な学校活動のうちに、新らしい教育目標に照して、教育的に有益な活動を多く発見できるからである。実際広くこどもの生活に眼を向ければ、従来、教育課程として組織されなかつたこどもの学校活動のうちに、教育的に価値ある活動を見いだすことかできる。校長や教師は、常に非組織的に行なわれている活動に注意を払い、いかなるものが、組織化をまつているかを発見しなければならない。そうでないならば、新しい理念に照してのすぐれた教育を行うことはできがたいであろう。

過去においても、生活経験を重んじた教師は、時間外において野外写生とか、植物採集とかの指導をしていたし、こどもたちの学校における日常の行動を自主的にさせるために、自治会を組織していたことなどは、新らたに教育的に組織されることをまつている領域であるといわねばならない。同様に、学校における集会や遠足、展覧会、学校図書館の運営学校（学級）新聞の発行なども、新らたに教育的に組織さるべき諸活動であるといえよう。

教育的に組織するということは、単に活動についての組織図をつくることを意味しない。それは、これらの活動の目標を明らかにし、それの指導の方法を具体的にすることを意味するのである。目標が明らかにされ、その指導の方法が具体化された活動にして、はじめて教育課程の一部としての位置が与えられることになるのである。

よい公民としての資質の育成には、教科の学習指導がじゅうぶん行なわれることが必要であることはいうまでもないが、右に述べたような、非組織的な学校活動を組織化することによつて、その目的をいつそう広く深く達することができるであろう。教育課程の定義として、「教育課程とは学校の指導のもとに行なわれるこどものすべての活動や経験である」とか、「教育課程とは、教科の学習およびその他児童の身心の発達に有益な活動とする」とかいわれるのも、教科以外の活動の価値を高く評価し、これに教育課程のうちにおける固有の位置を与えようとするものといえる。

しかし、ここに断つておかなければならないことがある。それは、教科以外の活動という場合、そのことばを文字どおりに解釈すれば、教科の学習以外のどんな活動もそのうちにはいり、したがつて、教育課程の一部分になるか、ということである。学校では、こどもたちは、遊びや種々雑多な仕事に従事している。これらは、教科以外の活動として、教育課程の一部を占めるかどうかということが、しばしば論議されている。さきにも述べたように、教育課程として組織されるためには、目標が意識され、指導の方法が具体化されることが必要であつて、そのように組織化されないものは、教育課程の一部と考えることはできない。したがつて単なる遊びや雑多な仕事は、ここにいう教科以外の活動のうちに入れて考えることはできないのである。

このような誤解や論議の起る原因は「教科以外の活動」ということばの不完全さにある。

このことばは、ある活動を限定的に述べずに、ただ教科の活動を除いたという表現でしかない。ここにこのことばの不完全さがある。中等学校では、この領域の活動を、特別教育活動と呼んでいる。特別教育活動という場合、教科の学習の一般に対し、何か特別な活動をさせるといつた印象を与える。教科以外の活動は、教科の学習活動と密接な関係を保つて指導される必要がある。小学校教育においては、特にその必要を感ずる。また特別教育活動という場合に、教科の学習活動との間に価値の差を感じさせるものがある。両者の間に価値の差を考えることはできない。

以上のような誤解を避けるために、ここには、特別教育活動ということばを避けて、一応「教科以外の活動」と呼ぶことにした。しかし、さきにも述べたように、このことばも用語としては不完全なことばである。この書の編集にあたつた委員会としても適切なことばを発見したいと思つて研究したが、現在のところ、この領域の種々な活動を包括する適切な用語を発見することはできなかつた。そこで教科以外の教育的に有益な活動ということばを簡略にした意味で、暫定的に「教科以外の活動」と呼ぶことにするが、その意味する内容は、さきに述べたような教育課程のうちに組織化された活動をさしているのである。われわれは、この領域における指導が、現場において実質的に効果をあげ、適切な名称がそこから生まれることを期待しているのである。

二、従前の自由研究と、ここにいう教科以外の活動とはどのような関係にあるか

昭和二十二年度の学習指導要領一般編には、自由研究の時間が設けられてあつた。これも教科に関する一定の学習以外の活動を教育課程の一部として取り上げたものであつた。それでは、この自由研究とここにいうところの教科以外の活動とはどのような関係にあるのであろうか。何ゆえ、自由研究の時間を廃して「教科以外の活動」の時間を設けたのであろうか。この両者の関係を明らかにするために、まず、自由研究はどのような趣旨で設けられたかをふり返つて考えてみよう。

二十二年度の学習指導要領一般編には、自由研究の時間の用い方として次のような説明がつけられている。

「教科の学習は、いずれも児童の自発的な活動を誘つて、これによつて学習が進められるようにして行くことを求めている。そういう場合に、児童の個性によつては、その活動が次の活動を生んで、一定の学習時間ではその活動の要求を満足させることができないようになる場合が出てくるだろう。たとえば、音楽で楽器を学んだ児童が、もつと器楽を深くやつてみたいと要求するようなことが起るのがそれである。こういうときには、もちろん、児童は家庭に帰つてその活動を営むことにもなろうし、また、学校で放課後にその活動を営むことにもなろう。しかし、そのような場合に、児童がひとりでその活動によつて営んで行くことがなんのさしさわりがないばかりか、そのほうが学習の進められるにも適当だということもあろうが、時としては、活動の誘導すなわち、指導が必要な場合もあろう。このような場合に、何かの時間をおいて、児童の活動をのばし、学習を深く進めることが望ましいのである。ここに自由研究の時間のおかれる理由がある。

たとえば、鉛筆やペンで文字の書き方を習つている児童のなかに、毛筆で文字を書くことに興味をもち、これを学びたい児童があつたとすれば、そういう児童には、自由研究として書道を学ばせ、教師が特に書道について指導するようにしたい。つまり、児童の個性のおもむくところにしたがつて、それを伸ばしていくことに、この時間を用いて行きたいのである。だから、もちろん、どの児童も同じことを学ぶ時間として、この時間を用いていくことは避けたい。

こうして児童青年の個性を、そのおもむくところにしたがつて伸ばしていこうというのであるから、そこにはさまざまな方向が考えられる。ある児童は工作に、ある児童は理科の実験に、ある児童は書道に、ある児童は絵画にというふうに、きわめて多様な活動がこの時間に営まれるようになろう。

このような場合に、児童が、学年の区別を去つて同好のものが集まつて、教師の指導とともに上級生の指導もなされ、いつしよになつてその学習を進める組織、すなわち、クラブ組織をとつて、この活動のために、自由研究の時間を使つていくことも望ましいことである。たとえば、音楽クラブ、書道クラブ、手芸クラブ、あるいはスポーツクラブといつた組織による活動がそれである。

このような用い方は、要するに児童や青年の自発的な活動のなされる余裕の時間として、個性の伸張に資し、教科の時間内では伸ばしがたい活動のために、教師や学校長の考えによつて、この時間を用いたいというのであるが、なお、児童が学校や学級の全体に対して負うている責任を果す――たとえば当番の仕事をするとか、学級の委員としての仕事をするとか――ために、この時間をあてることもその用い方の一つといえる」これをみれば、自由研究の時

間の用い方としては、

㈠、個人の能力と興味に応じた教科の発展としての自由な学習

㈡ 同好のものが集まつて自由な学習を進める組織としてのクラブによる活動

㈢ 前二者とは無関係な当番の仕事や学級委員としての仕事

の三者に要約されうる。このうち、㈠と㈡とは、自由研究の主要なねらいであり、㈢は自由研究そのものからは、ややそれているが、この時間の用い方の一種として示唆されたものと思われる。

確かに、教科の学習の発展として自由に、ある題目を設けて研究を進めることは有益なことである。こどもたちは、自由研究においては、特定の題目のもとに、教科の学習の制約から離れ、自己のもついろいろな学習経験を用いて、すなわち自己の力の全体をあげて、学習するのであつて、自由研究は新しい学習の方式を導入したものとしてその意義と価値とをもつていた。

しかしながら、すべての学習は、本来、自主的自発的に行なわれることが望ましく、独り、自由研究のみが、自主的自発的学習であるとはいえない。さらに、各学校における単元学習やその他の学習指導法の進歩とともに、かなりにまで個人の興味や能力に応じた自由な学習が各教科で行なわれるようになつた。そうだとすれば、方法原理としての自由研究は、むしろ、各教科でも行われうるし、またそうすることが本来望ましいといえる。

その上、自由研究には、実施上一つの困難が伴つていた。それは実際の指導にあたつて、児童の各人がそれぞれの研究題目を発見することが困難であつたということである。さらに、たとえ題目を発見することができてもひとりひとりのこどもを指導する教師の負担は、ばく大なものになつた。ここに、㈠における意味の自由研究はゆきづまりに逢着せざるをえなかつた。

しかし、同好のものがクラブをつくつて学習する㈡の意味における自由研究は、㈠の意味における自由研究よりも指導しやすいし、またこどもたちは相互に刺激し合つて、学習意欲をそそるものであつた。したがつて、各学校における自由研究といえば、多くはクラブ活動であつたといえる。

次に、㈢の意味のものは、自由研究としては、むしろ消極的なものであつたが、学校によつては、児童の学校活動を助長するために自治会などを設け、自由研究の時間に、それを行つていた。事実、学校の経営活動に、校長や教師の指導のもとで、こどものできる範囲でこどもを参加させることは、こどもの社会性の発達の上にも有益である。

そこで、次のような結論に到達する。自由研究のうち、㈠の意味のものは、指導に困難が伴うが、しかし、研究意欲をもつ特定のこどもについては、教師の指導のできる範囲で指導する。㈡の意味のものは、こどもの興味や趣味や社会性の発達に有益であり、かつ、こどもも喜んで参加しているから、今後もこれを大いに発展させる必要がある。㈢の意味のものは、こどもの社会性の発達や実際生活を学ぶ上に有益であるから、これをいつそう広め、組織化して、これに教育課程の一部としての積極的な意味を与える。

このように、自由研究について反省を加え、かつ新しい領域に教育的価値を見いだし、これを積極的に取り上げ様とするならば、もはや、教科の学習以外の学習領域として、自由研究という名はその事実にふさわしくなくなる。したがつて、その名を廢してこの分野の学習を一応「教科以外の活動」と呼ぶほうが適当と考えられるのである。すなわち、「教科外の活動」は、自由研究のうちのクラブ活動に新らたな意義を与え、自治活動その他の、実質的にはすでに実施していた諸活動を教育課程の一部として価値づけ、これらに教育上重要な位置を与えたものという事ができる。

第二 教科以外の活動の性格と価値

一、教科以外の活動はどんな教育観をその根抵にもつているか

教科以外の活動を効果的に指導するためには、単に方法的な点に苦心を払うだけでは足りない。その根ていとなる新しい教育観をぜひとももたねばならない。

イ 過去の学校教育においては、文化の伝達が主となつていたため、すべてのこどもに一定画一の成果を期待する面が強く、ともすると、こどもの生活経験が軽視され、さらに個性とか、天分とかを存分に伸ばすという面は忘られがちであつた。そのために、各個人は個人のせつかくの力を伸ばす場と機会とを与えられずに終るうらみがあつた。個々の人格を尊重し、個人差を確認し、個性を伸ばすことによつて、国民としての一般水準を高

めることは、教育に課されたたいせつな課題であることを知らねばならない。

ロ　したがつて、教育の方法も、教師がらいわれたことをそのまま受け入れれば済むといつた命令伝達の方式が批判されて、こどもの自発活動が重要視され、こどもの生活経験を重んじる経験理論が採用されるようになつた。学習はこどもが自己の経験を基として、自主的自律的に進める場合に最も効果あるものであることを知らねばならない。

ハ　こどもが興味と関心とをもち、自分の生活において必要性を痛感しているものほどよく学習されるということは、教育心理学の教えるところである。学校生活がこどもの日常生活にもつとよく結びつき、かれらの生活経験を生かすことによつて学校はこどもにとつて、いつそう魅力的となり、楽しいものとなり、こどものほうから打ち込んでくるものとなる。したがつて環境との相互関係における問題解決学習が、有効な学習方式であることを知らねばならない。

ニ　単なる知的理解をどんなに積んでもそれだけでは決してりつぱな人間は育たない。また、教科の学習はその特性として学年の進むにつれて分化的な方向に進みやすい。だから、何らかの意味でそれを統合し、生活に実践する方策を講じなければ力強い具体化は望まれない。このような意味から「なすことによつて学ぶ」という新しい教育の原則を高く評価し、一見遠まわしにみえても作業に訴えることの効果について確信をもたなければならない。

ホ　こどもの生活は、社会もしくは環境によつて著しく左右されるといわれるが、その反面、こどもを通じておとなの社会を改善することはできるということに確信をもたなければならない。単に、社会の既存の文化や生活様式を受容し、現実社会に順応するだけが教育というならば、教育はきわめて無力なものでしかない。こどもの教育を通じて、社会改善に貢献することができるという積極的な考え方をもたなければならない。そうでなければ、自発的な協力、奉仕、援助の活動などは意味をなさないであろう。こどもは、こどもなりに社会の改善に大きな寄与をなしうるのである。

以上述べたように新しい教育観を各自のうちに確立しなければ、教科以外の活動は面倒なものが付け加えられたような気がして、学習指導要領に示唆されてあるからしかたなくやるというような魂の抜けた形式的なものとなり、かえつて学校教育の効果を阻害するものになつてしまうであろう。もし教師が以上に述べたような教育観を強くもち、それを支持するならば、児童会やクラブ活動は、そこから自然にもりあがるものとおもう。

二、教科以外の活動は、どのような性格の活動であるか。

現代のわが国の教育に対して、特に要請されているものは何かといえば、

㈠ 自主的自律的な人間の育成
㈡ 合理性を尊ぶ人間の育成
㈢ 社会性のある人間の育成
㈣ 個性豊かな人間の育成
㈤ 実践力のある人間の育成

などは、その主要なものといえるであろう。

このような人間の育成が重要であるからこそ戦後、教育に対して大きな転換が要請せられ、その結果、生活経験を重視し、なすことによつて学ぶという教育原理が高調され、学習者たる児童が自ら考え、みずから企画し、みずから実践し、みずから評価するといつた方法が強く取り上げられて来たのである。教育について、このような考えをとることによつてはじめて、さきにあげた現代社会の教育に対する要請に答えうると思う。

教育をこうした方向に発展させようとするとき、教科の学習においても、これに改善が加えられねばならないが、しかし、それだけではたしてその目的をじゆうぶんに達しうるであろうか。われわれは、従来、課外指導とされていた教育の分野に注意深く目を向け、そこに教育的に価値ある活動を発見し、これを教育的に組織することによつて、右の目的の達成に寄与するように配慮しなければならない。

このような見地から、新しく教育的に編成される活動としては、

イ　自分たちの学校、学級という意識のもとに、自主的自律的な生活を築き上げていく児童会（こども会）活動。

ロ　各人の興味や得意とするところをのばしていく機会を与えるクラブ活動。

の二つに関係する諸活動がその主要なものとしてあげられるであろう。以下、この二つについて、その性格を少しく詳細に究明してみよう。

(1) 児童会活動やクラブ活動と教科の学習とはどんな関係にあるか

このことについては、第一章において、ある程度触れておいた。教科以外の活動は、教科の学習のうちから成長し、そしてふたたびそれにかえることによつて、全体のカリキユラムを豊かに富ましめるようにすべきであろう。しかし、ここに注意すべきことは、児童会活動やクラブ活動のうちには、教科の学習の発展とのみは考えられないものもあろう。すなわち教科以外の活動は教科の学習とまつたく離れてあるものではないが、また単に教科の学習の前提あるいは、直線的延長としてあるものでもない。あるときは、先にたつて教科の学習の必要に導くものとなり、あるときは教科の学習の必然の発展として、より実践的に展開されることになるのである。両者は、相互に因となり果となるものであつて、一方が他方に従属するものではないのである。

この両者について考えるとき、しばしば問題になることは、社会科の学習と児童会諸活動との関係である。一口にいうならば、教科の学習としての社会科においては、社会生活に関する理解面が強調されるが、児童会活動は、学校生活における実践面と考えることもできよう。たとえば、社会科における新聞についての学習は、その見方、考え方を深める方向において行われるであろうが、児童会活動における新聞部の活動は、新聞活動を通じて学校生活の問題を実際に処理して行くところにその特色があるといえる。しかしながら社会科においても、生活経験の発展が重んぜられているかぎり、それ自体、実践性をうちに含むか、あるいは実践性を指向しているのであつて、単純に、社会科では知的理解面をその実践面は教科以外の活動で、というふうに割り切つてしまうことは行き過ぎであろう。このような関係は、他の教科と児童会活動との間においても大なり小なりいえることである。

なお、児童会諸活動が教科の学習以上に重要な意義をもつのは、日常具体の生活のうちに起つてくる問題に対して、実践的綜合的に対処していく力を身につける機会と場を与えること、ことばを換えていえば、自主的に行動を形成していくことにあつて、これは各教科の学習では、じゆうぶんなし遂げ得ないものである。このことが教育で重要であるかぎり児童会諸活動を教育課程の一部として取り上げる必要があるのである。

次にクラブ活動と各教科との関係であるが、これは教科の学習の際や、こどものそれぞれの生活上に起つてきた興味を、さらに、同好者が集まり協力してのばしていく活動であり、教科の学習に清新の風を吹き送るところののびのびとした活動である。今日の現状を見るとき、この精神がやや生かされているのは、スポーツ関係のクラブで、教科のにおいの強いクラブは、ややもすると教科の補充といつた傾向が見られ、極端な場合は、旧来の課外指導となんら変らないものになつているようである。これではクラブ活動本来の精神にもとり、自由な個性の発揮を中心とした集団活動とはなり得ない。教科の学習ではなくして教科以外の活動といわれるかぎり、そこでは、児童に対する教師の位置は、変つたものになつていなければならない。もちろん、そうはいつても経験の浅いこどもの学習を助けるためには、教師の相当多くの指導を必要とするであろう。だが根本的な立場としては児童の活動を主体とし、かれらの興味や能力を助成するという考え方を忘れてはならない。

なお、教科の学習においては、どんなに個人差に応じ、能力に即応して指導するといつても、それには限度があり、また、こどものうちには、学級というわくの中においては能力をじゆうぶんに発揮できないものもある。

そうしたこどもにとつては、学年の段階とか、教科の成績とかのわくをはずして、自分の好みを生かしうるこのクラブ活動は、個性をじゆうぶんに生かせる場であり、そのこどもの救いとなるものであるまたこどものときに発見され、みがかなければ、そのまま芽ばえずにしぼんでしまうような特殊な能力や趣味、あるいは興味もあるのであつて、これらの能力や趣味あるいは興味をのばす機会としてもクラブ活動は大いに役だつであろう。

次に教科以外の活動を盛んにしようとする場合、それだけに努力すれば、効果があがるかといえば必ずしもそうとはいえない。各教科の学習が、新しい教育理念によつて指導され、各教科の学習が充実し興味あるものとならなければ、この活動もじゆうぶんには発展しないであろう。またその逆に教科以外の活動の指導よろしきをえて、教科の学習をいつそう活潑に豊かにすることができるということをも忘れてはならない。すなわち、両者は相より相助けてとても発展していかなければならないのである。

（2）旧来の自治会と新しい児童会活動とは、どんな点で異なるか。

過去に、自治会と呼ばれたものは、多くの場合、学校における訓練組織の延長として考えられた。したがつて一部の児童が教師の代辯者となつてある行為を児童全体にしいるような傾向さえあつた。そしてその際、議題の中心となるものは、多くの場合、礼儀作法といつたものであつた。

ここにいう児童会活動は、このようなものであつてはならない。それは、こどもたちが、自分たちの学校生活の全面にわたつて、それをいつそう幸福なものにするために、自分だちから進んで問題を取り上げ、ともに考え、ともに約束し、ともに実践し、ともに生活をたのしみ、ともに評価し、ひいては地域社会の生活の向上に貢献するものにまで育つことを目ざしているのである。それは、どこまでも、こどもたち自身が直面する生活の現実問題をどう解決するかを中心とする自主的な集団活動でなければならない。だから、ほとんど守られないような理想的な励行事項を決めるのではなく、たとえば集団のための実行可能な奉仕活動や協力活動を考え、お互の生活を楽しくするレクリエーションを考え、これを計画し、実行し、反省するといつたような自立的積極的な活動のうちにおのずから社会性が身についていく活動とならなければならない。すなわち、過去の自治会と異なつて、今日の児童会活動は、部活動という実践組織をもつているところにその特色があるといわねばならない。

したがつて、教師は命令者の壇を降りて、援助者協力者の席に着くべきである。だが、こどもは身心ともに未成熟の段階にあり、それだからこそ組織だつた学校教育を受ける必要があるのであるから、教師は常に、かれらを真剣に精密にみつめ、そのよい芽を発見し、鼓舞激励し、方向を誤らせないように細心の注意を払わねばならないであろう。外観的な効果のおそいのに焦慮して、教師が先に立ち、ために内面的な自覚をしぼませ、ふたたび依存的な人間をつくり上げないようにしなければならない。このようなことをすれば、たとえそれが教師の善意から出たとしても、民主的生活を体得した近代人を育成しようとする現代日本の教育の課題からは遠くはずれてしまうであろう。

（3）旧来の課外指導と新しいクラブ活動との差はどこにあるか。

過去における課外指導は、主として学力補充のためか、あるいは展覧会とか競技会とかの前に、その準備としていわゆる選挙養成の特別指導の必要ある場合に多く行われた。だが、これらは教育課題に正しく位置づけられたものでもなければ、また必ずしもこどもが欲したものでもなかつた。こどもの成長発達の段階に即するとか、能力の限界を守るとかといつた点から考えれば、今日反省すべき多くの点があつたのではなかろうか。

このたびのクラブ活動では、ふたたびそのてつを踏んではならない。この活動は集団活動の中で、興味や特殊な能力をのばそうとするものであるから、個々の子供の興味や能力が尊重されなければならない。したがつてこどもの個性とか、長所とか、興味のあるところとかいつたものの発見が教師にとつて重要な意味をもつてくる。

興味とか、関心とかを同じくする同好者が集まつて、グループをつくり、相互に協力し、刺激しあい励ましあつて活動しているあいだに、個々のこどもの特殊な能力や興味がのび、やがては各人が自己の得意とするものをもつて自己の属する集団、もしくは社会に貢献する素地を養うのである。

三、教科以外の活動は、どんな教育的価値をもつているか。

およそ教育は、個人の持つ個性の伸張と民主的社会の形成者としてのよい資質の育成を目ざさなければならない。これは教育の全面において行われることであるが、教科以外の活動は、実際の生活活動を通して公民としてのよい資質の形成をはかろうとするものである。民主的な資質の形成は、実際の生活活動の訓練によつて可能になる部面が多い。

ここに教科以外の活動が、教科の学習とは異なつた教育的価値をもつといえるのである。

実際に、自主的自律的態度の訓練や、他人との協力、他人や社会への奉仕や、きまりや秩序の観念の発達や、特殊な興味や能力の発達や、学校生活全体に対する児童の興味の発達や、児童の情緒的な満足などは、児童会活動やクラブ活動の適切な運営から生まれる教育的価値であるといえよう。

今これを少しく詳しく説明してみよう。教科以外の活動として、児童会の活動やクラブ活動が行われる場合、それは、児童の創意や自発に基くものであるから、そこに当然自主性が確立されることとなり、また必然に自己が自己の行動に対して責任をもつこととなり自律的な性格訓練の機会となるのである。

また、児童会やクラブ活動は、常にグループによる仕事であるから、そこに協同性、社会性が養われてゆく機会となることは、ここに述べるまでもなかろう。また学校における共同生活の向上発展に寄与しようとする児童の当面する問題は、共同生活にはその生活を律する「きまり」が必要であるという事であつてここに学級や学校の生活を通して生活に秩序をたてることの必要をしり、またその実行が求められるのである。

次に、児童の個人個人がもつ特殊な能力や才能の発達、高尚な趣味の開拓の機会は、クラブ活動の実施によつて得られる。指導者がそのこどものもつ個性を鋭く見てとり、それを伸張する機会を与えるならば、それは、そのこどもにとつては、生涯を通じてのよりよい生活の素地をつくることになろう。

なお学校生活に対する興味の増大も教科以外の活動を考える際、きわめて重大な点である。学校は、こどもたちにとつて退屈な場所であつてはならないこどもたちにとつて魅力あるプログラムは、しばしば教科以外の活動のうちに発見され、教科の学習に心がむかない子供でも、生き生きとした興味をこの方面の活動にもつことがある。運営がよろしきを得れば、ほとんど全部のこどもが教科以外の活動には興味をもつものである。ここによい教育の機会のあることをはつきり知ることができるのである。

さらに、クラブ活動は、こどもに大きな情緒的満足を与えるものであることも忘れてはならない。こどもたちがみずから進んで選んだクラブの集団的活動に参加して、はりあいを大いに感じ、苦しみを忘れ、感情を高揚させながら作業している光景は、音楽や放送や、その他いろいろな制作活動のうちにしばしば見うけるところである。この満足感は、自己の責任の遂行、協同体への奉仕協力等の多くの道徳的行動に導くであろう。すべて感情を揺ゆり動かすことのない徳育は意味が少い。みずから感得する情緒的満足は、よい行動への基底をなすものである

四、教科以外の活動は、現在および将来の社会の進歩向上にどのような関係をもつているか

教科以外の活動の大きなねらいの一つは、こどもの社会的発達を促し、その生活をしだいに改善せしめるところにある。今日学校における児童会の活動は、直接にはかれらの学校生活の改善向上にあるがしかし、児童も一般社会の一員であるかぎり、その活動はひいては一般社会の改善にも寄与するものとなろう。

教科以外の活動を通して、現実のこどもの共同生活における種々な問題を発見し、これを正しい民主的な社会生活へと改善していく努力をさせることはこどもの社会生活の訓練として重要である。こどもが学校においてこのような生活経験を積むことによつて、われわれは、民主的なよい社会の実現を期待することができるのである。

またクラブ活動の発展は、大きな課題を背負つているこどもの現実および将来の生活に豊かさと楽しさを与えるのである。クラブ活動による個性の伸張と上品な趣味の開発は、日本文化の発展や創造に大きな関係をもつものである。過去および現在の日本人の多くが、余暇の賢明な利用に欠けるところの多いのも、各個人が自己の個性を発見する機会が与えられずに成長してきた教育的悲劇にほかならないではなかろうか。

文化国家の創造は、ただ単に文化機関の完備だけではなし遂げ得ない。それには、個人のよりよい成長と社会共同体の民主的な成長とがなくてはならない。「平和的な国家および社会の形成者として、真理と正義を愛し、個人の価値を尊び、勤労と責任を重んじ、自主的精神に満ちた国民の育成」を志す日本教育の目的を達するために教科以外の活動の背負つている使命は大きいといわねばならない。

（以下次号）

次号は

第三、教科以外の活動の目標

第四、児童の発達と教科以外の活動

第五、教科以外の活動の範囲と種類

學校めぐり

へき地の子等を訪れて（その一）

金城順一

へき地教育振興の推進者並びにその指導者として本土のへき地の先生方から兄弟の様に親しまれている文部省の山川武正事務官が十六年振りに帰省したので、指導日程の一つとして本島のへき地である国頭村の東部海岸の四校を訪問指導して貰う事になつた。

一月十六日、辺土名のあけぼの旅館の一室に一応落着いて山越えの準備を整える。一行は山川事務官に学務課の福里主事、筆者それに辺土名地区の上原指導主事が案内役として同行して戴く事にきまる。

翌十七日、今にも降り出しそうな空模様を一同気にしながら身支度をととのえる。吾々三名は地下足袋にズツク（これは全部借りもの）という勇ましい扮装。新里村長、宮城教育長、山川助役等に見送られて辺土名を発つたのが午前十時前。

上島部落から山に登る。これから四里半の険阻な山路を歩くかと思うと気が何だか重くなる。山路は相変らず悪い。切り出した材木を搬出する馬が踏み荒したという路はまるで泥海の様になつている。

時が経つにつれて一行の口が重くなり黙々と唯歩るくのみ。山川君は時々立止つて写真機のシャツターを切る。二時間位で例の休憩場所に到着する、早速用意のビスケットをほほばる。一服の後又歩るき出す。

安波校まで余す処後八キロ足らずそれに路も大部よくなつたので一同元気付く。

それに安波校からの迎えの生徒が一緒に加わつたので一寸賑かになつた。一昨年小生が訪問した時の事をよく覚えていて女の児が「土壌の実験をした先生ね」といつてくれた時は胸があつくなつた。

安波川を渡る。幸いに雨が降らなかつたので水量は増していない。最初の訪問の節は雨で水量を増したこの川に写真機諸共すべり落ちた苦い経験があるので思い出深い。足に気を付けながら山川君の写真を一枚記念にとシャツターを切る。

（写真は山川氏と安波川のつり橋）

午後二時頃目指す安波小中校に到着。先生方や生徒が喜んで迎えてくれたのには何時もながら有難いと思つた。ズボンの股下の所が大きく裂けてしまつたので校長さんのズボンを拝借し、ついでにミシンを女の先生にお願いする。「こちらに来られる時は何時も校長さんのズボンを借りますね」という先生方の笑顔は一昨年と同じ様に明るい。

早速各教室を一巡する、本校は松田校長を中心に六名の職員が教育実践に日々の努力続けて居られる。児童の在籍は小学校が九〇名、中学校が四八名、体は一般に小さい様だが割に元気がある。

校長の話しでは本年度の努力目標として国語教育と科学教育の徹底を目指して居られる様だ。

へき地の学校は一般的にいつて文化的な施設に恵まれず教材教具備品の不備、教員の研修並びに組織の面で幾多の隘路があるので、教育効果を挙げる為には相当の努力と永続的な研究が必要であろう

学習指導法については、普通の単式学級とは異なり二乃至三ケ学年の複式取扱いが普通なので、特別な研究と工夫が各教師の努力によつてなされなければ

なるまい。

限られた地域の(特にへき地の)人口増加率、従つて児童の増加率殊の場合を除き殆んど一定している事である。だから現在の複式学級が、近い将来において簡単に全部解消して単式になる筈もないから、単式学級を羨ましがつて、その指導法ばかりに頼つていては、へき地の教育は決して振興するものではないと思う。

へき地の先生方に限らず大方の教師は、学年というものに余りにこだわり過ぎる嫌いがあるのではないかと思う。吾々の教育実践は現実の生きた個々の児童を直接の対象とすべきであつて、哲学的思惟の産物である学年或いは学級の「平均化された児童を直接の対象とすべきではない。それにも拘らず大方の先生方は、この目にも見えない普遍化された学年児童、或いは学級児童を直接の相手として教育実践を推進しているのではなかろうか。

物理学では物質現象の一般的傾向を主として研究するが、心理学や教育では、生きた主体性としての人間又は児童をその対象とするので、児童の平均された一般性（普通性といつてもよいが）を研究の対象とすると同時に、その特殊性、即ち個人差に特に着目しなければならないだろう。

「教育はすべからく個々の児童を対象とせよ」というのも結局はこの個人差（平均化された児童からの偏差）を尊重して教育せよという意味に外ならない。

一般心理学に対して、差異心理学或いは個人差心理学が盛になつて来た近年の傾向を吾々は想い出してみる必要がある。

個人としての児童は「普遍」と「特殊」の二つの異なつた相をもつている。前者に視点を置けば集団を対象としての教育が可能となり、後者に着目すれば個人差を尊重し、生きた個々の児童の幸福を直接の目標とする新教育が可能となるだろう。

私の見る大方の教師は、教育の理念に於いては児童の「特殊の相」にも充分留意している様に思われるが教育実践の場に於いては、どうした事か、この点が無視され、「普遍の相」において児童を捉え、これをのみ対象として教育を推進している様に思われてならない。

学校訪問の時よく感ずる事だが、大方の学級では、現実には実在しない「普遍性としての児童」が教師によつて描かれ、教師はそれのみを唯一の相手として指導（だから大方の指導が教科書中心の一斉指導となる）し、生きた現実の児童は、透明人間の様な目にも見えない「普遍性としての児童」の暴力？のために打ちひしがれて、教室の中で窒息状態に陥つているといつた姿が見受けられるのは一体どうした事か。

山川事務官の指導助言の中に「学年即能力ではない学習指導の対象は学年ではなくして、個々の児童の能力をその対象とすべきである」といつた様な言葉があつたのも、この様な姿を見、且つ感じたからではないかと思つたりする。

個人としての児童には異なつた二つの相、即ち「普遍」と「特殊」の両面がある事を十分に認識して学習指導や生活指導を実践して戴きたい。一方のみを捉え他方を排除するという立場でなしに、両面を同時に肯定するという立場からのみ、教育の主体性としての真の児童の姿が把握され、新教育も可能となるのではなかろうか。「あれかこれか」の立場でなしに「あれもこれも」の立場、強いていえば辯証法的立場に立つともいえそうだ。この点についてはもつと突込んだ論戦が必要だと思うが他の機会に譲りたい。

大分変な方向に脱線してしまつたが、要するにへき地の恵まれない子等を幸福にする道は、へき地のもつ特殊性、歴史性を充分に検討把握して、その基礎の上に立つて指導計画を樹立し、強力に実践する事が必要だと思う。

尚、学校経営上の留意点について、山川事務官は、「封建的色彩の強い、封鎖的なへき地の学校の経営は自由な雰囲気の中での生徒の指導を中核として推進されるべきである。要すれば職員室の出入も自由にし、オルガンその他の備品も児童が自由に使用出来る様に配慮したい」と述べていた。

筆を前に戻して、安波小・中校の概況について今少し述べてみると、

校地　一、四二七坪（その中運動場が七六三坪）
農場　一五〇坪　水田　一〇〇坪
バナナ園八〇坪　茶園　一〇〇坪

その外に自然林が三町歩、植樹林が七、〇〇〇坪もあるとの事である。

これらのものを義務教育の枠内で如何に運営し、産業教育を実践するかが考究されなければなるまい。唯残念な事は、実習用の農具が皆無の状態で、これでは地域性に立脚した教育実践もやゝ困難という処。この点については教育委員会やP・T・A又は学校自体で何等かの方法で解決して戴きたいものだ。

尚、同校は児童の保健・衛生の面にも大分留意し、毎年海人草の利用によつて蛔虫駆除を実施しているが最近の実施成績を参考までに記すと

海人草飲用者　一一〇名中

蛔虫排出者　　　　九一名
排出された匹数　　二九五四
最高排出数（個人）三十二匹
との事であつた。

十七日の晩はP・T・A有志の方々と懇談、終了後宿舎で火鉢を囲みながら、区長、校長と語り合う。年令の割にしつかりした区長さんだつた。

翌十八日は上々の天気。P・T・A・会長さんの肝入りで一行四名はモーター付くり舟で海路安田に向う

去年の夏（六月二十日）、西表島の大原からくり舟で上地島の分校に渡つた時の事を想い出す。

上地分校の三名の先生方（下地、慶田城、米盛さん）の面影が胸中を往来している間に、くり舟は安田の砂浜に着いた。

安田小中校は古堅校長の外に六名の職員が小学校八一名、中学校四五名、計一二六名の子等を相手に堅実な歩みを続けている。

安田部落は戸数一三五戸、人口六〇〇名位で、安波より戸数に於いて三六戸、人口に於いて六〇名も多いが、児童数は逆に少ない様だ。

職員室で少憩の後、学習指導の実際をみせて戴く。小学校は全部二コ学年の複式、中学は単式でやつている。児童は割に伸々と学習している。

同校は一昨年訪問した頃より、児童図書や理科備品等に於いて一段の充実を加え、これが児童の学習面にも好影響を及ぼしている様に思われた。

古堅校長の語る所によれば、学校の努力目標は、

一、国語教育の徹底
二、自主性の啓培

の二点で、この外に図書の整備、視聴覚教具、理科備品の整備充実等であるが、この点、へき地教育の立場から一応妥当な目標であると思う。

問題は、前述の目標を達成するために具体的にどの様な方法で、どの様に教育を実践するかという方策が明確にされ、且つ日々の学校生活の各分野に具体的に織り込まれなければならないと思う。

この点から更に一言述べるならば〃自主性の啓培〃という事は戦後の教育に於いては特に強調されている点だが、実際には大方の学校では余り生かされていない憾みがある。

学習指導の場においては、教師中心の〃与える教育〃の下で〃児童の自主性〃が喘いでいるし〃相談の時間〃では名前は相談でも、教師のひとりよがりの考え方が児童を引きずり廻しているといつた調子で、一体この先生は誰と相談して来たのだろうかといいたくなる事がよくある。

児童の自主性を啓培するには、児童自身にやらせる事以外に良い方法はない。児童にやらせるには、やらせる方法があろう。こんな点を教師はそれこそ本気に研究すべきである。そしてこれは、結論的にいえば、教師が、教育に於ける〃主体性としての児童〃を真に理解すると同時に信頼するという立場をとる事によつて可能である。

教師の適切な指導（学習の場に於けるガイダンス）の下で子供達が問題を設定し、協同の力によつてこれを解決し、更に次の学習の新しい方向を発見していく様な自発学習の態度を育成するという事は、特にへき地の学校では種々の理由から非常に重要な意義をもつものである。

教師のみの手によつて作られたプランや問題が児童の前に提示され、児童が従順に（時計の針は逆には廻れないのだ）この問題を解答した処で児童の自主性とは所詮〃縁なき衆生〃である。

授業参観後、山川事務官を中心にして先生方とへき地の教育について種々語り合う。

山川事務官は、「へき地の学校は他の大きい学校に比べて、自発的学習の機会は多いが現実には余り生かされていない。これを生かすには是非とも図書の設備が必要である。特に児童の学習に必要な基本図書、例えば辞典類は豊富に揃えるべきであろう」と述べていた。

それから又、「本土のへき地の学童と比べて、沖縄のへき地の児童は、学習能力その他の面で何等遜色なく、かえつて優秀な位だ。伸々とよく育つているので安心した」と語つて先生方をほつとさせた。

先生方との話し合いが終つてから、学校で風呂を準備して、戴いたので、交代で旅の汗を流す。露天風呂に首までつかりながら、へき地の先生方の何時もながらの親切さについほろりとなる。

晩は例によつて部落の有志数十名による観迎並びに懇談が催され、一行旅の疲れを忘れて大いに語る、且つ飲む。

P・T・Aの方々の学校に対する援助は相当なもので、その計画が着々と実行され、学校の教育活動が年一年と向上しつゝあるのは何といつても嬉しい。

会長の宮城さんの人柄の良さは初対面の我々にも充分わかる様な気がする。こんな理解のある会長さんをもつた学校で、教育の成果が挙げられない筈はない今後の職員の自重と教育推進に大きな期待をかけて、会場を辞し、教頭の比嘉先生の宅に第二夜の旅の夢を結んだ。

（筆者は指導主事）

随筆

茶飯事

数田雨條

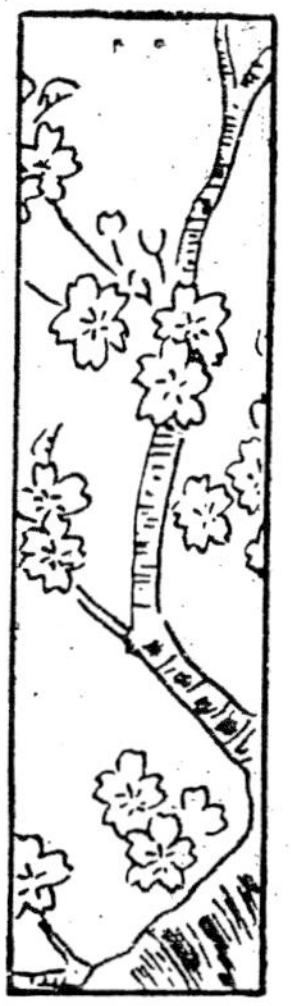

日常茶飯事のわれわれの言語生活には、随分とおかしいのがある。が、しかしそれが意志伝達に十分どころかまことに当を得て妙なるのにおどろく—。例えばここに豆腐が一丁あつたのをその半分を朝食のおみおつけにし、半分は残つているとする。女中がお昼の料理に之を使いたいと思つて主婦に聞く—

「奥様—お豆腐はどれ程入れたらよろしいでしょうか」

と、奥様、半分残つている事を承知の上、

「半分全部入れなさい」

と来る。「半分」と「全部」では全く相反する言葉なのだが、やはりそこは、残つている半分を一片も残さず全部（みんな）ということを意味し、この言葉が非常に具象的であるので、女中にも十二分にその意味が了解されるのである。

また、食事中、末の娘の二回目のおかわりにその母が、まだ「たくさん」要るのか或はどうなのか気づかいながら…

「たくさんか少しか」と聞くと、末の娘、少し小首をかしげて思案…

「少したくさん」と妙なことをいう。しかしその母には、その意味がうまく通じて、六、七分目のご飯が盛られて差し出されるのである。これは—「たくさん」と言えば、お茶わん一ぱいだし、「少し」と言えば四、五分目位と考えられるので、これを「少したくさん」と重ねると、四、五分目により少し多い—少したくさんの六、七分目の盛りになるわけであるからである。

教室不足の現今、これまで物置きにしていた古いすゝけたお部屋を清掃させて、これを教室に充てゝ授業を行うとする。この教室を呼称する際、最初手つとり早い、いい言葉は—「新らしい古い教室」なのである。生徒もこの具体化された名言に「アーあの教室だな」とうなずくのである。

これにやゝ似た様な言葉は、いくつも数えられる。

「赤い白鳥」「黄色い白人」「黒い赤児」等々（これはシャレに近いが…）

あたりまえのことを、あたりまえに言つて詩になる場合がある。

三つ食へば葉三片や桜餅　　虚子

西風吹けば東にたまる落葉かな　　虚子

桜餅を三つ食えば、桜の葉が三片残るのはあたりまえであるが、そこにも詩情がある。西風が吹けば、落葉でなくとも、いろいろの物は東に吹きためられるのは当然だ。だが「犬が西向きや尾は東」とはいささか趣を異にしていることは誰にもわかると思う。

また季節のズレや状境の寄異も詩情をつくるものとなることが多い。

四季の花供へこの島花まつり　　兎径子

二ン月に桜咲きたる島の旅　　雅春

逝く年やカンナ然え立つばかりなり　　雨条

桜の季節に四季のいろいろの花があることが状境の寄異であり、季節のズレもあるのであるが、これが現実あることだから、そこに「驚き」があり「詩」があるのである。桜は四月—と誰しも思つているが沖縄には、二月に咲き、甚じくは十二月にも咲くことがある。これが一種の詩情をそゝるのである。枯れて見るかげもない十二月という酷寒の日に赤いカンナは珍らしくも盛りである。それに対して詩情を湧かせ、自分の弱さにむちうち、新らしい夢をもとうとする意慾もやはり、当を得た把握なのである。

印象をとらえ、意志の伝達をするのが言葉なら、常識や詩情をこわさない限り、通用する日常語もとりあげて可なるものではなかろうか。

冬日和犬どち肌嗅ぎ合ふ　　雨条

—一九五五、二、八稿—

琉球育英會だより（二）

四、どんな事業を行っているか

現在次のような事業を行っている。

1、これまでに派遣せられた契約学生への全面給費
2、公費学生への補助給費
3、私費留学生中、出資者の経済事情激変のため学業継続困難な者への補助給費
4、東京で学生寮（沖映寮）の経営
5、公費学生選抜試験の協力実施
6、契約学生卒業者の就職斡旋
7、契約学生、公費学生の補導
8、その他以上の業務に附帯する業務

以上であるが、この各目については以下更に詳説することにして次項にうつろう。

五、契約学生はどれくらいいるか

契約学生について1、年次別、2、専攻科目別、3、学校別、4、出身市町村別、5、男女別に調べてみよう。

1、年次別人員

一期（一九四九年二月）　一〇三人
二期（一九五〇年四月）　一二七人
三期（一九五〇年九月）　六八人
四期（一九五一年三月）　九二人
五期（一九五二年三月）　六一人
計　四五一人

（備考）以上は在日契約及び奄美大島学生を含む数である。

2、専攻科目別人員（一九五四年、九、現）
医学七四、薬学五、歯学六、農学四、林学二、工学一八、商船三、法学五、経済四、理学五、文学二、教育三、獣医一、水産四、家政二、商学一、社会七、新聞、二、薬術一、　計一四九

3、学校別人員（一九五四、九、現）
契約学生は国、公、私立の各大学に跨り、北は北海道大学から南、鹿児島大学に及ぶ六七校に在学するが、金沢、京都、九州大学の六人宛が一番多く、五人宛いるところは、慈恵、横浜国立、岡山、熊本、四人宛が新潟、同志社、鳥取の各大、三人宛が弘前、東北、千葉、東京工業、お茶の水東京医科歯科、明治学院、商船、長崎、その他の各大学に一人乃至二人が在学している。

4、出身市町村別、性別人員（五四、七現）
那覇市三九（内、女三）首里市二一（内、女一）大宜味村四、羽地村二（内、女一）今帰仁村二本部町二、久志村一、名護町四、金武村一、石川市一、与那城村三、美里村三、越来村一、読谷村二、中城村一、宣野湾村一、北谷村四、浦添村一西原村二、大里村二、玉城村五（内、女二）佐敷村一、東風平村二、真和志市三、小禄村二、高嶺村一、糸満町四、兼城村一、豊見城村一、具志川（久米島）一、伊是名村二、座那味村一、平良市一三、城辺町二、伊良部村三、多良間村一、下地町一、石垣市六、大浜町二、竹富町一、計一四九
男一四二、女七

六、契約学生へどれくらい給費するか

契約学生へ琉球育英会が支給する金額は次のとおりであり、殆ど家庭からの送金なしに勉学出来るようになつている。（一九五四、七、一現）

1、授業料……各大学の設定した授業料を学年始めに東京事務所から、本人をとおさず各大学に直納する。一人宛平均日本円（以下すべて日本円を基準に書く）八、一〇〇円程度である。
2、教科書費……各学部別に支給額を分け、学年始めに、本人あてに支給する。医学部の一〇、〇〇〇円から教養学部の五、〇〇〇円まで平均すると八、〇〇〇円程度になる。
3、実験実習費……実験材料及び器具費として理学系の学生へのみ支給する約三、六〇〇円。
4、入学費……新入生及び医学部進学生へ一人宛平均八〇〇円
5、受験料……医進コース教養課程から医学部へ受験する際に支給する。一人宛約四〇〇円
6、学校後援会費……大学ごとに違うが、平均一人宛年額一、五〇〇円程度を直接大学事務局へ納付する。
7、補導費……国立大学生のみえ平均一人宛年額二、六一〇円を直納する。
8、生活費……地域別に支給額を区分し、毎月学生

え配送する。

一級地（弘前、茨城、桐生、米子、宮崎）六、五〇〇円
二級地（仙台、前橋、新潟、富山、金沢、福井浜松、三重、愛媛、宇部、態本、鹿児島、徳島和歌山）七、〇〇〇円
三級地（北海道、横須賀、静岡、姫路、岡山、久留米、長崎）七、五〇〇円
四級地（東京、横浜、名古屋、京都、大阪、神戸、戸畑、福岡）八、〇〇〇円

9、被服費……一人宛五、〇〇〇円を学年始めに支給する。

10、煖房費……寒冷別により全学生へ支給する。五〇〇円から五、〇〇〇円まで。

11、医療費……罹病者で公立病院の治療証明あるものに限り査定し、病状に応じて予算範囲内で補助支給する。

12、旅費……新入生一人宛平均七、〇〇〇円帰還学生一人宛平均九、〇〇〇円、病気休学による帰還学生六、九〇〇円

以上、諸給費は上述のとおり、大学所在地、学部別大学別、月別によりそれぞれ異るわけであるが、これを総平均してみると、契約学生一人につき月額約一〇、〇〇〇円を支給していることになる。

七、公費学生はどうなつているか

公費学生は第二項で述べたように、日本政府が主体となり、選抜決定し、国立大学に配直し、滞在費を支給する等万般の世話をしているが、琉球育英会も選抜試験を実施する外生活費の一部を支給し、その他学校に納入する諸費用や教科書費、被服費、旅費、医療費煖房費等これは悉く契約学生と同額の支給をしている

第一期生（一九五三年四月）は五〇人であつたが、中十二人は奄美出身者であつたため現在三十八人であり、第二期生はその実数を押さえられ引続き三十八人を送つたから現在計七十六人いる。

七十六人の公費生について、1、専攻科目別及び性別、2、出身市町村別、3、大学別、4、出身高校別5、生年別に調べてみることにしよう。

1、専攻科目別及び性別人員(五四、五現)
医科一三、理科六、農科八、商船科三、法科七、工科一三、文化四（内女子一）、経済科八、教育科七(内、女子二)、薬科二、林科一、獣医科一、気象科一、通信科二、計七十六（内、女子三）

2、出身市町村別人員（五四、七現）
那覇市一四、首里市七、大宜味村三、本部町一、久志村一、屋部村一、金武村一、与那城村一、具志川村一、美里村一、読谷村二、中城村二、大里村三南風原村一、東風平村一、真和志市四、小禄村三高嶺村一、具志頭村一、糸満町一、喜屋武村一、真壁村一、具志川村（久米島）一、仲里村三、平良市一、上野村一、城辺町一、伊良部村一、石垣市三大浜町一、与那国町一、竹富町一、計七六

3、大学別人員（五四、五現）
東北大学二、千葉一、東京五、東京工業一、一ッ橋二、電気通信二、商船三、名古屋一、京都三、京都工芸繊維一、奈良女子三、岡山五、広島七、山口三、徳島五、愛媛三、九州六、佐賀一、長崎六、態本四、大分四、宮崎四、鹿児島四、

4　出身高校別人員（五四、五、現）
那覇高校二三、（内、女子二）、首里八（内、女子一）、糸満六、知念三、野嵩三、前原三、石川二胡差一、読谷二、宜野座一、名護一、辺土名一、久米島二、工業一、沖縄一中一、沖縄二中一、宮古一〇、宮水一、八重山五、八重山農一、

5　出生年別人員（五四、五現）
一九二七年生、二、一九三〇年生、一、一九三一年生、二、一九三二年生、四、一九三三年生、一六（内、女子一）、一九三四年生、二四（内、女子二）、一九三五年生、二七（内、女子一）計三八

八、公費学生への給費はどうなつているか

1、授業料……公費学生はすべて国立大学に配置され、授業料は免除されている

2　滞在費……一般職の給与に関する法律による勤務地手当の支給地域区分に応じ、生活費の支給額を定め、次のとおり文部省より支給される。

一級地……………四、九〇〇円
二級地……………五、二〇〇〃
三級地……………五、四〇〇〃
四級地……………五、六〇〇〃
五級地……………五、九〇〇〃
平均………………五、五三四〃

文部省よりは上記のとおり支給されるが、契約学生の生活費と同額にするために琉球育英会からも差額一、八三〇円を毎月支給する。

3、教科書費　4、実験実習費　5、入学費
6、受験料　7、学校後援会費　8、補導費
9、被服費　10、煖房費　11、医療費　21、旅費

以上の各費目は、何れも契約学生と同様に、琉球育英会から直接本人に支給し、或は直接学校に納付している。

現在以上のとおり、公費学生へ補助給費しているがこれを平均すると、大体一人月額三、四〇〇円となり文部省支給（滞在費のみ）の約半額近い補助給費をしていることになる。つまり公費学生は、日本政府文部省と琉球育英会と両面から約半々の給費によつて賄われていることになるのである。

（つづく）

あとがき

▲常夏の島の二月もなかばをすぎた昨今、アラレが降り出した。水銀柱は六、八度、子どもらは寒空にもめげず、、アラレをあつめて、はしやいでいる全く自分で発見したかのように、…はじめて見るアラレである。

「百聞は一見にしかず」……尊い経験であつた。ついでに雪の経験までは……と思つたのである。

ー雪を知らない子らのためにー

▲大浜信泉早大総長、山川武正文部事務官の郷土訪問は、若き学徒らに夢と希望をあたえ沖縄教育振興に一つの示唆と刺戟をあたえて下さいましたー両先生の御健斗を祈つてやみません。

▲特殊児童生徒の実態が明らかになつた。

ー教育の機会は均等でありー

教育は一人〳〵の個性、能力、適性に応じて適切な指導と教育内容があたえられ、子供らを自主性豊かに、且つ社会性、協調性のあるように育てあげることである。

要するに社会発展に寄与する次代の国民をつくることであり、これ以外に教育はない。

つまり「一人〳〵を伸ばす教育」であり「放任されない（あの子も、この子も）教育」でなければならない。

われ〳〵は高きを念ずる前に、まづ何よりも最低の水準を高めつゝ全体のレベルを向上させることをねらいたいものである。そこに真の教育の姿があるのではなかろうか。

▲志喜屋孝信先生の御逝去は各界からいたく惜まれ特に教育界にとつては一大悲報であります。

せめて先生の御生前をしのび御功績を景仰いたしたいものである

▲教育の本来の目的が「人間形成のための営み」である以上、教育は学校でのみ行われ、又終れりとするものではない。それぞれの生活環境（地域社会、職場）においても不断に行われなければならない。そこに社会教育のもつ分野は広く、且つ強調されるゆえんである。

戦後の混沌たる社会情勢下に、不安定な問題点を分析検討し、社会の健全化、民主化のため、公民館を中心に研修の機会をもち「共に考え、共に学び」社会浄化に精進したいものである。

社会教育を推進するものは公民館の活動にあると信ずるが故にその拡充と強化を希望するものである

▲本号より目次上欄に文財化に定指されたものを写真で紹介することにします。

▲親しみやすい文教時報にするため読者各位の御投稿を歓迎いたします。

▲御寄稿の各位に厚く謝申上げます（K・T生）

投稿案内

一、教育に関する論説、実践記録、研究発表、特別教育活動、我が校の歩み、社会教育活動、P・T・A活動の状況、その他
原稿用紙五〇〇字詰一〇枚以内

一、短歌　俳句　川柳
※五首以上

一、随筆　詩、その他
※原稿用紙（四百字詰）五枚以内

一、原稿は毎月十日締切り

一、原稿の取捨は当課に一任願います。
（御了承の程を、）

一、原稿は御返し致しません。

一、宛先　文教局研究調査課係

圖書紹介

新刊

原本 常陸久昌寺藏
校本 稲垣国三郎編

A5判9ポ二十六字詰二十二行二段組
口絵写真 十葉 本 千五十頁
装幀 布クロース特製本箱入
定価 千五百円、荷造送料 留書 百円
(B円 五六〇円)

発行所 日乗上人日記刊行会

日乗上人日記

発刊の詞

待望の珍書が世に出ることになつた。原本は稀有の貴重な文献でありながら、単に久昌寺の至寳として二百数十年間きやう底の奥深く秘められ來たが、いよいよ校本出來上り、ここに秘庫は開かれる事になつた。日本文化史上に一つのルネツサンスを現出するであろう

日記の内容

日記の中に、詩歌あり、随想あり、紀行文あり、論説あり、真に多彩である。上人と光圀公と関係が深かつただけに、水戸黄門の記事が多く真実の「水戸黄門漫遊記」もある。元禄時代の世相、制度、年中行事、大名や武家の生活、沙門や庶民の生活が手に取るようにわかる。真に貴重な文化財である。

一九五五年二月十八日 印刷
一九五五年三月 七日 発行

発行所 琉球政府文教局 研究調査課
(非売品)

印刷所 旭堂印刷所
(学園の友社)
那覇市四区一五組
(電話六五五番)

琉球

文教時報

14

特集

知能検査

NO.14

文教局研究調査課

園比屋武お嶽石門

旧首里城門前左側にある石門で戦前の国宝である。尚真王時代（一五一一年）の建立で和漢折衷様式をおりなしたものとして価値高い。

文化財（その二）

目次

温い手をのべよう

文教局長　真栄田義見

問題を持つている生徒は、その重い荷物になつている問題を軽くしてやらねばならない。肩に背負いきらない問題に押しつぶされて、地下に沈んで行く児が多くなつて行くようである。若しもその問題が人の力で取り除く事が出来ないのなら、子供に取つてこんな不幸な事はない。

親の力、先生の力、社会の善意の結集、はたまた政治の力に依つて、子供の問題の荷物を取り除く事の出来ないという事はないだろう。之等の善意が問題の児の上に結集出来ない、アナが何んであるかを見つけて早く不幸な児等に、幸な道を与えねばならない。そのアナは親にあるんだ、社会にあるんだ、政治の貧困にあるんだと、いうアナ探しは誰かにさせて目の前の五十名の児童生徒に吾々の心を向けよう。一人一人の児童生徒がすこやかに伸んでいる時にあなたは安心して下さい。もしも一人の児でもたゞの児でも、すこやかに伸ばないのがいる時には一人その児の為に涙を出していたゞき度い。涙から何がでて来るだろうか。人の不幸にツンと経蔑の眼を向けてサッサと過ぎて行くのが近頃の人である。ツンとして無関係の他人であるのは未だいゝ方で、他人の不幸に興味と自己満足を感じて、ぬく〳〵と見物席に坐つている人も多いのである。

まさか、お互教員が児童生徒の不幸でも、幸福でもはたから眺めるという事はないであろう。しかしあなたの学校の生徒は何名ですかと訊かれて、分らなかつた校長がいたとしても、その生徒への関心が薄いとせめるのは無理かも知れないしかしあなたの学校の常欠児は何名ですかと訊かれたら分つていた方が生徒への愛情があると言えるのだろう。まして何年の誰それがしは病気です。何年の誰それがしは不幸な問題児で、斯様しかじかな問題行動があり、それはしかじかの原因によるものですと、くわしく知つていたとしたら、見物席に坐らないで子供を充分に守つているといえましょう。

受持の教員も、問題児の不幸を我身につまされて深く同情し、今日もその生徒と話し合い、明日はその家に訪ねて、その問題行動の原因をさぐり、その原因を取り除く事が出事たらと思います。

教壇の一時間を一所懸命に過ごすのは尊敬していゝでしょう。そして子供を詳しく観察して指導要録にあなたの見た子供の人間像が書かれた時に、あなたはホッとなさるでしょう。その仕事のうるさいにもかゝわらず、やらねばならない仕事を、した事に満足を感じますね。そしてそれから一歩進んで生徒との心のつながりが出来るようにしていたゞき度いものと思うのは無理でしょうか。

生徒の一身に関して深い思いやりを示す事の出来る行為の多ければ多い程、生徒の為に時間を割けば割く程、生徒は先生との心のへだたりを取り去るものです私は美里小学校の石川哲子さんの作文指導の記録を拝見して深く心が打れ頭が下がりました。児童に一々手紙をやる。児童の手紙に返事を書く仕事は生やさしいものではありません。「生やさしいものではない」というのは困難な仕事だという事ではありませんやれば誰でも出来る平凡な仕事です。平凡な仕事に時間と手間をかける事が出来るか、出来ないかという事になりましょう。

手紙をやるという事は、その手紙と共に先生の心も、子供の心の中に運んでくれるんです。先生の周囲に子供があたたかく寄つて来る事は無理もない事です。

作文教育だけではありません。教育全部が先生の心の深さと共に成功して行きます。

人間と人間を結びつける事はむずかしい事です。殊に大人の人間関係は大人の心が色々な経験と色々な考え方を持つているので、心のつながりを持つ事は困難なものです。大抵の大人は職場や顔によつての事務的な関係だけのものが多いです。大人の心を捉えるのは誠意が大部分の効果をあげるのですが、それ以外の複雑なものがあるために誠意を裏切るという事もありましょう。—が子供の心は先生の誠意を裏切ることは全くありません。子供の心の誠実は先生の誠実に比例して、右から左にとはつきりとむきだしの反応を見せるものです。それでも健康な子供ははつといても先生とのつながりが出来るといういゝ方もしていゝと思います。問題の子供は先生とのつながりを作る事はむづかしい仕事になりますでもそれを敢えてなし得る誠意と行動力があつたら、きつと大抵の問題児も先生にすがりつく事があるのではないだろうか。問題児を生む今の社会関係の不安—その不安の中に生きる先生の不安を思います。でも此の現代の持つ世界的不安の一環としての沖縄の不安を手をつないで突破しましょう。

児童相談所と欠席児童について

外間宏栄

新しい鉄筋の校舎で、毎年の様にやつてくる沖縄名物の嵐もおそれず次代を背負う児童がおちついて勉強できる様になつた今月この頃、いぜんとして後を絶たない児童の不良行為についての新聞記事に読者諸氏も目をうばわれることがよくあるであろう。

児童の不良化の問題については関係機関、団体、報導機関等で社会問題として大きく取上げられ、研究会、座談会等を催してこれが防止について論議され、対策が樹てられ着々その効をそうしつゝあることはよろこばしいことである。

不良児童の多くが長欠児童であることは一般も認めているが、今まで長欠児童の数が適確に摑めなかつたところを文教時報第十二号特集「長期欠席児童生徒の実態」によつて全島小、中校における長欠児童の実数とその理由が明らかにされたことは教育界は勿論各関係機関、団体及び一般住民に児童問題に対する認識をより一層深め且つその対策に大きな示唆を与えたということは斯様な児童の指導に直接当る筆者にどんなにか大きな喜びと明るい希望を抱かせたことであろうか

所で欠席児童の就学勧奨については、学校当局をはじめ教育長、文教局が主体となつて努力していることゝ推察しているが欠席の原因が家庭の無理解、貧困、本人又は家族の病気等が重なるものになつていて、これが所期の目的を達成するには児童福祉機関、関係、団体との密接な協力提携が必要とおもわれるので、こゝに関係機関としての立場から児童相談所の仕事の概略を記し併せて欠席児童の就学勧奨についての所見を述べ読者各位の参考までに供したいとおもう。過去においては児童の保護は専ら家庭内において保護者の意志にしたがつてなされ、公の機関はせいぜい孤児とか貧困児といつた特殊の児童だけをとりあげて保護すればよいとの考へが支配的であつたが、時代の進展と共に「人は生まれながらにして自由にして、且つ侵すべからざる基本的人権を持つ」という主張と「国家社会はすべての人に人間たるにふさわしき生活を保護し、可能な限りの努力をなす責任がある」という福祉国家の思想が普及徹底するに及び児童にたいする基本的人権を認め、国家はすべての児童の育成について積極的な努力をなす責任をもつべきだとされるようになつた。こうした思想を背景として一九五三年十月に児童福祉法は制定され、その第一条第二条には児童の福祉を保障する原理が、

一、すべての住民は児童が心身ともに健やかに生れ、且つ育成されるよう努めなければならない。

二、すべて児童はその生活を保障され、愛護されなければならない。

三、政府及び市町村は児童の保護者とともに児童を心身ともに健やかに育成する責任を負う。

と謳われている。「子供は希望の象徴である」従つてこの法に示されたように、子供は先ず第一に父母の愛撫と保護により善良な住民に育てあげねばならぬが、しかし、社会には孤児や身寄りのない子は、親はあつても病気とか、性質が良くないとか、或は子供の素質や環境に恵まれないとか、その他色々の原因により、父母の許で幸福に暮すことのできない子供が沢山いるのでこれ等に恵まれない子供に対しては、政府や社会が親代りになつて愛育の手をさしのべなければならないと云うのである。そして子供達の福祉を図るために実際的なサービス機関として一九五四年七月に社会局管轄下に児童相談所が設置されたのである。その行う業務内容は法第十五条、児童相談所は児童福祉に関する事項について、主として左の業務を行うものとする。

一、児童に関する各般の問題につき家庭その他からの相談に応ずること。

二、児童及びその家庭につき必要な調査並びに医学的、心理学的、教育的、社

会学的、及び精神衛生上の判定を行い並びにこれらに附随して必要な指導を行うこと。

三、児童の一時保護を行うこと。

児童相談所は必要に応じ巡回して前項第一号及び第二号の業務を行うことができる。

以上のようになつているが、具体的には児童が親や身寄がないとか、保護者の手許におくことが不適当であるとか、躾に困るとか、家出浮浪しているとか、経済上育てるのに苦しいとか、その他児童に関するいろいろな問題について相談に応じている。

そこで保護を要する児童を発見した者は通知する義務があり「法第二十三条保護者のない児童を発見した者は、これを福祉事務所、又は児童相談所長又は市町村長に通告しなければならない。但し罪を犯した十四才以上の児童についてはこの限りでない、この場合においては、これを巡回裁判所に通告しなければならない」と謳はれている。これは一般住民に与へられた道徳的な義務である。実際には児童福祉司や社会福祉主事、警察官などがこの通告を行つているからこれ等の人々に知らせばよいのである。

児童相談所は通告や相談のあつた児童については、環境や本人の資質を科学的に調査審議し施設（厚生園、職業学園、盲ろ学園、愛隣園、保育所等）に収容保護指導するか、児童と家庭を指導（居宅指導）するか、又は里親に依託して養育させるか、等児童の福祉のため最も適切な措置を講じている。

その他診断や治療のため観察や保護を必要とするものは当相談所に一時的に収容され、適切な措置がなされる前に社会適応（ソシアリゼーション）の教育をしている。開設以来八ケ月の月日が流れ、この間に当所が取扱つた児童の数は五二〇名を越えその殆んどが学校の長期欠席児童となつている。

現在欠席児童を就学させることについては学校当局はいろいろと苦労されてをられるが、その割に効果のあがらないのが実情ではないかと推はれる。それは独り学校だけで勧奨に当る場合が多く、他の協力を求めるのが尠ないのではなかろうか、或は訪問指導の回数が少なく、次の訪問勧奨までの期間が永が過ぎはしないか、又は欠席後相当期間経過してから訪問調査を行なつたのではなかろうか、その他いろいろ考へられるが、最も大事なことは担任の先生が個々の児童の家庭事情、保護者、近隣の環境等について、よくわかつていないところにあるのではないかと推はれる。学年始めの家庭訪問の際にはできるだけ家庭事情や、保護者の性格、教育に対する関心の程度、子供の躾方、或は家庭における児童の生活態度等について詳しく知るように努め、これを記録しておくことが必要ではないだろうか、そうすることにより児童とその家庭をよりよく理解することができ、一旦事ある時には応急の処置もとることが出来よう。けだし子供の問題は子供自身にあると云うよりも、むしろその周囲（特に家庭）の環境に原因がある場合が多いからである。貧困が原因の場合は市町村駐在の社会福祉主事に連絡して調査を依頼するとか、保護者の無理解の場合は親戚の有力者、区長、近隣の者、社会福祉主事訪問教師等の協力を求めて指導する等、所期の目的達成のため総ゆる社会資源（人、機関、団体、法律等）を活用し協力を求めることの配慮が特に必要とおもう。

保護者、児童、或は協力を求める者との面接のときはその都度その情況を記録しておくことが必要である。記録は訪問教師児童相談所、社会福祉主事、その他協力を求める場合にそれによつて経過を説明することがより一層の効果をあげると思われるからである。

更に就学勧奨のためには学校と表裏一体となり協力してもらへる団体があれば幸だが、無ければこれが育成することも大切なことである。例へば子供を守る会児童自治会を各部落単位に組織し、学校と協力して自主的に欠席児童その他の児童問題を解決して行けるように方向づけることが必要だと思う。

このような組織は地方に於いては比較的可能性があるとおもわれるが、特に問題の山積している那覇、真和志、胡差、石川といつた都市地区ではむつかしいとはいえ、要は子供に関係のある機関、団体、学校、PTA等が都市における児童問題の実態を把握し、これが対策樹立に積極的に乗り出さない限り、この問題の解決の見とうしはむづかしいのではないだろうか。（中央児童相談所長）

（那覇市美栄橋区御成橋通り）

入学試験の存廃について

阿波根朝松

（一）

雪山の美しさとその征服のスリルのために毎年数多くの犠牲者が惨ましい事実として報導される。それだのに天邪鬼な人間は冬の山登りを止めようとしない。

名前を忘れたが、ある有名な評論家が次のような述懐をもらしている。

「私の子供もそろそろ登山を始める年頃になつた。私は今日も倅が登山を決行するため、父親に許しを得に来ることを考えておびえている。おびえながらもしかし私は、いざやつて来たら許すであろう。なぜならば私もかつてこの危険と快味を経験して生長して来たからである」と。

若いゼネレイションとしては苦しい試錬も年よりが思うほど苦しさを感じないむしろ苦しさを克服することに異常の興味を感ずるのが普通である。

人生はある意味では絶えざる試錬であり、常住不断の試験である。試験制度のもたらす苦痛も子供たちには案外苦痛にならない。それは私どものかつての試験に照らしてもうなずけることであると想う。

しかしそれとは別個の問題である。試験制度には幾多の弊害がつきまとう。その弊害が助長されると少年の心身を蝕むことも考えられる。また教育の正道を破壊することも考えられる。

（二）

人生は常住の試錬であるが故に、その意味でも試験制度は絶対的には廃止できない。その困難な点を現実的に考えて見ると一つは志願者の問題であり、他の一つは予算の問題である。試みに本年度の志願者とその関係のある数字をあげて見たい。

中学卒業者数	一八、一八六人
高校志願者数	一一、三三八人（傍聴生を含む）
高校採用者数	七、〇一四人

高校志願者数から傍聴者数を差し引けば、約一万人以上となりそれが本年度中学卒業者中の受験者ということになる。志願者の全部を入れるだけでも直ちに十校新設しなければならない。なお十校新設すれば潜在志願者が志願者として浮き上つて来るので、入学試験を無くするためには二十校以上も新設しなければならないと考えられる。

予算の面から研究して見よう。政府予算のバランスは次の通りである。

五五年度政府予算額	一、八〇六、一四三、五〇〇円
同　文教局予算額	五三八、四六〇、一〇〇円

文教予算の比重が総予算の約三分の一を占めており、これ以上の予算獲得は非常に困難であることが予想される。それに高校区連合教育員会の負担額も約三千万円位あるので、そこからも困難さが表われる。

こう考えてくると、入学試験もしくは選抜制度と言うものは、理論的にも実際的にもこの世から抹殺するのは不可能に近い。しからば入試制度の弊害をできるだけ除去する方法と入試制度にかわる他の選抜制度を考えてみることが残された問題である。

（三）

入学制度の欠点は受験者を知らない試験官がたつた一回の試験で受験者の優劣

を決めると言うことに一つの難点がある。二つの難点は試験対策の上から詰め込み主義が、教育方法として取られることである。三つの難点はこの詰め込め主義暗記主義、知識の断庁主義、の余弊として新教育のねらいとする自発学習、経験学習、討議学習、観察学習、創作学習、問題解決学習が破壊されることである。四つの難点は競争が激烈化されて子供の心身を毒することである。

入試制度はこのような弊害があり、これを除去する方法も極めて困難である。これにかわるより良い選抜制度があつたら廢止されることが望ましい。

入試以外の他の選抜制度の一つは抽籤制度であるが、これは幼稚園、小学校ならとにかく高校の選抜方法としては適当でない。残る一つの方法は内申制であるその内容と形式を科学的に正確化することである。語をかえて言えば評価の方法をあらゆる角度から、精密に考えることである。このような科学的評価方法として、知能テスト、学力テスト、適性テスト、情意性格テストなどがあげられる。知能テストで素質を測り、学力テストで学習効果を測り、更にまた性格と健康を検査することである。

私は知能テスト特集号を機会に単に問題を提起することに止めて、筆をおきたい

（筆者那覇地区教育長）

知能検査の發表に際して

研究調査課長　比嘉信光

一九五四年一〇月下旬から一一月上旬にかけて実施した第一回の知能検査の結果を発表出来ます事を皆様と共に御喜び申し上げます。知能検査を行う目的は、

各学校の先生方にとつては、

一　学習作業の最高水準の決定に資するため。
二　学習作業において治療を必要とする点を発見するため。
三　分団学習に際して児童生徒を知能水準に応じて分団するための基礎として。
四　個人差の発見のため（天才児及び精薄児をふくむ。）
五　ガイダンス（職業指導及び教育的指導）の基礎として。
六　学級または学校全体の知能水準を知るため。
七　特殊能力の測定のため……

等の教育的指導の心理的基礎を得るためであります。

文教局として毎年知能検査を実施する目的は、

一、全琉各学年児童生徒の知能の実態を知るため。
二、歴史的に見た全琉の知能の実態を知るため。
三、琉球の層別（A、B、C、D、）地区の知能の実態を知るため。
四、各学校各学級個人が知能を比較するための基準としての琉球の知能検査の資料を提供するため。
五、琉球児童生徒の学力の実態を究明する一つの資料として用いるため。
六、琉球基準教育課程の学習指導の最高水準決定のため。
七、知能測定の原理、方法、活用の普及を行うため、……

等の教育指導及び教育行政の基礎を得るためであります。

現場に於ては先生方が知能検査の趣旨を重視し、広く活用して教育の効果を合理的に挙げられるよう期待致します。

最後に本検査に協力して下さつた学校並びに諸先生方に深く感謝致します。

知能検査の結果はどうあらわれたか

研究調査課

▲検査の趣旨

全琉小中学校児童生徒の知能の実態とその一般的傾向を明らかにし、琉球教育改善のための基礎的資料を得るためである。

▲検査の種類

新制田中B式知能検査（全版）による。

▲実施の経過

(1) 調査の対象

全琉小学校五年生
全琉中学校二年生

(2) 標本数の決定

単純抽出方式に応ずる公式にもとづいて理論数を算出し経費処理能力を考慮に入れて、

小学校　三二〇〇人
・中学校　三四〇〇人　とした。

(3) 抽出方式

。精度をあげるため、琉球内の学校を都市、半都市、農漁村、へき地の四つに層別化し、各層の大きさに比例するよう標本数を割当てた。

。標本の抽出はテスト実施の便宜から、層内で標本数を、更にその中で該当児童生徒を無作為に定める方式により行つた。

(4) 抽出校数及び児童生徒数

△小学校

A地区（都市）　四校　九九三人
B地区（半都市）　三校　三九六人
C地区（農漁村）　一九校　一六〇四人
D地区（へき地）　五校　三〇九人

△中学校

A地区（都市）　四校　九〇五人
B地区（半都市）　三校　四九〇人
C地区（農漁村）　一七校　一七一一人
D地区（へき地）　八校　二九六人

(5) 実施期日

一九五四年十月下旬より十一月上旬

(6) 処理

採点は各実施校で行い、知能検査個人別一覧表及び知能偏差値分配表を文教局研究調査課に集め全琉的な集計を行つた。

▲テスト結果の概要

全琉小、中学校児童生徒の集団観察を目的としているので、集団内の位置づけをあらわす偏差値を採用することにした。

(一)知能偏差値分布

(全琉球)

琉球児童生の知能偏差値の分布を見ると下表の通りである。

第一表

A、知能偏差値分布表（小学校）

級　間	中間値	人数	%
5－9	7.5		
10－14	12.5	13	0.3
15－19	17.5	20	0.6
20－24	22.5	56	1.7
25－29	27.5	125	3.7
30－34	32.5	269	8.1
35－39	37.5	379	11.5
40－44	42.5	569	17.2
45－49	47.5	675	20.4
50－54	52.5	570	17.3
55－59	57.5	387	11.7
60－64	62.5	169	5.1
65－69	67.5	53	1.6
70－74	72.5	23	0.7
75－79	77.5	3	0.1
80－84	82.5		
85－89	87.5		
90－94	92.5		
95－100	97.5		
総　数		3,305	
平　均		46.0	

第一表

B、知能偏差値分布表（中学校）

級　間	中間値	人数	%
5－9	7.5		
10－14	12.5	8	0.2
15－19	17.5	14	0.4
20－24	22.5	35	1.0
25－29	27.5	132	3.6
30－34	32.5	226	6.6
35－39	37.5	399	11.7
40－44	42.5	631	18.5
45－49	47.5	726	21.3
50－54	52.5	635	18.7
55－59	57.5	358	10.5
60－64	62.5	153	4.9
65－69	67.5	64	1.9
70－74	72.5	17	0.5
75－79	77.5	3	0.1
80－84	82.5	1	0.02
85－89	87.5		
90－94	92.5		
95－100	99.5		
総　数		3402	
平　均		46.4	

第一表ＡＢによれば、知能偏差値の分布は小学校に於ては偏差値十から七九の間にまたがり、中学校では偏差値十から八四の間に分布している。

小学校中学校共、頻数度は偏差値四五ー四九の級間が最も高い。前表ＡＢを出現頻数（％）のグラフにして表わすと第一図ＡＢの通りで、これによつてみれば、小学校、中学校の知能成績の分布状況は偏差値四六（Ｍ）を中心に左右同一の傾斜を示し大体において正常分配曲線を描いていると云う事が出来る。

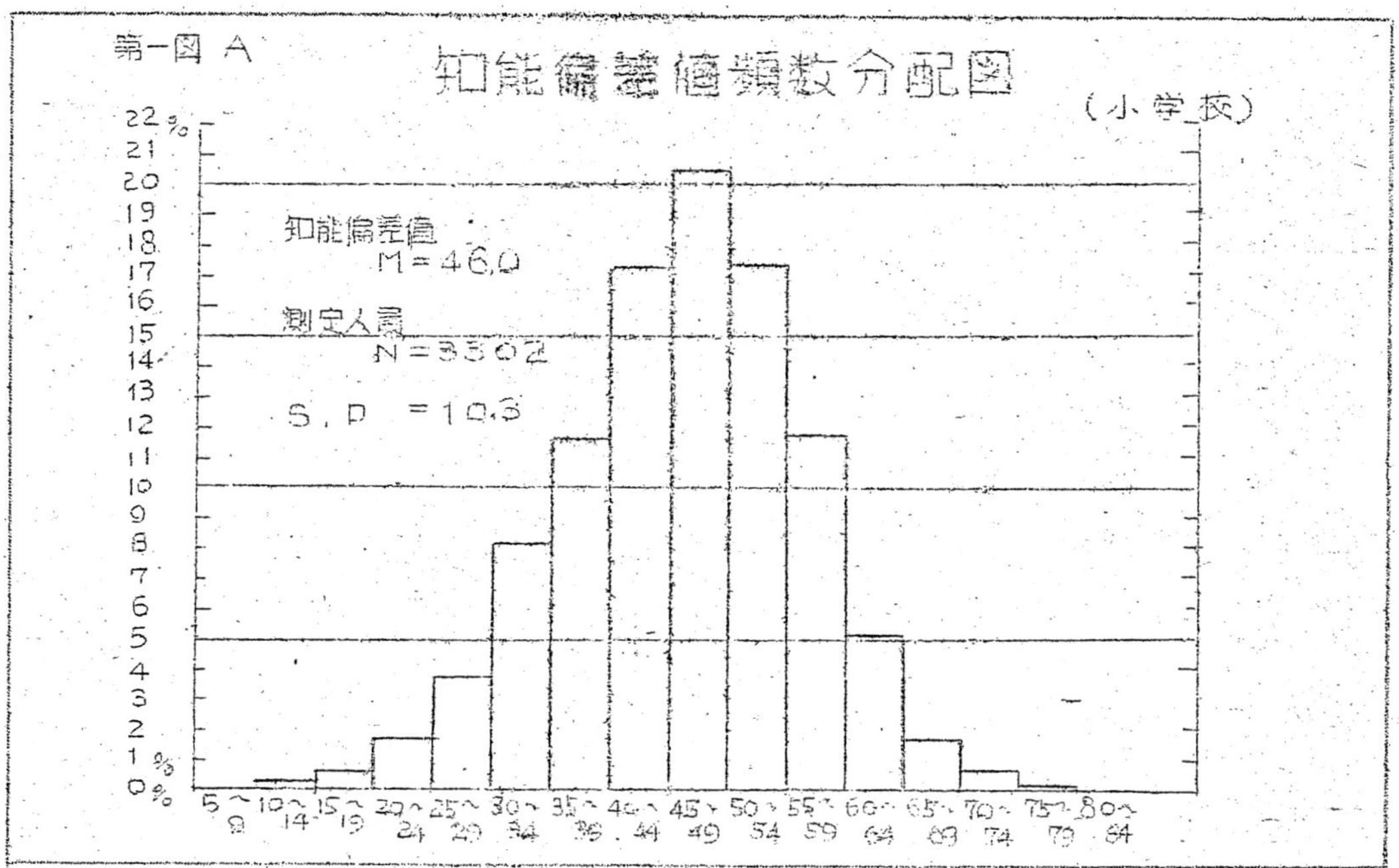

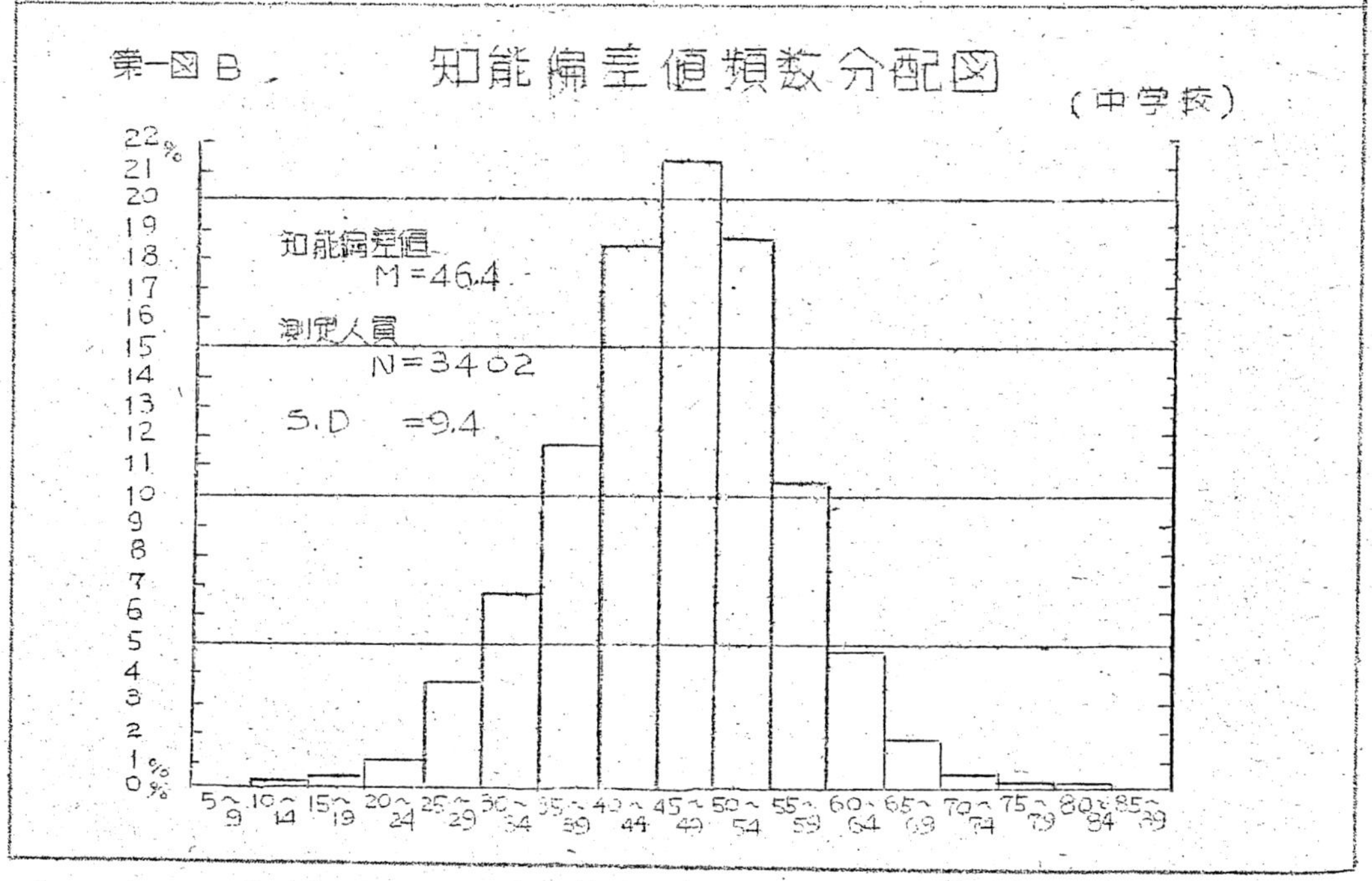

知能偏差値分布表により小学校、中学校別に・知能偏差値の平均（M）・標準偏差（S・D）を求めると次の通りである。

偏差値区間	中間値	小学校 人数(F)	D	FD	FD²	中学校 人数(F)	D	FD	FD²
5—9	7.5								
10—14	12.5	13	−7	−91	637	8	−7	−56	392
15—19	17.5	20	−6	−120	720	14	−6	−84	504
20—24	22.5	56	−5	−280	1400	35	−5	−175	875
25—29	27.5	125	−4	−500	2000	132	−4	−528	2112
30—34	32.5	269	−3	−807	2421	226	−3	−678	2034
35—39	37.5	379	−2	−758	1516	399	−2	−798	1596
40—44	42.5	569	−1	−599	569	631	−1	−635	631
45—49	47.5	675	0	0	0	726	0	0	0
50—54	52.5	570	1	570	570	635	1	635	635
55—59	57.5	378	2	756	1512	358	2	716	1432
60—64	62.5	169	3	507	1521	153	3	459	918
65—69	67.5	53	4	212	848	64	4	256	512
70—74	72.5	23	5	115	575	17	5	85	425
75—79	77.5	3	6	18	108	3	6	18	108
80—84	82.5					1	7	7	49
85—89	87.5								
90—94	92.5								
95—100	97.5								
		N 3302		ΣFD −947	ΣFD² 14397	N 3402		ΣFD 778	ΣFD² 12223

下記の計算の結果によると偏差値の平均（M）は小学校が四六・〇、中学校が四六・四、標準偏差（S・D）は小学校が一〇・三、中校が九・四である。

算出の基礎

※ $M = AM + \frac{\Sigma FD}{N} \times 5$

小学校

$M = 47.5 + \frac{-947}{3302} \times 5$

$M = 46.0$

$S.D = \frac{5}{3302}\sqrt{3302 \times 14397 - (-947)^2}$

$S.D = 10.3$

※ $S.D = \frac{5}{N}\sqrt{N\Sigma FD^2 - (\Sigma FD)^2}$

中学校

$M = 47.5 + \frac{-778}{3402} \times 5$

$M = 46.4$

$S.D = \frac{5}{3402}\sqrt{3402 \times 12223 - (-778)}$

$S.D = 9.4$

上記結果によって見ると、

偏差値の平均（M）は小学校が46.0、中学校が46.4

標準偏差（S.D）は小学校が0.3、中学校が9.4である。

尚、知能偏差分布を品等化し、偏差値分配図を描き、理論的分配図と比較してみると第二図のとおりである

第二図　知能偏差値分配図

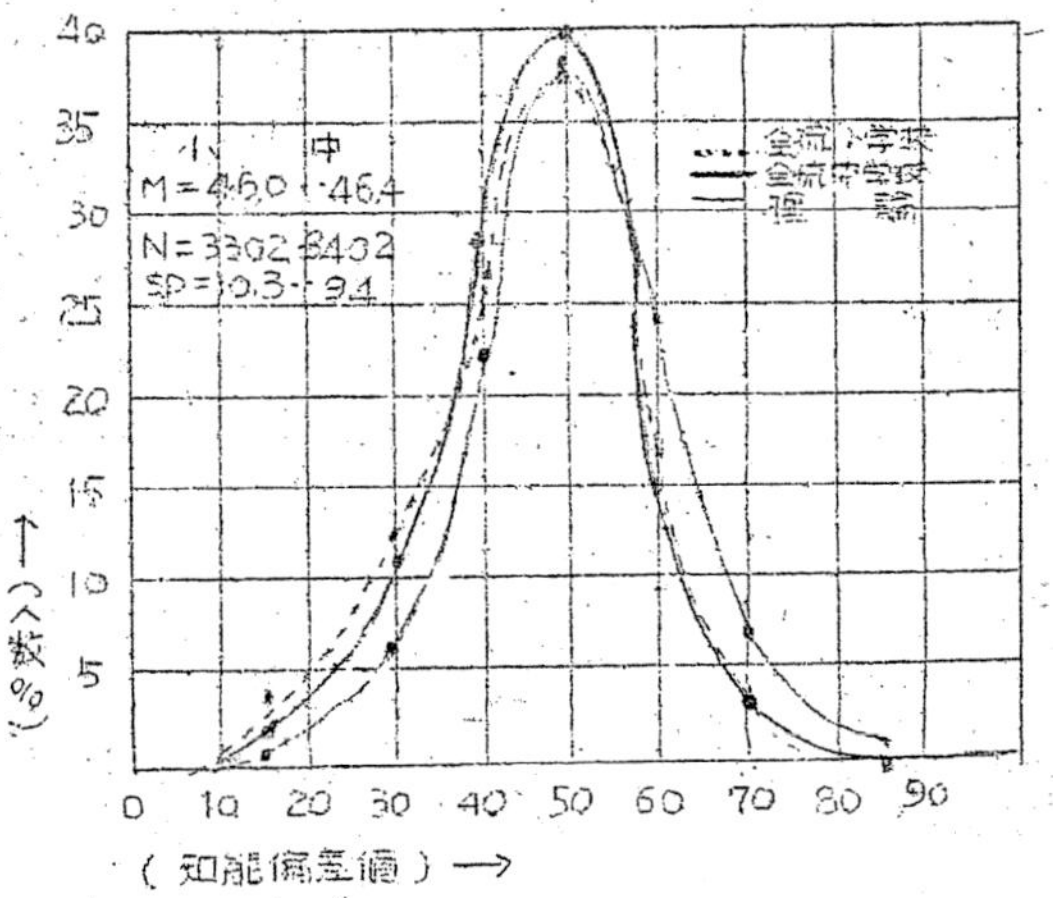

第二図によると小学校、中学校とも理論的分配より若干左へずれている。此の事は理論的分配と比較した時平均値より上の方の階層が、平均値より下の方の階層よりすくない事を示している。特色として中学校の方が平均値附近に密集していることである。

これを具体的に理論上の品等表と比較したのが第三表である。

第三表 A

知能偏差値品等表　（小学校）

知能偏差値	知能段階	理論上%	琉球	評価段階	
75以上	最優	1	0.1	秀	+2
65—74	優	6	2.3		
55—64	中ノ上	24	16.6	優	+1
45—54	中	38	37.7	良	0
35—44	中ノ下	24	28.7	可	—1
25—34	劣	6	11.9	不可	—2
24以下	最劣	1	2.6		

第三表 B

知能偏差値品等表　（中学校）

知能偏差値	知能段階	理論上%	琉球	評価段階	
75以上	最優	1	0.1	秀	+2
65—74	優	6	2.4		
55—64	中ノ上	24	15.0	優	+1
45—54	中	38	40.0	良	0
35—44	中ノ下	24	30.2	可	—1
25—34	劣	6	10.5	不可	—2
24以下	最劣	1	1.6		

知能偏差値平均から考察すると琉球の児童生徒の偏差値平均は理論上の平均より劣るようであるが知能が低いと断定する事は出来ない。

理論上の段階は決して全国平均でなくあくまで統計上の理論から割り出されたものであり、一九五三年度十月九日ー一七日の間に栃木県で全小学校六年生、全中学校三年を対称して実施した新制田中B式全版（琉球の実施したのと同じ）による偏差値の県平均は小学校四七、中学校四七で琉球と大差はない。しかし研究すべき分野として、知能偏差値分配図は正常に近い曲線を描くが知能偏差値品等表によつて各段階に属する割合を参考のため比較してみると最優及び優の段階は琉球においては著しく低く、劣及び最劣は反対に高い。

これは果して琉球に上知能の児童生徒が少く、下知能の児童生徒が多い事を立証するものであるか、或は検査実施の方法要領に何か欠陥があつたか、又は採点処理、集計に誤差が有つたか、研究すべき分野が残されているのでなかろうか。

（二） 地域別知能偏差値分布

琉球内の小中学校を都市、半都市、農漁村、へき地と四つに層別化し検査を実施したので、其の地域別に知能偏差値分布を観る事にする。理解を便ならしめる為に分配表と分配図を記することにした。

A 都市地域

左の表により偏差値の平均と標準偏差を求めると、下記のとおりである。

第三表　（知能偏差値分配表）

A地区（都市）		小学校	中学校
紙　間	中間値	人　数	人　数
5—9	7.5		
10—14	12.5		
15—19	17.5	3	
20—24	22.5	9	2
25—29	27.5	23	19
30—34	32.5	46	41
35—39	37.5	85	79
40—44	42.5	149	133
45—49	47.5	208	234
50—54	52.5	196	169
55—59	57.5	158	129
60—64	62.5	71	57
65—69	67.5	29	33
70—74	72.5	16	5
75—79	77.5		3
80—84	82.5		1
85—89	87.5		
90—94	92.5		
95—100	97.5		
総　数		993	905
平　均			

小学校

M=49.1

S.D=9.8

中学校

M=49.1

S.D=9.3

第三図

都市地域知能偏差値分配図

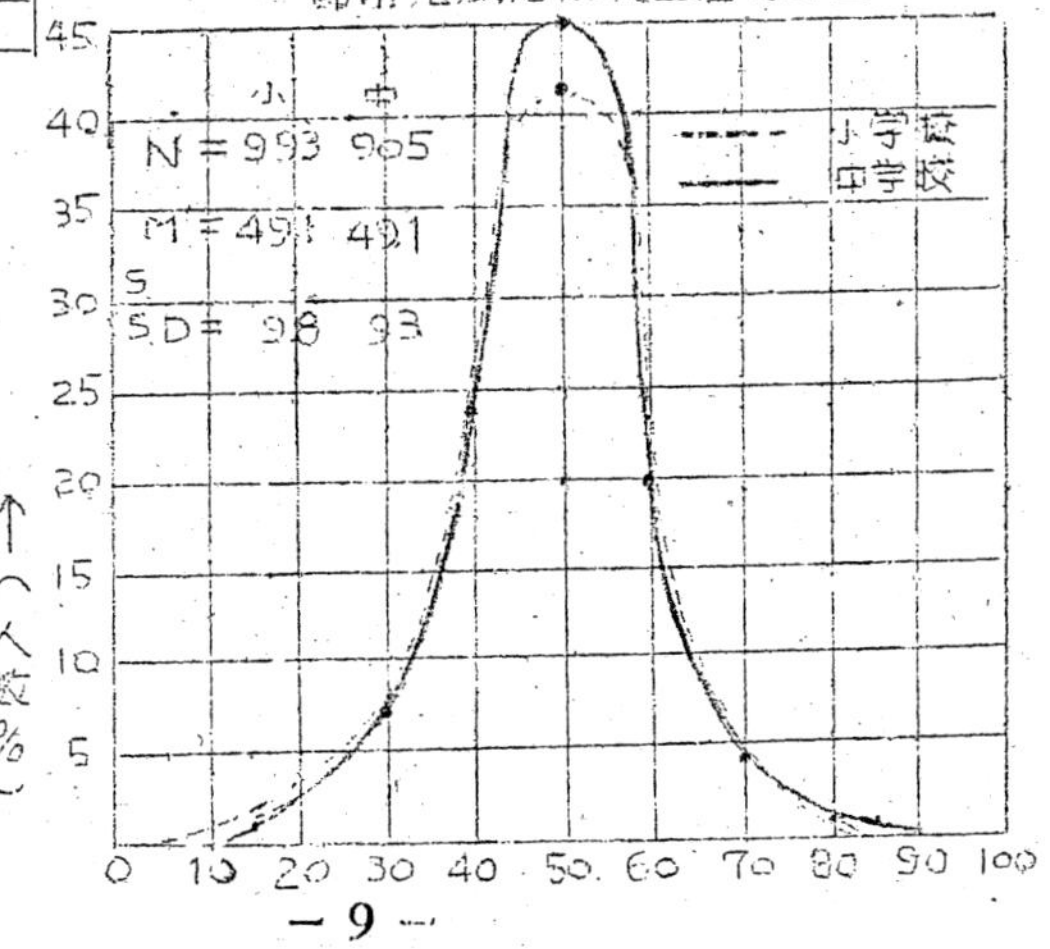

第三図によると都市地区は小、中学校とも理論上の偏差値分配図とほぼ一致している。

特色としては普通知能の児童生徒が理論数より上廻つている。

▲B 半都市地域

下の表により偏差値の平均と標準偏差を求めると左記のとおりである。

小学校
M＝47.0
S・D＝9.1

中学校
M＝46.0
S・D＝9.3

知能偏差値分配表
第四表　B地区（半都市）

級間	中間値	小学校 人数	中学校 人数
5—9	7.5		
10—14	12.5		
15—19	17.5	3	
20—24	22.5	6	8
25—29	27.5	11	23
30—34	32.5	24	30
35—39	37.5	49	63
40—44	42.5	70	100
45—49	47.5	86	107
50—54	52.5	74	86
55—59	57.5	48	48
60—64	62.5	19	18
65—69	67.5	4	5
70—74	72.5	2	2
75—79	77.5		
80—84	82.5		
85—89	87.5		
90—94	92.5		
95—100	97.5		
総数		396	490
平均			

第四図　半都市地区知能偏差値分配図

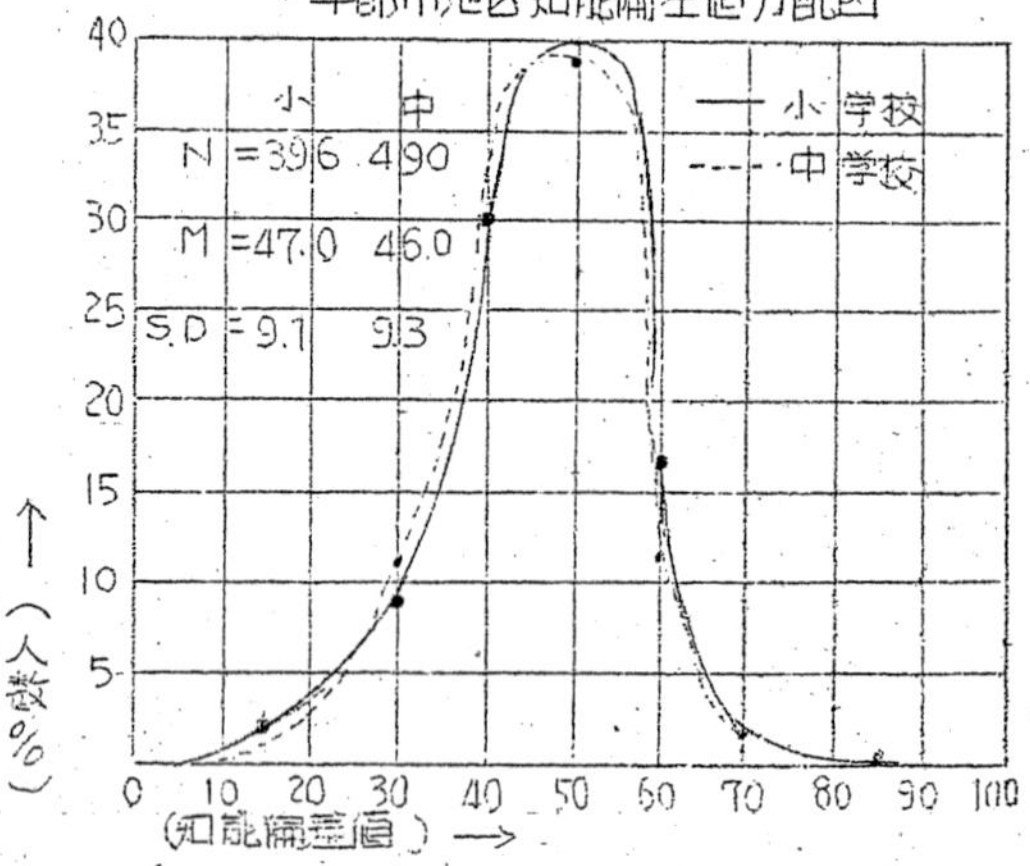

第四図によると半都市地区は小、中学校ともほぼ同じカーブをとり正常に近い分布曲線になつており、理論上の分配図と比較すると若干左へ偏している。

具体的に偏差値品等表によつて、各段階に属する割合を比較すると第五表の通りである。

B地区（半都市）については第四節で知能テスト構成因子別に分析して理論上のパーセントと比較する事にする

知能偏差値品等表
第五表　B地区

知能偏差値	知能段階	理論上%	小校	中校	評価段階	
75以上	最優	1	0	0	秀	+2
65—74	優	6	1.5	1.4		
55—64	中ノ上	24	17.0	13.5	優	+1
45—54	中	38	40.0	39.0	良	0
35—44	中ノ下	24	30.0	33.3	可	−1
25—34	劣	6	8.8	10.8	不可	−2
24以下	最劣	1	2.2	1.6		

▲C.農漁村地域

右の表により偏差値の平均と標準偏差を求めると左記の通りである。

小学校
M＝45.0
S.D＝10.6

中学校
M＝45.3
S.D＝10.3

農漁村地域の知能偏差値分配図（第五図）によると、左に偏しており、理論上の曲線と比べた場合秀優（+2・+1）の階層が少く、反対に可、不可（−1・−2）の階層が多いことを示している。

知能偏差値分配表
第六表

C地区（農漁村） 級間	中間	小学校 人数	中学校 人数
5—9	7.5		
10—14	12.5	12	8
15—19	17.5	13	13
20—24	22.5	35	24
25—29	27.5	67	78
30—34	32.5	153	141
35—39	37.5	202	230
40—44	42.5	288	338
45—49	47.5	326	327
50—54	52.5	267	296
55—59	57.5	149	130
60—64	62.5	69	54
65—69	67.5	17	14
70—74	72.5	3	6
75—79	77.5	3	
80—84	82.5		
85—89	87.5		
90—94	92.5		
95—100	97.5		
総数		1604	1711
平均			

第七表　知能偏差値分配表

D地区（へき地）		小学校	中学校
級　間	中間値	人　数	人　数
5—9	7.5		
10—14	12.5	1	
15—19	17.5	1	1
20—24	22.5	6	6
25—29	27.5	24	14
30—34	32.5	46	19
35—39	37.5	43	49
40—44	42.5	62	68
45—49	47.5	55	58
50—54	52.5	33	44
55—59	57.5	23	26
60—64	62.5	10	8
65—69	67.5	3	1
70—74	72.5	2	2
75—79	77.5		
80—84	82.5		
85—89	87.5		
90—94	92.5		
95—100	97.5		
総　数		309	296
平　均			

第五図　農漁村地域知能偏差値分配図

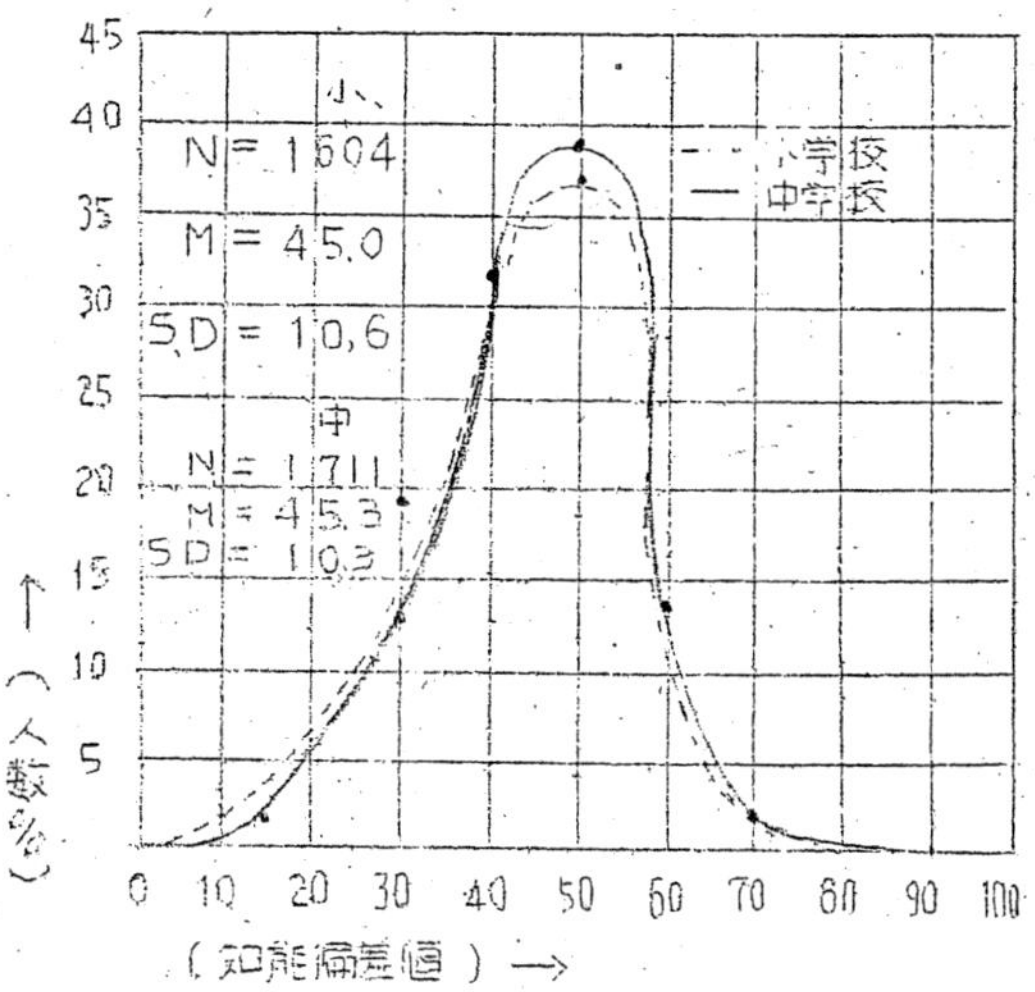

▲Dへき地

上記第七表により偏差値の平均と標準偏差を求めると左記の通りである。

小学校

M=43.0

S.D=10.3

中学校

M=45.0

S.D=9.3

へき地の知能偏差値分配図（第六図）によると相当、左にかたよつた結果を示している

第六図　へき地知能偏差値分配図

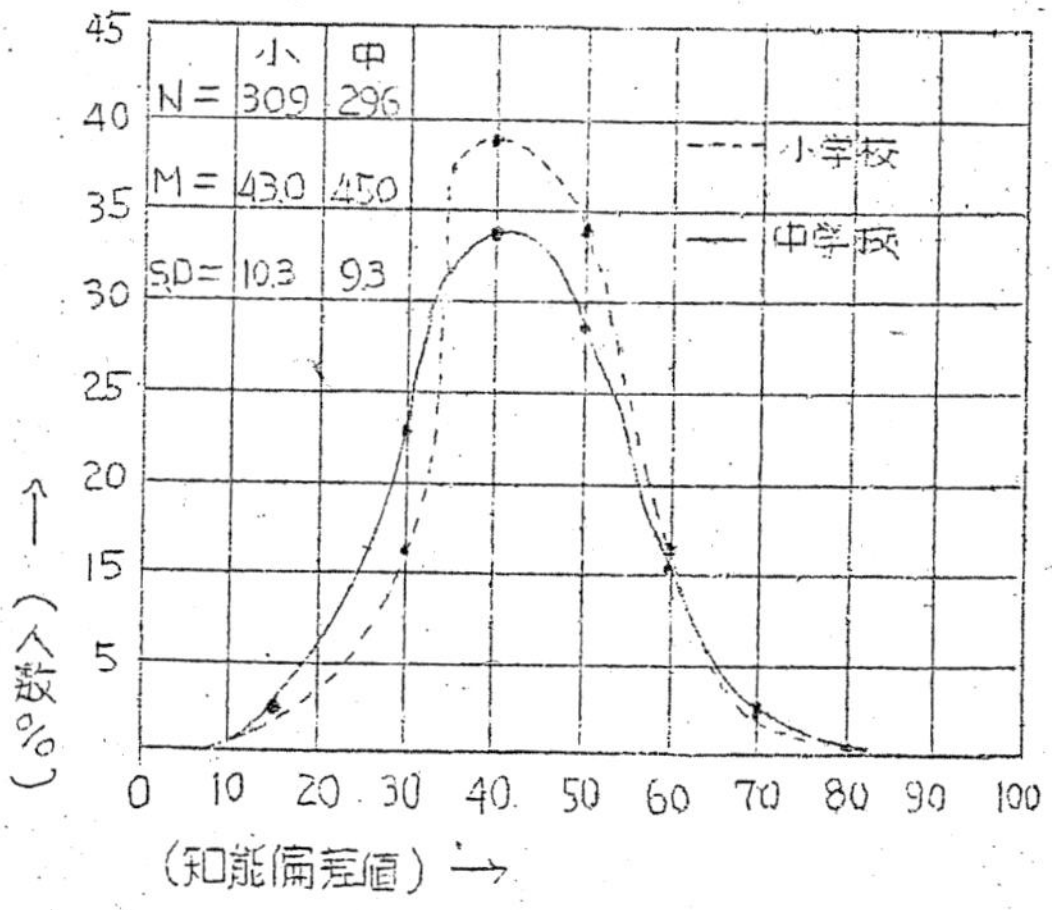

（三） 地域別短能偏差値平均の比較

知能偏差値の平均を各地域ごとに比較したのが第七図でこれによると都市地域を最高に半都市、農漁村、へき地の順になつている。

	小学校	中学校
都市地域……	四九、一	四九、一
半都市地域…	四七、〇	四六、〇
農漁村地域…	四五、〇	四五、三
へき地………	四三、〇	四五、〇
全琉平均……	四六、〇	四六、四

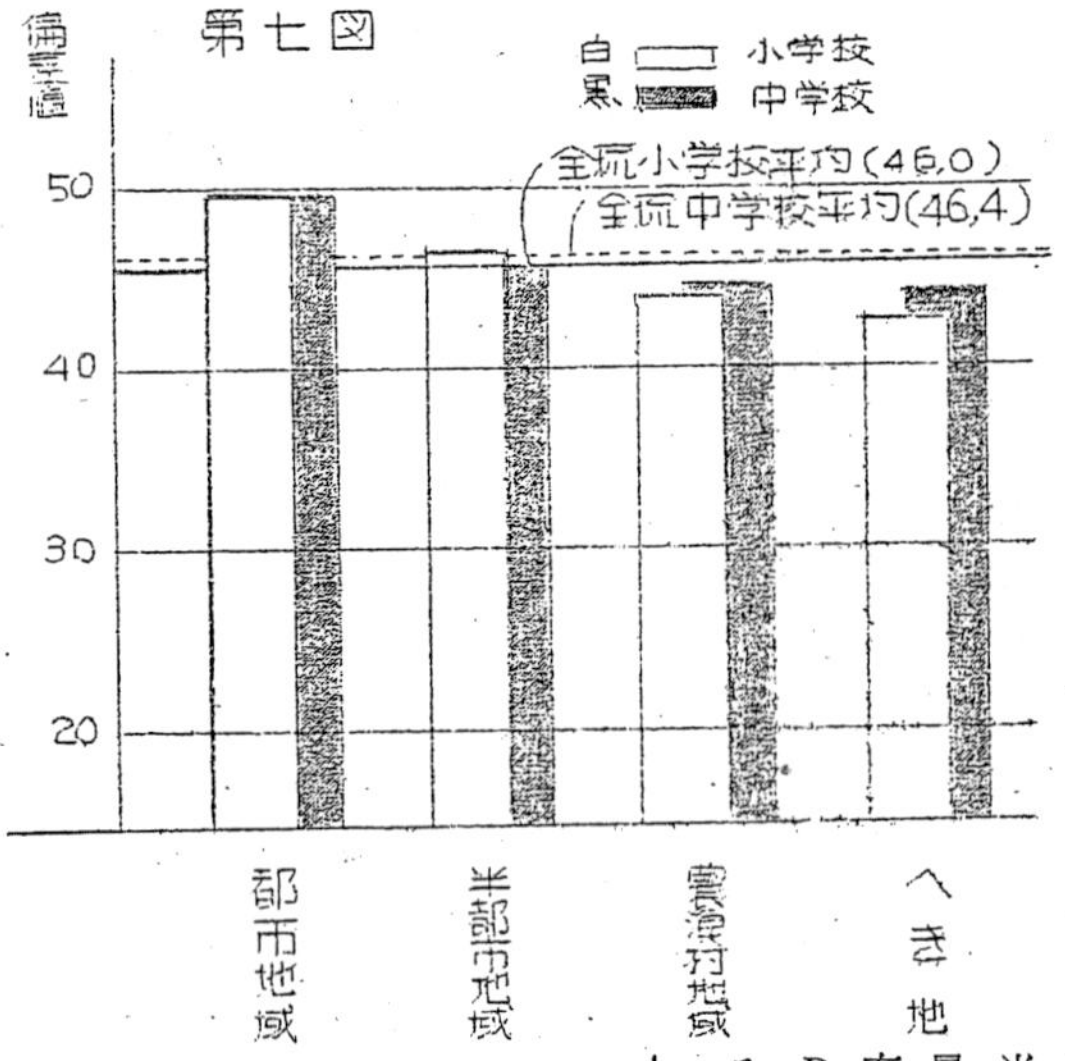

面白い傾向として都市地区に於ては小学校と中学校は大差は見られないが農漁村とへき地は中学校に比べて小学校の方が偏差値の平均がひくい。

（四） 知能因子別換算点の分布

田中B式知能テストは知能を一〇の因子に分析し、テストを構成してあるので其の個々の因子（能力）について琉球の得点と田中教育研究所のB式全版作成に於ける標本のそれと比較対照してみる事にした。

処理に時間的制約を受け、又紙面の関係もあつてこのたびはB地区（半都市）中学校二年のみを因子別に分析する事にした。

尚B地区の偏差値平均は全琉の中学校の偏差値平均に最も接近しているので全琉を推測するのに便なる所が有るのでないかと思いB地区を取りあげる事にした。B式全版では知能能力を左記の様に因子分析をしてある。

テストI（迷路）
　全体を見透す力

テスト2（立方体の分析）
　あたえられた材料を組立てて完成した体制を構成する能力

テスト3（幾何学的図形構成）
　問題解決の手段の選択工夫の能力

テスト4（置換）
　選択反応の能力

テスト5（図形系列完成）
　関係の認識法則の発見などの推理力

テスト6（異同弁別）
　視覚体制の確立、記憶、注意力

テスト7（制約連合）
　加算作業による制約連合の正確さ、速さ

テスト8（数系列の完成）
　関係の認識法則の発見などの推理力

テスト9（図形抹消）
　弁別力、反応の速さ

テスト10（図形完成）
　全体の認識結合力

以上の能力の換算点の分布を示したのが第八図以下の図表である。……線は田中研究所の標本によるものであり線は琉球のものである。

各グラフの形態、或は田中教育研究所の標本によるグラフの比較等によつて琉球の最もおとつていると思われる能力、或はすぐれている能力等を発見し、それらの原因を考察し治療向上の施策学習指導への参考にしていたゞけば幸である。

テスト　1　　迷路（全体を見透す力）

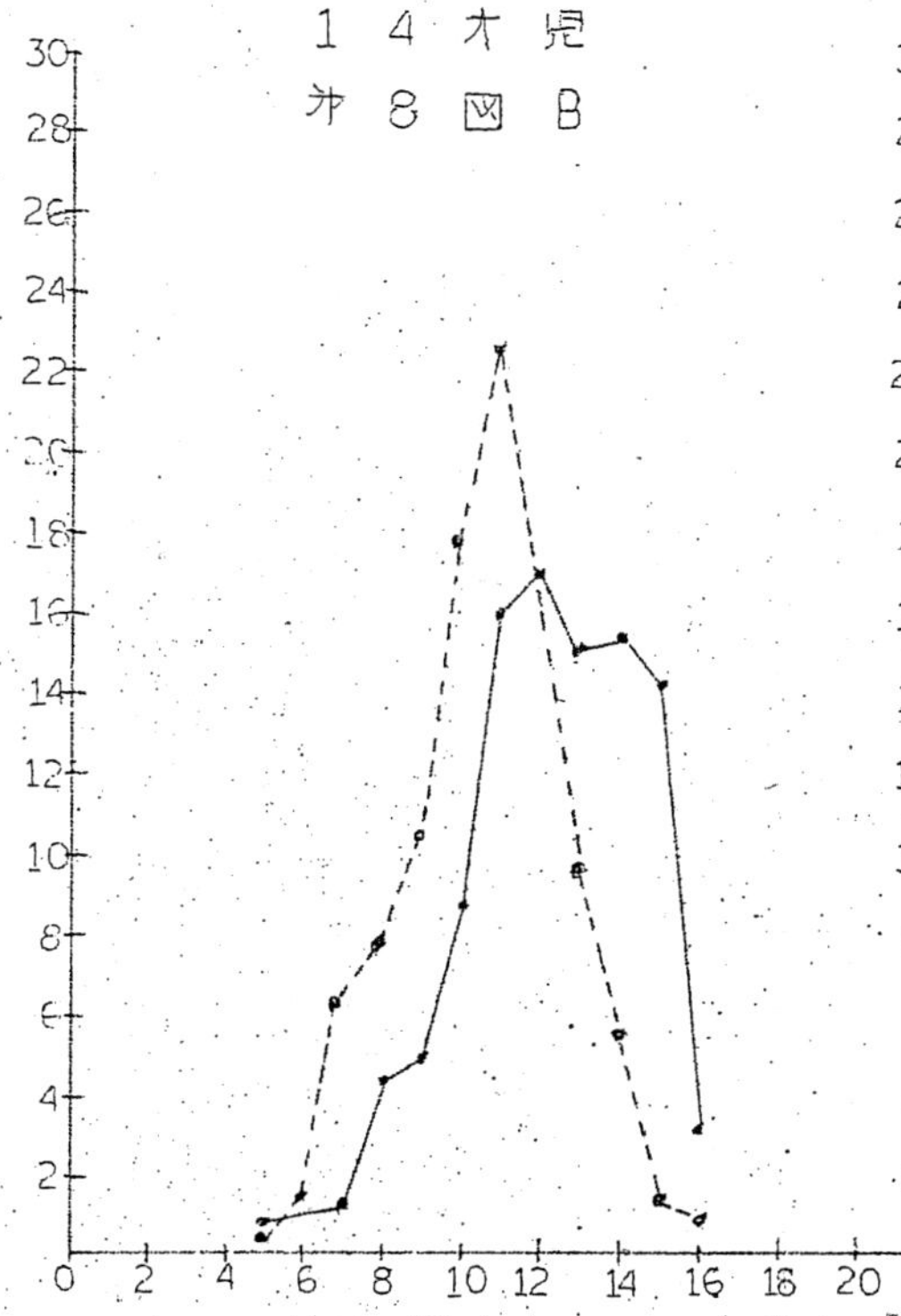

14才児
第8図B

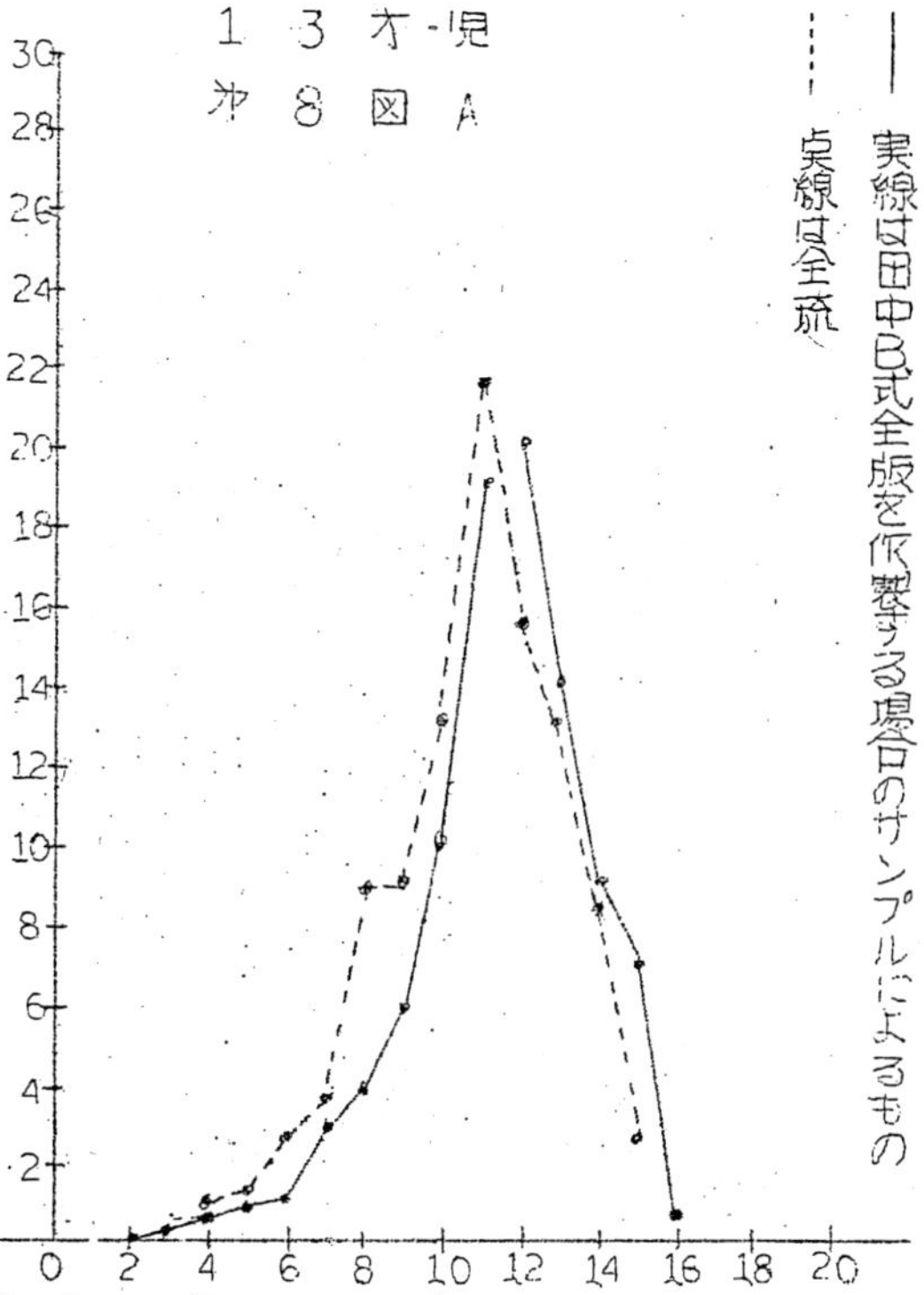

13才児
第8図A

──実線は田中B式全版を作業する場合のサンプルによるもの
‥‥点線は全統

テスト　2　　立方体の分析（あたえられた材料を組立てて、完成した体制を構成する能力）

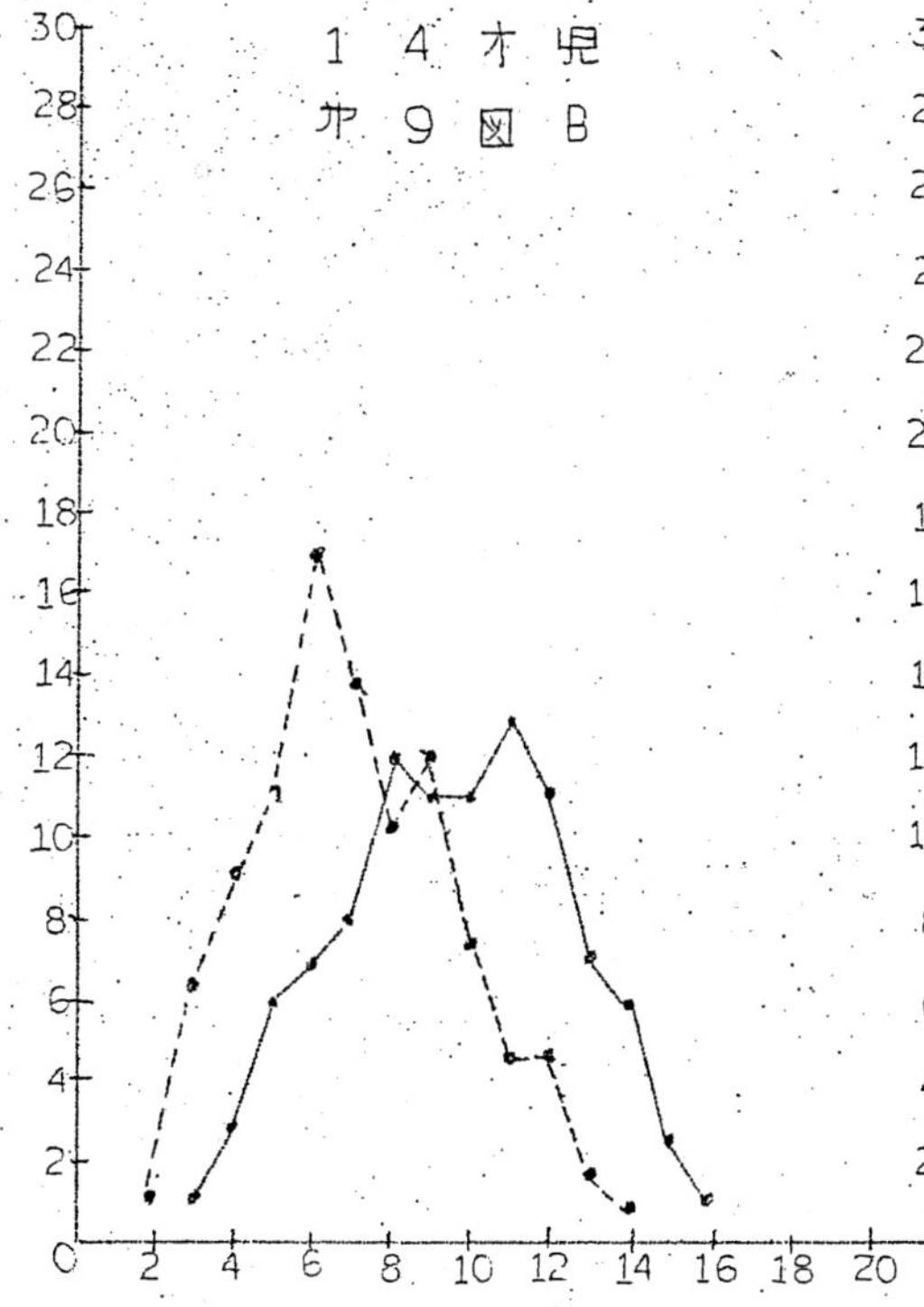

14才児
第9図B

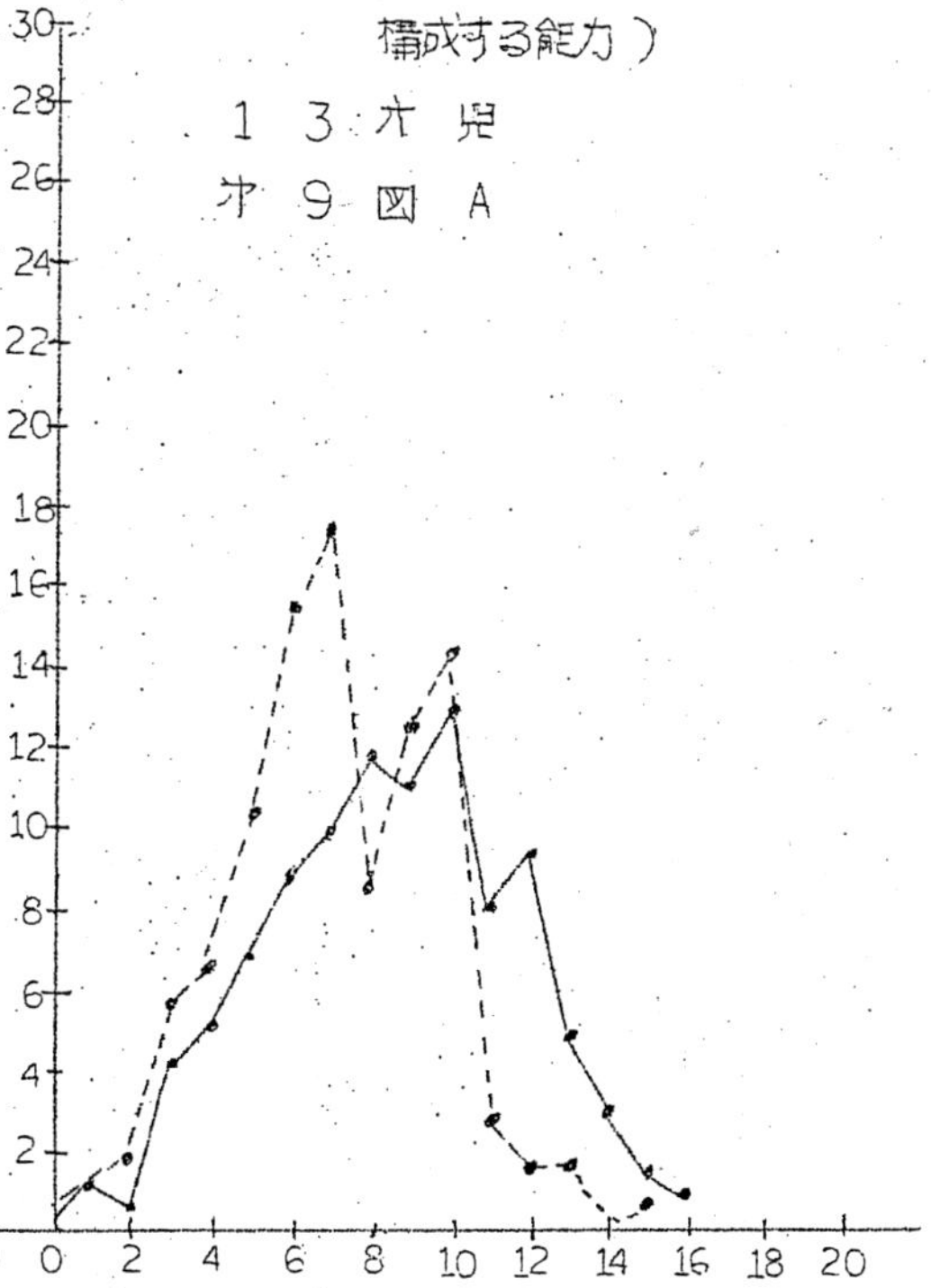

13才児
第9図A

テスト 3 幾何学的図形構成（問題解決の手段の選択の能力）

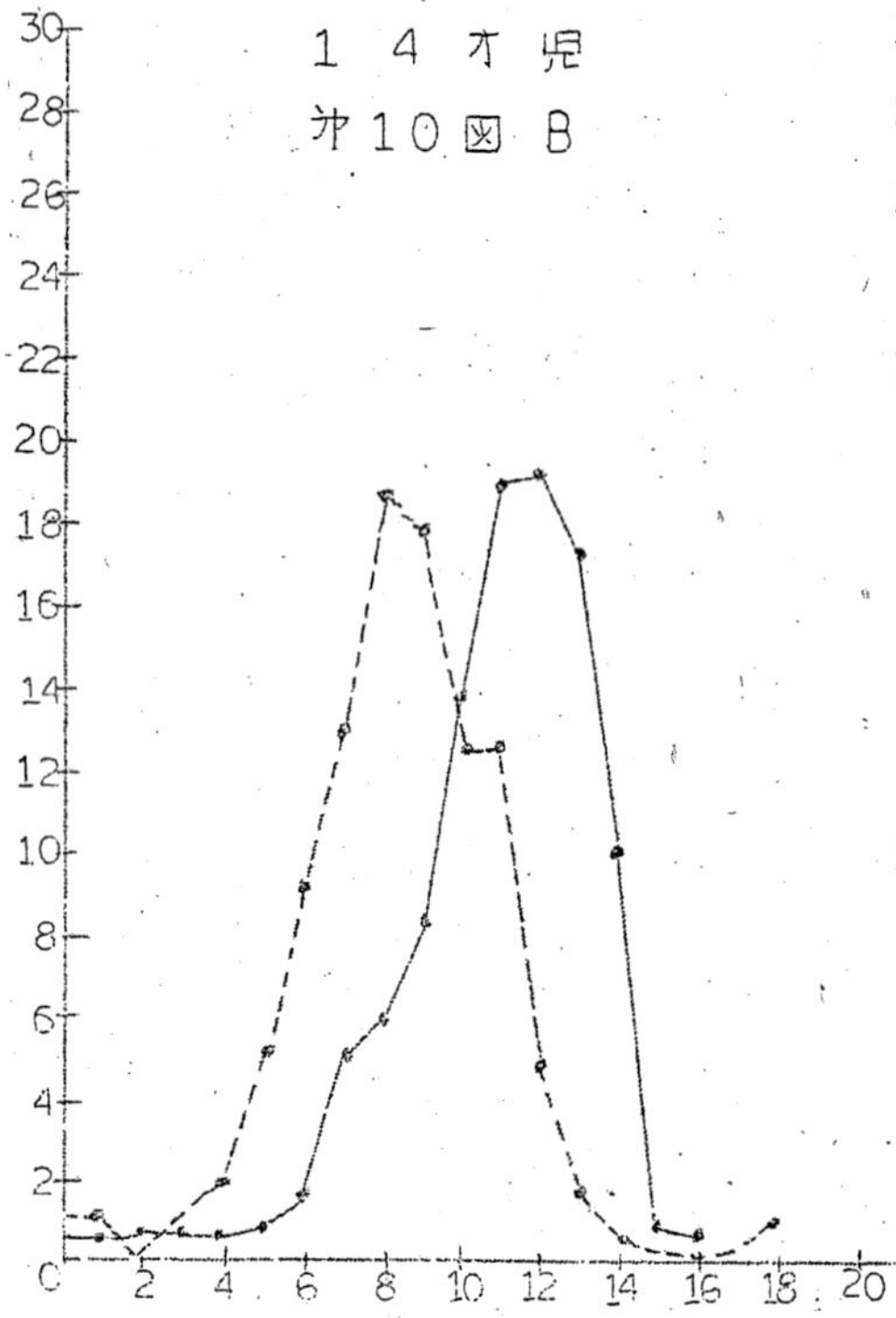

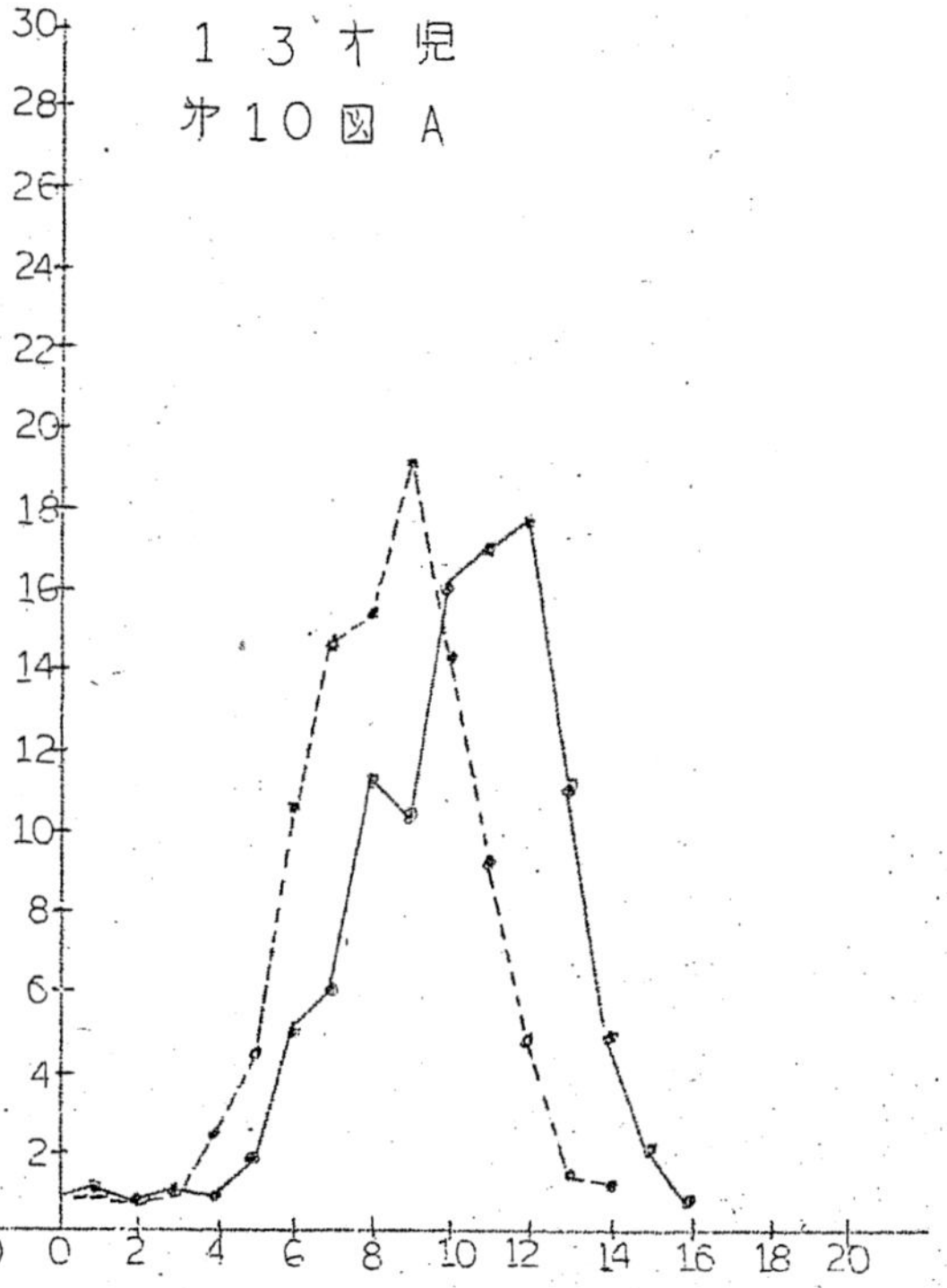

テスト 4 置換 （選択反応の能力）

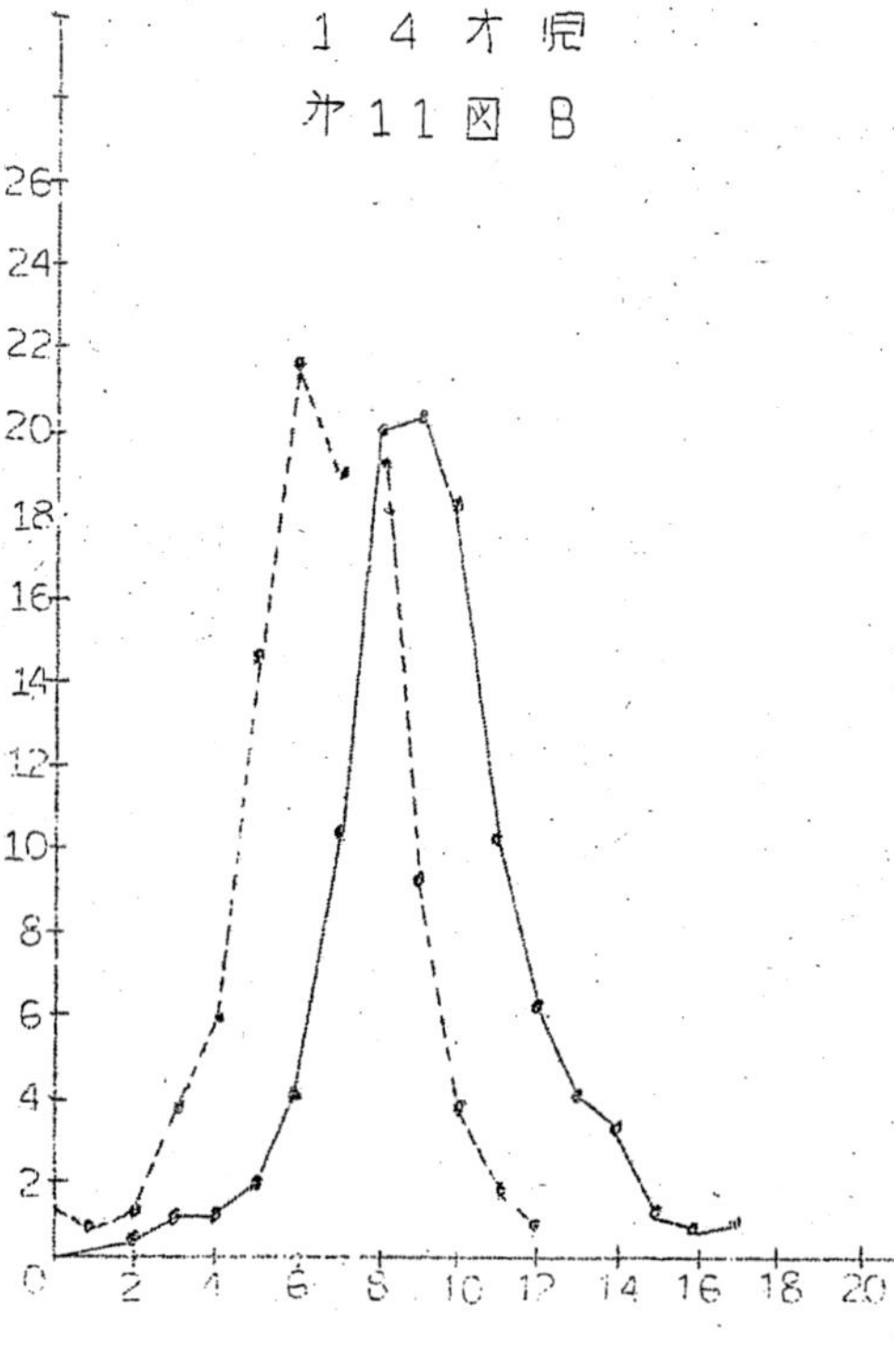

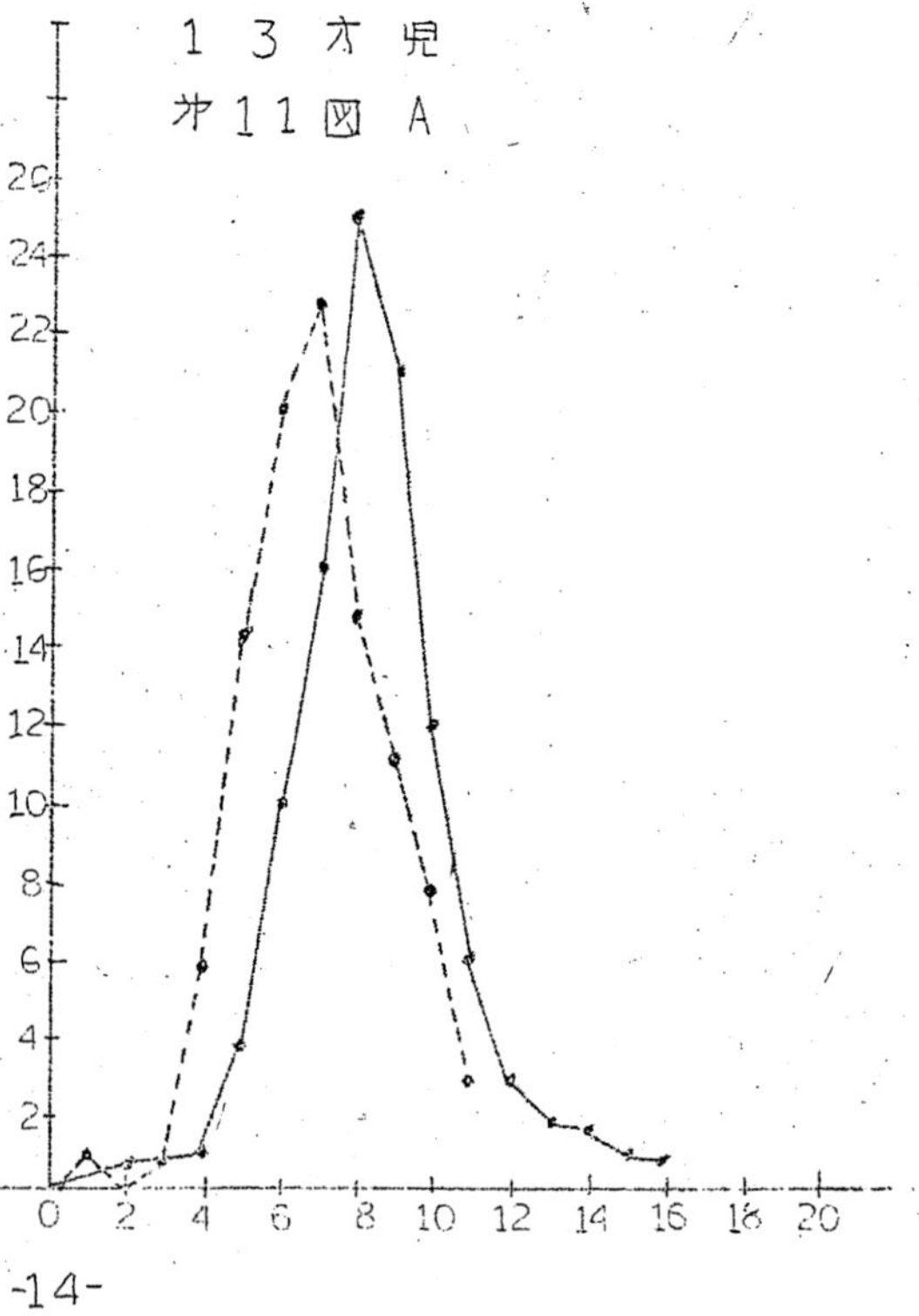

テスト 5 図形系完成（関係の認識、法則の発見などの推理力）

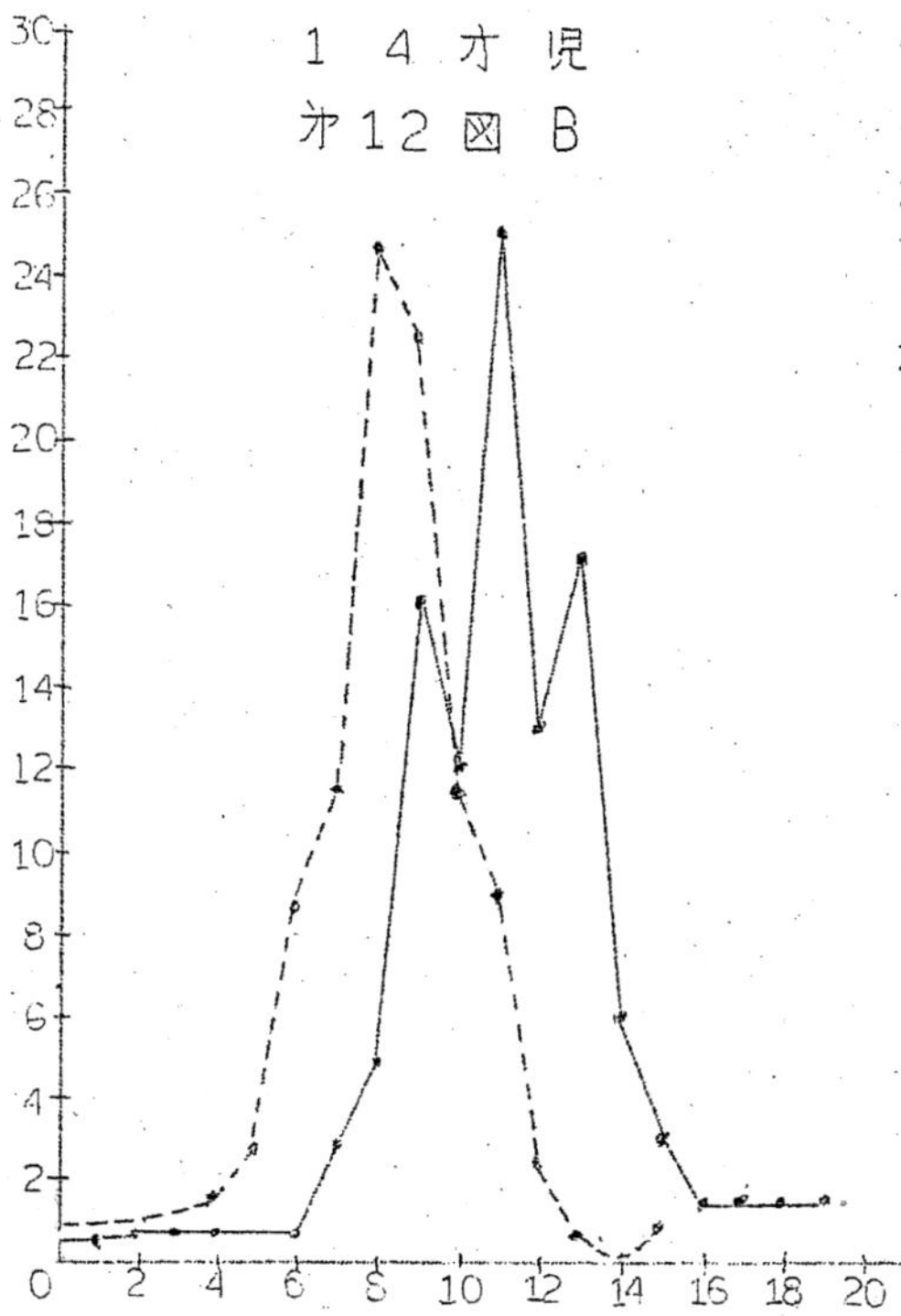

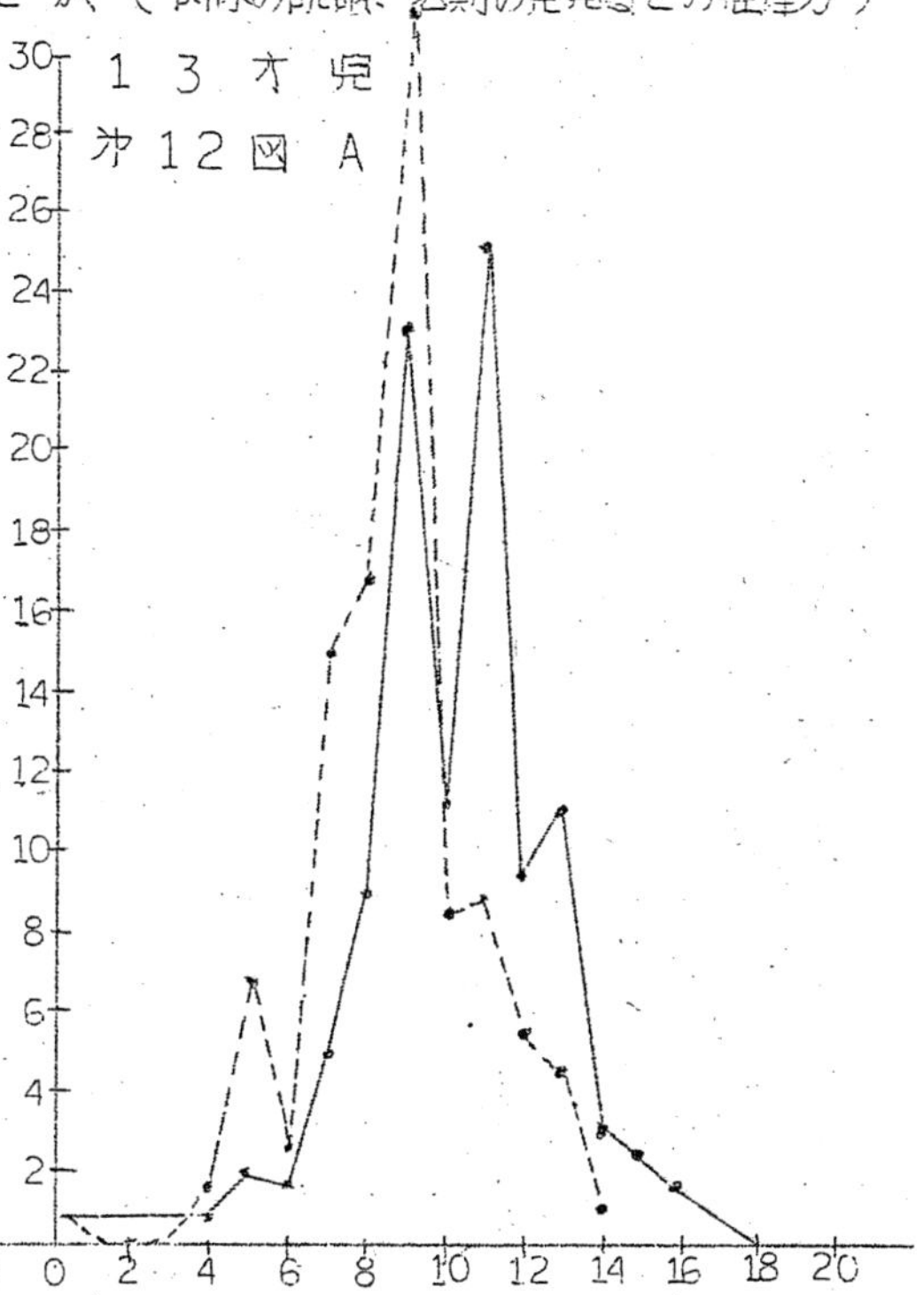

テスト 6 異同弁別（視覚体制の確立記憶、注意力）

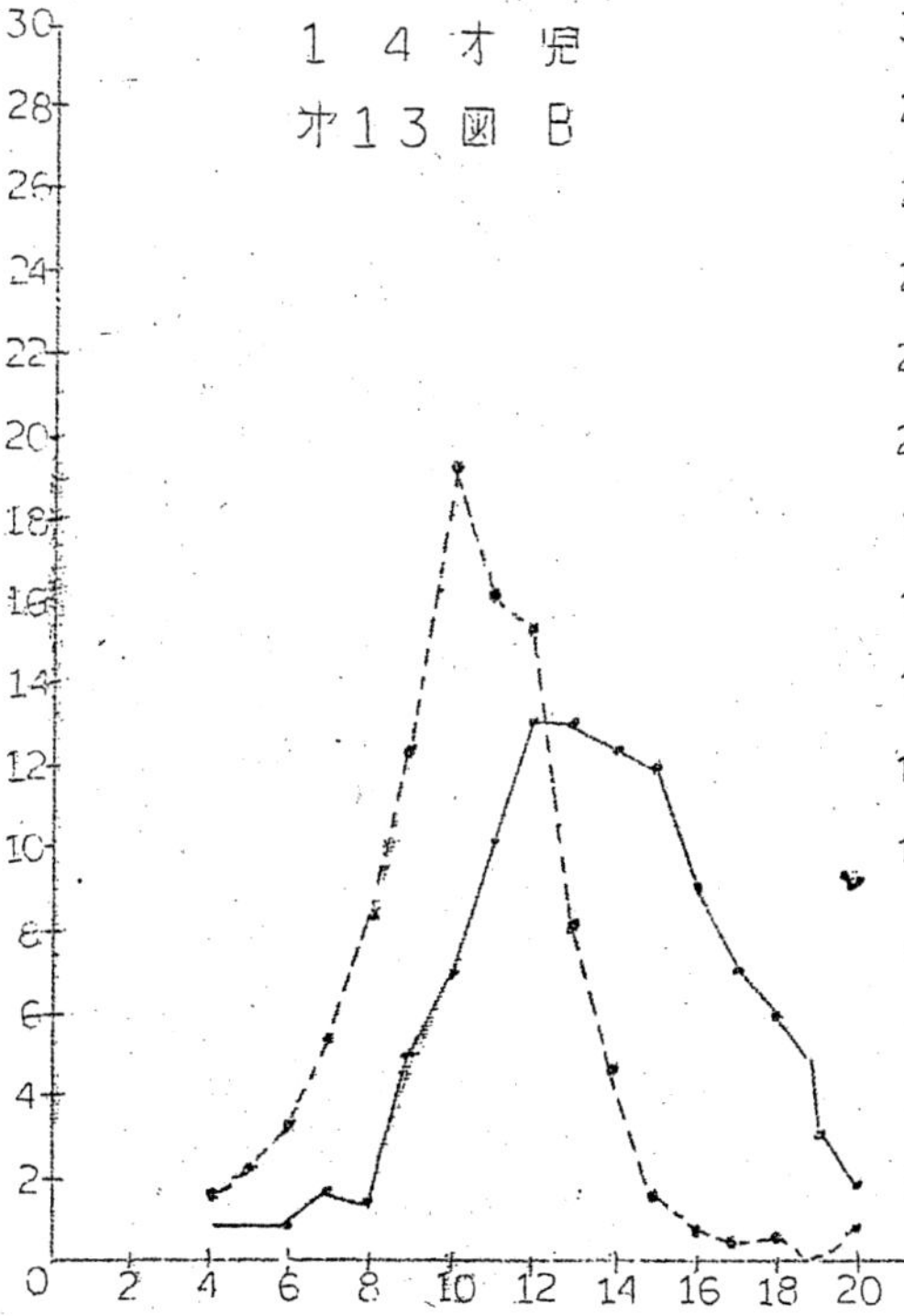

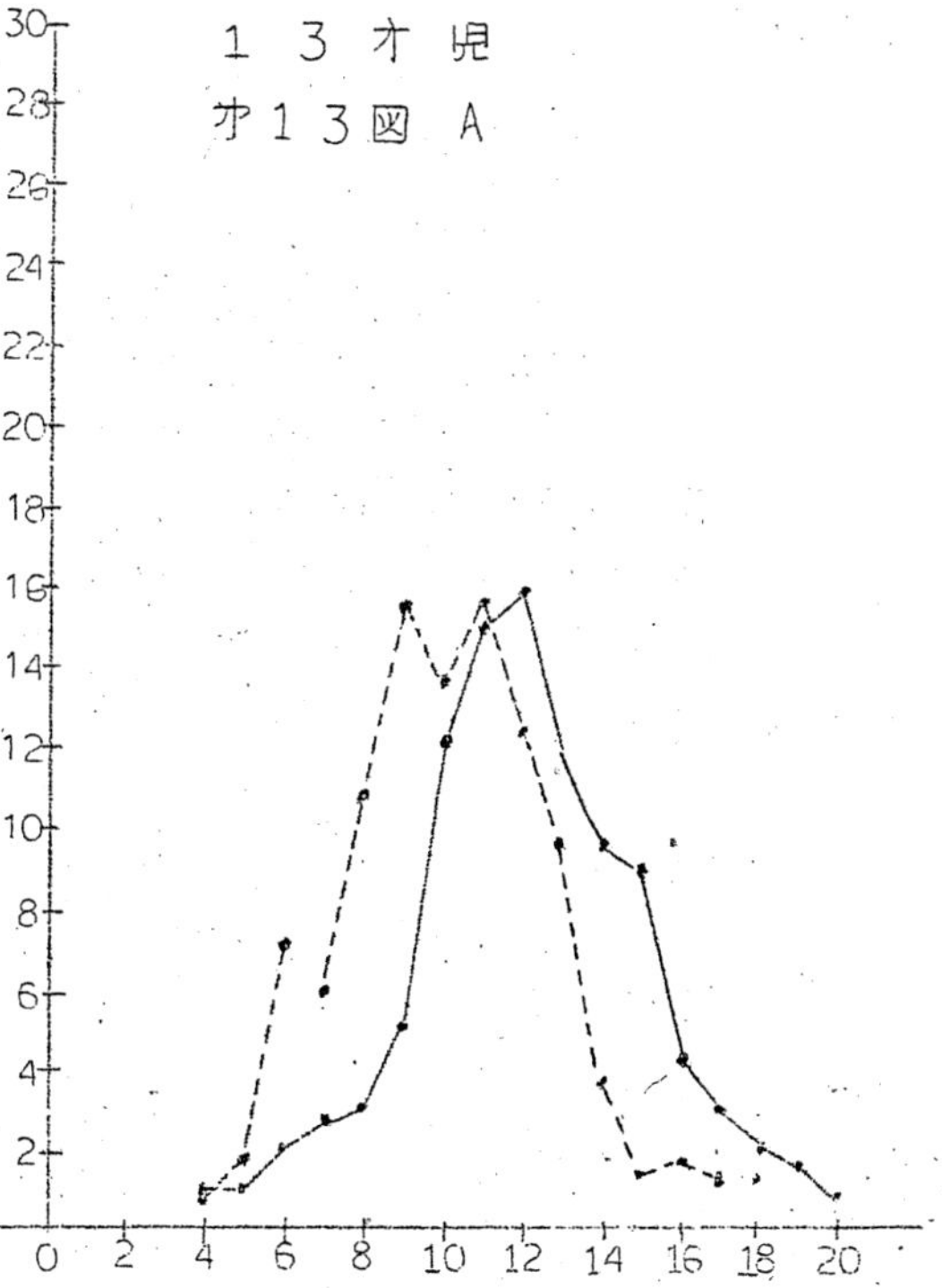

テスト７　制約連合（加算作業による制約連合の正確さ速さ）

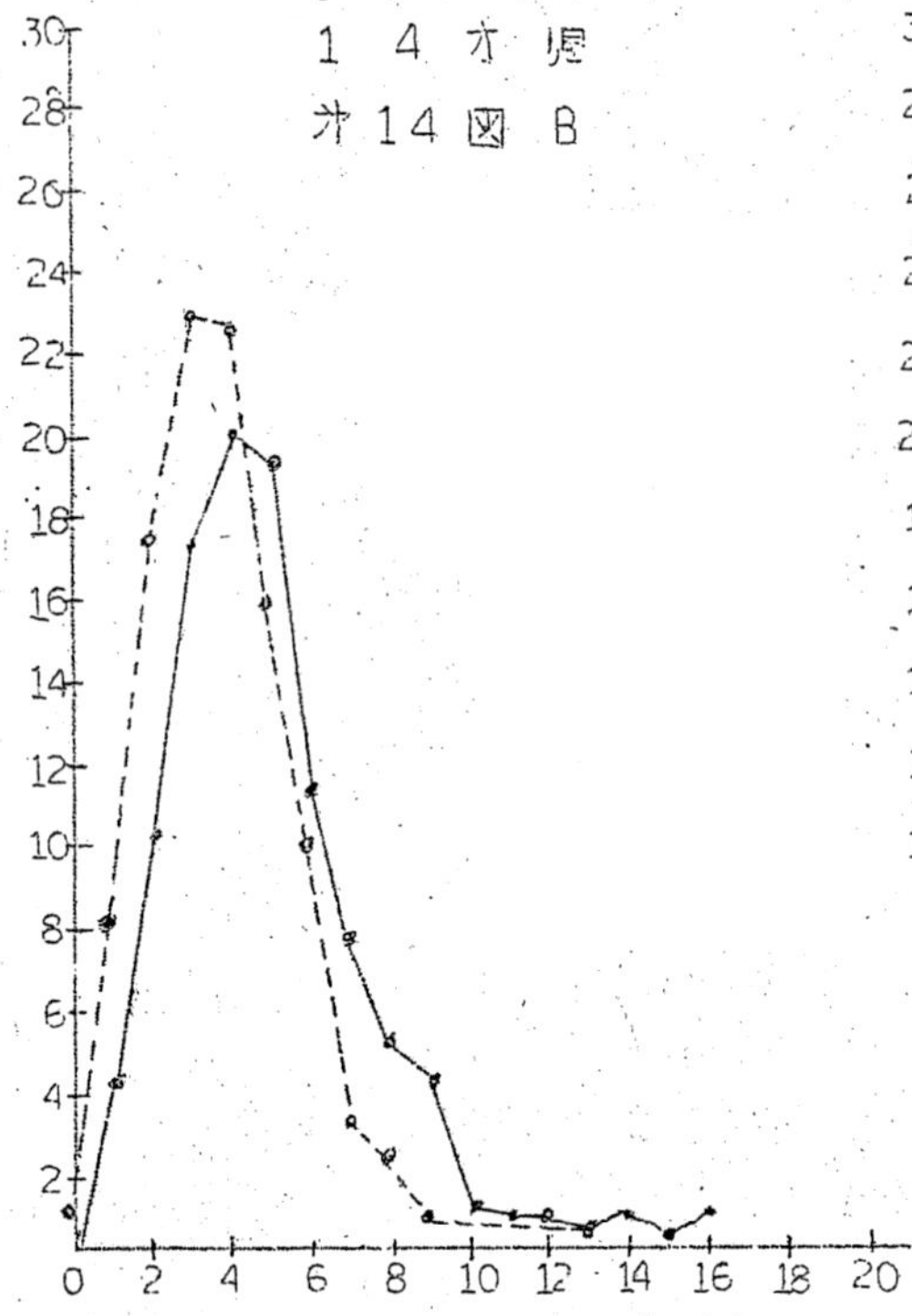

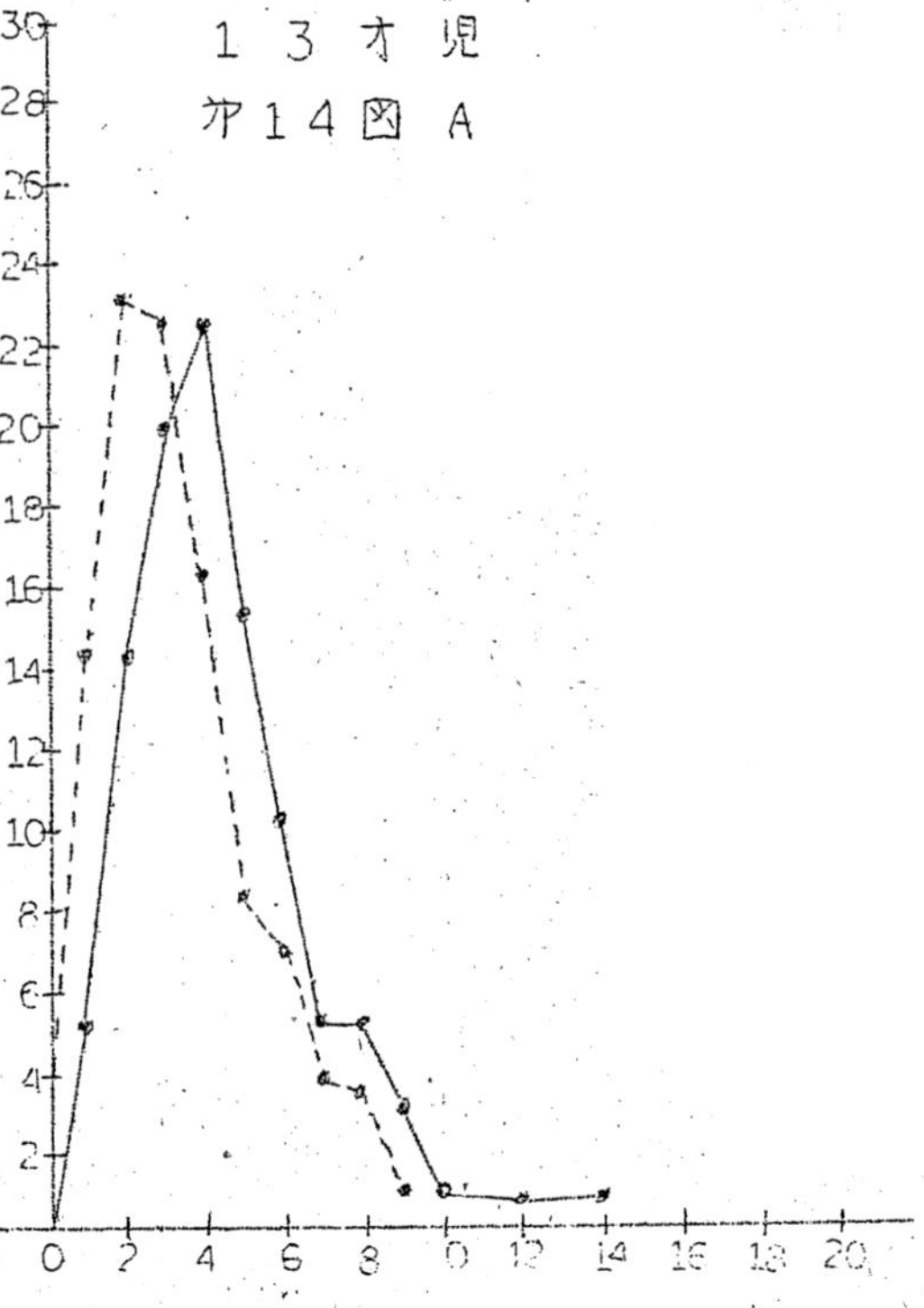

テスト８　数系の完成（関係の認識、法則の発見などの推理力）

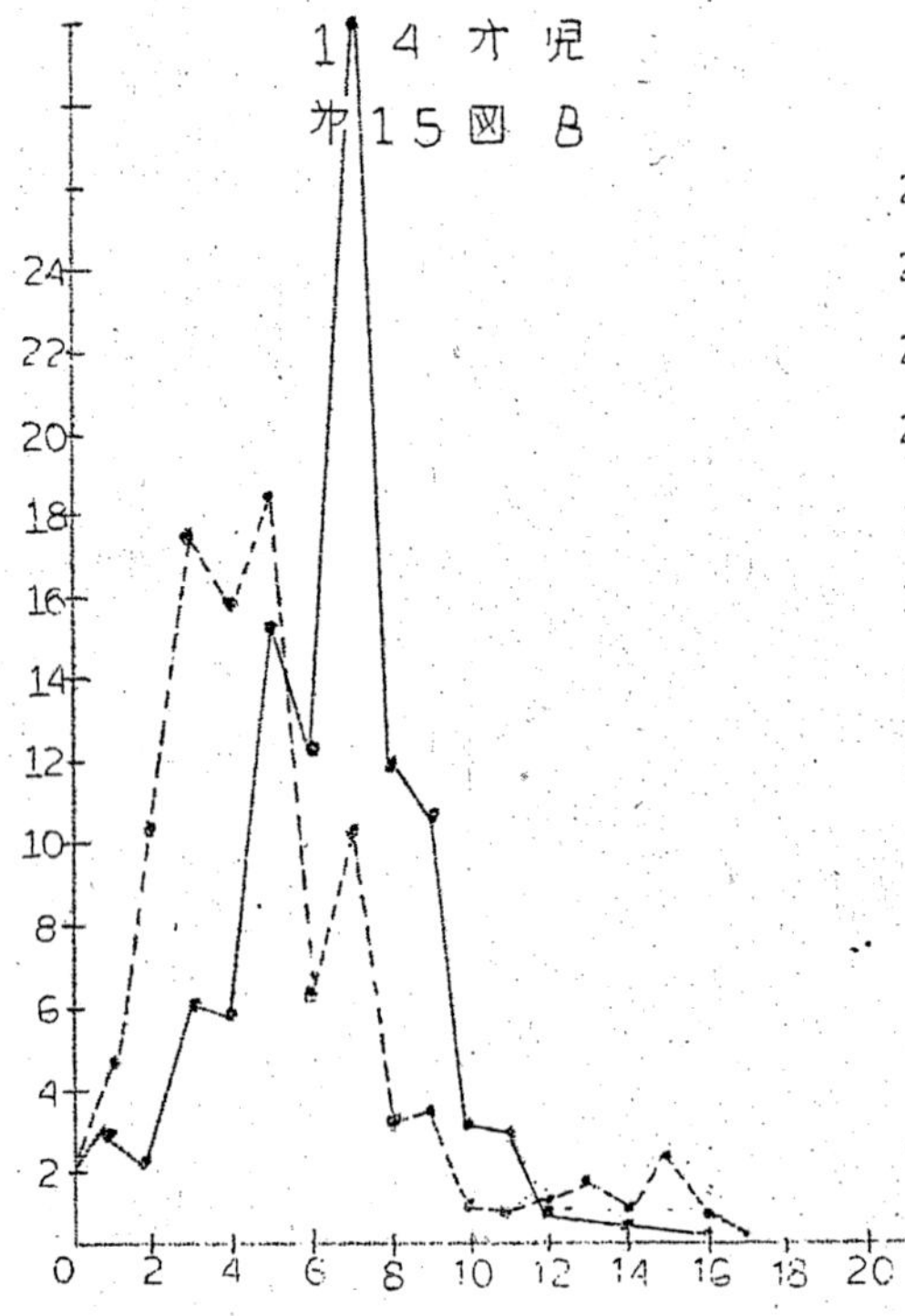

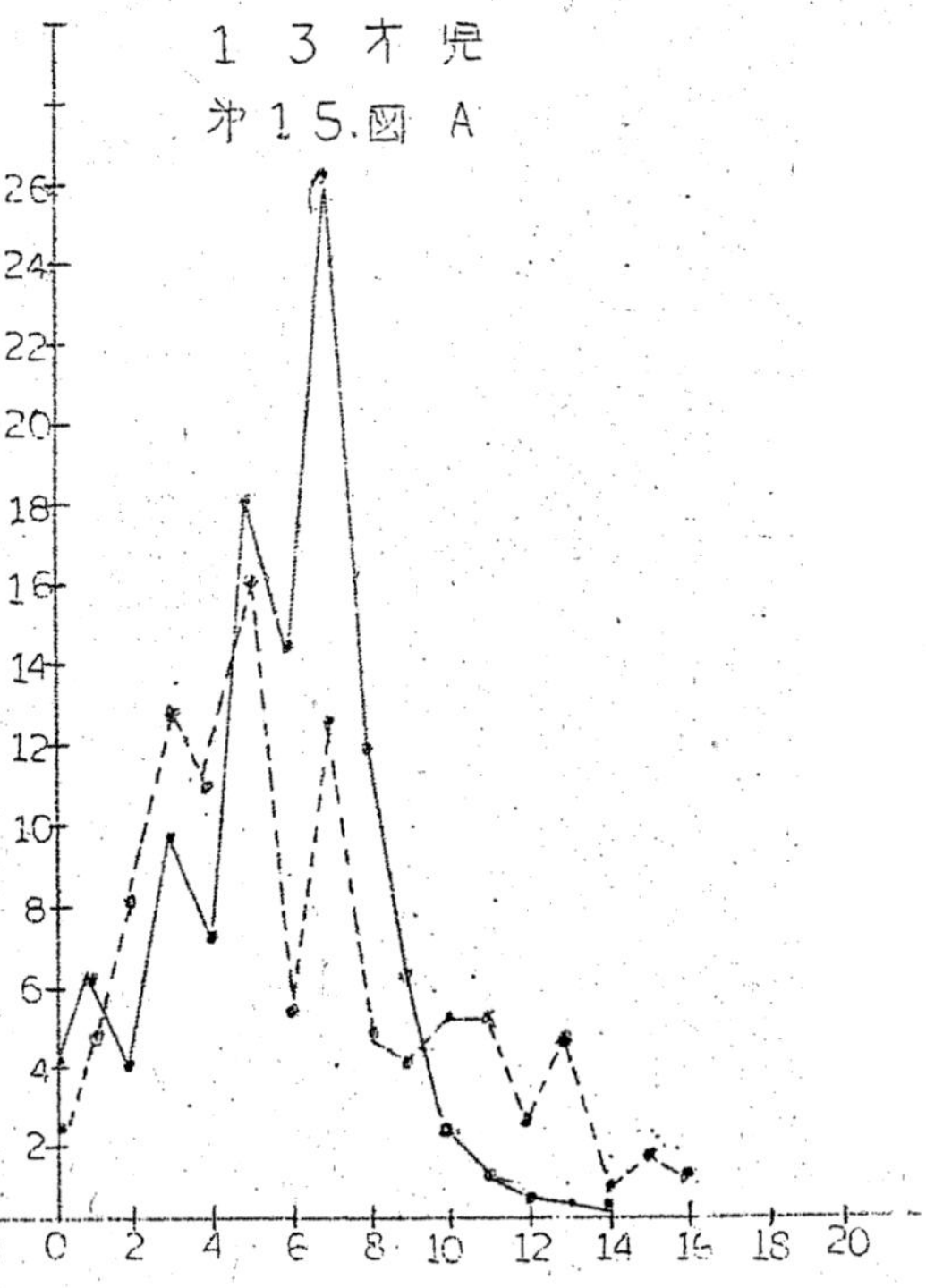

テスト９　図形抹消　（弁別力反応の速さ）

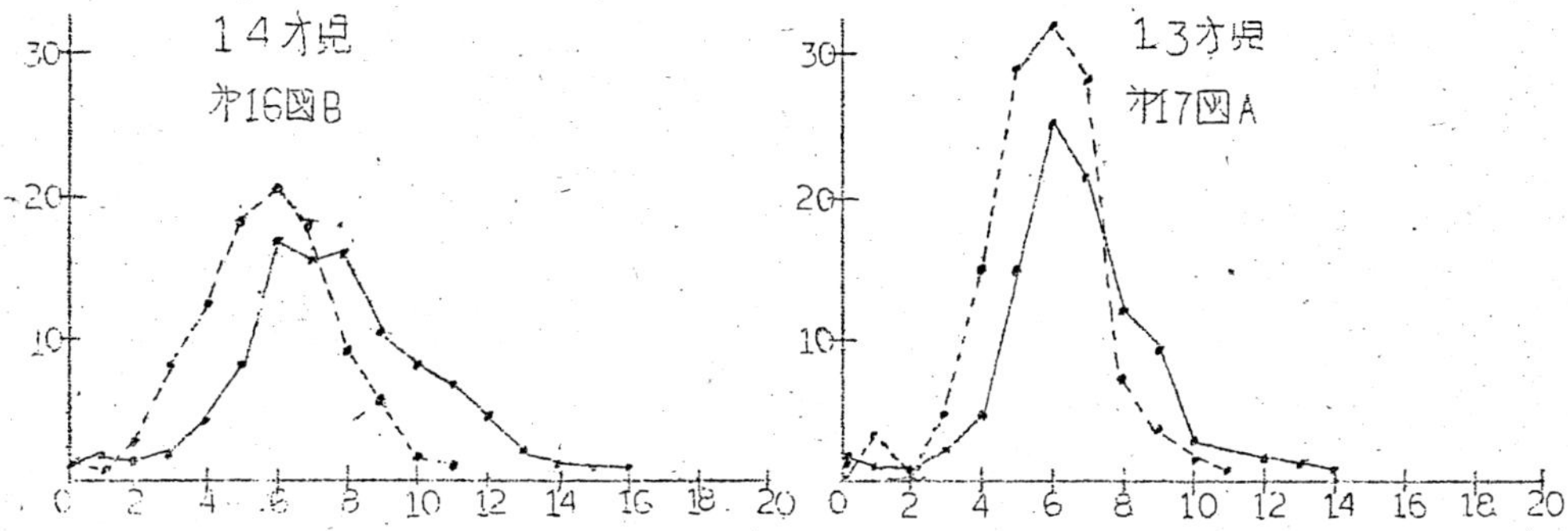

テスト１０　図形完成　（全体の認識綜合力）

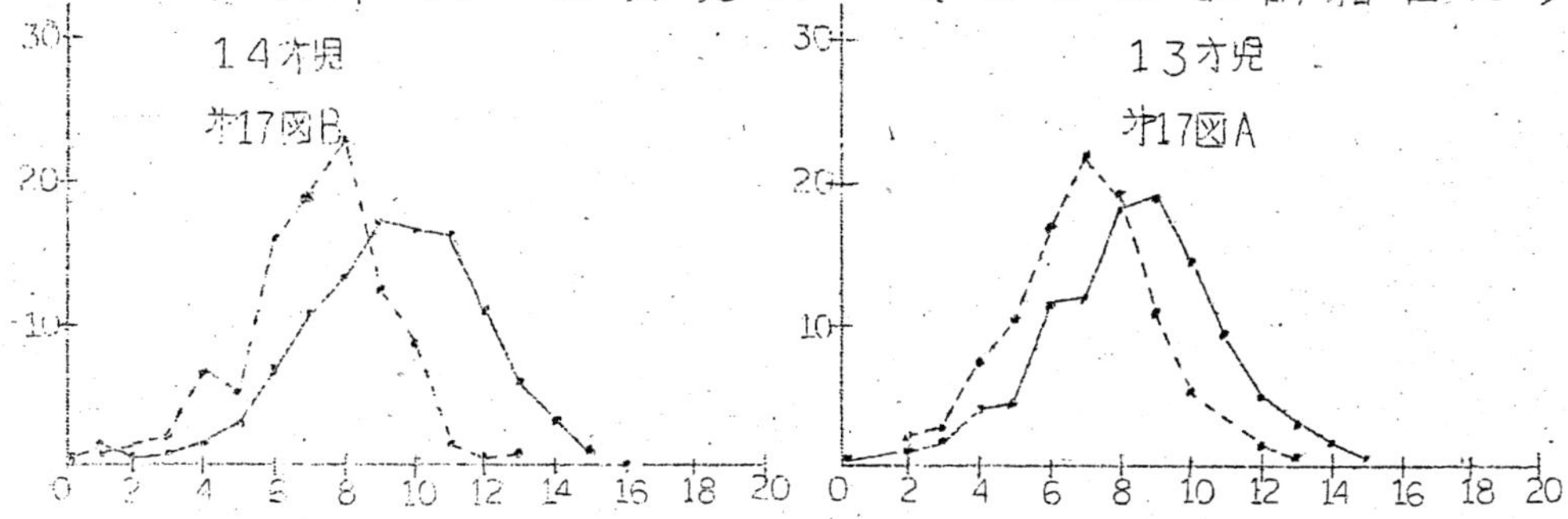

（五）知能テスト結果の利用法

◎教育指導と知能検査

知能検査を実施する場合ただ個々児童生徒の知能を知る事だけに検査を終らせてしまうことは、利用価値の高いものをあまり利用せずにおくのに等しい。

知能検査の本来の意義は知能の測定にあるが、しかし個々の児童生徒の知能の程度を知ることが出来ればその結果からつぎにのべるような多方面にわたる教育指導の道がひらけてくるのである。そこでその利用法について述べることにする

（一）学習指導に役立つこと

（A）知能と学力

知能と学力との関係はかなり密接な間柄にあり、これらを相互に切り離して考えることは出来ない。たとえば、頭の良い子供は学業成績もよく、頭の悪い子供は学業成績も悪い、しかしながら、頭の程度はそれ程よいとは考えられない子供でも非常に努力しているので、学校の成績は良いという子供もいる。

このよう考えると、知能と学力とは完全なるプラスの関係にはないがかなり高い程度の相関係があることは分る。なぜ完全なる相関係にないかといえば、学力と云うものが知能のみによつて決定されてくるものではなく、知能のほかに興味、努力、健康状態、家庭環境教師の指導など色々の条件によつて左右されているからである。このように、知能と学力とは完全には一致すべきものではないが、このずれの著しいものが教育指導上、問題となつてくるのである。

（B）個人指導

▲目標の設定

個人指導において常に考慮していなければならないことは、個々の児童生徒を定められた目標に到達できるように指導するというよりは、その子供にとつて目標とはなるべきものを設定し、その目標にみずから近ずくようにしむけることである。したがつてその一人一人の子供の目標を設定することが教育上根本的なことになるが、それはその子供のおかれている社会やそしてまた今後に来るべき社会の要求、その子供の素質性行など、色々の条件によつて、規定されるのであるが、この目標設定に当つて、知能検査の結果は非常に参考になるのである。たとえば、知能偏差値が三五ぐらいの子供に向つて、両親、兄弟などが高等学校から

大学へ進ませるように希望しているからといつて、高等学校に入学できるように無理に日夜努力されることは望ましいことではない。このように知能偏差値が三五の子供と六五の子供とが同一の目標に向つて努力することは決して良い教育指導とは言えないからである。

以上述べたように知能検査の成績は個人指導をする場合の目標の設定には大切な条件となるのである。

▲学業成績の判定

個々の児童生徒の学習指導の基準を定めるには、知能検査の成績と同じ程度に信頼できる学力検査の成績を利用することが望ましい。

今かりに、そのような学力検査が実推されているとして学力の判定のしかたについて述べよう。

学力の程度は学力偏差値が教育指導によつて表されているのが普通である。この場合は、下に示す成績値または成就指数によつて学業成績を判定するのがよい。

成就指数よりも成就値の方がより理想的である。

成就値＝学力偏差値−知能偏差値

$$成就指数 = \frac{教育指数}{知能指数} \times 100 = \frac{教育年令}{精神年令} \times 100$$

。成就値を用いて学業成績を判定するには

成就値が〇の場合……学力は知能に相応しているこの場合には学力は知能の程度であるから特にとりたてゝ考慮する必要はなく、ただ現在の状態を今後も続けられるように留意すればよいのである。

※成就がプラスの場合……学力の相対的地位が知能の相対的地位より高い。—この場合は学力が知能に比して秀れているのであるから教育的にみても別に問題はない。しかしこの値が大きい場合には、つぎに述べる点について検討してみる必要がある。

① 知能検査および学力検査が正しく行なわれたかどうかを吟味する。すなわち、検査時における身体的状態や精神的状態、検査をまじめに真剣になつて受けたかどうか、その他正常の状態を異つた条件が検査の時に作用していたかどうか

② その知能検査および学力検査が妥当性と信頼性の高い検査であるかどうかを検討する。

③ 学力の評価については学力検査の結果のみでなく、平生の成績をも考慮し、学力がはたしてそれ程優れているものであるかどうかを吟味する

これらを調べても、その原因がはつきりしない場合には、改めて他の妥当性、信頼性の高い検査を実施するのがよい。

※成就値がマイナスの場合

この場合は学力が知能に比して劣つているので教育的に問題となつてくる。特にこの成就値が大きい場合は学業不振児である。今までは学業不振児といえば、学力検査の結果とか学業の評価がとくに悪い児童生徒のことを考へていたが、各国人にそれぞれに適した目標を定めて指導していく新らしい立場に立つてみれば学業不振児とはその児童生徒の到達すべき目標に照らしてみて、学業が相対に非常におくれている児童生徒と考えるのが至当である。

成就値のマイナスの児童生徒については、教育上問題となるので、成就値のプラスの場合に述べた諸点について詳細に吟味すると共に、

〇学習指導上の欠陥　〇学習を疎止する条件の有無

〇自主性がなく、教師や父兄に依存する性質かどうか。　〇学習意欲や興味の不足。

〇教師と感情的に融和していないのかどうか。

〇興味が偏よつているかどうか。

〇性格の異常などについて検討する必要がある。

（C）学級、学校の学習指導の基準

学級や学年全体、さらに学校全体の知能水準を知りそれを全国的に標準と比較して、学習指導の基準を立てたり、あるいは学力水準と比較して全体的に学習効果の評価や指導の基準を立てたり、さらにカリキユラムの構成のための資料としたりするのである。

(二) 進学指導と職業

（A）進学指導

進学指導は、義務教育が修了する際に起る問題であるが、これについては中学校在学中から準備をなすべきである。進学指導に当つては、両親はただ上級学校の評判や名声のみにとらわれて子供の能力を十分に考慮することを忘れてはならない。また教師も両親の希望通りにさせ、ただ受験の準備などに没頭すべきではない。進路を決定すべきは生徒とその両親であるが教師は生徒と両親とが進路を決定するのに有用なる助言や資料を与えるべきである。この場合は、教師の助言や資料は学業成績や日常観察の結果高等学校についての調査資料、現在までのその学校への進学状況……などであるが、それ以外に知能検査の結果は進学指導に非常に有力な参考になるのである。高等学校教育に耐えることのできないような低い知能の者は、両親や生徒が進学を希望しても、その結果はその人にとつて好ましいものとはならない。

進学指導についての助言は、このように多方面にわたつてなされるべきであるが、その場合に知能という点も重要な要素となつていることか忘れてはならない

そこで次に鈴木信氏の調査による知能段階と教育適例との関係を示すことにする(第一表)

（B）職業指導　これまで知能検査の実際的応用面で、最も古く、かつ最も著しい効果を挙げて来た分野は、職業指導と適性配置とである。現在では専門の職業指導という点では職業適検査が作製されており、それによればどの分野がその生徒の個性に適したものであるかが分かるようになつている。しかしながら知能と職業とは極めて深い関係にあつて、知識の程度によつて、その生徒はある分野の職業では成功する見込みがあるがある分野の職業につくことは困難であるということが分かるのである。（第二表）

第一表　知能偏差値による職業適應例

知能偏差値	知能段階	教育適応例	職業適応例
75以上	優秀知能	大学を優秀な成績で卒業し得る能力	法律家(1)　技術家①　司法官①　発明家　実業家①　政治家①　大学教授行政官①
65—74	上知能	大学を卒業し得る能力。	法律家②　技術家②　司法家②　教員①　実業家(2)　政治家②　医師、歯科医師、宗教家①　銀行員①　会社員①　工場長　芸術家①　行政官②　記者①
55—64	中ノ上知能	高等学校を平均成績で卒業し得る能力。	技術家③　行政官③　教員①　行政官②　速記者、薬剤師、土建監督、職長、製図工、金属試験工、分析工、機械検査工　特殊養成工、写真師、大物組立工、実行家②　政治家(2)　会社員②
45—54	中知能	中学校を平均成績で卒業し得る能力	職場組長、木型工、大工、電信通信工　板金工、木工、化学工、通信電気工、縫工　自動車運転手、汽車電車運転手、事務員、電話交換手、機械修理工、施盤工、銅工、植字工、理髪師、看護婦、産婆
35—44	中ノ下知能	中学校を卒業し得る能力。	省略
25—34	下知能	小学校を卒業し得る能力。	省略
24以下	低劣知能	特殊学級又は特殊教育を受けるような能力。	独立機業なし

第二表　一般知能による職業選擇基準表

知能段階	知能指数	百人中の員数	一般特徴及び職業水準	知能段階	知能指数	百人中の員数	一般特徴及び職業水準
最上知能	131以上	3	創造的統率努力にてきする知能　高級専門的職業水準	普通知能下	93—83	18	ある種の平易な熟練作業に適する知能　半熟練及低級熟練職業水準
上知能	130—118	10	行政、事業、指導などの努力にてきする知能　専門的職業水準				
普通知能上	117—107	18	小規模の行政的指導的位置にてきする知能　抽象的能力を要する高級熟練機械作業をなす優秀なる能力　技術的職業水準	下知能	82—71	10	単純なる作業にのみに適する知能、監督指導を要す、文書能力による指示を理解し得ず
普通知能	107—93	38	熟練機械作業に適する知能　複雑なる抽象的能力を要する作業には余り適しない。　熟練職業水準	最下知能	70以下	3	甚だ単純なるきまりきつた作業のみをなし得る能力及びそれ以下自から方向決定をなすこと全く不可能　最低不熟練職業水準或は適職なし

本校の飼育部經營の實際

新島俊夫

はしがき

琉球に於ける中学校の職業・家庭科は幾多の山積した問題を残している状況で、特に第一類の飼育面に隘路があると思はれる例えば北部地区に於ては予算面、運営面に、中部、南部地区に於ては恋難に会い飼育教育熱の擡頭しつゝあるのを無理な輩のためにその芽を摘み取られていることは誠に遺憾である。該教科担任の先生方の声を方々で聞き苦労を察するのでありますが全住民が学校教育に関心を持ち、中学校の職業・家庭科教育振興のために、よりよき理解と協力を得たいものである。特に飼育面でかゝる困難を克服しつゝ成果を挙げている羽地中学校の実験学校発表会に於ける新島先生の発表概路を記して、この面で苦労して居られる先生方の御参考に供したいと思う。（玉城）

飼育経営の実際について

我が校に於ける飼育経営は左の点に留意して経営されている。

一、教育的立場から

イ、生徒に無理のないように、

ロ、職業・家庭科の目標を逸脱しないこと。

二、綜合的計画の面より

飼料園、にわとり、山羊、豚、養魚、炊事場との有機的連繋をとる。【二二頁、二三頁図表による】

三、飼料の確保

沖縄の経済復興は先づ畜産から、畜産の復興は如何に蛋白質を確保するかにある。

故に自給飼料を如何に確保するかがその秘決である。

（一）山羊乳で養豚、養鶏をやる。

（二）食用かたつむりで養豚をやる。

（三）牧草を利用する。

トーモロコシ。フクリンアカリファ。

ギンネム、ペルー草。

四、組織の問題

如何に計画して飼料を考慮しても組織がまずければ、失敗する。それで本校では山羊当番、養鶏当番は生徒会の飼育部が当つている。養豚当番は希望者で組織している。なるべく全校生徒にゆきわたるようにしたいが現在はクラブ活動として希望者のみにとめてある。

◎　本校の飼育教育を通じての反省をすると、

（一）責任をもつて仕事をするようになつた。

（二）整理、整頓、後始末が上手になり、又器具の清潔に留意するようになつた。

（三）勤労を尊び喜んで働く態度をつくつた。（それが即ち農村を愛する心持ちになる）

（四）飼料の大切さを知り少しの物でも大切にするようになつた。（教室に落ちた飯粒、いも皮も捨てない。）

（五）動物を愛育する精神を養つた。

（六）協同で働く喜びを感ぜしめた。（協同精神の養成）

（七）家庭生活に直ちに役立つようになつた。

△　参考のために本校の家畜飼料の配合例を示すと

※肥育豚（一二〇斤）

飼料名	数量	割合	粗、蛋白質
いも	四斤一二〇匁	七五%	〇、九八%
魚粉	五〇匁	五%	二、五%
豆粕	八〇匁	八%	三、六%
米糠	八〇匁	八%	一、一二%
ウドン	四〇匁	四%	〇、四%
計	一、〇〇〇匁	一〇〇%	八、六

尚右配合に食用かたつむり一斤、山羊乳一〇〇匁を加用すれば粗蛋白率を一〇%に引上げることができる

繁殖豚（五〇斤）

いも	二斤半	七〇%	〇、九一
魚粉	二〇匁	五%	二、五
豆粕	八〇匁	一六%	三、六
米糠	四、五匁	九%	一、二六
計	五〇〇匁	一〇〇%	八、三七

次に本校養鶏クラブ員の飼料配合例と鶏の発育調査の資料を記すと、

※飼料配合、（一ケ月ヒナ、十羽の一日分）

飼料名	十羽分数量
いも	一六匁
米糠	五勺
魚粉	一勺
野菜	〇、二斤

※配合飼（中ビナ用）　一合五勺

其他　エサゲン、焼炭
カルシウム…など

鶏の発育調査　（飼育部）

品　種	6月10日購入当時	7月15日	9月7日	10月10日	11月10日	12月10日	1月10日
白色レグホン	40匁	50匁	170匁	215匁	270匁	350匁	360匁
プリマスロック	38匁	50匁	170匁	230匁	300匁	380匁	420匁
ニユーハンプシャ	43匁	60匁	230匁	270匁	320匁	440匁	640匁
名古屋種	94匁	120匁	240匁	300匁	350匁	380匁	380匁

以上本校の飼育教育の概略を記したのであるが、職業家庭科の中に於ける飼育の基礎的技能を徹底して授けていきたい。本校に於て有機的連繫を重くみて綜合的に教育してゆくことに努力した。希くは全琉の中学校の飼育教育熱の振興に役立つことを祈ると共に、本校教育のために今後一般の御指導と御鞭達をお願い致します。又全琉の職家担任の先生方の御参考になれば幸いである。

（羽地中校教論）

詩

＝放課後＝

中城中校　小渡康慶

誰の残していつた足跡なのだろう
人気の絶えた教室の
出入口に
そして
誰が忘れていつたのだろう
ゴム製のぞうりが一つ

放課後—
今さつきまで
はしやぎまわつていた
子等は
糸の様な雨を背に
遠のいていつた
小さな雨に
しつとりぬれた黒い地面は
残り少ない修業の日の
大気を吸つて
大きく続いている。

五五、三、六

食用　かたつむり

水分	粗蛋白	粗指肪	炭水化物	粗灰分
80.5	16.3	1.4	0.5	1.3
固形物	83.8	7.1	2.3	6.8

（バーランド氏分析による）

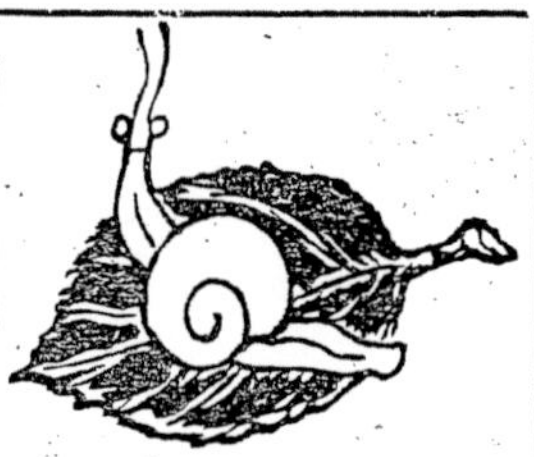

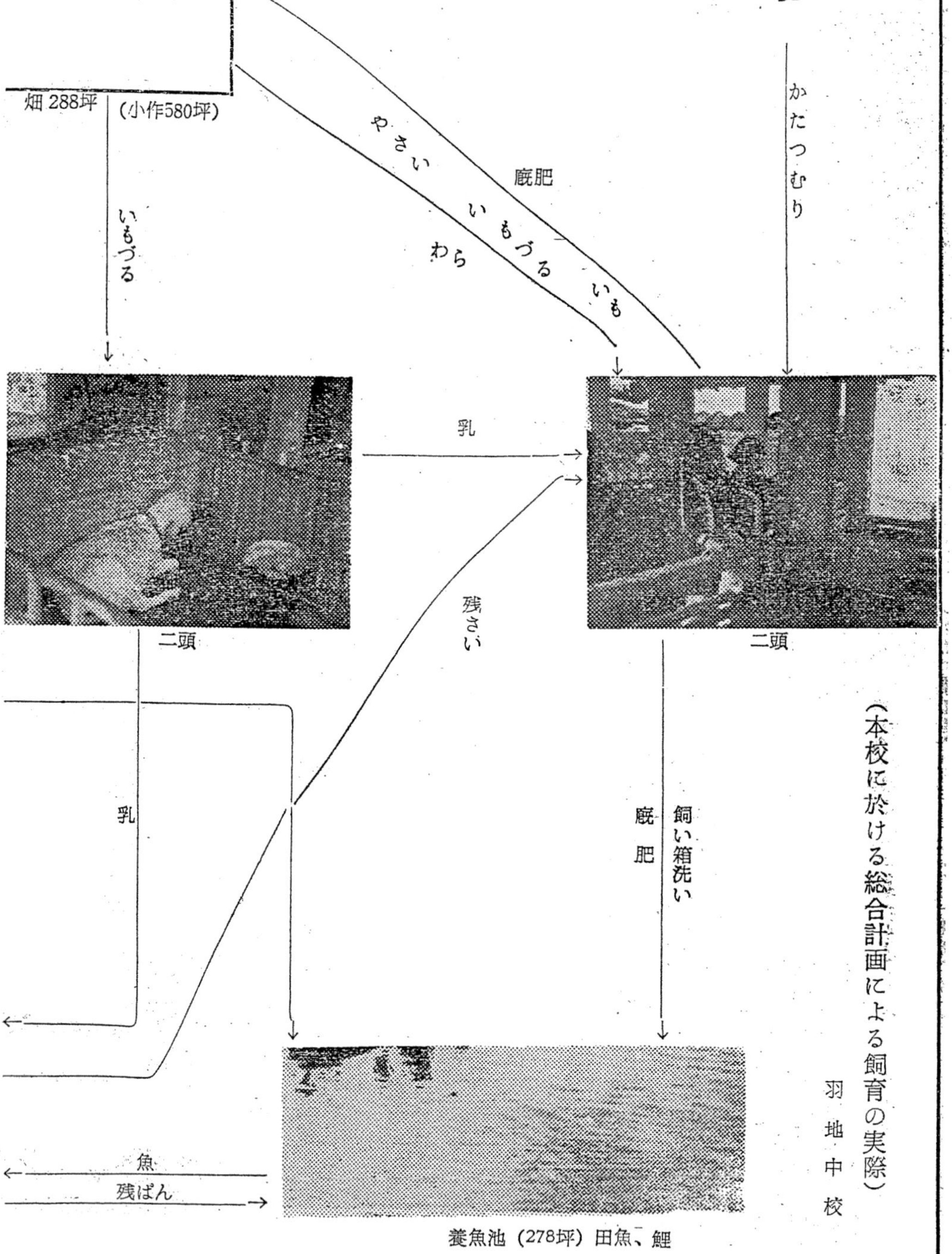

（本校に於ける総合計画による飼育の実際）

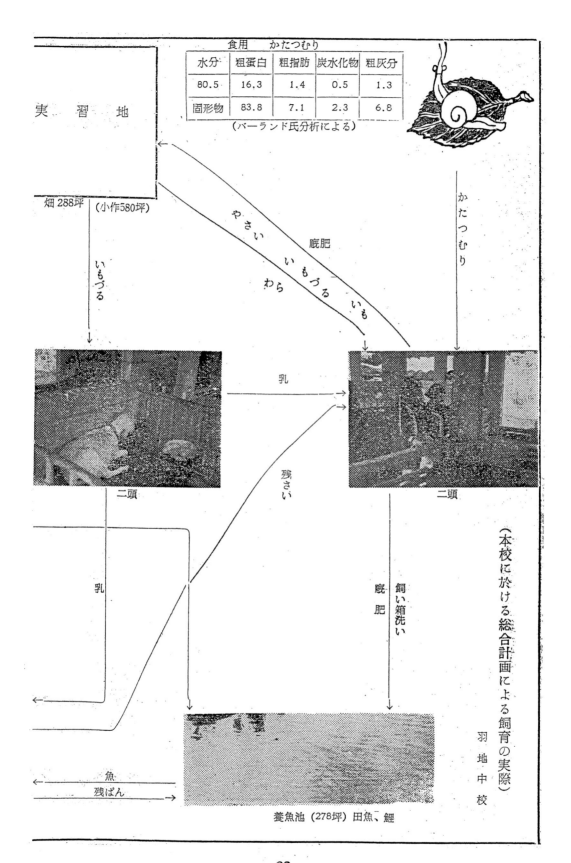

羽地中校

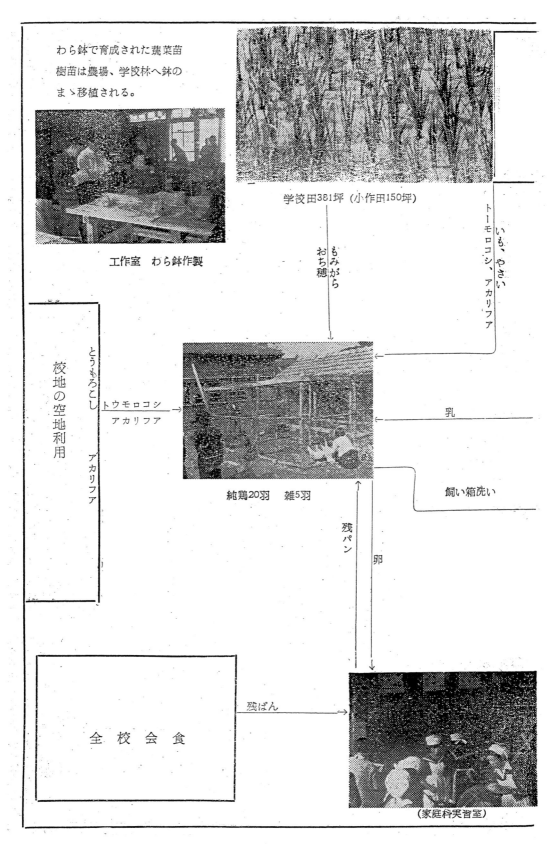

わら鉢で育成された蔬菜苗樹苗は農場、学校林へ鉢のまゝ移植される。

工作室　わら鉢作製

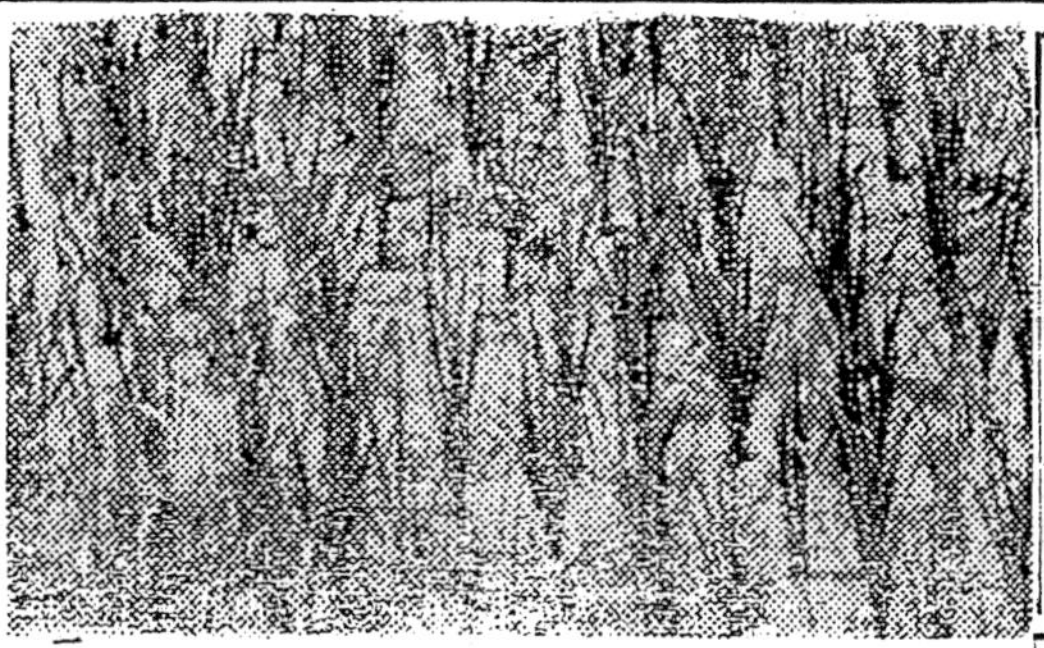

学校田381坪（小作田150坪）

もみがら
おち穂

いも、やさい
トーモロコシ、アカリフア

校地の空地利用

とうもろこし
アカリフア

トウモロコシ
アカリフア

純鶏20羽　雛5羽

乳

飼い箱洗い

残パン

卵

全　校　会　食

残ぱん

（家庭科実習室）

私の讀書指導

当原しげ

六月一日、待ちに待つた開館の日、どの子もどの子も自分のこのみの絵本をむさぼり読んでいます。体操といえばごはんより好きな子供達でございますが、図書館へとなるとそれ以上の大喜び…

那覇という所がどんな所で、何処にあるか、場所も方向も全くわからない、けれども是非行きたい、又行かなければならないと手も足ももがいている子供の如く、唯やろう〳〵ともがくのみで「読書指導」ということについては何をどう指導して行くのか全く無知な私でございました。或る晩家でその話をすると何時求めてあつたかわかりませんが、阪本一郎氏の「読書指導」の本を本箱の中から出してくれました。積読癖の主人に度々不平をこぼす私でございましたが、その時は本当に有難く思いました。その後、一生懸命読んでいるつもりではございますが、何しろ六時限の授業を終え教材研究をしたり教案を書いたりしているうちにはや五時という工合で気をあせりつゝも足ぶみの連続でございました。

どんなことをどう指導するか遅くとも一学期末までには指導の計画を立てなければいけないと思いつゝ何時の間にか夏休みも過ぎ去りました。

幸福な子供達は、先生の悩みなどつゆ知らず、相変らず楽しそうに絵本を読んでいる子、冒険ものを読みふけつている子、偉人伝の厚い本を手にしている子それ〳〵皆一生懸命です。

理論はともあれ、とにかく「本をすきにすることだ」ということをモットーに本の全文を要約して聞かしたり、或は一部を読んで聞かしたり、書評を掲示板に書いたりして本をすゝめました。又読書クイズをやつたり、読書暦を書かすなど読書意欲をそゝるように努力致しました。

読書の幅を広め、深さを深め、高さを高め、子供の読書生活を拡充してやるには、読みつぱなしではいけないと思いまして、九月の上旬学校売店から国語ノートを買い求め滑川道夫氏考案の読書ノートの形式で線を引いて、全児に配りました。新しいノートを手にした子供達は「あらまし」「かんそう」なんて全く何を書くのかわかりません。日本の子供達の読後感を読んで聞かしたり、写させたりして、ていねいに指導したつもりなのが、いざ書してみると、本の一部をまるうつししてきた子、「あらまし」をすじの通らんことをノートの二、三枚を書きならべた子、それを読むのに私はへと〳〵でございました。

はじめの程は、読んだ本を持つてきて、どんな事が書かれていたか、どこが面白かつたかなどお話し合いをしてそれをノートに書いてごらんと一人一人の子に指導致しました。ノートのために読書ぎらいにしてはいけないと思い、読書ノートはすゝめる程度で強制はしませんでした。

お互同志図書を紹介し合い読書意欲をそそるいみで「この本はどういうことが書かれてとても面白いから読んで下さい」などと書いて、「郵便ごつこ」をさせましたら「あらまし」や感想などむづかしいと、読書ノートに書くことをおつくうがつていた子供達も、非常に喜んで書くようになり、中には次のようなよいのも出ました。

ラベル	書名本の名		著者名（かいた人の名）		
読みはじめた日	月　日	読み終つた日	月　日	ページ	
この本のあらまし					
読んだあとの感想					

五年　新城安雄

読書のあとで　堀内輝三著

「読書のあとで」の本は読書のつけ方である。

この本のあらましには、「本を読み終つてその日に読書記録をつけたものと、読み終つて二、三日ぐらいあと記録をつけたものとくらべてある。けれども、やはり、読み終つてすぐ記録した方がよほどよいと見える。それで私も読み終つたらすぐその日で記録しておこうと思う。…又、先生が？……記録しておきなさいとおつしやるから、いやいやながら記録するというのでなく、読む時には何のことも考えないで読み記録する時には、ゆかいそうに記録するという所など役立つた。？…ですからみんな、もう一度よんで見て下さい。？

（原文のまま）

子供達が書いたのはたえず展示するようにしました一番知能も読書能力も低い（遅滞児）名前も平仮名も十分に書けないHさん（男子）が、自分のものが展示された事を本当に喜んだとみえまして、先生文も書きましたと持つて参りました。

こめのできるまで　五年　H生

私がよんだものは、「こめのできるまで」という本をよみました。このほんはとてもおもしろい本ですからみんなよんでください。

わたくしがよんだかんそうは、これでおわります

（原文のまま）

本当に此の子がこんなにかけたかと思うと、唯々嬉しく抱きしめてやりたい衝動にかられました。私がくばつた読書ノートなど何処へ行つたやら……再三買うようにすすめても、うんともすんともなかつた子が近頃は「先生私は家で此の本を読んできましようね」などと、今まで余り口もきかなかつた子が親しく話しかけるようになりました。最近新しいノートを買い、読後感を書き先生先生と職員室にまで持つてくるようになりました

本が好きになりつつあるHさんの文

わたくしはなぜすきになつたか

わたくしはいちばんはじめは、まんがえほんをよんでいたが、いまは、たんこうほんもよくよむようになつています。わたくしは、いまは、はやくよりよくよめるようになつています。わたくしはたいへんべんりだと思います。なぜかと、としよかんができているからです。

わたくしは、はやくよりよみがはやくなつていますおもしろかつた本は、うちゆうせんそう、せむしのこうま、こめのできるまで、

わたくしは、はじめはせんせいに、これをよみなさいといわれていましたがいまにいまは、いわれなくてもよめるようになつています。

（原文のまま）

「あらまし」感想など何を書くのか全くわからず、書くのをおつくうがつた子供達が今ではノートを提出するようにいわなくても、先生、先生と持つてくる子が多くなり私はそれを読むのが楽しみになつています

子供達の読書ノートに対する気もちを調査した結果次のようになつています。

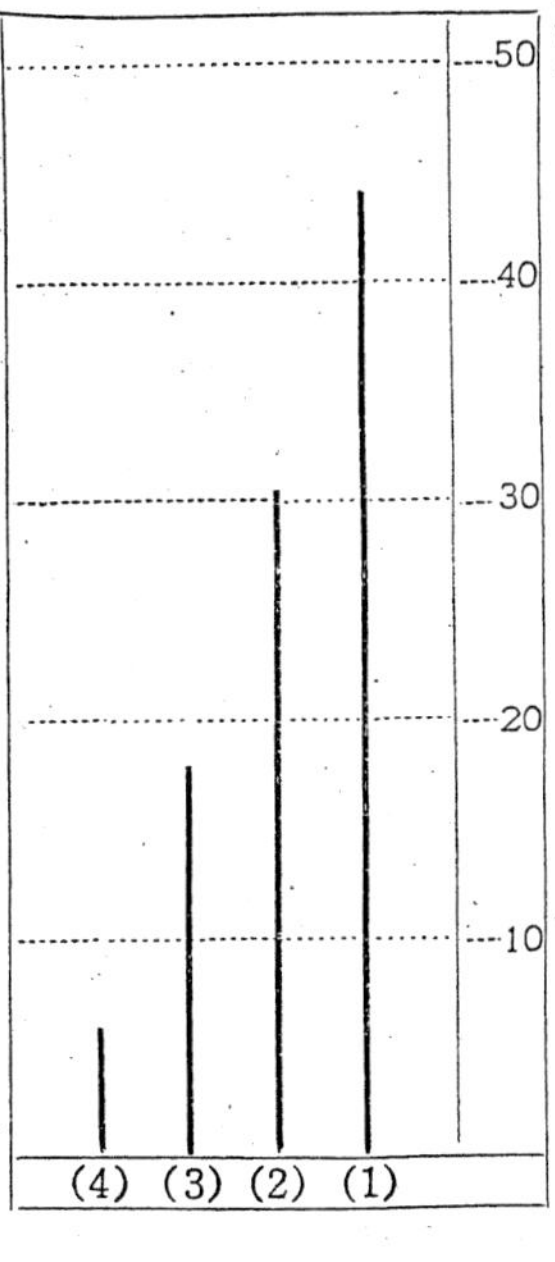

「設問」

「読書ノートに対してあなたはどう思いますか。

(1) 書くのば楽しい

(2) 書くのはためになるから書くようにつとめている

(3) 書きたくないが先生がいいつけられるから書く

(4) 書かない方がよい

子供達も本が好きになり軌道にのりつつあるような感じが致しましたので読書の領域を広くし、かたよらぬ読書をすすめるよう学習に関係のある研究のための読書にむけようと思い月末には次の様な表によつて反省をするように致しました。

又、毎日の図書館利用調べに教養娯楽のための読書をした時は、○印、研究のための読書をしたときは◎印をつけるようにしたら、「先生この本は、◎ですか」なんて聞く子が多くなり百科辞典、年鑑使用が目立つてふえるようになりました。一月頃までには、読書の

（　）月分どくしよのあと

（　）年　（　）名前（　）

分類	0	1	2	3	4	5	6	7	8	9	E	雑誌	小計	計
読んだ本の冊数														
各分類の内訳														
反省と希望														
図書館の利用	たのしみのため									回	計			回
	研究調査のため									回				
反省と希望														
備考														

領域も全分類にまたがるようになりました。

一学期に比較しますと、大部読みの速度も速くなつているように見受けられます。

はやいのは、「三〇〇頁位の厚い本も一日で読んでしまいます」などとほこらしげに語る子供達、作業中や休み時間の子供達の話題は、本の内容や著者の話でもちきりでございます。これからうんと読んで子供達の仲間入りをしたいとりきんでいるのでございます。

尚教師が本についての研究をしなければ、子供達の興味と能力に応じた適書を与えることも出来ず、真の読書指導はできないと思うのでございます。

（新城小学校教諭）

一年生の作文指導の歩み

美里小学校教諭　石川哲子

私は経験も浅く、特にむずかしい一年生の指導にたくさんの悩みをもつて毎日の教壇に立つております者で、皆様方の前に発表できるような研究や実践というほどのものではありません。私はここで悩みながら、これまでやつて参りました一端を皆さんのまえに申し述べまして御指導を仰ぎたいと思います。

私の学級は男児二十三名、女児二十一名、計四四名であります。入学当時はこちらから話しかけても頭を縦にふつたり横にふつたり身振りで返事をするのが大部分で進んで話しかけてくれる子はたつた三名でした。そこでわたくしは、まず子どもと仲よしになつてやりせめて私にだけは何でも話して呉れる子にしたいといろいろ考えました。休み時間になればいつしよに遊んでやつたり、暇さえあればこちらから問いかけて、どんな聞きづらい話でも気長に聞いてやり、できるだけおしやべりをさせようと努力致しました。授業の終りかける頃から雨がふりだした場合等、父兄の方が雨具を持つてこられるまで、教室に残し、最後の子まで、淋しがらせずに、おとぎ話を聞かせたり、家庭のことを問いかけたりして、子供のおしやべりを楽しみに聞きました。

例。せんせいわたしはせんせいのなまえがかけるよとうちやんからならつたよ。

。うちのとうちやんかんじで先生のなまえがかけるよ。

。せんせいうちのとうちやんはいそがしいから母ちやんがくるはずね。

。父ちゃんの大きいかさがりてくるはずね。
私のことを、無意識に母ちゃんと呼ぶ子もおります他の子が笑うと、顔を赤くするような場面がありましたので、

「せんせいは学校ではみんなのお母さんよ。だからおうちのおかあさんと同じようになんでも話してちょうだいね」

といいきかせてからは、平気になり、自慢話や家庭での出来事等遠慮なく話してくれる様になりました。時には、おうちの人が聞いたら顔を赤くする様なことまで話して呉れることもあります。

毎週月曜日の第一時限目に「昨日のこと」をおはなし合いをすることにしておりましたので文学表現への興味を持たせる方法として子供たちの話の中から、割合におもしろい話を板書してみせたり、しました。

こういふうにして一学期の終りに行つた調査の結果五十音を読める子が大分ふえたことが解りました。

これまで言葉によつて表現されて来た子供の生命力をそろ〳〵文章によつて表現させていかねばならないどうすれば子供たちの書くことへの障害を感じないようにして、自主的に書く興味と必要を持たすことが出来るかということが私の大きな悩みで、夏休みにはいつたのです。八月の中旬に一人の子供からおもいがけないたよりが一通参りました。どこから、どうはいればよいのかと迷つていた私は手紙から入つていくことがよいと思いつきました。そして、子供にやらせる前にまず私がやるべきだと思い、文字の続めた数名の子供を相手に手紙をかきはじめました。子供たちが喜んでよんでくれれば、それでいいのだと、こう思つてはじめたのですが、意外に二人の子供たちから返事が参りました。

例、せんせいおてがみありがとうございました。　（原文のまゝ）
ぼくもげんきでまいあさべんきようします。
べんきようしてからかずよしをおんぼしてあそびます。たいへんおもたいから、おかあさんにとらしてすぐおともだちのうちにげますよ。
せんせいきようはあめふりであさからそとへでられないから、せんせいにてがみをかきました
なにからかくかわからない
おかあさんにしかられた。まる三かいにかきました。はやくがつこうでたいな。
せんせいさよなら、
かずき、
せんせいへ、

こんなてがみではございましたが私はうれしくてたまりませんでした。中味は別として誤字、不正語の多いたどたどしい文をせい一ぱい書いたその子供たちのひたむきな気持がありがたく、ただ嬉しいばかりでした中には私の留守中にわざわざ家に届けた子もおりました。生れてはじめて手紙をもらう喜び、そして一日もはやく返事をとどけようという子供の気持、私は子供によつてはじめて教えられました。そして、お手紙おくつてよかつたとつく〴〵思いました。こういう子供たちによつて私は一層勇気付けられました。それから第二回目に八枚のハガキを送つてみました。四、五日して三枚の返事が参りました。もちろん返事をくれない子も多数おりましたが、一人二人と次々ふえて参りました。

二学期になつて私は紙の箱で作つたポストを使用させることにしました。小さい箱なので、すぐ、一ぱいになつて入らないといいだして来ました。

そこで大きい箱と取りかえてやりました。そろそろ私の方が嬉しい悲鳴を上げる時が参りました。子供たちは書いてくると、早速返事をねだるのです。返事は出来るだけ、その日でかいてやる様に努めたのですが十通あまりも一ぺんに来られては、とてもやりきれません。時間の都合でもらえなかつた子供たちは、がつかりして不平をこぼします。今すぐかいてくれとねだるので、とうとう私の方が負けて書いてやるようなこともありました。

この手間のかかる仕事を何とか、いい方法はないかと悩み、ややともすると諦らめようとする心「もう一息だ」。と自ら鞭打つてはげんできました。

学校で出来ない分は、うちへ持ちかえり、夜の暇を利用してやり、出来るだけ、子供に満足感を与えようと努力致しました。

九月十三日、子供たちの手紙の中からお友達へあてたのが一通だけ、はいつているのを見つけました。

「えみこさんきのうね、わたしは、おかあさんと

おいわいにいつたよ。ごちそうもたくさんたべたよ。とてもおいしかつたよ。えみこさんは、おうちでなにをしたの。きかしてね。

さようなら」

これこそ、私の助け船だ、こう思つて子供たちの前で大いにそれを賞讃致しました。これが動機づけとなつたのでしよう。それからというものは、私の手紙よりもお友達へあてた手紙の方が多くなり、お蔭で今までの重荷が大分軽くなりました。それにもまして嬉しいことは、お友達から来たお便りをよんでいる子供たちが、お互いに、誤字、脱字、読みづらい文字を教え合つているのです。こういう所で子どもだちは自ら文字に対して気をくばるようになるのだと思いました。そして、「私から五回も送つたけど、三回しかもらわないよ」あしたは、かならずおくつてやるよ」などと盛んに話しているのを聞いても愉快でたまりませんでした。

しかし、こういうふうにして、手紙のやりとりをしている児は、三十名、たらずでありました。入学当時で児童の発育の個人差が、五ケ年の開きがあるといわれておりますので、私はできるだけ、無理をさせないようにしてきました。いつかは喜んで書いてくれるだらうということを常に念頭におき、あせらず着実に発育させるようにやつて参りました。

おくれがちな子供には「○○さん、今日はよく勉強したね。せんせいもたいへんうれしいよ」「今日は誰よりも早く学校へ来たね。あしたも一ばんになりなさいよ」といてやつたりして別に返事も要求しませんでした。

九月七日の朝こしかけが一脚だけ、よごされて、おりましたので、洗い流すために池の所へ運んでありました。それを男の子に運んで呉れる様に頼んだら二人で早速頭にのせて、教室の中へはいつてきました。一人の女の子が、

「あれ、おかしうりがはいてくる」といつてみんなを笑わせました。私はさつそく

「かずきさんとまさみさんがこしかけを頭にのせてはいつてきました」。

「あれ、おかしうりがはいつてくる」とひろこさんがいつたので「あははは。」とみんなわらいました、と板書致しました。子供たちは「おもしろいね」といつて何べんもくり返してよんでいました。「このように、そのまま、みたとおり　したとおりを、字でかいていくとこんなにおもしろいおはなしになるのね」といい私たちの周囲にお話がいくらでもころがつているのですよと知らせてやりました。

しばらくすると、「せんせいおかあさんと十じろへいきました。てんぷらもたべました。ゆうがたかえつてきました」とノートに書いてもつてきた子がおりました。

「はらね　ひろこさんのかいたようなお話もあるでしよう」といつてたいへん賞めてやりました。

ひろこさんがうらやましくなつたのでしよう

「ぼくもあしたかいてくる。わたしもかいてくる」と云い出して来たのです。

ノートに書いてくる様になつたのは、これがはじめてでした。書いてきたものをみると、どれも、題はなく、やつたことの羅列ではあるが、生活を書いてありました。子供たちは今でもお話とよんでいるのです。

十月十九日に教室で全員にはじめて書かせました。国語の教材にある動物園から発展し、家畜の事を話し合い家畜に対する経験等を、かかそうと決め、そして二、三人の子供の話したままを板書して読ますと、子供たちの中には「ああ、そんなものか」といつているのもいました。大たいどういうものを書くんだなということが解り、「せんせい書いていいでしよう」といつてきたのでじや、こまつた時は先生にきいてちようだいね」といつてかかせると「せんせいいぬのぬは、にわとりのわは、しんだのだは、といつて、身動きも出来ない程つきまとつて来ました。私はその文字を、次々黒板へ書いてやりました。そして、まがりなりにもどうにか、みんなかいてくれました。その結果を取り上げてみますと、

例、おやどりが、二ひきにひよこが一ぴきあるよ。
ねこもいたけれどにげたよ。いぬもいたけどひとにぬすまれたよ。あひるもいたけどみんなでたべたよ。

こういうのもありました。中には、私の板書したのが禍いしたのか、次の様なのもありました。

いぬ、にわとり、ぶた、うし、

字数で申し上げますと、最高一〇八字、最低が十二字平均六二字、となつております。

書けない子供と申しますと

△おしやべりは上手だが思う様にかけない
△文字の抵抗による場合、
△書く喜びがない場合、
△なにを書こうという場合

いろいろありますが、そういう子供たちには、直接話し合いその子供が話してくれるなりに、最初に私が書いてやり、文字の読める子には、何べんもくりかえしよませてからノートさせ、読めない子には、読んでき

かせたりしてその子の欠陥を見いだし、その指導からやりつつあります。こういつた作文以前の問題をもつと考えなければならないことを知りました。しかしそういう子供たちも、作文を書く機会を多く与えることによつて読めなかつた文字が読め、書けなかつた文字が書ける様になつて参りました。そこで私はできるだけ多く、書く機会を持つことだと思いました。

日頃から、おしやべりは、上手でありますが字をかくのがおつくうで二、三行かいたら「お家でかくよ」という子がいますが、作品をみますと、必ず途中で終つたり、肝心な所をぬかしたりして、おしやべりする三分の一も表現することが、出来ません。きつと、運動機能が不充分であたまの中にある思想をおうてかくべきのが筆よりも、頭の方が先になり、思う様に文が綴れないので、書くのが、おつくうになつたのではないかと思います。その子が、十一月になつてから

「せんせい、お話かいてきたよ」と私の所へノートをもつてきました。みんなの前でほめてやつて、板書しようとすると、「せんせいあのね、おいも上げたらおともだちしようね」といつたよ。「これも入れた方がいいね」というのです。やつぱり頭は許しても筆が許さないというのは、こういう子供のことかなと、思いました。「そうね、じや、どこへ入れた方がいいんだらうか」といろいろ話し合い子供のいうままにかいてやりました。そして、

「さつきよりも、いまの方がとうちやんと、おともだちになつたことが、すぐわかるね」というので「そうね、よくおもいだして、くわしく書いていくとだれがみてもすぐわかりますね」といいました。

　　せんせい、わたしはとうちやんとおともだちよ。
　　おいもあげたら、おともだちしようねといつたよ
　　だけどどこにもつれていかないよ。

これだけでした。「おとうさんは、区長のおしごとでいそがしんでしよう。それで、みえこさんつれていくことが出来ないのよ。いつかきつとつれていつて下さるよ。その日を、まつておくんですね」といつてなだめてやつたのです。どんなまずしい文でも、ほめてやる事を忘れずに致しました。なにをかいたかさつぱり、けんとうのつかないお話でも最初にその子にどういうことをかいたのかと聞き、その要点をつかみ、みんなのまえで聞かしてやる様につとめ、書いて来た生徒には常に満足感を与え、又、明日も書いてきてやらうと思わせる様に努力致しました。

最初の間は、「先生、何をかくの、わからないよ。何もかくのがないよ」等と、殆んどの児童が、もらず言葉でいや／＼ながら、本当に仕方なく、書いている子が大多数おりましたが、そういう子どもたちの中からも、今では、喜んで書いてくれるようになりました

それから、朝の自習時間の二十分を利用し、子供たちの作品の中に観察のこまかい表現があれば、板書して、読ませたり、考え方感じ方のよい所等ノートさせ又、語いを豊富にするための言葉あそび、例えばしりとり、上につくことば、いろはかるた、等をたえずやらせました。又、文章をたくさん、読んでやることだと思い、暇さえあれば、児童のよい文章を、読んでやつたり、児童にも自由に読ませたり、して、実際の文章を通して、うなずかせる様に致ました。

動物のことを書くときは、動物に関する作文を取り上げて、よんでやると、ー「うちにもにわとりがいるぼくがえさをやるんだよ」「うちには、ぶたがいる。やがて、あかちやんをうむよ」等と家畜に対する関心を呼びおこさせる。それなら、私にも書けるという動機づけになり、進んでかいてくる様になりました。

ちようど学校図書館に当真先生に選んで頂いた参考書がたくさんありますので、資料はいくらでも得られました。今では私が要求しなくても、休み時間や、お家で書いてくる様な、子供も二十名近くもおります。この中に、たつた一人だけは、千字あまりも書くことが、出来ます。教師である私が、もつと作文を見る目があつたならば、子供たちの文章表現をもつともつと伸ばすことが出来るだらうと思うと、自分の能力の足りなさをせめずにはいられません。

環境は人を作るとよく云われておりますのでせめて児童の学習する場である教室環境の整備だけでも、自ら学習したいという意欲をもりあげる様に整えたいと思うのでございますが、掲示物も、思うように出来ない教室に於いては、毎朝運んできては、掲示し、午後になると取りはずして保管する現状であります。特に下級生に於いては視覚からうつたえるその影響は大きいものですから、出来るだけ、早く子供たちのための教室、設備の出来る教室を痛切に感じます。

一年の作文は、口頭作文から、初まるのでございますから、おそくとも、入学までには、共通語が自由に使える様にし、児童にはクレオンを与え、自由に使わしておくと、書く抵抗がいくらか、まぬかれるんではないかと思います。範囲が広くて、まとまりのないことをのべましたが、すべてに於いて未熟でこれから、やつていこうとする所でございます。諸先生方の御指導をお願い申し上げて終りたいと思います。

（美里小学校教諭）

文化財保護強調運動を回顧して

玉木芳雄

二月十二日から三月十一日まで一ケ月間、沖縄本島(名護、石川、那覇)宮古、八重山の五ケ所において文化財保護法の趣旨徹底のために、講演会、映写会、文化財の移動展示会等を開催して一般住民の郷土文化に対する認識と理解を深め、琉球の文化高揚に努めたのであるが、此の行事を通じて住民一般の方々は勿論指導者の中でも色々の事情で認識の欠除した向があることを反省させられたので、此処に改めて立法の趣旨と、その基本的構想、並びに今回実施した行事の概要を述べて、反省の資料に供したい。

戦前沖縄には、首里城、円覚寺、崇元寺、同石門、弁か岳石門、園比屋武御嶽石門等二十三の国宝が指定され、更に普天間街道の松並木、識名園育徳泉のちすじのり、琉球近海のジユコン、慶良間の鹿等は天然記念物として指定されていた。

それらの価値高い文化財は広く内外の文化愛好の士から賞讃の的となり、その活用は琉球の文化向上発展の基礎となつていたのであるが、今次の戦禍によつてその殆んどが滅失、き損し、その原形をとどめるものが少なく、僅かに一部分を残す状態になつたことは遺憾に堪えない次第である。

それで現在琉球各地、及び日本々土は勿論、遠く海外に散逸している、これらの文化財を収集し、或いは調査、研究してそれを指定し、保護、修理管理等の対策を講じ残存文化財を保存し、活用することによつて琉球の文化向上の基盤に培うことは焦眉の急務である然るに現状は、稍々もすると不用意に貴重な文化財が破壊され、或は流出する等の傾向があるのでこれを防ぎ、住民の文化財保護についての深い理解と認識を図り、文化財保護対策の完璧を期することが、本立法の趣旨である。

此処におこがましいようであるが、文化とは、文化財とは何かと云うことについて、今一度考えて見たい更にそれをなぜ大事にしなければならないかと云うことを考察して見ましよう。

「文化とは、自然に対する語で、与えられた自然を材として人間が一定の目的(即ち価値)に従つてその理想を実現せんとする。過程の総称で、此の過程の所産を文化財と云う」。とされているが、本立法の対象となる文化財とは何を指しているかと云う意義について解説を試みたい。

文化財を一般文化財と保護文化財に区別することができる。

。一般文化財の意義

今日の文化は、過去における人類の文化的営みの結晶の集積であつて、いはゆる文化の遺産の上に成り立つているものである。それは過去の人類の一人一人の人格の発現、感情の流露、理智の創造発見として産み出されたものであるが、その所産は、これを産み出した、個人の生命を越えて、後世に伝えられ、感動せしめ、更に新たな文化創造発展の契機となる。

こうして無数の文化的所産を通じて、直接間接に文化は拡充され、進化したものである。人類によつて、人類生活に役立つものとして、造り出されるものは、文化的に価値のあるもの、即ち広い意味における文化財と云うことができよう。

。保護文化財の意義

今吾々が立法で保護し活用を図り以て住民文化の再建に資したいと云う文化財は、右のような広汎な漠然たるものでなく、それらの中から特に琉球の文化の伝統と精髄の理解と民族精神の感得に直接役立つものとして左記の範囲に限定して保護文化財としてある。

。有形文化財

一、建造物、絵画、彫刻、工芸品、古文書、典籍、筆跡、書跡、民俗資料その他の有形の文化的所産で、歴史上又は芸術上価値の高いもの及び考古資料となるもの。

。無形文化財

演劇、音楽、舞踊、工芸技術その他の無形の文化的所産で、歴史上又は芸術上価値の高いもの

。史跡、名勝、天然記念物

史跡とは歴史上重大な事件や各種の施設の跡、墓碑

由緒ある地、伝説地、考古学上重要な遺跡など有史前の有様又は主要な史実を解明するのに重要な手がかりとなるような遺跡や土地と結びついた施設である。
　名勝とは郷土の自然美を代表する著名な景観地をいい、自然美に人工美を配したものも含まれている。
　天然記念物とは動植物及びその生態、地質鉱物及びその現象などで、郷土特有のもの、著名なもの、珍奇なもの、稀少なものならびにその有する地域などである―が、特に未開拓な面で、埋蔵文化財としての貝塚は、貴重な資料が多量に残存するものとして学界から注目されている。
　琉球の文化財保護法の母体となつているものは日本の文化財保護法である。日本の本法が七章百三十条からなつているのを圧縮して六章五十一条にしたため、相当無理な点が生じ、ぬけた章条の持つ精神をくんで法の適用を図らなければならない所に、苦労が多いが基本的構想は一にしてあるので、充分御理解を願いたい。
　第一は〃文化財保護対策範囲の拡大〃
　戦前日本文部省によつて、保護されていた国宝や、史跡、名勝、天然記念物の外に無形文化財と埋蔵文化財を保護対策の中にとり入れてあること。
　第二は〃行政機構の確立〃
　文化財保護行政の妙味ある運用と、その徹底を期するため、民主的保護行政にふさわしい、文化財保護委員会が新設され、その附属機関として、文化財専門審議会が設置され、該委員は文化財に対して、専門的学識、経験ある人士をもつて構成され、各分野に亘つて意見を聴取し、文化財保護行政の円滑を図るのを目的としている。
　第三は〃文化財の重点保護
　従来の文化財保護行政の混乱は保護対策が多すぎていたことにも、その原因の一半があつたことを認め、財政面とも、にらみ合せて、厳選主義をとることとし有形文化財を重要文化財と、特別重要文化財に、史跡名勝、天然記念物を特別史跡、名勝、天然記念物と史跡、名勝、天然記念物の二段階に分け特別重要文化財と特別史跡名勝、天然記念物の保護を優先的に行うようにし亦無形文化財については、価値の高いもので委員会が保護しなければ、衰亡のおそれあるものについて助成の措置を講ずるようにしてある。
　第四は〃文化財の保存、活用と、財産権の保障〃
　文化財の保存、活用と云う、公共の福祉の実現を重視するの余り、文化財所有者の財産権に不当な重圧を加えることのないように両者の調整に慎重の考慮を払うようにしてある。立法の条文の解説はページが限定されていて許されませんので、一九五四年六月二九日立法第七号の文化財保護法と、同年九月三十日発行の〃情報〃を御覧願いたい。

。文化財は誰のもの〃

　〃こんな野暮なこと〃と反問される方があると思うが、勿論文化財はその所有者のものであつて所有権は侵害されないのであるが、稍々もすると、所有者その他の関係者が従来の「家宝秘蔵」の旧い観念にとらわれて、公開して広く活用することに協力しないことがあると折角の「家宝」も文化財としての価値を発揮することができないので、かような秘蔵の〃家宝〃を所持されている方々は、それが貴重な住民全体の財産であることを自覚されて、進んで、喜んで、政府の管理する機関（博物館、図書館）等に寄託して、先代の残した文化財保護の崇高な精神の発揚を図り、以て、先祖の威光をいよいよ発揮すべきであると思う。その意味から今回の行事を通じて非常に愉快に思つたことは八重山における文化協会の有志の方々の行為は称讃に値するものと深く敬意を表したい。

　八重山の石垣市宮良当智氏宅は旧家で五〇〇坪程度の屋敷で四囲は堅牢な石垣で囲まれ、門構えから一見元の首里の尚家を偲ばす素晴しいもので、邸内に足を入れるときりつとして何人も襟を直させる。

　家屋は百七八十年も経過した純日本の五三坪六合二勺の建造物でその構造、様式等見るべきものがあると専門委員の仲座久雄氏は興味深く調査をされた。特に庭園は沖縄本島では殆んど見ることのできない雅趣と精緻と風流を添えた立派な庭園で、ありし日の首里三大庭園を偲ぶにたる絶佳なるものと、文化財保護委員の城間朝教氏は絶讃された。

　尚同家には書画等数点秘蔵のものがあるが、吾々のために、わざわざ半日の暇をさいて下さつて一々展示してもらつたことは感謝に堪えません。その他石垣長夫氏宅の庭園、仲本正貴氏宅の金花金龍の仏具、飛龍彫煙草盆、宮良長儀氏宅の松下鐘き、寿老人の絵、喜舎場永珣氏の古文書類等貴重な郷土文献は、他に類例のない重重な文化財でこれを一々見せてもらい、その保護等についても、話し合つたことは、有意義であつた。こういう風に文化財の所持者が進んで政府に協力しその万全を期する所に該法のねらいもあるのです。

　よく聞くのであるが文化財保護法が出来たので、凡て、政府の手でやるべきだと思い違いをして、委員会に依存する態度の向もあるが、それは当らない。勿論政府も消失した建造物の再建とか、修理復旧等等、多額の予算がかかり個人とか所属市町村の貧弱な財政では到底再建できないものは別だが僅かな費用で保存施設ができるのにわざわざ政府の手で保護されようという依頼心をもつて折角貴重な文化財を所持しながら不用意に破損することは、慎むべきである。

それで政府としても、できるだけ、住民自体で自分の文化を守るという美風を打ちたてて行きたい。そのために民間の自主的団体として、文化協会が沖縄本島に一団体と八重山に一団体誕生し、それぞれ各々の地域における文化財保護活用に積極的に精進していることは敬服に値する。今後各市町村に地元市町村の文化財の保全のため此の様な団体の誕生することを希望する。

。行事内容は喜ばれたか

今回実施された行事は一般大衆に如何にして文化財保護法の趣旨の理解徹底を図るかと云う点に重点がおかれていたので立法の内容の概略を話し出来る丈具体的文化財に関して有形無形の文化財と史跡、名勝、天然記念物を紹介することにしてそれぞれ専門的立場から話してもらつたのだが実に有意義な文化講演会であつたと聴講した方々は異口同音に語つていた。各氏の講演の中から拾つてみると、沖縄には戦前国宝級の建造物が二十二もあつて、その構造手法等は専門家以外には余り知られていなかつたと思う。処が今回の仲座久雄氏の講演によつて沖縄の建造物は和様式、唐様式天笠様式、折衷様式等あらゆる様式が、混然一体となつて然かも優秀な技術によつて遺憾なく表現されていたこととそれに唐破風、千鳥破風、入母屋式と、とりどりの形式があつたこと等詳細に引例によつて示されたことは妙味あるお話であつた。これで建造物の観方ができたと聴講者がうなずいていた。

山里永吉氏の工芸史は興味しんしんたるものがあつた。例の文学的修辞による、情熱あふるる表現は聴者を惹きつけた。当時の琉球政府が陶器の技術を習得するために、わざわざ期鮮人の一六（唐名を張献功と云う）を招き折角結婚した人妻まで離別させて、これにめあわし永住させたお話は一掬の涙さえ感じられる。つまりあの有名な瓦屋節の主人公がそれであると

。瓦屋頂登て真南向かて見れば
　島の浦ど見ゆる里や見らむ

山里氏は更に語調強く話されたことは、文化財保護ということは痴人の夢とあなどる人がいるがそうではない。一片の瓦のかけらにも時代の人々の思想感情が具現されていて、見る人によつては高価なものである願くば該法の趣旨を充分理解し協力あれと結ばれた。

尚原田貞吉氏の琉球の織物の話は特に、婦人側に喜ばれ、琉球の婦人が自分の夫のため、子のために真心こめて織りなした複雑こみ入つたあの技術は現在でも不可思議神妙と云おうか全く驚異の的となつている。

原田氏のかいぎやくでユーモアと皮肉にとんだ話材豊かな織物話は一段と会場に興趣を添えた。

。紺地染めらわん浅地染めらわん
　里まゝどやゆる我身や白地

と話されながら一面ホロリとなる処は沖縄の昔の婦人の心境がよく伺えてなるほどとうなずいた。

城間朝教氏の天然記念物談義は草も木も鳥獣、地質鉱物等の無機物まで人間生活の一環として自然を記念し価値づけるものは天然記念物として保護の対象となるものと話したら、八重山では流石に多種多様な草木等があるらしく一々紹介を聴取されていた。

島袋光裕氏の琉球舞踊の解説によつて初めて舞踊の価値と観方がわかつたと喜ばれた。芸能文化は単なる遊びごとではない、芸道だと強調された点は芸能人に対して敬仰の念が湧いてきた。

多和田真淳氏の琉球の貝塚の研究は未開拓で余り知られていない研究であるのと氏の真摯なる調査研究による幾多の資料は貴重な文化財として保護の価値あるものとして学界への推奨を惜しまないものである。

仲宗根氏の琉球の言語調査の引例は豊かな資料と相待つて大きな収かくである。

山田氏の音楽と民謡も氏の学究的調査の結果で興味ある講演であつた。

一人二十分間と時間を限定したため充分意を尽せない点もあつたがどなたもその道の第一人者であつた丈に聴衆に深い感銘を与えた。

尚行事の中に花を添えたのは何と云つても、日本の文化財保護委員会から借用した映画〃文楽〃であつた。かつて沖縄で上演したことがなかつただけに深い感銘を与えた。

吉田文五郎翁の生涯をかけて修業を積んだ人形芝居による〃浄瑠璃〃は一代の名技だけあつて、只々陶然自惹たるものがあつた。このフイルムの借用については、駐日代表部と文教図書株式会社の東京支店長、徳里氏の格別なる肝入りがあつて、実現したもので、めつたに沖縄では見られないフイルムであつたと云われている。それによつて、無形文化財の保護の一端を知ることができて愉快であつた。

折角、首里博物館の貴重な収蔵品中、織物と写真展を移動してやつたが、予想外であつたことは、時期的に適切でなかつたのかと反省させられる。

以上の行事を通して、その地域の方々の文化財に対する熱意が充分伺えた感がする。五ケ所中、八重山、宮古は予想以上に熱意があつて、聴衆も文化会館の場にあふれて盛況であつた。特に八重山では、元老級の文化財専門委員の喜舎場永珣氏、崎原当好氏外文化協会の方々が協力してもらつたために、相当の調査と研究ができ、文化財保護強調期間行事のとう尾をかざつたものとして深く謝します。

（社会教育主事）

全国婦人教育指導者会議に参加して

嶺井百合子

教育の立場から婦人の向上をめざして、直接その責任をになう指導者が参集し、婦人に対する教育組織、形態、内容等に検討を加え、今後の発展に役だてようとの趣旨から、文部省主催、放送協会後援による、全国婦人教育指導者会議が、昭和二十九年十月二十七日から三日間、東京都港区芝公園内日本女子会館で開かれ、全国都道府県婦人教育事務担当者、同教育委員婦人代表など、（各県から四名宛）約二百名が参加した会場の正面には、

「自由な討論は問題を正しく解決する近道」

「婦人の向上は先づ身辺の課題の解決から」

と、大書したスローガンが掲げられ、全国各地から参集した婦人指導者の眼をひきつけ心のひきしまるのを覚えさせた。先づ会は日程にしたがつて、文部次官並びに、文部省社会教育局長の挨拶に始り、運営打合せの後、三日間にわたる会議の幕をひらいた。

以下会議のもようを大体述べると

一、日程（二十七日）

受付　午前九時－十時

開会式並びに運営打合　十時－十一時

講演　十一時－十二時

討論（講壇式）　一時－二時四五分

レクリエーション　二時四五分－三時

視覚教育演習　三時－五時

十二月二十八日

討論（朝日式）　午前九時－十時二十分

（写真は同会参加者）

レクリエーション　十時三十分－十時四五分

対談　十時五〇分－十二時

分科会　一時－五時

十月二十九日

報告、質疑　午前九時－九時四五分

総合討議　九時四五分－十一時

評価　十一時－十一時三〇分

閉会式　十一時三十分－十二時

二、内容

一、開会式と運営打合せは予定通り行われたが、私共が平素講習会で行つたものと、同じやり方であつた。

二、講演「教育の実際目標について」

慶応大学教授　務台理作

日本の自立の面から経済の重要性を解き、婦人に今まで伏せられた面の、知識を解明し、教育に対するはつきりした認識を深め、感銘を与えた。

三、討論（講壇式）

「社会の窓からみた婦人問題」について、それぞれの立場から、左の諸氏の意見が、述べられた。

イ、「新聞のひとときランから」

東京朝日新聞学芸部長、　影山三郎

「ひとゝきランからの傾向として、嫁姑、躾、PTA等の問題がとりあげられ、投書の年令層は四〇才前後で、家庭問題には封健性の現れがもつともつよい。この頃は身辺の問題から、社会の問題について寄せられた婦人の投稿が目立ち、とくに投稿者が都会から農村へまた年令も十代、二十代の女性が増えていることは、一般にペンをもつ、婦人層の成長がうかゞえる」と述べられたが、ともすれば目の前のことのみに促らわれ過ぎる婦人層がこのように個々の考えを訴え問題を解決しようとする自覚には何物でも動かさざるを得ない大きな力を感じた。

ロ、「映画の女性から」

評論家　美川きよ

「本が読めなくて映画をみるのであるが、映画観客の十人のうち、四人近くまでが女性ということになつており、半数以上が若い世代である。殊に性典ものは、若い人達がこれを模倣したり、ヒロインになつたりする危険性が多い。映画の種類も、母ものがよろこばれ母ものでも、苦悩にひしがれた母が日本の母の代表であるかの如く思われることは恥しいことである」「与謝野晶子が十人の子供を育てながら、夫を外国におくり出し、尚立派な仕事をしているが、これこそよい母であると思う」と述べられ、一般女性の映画に対する考え方を指摘し、娯楽面ばかりでなくこれを如何に教育的に取入れて行くかについて会員一同啓発された。

ハ、「婦人の時間から」

NHK、婦人課長　江上フジ

街頭録音で女性のためのランがとりあげられたが女の日雇い労働者が「私は苦るしい生活の中で、死の設計でなく生きる設計をしている」と放送したときその反響として、沢山の手紙をもらつたことがある。これはただ気の毒だという同情的な気持からでなく、共通の問題に対する深い関心をよせていることのあらわれで一つの進歩だと云えるラジオの使命は放送だけでなく、自分で発言出来ない人を深して発言させ、個人と大衆のために働くことであり、ラジオを聞いて行動を起させることでもある」と述べられたが女性欄ををもうけて発言させ婦人の自覚を高めようと、プログラムの編成に苦心しておられることが伺われた。婦人がもつとラジオの時間を利用することによつて視野が広くなり、生活に張りとうるおいを持つようになることはのぞましいことである。

ニ、「婦人雑誌から」

評論家　十返肇

婦人雑誌は保守的なもの、進歩的なものとにわけられる。人間一般の立場から考えて、別に女性々々と、強調しないのがよい。男性はよく封建的だと云われるが、そんなに男性は封建的かと思う。婦人雑誌は女性の味方であると同時に、男性の敵みたようなもので目下男性雑誌はないのに、婦人雑誌があるのは、やはり女性を特別扱いしているのであつて、婦人雑誌のない世の中が望ましい」と述べられたが男女同権の確立をめざして、人間らしい女性として成長するため雑誌を通して世界の動きを知り、時代に遅れないように日常社会の事柄に深い理解をもち民主的な社会の一員として正しく行動するよう心がける事が必要と思われた

四、レクリエーション。

レクリエーションは会の運営上、会員の気分転換の為にもうけられたものであつて、第一日目と第三日目は、歌をうたつただけで、第二日目は「婦人指導者」と「婦人はねらわれている」の題で、川柳がつくられ次のような出来ばえで発表されたレクリエーションと云えば歌や踊りの範囲をこえないが、このような変化のあるレクリエーションを考えることもよい。

。紅かねのやさしい顔であの会議
。婦人の地位低い〳〵で又会議
。リーダーの家の亭主はちゞこまり
。指導者といわれて一寸胸をはり
。うぬぼれた婦人指導者の鼻つまみ
。一人者夫婦円満のこつを説き

。選挙前来客の多い婦人会
。おだてられ入れたばかりにくされ縁
。選挙前花束とゞく演舌会
。あれもよしこれもよしと迷いけり
。父ちゃんは子守りなり婦人会
。嫁がきて婦人会長楽になり
。婦人会肥る頭に目がひかる
。来賓祝辞がふえる選挙時期
。公明選挙ほめられながらひきこまれ
。ねらわれるところまできたのもしさ
。議員様も宮城掃除に立ちこもり

｡ほつと出てはつとして帰る講習会
｡理解ある夫をもつて快気焔

以下省略

五、「視覚教育演習」

これはまことに耳新しい用語であるかも知れないが、企画者の意図するところは、映画をたゞ見るというだけでなく、映画を見、それについて多くの人々と語り合い、批判を行い、そこから問題を取りあげて教育への意欲を強く持たすためである。つまり映画そのものを単なる娯楽としてのみでなく、もつとその第二次的な活動への転起点として考え、その意味で今回は、映画観賞後その映画について、バズセッションの形態で討議が行われた

六、討論（朝日式）

題は「婦人は経済的に自立しなければその地位を向上することが出来ないか」であり、婦人の地位の向上のためには、経済的自立のみがその条件であるか否かについて論ずるのである。勿論この討論の性質上、どちらの側が討論として勝ち、その意見が正しいというのでなく、どちらの側が理論として正しく、実証的であるかということを、全参加者に知らせることであつた。本土の女性が討論の技術をよく習得し、訓練されているのをみて沖縄においてもその必要性を痛感した会員がこの討議の技術を身につけることによつて、グループ活動を効果的ならしめそれによつて社会を民主的によりよく発展させることができるのである。

七、対談

「日本の経済と私達の課題」と題して

説明者　東大教授　有沢　広己

聞き手　一主婦

われわれの生活とは切離して考えることのできない、経済の問題について、インタービユーの方法によつて問題を提起して戴き、婦人教育の内容を考える際の参考にするために行われた。斯道の名教授とて微に入り細にわたる興味深い対談であつたが有沢教授は「主婦も日本経済をになう一員であるという自覚が大事である」と強調され大きい示唆を与えられた。

◇第一分科会

「婦人団体の活動はわが国の民主的発展にいかに役立つているか」

司会　三重県

助言者　東京都教育委員会　社会教育課主事　斉藤　峻

1.家庭の民主化が除々になされつゝある。
2婦人の労働条件が改善され、あらゆる職場に婦人が進出している。
3婦人の意見発表が活溌になり、生活改善その他社会問題の解決にも積極的になつてきた。
4政治意識も高くなり、政界への進出もめざましく行政面に婦人の声が反映するようになつた。

助言　婦人の社会的地位が向上するには、検討、反省が大切で、多くの指導者の輩出が望ましい。

感想　婦人団体も一応組織はできたものの、まだ戦前の随性が残り、運営や活動の面では啓蒙の域を脱しない感が深く、民主的発展などと考えてもみない婦人会がいまだにある。これ等の婦人会員が会の目的をはつきりと認識し、民主的運営に参加することによつて、教育のよき場としての役割を充分に果し、ひいては家庭や、社会の民主的発展にも貢献することが出来る。

◇第二分科会

「婦人教育の一形態としての婦人学級の内容とその運営ついて」

司会　石川県

助言者　東京都立大学教授　三井為友

1学級に集らない層と出欠の調査
2財政的運営面はどうなつているか
3学級経営はどうしているか
4修了者はどうなつているか
5指導者が得られるか
6指導者は熱意があるか

助言　指導者を得るときは肩書にとらわれず、常に新人を見出すことでありまた生活に直結するカリキユーラムを作り、男女同権の確立をめざして進むことが肝要である。

感想　現在沖縄には成人学級の一環としての婦人講座や、その他婦人会のプログラムによる婦人講座が開設されているが、地域の実態調査によつて課題を発見することが大事であるにもかかわらず、現実は思いつき的で散発的な講座が実施されている感がある。もつと生活にむすびついた問題を、系統的に排列して、プログラムを構成する必要がある。更に講座の実施後は、常に反省、検討を加え一層効果的な活動をつゞける事を忘れてはならない。

◇第三分科会

「婦人教育としての新生活運動を如何に考えどのように展開するか」

司会　大阪

助言者　文部省社会教育官　近藤唯一

1婦人会員が若い人達を集会にさそつて自覚を促すようにしたい。
2成績をあげるためには大きな組織が望ましい。
3公民館を中心に各団体が全体運動することもよい
4男子の協力が必要である。

助言　新生活運動は社会の向上をめざして進むことで、一言で云えば精神運動である。これまでの生活運動のあり方が人中心でなく役所中心に行われてきた為、一人々々の国民の中に溶けこんでない。先ず最初にとりあげたいのは、合理的に物を考え処理することであり、更に強調すべき事は家庭内における卑近な問題から解決していくことが先決問題であり、ここを基盤として村なり町なりがよくなり、即ち生活改善ということになる。

感想　これまでの生活改善は、十年一日の如く堂々廻りをしていて、下からもり上つたものでなく、呼びかけられて動くといつた感じである生活改善運動の動機が、戦後の経済的、社会的、混乱期に提唱されたため、ともすれば耐乏生活をすることが、生活改善だと解しがちである。こうした犠牲的な精神を強いるより、個人の幸福を基盤にした考えをもつて、目標はどこまでも大衆の中に根ざしたものでなくてはならない。地域の実状に即することは大事なことで、画一的運動の進め方や表面だけ華やかな形式的なやり方はしないのがよい。今までの生活改善運動は婦人会の専売特許のように考えられたため一般の関心もうすく実行面では困難のようであつたが、できれば公民館の綜合計画の中にとり入れ、老若男女の協力で推進していくことがより効果をあげると思う。

三、評価

1会議の時期は上半期が適当である。
2非常に協力的で、自主的に運営された。
3会場と宿舎が、同一場所であつたことはよいが、会場はせまかつた。
4マイクの設備が悪くて、講師の声が徹低しなかつた。
5プログラムが盛沢山であつた。

四、会議のあとに

「文部省主催だが運営は参会者にさせる」との文部省側の意向によつて、三日間の会議はすべて会員によつて運営され、会議の持ち方や、意見発表の態度等、私共には驚くべき喜びであつた。それは全国各地において、着実に前進しつゝある婦人の成長した姿をみた喜びであつた。次に広報宣伝を重視していることで、全国各地からもちよられた各種資料を手にしたとき、私は沖縄の婦人教育資料の貧弱さを恥入つた。今日の沖縄の現状は、本土以上に自主性の確立は重大なことであり、会運営にあたつて会議の持ち方や司会技術、討議法等、技術の指導に重点をおいて、会運営を民主的に推進することは、大事な点だと考えられる。更に教養の向上をはかり、自主的に問題を解決するようにしなければならない。それには婦人学級、グループ活動を強化することと、地域の実態調査や資料の頒布等を重視し、充分に活用することである。殊に民法改正が、とりあげられようとしている沖縄の場合、やがて実現される婦人の法律上の地位にふさわしい自分の内面的な充実への、努力を重ねることこそ、その地位を守り発展させることだと信じます。この観点から婦人教育の振興は、あらゆる人々の関心事でなければならないが、また全琉七万人の婦人会員の方々の一層の研究と努力をお願いしたい。わずか二泊三日の、共同生活のあいだに、全国の婦人指導者の方々と、深い友情をむすび、横のつながりをもちお互に理解をふかめたことは私共にとつてこの上もない大きな励しであつた。

（社会教育主事）

最近における学校体育の諸問題
―その解決をめざして(其二)

與那嶺仁助

四、体育とスポーツ

最近学校でも社会でもスポーツが盛んに行われるようになつてきました。そこで私は、一般社会人という立場からのスポーツと、学徒として行う体育としてのスポーツとの関係について述べ、学校体育の真の姿を確認してみたいと思います。戦後、読み方が国語に変り、唱歌が音楽に変り、それらと共に体操が体育とその名称も改められ、従来の要目の統制的性格から、之を指針に止め、その学校環境に即するよう、子供達の実際の姿に即するような学校独自のカリキユラムをつくり、且指導者の創意工夫を重んずるという方向に変つてきたのは衆知の通りであります。

そして従来の身体の教育から、身体活動を通しての人間教育という新しい概念でその目的が示されるようになつた。又従来は明治初年以来、徒手体操が体育の中心的教材として取扱はれ、遊ギやスポーツは一つの教材としてとりあげられ、それは体育の周辺的教材とされていた。ところが、体育の目的に新しく社会的性格の育成やレクリエーション等が加えられ、教師中心から児童生徒の立場を重視していく方向に変つていつた関係上、遊ギやスポーツの教材の示す位置が大きくとりあげられるようになつた。そもそも体育は、身体活動を通しての人間教育という目的をもつた理念的存在であるが、スポーツは人間の本能として行われている遊びや遊ギが科学的発達をしたもので、興味があるからとか、やりたいからという人間の本能的行動の中で実施されるのである。勝つためにという目標は、スポーツを行つているうちに起るもので、スポーツの第一義的なものではないのである。

それに反して体育は、いろいろの素材を通して一つの目標を達成しようとしてのいとなみで、或時期に於ては徒手体操が主としてその素材となり、或る時は武術的なものになり、又スポーツが中心的素材になつた事も諸外国にも、日本にもみることが出来る。

一口に言えば、体育は一つの目的性をもつものであつて、スポーツはその素材として利用される立場にあると云える。

戦後スポーツが体育の教材として大きくとりあげられた事については、スポーツの価値が社会的態度の育成だけでなく、身体的発育とか、情緒の安定、レクリエーションとして役立つこと、更に方法上の問題として子供達の欲求や興味に即しているということで大きく取りあげられたと思われる。

一昨年英国のオックス・フオード大学のラグビーチームが日本に来た時の感銘は、永久に忘れることが出来ない。日本人の驚いたことは、ラグビーの本場である彼等のプレーを見て、技術的に優秀なことは勿論であるが、そのプレー中に発揮された態度の素晴らしさに、日本のスポーツマンが芸術の末に走つて真のスポーツの生命を見忘れつゝあつた事に気付いた驚きであつた。当時の新聞にその一文を拾つてみると、「プレー中に信頼と責任と義務とが、心憎いまでに表現されかくてプレーヤーの品格が混然一体となり、グラウンド一杯にただよう。ラグビーは全人格のゲームで、この中に何ものにも恐れぬ自信と、只プレーにのみ全力をつくすという英国人を見出したのは筆者のみであらうか。オックホード軍とゲームをする事の出来た限られた日本選手の中に、そのプレーは別としていかに見劣りのする選手の多かつたことか、この心と心のふれ合い。人間と人間との真心。そして之を一番うれしく感ずるこの人達の美しさ！これこそ我等が学ばなければならない最上のものではないだらうか……」と、賞讃しているのであります。之は単にオックスフオードのチームに対するおせじでもなければ、嘘でもないと思う。プレーを見た人の凡ての叫びでもあり、日本スポーツ界の叫び声であつたのです。

又こんな話もあります。アメリカのある公式野球の試合であるが、チーム名や選手名は忘れたが、A選手の所属するチームが一点のリードを奪われていた。A選手がバッターボックスに立つ時、監督は妙に一塁にいるランナーを二塁に送るようにバンドを命じたが、余りの好球にA選手はつい之を打つてしまつた。

之がはからずもホームランとなり、A選手のチームは勝つことが出来た。試合終了後監督は、A選手に向つて「今日は君のために勝つことが出来た、しかし君は監督の命に反したことによつて五弗の罰金に処す」といつたところ、A選手もよろこんでこの処置に従つたという。更に外国では之に類した話しが沢山あります。池田潔氏著「自由と規律」というのも英国のパブリツクスクールの之に似た話題が紹介されてあります。私達のスポーツ大会も反省してみて、もうそろそろ学校教育の一環としてのスポーツ、体育としてのスポーツの姿を展開してもよいと思う。スポーツが体育の教材として利用される場合、スポーツをナマのまゝで指導し、又勝敗に興味をもつて観覧していたらどうでしよう。前述したように、スポーツと体育はそれぞれ違つた目標をもつている以上、そのまゝ指導してはスポーツの指導にはなつても、厳密な意味ではそのまゝそつくり体育としての指導にはならないのは当然であります。どこまでもスポーツを体育的に指導し、又その根本的な立場に立つてスポーツを観覧し、励ますように心掛けていかなければならないと思うのです。

スポーツのもつ特長は興味があるという事と、勝敗を伴うということであり、スポーツはやる人は一応勝ちたいとか、楽しみたいという事を考えてやつています。之はプレーヤーからしてみれば、プレーの目標を考えてよいと思うが、しかし体育におけるスポーツでは教師はそれを直接の目標としてはいけないことであります。目標はあくまで、体育の目標であり、生徒のもつ目標は、指導の手がかりでなければならないと思うのです。体育に於けるスポーツは、試合の結果より以上に、その過程に重要な意味をもつている。

スポーツが体育的に指導される為には、何より先づ心身の発達に即応する指導が考えられる。児童、生徒は形態的にみても発育の旺盛な時期であり、反面形態面に比較して内臓器官の発達は遅れています。即ち身長は男子に於て大体二十二才まで、女子は二十才で停止していますが、肺活量は大体二十五才−二十七才まで発達しています。単に之は、一例であるが、形態面と内臓器官の発達状況は、成人に比べて平衡のとれていない状態にあります。又年令別の一日の基礎代謝量をみましても学校時代が、その発育に要するエネルギーを多く必要としています。従つて体育としてのスポーツは、その運動量を考慮することが大切なことであり、猶情緒的面や学業との関係からもそのことが考えられると思うのです。私達の欠陥として、スポーツがシーズン的であり、そのスポーツのシーズンには徹底して指導し、練習させ、終了後は、余り実施されていないところにもありますが、もつと計画的に、組織に継続的に、節度をつけて、体育的に実践する必要を痛感します。

以上述べました事は体育としてのスポーツが一般社会人の立場で行うスポーツと一線を画すべき事と、スポーツ即体育、ではないという事であります。よくスポーツを見る時に英国人はその過程、例えば百米なら、スタートや、中間の走る姿勢やその要領等に興味をもつて見、日本人はその結果、即ち決勝線の所を見て楽しむと評した人が居りますが、私達が味うべき言葉だと思います。

五、風天時の体育指導

体育の学習をはばむものとして、いろいろの問題が考えられるが、その中で雨天時の屋外使用不能の場合、体育館や講堂の施設のないそして雨の多い沖縄では所謂教室内での体育学習が実施されなければならないが、室内環境、計画等により困難点があつて、体育学習の進度がはばまれている。この困難点を十分認め乍らも、その具体的な解決をみていない。しかしこの困難点を克服し室内体育の具体的計画を樹て積極的に学習指導する態度がなければ体育の進展は望み得ない。児童生徒の発達上の特性からも一日の中に身体的活動を慾する時間が四時間乃至六時間とありますが、体育科の時間配当は指導要領には三時間−五時間となつて居りますが、いろいろの都合で、基準教育課程には小学校、中学校共に、最低の三時間となつているのですそれから考えても雨天時体育指導の解決は重要な問題であると思います。又工業高校の玉城幸男氏の一九五四年の一ケ年の統計によると次頁の表の通りとなつています。

しかし之は実際には、運動場の土質や排水状況に依つても考えられるし、又運動場の全面使用不能でもその一部使用は可能ということも考えられるし、いづれにしても十分考慮しなければならない。

A　基本的な考え方

1、学習内容は出来るだけ、身体活動面をとりあげ適宜知的理解面、中、高校に於ては保健面等を視聴覚教具等の利用によつて実施し学習させる。

2、環境が違つてくるので、活動群の選択や取扱い方を考慮する。

3、雨天の時は、その日の学習時間を晴天の日に組みかえ実施することも考えられる。

4、屋外指導に於て、比較的不徹底に陥り易い点をとりあげて指導する。

沖縄の天気概況(1954年度)

項目＼月	1	2	3	4	5	6	7	9	10	11	12	計	%
測定日数	25	28	12	27	31	30	16	30	31	30	21	281	
晴天	12	16	8	10	15	4	9	18	17	12	8	129	約45
曇天	9	9	3	13	9	18	6	5	13	13	10	108	〃40
雨天	4	3	1	4	7	8	1	7	1	5	3	44	〃15
完全使用可能な日	10	15	8	14	16	4	12	16	25	15	14	151	
同上%	約40%	〃54	〃65	〃51	51	〃13	〃75	〃53	〃80	〃50	〃66		〃53
教材により使用可能な日	2	4	3	4	5	5	3	2	2	5	4	37	
同上%													〃13
使用不能	13	9	1	9	10	21	1	12	4	10	3	93	
同上%	約52%	〃32	〃8	〃33	〃32	〃70	〃6	〃40	〃13	〃33	〃14		〃33

5、机腰掛、床面等を利用活用する。
6、換気、飛塵等に注意する。
7、傷害防止に注意する。
8、隣教室の授業に支障のないよう注意する。
9、集団行動の指導に留意し、学習が能率的且安全に実施出来るようにする。

B、指導上の留意点

1、日課表を変更することによつて、屋外で指導可能な場合はつとめて屋外で実施する。
2、環境の異なる室内学習では特に、その計画や準備を密にする。
3、機具用具の出し入れは迅速且静しゆくに他学級に迷惑にならないように注意する。

C、室内学習（身体活動面）の内容

1、低学年。跳箱あそび（跳びこし、またぎ越し、よじのぼりとび下り）
。マットあそび（ころ〳〵まわり）
。平均あそび（一本橋）
。懸垂あそび（竹棒等で）
。力試し運動（川とび、ゴムとび、縄とび、すもう、輪なげ等）
。ボール遊び、。鬼あそび、。リズム遊び、
。模倣物語りあそび等。

2、中学年
。力試しの運動（縄とび、すもう、スタンツ、腕立てあるき、人はこび）
。マット遊び（前転、後転、横転等）
。懸垂あそび（前方斜懸垂、懸垂屈臂逆上り等）
。平均あそび（前あるき、後あるき、横あるき）
。ボール運動（チェストパス、送球競争等）
。リレー、（廻旋リレー、黒板リレー）
。基礎リズム、。押し合い引き合い、

3、高学年
。机、腰掛を使つてスタンツをする。
。机の間で両手で支え懸垂する、振る。
。机の間に両手で支え懸垂し、両足を上げる。
。机の上に腹をのせて伏せ、両腕両足を反つて出来るだけ上げる。
。腰掛のもたれに腹をのせ、坐る角に手を支え、足を上げて斜に反る。
。腰掛に坐つて向い合い、二人組で前後側屈を有効になるようにする。
。徒手体操、。リズム運動（フォークダンス、経験の発表、基礎リズム等）

4。中学校、高等学校
男女別教室内での身体活動も考えられるが其他、体育理論も良いと思う、即ち、
。体育の意義と目標、。体育の歴史、
。体育運動を行う場合の諸注意
。競技会（学校内）の計画、運営、処理について
。スポーツマンシップと社会生活。
。社会生活とレクリエーション。
。各種運動競技の発達と方法及規則等である。保健の事も考えられるが之は雨天に限らず、他教科との関連や、生徒の要求等に依り時間を定めて実施した方が望ましいと思われる。

六、身体検査結果の処理と活用

希望とよろこびに満ちた然しいろ〳〵と忙しい学年始めの四月に、幾百人もの児童生徒を一列に並べて身体検査を行うと言う事は、大きな仕事であり、学校に於ては年間を通じての一大行事である。このような時間と努力とをかけて実施する身体検査は一体どの様な意味をもつて為されるのであらうか。又この様な犠牲のもとに計画され実施された身体検査は、どのように実際指導に活用されているだらうか。単に法規化され義務づけられた身体検査として之を形式的に実施し、積極的に自校の合理的な教育の為の指導資料として、その結果を何ら利用する事なしに、規定された方法に従つて之を集計し、報告の為の検査となり、教育的には何ら自覚なしのやりつぱなし、ほおりつぱなしにしてよいものだらうか。教育は何といつても実態が優先する。子供達の実態の上に根ざした指導でなければ、真に子供達の幸福な営みとは考えられない。私はこゝで身体検査の意義や目的、方法等について究明せねばいけないと思うが、取あえず結果の処理と活用について述べたい。

A、身体検査票の整理

身体検査法規に精通し精密に測定し、正確に記載せねばならない。

1、検査人員と票数が合つているか。

2、うけなかつた者の調査と其の処置。

3、記載もれや誤記等はないか。

B、本人及び保護者への通知

1、本人にその身体の現状をよく説明し、自分でよく判断出来るようにして、理解と自覚をもたせ現状に基づく健康計画を立てさせ、それを実行するように指導する。

2、家庭に結果を知らせ協力を求める。

(イ) 学校職員、児童生徒、PTA会員参加して学校医の講話、又は懇談会を開き、現状の基礎の上にたつて、健康教育の在り方の具体方策を樹てる。

(ロ) 要注意者に対しては、その状態と共に処置に関して通知する。

(ハ) 家庭調査を学級担任、係に於て実施する。虚弱児童の健康はその根源は家庭にあることが多い。その原因をつきとめる資料として家庭調査を行い、必要に応じては村や部落の関係者又は保健所との協議の上善処する。

(ニ) 栄養方面に於ける偏食防止、食糧分量、時刻睡眠、衣服清潔、作業や手伝い等の調査、改善指導に努める。

C、疾病異常者に対する処置

1、疾病異常者名簿の作成

(イ) 名簿は冊子のようなものより、一覧表式にして、学校全異常者が一覧出来る様にして記載と活用に役立たせる。

(ロ) 記入内容は最少限度にして生きて働くものとする。。学年。氏名。病名。処置

2、専門医と協議して、密接な連絡をとり、学校長の採決によつて授業免除、就学猶予を行う。就学直前の児童の身体検査は必ず実施して、市町村長や教育委員と連絡上のその処置をとる。

3、次のような疾患児童生徒に対しては特に留意する。

(イ) 伝染性疾患の者

その疾病に応じて登校停止、座席、あそび、遊具の取扱い配慮、学級役員の免除等特別の指導を行い、精神的、身体的負担の軽減を図ると共に伝染を防止して社会性の見地から善処する。

(ロ) 視力障碍のある者

a 学校及び家庭での照明に関して指導をし又は姿勢、読書指導併せて正常視力を極力守るよう努める。

視力障碍者には、夜の星空、早朝の青空、海原等を一日に三〇—四〇分間位づつ眺めさせ又は机上に青色の紙をはる等して除々に正視に回復させる。

b 遺伝性の強度の者に対しても同様な方法又は眼鏡を精密に測定してもらつて使用させ、前方の明るい座席を与える等の配慮によつて視力減退を防止する。

(ハ) 心臓病全身疾患者

運動を制限し、又は免除する。

(ニ) 背柱湾曲者

背柱姿勢の良否は教室内の机、腰掛の適否によることが多いし又、書写姿勢からくると言はれる。机、腰掛は各教室三段階位の高さのものを用意し、又は木片、箱等を利用工夫して、個々の児童生徒に適したものを使用さすことが必要である。猶机、腰掛の問題や姿勢の問題については次号に詳述したいと思つている。軀間運動、垂運動、矯正体操によつて矯正する様に努める。

(ホ) 眼疾の者

1 トラホーム予防規則の指示を守ること。

2 手拭の専用、他人との借貸禁止。

3 洗面所や手洗場の完備と使用上の指導。

4 患者は役員、当番等を免除する。

5 洗眼を励行さす。

(ヘ) 皮膚病者

1 皮膚清潔の指導

2 患者の役員当番等の免除

3 座席やその他の注意

(ト) 寄生虫に関する処置

1 特に寄生虫の問題は戦後の沖縄では考慮すべきものでその九〇パーセント以上が保卵者だと言はれる。従つて最少限度毎学期一回全校的に駆除を実施し、事情の許す限り隔月に毎駆除することが望ましい。

2 身体の清潔、手洗い、爪切励行、野菜の食べ方等の指導をする。

3 便所の改善方を父兄に指導する。

(チ) 栄養不良者

原因を調査し、障碍除去につとめる。寄生虫の卵や、動物性蛋白質の不足等から来る場合が多い。

4、結核対策

1 ツベルクリン皮内反応により(自然陽転者、BCG陽転者)をたしかめ、更に自然陽転者は何時頃陽転したかを確め、自然陽転後半年間は過労を防止してその発病を未然に防止する。

2 陽転者の精密検査、反応の大きいもの、水泡の生ずる者等によつて発病危険期をして善処する。反応陰性者に対してはBCGを励行することが望ましい。

D 身体検査統計表の作製活用

1 学校内に於ける児童生徒の発育状況、栄養状態、種々の疾病異常について、。性別。年令別。家庭の職業別。地域別。学業成績別等に集計して統計的に処理し、現状を理解し、その対策について計画立案に役立たせる。

2 統計の結果を全国、全琉、地区等の結果と比較することによつて、学校の状態と特色とが知れる。

3 統計は累年的に比較してその傾向を知る。

4 以上のような処理によつて之を学習内容の素材とし、又その実態に即する設備の充実を図り、又は学習形態の改善、教育計画の改善に●活用する。

5 身体検査を学習の単元として関心をもたせ、結果の処理に関しても教科学習（数学、理科社会、職家、保健等）として活用した方が教育的でないかと思う。

（指導主事）

スポーツの正常化

屋良朝晴

スポーツは平和のシンボルであり、他に先んじて復興して全島のいたるところ年間を通じ、若人達が余暇を利用して体育として又、レクリエーションとしてこれを楽しんでいる姿が見受けられる。

終戦直後を顧みるとすべての施設を失つたばかりでなく、指導者も少い上に沖縄が特殊環境下におかれたために、本土との旅行や貿易も全く杜絶状態で、そのため用具や図書の購入も出来ず、スポーツは用具を必要としない一部の種目をやるにとどまり、各種スポーツの発展に支障を来たしている状態であつた。しかしスポーツ関係者のたゆまない努力が次第に実を結ぶようになり、沖縄の事情も好転したので用具も自由に輸入出来るようになつた。更にスポーツ指導者や若人達の年来の願望が叶えられ、一九五二年に戦後始めて国民体育大会に沖縄代表を送ることが出来たのは、沖縄のスポーツ界に光明を与え全住民にスポーツに対する関心を深めるようになりスポーツの振興上此の上ない意義深いことであつた。その後各種大会への選手派遣も次第に増加し、一九五四年には国体をはじめ十種目の大会に百名以上の選手を送つて居る。その都度派遣された若人達は本土のスポーツの在り方を学び、スポーツを通じて沖縄の紹介につとめ、日琉親善をはかつて全住民より賞讃されている。なお、長い間の孤立状態から本土に比較してスポーツの各面において劣つている沖縄としては選手を派遣するのみに満足せず一歩進んで沖縄のスポーツ指導者の養成とスポーツ技術の向上並に民衆のスポーツ熱の昂揚の目的で本土より優秀な指導者を招聘することになり一九五三年より陸上競技の村社講平氏日本代表排球選手団（団長矢頭喜代春氏外十六名）野球の伊丹氏が来島している。最近ではフイリピン選手権大会に参加した日本選手団（団長田島直人氏外四名）が来島し二日間にわたり、那覇、名護で講習会を開催し、又先日来神戸の育英商業高校選手団が来島して交観野球試合したことは周知のとおりである。かように本土よりの指導者や選手団の来島は、沖縄の指導者の資質の向上、競技者の技術の向上と民衆のスポーツ熱を鼓舞して予期以上の成果をあげ居るので将来のスポーツの普及発展が期待される。

田島団長より指導をうける若人達

以上の様にスポーツは逐次正常に復しつゝあるが更に進んで海外よりのスポーツ選手団を招聘して、スポーツ文化の向上に貢献し得る施設をもつことが残された問題の一つである。

社会教育主事

環境論を越えて

山口大学教育学部長　玖村敏雄

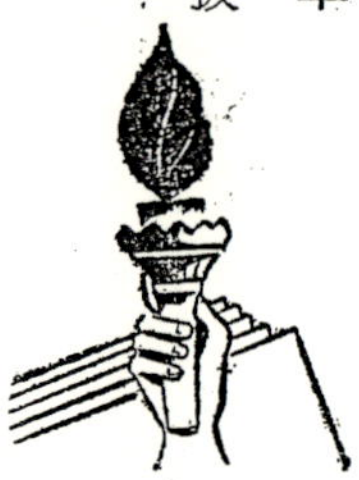

このごろ教育上の諸問題を論じる者の一つの共通な特色は、教育事象を制約するいろ〱の条件をあげて、それらの条件が改められない限り、教育上の諸問題は解決できないという結論にもつてゆこうとする態度である。法律制度、施設、家庭環境、社会の身分等々のことが、この態度で研究調査せられそれによつて教育上の問題解決の方途を見出そうとする。これは要するに教育上の環境論である。

環境が教育に深い関係のあることはいうまでもないことであり、教育行政はよい教育が行われるように、この環境の条件を整備することを主眼とすべきであるだから、今日の教育論がこの方面について精細な分析を行うことはたしかに重要な意味があり、今後もこのような研究調査が一そう徹底してゆくことは望ましいこととせねばならぬ。

ところで、環境論はせまく家庭・学校・近隣社会等の範囲にかぎつて、いわばささやかな改善でもできることからしてゆこう、といつたような態度で論ぜれる場合もあるけれども、今日ではむしろ広く社会の機構や経済生活の在り方と結びつけて、現代の欠陥をそれらの制度や機構そのものの根底によこたわるところに見出そうとする者が多い。そうなると環境論は当然の結論として、社会改造とか社会革命とか必然性を論じたり暗示したりすることになる。教育学者によつては日本の様な形の資本主義経済の社会ではもはや教育改善は望まれてない、思いきつた社会革命だけがのこされた問題であるということにその結論がなつてしまう

わたくしは現代社会がそのままでよいとは思わないむしろ余りに醜悪愚劣をくり返して省みるところがないなら、社会革命の如きことも欲すると否とにかかわらず、起らざるを得ないかも知れないと思う。しかし、わたしはできることなら、被害が少くて動揺のはげしくない社会改造を不断につづけてゆく方がよいと考えているのであるが、この点はここで論じないでおくことにしよう。

さて環境論は、教育の効果を支配するものは環境的条件であるという立場であるから、教育に対して非難があり不満があるとき、その責はつねに環境の不備にありとにげることもできるが、この点について再考を要するものがあるのではないか。環境が改められるまではよい教育は行われないとうそぶいている間にも、子供達は日々学校に通い成長をつけているのである。与えられた環境的条件を改めようと努力するとともにさしあたりその中の環境で育つよりほかない現実の子供達をどう教育するかという面をおろそかにしては、彼等はとり返しのつかない被害者として放置されることになる。子供達によい教育をしてやりたいばかりに環境の改造を問題にするのである以上は、子供達を放置して環境論やその改善のための運動にばかり時間を費すわけには行かないではないか。教育評論家ならともかく、教育実際家は現実の条件下における子供をおろそかにしては、その在存の根本義を失うことになるであろう。父兄の立場からいえば、五年十年後にもつとよい環境ができるとしても、そのころには現に学校にいる自分の子供は別な学校か社会に出てしまうのである。条件がどうであろうと、ともかく今の環境でできる最善のことをしてもらいたいと希望するであろうこの最善の努力をする教育者がいてくれることが最大の頼りなのである。またこれを民主主義の立場からいえば、税の担当者たる父兄は学校に対してこのことを要求する当然の権利をもつているのである。

条件のととのわない環境の中で教育することは確かに困難である。しかし条件不備が甚だしければ甚だしいほど、その中にいる子供達の教育は放任しては置けない理由が一そう強い。ここには基本的人権の立場からも、人類愛の立場からも、そのままに放置してはおられないものが感ぜられる。条件不備ということがかえつて、教育活動をうながす。外にむかつて条件整備を要求しなければならないという事実が、教育そのものに精進せずにおられない動力にもなる。この活動、この精進は環境論と対立するのでなく、それを越えるのである。越えて教育そのことに専心するとき、不備は不備ながら、困難は困難ながら、自ら安住する一面があるとともに、またいかなる困難にもめげずに環境を少しでもよいものにして行かなければならないという熱意もつよくなつて来る。そうしてその間にあげられる教育実績こそが、それ自ら不思議な説得力なつて、条件整備を促進する支えの柱にもなる。教育そのことに没頭する一人の教育者がもつ偉大な社会的影響を思うのである。環境が教育を支配することも真理であるが、逆に教育が環境を支配することも真理である。

國語学習における教師の發問法

川添孝行

東京出張から帰つて間もないある日、町でひよつこり友人にあつた。彼はわたしにこうはなしかけた「東京にいつたそうだね、どうだつた。」という問いかけである。そこで、わたしは彼の問いかけに対してつぎのようにこたえたのである。

「久しぶりに上京すると、見るもの聞くものすべてが、あたらしいものばかりのようでめんくらつたね。」

すると、彼はにつこりわらつてうなづきながら、「見るもの、聞くもの」についての東京回顧談のひとくさりをはなして別れていつた。

彼は満足そうにはなして別れていつたのだから、彼の問いかけに対するわたしの応答は、適切でなかつたにせよ、彼の意にまつたく反するようなものでもなかつたと解釈してよいだろう。

「東京はどうだつたかね。」

という問いかけの根底には、わたしにある限定された一つの応答を要求していたのかもしれない。

しかし、そんなことにはおかまいなしにわたしはわたしなりに彼の意のあるところを解釈してこたえたのである。それでいて二人の間には話し合いが、けつこう成立していつている。

この成立させる理由のものを分析してみると、彼の問いかけの語の内容として、つぎのような事項が要素としてふくまれていると思う。

○東京はどうだつたか。

すなわち、「東京は」に主語があつて、東京の近頃のようすについてきいたのだと解釈するし方である。今一つの解釈は、

○東京へいつた君はどうだつたか。

すなわち、質問の主体は「君は」にあるのであつて、東京にいつたわたしのようすとか心情のひれきを要求したものと解釈するし方である。

わたしの応答は、彼の問いかけを後者であるとして行つたものであるから、彼を満足させるようにはなしが成立していつたといえるであろう。

日常茶飯事に取りかわされる話し合いでも、ことばそのものを分析してみると、実に重要な意義と内容をもつていることがわかるのである。このように考えてくると、ある一つの目的を達成するための話し合いにおいては、いかに問いかけのことば、それに応ずることばが重要なものとなるかはうなづかれるとおもう。

学習指導は、「教師と児童のことばのやりとりである。」といわれている。現代の教育が、教師中心の学習から児童中心の学習、児童の自発学習を中心とするとはいえ学習指導の場においては、教師の助言と指導は絶体不可欠なことである。学習目標を達成するためには、はなしのやりとりが必要である。

研究授業の批評会の際に「先生の今日の学習指導は問答式の指導でして……」と批評して、このましくない指導の代名詞のように表現されている場合が多い。しかし、前にものべたように、授業が教師と児童のことばのやりとりであるとするならば問答式の形式がとられることは、当然であるといわなければならない。

問題になるのは問答の形式そのものではなくて、

○問答が、目的の達成に即してどのように進められているか。

ということにあると思う。更に、この問題の「どのように」ということは方法論の問題とみるが、国語学習における問答の方法をつぎにのべてみる。もち論、つぎにのべることは、教師の発問方法である。

◎発問のことばの意味が、よく理解されるようにすること。

至極かんたんなようなことであるけれども、なかなかむずかしい問題である。教師は、問題の核心にふれるような、よい発問をした、と思つているのに一向児童の方には反応があらわれないという場合がある。その原因の一つに、教師のことばのむずかしさがあげられる。

はなしことばの形式はもち論のことであるが、は

なしことばの中の一つの語いが理解できないために教師の発問の意味がわからないことがしばしばある特に低学年においては注意すべきことがらだと思う

「まさおさんは、どうして水の中にはいることを、ためらつたのでしようかね」という発問、一例にすぎないけれども、「ためらう」ということばが、どういう意味のことばであるかわからないために、教師の発問に対する応答ができないことは、往々にしておこり得る問題である

「まさおさんは、どうして水の中にはいろうか、どうしようかとぐずぐずしていたのでしようかね」という発問になると、元気よく児童の手があがる事実は、教師のことばに原因があるとみなければならない。ことばはあくまでも平易であるのがのぞましいが、つぎのようなことに考慮が払われるべきであろう。

・学年差を考慮して発問のことばを考えること。
・学級内における語い能力の実態を把握しておくこと。
・発問のくり返しを苦にしないで、全児童にわかるようにはなすこと。
・発問の意味のわからない、語いは、質問をするような習慣をつけさせておくこと。

その他いろいろな留意事項があげられると思うが要は一部の児童のみに理解されるようなことばのやりとりに終る発問であつてはならないことが大切である。

◎発問の内容は、できるだけ具体的であること。

「ロビンソン・クルーソー」の物語文を学習する場合に、読みの練習をして全文を概観させる。この場合の学習指導において教師の発問が、

「読んで、どんなことがわかりましたか。わかつた人は手をあげて発表して下さい。」

といつた形式がとられているのに、しばしば接するこの発問では、「読んでどんなことが」どんなことに問題があると思う。

「この花をみてどう思いますか。」

といつた発問と同様であつて、それに対する応答はまことに漠然としたものしか出てこない。また当然そうならざるを得ない要素を、発問そのものがもつている。

「きれいです。」とか、「わたしもそんなきれいな花がほしいと思います。」とかいつた抽象的な応答しか得られない。

抽象的な、断片的なものをもとめているなら問題は別であるが、物語を概観させるという目標（的）からは、発問の方法に考慮が払われることが必要である。

発問の内容が具体的であるということはこまごました説明をすることではない。児童に、教師の要求していることは、どんなことであるかをはつきりとつかませることである。

「ロビンソン・クルーソーは、人のすんでいない島にたどりついて、どんなくらしをしましたかね。」という発問に対しては、島に漂着してからの生活のようすの発表が要求されていることを、児童は容易には把握できると考えられる。発表がたとえ、断片的であつたにせよ、教師の要求しているものに即してとらえられていくことは間違いない。

結局、具体的な発問というのは、何を考えればよいのか、何について発表すればよいのかを、明確に把握させることに外ならない。発問の内容が漠然としているために、児童はかつてに解釈して発表する話題が中心をそれてしまう。中心に引き戻すためにからまわりの話し合いが続けられる。時間はいたずらにすぎていく。学習の目標にたどりつくことの要求から教師の説明が中心になつて、児童はきき役にまわつてしまう。「わかりましたかね。」で終つて児童はよく理解できないままで、つぎの段階へと進むことを強要される場合を生ずるのである。

つぎに発問の生ずる場、あるいは問題によつてはそれぞれ形式内容共にちがいは多少ともあると思うが、発問を具体的にするために、留意すべき二、三についてのべてみると、

・低学年においては、さし絵、かけ絵、具体物等を示してやること。
・発問のことばは、一般的、抽象的なことばをさけるようにすること。
・発問は、応答の内容をできるだけ、しぼれるように与えてやること。
・能力に応じて、長文でいつた、名詞で出したり、あるいは応答の内容の一部を提示してやること。
・視覚にうつたえて（板書、文字板等）発問の内容把握に資すること。

等が一般的に考えられるようである。

◎発問は常に解決への発展を助長するような内容とことばづかいであること。

前項においてのべたのであるが、発問の内容が漠然としているために、応答が断片的で抽象的になる

抜萃欄

ということ。これと同様なことが、発問が無内容であることから生じてくる場合がある。

すなわち、当然すべての児童が理解しているような事項について発問がなされる場合である。教師が一本の鉛筆を児童にさし示してつぎのような発問をする。

「これはなんですか。」と児童の答は「鉛筆です。」という以外の答は出ない。

少しものごとをほりさげて考える児童は、鉛筆だということはわかりきつている。先生はそれ以外の答を要求しているにちがいないと個人的な解釈におちいつてしまう。その結果の答が「木と炭素棒です」とか「植物と鉱物です。」とかになつて、二十の扉式のものになつてくる。

教師の方は、まじめに考えて答えた児童を、無能力視したり、不まじめよばわりにしてしまうことは案外に多い。

時には、学習気分のじよう成のために、すべての児童の活発な活動を助成するために行われることもあると思うが、このような問答の連続では児童は学習に対する興味と意欲をうしなつてしまう。そればかりでなく、苦痛さえもおこしてくるであろう。

学習に対して、興味と意欲をおこさせ、問題解決への自主的な活動を行わせるためには、教師の発問に発展性がなくてはならない。それには、無内容な発問をさけることはもち論なことで、一問一答式になるような形式と内容を、不用意にもだしてはならないものである。

問題解決のための教師の第一の発問が、解決点まで一貫して流されていくような形式と内容をもつことがのぞましい。このような方法で進んでいくと、教師の第二の発問以降は、説明的であつたり、ことばのくり返しであつたり、一問一答式の形式からぬけでることが可能となる。

第二問以降のことばづかいは、解決の糸口をみいだすような暗示的なことばであること、思考を旺盛にするような刺戟的なことばであることが要求される。それには、教師は児童の応答に対し、時には否定的な疑問的なことばなりを示していくことが必要である。

引例としては適当でないかもしれないが「ロビンソン・クルーソー」の物語の概観の場合に、ある児童が「クルーソーは無人島に流れついて生活しました。」と発表する。教師は「そうですね。」肯定しつぎに、「島で二、三年生活しているうちに、航行中の船に助けられて本国に帰ることができたのですね。」と内容と全然反するような発問をする。また「できたのですかね。」といつた疑問的な発問をする。児童に教師の言を批判的に思考させて、問題解決のための学習を展開していく方法である。

以上、児童の学習活動を効果的にするための教師の発問について、二、三項目にわたつてのべたにすぎない。この外いろ〳〵と重要な事項があげられるが、つぎに、箇条的にのべてみる。

・発問は、常に時機をはずさず適切に行われているかどうか。

・児童の発言を横どりして、不必要な発問や説明が行われていることはないかどうか。

・発問に対して、児童の考える時間が適切に与えられているかどうか。

・発問に対する応答の形式が常に固定化されていることはないかどうか。

ー発表表現の形式として、音声表現、文字表現、絵画表現等が考慮されているかー

以上の項目については、常に反省と方法上の研究がなされなければならないと思う。

国語学習においても、戦後の教育思潮から、国語科のカリキユラムの問題とか、言語観の問題とか本質的なものが大いに研究されてきた。実によろこばしいことである。だが、それに比して、学習指導法の研究とか、指導技術の研究が末端的な問題として軽く取扱われてきた傾向も事実である。しかし、現今再びこれらの問題が真剣に研究されつつあることは、まことにうれしいことである。

発問法の問題についても、その方法が適切でないために、せつかくの計画が支離滅裂となり、学習の目標と程遠い学習として終ることの実に数多くあることを経験もし見もする。

言語経験領域の狭い、言語能力の低い小学校児童の学習指導においては、発問法の研究は特に重要な問題であるといわねばならない。今後とも、微力ではあるが研究を続けていきたいと思つている。

ー宮崎大附小教官ー

教育評價と記録

小見山栄一

一　はしがき―本論のねらい

すべて物事にはしめくくりがたいせつである。しかし、それにも増して考えなければならないことはそのしめくくりが次の発展への段階になることである。

教育評価において記録の重要性が説かれるゆえんは、まさにここにあるといえよう。この小論では、評価における記録の必要性を具体的に考察し、そこから導きだされる記録の原理をのべてみたい。

評価の記録といえば直ちに「指導要録」が想起されるであろう。指導要録に記された項目に、求められた様式で記録するとき、その正確性や客観性をいかにして確保するかは、重要な問題であるが、それは直接には評価の科学的方法と関係をもつことがらである。ここではむしろ、そのような科学的技術よりは、評価の結果を記録するのは、一体いかなる目的のためか、そのためにはいかなる対象を記録するのか、あるいはまた誰のために記録するのか、という記録の原理的考察をしてみたい。

仮りに、指導要録が存在しないという場合を想定してみよう。このとき、評価の記録はいかにしたらよいであろうか。この種の否定的立場から記録の原理の本質的なものが把握される可能性が多い。

それはさておき、具体的な考察に入つてみよう。

二　何のための記録か

一体何のために記録をとるのであろうか。この問に対しては幾種もの解答がだされよう。確かに、記録のための記録ではないはずである。評価の記録がなくとも、教育は営まれる。旧制の「学籍簿」がはじめて制定されたのは、学制が発布されてから約三十年も経過した明治三十二年であつたことを想起してみるとよい。

要言すれば、教育効果の確認のためであるといえよう。しかしながら、教育が個人差に即して行われなければならないのであるから、教育の効果の確認と評価は、個人に即して行われなければならない。効果的な学習指導を行うために、個人の理解が必要であり、記録はその基礎資料となる。

担任の教師のみから、一人の児童の情報が得られるのでない。その児童に関係する多くの人々から情報が、一箇所に収集され、必要な資料が整理記録されるところに個人の理解の資料としての価値が加わる。

児童の理解とは、担任教師の課題であるのみならず、父兄にとつても、また児童自身にとつても必要なことである。このためには、客観的な事実に基づいた正確な用語によるコミユニケーションが必要であつて、ここに記録の必要がある。

もともと教育とは、前向きの態勢をとるべきものである。ある時期までに習得した学習の量と質を確認するだけにとどまることは許されない。そこに理解された事実に基づいて、将来の指導の資料に役立てなければならない。記録は、この要求に応ずるものである。

将来の方向を見出すのは、変りゆく過程の把握の中にある。たとえば、ある時期における一回限りの人口調査では、それがいかに正確に行われようと、将来の人口の増減の方向をつかむことはできない。人口の動態を明らかにするためには、かなりの年月にわたる幾回かの人口調査資料に基づいて、その中に変化の動向を見出さなければならない。これと同じように、評価の記録を個人の指導に生かすとすれば、当然累加的な記録にならざるを得ない。記録の目的として、間接的ではあるが、それにもかかわらず重要な目的として、次のことが考えられる。それは、教師をして、教育の目標を考えさせ、諸目標間の相対的重要性の判定への資料を与え、また、教師の教職活動の評価の資料となることである。

このことを考えると、記録の内容は、学力の習得量のみならず、個人の人格の変化を反映するものでなければならない。このためには、尺度的な評定よりは、むしろ記述的形式の方が、より望ましい場合が多い。

この記録の目的については、次にのべるところの誰のために記録をとるのかという問題とあわせて更に考えてみたい。

三　誰のための記録か

教育過程には、ところどころは段階点がある。進級とか進学とかは、その典型的なものである。けれども、その段階点で教育が中断されたり、後退したりすることは許されない。あくまでも連続的でなければならない。この段階点を通過しながら、一貫的連続性を保つのに、記録の果たす役割は大きい。

指導要録が、個人の理解や指導のためであると理解されながら、そのためには項目やスペースが不十分であるということをしばしばきく。確かにその通りであろう。また、現行のような五点法は、相対的評価であつて、個人の発達を示すことができないともいう。このことにも間違いはない。

しかしながら、指導要録を、誰のためにつけるかを熟考してみるとき、先の問題に一応の解答を持つことができる。

確かに、一年も子どもたちと生活を共にすれば、一人一人の子どもについて観察して得た知識は、指導要録に記録された以上のものがあろう。もしも指導要録が、担任教師だけのためにあるとすれば、個人個人の生きた姿について知つた多くの知識を、あの固苦しい枠の中に、窮屈なパーセンテージの五点法で、無理に書きこむ必要性は全然ないはずであるもちろんわれわれ無限ともいわれる多数の情報を、時に整理収約し、個人の特性を浮き彫りのように記述する意義のあることを認め、そのためにも指導要録の存在を肯定するものであるが、それとともに、先にのべたような理由で、指導要録は、担任教師だけのために存在するものでないことを、はつきりと認識しておきたい

新しい学級や新しい学校の、その子どもにとつて新しい先生に、自分がいままであずかつてきた子どもを渡すときに、このように成長発達してきましたよと伝達する責務のあることは当然であろう。そうすると、伝達ということ自体に、こちらの意志を正しく伝えるべきであるという要請が含まれている。子どもを思う親心的親切から、ありもしない能力を附け加えたり、記すべき異常状態を記さないというならば、これらの意志を正しく伝達したことにはならない。ひいては、児童自身の幸不幸にも影響を与えることになる。

ここでひとこと附け加えておきたいことは、だからといつて、悪いことのなんでもかんでも記録しろというのではない。教育的に考えて、その子どもについて知つておいてもらいたいという事項や内容を指すのであつて、このためにも、指導要録は「機密的」な取り扱いをうけるべきものである。不必要な人の目にふれさせるべきものでない。

先のことに戻ると、正確に伝達するために、指導要録のひとつの性格として、地域的共通性ということが考えられる。個人にだけ理解されるような主観的な方法がさけられる。新しい指導要録は、各学校の自主性にまかされているという原則と、この地域的共通性とは、矛盾的なものであるが、そこに妥協点を見出さなければならない運命にあるともいえる

以上のような考えから、現行の制度では、小学校の児童指導要録は、中学校に、更に高等学校にと移されていく。そして、一部ではあるが、報告書の形式で、大学にも提出されるのであるから、実質的には、指導要録は本人とともに常に在るといつてもよいであろう。

評価の記録とは、指導要録に限定されるものでない。学校と家庭とが、児童の指導において、協力と一貫性を持つために、一般に家庭に通知票が渡される。このときの記録は直接には両親のためのものである。教育用語や行動特性を示す心理学的術語は一般に難解でもあるし、また、採点法などの原理もじゆうぶん理解されていないので指導要録そのままの写しを通知票とすることは、家庭への通知として、じゆうぶんな機能を果たすことにならない。二重帳簿式に、指導要録と別のものを作ることは、労力が倍加することになるが、通知票を渡す目的から考えて、その目的にかなう様式や表現が採用されることが、他の何ものにもまして優先すべき基本条件であるといわざるを得ない。このことは、対社会関係においてもいえることである。教育を営むことは、地域社会の義務であるが、それだけに、学校教育の評価を、記録として社会に示す任務は、学校側にあると考える。このときにも、誰に示す記録であるかという、相手を考えて記録の内容や表現形式を考慮しなければならない。

四　何をいつ記録するか

何を記録するかという問題に対しては、先に個人の理解と指導ということからひとつの解答が与えられる。個人を理解やるためには、あらゆる事項を、あらゆる角度から知る必要がある。したがつて、学校教育によつてもたらされた個人の発達ー身体的、知的な発達はもちろん、社会的、情緒的発達が記録

の対象である。更に、個人の先天的素質、過去の経験、家庭環境等も含まれるし、本人が将来に対しいかなる希望や生活設計をいだいているかも含まれてくる。

個人に関するあらゆる情報といえば、まさに文字通り無限であるといつてよい。それでは、有限な人間にはほとんど記録が不可能ということになる。したがつて、そこにはある選択が働くわけであるが、その選択の基準は、個人の理解と指導のために価値ある情報ということになる。

このことがよくなされるためには、やはり本人をよく知つているものがあたるということになる。たとえば、食事を多くとつたとか、少なくとつたということは、普通の児童と比べての相対的比較ではなく、その児童として、いつもよりも余計とつたかどうかということになる。評価を重ねていくうちに、個人の理解が深まり、個人の理解が深まれば、新しい知識に基づいて更に新しい個人の理解の方法がとられるという、循環的関係にあることになる。

収集される情報は、事実でなければならない。客観的な事実を記録するためには典型的な場面で典型的な行動を観察する訓練を積まなければならない。社会性を見るためには社会性の現われる場面において観察すること、また、そこで本人の社会的行動として典型的であるとみなされる行動を観察することが要請される。

現在のわが国の実情からいつて、教授負担も大きく、かつ、受持児童数もかなり多い、そのために、一人一人の児童についての行動観察には、じゆうぶんの時間もとれないであろう。たとえば、指導要録の行動の記録において、二十二項目のすべてについて、学期末になつても、自信をもつて評価し得ないものが生じたり、あるいは、評価する基礎資料もないというようなこともあろう。この事情も認めないわけにはいかないが、しかし、受動的構えにたつて不明であるというのでなく、こちらから進んで明らかにしようとする積極的態度の必要なことも指摘しておこう。

このようなことを考えあわせてみると、やはり簡潔な記録の方法を考案するとともに、記録にひとつの計画性を持たせることがたいせつとなつてくる。授業中の随時的評価にせよ、学期末考査や中間考査にせよ、計画性のあることが、包括的評価のためにも、個人の理解にとつても必要である。

個人の全体的理解のために、分析的な見方をとつているのであるから、たとえば、行動の記録に現われた項目も、人格の一側面を現わしているのであるということを忘れてはならない。社会性がじゆうぶん発達していないから、一個の人物としてよくないと考えてはならない。かつ、人格は変化的なものであるから、よし現在安定感がないにしても、永久に不安定感に悩む児童であるとみなすことはできない

最後に、いつ記録をとつたらよいかという問題になるが、記録のとれるときには常に記録にとどめておくべきである。学期末や学年末の指導要録の記入は、むしろ、ふだんに集められた記録の圧縮であり整理であつて、そのとき直接的観察をとることではない。記憶の正確なうちに記録するというのが原則である。それにしても、記録の様式や記録の保存法等についての工夫は常に必要である。記録は教師だけの任務でなく、できるときには、児童に求めてもよいし、あるいはまた両親に求めてもよいはずである。それらもろもろの記録を、本人の教育上の理解や指導のために整理したり要約したりするのが、その本人をよく知つている担任教師の任務である。むしろできるならば、たんなる記録などは、書記というような事務職員にまかせてもよいのであろうが、現在では望むべくもない。

五　ま　と　め

評価の記録を以上のように考察してきたが、記録のただひとつの方法がそこにあるわけでない。それぞれの目的に応じた記録の方法がある。しかし、そこに流れる一貫した原理的なものが考えられる。それを要約的に記してみる。

(1)個人の理解と指導のためであるから、事実について記録することが必要である。正確にして客観的な事実に基づいてのみ個人の正しい理解が得られる。

(2)事実の収集は、対象である個人に即してなされなければならない。しかも、個人のパーソナリティの変化をあらわにするような観点から、記録の対象が選定される。

(3)個人のパーソナリティを明らかにするためには、一覧表的な要約ないし整理の方法が工夫されなければならない。そのとき注意しなければならないことは、平均的なもののみをねらつて、個人の特性を見失つてはならない。典型的な行動を求めるとともに、行動の範囲を知ることも、個人の理解に重要なことである。

(4)個人の全人的理解のためには、部分的な資料に偏

してはならない。ここに記録の完全性が要求される。あらゆる観点から観察された記録が求められる。

(5)評価しようとする特性であるから、比較的独立的な項目が選定され、教師にとつて観察の機会や記録の方法において、実用的であることが望ましい。

(6)記録の利用という点からいつて、保存や利用に容易な様式や方法がくふうされなければならない。

要するに、評価の結果の記録をなんのために利用するかということを考察して、その目的にもつともかなう方法を、みずから案出・選定すべきものであると信ずる。もう一度、指導要録を離れて、記録一般の目的について、お互に考察してみる必要があろう。しかしまた、記録の中で、指導要録は重要な役割を果たすものであることも事実であるが、この小論では、記録一般について考察してきた。

記録の累加性が重視されるが、ふだんの研究と反省の累加的効力によつて、より希ましい記録の方法や様式が展開されることを、終りに指摘しておこう

＝東京教育大学助教授＝

教科以外の活動の計畫と指導

＝文部省初等教育パンフレットより＝

（其の二）

第三　教科以外の活動の目標

今までに述べてきた教科以外の活動の意義や性格から教科以外の活動の目標は、おのずから明らかになつてくるであろう。これまでに述べたこの活動の特性をまとめてみると、およそ次のようになろう。

(イ)こどもの自主的な組織活動である。

(ロ)日常生活中の総合的具体的な問題と取り組む活動である。

(ハ)あくまでも実践を尊ぶ活動である

(ニ)各自が個性を発揮しつゝ協力して、あることをなし遂げる民主的な集団活動である。

(ホ)個人の興味や能力を生かし、楽しく打ちこんでいく活動である。

したがつて、この活動の目ざすところは、各教科の目標と一致する点が多いのであるが、次のような点が特に強調されるであろう。

。学校や学級など自分の属する集団の運営に参画するので、自分たちの力で集団をよりよくしようとする意欲を高めることができる。

。実践を通じて、集団の問題を民主的に解決していくことを学ぶことができる。

。自分たちで自分たちの生活を計画し、それを規制していく自律性を身につけることができる。

。集団の代表を正しく選ぶことができ、代表者となつた場合の正しい態度を身につけることができる。

。民主的な生活を営む上の態度や技能を実際に即して体得し、特に問題を解決するにあたつては、理を尽して論議し、それぞれの立場を理解し、正しい決定に対しては私情を捨てて従い、責任をもつべきことを身につけることができる。

。日常生活の中から問題を発見し、それを協力して能率的に処理する力が身につく。

。学校や地域社会のために奉仕できることを知り、その社会的意義を体得し、またその方法を身につけることができる。

。各教科の学習で得たものを総合的に活用し、創造的研究態度を身につけることができる。

。自分の個性や力を自覚し、やがて自己の特性や趣味を広めたり、深めたりして、自分はどの方面で社会に貢献するのがよいかを知ることができる。

。生活を楽しみ深いものにするように、これを改善する力を身につけ、余暇を善用することができる。

。自他ともにかけがえのない尊い存在であることを知り、他を尊重し、高い人間性への眼を開くことができる。

これらの目標は、学習指導要領一般編二五ページに書かれてあるものとその基調は異なるものではないがこの書の編集委員会では、こどもの実践活動を思い浮べながら、以上にあげた点が教科以外の活動の指導において重要な目あてとなると考えたのである。このような目標は、今日の学校教育としては、強調しなければならないことであり、教科の学習時においてもその一部は到達できるが、児童会活動やクラブ活動の適切な指導によつて、いつそう効果的に到

達しうるものである。

第四　児童の発達と教科以外の活動

児童会活動やクラブ活動は、教育的に有益であるといつても、一年生から六年生までの発達程度が非常に違つているこどもたちに、一様な活動を進めることはできない。どのような学習指導をする場合にも、こどもの発達程度を考えることは学習指導の原則である。教科以外の活導も又この原則からはずれるものではない。しかしこの種の活動の特性として教科の学習のように、学年ごとの活動の内容をはつきり定めることは困難である。それは、個々のこどものそれぞれの活動に対する能力を考えて、その活動にあたるようにする必要があろう。しかしこの種の活動に対するこどもの一般的な発達について考えておくことは、こどもが個々の活動の計画をたてる際に助言を与える教師の立場としては必要なことであろう。そこで、次にこの種の活動についてのこども の発達について述べ、参考に供しようと思うが、この種の研究はまだその緒についたばかりであつてここにのべるわれわれの研究も、ふじゆうぶんのそしりを免れないかも知れない。

▲1、一、二年の児童の発達と教科以外の活動

一年のこどもは、手や足を動かし、感覚器を通じて周囲の人々や物事に触れるようとする。特にはじめて学校にはいつたので、目に触る物事は、みな珍しく、好奇心をもつて、あらゆるものを知り、親しもうとしている。また、かれらは自己中心的で、学級内における行動も生活も個々ばらばらであり、学級としてまとまることは困難である。そこで、このようなこどもを学校社会における生活になじませ集団生活に参加できるように指導することが最もたいせつである。集団としての全体意識をもたせるためには、学級単位の「こども会」あるいは「誕生会」といつたものを開くのがよいであろう。そしてかれらにこれは自分たちの会であるから、自分たちで考え自分たちの手でやるならば、より楽しい会ができるようになるという自覚をもたせるように導くことがたいせつであろう。一年生の後半から二年生にかけては、児童は身近な生活環境に慣れてきて、生活経験にいくらかのまとまりをもつてくる。そして人や物の役割を部分的にでもとらえ、その相互関係も多少とらえることができるようになる。だからこのころになれば、「誕生日の会」や「仲よし会」や「発表会」というような集会を月々催すことによつて、会の計画や運営に対する反省や、自己の立場からどんな役割を果したかというような反省もでてくる。また、ときには、上級生の代表者が学校生活についての話を聞かせたり、幻燈や紙しばいを見せてやつたりするならば、上級生ともしだいに親しみ深くなり、学校生活に安定感をもつようになるであろう。

このような指導が基礎になつて、しだいに学級や学校の生活に対して、各自の立場からの責任感も生まれ、やがてグループや学級の中でさしずしたり、さしずに従つたりすることができるようになり、団体の一員としての自覚も生まれ、やゝまとまつた自治的活動や団体行動ができるようになるであろう。

このような発達段階にある児童に対しては、日常次のような「ねらい」をもつて指導して、しだいに教科以外の活動に参加することのできる芽生を養つてやることが望ましい

- 互に譲り合つて友だちと仲良く遊ぶこと。
- 簡単な約束を守ること。
- 学校や家庭でも秩序を理解し、親や先生のいうことをよく聞くこと。
- 学校や家庭での行事に進んで参加すること。
- グループや学校の中で自分の役割を果たすこと。
- 物事の善悪について判断ができること。
- 自分の感情をいろいろの形で表現したり、発表したりすること。
- 仕事の順序や手順を考えて物事を処理したり、あと始末をよくすること。
- よく相談してグループの意見をまとめること。

▲2　三、四年の児童の発達と教科以外の活動

この期の児童の発達の特性は、個人と社会との関係がわかりかけてきて、自然や郷土の社会についての関心が深まつてくることである。また、このころの児童は、人や物の間における関係に一定のきまりがあることに気がつき、それを守ることのたいせつなことを知り、守ろうとする努力がはつきりしてくることが認められる。四年生ぐらいになれば、正義感も強くなり、学校や学級における生活態度も反省的になり、よりよい学校社会の一員になろうとする努力がはつきり認められる。また自己の趣味や特殊の能力もある程度自覚し、それを生かそうとする傾向が認められてくる。

したがつて、この期間のこどものグループ活動はよほど自治的になされるようになる。そして、自分の長所を自覚して、それを毎日の生活の上に生かそうと考えるようになる。たとえば、教室における毎

日の仕事も、それぞれの特徴を生かして、お花の係、給食の係、記録係、そうじや整とんの係、図書係、運動用具の係というように、自分たちの生活をよりよく能率化するために、こどもたちが互に話し合つて、それぞれの長所を生かして仕事を分担するようになる。

また、学級の代表やグループのリーダーを選ぶこともできるようになる。四年生ともなれば、すでに養われた自治的な自覚はいつそう強くなつて、学級としてのまとまりができ、他の学級とのよい意味における競争意識が強くなつて、互に協力して学級の向上に努力するようになるとともに、学級の代表としての学級委員を選び、これを全校の児童会に送ることができるようになる。

学校児童会に出席しても、四年生では、まだ積極的な活動は望みがたいが、しかし、上学年の委員の指導によつて、学校全体の運営についての計画や、種々の協議に参加して、よくその意味を理解するとともに、学級に帰つて、その計画や協議事項を全員に報告し、それを徹底させようと努力するのであろう。また、児童は、このころになれば、その趣味や自分の長所短所をかなり自覚し反省して、それぞれの長所や趣味を生かそうとする傾向がはつきりしてくる。もちろん、これらを自分で意識し発見することのできないこどももあろうが、これらのこどもも教師の適切な助言によつてそれを自覚するようになるであろう。したがつて、同好の友だちとの協力によつて、クラブを組織してそれに参加し、自分の特徴を伸ばすことに努力するようになる。

このような発達段階にあるこどもに対しては、次のような点に留意して、日常よく指導されることが望ましい。このような着眼点をもつてよく指導されることによつて、児童の教科以外の活動への参加を容易にするであろう。

。グループや学級で自分の役割に責任をもつこと。

。友だちどうし互いに助け合つて仕事を進めること。

。いろいろな行事に協力したり、参加したりすること。

。仕事をするには協力が必要であり、協力には、各自の特徴を生かすことが望ましいことを考えて行動すること。

。自分勝手を排し、お互いによく相談をして問題を解決すること。

。学級全体やグループで仕事の計画をし、実行し、その結果を反省したりすること。

。自分の能力を自覚し、長所を生かすことに努力すること。

。自分の感情をいつそう美的に表現するように努力すること。

。自分の趣味を求め生かすこと。

。常に学習の発展として、次の問題を考えるような態度をもつこと。

。多方面な興味を養うために、実験、観察、見学などの実地の学習を行わせること。

▲３　五、六年の児童の発達と教科以外の活動

この期のこどもの特性としては、物事を論理的に考え、すべての出来事に対して因果関係を追求しようとする傾向が強くなり、物事の考え方・見方・進め方なども、しだいに合理性を増してくる。また自治的な態度は、相当に身につき、仕事の推進にあたつては、自身の特技を活用し、協調していくことができるようになる。また自分達の社会がすべての点において相互依存によつて形成されていることに気がつき、友人相互の個性を認めることができるようになり、いろいろな組織の運営がうまくできるようになる。ことに六年にもなれば、生活の意味を統一的につかみ、最上級として学校生活を大所高所からながめることができるようになり、全体の児童の学校生活の中心であるという自覚ができるとともに、常にすべての生活面におけるリーダーとして学校生活を推進していく意欲が強くなつてくることが認められる。また、各人の個性も相当はつきり出てき、興味も多方面となり、教科の学習以外に、それぞれの選んだ題目について興味をもつてつつこんだ研究をするようになる。

この期のこどもは、児童会やクラブ活動のリーダーに選ばれたり、その有力なメンバーになつたりする。そしてそれぞれの部や班において下級生の世話も相当することができるようになる。五年生は六年生のよい相談相手となり、六年生は、児童会活動やクラブ活動の中心となつて活動し、議長や班長となるのは多くはこの学年のこどもであろう。したがつて、かれらは学校社会における生活を推進していく主体であるという自覚を強くもち責任をもつて各自の役割を果していくようになるのである。

それゆえ、この期の児童に対しては、次のような点についてよく指導が行われるならば、教科以外の活動を有効に運営することができるであろう。

。各種の委員会の役割を理解して運営に参加できること。

。学校・家庭・社会の仕事に積極的に協力すること
。社会生活の中における封建的なものに対して、批判の態度をもつようになること。

。いろいろな対立を話し合いによつて解決する態度を養うこと。

。自分の属する社会の改善のために、進んで仕事を計画し、協力すること。

。学校や社会におけるきまりを守り、秩序を維持しようとする態度をもつこと。

。学校生活の中心となつて民主的に全体の意見をまとめることができるようになること。

。自分の教養をたかめ、趣味のよしあしが批判できるようになること。

。特殊な技能を伸ばす機会や設備を提供してやること。

第五　教科以外の活動の範囲と種類

教 科以外の活動は、どんな生活地盤から生まれてくるか。

教科以外の活動は、児童の生活のうちに教科としては組織されないが、教育的に有益な活動のあることを認めるところに成立する。

さきに、未組織な児童の生活に広く眼を配り、その生活の中から組織化されうるものは教育課程として組織化すべきであるといつた。もちろん、その組織は、教科の組織と同じ意味のものではなく、こどもたちの自主的活動の展開ができやすいように、環境や活動を組織してやることを意味する。児童の多方面にわたる生活のうちから、どのようなものが組織化されうるかということを考えるためには、まず教科の学習以外に、児童はどのような生活をしているかについて広く眼を配り、その生活の中でどのように人間形成がなされつゝあるか、どのような契機から、人間形成がなされるかをよく考えてみる必要がある。そこで教科以外の活動の範囲や種類を考える手がかりとして、児童の生活を考察し、そこにひそむ教育的価値について考えてみよう。

まず、児童の一日の生活について考えてみれば、児童はおよそ次のような生活をしている。

(1)家庭における朝の生活
寝具その他身のまわりのしまつ
洗面、食事、手伝いなど
(2)登校
左側通行、乗物利用、歩行など
(3)始業前の生活
遊び、各自の分担している特殊な仕事、教室内外の清掃、整とんなど
(4)朝の集会
学校での話合い、学年集会、学校全員の集会など
(5)学習
日課表による学習
(6)休みの時間
室内の遊び、運動場の遊び、グループをつくつての遊び、用便など
(7)昼食
手洗、作法にかなつた食事、給食に関した仕事など
(8)放課後の生活
教室内外の整理整とん、戸締、校庭の遊び、下校など
(9)帰宅後の生活
手伝い、学習、遊び、身のまわりのしまつ、家族だんらん、就寝など

次に、児童の生活をその生活の場から考えてみると次のものが考えられる。

(1)家庭の生活
(2)学級の生活
(3)学校の生活
(4)地域社会の生活

このように、児童の一日の生活やその生活の場はきわめて多様である。これらの生活が望ましく営まれ、その生活を向上させるためには、これらの活動の意義を自覚させ、その活動に教育的な方向を与えねばならない。このような見地からみると、児童の日常生活のうちに発見できると思われる教育的な課題としては

(1)個人としての好ましい生活習慣の形成
(2)家庭・学校・社会の生活における民主的な行動の習慣、
(3)閑暇の賢明な利用や個性の伸張
(4)学校生活の合理的な運営
(5)他に対する奉仕的な生活態度

などが考えられる。これらの課題の解決のために各教科の学習は大いに役だつているが、しかし、こどもの実際のいきた生活を通して、これらの課題を実践的に解決していくようにすることは、教育的効果をいつそう大ならしめるものである。

それには、こどもの多様な生活をただ漫然とやらしておくのではなく、教科の立場とは異なつた角度から、これに教育的な編成を与えねばならない。い

わゆる教科以外の活動は、児童の全体的統一的発達を目ざして計画された教育の一環であつて、教科以外ならば、どんな活動でもここでいう教科以外の活動であるとはいえない。学校におけるこどもの活動のすべてを教科以外の活動として組織することは困難であろう。たとえば、低学年における食事前の手洗いや食事の指導、教室のこまごました整理整とんなどはそれである。しかし、これらの教科以外の活動として組織しがたい活動も、その根抵に於いては教科以外の活動と連らなるもののあることを忘れてはならない。

教 科以外の活動には、どんな領域が考えられるか。

以上のように考えてくると、児童の生活の全面にわたつて指導されなければならないといゝながらもいわゆる教科以外の活動として組織されうる活動の主流をなすものは、次の二つであろう。すなわち、

(1)学校における社会生活を中心とした活動――児童の社会性に役立つ。

(2)個人生活の充実伸張を中心とした活動――個人の特殊な能力や興味の伸張に役立つ。

――をあげることができる。以下この二つについてさらに説明を加えてみよう。

①学校における社会生活を中心とした活動児童は、学級としての生活、学校としての生活をもつている。

これらの児童の社会生活を、児童の自由な意志に基き、かれらの自主的な判断、自律的な行動によつて民主的な社会を形成するという方向に導いていく必要がある。児童の学校における社会生活には次のようなものが考えられる。

（イ）学級社会における活動

学級は児童に最も直接的な社会生活の場である。児童が学級を自分たちの社会として意識し、よりよい学級社会の建設のために、児童は次のようないろいろな活動を営むであろう。

。教室の管理に関すること
　清掃、整理整とんなど
。共同で使うものの管理に関すること
　運動用具、工作用具など
。貸出品の管理に関すること
　学級文庫の図書の貸出、整理、修理など
。会計に関すること
　学級費、給食費、映画代金など
。教科の学習との関連における活動
　飼育や栽培、気象の継続観察、各人の自由ないろいろな学習の計画や実行など
。報道に関すること
　学級新聞、壁新聞、社会ニュースなど
。教室の美化に関すること
　学習環境としての各種の掲示物を含めて、教室美化の活動
。記録、日誌記入に関すること
　学習記録、学級日誌、各係の記録など
。集会（生活指導を主として）
　学級会、朝の話合い、反省会など
。レクリエーション
　お話会、幻燈会、小体育会、誕生会など

これらの活動は、いずれも学級において行なわれる有益な活動であるが、これらの活動のすべてが教科以外の活動として定められた時間の範囲内で行われるとは限らない。たとえば、毎日の清掃とか、共同物の管理とか、飼育、栽培の仕事の一部とか、集金や記録の記入などは、朝の授業前の時間とか、お昼の休みどかを利用して行われることもあろう。しかし、これらの仕事の分担やその実行などは、学級内の児童会活動としての組織を通して行われることが望ましい。学級を一つの目的的な社会として組織しその組織による日々の実践をより向上させ、学級社会を改善するための学級児童会とか、特別の奉仕活動、レクエーション的行事への参加などが教科以外の活動として定められた時間内に行われる活動として適当なものであろう。

なお、学級単位の活動は、学校全体の活動から孤立して行われることなく、学校活動の一部として行われることが望ましい。

（ロ）学校社会における活動

学級は多くの場合、同一年令の児童によつて構成され、しかもその構成員はほぼ一定であるが、学校社会は、学年や学級を異にするこどもたち全体のより広い社会生活の場である。これは学級社会よりもその生活の場面が広いだけ、構成員の間の緊密度は減少する傾向にある。したがつて学校社会を一つの目的な社会としてこれをまとめていくためには、より広範囲にわたつての強力な組織を必要とする。学校社会における活動としては、次のものを、その主なるものとしてあげることができる。

。学校生活の問題の解決に関すること
　同学年集会、近接学年集会、学校集会、代表児童集会など

。学校生活を運営するための仕事に関すること

学校新聞の発行、校内放送、学校図書館校内に於ける保健衛生、体育やスポーツ掲示板の管理校内外の清掃など

。学校生活に於ける共同的な仕事

動物の飼育、学校園の経営、気象の観測など

。他の児童や社会に対する奉仕的な活動

こども銀行給食の献立や配給、用具や校舎の簡単な修理整備、社会に対する奉仕的な活動など

。レクレエーションに関する活動

体育会（運動会）遠足、幻燈（紙しばい）会、音楽会など

これらの活動のうちには、毎日行なわれるもの、週に一回あるいは二回行なわれるもの、月に一回あるいは二回行われるもの、年に一回あるいは二回行なわれるものなどがある。また全員が参加して行う活動や部や班を設けて委員だけが活動するものがあるまたその活動も学級単位で行うものと重なるものもあろう。また教科以外の活動の時間として定められた時間以外に行われるものもあろう。したがつてよい組織をつくつて周到な計画のもとに行われる必要がある、組織については、次章において触れるであろう。

（ハ）地域社会生活における活動

学校外における児童の生活については、教師はその責任の全部を負うことはできない。しかし、学校に於ける生活指導を通して校外における生活の指導にまで及ぶことは、わが国の現状として望ましいことである。熱心な教師は地域社会におけるこどもの活動に参加し、これに指導を加えることによつてきわめてよい効果をあげている。地域社会における活動は、その地域の他の団体、たとえばＰ・Ｔ・Ａ、青年団、あるいは中学校、高等学校の生徒などの協力をうることができれば、効果をいつそう高めることができるであろう。かような地域社会における活動として考えられることとしては次のようなものをあげることができよう。

。地域社会におけるよい生活習慣を形成することを目的とする集会

。火の用心、清掃、落穂拾い、害虫の駆除、交通整理等の地域社会の必要に即した奉仕的な活動

。部落会報をつくつたり、近隣のものがいつしよに見学に出かけたり、休暇中にいつしよに学習したり、図書の貸借をしたりなどする学習に関連した活動

。幻燈・紙しばい・遠足・児童発表会などのレクレエーションの開催

すこれらの活動には特にＰ・Ｔ・Ａの協力を必要とる。また過労に陥いらないように配慮することもたいせつである。もし、これらの活動が適切に行われるならば、地域社会の生活の改善向上をもたらしまたそれを美化し豊かにすることができるのであつて、教育的にきわめて価値の高いものである。しかし、これらは、学校における指導時間以外に行われることであるから、教師が指導にあたるとすれば教師の負担過重になる恐れがある。したがつて、その指導については、なるべく地域社会の人の協力をうるようにすることがよいであろう。地域社会の人々や団体の協力をうる場合に、注意しなければならないことは、今日なお残存しているかもしれない封建性に支配されないようにすることである。

以上、学校における社会生活を中心とした活動を種々な角度から考えてみた。そして、学校における社会生活の延長として、校外におけるこどもの生活指導にも触れた。

教科以外の活動として、しばしば、社会生活に関する分野を自治活動、行事参加・奉仕活動、経営活動などといろいろな分類のしかたが行われ、またいろいろな名称が与えられている。これらの分類や名称には、それぞれの根拠もあるであろうが、こゝではこれらの活動はすべて児童たちの営む社会生活を自治的に、運営していく際の活動の一分野であると考え、これらの活動を社会生活を中心とした活動として一本にまとめて考えてみたのである。

児童の自治活動においては、児童が相互に協議し合うことも必要なことであるし、またそのための組織も必要であり、協議されたことの実施運営に際して、それが行事参加、奉仕活動、経営活動などのいろいろな姿となつて具体化され、実践されていくであろう。そして実践の結果は、ふたたび児童相互の間で、反省され次のよりよい実践を生むことになるであろう。

②個人生活の充実伸張を中心とした活動

個人生活を充実伸張しようとする場合、個人の生活行動のうちに日々個々に起つてくる種々な問題、たとえば争い、廊下を走る、物の破損、不健康な遊び、悪いことばつかいなどを、その場その場にとらえて、これを指導していくこともたいせつなことである。また個人生活を充実伸張させるためには、学校で計画した各教科の学習も大きな寄与をなすであ

ろう。しかし、もつと積極的に各個人のもつ特殊な能力や興味を伸張して、個人生活の充実伸張を期するのは、クラブ活動であるといえる。ここでは、一般のガイダンスの面と、教科の学習の面とを除き教科以外の活動としてのクラブ活動について考えてみることにする。

　クラブ活動とは、同好のこどもたちが、共通のある特定の事項について、かれらの発意や企画に基いて研究したり、趣味を養つたりする活動をいうのである。こどもたちのうちから発するものによつて、クラブがつくられるものである限り、どのようなクラブを作るかは、こどもたちがどのようなことに興味や必要をもつかによつて定つて来るのであつて、一定のクラブをあらかじめ定めておくことはできないであろう。さらにこどもたちのもつ興味や必要はそのこどもたちが住んでいる地域社会の事情によつても異なつてくる。都会のこどもと、田舎のこども海岸地や農村のこどもと工業地帯や商業地帯に住むこどもとでは、かれらの示す興味や必要は異なるであろうし、また異なるのが当然なのである。さらにこどもの興味は、これを指導する教師によつても、また学校の設備や施設によつても違いを生じてくるであろう。

　したがつて、クラブ活動の種類や名称を一定にすることはできないが、学校でよくおこなわれているものをかりにあげてみれば、次のようなものがある。

イ　科学的なクラブ
　電気、ラジオ、幻燈、昆虫、植物、気象観測など。

ロ　収集的なクラブ
　貝がら、海藻、切手など、

ハ　技術的なクラブ
　珠算、統計

ニ　制作的なクラブ
　模型、手技、裁縫、工作など

ホ　芸能的なクラブ
　書道、絵画、文芸（詩歌）、演劇、合唱、合奏など

ヘ　体育的なクラブ
　機械体操、球技、徒手、リズム運動、つりなど

　これらのクラブのうちには、さらに細かに分けたほうがよいものもあろう。こどもたちのもつ興味は具体的であるから、クラブは、できるだけ具体的な活動に即してつくられるのがよい。

　なお、クラブによつては、季節的な制約を受けるものもあるし、四季を通じて継続することを要するクラブもある。また、個人的な経済的負担についても深く考慮しなければならないこともあろう。さらに教師の負担をも考えてクラブを設けなければならないであろう。こうしたところに、具体的な組織や指導について研究すべき問題がある。

　次号は
　　第六教科以外の活動の組織

へき地の子等を訪ねて（その二）

金城順一

　一月十九日朝昨日にならつて、モーター付のくり舟を世話して戴き、安田から海路、楚州に向う。局からの呼出しで、今朝福里主事が帰庁したので、一行は山川事務官、上原指導主事に筆者の三名となる天候に恵まれて、海上は相変らず平隠、海岸線に沿うて一時間位も走つたかと思う頃想い出の砂浜に着く。

　楚州の部落は戸数八〇、人口が約四三〇人、砂浜に近いわずかばかりの狭い地域に、ひしめき合う民家は、さながら、海岸近くまでせまつている山嶺で押出された様な格恰だし、そして又、一見余り豊かそうでもないこの茅屋の密集している様は、きびしい寒さをお互い同志の体温で温め合つている貧しい人々の姿を想い起させる様な気さえした。

　海岸の砂浜から左手の方、うねうねと曲がつたやゝ急傾斜の坂を登りつめた小高い台地に楚州小中校がある。

　温厚な宮城校長を中心に男三名、女二名の若い先

生方が小学校四八名、中学校三一名、計七九名の子等を指導している。

小学校は一、二、五と三、四、六の三ケ学年の複式編成、中学校は現在の処、各学年とも単式でやつている。

今晩の宿泊地は奥部落なので憩う暇もなく早速各教室を一巡する。各教室とも、山のよい子等が張切つて勉強している。体は矢張り小さい様だが、割に健康そうで動作もきびきびしている。

先生方も熱心に学習指導や生活指導に精出している点、一昨年同様嬉しい事だが。貧しい予算のせいか教具らしい教具もなく、指導がややもすると抽象的になり勝ちなのは、何といつても惜しい。

研究用図書も少ない事だろうし、適当な指導者に接する機会にも恵まれないへき地の先生方の研修方法については、特別な工夫と配慮がなされなければならないとつくづく感ずる。

教室の壁に掛けてある子供達の辨当かごの一つをそつとのぞいて見る。中味は小さないもか四つ、それに何かの葉に包んだ生味噌が、そのすべてだつた。ぷんと鼻にくる甘酢つぱい生味噌のにおいが、山の子等のきびしい現実の生活のにおいなのだと思つた。

そしてこの山の子等のひとりびとりを生かす本物の教育は、ほん訳された教育学書のみに頼つただけでは実現出来そうもない。—へき地の子等を愛するという事は、へき地そのものを愛する事でなければならない—そこにへき地教育の真の出発点が見出されなければならぬ…と思つた。

教室の壁に吊り下げられている辨当かごに向つて写真機のシャッターをきつて外に出た。

午後は山川事務官を中心に職員との話し合いがなされた。

宮城校長の話では児童生徒の学習用具が不揃いで学習指導上種々の難点があるとの事であつた。矢張り家庭の経済的困難がその主なる理由の一つであろう。その外視聴覚教具が皆無の状態で、指導に不便を感じているという事であるが、本校の様なへき地の学校では特にそうであろう。この点について筆者の日頃の感じを率直に申し述べるならば、普通視聴覚教具といえば、ラヂオ、受信機、拡声装置、映写機、幻燈機、テープコーダー等、高級なもののみを考え勝ちだが、(勿論それを備える事が出来ればそれに越した事はないが)沖縄のへき地の現状では予算の面で多大の困難が予想される。

従つて、現状に於いて比較的入手の可能性のある教具を研究工夫する必要があろう。

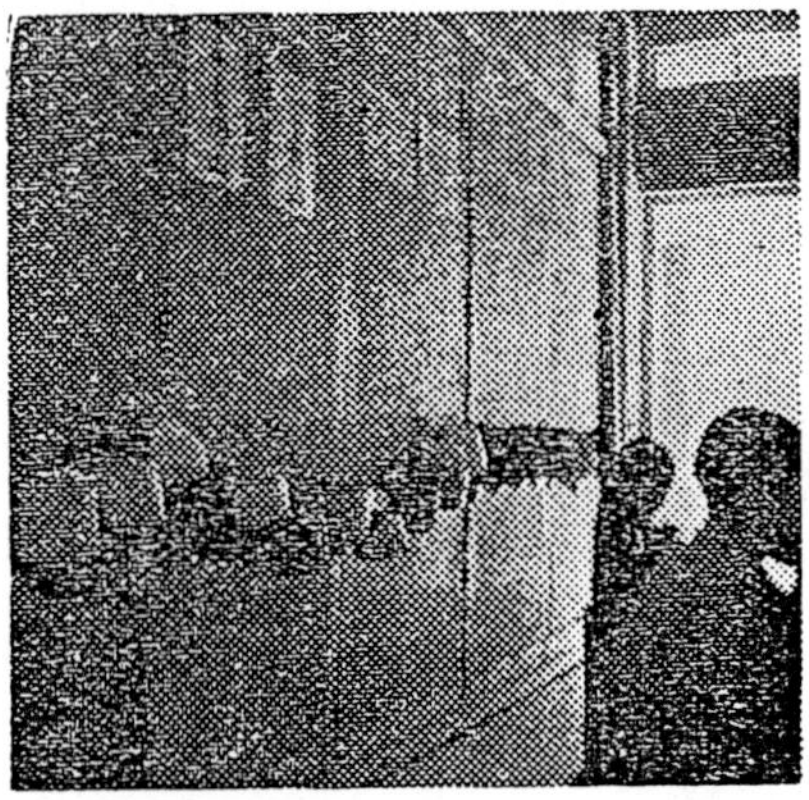

学校備品の購入(自作する場合にもあてはまると思う)の際は、教育的価値、予算との均合や使用頻度数等を充分考慮に入れて購うべきだが、学校によつてはその点を余り研究せずに購入したのではないかと思われる場合が時折見受けられる。

更に今少し脱線するなら、今度の戦災校舎復旧募金の使途についても、註文書審査後の感じだが、最も基本的だと思われる備品さえもない様な地方の学校が高価な拡声装置等を購入したり、割当金も左程多くない小学校で、細菌検査にも使用出来る大型顕微鏡(千五百倍)を発註する例が多少あつたが、乾燥系顕微鏡が四、五台もある所ならいざ知らず、そうでない学校が油浸系顕微鏡を注文して、一体何に使うのかと、他人事ながら気になる。

一般に顕微鏡に余りなれていない人程高倍率のものを使いたがる妙な癖がある。この点一考を要する問題だと思う。

視聴覚教具を利用して学習効果を挙げるためには手近かな方法から出発すべきである。簡単な模型や標本写真絵はがき、雑誌の切ぬき、挿絵、掛図等は勿論、小黒板、掲示板、フランネル・ボード等も立派な視覚教具であるし、紙芝居等も利用法によつては立派な教育的価値を発揮するものである事は、心ある教師のすでに実証した処である。そして、これらの大部分は、工夫すれば自作出来るものばかりであるし、事実それを実践して十分効果を挙げている学校や教師を筆者は相当数知つている。

とにかく後述するように視聴覚教具は学習効果を挙げるために必要なものではあるが、その購入には充分な研究が必要であろう。

学習指導の分野に於いて留意すべき二、三の主要な問題に就いては前号でも述べたが、その外へき地の学校で考慮しなければならぬ問題について一、二項目別に取りあげて考えて見たい。

一、学習のために必要な環境を可能な限り設定し、これを最大限に活用すること。

へき地の文化面に於ける後進性や、生活状況の一様性並びに交通の不便等から来る種々の影響で、子供達の経験領域が自然に狭くなり、近代的な社会生活を理解するようにいろいろと困難が伴つて来るし教育予算の貧弱なために施設設備も十分でないので学習指導上いろ〳〵の欠陥や難点が生じて来る。

学習用参考図書、地図、掛図、実験器具、工作用具やその材料、楽器視聴覚教具等は、どの地域の学校でも必要であるが、特にへき地の学校には欲しいものである。

以上の備品については出来得る限り購入すべきものと、自作すべきものとの区別を明らかにし、その必要予定経費、使用頻度、教育的価値を研究し、年次的に充実していく合理的なプランがほしい。

自作する際へき地の学校では職員数が少ないので製作等に種々の不便が予想されるが、中学生や、小学校の上級生を助手として共同製作する事も望ましい方法である。農閑期や雨天時作業の出来ない日を選んで地域の青年有志の協力を求める事も可能であろう。

この校な方法で設備、備品を充実整備するためには、購入の場合は勿論製作する場合でも最少限、材料費や工具等が必要である。この予算捻出の方法も計画の一部として予め予想して置く必要がある。

例えば勤労作業によるもの（海人草の採取、売却薪炭作り等）P・T・Aの協力によるもの、寄附又は寄贈によるもの等がそれである。そしてその実施に当つては教育的に種々の面から検討し研究する事が必要である事は勿論である。

尚その外に手近かにある問題として、教室環境の整備について、次の様な事柄についても留意してほしい。

即ち学習環境の一部として、教室内に掲示、又は展示をする場合、複式学級に於いては二ヶ学年以上が同一教室で学習するので、そのおの〳〵の学年の特殊性とその連関を十分に考える事が必要である。そして学習単元の進度や種類によつて、発展性のある環境を設定する様心掛ける必要があろう。

同じ壁に同じものが何時までも掲示されている学級では、その中の児童も育つまい。（特殊の掲示物は別だが…）

二、児童が他律的な学習から早く脱却して自発学習が出来得る様工夫研究すること。

へき地の学校の子供達は一般的にいいつけられた課題や仕事に対して真面目にやるが、自分で計画し実践していく態度が少し足りない様な気がする。

家庭の封建性が比較的強く、父兄によつて強いられる仕事の分量が余りにも多いため、いろ〳〵工夫して仕事をする余裕もなくこの様な性格が出来上つたのではないかと思われるが、へき地の教師はこの点にも十分留意すべきであろう。

幸いにへき地の学校は何処でも、学級の人員が少ないので、教師の個人指導の機会が多く、又児童が自主的に学習するチャンスにも割に恵まれているので教師の創意工夫によつては自発学習を促進するよい方法も生れよう。

父兄の啓豪運動によつて協力を求めるとか、学習参考書や辞典類、或は学級文庫の設置によつて自発学習を促進するとか、自発学習を効果的ならしめるために適当なリーダーを養成するとかいう様な事が真剣に考究されねばなるまい。

尚その外にもへき地の学校の学習指導については、もつと〳〵研究すべき点が多々あるが、詳細に就いて研究したい方は、文部省の「複式学級の学習指導一五三円（日本円）光風出版株式会社」等を参考にしたらよかろう。

楚州校の先生方との話し合いを午後二時半頃までやり、全校児童職員と共に仲良くカメラに収まつた後、あわただしくさよならをする。

安田部落から乗つて来たくり舟が海岸に着くまで職員と共に砂浜に車座になつて俄か作りの酒宴?をする。酒盃は知念、新城両先生の拾われた美しい貝殻を利用する。野趣に満ちた酒宴—へき地ならではの風景である。

くり舟が見えたので酒宴を打ち切り、再会を期して、くり舟に乗り込む。

へき地巡りの最終の地、奥部落を指してくり舟は調子良いエンジンの音を立てて海面を滑る。

奥部落に近づくにつれ、天候は次第に下り坂になり海上も多少波立つて来た。

湾内に入る頃には空模様も怪しくなり寒気も少し増して来た様だ。浜には漁船やくり舟も数隻あり、浜近くを行き交う人々も何となく活気があり、へき地という名にはふさわしくない処。

先生方に迎えられて、浜に近い小学校の職員室で一息つく。

奥部落は戸数二〇二戸、人口一、〇四〇名、名産の茶を始め、酒その他の生産が多く、組合組織もかなり発達し、信用、購売、販売、利用の各部門に分れ、漁業、酒造等まで手をのばし、その収益は部落の各家庭の生活を豊かにし、経済的には相当恵まれた環境にある様だ。

奥小中校は糸満校長を中心に職員数男子六、女子三、計十一名。児童生徒の在籍は小学校一七四名、中学校一〇六名、計二八〇名、学級は小学校五（三四年は複式編成）中学校三の八学級となつている。

小学校と中学校は現在校地が別々で二キロ位も離れているので、連絡その他に種々の不便がある様だが、旧校地即ち、現在の小学校の敷地は狭いし、糸満校長の包いている生産教育推進の意図からすればその位の不便は止むを得ないだろう。

糸満校長や木下君等に案内されて宿舎に落着く。早速風呂に飛び込んで汗を流し、上原指導主事、木下君、筆者の三名大いに語り且つ飲む。

糸満校長、山川事務官の二人は暫らく附き合つた後部落有志への講演会に出掛けた。

翌一月二〇日、小学校を最初に見せて戴く。各学級とも児童の学習態度は良好であるし、教室経営の状況も大体良好である。一般にへき地の学校の児童の図画作品は見劣りするが、こちらは一般によいと思つた。先生方も割に揃つている。一通り各教室を見て早速中学に向う。

道路は仲々立派で幅員も相当なもの、うねうねと曲がつた坂を二十分以上も歩るく。

手入れの行き届いた茶園が所々に見当る。部落を真下に見下ろす所で一、二枚写真を撮る。

中学校は全部仮校舎。山上にあるので台風にはさぞ大変だろう。校舎の整理や植樹その他の設営もこれからという処。

職員組織は良好だし職員室の雰囲気も家庭的である。

生徒の学習状況を見る。意欲もあるし素質も大体よいと思つた。体位の面は他の学校に比しても遜色ない。

指導が抽象的になり勝ちなのは何とかしたいものだ。生徒の自発活動をもつと促進する必要があるしその面の研究が多少不足と思われる。特別教育活動が余り取上げられぬ傾向があるのは惜しい。この傾向は沖縄の中学校によく見られる点だが、何とかならぬものだろうか。入試との関連からだと思うが、本校の場合、学校の意図する生産教育と特活面とをマッチさせる面白い方法がありそうだが、どうだろうか。運動場の一角に百葉箱があるが、単なる温度測定だけでなく農業実習や生産教育或るいは農業気象との連関に於いて研究させる事も考えられる。その面からの設備についても今後もつと研究されてよいと思う。

現在地に中学校を移転した理由の主なるものは校長の語るところによれば、

・村の産業政策とマッチして山地開発の精神と実践力を目指す教育
・開拓精神の養成と移植民教育
・おおらかな人間性を目指す教育

等を実践するためで、その他旧敷地が狭く、実習地が得られないという点等が考えられる様だ。

校地を一巡する。普通作物の実習地一、二〇〇坪程度。パイン園三八九坪、パパヤ園が一七五坪、茶園が約六三〇坪、バナナ園三〇〇坪位、その他李園や椎茸栽培まで実施している。凹地や空閑地、不整地が合理的に利用され地域に即した教育が着々と実践されている。特にパイン園の出来栄えは見事なもの。早速カメラに収める。

午後は職員室で小中校全職員と話し合う山川事務官から義務教育の枠内に於ける生産教育の限界や行き過ぎについて話があり、へき地教育の一般的な留意点等についても適切な助言がなされた。その他、科学教育、特別教育活動の重要性についても強調する所があつた。又その席上でへき地の児童の性格に触れ、その「純真さ」について「へき地の児童の純真さは、温室の中の純真さ、種々の社会悪の洗礼を受けない純真さ」であると、印象深い表現で話していた事が妙に頭にこびりついている。この胞脆性を如何に教育的に取り上げて処置するか。ガイダンスの立場からの研究課題にもなりそうだ。

その他、校長や二、三の職員からの質疑もあり、わだかまりのない雰囲気の中で終始話し合いが楽しく展開された。終了後記念撮影をし宜名真よりの最終のバスに間に合うよう一行は職員に別れを告げ、五日間に亘るへき地行脚の旅に終止符を打つべく、想い出の奥中校を後に宜名真に向つた。へき地の子等の幸を祈りつゝ――。

（奥中校のパイン園）

＝指導主事＝

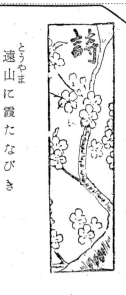

幸(さち)の門出に（卒業生を送る）

比嘉俊成

遠山(とうやま)に霞たなびき
わたる日もうらうらに照れば
吹く風もいと和やかに
香はしく花笑み咲きて
足音(あのと)なく春は来りぬ。

鳴く鳥の声もほがらに
訪るゝ蝶の数ふえ
わが庭も明るくなりて
文よまん身のいとほしや
つまだてゝ春は来るらし。

いつしかも時はすぎこし
三年(みとせ)はも夢とはてぬれ
八百(やほ)余る学びの友は
志堅くも立てゝ
こちごちにいやもきほわん。

卒(お)う日にし愈々なれば
望み立て願(ね)ぎごとかなえ
い向うや道のまにまに
いざさらばかわす瞬間(たまゆら)
思い出は互(かたみ)に迫る幸の門出に。

☆ ☆ ☆ ☆ ☆ ☆ ☆ ★

反歌

◎ 生い立ちてきほい勝れよすくすくと
世の秀(ほ)に出でてまたもあわなん

◎ 咲ぎ匂う花の房々春風に
散りて別るゝ弥(い)や生(お)いの空

琉球育英会だより（三）

九、公費学生の応募資格はどうなつているか

公費学生の募集要項は毎年十一月に文部省から発表されているが、その選抜試験に応募出来るものは次の資格をもち、将来琉球諸島でその復興に尽力するものでなければならないことになつている。

1、旧沖縄県に本籍をもち、昭和二十四年（一九四九年）四月から引続いて同地域内に居住するもので、以下の2、3、4号のいずれかに該当するものでなければならない。

2、新制高等学校卒業者およびその年度の三月卒業見込者。

3、通常の課程による十二ケ年の学校教育を修了したもの。

4、新制高等学校卒業者と同等以上の学力があると認められたもの。

こゝで先ず問題になるものは、「昭和二十四年（一九四九年）四月から引続いて旧沖縄県管内に居住するもの」と云う条件であろう。昭和二十九年及び三十年両年度の募集要項ともこの条件は加えてあつたから、恐らく今後もあるものと考えなければなるまい。これについては、異論もあり、実際に当つて困難な面もあるので、育英会としてもその緩和について折衝もしたが、文部省は強硬であつた。日本政府が全国何処にもないこの特恵的制度を沖縄にだけ施行した理由を考えるならば、当然な措置とも云えよう。

例えば公務について、本土に短期間の出張をしたものなどはこの条件に抵触しないと思うが、沖縄に籍はあつても、本土の高校を卒業したものは勿論、受験勉強に行つたものも資格を失うことになる。

次に問題になるのは、新制高等学校の卒業者であつても、通常の課程による十二ケ年の学校教育を修了したものでなければならないことである。この十二ケ年の学校教育というのは国立大学では喧しい条件にされている。

沖縄の場合、学制の再三の変革のため十二ケ年に満たない者が可なりいる。戦後出来た英語学校や文教学校、更に琉球大学の学歴もこの十二ケ年には含まれない。契約学生の場合琉大は容認されていたようであるが、今年の公費学生では容認されておらず特に厳重になつているので注意を喚起しておきたい。

で、このような無資格者は大学入学資格の検定を受けなければならない。この検定試験は毎年文教局が（文部省と同一問題で）施行しているから是非受験して資格を取つておいて貰いたい。

「新制高等学校卒業者と同等以上の学力があると認められたもの」と云うのは、この資格検定に合格したものを云うのである。

十、公費学生の専攻科目別人員はどうして決めるか

公費学生の専攻科目別人員は、琉球政府の希望を徴して文部大臣が選定することになつている。そこで琉球育英会は国立大学がもつ学部、学科の範囲内で科目別人員の原案を作成し、行政府の検討を経て、これを文部大臣宛送付している。この場合に考慮されることは、

1、琉球の復興のために緊急に必要な人材を養成するというこの制度の趣旨によつて社会の需要に応ずるようにすること。

2、琉球大学で養成出来ない科目に重点をおくことである。

これは然し琉球政府の希望する専攻科目であつて、絶対的のものではない。例えば、選抜試験の結果は、ある科目には合格該当者がいない場合もあり得るし、随つて多少の異動もあり得る。然し、大体はこの線に沿つてなされるから、受験者は毎年新聞に発表せられるこの琉球政府の希望する専攻科目別人員について注意をしておかなければならない。

今年度の琉球政府の希望科目別人員は次のとおりであつた。

医学四、薬学二、農学園芸一、工学土木一、建築一機械四、電機一、通信一、商船航海一、機関一、法学一、経済一、理学一、教育職業指導四、地学二、気象一、獣医四、水産三、商学一、歯学二、音楽一

政府が希望をしない科目を択んだ場合（例えば英文学の如き）優秀な成績であつても採用きれないことがある。

従来受験者の希望は偏する傾があつて、例えば医科や法科は数も多ければ、大体成績もよい。それで例えば順位三十番であつても医科や法科を希望しているものは落ち、他の希望者が少い科目なら結構パスするということにもなる。そこで受験者は専攻科目の希望を決定するに際しては余程慎重にしなければならない。一旦希望を決定したら後で変更することは出来ない。例えば希望者が少いと思われる獣医で合格しておいて

後で医科に転ずるといつたような策戦的なことは許されないから、最初から堂々の陣で臨まれたい。

参考のために今年度の受験者の第一希望者数と合格者数を掲げておこう。（ ）正員、「 」補員合格者

医学一一七（五） 薬学三五（二）「一」 農学一三（一） 工学機械四九（四）「二」 建築一一（一） 電気二一（一）「二」 土木（一） 不明三

通信五（一） 商船航海一三（〇） 機関五（一） 法学三八（二）「一」 経済二八（一）「一」 理学数学三 化学八 物理一〇 不明五（二）「三」 教育職業指導三二（二） 教育（一）「一」 家政六（〇） 地理二八（五） 社会六（〇） 文学五（〇） 商学一（〇） 歴史一（〇） 数学二（〇） 不明一六 気象九（〇） 獣医四三（三） 水産一七（二） 商学一五（二） 歯学二〇（一）「一」 音楽五（〇）

十一、公費学生はどんな義務があるか

大なる特典に恵まれている公費学生は、一体どんな義務を負うものであろうか。

1、卒業と共に琉球に帰還する。

2、琉球育英会から学資の支給を受けたと同一期間琉球育英会の指定する場所及び俸給で指定する職務に従事する。

だけであつて、義務期間を過ぎれば自由であるし、全額給費であるから金を返還することもない。

1、についてはこの制度の施行目的が前述したとおり、琉球復興のために緊急に役立つ人材の養成というところにあるから、本土に自由に居留つて貰つては困るのである。但し成績優秀で大学から推薦があり、文部省と本会の許可があるものについては、大学院への進学（自費で）期間中、延期することは認めている。

2、については、個人企業や俸給の高いところに自由に就職することは出来ない。本会としては一般に奉仕する公務を優先する方針である。といつて決して無理な指定はしていないので、予め本人の希望も聞き、その専攻科目を生かすようにし、成績その他も勘案して、政府、官公衙、学校その他の申込に応じているのである。

が、本会が指定をなさない場合は随意就職することが出来る。但し義務年限内は何時でも就職を指定することが出来ることになつている。以上の義務は、中退した場合も同様で免除されることはない。

若し以上の義務を履行しない場合は支給した学資の金額又は一部を返還しなければならない。こゝに一部というのは、義務履行中死亡し又は不具となり、あるいは疾病のため業務につくことが出来ない場合であつて、原則としては全額返還しなければならない。又、次のような場合は本会はその給費を停止し、その給付全額を償還せしめるか又は本会の指定する職務に従事せしめることが出来る。

1、選定当時の学校を変更し又は転科をなしたもの

2、政府を暴力で破壊することを主張する政党その他の団体を結成して又はこれに加入したもの

3、特別の事情ある場合を除き停級したもの

4、退学したもの

5、第十三条の条件（琉球に籍を有し、学業優秀、身体健全、且つ志操堅固で家計上学資の支出困難なる者）を欠いた者

但し前項第一号の場合は予め本会の許可を得た場合はこの限りでない。

十二、私費学生へも貸給費するか

次の規定（抄抜）によつて私費学生へも給費を実施している。育英会法では貸費もすることになつているが、現在は資金の都合で給費だけに止めている。

一、私費留学生で本会から学資の給費を受ける者は、琉球に籍を有し、学業優秀、身体健全、且つ志操堅固で、入学後出資者の経済上の激変により学業の経続不可能なものについて毎年予算の範囲においてこれを選抜する。

2、給費生は選抜の重点を修学後半期に在る上級生におく。

3、給費生の専攻科目別人員は職種の需要状況等により本会がこれを定める。

4、転学転科は原則として認めない。

二、給費生は次項に掲げる書類により本会役員会で選抜決定する。

三、給費を願いでるときは、六月十日までに本会に提出しなければならない。

1、戸籍謄本

2、市町村長の証明した戸主及び家族の資産（特に経済上の変動状況を記すること）及び所得調書

3、在学証明書及び最近二ケ年の成績証明書

4、学校長の人物考定書及び推薦書

5、公立病院の医師の身体検査書

6、その他本会の指示する書類

四、給費生に給費する金額は一人一ケ月壱千円以内とする。

給費期間は給費生に指定されてから卒業するまで

の年限とする。

以上はその主なる要項を抄抜したものであり、他は契約学生、公費学生と同様の規定が准用せられる。

現在この特典に浴しているのは六名である。

この私費生への給費資金は、民間篤志家の浄財に仰いでいるので、そう潤沢でなく、大多数に及ぼすことが出来ない。こゝで注意をしたいことは、前記要項にあるとおり、入学時は経済的に順調であつたのが、学業中途で、例えば出資者が死亡、病臥、失職したとか、或は事業に大失敗したとかの経済上の激変のために中退しなければならぬような状況にあるものが対象になるのであつて、頭初から家計を無視し、アルバイトを当てに無計画無鉄砲で出たものは、その対象にならないのである。だから選抜の重点を修学後半期に在る上級生においている。入学して間もないものや二年位までは希望しても殆ど叶えられないと思つてよい。

（つづく）

研究調査課だより

歴史資料収集についてお願い

戦後の琉球歴史の資料を研究調査課において収集することになりました。それは戦後の貴重な資料が散逸のおそれある現状では急務であると痛感されたからであります

われわれは長い間の戦争から解放され、平和の日を迎えることができました。そして明治以後実現すべくして実現されなかつた民主化、近代化への道が今開かれつつあります。言論、思想、信仰の自由が認められ、さらに選挙法が改められて、男女平等の原則に立つ選挙が行われました。そして、今では近代政治形態の上に立つた新しい社会が形成されつつあります。

…………

しかし、これを終戦直後にたちかえつてみるとき、それは、実に筆舌につくし難いほどの苦難の時代が続きました。あの当時の住民は戦争避難のため、主として石川市以北の旧国頭郡に集つていましたが、米軍は上陸すると同時に北部各地区に軍政府を設立し、住民はその地区隊長の軍政下にあつて、食糧、衣料等の配給を受け、アメリカのGI服に暖をとり、アメリカの米や罐詰で漸く飢餓から脱することができました。生き残つた者は老幼男女を問はず働ける者は皆、なまなましい戦場の後始末や軍労務、部隊移動、建設作業等それこそ汗みどろになつて働いたのでした。

その間にあつて、一九四五年八月十五日、日本が無条件降伏をした日、わが沖縄では本島を十一地区に分けた知念、胡差、前原、石川、漢那、宜野座、古知屋大浦、瀬嵩、田井等、辺土名の各地から選挙人代表が石川市に招集され、沖縄の社会、政治、経済組織を速かに設立することを目的に沖縄諮詢委員会を設立することになつたのです。

やがてこれが沖縄民政府の前身となり、その後群島政府、琉球政府と着々機構も場所も変り、今日のようにやや整つた諸制度が布かれ、新しい沖縄の建設の基礎がうちたてられました。

沖縄タイムス社編「基地沖縄」によると終戦から一九五〇年頃までを「移動の時代」「軍労務中心の時代」「やつと生活していた時代」といい、五〇年から今日までを「復興の時代」と述べています。

以上が戦後沖縄の移り変りの概略でありますが、今日、われわれが生活している社会は、すべて過去における人々が考えたり、行動したりしたことの結果として生まれたものであります。そして現在のわれわれの行為はそのまま未来に向つて結びつき、明日の社会を作り出しています。従つてわれわれが若しよりよい未来を作り出そうとするならば、現在の事象を正しく知ることが必要であり、そのためには、どうしても過去の状態を知らなくてはなりません。このように考えてくると、現在の社会をみるばかりでなく現在の社会ができ上るまでの長い移り変りをたどることが必要であることは明らがであります。こうした過去の移り変りを正確に知ろうとするのが歴史の学問です。

しかして正しい戦後の琉球歴史は権威ある史学者の手によつて編纂されるでありましようが、その編纂の前提として先ず資料を収集しなければならないことになつています。

これまでの歴史研究では史料といえば、専ら政治的変遷、支配的階級の関係のみを対象としたのでありますが、もつと広くして文化的社会的事項、もつと広くは一般大衆の動きにも着眼しなければならない故に史料の範囲は全く無限であるといえるのです。しかし沖

縄の客観的諸情勢から、住民は生活が不安定な上に保存の場所とても少く、あの当時の資料を所持している者も極く少数の方だけに限られて収集の事業も困難を感じております。

しかして時がたつたにつれて過去の史料は不如意のうちにだんだん散逸していく傾向にあります。何が史料であるべきかを考えその所在を探し、それを収集し整理するのが今、調査課の一つの仕事となつています。

なお沖縄本島を中心にして申し上げましたが、宮古八重山、久米島の離島にも沖縄本島と関連したもの、或はその地域を特長づける幾多の貴重な戦後の資料が多々あろうと存じます。今収集の方針とその範囲を挙げますと左のとおりです。

一、史料収集の範囲は広い視野にたち、新な転換期に直面しつつある琉球各分野の実態の把握に主眼をおき、その概観記録、諸法令、統計、実績等にわたる。
二、琉球に関する史料で主として戦後のものを収集し史学の研究に資する。
三、米軍占領から琉球政府発足までの歴史的事象及びその後の動きに重点をおいて収集する。
四、地図、統計、グラフ、さしえ、写真等できるだけ豊富に収集する。
五、統計、資料は最も権威あるものに準拠する。
六、特殊な資料については、出所、調査年度を明らかにする。

史料収集項目

。政治に関するもの(その中の小項目は略する)
。法律に関するもの（　〃　）
。労務に関するもの（　〃　）
。社会に関するもの（　〃　）
。経済、金融に関するもの（　〃　）
。教育、文化に関するもの（　〃　）
。地方要覧に関するもの（　〃　）

以上資料収集の趣旨及び仕事の大略を述べました。今まで二回にわたつてその当時の関係者をお招きして資料収集調査研究会を開き、資料の範囲、分類、所在及び教育に関する資料について話合い収集中であります。

何卒右事業に御協力下さいましてその所在について教えていただくか、或はその資料をお持ちの方は貸していただくか、又は貴重なものについては購入したいと思います。よろしくお願いいたします。

中学校基準教育課程の配布について

研究調査課において、昨年以来編集を急いでいた中学校基準教育課程各教科編も、教育課程委員会の協力を得てこの程完成し、印刷を了えて、各学校に配布されつつあます。

学習指導要領に一応の基準を求めながら、一面郷土琉球の実態を基盤として、又郷土の子どもの実態をぢかに見つめ、健実と慎重を期して編集されたものといえよう。

国語、数学、社会、理科、音楽、図画工作、体育、英語、職業、家庭、特別教育活動1、同2、社会科資料、と十二編を発行し、各学校の教科担任教師に不足がないように配慮して、部数も或る程度豊富に配布したつもりであります。

新学年に間に合つて配布されたことは皆さんとともに喜ばしいことであつて、これを機会に中学校の教育内容と指導の方法が、これまで以上に進歩発展することを期待する次第であります。一年間の最少限要求日数三十五週では、これだけの内容を消化するのに不足を生ずるかも知れないが、各学校の弾力性のある年間計画と、地域の実情に則した学校カリキュラム構成と運営によつては、むしろこの基準案以上の妙味ある計画、活動が可能でありましよう。さきに編集された小学校案と連けいを保ちながら、この度の中学校案が最大限に活用され、九年間の義務教育が飛躍的発展をとげるように期待するものであります。

教育要覧の編集を完了す

戦後の琉球教育は幾多の困難を経験して今日の成長を見たのであるが、現在教育の状況も多種多様であつて、今日までの経過と現在の状況白書が各方面から要望されていたので、この程広汎に亘つて資料を収集し編集をおえて印刷の運びとなつています。教育行財政教育内容等多方面にわたる資料は琉球教育の全貌を知るのに最もよい手がかりになると思います。

あとがき

◎いよ〳〵新学年を迎え、それ〴〵のクラスで輝く子供らのひとみとともに、新しい目標をめざして教育計画、教育活動が実践されつゝあると思います。個人に於ける反省が、明日の生活を高め、自己の人生を深め、より意義あらしめるために必要であるのと同じく、学校教育における反省は、教育諸活動の中心ともなる学校、学級などに於けるそれ〴〵の目標を達成するために、きわめて重要なことであろう五四年度を顧みて新学年に処する計画を樹て、教育伸展のため力強い足どりで精進いたしましょう。

× × ×

◎知能検査の結果が総体的にみてどうあらわれたか…

…教育上色々の問題が発見されるでありましょう。しかし現場に於いては総体的のそれにもまして、自分のあずかる個々の子供達のそれに深い関心をもつて学習指導並に進学・職業指導等の計画をたて、尚学業不振児及び精神薄弱児の発見と指導に配慮することが大事なことではないでしょうか。

× × ×

◎現場における研究発表の記録を通して感じられるものは熱烈なる教育愛のほどばしりである。

確かに愛はすぐれた方法を生み、必要とするすべての物を作り出す。

子供らは愛によつてのみ生き、且つ育ち、救われるものである。

「よめない子供がよめるようになり」「かけない（綴れない）子供がかけるようになつた」と…全く愛の表現ではないでしょうか。

× × ×

◎文化財のもつ教育的意義と価値は極めて大きい。文化財保護強調運動の目的もそこにあるのではなかろうか。

おもうに戦前われ〳〵の祖先が汗で築きあげた文化の力の結晶としての文化財は屈指につきないものであつたが、戦禍にあつて焼失毀損し僅かにその一部を残すのみである。

われ〳〵はせめて、その残存文化財の中から祖先の血脈の流れをくみとり、之を保存し郷土文化の向上に寄与すると共に、本運動を契機に文化財に対する尊重愛護の態度を育成したいものである。一三号より指定文化財を写真で紹介いたしました。修学旅行の際、現場学習に役立てゝもらいたい。

× × ×

◎抜萃欄で川添先生の「国語学習に於ける教師の発問法」と、去つた夏の講習に来られた玖村先生の「環境論を越えて」、小見山先生の「教育評価と記録」は学習指導の面に又教育計画をたてる面から示唆を与えていたゞくものと信じます。

× × ×

◎毎度お送りする文教時報が親しまれるようにと努力いたしております。

最後に玉稿をよせて下さいました各位に御礼申し上げます。

（K・T生）

投稿案内

一、教育に関する論説、実践記録、研究発表、特別教育活動、我が校の歩み、社会教育活動、P・T・A活動の状況、その他
原稿用紙五〇〇字詰一〇枚以内

一、短歌　俳句　川柳
※五首以上

一、随筆　詩、その他
※原稿用紙(四百字詰)五枚以内

一、原稿は毎月十日締切り

一、原稿の取捨は当課に一任願います。
(御了承の程を、)

一、原稿は御返し致しません。

一、宛先　文教局研究調査課係

おわび

知能偏差値分配図に於いて第三図より第六図まで理論上の分配曲線（第二図参照）をぬかしてあるため比較検討するのにお困りになると思います。不備を厚くおわび申上げます。

一九五五年四月 一日 印刷
一九五五年四月一五日 発行

発行所 琉球政府文教局
研究調査課
（非売品）

印刷所 旭堂印刷所
（学園の友社）
那覇市四区一五組
（電話六五五五番）

琉球

文教時報

15

NO.15

文教局研究調査課

今帰仁街道の〃琉球松〃並木

琉球松は琉球列島に生育する植物である。この松並木はその代表的ものとして天然記念物に指定されている

文化財（その三）

目次

◇見たいもの、見たくないもの……文教局次長……小波蔵政光……（1）
◇通知票のあり方－相対的評価と絶対的評価について－……琉球大学講師……赤嶺利男……（2）
座談会　。本土の教育を語る……（研究教員）……（6）
◇1955年度高校入学選抜の結果より……研究調査課……（11）
◇本地区の教育計画……知念地区教育長…平田善吉……（16）
◇新学年度を迎えて抱負を語る
奥間小学校長　北山高校長　屋部中校長　伊豆味小中校長　安謝小中校長　中城中校長
名護小学校　久高小中校長　佐敷中校長　美東中校長　与那原小校長
研究欄
。学校に於ける話し言葉の指導と今後の計画……与那城中校……上地安宣……（25）
。一年生の算数指導について……美東小学校……神村芳子……（28）
学校めぐり
。特別教育活動の成果（福嶺中校）……指導課……安里盛市……（31）
。八重山の印象……指導課……西平秀毅……（35）
。本校校内放送の立場……登野城小学校……（36）
。紙しばいを利用した社会科学習……登野城小校……黒島兼智……（40）
◇教育三考……久米島具志川中校……仲間智秀……（41）
抜萃欄
。新学校経営論……東京教育大学教授……石三次郎……（42）
。遊びと躾と体育……東京教育大学附小教頭……田中豊太郎……（45）
。教科以外の活動の計画と指導……（47）
。高等学校の農業に関する（教育課程改訂について）……（51）
随想
視聴覚教育あれこれ……社会教育課……慶世村英診……（55）
病床に苦しむ人に寄す……勝連小中校……東門松永……（57）
琉球育英会だより……（58）
「学務課だより」。あれこれ話……学務課……佐久本嗣善……（63）
文教時報のあゆみ（1955年6月現在）

福嶺中學校特別教育活動

↑生徒議会

（早起会の継続を決議する場面）

機械クラブ（B班）

映写機の操作

製菓クラブの打菓子の製造

第二工場

資源加工クラブ

（製莚作業ー生徒達の手によつて出来上つた製品は宮古糖の包装用となる）

地学クラブの水質検査

美術クラブのレッテル作製

農産加工クラブ製造のシロップ、ジュース、ヨーカンのレッテルはこちらで作製される

手芸クラブ

第一工場

木工クラブの製材機の取

機械クラブ（A班）

書道クラブ

見たいもの、見たくないもの

文教局次長　小波藏政光

「今日は図画がなければよいんだが、この一円で飴玉を買うんだが」という早登校の児童のはずんだ話声をきいてほゝえましくなつた或る雨の朝を思い出す。ほゝえましい一幅の絵、一篇の詩をよむようだつた。その腕白小僧がその日よい指導、よいガイダンスを与えられて、すくすくと伸びることを願つた。

　或る午さがり下校中の四年生らしい男児が同輩の三名からいじめられている。某高等学校の校内で何か強要されているらしく頭をこづかれたり、腕やカバンをひつぱられている。うつむいて無言で根強い穏やかな抵抗をつゞけている。追いまわされて大通りに出て行つた。ちよつと覗いただけでも児童の暴力の世界を想像して不愉快だつた。学級から学校から、児童の社会から暴力が早くなくなることを願つた。

　形の民主主義、頭の民主主義は一応出来つゝあるが、実質の民主主義、生活の民主主義は、各方面に於て影がうすいのではなかろうか。自主的に物事を考え、判断し、実行して責任を負う個人を育成したいものである。自由に意見の発表が出来る人間、自由に意見の相違が述べられる社会を実現したいものである。異見を認めて、憎まないで協力出来る真の民主団体や民主社会が現在見受けられない。一日も早く頭でつかちでない団体や社会を見たいものだ。先づ学級、学校や職員の社会の民主化が必要であろう。独裁や暴力のない世界、異意を憎まない自由に意見の述べられる社会、各人の夫々の貢献を認め協力を要請する社会にしたいものである。

　然し民主社会の根幹は個人である。独立的に物事を考え、判断し、行動出来る強い個人である。自己の尊厳と独立を尊重すると共に、他人の尊厳と独立を尊重する人間を育成することが急務である。

　新教育が紹介されてから約十年にもなる。校舎の復旧は比較的に早い方ではなかろうか。教育各方面の民主化は尚前途遼遠で多くの努力が要求されている。教育委員会や学校や学級が先づ民主的に運営されることである。

　学校は主として児童生徒の成長発達を助長する場である。従つて学校では生徒第一であるのは自明のことである。然し各方面に於てこの主旨が守られていない場合が多い。生徒の犠牲や不利益な事が其他の便宜の為に行われていないだろうか。六十名も七十名もおしこんだ教室は見たくないものである

　従来の所謂職員室が一日も早くなくなる事を望むのである。糸満地区の数校や其他でも職員室を解消しつゝあるのは嬉しいことである。

　教室内がもつと生徒の為に利用されないだろうか。机、腰掛の配置も時に応じてもつと工夫したい。折角の新校舎教室の壁が利用されずに死んでいるのもまだ見られる。仮校舎に板の掲示板を持ちこんで利用している熱心な教師の教室を見受けると感激と激励を覚える。こんな教師こそ放送施設や映写機やテープレコーダーに使用されないで、それらを利用し得る人であろう。

　大切な時間を、教師の話しや読み書きや練習に費して、第一であるべき生徒の個人々々の読み書き話す時間が奪われていないだろうか。それで斉唱や一斉答弁が見られるのかもしれない。これは盲従的不和雷同的非民主的な全体主義的人間を育成するもので、全く方向違いである。「為すことによつて学ぶ」のが最も効果的だから出来るだけ生徒にさせる。成べく教師は為さない。生徒一人々々が活動している教室を見受けるのは愉快であるが、まだまだ先生が活動し過ぎる教室が多い。説明説話説教が多い。教師対生徒全体の関係の教室が多い。

　教師の周到な計画による質問によつて生徒一人々々を考えさせ発表させ、討議させるのをあちらこちらで見受けるのは愉快である。技能は練習によつて向上する。ドリルが必要である。読み、書取、計算、体育実技等の反復練習、計画的訓練が必要である。正確、迅速は現代文明社会の要求である。このスピード時代に巧遅では間に合わない。すんでしまつた後の祭になる。

　道徳教育は説教だけでは不足である。絶えず善行をさせ悪行を避けることである。善行を一つ一つあらゆる機会に積み重ねさせることである。之を習慣化すれば第二の天性となる。その為には教師と生徒の根比べである。投げ出さないで、根気よく、こつ〳〵と一人々々の生徒を見守る教師を見受けると頭が下る。

　詳細を極めた必要な調査記録書類を時に見うけるのは安心である。その記録の累加によつて成長の流れを見れば無理のない計画や仕事が出来よう。教師にとつては生徒一人々々を知る事が先決である。深く知れば知る程知は愛となる。そこから計画も方法も生れる。児童生徒に対する粗雑な又は空白な記録や知識では指導のすゝめようがない。

＝通知票のあり方＝

—相対的評価と絶対的評価について—

赤嶺利男

五月十八日の沖縄タイムス朝刊の大紘小紘欄に「通信簿の評価方法」がとりあげられた。「新教育というものはなかなかやつこしいとは学校の先生たちでもそう思つているのがいる。わかり難いのに、学期末ごとに子供たちがもつてくる通信簿の評価法もその一つである」という書き出しであつた。その全文をここに引用することは紙面の都合上許されないので、その骨子と思われるものだけをかいつまんで記してみると大体次の三点になる。

すなわち、㈠、小学校のプラス、マイナス2、1、ゼロの評点法は小学生の本人にも又両親にも判りにくいものであるから、これを中、高校の54321制に改めるべきである。㈡、現在用いられている相対的評価方法は生徒の実力をはつきりつかむことができないという欠点を持つので、これを廃して絶対的評価方法を採用すべきである。㈢、一教科数項目の評価方法を廃して、いま日本の文部省が計画しているように「一教科一項目制」にした方がよい。以上の主張を含めた「大紘小紘」欄の記事に関連して、いわゆる絶対的評価方法と相対的評価方法の利害得失を検討し、さらに通知票についての私の考え方を述べてみたい。

通知票の記入形式を考える前にまずわれわれは通知票と指導要録とを区別して考える必要がある。通知票は学校と家庭、教師と父母の密接なる提携協力によつて児童生徒の指導を効果的にすることを目標とする。この点ではPTAとまつたく同じ理念から出発したものであつて、子どもの全面的な成長発達の現実的様相を両親に知らせ、それによつて両親が子どもを激励し指導できるというのが通知票のねらいであり、両親と子どもが通知票の直接の対象となるわけである。しかしながら戦前の学籍簿に相当するものに指導要録と呼ばれるものがあるが、この指導要録は児童生徒各人についての指導の記録であり、個人的な成長発達の記録である。身体的、情緒的、社会的、知的方面のすべてにわたつて子どもの発達過程を詳細に記録してゆくのであつて、学校、教師は子どもの過去の発達経過を示す資料と現在の状態を基礎にして指導の方策を決定し、さらに現在起りつゝある成長の歴史を忠実に記録し、将来この子どもを指導するであろうところの学校、教師の参考に供する。この意味で指導要録は、学校および教師の指導に役立つことがその直接の目的であり、又単に現在のみならず将来のためをも考えて作成されるべきものである。指導要録は又子どもの転校先、進学先の学校に送られるものであるからその形式や記録方法、評価基準等もある程度全国的に共通したものでなければならない。現在地方や学校等によつて幾分それぞれの特色があるが、おゝむね文部省案の通りに作製されているようである。以上述べたところから通知票は両親と児童本人にとつて現在役に立つべきものであり、一方指導要録は学校および教師、又現在の学校だけでなく他の地方の他の学校および教師にとつて将来までも役立つものでなければならないことが明らかになる。

何故通知票と指導要録との区別を明らかにしなければならないかというと、私は通知票が各学校共通した形式と記録方法、評価基準等をとらなければいけないとは思わないからである。たしかに指導要録はさきに挙げた指導要録の基本的性格上全国的に一定された形式をとり共通の評価方法によらなければならないだろう。もし各学校がそれぞれ任意の記載項目を決定し、任意の方法で記述するならば、学校差が極度に著しくなり記録の客観的信頼性が失われてしまう結果になるしたがつて小学校においては、プラス2、プラス1、0、マイナス1、マイナス2という共通の五段階評点法が要求されるし、評価の基準を一定化することが必要となるわけである。これと同じ理由で中、高校においては54321制が採用されている。そこで通知票の場合はどうだろうか。通知票は指導要録とことなり両親と本人が直接の対象である。したがつて「両親に容易に理解される」ことは通知票の生命である。容易に理解されると同時に子どもの成長過程の全貌が正しく直観されるものでなければならないし、又子どもにとつて納得のゆくものでなければならない。たとえばプラス、マイナスによる評点方法が抽象的でわかりにくいものであるならば、当然再検討の上改善せねばならない。通知票は指導要録からの機械的転写であつてはならない。その地域社会の実情、両親の理解程度に応じてそれぞれ妥当な通知票記載の方法が考案されなければならないし、そのためには通知票の内容や形式は各学校の独自の研究と自主的裁量によつて決定されるべきであると思うのである。

ここでわれ／＼は「いかにすれば教育の効果を正しく評価することができるか」という教育評価の原理的問題と、「いかにすれば評価の結果を正しく表現できるか」という技術的問題に直面する。教育的見地から見て児童生徒が如何に変化しつつあるかを説明することが通知票の目的である以上、事実を客観的に評価することが絶対的に必要である。客観的に事実を解釈するためには記述を一義的なものにして曖昧な表現を避け、記述を行う教師や記述を読む父母が彼等自身の主観を挿入する余地がないようにしなければならない一義的な解釈のみを許すような表現方法としての条件に適合するものが評価の結果を量的に考察することである。複雑な子どもの成長発達の現象を量的に表現することはきわめて便利である。十九世紀末葉から世界的に展開された教育測定運動は教育事象の科学的客観的認識を目標に行われたものであるが「教育測定」という名称が示唆するように児童の知能、学力、情緒性などあらゆる面における成長発達の過程をすべて量的に解釈し測定することが可能であり又必要であるという点を強調した。この教育測定運動の父と呼ばれるアメリカの心理学者ソーンダイクは一九〇四年に「心的及び社会的測定序論」を著わし、その中で「すべて存在するものは量的に存在する。量的に存在するものは之を測定することが可能である」と論じ教育事象を量的に解釈することの可能性に対する彼の信念のほどを示している。

教育評価において文章的記述法を用いて表現する代りに、量的概念を用いることは一応全面的に受け入れられたわけであるが、しかしその実際的運用に際して各種のことなつた方法が利用される可能性が考えられる。以下その主なるものを挙げれば、

①、教師や大人の社会が設定する教育的理想水準に照らして生徒の現状を評価する場合。

②、本人の知能や学習適性と実際の成績を比較する場合。

③、生徒の過去の成績と現在の成績を比載して進歩の度合を見る場合。

④、同じクラスの他の生徒たちの成績との相対的比較による場合。

⑤、標準検査の基準（ノルム）をそのまま利用する場合。

⑥、標準学力検査の基準をそのまま利用する場合。

等々が考えられよう。これらの方法は生徒の個人的評価の立場（1、2、3、の場合）と他者の成績との比較的評価の立場（4、5、6）の二つに分けられる。前者は「大絃小絃」欄の提唱するいわゆる絶対的評価方法に属するものであつて、生徒一人々々の成績が他の生徒の成績と比較されることなく、本人自体の成長発達という絶対的、個人的な立場で評価される。

生徒指導の任に当る教師が教育的見地から描く理想的人間像や、その他生徒に要求する最低水準に基いて成績が決定されることがあるが、これはさきに列挙した可能性の内の①の場合に該当する。戦前の中学の通知票のように百点満点の六〇点とか、「四〇点以下は落第」などというのがこれである。これは最低成就水準を設定することが許され、且つ望ましい場合には極めて有効な手段となりうる。一定の免許資格を目標とする教育課程、即ち医学課程、教員養成課程などでは最低成就水準の設定が不可欠である。但しその制度は小中学校などのような義務教育課程においては受け入れられない。理想水準、成就水準は教育の目標として、例えば能力表の如く、用いられるのであるならば差し支えないが評価の基準としては妥当ではない。何故ならば個人差や個人的成長過程など個性に応じた教育というのが新しい教育の立脚する根本概念だからである。もしもこの基本概念を無視してこの方法を義務教育過程において用いるならば、素質的に劣つている生徒は常に「水準以下」の烙印を押されることになる。

②の場合は生徒の知能や学習適性に応じて個人的な立場から成績を評価する。個性に応じた教育のあり方を擁護する評価の方法である。これはいわゆる成就指数（**Accomplishment Quotient, AQ**）の原理に基くものである。成就指数は生徒が自己の学習可能性通りの学習の進歩を示しているかどうかをあらわすもので標準学力検査の結果として算出される教育年令と、知能検査の結果算出される精神年令との比率である。個人の精神能力に応じた成績の評価という意味では極めて合理的な方法であるが、標準化された公式学力検査

や知能検査の結果でなければ信頼性が低いという欠点をもつ。だが事前策として標準学力検査に代るべき教師作製の学力テストと知能検査の結果を比較することは大いに結構である。③の場合即ち過去の成績と比較して進歩の度合を見る方法は一見妥当に思われるが、これには評価の方法が常に一定していない場合の危険性も憂慮される。教師の各回のテストの採点方法や難易度が一定していないために厳密な客観的評価を期し難いのである。

以上①、②、③の何れの場合も何らかの欠点弱点が見られるがこれをもつて絶対的評価方法は全面的に否定されるべきであると断定することはできない。何故ならば生徒にとつて成就不可能な無理な要求ではなく当然可能な範囲内における指導目標にどの程度到達したかをあらわす生徒個人の立場からの絶対的評価は今日の個性教育の根本精神からみて当然望ましいものだからである。ただ実際問題として多くの技術的困難を含んでおり標準検査の実施が容易に行われる場合ならばともかく、その他の方法では主観的、観念的判断に支配される可能性が濃厚にあるので、遺憾ながら現在の段階においてはこの絶対的方法のみに頼ることはできない。

それでは④、⑤、⑥の場合、即ち相対的評価方法についてはどうであろうか。④は同じクラスの他の生徒と比較して成績を評価する現在もつとも普通に用いられている方法である。これは個々の生徒の独自性を尊重する立場から考えれば理論的には問題がある。第一本人の知能やその他の条件から見てこの程度できれば絶対的評価方法によると当然充分の成績を修めていると思われる生徒でも、学級内の他の生徒と比較して劣つておれば5、4、3、2、1中の1とかマイナス2とかに評価される。「大絃小絃」欄の言う如く、「これでは子供も発奮できず勉強を投げだす」おそれが生ずる。しかし絶対的評価方法の多くが操作上の曖昧さ非科学性を伴つていたのに較べればこの方法が寧ろ客観的に精密であり便利である。

普通これは学級の平均級の成績および最高から最低までの範囲と比較して行われるが現在小中高校では一律に五段階に分けた相対的評定法を用いている。学級内の平均の成績を中央に上下の両方に均斉に学級の全員が配列されるようにして中央の部分に位置する生徒を0又は3とし上下にそれぞれプラス、マイナス1、2又は4、5、2、1とする。この方法で各段階に含まれるべき人数の割合を決定するのに、標準検査の結果の処理法と同じ原理即ち正規分布における個々の得点の平均値からの偏差量の概念が用いられている。すなわち一学級あるいは一個学年の生徒の成績が大よそ正規分布をなしていると仮定して全体の生徒が大体 ±2.5 標準偏差の範囲内に含まれるものとし中央から各段階の幅を一標準偏差に区切つて五等分するのである。この方法によると各段階に含まれる人数の割合は大体＋2（7%）、＋1（24%）、0（38%）、－1（24%）、－2（7%）という具合になる。すなわち生徒の分布は中央の段階がもつとも多く両極端にすすむにしたがつて徐々に少くなる傾向（中心傾向）を示すものである。

この統計法の原理に立脚した五段階制の相対的評価方法は、たしかに教師の個人的な癖や（すなわち甘くつける教師、辛くつける教師、全部普通平均とつける教師等々）、主観の介入を防ぐ点では一応その目的を達しているがその反面一学級五〇人という僅かな人数に対して大数の法則による分配法を課した結果パーセンテイジに余りにとらわれすぎるという欠点をもつ。又ある学校でプラス1の生徒が他の学校に転校したときに、いわゆる学校差のためにマイナス1を与えられるかも知れない。いわば「限られた枠内での地位」であつて他の範疇にあつては効力をもたない評点になるわけである。

⑤、の他のクラス又は前年度の同学年の生徒の成績と比較することは評点の客観性を強化する目的で用いられる方法であるが、③の場合と同様に教師の単なる印象が評価の尺度となつたり、又各回のテストの採点方法や難易度の不規則性などに影響されてかえつて客観性を失う結果となる場合が多く指導上の参考程度にしかならないであろう。⑥、の場合すなわち標準学力検査の基準をそのまま利用することは客観性の点においては確かに他の多くの方法に勝るものと思われる。しかし標準検査を必要とする点では②の場合と同様に実際上困難と思われ、又本人の知能を考慮に入れないことは②の成就指数の概念応用の方法に劣るものと思われる。

相対的評価方法か、絶対的評価方法かは教育評価の大きな問題であつてこれを等閑に附することは許されない。教育評価測定の外国文献をひもといてみてもこれは大きな問題としてとりあつかわれている。(Remmers & Gages: Educational Measurement and Evaluation, Micheels; & Karness: Measuring Educational Achievement) しかしながら今のところ相対的方法のもついくらかの弱点にも拘らずこれを廃して絶対的方法を用いるべきだという主張は未だ見当らないようである。前述したように相対的方法は「他の生徒との相対的地位」をもつて成績を解釈するものであるが故に個性的発達の評価が困難になるという弱点をもつ。だがその反面絶対的評価方法では「絶対的標準の設定」を必要とするためその標準（Standards）を如何にして定めるかが問題である。もしも評価の対象が比較的に単純な要素のみを含むならば標準設定は容易であろう。たとえば「百斤の重量物を持ち上げる能力」を査定するのであるならば、百斤を持ち上げうるものはすべて標準以上、できないものはすべて標準以下と考えることができよう。絶対的方法であるから標準さえ定めれば評価は極めて簡単である。だが教育に関する評価、人間の発達の評価は対象が極めて複雑な要素から構成されている関係上、標準の設定及び判定は著しく困難である。教師が主観的方法で標準を設置することは危険である。そのような方法では生徒の現実の能力から離れた標準になる可能性があろう。もしも現実の統計的資料に基いて、何年生はこの程度はできるものだと判断しそれをもつて標準と定めるならば独断的非現実的になる危険性は防止されるだろうが、それではすでに相対的方法に依存することになるし、又絶対的方法の最大の利点である「個性的評価」の特質が失われる。

したがつて現在の段階では相対的方法より実用的であると思われる。橋本重治教授の言葉を借りれば「相対的に処理解釈することは今日理論的には問題もあるが依然試みられてよい方法である。実際的技術的には寧ろこの方法が精確であり、又容易である」と思う。相対的方法は個人が集団内で占める位置によるものであるから新教育の理念であるところの個々の生徒に即し絶対的個性的にみるという考え方にはそぐわない事が大きな難点であるが、量的表現方法のみにたよらないで絶対的評価を併用して個々の生徒の進歩を質的に絶対的に見ることも考えられるべきであろう。

以上絶対的評価方法と相対的評価方法を比較的に検討したわけであるが、「大紘小紘」の指摘する「通知票のわかりにくさ」は依然として未解決のままであり早急に改善の処置を必要とする問題である。私は冒頭に通知票の記載形式は各学校の自由な研究と自主的な裁量によつてなされるべきであると論じた。したがつて通知票の評価記述は必ずしも指導要録のプラス2、1、0、マイナス1、2の制度に拘束される必要はないと思う。又それのみを記載するのは余りに機械的である。

通知票についての基礎的原則を記すならば、

1、通知票は父母が容易に且つ具体的に理解できるような内容と表現方法を必要とする。通知票に学習効果の見方、学校の教育方針、通知票の見方などを説明することも有効である。

2、通知票を利用して父母が新しい教育目標に沿つて子どもをその個性に応じて教育することができるようにする。単に学業面だけではなく発達の凡ゆる重要な面についての考察を含むべきである。

3、個性的な特性について、その能力と素質、進歩の度合などをも含めるべきである。努力の程度や困難の所在なども明らかにする必要がある。

4、単に5、4、3、2、1又はプラス2、1、0マイナス1、2の如き相対的評点のみではなく文章による記述も併用されなければならない。点数だけでは親も点にのみ関心を集中させる結果となる。

5、記載の形式は教師にとつて重荷になるようなものであつてはならない。教師はただでさえ多くの事務に忙殺されている現状である。楽に記載できる便利なものであつてほしい。

6、通知票は学校から父母えの一方的な通信だけでなく、家庭から学校えの通信にも利用されるものであつてほしい。何らかの手段で家庭と学校とがより密接な連絡を保ち、相互的協力が得られるようにしなければならない。そのためには通知票に家庭からの通信欄を設けるか、又は特別な家庭から学校えの通知票を作成することもよいと思う。親が文章を用いて表現を躊躇するならばチェックリスト式の通信用紙を利用することも一案だろう。

7、通知票の内容は子どもにとつてもよく理解されそれによつて激励され動機づけられるような工夫が必要である。

以上通知票のあり方、とくに絶対的評価方法と相対方法について私見を述べて見た。御批判を仰ぐことができれば幸である。

（琉球大学講師）

（座）（談）（會）

本土の教育を語る

司会ー指導課長
語る側ー本土派遣研究教員
聞く側ー指導課
　　　　研究調査課

司会（中山）　第六回研究教員として派遣されました皆さん、無事任務をおえて帰任なさいました。私たちの方では、その度毎に本土の教育状況をおききして沖縄の教育のため、又沖縄の先生方のために、文教時報を通して各学校に紹介し、参考に供している次第であります。先日教職員会で懇談をもたれた際、一緒にと考えましたが、こちらとして指導主事研修会を計画していましたので併せて機会をつくったわけでございますその点御了承ねがいます。会のすすめ方として、最初に一人々々配置校の特徴並に印象的であった点、又特に研究されたことを簡単に話していただいて、後に質疑の時間をもちたいと思います。ではこれから座席の順をおうて始めることにいたします

上江洲（首里中）配置校静岡市立伊東中学校

伊東中学校は軍病院のあとを改築した校舎で、町から三キロ程度はなれたところにあり学校の位置としては、交通不便なところでした。学校の分離問題もあって、おちついていない気がした。印象的であったことは、特別教室としての音楽教室、理科実験室準備室、衛生室、図書室、講堂兼用の雨天体育館などで、生徒の体位が目立ってよく、しかも素直で純情である点でした。私の研究テーマは理科でありましたが、当校に於ける理科施設の概観を申し上げますと、実験セット三〇位、それに電気関係の施設があり、化学の面は相当整っているようでしたが、物理関係の施設はこれからだという所でした。しかし大体に於いて整備されているという感じをうけました。

幸いに文部省主催の理科の講習会がありましたので見聞する機会を得ました。主として、・機械の分解と修理・基本的工作実習・簡易実験器具の取扱いについての講習でありました。

指導主事の助言の中に理科教育は講義式の方が「いい点」がとりやすいというので、実験はやめたという教師がいたが、これは間違いであり、あやまった考え方である。設備がないため知識注入におち入り実験、観察をないがしろにするということは正しい理科教育の態度ではないと指摘された。

昭和二九年現在で、理科教育設備の状況を設備基準に照らしてみた場合、小学校の現有率が一九・五二%、中学校が一五・六%、高校が一九・九五%で、設備基準に達するのに、毎年八億円（政府補助、教委予算半々で）の予算を投じてあと七ヵ年もかかるということでした。しかし各教師の創意と工夫による自作の器具教具についての研究発表会がさかんで、設備の充実とそのための研究に教師のたゆまざる努力がつづけられています。

与那嶺（上之山中）配置校（大阪松虫中学校）
（桜の宮中学校）

私は松虫中学校に二ヵ月程いましたが、桜の宮中学校に英語教師の補員として四ヵ月おりました。短い期間でしたが生徒会の活動が活発で生徒自体の計画によって、学校をよくしようとする建設的な意気のさかんなことには感心しました。

桜の宮中学校は整備の行届いた学校でした。視聴覚教育、産業教育に力を注ぎ文部省指定で現在研究途

上にあり発表するのにあと二ヵ年を要するとの事でありました。

放送並に掲示は、生徒会が中心となつてやつています。主として時事問題をとりあげて放送していますが、聞く側の態度も大変熱心でした。授業の状況を申しますと、生徒がいき〳〵して自分から進んで質問なり希望なり要望なり、どし〳〵教師に申しでます。見るからに伸び〳〵した学習雰囲気で、教師に何か問われることを非常に誇りにしております。教師もその点充分配慮して一部の生徒に偏することなく全生徒を対象に活動させており、生徒一人々々が各自の能力に応じて学習している点は大変よかつた。成績の差は沖縄と一ヵ年程ひらきがあるのではないかとおもいます。

教育全般について申しますと、人間育成に立脚した道徳教育を重視し、人物についての評価を四〇点も見ていることである。次に小校、中校、高校のタテの連絡がとれていることで、特に中校、高校はたえず会合をもち、教科進度の面、又は難点、欠陥を互に指摘しあつて教育効果をあげています。沖縄でもそういつたタテの連繋をもちたいものだとおもいます。

高良（胡差中）配置校（静岡県沼津第一中学校）

当校は昭和二六年、文部省指定のモデルスクールで一棟三階建二三教室中六教室は廊下なしの特別教室で、まづ校舎が整然として綺麗で設備が充実している。生徒が素直で躾がゆきとどいている点感心しました。

特に時間尊重の観念が強く、一日の学校生活がキチン〳〵となされている。例えば、生徒朝礼にしても職員朝礼にしても無駄がない。その点沖縄では改善すべき面があると思います。

教育方針として「ねばり強い人間」の育成をめざし真に力のある生徒を……能力に応じ、趣味を生かし個性をのばす教育の営みがみなぎつています。

生徒を受持つて感じたことは、学習意欲が旺盛であるということでした。胡差中校で実施した職、家のテストをそのまま実施したのですが、最高九五点、最低五五点、平均七九点で胡差中校の平均と三四点のひらきをみせている。

PTAの活動状況は、あくまで学校の要求をみたし学校施設の充実に拍車をかけています。一例ですが体育施設による子供の遊び場の整備や、躾と衛生保健の面から各教室の手洗施設、便所の完備など……実にきれいにできています。

生徒会も自主的に運営しグループ活動がさかんである。特に沖縄とは青少年赤十字の交換学童などもいて、どこえいつても厚意的であり、文通も相当あるようでした。

教職員の研修会は主として校内研究会が活発で研修の機会を数多くもつています。

それからPTAの援助による職員のリクリエーションもあり、私もその恩恵に浴してまいりました。

比嘉（与那城中校）神奈川県鴨沼中学校

上流家庭の子供たちで、実力もあるように感じた。

校長は新教育を学びにこられたと思いますが、この学校には新教育はありませんので、それを誤解しないでくれとのことでした。職員も生徒に真の実力をつけることに一生懸命になつています。教科中心主義、進学教育のための教科実力一点張りで、新教育の線とのズレもあるが地域社会と父兄、子供の要望にそうてやつているとのことでした。とりわけ学校図書館は充実していました。

私の研究テーマは、「数学科に於ける計算技能を向上させるためにはどうするか」という事でありました。計算技能のテストに於いて同一問題について与那城中校とあちらを比較したとき、与那城中校の正解率四二％に対し、八三％の正解率で倍の差があり、読みを通じて問題を解く、即ち読解力による問題解決の能力も沖縄は随分劣つているようであります日本では計算技能が低下している……その原因は指導要領の内容に欠陥があると指摘され、いろ〳〵批判がありましたが……それとおもいあわせて沖縄を見た場合、いろ〳〵と考えさせられる点があると思います。

松田（古堅中校）配置校（千葉県末広中学校）

文部省指定の研究校で産業教育について三ヵ年継続の研究をしています。特に職家に於ける技術の習得に力を注いでいますが、単に産業教育のみではよくないとし、全教科に対する配慮と研究がなされています。

学校に於ける施設は大体充実し、特に理科教育は完備しており、特別教室、研究室などをもつています生徒は技術を身につけることに一生懸命であり、教師も亦技術教育に充分なる自信をもつてのぞんでいます。特に活用されているのはカメラで、教科や各種行事並に生活指導と関連のあるものをカメラにおさめ、掲示して教科学習に、訓育指導、生活指導に利用し、学習効果をあげている点は大変よかつたと思います。

それから健康増進のため各教科と関連を密にし保健

教育も徹底しています。ＰＴＡの関心も深く、その他問題点に対する校長の対策も微に入り細に入ったもので、たとえば知能テストの結果、特殊児童を診断し、特殊学級を設けて該当児七名のために専任教師を配して個別指導をしていますが、主として技術的な面の補導をしております。とに角、子供の教育のために細心の教育計画が払われています。

司会（中山）

では〇時二十分になっていますので、一応日程の前半をおわることにいたします。

※　休　※　憩　※

司会ー午後の日程にうつります。（午後一時二〇分）

大堂ー私は本日出港の船で帰えりたいと思いますが、先にしてもらえないでしょうか。

司会ーでは予定を変更しまして全体的な問題について次の観点から御願いします。

１、学校管理の面　２、学習指導と教育課程の面
３、生活指導の面　４、学校と地域社会のつながり
５、職員研修の面　６、その他

以上のことについて本土と沖縄の状況について希望なり御意見なりをお伺いいたします。

大堂（石垣中）配置校（東京教育大学附属中学校）

私は東京教育大学の附属中学におりましたので、そこを対象にした話になると思いますが……

マァ学校管理の面といえるかどうかー多少関連する点もあると思いますのでー学校が整然としており教室経営も大変行き届き、それに子供の躾がよく、公共物に対する態度が徹底しています。ラクガキなど全然見当りません。この点沖縄の学校は一考を要する問題だと思います。それに門衛がいまして、それの許可なくしては学校の出入りも出来ません。事務職員が七名もいますが教師を事務から解放するということは学校並に教室生徒の管理面に関連する点があるかと思います。それから小使さんが常直しておりますが、余暇を利用して校舎並に机、腰掛、その他備品の修理などをやっています。

学習面では、校舎並に内容の施設が充実していますし、特別教室、研究室などもあって、生徒が自主的に自発的に学習しています。討議学習並にグループ活動がさかんでありました。

学校は生徒の研究したことを発表する機関のような気がいたします。なお生徒相互に評価までし合っている点はよく、教師も自信をもって適確な指導をしています。父兄も地域社会も真に子供の幸福のため実力の養成を目指して教育に深い関心をよせています。欠陥ともいえましょうが教育大学の附属校で進学のための課外授業をしていることですが、父兄と子供の要求でやっているようです。

しかし沖縄でも英才教育、特殊学校、私立学校もつくって、日本で行われている教育もしてもらいたい

生活指導面になりますが、特別教育活動が活発で、教科で得られない点を、特別教育活動で補なっている。それから生徒手帳をもっていて、この規定によって学校生活の秩序が守られている。選抜された連中であるせいか問題解決の能力や、表現能力が相当発達していて、事象に対する感覚も敏感であります沖縄の子供達はその点大きな欠陥だと思います。

その他産児制限と教育、家庭学習の強化が沖縄教育において考えられなければならない問題ではなかろうか。

次長ー早朝から皆さんの感想、体験談を聞く機会をもつことが出来て、今後琉球教育のため非常に参考になり刺戟になることだと思います。皆さんの六ヵ月間体験したことを地域に即して生かし、又新鮮な気持で反省なり批判なりして、琉球教育をもりたてるよう御願い致します。用件がありますので之で失礼致します。

当真ーあの辺では賞品賞状はやっていますか。

大堂ー私のいた所では優等賞、教科賞はありませんでしたが、表彰状はありました。クラブ活動の優秀なのには賞はありました。

司会ー小使さんが学校で備品の修理をしたことは沖縄でもありましたが、戦後はみられなくなった。それから便所の問題ですが沖縄の便所が汚れているということは、どこに原因があるだろうか。勿論経済的に施設の不備もあろうが、それ以前の問題があると思われる。便所はきたないところであるという観念よりも、きれいにすべきだという観念をうえつけることが先決問題と思われる。たしかに安心して便所に入れませんネ。

それから

あの辺の学校では更衣室がありますか。

松田ーほとんどの学校がもっています。私のいた学校は二〇学級でしたが、三学級の生徒が使用出来る更衣室をもっています。それに保健婦がいて、保健衛生面の世話をみています。

司会ー算数に於ける読解力の問題ですが。

比嘉ーそれは内容把握の力ということになると思いますが、その点沖縄の子供たちは劣っています。

上江洲ー静岡では計算技能は一応終つて問題解決に力を入れています。つまり算数に於ける読解力をつけるために算数用語の理解と作問を強調していました書かれた問題よりも生活から作問する方法をとつて学習させています。そうすることによつて読みとる力をつけ内容把握の素地づけをしております。

大庭ー産業教育に於ける基礎的技術の問題について。

松田ー基礎的技術の習得になりますが、学校に於ける施設を通し、或は地域職場の施設を利用して実習させたりしています。それに実習本位のクラブ活動がさかんで、教師は職場をかけめぐつて交渉し（休暇利用）指導の協力態勢をとつております。この学校では三年生になると進学組と就職組にわけていますが勿論子供の希望と父兄の了解のもとに実施しています。進学組は課外指導をうけ、就職組は自己の適性と技術の面を考慮し、教師の指導のもとに技術の修練をうけております。それから職場実習で得た体験を発表し合い、汗を流して働く喜びと、自分の生きる道をはつきりわきまえております。要するに精神面、技術面がタイアップしているということを強く感じさせられました。

高良ー実務実習と技術養成の面で、子供銀行を通じて効果をあげているところもあるようです。

司会ー時間も随分経過いたしましたので、残りの先生方に感想をきくことにいたします。

嘉手納（豊見城中）（三重県西橋内中学校）

当校は基礎学力の上に立つ産業教育をテーマに研究していました。教職員の研修の機会も多く、市の指導主事と週二、三回の会合をもち、互に討議しあつて研究しています。

それから産業教育を推進する前提として科学教育（理科教育）に重点をおき研究をつづけているとのことでした。

特に基礎学力については、教科学習に於ける、読み書き、計算に力を注ぎ、生活と直結する立場から問題解決の力を身につけるようにとつとめております要するに近代社会に適応する人間の育成といつた線に力点が払われています。

登川（開南小）配置校（埼玉県所沢小学校）

私の研究テーマは社会科の学習指導でありました。この学校は社会科では先端をいつているといわれる位有名な学校でありました。

他校を廻つての感じだが社会科に於いては随分進んだところ、遅れたところもあるように見受けられましたが国語式社会科の取扱いはみられません。最近改訂社会科の問題がでているが、やや落つきかけた時期に入つているようです。

所によつては社会科資料室をもち、施設も完備し、理科及び他教科との関連をとつてやつています。

子供をとおして感じたことだが、学習に際し問題の焦点を確実に把握していることで、何をねらつて、何をするかという問題究明の態度がはつきりしています。つきあたりばつたりの無計画さがなく、自主的な学習計画で、一日の学習の整理も焦点をはつきりとして、結果の処理などもキチンとされている。とかく子供たちの学習意欲がさかんであり、学習態度がよくできています。

それから改訂社会科について、現場は動揺していないが、ただねらいをこわされはしないかと心配しているようでした。

黒島（北山高校）配置校（奈良県丹波市中学校）

私は主として日本史の研究をしてまいりました。現在社会科に於ける総合、分科の両案で、ゴタ〲もしているようですが、奈良県では動揺することなく今までに得た体験と自信を基盤に置いてやつています。

カリキュラムも教師の研究による独自のものを作製し、学校の方針に乗せて日本史を中心にやつていますが、過去のあやまつた地理、歴史教育に陥入らないように配慮しあくまで基礎的、理論的、総合的、発展的に思考力を養う見地に立つて学習指導がすすめられています。

当校の日本史は深みと奥行きがあるように感じました。それから郷土史も重視し、学習効果をあげています。

尚社会科に対しての批判は道徳教育に対する基本的人権が問題になつているようです。

当真（美東中）配置校（豊島区立高田中学校）

団体訓練が徹底し、型にはまつた印象をうけた。学習指導も注入的であり、新教育の線とズレがあるように感じましたが、学校としても新教育に対する自信がまだ〱もてないということをもらしておりました。

私は図工科の研究をテーマにして六カ月間見てまいりましたが、まづ新しい造形的感覚がうえつけられその刺戟の中で育つている関係で、生徒の描画材料も豊富で、自信をもつて独自の構想で美術に対する感覚をもつているよう見受けられました。

最後に教育の流れといいましょうか、日本の教育は戦後アメリカの制度を取り入れて来たのであるが、それに批判が加えられ、終戦十年にして、今では日本の、日本人の教育という自主的教育へと変つて来たように感じました。

安富祖(金武中)配置校(東京台東区下谷中学校)

重複をさけて簡単に申し上げます。この学校は特殊地域でありましたので、教育の重点を道徳教育においていました。

年間の教育計画は、道徳教育を各教科とマッチさせホーム・ルーム・プログラムも生徒と教師の相談の結果、実施に移されていましたので活動も活発でした。討議中心で、学校の基本線をはみ出ないように学習し、行動しています。自主的な研究会がさかんで、各ホーム・ルームを参観し、評価し合つて、生徒各自の手で、力で、学校の短所を是正している点は大変よかつたと思います。

司会ーこれで一応個人の発表は終りましたから質疑にうつりたいと思います。

司会ー松田さんのおられた学校での進学コースと就職コースについて。

松田ー特に就職コースに問題があるとおもいますが自信(技術的に)のもてる職員がおればともかく、そうでなければ、子供にひがみをもたすだけで効果はないということで、全県をあげての問題であつたようです。

比嘉(研調)ー根本問題として、義務教育に於ける基本的人権の立場から掘り下げて研究すべき問題ではなかろうか。現実的な問題として考えた場合は父母子供の理解にたつことを前提とすべきであろう。

司会ー映画については。

与那嶺ー学校で指定したものをみせているようでした

上江洲ー映画館に入つても中学生はあまりみあたりませんでした。

与那嶺ーとかく、ものの考え方が科学的である。まづ民主的か、非民主的かという限界をはつきり教師がつかんで指導しています。

大城ー皆さんの眼にうつつた事は、すべて良い点だけでなく、又悪い面もあつたと思います。それに一応の批判と検討を加え、沖縄の実状に即応するような配慮がなされなければならないと思います。

当真ー先に表現力をつけるために沖縄の行事とマッチした副読本の話もでましたが、私はそれ以前に国語教育のあり方をもつと考えなければならないと思います。

比嘉(研調)ーそれから日本の受験指導が過去のそのものであるのか、それとも新教育を通しての段階をふんだ詰込みであるのか、そこのところはよほど批判して対処しなければならないと思います。

司会ー詰込みにしても、団体訓練にしても生徒一人々々の自覚の上にたつものであると解釈したい。

松田ーみんな同様の感じだと思いますが、文部省並に委員会、配置校の先生方が大変懇切にして下さつたことには、ほんとに感激いたしました。

司会ーまだ〳〵話しはつきないようですが、時間も大分経過いたしましたのでこれで終りたいと思います皆さんには六カ月間本土で研究して来られたのであるが、季節的に寒い折、大変御苦労なさつたことと思います。今日は早朝から長時間にわたつて貴重な研究資料或は見聞されたことを発表下さいまして、沖縄の教育復興に参考になることと思います。皆さんは規定にもとづいて任務を果して来られたと思います。御世話下さつた文部省、委員会、配置校に御礼の労々、今後とも絶えず密接な連絡をとられ、沖縄の状況も紹介し、このつながりに於いて益々教育向上に資することができますように御願いいたします。このかぎられた時間では十分発表することは不可能と思いますので、一応資料も整理なさつてからその他の問題についても、文教時報に原稿をよせて下さるよう御願い致します。

尚今回で第六回の研究教員を迎えたのでありますが皆さんの任地を中心として尊い経験を生かし、御活躍下さるよう期待いたします。

長時間にわたり素直に、真剣に、懇談下さいまして有難うございました。

今日は局長さんもみえる予定でありましたが、別に用件があり、その旨私をしてよろしく伝えてくれとのことでありましたーーでは以上をもちまして本日の座談会を閉ずることにいたします。

座談会参加研究教員

当間 正典	高良 甚徳
安富祖 安江	与那峰 典全
嘉手納 良徳	嘉手納 良一
松田 正精	大堂 安清
比嘉 栄吉	登川 正雄
上江洲 安雄	黒島 直太

高等学校入学撰抜に関する統計

（一九五五年度）　研究調査課

本年度の高等学校入学選抜に関する統計が纏りましたので各高等学校の参考資料として掲載することにした。この統計は各高等学校から結果の報告を求め、それによつて集計整理したものである。報告書類は、

一、個人別得点調査表

二、問題別正答人員調査表

であるが、それをもとにして各学校毎にテスト得点、内申得点、合計点の最高、最低、平均を求め、又テストと内申得点の相関係数を出してみた。

相関係数については、その相関度が著しいもの、中位のもの、下位のものと三つの例を示めし、分配曲線を描いて比較することにした。

猶、学校別、教科別、問題別、正答率は一応完了しているが、紙面の都合で掲載致しませんでしたので御了承願いたい。

本年度の高等学校入学者選抜は従来と異り、各高等学校自体で問題を作製したため、その得点より各学校の比較をすることはこの集計からは適当でないと思われるが、各学校毎に満点に対してテスト、内申、合計点、合格最低点がどの位置を示めしたかは知ることが出来る。何かの参考資料になると思われるので表示してみた。しかし各学校毎に問題が異るので、すぐこれから是非を云々するのは妥当でないと思われる。この集計は各学校毎に全受験生に就いて集計したものである。

一、次は第1表から各学校の共通点を調べてみると、殆んどの学校のテスト得点の平均が、内申得点の平均よりも低いということゝ、合格最低が平均より低いということである。更に一歩突込んで考へてみると、内申得点の最高点は、殆んど満点に近い得点を示めしているが、テスト得点の最高点は内申得点の最高点に比較して差があるように思われる。最低点に於いても同様なことが云える。即ちテスト得点と内申得点の分配が平均を中軸として左右に正常分配曲線を描き、しかも得点の範囲が一致するのが理想的であるが、そこまでいかないところにテストと内申に関する研究課題が残されているのではなかろうか。

正常分配曲線を描かない条件としては、次の事項があげられる。

1、見本の数が少いとき

2、測定の対象が特殊の選択の結果であるとき

3、測定法が不完全なとき

（イ）問題の難易　（ロ）問題数が少いとき

（ハ）配点が不平等のとき　（ニ）採点法が不適当なとき　（ホ）時間の与え方が不適当なとき

等であるが、これらの条件が揃えば正常分配曲線を描くことになる。

二、相関係数と分配曲線（第2表…第4表）（十三頁—十五頁参照）

各学校毎にテスト、内申の得点の相関係数を調べてみると、次の通りである。

（各学校毎に受験人員の1÷2を抽出）

係数	学校数	%
〇、〇—〇、三	一校	四%
〇、三—〇、五	五〃	二〇〃
〇、六—〇、七	一五〃	六〇〃
〇、八—一、一	四〃	一六〃

相関係数とは二個の現象間に於ける共変の度を数量的に表わしたもので今回の入学選抜に於ける学力テスト成績と内申成績との場合、テストに於て優れた者が内申に於ても優れる傾向があるならば、此の二種類の成績の間には相関々係があるといえる。この関係の度合を数量的に現わしたものが相関係数である。係数が0の時が両者の間には相関々係がない場合であり+1の時が最も高い場合である。普通に、相関係数は次頁の図のように判断するのであるが、勿論大体のことを示めすものである。（次頁参照）

今度の各学校の係数をこの尺度にてらして考えれば、大体の見当は、つくと思う。とにかく殆んどの学校が相関度の高い傾向を示していることはこの表から理解されると思われる。

参考の為に順位の変化と相関係数の値の変値を示めせば、十六頁第5表の通りである。第6表は本年度の志願者総数、採用者数、採用率を示めしたものである。

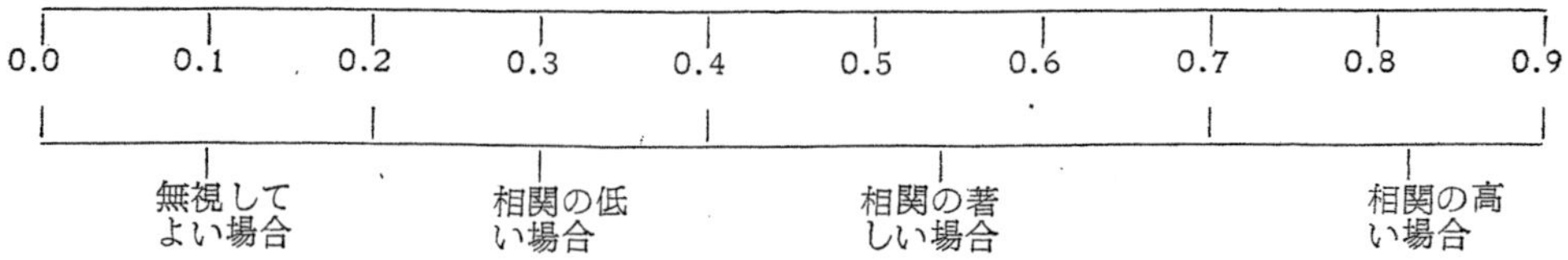

第1表　　学校別テスト内申得点表　　1955年 4 月

事項 / 校名	テスト得点				内申得点				合計点				合格最低点			テスト内申
	最高点	最低点	平均点	満点	最高	最低	平均	満点	最高	最低	平均	満点	テスト	内申	合計	相関係数（1／2抽出）
い	223	55	130.6	270	259.3	145.6	219.1	270	481.9	215.1	350.2	540	107	181.7	316.9	0.73
ろ	228.5	70.5	144	〃	270	200	239.1	〃	487.5	276.5	383.1	〃	119.5	223	379	0.76
は	237	56	169.4	〃	268	119	219.9	〃	495	217	389.4	〃	143	192	351	0.81
に	212	43	120.4	〃	205	79	139.8	〃	417	127	260.3	〃	80	110	250	0.78
ほ	222	46	130.9	〃	267	125	202.2	〃	475	185	333.1	〃	85	172	305	0.77
へ	233	53	126	〃	269	133	216.6	〃	469	227	342.7	〃	94.5	190	321.5	0.57
と	241	42	136.7	〃	269	116	197.4	〃	509	169	334.1	〃	103	168	288	0.81
ち	225	36	122.3	〃	243	86	209.7	〃	468	212	332.1	〃	91	189	308	0.81
り	264	52	130.6	〃	268	67	200.2	〃	508	180	330.9	〃	93	97	302	0.74
ぬ	311.5	49.5	161.1		290	80	177.8		591.5	134.5	338.9		111.5	100	239.5	0.70
る	372	110.5	231.9	450	447	218	345.4	450	819	334.5	577.3	900	175	312	559	0.64
を	363.5	110	219.7	450	445	228	349.6	450	801.5	391.5	569.4	900	184.5	304	530.5	0.73
わ	205.5	51.5	115	270	262	102	190.3	270	474	156.5	270.5	540	89	146	296	0.77
か	232.5	52.5	131.9	〃	270	190	236.8	270	498.5	245.5	368.7	540	106.5	218	355.5	0.78
よ	246	33	126.7	〃	270	234	258	270	516	277.5	384.9	540	96.5	252	361	0.66
た	833	273	519.8	1000	950	500	765.5	1000	1753	783	1285.3	2000	434.5	600	1054.5	0.76
れ	192	43	120.6	270	262	116	186	270	448	159	306.7	540	80	160	295	0.50
そ	227	45	130.2	〃	270	113	184.8	270	490	173	315.1	〃	105	140	303	0.51
つ	197.5	45.5	114.1	〃	199	110	150.7	〃	395.5	150	262.2	540	101.5	125	251	0.38
ね	209	49	140.8	〃	267	126	204.6	〃	470	195	345.5	〃	62	131	214	0.44
な	363	71.5	181.4	？	390	102	232.3	？	748	199.5	416.4	？	166.5	201	403.5	0.82
ら	217	48	126	270	270	252	259.7	270	486	302	386.7	540	106	255	366	0.62
む	248	51	127.9	〃	270	166	214.7	〃	518	218	338.1	〃	103	186	324	0.79
う	787	149	406.8	1000	854	232	519.1	1000	1559	381	926	2000	376	432	822	0.64
ゐ	164	15	76.4	270	165	51	94.6	270	329	95	170.3	540	62	78	159	0.57
の	178	29	96.8	〃	254	60	163	〃	427	150	259.8	〃	74	133	242	
お	171.5	28	75	〃	265	248	254.9	〃	432.5	278	330	〃	335	250	283	

テスト(X) ＼ 内申(y)	105~119	120~134	135~149	150~164	165~179	180~194	195~209	210~224	225~239	240~254	255~269	F	y	Fy	Fy²	Σx′(+)	y′(−)
225~239										2 +16	9 +108	11	+4	44	175	124	
210~224								1	3 +9	14 +84	19 +171	37	+3	111	333	264	
195~209							2 -4	12	27 +54	38 +152	10 +60	89	+2	178	356	256	4
180~194						1 -2	8 -8	27	54 +54	32 +64	5 +15	127	+1	127	127	133	10
165~179						3	41	56	60	3		163	0				
150~164					1 +3	3 +6	47 +47	64	22 -22	4 -8		141	-1	-141	141	56	30
135~149					2 +12	12 +48	22 +44	12	5 -10	1 -4		54	-2	-108	216	104	14
120~134				2 +24	8 +72	13 +78	10 +30	5	3 -9			41	-3	-123	369	204	9
105~119			1 +20	1 +15	5 +60	10 +80	2 +8					19	-4	-76	304	[illegible]	
90~104		1 +30	1 +25	1 +20	2 +30	3 +30						8	-5	-4[illegible]	200	13[illegible]	
75~89	1 +42	1 +30	1 +30	3 +72								6	-6	-3[illegible]	216	[illegible]	
60~74	1 +49											1	-7	-7	49	4	
F	2	2	3	7	13	45	132	177	174	94	43			-71	Σy²		
X	-7	-6	-5	-4	-3	-2	-1	0	+1	+2	+3				2487		
FX	-14	-12	-15	-28	-54	-90	-132)	+	(174	188	129	=	146			1699	-57
			·	345						+491						Σx′y′ 1632	
FX²	98	72	75	112	162	180	132		174	376	387	=	1768	Σx²			

公式

$$r=\frac{\dfrac{\Sigma x'y'}{697N}-CxCy}{\sqrt{\left(\dfrac{\Sigma x^2}{N}-Cx^2\right)\left(\dfrac{\Sigma y^2}{N}-Cy^2\right)}}$$

$$Cx=\frac{146}{697}=0.20932$$

$$Cx^2=0.04381$$

$$Cy=\frac{-71}{697}=-0.101865$$

$$Cy^2=0.010376$$

$$r=\frac{\dfrac{1632}{697}-\{0.20932\times(-0.101865)\}}{\sqrt{\left(\dfrac{1768}{697}-0.04381\right)\left(\dfrac{2487}{697}-0.010376\right)}}$$

$$r=\frac{2.3414+0.02132}{\sqrt{(2.49277)(3.55777)}}$$

$$r=\frac{2.3627}{2.9}$$

$$r=0.8147$$

テスト.内申成績頻数分配表

テスト			内申		
級間	頻数	%	級間	頻数	%
45~59	1	0.1			
60~74	2	0.3	105~119	2	0.3
75~89	3	0.4	120~134	2	0.3
90~104	9	1.3	135~149	4	0.6
105~119	19	3	150~164	7	1
120~134	42	6	165~179	18	3
135~149	54	8	180~194	45	6
150~164	141	20	195~209	132	19
165~179	163	23	210~224	176	25
180~194	126	18	225~239	174	25
195~209	89	13	240~254	94	14
210~224	37	5	255~269	43	6
225~239	11	2			
240~254					

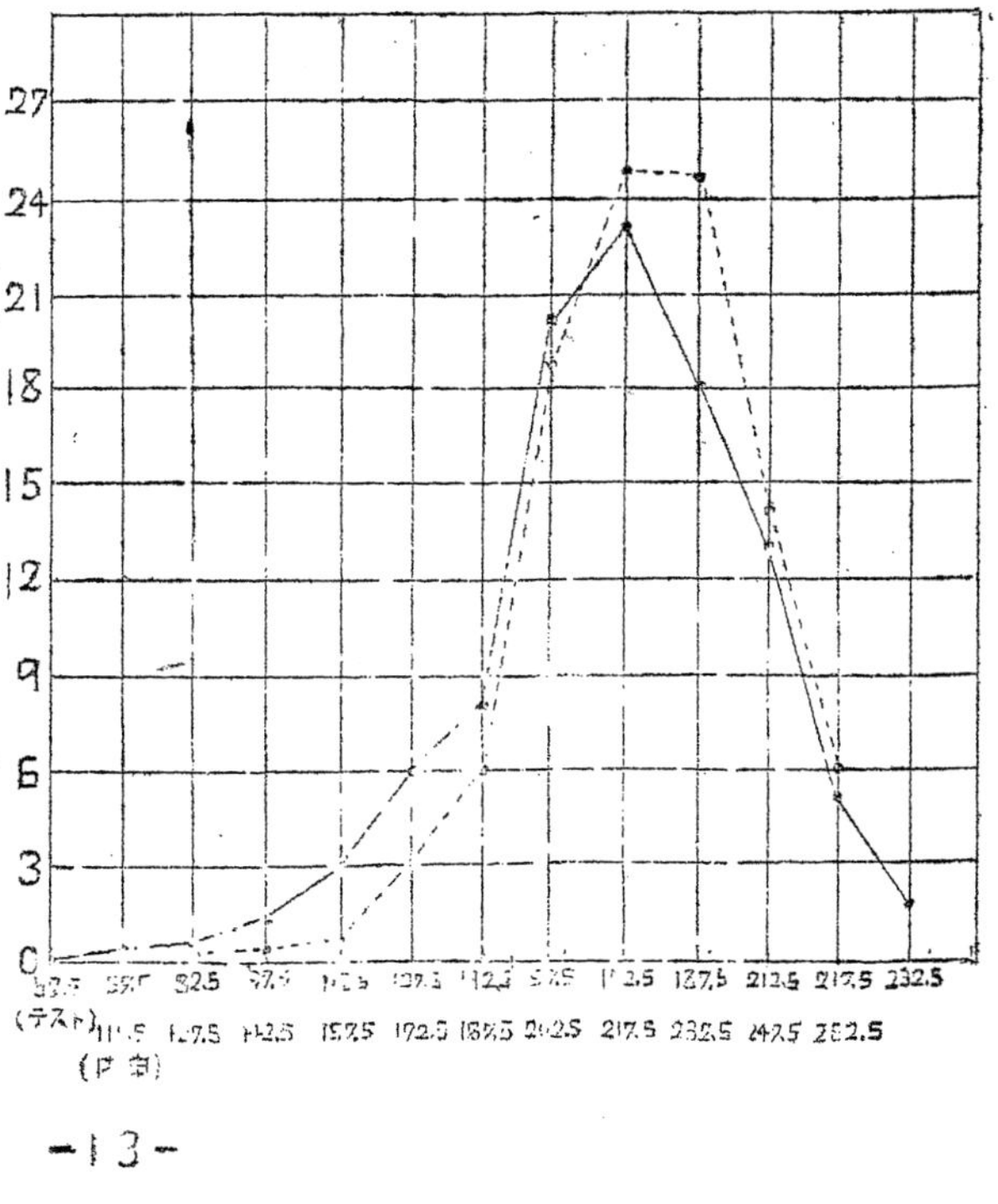

x テスト ＼ y 内申	180~194	195~209	210~224	225~239	240~254	255~269	270~284	F	y	Fy			Fy^2	Σx' (+)	y' (−)
225~239						1 +14		1	+7	7			49	14	
210~224						1 +12		1	+6	6			36	12	
195~209						2 +20		2	+5	10			50	20	
180~194					1 +4	4 +32	1 +12	6	+4	24	+151		96	48	
165~179				3	5 +15	8 +48		16	+3	48			144	63	
150~164				3	12 +24	4 +16		19	+2	38			76	40	
135~149			1 −1	9	6 +6	2 +4		18	+1	18			18	10	−1
120~134			2	8	8	2		20	0						
105~119			4 +4	6	3 −3			13	−1	−13			13	4	−3
90~104		2 +8	7 +14	8				17	−2	−34			68	22	
75~89		2 +12	4 +12	2	2 −6			10	−3	−30	−104		90	24	−6
60~74	2 +24	1 +8						3	−4	−12			48	32	
45~59	2 +30	1 +10						3	−5	−15			75	40	
F	4	6	18	39	37	24	1	129			+47				
x	−3	−2	−1	0	+1	+2	+3					Σy^2=763			
Fx	(−12	−12	−18)	+	(37	48	3)	=	46					329	−10
		−42				+88								Σ$x'y'$=319	
Fx^2	(36	24	18)	+	(37	96	9)	=	220(Σx^2)						

公式

$$Y=\frac{\frac{\Sigma x'y'}{N}-CxCy}{\sqrt{\left(\frac{\Sigma x^2}{N}-Cx^2\right)\left(\frac{\Sigma y^2}{N}-Cy^2\right)}}$$

$$Cx=\frac{46}{129}=0.3565$$

$$Cx^2=0.1270$$

$$Cy=\frac{47}{129}=0.3643$$

$$Cy^2=0.1327$$

$$Y=\frac{\frac{319}{129}-\{(0.3565\times 0.3643)\}}{\sqrt{\left(\frac{220}{129}-0.1270\right)\times\left(\frac{763}{129}-0.1327\right)}}$$

$$Y=\frac{2.4723-0.12987}{\sqrt{(1.7054-0.1270)\times(5.9147-0.1327)}}$$

$$Y=\frac{2.3430}{\sqrt{9.126}}$$

$$Y=\frac{2.343}{3}$$

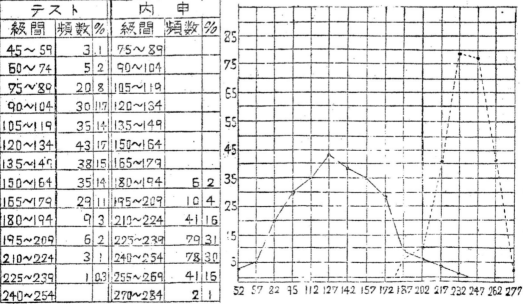

テスト、内申成績頻数分配表

テスト			内申		
級間	頻数	%	級間	頻数	%
45~59	3	1	75~89		
60~74	5	2	90~104		
75~89	20	8	105~119		
90~104	30	11.7	120~134		
105~119	35	14	135~149		
120~134	43	17	150~164		
135~149	38	15	165~179		
150~164	35	14	180~194	6	2
165~179	29	11	195~209	10	4
180~194	9	3	210~224	41	16
195~209	6	2	225~239	79	31
210~224	3	1	240~254	78	30
225~239	1	0.3	255~269	41	16
240~254			270~284	2	1

テスト、内申得点分布表　----- 内申　—— テスト

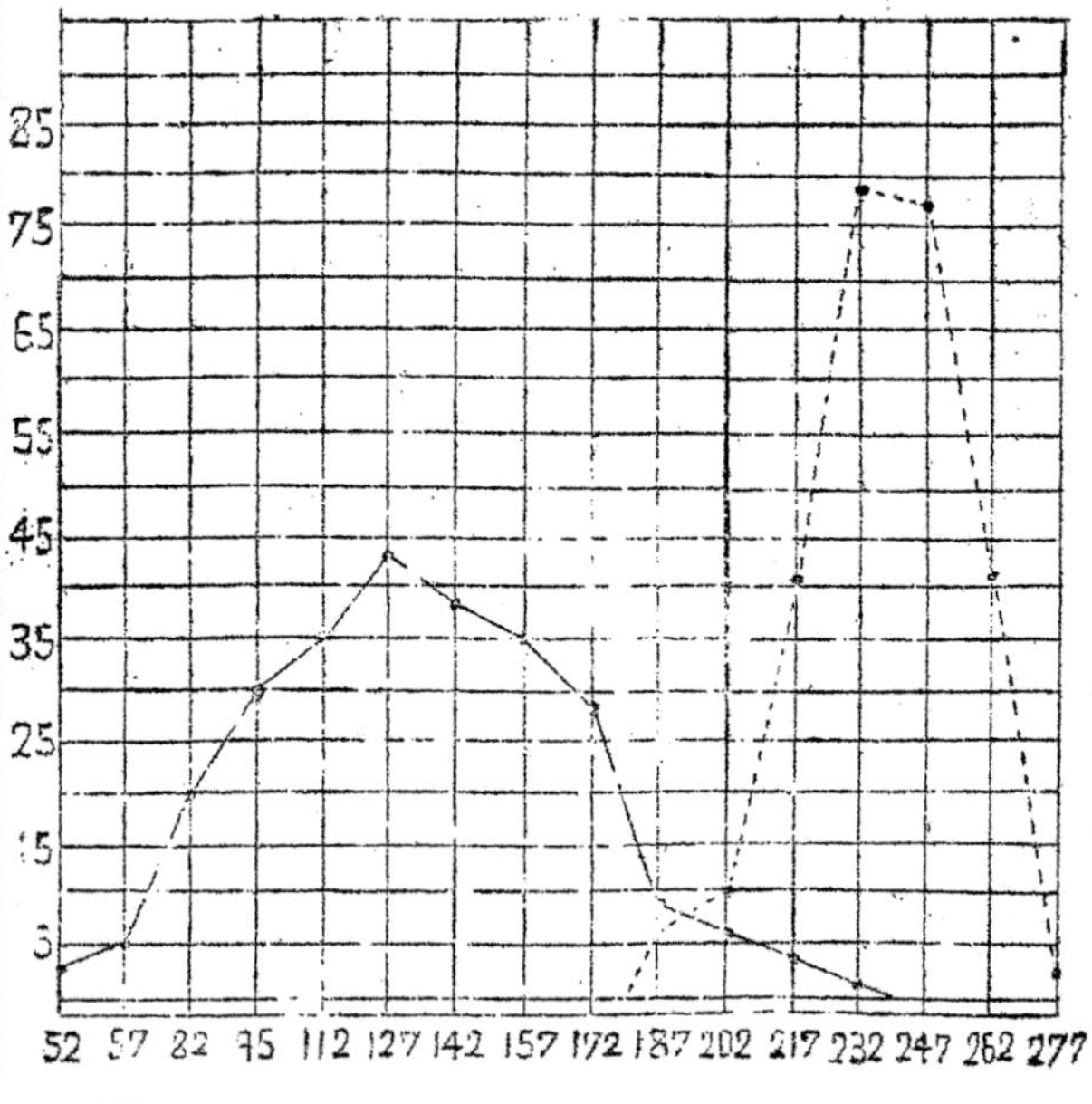

内申 y ＼ テスト x	120 149	150 164	165 179	180 194	195 209	210 224	225 239	240 254	255 269	F	y	Fy		Fy^2	Σx' (+)	y' (−)
180〜194					3 +12		1 +12			4	+4	16		64	24	
160〜179			1 −3	2	4 +12	4 +24	2 +18			13	+3	39	+134	117	54	3
150〜164	1 −6		2 −4	6	5 +10	6 +24	3 +18			23	+2	46		92	52	10
135〜149		4 −8	7 −7	7	9 +9	5 +10	1 +3			33	+1	33		33	22	15
120〜134		4	10	13	12	1				40	0					
105〜119	1 +3	4 +8	10 +10	11	13 −13	2 −4				41	−1	−41		41	21	17
90〜104	2 +12	5 +20	10 +20	7	1 −2	1 −4				26	−2	−52		104	52	6
75〜89	6 +54	2 +12	8 +24	6		1 −6				23	−3	−69	−242	207	90	6
60〜74	2 +24	5 +40	6 +24		2 −8					15	−4	−60		240	88	8
45〜59			3 +15	1						4	−5	−20		100	15	
F	12	24	57	53	49	20	7		N=	222			−108			
x	−3	−2	−1	0	+1	+2	+3						Σy^2=	998		
Fx	(−36	−48	−57)	+	(49	40	21)	=	−31						418	−65
	−	141			+	110									Σxy=	353
Fx^2	108	96	57	+	49	80	63	=	453	(Σx^2)						

公式

$$\gamma=\frac{\frac{\Sigma x'y'}{N}-CxCy}{\sqrt{\left(\frac{\Sigma x^2}{N}-Cx^2\right)\left(\frac{\Sigma y^2}{N}-Cy^2\right)}}$$

$$Cx=\frac{-3}{222}=-0.13963$$

$$Cx^2=0.019496$$

$$Cy=\frac{-108}{222}=-0.48648$$

$$Cy^2=0.23666$$

$$\gamma=\frac{\frac{353}{222}-\{(-0.13963)\times(-0.48648)\}}{\sqrt{\left(\frac{453}{222}-0.01946\right)\left(\frac{998}{222}-0.23666\right)}}$$

$$\gamma=\frac{1.590-0.06692}{\sqrt{(2.02105)\times(4.2588)}}$$

$$\gamma=\frac{1.524}{3}$$

$$\gamma=0.508$$

テスト.内申成績頻数分配表

テスト			内申		
級間	頻数	%	級間	頻数	%
30〜44			75　89	1	0.2
45〜59	3	0.5	90　104	1	0.2
60〜74	23	3.6	105　119		
75〜89	81	12.8	120　134	1	0.2
90〜104	102	16.1	135　149	1	0.2
105〜119	114	17.9	150　164	1	0.2
120〜134	100	15.8	165　179	13	2.0
135〜149	74	11.6	180　194	103	16.2
150〜164	52	8.2	195　209	164	25.9
165〜179	53	8.3	210　224	220	34.6
180〜194	20	3.1	225　239	99	15.4
195〜209	9	1.4	240　254	31	4.9
210〜224	3	0.5	255　269		
225〜239	1	0.2	270　284		
240〜254			285　299		
	635	100		635	

テスト.内申得点分布表

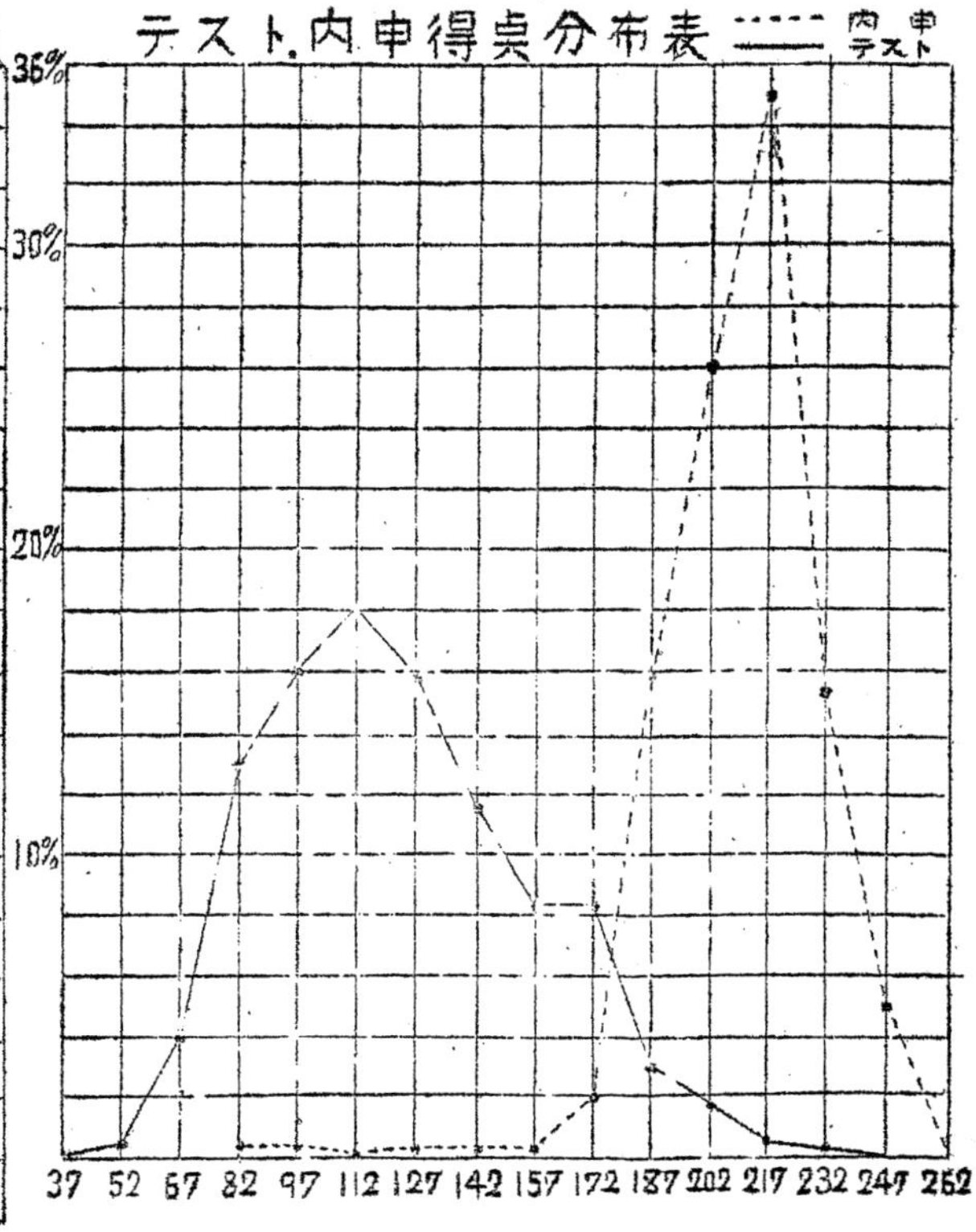

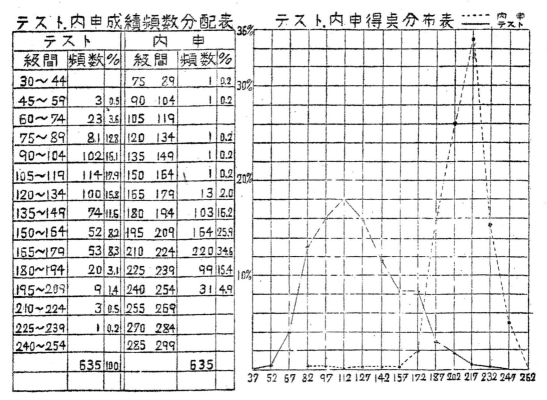

本地区の教育計畫案

知念地区教育長　平田善吉

如何にして教育の向上を期すかと常に頭を悩ましている。逐次進歩しつゝあるけれども、道なお遠しという感じがする。日本のレベルにまで引上げることが現在の所、唯一の念願である。

さて今年も各教育委員会に学校管理計画案を提出したが、その中から学校教育関係で今年度の重点的なものを二、三項をひろいあげてみると、

一、学校の健康管理

1、学校環境

児童生徒の発育に即した施設の充実を計り、且つ教育的、健康的、安全的に運営しその整備を期す。

2、学校生活

日課表の研究、学校の保清、教室経営

3、児童生徒の健康管理の徹底

。児童生徒個人の健康カードの作製

。体重、身長の累加記入グラフ表の作製、身体測定（体重は毎月、身長は三カ月毎に測定して個人カード並表に記入する）

。朝の保清検査の実施

。身体異常者の早期発見と早期診断（家庭連絡）

。ツベルクリン反応、検便、駆虫剤の服用等の実施

4、健康教育

。適切な保護と管理の徹底

。保健カリキユーラムの作製

。各教科との緊密な連繋

。健康生活訓練と自律性

。健康施設の強化

5、保健と体育　。体育指導上の問題

二、教職員の指導

1、校内現職教育

各校現職教育委員会を組織し、目標方法等について年次計画を作製して実施する。

2、新卒教員研修会

地区の新卒教員を当番校に集め授業参観、研究授業、討議懇談をなし、教壇実践に自信を高め、教職員としての服務精神を身につけ、若い情熱を教育に精進せしめる。

三、学校の運営組織

1、学校の実情に即し、民主的で能率的でムダなく、ムリなく、最も効果的な学校運営の方向に。

2、校務分掌の適正と迅速

内容の整理と工夫により事務処理能力の向上を期し、教師の自己研修の時間を多くもつように。

四、指導計画

一、知念地区学校教育の実態（問題点）

1、児童生徒の学力が不振であると思われる。

2、自主性に乏しく発表力がおとる。

3、方言が多く、言葉づかいが正しくない。

第5表　順位の変化と相関系数の値の変値

生徒	1 テスト順位	1 内申順位	2 テスト順位	2 内申順位	3 テスト順位	3 内申順位
A	1	1	1	3	1	3
B	2	2	2	1	2	5
C	3	3	3	2	3	7
D	4	4	4	5	4	1
E	5	5	5	6	5	8
F	6	6	6	4	6	2
G	7	7	7	8	7	6
H	8	8	8	7	8	4
I	9	9	9	10	9	10
J	10	10	10	9	10	9
相関係数	+1.00		+0.9		+0.51	

第六表　高校採用者数調べ　一九五五年四月

項目	志願者数	採用者数	採用率	中卒者対志願者率	中卒者に対する採用率
高等学校	一一、三三八	七、〇一三	六一、八%	六三、四%	三八、六%
普通高校	七、五五〇	四、八三三	六四 〃	四一、六 〃	二六、六 〃
職業高校	三、七八八	二、一八〇	五七、五 〃	二〇、八 〃	一三、〇 〃

※ 一、高等学校の中には、普通高等学校と職業高等学校が含まれる。

二、普通高等学校、職業高等学校には定時制高等学校も含まれる。

三、一九五五年三月の中学校卒業者数は一八、一四六人である。

4、児童生徒の生活指導が不充分（特活の不振）
5、職家教育が不振である。
6、学校諸行事がもつと教育的に企画運営されるべきである。
7、教師の自主的研究態度は充分でない。

二、指導の力点（重点的な指導領域）

▲教壇の充実

1、指導のねらいは適切か。
2、学習内容の研究は充分か。
3、指導の心づかいはよいか。
4、児童生徒によく考えさせるよう指導されているか。
5、教室は学習の場としてよく整備されているか

▲カリキユーラムの研究

1、カリキユーラムは基準教育課程をよく利用し地域に即し、児童生徒の必要、能力を配慮して計画されているか。
2、日々の教壇と結びついているか。
3、常に評価し改善されつゝあるか。

▲生活指導（特活の強化）

1、教師は教科以外の実践的活動を充分認識しているか。
2、生活指導の組織が確立されているか。
3、問題児指導の状況はどうか。
4、児童生徒の健康生活の指導はどうか。

主な年間計画

四月、各校本年度の力点と主な年間計画の作製
五月、各校の学校経営案、校内現職教育計画案提出
　新卒教員の研修会、
　カリキユーラム研究会
六月、ガイダンス研究会　新卒教員研修会
七月、夏期休暇の生活指導
　学校評価（自己評価）
九月、体育大会のあり方についての研究会
十月、学級経営研究会
十一月、簡易器具製作講習会
　郷土の生物研究会
十二月、学校評価（共同評価）
二月、標準学力テスト

※尚毎学期一回学校保健研究会を開催する。

以上列挙したが紙数の都合で箇条書にし又その他にもふれることができなかつたが、計画的な学校経営、学級経営が教育活動を推進するものである。学校に於ける教育計画が「児童第一主義」に立脚することは言うまでもなくその基盤を培うものは健康が前提である思うに健康は人の生涯においてかけがえのないものであり、その健康の多くは児童生徒期に於いて形成されるものである。しかもそれは家庭、学校における適切な保護と管理の上に築きあげられるもので、この研究と施設の充実は特別に重要であろう。

右の観点から教師は従来よりも、より一層児童生徒の健康教育に関心を払い、又個々の児童生徒の実態を十分に把握し、一時間〱の教壇が常に充実するように情熱と、たゆまざる努力を惜しみなく発揮してもらいたい。

こゝに教育の進展があり、学力の向上が期待され得るのである。

これには種々の研修会、又は学校訪問等によつて教師の悩みを解決し、又激励して互に協力しあつて、その効果を充分に挙げたいと念願している。

水無月のできごと

◎気象記念日（一日）

明治八年（一八七五）六月一日に日本で最初の気象台が東京内務省地理局の中にできた。気象記念日

◎写真記念日（一日）

日本で初めて写真がうつされたのは、天保十二年（約一二〇年前）六月一日であつたので「写真の日」ときめた。

◎虫歯予防デー（四日）

歯は健康を保つ第一の関門なので、虫歯をなくす運動としてこの日が選ばれた。六四(ムシ)と虫歯に関係づけたわけである。

◎時の記念日（六月十日）

大正九年に設定。今から凡そ一三〇〇年前、天智天皇が始めて水時計をそなえつけて、人々に時刻をしらせたのが今の太陽暦にすれば六月十日であつたので、この日を記念日とした。

時間励行が時間零行にならないように時間を大切にしましよう。

◎父の日（第三日曜）

父に感謝する日、近ごろアメリカで行われ始めたものであるが、母の日のようにひろく行われていない。

新学年度の抱負をきく!!

現場では、新しい教育計画による教育活動がそろ〳〵軌道に乗りつゝあると思いまして、稿を一〇〇〇字以内で依頼した。短い表現の中に学校の姿がはつきり写つてくるような気がいたします。尚今後の御活躍を祈ります。

「あら、おい」の呼び方をなくしたい

知　花　高　信

学年のはじめはいつもながら実践目標を随分と手広く打ち出して、今年こそはと張り切るのだが、学年末になつて一カ年を顧みると、これでよかつたのかと力の足りなさのみ悔まれる。

毎年の事ながら実践目標の大方がペーパープランに終り、一人一人の児童の内にそれらの目標がどう受け入れられたか、又その目標に向つて自分はどのように児童の一人一人と交渉を持つたか、よくよく校長と云うものの位置はこども達と直接的なつながりのないものだと思わされてはならない。

一例を挙げるならば、私の学校で毎年六十二、三名の卒業生を送つているが、そのこども達を六カ年間あずかつて来たと口巾たく云うものの、その内実はこども達の名前さえ、ろくろく覚えていない状態である。考えて見ると実に淋しいことであり済まないことだと思う卒業生に対してこうでは、全校のこども達に対しては更にこのましい状態だとは云えない。

これではガイダンスも何もあつたものではない。単に校長職的事務屋にすぎないと云われても致し方あるまい。

机上でプランを樹て又その成果を評価することはたやすく自己満足も得られるかも知れないが、日々生々跳動して止まないこども達に対しては如何ほどの足しになるだろうか。

プランも目標も結構なものにはちがいないが、こども達には校長が自分の名前を覚えていてくれたと云うことがもつともつとうれしいにちがいない。

こう云うような学校の教師として手はじめの事を自分は忘れていた。それは私だけでもあるまいが、学級以外のこども達に対しては、「あら」とか「おい」とか呼びかけているのをよく聞かされる。それはいいとしても三六三名のこども達の名前を校長が的確に覚えていて「あゝ〇〇さん」と呼びかけることが出来たらどんなことになるだろうか。それだけで私の心はたのしく明るくなつて来る。

「何と小さな愚にもつかない抱負だ」と人は云うかも知れないが、私は秋ごろまでには三六三名のこども達の名前をはつきりと呼びかけ得たいものだ。

そのためには私はテーブルを離れて各教室へ又運動場に足を運ぶように努めねばならぬだろう。こども達はそれをこそ心待ちに待ちつゞけているのではなかろうか。

一九五五、五、一八

（奥間小学校長）

本年度の努力目標と計画について

田　港　朝　明

本校教育の目標

高等学校の教育目標は学校教育法に明かにされており、各高校ともそれに基き、それぞれの学校の特性に従つて学校経営がなされているが、本校においては、個人のもつ個性を最大限に伸ばし、民主社会の形成者としてのよい資質の育成を目指し、次の点を特に重視している。

一、自主自律の精神、即ち自ら思考し、判断し、自らの責任において自ら主張し、実践する自主性のある人間を育成する。

一、友愛、協同の精神、即ち他人の立場を理解し、他人と共に考え、他人と共に働くことの中に喜びを見出し、社会の一員としての責任を果す社会性のある人間を育成する。

更に要約すれば所謂「独立して孤立せざる人間」の育成である。これこそよき民主社会の形成者として理想的人間像であると信じ本校教育の目標をそこにおいたのである。

学習面の努力目標

一、自主的学習態度の訓練と実力の養成

学習は教師に引づられ、或は他から強いられてすべきものでなく、学習の主体は常に自分自身であるとの自覚のもとに、学習意欲を旺盛にし、自らの計画の下に学習できる生徒をつくることをねらつている。

学習成績は評点そのものに意義があるのでなく、その内容である実力の裏づけが尊いことを自覚させ、評価も自己評価の態度をとらしめ、得点主義を排し、実力

養成主義を強調している。そのため講座の充実につとめ、学校行事、その他已むを得ない理由のための欠講に対しては補講の計画を立て開講時数の確保を期しており、更に図書館の充実とその最大限の活用により自発的学習の活発化を図つている。

二、校内模試

数年前から実施している校内五科目総合模試は学力の向上と自己評価の機会を得しめる目的で年間を通じて五回施行している。最初のうちは気の乗らなかつた生徒も一部いたようである。しかし今日では積極的に受験するようになり、全校生徒もれなく参加し、着々効果をあげているので今後も継続実施してゆきたい。

三、標準テスト

学力低下の問題が教育界をはじめ、社会で論議の的となり、その対策が研究されているが、それにはまず生徒の基礎学力の実態を科学的に、客観的に調査し、把握しなければならないので、本校では今後の学習指導の資料にするため標準テストを実施する計画をたて既に問題も発注済みで六月には実施できることゝ思う。

教科課程の改訂

わが沖縄から年々多数の公費生や私費学生が日本の大学へ進学しているけれども、これら学生の大学入学は、いずれも沖縄という特殊事情下にある故に日本々土の学生とは別途に進学できる道が講ぜられていることは周知の通りである。しかしこの特権はいつまでも続くとは思われない。早晩廃せられ眞に実力による進学の時期が来るはずである。従つて進学指導も、その線にそつてなされなくてはならないと思う。しかし現行の教育課程では果して日本の学生と太刀打できるであろうか。

高校の教育課程は各学校とも文部省案に準じているが、過去数ヵ年の実施の結果はいろいろの問題を生み反省されているし、今日では、もはや再検討の時期が来ており、日本でも既に改訂を加えている学校も相当数あるとのことである。文部省でも昭和三十一年度から高校の教育課程を改訂の上実施する予定だし、文教局も亦文部省に準じて改訂の意向のようであるが、本校では日本の高校で現に改訂し実施しているのを参考にして現行の文部省の教育課程の枠内で可能な限り改訂を加え実施することにし、従来の科目選択制をコース選択制に切替えたのである。

まず第一学年にあつては、生徒の進路も希望も未分化であり、教師にとつても生徒の特性は未だよくわかつていないので、なるべく共通した教科々目を履修させるようにし、第二学年以上を将来の進路や特性に応じてそれにふさわしい教科々目を学習させることにしたのである。なおこの改訂は単に進学者のみを対象とせず家庭又は職業に就く生徒のためのコースにも重点をおいてあることは言うまでもない。

この教科課程の編成について、こゝに具体的に詳説することはできないが、本校で編成したコース制は次の通りである。

Aコース（家庭コース）
Bコース（職業コース）
Cコース（短大、教育学部、農家政部コース）
Dコース（文科系コース）
Eコース（理科系コース）

このコース制によつて生徒は自己の特性、希望によつてそれにふさわしい教科々目を全学年の間に計画的に履修ができ、卒業後就職進学ともに各自の志望が容易に叶えられるようになると思う。

以上本校の本学年度の学習指導面の努力点や教育課程の改訂について、その一班について述べた。紙面の都合で全貌を説明できず、而も訓育面、施設面についても凡て割愛せざるを得なかつたことは誠に遺憾である。

（北山高等学校長）

本年度の努力点

島袋喜厚

1、生産教育　交通不便で電燈もラジオもない山地伊豆味に於て先づ考えることは、如何にすれば生産を豊かにし現代文化を多く取入れて都会地並の進んだ生活をすることが出来るかと云うことである。戦後パインの栽培が盛んになり加工場が建つまでになつて、将来に明かるい希望を持つている。学校でもその点を取上げ、パインのみならず各種の果物其他に対する生産施設を整え、旺盛な生産意欲と技術を備えた子弟をつくりたいと考える。予てパイン園を設定したが今年はそれを拡張し養鯉養鶏養豚などの学校飼育も実施したい紀州の蜜柑生産地では便所も水洗便所を使う程に高度の文化生活を楽しんでいるときく。私はそう云うような文化村の出現を夢みる。

2、校地整備　校庭の桜は沖縄一を自負している。校地を整備しつゝ毎年植付けて行けば美しい学校が出来るであろう。

3、図書館　去る二月、創立六十周年の記念に同窓生から立派な図書館を贈られたが、中は未だ殆んどからつぽなのでその内容充実を期したい。それと共に新しい学習形態を導入して民主社会に適応する実力ある子弟を育成したい。

4、健康教育　山村の子供等の発育状況は満足出来ない。総ての活動の基礎は健康の増進と体位の向上にまつ今年は特に健康教育の組織を確立したい。その設備について戦災校舎備品の到着を心待ちにしている。

5、平和教育　戦争の危機を前にして沖縄こそ先んじて平和教育を強調するにふさわしい。平和を祈求し国際協調の精神を育てるために赤十字団には毎年進んで加盟している。其他種々の組織を整えて地域社会学校としてまとまつたものにしたいと念願している。

（伊豆味小学校長）

私達の抱負

真和志市安謝小中学校

一、学校経営の方針

吾々の文化生活に破壊と退歩をもたらしたあのいまわしい第二次世界大戦が終幕を閉じてから早や一昔！今日落着く時期であろう時に、我々教育道に処する者が希望や夢を抱くのも亦無駄ではなかろう。学校運営といつて別段取立てる何物も無いのであるが、只平凡な事を万辺無く根気強く続けるまでゝある。沖縄の学校は何処でもそうであるように先づ第一に琉球教育基本法をじつくり考えて見よう。その第一条に「教育は人格の完成を目指し、平和的、民主的な国家及社会の形成者として、真理と正義を愛し、個人の価値を尚び勤労を重んじ強い責任感をもち自主的精神に満ちた心身共に健康な国民の育成を期して行われなければならぬ」と言われている。それで

▲第一教育方針として

1、児童生徒の日常生活に計画性と反省吟味を重視し生活の合理的民主化をはかるようにしたい。

▲第二に運営方針としては

1、教師と児童と父兄と三者一体となつて和気あいあいと教育愛に燃えた教育的雰囲気を作つていきたい。

職員間の融和協力は其の地域の教育運営の一大エネルギーであることを自覚して互に切さたく磨していきたい。

▲第三に学習指導方針として

1、如何なる方法も技術も砂上に打立てられたのでは何の効果もない。故に個々に徹した基礎調査を基盤として自主的な学習をなさしめたい。

2、視聴覚を通した学習を出来る限り多く取り入れて理解度を高めたい。

▲第四に生活指導方針として

1、現代に於ける社会生活の方向、在り方を学校内に於て指導し師弟同行に依つて体得せしめる意味で特別教育活動を充実したい。

▲第五に地域社会とがつちり組んで

新教育の理解とその進展はPTAの提携と理解と協力にあると思われる。本校区の父兄は学校に対する関心や熱意に厚く学校えの集会や協力に於て特別大なるものがある。学校では以前より月例の学級PTAを結成して授業参観、学級懇談会、成人学級等を開催し児童生徒の教育問題、生活指導問題を懇談し、大いに新教育の理解に努めているものである。

二、本年度の努力点としては

1、児童文庫の充実に努めたい。新教育にうたわれた自発学習の根底を培う各教科の読解力と第一回教研大会のテーマである学力向上の基盤に培う読書力を養うため、文庫の内容の充実とその運営に万全を期したいと思うものである。

2、学校美化の整備を強力に進めたい。

本校は創立未だ日が浅く、校舎の本建築等も未だ完備の域までに至つていない。校地校舎の整備は緊急を要する問題である。植樹を励行し教材園を造築して学校美化と併せて理科教材園（学校動植物園）の整備に努力を払いたい。

3、中学部のガイダンスに就いて、

中学校側教師は各教科別々の担任者で授業を進めているのである。クラス責任者とし各級のホーム・ルーム・ティチャーとして学級主任が居つて生徒個々の生活指導ガイダンスが行われることになつている。しかしそれ自体は時間的に能率的に諸種の原因で万全の方法とは言い難いのである。中学生は其の発達段階に於て青年前期に当り身体的に心理的に稍綿密なる調査と評価を必要とするものである。当校では毎週金曜日学年打合の行事を持ち小学校側は進度と教材研究をなすのであるが中学部は之に加うるに生徒の個性調査や学業成績評価の話合いを計画しているのである。それには全生徒の半身大の写真を用意し各教科の職員はこの写真と人物を見較べて授業をすゝめ評価や調査をメモする仕組みを考えているものである。斯のような綿密なる調査評価を基礎資料に基づいてホーム・ルーム・ティチャーは始めて完全なる各個人のガイダンスが行われ正常な生活指導が進められるものと考えられるものである。

一日のコースを完全に

嘉納政明

校庭の木陰に立つて磯打つ波にじつと耳を澄ましていると声がする。「山びこ学校」の声「二十四の瞳」の声、ペスタロッチのせゝら笑う声、デューイーの泣き声、M局長の静かな声、Y会長の真剣な声、E女史やB君の声、それに国創りをしつゝありと思われる夢の島から聞こえて来る混濁の声、北から南から、東から西から声がする。此の入り乱れた声の中に交つて私の声がする。さゝやくような私の声、その声に限りない愛着といとおしさを覚えるのである。

寂しそうにしているあの人々は思考過多症で、力み返つて居るあの人々は英雄気取症と云うものか。「私の抱負」なんて力み返ることは少々気はずかしいけれど常識的なものでも書いて見ることにしよう、

完全な学校経営とはどんなものだろう。私は一枚の紙に理想の案を書き上げて教師諸君に示した。それはしぼられた理論である。一、二巻の書籍から抜き出したものよりは百巻の中から自分の血に通うものを抜き出した方がよい。百巻の中から生れたものよりも一つの真実を求める魂からの叫びがよりましである。その叫びを実践と云う具体に持つて行かねば経営にはならない。

金が欲しい、しかし金だけでは解決出来ないものがある。校舎を与え、備品を完備してもホコリをかぶり破損だらけの魂ではものにならない。心から生徒を愛し仕事を愛し責任を重んずるならば自ずから方法は生れて来る。法規も服務規程も怠者に必要なものである。見せる為の教育は御免蒙りたい。私は、疲れて居眠りしていても、生理の関係で休養していてもそれをとがめようとは思わない。一日のコースをかくあるべしと規定しこれを完全に果す人を尊敬はするが、完全に果さない人を決して憎みはしない。人間は矢張り人間であるからだ。五分や十分間その人の仕事や授業を見てその人物を簡単に批評し割り切ることは罪なことだと思う。どんな人間でも底を流れている心の絃にふれて見れば愛すべき人達であるからだ。

「人間像」そうだ、どんな人間像を求めて生きようと云うのか。千年たつても二千年たつてもオシャカサマやキリストサマや孔子サマはなつかしい人々だ。単位や新免許状や新教育で時々眼まいしそうになるとき、此の問題を此の人達に聞いたらなんと答えて呉れるだろうかと独りで嬉しくなる。

到々「私の抱負」を語ることなく抱負以前のものを語つてしまつた。磯打つ波をきゝつゝ多忙な現実に返らねばならぬ。私はコツコツと誰にほめられなくとも人の子の為になすべきことを果したいと思う。

—一九五五、五、十三—

（屋部中学校長）

学校経営の本年度の抱負

東恩納徳友

一、たくましい生活力と世界の人々と互しても何等遜色を感じない教養を身につけた生産人の育成は開校当初からの夢であり目標である。

吾々は解決せねばならぬ沢山の重要な課題を背負うて一歩々々ふみしめて進んでいる。荷の重さと悪路と自己の能力の貧弱さにさいなまれて進む度合は遅いけれども次の目標達成のために職員生徒一体となつて歩をすゝめたいと思う。

1、健康で明るい学校社会にいたしましょう。
（健康教育）

2、生産的な楽しい学校社会にいたしましょう
（職業教育）

3、科学的で合理的できまりよい学校社会にいたしましよう。（生活の合理化）

4、美しいもの正しいものにあこがれを持つ学校社会にいたしましよう。（道義の涵養）

5、よくわかる適切な話しがどし〳〵話せる学校社会にいたしましよう。（文化農村の建設）

二、本年度の努力点

1、教師の自発的、創造的活動
2、学習指導法の改善
3、自学、自習の学習態度の確立
4、旺盛なる発表意欲と発表態度の養成
5、自主的、自立的生活態度の確立
6、各教科に於ける道徳教育の重視
7、H・R・クラブ活動の充実

三、本年度の研究課題

1、健康教育計画の確立
。実態調査　◎身体検査
。衛生施設　。健康教育測定
。精神衛生　。体育及リクリエーション
。健康相談

2、生産教育の充実
。各学年の持つべき生産活動の内容構成
。生産活動と関連する知識内容。技術内容の充実
（他教科との連関）

3、学校図書館の運営

（中城中学校長）

学校経営の抱負

岸本貞清

教育長事務所から「学校経営の抱負について書いてくれ」と頼まれた時、「私は書くのは苦手だか」とことわつたのだが「まあ、まあ」と言われて引き受けさせられた次第。

さて「抱負」等というと実行に移さなくても私はこのような理想を持つていて、将来学校施設やその他の条件が完備したら実施してみよう等と甘く考えられる感もする。

然しこのような抱負は夢物語りになりそうです！然し又面白い事とは思うが！経営の実際を担当する校長という職名上、現に実行しつゝある事を書くのが「安全」だという事になつた。

まあこういう詮議はどうでもよい……として、私はまず名護の地域社会を基盤として、学校経営をしているので、他の地域、那覇とか糸満、前原等とは異つたものがあるし、又中・高校とも異なるのは言を俟たないとにかく地域社会の人々の知能を学校教育に喜んで参加させ、協力する態勢を作ることが一番大事なことだと思つている。勿論その方法は学校長の徳と努力と頭に依るものとしよう。同時に大切なことは学校職員の「和」である。まあ仕事をする雰囲気を作ることだ。

これは学校長や教頭上席の教員が一心同体となつて若い先生方を指導し訓練することが必要だと思う。

以上二点が成功すれば学校長として先づ合格。校長二普は無条件で授与してよかろう。さあ、これで一応教育態勢はとゝのうたことになるが、その力を教育の如何なる面に利用するかということが大事なことで、教育効果に影響することも亦大である。

一言にして云えば総べては「児童中心に考える」ということである。若し学校長、教員、社会の人々がこの児童中心主義を忘却したら名誉、利益、便宜主義におち入ることになるかも知れない。注意すべきことである。

これだけでは余り抽象的なので少し具体的に学校の努力目標として次の諸点をあげている。

一、道徳教育の充実

特に礼法と躾を重点に……、礼法というと戦前の礼法を想起して「古い」と思われそうだが、ちやんと新しい考え方による礼法で形の上では同じであつても心の中には新時代の思想がついている。「仏作つて魂入れず」の反対で「魂入れて仏はやゝそのまゝ」…………又時代の進運と共に仏の格好も改めて行きましよう。

とかく道徳教育の充実に努力しなければならない。

二、読方、算数の基礎力の養成

。読方では教育漢字の筆順、美しく正しく書くこと（ノートの使い方に対しては相当やかましい校長になりたい）

。算数では四則（整数、小数、分数）及び各学年の要素的教材についての反復練習。

三、作文教育について

「今日の子供は戦前の子供より作文の素質はよい」と私の学校では言える。ただ「きたえられていない」だけである。

その理由として今の子供は雑誌を多く読んでいて語彙が豊富になつているからである。きたえたら必ず効果は期待出来る。本校としては二年生から作文の時間を特設して実施している。

四、校地校舎の美化

美化することは道徳教育と関連して情操の陶冶につながるものと思う。香り豊かに花園に咲匂う草花、四囲の松の緑、青葉、若葉の木々の茂み、遠望する勝宇、恩納の連山、名護浦の平和さ、何も文学的形容ではない。無言の情操教育である。

ひからびた校舎、校地には詩情は湧くまい。詩情の湧く校地校舎にしたい。

これで用紙の制限がきた。学校経営の抱負とはおよそかけはなれたものになつたようだ。（名護小学校長）

へき地の子等のために

吉元仙永

離島の学校、特に併置校の校長として抱負を語れとの事だが何を書いてよいかわからない。

先づ赴任当時の学校の状況と将来の計画について私の考えを書き並べて見よう。

一、赴任当時の本校の状況（五四年四月）生徒数一二二名、学級数六、職員数七、校地の周囲は境界もなくあけつ放し、運動場は漁に行く人や農耕者の往復道路といつた状態である。校舎は石造瓦葺一棟（二教室）これを四教室に仕切つて使用している。入口の戸もなく雨もりもはなはだしい。それに堀立茅葺校舎一棟（三教室）、黒板は数年前配給された穴だらけのメソナイト製で各学級一枚ずつさがつているだけ。生徒用机腰掛は二人掛で高さもまち〳〵で、児童生徒の需要数にも足りない有様である。職員用のテーブル椅子は七人で四脚……。

終戦十年にして基本施設がこの通りで、他の教授用具備品等は、皆無の状態である。

二、父兄及児童生徒の実態

1、離島のためしげきに乏しい。

2、父兄はよく協力してくれるが教育は全く学校まかせである。

3、父兄の職業は男子は漁業、女子は農業、男子は暇があつても農業はしない。自分の畑も知らない。

4、児童生徒は素朴従順であるが覇気がない。

5、女生徒は極めて勤勉、男生徒は勤労精神に乏しい。

6、公共物愛護の念がうすい。

7、自発性に乏しく発表力あまりない。

8、農作物及小動物愛護愛育の念が乏しい。

三、対策として

1、区教育委員会、PTA、婦人会、青年会と緊密な連絡をとり施設々備の充実につとめる。

2、自分だちの手で出来るものは自分らで。

3、長所を伸ばし短所の是正につとめる。

4、環境整備に重点を置く。

そこでまづ、取敢えず学習の場をどうにかしたいと極力折衝の結果、黒板（各学級二枚宛、ベニヤ製）の取付け並に児童生徒用の机、腰掛（一人一脚用）が学年規格に準じて取替えができた。之でやっと子供等の学習面の必要教具が大方揃えられたのであるが、その後職員用のテーブル、椅子、書類棚等が整えられたという現状である。

四、将来の計画

。早急に校舎の割当をうけ二部授業の解消につとめると共に便所の新築、住宅の移築、現在の永久校舎の修築をお願いする。

。校地の境界を築造し学校の環境を整備したい。植樹庭園、教材園の美化と利用に。

。学校図書館（教材センターとして）を開設充実し、社会科理数科備品を整備し、簡易気象観測所を設置したい。簡易工作用具並に体育施設（低鉄、スベリ台、バスケツト、その他）職家備品の整備につとめる。

。自発学習活動の育成と飼育栽培及び気象観測指導、公共物愛護の念を啓培し、児童生徒の短所を是正していきたい。

。農場を拡張し養蚕実習（これは去年より実施）養兎実習により農作物及び小動物愛護の精神を培かい勤労意欲を高めていきたい。

。学習指導の強化、並に発表力の育成、教室経営の合理化を図つていきたい。

以上の計画実現に努力していきたいと思つている。

（久高小中学校長）

望ましい方向に

渡名喜元尊

前途の理想は大きく燃える。けれども歩みは遅々として日暮れて途遠しの感を深くする。実践の反省から再発足へ一足跳には無理がある。「こつこつ」と「地味」に「あせらず」「なまけず」「ゆるめず」継続の一歩々々を踏んで行きたい。

※　※　※

監督の要らない教師、安心して委し切れる教師、子供と共に進む教師、その教師のもとのみから近代的息吹をもつ若い世代はうみ出されてくるものだとしみじみ思う。

※　※　※

一人々々が自ら汗して奉仕し勤労し自らの力で自己自身を、家庭を学級を、学校を社会を何とかして行こうとする生徒に仕上げたいものだ。

※　※　※

学力低下の声におびえて読書等のみの詰込をしたり上級学校の入学準備に余計な労力を傾注して大事な生活指導面がお留守になつては大変だ。吾々はどこまでも「教科の出来る人間を作る」のではなく「たくましく力強く生活し得る社会人を作る」ことが新教育のねらいであり、つとめであることを再認識しなければならない。

※　※　※

教師と生徒とが限りない愛情で結ばれることは美しいことであるが垣をのりこえて友人関係にまでなり下ることは如何かと思う。親しき中にも礼儀あり、長幼には序があつて然るべきだと思う。

※　※　※

きれいな言葉で話す教師のもとに乱暴者が出る筈はなく板書の正しい教師のもとから粗暴に学習帳を使う生徒が出る訳はない。又鐘が鳴つても「さて一ぷく」と煙草をくゆらせたり、新聞に読み入つている教師の教室が静かであろう筈がない。

要は教師各自が教育的識見と信念をはつきりもつことだ。

（佐敷中学校長）

そうありたいとすゝめている事

宮里信栄

一、先づ健康……健康を底辺とし、高い知性とゆたかな心情を他の二辺とした正三角形をまるめたもの

二、登校……始業前半時間位早目に。ちこくがちでは何れの社会からもよろこばれない。

三、捺印……公的生活への切替えの気持で。

四、さつぱりした服装……不精ひげをはやすな、「またぼたん」がはずれていては授業も台なし。

五、言動……厳粛でない社会のように見えても一旦事が起ると通らない世の中だ。

六、教材研究と年間指導計画
教材を深く研究すれば生徒は自然について来ます授業のときにも眼を輝かせて聞入ります。一時間一時間の授業が学校の生命です。泣いたり笑つたりも教材研究をしてから。

七、始業一分前……教室に出かける準備完了。五〇分の授業から毎時間二、三分ずつでもとられると一カ年にはおそろしいものになる。

八、事務の敏速……延々させておくと、たえず追いまわされているような感がする。

九、積極的建設的意見を……一人々々が経営者の気持で。

10、基礎調査……一人々々の子について何分位話せる材料をもつているか。

11、家庭との連絡……不良化防止の根本。

12、公務と私事……ハッキリした一線を引きたいものだ。

13、明かるい中に生徒を帰宅せしめよ。

14、ほがらか油、感謝油、愛の油を惜しむな……一人のふくれた顔は万人を暗くする。

15、標準語……職員室の方言がいつの間にか生徒にも

16、教育に関する専門書を読み技術の向上。

17、資質の向上を念頭において。

18、進学指導と就職の世話も。

19、沖縄教育の目標を体して。

20、学校は先生のためにあるのか、生徒の為にあるのかを、今一度考えて見よう。

21、子供の生命を尊重する教師になろう。

22、成長する教師になろう。

23、公平感にみちた教室を作り出そう。

24、すべてをつんで、感謝される教師になりたいものだ。

（美東中学校長）

強！正！美！

吉田安哲

新学年を迎える度毎に描く夢は大きい。しかし三月になつて振りかえると抱負は一部しか実現化していない。これは毎年繰りかえす悩みである。その大きな原因は教育予算の現金化されないことにある。しかし今年は祖国同胞の温い募金による施設の整備が確定しているので嬉しい。米国の与えた校舎、祖国から贈られた教具、これで戦後十年苦しんで来た悩みが大部分解決されることを思うと感謝に堪えない。校舎の保清、教具の活用、それに更に創意工夫を重ねて教師にも子供達にも楽しい学び舎たらしめたい。これが、贈つて戴いた御芳志に酬いる道でもある。此処に学ぶ児童一人々々が、・実力をもつ子供、・明朗親切な子供、・仲よく手をつないで進む子供、・他人に迷惑をかけない子供、・責任を自覚して実行する子供、・健康でたくましい心の子供に育つて貰いたい。これを煎じつめれば、強く、正しく、美しい心の人に育つて貰いたいということになる。此の正！と美！の高い教養とこれを実践する強靱な体力とたくましい精神力こそ民主沖縄建設の基盤である。ローマは一日にしてならずとか、真の民主沖縄の姿も遙か彼方にあるように思われる。子供は将来に向つて成長する。彼等がこれを身につけ、すこやかに伸びることに因り明るい沖縄が一日も早く実現する。此の観点に立つて今年も重点目標五項目を定めた。その中に健康教育がある。蛔虫駆除は去年も学年PTAで父兄にその実施方を要請したが、思わしくなかつたので、検便と共に学校で実施したい運動場は施設を整備し広い平面は手を加えて体育時や休憩時に常時すぐ役立ち、遊びの中で子供の肢体を充分発達させたい。夢は未だあるが紙数に限りがある。職員二十三名スクラム組んで和やかに、真剣に、強！正！美！に立つ抱負に取組み、子供達が高い教養を力強く実践する幸福な人に育つように前進する覚悟である。

（与那原小学校長）

学校に於ける話し言葉の指導と今後の計画について

上地安宣

与那城中学校の生徒の話し言葉の実態からして、ここ数年間全職員の考えがという研究テーマに集中したのでありま「話し言葉」すが、現在研究の糸口で研究の成果は見るべきものがありません。ただ、私達が研究テーマに向つて今日まで歩んで来た姿と、これからの計画を少しばかり申し上げたいと思います。

研究テーマについて問題になりましたことは、話し言葉で劣つている「基準」をどこに置くかということでありました。

私たちが基準としていますのは、

1、無自覚でよく考えもしないで、反射的に発言したり、亦は、話しがどうどうめぐりをしたりして、筋が通らない話しをする子供。

2、話しの中心を失つて思いつきのままにまとまりがなく、断片的に話す子供。

3、なんでもかんでもべらべらしやべる子供。

4、本校区の地域社会の欠陥であると言われているアクセントやジエスチユアもなく平板に話す子供。

5、学級の中には、全然といつても良い程、口をきかない子供が幾人かいます。この子供は唖ではなく話せるが教室に入るとぴつたり口を閉じてしまう子供。

これらを話す力の最も劣つている子供としたのです。

申すまでもなく話す力というのは、おしやべりの力でもなければ、良い声を出せる力でもなければ、いわゆる雄弁でもありません。人間の言語活動を聞くことと話すことに分ければ、表現活動の一つで話す力は音声言語を手段とする表現力となります。私たちはここに指導の主点をおいてきたのであります。

人間は考える動物であると言われているように、考える力は人間にとつては本質的な属性であり、考えることは言語を仲介として行われますので、言語はもともと思想伝達の仲介物であると共に考えるための道具でありますから、言語と思想は別なものであると共に二つは表裏一体の関係にあると思います。そこで話すことは考えることそのものではないにしても、話すことは考えることだといちおう言うことができます。

それ故に私たちが話す力を伸ばす学習指導として、

A、考える能力を伸ばすこと。

B、口頭表現の能力を伸ばすこと。

この二つに着眼をおいてきました。

先ずAの「考える能力を伸ばす」ために最も必要な条件は、自分の考えを深くしていくことだと思います考える力なしに話すのは単なるおしやべりであつて、本当に話がうまいとは言えません。考えを深くすることは思想を持つということになりますので、思想を持つためには、経験や見聞を広くして、それらについてよく観察し、自分の意見を持たなければなりません。そこで、思想を得ていく源泉はいろいろあると思いますが、基礎的な学習活動として考えられるのは、1経験、2観察、3読書、4話をきく、5反省と批判が必要で、私達はこの五つを中心にやつてまいりました。

1の経験を豊かに与えるために、

一九五二年九月に校内放送設備を整え、全生徒に放送の機会を与えて話し言葉の修練をやつて参りました。今日子供達がどんな気持でマイクの前に立つて放送に参加しているか、次の感想文をかかげることにします

。感想文

「私は放送するのが非常に好きです。放送するとなると嬉しくて心が湧き立つてなりません。小学校六年生の時、遠足で川崎の放送局で録音機に独唱して再声したのを聞いた時のあの気持を思い出せば、今でもその嬉しさは忘れることができません。あの時の気持といつたら何と言いあらわしてよいかわかりません。

今校内に放送設備がされて、皆マイクの前に立つて毎日お話、朗読、独唱、ハーモニカ独奏等していますが、自分の順番が廻つて来るのを楽しみに待つています。何といつても自分の気持を満足させることが出来たのは運動会練習から当日にかけてでありました。私は運動会の時は放送係になつていましたので、うんと経験することができました。それ以後、お話の練習を二回やつてからまだしたことはありませんが、放送する時の気持は小学校六年生の時も今も何等変ること

がなく、嬉しさとちよつとした心配があります。始めの中は早く放送の時間が来たらと待ち遠しいが後四、五分となれば何だか声が出ないようで気がかりです。いよいよマイクの前に立つて放送を始めますと最初の中は心が落着きませんが、途中から次第に落着いて何とも言えない愉快さです。終つてしまうともう一度できたらと唾液をのどから流す。とにかく嬉しさともう一度したいというのが私の欲望です」

校内放送の最初の中は多数の生徒がマイクの前に立つことをおつくうして、毎日の放送がスムースに実施されませんでした。そこでこの問題がしばしば職員会で取上げられて検討に検討を重ねた結果、教具であるマイクの使用の方法に着目したのです。

校内放送の設備をして約一時間はマイクの取り扱いや放送計画に教師が直接あたつていたのでありますが一九五三年度の学年末にそのすべてを放送部の生徒に一任して出来るように指導して、本学年度（一九五四年）の四月以来、生徒自体で校内放送の運営ができるようになりましたので、放送にでてくる子供達の態度も全く一変してきました。最近では殆んどの生徒も放送に興味を持ち、マイクの前に立つことに喜びと自信を持つようになりました。

そこで、すべての教具は教師のものというよりも子供自身のものとして使わし、常に自主的な態度をもつて自身の問題を解決していく生活態度を身につけることが必要であり、話し言葉の学習指導に於ても話す、聞くことのために特別な教育方法はないと思います。ただ子供たちに自覚を持たし豊かな言語経験をとおして、言葉の働きを意識するように生活させることが大切だと思います。

次に電話による話し言葉の経験を毎年の卒業生にさせていますが、ふだんは話すことを恐れず、臆せず自分の思うまま発言している子供でも電話の前に立つて話すとなつた場合、表現の適確性を欠いでいる事が多いようにあります。ふだんは話すのではなく、しやべる活動が多いのではないかという感じを抱くのであります。子供達がどんな気持で電話による話し言葉の経験をしたか次にその感想文をかかげます。

。感想文

「私は先生から電話の練習があるという連絡を聞いて、本当に手にとつてやるかと思うと何だか待ち遠しい。いよいよ実施する日がきて、私たちは与那城局へ行つて局長さんの話を聞くことになりました。局長さんの話しを聞いていると、あちこちで笑声が聞えてくるので不思議に思つて注意していますと、局長さんの話すことばの中に笑いの種があるようでした。私たちは実務講座を受けにきてこんな失礼なことをしては何だか不安な気がした。しかし局長さんはていねいに電話のかけ方について説明して下さいましたので私も自信がついたような気がしてきました。

それから局と学校に分れて一人一人やることになりました。私は五番目で自分の番がくるまで他人のやるのを見ていると、心が落着きません。静かにじつとしていますと電話器の前に立つている生徒が自分を敬つて使つている言葉がなんとなしに私の心をつきさしました。いよいよ自分の番がきて電話の前に立つと何から話してよいかまごついて受話器をあてると芳子さんの声が電線から流れて私の耳に入つてきました。生れてはじめて聞くような声でした。ようやく心が落ち着いた頃私の練習が終つて残念でした。全部が終つてから私は先生にもう一度お願してやつて見ました。今度はうまく話そうと考えていた事がのどから思うように出てきません。電話は相手が見えないためかむずかしい感じがしました」

2、すぐれた観察者にする

先ず観察ということは事実や出来事のそのままの有様や過程を正確にしかも細かく見ることでありますが珍しいものや変つた出来事だけを見ることだけではなく、ごくありふれたことに対しても正確に、しかも細かく見ていくことが大切かと思います。いわゆる肉眼だけではなしに「心の鋭い目」で見ることで、我々の周囲のごくあたりまえのことについても「心の鋭い目」で見なおしていくというところに観察させる価値あるものがころがつています。当校では学校から家まで毎日通学する道の特色について生徒各人に発表させて実態調査を行いましたが、生徒は長い年月、じかに見聞して来た事でありますが、無意識な観察で結果は余りよくありません。

実際にやつて見たり、じかに見聞したりすることによつて観察者として、個人経験が豊かになると言われていますが、必ずしもじかに見聞したからとてそれだけで個人の深い経験が得られるとは限りません。そこで経験したことについて価値あること、価値のないこと、意義あること、意義のないこと、平凡なこと、新しいこと、新しくないことなどについて各自が頭の中でふるいわけるような指導がなされなければなりません。そして反省させた結果を生徒に日記につけたり、誰かに聞かせるようにしたりすること、生徒個人の経験は何時までも確実に身について深く考える力も伸びてくるのではないかと思います。

3、よい読書家にする

先ず読書するにはいろいろの目的があると思いますが、話し言葉の修練の立場から申し上げたいと思います。現在学校文庫として三〇〇冊の雑誌がありますが学校図書館の設備がないために毎週月曜日に貸出して自宅で読まして、土曜日に返本する方法で文庫を活用していますが、冊数が少ないので子供達の欲望を満すことができません。生徒に読書させて読後感の読書記録や興味を持つ項目についてメモをとつたりさせて自分の意見を持たし、何かの問題について自分の意見を発表しようとする意欲を高め、その問題について豊かな資料に基づいて立論していくようにしてやると、めいめいの意見がかなり客観的となり独りよがりの独断も少くなつて行くように思います。ところが過去をふりかえつて見た時、生徒ばかりでなく指導者の私までが何かの意見や感想発表の多くはその場の思いつきか極めて狭い個人的な経験の断片であつたことをつくづく反省させられるのであります。

4、たくみな聞き手にする

先ずたくみな聞き手というのは、単に聞き上手というだけでなく、自分自身の経験内容を豊かにするために聞こうとする事柄をえらび、聞いた内容を自分のものにこなしきる人のことで、さまざまな話を聞くには目的を持つて相手の話しを正しく理解しながら、聞こうとする意欲に基づく真剣な態度と、長い話をも忍耐力を持つて聞き終る態度と、細い点にも心をくばつて聞きいる態度と、反省的な判断を用いながら批判的に聞く態度等をしつかり身につけるようにしなければならないと思います。

5、謙虚に反省させる

今日子供たちに盛んに使われている言葉には、全く無反省に使われている言葉が相当あります。そこで、反省と批判は正しい知識に基づかなければなりません。この知識を深く得るためには教室の授業のみにとどまらず、本を多読させて正しい知識に基づいた反省との上に生徒自身の意見を確立してやることが大切であると思います。しかし自分の意見は正しいという言葉を述べたからとて、その意見が必ずしも正しいとはなりません。結局どんなことでも自分自身の意見を持たせようとしないで、先ず第一に価値ある事柄についてだけ自分自身の意見をはつきり持たせるように指導していくことが必要ではないかと思います。

以上は「考える能力を伸ばすこと」について申し上げてきましたが、次はBの「口頭表現を伸ばす」ために私たちがやつてきたことについて申し上げたいと思います。

口頭表現の能力は分析すればいくつかの基礎能力に分けることができると思いますが、実際に働く場合は基礎能力全体が総合されたものとしてあらわれてきますので、総合された能力として実際に活用させる機会を出来るだけ多く与えることが必要で、基礎能力を漸進的に練習させるように学年の進みに応じた学習指導を計画することが大切なことではないかと思います。

口頭表現の基礎能力を伸ばす学習活動として考えられことは、

1、話の内容がまとめられる。
2、話しことばでまとめられる。
3、共通語が自由に使える。

この三つの項目が上げられますが、この中「話の内容がまとめられる」ことと「共通語が自由に使える」ことについて申し上げたいと思います。

1の話の内容がまとめられるようにすることについては本校生徒の話の内容をまとめる能力については上中下の三段階評価で上が二八%で、中が四一%で、下が三一%でまとめる能力はあまりかんばしくありません。そこでどうすれば「話の内容をまとめることができるか」という指導の障壁にぶつかつて悩み続けるばかりで前進の余地はなかつたのでありますが、学級ホームルームで書記が学級日誌を拡げて、前日の学校生活の反省を発表します。それがその日のホームルームの議題として取上げられ、その議題について生徒が個々の問題として多数の生徒の建設的な意見交換をしている姿をはじめて見せられた時に、やつと、私の今までの悩みがとけた感じがしました。それは子供の毎日の記録を生かして見ようという欲望がでて、それ以来学級日誌と生徒個人の日記に関心を持つようになつて、いよいよ書かして見るとなかなか思うように行きません。いくら強制しても子供の中には全く希望を忘れて日記に全然心を向けないものもいる。そこで先ず書けるだけ書かしてそして書いた日記を調べ子供自身に反省させて行く中に、日記の全然書けない子供や又は半行しか書けない子供の生活も他人によつて描かれるようになり、又書ける子供の日記には子供の悩みや批判や要望、不満等が表われてきました。子供たちが現実に眼を向けていくようになつた姿を自治活動のホームルームで個々の態度を反省させ、ある一つの問題に対して各人の立場から考え、話す内容をまとめて発表するようにしてきました。

2、共通語が自由に使えるようにするには去る教研大会に於ける学力低下の基因といつてもよい共通語の問題は私達の子供の現実の姿にも大きな悩みが横たわつています。この問題は一朝一夕に出来る問題ではありません。しかし学校教育はこれまでできないことをできるようにしてやり、やれなかつたことをやれるようにしてやつて、社会に出てからの適応力をつけてやる任務を持つていると思います。共通語による話す能力の発達が今日重く考えられるようになつたのもこのような意味からではないかと思います。

尚言葉を完全な文形式で話すことについても、今日子供達の日常会話では完全な文形式でなく、きれぎれの形で言つているのが普通で、それが生きた言葉になつている現状です。

ここに話し言葉を一層効果的に使えるようにするのが学校教育の任務ではないでしょうか。

共通語の練習をさせるためには、特に国語科の時間に集中的に使う機会をたびたび作つてやり子供自身に方言と共通語の発音、語彙、語法等の差異を意識させこれらを認識させて、特に敬語の使い方と言葉のきまりについて指導してきましたが、方言による不正発音やイントネーションや語彙の品弱さがあつてまだ大きな悩みを持つて研究の途上であります。

国語科学習計画に聞くこと、話すことの指導を如何に取入れるべきであろうか。国語の指導要領の中にも「聞くこと、話すこと、読むこと、書くことが児童生徒の必要と興味と能力とに応じて、広い範囲の価値ある話題によつて組織される。このようにして児童生徒に聞く、話す、読む、書く技能が得られるような経験を与える」と述べてあります。

国語科の構成された題材の中に聞く、話す場面や機会は非常に多いので、学習活動の中に聞く、話す経験が総合的に織り込まれなければならないと思います。

現在教科書によつて学習指導を行うとして、文学的題材で主として読解ということがねらいであつても、いろいろの形で聞く、話す経験が豊富に含まれていますのであらゆる学習に於てこの活動をぬきにしては、その学習が成立しないといつてもよいと思います。

以前の国語教育の取扱いは、読解なら読解の作業方便として用いたのでありますが、今後はカリキユウラムの中にそれ自体が一つの目的をになうものとして組み入れて行く必要は申すまでもありません。

これを要するに、

1、言葉のきまりをよく知つて、自由に使いこなせるようにしてやる。

2、いろいろな語彙を豊かにたくわえて何時でも使えるようにする。

3、すばやく然もはつきり考える能力を養つて、即座に発表が出来るようにしてやる。

4、大人の経験を絶えず聞かせて経験を豊かにしてやる。

5、さまざまな方面の読書を忘れないようにしむけて知識を広くさせる。

6、さまざまな事物に興味を持つように導いて視野や興味の範囲を広くさせてやる。

7、人の考えを喜んで聞き、自分の考えが間違つていると思えば、すぐに自分の意見をかえるような態度を身につけてやる。

8、会話の力を伸ばすように何時も心掛けていくようにする。

以上のような話す能力を伸ばす学習指導の目標を達成しなければならないと思います。話す、聞くことの学習指導は、書く、綴ることの学習と一体として行われますので、国語科の学習のみでなく学校生活のあらゆる機会をとらえてなされなければなりません。話す聞くことの学習指導の体系が、読む綴ることの学習指導の体系と共に、組織的に計画されて指導されなければ成果は望めないと思います。（与那城中学校教諭）

一年の算数指導について

神村芳子

はじめて数生活に入る一年生としては、正しく数えるということが大事なことであり、未分化の数概念を啓培して、百までの数を正しく数え、正しく読み、正しく書くことが算数指導の基礎になると思います。そういつた根本的な線をうちだして、まず百「までの数の数え方の学習指導」をテーマとして、昨年の九月からここ半年取組んで参りました。私はここでその歩みの一端をのべ、諸先生方の御指導を仰ぎたいと思います。

先ず、始めに児童の実態を四九の要素に分けて調査してみました、要素を二、三あげてみますと、数え方においては、十までを順に二ずつ数える。数字の書き

第一学年五組

研究テーマに関するテスト統計

要素		問題	11月 できた人数	11月 百分率	11月 できない人数	11月 百分率	2月 できた人数	2月 百分率	2月 できない人数	2月 百分率
かきかた	50まで	5ずつの系列					26	70	11	30
		10ずつの系列					29	78	8	22
		逆の系列					27	73	10	27
		順の系列					30	81	7	19
		5ずつ					30	81	7	19
		10ずつ					33	89	4	11
		順序不同		—			34	92	3	8
		逆					30	81	7	19
		順					35	95	2	5
	20まで	12.14の系列	22	59	15	41	29	78	8	22
		逆の系列	22	59	15	41	31	84	6	26
		順の系列	23	62	14	38	33	89	4	11
		12.14……20	20	54	17	46	34	92	3	8
		順序不同	32	86	5	14	36	97	1	3
		逆	26	70	11	30	33	89	4	11
		順	30	81	7	19	36	97	1	3
	10まで	2.4.5の系列	19	51	18	49	29	78	8	22
		逆の系列	20	54	17	46	31	84	6	15
		順の系列	23	62	14	38	34	92	3	3
		2.4……10	36	97	1	3	36	97	1	3
		順序不同	35	95	2	5	36	97	1	3
		逆	33	89	4	11	35	95	2	5
		順	35	95	2	5	37	100	0	
よみかた	100まで	10ずつ					35	95	2	5
		順序不同					35	95	2	5
		順					36	97	1	3
	50まで	5ずつ					36	97	1	3
		10ずつ					36	97	1	3
		順序不同					36	97	1	3
		逆	35	95	2	5	35	95	2	5
		順	36	97	1	3	36	97	1	3
	20まで	2.4.6……20	33	89	4	11	36	97	1	3
		順序不同	34	92	3	8	36	97	1	3
		逆	34	92	3	8	35	95	2	5
		順	35	95	2	5	36	97	1	3
	10まで	順序不同	34	92	3	8	36	97	1	3
		逆	34	92	3	8	36	97	1	3
		順	36	97	1	3	36	97	1	3
かぞえかた	100まで	10ずつまとめて					33	89	4	11
		1.2.3……100					33	89	4	11
	50まで	5ずつまとめて					30	81	7	19
		10ずつまとめて	33	89	4	11	33	89	4	11
		2.4.6……50	29	78	8	22	34	92	3	8
		1.2.3……50	33	89	4	11	35	95	2	5
	20まで	2.4.6……20	34	92	3	8	35	95	2	5
		1.2.3……20	36	97	1	3	36	97	1	3
	10まで	2.4.6……10	37	100			37	100		
		1.2.3……10	37	100			37	100		
要素		問題 テスト施行月	できた人数 1954年11月	百分率	できない人数 11月	百分率	できた人数 1954年2月	百分率	できない人数 2月	百分率

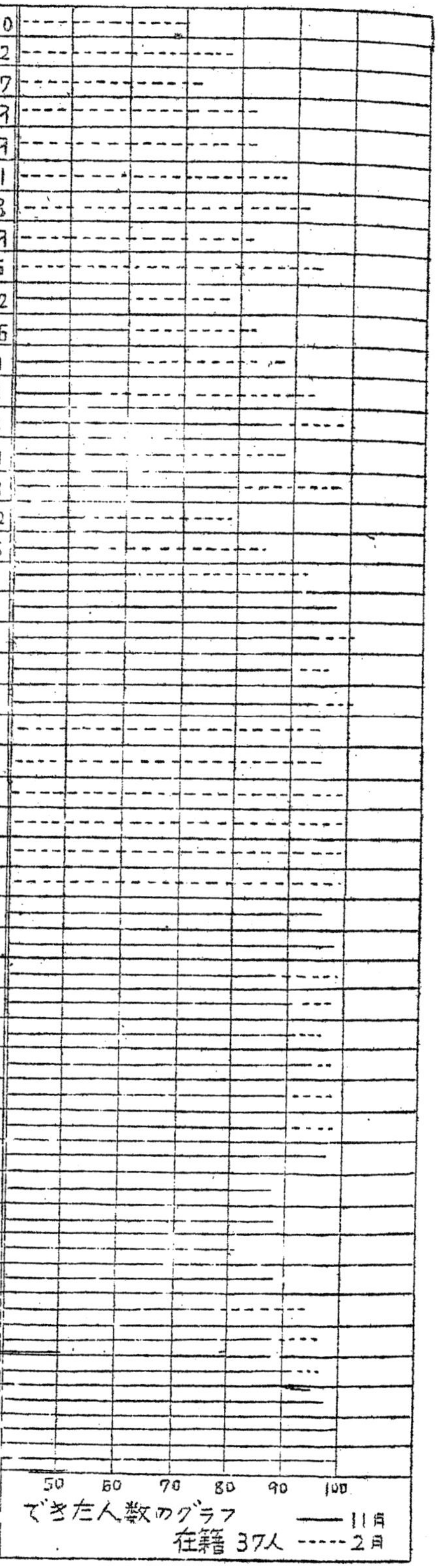

方においては二十までを順に、逆に、順不同、二ずつと細かく分けて、書かしてみました。前頁表は私のクラスの要素に対する反応の実態ですが、早生れの子が多いせいか、成績は全般的に、他の学級に比べて劣るようです。

このグラフの示すように、一般に数字の書きの率が悪いようです。十以上の数字の書き方、つまり位とりの原理の指導は二学期から始めており、指導の方法として、数図カード、数字カードを作り、カード並べ、カード拾い、カード合せ等……あるいは貝がらを拾わせて興味中心に、十個ずつまとめた群がいくつあるか個々のものがいくつあつて何十何と云うようになる等……と作業を通して位取りの原理を、理解させようとつとめたこともあります。又十の位は「大きな○」、一の集りは「小さい○」で表わす事も、約束して指導してみましたが、やはりやや抽象的であるので、全児童には、しつかり理解出来なかつたと思います。

この実態調査で二位数の数字の書き方のおくれている子供の中には、33を313、50を510等と書いているのを見受けました。私の授業の進め方が、とかく進度に左右され、子供の理解度を無視し、反復練習をしているうちにどうにかついてくるだろうと、たかをくくつていたため、この子供達は正しく理解されないままに、いつまでも誤りを繰り返していたわけです。この原因をつきつめていきますと、ひとりびとりの子供が完全に理解してから（個人指導をしながら）先へ進むようにしなければならないと云うことがわかりました。去つた夏の講習で評価と学習指導は、表裏一体のものであると云われた事を思い出し、今更ながら実践力の乏しい自分が恥かしくなりました。それから、算数の参考図書、宜野座小校の学校参観等で暗示を受け、単位の原理の指導に色カードの使用を試みる事にしました。

まず、黄カードは一位、赤カードは十の位、緑カードは百の位と表すことを学年全体として約束しておきます。

例えば33と云う数のむづかしさは、3と3のもつている単位関係がわからないところに原因があるとおもいます。ですから、33円と云うように、数札カードで10円札三枚と、1円札三枚を並べると、少しおくれている子供でもわかるようです。これを三枚の赤カードと、三枚の黄カードにおきかえますと、数札カードよりは少し抽象的にはなりますが、この方法によると子供達が興味を持ち、容易に単位関係が理解されたように見受けられます。十の位の数字は、十個ずつまとめたグループの個数を示し、一の位の数字は、十個ずつまとめた時の残りの個数を示し、一の位の数字の○は、十個ずつのグループにまとめて、残りがないことを色カードにより学習致しました。すると第二回目の調査では、どうにもならない一人の子供の他は、どうやら位取りの原理を理解したようで、記数法において前のような間違いをする子がいなくなりました。

こうなると、33と云う普通の数字で書いたのを見ても、30は十の単位がかくされていること、3は一の単位が3あることがわかつてきます。このように数字の上にかくされている単位関係を、はつきりする為にこのようなカードは非常に効果的であると云えると思います。以上一例をのべましたが、私達の浅い経験を通して、指導上特に気をつけなければならないと思いました事は、一人々々の子供が思考のすじ道がたてやすくする為に教具を使い、具体的な行動にうつたえて学習させると云うことです。このような意味で、算数の学習指導において大切な事は、個人の能力に応じた教具の活用を考える事が必要で、正しく理解された上に立つた反復練習であると思います。

よい学習とは、どの子供も自己の能力に応じて精一杯の仕事をして学習を進めていくようにすることであると云われております。よい指導とは、一人々々の子供の障碍をできるだけ早く発見して、一時も早くその障碍をとりのぞき、それに適切な指導をしなければならないと思います。そうでなければ到底理解に導びくことができず、ついには算数の嫌いな子供にしてしまう結果になるのではないでしょうか。

私達はこの頃、算数学習のあり方がぼつぼつわかりかけてきたようなもので、これから残された系列の問題等の指導を追々進めたいと思つております。

本土の教科別指導主事連絡協議会で、算数、数学科部会では、算数指導内容の難易について全国的に調査した資料にもとづいて協議したが、

「一年の内容について」は、

二位数について、位取りの原理を理解させることが困難とされているが、これは、指導法に研究すべき余地がある……と指摘している。

神村先生と同じなやみが本土でもあるようです先生の一層の研究に期待するものである。

（K・T）

学校めぐり

特別教育活動の成果

＝福嶺中学校参観記＝

安里盛市

◎子供の楽しむ学校

学校が子供達にとつて最上の楽しい場所であり、張り合いのある生活の場所となるならば、どんなにかすばらしいことであろう。子供達は学校の中でめいめいの力量と特質に応じて働く場所と機会が与えられ、それぞれの天分を発揮することができるならば、これ以上の満足はないであろう。

そこには学科の出来、不出来によつて教師や仲間から差別待遇を受ける者もなく、各自がよそから個々の役割と責任の度合に応じた喜びを味わうことができるであろう。一人の例外もなく総べての子供が、ひとしくこの分け前にあずかる事ができた時、はじめて学校がみんなの学校であり、自分たちの学校であると思うようになるであろう。

このような、みんなのための楽しい学校をつくるために、全沖縄の先生方が、どれ程苦労し、創意を傾けておられることであろう。

福嶺中学校も、こゝに最大の努力を注ぎ、目下着々とその実績をあげつゝある学校の一つである。

平良市の東方、バスで約五〇分、単調で静かな田園風景を眺めながら、幾つかの部落を通り過ぎたところに緑の松林にいだかれて建つているのが福嶺中学校である。二七二名の生徒達と九名の先生方がこゝで生活を共にしている。

バスを下り、校門をくゞると、実に〃美しい学園だな〃と直感する。形の整つた運動場。その奥正面と右手に三段になつて畳み上げられたスタンド。その上に曲尺型に建てられた整然たる校舎。校舎の上から梢をのぞかせた裏山の松の緑が目にしみる。スタンドを上りつめると、校舎に沿うて作られた学級園には、いろとりどりの美しい花が咲き匂つている。こゝに住む子供達の心の中が覗かれたような気がして嬉しくなつた。木や草花がすくすく育つところ、そこには尊い人の子が美しく育ちつゝあるのだ。

◎子供の幸福をめざして

「思うに、郷土の建設、すなわち郷土社会を住みよい社会に改造するのは、そこに住む人々の務めであるから、よりよき社会をつくつていくためには、これらの人々が自ら地域社会の問題を意識し、その問題を自ら解決しようとする意志と実践力がなければならないのである。然るに農村の現実は、どちらかといえば保守的封建的なところがあり、こうした消極的な社会慣習は知らず知らずのうちに子供達のパーソナリテイーにまで喰込み、他から言われなければ行わず、たとえ言われても自ら計画し実践しようとする意欲を欠き、行動そのものに於いてすでに自己を失いつゝあることは全くおそるべき事であろう。なるほど農村の子供達はよく働き、めずらしい程勤労に耐えうる素地がすでに出来ているのである。然しよく働くように見えてもはたして彼等が自ら必要と興味によつて計画し、行動しているかは疑問である。近代の勤労観から考えてみた時、自主性のともなわない機械的勤労程無意味で而もみじめなものはない。そして自主性のともなわない学習では個人の健全な発達は考えられないし、それと同時に自主性のないところに社会の発達もあり得べきはずがない……」と下地校長は語る

こゝに農村の子供達の不幸があり、農村社会の病根がある。このように考えた時、なんとかしてこの子供達を救わねばならぬ。人間としての生甲斐を与えねばならぬ……と学校経営の出発点と帰結点をこゝに見出したのである。そこで学校の経営方針の第一番目に、

☆学校と地域社会が一体となつて全ての生徒が、どうしたら幸福になるかを考えて営みたい。

と大書したのである。これが福嶺の校長以下全職員の悲願となつたのである。如何にすれば子供達を幸福にすることができるか、その為には彼等に自ら考え、自分で計画し実践することの喜びを味わわさなければならない……上級生も下級生も、男の子も女の子も、学科のできる子もできない子も、それぞれの能力に応じた仕事と役割を与え、自ら計画した仕事を完遂した時

の喜びを味わさなければならない。

「そうだ、生徒が力一ぱい働ける環境をつくることだ　そしてその中で彼等を思い切り信頼し、まかせて見よう」こゝまで考えた時、先生方の心を捉えたのは実に特別教育活動の持つ新しい魅力であつた。

◎喜びを与える生徒協同組合

生徒の自発性と計画性を強調する特別教育活動を採用することによつて学校生活に喜びを与えると同時にその活動内容に地域社会とつながりのある生産活動をとり入れることによつて生産的実践人を養成しようとするところに、この学校の特色がある。即ち、特別教育活動と生産教育が縦糸と横糸の関連をもつて、うまく織りなされているとでも云えようか。

その具体的な現われとして生徒協同組合と学校工場がある。

「自ら計画し、自ら実践し、自ら貯蓄する。即ち生産と貯蓄の精神を涵養することは、地域の実態や要求から是非必要である。生徒達の手で計画され、実践され管理され、そして収入を得て、必要なものを購入出来た時、働いた汗の結晶は喜びとなり、精神的な将来への期待となるのである。過去に於いては、教師の計画によつて生徒が働き、その結果や成績等もあまり知らされなかつた。そのため生徒は興味もうすらぎ、勤労観もそこなわれた。このようなことは早く改めて、楽しい学校、生徒の生活の場、社会的訓練の場としなければならない。このような見地に立つて発足したのが本校の生徒協同組合である」

こゝに特別教育活動と生産教育との結びつきが考えられている。即ち生産という一つの仕事を自ら計画し協力して実践し、自ら反省する一連の経験を通して、特別教育活動の基本的性格である、自発性、計画性、協力性、実践性、綜合性が意図されるのである。

生産に必要な物資の購入、生産物の販売、学用品の購入、学校の施設設備の設置、組合員の貯金の受入れ組合員の福利増進等、すべては生徒達の手によつて計画され、運営されるのである。

生徒からあまり歓迎されない生産教育乃至職業科が単に沖縄の生産技術の原始性から来る魅力の乏しさにのみ責任を負わしてよいであろうか。

教師の計画によつて、教師の監督の下に、単に労働を提供する立場に立たされた生徒にとつて、或程度、肉体的苦痛の伴うこの種教育活動が、どれ程の魅力を持ち得るであろうか。たとえ、技術的には幼稚なものであれ、思い切つて生徒達の手に或程度、管理と運営をゆだねるならば、彼等は生き返つたように、この種の生産的活動に興味を持ち始めるのではなかろうか。

こゝに特別教育活動の持つ活動方式を採用することによつて職業教育の分野に清新な風を吹き送ることができるのである。福嶺中校の場合が、そのよい例を示したものということができるのである。

◎地域社会に夢を描くクラブ活動

更に福嶺中学の特別教育活動の他の特色をクラブ活動に見る事ができる。それは地域社会の産業の開発とつながり、その村の社会を改造していくものとつながる方向に進められているということである。勿論、クラブ活動のねらいは一人々々の趣味、教養、生活を豊かにすることにあるのであつて、他に奉仕することを直接の目的にしているのではない。

然しながら現実の農村社会に於ける中学校卒業生の前途を想う時、暗たんたる気持になる場合がある。先祖代々の猫額大のヤセ地を耕すという仕事を続けていかなければならない数多くの青少年。〃少年よ大志を抱け〃と呼んだところで、果してその中の何名が志を果すことができるであろうか。〃いざゆかん我等が家は五大洲〃と云つたところで、その中のどれだけがその雄図を達成し得ようか。そう考えて来ると、徒らに遠い雲の彼方に美しい夢を追わしめ、将来きびしい現実の壁にぶち当つた時、自ら落伍者心理のとりことなり、人生に対する情熱を失わせることがあつたとしたならば、何と罪深きことではなかろうか。地味ではあつても現実そのものゝ中に夢を描かせ、人生に生きる喜びを感じ、人生に意義を感じさせ、地域社会をおす意志と熱情と知性を彼等に与えなければなるまい。

個性の伸長と上品な趣味の開発をねらうクラブ活動はやゝもすると単調な生活に流れていく農村社会の子供達の現在及び将来の生活にどれ程か豊かさと楽しさを与えるであろう。而もそれが現実の生活から遊離したものでなく、あくまでも自分の生活の中にはつきりと位置づけられた趣味教養であるとするならば、卒業後、彼等同好のグループの活動は郷土社会の新しい生活の道を切り開いていく源泉となるであろう。事実、福嶺の子供達は自分たちの地域社会にすばらしい夢を描きつゝあるのである。

では福嶺中学のクラブ活動の実際を眺めて見ることにしよう。（写真参照）

クラブの種類と主な活動は次の通りである。

1、生物クラブ

。瓦嶺洞の調査　。生物飼育場の経営

2、地学クラブ

。福嶺学区の地形調査　。地域の土性検査

。地域の水質検査

3、美術クラブ

。農産加工及び製菓クラブの注文に応じ、レッテルの考案製作　。彫刻　。色彩研究　。マーク、カット其の他の図案集製作

4、書道クラブ

。基本練習

5、ミシンクラブ

。ミシン機の構造機能の研究　。ミシン機の手入れ及修理　。衣服のつくろい　。各種製品の製作

6、手芸クラブ

。刺繍　。毛糸の編物　。人形つくり

7、機械クラブ

。ヤンマーディゼルの構造及機能の研究、取扱、手入及故障排除　。発電機の構造機能の研究、配電設備の架設　。機械工具の使用法研究　。映写機及拡声機の取扱い

8、農産加工クラブ

。甘藷の切干、いも菓子、カルピス、シロップ、いもあめ、こうじ、味噌、各種漬物、ようかん等の研究及製作

9、木工クラブ

。木工具の取り扱いと手入　。各種備品の修理製作　。丸鋸機、木工せんばんの取り扱い

10、資源加工クラブ

。学区内の資源調査　。草履作り　。製縄機の操作及手入　。製莚機の操作及手入　。こも作り　。かご作り

11、製菓クラブ

。製菓技術の研究　。各種菓子の製作　。パン作り等

以上挙げてみたゞけでも、福嶺中学校のクラブ活動が著しく生産性を帯びていることが分る。そして生徒達は自分の趣味や研究を通して学校や地域社会に奉仕しているので、こゝにまたクラブ活動と奉仕活動の連繫が保たれているのである。

現にわれわれが案内された職員室の応接用テーブル長椅子は木工クラブの手に成るものであり、見事に着色され、ニスがぬられている。

発表会当日の日程の中で農産加工クラブによつて作られた、いもようかん、シロップ、製菓クラブの製作に成るお菓子が、そのまゝ接待用の茶菓となり、昼食に振舞われたパンやジャムが皆生徒の手になるものだということであつた。ホームルームの会合を楽しいものにするのも、この両クラブの製品だという。

地学クラブによる水質検査は地域社会の保健衛生の一翼を担つて、村の人々を喜ばすことであろう。

このように自分たちの興味から出発したさゝやかな研究の成果が仲間や地域の人々を喜ばせるということになると、彼等の興味は倍加し、いよいよ自発的にクラブの活動を促進することになるであろう。

クラブ活動は多くの経費を要するものである。乏しい中から如何にして、これを捻出して、施設設備を整えるか、ということに多くの学校が腐心しているのであるが、福嶺中学校は此の点でも又独創的な解決策を試みつゝある。資源加工クラブの製莚機二台は、平良市の篤志家が無料で貸与したものである。生徒達は地元の農家から藁を購入して製莚機にかけ、一枚六円の製品に仕上げる。その製品はそのまゝ機械の主が買い取る。原料代の二円を差し引いて四円の純益ということになる。この利益金は生徒協同組合の収入となり、再び生徒の活動のための施設や設備を生み出すのである。

製菓クラブの焼がま、蒸しがまは卒業生の贈り物であり、ヤンマーディーゼル、発電気、製材機、木工せんばん等みな地域社会の協力によるものという。

これらの施設設備を活用して、暮方までクラブ活動を楽しむ生徒達にとつて、福嶺の学校はすばらしい学園である。

◎学習する生徒議会

福嶺の生徒達の本領は、生徒会の活発な活動にある。一カ年前、遅刻欠席を無くするために各部落生徒会毎に早起会の実施を決議し、今日までうまず、たゆまず実践して来たのであるが、発表会当日の生徒議会は、一カ年間の反省にもとずき、これを継続すべきか、否かを討議することになつた。

この生徒議会にのぞんで、先ずその発言の活発なのに驚かされる。多くの学校で生徒会以前の問題としてよく話題に上る〃如何にして発言を活発にすることができるか〃という課題は、こちらでは既に解決済みである。〃女子の発言を活発にするためにはどうすればよいか〃ということも、こゝでは問題にならない。むしろ司会者は発言を催促する議員を適当に制止して如何に平等に発言の機会を与えるかに苦心している状態である。

更にその発言内容の的確さは大人も及ばないぐらいである。早起会の継続か、廃止かをめぐる論争は全く驚異に価する。

単に賛否を論ずるだけでなく明確な根拠にもとづいて、而も理路整然と、その理由が述べられているの

である。

健康と睡眠の関係を論じて廃止を主張するもの、地域社会の改善と結びつけて継続を主張するもの、家庭学習の時間を強化せよと主張するもの、早朝の疲労と学校に於ける学習能率との関係を論ずるもの、生活指導は統制さるべきでなく、自己指導にまつべきであると自主性を強張するもの等々、彼等は子供ながらにもはつきりした自己の意見というものを持つている。而も批判的な意見や、物の両面を考えて、その長短を止揚しようとする努力さえ現われるに至つては、今更ながら子供の持つ力の偉大さに胸を打たれたのである。〃やらせばできる〃ということを実感したのも此の時である。

更に彼等の討議の技術に至つては大人も顔負けする程のすばらしさである。先ずそれは議長の司会に充分うかゞえたのである。而もそれが女生徒の議長で、男生徒の生徒会長や役員を従えて、粒選りの議員連を相手にし、冷静、沈着に会議を運んでいくさまは実に見事である。

少数の意見をも尊重しようとする態度、皆の意見を聞いて議事を進行する技術、まとはずれな発言を軽くおさえて議事の方向を確認させる手なみの鮮かさ、賛否相半ばして何時果つるとも知れない論争に、どのような終止符を打つか――。彼女は先ず制限された時間の来たことを全員に告げ、議題についての採決をのばすか否かを問い、多数決によつて即時採決することに決め、再び採決によつて早起会を継続することを宣したのである。その時湧き起つた全議員による拍手は再び私を感激させたのである。

かくして民主的社会人は養成されていくのだ。

〃為すことによつて学ぶ〃教育の原理は、一つ一つ積み上げられていく事実の中に確認されていく。

生徒会の活動をうるおいのあるものにするのに生徒集会がある。こゝの生徒集会は、たしかに生徒達全員のための楽しい集いとしての機能を充分発揮している のである。私はどうしても、その実際の状況を語らなければならないのであるが、既に約束の紙数も尽きたようだから、後日にゆずりたい。

◎生徒が活動する福嶺中学校

学校が教室のすみずみ、運動場や農場に至るまで、すべて生徒会の組織と息吹がかゝつている。生徒の行う活動は、すべて生徒会の組織の中に於ける活動であり、生徒会が自ら計画した仕事の一環としての活動である。

こゝに一人々々を組織の中に立たせる近代学校の新しい行き方がある。

学校は誰のものでもない。自分たちのものであるという自覚にたつて計画し、運営することが如何に楽しいものであるかを知り、学校に於ける生活が無上のものであると感ずるようになるであろう。

四八名の長欠児が何時の間にか著しく減じたということは生徒会の特別の努力によるとは云え、この学校全体の持つ雰囲気が、学校を遠ざかつていた子供たちを呼びかえしたということを忘れてはなるまい。

運動場に遊ぶ子、教室の中の子、農場で働く子、皆明るく、なごやかに、生活を楽しんでいる姿は、如何にも頼もしい。

出来上つた形の上で、立派だと眺めた学校は多い。然し動いている学校そのまゝの中にすばらしさを感ずるということは、何と嬉しいことではないか。

自発的に自分達の問題を解決する活動態勢を特別教育活動の場で身につけた生徒達は、これを教科学習の中に生かしつゝある。身近な生活の中から問題を発見する能力、問題を合理的に協同的に解決する態度や技能、自発的に学習を進めていく態度等、これらは生徒会の活動で得た問題解決の力や討議の技術と、クラブ活動で得た自発的研究活動の成果が期せずしてあらわれたものである。

このようにして特別教育活動は、受容活動に終りがちな教科学習をして、生徒を主動的立場に立たせる自発学習へ転換させるのである。福嶺中学校が、これまであげて来た教育効果は、必ずや今後学習指導の改善に大きな力となつて益することであろう。

最後にこの学校を訪れておもうたこと……は、

。福嶺の生徒達は幸福である。

。生徒はおそろしい力を持つている。

。特別教育活動はすばらしい効果を持つている。

。農村中学校の一つの行き方を見ることができた。

。近代学校は一人々々の子供を組織の中に立たせなければならない。

。生徒の幸福を念ずる尊い教師像を目のあたりに見た。

（指導主事）

八重山の印象

西平秀毅

去つた二月から三月にかけて、同地区の実験学校研究発表会と、社会科研修会に参加し、地区の先生方の御指導と御協力によつて予期以上の成果を収めてこれを終え滞在中の余暇を最大に利用して各地の現況をつぶさに見聞することにした。これで同地を訪ねること三度目の旅であつたが、今度は殊に新興八重山の躍動する息吹きに触れることが出来て、強く感ずるものがあり、深く思うものが多かつた。

三月といえば、他の地域で春未だしの感を与えるのが常であるが、さすがは常夏の国としてその名を謳われている八重山だけに、はやくも暖い南風が訪れて、四方に連亘する女性的景観の山々にはうららかな春のひざしを存分に浴びて、新樹色鮮かな青葉の衣を全身に装つていた。山へ行けば木々の梢には多くの名の知れぬ小鳥を歌わせ、無ガイの広野を行けば、とり〳〵の千草が時を得、顔にその性を発揮して所せまくまで生い茂り、あちこちを点綴してあやなす野の花は蝶を呼び磯辺には春をうたう数知れぬ千鳥の群が友を誘い、寄せては返す波の風情は、蕪村の俳句「春の海ひねもすのたりのたりかな」さながらの詩境を展開するかの如く、南国ならでは味うことの出来ない情景であつた。

このような美しい自然に恵まれ、その懐の中に温く抱かれて伸び行く八重山は今や黎明平和の鐘が鳴りわたり、理性と伝統を無視した過去の蝸牛角上の争と同然な、無益の党争は完全に払拭清算されている。一時は埋れ木となつても歴史は繰返すとやら、詩の国、情の国、歌の国としてのうるわしい伝統に叛かず、春風苔蕩として平和の花が香り、歴史と伝統を一貫する理性は力強く再生しつつあるの感を深くした。わけても教育界はながい試錬の嵐に耐えて、今やこの平和社会を基盤として強く起ち上つて文化社会建設の推進の原動力となり、空前に見られなかつた活気を発揮してまさに他地区を凌駕するの域に躍進しつつある。野にも山にも、里にも、見るもの聞くものすべてが清新の血に燃えて新建設への槌音が高く響きわたつている現状は実に頼もしいものがある。

次にその一、二を拾つて見ることにする。

民主学園登野城小学校を訪ねて

八重山の埠頭から石垣市の中央を横断するだら〳〵の坂路を北に向つて約一キロばかり行けば、市の郊外にうつ蒼とした古木の緑蔭の岡にいらかの棟高く聳え立つ学び舎がある。これが南国の名門、登野城小学校である。

当校は明治十四年の創立以来、今日まで半世紀余のながい星霜の試錬を経て、常に生々発展の光輝ある歴史を築き上げ、現在は第十一代目の校長、玻名城長輝氏のもとに、いよ〳〵その伝統の光を増し、新教育実践の先達者として力強い歩みを続けている。温良にして恭謙譲、剛毅にして朴訥な人格の高潔さと、頭脳明せきにして深い学殖を一身に兼ね備え、その不撓不屈の実践力は他の追随を許さぬという知徳行合一の無言の雄辯家としてその教化の偉大さに全住民から慈父の如く敬慕されている勇将玻名城校長の旗下に、一騎当千の実力と、六面八臂の手腕力量ある三十八名の職員の強者どもの勢揃は鬼に鉄棒とやらの例か、実に頼もしい限りである。この先生方の限りなき愛と誠に温く抱かれて、日に月にすく〳〵と伸び行く、一千二百五十名余の子供らの幸福な群像が、一たびこの校門をくぐれば、目のあたり展開され、真の民主学園としての実相を伺うことが出来る。

当校が実験学校として指定されたのは去年の一月であつた。当校では、視聴覚教育を研究テーマに設定し直に視聴覚教育委員会を組織して、その理論と実践の研究に着手し、この一カ年余の間、全職員が校長の陣頭指揮の下に総力を結集し、精魂の限りをつくして今日に至つたのである。先づ研究の手順として第一に取組んだのが教育課程の構成であつた。教育実践の効果をより大ならしめるためには、科学性と合理性をもつ教育課程を先づ備えることが肝要であるとの賢明の策に出たものである。この研究をつづけること六カ月にして辛くも第一次プランを完成し、これを実践の基準として、更に学習内容に検討を加えて、この第一次プランに修正を加え、尚その各学年の単元指導上どのような視聴覚教材、教具が必要か、又どのように活用されるべきか、且どのように配当されるべきかについて研究を続けて第二次プランを完成している。このプランは、単なる理論的なものでなく、全職員の血みどろな教育実践の体験と反省と自覚にもとづいた労作による独創的なものであつて、これは未だかつて全琉のどこにも見ることの出来ない完全性と合理性を備えたものであるといつても敢て過賞でないと思う。

更にその教育建設の足跡の大なるものを拾いあげるならば、職員各自の実践記録の中に現われている個々の子供の成長発達の記録をはじめ、自力による学校、学級の施設、設備の充実、視聴覚教具の創意工夫による製作、蒐集の努力、学習環境の整備、学習指導技術の改善、生活指導（特活）の徹底、女教師の自主的積極性の確立等が先づ他の範として学ぶべき点であろう而してこの偉大な成果を挙げ得たことについて忘れてならないことは、当校職員の粉骨砕身の努力苦心はさることながら、教育委員会、PTA会の積極的援助と同地区全教職員の誠意と責任ある協和の力であると思う。即ち教育委員会はあらゆる悪条件を克服して物心両面から積極的に学校を激励叱咤し、PTA会は会員八百余名が一体となつて学校を支援し、本年四月の総会には十四万円という莫大な予算を満場一致で可決して学校施設の充実をはかることにし、同九月の陸上競技大会にはPTA会婦人部がバサーを開設して一万余円の純利益を得て、備品購入費として寄附するなどのかず〱の美挙があつたのである。尚当地区三百の教職員が当校を研究のセンター校として、敏腕無双の人格者、糸数教育長の指導に相呼応してあらゆる分野から研究を続け、協力助言して激励し、共同連帯のもとに責任を完全に果したことも特記すべきであろう。

当校の発表会の研究討議会に全地区から馳せ参じた全会員の責任と自信ある活発真剣な討議の模様や、学校から提出して展示された教育実践記録、教育計画案、自作による視聴覚教具等の数々は、八重山教育界が、新教育の実践と研究に如何に真剣であるかを証左するに足るものであると思う。

次に参考のため当校の視聴覚教育がどのように営まれているかについてその実践計画案と実践記録の中から一、二の例を摘記することにしよう。（指導主事）

本校校内放送の立場

登野城小学校

学校放送は「きいて学習する」ことを目的としているものであるから、進んで聞こうとする熱意と熱心に聞く態度が必要である。一方、校内放送も聴覚教育の一つとして左記の目的を果さねばならないが、それよりもむしろ自ら放送するという自主的な活動に重点がおかれていることは言をまたない。つまり校内放送では聞くことよりも自分でやつてみることに学習上大きな効果があると考えられている。

「為すことにより学ぶ」ということが新教育で盛んにさけばれている今日、「自らやつてみる」という、そこに校内放送のもつ教育的意義を見出すことができると思うのである、次にラジオを通して送られる学校放送は日本の小中校八〇パーセントに聴取されているほどであるから、充分な準備と技術とによつて放送されているだろうが、日本全国に普遍的な番組で放送される欠点がある。それで地域社会ということがつよく叫ばれ、それから生み出されたカリキユラムに結びついたものを聞かせるためには、たとえ準備や内容や技術は不完全であつても校内放送を利用することも決して効果のないことではない。

本校では以上のべた「自主的活動」ということに観点をおき併せて「地域性」という二つの観点から校内放送を実施しているのである。

▲校内放送の目標

校内放送をどのような教育の営みとしてとりあげるか、この問題は学校の教育方針によつてもいろいろ主張があるだろうが、本校としては次の六つの目標をかゝげている。即ち、

1、日常学習の発表機関とする。
2、カリキユラムと結びついて学習効果の向上に役立たせる。
3、地域社会を知る。
4、きく態度をつくる。
5、器械器具をじようずに利用し有用な知識をうける
6、学校生活の活動源とする。

などであつて、これはいずれも自律的な活動の営みの一つとして取りあげられたもので、この営みが尊いものとして取りあげられたのは申すまでもなく、われわれが現在行つている教育によつてつくりあげようとする人間がこうした学習を望んでいるからだと考えるからである。

▲本校校内放送の実践

一、校内放送の設置

一九五三年度の学校経営の一目標として、本校では学校図書館を充実し視覚教育の促進を図ること丶今一つそれと併行して聴覚に訴えて学習効果をあげようという方針で校内放送教育を思いたち、PTAの協力を

得てその施設の実現に邁進して来た。そして同年十一月三日、文化の日にその完成をみて今日に至つているその利用にはいろいろ研究もしてきたのであるが、目的達成には今後多くの難点が残されているので各面の研究を継続したいと考えている。

▲放送内容

校内放送がマイクを通じて教室に送られるまでにはまず何をどのように行うか、その手順として材料をあつめ適当なものをえらんで整理してかゝらねばならない。内容の選択如何によつて、教育目的、学習効果に及ぼす影響も大きいのである。又自ら放送するという目標をもつていても、勿論聴取者の興味や希望を考慮に入れ、教育に役立つ内容をもたなければならない。そうでないとたゞ一部の者たちの遊びになつてしまつて学習活動に役立つ放送とはならない。

むしろ聞く側にとつても、めいわくになる結果をまねく。そこで放送内容として・日常生活に取材したもの・教室学習をたすけるもの・児童に興味あるもの、等がえらばれなければならないと思う。又児童が単に興味をもつからとか、せつかく貴重な放送設備をひんぱんに利用しないのは勿体ないと考えて放送内容の検討もせずにこれを乱用する場合はかえつてその効果が減少されることも念頭におくべきである。

要するに教具は必要なものを適切なときに利用してこそ効果をあげるものである。

次に本校の校内放送の内容をあげてみると、

◉朝の音楽

毎週月曜日から土曜日まで始業前活動源として送られるもので登校する児童たちは軽快な音楽により元気よく明かるい気持で校門をくゞり、楽しい学校生活の朝をむかえる。

◉T・S・Rの一日

月曜日、土曜日は全校児童の校庭朝礼、あとの四日間は放送朝礼の時間を設け、左の内容で放送している

イ、音楽

この音楽は別に鑑賞というようなものではなく放送朝礼に移る予報のいみのもので一定のレコード（しずかな曲）を使用して放送朝礼の始ることを全校児童にしらせる。これにより全児童が各自の席につく。

ロ、あいさつ

あいさつは毎朝全校児童が一堂に集つて交わしたいものである。しかし時間の関係もあつて毎日できるものではない。アナウンサーのすみきつた声でよびかける朝のあいさつにより、今日も又快的な一日が迎えられたというよろこびを感じさせ又やさしい心情がしらず知らずのうちにうえつけられることを確信する。

ハ、ニュース

学校に直接関係したニュースや地域社会である石垣市、八重山、沖縄あるいは遠く日本、世界のニュースを新聞からひろつて、その時間に放送することもある新聞は全PTAの三九パーセントしかとつておらず、又ラジオは二八パーセントしか聴取していない。又新聞ニュースを自らよんだり、きかしてもらう児童は全児童の二〇パーセントであり、ラジオも二六パーセントしかきいていない。したがつて、かんたんなニュースであつても彼らが自ら編集し全校児童に伝えるということはそれ自体が又大きな喜びでありほこりであつて、編集するもの、放送するものは勿論きくものもそれぞれ多かれ少かれ教育的収穫をしていると思う。

ニ、おしらせ

これは児童会各部が自治活動をした事柄や全校児童会で決定した事柄などを放送内容としたもので、同時に同じ問題を伝達し促進し、児童の自治活動を助けるのに大いに役立つている。

ホ、先生からのれんらく

月曜、土曜しか全児童を前にした朝礼はないので、注意れんらくなどその日まで待つておれないことがある教育はその時、その場所でといわれている。熱意のうすれないうちに又忘れないうちに注意し連絡することがのぞましいと考え、これを放送でやつてもらうことにしている。

ヘ、天気予報

天気予報は何も農民や漁民やその他航海する人だけに必要なものではない。学校においても学校行事、或いは観測、実験するものにとつては大切なことである。これを放送することは利益こそあれ害にはならないし又そうむづかしいことでもない。放送朝礼ごとにこれを報道している所以である。

ト、あいさつ

天気予報の放送をさいごに放送をおわるわけであるが「きよう一日をたのしく元気にすごしてください」というあいさつは全校児童の安泰をねがうやさしい思いやりのことばであり、いつ聞いても心がはればれするものである。

チ、おんがく

放送おわりの音楽である。

リ、コールサイン

当日の担当を自己紹介し時刻をしらしTSR（登小放送部）の放送朝礼をおわる。

◉学習放送

ラジオによる学校放送は生きた教材を豊富な形式で再現せしめ、しかも綿密な計画のもとにこれを児童に体験させる知的探究の新しい道をひらいたものであるといわれ、日本では盛んに利用されているようであるしかし学校放送は、時間的な制約をうけることゝ、受信器の性能や地域性に乏しいことなどから当校ではこれによらず、もつぱら校内放送によつて計画的にカリキユラムと結びつく放送をして学習効果をあげようとこゝろみている。勿論学校放送と校内放送には大きなちがいがあり、そのちがいをよく知つておくことが校内放送を充分、教育に役だてる上に必要なことゝ考えられている。前者はきくということでなりたつているのに対し後者はそれに加えて自主的な活動ということが考えられ、むしろきくことより自分でやつてみることに学習上より大きな効果があるという考え方もあるようである。そういうちがいこそあれ校内放送が必ずしも学校放送でやつている「教科との関連づけ」ということをやつてはいけないという理由はないだろうと思い、校内放送の目標の中にこれをおりこんで実施しているのである。

これを学習放送と名づけ、予め決められた日に同学年が同時に教科と関連のある放送をきくもので学年単位の放送で学年放送ともいつている。

イ、放送と教科との関連

この学習放送は、学習内容にうるおいと幅をもたせ、発表力の養成、学年間、学級間の親しみをもたせることゝ、短時間に同一学習ができるという利点などを考慮に入れて実施している。企画は放送研究部が主体となつて予め学校で作成した各教科課程の学習内容をよく検討し、その教科の学習内容と関連のあるものを学校図書館の参考書の中から選び出して必要なときにそれによつて放送するようにしている。勿論内容はあくまでも教科に関連したもの或いは生活訓練的なものであり教科の種類、教科の進度、学年の知能に応じた内容を放送するようにしている。そしてこれを導入として放送するか、学習内容として放送するか、或はまとめとして放送するかは各学年間の話し合いによつてその都度きめている。

時間は二〇分以内でこの時間は教科の時間に組まれ月曜から土曜まで一週間を各学年にわりあてゝ十時五五分から利用することにしている。

（学習放送資料は略す）

ロ、学習放送の評価

聴取後の指導或は聴取後の発展的活動として評価は大きな意味をもつものであると思う。つまり十分乃至二〇分前に聴取した経験をすぐその直後如何なる態度で聴取したか、どれほど放送内容を理解したかを評価するには大変よい機会であつて一般教科の指導直後の評価が大きな効果をあげるのと変りはないと思う。たゞ放送による学習評価は一般教科の効果判定よりも、困難だとされているのは、知能や理解のていどは評価しやすいが放送教育ではそれよりもむしろ態度、習慣の評価が又必要とされているが、その態度や習慣は短時間でほんとうの評価ができるものでなく長年月のあいだに観察され指導されてこそ真の効果判定の域に達すると思われるからである。

方法としては

1、聴取後、教師と児童との問答による方法
2、児童相互の発表
3、質問紙による方法
4、教師の観察による方法

などあるであろうが、第三の方法は困難だと思われる第一と第二の方法が最もかんたんで評価する側としても効果をあげることができる方法と考えられる。それは放送直後の印象の最も深い時に行われ、又短い時間で行われるから他教科の時間にくい入ることもあまりないからである。しかし欠点としてわずか一部の児童の評価しかできないという、うらみはあるがその欠点は第四の方法で幾分おぎなえると思うが、いずれにしても数量的な評価は困難であり、又一回や二回の評価で全般をおしはかることは危険で、ながいあいだの経験の結果でないとはつきりした評価はできないと思うきゝつぱなしにならぬよう教師が聴取後の指導をおこたらぬところにこの問題の解決点があり、又教師のあやまらぬ観察眼が効果ある判定をくだすものだと思う当校では評価の基準をつぎのような案で研究中である

（以下略す）

◉全校放送

学習放送と併行して本校では月、水、金の午後の授業の始まる十分前に全校向けの放送を実施しているがこれは三、四年を月曜、五、六年を水曜、一、二年を金曜に割当てゝ出演させ多くの児童がマイクの前にたつことができるように考慮されている。企画はもとより児童を中心に、教師の補導によることが望ましいのであるが、実施後、日が浅いので、今のところ教師の企画によつてなされている現状である。将来は児童自らの手で企画されるように方向づけたいと思つている放送内容は生活指導助成のものや見学記、観察、研究等の報告、作文、童話の発表、教科書の朗読、童謡、音楽などいろいろ形をかえて全校に流している。これ

らの中からは直接教科学習と関係のあるものも、きゝとれるであろうが、多分にレクレーション的な放送の形がとられ、又学習放送ほどの効果はねらつていないその外図書部よりの図書案内、テープレコーダーに録音された音楽の鑑賞や劇の放送にも利用しているが研究の途上で詳細にわたる発表の域に達していない。

▲校内放送の時間

時間については放送をどのていど利用するか、どんな目的で利用するかによつていろいろあると思う。当校のものを一日のプログラムによつて列記してみると、

1、朝のおんがく
　始業前二〇分くらい明かるい快的な音楽をレコードによつて流す。
2、放送朝礼
　火曜、金曜、九時から十分間
3、学習放送
　毎日十時五五分から二〇分以内、各学年向け。
4、全校放送
　中食時間を利用し午後の授業前十分間
5、下校予告
　下校時刻直後十分位静かな音楽。

以上のようであるが、その他月曜、土曜に行われる学校での朝礼時にも拡声器を利用し又随時レコードによる拡声で全校体操を行う時にも利用されている。

このように列記すると如何にも放送にあけくれしているようにみえるが、実際は教育目標の達成の一分野にすぎず、学級としてはそう制約をうけていない。

▲校内放送の聴取

A、どんな番組でもたゞきゝながすだけでは予期した効果は保証できない。放送が有効に聴取できるような準備が必要であり、きく態度をとゝのえることが聴取指導上大事なことである。

曜／時	月	火	水	木	金	土
8.50	朝のおんがく					
9.00 9.10		放送朝礼				
10.55 11.15	学習放送 1年	2年	3年	4年	5年	6年
1.30 1.40	全校放送 3.4年		5.6年		1.2年	
	下校おんがく					

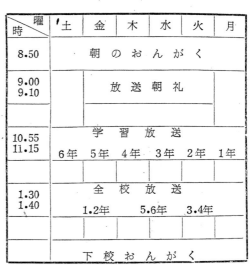

。聴取前
1、番組の予告をしておく
2、単元の研究をしておく
3、環境をせいびしておく

B、聴取中は放送によく注意をむけのびのびときかせながら、その場にてきしたよい援助を与えるようにする。又教師自身も気をつけねばならない点もある。例えば子どもの目のつけどころに注意したり教師自身の位置などにも留意しなければならない。

。聴取中
聴取中のメモは中学年まではむりとされ上学年においても数量的なものをとらせるていどがよいとされている。
1、のびのびとしたらくなしせいをとらせる
2、視覚をあまりしげきしないていどの板書
（要点のみ）
3、しずかにさいごまできく

組織

- 児童会
  - ＴＳＲ部
    - 企画 ― 番組の研究と計画、渉外の仕事
    - 機械 ― 朝のおんがく、きかいの調整、きかいのかんり
    - 調査記録 ― 放送記録をとる、放送聴取調査
    - ニュース研究 ― 学校その他からニュースを集める
    - アナウンス ― 伝達、解説

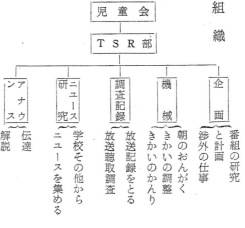

C、聴取後の指導は特に重要であるからその指導は適切でなくてはならない。即ち児童が感じている興味や必要にむすびつけることがいちばん大事である。つまり鑑賞を目的としているものであるか又は教科との関連のある番組であるか或いは又レクレーションとしての放送であるかによつて聴取後の発展的活動の取扱い方も異なるであろう。例えば鑑賞を目的とした名作鑑賞や音楽鑑賞はその番組からどんな影響をうけたかということゝ、理解にくるしむ点をおぎなつてやるといつた二つの点

をこえてまで長々と聴取後の討議は不要ではなかろうか。又学習放送のようなものは、もつと知りたい、もつと理解したい、或は何か地域社会に奉仕したいなどの必要をかんじたことがみうけられたら、その活動を実際に生かすように計画し援助してこそ真の放送教育の意義もなりたつと信じている。

。聴取後

1、討議を行う
2、学習のねらいに従つた重点的な発表をさせる
3、内容をせいりする
4、児童の活動を指導し援助する

紙芝を利用した社会科学習

黒島廉智

社会科学習にのいても他教科と同様教科書のもつ役割はその中に書いてあることを覚えさせるということがねらいでなく、それはあくまで既成のカリキュラムによる学習のために利用されるべきものであることは論をまたない。しかし、やゝもすると私たちは社会科学習において教科書を国語学習の域をこえない取扱いをしてしまうおそれがある。そうかと言つて社会科の教科書から全くはなれて指導するということも私のたりない経験ではむしろ危険をさえ感じさせるものである。これにはいろいろ問題があつて地名や人名を無意味に覚えさせなければならないこともある。また教科の中にある統計をそのまゝ知識として授けていかねばならない場合もあるけれども、たゞ私にはこういう学習は児童にとつては、まるで砂をかむようなもので興味とか意欲とかいうことは何も考慮されない。時間つぶしのように感じられてならない。生活から問題をとりあげ、歴史的、地理的なひろがりにおいて考え、調べ、そして児童との話し合いや、児童相互の討議によつて問題を解決していく楽しさを味わゝせ、教科書や地図の上にうごかずにいる知識を得るよりも、「生きて働いている現実の社会に眼を向け、自ら行動していける子供にしたいと思い、つとめて教科書をはなれて話し合いによる授業形態をとつてきた」これは、教育の基本的な学習は教師と児童の魂のふれ合う問答法より外にはないという事を痛感してからである。しかし一方また教師と児童の魂のふれ合いということを生活指導という名のもとに日常些細な事についてお説教をして、これで「社会科はお説教なり、今日もまた一時間の生活指導をした」といつて問答法を悪用しがちになるのが、また社会科である。

そこで同じ問答法をするにしても、千偏一律なものにならず、児童が欲求し、児童の興味を利用した方法はないものかといろいろ考えたあげく、児童が雑誌の漫画に興味をもつていることにヒントをえて、漫画的な自作の紙しばいを社会科のねらう現実の問題発見の道具として利用したら学習の目あても又解決されることがらもその中から展開できると確信し、数度実験してきたのである。

勿論、教科書の中の教材のみを生活化させるということとは、社会科のねらう単元学習から、遠くはなれたものではあるであろうが、しかしこの教材も時には紙しばいに取り入れながら、教科書の利用もしているのである。では児童にとつて最も近親感をもたれ安定感をもつこの紙しばいをどのような方法で実演し、学習に役立てゝいるか、こゝにこの計画のあらましと、学習実践の結果を記してみなさんの御批判と御指導を仰ぎたいと思う。

▲紙しばいの実演

紙しばい実演といつても興業的な価値をねらうものではなく、あくまでも学習と結びつくものでなくてはならない。そのためにはカリキユラムの学習内容をよく検討し、十分に自分が納得し、そして指導の中心点を把握しなければならない。そして、実演に先だち、まず製作しなければならないが、私はそれをサラ紙に墨絵で画いている。色をつけたり、ごてごて精細に画くと準備にひどくてまがかゝるのと、児童に判別しにくいこともあるかと思い、略画で指導中心を失わず、そして次々にくりひろげられる絵の中から問題を発見し、又解決しやすいように解説したり、問答しながら学習を進めていつている。

如何なる教具も適切なものを適切なときに使用してこそ効果はあがるものである。それでこの方法を社会科の時間毎に行うのでなく、もつとも効果ある単元で、もつともよい時期だと信じたときに利用している。

▲学習の過程

1、半具体物を前にしての問答だから、全児童が注意を集中し、興味深く学習するようすがはつきりわかる。
2、指導内容を正確につかませるために、要項を時々板書する。
3、解説はできるだけわかりやすくゆつくりする。
4、問題を発見させ絵を見ながら解決していく。
5、実演が終つたら要項を追つて話し合いの形でまとめていき、ノートにメモさせる。

6、最後にかんたんな評価をする。

▲実践の反省

今まで紙芝居で学習したのは、
1、正しい政治
2、むかしの政治
3、むかしの八重山のできごと
4、移民の話

以上四回の学習から次のようなことを感じた。

1、絵がかれたサラ紙は、厚紙に押ピンではつて見たが不成功、のりで四すみを一寸はりつけた方がよい。

2、紙しばいは幼学年だけでなく教材によつては高学年にもよろこばれ、効果あることがわかつた。

3、風刺的な絵に対してその理解をあやしんでいたが問答によつて考えた以上に理解していたことがわかつた。

4、今まで具体例を引用して聴覚だけによる学習だつたものが、視覚を伴うため多くの問題を発見し討議や問答に活気がある学習であつた。

▲評　価

質問紙による評価をしているがその一例として、「移民の話」の紙しばい学習の評価の結果をしるすと評価人員五〇名中、

※八重山開発は琉球全体の幸福のためになることを知つたか。

わかつた者	四五人
わからぬ者	五人

※移民を八重山に多く入れ、これと協力していかねばならぬことがわかつたか。

わかつた者	四七人
わからぬ者	三人

※人口と資源は移民と深いつながりのあることがわかつたか。

よくわかつた	二四人
だいたいわかつた	一一人
あまりわからない	一五人

※八重山の移民地がどこにあり、計画移民と自由移民の意味がわかつたか。

よくわかた	二〇人
だいたいわかつた	二六人
あまりわからない	四人

以上のような結論で私としては紙しばい学習は評価の結果からいつても効果あるものであると思つている。

▲残された問題

1、地域性を重んずる教科だけに、既成の台本では充分に目的を達し得ないのでいきおい自作によらねばならぬが、これをめんどうと感ずる者にはこの種の方法は実践しにくい。

2、名文はかけるが、これを絵で表現することはむずかしいものであるからとつつきにくい。用紙が多くいり、経済的に隘路がある。

（登野城小学校教諭）

(教)(育)(三)(考)

仲　間　智　秀

※教育とは、教え、育てることである。

生れたまゝの子供たちは貴い人生への原料だともいえる。原料が精製されてその品価を現わすように、子供たちも教え育てられて教養の高い成人になる。

「教」よりも「育」に重きをおき、知識を育て、人格を育て、人間味を育て、学歴と教養を完全に一致させるように育てねば……。

※木養育（きよういく）とは木を養育することである。

痛さ、苦しさを表示し得る「人の子」は育て易くても、物いわぬ草木を育てることはむづかしい。

木を養育する心で子供たちを育てるときに真に教育の成果が結実する。

「緑」を必要としない学校、花の咲かない学園で六三、三年間すごさせていて教育したなどとは、口はゞつたい。卒業証書の文句が気になる。

※今日育（きよういく）とは今日、育てることである。

子供たちは生長する。

明日の此の子が今日の此の子ではない。今日の分は今日で教え、育てねばならぬ。草木が適期に施肥培土を必要とするように子供たちも適齢期に磨き上げねば、その身心骨肉は均整に発育しない。「物的空白はいつか取りかえし得るが、精神的空白は永久に空白である」との先輩の忠言もそこにある。

適期を失つたためいつまでも負債になつていることはないだろうか。　例えば発音とか、リズム感とか算数の基礎形式とか…。

教育運営費がない時の分を、教育費が出てから補うると余りにも錯覚が強すぎはしないだろうか。たゝみは金が出てから買つてもいゝが、ミルクは成人してから飲むより発育ざかりの子供たちに金がなくても飲ましたいものである。

智恵と工夫と努力を払つて……「教育」も「教えたか」でなく、「学び取つたか」にならねば「教えた」負債は残らないが「学んだ」負債がやがて巷にはんらんする。

（久米島具志川中学校長）

新学校経営論

石　三次郎
（東京教育大学教授）

一

周知のごとく、学校経営とは人Manと金Moneyと材料Materialと方法Methodを整備拡充しながらこれを教育目的の達成に向つて、継続的に統制していく活動だといわれている。換言すれば、教育目的の達成のために行われる、一定の配慮ないし努力が経営だといわれる。したがつて、それは等しく経営という文字を用いられながらも、会社や銀行や病院のごときそれとは、全くその本質を異にしている。会社や銀行や病院のごときも、社会の要求に基き、公共の福祉に貢献せんことを主要な目的としている点で、学校経営と何ら変りはない。しかし、その本質は全く異なる。会社や銀行ないしは病院のごときは、利潤の追求を本質的要素として成立し、利潤を多くあげることによつて、よりよく公共の福祉に貢献せんことをねらつているのである。したがつてその経営の意味は、4M+Mと定義し得るであろう。4MのMはManとMoneyとMaterialとMethodのMであり、後のMはMoneyのMである。学校経営はこれに反して、子供の幸福と社会の福祉に貢献せんことを目的としたもので、その経営は会社や銀行や病院と等しく4Mを絶対の条件としながら、そのねらいは、世の信用Confidenceにこたえるにあるその意味において学校経営は4M+Cとして定義し得るであろう。

さて、この4M+Cが、新しい観点に立つて考えられた場合、すなわち題意の示す新学校経営として考えられる場合、経営のいかなる面で「新」でありいかなる「点」で「旧」と対立し、その特徴を示すものとならねばならないか。

二

先ず第一の観点は、新な人間関係を基調とした経営の民主化の問題である。

Personal RelationすなわちP・Rの問題である人間関係をいかなる姿態におくか、これが学校経営の第一の要点である。旧き学校経営は、ややもすると機構制度を人間に優越せしめ、人間をその中に閉じ込めこれを規整し、拘束せんとする傾向にあつたこれでは、人間の完全な能力は発揮できない。いかなる教師も人間である限り、俸給や地位の問題、年齢や性、快苦病弱、趣味や個性など、職業能力の増減に関する幾多の要素をもつているであろう。それに対する不平や煩悶をきき入れ、働くための最良の条件をつくり、快よくより協力し得る人間関係を絶えず考えること、これが新しい学校経営の重点である。何事も人に始つて人に終るが、教育はとりわけ人対人の関係であり、この関係に破綻を生ずると、一切が水泡に帰する。だから、学校経営においては先ず第一に子供でも教師でもひとりひとりを尊重しこれをよく理解するとともに、その自由と幸福を保証し、個性を擁護し、その能力を最高完全に発揮せしめ得るよう仕向けることにある。そして、異つた子供や教師の特性に、正しい調和を得させること、それが学校経営の要諦である。

しかし、このことは理想であつて、いついかなる場合も可能であるとは言い得ない。むしろときには安易に流れ、無気力低調となり、ときには、粗暴無責任となり、職責を懈怠するものも少しとしないであろう。民主主義は個人の自由と幸福とを守り、その人権を尊重するが、職責に対しては断乎としてこれを追求するのである。一旦職場に入り、その責に任ずるとき、その職責の懈怠を許さないのである。民主主義は、本来個人の自由と社会の責任とを俊別するものであるが、わが国の民主主義はそこまで熟していない。したがつて、民主主義の名において両者を混同し、個人の専横を許すことなきを保障し難い。新しい学校は、かかる民主主義の真の原則をうちたてて、これによつて個人の自由と幸福とを守るとともに、教育の能率化をはかるものとならねばならない。

かかる観点に立つて考える場合、経営者としての校長には、自ら二つの態度が生れる。その一は機能説であり、他の一は人格説である。ここに機能とは学校教育の全体とみて、校長がこれを管理経営する職責の一部分を分担するものとみて、教員と併列関係に立ち、両者の意見の辯証的調整に教育並に経営の主体を求めんとするものである。これは教育と経営とを分離し、校長職を経営に限定し、その権限を縮少せんとする考えで、民主主義に基く一つの考え方である。これに反して人格説は校長職はかかる部分的機関ではなく、全体教育の人格的反映であり、教官や生徒の上に位置し、教育の源泉ともなり、中心ともなつてこれを構成し、推進していく人格体と考える。確に人間には心臓があり、精神があるごとく、学校教育にも中心があり、統一するものがなければならない。その意味において、校長は学校教育の中心として厳として存在し、その人格は教育全体を光被するものでなければならない。前者は民主化を強調して校長の存在が曖昧となり、かえつて教育の推進を阻むものとなり、後者はややもすると、校長は教員生徒から遊離して、独裁化に傾く。新しい経営者としての校長は、この両者を兼ね具えたものでなければならない。何となれば、教育を支えるものは学問であり芸術であるが、より多く人格である人格を媒介とせざる教育は単に知識や技術の切り売りにすぎない。しかしその人格は孤高独善、教師にも生徒にも通ぜぬものであつては意味をなさない。これ、新しい意味での校長が、健康で、明るい豊かな心情の持主であり、人なつこい親しみ易い性格とユーモアに対して優れた感覚をもち、公平で親切で勤勉誠実でなければならぬとされるゆえんである。かかる性格こそ、真に民主的でかつ人格者といわれるものであろう。校長のかかる人格が中心となつてつくられる人間関係にこそ、新しい意味での学校経営の本質がある。

三

新しい学校経営の第二の観点は経営の社会化である。

民主的な人間関係をつくり、民主的に経営していくものは、これと経営の社会化を考えねばならない説くまでもなく、今日の学校教育は地域社会編成の一環としてそれを純化し向上させ、理想化していくことを重要なねらいとしている。したがつて、その経営も広く社会の要求に対応し、これに直接解れ、その要求を解決していくものとして工夫されねばならない。たとえば、次の図に示すごとく今日学校教育は種々の要素に支えられ、それの交錯点において成立している。

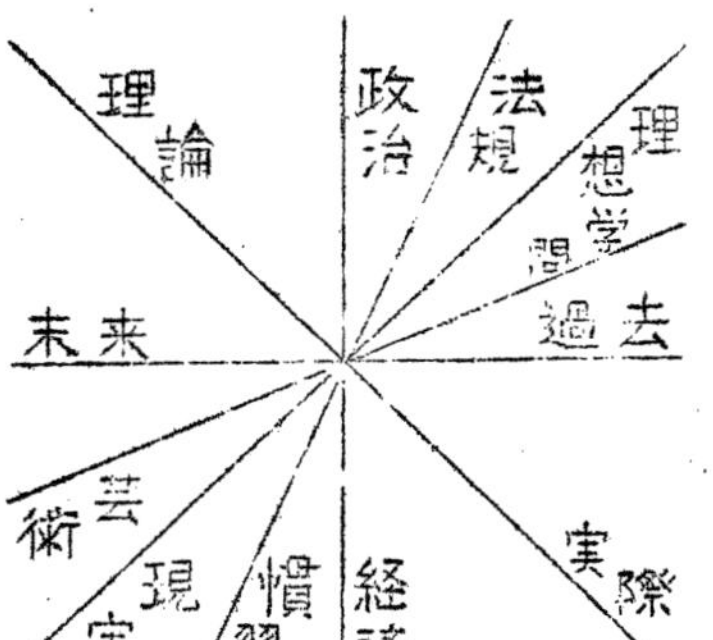

経営者としての校長は、その中心に位置しているしたがつて、国家主義時代のごとく強力な国権によつて支えられ、政治も経済も、理想も現実も顧慮することなく、ただ一すじに国家の要求と課題を解説していればこと足りた時代とは異つている。学問さえあれば、事務も経済も何一つ知らなくとも済んだ時代とは、全く異つている。校長は理論家として教育の本も相当に読んでいなければならず、また実際家としての経験も大切であり、政治や経済についても一つの見解と理想とをもつていなければならないまた教育は、過去から未来に流れ去つていくもので時代の動向に対する洞察力も必要である。かく考えてみると、経営というものは、単に人や金や材料だけでは役立たない。もちろん人や金や材料は経営の背骨であり、中心であつて欠くことは出来ないが、これをめぐる種々の条件は、多くは社会との関係において考えられねばならない。地域社会の知的文化的レベルや、道徳、風俗、習慣、さては生産、消費経済状態など一として経営に関係せぬものはない。経営というものはかかる地域社会の条件に無関係には行われないし、経営を社会から断ち切つて、独善的封鎖的にも行うことはできない。経営はむしろ社会のかかる条件と対応し、これを克服して理想的社会の形成を目指すものとして行われねばならない。

四

第三には経営の合理化である。経営の合理化とはいつでも、いかなる段階でも、無駄をさけ、重復を省き、能率化を図ることである。経営の合理化は、先ず人間Man 時間Time 労力Energy 施設Equipmentに向つて行われなければならない。人間の面では能う限り教育と事務とを分離し、教員から雑務をとり除き、教員をして教育に専念できるよう組織だてることである。もとより事務に委せ得ない教務の面も多分にあり、したがつて教員を完全に雑務から解放することは困難であるが、現状においては事務が煩雑であり、過多である。教員の任務はただ一つ教えることである。教員を雑務から解放し、教育上の実績をあげさせるためには、事務職員の充実と事務室の組織統制が必要である。事務職員は、事務に関する訓練と、これに加えて教育に関する若干の訓練と素養とをもつたものから選ぶことが大切である。そして、これらの人たちにも現職教育を行い。教育事務に精通させる必要がある。事務職員の一人一人が、その性格で、協力的能率的なものであり、かつ親切なものであることが望ましい。事務の面からいつて、学校の目的と方法とをよく理解しており事務処理に堪能で、かつ正確組織的であることが望ましい。それとともに事務職員にとつて大切なことはその編成である。事務室が適切に編成され、有効にその機能を発揮し得れば、自ら学校の目的達成に役立ち得る。事務には学校の備品・帳簿の管理、文書の処理、記録の保存、報告書の作成、学籍簿の保存、補給品の分配、来校者の応待、金銭出納、各種の教育調査等多分にあるであろう。これを各係りに配属させ、事務の簡素化と能率化とを図り、責任の所在を明かにすることが大切である。

次に**時間の節約と活用**との問題である。時間を正確に守り、有効に使用することは、労力を節約し、経営を能率化する上に極めて大切なことであり、また専門的能力を養うための前提条件である。校長及び教員の指導力はこの点に始まる。かかる理想は教員全体が自分に課せられた仕事を適確に規則正しく操作するよう協力する場合においてのみ獲得されるもちろん、時間の有効な使用という点では、生徒にも職員にも地域社会の人々にも関係することであるが、先ず何よりも学校の教職員各自が時間を厳正に守ることに努力しなければならない。学校の目的を適切に達成するためには、全職員はあらゆる仕事に関し、敏活で軌幌面であることを要する。時間の節約ということは同時に労力の節約をも意味し、労力が有効適切に使用されることが経営合理化の必須の条件である。

第三は**施設の問題**である。わが国民の欠陥の一つは公共施設の利用保全に対する訓練ができていないことであ。ことに中高の生徒ともならば、無関心であるよりも無責任の場合が多く、時にはこれを破壊し、蛮勇を誇示することすらないではない。学校の施設及び備品を大切に使用するよう全生徒を正しく導くことが、校長の最大の責任であり、これを愛護保存し、美しい環境の中で明るい気持で勉強させることが大切である。つまり生徒をして借物としてではなく、あくまで自分のもの、自分の家として、学校の施設及び備品を保護推持し、調達充当させることが大切である。それがためには校長及び職員は校舎・設施・備品の一切にたえず注意を払うとともにこれが利用計画と指導力とをもたなければならない

第四には**経営方法の問題**が挙げられよう。ここで問題になるのは、経営の近代化機械化の問題であり校長は無駄なく学校経営の主要問題に専心できるよう学校内外を組織編成し、能率的方法をとることである。これを要するに、経営合理化の問題は学校経営上の中心的基本的問題であり、絶えず創意工夫を加え、整然たる組織体制をつくりあげることが大切である。

五

経営の合理化は必然的に経営の科学化を前提とする。その意味において第四には経営の科学化を挙げておかねばならない。学校経営は必然的に学校教育に二面、すなわち指導と管理とを含んでいる。ここに指導とは主として教育課程の構成の問題や学習指導及び生徒指導ないし教育評価など直接教育活動の内面に触れた働きであり、管理とは、人的物的・財的条件を整え、これを教育目的の達成に向つて継続的に統制していく活動である。この二つはいわば同一教育作用の二面であつて、それを指導及び管理という表現をもつて相補うところの一つの機能であるが、その実態を科学的に調査研究し、常にその動態を明かにするとともに、これを他と比較研究し、その長短優劣をはつきり見究め、教育目的の達成に当るべきである。まず第一にわれわれの心得ていなければならぬことは、学校構成の基礎条件―各種の設置基準に照らして―と時々刻々に遷転していく学校の動態調査とである。前者は、校地・校舎・施設・備品・教具・教材から教職員の定数・生徒の入退学進学・就職状況等であり、後者は、学校経営上の経済的基礎と社会的教育的要求を知ることである。また指導面についてみるも、たとえば教育課程・学習指導・生徒指導・読書指導・図書館・放送教育などいわゆる教育推進の諸契機については、教員の研究状況・指導計画・生徒に対する成果とその実態等を科学的に明かにし、実際の資料と統計をもとにしてこれを進めなければならない。

なお学校経営の基礎条件としての経費特に経常費の研究と教官待遇の経済的根拠―俸給、研究費、出張費、会合費、PTA給与等について―を明かにし

社会の諸情勢に睨み合せ、その適正を期すのでなければならない。

六

これを要するに学校経営は、決して一時的便宜的なものではなく、一方学校の長い歴史と伝統と校風とに基き、他方、時代及び社会の要望に添い、伝統と革新とをおりまぜて行われるものである。学校の発達を歴史的社会的に明かにし、その進歩発達の跡を明白ならしめるとともに、これをひろく全国の同種の学校ないしは上下の学校と比較対照し、自己の学校の実態と特質とをはっきりつかんでおくことが大切である。そこで、一方自己の学校の構成条件とその動態とを正確に記録整理して、これを保管するとともに、ひろく国家全体の学事関係事項を調査研究しておく必要がある。

最後に経営の計画化について一言しておきたい。学校教育は高度の計画を要する仕事であり、この計画をいかなる理想のもとにいかに実践していくか、それが学校経営の重要な任務である。しかも教育計画は単なる模倣や追随であったり、反覆踏襲であってはならない。学校独自の衆知を集めた教育理想の表明であり、顕現であって、これをうまく実現していくところに経営の妙味がある。円満にして均衡のとれた教育計画純粋にして精強な教育の進展、個人の幸福と社会の福祉に最もよく貢献する教育、健康で明朗で楽しい教育的雰囲気、いずれもそれは周到な教育計画とこれが実践に対する熱意と協力とから生れるここに経営の重大性がある。経営のいかんは実に教育の成否の岐れるところで、それは経営者の人物・学歴・経験・手腕・力量等に存する。近代教育が学校経営を重視し、校長の選任に特別の注意を払うゆえんもここにあるといえよう。

遊びとしつけと体育

中田豊太郎

(一)

体育に関して何か書く様にといわれて、わたしはそれはおかどちがいだと思った。しかし、広い意味の体育は、誰だって実行していることであり、したがって何か考えていることであるだから何かいえないことはないはずである。そう考えて、わたしの思いつきを書きならべることにする。

(二)

このところ、わたしは学級担任をしていない。したがって、子供の仲間にはいって遊ぶ機会が少くなった。それだって、心がけ一つで機会はつかめないことはないが、子供との親しみがどうも担任の子供のようにはいかない。これは、わたしにとって何よりさびしいことである。何か、子供から取り残された感じがしてならない。

「休み時間には必ず子供達と一緒に遊ぶこと子供と一緒に遊べなくなったら、自分の先生のねうちは半分になるのだ」之を、わたしの信条として遊びつづけて来た。おにごっこの仲間にはいる。すもうのけいこ員になる。縄とびのつなを持ってやる。野球のピッチャーをやる。キャッチャーになり手がなければそれにもなる。キックボールの一員になる。バランスがとれないといえば審判にもなるが、たいていはどちらかの一員にはいる。

こうして、本当に子供達の仲間にはいる。子供達を監督するという気持ではなく、ほんとうに一緒に遊ぶのである。もっとはっきりいえば、子供達を好相手と思って、むきになって試合をする気持である。といっても、夢中になって子供達を忘れるというのではない。何か冷たく監督気取にならないという意味である。

(三)

こゝでちょっと脱線することを許してもらいたいこのごろの先生がたは、子供と遊ぶことが少くなっていないだろうか。もしそうだとすれば、その原因はどこにあるだろうか。もし、学校の事務が忙しくて、子供を相手に遊ぶひまがないというのであれば何とかこの辺で考えなおす必要がある。終戦後はよく皮肉まじりに聞いたことだが、

「実態調査をするのが忙しくて、ろくろく授業が出来ない」

「カリキュラムを作るのが忙しくて落ちついて授業などしておられない」

「遊び時間に職員室にいないと、時代から取り残される」

こんなことがあるとすれば、ほんとうにもっとどうにかしたいものである。

「休み時間に訓練論をたゝかわしている間に、子供が教室の窓から落ちてけがをした」

などという皮肉な事故等は、あってはならないのである。

こういうことについては、体育の立場からも、躾の

立場からも、学級担任の先生、いやすべての先生に呼びかけてもらいたいものである。いや、学校経営者が自ら反省しなければならないのではないか。

いや、どうも脱線して済みませんでした。

(四)

さて、一体、どうして、そんなに子供と遊ぶことを強調するのかというのであるが、

。子供と遊ぶことが面白いからである。もつと大きく広げていえば子供と生活するのが楽しいからである。

。子供と遊ぶことによつて、子供の一人々々と仲よしになることが出来るからである。

。子供と仲よしになれば、子供の一人々々をよく知ることが出来るからである。

この、子供の一人々々を知るということも、自然のたまものである。子供を観察して、子供の行動評価をしてやるのだというような、「秘密たんてい」のような態度であつてはならない。こんなことをいうのも、戦後の教育者にはデーターをとることの好きな人ができて、授業中にも子供の観察評価のメモをつけたり、遊びの時にもそれをつけたりするのがないともいえないからである。それは悪いとはいわないが、教育の実際家である教師は、もつと深いところを見ぬいて、心の底にメモしておいてはどんなものだろうか。

(五)

子供と遊ぶことは、右に述べたような効果（こういうものも余り功利的だが）がある。

したがつて、学級経営の基底をなす力となるものである。あるいは母胎といつた方がよいかも知れない。少くともわたしは、遊びの指導に、学級経営の一つの重点をおいてきた。

。遊びによつて、

子供の健康を増進する。

。遊びによつて、

子供の一人々々の心を明るくする。

。遊びによつて、

学級全体の心を結ぶことが出来る。

そこから級風さえうまれてくる。こういうことを考えたので、遊びを、級全体の子供の参加するもの少くとも級全体の子供の関心をもつものにすることにつとめた。「級技」ということばはどうかと思うが、そういうものをもつことにつとめた。キツクボール、ドッジボール、野球、すもう、縄とび…等。之を季節々々に応じて奨励した。こういうと、どの子供も野球が上手で、すもうが強くて……ということになるが、必ずしもそうでなくてもよい。子供の性格により、体質によつて考えることは当然であるすもうの実力の弱い子供には、点取り表の係や、番づけ表の係などを分担させることも考慮に入れるといつたぐあいに。

適材適所は理想であるが、不適材者の活きる道を考えることもまた、学校経営上必要なことである。いや、之は社会生活の上にも必要なことでないだろうか。

(六)

児童の興味の尊重――児童中心主義の教育――生活主義の教育――生活学習――こういう考え方の教育の線上に遊びは重要な位置を占めている。子供の興味は遊びにあり、子供の生活の特質は遊びにあるからである。

勿論、こういつた時の「遊び」の中には必ずしも体育の領域に入れてよいかどうかゞ問題になるものもあるが、これらの一日の運動量は大したものである子供は自然のうちに、一日に、何メートル走り、何回跳躍運動をし、何回体側の運動をしていることであろう。冬になると、子供はよく足でやるジャンケン遊びをしている。冬でも汗を流さんばかりである

(七)

わたしは、こうした、子供の自然の遊びを見るにつけ思うことは、一週三時間か四時間か定めてある体育の時間の意義がどこにあるかということである。体育こそ広い意味では、人間の生活の全領域で考えなければならない。

精神衛生等ということまでを考えると体育の領域はきわめて大きいのである。定められた一週三時間、四時間の体育の時間は勿論、他教科の時間も、遊び時間も、みんな体育という角度から管理する必要がある。

私は、国語教育のことを考える時、よく体育のことを考える。国語教育と体育の考え方が非常によく似ているのではないかと思う。国語が空気の如く生活のあらゆる場にあるように、体育も四六時中あらゆるところにあるからである。国語がねごとや、夢の中にもあるように、寝ているところにもあるのである。

わたしは、毎朝第一時に学級の子供の出席をしらべるときに、子供達の顔色、目の光、そして、落つきと気力を見ることを忘れなかつた。それで、子供達の睡眠状態や食事の状態を察知した。度かさなれ

ば怖しい察知力ができるものである。子供の家庭内の空気の異状も察知出来るようになつた。家庭に病人があつたり、泊込みの客があつたり……こうした平常とちがつた空気にあることまでも知つたのである。こういう条件を知つていて指導することが教育である。

（八）

わたしの今まで述べた調子だと、自由時間の遊びが体育的に大きな意味をもつているので、定められた体育の時間などは、それほど重視せんでも良いと聞こえたかも知れない。

しかし、そういうつもりではない。

特設した体育の時間こそは、体育の立場から最も体育的に望ましいものを強調してもらいたいのである。体育の時間に強調した体育の基本的な内容が、遊びの時間にも、他教科の学習の時にも、食事の時にも、道の歩き方にも、睡眠の心得にも、生活的ににじみ込んでくるように導いてもらいたいものである。又仕事をするにも、体育の時間に指導されたことを理想として行動するように導きたいものであるこの意味から、特設した体育の時間の指導内容は、日常のあそびや遊戯や競技等体育的生活とのにらみあわせが大切でないかと思う。

運動会がすんだら、先生も生徒も見向きもしない様な遊戯がもしあつたら、この遊戯を反省するか、先生や生徒の考え方を反省しなければならぬのではないだろうか、これは、長い教員生活中の一つの疑問なので疑問を疑問として提出する。

（東京教育大学附小教頭）

教科以外の活動の計畫と指導

ー文部省初等教育パンフレットよりー

（その三）

第六　教科以外の活動の組織

前章にも述べたように、教科以外の活動としては児童会活動とクラブ活動とをその二大領域とすることができる。ところで、児童会活動は、民主的組織のもとに、こどもが学校の経営や活動に協力参加するものであり、クラブ活動は、個々のこどもの特殊な能力や興味や伸張しようとするものであるから、その活動の組織は、両者に於いて異なるものをもつているといわなければならない。すなわち、児童会活動は、実践組織としての各部の活動とそれを統合的に運営する機関としての代表児童委員会との縦の関係が重要であつて、立体的な組織であるに反し、クラブ活動は、児童会との関係において縦の関係をもつ場合もあるが、主として並列的な組織であるといえよう。

この章においては、まず児童会活動の組織について述べ、次にクラブ活動の組織のしかたについて述べることにする。そして、児童会やクラブにおける組織的活動は、主として高学年児童がこれに従うであろうから、低学年児童の教科以外の活動の組織をどのように考えるべきかということ、およびこどもの校外活動の組織についてもいくらかふれることにしよう。

一、児童会活動の組織はどのようにしたらよいか。

1　組織に当つて、どんな点に注意すべきか。

児童会活動として、どのような活動が選択されるかは、その地域の事情やこどもの実態に即して定められるべきである以上、その組織もまた当然学校の実態に即して定められるべきである。

組織するに際して注意すべき一般的事項としては次のことが考えられる。

（イ）　学校の実態に即すること。

学校には、一学年一学級の学校、一学年数学級の学校など、その大きさはさまざまである。学級数の大小は、ひいて教員数の大小となり、組織に当つて当然考慮されるべきことになる。概して大きな学校は、こどもの生活実態の必要に応じて多くの部や班を設けることができようが、小さい学校では、部や班の数は少くなるであろう。また、組織に当つては学校の有する設備の状況や学校の環境をも考慮しなければならないであろう。

(ロ) 活動のための組織であること

児童会活動の組織は、こどもが活動しやすい組織でなくてはならない。教師は、こどもたちの活動にもつとも適する組織をつくることについて、こどもを援助してやる必要があろう。

(ハ) 組織は民主的な社会の実現を促進するものであること。

代表者や、班および部長の選出は、民主的に行われる必要がある。各構成員の意見は、じゆうぶん尊重されるようになつていなければならない。また組織はこどもの民主的な行動を促進するようなものでなければならない。

(ニ) 児童会活動は、学校生活のいろいろな領域について起つてくる諸問題を実践的に処理することを目的とするのであるから、実践組織としての各部は学校生活のいろいろの領域にわつたて、設けられることが望ましい。

(ホ) こどもの希望を尊重して部や班を設けること

児童会の活動が、こどもの自主的自発的な活動である限り、こどもの希望を尊重し、その納得をえて部や班が設けられることが望ましい。教師がかつてに考えた部や班にこどもをはめこむならば、教師が期待するような活動はとうてい望めないであろう。

さて、こどもが組織の中にはいつて、組織的な活動ができるのは、第四、「教科の活動と児童の発達」のところで述べたように、おそらく三年生かあるいは四年生からであろう。しかし、三年生あるいは四年生と六年生との間には、発達程度に相当の差異が見られるから、教師の適切な助言を必要とする。もし教師の助言が適切ならば、低学年のものの意見によつて高学年のものも益することがあろうし、また低学年のものは、高学年のものの活動に刺戟され有益な経験を積むことができるであろう。

2 児童会組織の例

基本的には、こどものもつ問題について、「協議決定」するための機関と、それの「実行」のための機関が必要である。そして、各機関は密接な関連をもつて活発に活動できるようにしなければならない

(例)

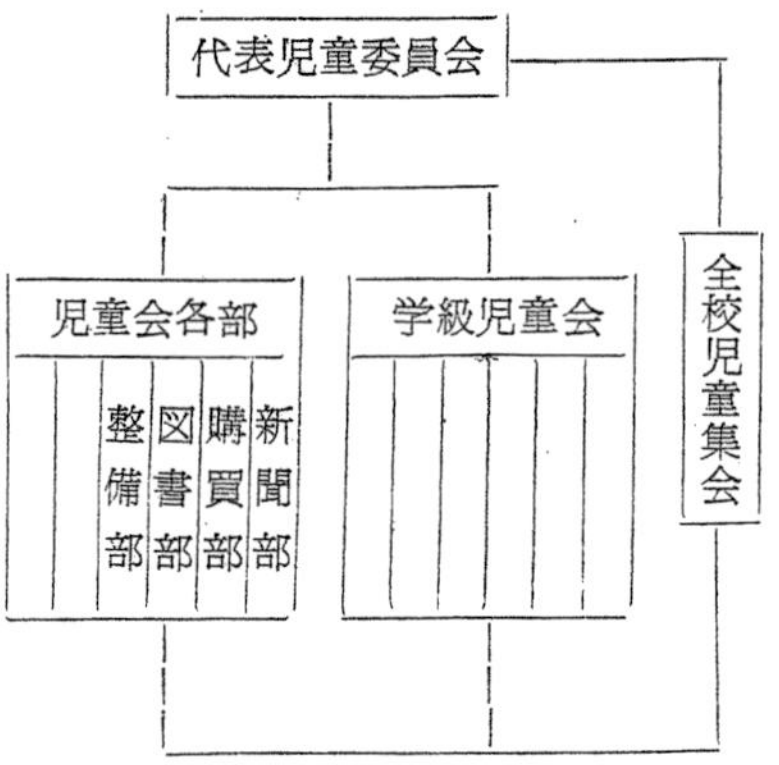

▲この組織の説明

(イ) 代表児童委員会

各学級より選ばれた代表児童によつて組織され、民主的な学校生活運営のための最高決議機関となる実際の活動は児童会各部の活動や学級児童会の活動をとおして行われる。この委員会は、学校によつては「学校こども議会」「学校児童会」などと呼ばれている。

(ロ) 全校児童集会

全校の児童が会合し、代表児童委員会で決定したことや、各部の状況の報告やレクリエーションなどが行われる。全校児童に児童会活動の徹底をはかつたり、全校児童が楽しむために開かれる。

(ハ) 学級児童会

各学級ごとに組織され、学級自体の問題を協議したり、協議に基いて実行したりする。また代表児童(あるいは児童会長)をとおして、代表児童委員会と密接な関係をもつて活動する。

(ニ) 児童会各部

代表児童委員会で決定されたことの実行に当るとともに、代表児童委員会にその部を代表する児童(部長)をとおして問題を提案する。新聞部、購買部図書部等に分れた各部は、児童会活動の実際的運営の中心として働く、構成員は各学級からえらばれる

(例二)

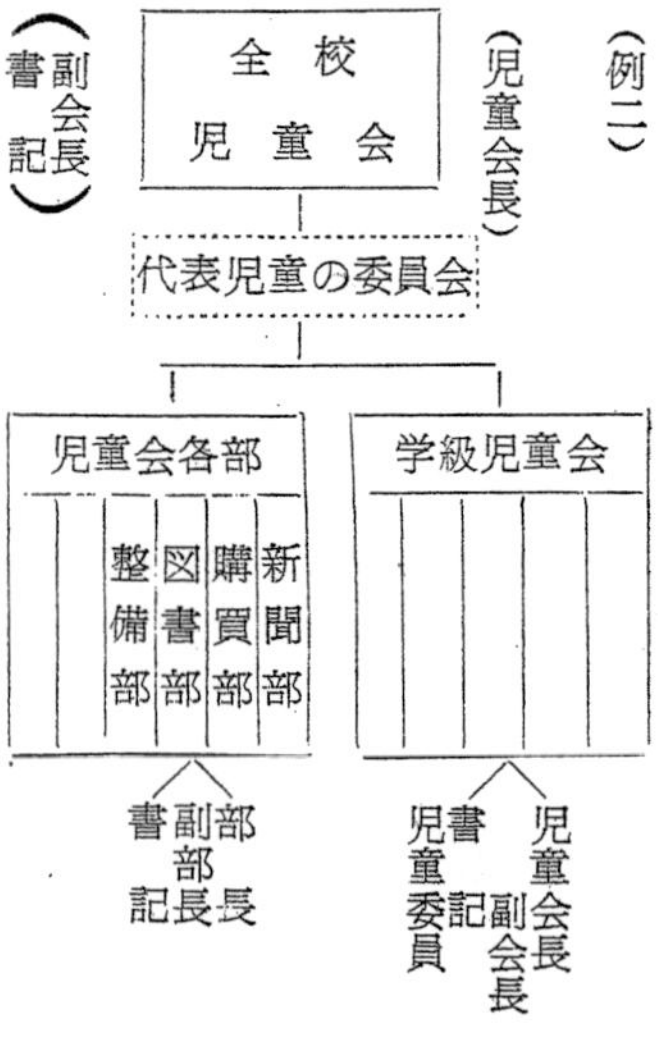

▲この組織の説明

(イ) 全校児童会

児童全員の参加のもとに、自由に発言し協議する全員の集会であつて、すべての児童会活動を決定する最高の機関である。

(ロ) 代表児童の委員会

学級児童会と児童会各部とからの代表委員によつて構成される。全校児童会の決定に基いて細案を作る必要のある場合に開く。

(ハ) 学級児童会

(例一)の場合と同じ

(ニ) 児童会各部

全校児童会で決定されたことの実行に当る。実際には幾つかの部に分れ、全校児童の活動の中心として働く。構成員は各学級から選出される。

(ホ) 学級児童会と児童会各部会との関係

この両者は、別のものであるが、学級児童会には少くとも児童会各部と同種類の部を設けて、児童会各部と密接な関係のもとに活動する。

▲この組織の特色

(イ) 全校児童会と児童学級会及び部活動とが直結している点に強味がある。この組織は学級の少い学校すなわち小さい学校に適する。学級数の多い学校では無理であろう。

(ロ) 学級児童会の大部分が各部の構成員となるから、活動が全体として強力にできる。

(例三)

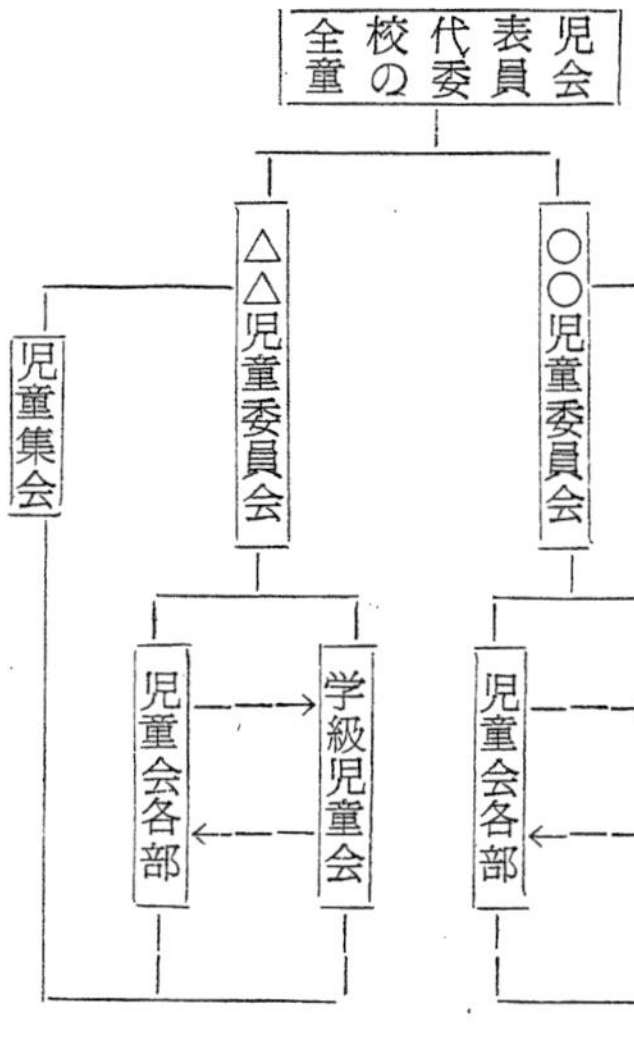

▲この組織の説明

(イ) 二つの児童会の組織を同時にもつて、おのおのが児童会の運営活動をなしていく組織である。学級数の多い学校で、しかも校舎の配置から考えて二つに分け得る場合に行いうるものである。もちろん各学年を縦に二分しての組織である。

(ロ) 全校代表児童の委員会

二つの児童会の代表児童によつて構成される。

二つの児童会の連絡協議、学校生活の統一調整的な意味において必要であり、また、その意味で主要な機関である。

▲この組織の特色

(イ) 児童数の多い学校では、各児童に代表者となる機会が少いが、このような組織にすれば、多いの児童が代表者となる機会が多くなる。また各構成員も積極的に仕事に参加する機会が多くなる。

(ロ) 二つの児童会の間に、よい意味における対立の意識が生じ、児童会活動が活発になる。

(ハ) 二つの児童会の対抗のレクリエーションなど興味ある活動も計画されうる。

▲この組織の欠点

(イ) 同一学年の間の連絡に不便である。

(ロ) 指導よろしきを得なければ、二つの児童会の間に感情の対立が起りやすく、学校内の統一を欠くうらみがある。

(ハ) 活動のための設備や経費が多くかゝる。この組織は、運営指導上の困難を伴うが、それがもし克服されるならば、大きな学校では独特な活動が期待されよう。

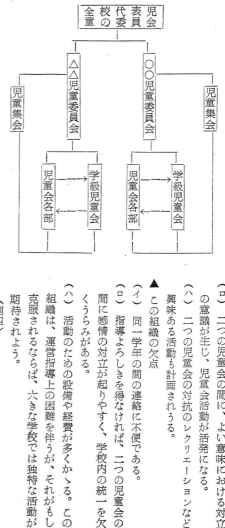

(例四)

こどもの町(市、町)

地方自体の組織をまねて「わたくしたちの町(市町)としての意識のもとに、児童会を運営していくものである。すなわち、こども議会をつくり、役所消防隊、保健所、新聞社、銀行などの機関を設けてこどもの町(市、村)の運営をしていくのである。

この組織は、うまく運営されるならば、特色あるものとなろう。

二、クラブ活動の組織はどのようにしたらよいか。

1組織に当つてどんな点に注意すべきか。

クラブ活動は同好のこどものグループによる活動である。したがつてクラブ活動の組織に当つては、次のことが注意される必要があろう。

イ クラブは児童自身のものであること。

クラブの活動が自発的に行われなければならないことはいうまでもない。したがつてクラブは児童自身のものでなくてはならない。児童自身のものであるということは、児童にすべてをまかせ、放任しておいてよいということではない。教師は児童個々の興味や欲求、特殊な能力などをよく考え、児童の希望を尊重し、かれらの活動に援助を与える必要がある。またクラブの選択についても、よい相談相手となることがたいせつである。教師の側において、一方的にクラブを選定し、児童を平均に割り当てるといつた組織の方法は避けなければならない。

(ロ) 学校の設備、資料、資材などを考慮して組織すること

クラブの中には、設備、資料、資材などを特に必要とするものがある。そのようなクラブのために、学校はすでに設備、資料、資材をもつているか、今後それをもちうるか、地域社会に利用しうるものがあるか、などをよく検討して、組織に当らなければならない。

(ハ) 教師の人数や指導力を考慮すること。

クラブ活動に直接参加し、指導しうる教師の数やそれらの教師のもつている指導能力などを考慮し、その可能な範囲において出発するのが望ましい。もつとも、教師の中に適任者がない場合には、PTAや、地域社会の人々のうちから適任者に指導を求めるということも考えられるが、その場合も、校長および教師の責任のもとに行わなければならない。最初から広範囲な、組織のための組織をつくり、教師の側の過大な負担を見のがしては永続性がなく、失敗に終ることが多いであろう。

(ニ) クラブによつては季節的な配慮の必要なものもあることを考慮しておくこと。

クラブによつては、ある季節に活発に活動できるが、他の季節には活動できないといつたものがあろう。したがつて、季節によつてクラブの改廃をするとか、あるいはそのクラブ員の活動を前もつて予定しておくとかする用意が必要であろう。もちろん四季の変化を通じて行うことによつて、そのクラブの活動を一段と効果的にするようなクラブもあろうともかく、こどもの興味は季節に左右されるところが大きいから、クラブを組織するに当つて、季節的な考慮はたいせつであるといわなければならない。

(ホ) 必要と思われる経費をあらかじめ考慮してかゝること。

小学校としては、クラブ活動のために多額な費用をこどもに負担させることは望ましくない。したがつて、設備資材のための費用は、なるべく教科の学習と関連して、学校として計画的に逐次充実させるように努力する必要があろう。特に個人負担が必要な場合は、その活動の価値を考え、費用は最少限度にとどめるようにしなければならない。

以上、クラブを組織するに当つて注意すべき点を述べたが、要するにクラブ活動が真に健全な進み方をするためには、最初から完全な組織を考えることなく、こどもや学校の実情に応じて、自分の学校で現在直ちにできるものから始め、実施とともに研究くふうし、一歩一歩前進するという考え方が必要であろう。

二、児童のクラブ活動への参加は何年ぐらいからが適当であるか。

さきに第三章「教科以外の活動と児童の発達」において述べたように、こどもはだいたいにおいて四年生ぐらいになつてから、自己の興味や能力を自覚し始め、また社会的に他と協力することができるようになるから、クラブ活動への参加は、大体四年生ぐらいが適当であろう。

しかし、クラブの種類や指導方法によつては、三年生あるいはもつと低学年から参加することができるかもしれない。低学年のうちの特殊なこどもに対しては、このような機会を与えることがよいであろう。また低学年のこどもには植物、昆虫、貝がらなどの収集活動や、絵画、工作、音楽などの表現活動を奨励して、将来クラブ活動に参加する素地をつくるのもよいことである。

三、クラブへ参加する児童の範囲をどのようにするか。

クラブに参加する児童の範囲としては、次の四つの場合が考えられる。

イ、学級内で組織する。
ロ、同学年で組織する。
ハ、近接学年の範囲で組織する。
ニ、学年の区別とは全然関係なく組織する。

この四つの場合の長所と短所について次に考えてみよう。

(イ) 学級内の組織同一学級内で組織する場合は、時間は自由にとれるし、児童は相互によく理解し合つているから、好都合な点が見いだされるがしかし、指導者は、学級担任ひとりであり、いくつかのクラブに対して満足な指導を与えることは困難であろう。また学校の設備や資材の使

用に際して他学級との調節がめんどうになろう。しかし低学年において、クラブ活動の芽ばえを伸ばすのにはよい方法である。

(ロ)同学年内の組織学級数の少い学校においては、学級内の組織と大差がなくなり、指導に困難な場合が多かろう。しかし、同一学年の学級数の多い学校では、一応考慮されうる組織である。しかし、それでも指導に当る教師の数はそんなに多くならないであろうから、クラブの数が限定されるうらみがある。

(ハ)近接学年の組織、これは三年と四年、五年と六年の近接学年の区別を廃して行う組織であるこの組織では、クラブ員の発達段階がほぼ同一であること、他の学級や学年のこどもからの刺戟をうけること、指導の教師の数も多くえられることなどから考えて、都合のよいクラブ組織であるといえる。もし、一、二年担任教師の援助を受けることができれば、いつそう望ましいであろう。

しかし、学校の施設や資材を利用するという点からいえば、三、四年のグループとは曜日を変えて指導する必要が起り、教師の負担はそれだけ多くなるであろう。

(ニ)学年の区別を全く廃した組織、これは(ハ)の場合を一歩前進させたもので、今日最も多くの学校が採用しているやり方である。

この組織は、一学年一学級の学校も、ともに実施して効果ある方法である。ただ一つのクラブに集る児童数が多くなることと、その児童の発達程度に相当の差異が見られることに難点が見いだされる。しかしこの難点の克服ができるならば、学校の統一的な計画のもとに最も組織的な活動が行われうるであろう。

高等学校の農業に関する「教育課程改訂」について

文部省では農業に関する「教育課程改訂」について、去る一月より教材等調査研究会で審議を開始しこのほど成案を得た模様、うかゞう審議の概要を非公式に示せば次の通り。

一、改訂の内容

1、農業に関する教科目とその単位数

2、農業に関する課程の教育課程編成の例

二、改訂の方針

1、昭和二十九年十二月二十七日、文初中第六五三号「高等学校教育課程の改訂について(通達)」を前提とすること。

2、職業に関する科目については特に次の点を考慮すること。

イ、学問的体系を考慮するが、これにとらわれないで教育的観点から考えること。

一教科における科目数をどの程度にするか。

ロ、教育の効果ならびに能率の観点から、理論と実際との統一をはかり、できるだけ「実習」という科目を特別に設けないこと。農業実習をどう考えていくか。

ハ、科目の単位数には幅をもたせること。

現行学習指導要領では最低2、最高37であるが、これをどう考えるか。一科目の単位数の幅はどのくらいが適当か。

ニ、科目の名称については「名は体を表わす」ようにすること。

林業一般等他課程に必要な科目の名称についてはどう考えるか。

「その他の科目」についてどう考えるか

3、農業に関する課程の教育課程編成例については特に次の点を考慮すること。

イ、課程の教育目標を明らかにすること。

課程の目標の幅と深さをどの程度に考えるか。

自営者、就職者、進学者などをどう考えるか。

ロ、農業に関する科目を三十単位以上を編成すること。

農業に関する科目の最低は三十単位であるが、どの程度を適当と考えるか。

特別に課する実習(当番を含む)をどう考えるか。

ハ、低学年においては、その課程として履修すべき科目および単位数をできるだけ共通にし、高学年においては生徒ができるだけ自由に選択できるようにすること。

二、教育課程編成例は代表的な課程について示すこと。

以上の審議要項を先ず討議し、大体これに従つて検討した。

一、農業に関する教科の科目及び科目名について。

「総合農業」

全国高等学校長協会調査によれば廃止希望科目の筆頭に挙げられているが、慎重審議の結果、科目として存置しておくことゝし、「総農」の基礎的、基本的な部分を分離し、こゝに「土、肥料」「病虫害」の新科目を設定した。

「土、肥料」「病虫害」の科目内容は学問の大系に偏することなく実際的実験・実習を主体とする。

「農業工作」の内容を討議し、この科目においては農業機械及び修理、農業土木（測量を含む）、農業工作を取扱うことゝした。

「耕種」は「作物」と改名、従つてその内容も名は体を表わす如く範囲は限定された。

「園芸」は変化はないが園芸課程においては分化の必要があるとし「野菜園芸」「果樹園芸」「草花園芸」の三科目を園芸課程のために設定した。

「農業土木」の内容は「農業工作」内で取扱うことゝしたので、この科目は廃止されたが、農業土木課程のために次の科目が設定された。

「農林測量」土木、林業、造園の各課程共通
「農業造構」材料及び施工を含む
「農業機械」「農地造成」　土地改良一般

林業に関する科目は現行通りとした。

農産加工については、

「農産加工」の外、農産加工課程のために「畜産加工」「応用微生物」「農産化学」の三科目を加えた。

畜産については、

「畜産」の外畜産課程のために「家畜飼養」「家畜衛生」「診療」「飼料作物」の三科目を設けた。

蚕業についての科目は、「養蚕」に「栽桑」、「蚕体生理・病理」「製糸・機械」「蚕種製造」を加え五科目とした。

造園は従来の「造園」の外「造園計画」「造園材料」「造園施工」「都市計画」の四科目を設定した

「農業経済」については種々論議の結果、「農業経営」を設けてこれに含ませることゝした。

「農業経営」は「総合農業」をもつて構成しない教育課程を編成する場合は必ず課さなければならない科目の内容は総合的実習を主体として、ホームプロジエクト及びクラブ活動の理解、農業に関する法規簿記を含む。

実験実習は専門科目の学習には離すことのできないものであるから、従来通りその科目で取扱うが実際には科目外の（科目指導時間外の）実験実習が必要である。例えば夏期、春期の休暇中、日・祭日当番季節的の特別実習等、これを「特別実習」として単位を与えることゝした。

二、農業に関する課程の教育課程編成について。

1、農業課程構成上の主な科目
総合農業（ホームプロジエクト、クラブ活動の理解を含む）
土・肥料（実験・実習を通しての理解）
病虫害（実験・実習を通しての理解）
農業工作（農業機械、修理、農業土木（測量を含む）、農業工作）
「特別実習」備考に示し単位を与えるものとする

特例、次のような科目をもつて構成してもよい
作物、土・肥料、病虫害、
園芸、畜産、農産加工、
農業工作、「農業経営」「特別実習」
この場合「農業経営」（総合的実習を主体とし、ホームプロジエクト、クラブ活動の理解法規、簿記を含む）を課さなければならない

2、園芸課程構成上の主な科目
作物、野菜園芸、果樹園芸、草花園芸
造園、土・肥料、病虫害、農業工作
経営、「特別実習」

3、畜産課程構成上の主な科目
畜産、家畜飼養、家畜衛生・診療
飼料作物、経営

4、農産加工課程構成上の主な科目
農産加工、畜産加工、応用微生物、
農産化学、経営

5、農業土木課程構成上の主な科目
農林測量、農業造構、農業水利
農業機械、農地造成、経営

6、林業課程構成上の主な科目
林業一般、森林生産、林産加工、森林土木、
林業経済、農林測量、経営

7、蚕業課程構成上の主な科目

栽桑、蚕養、蚕体生理・病理、製糸機械、蚕種製造、経営

8、造園課程構成上の主な科目

造園計画、造園材料、造園施工、都市計画、農林測量、園芸、経営

三、農業に関する教育課程の例

全日制農業課程（例）

この教育課程は、農業自営者及びその地域の中堅農業技術者を養成する場合の例である。

教科	科目	単位数	学年別 1年	2年	3年
国語	国語甲	9	3	3	3
社会	新科目	3			3
	日本史	3	}	}	
	世界史	3	} 3	} 3	
	人文地理	3	}	}	
数学	数学1	6	3	3	
理科	化学	3		3	
	生物	5	5		
保健体育	体育	9	3	3	3
	保健				
外国語	第1外国語	3	3		
小計		44	20	15	9
農業	総合農業	36	12	12	12
	土・肥料	2			2
	病虫害	2		2	
	農業工作	6	2	2	2
	小計	46	14	16	16
選択教科目	芸術	(2−4)		}	}
	外国語	(3−6)		} (3)	} (9)
	農業	(3−11)		}	}
	小計	(12)	(0)	(3)	(9)
特別教育活動		6	2	2	2
合計		108	36	36	36

備考

1、「土・肥料」と「病虫害」は、実験や調査を主として取扱い、「総合農業」の基礎的学習を目指す科目であるから、「総合農業」と関連して課すること。

2、「農業工作」は実習を主として取扱い、「総合農業」と関連して課すること。

3、選択教科目は、地域社会の実情や生徒の個性ならびに進路に即して、これらの教科目のうちから適宜選ぶように指導すること。

4、「総合農業」を課さないで教育課程を編成することも出来るが、この場合はかならず「農業経営」を課し、総合的・経営的実習を指導すること。

5、このほか、夏季実習・農場当番その他必要な場合には、これに相当単位数を定め「特別実習」として課することができる。

全日制園芸課程（例）

教科	科目	単位数	学年別 1年	2年	3年
国語	国語甲	9	3	3	3
社会	新科目	3			3
	日本史	3	}	}	
	世界史	3	} 3	} 3	
	人文地理	3	}	}	
数学	数学1	6	3	3	
理科	化学	3	3		
	生物	5	2	3	
保健体育	体育	7	3	2	2
	保健	2		1	1
外国語	英語	3	3		
小計		44	20	15	9
農業	作物	2	2		
	野菜園芸	6	2	2	2
	果樹園芸	4		2	2
	草花園芸	6	2	2	2
	畜産	2		2	
	農産加工	2			2
	農業工作	4	2	2	
	造園	2			2
	土・肥料	2	2		
	病虫害	2		2	
	農業経営	10	2	3	5
	小計	42	12	15	15
選択教科目	芸術	(2−8)	} 2	} 4	}
	外国語	(2−10)	}	}	}
	数学	(3)			}
	理科	(3)			} 10
	国語	(3)			}
	社会	(3)			}
	農業	(8−10)			}
	小計	(12)	(2)	(4)	(10)
特別教育活動		6	2	2	2
合計		108	36	36	36

備考　このほかに、夏季、冬季、春季休業中及び日・祭日（当番制）に特別実習を課する。

抜萃欄

全日制畜産課程（例）

この課程は畜産に関する技術・経営の能力を修得させ農業自営者や中堅技術者を養成するのを目的とする。

教科	科目	単位数	学年別 1年	2年	3年
国語	国語甲	9	3	3	3
社会	新科目	3			3
	日本史	3		}3	
	世界史	3			
	人文地理	3	3		
数学	数学1	6	3	3	
理科	化学	3	3		
	生物	3		3	
保健体育	保健体育	9	3	3	3
外国語	英語	3	3		
小計		42	18	15	9
農業	畜産	14	4	4	6
	家畜飼養	5		2	3
	家畜衛生診療	5		2	3
	畜産加工	4			4
	飼料作物	6	3	3	
	作物	3	3		
	園芸	2		2	
	土・肥料	2	2		
	畜産経営	6	2	2	2
	小計	47	14	15	18
選択教科目	芸術	(2)	}(2)		
	外国語	(2−10)		}(4)	
	農業	(4−11)			}(7)
	数学	(3)			
	小計	(13)	(2)	(4)	(7)
特別教育活動		6	2	2	2
合計		108	36	36	36

全日制林業課程（例）

教科	科目	単位数	学年別 1年	2年	3年
国語	国語甲	9	3	3	3
社会	新科目	3			3
	日本史	3			
	世界史	3	}3	}3	
	人文地理	3			
数学	数学1	6	6	}3	
	数学2	3			
	応用数学	3			3
理科	物理	3		3	
	化学	3		3	
	生物	3	3		
	地学	3			3
保健体育	保健体育	9	3	3	3
外国語	英語	3			
小計		54	21	18	15
農業	農業	3	3		
	森林生産	10	5	3	2
	林産加工	5		2	3
	農林測量	6	3	3	
	森林土木	5		2	3
	林業経営	7		2	5
	小計	36	9	12	15
選択教科目	芸術	(2)	}(2)		
	外国語	(4−8)		}(4)	}(4)
	農業	(4−8)			
	小計	(10)	(2)	(4)	(4)
特別教育活動		6	2	2	2
合計		106	34	36	36

定時制農業課程（例）

この教育課程は定時制で農業自営者及びその地域の中堅農業技術者を養成する場合の例である。

教科	科目	単位数	学年別 1年	2年	3年	4年
国語	国語甲	9	3	2	2	2
社会	新科目	3				3
	日本史	3				
	世界史	3	}3		}3	
	人文地理	3				
数学	数学1	6	2	2	2	
理科	化学	3		3		
	生物	3	3			
保健体育	体育 保健	9	3	2	2	2
小計		39	14	9	9	7
農業	総合農業	36	12	12	6	6
	土・肥料	2			2	
	病虫害	2		2		
	農業工作	4	2	2		
	小計	44	14	16	8	6
選択教科目	農業	(3−8)		(2)	(3)	(3)
	小計	(8)		(2)	(3)	(3)
特別教育活動		6	2	1	1	2
合計		97	30	28	21	18

備考　この教育課程は、季節的で、週平均第一ー二学年は週4日、第三学年、第四学年は週3日の登校日である。

—随想—

視聴覚教育あれこれ

慶世村英診

設備

視聴覚教育という「視聴覚そのもの」を教育するというような感じをおこさせるが、この道の権威者波多野寛治氏は「言語以外の教育手段をつかつて行う教育に対して名づけられたもので、最近はこれにラジオ、レコード等を加えて「視(聴)覚教育」というようになつた。要するに「書かれた又は印刷された言葉」以外の一連の教具を使つて行う教育」だと定義しておる。

そしてこれは学習効果を挙げるためにはペニシリン以上のきゝめがあるとつけ加えてあるが何といつても教具が先決問題であろう。

現場における現状はどうかというに「貧困」の二字に尽きるようだ。

「視聴覚教育の重要性はわかる。だが金がかゝり過ぎて手も出せないよ」というのが大方の御意見ではなかろうか。

成程視聴覚教育は金がかゝり過ぎる。もつともな話しである。何んでもかんでも買つたのではいくらあつても不足だろう。――かといつて金ができるまで待つてもおれないし、そこで私は特別な技術を要するものは勿論購入するが先生方で作れるものは作ること――自分たちの学校の事情に合うように自分たちの要求を入れて作ることを提唱したい。

「成程よい考えであるが現場の先生方は忙しくでとてもできない。そんなことをしていると益々学力低下の原因を作るよ」と教師の奉仕的活動と学力低下の原因が次の問題となつてくる。「安い俸給とおびたゞしい雑務では」そうかも知れないが、どうもそういう考え方には賛成しかねる。

学習効果を挙げるために自作する教具は各学年、各教科の先生方が各々の段階、要求を考えて研究し創り上げていくものであるから学力にはプラスこそなれ、マイナスになることは考えられない。

あえて視聴覚教育のためにという名の下でなくとも、このような形で作られていくことは教師の現場研究ということにもなるのではなかろうか。

伊平屋小学校では回転式紙芝居の教具で国語の基礎学力をつけているという。

宮古の平一小学校では殆んどが教師と子供等の手によつて出来たもので模型、標本、紙芝居、地図、掛図、図表といつた教具が整理カードを中心に準備室にギッキリ並べられている。そして「保存のために」ではなく「使うために整理しましよう」というポスターもはり出されていたと記憶している。

与那覇校長は、「教具はあくまで教師の仕事を補助するもので、自分のよい補助者であり、学習を能率的により効果的に進める大事な役目をもつものである」と

……このような設備ができるまでにはいろいろ苦労もあつたが、これは教師の教育愛の具体化したもので別段無理なこともなかつたと話しておられる。

初歩的な教具の自作なら誰れでもできると思う。自作ということはそうむつかしいことではないだろう。然し或る程度進むと誰れも彼れもとはいかない。それで自作教機研究部というような組織でも作つてこれが主となつて研究し、全体の要求を考え合せて進めていく様にすればよいと思う。

このような努力が積み重ねられてこそ「設備の貧困」ということも解決されるのではなかろうか。

映写会

「社会教育主事がもつて来る映画や、学校でみせる映画はおもしろくない」というのは一般の声のようだ。この不評の原因は観る人の映画に対する先入観がぬけきらないところにあるのではなかろうか。

劇映画が映画の本体で真実を写した教育映画は「つまらない」と思われているようだ。それで映画会が何か特別なリクレーションと考えられ沢山の映画を何時間もつぶして見るのでなければ見たような気がしないという。映画即ち娯楽という安易な考え方が学校教育にしろ社会教育にしろ支配的ではなかろうか。娯楽を映画でということはよくわかる。それはそれなりに充分価値のあることだから。そういうことは興行屋にまかせればよい。

社会教育の方でも町村を廻るのに地元から運搬賃などを貰うから娯楽物をたつぷり持つて行かねばという、それは全く巡回興行屋のまねにしか過ぎないではないかという非難をうける。成程われわれがやる映写会はもつとちがわなければならないだろう。

映画を教育にとり入れる場合、映画の中に盛られた内容知識なりをさずけるというだけでは旧態依然たる知識偏重の教育で経験を有用化する能力を養うという新教育のねらいからはおよそ遠くはなれていると思う。学校でなら映画をみて授業をするのでなく授業の中で映画をみせその教育の巾をひろげるようなやり方がほんとうのやり方だろう。

社会教育の場合でも適当な地域的なテーマで特定の人を集めてみつちり勉強するやり方がよいだろうが現段階ではちよつと困る。いくら指導者が正しい映画観をもつていてもそれを一般成人におしつけることはできない。指導者は社会の人々と一緒に歩きながら彼等を向上させていかなくてはならない。

それで彼等に映画の教育的な性格といつたものをのみこんで貰うため、劇映画とならんで文化映画の意義をおしえることから出発するのが賢明な方法ではなかろうか。

そう考えてくると、われわれのやる映画会というものは見る方も見せる方も努力がいる。その努力が余り認められないので巡回興行屋のまねという不評を買うのではなかろうか。

全国視聴覚教育研究大会での理想的映写会プログラム案は、

1、話題とフイルムの紹介　五分
2、映写　二〇分
3、パネルデスカッション　二〇分
4、観衆参加デスカッション　二〇分
5、まとめ及び次回の予定通知　一〇分
　　　　一時間一五分

とおぼえている。

社会教育では少くともこういう映写会をやりたいものだ。

教育と映画

教育と映画の関係は、「映画の害悪」から子供を守ろうとしたことから始まつておるようで、今も関係者は「映画の害悪」を叫び、子供らを映画から遠ざけようと努力しているこの努力は映画過多症にいえることで年に二三回の人にはいえないだろう。

このように努力をする程、映画から受ける悪い影響は大きいようである。

私もよく映画を見るのであるが、画面に現れた劇中の主役になつたつもりで自分の経験なり理想なりを通して主役に自分の感情を置きかえて泣いたり笑つたり感心したりした。あとで考えるとおかしい。

映画というものは観衆の好むと好まざるとにかゝわらず何らかの「考え方、感じ方」の変化を起させ、遂には観ている人に「行動の仕方」まで変えさせる力をもつているらしい。

或る学校で木の上から忍術の真似をしてケガをした子供がいるとか、一昨年嘉手納でのピストル殺人も西部劇の影響だとのことだ。

これは「映画を見る見方」を知らないからだ。見方を指導する必要がある。この「見方の指導」というのと観衆を劇中にとけこます業者の努力ということは相反することでいつまでも続くだろう。

それは街の映画は教育ということは考えないで、もつぱら営利のため観衆のふところを狙つて作つたものだからそうなると思う。

そうかといつてみながみな害悪映画ばかりとはいわない。中には毒にも薬にもならないのもあれば、美の祭典や裸族のような立派な文化映画もある。

文化映画のよさは映画そのものにとけこむことなく常に批判的な立場にたつて、理解させていくところにあると思う。

こういう映画はたつぷり子供に見せたいものだ。

今度PTA連合会が教育映画を各地区巡回するようだが大変よい計画と思う。

こういうことに対しては学校側も、もつと積極的な協力がほしいものだ。

放送と騒音

戦後放送施設が普及し、学芸会や運動会の必要品になつて、放送教育はさかんになつたようであるが、果してその成果はどんなものか疑問である。NHKの学校放送はテキストもえられず、番組を知ることや、キャッチも困難で従つて聴取時間の設定等に問題がありKSARは学校でのカリキュラムを豊かにし、子どもらの経験領域を拡大してくれるというところまで配慮しておらず、今のところラジオによる学習計画はなされていないようである。

学校が放送を行つて学習を進める。いわゆる校内放送というのも各教科面に利用するというところまでは立ち至つていないようだ。

沢山の費用をかけた放送施設は、行事用、伝達用、楽しみ用の役目を果している程度で放送教育での未解決の問題は相当あるようだ。ひるがえつて街ではどうかというと、朝から晩までワア〳〵ガア〳〵、「騒音を取締れ」というのは学生や病人だけでなく、健康な人も次第に頭の巻き方が変になつていくらしく、何とかしてくれという声が強い。

どんな商売熱心な人でも客に押し売りはしない。買う買わんは客の自由で買いたくなければこれを拒むだけである。

しかし店の宣伝レコードや広告塔からの営業のための放送音は勝手に、われ〳〵の耳に入つてくるので、これを拒むことができない。

これをよいことに音を押売して、あくまでつきまといこれでもか、これでもかとコマクをゆすぶる。「騒音を取締れ」というのは、この音の押売りを止めさせてくれ、という意味と思う。

音を科学的に使用するということは大切なことである街で音が科学的に使われると学生の勉強をじやまし、病人のいのちをちゞめ、健康人の気持をいら〳〵させることもなくなるだろう。

拡声器を利用することは街で栄え過ぎて弊害をおこし学校では大切な教具であるが、まだ〳〵学習のために幾多の問題を残している。この問題を解決する方法として、同好会を作つて研究を進めていくことが今のところ最もよい方法ではないだろうか。視聴覚教育同好会の誕生望むや切。

（社会教育主事）

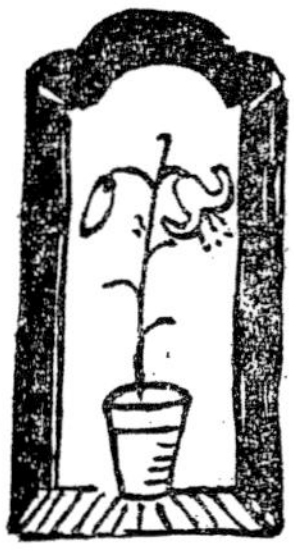

病床に苦しむ人々に寄す

東門松永

私は三年前重い病気で困らされたことがある。九死に一生を得た私は体験を多くの友達に知らせたい気になつてペンをとることにした。

玉川学園の小原国芳先生は著書教育立国論の中に次の様なことをのべられている。敗戦日本はこれ程みじめな事があろうか、徹底的に粉砕され、多くの人命を失い、あれ程世界に誇つた文献、文化、優秀な科学を失つたと歎いて居られる。然し反面負けるにあらざれば経験することの出来ない尊い何物かを得た。これだけは負けた国民のみ知ることの出来る唯一のものであると。私はこれにヒントを得た。永く病気をして居れば心は神経質になり、金は次第に不足し、負債は大きくなる。気力は弱り家族は生活に不安が増大して凡ゆる面で敗戦国の縮小図さながらである。

然しながら今になつて考えて見ると病気をした者でなければ味おうことの出来ない尊い経験を得た。此の経験だけは病人にのみ与えられた特権であると言いたい。

私は退院でなつかしの吾が家へ喜んで帰つたその晩から更に肺炎を再発し、これから先はまるで生きた心地がしなかつた。人々は、おそらく駄目だろうという話から駄目になつたらしいと変り、死んだものだと早合点をして馳せつけて来た人々が私がまだ生きているので挨拶にまご〳〵したり冗談などが飛び出たこともある。さて私の生活はしばらくどん底にたゝきこまれたが反面、次の様な経験を得た。

第一、私の物に対する考え方が変つたこと。自分では考え方が進歩して来たと思つている。

第二に私は過去二、三カ年間生活苦と斗い、反面、学校建築に年から年中苦しんで来たので読書する余が暇なかつたが静養中は過去二、三カ年間と相当する読書の機会を与えられた。

人々は、彼は死んだとか、いやまだ生きているとかで話に出た事もあるというから病後の初登校の時、私は次の様な挨拶をした。

「そうだ、私の母の生んだ私という者はすでに死んだのだ。現在此処に立つている私は自分の母が生んだ私ではなく全く生れ変つた私であるのだ」と…更に亦無理するという事は何一つ役に立たないと意識した。私の病も無理が原因であつたから！

まだ書きたいことは沢山あるが紙面に限られているから次の短歌でむすびたい。

◉病院にて詠める

。ひそかなる思出のわきてまながいに
　つばらかに並ぶ此の頃の吾

。伸び過ぎしひげ見苦しとひるさがり
　手に〳〵子等はハサミ入れたり

◉静養中家庭で詠める

。トマトーも赤くうれたり病床の
　午後のつかれに待てる此の頃

。降りつづく雨に打たれて夕顔の
　棚も音立て今朝くずれたり

。ふき出しのトタンもやけて夏至の日の
　病後のベッド又も移せり

（勝連小、中学校長）

琉球育英會だより（四）

十三、公費学生受験者に関する調べ

本年度の公費学生受験者に関する諸調べを参考のために書くことにする。

本年度の志願者五七九人中不受験者が一四人（男一二、女二）で結局受験実人員は五六五人（男五三七、女二八）であつた。「公費学生に女性を増員せよ」の声もあつたが、女性の受験者は意外に少い。将来受験者が増加するのを期待したい。

これを受験場別に内訳してみると、

第一試験場（那覇高校）	四五一人
第二試験場（名護高校）	五七人
第三試験場（宮古高校）	四〇人
第四試験場（八重山高校）	一四人
第五試験場（久米島高校）	一七人

であつたが、離島出身で那覇で受験したのもかなりあつた。

出身校別にしてみると次のとおりである。

出身学校	在学生	卒業生	計
糸満高校	一四	一八	三二
那覇〃〃	七三	四〇	一一三
首里〃〃	三九	三八	七七
知念〃〃	一四	二〇	三四
野嵩〃〃	二一	一六	三七
工業〃〃	五	二	七
南農〃〃	五	一	六
読谷〃〃	一一	八	一九
コザ高校	一七	一二	二九
前原〃〃	一二	一三	二五
中農〃〃	一	〇	一
石川〃〃	六	四	一〇
宜野座〃	四	四	八
名護〃〃	二七	二四	五一
北山〃〃	三	六	九
開洋〃〃	一	二	三
辺土名〃	五	八	一三
宮古〃〃	三二	一九	五一
宮農〃〃	〇	二	二
八重山〃	八	一七	二五
八重山農	一	〇	一
久米島〃	一三	一一	二四
三中（旧制）	〇	一	一
台北一中	〇	一	一
計	三一二	二六七	五七九

志願者を専攻科目別（但し第一希望のみについて）調べてみると次のとおりである。

希望学部	人員	希望学部	人員				
医学	一一七	・機関	五	・社会	六	気象	九
薬学	三五	法学	三八	音楽	五	獣医	四三
農学	一三	経済	二八	教育 文学	五	水産	一七
工学、機械	四九	理学・数学	三	・商学	一	商学	一五
・建築	一一	・化学	八	・歴史	一	歯学	二〇
・電気	二一	・物理	一〇	・数学	二		
・土木	七	（記入なし）	五	（記入なし）	一六	計	五七八
（学科記入なし）	三	教育・職業	三三				
通信	五	・家政	六				
商船・航海	一三	・地理	二八				

以上のとおりであるが、医学希望者が断然多いのはどういうわけからか、これは反省を要する問題と思う

十四、公費学生選抜試験の結果はどうであつたか

全受験者全学科の総平均が一〇〇点満点として三八・五であるから不振であり、沖縄全体として学力のレベル向上に大いに努力しなければならないことが分る

選抜試験の問題については批判的な声もあつたが、本土の高校生についてテストされたりして慎重な用意の下に作成されているし、これで一流大学に入学出来るのであから、少くとも五〇点以上はとれるような努力が必要であろう。

次に各学科別にその平均と最高最低点を表示する。

科目	総平均	最高	最低
1、国語科	八六、九	一六〇	一三
2、英語科	四七、四	一六四	〇

（註…以上二学科は二〇〇点満点）

二〇〇点満点で英語四七、四（一〇〇点満点で二三、七）であるから落第点であろう。

沖縄の生徒は英語の力があるかに自他共に錯覚しているが、実際は基礎学力が足りないことを自覚反省しなければならない。

3、社会科　総平均四八、五

	受験者数	平均	最高	最低
一般社会	二二一	六三、八	九五	一五
時事問題	一二一	五七、六	九〇	一〇
人文地理	二六六	四六、四	九二	八
日本史	二九八	四二、四	八七、五	〇
世界史	二二六	三九、二	八六	六

社会科はその教科間の成績に随分のひらきが生じた日本史、世界史は文科系統専攻者には特に大切な教科でありながら例年ながらその成績が悪い。これは沖縄の生徒の特別に注意を要する点である。一般社会、時事問題の点がよいのは問題作成者が沖縄の現況にうとく知識が乏しいために幾分程度を下げた結果に基きはしないか。

4、理科　総平均二七、二

	受験者数	平均	最高	最低
物理	一七九	四五、二	八六	六
化学	四八八	二四、〇	八五	〇
生物	四四三	二三、四	六二	〇
地学	二三	二七、八	五四	一〇

特に生物と化学、地学の成績が悪い。生物、化学は与し易しと考えるのか受験者は多いのに平均点数が反対に甚だ悪いのは皮肉な結果を示している。沖縄学生を預つている大学側でも、亦学生自身も沖縄学生は理数科が劣るといつているが、試験の結果も落第点を示しているので高校生指導者の注意すべき点である。何故そうなつたかについては次項の採点者の感想批評でうかがえると思う。

×　×　×

5、数学科　総平均四九、八

	受験者数	平均	最高	最低
一般数学	一一四	四一、四	八〇	五
幾何	一四〇	五四、一	九〇	一五
解析1	五五二	五八、四	九六	二
解析2	三二四	三六、二	八七	〇

十五、今後の勉学に資するためどのような点に留意すべきか

今後公費学生選抜試験に応ずるために又一般高校生の勉学に資するための留意すべき事項として各科の採点者は次のように述べておられる。

一、国語科

公費留学生の国語科の答案を調べて、受験者の大部分が、文章の読解力が十分培われていないため、問題をもてあましていること、文章の基礎である文字を読む、書く力が不十分であることなどが感ぜられた。文章の読解は読み手が書き手の意図に接近していき、自分のくみとつた意味を構成するはたらきである。したがつて書き手の意図を「正しく」とらえるところに、その指導の要点があり、さらに進んでは「正しく」とともに「深く」とらえるところまで導かれなくてはならない。「深く」とらえることは、やがて自分を超えときには書き手を超え、新しい意味の形成にまで発展する。国語教育が新らしい言語観に立つて、生徒の言語能力を育てなくてはならないのであるが、従来の国語教育観のままで、いまなおことばをいゝかえ、いゝなおした翻訳のような解釈や、ごた〳〵した筋の通らない解釈、すなわち文脈をはなれたつぎはぎの解釈が国語学習指導であるという考え方で進められているのではなかろうか。それで文章を読みとる力ができないということになるが、文章全体の流れを把握させる必要がある。このことは直に文意の理解に大きく影響してくる。単なる文意をとらせる作業だけで、文意を明かにするための前提となる文脈の理解、構造の理解が問題にされないところに十分なる文意の理解が成り立つはずはない。読む力は文の組立ての理解、文のねらいの把握力、文の叙述を正確につかむ能力などの分析されたものによつて観察される。それらの分析されたものが十分におさえられない限り文の完全な理解は望めない。一般にそうした分析された能力を読解の前提とは考えず、たゞ文意を問題にするだけでは読解力がつくはずはない。何を、どう読み、読みとつたものをどうするかという目標を持つて読む習慣が養われるべきであり、形式的な解釈でなく、内容的、実質的な読観の指導がなさるべきである。新しい機能的言語観に立つて指導を進めていくときに、語義を生かして、それが文章面にはたらくことばとして捉えること、語感によつて広く、深く、生き〳〵と捉えること、文脈に即して意味をまとめ、筋の通るようにすること、語法的に正しく意味をとらえることなどの指導を徹底的に行う必要が感ぜられた。正しく文章をとらえるだけでなく、深く文章をとらえる面についても指導を進めるべきである。その面の指導まで進んでないことは問題三の「刑罰」の文章の如きは殆ど手をつけてないところに見られる。深い人間性に立脚して文章を読まなければどうにもならない問題であるからであろう。それから文章の基礎的なものである文字を読む力、書く力であるがこれが読解に大きく影響していると思われることは、文字が読めればたやすく解答出来るものでも

手を触れてない受験者の多いことである。漢字を書くことについてはあて字が多いことである。その中最も多かつたのは「原稿」を「原稿」と書いたものが半数以上であつた。漢字が表意文字であることを忘れて指導が進められた結果であろう。なお古典文についても問題があるが、古語を読みこなせないで文章をもてあましている点が感ぜられた。

一、文章を熟読しその文章を分析する練習が大切である。今年の問題で一番不出来だつたのは問題三で、この問題は上記のような内容探究の問題である。こういう問題の勉強に当つては唯多く本を読むとか、漠然と読んだのでは力はつかない。まとまつた一文を例えば三十字以内又は五十字以内というように字数を制限して要約して見たり、作者が強調しているのは何か、その自身の主張を説明するためにどんな例又はひゆ、仮説を立てゝいるか等を適確に把握する練習が必要であると思う。

二、文法特に文語文法をよく勉強する必要がある。問題一、四、五はいずれも文法の知識を要する問題であるが余りできはよくなかつた。特に五のような簡単な問題が全部正答し得た者は僅か二、三人しかいなかつたことは、文法の勉強がお留守になつている証左である

三、漢字力が非常に乏しい。文字は分つているようだが正確な字を書くように心掛けることが大切であろう

二、英語科

本年度の英語の成績は概して芳しくなかつた。その理由は、何といつても単語力の弱さである。英語は先ず単語力である。単語力がなければ切角文法を十分理解していても二進も三進も行かない。と云つても単語だけを詰込み主義で憶えればよいと云うわけではない要するに多く読んで、多くの文に接し、その文と共に多くの単語を吸収することが肝要である。本年度の試験答案を見て感じた事は、大方の受験生の国語力の弱さである。誤字の多いことは勿論、文の表現法が余り感心できない。中には何を云つているのか、書いている本人でも解けるのかと疑われる様なのがある。そこで受験生の諸君に〃英語の勉強は日本語の上に築かれるのであるから、英語を学ぶには国語と並立させて勉強することによつてはじめて目的が十分に達せられるのだ〃と云う事を強調したい。それから字をきれいに少なくともはつきり書いて欲しい。答案の中には採点者が読む気になれないような、或は読めないようなものがある。自分で書いたものを他の人が読むのであるし、然も試験である以上気持よい答案を認めた方が有利である事は云うまでもあるまい。本年度の問題一のような部分訳の場合は、焦つて下線の部分だけ目を通し、前後を読まずに訳することのないよう注意して欲しい。即ち全文の大意をつかんでからその部分の訳をすることである。部分は飽くまでも全体の一部であるから全体との関連性を無視して、そこだけを読んで手をつけるところに無理が来て理解に苦しみ、又各語の意味を十分に分つていても、でき上りの訳文は全文の意味にそぐわないものになりがちである。本年度の場合もやはりそれが見受けられたので注意を促しておきたい。三番の派生語を挙げる問題については、日常辞書を引く場合にその語の前後にある派生語を習慣的に気をつけていることや、接尾語、接頭語等による品詞の変化をよく注意し、又何か語を憶える時にはその語の派生語も一緒に記憶するようにしたらよいと思う。四のような問題に対処するには、日頃頻繁に広く用いられる慣用語句を作文に用いるようにする。作文は何と云つても手にとつて書くことである。それには、日頃親しい友人間の簡単な手紙は英語で書くとか又は少しずつでも日記を英文で綴ると云う習慣を作る。そうすれば自然に語句が自分のものとなつて作文には自信が持てるようになろう。

三、社会科

1、答案の上に表われてくる文字の不正確さ、乱雑さを見てもう少し文字をきれいに、正確にかく心構えが必要だとの感を深くした。高等学校の教育に於いては文字の筆写、表現能力を育成することによつて、生徒の望ましいしつけをすることを忘れてはならないと思う。

2、日本史に於いては、各時代、社会（原始社会、古代社会、封建社会、近代社会）の本質的理解が欠けているような感がする。歴史の発展をもつと科学的、合理的に理解するような学習法で行つてもらいたい。単なる記憶的、断片的知識の収得のみでは社会科学習の目標は達成されない。又文化遺産をその社会性との関連に於いて正しく理解してない点がある。

3、世界史に於ける時代概念を適確に理解してないものが多い。なお、現代日本の世界史的地位の理解が不充分のような感がする。

4、地理に対する理解が不充分、自然環境と人間生活との関係を科学的に理解する必要がある。単なる地誌的学習に終始しているような感がする。

5、経済的単元の学習が不充分、現代社会の諸問題に対する関心がうすい。しかしこれに対する正しい理解と批判力が充分でない。

四、数学科

文部省からの各大学に配布される学力検査作成の参考資料に依ると次のようなことがあげられている。

1、問題は片寄つてはならない。

2、専門家でないと、分らないような細い知識を要求してはならない。

3、問題は全単元にわたり、且つ、高等学校の学習を無視した出題をしないように指示されている

一概に云うと昨年、今年と文部省の公費学生の選抜試験問題は、上記の趣旨にそつた出題であるということができる。数学（一般数学、幾何、解1、2）の問題について考えてみても、問題の要素が、大体教科全域にわたり、且つ基礎的なものが殆どであつて、現在各高等学校で学習している事項を真剣に、まじめに勉強している生徒ならば、あまり困難な事はないと思われる。

解析について具体例を示すと、問題一では逆函数についてとうているもので、その定義と、機械的な書き換えさえ充分理解している者なら、正解できる問題である。二番の問題が一次函数に関するもので、対象の意味、平行に移動した場合の式、二直線が直角に交わる時の勾配係数間の関係を理解しておれば出来る問題である。問題三は、指数と対数に関するものでその前半は、中学校でもやる種類の公式を集めたような感のするものである。問題四は、二次函数に関するもので教科書にある問題である。かように、問題は、一次函数、二次函数、指数、対数、式の計算というように、特定の片寄つた学習をする者に有利になることがないように基礎的な事柄を問うているのが殆どである。

解析2についても、一番が確率に関する問題で、教科書でも取扱われている問題である。二番は、第一次第二次、第三次導函数の表をしめして小問に答える仕組で、問題は極大値、極小値、変曲点のx座標、接線の方程式、法線の方程式を求めるものであるが、変曲とか、法線の方程式は沖縄で用いられている教科書にはないようであるが、普通の参考書にはでている問題である。このように問題を考察した場合、高等学校で学習する教科書の内容を真剣に、しかも全域にわたつて勉強すれば殆ど正解可能な問題であると云える。それで一番大切な事は、先ず教科書で基礎的な事柄を十分理解することである。そして教科書にある問題を解き、しかる後に参考書や問題集でみがきをかければ十分足りるのではなかろうか。

五、理科

生物科について、

1、生物の全般について少なくとも現行教科書程度の研究を充分にやること。試験の結果から推察すると、高校教育の立場から見て、基本的な問題と思われるものにも相当数の誤答者がある。研究不充分と思われる

2、高校生物科の設備その他に影響されていると思うが、指導者の研究、工夫によつては解決出来る問題と思われるものに実験に関する分野がある。受験生の答案を見ると、一般的に実験に関する問題の成績が悪い。本年度の問題でいえば、五、八が比較的悪い様に思われる。この理由は、動物生理や植物生理に関する研究特に、その実験についての指導が不備か、受験生自身の研究不足によるかと思われる。自然科学の一分野としての生物の研究に実験が必要であるという事を今一度確認して貰いたい。

3、分類や形体学の分野については研究もよくなされているが、その他の分野特に近代生物学の特色とされる遺伝、実験生理学、生化学的事項等についての研究が不充分である。新しい生物学の最近の動向については、指導者は勿論の事、受験者も十分に留意して研究する必要があると思われる。生物学の本質は「生きている」という生命現象の探究そのものが中心事項、生物学的事項についての基礎的研究には万全を期して貰いたい。

4、遺伝についての基礎的研究は割にやつていると思われるのに、答案の結果は案外悪いようである。これは大方の学校で実験抜きの講義のみによる指導が行なわれているという現状から或る程度理解できるが、理論、研究にも相当不備があると思われる。即ち真に理解しているのでなく、単なる知識（これも断片的な）を暗記していると思われる点がうかがわれる。従つて基礎的事項（例えばメンデル比に関する）についての問題でも、側面或は裏の方から逆に問題を提出するとメンデルの法則についての真の理解がないため、他の遺伝事実と混同して誤答すると云う者が相当居る。

5、答案についての注意事項を十分に読まないで答案を書いて減点される者が相当居るが、確実でないものは記入しない方が採点には有利となる。又答案の文字記号が不正確で減点される者がいる。この両者については共に大学受験者としての基礎的資格に欠けていると思うべきである。

物理について

物理の試験問題として、1、運動量保存の法則、衝突、2、円運動、3、熱の伝わり方、4、電磁波、5、光度と照度、6、電気抵抗、7、熱電子、8、物体の状態の変化に関する問題が提出されたようであるが、一七九人の物理を選んだ受験生のうち最高点が、

八六点、最下点六点、平均四五、二点となつている。これを分析してみると、1、2、8の問題については全体として成績はよろしいが、3、4、5、6、7の問題の成績がよろしくないようである。全体の答案を通じて感ぜられる点をあげてみると、

1、教科書の基本的内容が充分理解されていない。

2、この内容を実際に身につけていろいろの場合に利用できるような勉強がなされていない。

3、各分野に於いて、どのように築き上げられてきたかまとめて理解がなされていない。

4、力学、熱、光、電磁気、原子物理と云つた分野に於いて最も重要だと思われるものが、まとまつていない。

5、普段の疑問とされていることに対してこれが、解決にどのような態度でこの学習を通して習得されてきたか、一人のなやみとされて、そのまゝに放つてこられなかつたか。

6、そこで友人と互に協力し、分担し、討論して問題を解決する学習習慣をつけてまとめる勉強も大切だと思う。

化学の結果について

化学は吾々の日常生活と密接な関係が多いためか、それとも研究し易いためか、四八八人もこの教科を選んだものがいる。最高が八五点で、化学の学習法をよくわかつて、実験的事実をたくさん知つて、これをいろいろ考察して法則によくまとめた者もいるが、然し多くの者が、物質に関することをたくさんおぼえていないためと、実験に関する問題が大多数出題されたため、手がつけられなくなつたと思われる者が多く、零点が相当あつたことは残念に思う。そのため解答にギャップが大きく平均点は二四点と云う結果になつている。この事実を通して今後化学の勉強については大いに反省すべきであると思う。化学は物質に関する学問である。これを単に憶えると云うのでなく、日常の経験から出発し、身のまわりの物質に関する疑問を糸口にして、それから法則をまとめあげ、さらにその法則を利用して新しい事実を予想する練習が必要である。一般に学問をする場合、一応まずうまくまとめられた事柄を順序だてゝおぼえていくのが簡単なように考えられるが、実際は学問の断片を憶えるよりも、学問を作りあげてゆくことに興味をもつようにした方がより身につくものである。化学では実験的事実をたくさん知つて、これをいろいろ考察して法則にまとめあげることが大切である、そこで、このことに十分留意し、実験についての施設、設備についてもよく考えいろいろの実験ができるようにし、その方法についても皆でよく考え、教科書や教師の指導に従つて実験し、観察考察してその要領をのみこんで、それと共に、薬品、器具の取扱いにも十分慣れるようにしなければならない。

十六、沖映寮について

琉球育英会は東京都に学生寮（沖映寮）を所有し経営している。

この学生寮は東京都代々木にあり、小田急上原駅から徒歩で六分で、都心に近く然も閑静な住宅地の理想的な環境にある。木骨モルタル塗の二階建で総建は一四九坪。十八室あつて四三人収容できる。

東京と沖縄に学生寮運営委員会があり、その制定による寮則によつて運営されているが、専任寮監（研究教員を委嘱する）寮母二人があつて直接の世話をしており、入寮学生には寮則の許す範囲内で自治組織を結成せしめ相互の生活の規制及び向上を計らせている。

現在寮費として四千円（普通下宿屋は六千円ー七千円）徴収しているが栄養食を支給しているし、設備もよく、入寮学生も和気あいあい裡に真面目に勉学しているので、幸に好評を得ている。

この寮に入寮できるものは沖縄に籍があつて、東京都内の大学に在学しているものでなければならない。丸ビル七階七七号室の琉球育英会東京事務所に入寮願書用紙が用意されているから入寮希望者はその用紙を貰いうけ、それぞれ所要事項を記入の上、同事務所にさしだせばよい。但し入寮希望者が多いので前記運営委員会で選考して入寮者を決定することになつている。

（完）

学務課あれこれ話

佐久本嗣善

文教局に学務課という課があるということは、大方の先生方は御存知のようであるが、さてその学務課がどのような仕事をしているか、となると御存知のない先生方が多いことも事実である。もつとも単位時代ともいわれている今日、先生方にとつて切実な問題であるだけにこの単位、即ち教員免許状に関する仕事もやつているということは単位に多少の関心をもたれている方には近頃免許主任の糸洲主事の名とともに有名になつている。一口に単位といつてもなかなかその内容は複雑多岐で先生方も自分に何々の単位をあといくら取つたら二級になるか一級になるか最近まではおわかりにくかつたように五千教員の総単位数万以上の単位を個人別に選り分けて夫々に処置するのはなか〳〵のことで四人の係が地下室で年中コツ〳〵と精励している。不断の残業は勿論、土曜日の午後も決まつて返上して頑張つて居る。日曜日を返上するのも珍らしくない。この係には、お嬢さん方が多いので、地下にもぐつて土曜も日曜も忘れて（?）これ努めて居るのは有難いがそのために折角の青春を灰色にし、エンゲージのチャンスを逃がしはしないかと取越苦労もするわけである。免許単位の仕事も当課の仕事の分量から言えば、象の足であり尻尾である。これは失礼、皆さん方を盲にしたてたのではさら〳〵ない。只こちらの仕事が余りにも多いことを表現したいばかりですから。

或時、政府庁舎の廊下で光輩のN校長先生にばつたり出会つた。「やー暫く、相変らずに忙しそうだね、全く庶務課には同情もし感謝もしているよ。大いに頑張つてくれー」有難い激励のお言葉ではある。「有難うございます。

しかし先生私は学務課ですよ」とニヤリとしたら、

「??だつて君、教職員の俸給補助金の配当は君んとこでやつているじやないか」。これは創作ではない。話はいさゝか古いが（確か昨年の春の頃）実話である単位証や免許状は紙片に過ぎないが、この紙片が金になればこそ偉大な力と魅力を発揮して先生方をチャームせずにはおかないのである。単位が今年は、一五〇〇、〇〇〇円に換えられる。此の紙片を金に代える仕事……俸給補助金の算出も私共の仕事の重要なものゝ一つである。

教員俸給補助金の算出基礎の重要事項は教員数である従つて教員数算出も吾々の手にかゝる。「こわいみたいな所だね」とおつしやつてはいけません。民主々義下の行政事務は、明々白々です。特に教育委員会制度による教育行政は磨き上げた鏡の如く、蔭もなければ一点の曇もない。御存知のように小中学校の場合は、学級編成基準、高校は教員算定基準があるので、その枠にはめて計算しその結果は教育長会議で審議しその案によつて教育委員会が決定するのだから情実や、かけ引きをする隙は寸毫もないわけである。

「四年の受持には、A・B・C・Dの四先生を配置したいと思うが君の意見はどうだね」

「四人の先生方の個人的な支障が無ければ理想ですね」

「そこだよ君、どうもねD先生はひよつとするとお目出度かも知れないと私は思うとる。そうだとするとね、C先生はあまりお丈夫でないし、産休中学級をたゝんで七十人近い学級を持たすのも気の毒だしねそれに五年に配置予定のE君は九月に研究教員を志望して居るんだよ。君も知つて居る通りE君は地区切つての優良教員だから文教局の選考にパスすることは請け合だ。そうすると五年の級にも穴があくしね。あゝこれは全く難しい仕事だ」こういう話は去年の四月までは、あちらこちらの学校で校長先生と教頭先生との間に繰り返された憂うつな話であつた。

しかし今日ではこういう話は昔話でしかない。お目出度いことは無条件で喜こんで良いし、研究教員の先生も学級をたゝんでまでもと気兼ねや後髪を引かれる思いもせず希望に胸をふくらませて憧れの本土で研究ができる。即ち産休、研究教員の場合その留守中は後釜の教員を補充できるからである。

そればかりでもない。教員病と言われる結核に万一不幸にかゝつた場合は退職することなく休養しその期間中は補充の教員を採用することができるし更に休養中は俸給はむろんの事療養費までも支給されるのであるこれは教職員の研修と福利厚生の面に、更には児童生徒の学習に少しも支障と与えない。教育行政面に、局の放つた大ヒットであつてそれを推進したのも当学務課である。

産業を振興し基地経済から脱却して自立経済体制を整え民族繁栄の基盤を確立することは、われ〳〵に果された重大使命の一つである。そしてそれを推進し中核となるのが産業教育である。その産業教育の親元は農、工商、水の職業高校で一昨来年々参百数拾万円の産業教育充実費を投じ、施設の充実をはかり、その教育活動に期待を全住民がかけている。それらの学校のサービス係がまた私共の仕事である。政府立学校は以上の外に気の毒な子供等を教育する特殊学校があつてそこのお世話も及ばずながらやつている。

戦後無一物から立ち上つた沖縄は、たくましい建設精神で復興途上にあるがとりわけて教育面にはその意慾が旺盛で戦後の青空教室さては、馬小屋教室時代、闇米三升も買つたら校長の俸給が吹飛んだ時代も夢物語になつた。米国民政府の援助で校舎も立派なブロック建の偉容を誇り年々歳々就学率は向上し進学者数も逐年うなぎ登りに上昇し本土各地の大学に進学する者二千人まことに壮観の極みである。その学生達の学資送金の証明書の発行に一人の若い職員はつきつきりで一生懸命さばいて居る。進学期の三月から四月まではお昼を取るひまもなくその仕事に忙殺されている風景である。

家計に恵まれずして高校に入学できないが進学の希望に燃ゆる勤労青年には、日本の有名大学の通信教育があり、尚文部省の大学入学資格検定があるという具合に人生の登龍門は、努力次第で解放されて居る。その受講、受験手続実施等、これも吾が「学務課」の分掌事務の一つである。

「出そうで出んのが教育立法」ともう二年来時にふれ折についでは良く新聞にたゝかれる。ほんとの事である。琉球教育法（布令六六号）を速く民立法に切り替えよの声は世論でもあり民政府の方針でもある。

陣痛実に二年半十数種の教育立法のうち漸く次の立法参考案の原案を脱稿目下関係筋と審議中である。

教育基本法、学校教育法、教育委員会法、私立学校法、文教局設置法、教育公務員法、地方教育区財政平衡交付金法、社会教育法（社会教育課立案）等であるこれらが立法されると民意による即ちわれ〳〵の意志に基づく教育法が公布され民主々義の本義を具現するのである。とはいへ（教育は国家百年の大計そのレールたる教育関係法の立法は重大なものでそのために二年有半も試行錯誤を続け鎮重に議して今日に至つたわけである。

当課の仕事は書けば未だいくらでもあるが、もういゝ加減に止めろという声もあり、また私の鉛筆もちびてこれ以上は続かないので次の議会にゆづりたいと思う

最初鉛筆をとるときは、もつとすつきりした、おもしろい話を書く積りでしたが、下手な作文は、つい我田引水に、プロパガンダに終止して申しわけない。もつと勉強して出直しておめみえしたい。

（学務課主事）

投稿案内

一、教育に関する論説、実践記録、研究発表、特別教育活動、我が校の歩み、学校経営社会教育活動、P・T・A活動の状況、その他原稿用紙五〇〇字詰一〇枚以内

一、短歌　俳句　川柳　※五首以上

一、随筆　詩、その他
※原稿用紙（四百字詰）五枚以内

一、原稿は毎月十日締切り

一、原稿の取捨は当課に一任願います。
（御了承の程を）

一、原稿は御返し致しません。

一、宛先　文教局研究調査課係

あとがき

◉そろ〳〵夏の暑さも近づいて、子どもらの、海え山え、川えの、あこがれもたかつてまいります。

街は夏季衛生運動で保健のまつたきを期しております。

特に安全教育強化のとき……といえましよう。

◉第六回研究教員との座談会をもつことができましたので先生方の感想をまとめて御送りいたします。

＝採長補短＝地域社会に立脚して、沖縄教育の前進に資して下さるように……。

◉新学年度の教育計画、抱負を寄せて下さいまして厚く感謝申し上げます。

子供らの幸福のため、惜しみなく師魂をかたむけ教育の場の整備につとめておられる先生方の御健斗を祈つて止みません。

◉一百の理論よりも、血のにじむような、教壇実践の記録がどれだけ刺戟となり、参考になることでしよう。

号を追うて現場の先生方の尊い記録が紙数を増しましたことは、教育界のため喜ばしいことだと思います。問題の大小にかゝわらず、日頃の体験を発表して下さるようお待ちしております

◉本号は今年度予算での最終の時報です

稿をよせて本時報を育成して下さいました各位に厚く御礼申し上げます。新年度は毎月発刊を予定して居りますので一層の御協力を御願い申し上げます。

K・T

文教時報のあゆみ

第一号

第二号

第三号

第四号

第九号

第十号 「運動会」特集

第十一号

第十二号 「長期欠席児童生徒の実態」特集

カウンセリングの悩み……幸地長弘…(一三)
(学校紹介) ◇辺土名地区
人間形成をめざし地域の課題と取りくむ生産教育の実態
喜如嘉小・中学校…(一五)
よい校舎……端山敏輝…(二三)
西日本初等中等教育研究集会に参加して…指導主事…安里盛市…(二六)
Kは「悪い子」じゃない……宮本三郎…(三三)
観察の要領……教育実習の手引より…(三八)
事例研究について……〃…(四三)
抜すい欄
研究教員を迎えて思うこと(つゞき)…指導課長…中山興真…(四六)
「学校めぐり」久米島に拾う……金城順一…(五一)
。中央教育委員会々議概況……(五三)
。琉球育英会便り……(五三)
。各課だより……(五五)

第十三号 「特殊児童生徒の実態」特集

大浜信泉先生早大総長就任を祝う「祝辞」…行政主席…比嘉秀平…(一)
あいさつ……早大総長…大浜信泉…(二)
へき地教育について(講演要旨)……文部事務官…山川武正…(四)
故郷へ帰つて……〃…〃…(六)
【特殊教育】
特殊児童生徒調査に際して……研究調査課長…比嘉信光…(八)
特殊児童生徒の実態……研究調査課…(〃)
盲ろう教育の目標……盲ろう学校長…又吉康福…(一五)
盲ろう学園、同学校案内……(〃)
眼の衛生について……医師…石川敏夫…(一八)
ろう児の取扱いについて……盲ろう学校教諭…勝連シズ子…(一九)
N子さんを詠む ◇ろうの子らと……〃…池レン子…(二〇)
不遇なわが子のために……玉城小学校教諭…比嘉敏子…(二一)
【追悼】志喜屋先生の思い出……琉大助教授…中今信…(二三)
志喜屋先生をしのぶ
。誠意の人……毎日新聞沖縄通信部員…池宮城秀意…(二四)
。ハアーイ。ほうこう…琉球育英会副会長…島袋全幸…(二五)

社会教育

社会教育振興についての諸問題…社会教育課長…金城英浩…(二六)
よい教育環境はよい公民館をつくることから
社会教育主事…慶世村英診…(三〇)
P・T・Aはどのように活動しているか
社会教育主事…山元芙美子…(三一)
社会教育課だより……(三六)
教研大会を省りみて……教職員会文教部長…喜屋武真栄…(三八)
小学校学習指導要領体育科綱改訂の方向…指導主事…与那嶺仁助…(四一)
学校体育の諸問題……(〃)
研究欄
生いもで蛔虫は駆除できるか……宮古地区…久松小学校…(四五)
遅れた子と進んだ子の作文指導……稲田小学校…渡口斃…(四九)
一人一人の子供を伸ばす教育(宜野座小学校)
指導主事…桑江良善…(五三)
抜萃欄
改善された学校教育課程審議会の答申……(六)
教科以外の活動の計画と指導……(六一)
学校めぐ(へき地の子等を訪ねて)……指導主事…金城順一…(六八)
「随筆」茶飯事……那覇高校教諭…数田雨条…(七一)
「育英会だより」◇琉球育英会はどんな事業を行つているか……(七二)

第十四号 「知能検査」特集

温い手をのべよう……文教局長…真栄田義見…(一)
児童相談所と欠席児童について……児童相談所々長…外間広栄…(二)
入学試験の存廃について……那覇教育長…阿波根朝松…(四)
知能検査
知能検査の発表に際して……研究調査課長…比嘉信光…(五)
知能検査の結果はどうあらわれたか……研究調査課…(六)
「研究欄」
我が校の飼育部経営の実際……羽地中校…新島俊夫…(二〇)

私の読書指導……新城小校…当原繁子…(二四)
一年生の作文指導……美里小校…石川哲子…(二六)
文化財保護強調運動を回顧して……社会教育主事…玉城芳雄…(三〇)
全国婦人教育指導者会議に参加して……社会教育主事…嶺井百合子…(三三)
学校体育の諸問題……指導主事…与那嶺仁助…(三七)
スポーツの正常化……社会教育主事…屋良朝晴…(四一)

抜萃欄
環境論を越えて……山口大学教育学部長…玖村敏雄…(四二)
国語学習における教師の発問法…宮崎大附小教官…川添孝行…(四三)
教育評価と記録……東京教育大学助教授…小見山栄一…(四六)
教科以外の活動の計画と指導……(四九)

学校めぐり
へき地の子等を訪ねて……指導主事…金城順一…(五五)
放課後……中城中校…小渡康慶…(二一)

詩
幸の門出に……真和志中校…比嘉俊成…(五九)

「育英会だより」公費生の応募資格はどうなっているか……(六〇)
「研究調査課だより」琉球歴史資料収集について……(六二)

一九五五年六月　四日　印刷
一九五五年六月二四日　発行

発行所　琉球政府文教局
研究調査課
(非売品)

印刷所　旭堂印刷所
(学園の友社)
那覇市四区一五組
(電話六五五番)

琉球

文教時報

16

NO.16

文教局研究調査課

史跡中城々趾

西暦一四四〇年南島の忠臣、護佐丸が座喜味城より此処へ転封され、築城した堅固な城である。勝連按司阿摩和利の讒言に遭いて滅ぼされた。

今より百年前米国ペルリ提督の一隊が城壁を実測したが其の広大さに吃驚したといふ。

文　化　財（その四）

目　次

一九五五年夏季講座に來島の本土講師團

後列

内山喜久雄（群馬大助教授）
中村　秀（神戸大教授）
斎藤伊都夫（岡山大講師）
大平勝馬（金沢大助教授）
井上　弘（千葉大助教授）
間宮　武（横浜国立大助教授）
倉石精一（京都大教授）
堀内敏夫（東京学芸大助教授）
藤野　武（北海道学芸大教授）
小口忠彦（お茶水女大講師）
山崎　正（福井大助教授）
田中　賢（愛媛大助教授）
大西誠一郎（名古屋大助教授）
村山貞雄（日本女大助教授）
奥田真丈（文部省調査局事務官）
椎野信治（山形大助教授）
高橋茂雄（香川大助教授）

前列

大槻　健（早稲田大助教授）
吉田専吉（新潟大助教授）
金子孫市（東京教育大助教授）
松本尚家（東京外語大教授）
山根　薫（埼玉大教授）
古浦一郎（広島大教授）
副島羊吉郎（佐賀大助教授）
小田一男（鳥取大教授）

辰見敏夫（東京学芸大講師）
古旗安好（福島大教授）
酒井行雄（広島大助教授）
林　正邦（茨城大助教授）
竹原東一（熊本大教授）

※ 実習を終えて入港する開洋丸と実習生 ※

（水産練習船開洋丸）

校長 山口寛三

沖縄水産高等学校の巻

※吾等は海の子
海拓健児！
◇
※いざいで拓かん
水産資源！
◇
※いざいざ築かん
海の宝庫（クラ）！

開洋丸の性能

一、(イ)総屯数　30.72屯　(ロ)純屯数 14.65屯　(ハ)馬力　焼玉65馬力　(ニ)速力　平均６哩　(ホ)船質木造　(ヘ)造船場　鹿児島岡下造船所　(ト)進水年月日　1950年６月　(チ)航行区域　近海　(リ)操業区域 第三種従業制限（遠洋区域と同じ）　(ヌ)船の全長　18米　(ル)船の巾　4.15米　(ヲ)船の深　1.87米　(ワ)最大搭載人員　49名

二、漁撈実習設備　(イ)鰹漁撈　(ロ)鮪延縄漁撈　(ハ)鯖漁撈　(ニ)いるか砲による漁撈　(ホ)集魚灯漁撈

三、航用測器
羅針儀（2）　六分儀（3）　クロメーター（1）　甲板時計（1）　電気測定儀（1）　手用測定儀（1）　ケルビン式測深機（1）　晴雨計（1）　受信機（1）　双眼鏡（1）

四、機関計器
インジケーター（1）　ハンドタクメーター（2）

五、漁槽の積量
純積量………41,497立方米

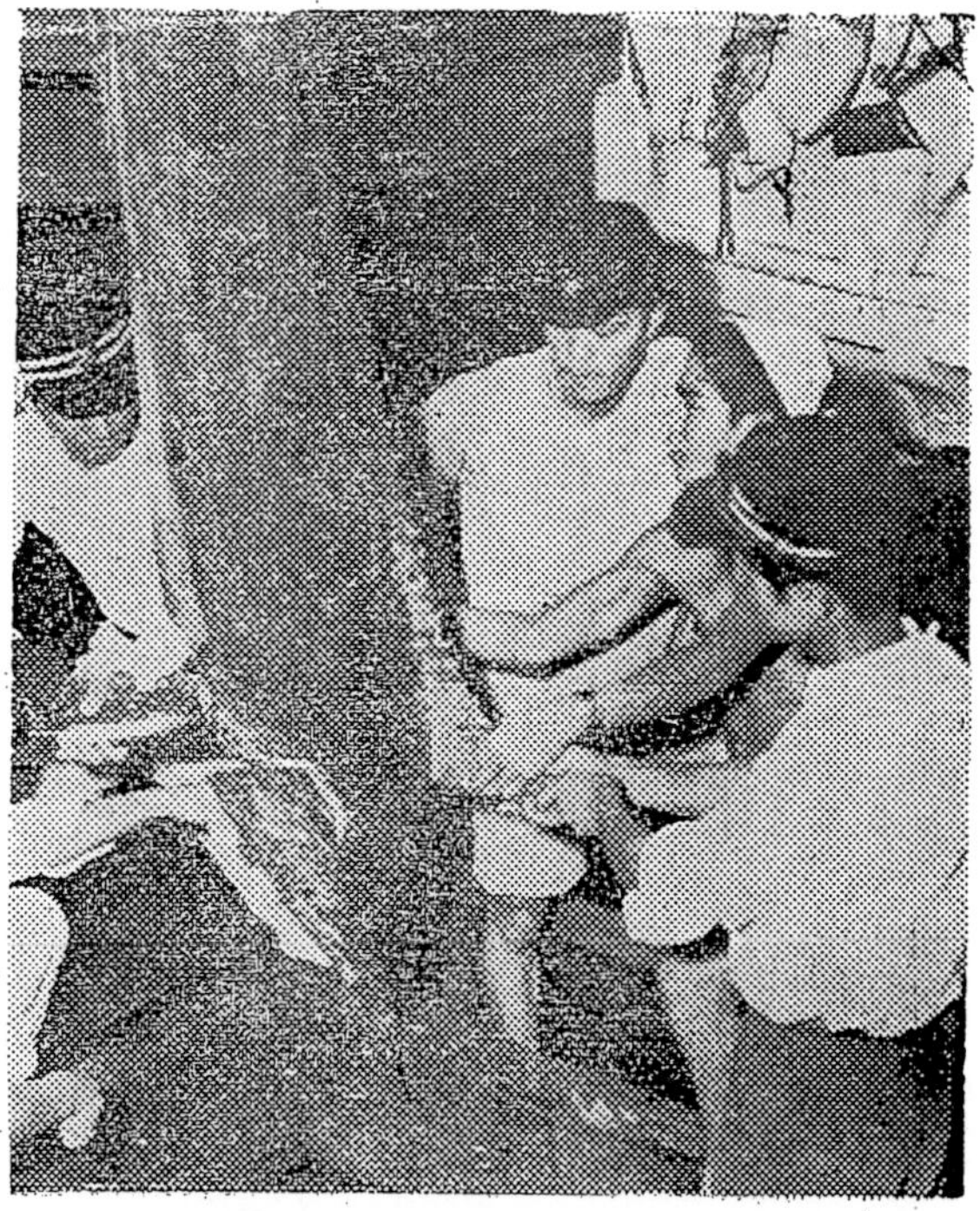

※二百七十斤のカジキを陸揚する実習生

琉球の水産経営と学校の立場

山口寛三

戦前の沖縄県立水産学校の後身として一九四六年本部町に開洋高等学校が設立されたが、本校は那覇の泊に適地を得て一九五五年三月末同地に移転し、同時にその校名も沖縄水産高等学校と改称された。尚本校は去る四月研究学校として指定を受け職員一同と共にその重ね〳〵の幸運を喜んでいる次第である。現在本校はブロツクコンクリート造り八教室の二階建と仮校舎四教室から成り、引続き建設途上にある、卒業生は本年三月までに二七二名を送り、昨年から日本の水産会社にも進出し、次表の通り夫々要路において活躍している。

本校は漁撈航海科、製造養殖科、漁船機関科の三科に分れ水産全般についての知識と技術を習得させ、水産界の中堅技術者として或は将来の指導者として役立つような人材を養成している、即ち漁撈航海科にあつては漁撈航海各部門の専門的理論と漁撈航海に必要な実際的知識技能を習得させ、又広く水産諸般の状勢を周知させてその知識人として活躍させる目的で実習に重点を置き、洋上生活によつて身体を練磨している。

製造養殖科は夫々独立すべき科であつて日本では水産製造科、水産増(養)殖科とはつきり区別してある。琉球の場合地域的環境に応ずるために両者を合併科とした。

製造 水産物の処理加工から販売に至るまでの理論と実際を習得させて海洋に依存する琉球の水産食糧品、水産加工品の生産価値を確保する人材の養成が目的である。

沖縄水産高等学校

養殖 養殖にあつては重要水産動植物の繁殖保護を助長すると共に、積極的に増殖を行う施設や技術を講ずることが本科の使命である。

漁船機関科においては、漁船機関及び発電機、電動機の理論と分解、組立、運転故障の発見と修理、調整方法などに必要な技術を体得させ、現場に働く者としての態度習慣を培い、社会に出て直ちに役立ち得る斯業の中堅技術者を養成することを目標としているが、いづれの科でも専門教科の進度に応じて随時随所において実習を課し、更に最終学年では夫々の長期実習を行つている。又一年及び二年においても第一学期末に約十日間、水泳、ボート、手旗信号などの訓練を行い且つ水産動植物或はプランクトンを採集し顕微鏡実習を課している。

以上のように本校は海を相手とする特殊の学校であるため将来自主独立の人であり、そして団結融和に富み直ちに実践窮行し得る人材を養成している。従つて本校を希望する生徒は思想堅固で且つ身体も頑健でなければならない。それでは水産業の経営にはいる前に水産業とは如何なるものであるか、陸や他の産業と比較した場合どんなところが違うか。

水産業の特異性 水産業は生物を対象とし食糧その他生活必需物資の生産を目的とする点においては農業に類似するが、産地が水陸各場所を異にするので対象生物の性状も全然異なる。一は土地の表面僅かな厚さを利用し、一は水界の表面から水底まで水深二〇〇米、時には一、〇〇〇米以上に及ぶ範囲を立体的に利用する。対象生物においても一は米、麦、野菜等植物

卒業生の産業別就業状況調査

科別	年度	水産会社	海運会社	水産加工会社	陸運会社	水産海運官庁	日本水産会社	水産関係団体	外国船	水産以外の仕事	水産大学其他大学	公務員	自営	其の他	計
漁撈航海科	50	4	2							15	1	4	2	3	31
	51	5	3			1				10	1	5			25
	52	3	2			1				14	1	4	2		27
	53	1	4							9		1	3	3	21
	54	7	4				2	2		5	1	3		2	26
	55	3	4				3	1			2	1		1	15
	小計	23	19			2	5	3		53	6	18	7	9	144
製造養殖科	50			3		1				6					10
	51	1		3						2	2		1	1	10
	52					2		1				3			6
	53			4		2						2		1	9
	54			7			2		1		1				11
	55			4									1		5
	小計	1		21		5	2	1	1	8	3	5	2	2	51
機関科	50	3								3		1	1	1	9
	51	2	1		1	1			1	4			1	1	12
	52		1		2					3	1	2	1	1	11
	53		1		5			1		1	2	1	1		12
	54.	2	2	3	6		3		1					1	18
	55	5	2				3				2	1		1	14
	小計	12	7	3	14	1	6	1	2	11	5	5	4	5	76
	合計	36	26	24	14	8	13	5	3	72	14	28	13	16	272

を主とし、一は魚貝類の動物を主とする、従つて農業は澱粉類を主とするに対して水産業は動物性蛋白質を主とする。牛、馬、豚、羊、兎、鶏など畜産業を対象とする動物はいずれも温血動物で三八度から四〇度（C）近くの体温を保温するに対し、水産動物はクヂラやオツトセイなどの哺乳類が温血である外、凡て冷血動物で特有の体温なく常に周囲の水温と同温である。水は空気よりもはるかに恒温性に富み空気のように急変することは少ない。温血動物が常に自己の体温を保持するように窮々とする必要がない。のみならず温血動物は毎日何千カロリーかの熱量発生に必要な栄養を摂取しなければならないが冷血動物には殆どその必要がない。然も魚類は概して貪食性であるため摂取した栄養分は殆どこれを自己の成長繁殖に傾注する。更に又陸上の動物は常に自己の体重を負担し、そのため相当のエネルギーを消耗している。その体重を維持するためには脚や体の骨格を太く丈夫にし、平素これを養つて行かねばならない。ところが魚類にあつては独特のうきぶくろによつて自由に浮沈の調節を行い広く游泳するためには流線形をなす等エネルギーの消耗を極度に節約し成長と繁殖の道に傾注している。魚類の産卵数は少なくとも何千、多くは億を以て数える、サケ、マス等は三千から四千粒、アユ一万から三万粒、イワシ五万から七万粒、ヒラメ五十万粒、タラ三百万から五百万粒、マダイ七百万粒、カヂキ一億七千万粒に及ぶ。海藻類は胞子によつて繁殖しその数は無数であつて、その生活においても陸上植物のように丈夫な幹や枝や根などを必要とせず流れに対して足場を固着すれば足り体の全面から養分を吸収する。昆布などは我々の栄養上不可欠のヨード分に富み貴重である。支那大陸やアフリカ大陸において割合ゴイタ病の多いことはヨード分の欠乏による。斯様に水産業はその対象とする生物自体すでに陸産のものとその性状を異にしているのである。

海上の活動には商船と漁船とがあるが、漁船は一般に小型であり、又それが作業場である。漁業者はこの狭い船内に起居して労働する。商船は設備の整つたホテルであり又は倉庫であつて船客や貨物を積んで定期的に一定の航路を港から港に航海するに反し、漁船は一定の航路があるでなく、ひたすら魚群を探し或はこれを追跡して太洋を縦横無尽に航走する。真に海洋魂に徹した修養と熟練とが必要になつてくる。そして洋中を自由に游泳する魚群を捕獲するのであるから操作の機敏と共に一船の乗組全員が真に一心同体の作業でなければならない。要するに水産業の対象となる生物は他の産業が及びもつかない特異性をもつている。

水産業には大体以上のような特異性があるが、更に地域的にも夫々次のような特異性或は難点がある。これは農業などにおいても見られる現象でもあるが琉球の場合

一　琉球は大小五十五島と云われる島嶼から成り、従つて大きな河川少なく島嶼を取り巻く海水は塩分の比重高く直ちに太洋性である。

二　海水に対する淡水の注入量少ないため、プランクトンの繁殖が好ましくない。

三　琉球近海は魚種類こそ多いがその量的には少ない。

四　特に鹹水養殖事業は技術的に相当考慮を払わなければうまく行かない。

五　颱風の来襲で企業を破壊されることが多い。

以上の条件に左右されるため琉球の漁業は戦前戦れ後を通じて終始一貫原始漁業でその経営が繰り返さ

れている。然しながら琉球水産株式会社が昨年来その経営組織を強化し、一五〇屯級の大型漁船二隻で遠くセレベス近海までまぐろ、漁業に出漁し好成績を収めつつあることは誠に心強い。

琉球で行われている漁業には、かつお釣、まぐろ延縄、追込網、採貝、採藻、曳縄、一本釣の各漁業が行われており、戦後は珊瑚漁業も行はれ、又真珠の養殖も行われるようになつた。水産業者数は戦前人口五九〇、〇九一人に対し、四一、八四〇人で総人口の七%、戦後一九五三年は七六二、四九〇人の総人口に対し、二一、五一六人で三%に当り、水産業の人口は戦前よりも減少している。何故減少したか考察を要する点である。

漁船は戦前の一六三隻が戦後二二七隻となり、その形態においても小型から大型えと進んでおり、刳舟も増加している。終戦直後の一九四六年から一九四七年頃、沖縄民政府は漁獲の増産に力を入れ、米軍又これに厚意を寄せて、VP・LCM等の軍上陸用舟艇を我が漁民に無償貸与し、漁業を行わしめ相当効果を挙げたことは世人の記憶に未だに存し、米軍に対し感謝措く能はざるところである。そして軍用舟艇を以て漁業に従事したことは世界広しと雖も我が琉球が最初であろう。これらの軍用舟艇が段々古くなるにつれて一九四九年頃から米軍はその代船としていわゆるガリオアによつて新造漁船を一五屯級二一隻、三〇屯級二九隻五五屯級六隻、九〇屯級七隻、一五〇屯級二隻、計六五隻を建造し、代金は年賦償還でこれを漁業者に配船した。ところがその頃闇貿易華やかなる時代で不心得の漁業者は真鍮漁業と称し米軍の遺棄した弾薬ケースを潜つて蒐集し、これを香港などに運び一挙に漁夫の利を占めた者もおる。又遠く南方に航し領海侵犯で押えられたり、颱風等によつて遭難し今では著しくその数を減じている。

水産業者数

沖縄統計書昭和一二年
琉球統計報告一九五三年

事項／年次別	地域	総戸数	漁家戸数	漁家率	総人口	漁家人口	漁家人口率	漁家々族の構成 漁業従事者	漁家々族の構成 その他
昭和九—十一年(平均)	全琉	121,682	10,095	8%	590,091	41,840	7%	14,714	27,126
	沖縄南部	51,106	2,993	0.6	236,037	17,854	0.8	6,180	11,674
	〃 中	29,204	1,228	0.4	141,622	2,438	0.2	883	1,555
	〃 北	21,903	1,535	0.7	106,217	6,184	0.6	2,207	3,977
	宮古	12,168	2,763	23	70,810	9,242	13	3,237	6,005
	八重山	7,301	1,576	22	35,405	6,122	17	2,207	3,915
一九五三年	全琉	159,620	5,338	3%	762,490	21,516	3%	9,000	12,516
	沖縄南部	61,719	1,723	0.3	287,560	6,893	0.2	3,780	3,116
	〃 中	47,163	519	0.1	214,599	2,756	0.1	540	2,216
	〃 北	27,799	1,189	0.4	141,294	4,136	0.3	1,850	2,786
	宮古	14,256	1,051	0.7	75,651	4,206	0.6	1,980	2,226
	八重山	8,683	856	10	43,386	3,525	0.8	1,350	2,175

屯数別漁船調

事項／年次別	地域別	動力漁船 5—10屯	10—20屯	20—30屯	30—40屯	40—60屯	60—100屯	100—200屯	計	刳舟
昭和九—十年(平均)	全琉	79	82	1	1				163隻	2,091隻
	沖縄南部	52	40						94	732
	〃 中	4							4	272
	〃 北	23	6						29	648
	宮古		16						16	251
	八重山		20						20	188
一九五三年	全琉	48	112	35	25	4	1	2	227	2,374
	沖縄南部	9	43	21	11	3	1	2	90	862
	〃 中	1	2						3	301
	〃 北	6	13	1	7				27	500
	宮古	6	18	12	1				37	346
	八重山	26	36	1	6				70	365

漁獲高は戦前に比し稍々増加しているが人体保健上蛋白質の攝取量は普通一人一日平均二〇グラムが適当であると云われている。戦前日本では一一グラム供給

されたが一九五三年琉球の漁獲高では一人一日平均五グラム(人口五九〇、〇九一人、一九五三年)に当る、若し罐詰及び乾魚類を輸入せずして専ら島内産のみを以て平均一〇グラムまで蛋白質を供給するとせば、三二、三四三、四二八ポンドまで漁獲を向上させなければならない、一人一日平均二〇グラムの理想的蛋白供給に対して、現在の琉球においては当分望むべくもない。筆者は平素一億ポンド漁獲説を唱えて来たが、※

※この水準に到つて始めて住民の栄養も向上し、水産輸入品も喰い止め、逆に輸出も可能な状態におかれるのである。

次の統計において海人草、珊瑚、海綿等は当地独特のものであり、将来最も力を入れるべきものである。特に黒蝶貝によつて黒真珠の養殖に成功したことは琉球のプラスである。

全琉魚種別漁獲高　単位LB

年度別 / 魚種別	戦前 昭和9～11年 (平均)	戦後 1953年
かつお	7,975,959	5,776,688
まぐろ	465,278	264,027
かじき	302,440	288,721
ふか	723,807	353,311
さば	309,190	
赤むろ	806,729	1,042,056
とびうお	212,860	662,688
ひめだい	108,669	817,050
その他	1,742,359	3,512,422
水産動物	1,092,872	1,290,481
計	13,740,160	14,007,318
貝類及藻類		
貝類	809,232	1,325,713
海人草	59,506	409,642
その他草類	6,761,720	323,327
その他		
珊瑚		422
真珠		1,894
海綿		397

水産加工品については戦前戦後を通じて殆ど見るべきものがない。たゞ、かつお節は黒糖と共に戦前から琉球の二大産業として認められたことは周知の事実である。由来夫々の産業による生産物はそのものによつて生鮮のまゝ販売して得策であるか、或は加工し製品として販売することが一層得策であるかについては、そのものによつて決定されるのであるが、琉球の場合更に色々な条件があつて、水産加工品の生産は、さつぱり振わない。漁獲の少ないことも原因するが消費、コスト、販売等の関係もあり、将来琉球の漁業を次第に遠洋性に切り替えて行つた時、漁獲高も増加することだし、加工処理の問題が当然起つてくるので工場経営に関連し、その対策たる見透しについての考察が必要である。

次の統計では二大産業とも云われた鰹節の生産量が戦前よりも減少し、家庭工業たるカマボコの生産量が逆に増加現象を示したことは興味ある問題である。

水産加工品　単位LB

年次比較 / 項目 / 品目	昭和9～11年（平均）		1953年	
	工場数	生産総量	工場数	生産総量
鰹節	91	1,679,121	67	818,818
かまぼこ	30	310,155	68	611,854
魚油		9,243		
素乾品		85,706		2,958
煮乾(鹽乾)		10,002		
燻乾		1,882		5,884
海藻		61,991		
魚粉				36,167
計		2,158,100		1,475,681

水産養殖には現在、塩屋湾に宮城新昌氏の経営するかきの養殖場があり、又終戦後、本島、宮古、八重山に真珠の養殖も行われておる、戦前沖縄水産試験場が久米島で海綿の養殖試験を行なつたこともあり良質の定評があつたが経済的関係で現在は養殖していない。養殖は製造業と共に琉球では未だ振つていない。琉球は養殖事業に対してその条件において困難性の多いことを前述しておいたが、我々はその困難性を究明し、琉球の環境に合致するような養殖方法を講ずべきである。

以上、琉球の水産業について略述したがその経営は如何なる方法で行われているか簡単に記しておく。琉球の漁業者の大部分は零細漁業者であり、生産物売上総収量を自己の収入とし、その内から諸経費を支払つて残りを家族の生計に充てる。即ち家族的生業である。そして大部分が農業の兼業を行つている。

まぐろ漁船、かつお漁船などは、親類知友等比較的狭い範囲で結ばれた者が集つて組織し一隻の漁船を経営する。次表はまぐろ延縄及びかつお漁船における経営実績と利益の配分方法である。会社経営としては琉球水産株式会社が一ヵ所あつて三隻による、まぐろ延縄漁業を経営する外、冷凍、製氷等の多角的経営を行つている。

養殖業の現状 1953年

事項 / 業態別	養殖件数	資本の構成		養殖の規模		生産量数	
		外資導入	島内資本	蓄養量	生産予想	数量	金額
真珠	6	円 4,400,000	円 4,353,000	坪 713,165	ヨ 39,800	1,680	276,000
かき	1		200,000	43,247	LB 11,102		
鯉	5			95,000	50,160		
田魚	20			1,200	10,000		
海人草及角又	6		99,335	1,785,835	57,420		
貝類	2		354,635	143,929	94,000		
計	50	4,400,000	5,006,970	2,782,376	LB 222,682 39,8000ヨ	1,680	276,000

経営費 まぐろ延縄漁業 15屯級 4隻 150〃 2〃 1954年

乗組員	一年間の水揚		一年間の総支出		収支差引額
	漁獲数量	収入金額	操業費	操業経費	
9人	16,146斤	456,144円	164,811	168,287	123,046円
9	14,360	413,931	135,836	168,287	109,808
9	33,750	846,540	401,416	168,287	276,837
9	29,031	700,011	364,768	168,287	166,956
22	576,192	10,255,564	3,072,400	2,191,019	4,992,145
28	449,850	8,332,794	2,745,216	2,902,542	2,685,036
計 86	1,119,329	21,004,984	6,884,447	5,766,709	8,353,828

備考 1ヵ年間の総支出とは A+B　A…… 操業費 燃料、餌料、氷、賄費、雑費等
B……操業外経費 船価、船舶賃借料、保険料、漁具消耗、船体機関修理費、船員災害保険料　収支差引額 …. 乗組員、船主の配当率は15屯級にありては 5:5
150 〃にありては 4:6

経学費 かつお釣漁業 30屯 6隻分 1954年

乗組員	漁獲数量	収入金額	支出額		収支差引額
			操業経費	操業外経費	
30人	209,104LB	1,880,987円	424,451円	299,639円	1,156,897円
36	496,104	7,518,755	876,145	299,639	6,342,971
35	285,964	4,366,430	847,621	299,639	3,219,170
23	194,624	1,543,701	915,765	299,639	328,297
36	521,947	4,111,143	1,304,231	299,639	2,507,273
28	317,814	2,525,689	1,282,608	299,639	943,442
計 188	2,025,557	21,946,705	5,650,821	1,797,834	14,498,050

操業経費 ….. 燃料、餌料、氷、賄費、雑費等
操業外経費 …. 船価、保険料（1年分）146,849円　船体修理費（〃）45,929円
機械修理費（〃）21,443円　漁具船具消耗（〃）85,418円　計 299,639円
収支差引額 …. 5:5 / 7:3 の率によつて乗組員、船主に配当される。
渡嘉敷，座間味では 5:5　本部では 7:3 の配当率

以上の外、漁業協同組合は沖縄二七、宮古一一、八重山一〇で計三七組合があり、組合員の出資又は借入金によつて共同購買販売事業、共同漁業権の取得、利用等を組合員のために行つている。組合員の出資額は一口、百円から五百円である。又漁業者に対する融資の目的で、那覇に那覇地区漁業協同信用組合、宮古に宮古漁業協同信用組合があつて、尚那覇に中央金庫がある。これは組合或は団体等に対してのみ融資するのが特色である。更に沖縄、宮古、八重山に各漁業協同組合連合会があるが、これは各漁業協同組合に対し便宜を図ることを目的とし、各漁業組合員はその会員である。

尚お政府においては琉球水産業に対する事業補助として、増産、保護等の諸施設に対し、助成金を交付し、又、優秀組合に対しては、毎年協同組合法発布記念日の五月に奨励の意味を以てこれを表彰しているが、今年は第一位、池間漁業協同組合、第二位、本部漁業協同組合、第三位、石垣市漁業協同組合の順であつた。政府における経営表彰基準は次の通りである。

経営審査基準

一、組合員数の加入状況
二、総会出席状況
三、理事会開催状況
四、理事会出席状況
五、自己監査状況
六、事業計画の実績
七、事業の分量
八、職員の事業取扱量
九、系統機関利用状況
一〇、自己資金
一一、固定比率
一二、流動比率
一三、負担比率
一四、商品回転率
一五、掛売金率
一六、総資本回転率
一七、帳簿備付状況

最後に日本の水産業に世界屈指の水産国とまで云われているが如何にして発展してきたか、勿論、地理的条件や国民性にもよるが、日本は明治維新以来鋭意欧米の諸制度を取り入れて文化の洗礼を受けるように努力した。産業でもこれを啓発するために優秀な器具、機械類を輸入して細密技術の傳習に盡すいしたのである。水産業においても又この恩恵に均霑して、養殖にはアメリカから人口ふ化法を、漁撈では英国からトロール網漁業を、製造ではフランスから罐詰法を傳習して顯著な成績を挙げている、そして一九二九年には漁獲高による金額において世界に断然頭角を表している。次表は同年アメリカ水産局ラツドクリツフ氏に依つて発表された各国の漁獲高を金額に表示したものである。

日本	二八八百万弗
米国	一三二 〃
英国	一〇三 〃
カナダ	五五 〃
スペイン	五〇 〃
フランス	四三 〃
ノルウェイ	一九 〃
ドイツ	一八 〃
その他	一、一七〇 〃

顧みて琉球の水産業を一べつしたとき、戦前戦後を通じてその大部分が未だに原始的であり旧態依然たるものである、日本の水産業の発展はその地理的条件や国民性にもよるが、常に倦まざる努力の結果、隆々と発展してきたものである。我々はこの見地から琉球の産業に対し為政者も業者も共に一丸となつて深く反省しなければならない。一方学校としての立場において技術的に或は科学的に研究し、又社会経済と関連するそれ等の経営が合理的に行はれているか、企業全般に亘つても熟考を要すべきときがきているのである。

幸、このときに当つて本校が研究指定校を承つたことは誠に光栄であり、職員全体が張り切つて協力し各自分担研究にとりかゝつている、本校の使命は申すまでもなく、琉球水産業の発展に役立つ子弟を養成するために設立されたものであり、我々はこの趣旨に則り前述の事情や研究の結果を生徒に指導し、その理解と深い認識を与え、将来の中堅技術者乃至は立派な指導者たり得る人材を養成せんとするものである。

注　本書に掲げた統計は経済局水産課の調査によるものである。

1956会計年度文教豫算について

研究調査課

教育の機能を十分に発揮するためには、教育のために必要な条件を整備することが先決問題であるが、それをうらづけるものは教育財政である。

教育財政は形式的には教育遂行の手段であるが、実質的には教育のすべての活動に影響を与えるものであるから、教育財政、行政の一体性をよく表現しているといわねばならない。

教育財政より割り出される教育費は、国の重要施策である文教政策、教育制度の進歩と内容の充実、更に人口増加、国の経済の向上社会の文化的自覚の程度を具体的に示すものである。

教育と教育財政の関係を知るには、国の財政における教育費と、地方における教育費、更に国、地方に通ずる財政における教育費として考察しなければならないけれども本稿においては一九五六会計年度の政府予算が成立しましたので、文教局予算をお知らせすると同時に、左記の項目によつてまとめたことを発表致します。琉球における教育費の調査研究の必要が強く要請されているので、近く地方教育費の調査をする計画でありますので、其の節は御協力を御願い致します。

一 教育予算の年度別変遷

教育費及び政府予算総額とも一九五三会計年度を基準（一〇〇）として各年度の指数を算出した。それによると教育費及政府予算とも漸次増加の傾向を示している。

教育費は一九五五会計年度では琉大補助を含まないが一九五六会計年度においては琉大補助金が含まれている。実質的に政府予算に占める文教予算の増減をみたのが左図である。これは 教育費指数／政府予算指数 で算出してある。

（1）歴史的に見た教育費（文教局予算）

基準　1953年＝100

	教育費（文教局予算実額）	指数	政府総予算	指数	会計年度	実質指数
1953	399,358,324	100	1,532,934,310	100	1953年度	100
1954	504,132,400	126	1,877,801,205	122	1954年度	103
1955	559,456,300	140	1,969,183,900	128	1955年度	109
1956	612,957,800	153	2,039,771,800	133	1956年度	115

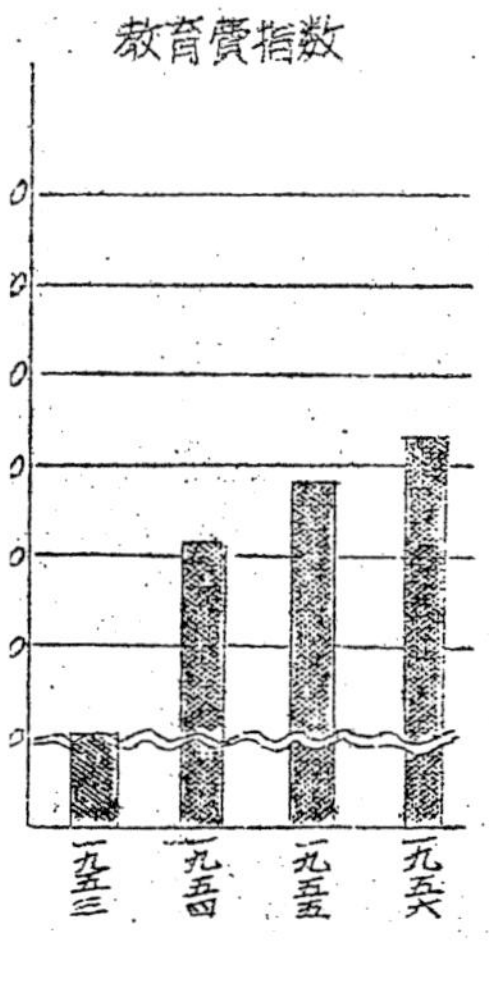

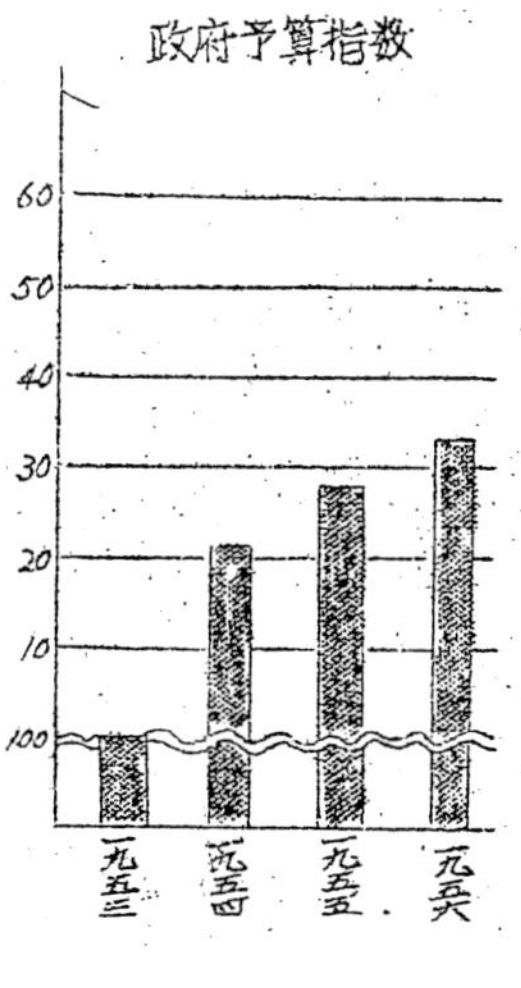

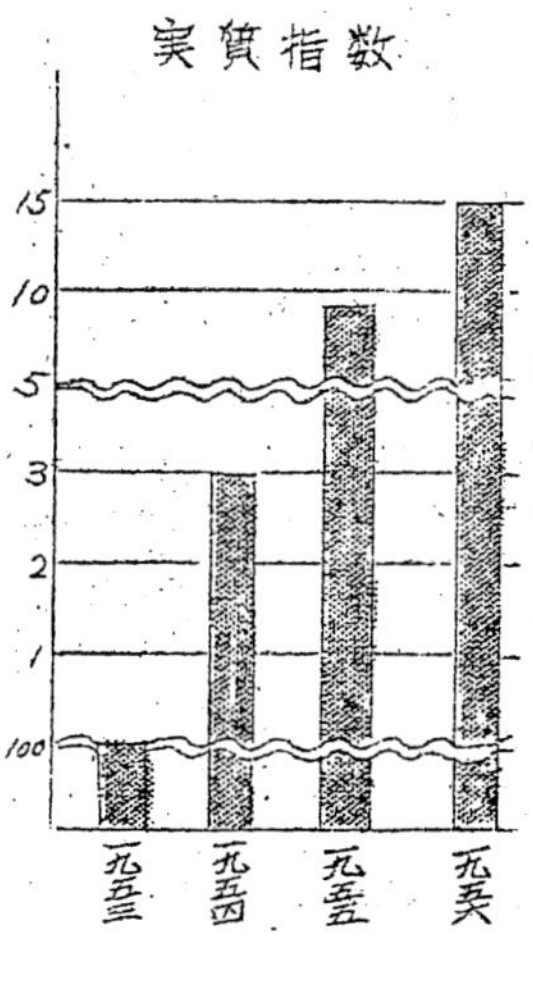

政府予算に占める教育費（文教局予算）が年次別にどのような変動をきたしたかをみるために一九五三会六年度から一九五六会計年度までの政府予算と文教予算の比較をしてみると左表の通りである。

（2）年次別政府総予算額と教育費の比較

会計年度	政府予算総額	教育費（文教予算）	%
1953年	1,532,934,310	399,358,324	26,05
1954年	1,877,801,255	504,1320400	26,84
1955年	1,969,183,900	559,456,300	28,41
1956年	2,039,771,800	612,957,800	30,00

右の表によると漸次増加の傾向にある。特に一九五六会計年度は著しく増加し政府予算の三〇%を教育費が占めているが、これは一九五五会計年度まで内政予算中に含まれていた琉球大学補助五千二百万円が文教局に移管されたためである。

次に政府予算と教育費の割合を図表化すると下図の通りである。

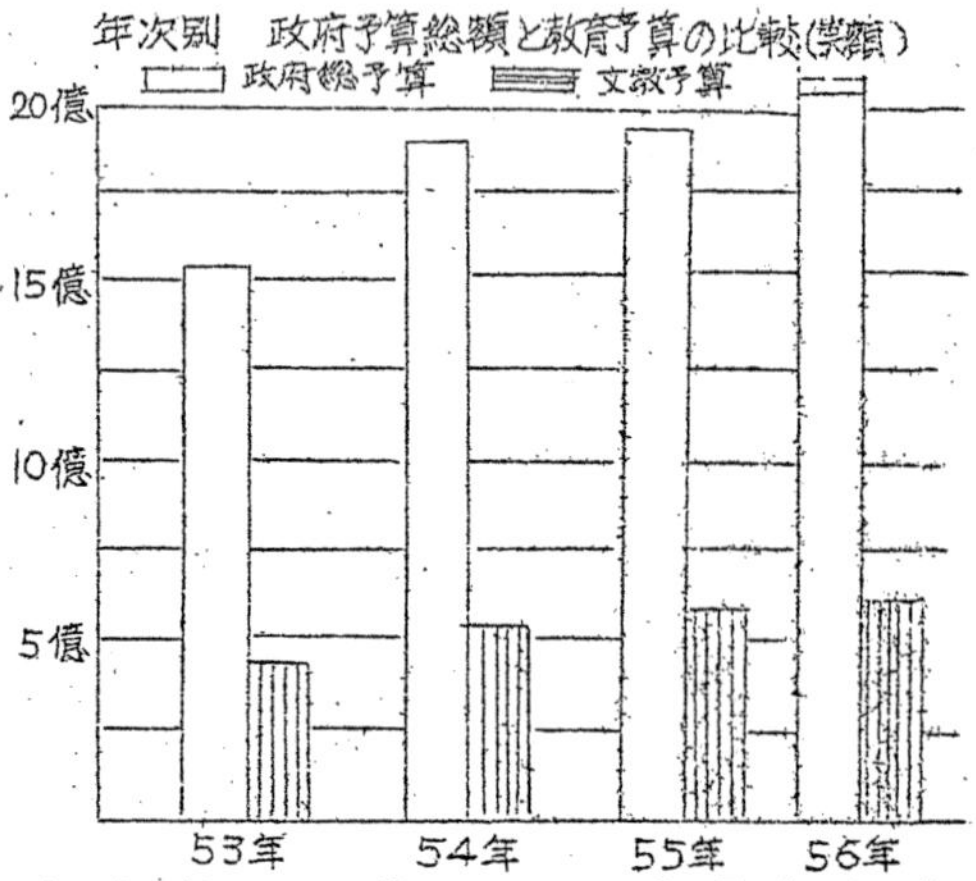

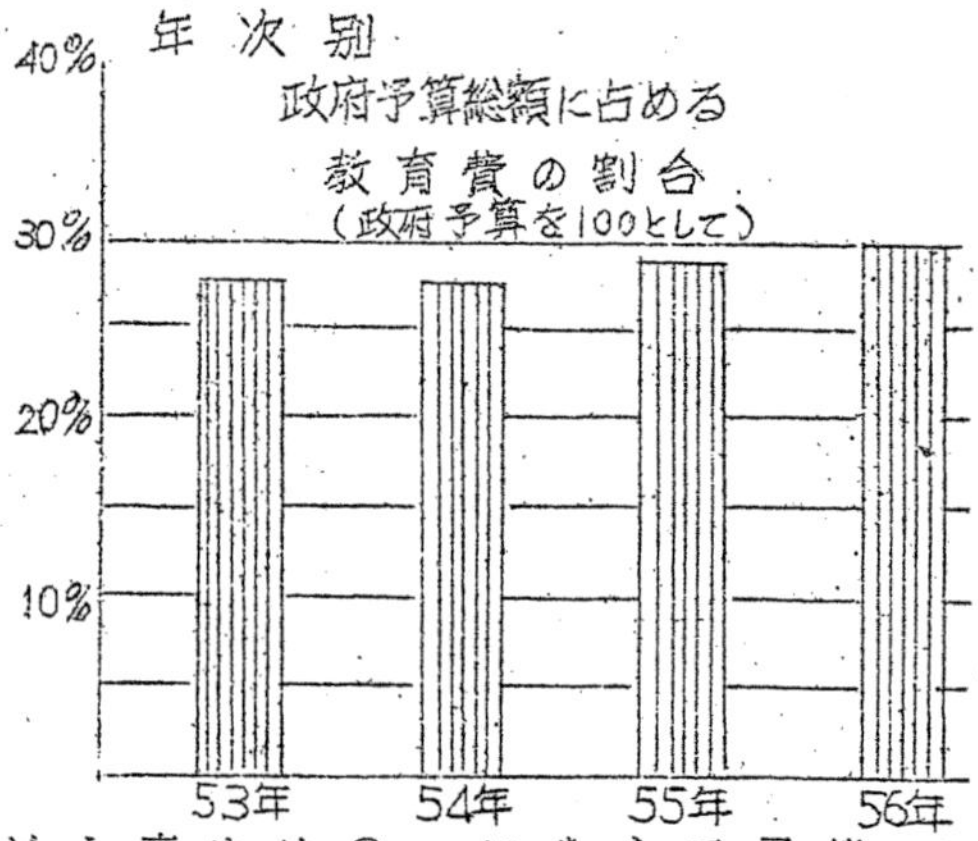

文教予算が政府予算額の二六%から二八%を占めている事は一見琉球の教育費は其の占める率が高率のようにあるが管外他県と比較するとかならずしもそうは云えない参考までに二、三の県について県予算等とその中に含まれる教育費の割合を観ると次の通りである

（3）文教予算と管外各縣の教育費との比較

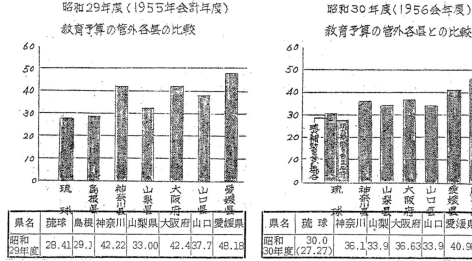

昭和29年度（1955年会計年度）
教育予算の管外各県の比較

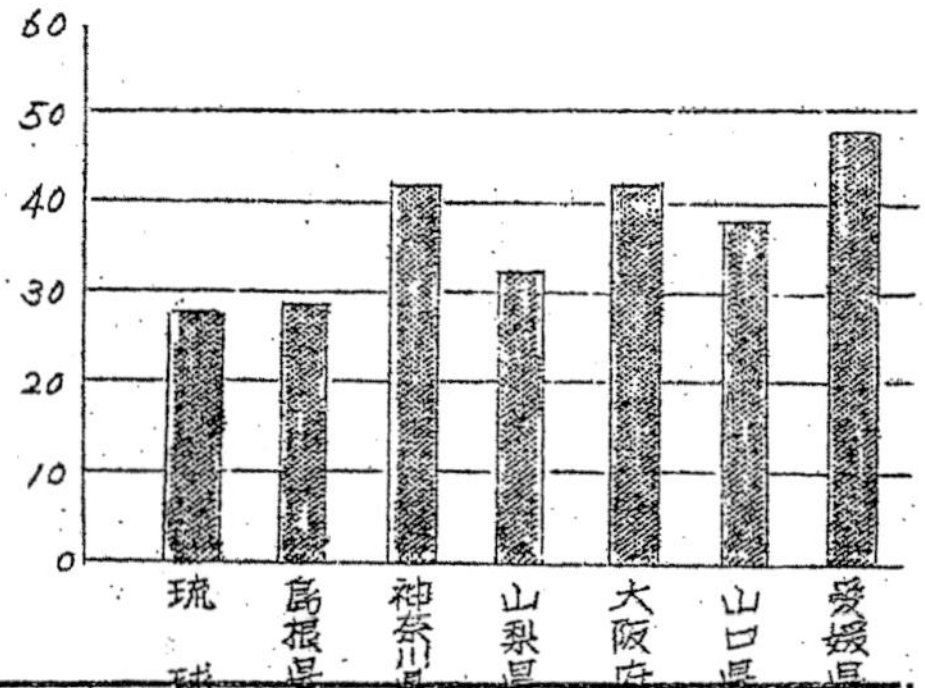

県名	琉球	島根	神奈川	山梨県	大阪府	山口	愛媛県
昭和29年度	28.41	29.1	42.22	33.00	42.4	37.7	48.18

昭和30年度（1956会年度）
教育予算の管外各県との比較

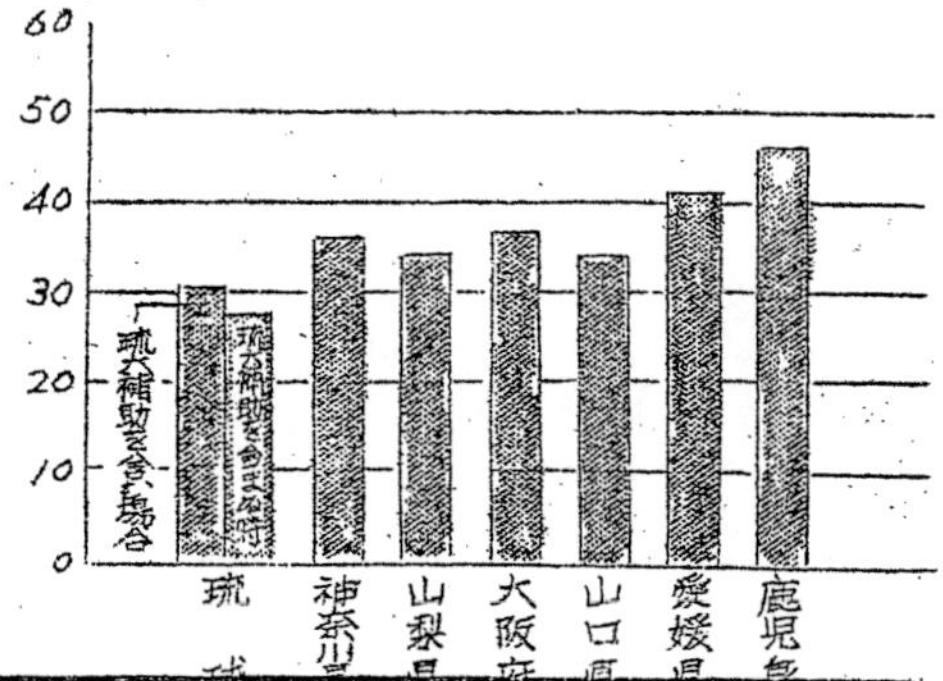

県名	琉球	神奈川	山梨	大阪府	山口	愛媛県	鹿児島
昭和30年度	30.0 (27.27)	36.1	33.9	36.63	33.9	40.96	45.6

琉球政府の文教予算と管外各県の教育費と比較してみると前表及前図の通りで沖縄の教育費の政府予算に占める割合は他府県のそれと比較すると低率である。

他府県の教育費教育委員会所管の教育費であり、各県の教育月報から其の資料を得てある。

二　1956会計年度における琉球政府予算（才出）

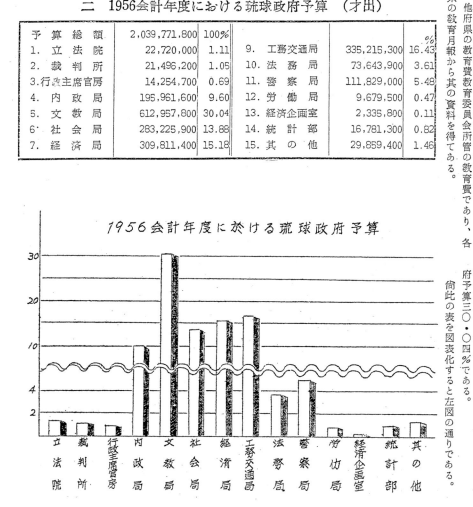

一九五六会計年度における琉球政府予算は左表の通りで其の総額二、〇三九、七七一、八〇〇円でその中に占める文教局費は六一二、九五七、八〇〇円で政府予算三〇・〇四%である。

倘此の表を図表化すると左図の通りである。

					%
予算総額	2,039,771,800	100%			
1. 立法院	22,720,000	1.11	9. 工務交通局	335,215,300	16.43
2. 裁判所	21,496,200	1.05	10. 法務局	73,643,900	3.61
3.行政主席官房	14,254,700	0.69	11. 警察局	111,829,000	5.48
4. 内政局	195,961,600	9.60	12. 労働局	9,679,500	0.47
5. 文教局	612,957,800	30,04	13. 経済企画室	2,335,800	0.11
6. 社会局	283,225,900	13.88	14. 統計部	16,781,300	0.82
7. 経済局	309,811,400	15.18	15. 其の他	29,859,400	1.46

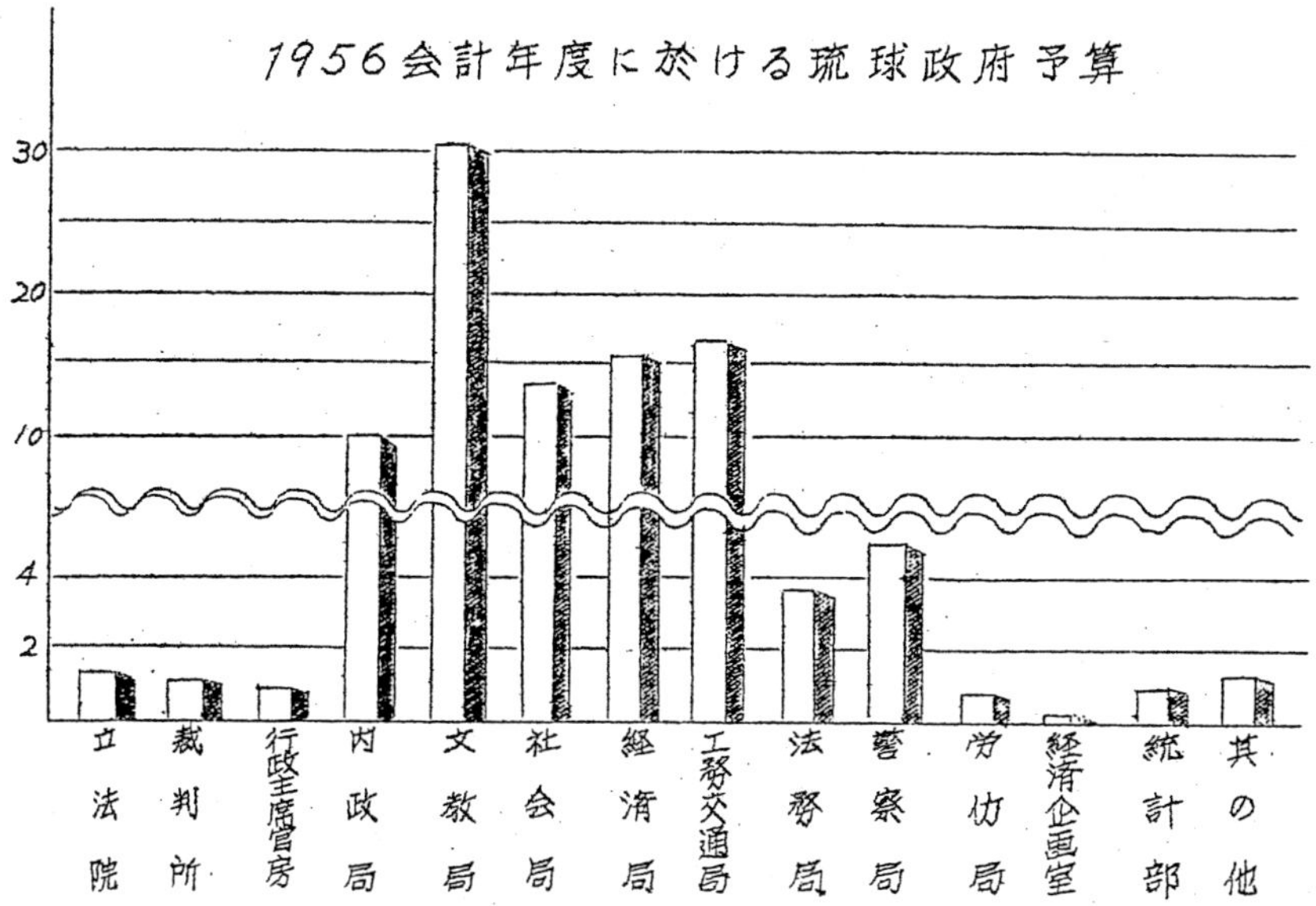

三　1956会計年度文教予算

(1) 1956会計年度　文教予算支出項目別の表

(部) 文教局	612,957,800	(項) 中央教育委員会費	502,200
(款) 文教局費	9,580,000	(款) 文化財保護費	1,574,600
(項) 文教本局費	6,807,300	(項) 文化財保護委員会費	135,400
諸検定費	41,500	文化財保護費	1,439,200
学校給食附帯費	268,700	(款) 教育長事務所費	6,841,600
推薦教科書目録作成費	232,400	(項) 教育長事務所費	6,841,600
広報普及費	481,200	(款) 区教育委員会補助	2,788,000
義務教育担当教員養成費	961,000	(項) 区教育委員会行政補助	2,788,000
政府建物修繕費	787,900	(款) 育英事業費	8,216,000
(款) 中央教育委員会費	502,200	(項) 育英事業費	8,216,000

(款) 各種調査研究費	2,462,200	(項) 成人学級講座費	949,600
(項) 基準教育課程構成費	910,600	社会教育研究協議費	57,500
義務教育学力測定費	1,392,900	社会教育研修費	1,757,500
琉球歴史資料編集費	158,700	公民館振興費	1,232,200
(款) 各種奨励費	1,661,400	子供博物館補助	150,000
(項) 各種奨勵費	1,661,400	産業三大恩人記念館建設補助	1,000,000
(款) 学校教育費	333,375,300	博物館費	742,900
(項) 政府立学校費	23,630,800	図書館費	526,300
職業教育充実費	3,400,000	(款) 校舎復旧費	182,412,900
備品購入費	500,000	(項) 建築調査費	53,500
公立学校補助	305,844,500	政府立学校建設費	8,193,700
(款) 教職員資質向上費	5,117,600	公立学校建設費	162,080,200
(項) 教職員研修費	975,600	公立学校修繕費	9,134,000
教育行財政研修費	642,000	開拓地学校建設費	2,951,500
研修旅費補助	3,500,000	(款) 琉球大学補助	52,000,000
(款) 社会教育費	6,426,000	(項) 琉球大学補助	52,000,000

(2) 教育予算の教育分野別比較

一九五六会計年度における教育予算（文教局予算）六一二、九五七、八〇〇を円教育分野別にみると次表の通りである。

次表に依ると学校教育費の八五・二五％が最も高率を示している。これは教育財政的にはやゝ正常に近い形態であるが日本各県の学校教育費の教育予算総額に占める割合は九〇～九五％程度であり、それにはまだはるかに及ばない状態である。これは琉球の教育行財政の制度が日本各県のそれと著しく異る事からくる結果である。

〔教育予算の教育分野別比較〕

予算別＼分野別	教育行政費	学校教育費	社会教育費	琉大補助金	育英事業費
実　額	円 22,173,900	円 522,567,300	円 8,000,600	円 52,000,000	円 8,216,000
%	3.62	85.25	1.31	8.48	1.34

上表を図表化すると左図の通りである。

総額の教育分野別比較

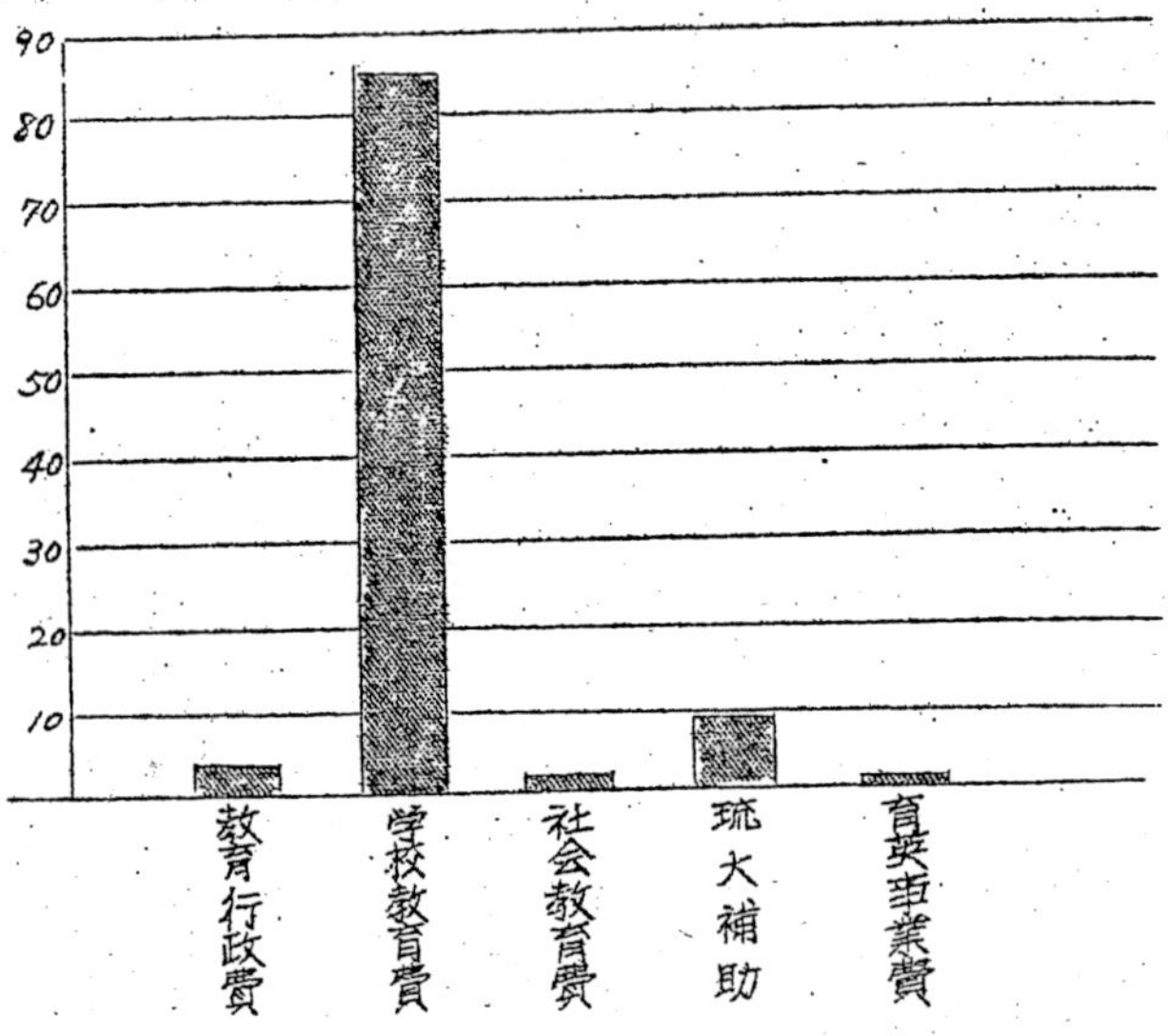

A　教育行政費について

本会計年度の教育行政費を概観すると文教本局費中央教育委員会費、教育長事務所費、区教育委員会費等の教育運営の為の経営費以外に校長研修のための行財政研修費六四二、〇〇〇円、へき地教員養成を目的とした義務教育担当教員養成費六九一、〇〇〇円、や各種奨励費一、六六一、四〇〇円等が含まれている。

B　学校教育費について

学校教育費五二二、五六七、三〇〇円を其の支出項目別にみると左表の通りであり図表化したのが下図である。

支出項目別	実　額	%
学校教育費総額	522,567,300	100
基準教育課程費	910,600	0.17
義務教育学力測定	1,392,900	0.27
政府立学校費	23,630,800	4.52
職業教育充実費	3,400,000	0.65
備品購入費	500,000	0.10
公立学校補助費	305,844,500	58.53
職員研究費及補助費	4,475,600	0.86
校舎復旧費	182,412,900	34.91

右表学校教育費の支出項目別比較を見ると学校教育費の大半が公立学校の補助金(五八・五三%)と校舎復旧費(三四・九%)である。文教政策としての『よい教師、よい待遇、よい校舎』の教育財政的あらわれとして公立学校補助金の中に単位手当補助金、一〇、一四五、九〇〇円、政府立学校職員単位手当四七〇、四〇〇円を計上し教員の資質及待遇を改善すべく意図されており、校舎建築の面では一九五五会計年度までに完成した本建築七八%を更に一〇%引きあげるべく校舎復旧費一八二、四一二、九〇〇円を計上してある。これにより一九五六会計年度で本建築校舎が88%完成する予定になっている。新しい項目としては義務教育学力測定費一、三九二、九〇〇円等がある。職員研究費及研究補助費の四、四七五、六〇〇円等も、重要な項目として計上されている。学校教育費はこれを学校種別に分類し、その分析の結果、正常か否かを観ずる事が出来るが他日にゆづる事にする。

C　社会教育費

社会教育費は成人学級講座費をはじめ社会教育研究協議費、社会教育研修費、公民館振興費、子供博物館補助、産業三大恩人記金館建設、博物館費、図書館費、文化財保護費等八、〇〇〇、六〇〇円が計上されている。

社会教育費は昨年度と比較して著しく増大している事が目だつている。

D　琉球大学補助

琉球大学の補助金は昨年度まで内政局予算の中に含まれていたのであるが今会計年度から文教局に移管された、総額五二、〇〇〇、〇〇〇円で文教予算の約八%を占めている。

E　育英事業費

育英事業費は琉球育英会への補助金で、総額八、二一六、〇〇〇円文教予算の一・三四%を占めているこれは昨年度まで教育行政費に含めてあつたのを本会計年度から独立させたものである。

学校教育費

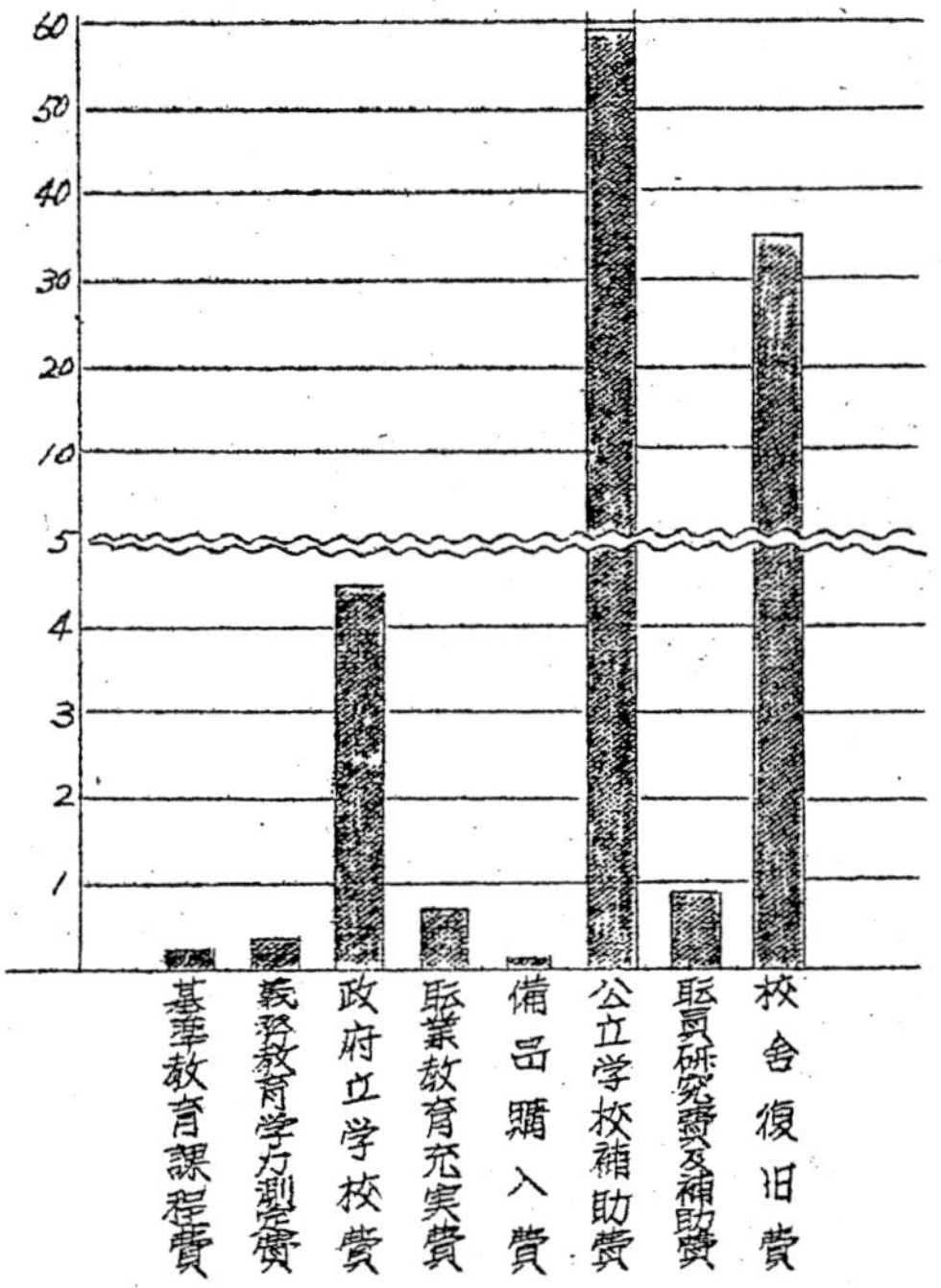

(3) 1956会計年度文教予算(教育分野別)と1955会計年度(教育分野別)文教予算の比較

	教育行政費	学校教育費	社会教育費	琉大補助	育英事業費	総額
1955年	28,112,800 5.02%	527,197,900 94.21%	4,145,600 0.74%			559,456,300
1956年	22,173,900 3.62%	522,567,300 85.25%	8,000,600 1.31%	52,000,000 8.48%	8,216,000 1.34%	612,957,800

本年度の社会教育計画

金城英浩

琉球の社会教育は、そのおかれている政治的地位、経済的事情、その他社会環境、等らして困難さがある。この困難な条件を克服して、活躍する社会教育指導者の熱意と努力は住民によく理解と認識を深め、実を結びつゝある。即ち琉球の社会教育は終戦十ケ年の迂余曲折の歩みを経て漸く地歩を固め、軌道に乗つたことは、よろこばしいことである。それは、各種研究発表会や各種団体の活動業績を見れば実証できると思う。さて一九五六年予算年度はどんなことを計画し、どんな方法によつて之を実現しようとするか、順をおつて要約して述べることにする。

第一には「社会教育法」立法の実現である。社会教育行政は、管理行政、指導行政、事業実施の分野があり複雑であるが、現在社会教育行政の根拠は、琉球教育法（布令六十六号）第一章第八節の「社会教育」の条項のみで、誠に心細い次第である。幸いに今会議に参考案を提出してあるので近く立法の実現を見ることと思う。

立法が出来れば、政府及び教育区の社会教育に対する責任が明確にされ、法的根拠によつて予算の範囲での財政的援助も出来、その他、社会教育が力強く推進することになろう。

次々と「青年学級振興法」「図書館法」「博物館法」等の立法の準備もすゝめて行きたい。

第二に施設としては公民館の設置促進とその育成である。公民館が地域社会の社会教育の総合機関であり、村おこし運動推進の中核体としての役割を果しつゝあることは、公民館運営発表会を通して万人周知の事実であつて、経済振興計画案も樹立された今日、その遂行の支柱として、公民館の活動に期待されねばなるまい。

然るに公民館の現況はどうでしようか。全琉部落数八〇三中、部落公民館（分館）として運営されているものは、僅かに一〇九で、一四%に過ぎない。他府県の状況を見るに一〇〇%設置の府県が九県もあり、全国平均（市町村に対する割合）約七九%である。社会教育法は、公民館法と言われる程、公民館に関する条項が多く規定されているし、予算も幾分増額されているので、強力にこれが設置を促進し、その育成に力を盡したい。

第三に関係機関との連絡調整を緊密にしたい。社会教育は、その領域が複雑多岐、広範囲にわたり一般行政機関との関連が頗る多い。若し各関係機関が各々の立場のみを固守し、縄張り争いなどのようなことがあるとすれば、受ける対象こそ迷惑千万である。先に実施した「青少年指導不良化防止運動」は私たちに色々の示唆を与え、政府、民間の各関係機関の有機的関連を以つて当れば所期の目的の実現が確かにできることの確信を得た。経済局、警察、社会、労働の関係局、青年、婦連、P、T、A、連合会、体育協会、農水協会、教職員会、などとは、連絡調整の機会を数多くもちたい。尚今年度は、琉大校外是及部が農村の農業技術、生活改善等の普及事業に新しい計画をしていることは、社会教育振興上よろこぶべきことで、その活用に大いに協力したい。

第四に指導者の養成である。

社会教育は、自己教育であり相互教育である……と言つても指導者が要らないと言うことではない。未開拓の分野が多ければ多い程、専門的指導者、或は民主団体の幹部の訓練は必要なわけである。

民主団体の幹部養成はこれまで継続的に実施したが本年度は、新たに「P、T、A」関係の指導者講習も実施する予定である。尚専門指導職としての社会教育主事は、現在本局に九人、地区教育長事務所に二八人（中、映与技術者四人）置かれているが、各教育区或は公民館に専任指導職員が皆無であるので、「社会教育を行う者に専門的技術的指導助言を行う」との社会主事の本務の外に、自らも各区における社会教育指導の任務を果し、二重の性格で負担が重い。社会教育法の立法に伴つて社会教育主事の資格、免許についても明確に規定し、それに応ずるよう単位収得の方途も講じて行くよう研究を進めている。尚ここで一言したいことは、社会教育主事の待遇についてである。法によれば社会教育主事の資格条件は、高度の資格を要求されているので職務の責任と資格条件に応ずる待遇をなすように教育公務員法等の立法により考慮されねばならない。

第四には、区教育委員会の社会教育行政についての指導の強化についてである。

社会教育法によれば、区教育委員会の社会教育行政事務は十四項もある。前にも述べたように、元米社会教育は、国民の自主的自発的な自己教育活動であってその活動分野も非常に広いのであるが、それはあくまでも住民の自由な活動にまかせるべき性質のものであることは言うまでもない。しかし政府及び教育区は住民の自発的な社会教育活動を助長奨励し、いろ〳〵の施設を設置し、その他の方法によって積極的な社会教育活動を促進する責任があるが、現在の状況は、学校教育偏重の風潮があまりに強く社会教育費が非常に少く、あるいは専任指導職員の未設置などは、是非とも是正して行かねばならない。それには社会教育費の分野別検討をなし、合理的な財政の確立を目指して、その増額を計り財政的裏付をなしたいものである。社会教育費を見るに、政府負担が六割五分、地方負担三割五分程度であると言うことは、社会教育の本旨に対する認識の足りなさからだと考えられる。

社会教育は上から与える恩恵的賜物ではないということを十分理解しなければならない。

第五に図書館のことを考えておきたい。

毎年度の予算編成に年次計画をたてゝもなか〳〵実現しないのは遺憾である。

現在、首里、宮古、八重山に政府立図書館があることを有識者さえも知らない程、みすぼらしいコンセットや借家ずまいであって、蔵書冊数三館で三〇〇〇冊とは情ない話である。文化会館があるから図書館は要らないのではないかと言う人があるが文化会館は、民政府直轄である。尚、施設は多い程良いのであって、政府立図書館の年次計画の充実ということは忘れてならない重要なことである。

次に内容の面について述べて見たい。

現在行われている社会教育を内容面から重点的に箇条書にあげれば次の通りである。

一　民主的公民並に国際人としての資質の向上

○自主自立の精神と協調的態度の養成
○権利義務の観念の徹底（特に納税思想など）
○自由と責任の自覚
○人類愛に根ざした世界協和の精神涵養

二　生産意欲の高揚と職業技術教育の振興

○勤労愛好の精神涵養
○正しい職業観の確立
○地域社会並に職場における職業教育計画の樹立とその実践

三　社会道義の高揚

○公徳心の涵養
○遵法精神の高揚
○明朗進取の気象涵養と環境の浄化
○国際道義に関する意識の高揚
○純潔教育の徹底

四　生活の合理化

○家庭の民主化
○消費節約と貯蓄（節酒運動）
○行事の合理化
○正しい信仰心の啓培と迷信打破
○衛生思想の涵養
○計画産児

五　体育及レクリエーションの生活化

○体育レクリエーションの普及
○子供の遊び場の設置奨励

六　文化財の保護活用

○文化財保護法の趣旨徹底

以上は現在実施している青年学級、婦人学級のプログラムを整理したものであるが、本年度は特に職業技術教育に比重を重くしてやって行きたい。社会教育のプログラムは成人や青年の生活と結びつき明日の生活の向上に役立つものでなければ、飛びついてはこない彼らに取っては理論的説明よりは何か技術をおぼえ、実生活に益するものを収得したいのである。

それで実業学校に委嘱して地域社会に即する職業技術教育を、普通高校に家政講習を実施するように計画を進めつゝある。

尚民間に雑多に行われている各種学校の施設に対しても何らかの措置を講ずべきであろう。

▲対象の面から

社会教育の対象は、幼児、青少年、成人であって何れも軽重をつけるべきでないが、特に力を入れたいのは、「勤労青少年の教育」と成人教育の一環として「婦人教育」に重点をおきたい。

現在中学卒業生の約四割が高校に進み残りの六割は実務に従っている実情である。

勤労青少年の教育は、全教育系統の中の重要問題の一つである。然るに現状は甚だ不充分である。勤労青少年に関する問題はいろ〳〵あるが、特に就職の問題は深刻である。彼等に暗い面のみを見せず明るい希望をもたしめることは、青少年問題解決の鍵であろう。

本年度は「青年学級」の振興、「青少年団体」の育成には特に力を入れたい。そのための施設としては、自主的にやっている青年学級の指定、発表、日本本土への研修派遣、経済局と協力して産業開発青年隊の育成などに努力して行きたい。

次に「婦人教育」の重要性は

〇現在社会機構中における婦人の地位の不安定。

〇過去の封建的社会ならびに家庭環境より来る特異性に基づく、婦人の位置の低さよりの開放。

〇新民法の実施等に伴い現代社会における婦人に対する要求の高度化。

〇母性の任務とその領域の重要性。

等から、成人教育の一環ではあるが琉球における婦人教育は、特に考慮すべきであると考える。

婦人学級、「P、T、A」の母親学級、母の会、婦人会などの指導育成等そのプログラムを整備したい。婦人や女子青年を対象として高校開放講座として「家政科講習」其他の職業技術講習等の計画も実施準備をすゝめつゝある。

其他、幼児教育の不振は日本や琉球教育の一つの盲点だと言われているが、現在の幼稚園教育にはいろ／＼の問題点がある。凡ての母親が幼児の教育にもつと関心をもたねばならない。そのためには家庭教育の振興を期せねばならない。

▲教育課程の研究

社会教育は機動性と融通性をもたねばならないと言われているが、そうかと言つて、つき当りばつたり式では効果をあげ得ない。

社会教育の目標を明確に把握し、それに到達するための「教育課程」の編成は重要な問題の一つであると考える。それには先ず地域社会の実態調査をせねばならない。このことは未開拓の分野であり、至難のことであるが「社会教育委員の設置」と更に、学識経験者や実践家を以て組織する「社会教育課程」編成委員会を設け、ぜひともこの目的を達成したいものである。

次に、視聴覚教育の振興と広報活動を盛んにしたいことである。現在文教局及各地区に北辰S、C、型十六粍映写機六台、米国製PFFI映写機が三十五台配置され、幻灯機も配られている。映画フィルムは文教局に三十五種、幻灯フィルム一二五種があり、文化会館のフィルムも併せて活用し単なる娯楽的映写会でなく視聴覚教育の真価を発揮するような工夫と活用を考慮すべきである。紙芝居が十種位あるが之も大いに利用してもらいたい。

映写技術講習は今までに約一五〇人程養成されたが本年度も更に視聴覚教具取扱いの技術講習を予定している。尚、視聴覚機械の年次的整備をなし、将来はフイルムライブラリーの組織までもつて行きたいものである。

資料の頒布は、これまで「公民館早わかり」「青年学級の手引」「レクリエーションの手引」「青年会、婦人会運営の手引」「婦人会員のよろこび」「村おこしのために公民館を」等を作成配布してあるが、本年度も更に各分野にわたつての資料を編集してこれらの活用によつて、社会教育の振興を期したい。

最後に各種研究会のあり方について考えて見よう。各種研究発表会の影響は社会教育振興の上に大きな効果をあげているので今後もこれを継続したいが、そのあり方については検討反省を加え研究期間も二ヶ年位にして行くよう、五六予算年度内発表の分と来年度発表の分と指定したらと考えているが、詳細については後日にゆずることにし、以上施策内容、対象などについて重点的に述べ、関係各位の御協力をお願いする次第である。

（社会教育課長）

混血児調査

文教局研究調査課

1、調査の目的

混血児童の社会的環境及教育適応状況を調査し教育指導及び施策の資料にするために本調査を実施した。

2、調査範囲

本調査は小学校に就学している混血児を対象とした。

3、調査期日

一九五五年五月十日現在で調査を実施した。

4、調査方法

本調査は教育長を経由し各学校長に報告を求めた。

5 調査結果

(1) 地区別、年令別集計表

(2) 混血児の様態分析

一 地区別年令別集計表

	6才		7才		8才		9才		10才		11才		計		計
	男	女	男	女	男	女	男	女	男	女	男	女	男	女	計
糸満地区	2	3	1	1	1	2	1	0	0	1	0	0	5	7	12
那覇地区	8	14	21	23	10	12	3	4	3	1	1	0	46	54	100
知念地区	2	1	2	1	2	2	1	0	0	1	0	0	7	5	12
胡差地区	23	8	24	15	13	9	4	10	2	0	1	0	67	42	109
前原地区	20	12	8	12	13	14	3	3	0	0	0	0	44	41	85
石川地区	2	2	3	3	1	9	3	3	0	0	0	0	9	17	26
宜野座地区	0	2	0	1	1	0	1	0	0	1	0	0	2	4	6
名護地区	0	1	3	2	4	3	7	4	2	0	0	0	16	10	26
辺土名地区	0	1	0	0	0	3	1	0	0	0	0	0	1	4	5
久米島地区	0	0	0	0	1	2	0	0	0	0	0	0	1	2	3
宮古地区	0	0	0	0	0	0	0	0	0	0	0	0	0	0	0
八重山地区	2	0	0	0	0	0	0	0	0	0	0	0	2	0	2
全琉	59	44	62	58	46	56	24	24	7	4	2	0	200	186	386
	103		120		102		48		11		2		386		

二 混血児の様態分析

.1 生活環境について

A、日常生活

此処で云う日常生活とは主として家庭の暮しむきの事で、家庭の衣食住の状態、家庭経済の状態、社会との交わり等を総括したものである。

混血児達がどのような日常生活の中で育ちつゝあるかをみるために此の項目を設定したのであるが其の程度を評価する適当な尺度がなかつたので左記の様にした。

第一表 日常生活

尺度	1	2	3	4	5	不明
	貧困	時々欠乏を感ずる	普通	ゆつくりして安定している	ゆたかである	
人数	20人	30人	200人	106人	27人	3
%	5.18	7.77	51.8	27.45	6.73	0.77

第一表によれば、混血児達は普通程度の日常生活を営んでいる家庭に五一・八％を占めている。つまり混血児の大半は普通の家庭にすんでいることになる。

貧困な家庭とか時々欠乏を感ずる家庭は割合少く、五・一八％から七・七七％程度である。

それにひきかえ割合ゆつくりしている家庭が二七・四％、豊かである家庭が六・九三％で、混血児達は普通以上の家庭に多くすんでいることがわかる。

B、家庭における状態

混血児の家庭における状態を(1)混血児の家庭に対する状態と(2)家庭の人達が混血児に対する状態にわけて観ることにした。

第二表 (1) 児童が家庭に対して

尺度	1	2	3	4	5	
	反抗的家をきらう	我儘勝手	普通	素直	よく適応し、幸福	不明
人数	4	78	145	125	30	4
%	1.03	20.20	37.55	32.75	7.77	1.03

第二表 (2) 家庭が児童に対して

尺度	1	2	3	4	5	
	完全放任憎悪的	干渉多く気をつけすぎる	普通	よい態度	健全な世話よき態度	不明
人数	20	40	166	97	49	14
%	5.18	10.36	42.97	25.12	12.69	3.62

第二表によれば混血児の家庭における状態は割合よく、家庭が児童に対して完全放任の態度を取つているのはわづか五・一八％、干渉多く氣を付けすぎるのが一〇・三六％程度で八四％以上が普通以上の状態である。

児童が家庭に対して抱いている精神状態や態度は、第二表の(1)の示す通りで、反抗的なものはわづか一・〇三%であり、普通以上のよい態度や素直なものが七八・〇%以上である。

第二表を通して考えると混血児は家庭においては割合幸福に生活しているということが出来る。

C、社会の児童に対する態度

第三表　社会の児童に対する態度

尺度	1	2	3	
	けいべつ、憎悪的排他的な扱を受ける	同情的やゆ	自然又は普通	不明
人数	26	79	268	13
%	13.46	20.4	69.41	3.36

第三表によると社会一般の混血児に対する見方や態度は、同情的或はやゆ的にみる人が二〇・四%を示し、普通の子供達と同じく自然にこれをみているものが、最も多く六九・四一%を示している。注意すべきことは約一三・四六%の混血児達が、けいべつされ、憎悪的にみられていることである。

D、交友関係

混血児の交友関係は下表第四表によると友人多く、親愛されているもの二四・六〇%、普通の状態のものが五七・四九%、友人がなく、よくいじめられているものが、一三・四六%である。

全般的にみて混血児の交友関係は割合正常であると云うことができる。

第四表　交友関係

尺度	1	2	3	
	友人がない、いぢめられる	普通	友人多く親愛されている	不明
人数	52	222	95	17
%	13.46	57.49	24.60	4.40

第五表　母の職業

職業	1	2	3	4	5	6	7	8	不明
	軍作業勤務	民間関係労務	事務職員	商業	農業	洋裁	接客業	家事	
人数	103	3	4	21	37	10	14	91	103
%	26.67	0.77	1.03	5.43	9.58	2.59	3.62	23.56	26.67

以上生活環境について分析してみたのであるが混血児は殆どが、よい生活環境の中に育っていると云うことができる。

2 混血児の母について

A 混血児の母の職業

第五表は混血児の母の職業についてみたものであるが、混血児の母の職業は不明者を除いては、軍作業が最も多く、全体の二六・六七%を占め、次に家事の二三・五六%、農業の九・五八%等である。軍作業勤務者に最も高率を示すのは、基地沖縄の実想をよくあらわしているものと思われる。

B 混血児の母の年令

母の年令を次表の様に区分して調査してみたら、三一才ー四〇才の間に最も多く、三二・一一%を示し、次に多いのは二六才ー三〇才の区間で、三〇・五六%を占めている。五一ー五五才の者は一、二九%二五才以下は四・九二%の率を示している。

第六表　母の年令

年令区分	～25才	26～30	31～40	41～45	46～50	51～55	不明
人数	19	118	124	27	9	5	84
%	4.92	30.56	32.11	6.99	2.33	1.29	21.75

C 混血児の母の本籍

混血児の母の本籍地は沖縄群島が圧とう的に多く、九〇・九〇%が宮古、八重山が四・一四%、大島が〇・〇二五%、不明者が四・六六%となっている。

軍事基地の多い沖縄本島に混血児の母の多いことも基地的状態であろう。

D 養育の状況

ここでは、混血児達がどのように育てられているかをみるために七表に示す様な尺度を作ってみた。

第七表によると、母のみに養育されている混血児が最も多く四九・七二%を示し、実父母に養育されているものは、わずか九・八四%しか示していない。父や母に養育されず、祖父母や叔(伯)父母にあずけられているものが二九・四五%もおり、なお他人に育てられているのが、五・四三%公共保護施設で養育されているのが〇・七七%を示している。養育の状態からみると、混血児たちは決してめぐまれているとはいえない。母のみ或は実父母に育てられているもの以外の混血児は第七表を通してみると一三〇人で全体の三五・六%で、これだけの混血児は父母と別れて、親の愛情を知らず育つ子供たちである。

第七表　養育の状況

尺度	1	2	3	4	5	不明
	公共保護施設で養育	他人が養育	祖父母叔伯父母が養育	母が養育	実父母に養育	
人数	3	21	106	192	38	26
%	0.77	5.43	29.45	49.72	9.84	6.73

E　母の学歴

混血児の母の学歴を(1)全く義務教育を受けていないもの（無学）(2)小学校六年卒 (3)小学校高等科卒（新制中学）(4)高校卒（旧制高女）(5)大学卒に分類して該当者をみると

無学　三・三六%

小学校六年卒　五九・六五%

小学校高等科卒　一八・六四%

高等学校卒　一〇・一〇%

大学卒　ナシ

で、学歴の低い小学校六年卒に多い事がわかる。

以上混血児の母について観たのであるが、混血児の母の職業は軍作業が多く、その年令は三一才―四〇才の間に最も多く、学歴は小学校六年卒のものに多いことが目立つている。なお、出来た自分の子供を自分で育てず他人に養育させているのが、全体の三五・六%を示していることは注目すべきではなかろうか。

3　混血児の父

A　混血児の父の氏名について。

義務教育就学中の混血児三八六人の父親について、其の氏名の明、不明について調べてみると

父の氏名の明らかなもの　二三・〇五%

父の氏名の不明なもの　九六・九二%

で殆どの混血児が誰が父親であるか不明である。

B　混血児の父の年令について

父の氏名と同じく父の年令を知っているものについて調べてみると

父の年令の明らかなもの　一九・六九%

父の年令の不明なもの　八〇・二九%

で殆どの混血児の父が年令不明である。

C　父親の人種別

混血児の父親を人種別に見たのが第八表で、それによると白人を父にもつ混血児が最も多く全体の五九・八二%を占め次にヒリッピン人の二三・〇五%、黒人の六・四%、中国人の一・八%等である。

第八表　父の人種別

人種	1	2	3	4	5	不明
	ヒリッピン人	黒人	白人	中国人	其の他	
人数	89	25	231	7	20	14
%	23.05	6.47	59.52	1.50	5.18	3.62

D　経済的援助の状況

混血児三八六人の父親が其の混血児に生活上の経済援助があるかどうかを見たのが次表第九表である。

第九表　経済的援助の状況

尺度	1	2	3	不明
	全く援助がない	生活費のいくらか援助	完全に生活費を負担	
人数	291	22	50	23
%	75.11	5.69	12.95	5.95

第九表によると全く生活的経済援助のないのが殆どで七五・一一%の高率を示し、生活費のいくらかを援助しているのが五・六九%、完全に生活費を負担しているのはわずか一二・九五%にしかすぎない。

以上混血児の父親について見たのであるが、それらの大部分が氏名も年令も不明でしかも生活的な保証を与えていないことを示している。

4　学校における教育適應状況

A　出席状況

混血児の出席状況を見たのが第十表それによると長欠生や欠席がちの児童は極めて少く、それに引きかえ遅刻、欠席のないのが大半で五五・四二%を示している。

B　学校での態度

混血児の学校での態度は教育上色々な問題を惹起するのでないかと一般に思惑されているが、それを調べた結果としての第十一表に依ると普通の状態のものが最も多く四九・七二%を占め、学校ぎらいや、逃避的なものは思つたより少く一・〇三%及び八・八〇%程

度で其の反対によく皆に協力するもの二二・二七%、よく適応して楽しそうなもの一六・八三%である。

第十表　出　席　状　況

尺度	1	2	3	4	5	不明
	長欠席	欠席がち	時たま欠席	時に遅刻する程度	遅刻が全くない	
人数	4	2	41	99	214	26
%	1.03	0.55	10,61	25,64	55,42	6.73

第十一表　学校での態度

尺度	1	2	3	4	5	不明
	学校をきらう	逃避的	普通	よく皆に協力する	よく適応し楽しそう	
人数	4	34	192	86	65	52
%	1.03	8.80	49.72	22.27	16.83	13.46

C　学習の成績

混血児の学業成績については、広く一般的に注目の対象になつている事であるが第十二表によると普通以下の児童より普通以上の児童の多い事を示している。

第十二表　学習の成績

尺度	−2	−1	○	+1	+2	不明
	非常に悪い	悪い	普通	よい	非常によい	
人数	28	57	154	112	27	8
%	7.25	14.76	39.88	29.00	6.99	2,07

第十三表　級友との関係

尺度	1	2	3	4	5	不明
	友人がない	いじめたりいじめられたり	自然	仲よくする	よく協力し合う	
人数	9	80	134	117	34	12
%	2,33	20,72	34,70	30,30	8,80	3,10

D　級友との関係

これは混血児の学校での態度とも関係のあることであるが、主として学級社会においての対人関係を観たもので、第十三表によると、自然なものが最も多く三四・七〇%で対人関係の悪いものより、はるかに良い方が多い。

以上混血児の学校における教育適応状況を分析して観たのであるが、混血児は割合学校教育によく適応していると思われる。

級友との関係も殆ど正常であり、学習面からみても普通以下より普通以上のものが、はるかに多く、出席の状況もいたつて良好である。

5　混血児の体位

三八六人の義務教育該当の混血児の身長体重胸囲を測定して年令別に其の平均値を求めて全琉生徒の平均と比較してみた。

第十四表　混血児の体位

身　長 (Cm)

	5才		6才		7才		8才		9才		10才	
	男	女	男	女	男	女	男	女	男	女	男	女
全琉	○	○	101,8	105,1	111,1	109,2	116,1	113,9	125.3	118,3	124,3	123,0
混血児	9,70	105.1	107,9	108,8	112,1	110,9	119,3	117,2	123,15	119.8	118,3	115,8

体　重

	5才		6才		7才		8才		9才		10才	
	男	女	男	女	男	女	男	女	男	女	男	女
全琉			15,0	17,4	19,7	18.3	21,5	21,3	23.2	22,7	25.3	24,8
混血児	15,7	17,95	18.1	17,88	19,9	18,94	22,3	21,13	23,77	22,6	23,07	24,0

胸　囲

	5才		6才		7才		8才		9才		10才	
	男	女	男	女	男	女	男	女	男	女	男	女
全琉	56,5	56,3	54.8	57,7	56,1	59,7	58,0	61.4	61.4	59,5	62,9	61,1
混血児	54,0	54,5	56,0	54,9	58,2	55,2	59.8	57,3	62,2	58 9	60,1	59,0

第一五表の五才と九才十才の所は混血児に該当者がいたつて少く全琉に比較しての意義はないが参考までに記載した。

考察の対象としては六才七才、八才児をとるのが妥当性があると思う。

身長においては六才、七才、八才児の男女とも全琉平均を上まわつている。

体重においては大差はないがわずかに上まつている。

胸囲も大差はない。これからすると混血児は普通児よりよい体位を示しているといえる。

6 まとめ

以上混血児について

1 生活環境の面から
2 混血児の母の面から
3 混血児の父の面から
4 学校における教育適応状況の面から
5 体位の面

の五つの部面から概観したのであるが、社会的にも教育的にもよく適応した生活をおくつているといえる。

ただこゝで問題点として大きく浮び上つていえのは実父母に育てられないで、他人に養育されている混血児の多いことと父の援助の全くないのが多いこと。級友との関係でいぢめられているのが全体の二〇％もいること等である。

一九五五年琉球大学夏季講座地区別受講者数

▲糸満地区（糸満高校）
○受講者数　前期二八一名　後期二四二名
教育評価　辰見敏夫
青年心理　間宮武
教育心理　古旗安好

▲知念地区（知念高校）
○受講者数　前期一七四名　後期一九〇名
教育評価　堀田敏夫
青年心理　大平勝馬

▲那覇地区（那覇高校）
○受講者数　前期五二七名　後期五五三名
教育心理　山口志彦
教育評価　高橋茂雄
教育評価　村山貞雄
青年心理　大西誠一郎
児童の成長と発達　古浦一郎
教育課程　井上弘
方法及び指導　奥田真丈

▲胡座地区（野嵩高校）
○受講者数　前期三四六名　後期三六七名
教育心理　小田一男
教育評価　山崎正
青年心理　椎野信治
児童の生長と発達　内山喜久雄

▲前原地区（具志川中校）
○受講者数　前期三四〇名　後期三四〇名
教育評価　副島羊吉郎
児童の生長と発達　倉石精一

▲石川地区（石川中校）
○受講者数　前期一八八名　後期二二九名
教育心理　藤野武
方法及び指導　大槻健
教育課程　金子孫市

▲宜野座地区（宜野座高校）
○受講者数　前期九八名　後期八一名
教育評価　吉田専吉

▲名護地区（名護中校）
○受講者数　前期四九八名　後期四七八名
教育原理　松本尚家
教育心理　山根薫
青年心理　中村秀
教育評価　齊藤伊都夫

▲辺土名地区（辺土名小校）
○受講者数　前期一三〇名　後期九六名
青年心理　田中賢

▲宮古地区（宮古高校）
○受講者数　前期二五一名　後期三〇二名
教育心理　酒井行雄
教育評価　林正邦

▲八重山地区（八重山高校）
○受講者数　前期二八四名　後期　不明
青年心理　竹原東一

▲琉大受講者　前期三五名　後期八七名

▲久米島地区（久米島高校）
○受講者数　前期八九名　後期一〇三名

前期合計　三、二四一名　後期三、〇六八名
（報告の分だけ）

計　六、三〇七名

本土講師団を囲む教育懇談会

とき　八月十四日　午前十時
ところ　警察学校
出席者　本土講師團　二四名
局職員　局長以下　若干名
（司会　中山指導課長）

局長挨拶
教員講習が始つてから三週間沖縄の教師沖縄の社会をみていただいたのですが唯今は親近感で先生方に接することができる。ごく親しい気持で沖縄の教育の卒直なる御批評御指導をお願いしたい。

司会　指導課長の中山であります。進行係を命ぜられて不肖ながら……座席の配置は担当地区別にしてあります。懇談事項については先生方の御意見も聞いて出すべきであるが、時間の関係や私たちの希望するところもあつて、私共の方で準備してあります。（教育懇談事項の説明）一、三、六、四、二、五の順でお願いします。
先生方の一人一人の意見を聞きたいが時間その他の関係で先生方の御自由の発言で御指導をお願いしたい。

第一番目の問題について
日本本土の教育の動向は、逆コースだといわれていることについて、
1　それはどのようなことを指しているか、
2　その要因ともいうべきことは何か？
3　今後の見透し

山根　自由に発言せよと言うと困難がありますのでこちらで指名して更に補足的にどなたかがやるというふうにしたら……始めに金子先生どうですか、

金子　かなりむずかしい問題で見方によつて変ると思う。逆コース的だといわれる本土の事実を申上げて御判断をお願し補足を要する事実については講師班の先生方にお願いしたい。

私は一応学校教育に限定して社会科の改訂の中で特に改訂前のねらいと改訂されたねらいと取上げると、改訂前は人間の相互以存関係、その根底にある、社会の機構、機能の矛盾に子供の眼をむけて社会科の諸問題の解決へ方向づける単元学習、問題解決学習に重点がおかれ、山形県の山びこ学校の型であると言われて来た。

文部省では、社会の機能に眼をむけるよりか社会への協力ということに力が注がれた。

改訂前は総合社会科のいき方で総合単元の取り扱方であつたが、改訂されたものは、地理的、歴史的、公民的領域に分け、系統学習を進めて行くようになり、およそ、問題解決とは違つた理解、知識を中心とした学習になり、分科学習では問題解決を通して社会問題を解決するという能力には遙かに遠ざかることになる。

内容的には改訂社会科では、天皇の地位が加えられているが教育学者の中にも賛否両論がある。学校教育に対しては教育の地方分権から中央集権に移りつつある。

教育の目的は教育基本法にあり、教育内容はカリキュラムと関係する。

カリキュラムの運営については学校教育法施行規則第二十五条に「小学校の教育課程については学習指導要領の基準による」。とあり、これまで学習指導要領は文部省の初等中等教育局と都道府県委員会にその制定権があつたが、一昨年七月三十一日に「但し委員会がつくることをさまたげるものではない」という但書が削除された。都道府県委員会の編纂権が法文上消えたことになつている。

又教科書の検定権は文部大臣に委任した。以上の事実は教育の中央集権化を示し教育の逆コースだといえる。

間宮　新教育の考え方からするとこれは修正されたもので元の姿にかえりつゝある。これは新教育の目標と現実の教育内容、財政の点からくるギャップをうめようとするところからくる問題が逆コースをもたらしたと考えられる。その一つに入学試験問題がある。知的な能力を強調するうらみがあり、高等学校、大学における問題が中学校と高等学校の間に現れつゝある。小学校と中学校の間に真空地帯が強くなりつゝある。これもいわゆる逆コースであると思う。

井上　逆コースと思われる事象は教育二法律の制定にあると思う。

日本全国何処に行つても政治的活動を禁示したことは逆コースを推し進める素地を作つた。

特定政党を支持することを教えたり、又はこれを支持するよう煽動、教唆するものは罰せられる。この法律のため現在の社会科学習を進める上において委縮していると言われている。

その外高等学校の教育課程の改訂、コース制の確立はかつての農学校、中学校、女学校のような嗜属的なものにしようとしている。複線型の学校制度が一応消えたが又復活しようとしている。これが士官的、下士官的の層になつてくるであろう。

もう一つ地方財政再建法案が準備されているが、これは議会で通過するだろう。意図するところは赤字財政を建て直す趣旨は結構であるが各府県の教育予算を自治庁がおさえることも考えられて教育が危機に頻することになる。教育予算の縮少、教員の整理を招く恐れが多分にある。教育委員会の自主権を骨ぬきにする。教育に対する中央集権的な強化である。

もう一つは青年学級が推進され、定時制高校の廃止や統合が問題に上つて青年学級で間に合しておけという考があるが、古い型の教育が一部にあつて逆コース的な風潮を強くしているのではないか。一般に生活学習や問題解決学習が逆コースの風潮にのつてこれを行わないような方向にむけられている。

大槻　教育行政の面からと教育内容の面からと考えられる。行政の面から教育の中立性、或は大学の制度を改訂しよう、昔の専門学校にしようとする動きがある。（産業団体からの意見）
内容の面から社会科の改訂、高等学校の改訂、教科書を都道府県で一定しようとする動きがある。これは教育が政治や経済と考え合せＭＳＡ協定や池田ロバートン協定からきている。
この逆コースを守り抜くのは、教員大衆の動き、日教組、民間教育団体等、下から盛り上る力であるが、なかなか容易の事ではない。教師一人一人の力（国民の力）に期待する。

大平　教師の態度はどうだらうか。道徳教育というとお上の声がかりとして食はずぎらいで反対する若い人たちがあるがよく話すと賛成する。しかし古い年輩の校長先生等には忠孝道徳の古い考え方の者もいる。これが教育界の現場にある逆コースであるといえる。

司会教育委員会制度について
１　本土の委員会について
２　琉球の委員会について
３　両者の長短について

奥田　本土の委員会についてはこちらが先輩格になつていて大同小異である。こちらは市町村長が委員の一人であるが本土では議会からである。こちらでは教育税があるが本土ではない。

本土では昭和二十七年全国市町村にくまなく設置された。

問題点として
１　設置単位の合理化
法の原則によつて一齊につくられたが零細なる町村は看板はあるが教育長、職員もいないところもある。昨年から市町村合併促進法ができ広域行政をとるようになつた。その結果、三十年五月現在委員会の数は半減して一〇、〇〇〇から五、四七七に減つている。
２　委員会の運営
教育財政の問題で現在町村が赤字財政に悩んでいる。この救済として地方財政再建法案（自治庁で立案中）があるが、教育委員会の予算作製権は残されている。

実際的な面には骨抜きにされるおそれがある。

教育財政が相当な率を占めておるために問題になる。将来どうなるか見透しがつかない。

3　事務局組織

法においては教育長がおかれることになつているが現実にはおかれていないところもある。

助役が兼務している処もある。事務局の人の育成の面を考えつゝある。

山根　琉球の委員会についてはどうですか。

比嘉（学務課）「政府内に中央教育委員会があり文教局はその事務局であると同時に政府の補助機関でもあり、二重の性格を持つている。学校の管理運営は中央教育委員会にあり、財政面は主席に直結し委員は主席の任命した九名の委員（一名は立法院の文教社会委員長）から成つている。

地方委員会は教育区（市町村と同一の境界で法人である）にあつて委員は公選によるもので人口五千人以上の市町村は五人、五千人以下は三名で、その内必ず市町村長が委員の一人となつており、なお委員には少なくとも女が一人は入つていなければならないことになつている。

高等学校連合区委員会は高等女学校連合区（法人）にあり、普通高等学校の管理運営に当つている。

財政面については中央教育委員会は予算を作製して立法院に要求する。

地方教育委員会は予算の作製権もある。今のところ教育税と政府補助金で賄つている。九〇%は政府補助金である。

松本　教育長は教員の任命権をもつていないか。

比嘉（学務課）教育長は指名権があつて教育委員会が任命権を持つている。

田中　或る教育委員会の公聴会をみたが、委員に教育の関心がうすいようにみえた。活発でなかつた。

一〇%は教育税で負担しているというが、教育税の限度がないと僻地はこまることがある。そのわくでもあるのか。

比嘉（学務課）「きまつたわくはない。一戸平均負担二〇〇円から五、六百円の程度で相当凸凹がある。

局長　委員会が成立して未だ三年でその趣旨が徹底していないうらみがある。公聴会の関心はうすい。

奥田　教員の人事交流がどのように行われているか―（本土では協議会を作つてやつているが）教育税の運営はどうなつているか。

比嘉（学務課）人事交流の問題についてはこちらではうまくいつていない。

実際の方法として十二名の教育長会議で協定して平均給をならすことによつて自ら教員の交流をやつていこうという方針で進んでいるが、現状はうまくいつていない。新卒については在学中に学資を補助し、義務として学資支給年限だけ僻地に行つてもらうことができるようになつている。

佐久本（学務課）「教育税の運営について」

負担している教育税は全琉で凡そ五千万円、大きい町村では五〇〇万円貧弱な町村でも数十万円の額に上り、公聴会で適正な勧告を受けた教育予算から政府補助金を差引いた残りを賦課している。

高いところでは市町村民税の三倍低いところでも一、五倍ある。徴収しているのは市町村職員であるので賦課額の七五%位しか徴収されていない。

大槻　教育長の指名でうまくいつているか。

比嘉（学務課）大体うまくいつている。

大槻　教育税で将来もやつていくのか。

局長　教育税にはいろ〱難点もありますが、将来も教育税を育てていきたいと思います。

山根　本土の委員会の長短について、斎藤先生どうぞ。

斎藤　都道府県委員会については問題はないが、市町村の委員会については岡山県の場合小、中二校の村に委員会ができた。精神ははつきりしているが、運営面で困難性があつた。

人事交流の問題については県の委員会が計画してバランスをとつて、適正な配置ができるようにそれぞれの市町村委員会に連絡をとつている。

政治的なからみがあつて設置するのを延期するという話があつたが法の通り実施された。

間宮　横浜ですが、神奈川県では大きな市が県と同じ程の機構をもつている。

人事の面は県の指導を仰ぐが、県の委員会の権力は小さい。いくらかの町村にしか及ばない。

井上　教育委員は民選の立てまえで親分が県会に子分が教育委員会にでているのがある。大体村においては有産階級の二流の者が選ばれて教育の進歩的な考をもつていない。

自由党の思う壺にはまつているかも知りません。

斎藤　二七年の教育委員会設置の場合日教組と市町村長会等で反対されたが、これは自由党が日教組をおさえるためだつた…と言われている。

奥田　大学の制度の改革の点について誤解があるといけませんから申上げますが、六、三、三、四の制度を改めるのでなくして大学四年の前半や短大を強化して育成しようという意味での改正の意図である。

中央教育審議会で委員会を作つて研究されていると思う。来年度の予算の問題で教育の自立計画を太い線で打ちたてるべきだとし、経済計画に似合う教育計画のための基礎資料をあつめて高校制度、大学制度に検討を加えようというのである。

一たん出来たのを格下げとか、改正とかいうことでなく現在あるものをもつと合理的にしよう。それには産業界の要請に基づくもの、そのような教育というので大学が問題になつているのである。

現在あるものをどう育てるかが問題である。

司会　最後の六番目の問題について講習前期を終えられての御所見について

1　教育評価測定に対する沖縄の受講者の関心と理解の度合について
2　沖縄における現行基準教育課程について
3　教育者的意識について
4　其の他

山根　吉田先生どうぞ

吉田　前期の結果からみて予想以上に関心をもつておられた。ところが理解の度合は予想以上にうすかつた。

或る意味では強調されたところもあるが、全然理解されていないところが多い、現在の指導要録の批判、

1　めんどう
2　無理解
3　実用的にやりにくい（非実用的）
4　当局の指導との関係

辰見　熱心であるが、方法を知らない。図書の購入がうまくいかない点が影響していると思う。

吉田　指導要録等について指導する自体に弾力をもたせるべきだ。どういうふうに指導なさつているのか。当局の方とゆつくり話し合の機会を持ちたい。

比嘉（研究調査課）琉球では一九五〇年から新教育の指導が行われたので、新教育の研究、実践に日が浅く、評価の方面では殊に遅れていると思つています。

評価の面に理解がうすい理由は、図書及び諸テスト用紙が入手難である点と、実施した回数が少ない点にあると思います。私の課としては実施を通して指導しています。

吉田先生の御提案を喜こんでいます。

評価と教育課程について、別に関係者のみの機会を持つて御指導を御願い致したいと思つています。

高橋　指導要録の活用について校長も教育長の理解もうすい、どのような通牒指導をしたか、

小、中、高等学校の具体的な問題について実践するというふうに進めたらどうか。

倉石　教員養成学校で学生に対して知能テストの実験をさせているが、実際に、学校においてこれが実施されているのは少い。現場の先生方の一割でもやつていけば後は気長に待つている外はない。

現場の教師に対して、むつかしいことをつめ込んでも効果は上らない。

斎藤　実際的な問題として学校建築が盛んだが、どの教室をみても電源（さし込み）の装置がない。将来ラジオ、スライド等視聴覚教材を教室にうつしたりN・H・Kを利用したりすることも考えられるので学校建築の際には電源をとつておく必要がある。

金子　沖縄における現行基準教育課程について

いろ〳〵の制約があつたと思うが、沖縄における現状分析をして作つたか、どうかということに問題がある。

一般目標と教育目標の四番目にある「経済生活及び職業生活に必要な知識、技能を身につけるようになる」の身につけるようになるの語句に問題がある。

日常生活とは何ぞやの的確な分析が必要である。

中学校の職業家庭科の選択のコースのあり方、トライアウトスコースの運営、施設の面から十分に行われていない。

理科のカリキュラムについて、素直にいうと一寸時代おくれである。博物学的な考え方である。昆虫を採集しているのは見受けるが、ラジオや、機械器具等電気関係の道具を使つているのは見受けない。

生産力の拡充は科学技術以外にはない。カリキュラムの改訂の必要がある。電源（さし込み）を取付けると同時に水道の蛇口を各教室に入れる。つまり電源と水源は理科教育の上から是非確保していたゞきたい。

山根　その外に是非発言したいことがありましたら、

大平　沖縄の言語教育、国語教育、家庭でどの程度行われているか。言語の二重生活は国語力の低下を来すことは明らかである。ラヂオを聴かせるとか映画や漫画を見せる等の配慮が欲しい。

先生自身が方言を使はれておれば、効果は上らない。できる限り教員の全琉交流をやつて言語の問題を解決したら

司会　日程が次にありますので、この辺で終りたいと思います。プリントの誤字、脱字がありますが、おゆるし願いたい。

二時間にわたる貴重な御意見を拝聴致しまして今後現場の教職員の指導の資料にした度いと思います。

局長　卒直な御意見有難うございました。

健康優良児の審査をおえて

謝花喜俊

琉球新報社主催第五回沖縄健康優良児の審査が七月十八日、南部保健所で行われ、各地区から推せんされた三十一人の中から沖縄一健康優良児として男子は、糸満地区糸満小学校の大城武君、女子は名護地区東江小学校の岸本友子さんが選ばれた。その他準沖縄一健康優良児に男女各一名、特選として男女各三名で、計十名が今年度の健康優良児として決定されたのである。

岸本友子さん　　大城　武君

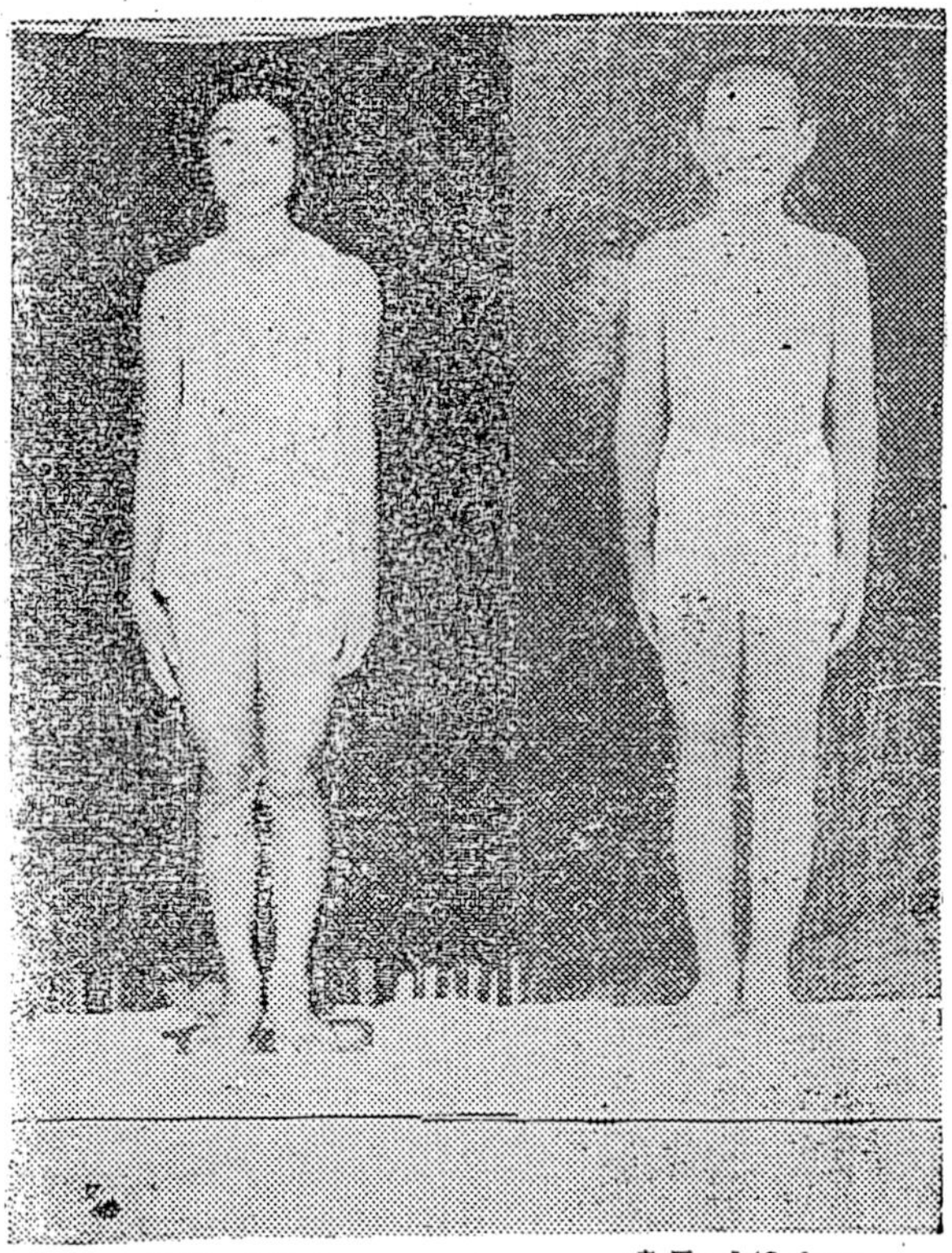

岸本友子さん：身長—145.0cm　体重— 42.0kg　胸囲— 78.0cm

大城　武君：身長—149.0cm　体重— 44.5kg　胸囲— 77.0cm

健康優良児といえば身体が大きくて、丈夫そうな児童というのが常識でありますが、これだけで健康優良児として決定するわけにはいかないのである。健康とは「単に病気がないというだけでなく、肉体的精神的かつ社会的に完全に良好なる状態にあることである」と新しい健康の定義がされています。

この定義にもとずいて

1　身長、体重胸囲の外部的な発育が優秀であること。
2　内臓諸器官が健全であること。
3　その他傳染性疾患がないこと。
4　健康な肉体内のエネルギーを高度に発揮し得る能力としての体力が十分備わっていること。
5　知能及び社会性の面も備わっていること。

という点について十名余の審査員が各専門的な立場で厳密な審査によって決定したのである。体格的には、実に秀れた条件を備えていながら軽トラ鼻炎やむし歯等のために順位を落された者がいる。いくら身体面が大きくても傳染病を持っていたり、むし歯が多数あったり、成績が著しく悪かったり、社会性に欠けていたりしては、真の健康という面から考え、健康優良児とはいえない。

この点から見て昨年にくらべて体位の向上と同時に候補者全体をとおして、軽トラ、むし歯がはるかに少くなったことは、誠に喜ばしいこと

性別	年度＼種目	身長	体重	胸囲	坐高	50 M	立巾跳	ボール投
男	53	139.9	34.8	70.0	74.8	8.3秒	1.19m	41.81m
	54	143.8	34.5	70.6	78.0	8.4	1.87	42.00
	55	145.0	38.0	73.6	78.8	9.0	1.96	43.30
女	53	142.5	39.0	72.8	76.7	8.9	1.71	27.10
	54	144.2	37.7	71.9	79.5	9.2	1.70	21.80
	55	146.8	39.4	74.7	79.6	9.7	1.71	24.20

である。

学校身体検査の結果から見ますと沖縄の児童生徒の体位は、戦後の食生活の向上により戦前よりは身長、体重、胸囲共に相当向上し且つ戦後も年々向上している。それにともなつて健康優良児の体位も向上している。

各地区から推薦された第三回から第五回までの各地区代表の体位体力の平均を示すとの前表とおりである。

次に第三回から第五回までの入選児を表にしてみると下記のとおりである。

① 沖縄一健康優良児

性別＼種別	年度	地区名	学校名	氏名	身長	体重	胸囲	坐高	50米走	立巾跳	ボール投	う歯	その他の疾病異常
男	53	胡差	喜名	比嘉 清恵	147.8	40.0	72.0	80.5	8.4	1.84	37.64		
	54	名護	今帰仁	村山 硯実	149.4	41.2	75.5	80.2	7.9	1.93	41.30	2	
	55	糸満	糸満	大城 武	149.0	44.5	77.0	80.3	9.0	1.96	39.80	2	
女	53	前原	美東	宮里 幸子	146.7	41.7	72.5	78.2	7.7	1.87	24.73		
	54	那覇	城西	大山 幸子	148.0	38.9	75.0	80.0	8.8	1.82	21.90	6	
	55	名護	東江	岸本 友子	145.0	42.0	70.8	77.4	8.9	1.93	27.60	2	

② 準沖縄一健康優良児

種別＼性別	年度	地区名	学校名	氏名	身長	体重	胸囲	坐高	50米走	立巾跳	ボール投	う歯	疾病異常
男	53	前原	田場	久高 将昭	141.0	33.5	65.5	75.4	8.0	2.20	51.0	3	
	54	辺土名	大宜味	大城 親彦	143.2	36.1	71.5	78.5	8.0	2.07	50.30		
	55	那覇	大道	宮城 邦栄	150.5	40.0	75.6	79.7	8.4	2.00	47.50		鼻炎
女	53	糸満	糸満	大城 周子	143.1	38.4	70.0	78.1	9.5	1.10	24.00	2	
	54	石川	宮森	新田エミ子	144.8	37.7	70.0	81.2	9.7	1.51	19.05		
	55	那覇	久茂地	山城 道代	153.9	47.1	82.0	82.6	9.4	1.81	33.10		軽トラ

③ 特選健康優良児

性別	年度	地区名	学校名	氏名	身長	体重	胸囲	坐高	50米走	立巾跳	ボール投	う歯	疾病異常
男	53	那覇	開南	備瀬　知国	137.0	36.0	69.0	77.0	8.1	1.75	57.40	4	歯根肥大
	〃	糸満	米須	徳元　影	143.1	34.4	72.5	78.2	7.0	1.90	38.0	3	
	〃	名護	屋部	宮里　伸好	145.2	38.4	72.0	76.5	8,0	2.21	42.13		
女	〃	石川	城前	攸志　幸子	150.5	48.5	75.3	83.0	8.0	1.75	23.0	3	
	〃	胡差	津覇	伊集　光子	145.1	40.5	75.0	79.1	8.0	2.02	30.0	4	
	〃	名護	名護	嶺井　米子	143.1	39.2	73.0	77.2	8.4	1.80	25.0	2	

性別	年度	地区	学校	氏名	身長	体重	胸囲	坐高	50米走	立巾跳	ボール投	う齢	疾病異常
男	54	久米島	久米島小	伊集　盛信	144.9	35.3	68.2	79.6	9.1	1.81	42.00	3	
	〃	前原	具志川	知念　順正	147.6	41.1	73.5	82.0	8.0	1.90	48.90	11	
	〃	前原	兼原	高江洲義寛	142.9	36.0	69.4	75.0	9.0	1.63	35.00	0	
女	〃	辺土名	大宜味	宮城智洋子	144.8	35.5	69.0	76.8	8.9	1.75	30.80	5	
	〃	名護	豊川	当山　栄子	143.0	37.3	71.2	77.8	9.0	1.75	20.10	6	
	〃	胡差	島袋	比嘉　敬子	143.8	38.3	69.8	78.6	8.1	1.93	31.80	6	軽トラ
男	55	那覇	開南	新垣　博世	150.8	42.0	78.0	81.6	9.0	1.63	46.00	7	
	〃	胡差	北玉	玉那覇　清	144.9	38.2	72.2	75.5	8.7	2.10	44.60	3	
	〃	名護	本部	宇根　良翼	146.1	37.3	70.2	78.1	9.2	1.86	39.30	4	
女	〃	知念	与那原	松村　百子	147.0	36.1	72.5	77.8	9.8	1.70	18.50	4	
	〃	胡差	大山	末吉　初技	147.8	41.0	76.0	78.8	10.0	1.79	24.50	3	
	〃	名護	伊豆味	太田　植子	151.6	43.3	76.0	81.7	9.5	1.93	27.60	3	鼻炎

選出された健康優良児の家庭をみると本人だけでなくその家族や兄弟姉妹みな健康で成績のよい子であることを思いあわせる時、結局よい子はよい環境の中に育つということが言える。

糸満地区糸満小学校の大城武君の家庭では子供の育て方に大部気をくばられたようであつて、姉二人が第一回、第三回の健康優良児に入選し、一家から三人の健康優良児を出している。その他にも一家から二人の候補者に選ばれた家庭が数ヶ所ある。

健康優良児選定の意義は単に沖縄一の健康優良児、特選児を選出し、表彰するということが目的ではなく、数多くのよい子、強い子をつくるのが目的である。次代を背負うべき児童の健康増進と体位向上に対し家庭学校社会が最大の関心を払いこれの達成に向つて努力されるようにつとめなければならないと思うのであります。

本校に於ける

―教育評価の実際―

宮古高等学校

テーマ設定の経過

ジョン・デューイは彼の著書「民主主義と教育」において教師は児童生徒の事情を考えず、教師自身の目的を以て児童生徒の成長の正当な目的と考えてはならない。若し目的が外界の権威に依り強いられた目的であるならば、それは我々の行動を妨げ、却つて害になる……云々。と述べている。

私達教育者は稍もすると生徒は皆こゝ迄到達すべきだ、又こうなすべきだと、教師自身の固定的標準を定め個々の生徒の能力、興味、経験を無視した指導をなし勝ちである。このような指導は生徒の心身を円満に成長させ社会化するのに益が少いということは学者の一致した意見であり、私達が教育実践を通じて絶えず研究している事である。従つて私達が民主的教育を進めるには、カリキユラムを構成するにもガイダンスを行うにも、教科指導をするにも児童、生徒の一人一進人を客観的に認識、理解し、その基礎に立つて指導をめねばならない。客観的認識をするには、その年令の生徒に共通な一般心理を知ると共に、個々の生徒についての心理を知らねばならない。

人間の精神的、身体的機能を大別すると、次の五つに分けられる。

1、身体的面　2、情緒的面　3、知的面　4、社会的面　5、道徳的面

その各機能について過去を調べ現在を知り、将来の発達の細密妥当な予想を立てなければ教育を進めることは困難である。以上のような理由で、生徒を客観的に知ることを本校の研究テーマに選んだ。各生徒の各機能について可能な範囲の資料を集め判断した積りであるが、身体的面と知的面以外は　○標準化されたテストが少く　○調査に時間を要し　○経費高く　○教師自身の理論研究が不充分なため本年度は、身体的、知的の両面を重点に調査研究し、他の三つの面は次年度の研究テーマにすることにした。研究の途上で女子高校廃校問題が起りそのため生徒職員の転入、クラスの編成替、教科課程の検討等、種々の事で時間を費しテーマの研究に要した時間が少かつたため結論を得る迄に到らなかつたのは遺憾である。が然し、このことに依つて教師自身が評価についての理解を深め、研究意欲が昂揚し、日々新しい雰囲気で生徒指導に当ることが出来たのは本校教育の向上のため益することが多いのだと信じ喜びに堪えない。

甚だ幼稚極まる研究で参考になることは少いと思うが私達の過去一年の労苦を諒とされ層一層の御鞭撻と御指導をお願い致し度い。

研究の経過を報告する池村校長

1　知能検査

小中校に適する標準検査の問題は数多くあるが高校に適するものが少いため標準検査問題の選択には困難を感じた。研究討議の結果、後藤岩男、岡本奎六、共著の高等学校用団体知能検査を実施することに決定した。四月に実施する予定で計画を進めたが、送金手続、日本よりの輸入手続等が円滑に行かず問題が八月に入荷し九月十四日に実施した。(調査人員六八六名)

※本校生徒の知能偏差分布表及び分布図（省略）

※結果の考察

M.S.D V / 学年別	M	S. D	V
1 学 年	46.1	11,1	24.0
2 学 年	45.6	11.2	24.3
3 学 年	41.9	12.2	29.2

上学年程度知能偏差値平均が低く相対脱逸度が多い。これは

a 上学年は低学年よりも悪い学習環境において成長して来た。

b 上学年は低学年よりも高校入学がより容易であつたため知能の低いものが多い。

c 問題の解答は低学年ほど真剣である。

のためと考えられる。

M.S.D V / 性別	M	S. D	V
男生徒	52.6	9.9	17.0
女生徒	40.1	10.5	26.0

女生徒は男生徒に比較して知能偏差値平均が一二・五も低く相対脱逸度が九点多い。これは

a 女生徒は男生徒に比して知能発達期間が短い。

b 女生徒は男生徒に比して学習の機会に乏しい。

(知能は環境との力学的関係に依つて決定されるので男尊女卑の風習濃厚な当地域では女子の雑用が多い)

c 女生徒は男生徒より入学が容易であつたため高校教育を受けるに適しない生徒も入学している(男三〇八名、女三七八名)

d 男女共学が他地域より遅れた。

(一九五三年三月迄男女別の高校があり女子教育は男子教育より稍々低い課程であつた。)

e 検査日における主体的条件が相異している。

(検査の当日、生理日に当る女生徒は本人相応の成績を収め得なかつた。)

のためと思われる。

M.S.D V / 地域列	M	S. D	V
都 市	47.3	10.3	21.8
農漁村	42.7	10.6	24.8

都市の生徒は農漁村の生徒よりも知能偏差値平均高く相対脱逸度は少い、これは

a 知能の遺傳性

b 知能と環境の力学的関係

のためと思われる。

本校全生徒知能偏差値の平均は日本全国平均より約六点低く、相対脱逸度は約五点多い。男生徒だけの知能偏差値平均は日本全国平均より約二点高く相対脱逸度は四点少い。

M.S.D V / 本校全国	M	S. D	V
男生徒	52.6	9.9	17.0
女生徒	40.1	10.5	26.0
全生徒	44.7	11.6	26.0
全 国	50.5	10.7	21.2

女生徒だけの知能偏差値平均は日本全国平均より約一〇点低く相対脱逸度は約五点多い。このことに依り本校全生徒の平均知能は全国平均より少々劣り揃いも悪いがこれは女生徒の平均知能が低すぎるためであることが伺われる。

二、反省

a 知能は学力の可能性を示すものであり、知能検査の結果と学力検査の結果との比較(成熟値)に依り個々の生徒の成長率を知ることが出来るので、それを高めるための指導計画は学年の始に行わねば効果は少い。従つて時期は四月上旬に致し度い。

b 知能検査は条件観察法であるので主体的条件(身体、注意力等)客体的条件(教室の明暗、教師の説明の仕方等)を充分整えると共に教師は実施前に手引の研究を十二分にせねばならない。

結果の解釈については現われた点数にとらわれることなく教師の観察、標準学力検査、教師作製の学力検査等との比較に依り検討し疑わしい場合は再テストを行うことが必要である。

尚知能は絶対固定的なものの如く考え点数の良いものに期待を掛けすぎ点数の悪いものに指導を怠り勝ちになることは厳に警戒せねばならない。知能は人間の成長性能と環境との力学的関係に依つて決定されるということを常に銘記すべきである。

2 学力検査

標準学力検査の問題は知能検査のそれよりも種類が少く誠に高校用のものは皆無に近い状態である。そのためテストの実施に苦心したが幸い標準学力検査研究会代表者阪本一郎発行のテスト問題が入手出来たのでそれを実施した。実施期日及び

時限 科目 / 月日	1時間	2時間	3時間
9月2日	国 語	解析1	
9月3日	生 物	英 語	
9月4日	物 理	社 会(1年のみ)	
9月6日	解析2	幾 何	化 学

科目は次の通りである。
二年、三年生に対しては当該学年相応
一年に対しては中学校卒業程度（問題入手の関係）の問題について実施した。

※結果の考察

○国語科

学年別分布図表

学年	性別	M	S.D	V
第一学年	男	50.2	8.3	16.5
	女	43.3	9.5	21.9
	全	46.5	9.3	20.0
第二学年	男	38.5	8.2	21.1
	女	30.0	6.3	21.0
	全	33.5	8.3	24.8
第三学年	男	42.8	8.7	20.3
	女	34.3	8.1	23.3
	全	38.5	9.4	24.4

(イ) 各学年を通じて男生徒の成績は女生徒の成績より七点～九点高くなつているが男女の知能偏差値平均の差一〇・二（50.2−40.1＝10.2）に比べると低い。これは国語科において女生徒が男生徒よりも知能に比較して努力している証拠であると思う。

(ロ) 第一学年生徒が他の学年生徒に比して極端に良い成績を示しているのは問題が平易過ぎたためと思う（第一学年の九月に中学校終了程度のテストを実施した）

(ハ) 全国平均四八・五　本校平均三九・五
本校国語科の成績は全国平均より九点低い。

○英語科

学年別分布図表

学年	性別	M	S.D	V
第一学年	男	59.1	9.5	16.1
	女	48.4	9.6	19.8
	全	53.2	10.9	20.5
第二学年	男	45.0	8.1	18.0
	女	36.6	6.3	17.2
	全	40.4	8.2	20.3
第三学年	男	45.4	8.9	19.5
	女	37.9	4.7	12.4
	全	41.5	8.0	19.3

(イ) 各学年を通じて男生徒は女生徒より成績が八点～一一点高い。これは知能偏差値平均の差一〇・二とほゞ等しい。

(ロ) 第一学年生徒が他学年に比して極端に良いのは国語の場合と同じ理由からである。

(ハ) 知能偏差値平均は二年が三年より良いが英語科の成績は三年が二年より良い。これは上級学校進学のため三年は二年より努力しているためと思う。

(ニ) 全国平均五〇・〇　本校平均四五・二
本校英語科の成績は全国平均より五点低い。

○数学科

学年別分布図表

学年	性別	M	S.D	V
第一学年	男	56.9	6.8	11.9
	女	47.8	7.9	16.5
	全	50.6	8.5	16.8
第二学年	男	38.9	9.4	24.1
	女	33.4	6.8	20.4
	全	37.3	9.0	24.1
第三学年	男	43.6	9.6	22.0
	女	38.7	6.5	16.8
	全	41.5	9.1	21.9

(イ) 数学は各学年を通じて男生徒は女生徒より成績が五点～六点高いが知能偏差値平均の差とほゞ等しい。

(ロ) 一年が他学年に比して良いのは国語の場合と同じ

(ハ) 知能偏差値平均は二年が三年より良いが数学の成績は三年が二年より良いのは上級学校進学のために三年は二年より努力しているためと思う。

(ニ) 全国平均は五〇点　本校平均四三・七

○理　科

学年別分布図表

学年	性別	M	S.D	V
第一学年	男	46.0	8.4	18.0
	女	38.2	11.0	29.0
	全	40.2	9.8	24.0
第二学年	男	40 5	9.4	23.0
	女	39.9	9.6	24.0
	全	40.5	11.0	23.0
第三学年	男	61.3	5.0	8.2
	女	53.7	7.4	12.0
	全	51.1	9.5	11.0

(イ) 理科は各学年とも男女の偏差値平均は女子より約一〇点高い。知能差と大たい等しい。

(ロ) 一学年が極端によいのは国語の場合と同じ。

(ハ) 全国平均五四・〇　本校平均四三・九、全国平均に比し約一〇点低い。

知能と学力

知能学力の偏差値を算出しただけでは個人又は学級と他との比較を知ることが出来ても、単にそれだけでは教育的意義は少い。知能学力テストの結果を教育的に活用するためには

成就指数＝$\left(\frac{\text{教育指数}}{\text{知能指数}} \times 100\right)$

成就値＝（学力偏差値－知能偏差値）

の何れかを算出し、その結果に依り生徒が円滿に成長を遂げつつあるかどうか、将来成長の可能性は如何様かを考察し、それぞれの場合における教育的措置を講ずることが必要である。かかる見地から本章では本校生徒一人一人につき各教科に亘つて成就値を算出し統計的処理を加え問題点の発見を試みて見た。

個人別、教科別統計（省略）

1 総合成績から見た成就値

(1) 成就値分布表（一年を除く）

学年別 / 性別 / 成就値階段	第3学年 男	第3学年 女	第3学年 計	第2学年 男	第2学年 女	第2学年 計	合計 男	合計 女	合計 計
23 以上		1	1					1	1
18～ 22		5	5					5	5
13～ 17	3	4	7	1	1	2	4	5	9
8～ 12	8	15	23	2	4	6	10	19	29
3～ 7	13	19	32	7	14	21	20	33	53
－2～＋2	20	19	39	10	19	29	30	38	68
－7～－3	24	20	44	18	30	48	42	50	92
－12～－8	15	16	31	22	40	62	37	56	93
－17～－13	8	4	12	22	16	38	30	20	50
－22～－18	5	1	6	15	16	31	20	17	37
－23以下	2	1	3	7	5	12	9	6	15
計	98	105	203	104	145	249	202	250	452
M	－3.5	－0.6	－1.40	－10.0	－7.7	－8.6	－6.4	－4.2	－5.4

（a）第二学年の低下が著るしい。

（b）男子は女子より低下している。

(2) 成就値増減人数調べ

学年別 / 人数% / 増減	第3学年 男 人数	%	第3学年 女 人数	%	第3学年 計 人数	%	第2学年 男 人数	%	第2学年 女 人数	%	第2学年 計 人数	%	第1学年 男 人数	%	第1学年 女 人数	%	第1学年 計 人数	%
増加	人 11	% 12	人 25	% 24	人 36	% 17	人 3	% 3	人 5	% 4	人 8	% 3	人 14	% 7	人 30	% 12	人 44	% 9
普通	人 57	% 58	人 68	% 55	人 125	% 57	人 35	% 34	人 63	% 43	人 98	% 39	人 92	% 45	人 121	% 48	人 213	% 48
減少	人 30	% 30	人 22	% 21	人 52	% 26	人 66	% 63	人 77	% 53	人 119	% 48	人 96	% 48	人 99	% 40	人 195	% 43

増加……成就値＋8以上　普通……成就値－7～＋7迄　減少……成就値－8以下

上の表に依り成就値 －8以下の生徒43%いる。この生徒の学力を能力の限界まで引上げることに対して種々の処置を研究中である。

2 知能偏差値と成就値

成就値の定員と知能偏差値と関係があるかどうか調べた所次のような結果を得た。

(1) 成就値向上生徒の知能偏差値と成就値（10点以上）

（第三学年）

学級	番号	増加点	知能	学級	番号	増加点	知能	学級	番号	増加点	知能	学級	番号	増加点	知能
3 A	11	15	20	3 B	3	12	32		37	33	4		28	11	28
	13	11	39		9	10	66		43	20	17		29	13	24
	31	11	21		20	11	32		46	14	17		30	21	17
	35	14	19		41	11	23		49	12	19		35	10	27
	37	17	25		48	19	34	3 D	16	11	57				
	39	20	12	3 C	31	10	25		18	13	41				
	44	19	19		34	20	11		25	15	27				

人数二五人　M＝二六点

（第二学年）

学級	番号	増加点	知能	学級	番号	増加点	知能	学級	番号	増加点	知能
2 A	15	13	28		38	14	10	2 D	34	12	34
	19	12	29	2 B	44	10	31	2 E	15	12	21

M＝二六点
人数 六人

(2) 成就値低下生徒の知能偏差値と成就値（10点以下）

（第三学年）

学級	番号	低下点	知能	学級	番号	低下点	知能	学級	番号	低下点	知能	学級	番号	低下点	知能
3 A	1	−15	65		43	11	48		34	10	43		10	15	51
	6	16	62		49	10	40		46	11	42		13	19	61
	12	16	56	3 B	2	19	61	3 C	6	13	58		20	22	59
	16	11	51		5	14	54		11	12	53		21	13	50
	19	18	56		10	15	57		16	10	55		24	11	56
	29	12	44		12	20	60		29	12	55		34	13	58
	33	17	51		17	15	49		35	11	53		36	10	52
	40	10	41		25	10	48		44	11	45		40	36	63
	42	13	51		32	19	51	3 D	3	32	70		41	16	50

計三六人平均三五点

※ 教科別学年男女別成就値比較

学年別 性別 M 教科	第 1 学 年			第 2 学 年			第 1 学 年			合 計		
	男	女	計	男	女	計	男	女	計	男	女	計
国語科	−5.6	−2.4	−3.6	−13.2	−13.2	−13.2	− 0.2	0.4	0.1	− 5.5	− 4.0	− 5,3
英語科	−1.4	2.3	0.1	− 7.2	− 3.9	− 4.7	9.1	6.7	7.3	0.4	1.2	0.8
数学科	−5.3	−3.5	−4.6	−12.4	− 8.6	−11.3	5.6	4.2	4.8	− 3.6	0.2	− 2.4
理科	−2.6	−0.7	−1.9	− 7.0	− 6.0	− 6.5	7.1	3.1	4.6	− 0.5	0.6	0,2
社会科							− 7.0	− 6.1	− 6.8			

a 成就値平均は英語、理科数学、国語の順になつている。この順序は学習期間の長さと反対となつており、学習期間の長期のもの程学力が低下していることを物語つている。

b 第一学年は中学卒業程度の問題に依りテストしてあるので正常な発達をして居れば十5以上の成就値を示す筈である。その見地からすると英語科のみが正常な成績を示して居り、他は生徒の能力の限界までの発達を遂げていないと見て良い。殊に社会科の−6.8、国語の0.1は大きな問題を残している。この点からも社会科学習指導、国語科学習指導を大いに検討する必要があると思う。

c 第二学年における成就値はすべての教科に亘り負数となつている。これは高校生徒指導の問題点ではあるまいか。即ち中学年になつて高校生徒は教科学習に真剣なる努力を欠いていることを証明している。

d 第三学年は第二学年よりも成就値は増加しているが標準の域まで達していない。卒業入学試験、就職等と自己の問題が目前にせまつているため学習に努力していることは良く現われている。然し二年の時の怠惰を補うまでには至つていない。

e 女生徒が男生徒より成就値が良いのは、女生徒の知能偏差値平均が男生徒のそれより低いからだと思う。（知能の高いものは成就値低く知能の低いものは成就値が高くなる傾向がある。成就値の向上せる生徒で特異な例はA児、B児である。

A児は知能偏差値六六、成就値一〇、Bは知能偏差値五七、成就値一一となつて知能も優秀であるが学力は更にそれ以上の良い成績を示している。この二人とも卒業と同時に公費学生選抜試験に優秀な成績で合格した事実より考えて知能、学力及びその成就値は客観性妥当性に富んでいることがうなづける。

▲生徒の職業興味テスト、性格テスト、身体の評価、学校評価についても掲載して御教示を賜り度いと

存じますが紙数の関係で割愛致します。

反　省

以上の通り知能、学力、職業興味、性格、身体、学校教育に就いて夫々の目標に応ずるテスト、評定、観察を行いその結果を整理解決して見た、これは教育評価の領域から眺めると九牛の一毛に等しい程僅かな部分であり、実施処理にも完璧を期してあるとは思われない。又評価の理論的研究や経験が乏しい為、解決も的外れた点が多いと思う。それに加えて最初の試みである為、評価の第一義である「診断と治療」の目的を充分果すことができなかつた。その点自責の念に堪えない。然し教育評価は、その機、特質、、歴史、から眺めた場合、教育計画全体の必須な一面であり教育体系の有機的一断面であるので今後、的に合つた教育計画指導目標を樹立するために、ガイダンスの技術を工夫するために、日々の指導方法を改善するために、本校教育の水準を正しく知る為に、より一層の研究を重ねたいと思う。

教育の全体性理解↓↑教育評価…と言われる程教育評価は教育の全領域に亘り重要な機能であるので、評価を価値あらしめる為に教育哲学、教育心理、学習指導法、統計学等の研究に精進する必要を痛感している。

☆　☆　☆　☆　☆　☆　☆

兒童生徒作品紹介

詩

眞を求めて

宮沢　優美子

突然眼前にくり広げられた
この展望！
おゝこれは何かを求める
私の心の様に…
青く澄んだ大空大海原
風ひとつなく海は
美しくないでいる――

何時知らず私は砂に
腰をおろしていた
私の心も海のように空のように
だんだん開けてゆく

一隻の船が何処へ行くのか
一つの進路を行く

私はこれから
どんな進路をとり
どんな気持で生きようか

そうだ！
「真を求めて」……

世のあわれな人の味方となり
如何なる人にも優しく
そして愛と情をもつて、
力となる事が出来たら――

それに又
私は雄大な希望と
夢をもたなければいけない
希望の道を開くため
一生懸命努力しよう

世界の文化は行く川の流れの如く
よどむ所を知らずぐんぐん進んで行く
私もその流れに
取り残されないように
勇気と、自信をもつて
前進するのだ
真を求めて
前進するのだ！

（首里高校　養秀文芸より）

私の学習計画

嶺井政子

コンクリート建ての立派な校舎が焼けつく様な夏の太陽を背に受けながら、そびえたつています。その長四角に区ぎられた明かるい教室で元気な子供達の笑い声、発表し合う声が聞こえてきます。

子供つて何時もピチピチと新鮮な感動を持つて生きて成長しています。その一つ一つの過程を深く鋭くみまもりたい、そして子供をとりまく環境が一人一人をしてその目ざすものをなしとげる様にさせてやりたい。クラスには五〇人の子供達それぞれみな異なつた性格頭を持つている。個人差に応ずる教育（問題の把握、計画の立案）或いは、最近新聞にもよくたゝかれる学力低下……ある学者は学力は低下している又ある学者は学力は低下していない。それに社会科学習の反省と関連して道徳教育、よく大人の方は、「近頃の子供は礼儀を知らない。」あつかいにくい。……という愚痴も耳にします。「壁に耳あり」でバスの中、或いは道行く場合、私は強く強く責められます。どうして私一人で責任を持つ必要はない、とはいつても勿論大きな責任を持つている。社会全体の責任で、いかにも大人は教師だけ、或いは子供に責任を負わし過ぎはしないでしょうか。子供は「純真無く」そのもので良い面、悪い面、素直に受けとります。そういう前に先ず、私達大人は反省しなければいけません。

教育は時代の変遷と共に変つていく、新教育が叫ばれてすでに十年一昔教育は地について一歩一歩と前進してゆきつゝあります。そしてあちら、こちらの学校で研究発表が盛んに行われております。実は私達の学校も社会科の研究校で十一月の中旬には、研究発表をすることになつており、先生方は一生懸命でございます。私はじつと考えます。今まで沢山の学校の研究発表会に出席して、その効果は実にすばらしい、自己の歩みを振返つた場合、恥かしくてたまりません、そして溜息の連続……と。あの教科も、この教科も、ああいう水準までひきあげたいと常に思いながらやつぱり、すべての学科を目標に近ずけることは、なかなか困難です。研究発表会の場合、そのテーマを完成するために他の教科が犠牲にされてはいないでしょうか。ある子供が「国語ばかりやつて理科は全然していない。」という正直な声を聴いたことがあります。その度毎に研究発表会のねらいが心配でございます。どの教科も犠牲にすることなくその上に一つのテーマを持つことが必要じゃないでしょうか、又そういつた学習計画が必要じゃないでしょうか。学習計画といつても計画だけじゃなく、計画の上にその日、その日の学習の実施、記録時間と進度、進度と実力の反省、そして次への発展へ全教科にわたつての計画であり、反省であり、発展への基底となる意義をもつものであります。学習の栄養失調な子供にしない様に一つ一つの教科、たとえば社会科、国語、算数、理科、音楽、図工、家庭科、体育、特活にもそれぞれ、時間的の分量に差はあつてもバランスのとれた、基礎学習計画といつても、特別なものでもなく、新らしいものでもなく、ごく平凡に毎日毎日を真面目に歩んでいるだけのことで、そこから問題点をみつけ、小さいながらも一つ一つその解決へと努力いたしております。ごく小さい部面ではありますが、相当の能力と時間が必要であり教材を深く研究する時間が欲しいと思いつつもやゝもすると学校でのいろんな事務に追われてついその場かぎりの授業になりがちでありますが、しかし学習計画の重要性がこゝに一段と強化されなければならない問題だと思います。そこで学習計画が全教科にわたる計画であるし他の教科との関連性並に事前に準備すべき教具、時間と進度の関係などを計画しておきますと紙上のプランでも一応きれいに頭の中に整理ができて、一寸ぐらい安心して教壇にたてるようになります、然し計画はしたものゝ週或いは日時によつて大きな変化がありますので、赤いペンでその日その日の結果を正確に記録しておきます（時間、教材、内容）そうすることによつて週末に計画と実施とのズレを検討することによつて次週への展開と計画の基礎を見出すことができます。学習計画をして以来三ケ年目で最近では、最低三時間あれば一週間の計画をたてることができました。最初の一ケ年目は計画するのに一、二日もかかり、これでは計画だおれだと愚痴をこばし面倒くさく

学習計画実施時数表

1955.4〜7（第一学期間）

教科 ＼ 学期予定総時数 ＼ 週.月.日		1 4，4 4，6	2 4,11 4,16	3 4.18 4.23	4 4.25 4.30	5 5．2 5．7	6 5．9 5.14	7 5.16 5.21	8 5.23 5,28	9 5.30 6．4	10 6．6 6,11	11 6.13 6.18	12 5,20 6,25	13 6,27 7，2	14 7，4 7，9	15 7,11 7,16	16 7,18 7,22	備考
社会科	3,120分	230分	230 **460**	180 **640**	180 **820**	180 **1,000**	130 **1,130**	230 **1,360**	210 **1,570**	270 **1,840**	200 **2,040**	430 **2,470**	200 **2,670**	370 **3,040**	450 **3,490**	100 **3,590**	**3,590**	＋470 単元の消化不能
理科	2,730〃	180〃	320 **500**	320 **820**	140 **960**	100 **1,060**	290 **1,350**	100 **1,450**	200 **1,650**	110 **1,760**	190 **1,950**	300 **2,250**	220 **2,470**	210 **2,680**	100 **2,780**	150 **2,930**	200 **3,130**	＋400 単元の消化不能
国語	5,070〃	260〃	480 **740**	360 **1,100**	450 **1,550**	390 **1,940**	250 **2,190**	480 **2,670**	360 **3,030**	330 **3,360**	310 **3,670**	270 **3,940**	130 **4,070**	360 **4,430**	280 **4,710**	670 **5,380**	130 **5,510**	＋440 良，実力？
算数	3,120〃	180〃	120 **300**	310 **610**	270 **880**	200 **1,080**	180 **1,260**	190 **1,450**	310 **1,760**	210 **1,970**	190 **2,160**	260 **2,420**	200 **2,620**	260 **2,880**	160 **3,040**	220 **3,260**	210 **3,470**	＋350 基礎学力困難
音楽	1,560〃	90〃	100 **190**	90 **280**	180 **460**	— **460**	140 **600**	90 **690**	110 **800**	170 **970**	90 **1,060**	100 **1,160**	90 **1,250**	200 **1,450**	60 **1,510**	50 **1,560**	70 **1,630**	＋70 単元と実力？
図工	1,560〃	110〃	90 **200**	180 **380**	90 **470**	150 **620**	90 **710**	90 **800**	230 **1,030**	100 **1,130**	140 **1,270**	90 **1,360**	130 **1,490**	90 **1,580**	230 **1,810**	**1,810**	**1,810**	＋250 単元消化不能
体操	2,340〃	—	40 —	40 **80**	130 **210**	90 **300**	40 **340**	**340**	100 **440**	310 **750**	50 **800**	250 **1,050**	390 **1,440**	100 **1,540**	130 **1,670**	100 **1,770**	150 **1,920**	−420 時単不可能
家庭科	1,560〃	—	250 —	90 **340**	90 **430**	90 **520**	90 **610**	90 **700**	170 **870**	200 **1,070**	120 **1,190**	160 **1,350**	190 **1,540**	60 **1,600**	60 **1,660**	220 **1,880**	40 **1,920**	＋360 単元消化不能
特活	2,340〃	520〃	310 **830**	270 **1,100**	270 **1,370**	180 **1,550**	220 **1,770**	260 **2,030**	210 **2,240**	240 **2,480**	100 **2,580**	40 **2,620**	70 **2,690**	75 **2,765**	110 **2,875**	170 **3,045**	90 **3,135**	＋795 やゝ良好
計	23,400〃	1,570〃	1,940 **3,510**	1,840 **5,350**	1,800 **7,150**	1,380 **8,530**	1,430 **9,960**	1,530 **11,490**	1,900 **13,390**	1,940 **15,330**	1,390 **16,720**	1,900 **18,620**	1,620 **20,240**	1,725 **21,965**	1,580 **23,545**	1,680 **25,225**	890 **26,115**	26,115 ＋3,135 **−420**
備考		転出転入多く落着かない	映画見学（ダンボアフリカ縦断）	P.T.A総会		遠足 家庭訪問	P.T.A総会 家庭訪問	映画見学（路傍の石．力道山勝利の記録） 家庭訪問			創立記念日（6.6） 仲本主事学校訪問		郷土行事は龍船	映画見学水と人間 木登り 150	演劇の夕			

※数字のゴジックは累加時数を示す。

第 8 週　　6 年 2 組

学　習　指　導　計　画　案

（自 5 月 23 日 至 5 月 25 日）担任

五月二十三日　月

区分	朝会 30	国語 90		算数 90		特活 60	体操 50	320
単元		三、新聞〔一〕ペンの力		学校の費用		児童会〔クラス〕	ドッヂボール	
指導の重点	教頭先生のお話 週訓について（週番の先生） 雨天のため教室にて	1、全文の読み 2、内容探究〔浅く〕 ○うその報道とは，具体的に考える ○新聞をなぜやくのでしよう ○どうしてこういうことになつたでしよう ○この人たちは何を信じているのでしよう ○ノース•クリッフの少年時代 ○ノース•クリッフの愛国心	休み	四　円グラフ 1、円グラフは全体に対する各部分の割合を示めし又各部分の割合がみやすくて良いことの理解 2、全体の量の大きさがわからなければ円グラフは描くことが出来ない 3、必要に応じて各部分の百分率を円グラフにかく 円グラフの書き方、児童記入　読み方	晝食	1、各班で話合つたことがらを全体討議へ持出し全体討議して決定する ○図書班〔学級文庫につき棚、本、お金〕 ○生活班〔反省、自習、家庭学習〕 ○園芸班〔花園のせいび〕 ○掲示班〔学級新聞〕	雨天のため教室にて リズム遊び ステップのふみ方 ラジオ体操の基本方法	

五月二十四日　火

区分	相談 10	国語 90		社会科 110		音楽 60	理科 60	反省 20	350
単元		三、新聞〔一〕ペンの力		通信の発達		ゆうべのかね	動物のからだ	算数	
指導の重点	雨天時の衛生について	1、話合い…具体例前出 2、全文通読　難語句の読み指導、難語句の取り扱い取扱う語句—— どのような話合いで扱うか——。 （略）	休み	郵便料金と規則について イ、郵便料金一覧表の作製 ロ、切手についてのきまり ハ、大きさ、重量、禁制品 ニ、郵便の歴史をしらべる ホ、通信発達の年代表 〔グループ別に研究したことを発表してまとめる〕	晝食	1、曲想につき 2、歌詞の取扱い 3、フオスターの人についての話合い 4、リズム練習 5、二長調四分の四拍子 典形的な二部形式〔aa'ba〕	1、動物の食べもの イ、鳥、鶏、あひるの口ばしとその食べものゝ比較 ロ、その他の鳥の口ばしと食べものの調査 2、昆虫の口 イ、ばつた、蝶、蠅や蚊の口の観察	テスト 〔先週の自己反省と全体反省〕	

五月二十五日　水

区分		算数 100		社会科 100		体操 50	家庭科 60	反省 25	345
単元		学校の費用		通信の発達		ドッチボール	明かるい家庭生活	日々の歩みに	
指導の重点	算数ドリル	四、円グラフの書き方、よみ方、分度器が自由に使えるようになる ○分度器の使用に当つては正確さに注意 ○円グラフにおいては全体を360°の角で表わしているので、各部分の大きさがわかれば、それより角の大きさを求めることができることの理解 児童に実際に記入させる	休み	六、電　話 イ、電話の利用状況について 町の電話の利用状況、加入者沖縄の電話の利用状況 ロ、通信の方法 電話器の取り扱い方〔手動式、自動式〕市外と市内、非常災変の時の利用法、公衆電話	晝食	1、複式ドッヂボールの方法及競技規則を理解〔ルール〕 2、ボールの投げ受けの能力を高める 3、機敏に身をかわしてにげまわる 4、協力してゲームを行う	1、睡眠と休養の必要なわけについて話合う 2、各自の睡眠状況しらべ、場所、時間、年令 3、寝室として具備すべき条件を考える。衛生的方面、場所、広さ、明かるさ	月〜水まで日直 司会、クラスをよくするためについての事項について	

時間

第 8 週　6 年 2 組　学習指導計画案　(自 5 月 26 日 / 至 5 月 28 日) 担任

月日	曜日	区分							
五月二十六日	木	教科	10 相談	国語 90		家庭科 110		音楽 50	理科 50 / 310
		単元	自習時間について	三、新聞〔一〕ペンの力	休み	明かるい家庭生活	晝食	ゆうべのかね	動物のからだ
		指導の重点		グループ学習〔個人差に応ずる〕 A グループは自習によつて四問題解決 イ、よい新聞とはどんな新聞のことか ロ、デイクーメールはよい新聞といえるでしようか ハ、ノースクリツフはどんな決意をもつていたでしよう ニ、社運をかけてやりぬくとは、話合い、質問に答 B、グループ教師と学習を進める		清潔なすまい 1、健康によいすまいのしらべ 〔児童個人個人調査〕ー発表、解決 2、蚊、はえ、のみの駆除 3、不潔になりやすい場所の清掃と消毒		1、階名視唱法 (略) 2、和音構成は極めて、学純で全部和音の原型のまゝである	3、けものの口、体、食べ物をとるのに都合よく出来ているか イ、山羊、牛、草を食べる様子胃袋 ロ、草食するもの、肉食するもの歯や爪の観察 ハ、動物のそれぞれの口ねずみ、蛇、魚、かにえび
五月二十七日	金	教科	算数ドリル	算数 100		図工 100		図工 130	340
		単元		傳せん病	休み	色彩 ——→	晝食	色彩	
		指導の重点		1、傳染病の流行について話合う 2、帯グラフ ○傳染病患者数を分析し、帯グラフに書いてこれをよむ ○帯グラフの意味の理解 ○グラフの目盛りによつて傳染病患者数の概数を知る。帯グラフの便利さ		1、色彩の基礎練習 無彩色 有彩色 {清色 / 濁色} 理解 2、純色11色の色名練習 明色、暗色、中明色についての理解		色の寒暖について洋服と関連 3、配色の練習〔春〕 春という題で感じたまゝ、ありのまゝ　色彩で表現す 個人指導　色彩	
五月二十八日	土	教科	朝会 30	国語 90		理科 90		反省 25	2,35
		単元	反省	三、新聞〔一〕ペンの力	休み	動物のからだ		本週の反省	
		指導の重点	〔週訓〕 雨天のため、教室にて週訓反省	1、話し合い 兄弟のおいたちについて子供の発表をもとにしながら話し合う 2、通読 3、ノースクリツフのえらいところを帳面に書いてみましよう 4、整理		4、動物はどんな呼吸の仕方をしているか イ、動物の空気中での呼吸 ○人の呼吸　○くじらの潮ふきの話 ○虫〔ばつた〕が呼吸している実験 ロ、水中の動物の呼吸 ○魚のへらの観察、めだかの呼吸の実験 ○水中の動物の呼吸について話し合う		学習面 / 校外面 / 訓育 — 良い 気づいたこと 日直司会	{これは第8週をとりあげてありますが8週は割に行事が少ない、やゝ計画通り行つております。

教科	社会	理科	国語	算数	音楽	図工	体操		家庭	特活	合計
予定	200	150	340	270	100	200	140		140	200	1740
実施	210	200	360	310	110	230	100		170	210	1900
増減	+10	+50	+20	+40	+10	+30	−40		+30	+10	−40　+200

時間時間といつて果して子供達へのプラスはと疑問をもつたこともありました。でも一ヵ月一学期、一ヵ年と時間の増減をだして反省した場合、各教科との関連、単元と時間、時間数と学習効果などいろいろの問題点が発見され、ほんとに生きた教育の足跡がはつきりしてまいります。最初は一年生、四年生、現在六年生を担当していますが、六年生の各教科による一年間の総時数は、今年度四月に示された、文教局案によつて三五週（一年間）を計画立案の基礎にして週間学期間、年間、の計画を樹てゝ実施いたしております。一学期間の単元配当と、指導時数の計画も現在実施後と大分、ひらきがあります。これは実際指導の場合単元取り扱いが浅く深くの度合にもよるだろうし、ドリル学習、子供達の理解の度合などそこに色々と差があります。日々の計、毎週の歩みは実施時間数を累計して一学期間の予定時数と実施数は約四〇〇分以上時数の反省をしてみますと、今のところ、各教科の時プラスになつておりますが、体育の方が、逆に四二〇分のマイナスです。でも、体育を特別軽視したんじやありません、

体育は交換授業をしております。それで、ぬけないようにと計画しても行事のため、ぬける面が多く、毎週気をつけている積りですが、現在は、こういう詰果になつてしまつています。二学期は体育を考慮する必要があります。大きな問題点として、

(イ) 時間の消化と単元の消化は？
(ロ) 時間単元の消化はできたが実力は？
(ハ) 教科面で時間数のプラス、マイナスのひらきなど？

(イ)の場合、時間は消化しプラスになつていますが単元

学習指導基本計画

時数 / 教科	年間総数	学期総時数	一学期単元配当と指導時数
国語	13,650分	1. 5,070分 2. 5,460 3. 3,120	一 日本の国㈠㈡㈢㈣ 1000分 二 私のゆめ㈠㈡㈢㈣㈤ 650 三 新聞㈠㈡ 610 四 道は続く㈠㈡ 910 五 社会とことば㈠㈡㈢ 900 作文 650 習字 450 （単元の発展の場合行う教師児童プランによつて）
算数	8,400	1. 3,120 2. 3,360 3. 1,920	一 学校文庫 560 二 学校の費用 810 三 傳染病 860 四 夏休みの日課 890
社会科	8,400	1. 3,120 2. 3,360 3. 1,920	明かるい政治 1550分 通信の発達 980 新聞とラジオ 590 2学期に行う
理科	7,350	1. 2,730 2. 2,940 3. 1,680	1. 六年の計画……………………100 2. 場所による生きもののちがい370 3. 大むかしの生きもの …………370 4. 動物のからだ……………………350 5. 植物のからだ ……………………350 6. からだのはたらき…750 7. 傳染病と寄生虫…… 440
音楽	4,200	1. 1,560 2. 1,680 3. 960	美しい合唱 430分 和音と旋律 580 いろいろな調子 550
図工	4,200	1. 1,560 2. 1,680 3. 960	花 …………………… 180 色彩………… …… 240 いろいろな統計図…120 初夏の風景 …………120 動くおもちや………220 新らしい形の美…… 90 図案研究……………170 ぬいぐるみ人形……180 人物写生……………120 人物…………………120
家庭科	4,200	1. 1,560 2. 1,680 3. 960	仕事の分担表 120 学校園の仕事 120 夏の衛生 780 睡眠と休養 210 上手なせんたく 240 夏休みの計画 90
体操	6,300	1. 2,340 2. 2,520 3. 1,440	ボール運動(ドツヂボール，ベースボール，バレー及びバスケツトボール)620 陸上運動（巾とび，綱引き，高跳び，三回とび）……………………430 徒手体操（全種目，下肢，くび，上肢）……………………620 器械運動（足かけ上がりとびこし，腕立てまわり）……………………350 リズム運動（困つた小人，茶色の瓶）……………………320
特活	6,300	1. 2,340 2. 2,520 3. 1,440	相談（ホームルーム）………920 反省会……………………………640 児童会……………………………780
計	6,300	1. 23,400 2. 25,200 3. 14,400	備考 イ 二学期，三学期の単元配当と指導時数は除く（夏休みに計画す） ロ 一学期のは四月の上旬に計画したもので，果して，単元配当と指導時数はよかつたかどうか，反省事項である，ゆつくり反省したい。

の消化は、みな不能でございます。（下級生の場合のは、平行しておりました。）教材の深さにもよると思います。それで教材の研究が大きな問題になつてきます。時間内で授業、方法、学習方法が考慮され、研究の余地が充分にあります。

(ロ)の場合は、時間の消化は良、単元は不能ですが、実力といつても、これは、各教科ですから、書くとなると、基礎学習、指導技術といいましょうか、沢山になりますのでここではごく簡単に書きます。普通、中児を中心に進めております（遅進児はグループ学習とか、個別指導とかの方法によつて、少しでも前進したいと願いつつ進めております。ドリル学習も中心として）

(ハ)の場合については略します

「汲めども汲めどもつきないのが教育の泉である。」文を綴ることが何よりも苦手で最初はおことわりしたんですけど仕方なく、いたらない日々の歩みであり疑問を一寸綴つただけでございます。諸先生方の御遠慮のない御批判と御指導お願い致します。

（開南小学校教諭）

さて、あなたの座標は？

宮里正光

近ごろ読んだものゝ中で東京学芸大学阪本一郎氏の「教師のパースナリティとその適応」と題する一文は興味深いものがあるので読者の皆様に紹介します。

阪本氏は

「一般にパースナリティは個人の環境に対する適応の様式として規定されるべきであるから、こゝでは主として適応の対象によつて一〇の適応方向を立て、それ〴〵の方向を軸としてその上に適応の特性がそれぞれの座標を占めるものと考えてみる」

と言つて次の第一から第十までの適応の方向を立てそれを軸として適応の特性を挙げています。

第一、児童に対する適応

「愛情をもつて接するか、権威をもつて臨むか」

(ロ)サッカリン↑(イ)砂糖↑↓(ハ)食塩・(ニ)唐辛子

(イ) 児童を理解し深い愛情をもつて接する砂糖型

(ロ) 甘さが過ぎてどうかと思うサッカリン型

(ハ) 児童を理解してはいるが、威厳を示すことに力を集中する食塩型

(ニ) もつぱら教権をもつて暴君的にふるまう唐辛子型

第二、同僚に対する適応

「接近しようとするか、離反しようとするか」

(ロ)迎合↑(イ)協調↑↓(ハ)孤立↓(ニ)一言居士

(イ) よく協調し協力する協調型

(ロ) 度を越えて迎合的に追従する迎合型

(ハ) 非社交的で無口な孤立型

(ニ) 事ごとに反抗して一言申したてる一言居士型

第三、社会に対する適応

「積極的に参加するか、消極的に離脱するか」

(ロ)革命家↑(イ)奉仕家↑↓(ハ)君子↓(ニ)隠士

(イ) 積極的に参加する奉仕型

(ロ) 熱烈で社会改造をくわだてる革命家型

(ハ) 危うきに近よるまいと努める君子型

(ニ) まつたく超然として見ざる、言わざる、聴かざるを決めこんでいる隠士型

第四、自己に対する適応

「優越感をもつて大きく構えるか、劣等感をもつて小さく萎縮するか」

(ロ)暴君↑(イ)自信↑↓(ハ)弱気↓(ニ)田にし

(イ) 強い安定感をもった自信型
(ロ) 強硬に自己を押し立てるワンマン的暴君型
(ハ) 自己にあまり自信をおかない弱気型
(ニ) 弱気が過ぎて劣等感を抱き、殻の中に閉じこもっている田にし型

第五、身体に対する適応

「活動を好むか、安静を欲するか」

(ロ)選手←(イ)健康←→(ハ)ワイシャツ→(ニ)裏なり

(イ) 運動を好む健康型
(ロ) スポーツに秀でた選手型
(ハ) 体育指導にもワイシャツを着たまゝで指導するワイシャツ型
(ニ) ひなたを避け、日かげにばかりいて全然活動しない裏なり型

第六、生活に対する適応

「楽天的か、悲観的か」

(ロ)呑気←(イ)明朗←→(ハ)陰気→(ニ)神経質

(イ) 常に生活を楽しむ明朗型
(ロ) 天下大平あまりにのんびりした呑気型
(ハ) 常に眉をしかめ、じめじめした陰気型
(ニ) ヒステリックにとがっている神経質型

第七、物質に対する適応

「集積しようとするか、放散しようとするか」

(ロ)利殖←(イ)貯金←→(ハ)パチンコ→(ニ)放蕩

(イ) 健全財政を計画的に維持する貯金型
(ロ) 収入を多くすることにぬかりのない利殖型
(ハ) 射幸心に駆られてマイナスをかえりみないパチンコ型
(ニ) 酒色におぼれて浪費する放蕩型

第八、事務に対する適応

「てきぱき処理するか、いつまでも放ったらかすか」

(ロ)来年←(イ)当日←→(ハ)去年→(ニ)はな紙

(イ) 計画的に日限通りきちんと片附ける当日型
(ロ) 先々のことまで計画を立てゝゆく来年型
(実行のともなわぬことあり)
(ハ) 計画性がなく催促されて日限におくれた書類を整理する去年型
(ニ) 事務に関心がなく、書類をハナ紙の如く心得ているハナ紙型

第九、文化に対する適応

「十分に吸収しようとするか、敬遠しようとするか」

(ロ)天狗←(イ)百科辞典←→(ハ)特集→(ニ)つん読

(イ) 研究的で教養常識を広く蔵した百科辞典型
(ロ) 博識を鼻にかける天狗型
(ハ) 自分の好きなものだけしか研究しない特集型
(ニ) 書物は本だなの飾りだと心得、読みはせず積んでばかり置くツン読型

第十、教養に対する適応

「熱意をもって専心するか、他事に関心があって逃避するか」

(ロ)心中←(イ)皆勤←→(ハ)欠勤→(ニ)腰掛

(イ) 勤務万端に責任をはたす皆勤型
(ロ) あまりに熱中してついに体をこわす心中型
(ハ) 遅刻早退欠勤を常とし、職責に無感覚な欠勤型
(ニ) 一時的もしくは生活の資を得るため教職を利用している腰かけ型

以上が阪本氏の示した適応の方向とそれぞれの方向に占める教師のパースナリティの座標であります。さて、あなたの座標は?さらにあなたの同僚たちの占めるそれぞれの座標は?

(久米島地区社会教育主事)

青年学級の問題点

大宜味朝恒

最近各地に勤労青少年の自発的な共同学習が青年団体の活動として、或は学校関係者その他の有識指導の協力により誕生し、自らの力で自己自身の向上と郷土の振興のため黙々と努力を続けているが、その施設が青少年の自発的活動だけとして放置されるべきものでなく、政府及び教育区はその責任において指導援助の手をさしのべることになり、昨年十二月青年学級のテストケースとして、全琉四十六青年学級に研究を指定して、その育成強化を図ることになつたが、開設日尚浅く、その組織運営、教育内容、指導者、財政等青年学級の在り方に深く検討が加えられ研究を推進する必要がある。

野原腰青年学級の学習状況

以下現段階における青年学級の問題点について考えてみたい。

青年学級の開発の主体はどこかという問題であるが、現在成人学級講座の一環として学校開放の形で開設されているところと、青年会が直接開設主体となつているところとがある。この問題はいうまでもなく、その地域社会の総意によつて区教育委員会の責任において行われることが適当であろう。

青年会単独で運営をして相当効果をあげたところもあるが、どこか不安定な気がする。

青年会には独自の仕事があり、幹部の人達がこの仕事にかかり切りになると会自体の仕事が捗どらない。それに相当長期に亘る事業で、而も組織的で計画的に行われないと効果が上らないので相当困難な大事業である。

その場合青年会の役員の能力の限界もあり、又経済的にも行詰ることは本土の実情からおしても周知の事実である。

唯青年達が仲間のために何とかしなければならないという純真な気持から学級の開設まで行つたところが多く、誰かが与論をつくらなければ、こういう仕事は中々進まないので青年会が与論を結集して学校、役所その他地域社会の有識者の協力を求め全町村の総がかりとしての事業として行われるべきであろう。

次はプロゼクト学習の問題であるが一人一研究、グループ研究で、新しい農業技術、生産の研究を青年学級で実際行うことである。宮古地区の野原腰青年学級では、プロゼクト学習法がとり入れられて学習活動が行われていることは、きわめて注目すべきである。蔬菜の栽培、台所の改善等についての研究を統計資料によつて発表していたが、このように現実の社会の問題にぶつかり、これを解決していくことが実際活動を伴う学習である。

新しい農法の導入が沖縄の農村で困難なのは、経済的理由や、立地条件等の理由もあろうが、それよりも旧習を固持していく農村の頑強な封建性による所も少なくないことは常識で、そういう点をそのまゝにして社会教育をいくら行つてみても意味のないことである。土地の生産機構、社会機構の中に巣食つている封建性から個々の人々を解放する具体的な構想を社会教育のプログラムに反映しなければならない。

しかし、それは一人や二人の力では効果があがらない、公民館や青年学校などで、こうすれば具体的な見本をつくりだす研究をなすことである。

勘と経験だけ唯一の支えとする沖縄の農村に科学的な方法を入れるには、若い人達の力に待たなくては不可能である。

青年学級の学習が単なる飾り物のような教養に終つては一大事である。

実践的な生産活動にまで発展するように学習のネライが置かるべきであろう。

そのためには地域社会の条件に応じたカリキュラムの編成が考慮されなければならない。

各市町村では夫々実態調査が行われているが、極めて粗雑な方法でやつているために本当の姿がでてこない。

この方面の技術的な訓練は早急に行われなければならないことを痛感した。

地勢、人口、産業とか一応の基礎調査が行われているが、その基礎の上に地域の住民が何を考え、どんな要求をもつているかを適確に把握しなければならない。

こんなことは誰でも考えていることだが、実際やる場合は多少専門的技術も必要だし、手数もかかるのでつい疎そかにされ勝ちで結局一人の手でカリキュラムが作られるということになつてしまう。

折角個々の問題は重要な単元でも、前後の関連や、全体としての統一がないため折角のカリキュラムもゴツタ煮的なものになり、全体として重心が見失つてしもうということも少くない。

次に講師に対する問題があつたが、村にはよい講師が得られない。もつと専門家が欲しいというような意見だが、これは注意されなければならない問題である。

教育が「与える」ものである限り、被教育者は、それを「受けとる」だけである。

与えるという教育関係の中からは物事を知り解釈するという受動的な結果しか生れてこない。

知識や教養はそれ自体意味があるのではなく、それは何らかの形で実践を指向するものでなければならない。実践や行動の中から真の知識や教養が培われていくものである。

学校教育は「与える」教育の内容と方法を多くもつのは当然であり妥当である。なぜなら被教育者は十分な社会的生活者でない。

しかし青年学級生である勤労青少年達は、社会的な生活者である。

社会的生活者としての彼等は生きている社会と生活の中にさまざまの苦悩や矛盾をもつている。

その苦悩や、矛盾を青年学級講師に解決してもろうことは勿論できない。講師にできることは、苦悩や矛盾を解決し、克服する知慧と力を与えることである。

したがつて自分達で問題を発見し、話し合つて解決、克服する意欲がなく、何でも専門家という権威を求めて「受けとる」だけでは、青年学級の性格にもとることになる。

その場合一般的な傾向として討論や話し合いにより講義形式を求める意志が相当強いことである。

どの村にも米作り、芋作りの名人がいるし、その人達を中心に討議し合うことも実際的な知識技術に役立つのである。

自分達はまだ多く学ばねばならないから、まず学んでから討議をしたいということらしい。

現在青年学級でとられている学習形態の現状は講義形式が多いようである。

講義形式は比較的短時間にまとまつた知識を与えていく長所があるが一方的な授業になつて魅力に乏しいものにおち入り易い。

出席の問題もどの学級でも共通的にとり上げられている問題であるがその悪い原因を一概に青年の無自覚、不熱心と断定することは間違いである。

それよりも青年学級の学習内容、学習形態が魅力的であるか否かが大きな原因をなすものである。

昼間労働して疲れた体で夜間学習するということは昼間の学習を行う学校教育とは趣が違う。

疲れをいやすためにも、学習方法が研究され、楽しい学習がなされるように工夫される必要がある。

伊豆味青年学級での学習が討議形式が採用され、学級生と講師が一体となつて何の堅苦しさもなく一対一の立場で「地域社会の生産をどうすればよいか」の討議をかわしていたが議長には学級生が選出され、講師は学級生と同席して相互に活発に意見が交換されていた。

このように自発学習が奨励され、講師は壇上から降り学級生と同列の位置に立つて指導することが大切である。

以上問題点の二三をあげたが勤労青少年教育は、その重要性にもかかわらず制度上戦後の大きな盲点と目されていたものであり、琉球の青年学級の現状は、ようやく緒についたばかりで、決して満足すべきものではなく、組織運営、研修内容、研修方法の問題等むしろ今後解決されなければならない幾多の問題が山積しているので学級生及び関係者各位の一層の研究と精進を期待するものである。

（社会教育主事）

学校体育におけるスポーツの地位

——特に対外競技について——

加藤橘夫

〔1〕

スポーツは行つて楽しむところに本質があるにもかかわらず、近ごろはますます観覧の対象としての傾向が強くなつてきた。同時にスポーツはそれを行う者たちの間の競争であるにもかかわらず、競技の所属する学校・クラブ・社会・国家などの競争と考えるようになつてきた。

このように、行うことに目的をもつスポーツ活動それ自体と直接の関係をもたない他の目的、すなわち国家や学校の名誉のためとかあるいは個人的名声のために行われるとなると、スポーツの本来の性格が著しく変形してくる。このような変化に最も大きな役割をなしたものはマス・コミュニケーションであろう。新聞・ラジオ・テレビジョン等の報道機関の発達は、多くの人々にいながらにしてスポーツ試合の状況を傳え、世人のスポーツに対する関心をますます増させた。世界記録を作つた無名の青年をたちまち世界の英雄に仕立てあげるし、オリンピツク競技における勝利を国威の宣揚として誇大に報道する。こういつた現象が中等学校の対外競技にも反映していることは、論をまたないところであろう。かくして、学校における対外競技は、スポーツ本来の性格を一変して、目的と手段とを混同する状態となり、様々な弊害をひき起している。

〔2〕

現在わが国においては、中学校から大学に至るまで、各種スポーツの対抗競技がきわめて活発に行われている。その数は多数の応援団や観衆にとりまかれて学校を代表する少数の選手が競技試合を行うのである。それは学校の運動場の片すみに親しい友だち同志が集まつて、野球や庭球を楽しむ姿とは異なる性格をもつている。このような素朴なスポーツ活動では、応援者や見物人は無関係な存在であるが、対抗競技にはこれらの第三者が強い影響力をもつのである。さらに学校の傳統とか名誉といつた無形の第三者、また多数の見物人から受ける個人的評判や名声等は、競技者のスポーツ活動に対する心理的動機や態度に著しい影響を与える。

母校の名譽や傳統は強い圧力となつて、選手の上にのしかかり、その結果過度の責任を感じさせる。かくして、選手は母校の榮譽をあげるための手段としてスポーツを行うような感をいだくようになり、およそスポーツを楽しむといつた気持とは全く離れた心理状態となる。

勝利を得た場合は多数の生徒たちの賞賛の的となり、教師さえも学校の名を高めたとほめはやす。このようなことが、若くていまだじゅうぶんに人間ができあがつていない選手たちに、どのような影響を及ぼすであろうか。敗北した場合はきわめて悲惨である。応援団の前で謝罪するチームさえある。何ゆえに対抗競技に敗けることが学校の恥となるのだろうか。

対抗競技の選手たちは別に学校のマネキンではないはずである。ただ単にある種のスポーツにひいでているという理由で選手になつた人々に、何ゆえにそんな重荷を背負わせるのだろうか。また、現在の学校間になんら競争の存在する理由はないにもかかわらず、対抗競技をあたかも学校間の競争と考えるのは何ゆえだろうか。

われわれは平生あまりに身近に対抗競技を見たり聞いたりしているので、以上のようなことに何の疑問をもたないが、よくこの問題について熟考してみると理解しえないものが多くでてくるのである。このような意味から、対抗競技と選手制度、さらにそれを回つての諸問題を再検討してみる必要があろう。

〔3〕

学校における運動部はそのスポーツを愛好する生徒たちの集団である。しかし、この集団は単にスポーツをその場その場で楽しむといつた同好な存在ではなくて、集団として具体的な目標をもち、その目標に到達する為に部員が結束して努力する集団である。その目標は競技試合における勝利であって、ある高等学校では全国大会における優勝を目ざしていようし、ある高等学校では県下大会の優勝を目的としているだろう。またある中学校では郡の大会で勝つことを、ある学校では伝統的な対校試合に勝つことであろう。このようにいずれの運動部でも部としての具体的目標をもっているが、問題となるのは、その目標のあり方この目的をいかに部員が考えるか、その目標に向かっての平素の行動がどうあるかということである。

現在の新制中学は設立されて日も浅いので、運動部に伝統ができているのは少ないようであるが、旧制中学から発展した高等学校になると運動部の伝統の古いものもかなり多く見受けられる。これらの高等学校の運動部の目標は伝統によって伝えられ、固定していて強力に部員を拘束するのである。

目的に対する部員の意識、目的達成のたの部員の練習態度等の行動基準は、運動部の長い伝統によって受け継がれていることが多い。そしてこの伝統を部員に自覚させ実行させるために最も大きな役割を演ずる者は先輩である。

良い先輩をもつ運動部では、おそらく教師も及ばないよい教育的実りをあげるであろうが、それに比して悪い先輩をもつ運動部では、恐るべきスポーツの弊害を醸成する。先輩は学校の管理のできないところにいて、しかも現実に運動部と密接な接触をもつものであるから、学校にとっては無関心でありえない存在である。

したがって、学校当局が運動部の諸問題を考える場合、先輩を含めての運動部として取り扱う必要があるのである。

運動部はすでに述べたごとくスポーツを愛好する生徒の集まった集団であり、様々なクラブ活動をするクラブの一つであるが、それが学校の名まえを用いて対抗競技に出場すると、学校代表のごとく考えられる。もしも他の学校と比べてその競技が強いような場合には一般の生徒たちの応援が盛んになる。このような形をとると、競技者の心理も学校代表という自覚を強くするし、勝利を得ようとする集団の目的も高まってくる。このようにして、校友たちの強い関心が一つの圧力となって運動部においかぶさってくるのである。さらに学校の所在する地方の人々の関心も同様に運動部に対する圧力として働いてくるであろう。

おそらく、運動部とその背後にある校友や一般人との関係のあり方が、勝利を得れば名誉とし、負ければ恥とするような考え方をもたらしたものであろう。あるいはこのような考え方は対抗競技の発生以前にあったかもしれない。かつて武家時代において藩を代表して試合に出たときの考え方が、武士道精神の継承とともに対抗競技の中に生き残っているとも考えられる。

以上のような運動部のあり方は、わが国独得の選手制度を生み、人々の対抗競技観を形作ったと認めることができよう。この考え方の基本となるものは対抗競技においての勝敗をどう考えるかということであり、さらにわれわれの最も問題とすべき点は、それが教育上においてどんな役割を演じているかということである。

〔4〕

対抗競技の教育的価値を主張する人は、対抗競技を中心として一般生徒の母校に対する意識が高まり校内の諸活動を活発にするとともに、さらに選手たちの母校への忠誠心を強め、目的に向かって結束して努力する実行力の育成に役だつと言う。確かにそのような一面のあることは承認できよう。しかしながら、中学校や高等学校において多くの場合、このような効果をあげる前に、選手たちがはなやかな大学対抗競技やオリンピック競技、さらにはプロフェショナルスポーツにおける幾多の弊害を模倣していないだろうか。同時に生徒一般の選手に対する見方もプロフェショナルに対するそれと同じではなかろうか。

少年のほとんどは、新聞、ラジオ、雑誌、映画、さらにはテレビジョン等によって日常それらに接し強い興味をいだいている。プロ野球の選手、すもうプロ・レスの選手は、かれらの英雄でありあこがれの的である。かれらは平生からすでに見世物化された勝負本位のプロスポーツに慣らされている。このような少年たちが、自校のチームの試合に対した場合、ひとりでに平素の競技観から接することになるであろう。野球試合で相手校の投手の投球を妨害するような応援をしたり、相手のエラーに拍手したりするのみならず、自校の選手のエラーをののしることさえある。

このような対抗競技に対する態度、考え方はプレーを見ようとするのではなくて、勝負を第一次的目的とするものである。それはひいて選手自身の競技に対する態度を勝負本位にまで導き、勝利という結果を得るための手段としてプレーを考えるようにさせ、その結果目的のために手段を選ばない心境に追い込むようにする。かくして、選手はプロフェショナルのようなショウマンシップを身につけるようになり、他人の評判を極度に気にする。かれらはもはやスポーツを楽しむのではなく、他からの強制によつてあるいは何らかの目的のためにスポーツを行うようになつてしまう。

これらの例は極端なものかもしれないが、現在の中学校や高等学校の対抗競技において、多かれ少なかれ見受けられる事実であろう。そしてこのような傾向が多少なりとも存在するようならば、学校におけるスポーツ管理の方針に妥当を欠く点があるのではあるまいか。

〔5〕

対抗競技はあたかも劇薬のようなものだと私は考える。その運用を誤るならば以上述べたごとき弊害を生み、むしろ学校教育から除外すべきものであるが、適正に管理運営されるならばきわめて大きな教育的実りをもたらしうるものと思う。それには純粋なスポーツ観を学校の中にみなぎらすことである。

純粋なスポーツ観はごく素朴なスポーツ活動において見受けられる。親しい友だち同志が行うスポーツでは、競技活動を楽しむ心にあふれている。ここで行われている競争は現実の世界における競争のごとく結果のみを求めようとするようなシリアスなものでなく、むしろ活動過程においてよりよい技術を表現することに主眼がおかれているといえよう。巧みなスポーツ技術を求めそれを表現することは、芸術家がその思想や感情を巧みな技術をとおして表現しようとすることと近接している。芸術家は決してそれを他人よりよりうまく表現しようとするのではなく絶対の美を求めて努力し、その結果として作品を完成するのである。このことはスポーツでも言えると思う。

学者が真理を求め、芸術家が美を求めるように、常により高いものを求めて努力することは、スポーツにおいても同様だと考える。しかも、それらが利害得失の計算から離れて、また他からの強制を受けることなく、全く自発的に自由に求め努力することは人間性の一面でもある。スポーツマンが自己の身体のもてる力を巧みにつかつてスポーツ技術を表現しようと努力する一面は、それと共通するものがあるように思われる。グレンデで暗くなるまでクリスチヤニアを練習するスキーヤーはそれであろう。

このことは競争的スポーツにおいても言える。われわれが競技を行うとき、相手の不調やミスで勝つてもうれしくないが、自分がほんとうに巧みなプレーをしたときには喜びを感ずる。このことはスポーツマンのスポーツを行う動機は「できるだけうまくやりたい。」という願望で、「それを他人よりうまくやりたい」ということではないとベナリーが言つたことと共通する。

ここで、さらにもう一つのことばを想起せざるをえない。それはオリンピックの理想とも言うべき"The import ant thing in the Oligmpic Games is not to win but to take part. The important thing in life is not the triumph but the struggle."である。このことばは、スポーツにおいて重要なことは、行うことで勝つことではないという意味にも解することができる。ここで行うということは、よりよい技術の表現に努力することであることはもちろんのことである。

このように考えてくると、スポーツを行う相手はむしろ自分の技術を表現するために協力してくれる相手となる。競技を終つたとき相手に対してありがたいと感ずる心は、このような場合に現れると思う。

以上のスポーツ活動に対する推論はもちろん人間の一面を表わしたにすぎない。他の一面に明らかに相手に対する優越とそれを他人に承認させようとする競争心が主要なものとなつて働く場合である。そして多くの場合、それにとらわれやすい。それが現在の対抗競技の姿であり、考え方なのである。

現代は生存競争の世の中だといわれている。そして競争に打ち勝つたくましい人間を作らなければならないという。競争がやがて斗争まで進んだ場合、人間関係は分離の状態となり、人間社会の混乱の基となるであろう。私はスポーツがその一役を買うことは、少なくとも教育の立場からして是認しえないのである。

競争的スポーツから競争を無くせとははなはだ逆説めいておかしく聞えるかもしれないが、スポーツマンのスポーツを行う心を勝敗という結果のみに集中させることをできるだけ避け、よいプレーの表現に向かわせることは、必ずしも難事でないように思う。

そのためにまず第一になすべきことは、校内スポーツの奨励である。多くの生徒たちにスポーツ技術の表現の楽しさを味わわせること、さらにスポーツ技術の困難さを身をもつて体験させ、技術の味わいを身につけさせることである。このことは正課の体育指導においても最も重点をおくべき点であろう。体験によつて、それが深ければ深いほど、スポーツに対する鑑識の力が増してくる。対抗競技を見る目が、勝敗にとらわれるよりも、プレーの方に向かう相手のファインプレーに対する賞賛はこのような鑑賞眼から生れてくるであろう。

プレーをスポーツの第一次目的と考えるような環境にとりまかれるならば、対抗競技の選手の勝敗に対する感じ方も異なつてくるであろう、彼等は勝敗のためにプレーをするのではなくて、すぐれたプレーが勝利を結果することを理解し、技術の表現の結果としての勝利ということをあたかも芸術家がその作品を貴重なものと考えると同じように感ずるであろう。

そしてこのようなよいスポーツ技術を表現するためには、どうしても相手と協力し合つてゆかなければなしえない。このことは自己に忠実であればあるほど、相手に対しても誠実でなければならないことを意味し、このような場にきわめて自然にフェアプレーやスポーツマンシップに富んだ行動が現れるように思われる。

以上の事がらは単なる理想で現実に即さない空想論のごとくとる人もあるかもしれない。しかし、われわれ教育に携わる者は、常に理想を求めて努力するところに意義があると思う。そして理想に向かつての努力の過程において、ささやかでも教育的実りを得たいものと考える。

学校における対抗競技の問題は、以上のような基礎に立つてこそ解決しうると信ずる。そのためには様々な管理方法があるであろう。文部省の対抗競技に関する基準もその一つの方法にすぎない。また学校がたてるべき管理方法、すなわち試合の制限、後援会の問題、先輩との関係、応援の問題等についても、この基盤に立つてこそよい道が得られるのではあるまいか。

もし対抗競技を中心とする学校スポーツの諸問題が解決に向かつて前進するならば、私は学校教育におけるスポーツの位置づけを高く評価すべきものと思う。したがつて、いたずらに対抗競技を制限するのではなくよい対抗競技を学校全般のスポーツの頂点として積極的に発展させることが、教育においてとるべき道だと考えるのである。

（東京大学教授）

私の学級経営

〃心のポスト〃の実施

栃木県塩谷郡大宮村立大宮小学校
手塚幸由

はじめからことわり状を書くと言うのも、甚だ苦しい次第であるが、とにかく今日では、学級経営と言うものの位置づけ、また其の意義は、学校教育の中核をしめて、一切の教育活動を内合していると言つても、別に叱られたりはしないと思われる。実はそれも、学級経営の内容が、ここまで発展追及されたためである。単に事務的な管理の面や、環境の整備がうまく行つているから、其れで良い等と考えている学級経営者は、最早一人もいない。知的活動を中心とする学習指導の過程も、又情意的活動分野としての生活指導も、身体活動分野としての健康指導も、其の他一切合切がこの学級経営の内容として営まれるわけである。ところで私が、こうした学級経営の万般をどうしているか、と言うことについては、到底そこでは申し上げ切れないので、私が過去何か年間か、心魂を打ち込んでやつて来た体験の一端を紙数の許す限りそれも最も微妙な情意的活動分野の一面についてだけ、本当にありのままに述べて見たいと思う。

一、確立したい学級精神

私は、まず学級経営に当つて、少なくとも、人の子をあずかる者としての根本態度を、しつかりと確立することが、最も重要なとだと思つている。しかもそれは、受持つた子供たちを、私は今からいや受持つたその瞬間から〃かけがいないこの子をどうする〃かと言うことから出発しなければならないと思う。何故ならば、学級経営そのものが、経営者自体の根本的態度によつて、大きく左右されることは、いなめない事実である。どんな学級にも、学級を形作つているからには、その学級の底を流れているものがある。清流もあらうし、濁流もあろう。また飾り彩る渓流もあろう。要するに私は、この流れこそ、学級の性格を決する流れ、即ち学級精神であると言いたい。子供たちは、この流れに日一日とひたることによつて日々新たなる者として、脱皮して行く、実にこの精神こそ、学級活動の全領域にわたつて、影響して行く運命になつているのである。こうした立場から経営者は、この学級精神を、常に明示してかかる必要がある。私は学級経営の根本的な考えとして子供たちを①日々丈夫で生きさせたい。②日々さかしく生きさせたい。③日々りつぱに生きさせたいと思つている。そして、いつでも皆んなで良くなろう、良く生きよう、学級の一人びとりが自由にわけへだてなく、敬愛に満ちみて、生き甲斐ある級風を醸し出すことに全神経を傾注している。

二、学級経営実践の一端

㈠　バカのいない教室づくり

私は、前述の様な考えから割り出してバカのいない教室づくりをしている。と言つても、皆天才のような子を仕立てると言つているのでは勿論ない。みんなで良くなろう、良く生きようとする、真剣な子供の集合体としての学級から、自分自身を見失なわない子を育てたいと思うのである。自己劣等感に、十重二十重の虜になつて、生気を失つた子を、どうして明るい楽しい生活の出来る子に仕立てたら良いか、なかなか難しい問題である。勿論各種のテストを基盤として、子供たち個々人の能力なり実態を見極め、其れを尺度として少しでも上昇する様な努力を払らい僅かでも良くなれば、認めると言う方法もさることながら、何よりもまず私は、バカと言う言葉を扶殺したい。教室からも、校庭からも一刻も早くこの言葉を除きたい。人の誇りを台なしにする要素と、にくしみの心理の働らくこんな言葉の乱発する教室には真の自由も平和も又敬愛もほんの爪の先程もない。こんな他人を見下げ、無視した言葉を除き去つて、子供たちの一人びとりが、やれば出来るんだと言う尊い精神と自信をみなぎらせる、どうしても本気になれない者の心の鞭として「なまけ者退治」の教育をする。そうすることによつてバカのいない教室は、どこまでも自分自身を、何ものにもかえがたい存在であると考え、他人も又同じ様に尊い存在であると認め合うようになる。そうしたら、お互が本当にお互の良さを認め合う様な人間が出来ると思う。私は、子供たちと一緒になつてこんな教室づくりをしている。

㈡　豆日記を書いて

学級経営は、一人びとりの子供と教師の、魂の振れ合いが生命である。一日一回は学級の一人びとりの子供たちと話し合うと言うことを強調する。人間が、本当に理解し合う時、それは、一対一の世界からであると思う。先生が子供の心を知り、子供が教師の心を本当に知る時、それはかくしだてのない一対一の世界から生れる。毎日学校へ通つていても、一週間にたゞの一度も、最も信頼している教師から言葉もかけられなかつたとしたら、子供にとつてどんなに、悲しいことであろう。この子たちからは、やがて希望も、信頼も、光も泉も失わない暗黒の世界へと突き落されて行くだろう。毎日一度の話し合いも、それが、授業時間の指名等による話し合いでは、子供の心は決して満ちたりる筈はない。もつと子供には深刻な様々な問題がたくさんある。解決してもらいたくて、小さな胸を痛めている子が沢山いる。しかしせわしい教師としての生活は、こうした一人びとりの子供の心情を、毎日心ゆくまで満足させるだけの時間は容易に持てない。しかしその間に失なわれて行く幼ない者の悩みを、何とかして解決してやらなければならない。私は、この様な子供たちの悩みの解決に豆日記を使つている。いつでも、どこでも思いついた時に書き込んでゆける豆日記で、先生と子供が心ゆくまで話し合う。何んでもないことであるが、これによつてどんなに子供たちの心が満たされ心行く生活が、出来るだろうかと思うお話しの出来ない子でも、これでは自由に話し合つてゆける喜びに目を輝やかせている。こうして日記を通して、子供たちの考えを、日々新たなものへと脱皮させる努力を重ねている。

㈢　人のよさをみつめる学級づくり

「皆んなで良くなろうね」と毎日口ぐせの様に言つたとしても、その効果は幾何か期待出来ない。私は、むしろ其れよりは皆んなで良い生活の出来る様な仕組みを、子供の生活の中に溶かしてやることの方が、どれ程大切かと思うので、こうした心情を培う方法として「心のポスト」を作つて実施している。子供たちと相談して、空箱をきれいにぬり上げて投函出来る様に作ればよい。一日々々の生活の中で、自分だけの生活を見つめる様な、せまいわくから脱皮して友だちの生活を見つめ、良さを見出して大胆に其れを認める心を培つて行きたい。友だちの心を打つ様な良いことなら何んでも書いて投函する。そして互に認め合うことによつて、人の尊さを心ゆくまで見ぬかせ味わせてやりたいものである。

毎月十日・二十日・月末の日には「先生ポストを早くあけて下さい」と子供たちの矢つぎ早の催促、応答にも忙がしい「さあ時間です、係の人あけて下さいよ。」ポストを中心に胸をときめかせて目と言う目が一点に集中する「先生、田代さんもこんなに入つた、偉いなあ。」ワッと起る拍手、一人々々の子供が心から認め合う喜び、私は、こうして一人びとりの尊さを認め合う学級作りをしている。

㈣ 姿で教える教育

姿も自然に、最も簡単、誰でもやつている教育がこの姿の教育ではないかと思う。しかし、わざ〲とり出してこゝに述べて見たいと思う。私は何んでも子供たちと一緒にやることにしている。これが一つの道楽かもしれないが。この間教室のお掃除を見ると、男の子も女の子も皆んな8の字形に雑布を使つている。だからふいたあとは、虎の毛皮の様になつている。どうしたものかと思つてすぐ近くにあつた雑布をしぼつて私は両手で一回々々、力一ぱい几帳面にふきとつて行つた。男の子も女の子も上目を使いながら私のやることを見ていたが、何しらぬ顔で、どんどんふきとり次の教室の巡視に出た。十分も過ぎて又教室へ来て見ると、今度は前とは全く見違える熱心さ皆んな両手で力一ぱいふいている。「皆んな上手だ、本当によい掃除振りだ」とほめてやつたが、学級経営の中には随分こうした場面があるむしろこう言う場面の方が多い。教えようと思つたことが子供の身につかないで、だまつてやつていたことが、いつか子供の心に根強く食い込んでいつている。子供たちの心は口で言われることよりも、教師の日々の姿を見て大きな感動として、心に刻まれることの方が、私はどうしても多い様な気がする。姿の教育、それは私のきびしい反省でもある。

まだ〲体験として述べたいことは沢山あるが、この度の頁では、本当にこまごましい経営のやり方などは一切ぬきにして、実際にやつている一つ一つについて長々と説明を加えて見た。学級経営は、私は結論的に要は気持ちの問題だと思つている。こんな調査もやつた、こんな調査もやらなければと言うよりも、どんな心が土台になつているかが問題であるように思う。こんな考えから、私の経営の気持ちを思い切つて、苦労の多い情意的活動の分野をとり上げ、お方の御批判をいただきたいばかりに、くどくどと、述べたわけである。この面の先輩諸兄の御教導を願つてやまない次第である。

教科以外の活動の計畫と指導〔その四〕

＝文部省初等教育パンフレットより＝

三、クラブ活動と児童会活動との関係をどのように考えるか。

小学校の段階においては、この両者を無理に結びつけて考える必要もなかろうが、しかし、児童会活動は、クラブの援助を受けることによつて、その活動を豊かに、楽しくすることができる場合が多い。学校における行事その他のレクリエーションには、クラブ活動が寄与することが多いであろう。

したがつて、クラブ活動と児童会活動とは、常に密接な連絡を保つて運営されることが望ましい。

四、低学年児童の組織をどのようにするか。

低学年の児童は、児童会活動やクラブ活動の組織の中にはいつて、高学年のこどもといつしよに活動することは、その発達段階からいつて困難である。したがつて、高学年のこどものつくる組織と同じ意味の組織をもつことはできない。しかし、組織は全然不必要であるともいえない。

低学年のこどもには、主として、学級内における簡単な仕事を分担させ、その仕事に責任をもつ習慣をつけるようにするのがよいであろう。係の名前も「はきものがかり」「つくえがかり」などのようにやさしい親しみやすいものがよいであろう。

なお、学級内で相談会を開いたり、お話会を催したり、上級生から、児童会で決まつたことをやさしく話してもらつたり、あるいは、レクリエーションを兼ねて、上級生のクラブ活動の成果を見せてもらつたりすることもよいであろう。

要は無理をせずに、簡単なしかも弾力ある組織で将来の児童会活動やクラブ活動の素地を育てることが大切である。

五、校外生活指導の組織をどのようにするか。

こどもの校外生活については、教師は直接その責任をもつているとはいえない。しかし、教育がただ学校内で知識の傳達を目的とするのでなく、こどもたちの生活の向上をめざすものであるかぎり、教師としてこどもの校外における生活指導に関心をもつことは自然であり、かつ必要なことである。

校外生活指導の組織は、部落会の名をもつて呼ばれることが多い。部落児童会は、地区別に分れた単純な組織をもつて、児童会との関連の上に運営されることが望ましい。部落児童会の組織や運営に当つては、ぜひともPTAや地域社会の人々の協力が望ましく、児童、父母、教師の三者が相協力しての活動が、部落児童会を特色づけるものとなろう。ただ、町や村においては、部落として児童父母ともにまとまりやすいが、大きな都市においては、多少事情を異にする。単に行政的な区画にのみよらないで、こどもの日常生活において、ほんとうに生活をともにするグループをもつて組織することが望ましい。平素相ともに遊ぶこどもたちが、道路の向側なるがために、異つた町名に属し、したがつて部落会が異なるといつたことは、形式にとらわれすぎた組織であろう。

第七　教科以外の活動の指導法

教科以外の活動の指導方法といつても、個々の指導の技術は、一般の学習の指導法とさして異なるところはない。だから一般の学習指導法にすぐれた教師は、教科以外の活動の指導においてもすぐれた教師となることができるであろう。

しかし、既に述べた教科以外の活動の意義や性格を考えるならば、教師は、こどもの同行者、すなわち、こどもとともに実践する人の立場に徹しなければならないであろう。

そこに教師対児童の関係は、教科の指導の際とは異なつた趣きがあるのである。

指導における教師のこのような位置を前提として教科以外の活動の指導上特に注意すべき点を次に考えてみよう。

一、教科以外の活動は、どんなふんい気で行われるのが望ましいか。

教科以外の活動は、それによつて、学校生活が明朗になり、こどもたちの積極性がましてくるものでなくてはならない。従つて、児童会は、過去の自治会のように、とりきめた事項が守れなかつたものをいたみつけるような、暗いいらだたしい空気のうちに行われるのは望ましくない。ひとりのみじめな思いをする者も出さず、つねに明るく微笑にあふれるような建設的な空気こそ望ましいものである。

こどもたちが、自分たちの衆知を集め、総力を結集して、自分たちの学区を、よくするのだという積極的な態度をもつように、そして、自分たちの力でできるだけの経営改善や集団への奉仕、または生活の自己統制へとすゝむように、かれらの意気をもえ上らせることがたいせつである。しかもそれぞれの個人が集団が集団内に正しい位置をもち、かつそれを自覚し、友愛と協同に満ちたふんいきのうちに、つねに具体的に実践的に生活問題と取り組んでいきたいのである。しかも与えられたものを守るのではなく、創造的に生活を切り開いてゆく積極的自立的な活動として展開され、教師もまた、ともに悩み、ともに努力するものとなることがのぞましい。

次にクラブ活動は、各人の得意とするものを選んで、思う存分に天分を伸ばす活動であるから、これこそ楽しい時間としてこどもに受け取られなければならない。こうした配慮のもとに、こどもをみづから好むクラブに所属させ、その活動を静かにみつめその個性に適した指導をしてやれば、この活動は、こどもにとつて大きな魅力となり、学校生活を楽しむようになり、なごやかなうちにひきしまつた真剣さがみなぎり、没我の境に全力を傾ける場が現出するにちがいない。しかもクラブ活動においては、同好のグループのうちにあつて、他の個性を知り、自己の個性を自覚し、お互に刺激し合つて励むのであるから、ここでは創造性といつたものが高く評価されるとともに活動の過程のうちに、尊い人間性がみがき出されるのである。

教師の指導力が表面に出過ぎて、こどもをひつぱりまわしたり、むずかしい課題をしいたりして、重苦しい空気に落し込むようなことは慎むべきことである。クラブ活動の発展の結果、やがては家庭でみずからすゝんでする自由な研究となり、成人しては一生の趣味として発展したり、あるいは職業選択に生かされるというようになることを望みたいのである。

二、児童会活動の指導は、どのようにしたらよいか。

(抜萃欄)

学校の自治組織は、こどもの自由な活動のうちに芽生え、自然な姿で育成され、組織化され、整備されていくのが望ましい。初めから教師の作つたものは、その形はあるいは整然としたものであるかもしれないが、いわゆる机上プランに終つて、まもなく失敗するか、あるいは強制された児童会になつてしまう。こどもの必要から生れ、こどもたちの手で育てられたものこそ、あるいは遅々として進まない場合もあるだろうし、あるいは組織も不完全な場合があるだろうが、ほんとうにこどものための児童会となるであろう。よりよい民主的な学校は、こどものこのような未熟ながらも自主的な営みによつて建設されるものなのである。

(1) こどもの発達段階から考えて、児童会活動をどのようにして育成したらよいか。

こどもたちの手によつて行われる児童会活動は、こどもの成長とともに活発になる。整つた組織に加わり、積極的な活動をなし得るのは、高学年になつてからである。低学年のこどもは、自分の学級内のこと、あるいは自分自身の問題の処理が中心になるであろう。したがつて、児童会活動を育成するためには、こどもの発達段階に即してその指導法を考えていく必要がある。学年による指導のねらいとしては、次のことが考えられる。

(イ) 低学年の指導

a 自治活動の芽ばえを伸ばすようにする。

こどもは、入学前までは、ごく小人数の友だちと遊んでいるのが普通である、それが、入学と同時に急に四十人、五十人の同年輩の友だちができいつしよに生活するようになるのであるから、そこに学校社会への適応についていろいろな問題が生れてくる。この問題が、こどもたちの社会性をはぐくむのである。

したがつて、こどもが好んでする遊びや、こどもたちの間にしばしば起るけんかなどの指導をとおして、しだいに自治活動に導く基盤を養う必要がある。

b 自分のことは自分でする習慣を養う。

自分の持物はもちろん、身のまわりの始末、身だしなみ、頭髪、つめの手入れ、歯みがき、食前の手洗いなどを自分でできるように指導し、これを習慣づけ、先生や父母に云われなくても、自分で気がつき、自分でするようにする。

このような習慣づけは、自主的自律的な人間を育成する基盤である。

c 学級の中の簡単な仕事の役割りをつくつたり簡単なきまりをつくる。

多くの友だちといつしよに生活しておれば、しなければならないいろいろな仕事のあることに気がつくであろう。こどものうちには、給食のときいつまでも先生の世話になつてばかりいないで、自分たちでもできることは手傳おうとするものもでてこよう。また上級生の清掃作業をみて、自分たちにも手傳わせてくれと先生にもちかけることもあろう。このような機会をとらえて、こどもの仕事の分担を考えてやるのがよいであろう。そうすれば、一つづつではあるができあがつていく。二年の中ごろにでもなれば、相当な役割ができるであろう。このようにしてできた役割が集積してしだいに整つた組織となり、こども自身のものとして運営されることになるであろう。教師は組織を作ることに焦らずに、できる仕事を一つずつ発見して、これをしだいに育てゝいくべきである。

(ロ) 中学年の指導

a 組織を通しての活動になさせる。

この学年になれば、学校生活でもなれ、学級での仕事の分担もひととおりはでき、自分たちのことは、自分たちでやろうとする態度が強くなつてくる。特に、学校全体の組織に眼をむけるようになつてくる。したがつて、学校の児童会組織について理解させ、それに参加するように指導することが望ましい。しかし、実際にはその実行はなかなかむつかしい。しかし、実際にはその実行はなかなかむつかしい。

このころのこどもは、権利は強く主張するが、義務の履行はおろそかになりがちである。すべて自分本位でやろうとする傾向が強い。学級児童会などの発言でも、他人を非難することや、自分を主張することが実に多い。そこで、大ぜいの人々がいつしよに楽しく生活しうるためには、自己の主張とともに、他人の意志を尊重することがたいせつであることを自覚させ、児童の組織の中で、しだいに社会適応の自己訓練が行われるようにすることが望ましい。組織の中で組織をとおしてかれらの活動をさせることは、組織の中の自己を発見させる大きな手がかりとなるであろう。

b 児童会の組織の中で自己の位置を自覚させる。

この学年のこどもは、しだいにその活動は活発になり、また多様性に富んでくる。したがつて、学校のいろいろの仕事のうち、かれらにできるものを用意して、やらせるように指導することが必要である。こうすることによつて、こどもたちは学校における自分たちの地位を自覚し、責任を果すことに満足感を抱くようになる。もちろん、高学年のこどものように完全にはできないとしてもその過程に大きな教育的価値をもつているから、教師はしんぼうづよく指導すべきであろう。

c　学級児童会活動と学校児童会活動とに密接な関係をもたせるように導く。

　四年生にもなれば、学校児童会にも代表者を送るようになるであろう。また学級内にも、高学年と同じような児童会組織をもつことができるようになるであろう。したがつて、学校児童会という学校全体の組織の下にある学級児童会であるということの認識とともに、学級そのものの自主性を認識させ、学級児童会から学校児童会へ、学校児童会から学級児童会へと、代表者を通じて積極的な活動をさせ、主張すべきこととききいれるべきこととをはつきりさせ、学級活動を通じて学校活動に協力するように指導すべきである。学級が学校全体から孤立するようになることは望ましくない。

d　集団生活を改善向上するための基礎的な技能や態度の充実をはかる。

　この学年は、児童会活動への入門期に当る。したがつて、この時期に自治活動の運営の方法を習得させ、集団の中における個人の望ましい態度の育成をはかることがたいせつである。たとえば、集団の幸福をもたらすような代表者の選び方、能率的な会議のもち方、議長や書記や参加者の役割議長や参加者の態度、定められたきまりを守ろうとする態度、積極的に集団生活の向上に寄与しようとする態度などがそれである。

(ハ)　高学年の指導

a　こどもの大部分が、その能力に応じた仕事を受け持つて、その能力をじゆうぶんに発揮できる道を開くべきである。

　高学年のこどもには、そのほとんど大部分のものが責任ある仕事を分担するようにすることが望ましい。しかし、だれかその仕事を受け持つかを決定することは非常に重要な問題である。適材が適所に配置され、じゆうぶんにその能力が発揮されるようにすることは、困難なことではあるが、ひとりひとりのこどもをよく理解して、適材適所に配置されるように努力すべきである。

　しかし、学級代表の委員や児童会の議長が固定してしまうのは望ましくない。多数のこどもにいろいろな仕事をする機会を与えるために、ときどき交替することが望ましい。

b　児童会活動のどんな仕事も、重要な意味をもつていることを認識させる。

　民主的組織においては、どんな仕事を受け持つたとしても、どの仕事もすべて学校生活の向上のためになさねばならない重要な仕事であるということをよく理解させる必要がある。人間は、しばしば他人の仕事がよく見え、それをうらやんで自己の仕事をなおざりにすることがある。そのような態度は全体としての学校生活の向上を妨げることになるであろう。どんな仕事を受け持つにせよ自分の能力を最高度に発揮して、学校社会の向上に貢献しようとする態度こそ、最高のものであるということを、こどもによく理解させ、実行させるように指導すべきである。このようにしてこそ真に善良な社会人としての資質が養われるのである。

　ただし、こどもにいろいろな仕事の経験を与えるために、希望によつては、一定期間の後に、仕事を交替するようにすることはよいであろう。

c　集団活動における不適応児の指導にも配慮すること。

　高学年のこどもは、児童会活動のいろいろな役割を分担することになるであろうが、なかには、集団活動に対して不適応を示すものもあろう。

　かようなこどもに対しては、人の前で話をする機会を特に与えるとか、よい活動を賞賛して自信を与えるとか、その他いろいろな方法でその不適応性をなおしてやる必要がある。教師のこのような配慮によつて、こどもの児童会活動はいつそう活発になるであろう。

(2)　一般に、児童会活動をどのように指導したらよいか。

　以上は発達段階に応じての指導のねらいであるが、この外に一般に児童会活動の指導について考慮すべきいくつかの問題がある。

　児童会活動は、原則として、こどもの自主的な活動によつて営まれるべきであるが、しかし、それをそのままに放任しておいては、その活動は必ずしも正しい方向に向うとは限らず、またじゆうぶんな効果を収めることができない。

したがつて、教師は、こどもとともに活動しながら、細心の注意をもつて、かれらを援助し、かれらの活動が正しく、しかも効果的に営めるように指導する必要がある。次に児童会活動の指導において留意すべきおもな点をあげてみよう。

(イ) 現在行つている活動の目標や方針をはつきりさせる。

会議が形式的になつたり、通り一ぺんのもので終つたり、あるいは見当はずれの方へそれる場合がしばしばある。これは、こどもが現在問題になつていることは何であるか、どのように解決すべきかということについて、はつきりした認識や見とおしをもたないからであろう。したがつて、こどもが目標や方針をはつきりはあくするように、こどもを援助することはきわめて大切である。

(ロ) こどもの心身の発達の程度に応じた活動をさせる

会議の時間の長さや、解決すべき問題などについて、教師はこどもの心身の発達程度を考えて、適切な指導を加える必要がある。たとえば、低学年のこどもに対しては、教師から話題を提供するようにし、高学年のこどもには、みづから議題を発見させるようにすることもその一つである。発達を無視した不適切な問題や、こどもの疲労を無視した時間のかけ方は、こどもからその自主性を奪うものであり、強制した会になるであろう。

(ハ) 全部のこどもが積極的に参加し、意見を述べるようにする。

ある二、三のこどもだけの発表に終つて、他のこどもは、ほとんど聞いていなかつたり、二、三のものの意見に左右されて、他のこどもは意見を出し得なかつたりするようではいけない。発言しないこどもに発言の機会を与えなければならない。

また、代表児童で構成される委員会で決められたことを、他の児童はただだまつて受け入れるだけでなく、それについて積極的に感想を述べ、委員を激励するような態度をもたせたいものである。そうすることによつて、委員の活動はいつそう活発になるであろう。こどもたちに、自分たちで育てるように指導するのが望ましい。

(ニ) 児童会で決まつたことは全児童に明確に知らせ、その実行を求めるようにする。

児童の代表委員会で決まつたことは、全校児童集会や学級児童会などの際に全児童に徹底するようにしなければならない。全校児童会の際は、簡潔にその要点をやさしいことばで知らせるようにし、学級児童会や各部会の際は、代表児童から詳細に報告するようにするのがよいであろう。また、低学年のこどもには、高学年のこども、あるいは教師からわかりやすく知らせるのがよいであろう。

決まつたことは、必ず実行されることが望ましいわけであるが、それには、あることを決定する場合に、実行可能かどうか、どのような方法で実行するかということについて、詳細に研究しておく必要がある。実行を考えずに決議することは、その決議の権威を失うものである。

(ホ) 活動についてつねにこども自身の評価を怠らないように指導する。

決められたことが、はたして実行されたかどうか、それは望ましい程度に実行されたかどうか、あるいは会議のはこび方、議題のとり方、各自の分担の仕事など満足な程度に行われているかどうかなどについて、つねにこどもに自己評価をさせていくように指導することが望ましい。これによつて、こどもたちの活動は、いつそう確実にしかも充実したものとなるであろう。

(ヘ) 教師はつねにこどもに民主的な態度をもつて接すべきである。

どのような学習の指導においても、教師は民主的な態度を必要とするが「教科以外の活動はどんなふんい気で行われるのが望ましいか」というところで述べたように、児童会活動の指導においては、特にこの態度はたいせつである。これによつてこどもたちは、教師から民主々義を行動によつて学びとり、それが身についたものとなるであろう。また教師の親しみ深い愛情に満ちた行動は、そのまゝこどもの性格教育となるであろう。

三、クラブ活動の指導は、どのようにしたらよいか。

放課後や日曜日に、こどもたちはよく近所の友だちといつしよに、写生にでかけたり、野球をしたり、舟を作つて浮べたりして、時のたつのも忘れて遊んでいる。また他のこどもは特に踊りやそろばんを習いにゆく、また他のこどもたちは、切手や植物の収集に余念がないといつたことがある。このように、共通の興味をもつ仲間が、学校という共同生活を地盤としていつしよに集つて、それぞれの興味を発表させようとするのが、学校におけるクラブ活動である。しかも、こどもたちが、それぞれの方面に特に強い興味をもつて努力するということは、ひいては子供たちを健全な生活に導くゆえんであり、賢明な余暇を可能にするものであるから、すべての子供にクラブ活動への参加をすすめたいものである。

クラブ活動の指導は、こうしたクラブ活動のねらいを念頭においてなされなければならない。その指導の要点を次にあげてみよう。

(イ)　どのようなクラブを設けるかは、こどもの示す興味に基づいて定める。

こどもの希望を聞いて、そのなかから教育的に考えて望ましいもの、学校での指導の可能なものを選ぶことが望ましい。クラブの種別をこどもの希望を考えずに教師が決定し、こどもをそれに適当に割りふり、そのなかでいつせいのことをやらせたり、教科学習の補充に堕したりすることは、望ましいことではない。

(ロ)　クラブの種類は、学校の実情に合うように定める。

こどもの希望にこたえてクラブの種類は定められるといつても、教師の数や学校の設備によつて、おのづからその数は制限されるであろう。

しかし、クラブの種類は、できるだけ具体的なものを数多く設けて、多くの子供が自分の興味にあつたものを自由に選べるようにしておくことが望ましい。種類が少なければこどもを無理にどれかのクラブに割り当てるといつた結果になるであろう。

指導する教師の数よりも、設けたいと思うクラブの数の方が多くなる場合には、教師の指導能力さえあれば、興味の方向を同じくするものを一つのクラブにまとめ、その中でさらにいくつかのクループに分けるといつたことも考えられるであろう。また、P・T・Aや地域社会の人々のうちから適当な人に援助を願うこともよいことであろう。

(ハ)　クラブを選択するための指導が必要である。

すべての子供がなんらかのクラブに加わらなければならないということは、クラブがもともと自発的な同好者の集まりであるという性質からいつて、矛盾したことであるといえる。しかし、こどものうちには、興味がないのではなく、その選択能力が欠けているため、あるいは自分の興味を発見できないため、どのクラブに参加してよいかわからないものも多数あるであろう。したがつて、授業時間中の適当な時や、相談の時間や、休憩の時間などにクラブ選択のための指導がなされることが望ましい。また、各クラブの活動の状況を見学したり、友友だちからその話を聞く機会を与えるのもよいであろう。ともかく、こうした指導によつて、クラブを選ぼうとする意欲が生まれ、進んで参加するであろう。

クラブ選択に当つて、しばしば父兄の意見を徴することがある。こどもの個性については、父母がよく知つているから、父母の意見は貴重であるし、また、このようにすることによつて、父母は、こどもの個性の教育に関心をもち、こどものクラブ活動を激励するようになるであろうから、父母に意見を聞くことはよいことである。しかしその反面、父母のうちには、こどもの個性を度外視して、あやまつた要望をすることがある。さような場合には、教師は父母のじゆうぶんな理解を望むようにする必要があろう。

(ニ)　一つのクラブから他のクラブへ移ることのできる途を作つておく。

一度あるクラブへ所属したら、他のクラブへ移ることができないでは困ることがあろう。クラブ選択の指導も、つねに完全に行われるとはいえないし、また、ある興味ある仕事が終つたら、他の方向の興味がこどものうちに起る場合もあろう。

したがつて、一学期ごとぐらいにクラブを変更することができる機会を与えるようにすべきであろう。ただし教師の判断によつて、学期の途中で変つたほうがそのこどものためによいと考えられる場合は、例外として、そのように処置することがよいであろう。しかし、あまり転々とかわることは、まとまつた何らの結果をも得られないから、望ましくない。

(ホ)　こどもにその能力に応じた計画をたてさせる。

こどもたちは、自分の興味にひかれて、自分の能力を度外視した計画をたてる場合がある。つねにその能力に応じた一貫した計画のもとに仕事をするように、教師は示唆する必要があろう。また、そのことの研究のためには、どのような資料や設備を必要とするかといつたことについても教師の助力を必要とすることが多いであろう。

(ヘ)　危険防止のための配慮が必要である。

クラブ活動のうちのあるものは、その活動の過程において危険を伴うものがある。たとえば、理科関係のクラブで薬品その他を使つて実験する場合、工作関係のクラブで刃物を使う場合、体育関係のクラブで機械や道具を使う場合などがこれである。このようなクラブについては、教師は、こどもの安全のために、細心の注意をもつて指導に当る必要があろう。

(ト) 定められた一定の時間や場所以外でも活動できるように配慮する。

時間割、場所、組織などに制約されて、こどもたちがじゆうぶんにその活動ができない場合もある。このような場合にこどもたちは、定められた時間以上に活動したいと願うであろう。この欲求を満たすために、教師は定められた時間以外に時間と場所とを見いだしてやる必要があろう。ただし、興味につられて、過度に長い時間をこれに費することは警戒しなければならない。

(チ) 各クラブ間の協力を密にするようにする。

各クラブは、組織の上では、それぞれ独立したものではあろうが、実際の活動においては、相互に協力し合うことが望ましい。相互の協力し合うことが望ましい。相互の協力によつて、いつそう高度な成果をあげることができるであろうし、また研究結果を相互に鑑賞し評価し合うことは、楽しいことでもある。

戦後の学校つくり
—我校を中心として—

比嘉俊成

一 序説

一九四八年三月三十一日付で職員が任命された、これで教師と生徒は居るわけだが校地も校舎もない、紙一枚、鉛筆一本も与えないで校長を呼び出して四月八日一齊に開校せよと云うので土地は市町村長の権限だから校地の件は村長に任せておくとするも設立一齊を校長に依頼、村長は援助は惜まんが学校のことまで手が及ばんからと予め諒解というか弁解というかがあつた。で校地選定を速やかにやる様にいつて学校は独力でやることにしたが、又学校を始める以上記録は取らなければならない、原始的にログワイのトゲでログワイや阿旦福木の葉等に書くには余りにかけ離れた文化を体験し過ぎていたし、又そんな植物は特に戦後でもあるし此の近辺には見当らなかつた、でこれ又、米さんへ行つて恵?を乞わなければならなかつた。

二 校舎の変遷

1 露天教室

先ず第一に校地も校舎もないのだから生徒を各出身初等学校に分散して露天授業を始めることにした。教員は生徒数に応じて案分配置し、事務所を真和志初等学校の一室の一隅に置くことにして、教職員の集合打合（職員会議）はこゝでやることにした。

而し教頭も校長も各校を巡視するのが大変であつた。同一村内と雖も南北一里もある安里校（現安謝校でもつと遠くなつた）と真和志初等学校との間のことである。

兎に角校内授業のことは教頭以下の職員がやるからと（引受ける）校長は専ら校舎設立の交渉に当れとのことである。

2 テント教室

そこで単身米軍の学校物資係（ウイリツ氏）を繁く訪問してトーバイトー、トーバイホー等の資材を、次いでテントを貰い受ける様にし、又先輩の（先に出来た）各校や役所を歴訪して余材を恵んで貰う様、物貰い行脚をこれ勤めた。それが当時は例であつたが、そんな先輩校や役所を訪れると「何貰いに来た?」というのが最初の挨拶になつていた。而し大方の先輩官公所は軍の施設余材を使用していたのだが今の様にやはり物資に苦労したのであろうか。とにかく花やバナゝ、泡盛の水筒などを腰にぶらさげてお百度を踏んだ、するとやはり人生意気に感するという式か、忽ち資材を私の知らん間にトラックの数台届けてくれた。学校でも村（隣近辺）でも目を見張つて驚きの凱歌を挙げた。

これに勢と口実を得たので意気盛に（揚々と）強硬に工務部に当つて早急にテントを譲受けた。所が肝腎の校地がなくては学校宝を抱いて悔ありでも困るし、折角の好意の資材をスポイルにしても相済まず村長をして軍に迫つて軍使用地の一部（現在地）を臨時解放して貰つて、職員、生徒の手によつて沼と化して人たけに余る雑草を刈除け、ここに、テント教室を打立て、始めて一校を成し生徒も一所に集結授業することが出来た。時に丁度六月南島の特徴たる夏の季漸く定まり潑剌たる浩然の気が六合に充ち満つ季である。

而し乍ら学校とはいうものゝ勿論土間で机腰掛も黒板もありはせん。職員はテント下の隅に石や木片と或は掘出した下水管を尻に当てゝ会議打合をするのだつた。その内段々箱板切等で腰掛机の手製が集り或は厚紙切等の黒板代用も集つて来た。

3 笛吹けども村民踊らず？

学校を立てゝ一所に集結すれば——特に新らしい製度の学校なので学校というのが出来さえすればー何とか村民が多少踊つて協力に走せ参ずるものと予想していたのだが一向に平静でどこ吹く風か反応も響もない感じ、或は村民にして見れば、村としての集結移動が遅れた上に、数回も点々とした移動で未だ落着かず各自の生きること以外余念がなかつたのであろうか。それにしても村居住の職員や生徒が家に帰つても学校のことは全く話す機会がなかつたのか、二ヶ年有余の間？三周年記年にムダかと思つたが一応校長が学校設立の経過を報告したので始めて自力で出来た自分達の学校の設立の経緯を知つたという次第であつた。而し乍ら村（役場）では特に中学設立建築委員会（助役主宰、各区長等成員）を設けてくれ、協力の方法を講じてあつて、度々集つて設立の方針を協議したし、又あのウイリツツ氏を招じて感謝会を催してくれた。勿論感謝の裏は次に願うべき大きな期待をかけることであつた。而じこの期待は全く失敗の結果をもたらした。それは村では中学設立が目的だつたのが村内全学校という目標になつたのと、間もなくウィ氏が転勤ということになつて了つたから。

4 茅ぶきの哀訴

テント教室の欠点は周知の通りで夏は息づまり蒸くれる様に暑苦しく殊に授業で立つてゐる教師は頭が焼きつく様であり、冬は垂れを下して閉めれば暗く、又少々の風雨でもパタ〳〵はねてならず颱風となれば吹き飛ばされる憂があつて颱風気味の時には前もつておろしほどいておかねばならないので、露天よりは勿論よいけれども教育効果を考える様になると可及的速かに茅ぶきにでも建代なければいけない。それで例の村の建築委員会に諮ると共に火曜毎にある区長会にも出席して之を訴え、又日夜父兄村民に訴えて廻り茅ぶきに切換えて貰うよう輿論を興すことに努力した即ちその魁けとして先ずテント教室の出来た年の十月にあの残余の資材でもつて村費で請負建築によつて二教室足らずの茅ぶき板床付板壁の一棟が出来た。これは書類道具の保管の為めに事務室に使用すべく、そして落成祝賀運動会を催しつゝ直ちに颱風で倒壊して了つて使用しなかつた。

事務所が倒壊うつぶしになつたまゝだつたのでそれにも刺戟されたのかとうとう各戸割で出資、丸太キテを買入れ、茅は生徒が作業で刈り縄と労務は各区負担で愈々茅葺校舎が建つことになつた、所が建つ後から後から暴風に倒され、時には年二回も倒される始末で戦後少時ナリを静めて温和しかつた暴風が此のごろ又々暴れ出し、校舎は建壊のシーソー遊戯の観であつた。

5 （半永）瓦ぶき教室へ

それで又今度は出来るだけ早く颱風に倒れない校舎がほしくなつた、年二回もの復旧建築作業にはそろそろもう飽きが来た、而し倒壊しない永久若しくは半永久の建築に切替へるには、村民にはまだまだその力がない自家も天幕切張りの規格建は良い方で生活も余力なく、丸太以上の力はとても望めそうもない、で勢これは又政府の力に俟たなければならない、故に今度は又あらゆる方法を盡して政府当路（工務部、文教部）に訴へた、即ち晝夜飽かず、建築関係父兄、役人を歴訪して回つた、その内あちこち要所には瓦葺校舎の配給が建つ様に聞えて来たから愈々工務、文教両部殊に工務部に毎日お百度踏んで参つた、又千里を遠しとしないとは云うが松川から岡野の地へ夜半でも足軽く繁く通うたことは今昔の感という所である。始め工務部では一校々々まとめて造つて行くのが資材の運搬労務の結集等に便であるといゝ、文教部もその方針であつたそして村では中学校からということになつていた、然るに各校の運動効を奏し？文教部も一視同仁博愛主義の念に燃え総花式に一棟づつでも全校にバラ撒く様に豹変して了つた、困つたのは工務部である、而し当時は工務部以外、先が見えないので、打切られて、貰いそこねはせんかという不安にかられていたらしい？愈々機到来で瓦ぶきの割当が始つたがこゝでも意気に感じてか、間違つてか、移動人に増加を見越してかつまり先見の明か相当ゆとりを以て割当て貰つた。始め三棟六教室、間もなく続いて一気に十一棟二十二教室の割当で、出来上つて当座は地方から相当の文句を食らう有様であつた、だが而し各地方からの転入人口増で一年足らずで又々教室不足二部授業の状況と相なつた。

6　ブロツク永久教室へ

寧日なく東奔西走というか苦労折衝して全校舎が而もゆとりある位に出来上つたころ村には教育委員会というものが出来て学校の権限がこれに移つて、なお爾後の政府割当校舎の振割もこゝでやる様になつた。誠に有難いことになつたが而し当校は二部授業でなお又度々の父兄の陳情にも拘らず割当率は同委員会発表によれば、いつでも他四小学校よりは却つて低率だということである、その理由は一度も説明がなく、委員自体不明でわからんとのことである。

その権限になつてからの配給はブロツク建になつたがその配給状況は次の通りである。

始め二教室、次にその二階二教室と四教室、次がその二階四教室一九五三年七月から一九五四年六月までのことでとうとう二校へ分離ということになつた。

三　校舎の変遷年次表

昭和二十三年四月　露天教室（学校敷地なく各出身小等学校四つに分散）
同　六　月　テント十四教室（現在敷地決る）
同　十　月　茅ぶき一棟二教弱、板床付、板壁落成（直ちに倒壊）
同　同　校舎全壊（颱風で）
同　同　月　末　復旧
昭和二十四年四月末　茅ぶき五棟（十教室）落成（各部落割当）
昭和二十四年六月　校舎全壊（一回颱風で）
同　七　月　復旧一棟増（六棟十二教室）
同　同　全壊（二回颱風で）
同　九　月　二棟復旧
同　十二月　四棟復旧三棟新（新旧落成十四教室）
二十五年　四　月　瓦ぶき十二棟（二十八教室）着工
　六　月　落成仮使用
二十八年　七　月　ブロツク二教室着工
　十　月　落成使用
　十一月　同六教室着工（右の二階と四教室平建一棟）
二十九年　四　月　同平建四教（平建）落成使用四教室二階着工
　六　月　落成使用

四　市人口状況と在籍（生徒数学級数職員数）の変遷（十二月現在）

年	人口	生徒数（男女）	学級数	職員数（男女）（在籍×1.2）
昭和二十一年	一一、五一四			
同　二十二年	一二、六四一			
同　二十三年	一四、七〇六	一、〇六二（男五五二 女五一〇）	二二	二六（男一七 女九）
同　二十四年	二〇、七五二	一、〇八七（男五三五 女五五二）	二三	二八（男一九 女九）
同　二十五年	三〇、八二四	一、二六〇（男六一二 女六四八）	二五	三〇（男一九 女一一）
同　二十六年	四一、七五二	一、六一七（男八一八 女七九九）	三〇	三六（男二二 女一四）
同　二十七年	四八、九九三	二、二三七（男一、一四七 女一、〇九〇）	四二	五〇（男三一 女一九）
同　二十八年	五二、三三七	二、四九五（男一、二五二 女一、二四三）	五〇	六〇（男三三 女二七）
同　二十九年	五五、四二七	二、六六四（男一、四〇五 女一、二五九）	五三	六九（男三八 女三一）（在籍×1.3）

五　募金行脚

次に茅ぶき校舎の建つころになつて校舎が出来て雨風を凌ぐことは出来たが内容が空で音楽も口音頭で授業も困難だし何とか内容設備をしたいが、いくら部隊を駆け回つてももう使えるものはない、ピアノの如きも運搬費と修繕費と考えると引合わないし、吹奏楽器を探し当てたが、バンドにしか使えない、もつと日々の授業に使えるものが欲しい、而し父兄住民は未だ五校の丸太等の校舎資材代も払えない状況にある、窮余の一策？内容設備の為警察の許可を受けて募金をすることにした、三ヶ月の期間で村内一円の範囲で、後援会長と校長と二人で、一金五万円也を目標に行脚と決つたが、さて対象は？村内にある事業家として、四五百円から二三千円の見当で嘆願して回つたが、さて三ヶ月期間終了後の結果はどうかというと六千円の申込の内二千円二口が申込ばかりで収金出来ずに、この行脚は終つて了つた、而し乍らこの事業？は車賃弁当代等入費は皆無だつたし、回つた同行三人に「くたびれもうけ」もなかつたから頂いただけはそつくり収入になつた。

因に　この募金の始まるごろ〇〇、△△復興募金という類が多かつた為か政府に寄附金募集禁止令云々の声が出たので相当影響を受けたのであろうか？

六　内容設備変遷の年次表

1　黒　板

二十三年六月　テント教室骨格二×四（トーバイホー）の残物を以て日本ベニヤ板と交換各教室並に事務室行事板を備付

〃　十月　颱風で行事板ばかり残して全部飛散消失、行事板は裏面は何も書いてないが、風にも良心があつたのか

〃　〃　民政府庁舎破損、メソナイト、ボール紙切片貰受使用

二十四年五月　父兄から板切、ベニヤ切、ボール紙切、メソナイト切、二×四綴合製作黒板等寄贈、主として寄贈者の生徒の居る学級に使用

二十五年三月　米軍政府文教係を通し係官に合い、黒板の考慮方訴う（米国に注文するからとの返事）

〃　六月　米軍輸入のボール紙製黒板配給

二十七年四月　教育連合会のベニヤ、メソナイト製販売、現在に至る

2　机腰掛テーブル

二十三年六月　箱、箱板製各自持参（それまでは木の葉、テント切、板切、右を尻アテに使用）

二十三年九月　村役場（助役から）手製集会用長テーブル（三尺に二間）白漆一脚寄贈

〃　〃　村費で職員用事務テーブル椅子六脚注文月末から使用

二十四年四月　保護者後援会五円づつ徴収その一部で机腰掛テーブルに椅子購入（日々の学校運営費の外に消耗品備品等にも及ぶ）

〃　六月　政府から生徒数の一割乃至二割程度交付

二十六年　村教育委員会誕生、政府交付は同会経由

3　校具、教具、施設その他

二十三年五月　校章（仮図工教師の案で木版布片に押す）を制定　M中M（四Mに中）

二十五年四月　同有機ガラス製にする

五月　ブラスバンド設置、吹奏楽器購入

六月　門柱（電柱、「合同トラック会社寄贈、大原区長あつ旋」）

〃　門札（漢字、英字）

七月　中庭土入（父兄有志トラック提供、延約百台分）

〃　ミシン（ブラザー）六台

二十六年四月　オルガンストップ付購入、後援会（音楽授業口音頭だつた）

〃　門柱設置（現在）三月卒業生記念寄贈

二十六年六月　三馬力発電機、幻燈機購入

〃　ミシン一台真和志小校に貸与

九月　校歌制定（校長詞、伊是名教諭曲）

十二月　ブロック便所十二坪（内務省式）落成、後援会

二十七年二月　電話設置

四月　校章改定（パッチは女子用）（梯梧を以て具志堅教諭案　ディゴは夏の魁、夏は南国の象徴）

六月　晝間電源施設

七月　水道施設

二十七年九月　ラジオ拡声器装置PTA特別寄贈

〃　優勝旗個人有志寄贈

二十八年三月　真鍮門札設置一父兄寄贈

四月　安謝中学校分立
五月　各教室スピーカー施設
六月　校旗制定一父兄寄贈
〃　式会用（学芸会等）幕二張購入（盗難紛失）
七月　学校図書館設置　生従自治会の手で
九月・ピアノ購入五周年記念ＰＴＡ寄贈・
二十九年五月　ブラスバンド再設　楽器購入（前のは紛失）
六月　式会用（学芸会等）幕二張購入（三月卒業生寄贈）
○其他父兄有志から時計、蓄音器、謄写版、地球儀等寄贈或は地図掛図等購入したが繁につき略しておく。

七　失敗談

資材物品一切の物という物は凡て米軍の手にしかなかつた民（琉球人）文教関係への物品配給係は米人又は米人の使用するフリピン人等であつたがその係も米軍倉庫か又は各種役所からかき集めて来て之を己の管轄に振舞うらしいので、早急に物を貰うには一々民の係役人を通じていては間に合わず、各自言語のわかる通訳をつれて米人の係に直接談判をするのであつだ、本校では校長がその折衝役にされて駆け回つていたが、こゝでも一々通訳をつれて歩くわけに行かないので、校長は己むなく学生時代のウロ覚えのブロークンを操つて、一人で当つていた、それで仕方なく、宅に帰ると会話の本を勉強し、外出の時には英和和英の両コンサイスを左右のポケツトにしのばせておいた、そして応接間での待つ間木蔭での憩う間でもその日の折衝でいうことを作文の様に工夫していた。

1　二百本と二十本

或時二×四が二三百本不足して欲しい欲しいと思つていたら、丁度文教部の裏に荷物の下敷（泥ヨケ）になつている現物を発見したので、例のウィ氏に之を要求すべく会見したら、莞爾として曰く「いつもご苦労だ……今日何がほしいのか」ともう用件は何かの要求だときめていたが余りに流暢に流れの如く話し被せるので釣込まれて？「アイヲント二×四」まではよかつたが「いくら？」と来たら二百本位を「トゥエンティ・プイーズ」といつた、次の瞬間には直ぐ「しまつた！」と頭をかいたが己に仕方なかつた「余り少い……五十本上げよう」ということになつた、後日雑談の間にこの失敗を話したら、正直で慾がない（ゴマ化しがない）ということだつた、而しこの笑談の対象たる現物は文教部の荷物の取除かれるまで待てとのことだつたが数はせいぜい五六十本位でとうとうそのまゝ現物は受取らず只好意だけ貰つたことになつた。

2　釘　樽

次に釘二樽と紙二箱を山城部長の御助言で貰い受けたが運ぶ車は大道校で世話（紙を大道に分ける約束で）することになつていたが、準備して来た車はジープで、両校長が乗つて帰ると、紙は一箱しか乗らん、仕方なく翌日まで文教部の片隅に、他の品物と離して置いて預つて貰うことにした、然るに車を借りるのに二、三日経過して了つた、愈々二、三日後に物を受取りに行つて見たら、もうあの釘も紙もなくなつている、文教部の話では、ウィ氏が知らずに他に与へたとのこと、又ウィ氏に質しても又印を付しておいたわけでもなく、アイマイなケゲンな顔だし、われわれも——生一本に余りに質し詰める純粋さをカバーするボケの用意があつて——ケゲンな気持でそのまゝになつた。

3　黒板用メソナイト

もう一つ。当時、黒板がなく垂れさがつたテントの壁？や厚紙切、テント切などを黒板代用に書いていたが、或暴風の後政府庁舎の壊れた内壁用のメソナイトが取りはずされて各部で保管してあるのを見付け出した、で先づ文教部長にこれを黒板に欲しいがと、申して見た所が、また使用するから各部で厳重に保管を命じられていて、工務部長権限で、各部で勝手に処理出来ないという、然るにそのメソナイトは、いつまで経つても使用されず、却つて各部では邪魔物の様子である、そこで物はためしと、工務部長との用談後の雑談中に、一寸これを話し出して見た、すると、こゝも又軍からの命だということである、が而し、黒板に使用するなら、教育の問題で、使用の意義もあり、価値も増すわけだ、よし責任はこゝが持つ、内証で、文教部長の許を得て、同部から、こつそり運んで行け、とのこと、さあ、万才々々！飛び上つて喜び、直ちに文教部長の所へ行き、小声で——ほんとに小声で申したので、先生も何のヒミツのことかと、ケゲンなお顔——例の通り乞うた所、いさゝか意外の御様子であつたが、とにかく許されたから、二、三日後車を準備して参ります、と申して退辞した。

然るに数日後（車の都合で数日を要した）学校の職員をして、トラックを用意して運びに行かせて見た所、件の文教部内のメソナイトなるものは、小さい端片だけで、とても黒板に使用出来る大きさのものでなく、折角の職員も車も空しく帰つて、ブツブツすこぶる不気嫌の態である。——この事件もそのまゝで、後日になつても、文教部長にも（工務部長には勿論）再掛合もせず、話にも出さなかつた。

4　テツクス、トタンと暴風

文教部で係が那覇へ行く車があるから貰つて行けとテツクスとルーヒングをトラツクにつんでくれた。学校に下して積んで見たらテツクスは軒より高い。積んだまゝ使用を工夫していた、次いでトタンも、二教室の屋根分位、貰つてある所へ、暴風がやつて来た、職員も生徒も暴風対策で帰つてから、たいした風でないと思つていた所、夜に入つてどんどん荒れて来た。翌朝また三十米程度の時、この分なら出掛けられると、校舎が心配なので早朝起きて学校に行つて見た、校舎はどうやら大丈夫の様だが、積み上げてあつたテツクスはすでにふっ飛んであたりには散り落ちたものも残らず、きれいさつぱりあと形もない、トタンはまだ大部分残つて居り、あちこち散らばつたのもあるので、これをなるべく校舎壁につけて、積み重ねて、石の錘をつけられるだけ、のつけておいた。すると暴風はだんだん強くなつて、とうとう校舎は全滅！かのトタンは石をのつけただけは残つている様子、巻かれて重いと思つたルーヒングも全く残らない、まあ必要な所へ飛んで行つたのか知らんが風力つて、中々めずらしいもんだ！

八　教科書の変遷

終戦直後は戦前各種学校で使用していた教科書を、所持した教師や、生徒のものを借りて、学年相当に適宜に取捨して、又は教師の考案によつて、授業を進めていた、後に文教部に教科書編纂課の様なのが出来て、こゝで謄写印刷して、逐次配給する様になつたが、大量製作が出来ず、見本程度の少量づゝしか間に合わなかつた、その内二十五年ごろ米軍在庫の日本教科書を譲受け配給、之を学校に備えておいて貸用させることにした、次いで二十六年米文教係によつて日本から各種見本を取寄せ、その中から選択採用、之を注文して販売した、翌年これを営利会社に移して購入することになつて、現在に及んだ。

九　関係官公庁の変遷

一九四五年八月　沖縄諮詢会文教部（石川市東恩納）
一九五四年八月　沖縄民政府（オキナワン　アドミニストレーシヨン）
　文教部（知念）中等学校　教官　教官補
一九五二年二月　群島政府
　文教部（那覇）中学校　教諭　助教諭
一九五二年四月　琉球中央政府
　文教局（同）　同　同
一九五二年四月　地区教育長　中央教育委員会　市町村区教育委員会

十　感謝

こゝで無から有に無手勝流で一校を建設して来て、随分多方面の援助、協力、好意を辱うしたが、建築、施設、物品等の直接の援助協力の外に計画立案方法等の心の協力ーー所謂声援して頂いたり、間接にも直接にも関係ある方々の御世話になつた。特に車のことについては、各モータープールや運転手の方々に、たいへんな無理を申し、お世話に預つたが、中には自分のプールに車がないと、電話で探して頼んで下さる方もあつて、今に至るまで感謝に堪えない、当時はバスもなく、身体を運ぶのも並大抵のことでなかつたが、運搬のトラツク等も、都合によつては交渉に二、三日も四、五日もかゝるので、貰つた物品資材が、前述数件の失敗の如く、運んで来なければ、貰つたことにならないし、車の交渉は資材物品の折衝と同様に重大な任務の一つであつた。

こゝに数年の建設時代をかえり見て、事は小事も大事も、世間多数の協力援助によつてなるもので、特に復興のことは興の字の字形（手が四つもある）の通り、多数の手によらなければ興るものでない、稿を終るに当つて衷心感謝の意を表する外はない。

十一　結び

以上数年間の経過変せんを只客観的に（出来るだけ主観を交じえない様努力）記述したに過ぎないが、この外学校の運営面との関係、教育法規との関連、教員組織の件、社会状況と生徒の資質、訓練等の問題、内質的面の観察測定等如何に変化し、如何なる傾向にあるか色々研究の問題と思うが、此度は只外面のことにとめておくことにする。（真和志中学校長）

研究調査課だより

研究調査課で、かねて編集し、印刷中の教育要覧と学力水準調査報告書が完成しましたので、配布いたします。

◆教育要覧は、戦後はじめての創刊であるので琉球における唯一の教育資料といえましょう。内容は、終戦直後から今日に至る九ヶ年間の琉球教育の展望、教育行政、教育財政、校舎建築その他の教育施設、学校教育、社会教育、教育統計資料、法規などを網羅して編集してあります。御利用の程を願つてやみません。

◆学力水準調査報告書は、一九五四年十二月に全琉一齊に、小学校、中学校の最終学年に実施した学力水準検査の結果を収録したものである。報告書によつて児童、生徒の学力の水準（実態）がはつきりすることと思います。

当課ではその結果について分析し、解釈を加え問題点を指摘したのであるが尚詳細にわたつて、分析、検討する余地がまだ〳〵残されております。

どうか報告書を通して児童生徒の困難点をはつきり把握して、今後学習指導上の反省と、学習計画の資料としていたゞき度いと希望申し上げる次第である。

……◇……

あとがき

○暑中御見舞申し上げます。

○本土から三〇名の講師を迎えて、各地区に夏季講習会が催され、前期、後期にわたつて延約六〇〇〇名余の先生方が研修なさつたことは、沖縄教育のため誠に喜ばしいことであります。

これを契機として、教育の現場が一層充実し、教育活動が生き〳〵と展開されることでありましょう。

なお講師の方々は「生活と直結する教育」を強調されている。:口先の理論より、実験、技術の習得を…真に身につく教育を…大きくとりあげておられます。たしかに教壇実践における盲点といえよう。

○校地の不安定なため、本格的施設にのりだせなかつた元開洋高等学校は、このたび地域社会の施設と環境条件に恵まれた泊港の一角に移転し、沖縄水産高等学校（校名変更）として力強く発足、海洋開拓の実現を目ざして張り切つております。同校の前途を祝福し、本号より、しばらく連載いたしまして同校の全貌を紹介することにいたします。

○「評価なくして、教育効果は望めない」……と科学的な研究を基盤として教壇実践にとつくんでいらつしやる、宮古高等学校と開南小学校の嶺井先生の実践記録を掲載いたします。

○学校教育と対外競技については、度々論議されてきたのでありますが、それについての加藤橘夫先生の御高見と手塚幸由先生の「学級経営」を抜萃欄で御紹介いたします。

○二学期に入りました。先生方の御健斗を祈り、尊い研究資料をぞく〳〵提供下さいまして、文教時報をより充実させて下さるように御願い申し上げます。

（K・T）

投稿案内

一、教育に関する論説、実践記録、研究発表、特別教育活動、我が校の歩み、社会教育活動、P・T・A活動の状況、その他
（原稿用紙五〇〇字詰一〇枚以内）
一、短歌、俳句、川柳（五首以上）
一、随筆　詩、その他
※原稿用紙（四百字詰）五枚以内
一、原稿は毎月十日締切り
一、原稿の取捨は当課に一任願います。（御了承の程を）
一、原稿は御返し致しません。
一、宛先　文教局研究調査課係

文教時報（第十六號）（非売品）

一九五五年八月一八日　印刷
一九五五年八月三十日　発行

発行所　琉球政府文教局　研究調査課
印刷所　ひかり印刷所　那覇市三区十二組　（電話一五七番）

琉球

文教時報

17

NO.17

文教局研究調査課

＝久米島の古陶器＝

仲里村真謝（中じる殿内）にある古陶器で初期壷屋焼と思われる灰くすりの蓋物で、宿藍田とか仲村渠致元の名工の作ではないかとおもう位、精巧なものである。

「文化財保護委員会」

文　化　財

＝目　　次＝

夏季施設の學習成果（その一）

眞和志中學校の展示会場

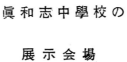

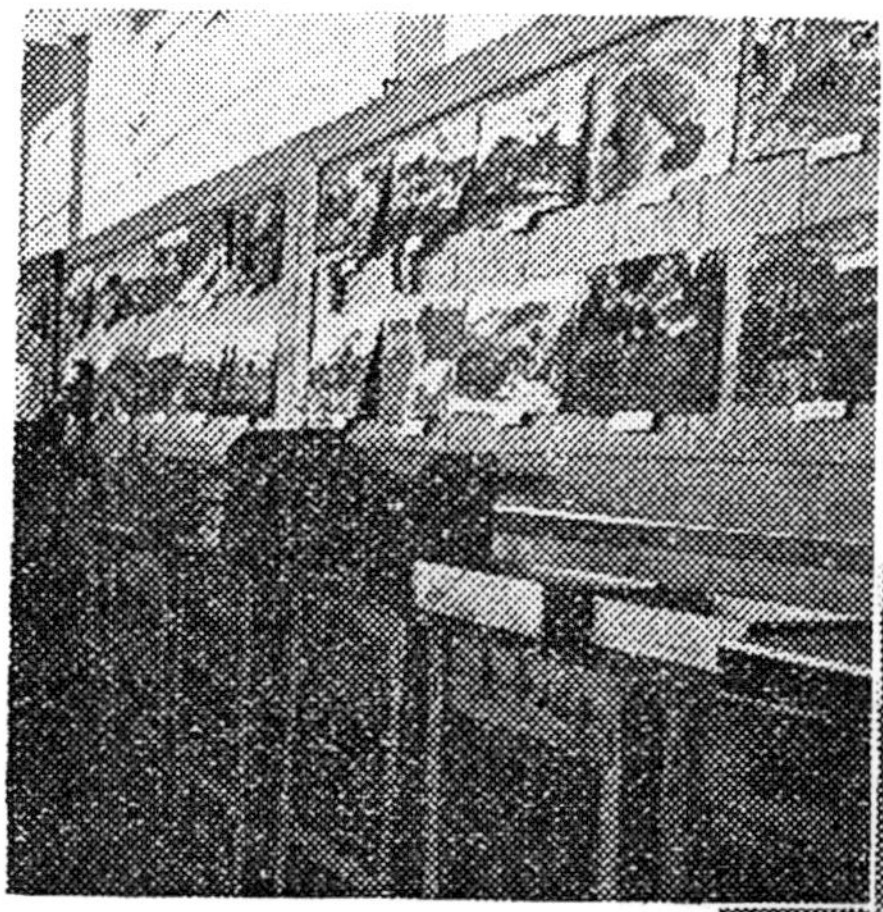

図画工作展

書道展

社会科展

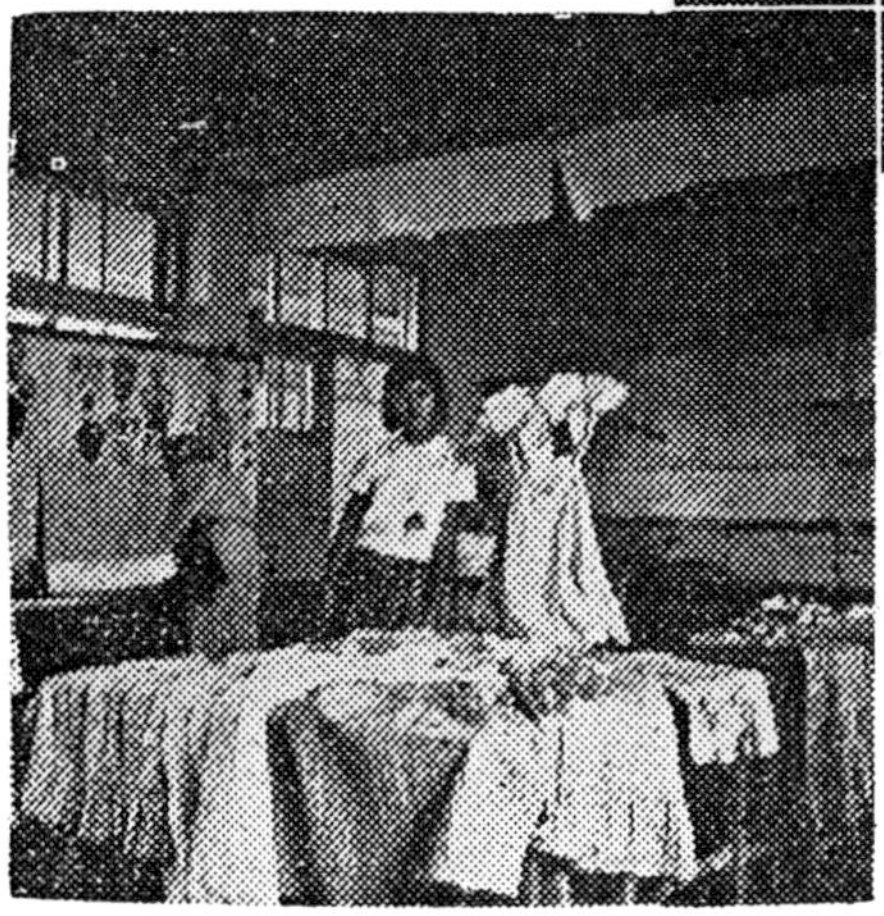

家庭科展

（洋服タンス）二年生渡久山直樹君の作品

中部農林高校展示会場

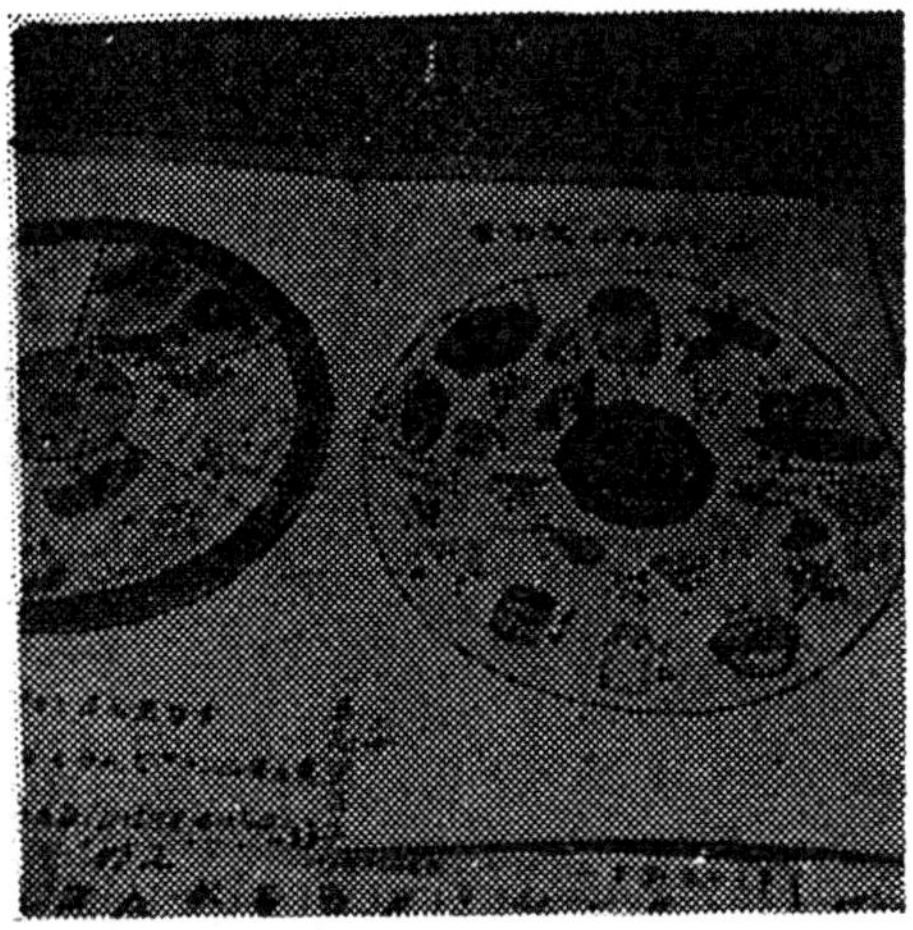

家庭科展

（その二）

那覇中學校の展示会場

←（家庭科，工作展）↓

寄宮中學校の展示会場

↓

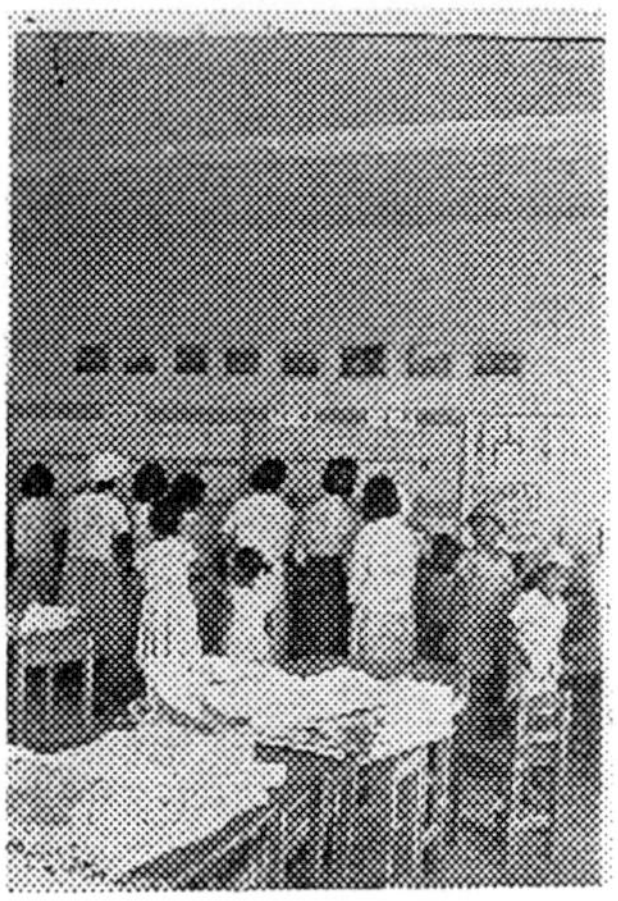

社会科展

社会科、書道展

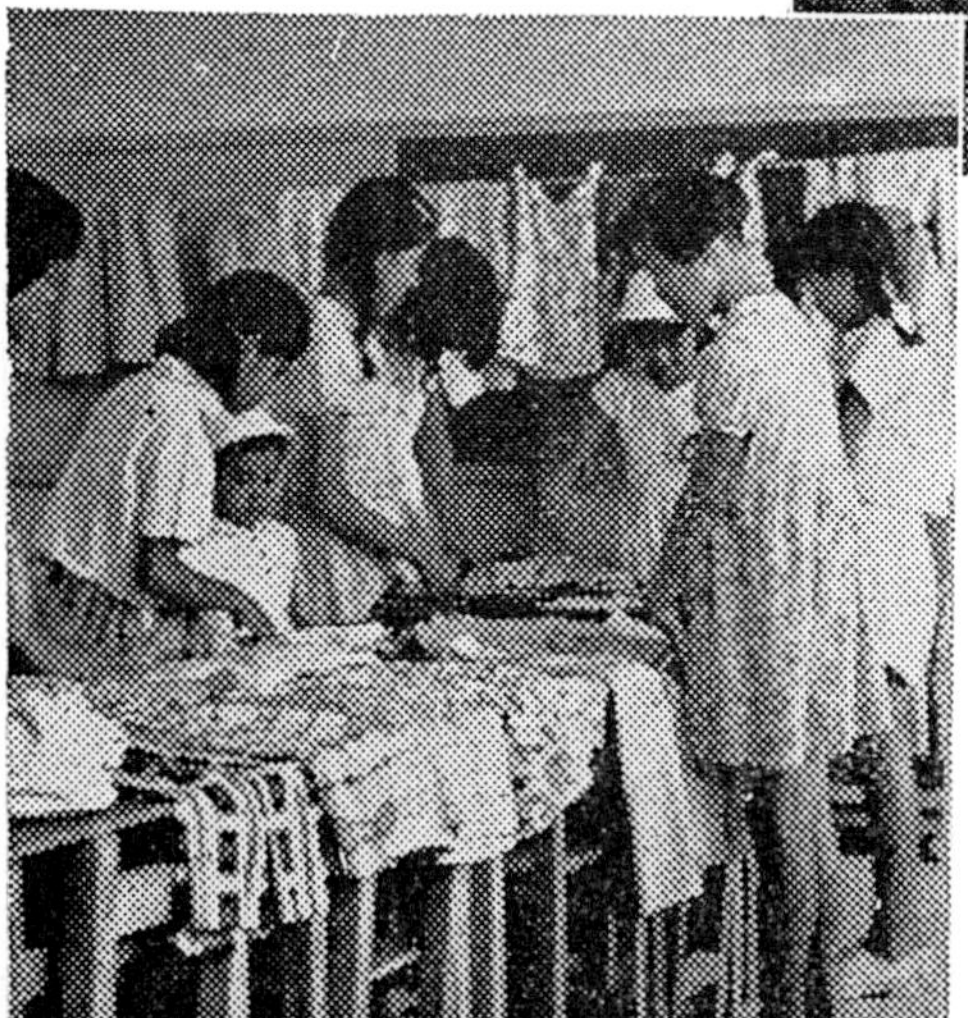

家庭科展

図画展

※ 日本々土へ実習に乗り出す開洋丸

※ 水産高校の北方台地にある気象台（海洋気象に関する実習、見学の場である）

※ 造船所とドック中の漁船（漁船の構造とエンジンに対する実習実技習得の場として製図,設計,機械工作の学習はここでなされている）

※ 漁連と魚市場

※ 泊港碇泊中の船舶
（船舶運用に対する学習の場）
↑

※ 陸上げされたカツオと実習生→

※ 製氷所
（鮮魚の冷凍冷蔵の実習の場）
↑

水産高等学校における教育課程

玉城盛正

一、水産教育目標について

1、水産教育の一般目標

実社会の要望に応じた技術知識を身につけ社会に出て直ちに実務にたずさわり、やがては業界の中堅となつて水産業を向上発展させて行く原動力となる人材を育成する。

2、本校の教育目標

水産全般について正しい認識を得させると共に漁ろう航海、製造養殖、漁船機関の分野の専門的知識と技術を習得させ、水産業界の中堅技術者として或は将来の指導者として役立つ人間を養成する。水産技術の分野を分けて漁ろう航海科課程、製造養殖科課程及び漁船機関科課程とする。具体目標として

○漁具、漁法、海洋気象等についての専門的技能を与え水産物の取得技術を習得せしめる。

○練習船に依る航海運用の技術を習得せしめ優秀なる漁船乗員を養成する。

○漁獲物の加工、利用保蔵、冷蔵の技術を習得せしめる。

○水産資源に立脚して水産物の保護増産の技術を習得せしめる。

○漁船機関及び水産工場等に於ける諸機械の理論と実習によつて、その技術の習得を主目標とし併せて陸上諸機械の概念と取扱い方法をも習得せしめる。

○水産金融漁業関係法規、漁業組合法規、統計調査簿記等について学習せしめ、特に水産業がわきまえねばならぬ経営能力を習得せしめる。

○計画的、合理的実践活動に依り旧慣的弊風を打破し得る科学的創造性に富んだ技術者を養成し水産業の振興に寄与する能力を与える。

3、各課程の目標

△漁ろう航海科課程の目標

漁ろう航海科は漁業関係各部門の専門的理論と漁業航海に必要な実際的知識技能とを習得させる事にある又広く水産諸般の情勢を周知させ実際の水産知識人として活躍せしめる目的で実習に重点を置き、洋上生活に依つて身体を錬磨せしめている。この科に進む生徒は常に海を相手とする生活環境におかれているから特に漁船による航海運用の技術、漁船漁業の方法性質、海洋気象の調査等について専門的に研究させて立派な漁業技術者としての資質を涵養するのみでなく、他日漁業経営に対する独立自営の能力と資格を獲得せしめる様に教育を施している。故に専門教科の進度に応じて随時随所に於いて実習を課しているが、最終学年に於ては長期実習を実施して実習船開洋丸により最大の効果を修めている。就中鰹節漁業や鮪延縄漁業、鯖ハネ釣は本科実習の主眼点である。

目標

○漁業航海に必要な漁業航海各部門の専門的知識と実際的技術を身につける。

○漁業自営者、漁業初級技術者及び漁船乗組の海技従事者「乙種二等航海士、乙種一等航海士」を養成する。

○漁船、航海運用、海洋気象、水産経営、水産法規等の如く知識技能を習得し、郷土の水産業の実際を理解し、これを批判する能力を身につけ、進んで水産資源を開拓することに努力する知識、技能、態度について充分留意して学習する。

○漁業の完全な運営、漁船の安全運航のため、必要な海洋気象の諸性質を理解する。

○水産業の科学的運営に重要な、海洋気象の関連について理解する。

○漁場と漁期の条件および性質を理解する。

○船上の作業になれ、且つ漁具漁法の操作、運用の技能を養う。

○果敢に海上に進出し、且つ工夫改良する態度を養う

○水産資源量を考察し、適正に漁業を行う態度を養う

○船舶の安全な運航に必要な理論及び知識を理解する

○漁船の安全な運航に必要な技能を養う。

○船内職務を責任をもつて実行し、且つ乗組員と協同する態度を養う。

△製造養殖科課程の目標

水産製造、水産物の処理加工から販売に至るまでの理論と実際を習得させて海産物に依存する琉球の水産食糧品、水産加工品の生産価値を確保する人材の養成が目的である。これ等の水産食品は、島内の蛋白補給

源、無機塩類含有主要食品として充てる外、輸出水産品として偉大なる貢献をなすものであつて、これが生産拡充と供給確保は当科の卒業生に課せられた使命である。したがつて、これが目的達成のために鰹節、罐詰、瓶詰、其の他広模なる食品加工のために食品製造学や工業用製造学、水産化学、冷凍工業、製塩工業等の諸教科を授け教科の進度に応じて、随時随所に於いて実習を課しているが最終学年に於いては長期実習を課している。

養殖＝重要水産動植物の繁殖保護を助長すると共に積極的に沖縄の水産動植物を増殖する施設や技術を講ずる事が本科の使命である。近時日本の真珠業者は琉球の黒蝶貝に依る真珠養殖に着眼し、着々と其の養殖計画が実施されつゝある現状にある。故に真珠養殖による外資の獲得を期しまた薬用或は嗜好品としての海人草、鯉を養殖し、斯業の発達に寄与せんとするもので、この使命を達するためには、水産増殖学、海洋気象学、浮游生物学、水産病理学が重要視され、顕微鏡で微細な構造を究明し造化の妙をさぐり実習に学理の応用を一致せしめて、伸びゆく生命の神秘を数理的に解明する。最終学年の長期学習では鹹水淡水増殖と共に海洋試験調査等の校外実習を課している。

目　標

○海洋に依存する琉球の水産食糧品、水産加工品の生産価値を確保する。
○水産物の処理加工から販売に至るまでの知識と技術を習得せしめる。
○重要水産動植物の繁殖保護を助長すると共に増殖を行う施設や技術を身につける。
○数多くの水産動植物に恵まれた沖縄の資源を水産業として育成する目的のために増植に関する知識、方法を綜合的に組織し研究する。
○水産物の加工製造、貯蔵の大要を理解する。
○水産物の加工、製造、貯蔵に関する機械取扱の技能を養う。
○水産物を衛生的、科学的且つ経済的に処理する態度を養う。
○栄養とは何であるか。又それと人体との関係について理解する。
○食品の化学について理解する。
○水産物について化学的に理解する。
○養殖業および増殖事業の一般を理解する。
○増殖業および増殖事業の社会経済的意義を理解する
○採苗、採卵、孵化、給餌、放養等の技能を養う。
○養殖及び増殖に関する施設の設計、設置の技能を養う。
○水産生物を愛護し、その生理、生態を科学的に観察する態度を養う。
○水産資源の維持、培養に関する研究能力を養う。
○水産生物の各部門について、発生、生理、生態、形態の大略を、各種水産技術との関連に於いて理解する。

△漁船機関課程の目標

現代高度に進歩せる漁船機関及び発電機、発動機の理論と分解組立、運転、故障の発見と修理、調整方法等に必要なる知識、技能を授け、実技を体得させ、現場に働く者としての態度習慣を培い、漁船に乗組む船舶職員（乙種一等機関士以上）船舶通信士の養成をすることが目標である。水産に関する科目のうち機関設計工作には工業における機械工作法に関連をもたせ、かつ製図を課しているが、沖縄の地理的環境からして、どうしても帆船の実習訓練をとり上げたい。

大自然は終始一貫し公平無別差であり、何寄をも偏愛するものもない。海では断乎とした態度で技能の欠陥をうかゞつている。船は冷厳な顔をして油断のすきをねらつている。時々刻々、船の内外に於いて惹起するであろうところの大小の危機に備え、これに直面するごとに全力を尽して創造を生んでゆくこと。

それが真の船舶運行技術であつて海員としてこのSeaman ship を身につけてない場合には、やがていつの日にか必ず大自然がそれを悟らせずにおくものでない。その意味からして帆船による操作が大自然にさからうことなく、しかもそれを利用していくところにその意義が深い。慣海性といわれる海に慣れ、かつ親しみつゝもそれをおそれるといつた性格はこのように終始大自然に直面して行動する帆船の上においてこそいやおうなしに涵養される。帆船こそは真のSeaman ship をしらずしらずのうちに身につけてくれる場所なので帆船による実習を是非低学年にとり上げたいものである。

目　標

○漁船機関及び発電気、電動機の知識と分解組立、運転修理、調整方法に対する技術を体得させる。
○現場に働く者としての態度習慣を培う。
○社会に出て直に役立つ中堅技術者としての資質を養う。
○漁船の動力機関燃料について。
○機関の故障発見と処置について。
○漁船の機械を能率的に使用する。

4、学年指導の重点

学年＼科名	漁ろう航海科課程	製造養殖科課程	機関科課程
第一学年	水産概論、水産生物、特に漁学、漁業総論、漁具論、船艇運用のあらまし、無線通信	水産概論、漁類学、製造総論、水産生物、水産養殖総論	仕上げ工作の構造、運転、技術、取扱の態度習慣 水産概論、水産機械
第二学年	地文航法、浮游生物、漁網論、海洋気象学、船舶標識法及び船位の決定、漁船の構造、航海法規、水産団体法規、通信	干製品及び塩造食品、罐詰瓶詰の製造、調味料、機械水産化学各論、水産養殖各論、水産生物	焼玉機関、ガソリン機関、外燃機関、蒸汽機関、金属材料学の理論と実技、態度習慣
第三学年	主要漁業各論、天文航法、船舶職員法、水産関係法規、水産経営、水産簿記	細菌学、冷凍工業、化学工業、魚油皮革、製造機械、水産化学分析法、水産経営水産養殖及び繁殖保護、水産関係法規	デーゼル機関、電気機関設計、水産関係法規、経営、簿記

○第一学年では水産の概要を知らせ、此れに必要な基本的教養を身につけさせて、第二学年以上に於いては逐時専門的な知識技能及び態度を養成すると共に水産経営に必要な才能を確立させる。

○指導全般については郷土の水産業より更に模型、標本、図形等を活用する外、実地に於ける実習に依つて一段と教育活動の効果を挙げ、実習計画は生徒の参加の下に樹立し、経済的才能を養う

○一人琉球の水産にとゞまる事なく水産の国際性に鑑みて海外事情の研究にも力を入れ、国際理解の一助とする。

5、普通教科の内容とその位置

水産学校の普通教科にいて

高等普通教育を施す目的で真理、正義を愛し、個人の価値を尊び勤労と責任を重んじ、中学に於ける教育を基礎として一般教養の上に専門教育を施し将来水産界の有為な指導者、中堅技術者たり得る者を養成するのが目的であるが稍々もすると、水産科の附属的なものゝ様に考えられがちである。ところが決して附属的なものではなく、水産職業人として欠くべからざる一般教養として大切なものである。卒業後は水産関係の就職は勿論、大学進学も水産関係の会社にも役立つように教科の内容の有機的配列を考慮している。

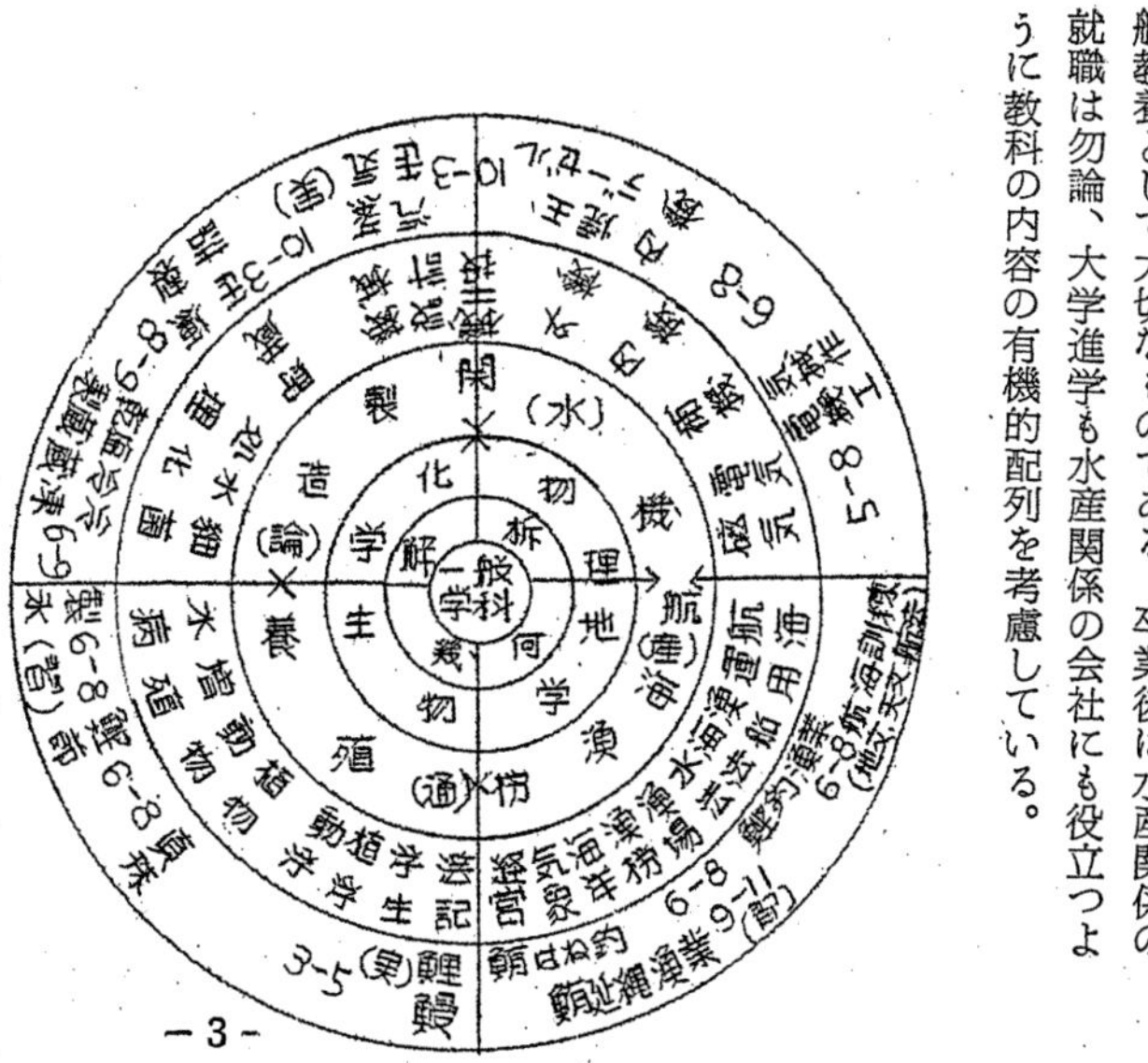

6、水産高等学校に於ける実習のあり方について

第一学年では水泳、操ろ、操縦等水産の基礎的実習をなし、高学年においてはそれぞれの課程における総合的実習を課することとした。なお「実習」および「乗船実習」はその単位総時数あるいは、その期間をそれぞれまとめて課しているが、このため他の教科または科目の単位時数に不足をきたさないよう、あらかじめ補充した教育計画をたてているため、学校にあらゆる実習施設設備の拡充強化をはからねばならぬ。具体目標として

①水産業向上発展の原動力となる人材を養成する。

②水産業に従事し得る独立自営の能力を養う。

③水産業に従事し得る十分な体力と自信及び激烈な労働に堪え、しかも常に研究心を失なわないような態度を養う。

④経験に依る技術を重んずると共に新らしい学的知識を基礎とする技術を持つて、水産業を発展向上させて行く能力を養う。

⑤地域社会の要望に応じた技術知識を身につけさせる

⑥水産経営に有利な社会的経済的環境を維持し、一層よい環境を作る能力を養う。

⑦沖縄の主要な水産業が何々で、それは各地域に於いて、どのような状態であるかを実際調査して統計的に理解する。

⑧地方で行われている水産業の種類状態が違うのは、どのような自然的、経済的、社会的事情によるかを理解する。

以上の教育目標を達成するためにこの目標に合わせて教育内容を選択し、組織したものである。

二、教育課程について

「五五年度用別紙Ⅰ、Ⅱ、Ⅲの通り」

1、編成の要点

○教科の教育目標を明確にし、それに関係の深い水産科の科目並にそれ以外の教科または科目をもつて編成し水産専門科目を四〇単位以上とした。

○各科共通必須科「一般教科」は普通高等学校の最低履修基準を取り四七単位とした。

○自由選択の十二単位の教科又は科目は生徒の個性並に進路に即して選ぶようにした。

○漁業課程及び機関課程には船舶職員法にもとずく海技免許の教育内容も考慮してある。

○単位数、授業時間数について、それぞれの教科科目の目標内容を指導するに必要な単位数は、一時間五〇分の一単位、授業時間数は一一九〇時間以上とした。

○基礎的普通学科四七単位、水産専門教科四三単位、選択教科一二単位、計一〇二単位以上

2、学習指導についての留意点

○理論的知識を主とする教科目については講義法（単元導入）→（討議法、実物ヒナ形標本、図書調査、見学実習実験）→評価

○実技的知識を主とする教科目には講義法（単元導入）→（実物標本展示物、作業反復）→評価

○教科書或はテスト中心で良いが、断片的な知識や技能の切売であつてはならぬ。生徒の自発的学習を促し発展々開させて行く機能的学習が重視されねばならぬ。

○実習の計画は教師独善的な増産主義であつてはならぬ。生徒もこれに参画し実践を通じて生産技能の習熟に努めるべきで、やがて生徒の自発学習もこれによつて促進されよう。

3、水産に関する教科とその運用について

広範な水産の分野を教育上の便宜的に一五教科に分けているのである。その中には独得の教科もあるが、多くは他の教科と関連したり、重複しているから課程を編成するにあたつては、各学年に配列した上で適当に内容を盛つて行くようにした。教科の中、水産一般は水産業の全域をまず概論的に生徒に理解させていくのであるから、専攻する課程が主とする教科に含まれる項目は、省略して指導する。水産生物は常識として必要な基礎教科で生物学と関連を保ち、広く生物一般の知識を取入れると共に漁業、水産製造、水産増殖、海洋気象等の教科と関連を保ち、郷土の水産業の実際を理解し、これを批判する能力を身につけ、進んで改善に努力する態度を養うとともに、また水産資源について十分留意し学習指導等をする。航海運用は特に船舶職員法に規定される資格を目的とする場合は、それぞれの種別に応じて指導せねばならぬ。漁船は漁業の内容に緊密な関係をもつから、漁業と一体となるように指導する。水産製造は課程を代表する教科であつて、水産化学、微生物等と関連をもたせて指導する。水産化学は水産製造その他の基礎となるよう又微生物等とも関連をもたせて指導する。微生物は水産製造、水産生物、水族病理等と関連をもたせて指導する。水族病理は水産増殖、微生物、水産製造と関連をもたせて指導する。水産増殖は水産生物、水族病理とは密接な関係を保ち、その他海洋気象、微生物等とも関連をもたせて指導する。水産経営、地域社会から日本、更に外国に及ぼして視野を持つように指導する。機関は漁船機関、水産機械、漁船漁業、無線等と、関連を持たせて指導する。

4、生徒の発達段階に応じて

高等学校の時代は生徒が身心共に発達して行く時代であつて、旺盛な頭脳の働きと、活発な身体の活動とによつて数年間の充実した職業教育を身につけるのであるから、地域社会に行われる実際の仕事を身に感じ関心がたかまり、それを自分のものにしたい意慾をじゆうぶんに活かして学習させるようにし、水産とはどのようなものか、まず概要をつかませるとともに一分野の技能を一つ一つ積み上げて完成にむかわせる。教科の配列はこのような種々の観点から又知能的に修得しやすいようにまず第一学年に一般的な教科や基礎

学力であつて、水産に必要な教科を主として第二学年に専門的なものに入つてゆき、高度の基礎知識を必要とする専門教科は一般教科他の教科の修得を考慮して第三学年に学習させる。実験実習は一応各教科に含められているが、特殊技能の修得では技術が主体となるべきで、実験は講義に並行させて行くようにし、実習は必要に応じて適当な時期にまとめて行い、又その課程の教科を総合した実習として第三学年に実習を行つている。つまり生徒の学習意慾の状態、知能の発達が色々である点、地域、環境の異る点を考慮し、それを総合して学習内容を編成してある。

5、地域社会との連繋

○水産学校は、生徒の指導は勿論、地域社会のサービスセンターとなつて各種実習施設を充実して海況、漁業調査、製品の試製分析、養魚の飼育、試験機械器具の取扱い等に応じ得る態勢を整えるべきである

6、職業指導についての要点

㈠職業指導部の構成を拡大して常に水産業の動向を分析研究し、

㈡生徒の職業的能力の検討を行い、

㈢採用試験の傾向についても注意して行うべきであると共にそのために①より職業指導等専任教師の増員②より実業界代表を以つて組織する職業指導協力委員会の設定③よりＰＴＡよりの資金的援助、政府よりの校舎施設工場の早期完成等が望ましい。

7、従来までの教科課程は改定すべきである

従来の水産教育は兎角教室授業と実習指導が二元的で理論と実践の有機的統一に欠けている嫌いがあり、更に卒業生の就職活動の範囲は琉球間でなく、日本或は外国等にわたるため地域水産社会から入つて全国的な業界の動向が常に教科の内容として活用されねばならぬ。その為には、

①水産教育の場が陸上産業教育と異なり、洋上に於ける教育活動が要望され、又必須とされるためと卒業後に於いての乗船者の船舶職員としての資格の獲得の上からも現行の履修単位では不足と考える

②地域社会からの意見を聞くと現在の当校の卒業生を通じての批判としては今一歩質量共に前進させたいとの要望もある。

③関係教科の徹底を期すために基礎的特に理科数学の教科の実力養成に重きを置き、水産関係教科の内容についても理論的実技的能力を養成するためにも単位を増すべきであるとの結論に達している。

④専門教科については実習も含めて教科課程の内容とすべきである。現在までの教科課程は昭和二四年四月三〇日発行の新制高等学校の教科課程の解説に準拠したもので、新制高等学校の教科課程の編成と設定にあたり、普通高校を標準としたために、水産高校の場合、その特殊性が失なわれていた。例えば実験実習の単位が制度上認められていないため、専門教科は何れも理論の学習を重視し実験実習を軽視せざるを得ない傾向となつた。すなわち実験実習は理論の理解を助ける為の一手段とみなされ、行事等のため、失なわれた学習時間が実験実習にしわよせされる等、施設の都合上校外実習等で憂慮すべき状態に追込まれている。産業高等学校の教育は地域社会の産業と直結すべきもので実験実習は理論理解の一手段にとどまらず此等を通じて技術を錬磨し産業人的資質を成育し、人間教育を施す重大使命を持つものであると同時に産業教育は産業界の実情と、その切実なる要望に応ずるため、それぞれの産業に課せられた使命を自覚し一般教養と共にそれぞれの専門的技能に習熟し個性と能力と興味に合致した職場を求めて歓喜と健康と安全の中に労働に従事しその職責をまつとうし、もつてそれぞれの産業に寄与し琉球経済再建に貢献し得る人物の養成に努めなければならない。しかるに水産高校現制度は、かかげる理想に於いて欠ける所は無いが修業年限が短かすぎて理想実現に多くの因難があり、教科の配分単位の設立に於ても、水産教育の特殊性を弱体化し、その運営に幾多の支障があり一大改革を断行する要があると思われる。その様な観点から水産教育を一応普通課程の教育と切離し現実の産業界が切実に要求する教養、知識、人格、技能の所有者養成と言う新しい構想の下に教科の配分単位の設定は普通高校の職業科でなく、水産教育独自の立場を堅持し産業学校の特殊性を強く発揮し得るものに改正したい。（文部省案別紙の通り）

8、文部省案についての検討（漁業課程）

○地域社会の要求に依つて英語は第三学年にも三単位課したい。

○個人差に応じて履修する教科目の中、漁業コースと航海コースの二つに分けて深く研究させるために、それに応じた選択をさせるべきである。

【水産製造養殖課程の場合】

沖縄の水産々業の形態からして二科を統合し、水産群コースで製造、養殖両方に共通する科目を四〇単位取扱い、残りの一〇単位を個人差に与え、個人差の八単位を一八単位としこれを養殖及び製造コースで深く研究させるために、それに応じた科目を選択させるべ

きである。三年に英語三単位を課した方がよい。

【機関科課程の場合】

水産に関する科目を新設（資源、経営）をもうけ他科との釣合を揃えた方が良い。英語は各学年三単位とした方がよい。

【実施上困難と思われる点】

○教室数と教員定員の問題

○コース選択の指導法の問題と卒業後の就職問題

三、本校の教育方針

水産高校として実業教育の特色を発揮するため、琉球水産の実態を把握し、産業教育の振興を計り併せて職業指導をなし、地域社会の指導者たらしめると共に広く斯業の発達に貢献し有為な形成者たらしめるためにつぎの実行目標を掲げる。

○気品ある校風の樹立に努め水産高校生としての誇りを持たすように努力する。

○民主社会の有為な一員としての一般教養の上に漁ろう航海、製造養殖、漁船機関の各職務に必要な実際的技能を習得錬磨させること。

○社会に貢献せんとする態度と適切な指導により、その能力を伸長し社会を陶冶し、よりよき職業人としての素質を養成する。

【校訓】

○自主独立、海を拓く者は他律的であってはならない自から判断決意し創造工夫して行動する態度と精神の育成に努めることが必要である。

○団結融和、「天の利は地の利に如かず、地の利は人の利に如かず」船は一つの家庭である。海洋に志す者は各自の責務を重んずると同時に全体の中に融和することが大切である。実習面及び特別教育活動面を通じて、その態度と精神の育成につとめねばならない。

○実践窮行、産業人は学問即ち生活であらねばならない。如何なる学問も学識も実践に裏打ちされて始めて価値を生ずる。働きつゝ学ぶ態度と精神の育成につとめねばならない。

本校教育の主要努力点

1、教育環境の整備

校舎施設の拡充、PTA活動の促進、協力団体の設置連繋、学校水産組合の経営

2、実力の養成

教職員の現職教育の高度の実践、自学自習の確立、図書の利用、実践技術の向上錬磨、標準語躾の普及徹底、個性の伸長

3、補導の確立

指導組織の強化、年次計画の推進、ホームルーム生徒会の充実強化、家庭地域社会との連絡強化

4、健康教育の強化

保健及び安全教育の実践、スポーツの奨励、保健施設の拡充

5、学校教育の社会進出

地域産業との連繋協力、漁村青年の夜間講座、関係機関との緊急なる連絡、職場実習、就職の斡旋策の推進、卒業生との連絡を緊密にするため同窓会組織の強化

水産教育研究指定校として

その目標…水産研究を間違いなく行うためにはその概況をとらえておく必要がある。そこで本年度は各所に散在する資料を取りまとめて沖縄水産の大勢をつかみ、来年度以降の調査の第一歩とする。来年度からは更に実態調査を加えて資料を深める。

【資料調査の項目】

○漁業ー経営体経営形態、従事者、漁船、漁獲高、漁種、漁場、漁具、漁港、海洋気象

○製造ー経営体、経営形態、従事者、生産高、加工方法、漁業との関係

○増殖ー経営体、経営形態、従事者、生産高、利用水域、種類、水産生物

○水産金融ー借出及び償還の状況及び条件、金融機関

○水産政策ー政策の変遷、組合及び組合員、漁業調整取締違反、海難、水産法規

○水産物の流通ー販売機構、漁獲高と漁価、輸入及び輸出状況

○教育研究機関ー研究及び教育機関の変遷と現況、生徒調査、経過

夏季休暇を利用して資料蒐集に努力したが、教員講習会生徒実習のため、未だ不十分であり、今後資料を増し十二月頃にまとめて、二月に発表会をもつ。

今までの反省

○単に既往の資料を各所からとりまとめるだけでもぼう大で、困難な仕事である。

○資料に対する考え方のせいか切角の資料も不十分である。

○資料を統計的にまとめておくことは大切なことである。

これまで教育目標の設定をしてきたのであるが、全般的に教育課程のめざす内容、形態、方法などのだいたいの方向を指示する意味に於ける教育目標である。これからそのとるべき形式を定め、その形式に応じて教育課程は漁業航海科、製造養殖科、漁船機関科と分れて学習されるが、これについての教育課程の編成およびその単元の展開については次の機会にゆずる。

出身市町村別

出身町村名 ＼ 科別・学年別	漁労航海科			製造養殖科			機関科			
	1	2	3	1	2	3	1	2	3	
那覇市	一〇	二		一一			五			二八
真和志市	四	二		六			五		二	一九
糸満町	四	四			一	一				一〇
知念村	一									一
豊見城〃	一			二			一			四
大里〃	一									一
高嶺〃	一									一
東風原〃	一			一						二
佐敷〃	二			一			一			四
与那原町				一			二			三
浦添村	四			一			一	一		七
嘉手納〃	一			一	一		一			四
読谷〃	二	一					一			四
宜野湾村	二	一	二	一	一			一		八
中城〃							一			一
与那城〃	二	六	一		三		一	一	一	一五
勝連〃	四									四
越来〃	二			一			二			五
美里〃	一			一			一			三
西原〃	一									一
金武〃	三	二								五
宜野座〃	一									一
恩納〃	一			一	一				一	四
名護町				一	一					二
本部〃	一二	八	七	五	八	六	六	二一	九	八二
上本部村	二	一		三	一	三	五	五	一	二一
今帰仁〃		三		一	三			四		一二
屋我地〃	一									一
羽地〃	一	一					一	一		四
大宜味〃		一	二		一	一	一			六
国頭〃	一			一		一	二			五
久志〃	一		一							二
伊江〃	二	一	一		一		一	一		七
伊是名〃						一			二	三
伊平屋〃										
座間味〃	一			一	一					三
八重山石垣市	四	二	一		一			一		九
〃竹富町							一			一
〃与那国町							一			一
宮古平良市										
大島三方村		一								一
具志川村	六			一			二			九
北中城〃							一			一
粟国〃	一									一
四十四カ市町村	八一	三六	一五	四一	二四	一三	四三	三六	一六	三〇五

昭和30年度漁ろう航海科教育課程

	教科		単位	時数	学年別 1年	学年別 2年	学年別 3年	備考
各科共通必須科目	国語		9	315	3	3	3	
	社会	一般社会	5	175	5			
		人文地理	5	175				
		世界史	5	175		5		
		日本史	5	175				
	数学		5	175	5			
	理科	物理	5	175				
		化学	5	175	5			
		生物	5	175				
	保健体育		9	315	3	3	3	
	英語		9	315	3	3	3	
	小計		47	1,645	24	14	9	
漁ろう航海必須科目	必須科目	水産一般	3	105	3			
		海洋気象	3	105		3		
		海上法規	2	75		2		
		通信	3	105	3			
		漁業	10	350		4	6	
		航海	9	315		4	5	
		運用	7	245		4	3	
		水産法規	2	70			2	
		水産経営	2	70			2	
		水産簿記	2	70			2	
	小計		43	1,505	6	16	21	
自由選択科目	数学	解析II	2	70				
		幾何						
	理科	電気						
		化学	2	70				
		生物						
	専門	機関						
		漁ろう	2	70				
		魚学						
	国語							
	書道		2	70				
	珠算							
	小計		12	420	4	4	4	
	合計		102	3,570	34	34	34	

。この教育課程は漁業に関する自営者、中堅技術者及び漁船に乗りこむ船舶職員（乙種二等航海士又は乙種一等航海士）の養成等を目標とする。

昭和30年度製造科教科課程

	教科		単位	時数	学年別 1年	2年	3年	備考
各科共通必修科目	国語		9	315	3	3	3	
	社会	一般社会	5	175	5			
		人文地理		175				
		世界史	5	175		5		
		日本史		175				
	解析Ⅰ		5	175	5			
	理科	物理	5	175				
		化学	5	175	5			
		生物	5	175				
	保健体育		9	315	3	3	3	
	英語		9	315	3	3	3	
	小計		47	1,645	24	14	9	
機関科必修	必修科目	水産一般	3	105	3			
		水産製造	10	350		6	4	
		水産化学	6	210		4	2	
		微生物	3	105			3	
		水産生物	5	175	3	2		
		水族病理	2	70			2	
		水産法規	2	70			2	
		水産経営	2	70			2	
		水産簿記	2	70			2	
		水産増殖	8	280		4	4	
	小計		43	1,505	6	16	21	
自由選択科目	解析Ⅱ		2					
	理科	生物						
		化学	2					
		電気						
	専門	魚学						
		機関	2					
		漁ろう						
	国語							
	珠算		2					
	書道							
	小計		12	420	4	4	4	
	合計		102	3,570	34	34	34	

。この教科課程は水産製造及び水産増殖に関する自営者及び中堅技術者の養成を目標とする。

昭和30年度機関科教科課程

	教科		単位	時数	学年別 1 年	2 年	3 年	備考
各科共通必修科目	国語		9	315	3	3	3	
	社会	一般社会	5	175	5			
		人文地理	5	175				
		世界史	5	175	5			
		日本史	5	175				
	解析Ⅰ		5	175	5			
	理科	物理	5	175				
		化学	5	175	5			
		生物	5	175				
	保健体育		9	315	3	3	3	
	英語		9	315	3	3	3	
	小計		47	1,645	24	14	9	
機関科必修	必修科目	水産一般	3	105				
		機械一般	3	105				
		電気	5	175		2	3	
		外燃機関	3	105		3		
		材料力学	3	105		3		
		金属材料学	2	70		2		
		製図設計	6	210		2	4	
		補助機関	2	70			2	
		内燃機関	10	350		4	6	
		水産法規	2	70			2	
		水産経営	2	70			2	
		水産簿記	2	70			2	
	小計		43	1505		16	21	
自由選択科目	解析Ⅱ		2	70				
	理科	化学						
		生物	2	70				二科目選択
		電気						
	専門	機関						
		漁ろう	2	70				
		魚学						
	国語							
	珠算		2	70				
	書道							
	小計		12	420	4	4	4	
	合計		102	3,570	34	34	34	

。この教科課程は漁船に乗りこむ船舶職員（乙種一等機関士以上）を養成する。

別表 3　　水産に関する課程に於ける教育課程　　（文部省案31年度）

教科＼科目	全日制				定時制	
	漁業	製造	増殖	機関	水産	漁業
国語	9	9	9	9	9	9
社会	9	9	9	9	9	9
数学	6	6	6	6	6	6
理科	8	8	8	8	6	6
保健体育	9	9	9	9	9	9
外国語	8	6	3	10	6	6
水産	(32)	(50)	(50)	(47)	(32)	(32)
	乗船実習1～3			乗船実習1～3		乗船実習1～2
小計	49	47	44	51	45	45
個人差に応じて履修すべき教科目　単位数の計	17	8	11	0	13	13
個人差に応じて履修すべき教科目　教科、科目の種類	数 外 水	数 外 水 工 商	国 数 理 外 水 商		外 数 水	外 数 水
合計	98	105	105	98	90	90
水産一般	3	3	3	2	3	3
水産生物	3	3	8		2	2
海洋気象	3		3		3	3
漁業	10			2	5	10
漁船	3			2		2
航海	4					4
運用	2					2
航海運用				2		
海事法規				2	2	
水産法規	2	2	2		5	
水産製造		12			2	
水産化学		10	3			
水産微生物		3	11			
水産機械			5	2		
冷蔵冷凍		3	3			
水産増殖						
水産病理			3			
水産資源						
水産経営		2			2	
水産簿記		3				
漁船機関				16		
機関設計工作				12		
船舶用電機				5		
無線通信						
電磁事象						
通信法規						
実習	2	9	9	2	8	3
乗船実習	1ヶ月～3ヶ月			1ヶ月～3ヶ月		1ヶ月～2ヶ月
水産に対するその他の科目						

漁業課程　（文部省案31年度）

教科	科目	単位数	学年別 第一学年	第二学年	第三学年	備考
国語	国語甲	9	3	3	3	
社会	新科目(社会)	3			3	
	日本史	3	} 3	} 3		
	世界史	3				
	人文地理	3				
数学	数学I	6	6			
理科	物理	5	3	2		
	化学	3	3			
保健体育	保健体育	9	3	3	3	
外国語	第一外国語	8	5	3		
小計		49	26	14	9	
水産	水産一般	3	3			
	水産生物	3	3			
	海洋気象	3		3		
	漁業	10		5	5	
	漁船	3		3		
	航海	4		4		
	運用	2			2	
	水産法規	2			2	
	実習	2	2			
	乗船実習			1ヶ月ー	3ヶ月	
合計		32	8	15	9	
個人差に応じて履修する科目	応用数学	3	漁業コースと航海コースの二つに分けて深く研究させる為にそれに応じた科目を選択させるべきである。	3	} 14	
	第一外国語	2～4				
	漁業	2～5				
	航海	4～8				
	運用	2～4				
	海事法規	2				
	水産製造	2～5				
	冷蔵冷凍	2～4				
	水産増殖	2～5				
	水産資源	2～3				
	水産経営	3		3		
	水産簿記	3		3		
	漁船機関	2～12				
小計		17		3	14	
特別教育活動		6	2	2	2	
合計		104	36	34	34	

この教育課程は漁業に関する自営者、中堅技術者及び漁船に乗りこむ船舶職員（乙種二等航海士又は乙種一等航海士或は乙種二等機関士）の養成等を目標とする。

水産製造課程　（文部省案31年度）

教科	科目	単位数	学年別 第一学年	第二学年	第三学年	備考
国語	国語甲	9	3	3	3	
社会	新科目	3			3	
	日本史	3	} 3	} 3		
	世界史	3				
	人文地理	3				

理科	物理	3	3			
	化学	5	5			
数学	数学	6	6			
保健体育	保健体育	9	3	3	3	
外国語	第一外国語	6	3	3	3	
小計		47	26	12	9	
水産	水産一般	3	3			
	水産生物	3	3			
	水産製造	12		8	4	
	水産化学	10		4	6	
	水産微生物	3		3		
	冷蔵冷凍	3			3	
	水産法規	2			2	
	水産経営	2			2	
	水産簿記	3		3		
	実習	9	2	2	5	
小計		50	8	20	22	
個人差に応じて履修する教科目	応用数学	3				
	第一外国語	3				
	機械一般	2		2		
	水産機械	3			6	
	水産経営	3				
	文書実務	2		2		
	計算実務	3				
小計		8		2	6	
特別教育活動		6	2	2	2	
合計		111	36	36	39	

この教科課程は水産製造に関する自営者及び中堅技術者の養成を目標とする。

水産増殖課程 (文部省案31年度)

教科	科目	単位数	学年別			備考
			第一学年	第二学年	第三学年	
国語	国語甲	9	3	3	3	
社会	新科目	3			3	
	日本史	3				
	世界史	3	3	3		
	人文地理	3				
数学	数学I	6	6			
理科	化学	3	3			
	生物	5	5			
保健体育	保健体育	9	3	3	3	
外国語	第一外国語	3	3	3	3	
小計		44	26	9	9	
水産	水産一般	3	3			
	水産生物	8	3	3	2	
	海洋気象	3		3		
	水産増殖	11		5	6	
	水産病理	5		3	2	
	水産資源	3			3	
	水産化学	3		3		
	水産法規	2			2	
	水産簿記	3			3	
	実習	9	2	2	5	
小計		50	8	19	23	
個人差に応じて履修する教科科目	国語乙	3				
	応用数学	3				
	数学II	3				
	物理	3		6		
	第一外国語	3～6				
	漁業	2～3				

個人差に応じて履修する教科科目	水産製造	2～3		}	} 5	
	水産機械	2～3				
	冷蔵冷凍	3				
	水産経営	2				
	文書実務	2				
	計算実務	3				
小計		11		6	5	
特別教育活動		6	2	2	2	
合計		111	36	36	39	

1. この教科課程は水産増殖に関する自営者及び中堅技術者の養成を目標にしている。

2. 水産に関する科目の中、水産生物にはプランクトンを、水産病理には水産微生物を含めて課す。

全日制機関課程

（文部省案31年度）

教科	科目	単位数	学年別 第一学年	第二学年	第三学年	備考
国語	国語甲	9	3	3	3	
社会	新科目	3			3	
	日本史	3	} 3	} 3		
	世界史	3				
	人文地理	3				
数学	数学Ⅰ	6	6			
理科	物理	5	5			
	化学	3	3			
保健体育	保健体育	9	3	3	3	
外国語	第一外国語	10	5	3	2	
小計		51	28	12	11	
水産	水産一般	2	2			
	漁業	2		2		
	漁船	2		2		
	航海運用	2		2		
	海事法規	2			2	
	水産機械	2			2	
	漁船機関	16	2	6	8	
	機関設計工作	12		6	6	
	船用電気	5		2	3	
	実習	2	2			
	乗船実習			1ヶ月ー	3ヶ月	
	小計					
	小計	47	6	20	21	
特別教育活動		6	2	2	2	
合計		104	36	34	34	

1. この教育課程は漁船に乗りこむ船舶職員（乙種一等機関士以上）を養成する場合の例である。

2. 水産に関する科目の中、機関設計工作には工業に於ける機械工学、機械工作法に関連をもたせ、かつ製図を課すこと。

鮪.旗魚.鱶.延縄 漁場図

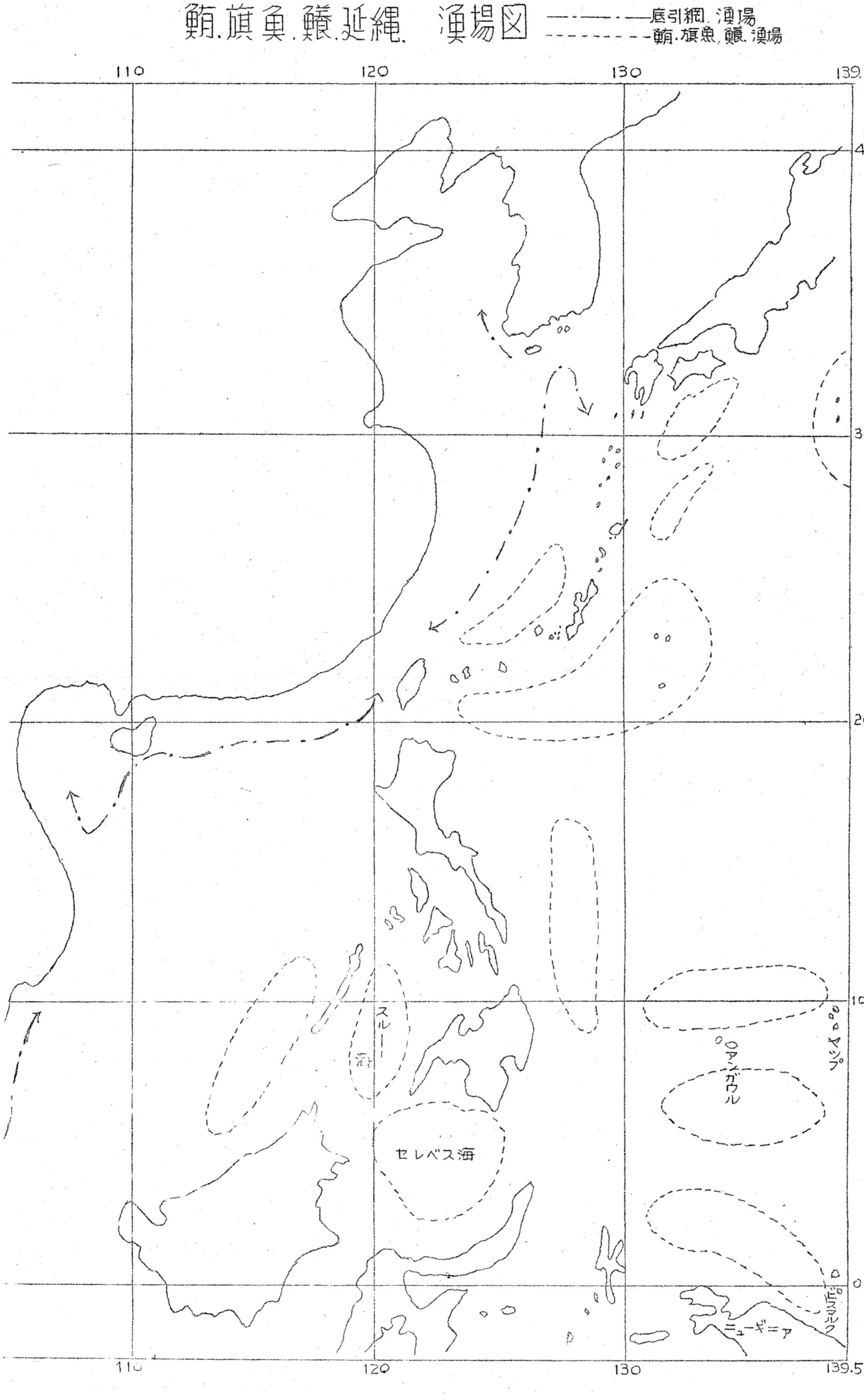

鰹,鮪,竿釣 漁場図 -----は漁場 ×はソネ

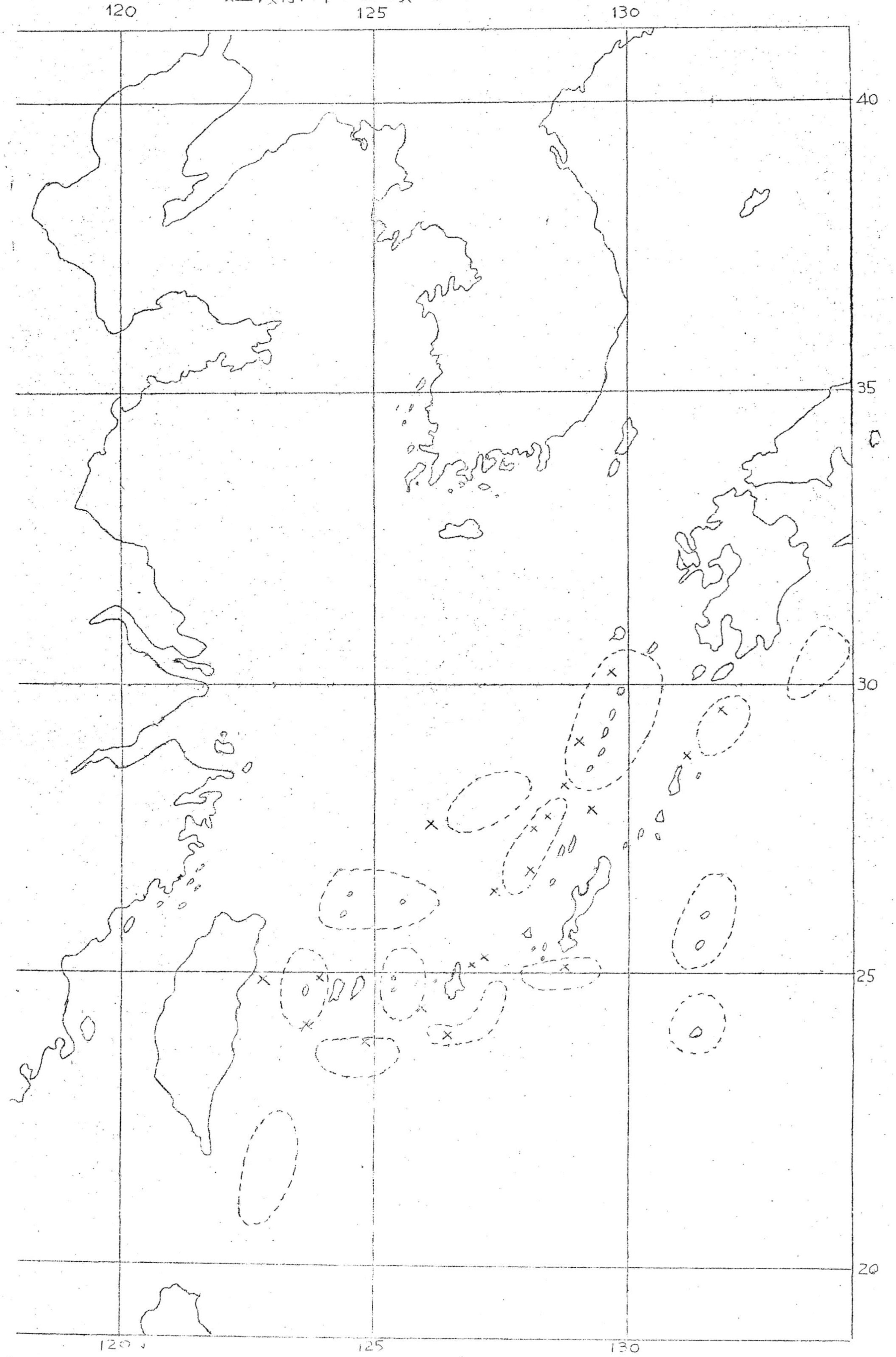

鯖釣漁場図

---------- は漁場

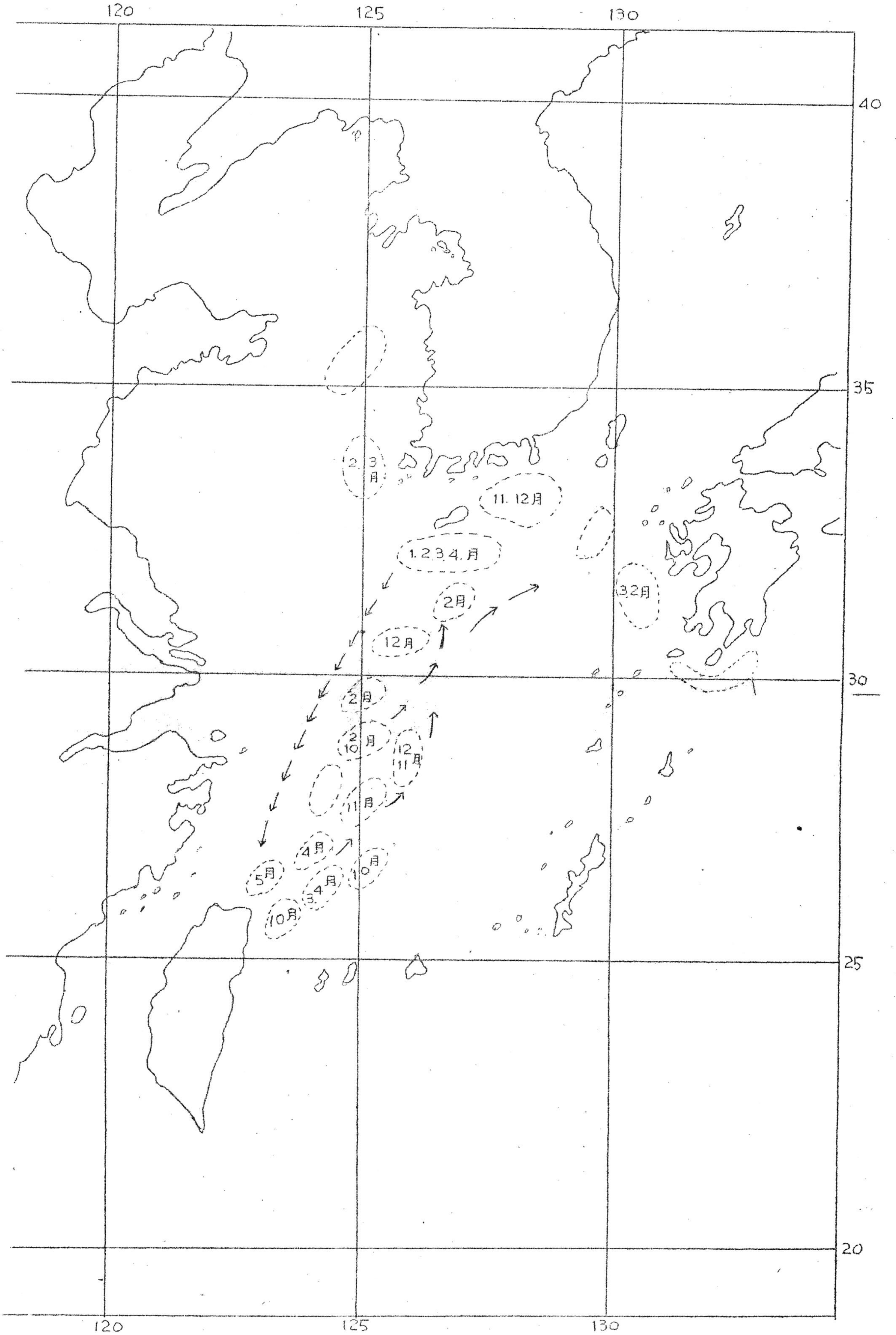
120
125
130
40
35
30
25
20
2.3月
11.12月
1.2.3.4.月
2月
3.2月
12月
2月
2 10月
12 11月
11月
4月
10月
5月
3.4月
10月

諸標準検査の学習指導への利用

研究調査課

一、はじめに

新しい教育の根本理念は、人格を尊重し、その人格を育成することでなるがそれには個々の児童生徒の個性を十分把握する事からはじめなければいけない。個々の児童、生徒の個性をつかむには色々な方法が用いられているが教育指導の目的で行う科学的な方法としては

(1) 知能検査　◦学習指導のための検査
(2) 学力検査　◦生活指導のための検査
(3) 人格検査　◦進学指導のための検査
(4) 適性検査　◦職業指導のための検査

などの各種の標準化された検査がある。本稿においては知能検査と標準学力検査及び適性検査（職業興味テスト）について其の連関からくる教育指導上の問題点について論ずる事にする。其の為K地区N中校の三学年の或る一学級について実際に知能テスト及標準学力検査、並に職業興味テストを実施し、其の結果を得る事が出来たので其の資料にもとづいて分析をする事にした。

二、各種テストの概観

1、検査の種類及び実施の経過

此の検査はN校三年の或る一学級四四人の生徒について実施した。

検査月日　一九五五年七月一四日〜一五日（晴天）

検査の種類

◦新制田中B式知能検査全般
◦国語新標準学力検査（日本文化科学社）中・国ハ用紙
◦数学標準学力検査（日本文化科学社）ロ用紙
◦職業興味検査（田中教育研究所、職業適性研究部）

処　理

研究調査課主事によつてテストを実施し、採点及結果の解釈、分析は研究調査課に於て実施した。

2、知能テスト

新制田中B式知能検査用紙全般によつて学級の生徒四四名についてその知能の測定をしてみると、次の様な知能偏差値分配表を得た。

知能偏差値分配表によると、知能偏差値五〇〜五四の区間に其の度数が多く三一・八％を占めている。全体的な分布の状態は分布の範囲が狭くしかも偏差値三五から五四の間に殆どが該当している。ようするに此の事は、等質の生徒が多く集つている学級である事を物語つている。

知能偏差値分配の状態を知能段階で観ると(中)及び(中の下)の生徒が著しく多く(中の上)の生徒が少尚く優に該当する生徒は一人もいない。此の学級は等質の生徒が多く集つている点で割合経営のしやすい学級であり、教科の指導に於ても、教科経営のよくいく学級と判断出来る。此の学級の平均偏差値及び標準偏差は次の通りである。

M（平均偏差値）＝45.5
S.D（標準偏差）＝7.6

日本農村の同種のテストの偏差値平均が四六（栃木県）でほぼ同じ水準を示していると云える。

【第一表】

成績	偏差値区間	人数	%
最劣	5－9		
	10－14		
	15－19		
	20－24		
劣	25－29	1	2.2
	30－34	2	4.5
中ノ下	35－39	9	20.4
	40－44	5	11.4
中	45－49	10	22.7
	50－54	14	31.8
中ノ上	55－59	2	4.5
	60－64	1	2.2
優	65－69		
	70－74		
最優	75－79		
	80－84		
	85－89		
	90－94		
	95－100		
合計		M＝45.5　S.D＝7.6	

3、標準学力検査

A、数学科

数学科の標準学力検査は日本文化科学社の中校の三年ロ用紙を使用したが其の結果を偏差値分配表で示すと次の通りである。

【第二表】

成績	偏差値区間	人数	%
最劣	5－9		
	10－14		
	15－19		
	20－24		
劣	25－29		
	30－34	3	6.8
中下	35－39	11	24.9
	40－44	9	20.4
中	45－49	11	24.9
	50－54	6	13.6
中上	55－59	1	2.3
	60－64	3	6.8
優	65－69		
	70－74		
最優	75－79		
	80－84		
	85－89		
	90－94		
	95－100		
合計		M＝45.0 S.D＝7.7	

右表から考察すると偏差値分布の状態が小範囲で偏差値三〇から六四の間に学級全体の生徒が該当し、恰度知能偏差値の分布と同様、等質の生徒が多い学級集団である事を示している。

しかも其の大部分が数学に於て、(中)及び(中の下)の段階を示めしており劣該当者は少く(中の上)も少ない方である。此の現象は数学指導に於て、其の教科経営が十分学級集団にゆきわたり、全員が歩調を整えて学習効果がやや一律にあがつている事を示すものとおもわれる其の反面又次の様な事も思料される。つまり、やや等質のものの多い学級集団と云う安易さに成績段階中程度を対象とした学習指導上の欠陥があらわれ、成績段階(中ノ上)及び優が著しく少ない。

尚知能検査と数学の標準検査との連関を見るために、第一表（知能偏差値の分配表）と第二表（数学科の偏差値分配表）とを重ねて描いたのが第三表である。

【第三表】

成績	偏差値区間	人数 知	人数 数	% 知	% 数
最劣	5－9				
	10－14				
	15－19				
	20－24				
劣	25－29	1		2.2	6..
	30－34	2	3	4.5	6.8
中下	35－39	9	11	20.4	24.9
	40－44	5	9	11.4	20.4
中	45－49	10	11	22.7	24.9
	50－54	14	6	31.8	13.6
中上	55－59	2	1	4.5	2.3
	60－64	1	3	2.2	6.8
優	65－69				
	70－74				
最優	75－79				
	80－84				
	85－89				
	90－94				
	95－100				
計					

印は知能偏差値　印は数学科の偏差値

第三表によると、知能相応に学習効果を挙げている生徒が少ない事を示している。例えば知能段階の（中）の生徒は（偏差値五〇～五四）三一、八％いるのに対して数学の成績段階で（中）の生徒（偏差値五〇～五四）は一三、六％しかいない。若し知能相応に学習効果が挙がつたとすると数学の成績段階（中）の生徒（偏差値五〇～五四）も三二％程度おるべきである。偏差値四五以下の生徒は知能の場合は五九、七％であるが数学の場合は七七％もいる。

面白いことは知能以上に学習効果をあげ得たと思われる生徒が四六％いる事である。これは、偏差値六〇～六四に該当するものが知能の場合二二％に対して数学の場合六、八％も存在する事でわかる。

以上の事から累推して此の学級はもつと学習効果を挙げ得る事の出来る学級である事が判断出来る。

数学科の偏差値平均及標準偏差は次の通りである。

M＝45,0

S，D＝7,7

B、国語科

国語科の標準検査は、日本文化科学社の中学三年ハ用紙を使用したのであるが、其の偏差値分配の状態は次の通りである。

第4表の国語科の標準検査の偏差値分配表によると、其の状態は数学科の場合と同様、分配の範囲が著しく小範囲で等質者の多い学級集団である事を示している。成績段階からみると、（中ノ下）に該当するものが最も多く、（中ノ上）以上に該当者のないことが特色になつている。

これは国語の学習指導上から来た問題点と云うよりは、当校の国語科の教育課程において、文法指導が二学期以降になつている為であると思われる。

【第四表】

成績段階	偏差値区間	人数	%	10	20	30	40
最劣	5－9						
	10－14						
	15－19						
	20－24						
劣	25－29						
	30－34	1	[illegible]				
中ノ下	35－39	13	29.5				
	40－44	11	24.9				
中	45－49	9	20.4				
	50－54	4	9.1				
中ノ上	55－59						
	60－64						
優	65－69						
	70－74						
最優	75－79						
	80－84						
	85－89						
	90－94						
	95－100						
合計		M＝42.3		S.D＝6			

（標準検査の問題は文法が約全体の三分の一を占めている。検査実施は七月でまだ文法指導が行われていない。）偏差値平均及標準偏差は次の通りである。

M＝42.3

S・D＝6

偏差値平均及偏差値分布の状態から思料されることは、数学科と同様、中程度を対象とした一斉授業の持つ欠陥が、（中の上）及優に該当する生徒を出さなかつた原因ではなかろうか。

4、職業興味検査

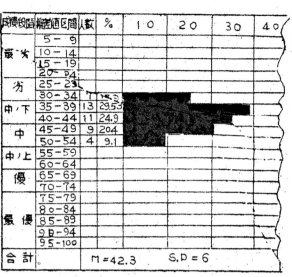

学級の生徒四十四人に田研式の職業興味検査を実施し個々の興味の傾向を調査したのが、次の第5表である。

それには職業興味が十種の分野別になつており、理解を便ならしめるために一応分野別の解説を付す事にした。

表には非常に興味のある分野を個人別に記したが、尚はつきりした職種の発見には興味検査の偏差値より割り出された職種を知能及び標準学力検査等の偏差値（知能段階、成績段階）で可能な能力があるかと云う事を裏付けて判定すべきである。此処では其の余裕がないので1、2の例を記すことにする。指導に参考になると思われるので、非常に興味のない分野も記すことにした。

A、職業興味分野の説明

1、戸外

農夫、きこり、船員、探険家、漁夫などのように山野、自然（人工に対する意味での）および海洋などでする仕事や、それらを対象とする仕事に対する興味因子であり、サーストンが自然的、あるいは体育的と名付けたものと近い。

2、機械

技術者、航空士、機械操作員などに共通する興味因子である。

3、計算

帳簿係、会計係、銀行員などは、この分野に高い興味を示している。

4、科学

この分野は、事象の因果関係を探究することに高い興味を持つている。

5、説得

ストロング及びシューパーが対外接衝的と呼んだものと、ほぼ同一内容のものであり、宣伝広告、案内販売等を含む。

実利的なものをうるために多くの人々と合つたり、商品の販売又はその計画をたてたりすることについての興味因子である。

6、美術

絵画、工芸などに対する興味分野である。これは、手先をつかう創造的な仕事や視覚に訴える仕事を好むもので、画家、彫刻家、美容師、デザイナーなどはこの分野に高い興味を示している。

7、文芸

文章を記述したり、書物を読んだりすることについての興味因子である。

8、音楽

音楽を奏したり、鑑賞したりして楽しむことに関する興味で、演奏家、作曲家、舞踏家、合唱団員などはこの分野に高い興味を示している。

9、奉仕

対人関係で相手に奉仕する。又は社会全般的な福利厚生についての興味因子である。

10、書記

書記的なこと、たとえば経営内における規則的な体系的な、あるいは記録保持的な仕事に対する興味因子である。

一、二の例を取つてどのような職業に適するかを調べてみよう。

○1番アと云う生徒は、

職業興味として奉仕、科学でそれより割出される職業としては、教授や医師、社会福祉家である。此の生徒の知能偏差値は63で、（中ノ上）学力偏差値は国語32、数学37で劣及(中の下)、結局、教授や医師は不可能であり、其の外の科学的な分野を持つ職をさがす必要がある。

。7番キという生徒は、職業興味は美術、文芸でそれから割り出される職業としては著述業、弁護士、画家、装飾係、デザイナー、製図家、写真師等である。此の生徒の知能偏差値は53で中、学力偏差値は国語50、数学54で中結局、この生徒にとってはデザイナーか装飾係、写真師等の仕事が適当と思われる。

B　職業興味分野一覧表　　【第五表】

号	氏　名		非常に興味のある分野	興味のない分野
1	ア		奉仕　科学	文　芸
2	イ		科学　奉仕	説　得
3	ウ		奉仕　科学	美　術
4	エ		音楽　奉仕	機　械
5	オ		戸外　文芸	美　術
6	カ		戸外　科学	美術　書記
7	キ		美術　文芸	科　学
8	ク		文芸　科学	説　得
9	ケ		戸外　奉仕	計　算
10	コ		美術　機械	説　得
11	サ		計算　科学	美　術
12	シ		機械　戸外	文　芸
13	ス		機械　美術	書　記
14	セ		科学　戸外	説　得
15	ソ		交芸　美術	機　械
16	タ		文芸　説得	美　術
17	チ		音楽　戸外	説　得
18	ツ		文芸　奉仕	音　楽
19	テ		戸外　科学	音　楽
20	ト		戸外　文芸	音　楽
21	ナ		音楽　説得	機　械
22	ニ		科学　機械	戸　外
23	ヌ		科学　音楽	説　得
24	ネ		戸外　科学	説得　音楽
25	ノ		計算　音楽	文　芸
26	ハ		美術　文芸	奉　仕
27	ヒ		科学　機械	美術　書記
28	フ		計算　戸外	説　得
29	ヘ		科学　計算	音　楽
30	ホ		計算　文芸	美　術
31	マ		科学　奉仕	音　楽
32	ミ		奉仕　科学	美　術
33	ム		文芸　音楽	戸　外
34	メ		科学　計算	美　術
35	モ		科学　文芸	美　術
36	ヤ		戸外　科学	書　記
37	ヰ		戸外　科学	美　術
38	ユ		科学　機械	音　楽
39	ヱ		計算　音楽	美　術
40	ヨ		機械　戸外	音　楽
41	ラ		戸外　美術	書　記
42	リ		文芸　美術	計　算
43	ル		計算　書記	奉　仕
44	レ		計算　奉仕	機　械

三　成就値より考察出来る学習指導上の問題点

成就値は普通次の算式によって算出される。

成就値＝学力偏差値－知能偏差値

算出された成就値が０の場合、学力は知能に相応していると判断し、成就値が＋(プラス)の場合は学力の相対的地位が知能の相対的地位より高いと判断する事が出来る。

成就値が－(マイナス)の場合は学力が知能に比して劣っている場合で、教育的に問題になるものである。

以上の観点にたって此の学級の成就値を見ると第6表(一九頁)に示す通りで、知能と学力の相関図を一覧しただけでも、知能相応に学習効果のあがっていない事がはっきりする。

では此の表から学習指導上問題になる生徒をひろってみると次の通りになる。（普通成就値の場合、＋－9までは０の段階にふくめて問題にしない）

。学習指導上問題になる生徒（成就値－）

【国語科】

1番　ア　－31
3番　ウ　－15
4番　エ　－20
5番　オ　－10
6番　カ　－10
11番　サ　－14
12番　シ　－13
14番　セ　－15
30番　ホ　－10

【数学科】

1番　ア　－29
4番　エ　－17
8番　ケ　－14
12番　シ　－11
13番　ス　－14

右の通り国語科においては九人、数学科においては五人で此の生徒達は知能相応には学習していない生徒達で、学習指導の場合特によく考慮して指導し、学習意欲を湧かすよう注意すべき生徒達である。

此の生徒達に対しては、数学、国語共、小学校の課程から診断テストを実施し何処に教科上の盲点があるか、どの系統のどこの指導が欠けているか等を発見して治療的な指導を行わなければいけない。

尚1番ア、4番エ等の生徒に対しては、其の知能と学力の開きが著しいので、診断テストの外に性格調査、家庭環境調査、問題行動調査等を実施し、立体的に善導して行く方法を考えなければいけない。

其の外に成就値が、－9・－8・－7等の

生徒が多数いるから、此のような生徒達についても一応考慮しておく必要がある。

成就値＋のもので特に＋14、＋15をとった26番ハ、28番フの両生徒については、知能テストをもう一度実施し検討してみる必要がある。

以上成就値を概観した事から此の学級については次の事がらが云えると思う。

此の学級の生徒達は教科指導において其の教科の学習目的や意図をはっきり把握させ、より多くの学習時間を学校に於ても家庭に於てもあたえ、教師は診断治療的指導を行い個々をはっきり掌握しながら学習指導を行う事によって知能相応の学力を発揮する事が出来る

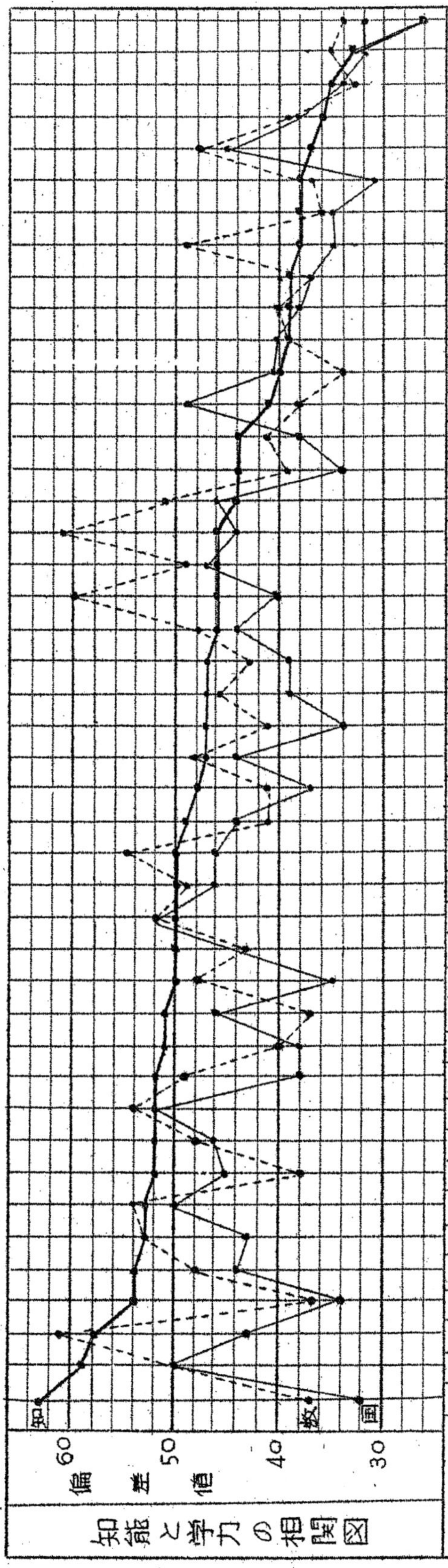

（番号）	1	2	3	4	5	6	7	8
氏名	ア	イ	ウ	エ	オ	カ	キ	ク
学力偏差値（または教育指数） 国語	32	50	43	34	44	43	50	45
学力偏差値（または教育指数） 算(数)	37	50	61	37	48	53	54	38
知能偏差値（または知能指数）	63	59	58	54	54	53	53	52
成就指数（国語）	-31	-9	-15	-20	-10	-10	-3	-7
成就指数（数学）	-26	-9	3	-17	-6	0	1	-14

（番号）	9	10	11	12	13	14	15	16
氏名	ケ	コ	サ	シ	ス	セ	ソ	タ
学力偏差値（または教育指数） 国語	46	52	38	38	46	35	44	52
学力偏差値（または教育指数） 算(数)	48	54	49	40	37	48	43	52
知能偏差値（または知能指数）	52	52	52	51	51	50	50	50
成就指数（国語）	-6	0	-14	-13	-5	-15	-6	2
成就指数（数学）	-4	2	-3	-11	-14	-2	-7	2

（番号）	17	18	19	20	21	22	23	24
氏名	チ	ツ	テ	ト	ナ	ニ	ヌ	ネ
学力偏差値（または教育指数） 国語	46	46	44	37	44	34	39	39
学力偏差値（または教育指数） 算(数)	49	55	41	41	48	41	46	43
知能偏差値（または知能指数）	50	50	49	48	47	47	47	47
成就指数（国語）	-4	-4	-5	-1	-3	-3	-8	-8
成就指数（数学）	-1	5	-8	-7	1	-6	-1	-4

（番号）	25	26	27	28	29	30	31	32
氏名	ノ	ハ	ヒ	フ	ヘ	ホ	マ	ミ
学力偏差値（または教育指数） 国語	44	40	47	44	46	34	38	49
学力偏差値（または教育指数） 算(数)	48	60	49	61	51	39	41	38
知能偏差値（または知能指数）	46	46	46	46	44	44	44	41
成就指数（国語）	-2	-6	1	-2	2	-10	-6	8
成就指数（数学）	2	14	3	15	7	-5	-3	-3

（番号）	33	34	35	36	37	38
氏名	ム	メ	モ	ヤ	イ	ユ
学力偏差値（または教育指数） 国語	40	40	38	37	35	35
学力偏差値（または教育指数） 算(数)	34	39	40	37	49	36
知能偏差値（または知能指数）	40	39	39	39	38	38
成就指数（国語）	0	1	-1	-2	-3	-3
成就指数（数学）	-6	0	1	-2	11	-2

（番号）	39	40	41	42	43	44
氏名	エ	ヨ	ラ	リ	ル	レ
学力偏差値（または教育指数） 国語	31	45	38	34	32	32
学力偏差値（または教育指数） 算(数)	37	48	39	33	35	34
知能偏差値（または知能指数）	38	37	36	35	33	26
成就指数（国語）	-7	8	2	-1	-1	6
成就指数（数学）	-1	11	2	-2	-2	8

経済振興第一次五ヶ年計畫に対する教育のあり方

夏季講習（教育課程）
研究グループ　第一班

◇　経済振興計画に即応する沖縄教育のあり方を計画実践することは緊急にして重要な問題であるが、その計画の細部にわたつては相当期間の研究を要するものと思われる。そこで第一班としては研究期間の短時日の関係から教師のそれに対する心構えという程度のことを考究してみた。

（A）経済振興第一次五ヶ年計画の目的及内容について

一、目的　沖縄における均衡経済を達成し、生産業を振興し、将来の発展のための経済基盤を確立する。

二、内容

第一章　われわれの経済はどうなつているか。
　ー経済の現状分析と展望

第二章　どうしなければならないか。
　1、生産業をさかんにしなければならない。
　2、弗をもつと稼がなければならない。
　3、しつかりした経済の土台をつくる。

第三章　それはできるか　ーやればできるー

第四章　どうすればできるか
　ー計画のくわしい内容ー
　第一節　建設計画
　第二節　生産振興計画
　第三節　開発計画
　第四節　資金の見透し

第五章　よみがえる琉球　ー計画実施後の姿ー

第六章　自立と繁栄への道を進もう。

（B）これに即応した産業教育振興方策としては次の事項が考えられる。

一、沖縄の現実の産業教育の隘路を打開する。
　1、多数の勤労青年に対する教育機関施設の充実を図る。
　2、産業教育を進めるに必要な施設、設備を整備するに要する教育財政の確立をはかる。
　3、職業科担任教師の待遇を改善すると共にその資質の向上をはかる。
　4、郷土に即した産業に関する教科用図書について特別の措置を講ずること等が考えられねばならない。

二、産業教育の方針を認識し、その達成に努力せねばならない。
その方針としては
　1、勤労を愛し、責任を重んずる精神即ち勤労観を確立すること。
　2、地域の産業や経済との連携を密接にし、地域の産業界に貢献しうる産業人を育成すること。
　3、ホームプロジェクト法等の新しい指導法を採用し、自主的学習態度を育成すること。これがため弾力性あるカリキュラム構成を考究すること。
　4、文部省の産業教育設備基準に基づいて施設、設備の充実に努力すること。

三、右に挙げた隘路を打開し方針に沿つて、産業経済の発展と住民生活の向上をはかるという重要な目的を達成するには、実施計画がなければならない。産業教育実施計画として次の点が挙げられる。

四、産業教育実施計画
　1、産業技術（技能）者の養成を如何にするか
　（イ）高等学校における職業教育の充実強化により
　（ロ）社会における一般技能者の再教育の機会により、即ち農業指導所、水産指導所等における技術者養成施策の拡充や工場事業場における短期技能者養成施設の拡充等によつて
　2、指導者の養成と再教育を如何にするか。
　イ、教員養成機関の整備拡充により
　　（特に職業科教員養成）
　ロ、教員に対する再教育の実施により
　　（即ち認定講習、研究会、琉大との連携）
　3、教育内容の刷新と指導法の改善及び施設、設備の整備充実のために如何なる計画が必要であるか
　（イ）特に高等学校の職業、家庭科教育上から要望されているのは次の要項であるので、それに伴う計画を樹立し実践に移すことが大切である。
　（ロ）農業課程
　◦カリキュラムの研究　◦綜合農業とホームプロゼクト法の研究実施　◦女子農業教育の拡充整備　◦農場再編成と実習指導の改善　◦農業工作教育の充実　◦農業クラブの充実。地域農

村に立脚した学校経営　。機械、農具の整備
。依托実習の実施

(ハ) 工業課程
。各コースの整備充実、。学校実習工場運営の研究　。職業分析とカリキュラム研究　。技術指導の改善　。現場実習の充実、。共同実習工場の整備。実習設備の充実　。依托実習の実施
。女子工芸教育の拡充整備

(ニ) 商業課程
。カリキュラム研究　。現場実習の実施　。地域商業企業との連携　。郷土室、商品陳列室の整備　。依托実習の実施　。普通課程における商業選択コースの設置

(ホ) 水産課程
。漁業実習施設の充実　。教科と実習指導の一体化　。地域産業との連携　。カリキュラムの研究　。実習船の整備充実　。依托実習の実施
。遠洋漁業技術の養成　。女子水産教育の拡充

(ヘ) 家庭課程　。ホームプロジェクト法の研究
。学校家庭クラブの研究　。学習指導法の研究
。洗濯及調理施設充実

(ト) 中学校における職業家庭科。カリキュラムの研究　。学習指導の研究

作業場の整備。地域産業との連携

4、勤労青少（含一般）年を対象とした産業教育としては次の計画が必要である。

(イ) 公民館の設置を奨励する。
これについては公民館設置可能部落数八〇〇中現在その十五%の一一〇館に対し五ケ年間の目標としてその七〇%設置を希望し、尚都市地区の文化センターとして中央公民館の設置も望ましい。

(ロ) 青年学級運営の強化をはかる。
現在の四〇学級を最小限各校区一学級宛の一九〇学級を設置して職業技術教育をする。

(ハ) 既設、施設の一般への開放
実業高等学校、協同組合、試験場等が出来るだけ一般成人へ開放し、産業技術向上を図る。

(ニ) 綜合職業技術訓練所の設置。
専門的技術訓練所を設けて産業技術の向上をはかる。

(C) 以上経済振興五ケ年計画に対して沖縄教育上計画研究せねばならぬことや心構えについて述べたが更に重要なことは此の経済振興五ケ年計画に即応した当面の学校教育及学習指導のあり方を考究しその旺盛なる実践を図ることであると思う。

1、小中学校における職業的指導の留意点としては

(イ) 義務教育を終えるまでに琉球経済についての一般的理解をもたせると共に現代の産業についての基礎的な知識と技能とを習得させ環境に合目的に働きかけていく積極的態度を養うことに職業的指導の目的があることを認識することであり

(ロ) かかる知識技能はこれを全教科の指導を通じてはじめて十分に養われるものであるから第一に

(ハ) 読書算の基礎能力を充実させることに一層留意すること、それはこれらの基礎能力がないと目的に沿う学習を順調に発展させることができないからである。

(ニ) 産業に対する科学的な理解を養う面で社会科と理科は特に主要な内容教科であるからその指導に一層の力を入れること即ち施設、設備の充実をはかり実験、実測、観察、飼育、栽培、見学、実習等の学習指導に一層奨励することが肝要である。更に学習指導上考えるべきことは「為すことによつて学ばせる」と共に「考えることによつて学ばせる」の二大原理を採用することである。

(ホ) 生産技術の単純な基本的陶冶と芸術的表現力を養う立場から図工科教育に力を入れること、特に工作のための設備を充実し、その指導法を工夫せねばならない。

(ヘ) 強健な体力を養うことは生産増強の面からも重要であることを認識し全児童生徒の体力増進と健康維持のための保健体育科の指導法を考究すること。
ともすると一部の児童や生徒のための運動競技のあり方は考え直す必要があると思われる。

(ト) 中校の職業家庭科が他教科の教育に圧倒されている感が強い現実を反省し、産業に対する仕上げの教科としての意義を認識し、その指導に力を入れること。
なお冗費を節約してこれを貯蓄にまわすことは自己のためのみならず資本の蓄積になりこれが産業振興の要件であるということを職業家庭科のみならずあらゆる教科指導を通じて理解させるようにすることも大切である。

2、高校においては職業指導に一層留意し、その教育課程の再検討はもとより施設設備の充実と指導

上の善改に力を致すべきことはすでに述べた通りである。

3、産業についての興味を継続的に触発させるためには生産技術的活動を特別教育活動に一層とり入れるべきと思われる。即ち蔬菜、花卉果樹の栽培や小動物の飼育をさせるようなことである。

4、社会科、理科、職業、家庭科を中心として経済振興五ケ年計画が如何なる目的で如何なる構想で計画されその実施後お互の生活がどうなるかということを理解させることはこれに協力する人間を養成する立場から重要なことと考えられるから、本計画書を学習の資料として活用することは望ましいことである。

5、産業（職業）教育をしてその実をあげるには学校における全職員の関心と協力はもとより地域の専門家職能人、青年グループ農事試験場等を学校教育に協力させたり活用することを考えることも大事であろう。

6、現実における社会の風潮として職業的技術人より一般的教養人を尊ぶ観念があるがこの考え方を如何にして打破したらよいか。また基地経済の様想として労少くして益多からんことを希い、ために勤労精神の低下をきたしている実状を如何にして打開するか。これらの打開への方途とその実践に力をつくさなければ産業教育も実を結ばないであろう。

7、職業教育を実施するには児童生徒の適性とその将来の希望を考慮しなければならない。ここにおいて適性分析の科学的研究が問題になるがこの方面の研究を進めることも肝要である。

8、職業教育の振興には、何といつても設備の充実と指導者の養成が先決問題になるので政府当局において設備の基準を確定し、それに伴う財政の確保はかえすがえすも緊急な事である。これなくしては職業教育振興計画も空文に終つてしまう。特に職業科担任教師を如何にして養成し、その待遇の改善をはかるを考究せねばならない。社会における技術者の待遇は教職員のそれより遙かに上位にある所に実現の困難性があると思われる。

(D) 更に如上の諸問題に関して次のような点が感ぜられる。

1、経済振興五ケ年計画の実現には。

沖縄の現実の経済が計画経済よりむしろ自由経済の勢力が強いことや、アメリカ経済への依存度が高い点より相当に困難性が伴うのではないか。

2、五ケ年計画を実践にうつした場合、日本やアメリカから相当数の技術者や指導者を招聘してその指導を受けねばならないと思うがそれに要する経費を計上する必要があろうと思う。

3、この経済計画に適応した各部門に必要な人員を如何にして確保するか。産業別適正人口の科学的研究まで進むことが必要ではなかろうか。

4、経済計画を生かすにはこれに即した教育計画が必要であるが、その教育計画に必要な経費も編成すべきことと思われる。

5、経済五ケ年計画に即応した教育計画を教育界を一丸として立案され、スクラムくんでこれを実践に移す意気と情熱を持することが大切である。

6、学校教育特に職業科指導を困難ならしめていることに社会道義の面が考えられる。即ち盗難の多いことである。学校の設備、備品、飼育、栽培された物がしばしば盗難にかかることは、教育に対する情熱を失わせてしまう。

社会教育を振起して道義の昂揚を図ると共に法をもつと竣厳にして、取締を強化することを痛感する。

▽経済振興五ケ年計画が単なる机上ランプに終らないように計画の検討や批判が各方面からなされ、真に全住民の支持と了解の上に立つて実施され、着々その効果が上ることを切望すると共に、これに対する教育のあり方に御叱正と御教示を賜われば幸甚に存ずる次第であります。

一九五五年八月二十九日

終りに本研究グループは次の通りである。

勤務場所	職名	氏名
石川地区教育長事務所	教育長	祖慶良次
コザ地区嘉手納小学校	校長	山内繁茂
琉球政府文教局	社会教育主事	玉木芳雄
コザ高等学校	校長	新垣永昌
宜野座地区天仁屋小中学校	校長	山口沢正
コザ地区読谷小学校	教頭	比嘉良正
コザ地区西原小中学校	校長	新垣良康
コザ地区北谷小学校	校長	町田宗敬
宜野座地区宜野座小学校	校長	安富祖義徳
コザ地区北中城小学校	校長	新里章
コザ地区西原小中学校	教頭	平敷静男
前原地区教育長事務所	指導主事	当真嗣永

図工科教育について

真和志区　楚辺小学校

※はじめに

那覇地区に於いては、本年度の教育実践目標として学習指導技術の研究強化を目ざして、毎月一校ずつ一科目の研究発表会をもつことになつており、本校では、図工科の研究発表会をもちました。…研究発表というと大げさに聞えますが…何しろ研究期間が僅か三ケ月で、未だ初歩の段階を踏んだばかりでありまして、今後とも継続的に研究しなければならない幾多の問題が残されております。

図工科と云えば何か専問的な特別な技能を持たなければ指導出来ないと、いうように一般には考えられがちであるが、それは、中学校以上の学校では必要かもしれない。が…しかし、小学校の段階では図画工作教育が普通教育の立場から、その必要が認められている以上何も特別な技術はなくとも、指導し得る筈である。

本校では、この信念のもとに、校長を中心として、全校職員が図工科指導にとつくんで見た此の記録は研究授業当日の記録を綴つたものであるが、この度研究調査課の要望によつて、その一部を公表することになりましたが、この資料が現場の諸先生方の日々の教壇実践に参考になりますならば幸いに存じます。

▲本校図工教育の主眼点

1、手近にある材料を生かして児童の造形的表現意欲を喚起し、その材料の特質を生かすことによつて児童自体の創造性を培う。

2、郷土の芸術的造形品の価値を判断するとともに、その作品のよさを鑑賞する力を養う。

3、図工科教育に対する理解を深め日々の教壇実践に多大の効果をあげるため研修の機会を多くもつ、

▲研究会日程

1、日時　七月八日（金）午後二時～五時

2、研究授業

A、第一校時　二時～二時四〇分

一年、おもちや作り　（工作）　宮城吉子

三年、夏の夜　（図画）　崎間よし子

B、第二校時　二時五〇分－三時三〇分

五年、夏の花　（図画）　大西栄保

六年、灰皿　（工作）　伊佐伝一

3、児童作品観覧　三時三〇～三時五〇分

4、研究懇談会　三時五〇分～五時

▲図工科学習指導案

一九五五年七月八日　金曜日

一年二組　指導者　宮城吉子

1、題目　おもちや作り

2、題目設定の理由と学級児童

つい、先日四日市が終つたばかり、子供達の身の廻りにはまだ玩具が目につく事でしよう。見れば何でも欲しいのが子供の心理である。幼稚園時代までは両親に玩具を買つてもらつたけれど而し、一年生になつてからは小学生だといふ観念から買つてもらえる機会が少いと思われる。そこで本単元は児童の欲求にちなんで身近かな材料を使つて自分自身の玩具を作ることによりその満足感を与える。

学級児童

男児　28名　女児　24名　計　52名

全般的に図工は好きである。

3、目　標

楽しんで表現する創作的な態度を養う。

造形物に対する初歩的工作力の養成

自然に対し関心と親しみをもたせる

ナイフの使用になれさせる。

4、指導計画、二時間取扱い

第一時限＝材料集め

第二時限＝本時

5、準　備

教師＝材料（カンナの茎、バナナの茎、マツチ軸）

掛図、玩具、ナイフ、鋏、きびがらで作つた見本

児童＝材料、ナイフ又は鋏、板

6、学習指導の過程

導入

四日市や玩具についての話合い、きびがら細工の見本を見せる。

展開

。玩具作りをきめる

。材料の特徴を説明し、ナイフの使い方に注意す

る。
・立派なそして面白い玩具を作ることが出来るでしょう
・自由に思い思いのものを作る。
・出来上り次第出来不出来に拘らず出来上つた作品については賞めて上げる。

7、評価
お互に作つたものをグループの人達で評価し合う。教師が巡視して、よい作品をとり上げて、皆に見てもらう。

8、後始末について注意する。

▲図工科学習指導案

一九五五年七月八日　金曜日
三年三組　指導者　崎間ヨシ子

1、題目　夏の夜　（はりえ）

2、題目設定の理由と学級児童

(1) 夕食後床につくまでに夕涼みの楽しい時間をもつ。此の頃夜の世界について児童の生活体験をいかし、はりえによつてその表現を工夫創作させる又今までと変つた材料で学習させる事は児童に変化と興味を与えることによつて描画の不得意な児童もすくわれる機会となる。

(2) 児童数51名（男25名　女26名）
常欠1名　貧困2名　図工の好きな子は　35名

3、目標
・ぬのぎれをつかつて楽しい図案的表現をさせる
・夜の様子を自由に豊かに表現させる。
・人物の動きや服装その場の様子をていねいに表現させる。
・鋏の使い方になれさせる。

4、準備
教師、掛図、布片、糊、うちわ、鋏、包装紙、画用紙、古新聞、

5、時間配当　二時間（第一時取扱い－本時）

6、学習指導の過程

導入
・夜の風景を描く事を予告しておいてその情景をよく観察させておく。
・掛図をみて皆で話し合う。
・どんな場面か、どこがうまくかけているか。
・空、人物、きもの、うごきはどうか。
・うちわをもつて実演してみせる。

展開
・紙一ぱい使つて表現しよう。
・鉛筆で形をとつてもいいし、自由にきつてもよい児童の個性的表現をさせる。
・はり方に気をつけて、のりをつけよう。
・机をよごさぬように、後始末

評価
・出来上つたら皆で批評し合う。夜の様子が自由に伸び伸びと表現出来たか。

▲図工科学習指導案

一九五五年七月八日　金曜日
五年二組　大西栄保

1、題目　夏の花（フロッタージュ）

2、題目設定の理由と学級児童

(1) 花は吾校区域の特産物で日常生活に直接に関係を持つものでその美しさ、きれいさは人間の生活感情を豊かにする。このおおらかな夏の花を見るとその実感を造形表現してみようと思うであろうこれを身近にある材料をつかつて表現するフロッタージュの技法を指導することに依り表現方法には多種多様のやり方があることを理解するとともに、特に本単元ではその特質を充分味わせたい。

(2) 学級児童数52名、男子30名　女子32名（常欠2名）素直で明かるいが創造力はまだ充分でない。

3、目標
(1) 花をよく観察して描くことにより、夏の花のおおらかな気分に触れさせたい。
(2) 造形表現の内容と形式にいろいろな変化を与えて創造的な視野を拡張させたい。
③ 身近にある材料を有効に利用して造形表現を理解させたい。
④ 花の美しさを意識的に表現する能力態度を養う
⑤ バレンの作り方を知る。
(6) フロッタージュの技法について理解させる。

4、指導計画
第一時　バレン作り
第二時　下絵を描く
第三時　糸をはる、仕上げ（着色）反省、鑑賞、評価…（本時）

5、準備
(1) 教師＝花瓶、糸、糊、はさみ、参考品、画板、
(2) 児童＝糸、バレン、絵の具、筆、筆洗、パレットはさみ、（かみそり）布切れ、新聞紙。

6、学習活動
(1) 本時の目的を話合う。
(2) 前時で描いた下絵の上から糸をはりつける。
(3) 着色の方法についての注意。
④ 各グループ別に相談しながら作業を進める

⑤ 巡視しながら花の生き生きした感じ、生命感を失わせないよう表現意欲を昂めつつ仕事を進めさせる。

(6) 児童たちが材料をよく使いこなしているかどうかを見、困つているものには技術的な点について話合い、よりよい使用法を発見していくように指導する。

(7) 仕上げ

(8) 批評、反省

7、鑑賞及評価

(1) おおらかで生き生きとした生命感に溢れる夏の花の感じがよく表現されているか。

② 構図、形態、配色はどうか。

③ 教師の評価

。フロッタージュについてどの程度理解したか。

。描画中楽しかつたか。

。表現上むつかしかつたところはなかつたか。

。誰の作品が面白いと思うか。

▲図工科学習指導案

一九五五年七月八日（金）第六校時

指導者　六年二組　伊佐伝一

1、単元　灰皿作り（木工、竹細工、金工）

2、単元設定の理由及学級児童

△理由

•物を作るという事は私達の生活を一層便利にし気持のよい楽しいものにするのが本旨である。本単元の灰皿作りは身辺にある廃材等を利用し生活に役立つ有用なものを作る事であり児童の創意工夫の生活態度を養うに適切な題材と思う

。生活をするのに必要なものが作られる時、それはその必要に適合する様に作られなければならない。一層よいものが作られる事によつて生活を幸福にする事が出来、私達はこの為如何に協力して行かねばならないかを理解するにも適材と思われる

。社会には生活用品でありながら、あまり美しくないものもある。用と美がしつかり溶け合つている所によい生活があり児童の発達程度に即して用美一如の教育が出来る。

△学級児童

在籍四六名（男二五名女二一名）長欠児一名(男)

3、目　標

。生活環境にあるものを立体的な構成の立場から美的に観察する能力を養う。

。身辺にある不要品、廃品、遊休品（空罐、竹箒の柄等）を綜合的に活用し役立つもの、面白いものを作る創意工夫の力を養う。

4、準　備

教師＝参考品、掛図、ペンチ、金切鋏、針金、ハンダーゴテ、ハンダー、きり、やすり、切出小刀、カンナ、鋸、金槌、釘、塗料品

児童＝板（一五cm～二〇cm）竹（使い古した竹箒の柄等）針金、金切鋏、切出小刀、きり、やすり、カンナ、鋸、金槌、釦、ペンチ、サンドペーパー

5、本単元の分節

。わく竹（灰壷の周囲）作り

。台作りと空罐の加工（灰壷）

。わくの組立と仕上げ（ニス塗り）

6、本時取扱い単元

。わくの組立と仕上げ……・二時間

7、導　入

。用意した参考品や掛図を提示し、これまでの作業過程に於て経験した事から、わく竹を如何に組合わしたら美的な実用的な作品が出来るかを話し合い学習意欲を換起する様にしたい。

8、展　開

。わく竹は分類（長短）され、組合わせていく為の針金の長さは適当か。

。わくの組立を始める

台木を基準に交互に積み重ねていく。

。わくが灰壷の高さまで積まれたら針金を結びつける

。灰皿台への接合（釦づけ）

配置をよく考えて。

。ニス塗りに依り作品の仕上げ。

9、反　省

。最初に計画した通り組立てられたか（わく竹）

。台の大きさから考えてマッチ立てや灰壷は適当に配置され、装飾も思う様に出来たか（美的面）

。家庭で実際に役立てられるか（実用的面）

。他の児童の作品との比較

10、評　価

。廃材や不要品等を綜合的に活用し役に立つものを作る事に興味を持つ事が出来たか。

。又それが生活態度の一つとして身についたか。

。各児の創意がどの程度生かされ作製されたか。

▲研　究　懇　談　会

出席者　指導主事　砂辺正孝（那覇地区）

兼任指導主事（図画）島田寛平

（那覇高等学校）
〃　（工作）具志堅似徳（真和志中学校）
校長　宇久真成
地区内小学校図工科主任外多数（百余名）
本校　知念教頭外全職員

宇久校長の挨拶にひきつづいて砂辺指導主事の司会に依り話し合いを行う。

司　会　（砂辺指導主事）

では私が司会をつとめることにいたします。

まず最初に研究授業をなされた先生方の反省から行きましょう。

【宮城吉子】

研究授業によせて

午前十時半、本教材の第一時限取扱いとして弁当持参で材料集めに校外に出かける。私は材料を集める場所、方法を出発前に説明し、蒐集後に昼飯をとることを話したが、しかし児童に私の意志が通じなかつたのであろう、児童は目的地に着くやいなやお弁当の事で騒ぎ出した。気の早い子はもう適当な場所で開いているのもいる。困つたと思いながら私は弁当から先にした。児童達はお弁当をもつて喜々としてはね廻つている。楽しい食事がすむと、次々とすみ次第、トンボやバッタを追つて、或は相撲とり、剣劇のまねと思うとまだお弁当もまだの子もいる。僅かに女児ばかりは周囲で花つみやハイキビで鋏其の他のいろいろなのを作つて遊んでいる。此所にはよく来ているので草木の名前は大方分つている。

本日使われる材料の大方の説明をして、ベルのなるまで材料を集める事にした。私は昨日集めてあつた材料を人数分に分配してベルをならした。仲々集らない。「おや！今日はどうしたのかしら」と思いながらそこまでいつて見る。「せんせーい」と両手を挙げてかけて来た。今日はとても愉快だという。二十分程してようやく全児が集つた。私はびつくりした。手に手に持つているのは、トンボ、バッタばかり、流石に女児の子は少なかつた。少し叱言をいつた。而し私の気も知らない児童達の可愛い姿を見て私は思わず抱きあげたい気がした。それを生徒は見逃さなかつた。又これから二十分間材料をとりにいくように話すと、生徒は此所でごつこ遊びやままごとをした方がよいという。学校へ等行かないで此所で玩具作りをする方がよいという。時間は迫つて来た。児童の生き生きとした楽しそうな姿を見て私も学校へ行くのがいやになつた。今日はこれで或る満足感で一杯だつた。不安も何もない一時だつた。しかし刻々と時間が経つにつれて私はつい不安にかられて来た。結局教師の落ちつかない気持と児童の補助材料の不足を感じながら授業を進めなければならなくなつた。

授業を始る前に或る先生から授業はきつちり四十分です……と念をおされた。私は計画と時間の面からチョット無理だと感じましたので、導入の所で一寸話足りないと思いつつ取あえず素材に対する説明もそこ〳〵にすぐ児童の工作過程へはいつたわけです。それは話している間に児童のひとみに早く作りたいという意欲を感じたからでした。教師の見本の貧弱さと説明の不十分さ、材料といえばカンナの茎とバナナの葉柄を与えたきりで、補助材料もいたつて貧弱である。果して何を作つてくれるかと思つて内心ひや〳〵していた所私の模倣から漸次児童独自の創作的な物へと真剣に取組んでくれた。そこで児童の中には材料さえ与えてやればその能力に応じた経験を通して何物かを工作し得る力をもつていることを知りました。

目標に「ナイフの使用になれさせる」とかいたにもかかわらず、その使用法を十分に指導しなかつたことはまずかつたと思います。幸い一人の怪我人もいなかつたことはよかつたと思つています。四十分の授業では時間が短く、素材の持味がわかつてこれからという所できりあげなければいけないので困りました。中には晩までやるのだといい、又これから初めるのだといつて六十分になつてもやめてくれないので嬉しい悲鳴をあげたのでした。ほんとに経験の浅い私が皆様の前で授業した事を一種の冒険のような気が致します。ほんとにまずい授業で皆さんの御指導、御鞭達を御願いするものでございます。

【崎間よし子】

夏の夜をはりえによる表現法を取扱いましたが、はりえは本土あたりでは今流行のようですが、取扱う私自身が初めてであり、又児童もまだ経験のない教材であります。鋏の使用も工作などで直線のみを取り扱つているので曲線のいろいろな図形を切取るのは多少困難なように見受けました。台紙もえのぐでやつてありますが、思想画を図案化して夏の表現をうちわなど、きものなどで表現する事を予想して準備しましたが案外、それは眼中になく、ほたる等の表現も大人は理想の形態の表現を想起するのに、児童は黄の色紙で点々とはりつけているのにびつくりさせられました。やつぱり子どもらしい表現をしてくれてよかつたと思いました。

【大西栄保】

児童は日常鉛筆やクレヨン等でフロツタージユをやつておりますがバレンを使用して静物を表現するので一層興味が湧いたとみえて、作業に熱中しておりましたが自分ながら成功だつたと思います。児童は丹念に下絵を描いたので長い時間を要した、本時は下絵の上から糸をはりつけ、他の紙にこすり出すまでが大きな仕事であります。描写した上から糸をはりつけるのですから細密な部分まで表現することは出来ず、折角ていねいに描いた絵が大まかな部分しか表現されないことになつた。そこで最初から児童に目的を十二分に把握させて、下絵を絵がかせば時間も短縮されたのではないかと思う。

糸をはりつける際、手に糊がついているので中々はりつけることの出来ない児童が居りました。中には、手際よく一本の糸でぐるぐるはりつけている児童もいた出来上つた際に単色で表わして、おりましたがもつと色彩を考えて花は赤、葉は縁、瓶は茶色と着色したのは、よかつた。もつと時間があれば、バックの工夫までやる積りでした。

本時は糸を利用してやつたから今後は糸だけでなく他の物では出来ないものかと創意工夫していくだろうと思う。

【伊佐伝一】

木工、金工、竹細工と三つの課程を一緒に取扱つたので或る程度無理があつた。本単元で児童が身近かにある不用品を創意工夫しいろいろ加工する事に依つてそれが家庭の実用品として活用出来ると云う事をある程度理解出来たのではないかと思う。

竹わくを作る場合一つの規格に合つた型を作らせ、その規格にはめてやらせればわくに長短がなく、もつと美的に製作する事が出来又、仕上げの場合下塗りをさせてからニス塗りをさせたら装飾に於いてもつと効果を上げる事が出来たんじやなかつたかと思います。

何しろ心身両面の発達には差異が別、その作品の出来上りも大部巧拙がある。木工金工用具の学校設備品も少なく、又児童の所持している器具も不適なのが多く作業過程に於いても、相当障碍があつたが全児童が各自の用具を互に提供しあつて作品を完成する事が出来たのはよかつたと思います。

尚作品を通してみられることは、児童が身近かにあるものを利用する創意工夫の生活態度がいくらか芽生えてきた点であります。本時を通して感じたことは木工や金工等器具をせめて一学級児童の一五％程度でも学校で揃える事が図工科指導の基本的な問題だと思います。

司会ーバナナの茎の切り方について、何か質問はありませんか、その指導はどんなにしていますか。……
…それについて宮城先生何か、

宮城ー特別に指導という事はやりませんでしたが、子ども達は日常生活からそれが容易に出来、又校外学習の時、子ども達が使つているのを見て特別に注意を与えませんでしたが或る程度の指導は必要と思います。

Tーカリキユラムを文教局編と現在の教科書とを照らし合わせて編んだのはよい。大へん参考になつた。

Tー三年生の授業で感じたことですが夜の情景を観念的な大人の考えが入らないでよかつた。

宮城ー一年生の作品を如何にして処理するか、教師が児童に作品の鑑賞を助言した方が良いか、又児童自身にさせた方がよいか。

Sー或る程度教師が助言してやり、なるべく児童自身に鑑賞させると面白いと思います。

※夜の情景のバックのぬり方について。

T、あれは児童自身で考えてぬつたのですか。

崎間ーはい一時間をとつて子供達にぬらしましたらよろこんでぬつていました。絵の具の使い方については前に二、三時間取り扱つています。

※こすり絵の特徴について。

大西ー絵はかけないが、何かしら児童の心の中にあるものを引き出すことを考える。又、絵を描く事に少し興味がなくなつた児童が、これに依り又新たな興味が湧くことが考えられる。

Sー下絵の画き方に今少し指導が要る。アウトラインを児童につかませ、それだけを描く指導等、クロツキーの基礎指導に大へん良いと思います。写実的な必要はない。

Oー画板ではどこまでは彫れるといつた考えで下書きを画くのである。それで糸をはる時も同じ考えが生まれなければならない。

Iーしかし、児童には始めから簡単化することはむずかしいが、長時間かかつて出来た写実的なものを糸で表現する事を児童自身が見出せば良いと思う。

Oー目標にある創意工夫させ表現を豊かにするとあるが、教師のある一つの型に、はめない方が良い。今でも良いから教師の作つたものより変つたものが生まれなければいけない。灰皿や、クロツキーの花など、もつと面白いものが生れるんじやないかと思います。

具志堅ー花ときめないで△とか○の半分とか何が出来るか分らないが、出来上つたものは浴衣の図案や陶器の図案になることがあることを児童自身に発見させることも心要である。

島田ーこすり絵をやる前提としての場合は、その仕上げ（糸で出来るもの、木板など）こするのにどこまでは出来るかと、いう事を頭に入れて、やることが大事である。

※落書について。

Aー児童の何でも画きたい意欲が落書として、表れるが、それをどう処理したら良いか。

Fー里板を開放する。

砂辺ー小黒板を備えて、それに何か子ども会の特記事項や漫画などを画かすことに依つて画きたいという要求を満足することが出来るのじやないかと思う

島田ー日本では、日曜日などに落書き会を設けて運動場一杯に、各児思い思いに、のびのびとてかゝせいるがその後始末については充分と指導し、子供自身に理解させている。

宮城ー五月の半ば頃絵日記を（一年生）に書かすことを考えた。毎日興味深く画いていた。しかし、ノートにかかしていると、あまり伸びのびとした絵は生れなかつた。

※一年生の写生について、

Nー一年生としては場所を限定する必要はない、生活描写を主にやるようにする

島田ー本校の図工教育が身近かなものを生かして、やつていることは良い。描画一点におち入りやすいものを色々の面で考慮を払つてやつた事によつて、児童の創造性を伸ばしてやるように皆が考えて、やつている。とかく児童の中に用具の買えない子供がいることについて考慮することは良いが、それを余り気にして畏縮しはしないかと心配である。なるべくそこを何とかうまく切り抜けていく事を考えるべきである。

具志堅ー工作の仕上げの場合の塗りものについて研究する必要がある、何か一つの見本を提示する必要がある。

砂辺指導主事

新しい教育は進みつゝある。教師の努力にまつところが大きい。今日は、本校の職員や皆様の人間愛の深さに感激しました。ではこれで研究討議を終ります

子供はどう導びけばよいか！

大堂安清

「今の子供は口ばかり達者ですぐ理くつをいう」「学力が低下した。もつとピシピシ教え込まなければ」「しつけが出来ていない」「落つきがない」というようなことばをよく耳にする。たしかにそういう点もあると考へられる。然し自己の意見を卒直に述べ得るということは、自主性の現れで、民主教育のねらう原理の一つであり、戦前の子供にはあまり見られなかつたところではなかつたかと思う。

子供同志は勿論、大人も一応子供の意見に耳を傾けることは、他人の人格を尊重し、あるいは子供も人間として尊重することで、即ち人間性を重んずるゆえんではないかと思う。ただこの場合自己の意見を述べる子供が同時に社会性ないし、自由の原理に従い、相手の特に長上のいう意見にすなおに耳を傾け真理を求めて公正妥当な判断を下すべきであるが、ここが欠けていたので「現代の子供達は口ばかり達者で理くつをいう」といわれているのではないかと思う。あるいは子供たちが話しているように、八重山の大人達は余りにも子供をバカにして子供の意見をぜんぜんとり入れてくれないために、大人に対しての抗議が理くつとされ、あるいは口かずが多いといわれているのではないかと思う。もしそうだとすれば、大人達も今少し反省する必要があると思う。

では次に学力は低下したか、論じてみたい先ず「学力」ということばの概念によつて多少違つてくると思うが、民主教育における学力とは単に国語、数学等の知識理解の筆記考査に百点をとつたからそれだけで学力が高いというものではなく、勿論それも必要ではあるが、それよりも日常生活において口語を自由に使い、数理的にことを処理し（その他を略す）民主社会の一員として社会に適応して社会を創造し得る理解力、能力、技術、態度等の綜合された生活力を身につけたか

どうかということであると思う。

この意味で今の子供の学力は伸びてこそおれ、決して劣つていないと思う。ただ新教育が発足されて基礎的指導特に練習の面が一般に不足したために基礎的学力が低下したと思う。

然し現在は反省され基礎的学習の向上に充分に意を注がれつつあると思う。また学習の形態が教師対個人というように変つて来た。そして学習の主体が子供にうつされ、子供の自主的活動が活発に行われるようになつて来ていることも父兄は大いに理解して欲しいと思うその時教師に望みたいことは学習の主体が子供にあるからといつて、すべてを子供に考えさせるのではなくて、教えるべきところは教え込まねばならぬと思う。例えば礼儀作法をとり上げた場合、礼儀作法の乱れたもとは戦後社会秩序が乱れたことに因すると思う道を歩く時の作法、言葉使い等、生徒が知らないでいたのではないかと思う。また彼等が知ろうとする時　適切な指導がなされなかつたのではなかつたかと思う。礼法の本など果して学校で活用されたかどうか、いな沖縄に戦後果して礼法の本をとり入れて指導した学校があつただろうか、なかつたと思う。民主的になつたからといつて礼儀が必要でないということではないと思う。人格尊重という基本点から礼儀が大きくとりあげてよいと思う。

また、気持よい社会生活をするにも礼儀がいるのだという自覚された礼儀が必要であると思う。尚子供を主体として教育する場合には何んといつても自主的学習の訓練と批判的態度の養成が重視されなくてはならぬと思う。それから「しつけ」については、小さい子供に対してはこうするのがいい子ですよと親や教師が判断して導くのであるが、発達段階が進むにつれてなぜそうするのがよいかを人間性合理性の上から、または自己ないし社会性の上から子供に判断させ妥当性を見出し、納得して反復し、習慣を形成させねばならぬと思う。そうして習慣を身につけながら絶えず反省し習慣にとらわれることなく、いつでも捨てさせる用意のある人間にしてしつけなければならぬと思う。また新教育で子供が働かなくなつたと父兄はいつているがそれもたしかにそうだと思う。

或る学校で調査の結果から仕事がいやになつたという理由として教師の指導が悪い、仕事が無計画であるから、生徒の心掛がわるいからという順になつていたという事である。

たしかに学校で子供に仕事をさせる場合、正課の授業外であるかの様に仕事をさせている様に思う。もしそうだとすれば教師の指導がわるいと指摘されてよいと思う。まさか学校では正課外の活動として仕事をさせているわけではないと思うが、事実子供達が、こういう気持で仕事をしているのではないかと思う。そうなると、また子供の心掛がわるいともいえ、それからよく家庭で祖父母や親達が子供に勉強したら仕事はしなくてもよいとか、勉強が出来ると進学をさせ、出来ないと家事の手伝いや農業をさせるとか話されるようだがこれがもつとも勤労精神を破壊させるもとを作つているのではないかと思う。真に子供を導くには、子供の長所を見ること、子供を尊敬することでないかと思う。「教育の秘訣は子供を尊敬するにあり」「子供の欠点の看破者たる勿れ」と答えたい。暗い方面ばかり見ていると、人間は益々ひねくれ悪くなつて行くが美しく善く見ていくと自ら美しく善くなつて行きます実に妙なものです。それから、家族のものがよく兄と弟と比較して「どうも兄はいいですが、この弟は……」などといわれるようですが、これを一方を益々悪くさせるだけでいけないことでないかと思う。どんな子供にも長所と短所があります。ようは早く子供の長所を見つけて伸してやることです。次に家庭が教育を学校だけに丸まかせにせず、学校と協力して家庭における教育に主体性を持つて行くようにすることが大切なことでないかと思う。

（石垣中学校教諭）

＝天然記念物＝

のぐちげら（野口啄木鳥）

啄木鳥科に属し琉球諸島中沖縄島の北部、辺野喜森林を中心に棲息する、動物学上珍奇な鳥類で、天然記念物に指定されている。

いざいほうとしぬぐについて

玉木芳雄

文化財保護委員会の仕事の中には無形文化財として地方農村に残つている、民俗行事等保存の価値あるものを保護する任務もあるので、最近、地方を廻つて採集した、それ等の行事中二、三代表的なものを紹介しそれに対する見解を述べて見たい。

久高島のいざいほう

この行事は昨年十二月九日から（旧暦十一月十五日（十三日までの五日間、十三年目に一回しか行われないと云う。知念村、久高島で行われた古式の行事であるが、此の行事はかつて火野葦平氏の「赤道祭」でも紹介され、古代日本の儀式の形式をとどめているといわれているだけに、民俗学上斯道の専門の学者達にも注目されているが、沖縄の人々には案外知られていない。幸い先般わざ〳〵その調査研究に来島された大阪学芸大学教授、鳥越憲三郎氏の随行をして、現地で見る機会を得たのであらまし紹介したい。

初日（旧十一月十五日）夕刻せまる五時半ごろ島の西側にしつらえた神殿（あしやぎ）のとびらがあけられ、向つて右には〃たもと〃とよばれる神事の相談役（頭に白鉢巻をしている）の婦人達三十二人が二列に行儀よく座つている。六時十五分、日がとつぷり暮れた頃、白衣裳に白鉢巻、洗髪をした女達が約四十名、緊張した表情で、二列にならび、跣足で神殿の前にやつてきた。手をたたきながら一糸乱れぬ足どりで「エーフワイ、エーフワイ」の掛声をかけてやつてくるが、その雰囲気たるや、うつそうたる木立にかこまれた神殿一帯に霊気かただよい、これが〃くば〃の葉でかこまれた神殿や七つ家（すすきで造られた仮小屋で、四つと三つに仕切られて、二棟になつている）等とマッチして現世とは凡そ縁遠いような、しうんが展開される、咳払い一つきこえず見ている人達でも目に見えない無限の力に何かしら魂まで吸いこまれた気持になり、気の弱い男ならまともに見ていられない程の神々しい場面である。七つ家は神殿の後にあつて長さ八米と六米位の小屋で、一方が四つに片方が三つに仕切られている。土間には、すすき葉をしき、五尺位の低い屋根は、破風型になつているが、なんちゅ（今年始めて選ばれる神女達）はこの小屋に三晩もこもり、俗界と一切のものを絶つ。〃なんちゅ〃は三十才以上だから乳呑児をかゝえた婦人も多いが、これも近くの小屋まで、つれてきて、そこで乳を与え、食物などもそこでとりつぐ、勿論男はたぶうでその間裏側にある「いざい川」から水を汲む〃なんちゅ〃達の姿が遠く見られるが声はかけられない。

この島では全女性が神人であるから、五日もつづくこの〃いざいほう〃の儀式は男子は女に従属している形である。

二日目（旧十一月十六日）の朝は〃やじく〃（十三年前になんちゅになつた神人）と〃なんちゅ〃が庭でおもろをうたい夕刻から十五日と同じ行事がくりかえされた。「七つ家」に入る時は「十三年前は、七回前進した」と鳥越氏は語つていたが、今回は二列の縦隊となり、すぐなだれこんだ。

久高島の〃いざいほう〃神殿の庭で、おもろを唄つている〃なんちゅ〃と〃やじく〃達

三日目（十七日）はいよいよ〃なんちゆ〃が神人としての「合格」の日である、神殿の左横には三つの臼がならべられ、手前は両親のいる者、中は片親のない者、左は両親のない〃なんちゆ〃が座つて印をおしてもらうところでまず「にぶとり」と云う神殿の爺さんの「つづみ」に合せて、根神のろ、うつち神の順でそのあとに、やじく、なんちゆの順に行列をつくつて、しづかな手ぶりに、足なみそろえてやつてくる。

この際〃なんちゆ〃は外間根人と云う男の人から額と頬の三ヶ所に赤い印をおしてもらい餅をいただいてすぐ七つ家に帰る。

当日は〃いざい花〃と云つて正月に使う、黄と赤い紙をきつて花になぞらえたものをつくり、それを男女とも頭の左側の髪か耳にはさんでつけている。

この式はいざいほうの白眉と云われ、古式さながらの厳かなものである。

それから四日目は綱引があり、宮の前で女と男が両側に分れて「ありくや」の歌（おもろ）をうたう。ひるからは、のろ家で神酒をあげて行事は終り、五日は部落の住民、安堵の胸をなでおろして酒宴を張り、神への報恩感謝の念に充ちあふれた明るい気持に帰る。神殿の入口にかけられた「七つ橋「と云うものは素木で組みあわされた梯子様のもので三尺と一間位のものである。

神事に参加する者で不倫の道をたどつた女は此の橋を渡る時、落ちて死ぬと云われているが、そんなことはない。仮に不心得者があつた時でも、行事の始まる日以前に悔い改めれば許されると、神様は寛大な措置をとられていると云うことでした。

でも島の娘達はその戒律を努力しないでもよく守られるほど、久高島の社会環境は美しい平和の島であると云えましょう。

上本部村具志堅のしぬぐ

○御船漕

（うにふじ）この行事は海神祭である。海神に対する感謝と来年も今年同様航海も無事で大漁をさせて下さる様にとの祈願祭である。

今帰仁城址の凡そ百米下方に船の形をした長さ約二間位の石が並んで居る。東の方にあるのは今帰仁御船で西の方にあるのが具志堅御船である、当日は今帰仁村今泊と同時にこの行事をする。城で祈願祭をし更に其の船の所まで来てお願をし、それから両方五人宛がかいを持つて其の船に乗つて船を漕ぐまねをする。そうしてから神ん人(ちゆ)を先頭に唐船旗を押し立て各々の部落の海神道を通つて海岸へ行きそこで祈願をすまして、マチブ毛と言ふ小高い岡の上の芝生に集つて小宴をして終る。今泊ではノロとユムイが馬に乗り、供ノカネー、島の大役、川田の大役、其の他の神人が続き其の後から部落民が続いて海岸まで行き祈願をして終る

○大弓（うふよみ）

城(ぐすく)という部落の後方に高い森がありそこの拝所にノロを始め神官達が弓を持つて来て御願をする。それから弓を持つたまゝ海岸の流り庭と言う所まで行き、行事は山の神に対する狩猟の幸の感謝祈願のやうで流り庭に行くのは穢を祓ひ清める意でないかと思ふ

○しるがみ

神人が神あさぎに集つて悪疫祓の祈願をし其の周囲を七回廻る、正面に来る毎にあさぎに向つて合掌礼拝をする。それがすんでから「シバ木山」と言う所に行つてノロが次ぎの様な事を祈り立てゝ祈願をする。

具志堅のしぬぐのしるがみえーびん
め男(イキガ)ぬ国割て通やびらば
前女(メイナグ)の神しひちまーしかにまーし
しち呉みそうり。

これがすむと各々シバの木の枝を折つて襟に差し男は大鼓をトントトンと叩いて部落へ入り通り道の側にある家の上座より入つて悪疫祓のための大鼓を叩いて下座に抜けて出て行く、其の時家族はこの人達に見えない様にかくれる風習である。トントトンと大鼓を叩いて通ると後について歩く子供達はフイと言う。又分家して新築した家はこの人々を招いて祈願をさせる。その時は屋敷を七回廻り正面に来る度に家に向つて合掌礼拝する。その時にその家の主人は洗ひ米を撒く。これが終るとその家から御馳走を出して祝宴をした。斯う言ふ事をしてから海岸へ行き各々が襟に差してあつたシバ木の枝を海に流して祈願をする。斯うすれば悪疫は追放されたと言ふ古代信仰即ちマヂックな行事が其のまま残つている。

○しぬぐ踊

歌を唄ひ、大鼓を持つて叩きながら輪になつて踊る人数は凡そ百人で全員が女である。この行事に全然男は関係しない。

未婚者は鉢巻を後に結んで長く垂らし中年の女は後に短かく結んで帯も前に結んでいる。老女は鉢巻を用いずウシンチーである。

大鼓を叩き音頭を取るのは老女達である。

歌も踊りも古代よりの伝統其のまゝで古雅壮重な気が

した。

上本部村具志堅の〃しぬぐ〃
神あしやぎの前で〃おもろ〃を唄う、島のおとめ達

しぬぐ踊の前夜にしぬぐ神酒を献納する行事がある
それは穀類の中、米なら米、粟なら粟と言う風に大人一人につき五合を献上させた。現在は各戸につき二合である。
これで神酒を作り大きな桶に入れて芭蕉の葉でおひ、左縄で縛つて夕方にあさぎの中に奉献する。夜も更けて深更になると神殿の中から鐘の音が聞える。それは神が神酒を快く召上つたと言ふしるしであつたさうで、奉献した神酒も其れと同時に必ず減つたさうであるが、現在は鐘も鳴らず神酒も減らないとのことである。其の翌日は神人を始め村の幹部の人達が未明にあさぎに行き神の御さがりを戴く。これをハートンチミチ（暁神酒）と言つて大変尊いものとして戴いたさうである。

○たもと直り

しぬぐ踊をすました其の翌日に〃たもと直り〃をする。神あさぎの中に安置してある長さ二間位の丸木をあさぎ庭に出して来て、其の上に神人が腰掛、部落民が酒肴を携えて集り、無事に行事をすましたと言つて、神人の慰労と部落民の慰安をする直り会で深更まで踊つたり唄つたりする。終りにたもと木をあさぎの中に直してすべての行事を閉ぢる。

＝しぬぐ歌＝

一、しち踊

石なぐの石の大瀬なるまでん
　御かけぼしや召しより我御主がなし
城から下りてさん時のかぢり
　誰にゆくさりてなまでもちやが
ゆくさりんあらんしかさりんあらん
　しごく雨降てどなまでちちやる。
しごく雨降てんとちぬ間ど降ゆる
　ちやふわる降る雨のしけにあゆみ

二、天のぶり星

天のぶり星や、んなが上どてゆる
黄金さんぶしや、わ上どてゆる

三、いんちや苧

いんちや苧やうみばわどの為なゆい
　里の家の長苧わたみならぬ

四、うでけうらし

うでけらしけらしうではぢちうがま
　まむにあきみそり玉ぢうがま
ちぢゆい玉がしらあんらちきくなち
　やなじ玉水のたゆる如に

五、さかもと節

だんぢゆ豊まりるさかむとのうびや
　ゆゆじゆらが一枝くばぬ根元
音に豊まりる具志堅の大川
　流りゆく先は稲のあんら
白毛雪かみて面並かたち
　耳ん目んかなて百才までん

六、かなぐわ節

かなーぐわがふちゆくるに入りくみる夜や
　冬の夜の二なぎあらちたぼり
芋の葉やうむて竹の葉やだかち
　そてつ葉の如にするてあしば

七、まじやぬ大あさぎ

まじやの大あさぎいぐまするあさぎ
　うりが中柱かし木柱
親泊大あさぎいぐまするあさぎ
　うりが中柱かし木柱
我島大あさぎいぐまするあさぎ
　うりが中柱かし木柱
備瀬の大あさぎいぐまするあさぎ
　うりが中柱あだに柱

八、はんぜーく節

（ハーリガマーター）

首里天ぢやなしむむとわりちよわり
　うまん人ぬまじりうがでしでら
あさぎ庭のあくたがさにくなちやが
　わしたみやらびがさにくなちやさ
ちぢん小ぬなてんわさみかんむにや
　うりどなし親のかなしなし子
あしびぶさあてんまどにあしばりみ
　大弓としぬぐわちむふんで
あしびがどもちやみ踊いがどもちやみ
　心安々と踊ていもり
あしからが入ゆら袖からが入ゆら
　ようらうす風ぬさだみぐりしや

九、本部ぬぶい水

本部上り水水がさいようら
　本部あんさりたがうしで所
しすくたまい水、水がさいようら
　しすくあんさりたがうしで所
ぐしちやふたが水、水がさいようら
　ぐしちやノロがなしのうしで所
わした三また水、水がさいようら
　わしたノロがなしぬうしで所
親泊ちあぎ水、水がさいようら
　親泊ノロがなしぬうしで所

十、七尺節

七尺石垣に三月くみらりて
　いちやし思里やしぬじもちやが

十一、今年するしぬぐ

今年するしぬぐやいしがさびら
　やいゆくまさて御にげさびら
いちが夏なゆいあさぎみやにいぢて
　殿のすばなかい一花咲ちゆら。

以上記述した二つの民俗行事はわが沖縄の地方農村に現存している行事であるが、それらの民俗行事を見てよく云われることは、現代のような科学文明の発達した原子科学時代に、あんな荒唐無稽な原始宗教の残滓とも思われる行事をどうして改革しないかと、度々聞かされることである。従つてその余波が文化財保護委員会にとんできて、批判の声を聞く、一応簡単に考えると馬鹿げたことだとも思考されることは、否定できないことである。

然しよく考え、静かに、その行事に参加している人々の心理を分析して見ると、全く頭が下るのである。彼等は決して神に対する恐怖の念からではなく、本然の欲求としての神への奉仕と感謝の気持であつて、これに従事することは、むしろ栄誉と喜びの純情の一念で結集されていると云えましよう。

二〇世紀の西洋機械文明の洗礼を受けている実証的生活経験を以て批判する若い者達では、理解できない面がある。果して此の種の民俗行事は馬鹿げたつまらないものでしようか。現代に生きる人間に反問したくなる。より高い教養を身につけたと称している。若い人々、又は都会人の生活を拾つて見た時、ストリップ、パチンコ、不良映画、騒音、殺人等々幾多の戦りつすべき事象に〃おうど〃を催す。見難い相を余りにも多くみせつけられ、正義と真実に生きぬこうとする純情無垢な地方農村の人々には、絶えられない大きなレジスタンスを覚ゆるでありましよう。

地方に残されている民俗行事の多くは狩猟、農耕、文化時代の遺産で生産と結びついたもので額に汗して働いて得た穀物を神よりの賜物として豊年を寿ぐ気持の前には報恩と感謝あるのみである。

世は裸体文化を〃おうか〃しそれに没入して人間本然の姿を忘れ、畜生道が衆人環視の中に行われんとしている時、清められた自然環境の中で、香り高い自家製のこん地や、白地を身にまとい、日焼けした、たくましい姿で神代さながらのつづみに拍子を合わして、おもろを歌いつつ、手ぶりゆかしく踊る地方農村の人々を思いうかべた時、何れが人類の求めている真の姿であるかは、はつきり、知ることでしよう。

最後に高山岩男教授の〃二つの世界に抗して〃の著書一節を借りて結びとします。

「原子力の機密をつかみ、神の創造力と悪魔の破壊力とを共に知つた現代の文化人にとつて神話は遠い昔の説話として一笑に付することができなくなつた。科学の反対の極にあると思われてきた、創造や破壊の神話は、眼前の科学的事実となしつゝある。現代の科学や技術はその進歩の極致において、却つて宗教と結びつかなければならぬ境地に直面し始めた。ここにも十九世紀的観念の崩壊しなければならぬ現象がある。現代の文明人は極めて高度の文明的段階に進んだが故に、更めて敬虔な謙虚な態度に立たなければならぬ。敬虔な謙虚な心を失わんか、たちどころに世界の破局は訪れるでありましよう。現代の我々文明人は二〇世紀の真中に於て始めて文明の破局と真摯に対決しなければならぬ状況に直面したのである。」

（社会教育主事）

▽…　▽…　▽…　▽…　▽…　▽…

学力水準調査の結果にみる
算数の問題点（小学校の部）

桑江良喜

1、分数の基礎概念について

先に実施されたテストの問題構成は主として、割合に関する領域から取材されており、割合についての問題点を究明しようと意図しているが、分数に関する理解、技能の不足のために解答出来ない者が相当いる。

分数に関する問題の正答率が極めて低率であるのは割合の意味の理解不充分な所に原因することもあるが、割合としての分数の基礎概念が培われていないこともその一因である。

分数には

。単位より小さい量を表わす（$\frac{1}{3}$m $\frac{1}{2}$kg）

。あるものをいくつかに分割したいくつかの量を表わす（分割を表示する用法）

。ある量を基準にとり、その量に対する他の量を表わす（割合を表わす用法）

の三つの概念があるが、割合を表わす分数の基礎概念の理解には「基準」をはつきりつかませることが大切である。低学年より、～の半分とか、～の半分の半分とか、～の四半分とか、～を三つにわけた一つとかというように指導するが、これは〃～の〃という基準があつて、はじめていえることであり。これが分数指導の重要な問題点でもある。

分数の指導には、円とか正方形等がよく用いられるが、児童はいつも完全な円、完全な正方形を基準と考えて、いつでも全体を基準にするものとおもつているのではないか。基準が変ることによつて分数が変つてくることの指導も大切なことで之を充分に行う必要がある。

この概念が身についてはじめて割合に関する分数の問題も解答するようになるのではないか。これらに関する問題の正答率が低いということは、この間の指導に手ぬかりがあるのではないかとおもわれる。

円や正方形による、分数の指導に於ては基準になつている量について、充分意識させておくことが割合を表わす分数の理解として、重要な問題である。この意識を持たずして、図形を幾つかに等分することの練習をいくらやつてもそれは結局抽象的な指導に終つてしまつて、分数の正しい理解にはならないだろう。

現行の線では、割合を表わす用法としての分数の指導が主流をなしているが、割合を示す分数には、必ず基準があることをわすれてはならない。

基準を意識しないで分数を取扱つていると、いつのまにか分数が基準をはなれて、独り歩きをはじめ、$\frac{1}{2}$は$\frac{1}{3}$より大きいというようなことになりかねない（私達が$\frac{1}{2}$は$\frac{1}{3}$より大きいという場合は基準が同一であることを前提としている）

問題一九が好適例である。即ち、

まさおさんは自分のこづかいの$\frac{2}{3}$を使いました
よしおさんは自分のこずかいの$\frac{1}{2}$をつかいました。どちらがおおくつかつたか。

という式の問題である。

正答率　わずかに八、八%、如何に分数が基準をはなれて独り歩きをしているかがわかる。

2、割合を表わす場合の基準について

分数の所でも問題にした所であるが割合を表わす場合に分数を用いるがその時の基準についての意識がはつきりしてない。

この点を問題（四）についてしらべてみると

①　ちえ子さんの持つているおかねはとし子さんの三倍です。とし子さんの持つているお金はちえ子さんのどれくらいにあたりますか。

②　ひろしさんの持つているおかねは太郎の$\frac{1}{5}$です。太郎さんの持つているおかねはひろしさんのどれくらいにあたりますか。

③　一郎さんの持つているおかねは、ただおさんの$\frac{2}{3}$です。ただおさんの持つているおかねは一郎さんのどれくらいにあたりますか。

いずれも基準は1であるが①②はこれをはつきり意識しないでも問題の場から比べる二つの量の大きさが直観出来るからこの意味で①②は基準とこれを比

べる量とを示す数値を意識しないでも割合を答えることが、容易に出来る。しかし⑶は基準が1であることをしつかりつかんでいなければ処理しにくい所で、ここの理解が十分でないと割合い処理は困難である。①二八%②九%⑶三%の正答率で割合の処理の場合の基準となる量を理解している児童はわずか三%である。尚これには分数の低抗もあることが考えられる。これらのことから割合に於ける問題点として次の事があげられる。

・AB二つの量があるとき、Bを基準としてAを表わす場合の比の値と、Aを基準としてBを表わす場合の比の値は互に逆数関係になることがわかつていない、いいかえれば基準の意識がよく身についていない。

・小数分数で表わされた、比の値は、基準を1として表わされていることの理解が十分でない。

3、分数の基礎的形式的計算について

これは本テスト問題の中で最も成績がよく、四七、五%の正答率を示している。この種の形式的な計算問題は他のテスト（昨年度の学力水準テスト）からも見られる如く、算数科の内容としては割合に高率を示している。現場の学習指導中、もつとも力を注がれている点であろう。又最も機会に恵まれている関係もあろう。殊に学力低下問題、ないしは計算力についていろいろ論議されるに及んで更に輪をかけ、やれドリル学習だの、とこの面の指導に一層の努力が払われた結果でもあろう。この様に計算力については他の内容に比べて割に成績がよい様であるが、更に考えなければならない問題点がないでもない。それは計算が観念的で機械的であり、その意味が充分わかつていない点でもある。

例えば $\frac{2}{4} \div 2$ というような問題を見ると、単に機械的に、分数を整数で割るにはその数を分母にかければよいと、するものが可成り多い。$\frac{2}{4}$ は $\frac{1}{4}$ という単位分数が二つ集つたものであるから $\frac{2}{4}$ を2で割るということは $\frac{2}{4}$ を二つに分けることであり、$\frac{2}{4}$ の意味を理解し、$\frac{2}{4} \div 2$ の意味がわかつて居れば $\frac{1}{4}$ となるべきが当然であろう。然し乍ら結果は分母にその数をかけるという様な解答当者が多い。私達はこの点に反省を要する。私達は児童に計算の無理強いをしていることはないだろうか。

理解の段階を忘れて、或は取扱いを簡略にして、計算練習ばかりに気をとられていることはないだろうか。

之は算数科全般についても云えることであるが、理解させる段階にもつと力を注ぐべきではなかろうか。ドリルをやるにしても技能化のためのドリルばかりに終始することなく、理解のためのドリルももつと力を入れなければならないだろう。

計算技能も理解に裏づけられた技能でなければ問題解決のための計算技能とはならないで観念的な遊戯物としての技能になろう。

（指導主事）

夏季施設の反省から

TH生

一、前　書

反省と云つて逃がした鱈にベソばかりかいていないで反省は次の準備という点から計画案にも見えるか知らん。

二、名　称　が夏季休暇或は夏休みから新らしく夏季施設となつた所に余りにも教育的な云い方の様だがやはり教育の場の問題で臨海、林間学校等所謂施設もあるが大方は、それ（場）が学校から家庭に移つたというのであろう、勿論夏休みといつた所で正規授業の休みで全く教育学習の中絶が休止ではなかつた筈、で或意味では学校の延長であり又各科の統合（教育）とも云えると思う。即ち生活教育、経験学習の絶好の機会であるという人もあるが、しかし又道徳教育の面から寧ろ危機と観ずる人もある。

三、目的理由

次に正規授業を休む目的や理由は何か教育法規にあるか知らんが暑熱酷しい季に実施されるので教育効果や能率の消極的面と共に保健衛生の上から考えられたものと思う、然らば先づ第一に健康の保持増進を計らなければなるまいと思う。その他は前の名称の項で述べた夏季施設の考え方、あり方を以てこの項に代えてよいと思う。

四、計画立案

然らば乃ちなげ出しに只放置せず計画的に組織的に継続的に実施するがよいでしよう。

先つこれを　1、学校、教師の面から　2、生徒の面から　3、家庭父兄の面から考えて見る。

1、学校や教師の面から

第一に学校の教育方針、指導目標に合致する様に要項方法や結果の検討反省評価等立案計画さるべきであろう、而し大綱を示して細目は各自の個性を伸す様に特にこの期でなければならんことなど発案設計させたらとおもう。特に道徳教育に関しては家庭とよくよく連絡して躾等注意して貰い、生徒会等各部落自治会をして各自互に規制せしめる様にすることも一方法であるが、教師も私用の序に一寸道をまげて部落を通過して見るだけでも効果がある。又初級の学校によつては一般学習を放棄して保有実力の後退を来たし一学期のをすつかり忘れて了い、二学期には復習しなければ新らしく前進出来ないと懸念されることもあるというから学校により各科の適度の課題は必要であろう。

2、家庭父兄の面から

折角の休みであるから家庭でもうるさがらずに、家庭生活の理解分担の好機であると団らんして、日々を規則正しく勉学起居させるように督励し交友金銭使用、所持品、外出（殊に夜間）外泊に注意し、出入は必ず告げしめ行先を明かにさせる様しつけると共に、父兄自らも非教育的なことに細心の注意を施し朝寝昼寝等は子供に対してよく理由を知らしめ理解より寧ろ同情を寄せる様に仕向け、特に実習の意味でも、金銭を与えて男子ならば大学高校等の兄を主にして兄弟共同で庭垣等の構築を委せたり、女子ならば家族の一日乃至数日分の食事を自らの考えによつて用意させて見るのもよい、この時使用すべき材料については金高によつて自然制約されるが計画には父母の参与（相談相手）は勿論あるべきである。或は旅行に子供を伴うこともよいことである。

3、生徒の面から

学校の大綱に従つて自発的に設計して日課表を作り規則正しい生活をする様に心掛け、学校からの課題は完全にその日その日果して残さないことである。捨置いて休みが終りに迫つてからシワ寄せして一両日数日の間に片付けようとするから父兄の手を借り課題過多の感を抱かせる様になる。

次に折角の機会であるから家庭の生活をよく理解し進んで協力分担し作業手伝も進んで自ら見付けて（而し相談して）やる様心掛けることで、出入は必ず告げ、夜間外出と外泊は成るべく避け交友に注意、誘惑に打勝つ様に務め、又部落自治会を度々開いて互に守り合うのもよい。

又学校や学年の程度によつては見学式の一般旅行から、趣味と学問を一緒にした万葉地理踏査や、専門的局地的な民族土俗（民俗）の研究や或は楽浪慶州（例えば）の視察調査といつた企てもよいとおもう。其の他動植物の飼育観察（その記録）や種々の採集分類、製作等趣味個性を伸すことや公共施設の見学利用もよい。

（真和志中学校）

＝美人の位置＝

今度の休みに数理統計学の講習を受講する機会に恵まれて、いろ〳〵の勉強をさせてもらつた。講習内容に正常分配典線というものを学んだがいろ〳〵と面白いことが考え浮んだ。人間にはいろいろの面があつてその各面を正常分配典線にあてはめると大勢の中の自己の位置というものをおよそ見当ずけることが出来る。しかもその正常分配典線が人為的にはどうにもならない、先天的な要素ほど正常に分配するらしい。知能とか身長とかのように、そこで人間のきりようについて考えてみた。これこそ、人為的にはどうにもならない。先天的な親ゆずりであるので最も正常に分配されるだろう。「きりようは十人なみというところでしよう」花嫁候補をすいせんするときにきかれる言葉の一つである。目立つてきりようよしという程でもないが年頃の娘の中で同じ程度の者が十人位はいるということが、作為なしに十人娘を集めてみると一人位はいるという程の美人か、いずれにしても普通以上で美人といわれる部類に入るらしい。さてこの十人なみの十人は何人中の十人であろうか、百人中なら十%で十人に一人、千人中なら一%で百人に一人、一万人中なら〇、一%で千人に一人という程の美人になる。そこでこの要素は最も先天的なもので人為的にはどうにもならないのであるから（商売人の宣伝では化粧品で美人を作るらしいが）理想的？な正常分配典線をえがくだろう。そうすると、この百人中の十人、即ち十%は五段階法で十一、三以上で良の部に入り千人に十人の一%は十二、三以上で優の中でも上の方に入るこう考えてくると十人並という言葉のニュアンスが失われて味もそつけもないものになつてしもう。この様に統計的に解釈するとその持味が失われてしもうが、統計的になか〳〵深い味のある言葉が世の中には案外多いのではないか。統計的に考えるということは現代科学の重要な部面で現代文化人として必要な要素でいるがこういうことで我々の日本語の持つ持味を失いたくないものだ。

（桑江生）

銷夏展をかえりみて

那覇中学校

教育が人格価値を高めていくという理念は今更いうまでもない。特に全人完成を目ざす図工科の責任は大きい。美の教育は幾多困難な道を通つて来たが、結局は人格主義美学の上に立つて指導育成しなければいけないと確信している。

毎年学校行事としてくりかえされる銷夏展も常に芸術的な面から発展していかなければならないと思う。

本校に於ける今年の銷夏展（九月二十二日【木】二十三日【金】）はその意味で一大飛躍の感を受けたのである。特別教室設備等皆無の状態ではあるが、今回教育長（地区）指定の図工科研修会の大きな影響もあつて全職員の関心事の中に生徒は休暇を製作に余念なく過し一人一研究の目標で見事な成果をあげ得た。

特に去年に較べて目立つ傾向は従来三年になると描画製作はおつくうになり、受験準備に忙殺された感がありましたが、今年の出品製作は三年が目立つていたことなど工作、手芸の作品によく現われ、二年、一年は真剣な描画の基本がようやく打込まれ美事な作品多数出品展示された。手芸、裁縫は展示場所にあふれ、理科、社会科は継続的研究作品、美事な収集作品が多く、科学的作品は参観者をわきたたした。

展示の計画として授業をさかずに効果をあげることに力点をおき、長い新校舎の五教室の廊下を利用し工作手芸品は雨戸をはずして陳列台を作つてその上に展示し、裁縫は窓（北側）にずらりとかかげ、図画、習字、社会科は各教室の掲示をかねて三十六教室をにぎわし、理科は理科教室と隣りの音楽教室を利用し合計のべ四十三教室分の壁面及五教室の廊下を生徒の手によつて生徒の力作を飾ることが出来た。初日は図工研修会関係の諸先生方や生徒全員が参観、二日目は父兄参観日で優秀の美を飾つて今年の銷夏展の幕を閉じた。以下各科の短評を試みて筆をおくことにする。

※図画は毎年発展の傾向にあり、全職員が関心を持つことだと痛感した。明朗な純な作品が相当数展示された。絵は皆が楽しく描くものであり、上手下手を云々すべきではないという感を深くした。生徒の熱や父兄の理解もあつて非常に力強く思つた。

近代絵画（モダンアート、アブストラクト）はこれからの生徒には興味を持つて描き出すことだと思う商業美術の一部で生徒の収集した包装紙を生徒教師の合作で掛図を作つたのはよかつた。包装紙の持つ特長は大きい。それは一流の芸術家によつてデザインされたのが多く図案、抽象、デザイン其の他の面で広く役立つ工作の掛図、製図、色彩の掛図等はいずれも教師の合作でよかつた。

※工作は熱心な努力のあとがよく現われ多彩な材料を目的によつて効果をあげている。生徒の日常生活から飛び出して来た作品が多く非常によかつた。一人一点の製作で単元別に展示したのでよい学習効果であつた。花崗岩（みかげいし）に手や顔を彫刻した努力、石膏や粘土の彫塑作品、単発模型飛行機の研究実演（二年牧志宗剛）は全校生徒の心をわきたたした。マーブリングの熱心な研究、布生地の系統的研究による収集作品、空びん利用の電気スタンド等男女六百点以上の作品を展示し得たことは生徒の研究と熱が効を奏したのである。

※被服、手芸

職業家庭科は被服、手芸の作品が多く昨年に比して大変向上した面がうかがわれた事はよろこばしいとで、例えば三年生の作品で配色、或はデザインの工夫などは非常に努力のあとがうかがわれるし又二年生の文化刺繍など熱心な研究態度が見られた。尚各学年を通じて感じた事は最近既製品の市場進出にともない生徒の作品の中に縫い方に於て多分にそれをまねて粗雑な縫い方をしたのが見られたのは残念に思います。

※理科は貝類、昆虫、植物、自由研究にわたつて作品が提出されたが夏休み中の生徒の努力の跡がはつきり現われて嬉しかつた。貝類などは丹念に磨き上げられその展示も相当工夫されたものがあり、種類も多くその学名、和名などもよく調べられ力強く感じた。しかし昆虫類の展翅はまだのように思われる。

それから生物に限らず電気機械、天体、気象等に関する研究作品の少なかつたことは残念だと思つた。

（58頁三段につづく）

近代学習の立場

京都大学教育学部教授
文学博士 下程勇吉

序言

カリキユラムができましたときに考うべきことは、いかなるカリキユラム、いかなる教育内容であつても、それをほんとうに生かすものは教授法であり、学習法である。それで、どんなに教育課程ないしは学科課程、教科課程が綿密に作り上げられておりましても、それを生かすも殺すも、あげて教授法であり、学習法である。これは、少し教育の、特に学習の問題を、こと細かに研究した学者が、ほとんど口を同じゆうして説いているのでありまして、カリキユラムの型がいかに、それこそ進歩的になり、近代的になりましても、その方法ーーカリキユラムを駆使し、運営して学習をすすめ、教授をする学習法、教授法自体が新しくならなければ、それはすべて描いた餅であると、こういうふうに言われているところからして、私は教育内容の問題よりも、むしろ教育方法の問題、カリキユラムの問題よりも、むしろ学習法の問題として考えてみたいのであります。

実は、最近、学習法につきましては、私が「近代学習原論」という書物を出しておきましたので、あるいは御覧願つたかと思いますが、そこで述べましたようなこと、あるいは述べていないようなことを取りまぜて、お話し申し上げたいと思います。

第一に、私はおよそいかなる学習指導、あるいは広くいつて教育指導、道徳教育、そういうふうな、いつさいの教育的な過程におきまして何より重大であると思いますことを最初に申し上げたいと思います。

それは、皆さん誰しもお考えのことと思いますが児童と先生、あるいは子供と親との情緒的なつながり、くだいて言いますならば、心のつながりということであります。

いかにりつぱなカリキユラム、いかによい学習法をもつて臨みましても、技術的にいかに綿密な手を打ちましても、子供と親、児童と先生との間に、あるいは児童相互の間に情緒的なつながりというものが切れておりますならば、その効果は半減、ないしは、ほとんど見ることができないという、そういう点で、私は学習指導あるいは道徳教育等の第一の条件ともいうべきものといたしまして、情緒的なふんい気の問題、「情緒的疏通性」の問題、ラポートの問題を最初に若干申し上げてみたいと思います。

その次には単元学習ないし総合学習、いわゆる生活学習的な立場をめぐる問題として、特に問題学習と基礎学習との関係について申し上げたいと思います。

そこよりいたしまして、さらに、その問題を追求していきますと、学習の全体的性格ということが問題になつてきます。実は学習というものは、ただ知識を、あるいは断片的な知識を獲得するということではなくして、人格全体、行為全体、その人全体がどこか新しくなるということがなくてはならないのでありまして、そこまで掘り下げてまいりますと、学習は広い意味の道徳教育の問題となるのであります。

そういう点を少し申し上げまして、特に学習において〃結び目〃になる、あらゆる、いわゆる基礎学習的なもの、要素学習的なものを結んで生かす、そういう活動につきまして考えてまいりますと、それは必然に道徳教育の問題にも連関してまいりますので、ここよりして、われわれ特に学習の問題としていま、やかましく論じられております問題学習等につきまして、少しふれさしていただきたいと思うのであります。

以上が大体の骨組みでありますが、そういう計画のもとに少しお話をさせていただきたいと思うのであります。

(1) 情緒的なつながり

最初に申し上げたいと思いますことは、皆様方もよくご存じのように、いつさいの成長の基礎は、いうまでもなくからだの面の成長であります。身体的成長があらゆる成長の基礎になる、そこにどの学校でも健康の問題に意を用いない教育はないのであります。

　そういう身体面に最も密接に結びついている成長は何であるかというと、それは情緒的な成長であります。

　からだの面というものは、紙の表裏の関係に立つている。これは、皆さんがよくご存じのように、からだの具合がちよつと変わつてまいりますと、われわれの気分がすぐ変わつてまいります。身体を支配している神経というものは、ご承知のように、いわゆる交感神経と副交感神経でありまして、そういう神経というものは、われわれがねている間にも働いているのであります。すなわち、意識を持つていない、無意識的な生活の間にも、絶えずわれわれの呼吸、消化、血液循環、あるいは排せつ、そういう働きは刻々営まれているのであります。

　そういう交感神経、副交感神経に代表されておりますような神経系は、ご承知のように植物神経系、あるいは自律神経系と呼ばれておりますが、それらは同時に、われわれの喜怒哀楽の情、気分の面、情緒の面を支配するといつてもいいのであります。

　このことは他の面から申しますと、われわれの身体的情緒的な面というものは、絶えず変わりつつある。われわれの血液というもの、われわれの呼吸系統というものは絶えず刻々変化しつつある。しかしながら、変化しつつ常に一定の姿を現わしているのであります。

　われわれのからだの細胞というものを考えてみますと、これも一刻一刻変わる、これは生理学者などが最近の同位原素、アイソトープに照らして写してみますと、われわれのからだが、いかに刻々変わつているか驚くべきものがある。しかも、かく刻々変わりながら、きのうのわれと、きようのわれというものは、やはり精神異状者でない限り、同じパーソナリティ、同じ人間なのであります。いいかえますと、われわれの身体というものはあるいは、それとすぐ裏表になつています情緒の世界というものは、変化しながら一定の姿を現わすものとして、これを力動的恒常性ということばで現わしてよかろうと思うのであります。

　すなわち、もひとつ他のことばで言い現わしますと、われわれのからだ、ならびに情緒というものは釣り合いを保つているわけでありますが、その釣り合いが動的な釣り合いである。しよつちゆう変わりながら釣り合いを保つているわけであります。

　それを裏返していえば、われわれの釣り合いというものは、心の面において、からだの面において危い釣り合いなのであります。それですから、人間はちよつとしたことで風邪を引き、ちよつとしたことで下痢をします。そういうことでありますから、人間は最も病気をしやすい動物であると言われております。

　そういうからだの面をスグと映し出しているのが情緒の面であります。そういう点からいつて、われわれの情緒の釣り合いというものは、スグと失われやすいということを考えなくてはならぬ。言いかえますと、われわれの喜怒哀楽の情というものは、非常にちよつとしたことによつて動かされるものである。ちよつとした人のことば、ちよつとした人のソブリが、われわれの心にいかに微妙なカゲを投げ、動きを与えるか、人はちよつとしたことに喜び、ちよつとしたことに悲しむのであります。

　これは、いろんな例を引いて申し上げればおわかり願えると思いますが、われわれのように相当の年をとりましても、他の人の言つたことばがいつまでも忘れられない。よく言われるように、話すほうは水に流すが、聞くほうは石に刻むと言われている。言つた、話したほうはケロリと忘れておりますけれども、言われたほうは「あのとき、あれが、ああ言つた」と、いつまでも忘れかねる。

　有名なヘルデリンという詩人は、友だちの言つたことばが、三日間は絶えずそれだけが頭にコビリついて離れなかつたと言つておりますが、われわれは三日どころではない、ときによれば一月も、あるいは二月も、一年も二年も忘れかねるくらい、ちよつとしたことばが、われわれの心を動かすのであります。

　大人でもこんなわけでありますから、浮世の波風に打たれることの少ない子供たちにとつては、もつとこの点は、はなはだしいのであります。幼稚園の指導書などに書いてありますように、先生が明かるい表情をもつて子供を迎え、帰るときに笑顔をもつて送る、これだけでも教育的な効果が非常にあると言われております。

　これは、幼稚園の子供ばかりではありません。相当高学年になりましても、依然としてそうでありまして、私が前の学校で非常に頭のいい、そうして容貌秀麗、それこそ頭脳明敏な、まれに見る秀才を知つていたのであります。その学生が時折私の家へまいりまして、あるとき、私は「しばらく来なかつたね」と最初に言つたそうであります。その学生は、そういういろんな点で恵まれておりながら、家庭的条件においては非常に不幸な学生でありまして、のちほど遂に病を得てなくなつたのでありますが、その学生が残しておりました日記や書簡を調べておりましたときに、たまたま私が、「しばらく来なかつたね」と言つた一言が、その学生にとつては忘れることのできないことばであつた、ということを書いておつたのであります。それはどういうことであるかと申しますと、家庭的に恵まれていないだけに、自分を、ともかく目にかけてくれる人があるということが、その学生にとつては、やはりひとつの感銘であつたのであります。このことがわかつたときに私は非常に考えさせられたのであります。こういうただの一言によつて感じやすい青年は、それこそ心の底まで何か考えるようになるのであります。

そういう点よりいたしまして、私は皆様方にお考えいただきたいと思いますことは、人間は、からだばかりでなく心の面においても、いわば頼りない存在である。これは、われわれがよく自分というものをふりかえつてみれば、皆そういうところがあるのではないでしょうか。

ここで久保田万太郎氏が書きました「ほたる」という戯曲の中にある言葉を考えてみましょう。あの「ほたる」の主人公が、自分は小学校のときは、よく見てくれる先生がひとりいた、学校を卒業して大工になつたときには、あのよい師匠さんが自分を見てくれた、しくじつて刑務所に行つたときには、よく自分のことをしてくれる看守の人がひとりいた——そういう人があるときには、自分はしくじらないそういう人がいなくなると自分はしくじる、おれの心には、いつも心のツッカイ棒が、ひとつ必要だ、とこう言つている。

しかしながら、心のツッカイ棒がひとつ必要なのは、この「ほたる」の主人公だけではないのであります。われわれは何らかの意味で、心のツッカイ棒を親に求め、あるいは友人に求め、あるいは配偶者に求める、あるいは先生に求める、人間というものは、よくよく考えてみれば、そういう存在なのです

これは自然のように、木石のように、いつたん自然の形が出てくれれば、その釣り合いが相当長いこと変わらずに保たれる、そういう自然的存在とも異なり、いかなる動揺があつても、どんなことがあつても絶対に動ずることがないというような神仏でもない、その中間に立つ人間というものは、その釣り合いを保ちながら、常にその釣り合いは危つかしい釣り合いを出ないのであります。

そこに人間というものは、最後のところ、どこか心のツッカイ棒を、さしあたつては親に求め、先生に求め、友人に求め、最後には神仏までいくでありましようが、そういうツッカイ棒というものが、どこかなくなつたときには、どうなるか——。

これは最近もよく言われていることでありますが高校や中学校の生徒がよく自殺する——ここにもわれわれが直面する教育の大きな問題があると思われるのでありますが、京都市内のある高校生が自殺いたしました。それは、先生が「そんなことでは、とても卒業できないよ」と言つた、その後、間もなく自殺してしまつた。ところが、その原因は、その教師のひとつのことばではない、実は、もつと背景があるのであります。それは、おとうさんはいつも仕事に忙しい、おかあさんは、まだ後妻として嫁いで間がない。そういう意味で家庭的にそのこどもは心を打ち明けて心のササエを求める条件に欠けていた。たまたま、ひとりの友人がいつも往来して、その生徒と気心があつていたのでありますが、それが転校した。そうなるときに、その子はどこにも心のつながりを持つことができなくなつた。そのために絶望したその子は、ちよつとしたことばがキッカケになつて自殺したのであります。

子供が何か「問題」をもつようになりますと——子供は自分自身にこもつて話をしなくなる。何か子供がダマリこんでしまつたときには、何かその子供は問題を持つている、と親も先生も一応考えるべきでありましよう。どんなことでも打ち明けることのできるような親とか先生を持つている子供は、たとえ、しくじりましても、もう一度立ち上る力が与えられるのであります。しかしながら、そういうことがなくなると、子供は追いつめられ、ときとしては自殺するということも起つてくるのであります。

そういう意味で、ご承知のようにガイダンスの場合など、いろいろと子供を指導するよりも、まず児童生徒の話をよく聞いてやる先生、それがガイダンスのカウンセラーとして非常にたいせつな条件であると言われているのであります。

これは家庭においても、非常にたいせつなことであると思うのであります。どんなことでも、父親や母親に打ち明けて話ができるというふんい気が、何より子供の教育に必要であります。こういう点より

いたしまして、特にお考え願いたいと思いますことは、子供たちと情緒的なつながり、心のつながりを常に親ならびに教師は持つように努力すべきことであります。

青少年の不良化の原因が、いろいろ論じられておりますが、そういう際にまず考えられることは、家庭が経済的に恵まれていない、貧乏であること、そういうことがすぐ言われる、事実その面をわれわれは無視することはできない。いろいろのイザコザが起りますときには、多かれ少なかれ経済の問題があると、われわれは見のがすわけにはいかない。しかしながら、経済的条件だけがすべてを決定するわけにはいきません。こういう点について、最近大阪市内で調べられた結果を、ちょつと申し上げたいと思います。すなわち、甲と乙の地域を選んだのですが甲の地域は、おとうさんも、おかあさんも工場に通い、収入は合わせると相当の額になり、乙の地域は家内工業でありまして、おとうさん、おかあさんは常に家の中にいて内職といいますか、手仕事をしている、収入は、こちらのほうが低い。ところが、その両方の地域を調べてみますと、不良少年少女が、甲のほうが多く出ているのであります。すなわち、経済的な収入の条件はいいほうが、かえつて不良少年少女が多く出ている――。

これはなぜであるか、いうまでもなく親が子供と生活をともにする時間が、乙が多くて甲が短い、そこに、いつしよにおれば情緒的なつながりが保たれやすい、そういうところからして、甲のほうが、収入がかえつて多いほうが不良少年少女をたくさん出している。そのことは、もひとつ他のことを申し上げてみますと、不良少年少女が出てくる家庭の条件を調べてみると、ご承知のように、ひとつは非常に甘い家庭、何でもやりたいことをさせるという家庭と、もうひとつは、それと反対に非常にしつけをきびしく言い、いわゆる道徳教育に熱心な家庭であります。そういう厳格な家庭から、かえつて相当多くの不良少年少女が出てくる。それはなぜであるか。親は、いつしようけんめいになつてしつけようとし、道徳教育をしようとするが、かえつて逆効果をもたらすというのは、やはり子供と親との間に情緒のつながり、心のつながりがないからであります。もし、心のつながりが保たれておりますならば、これは物質的な条件が多少悪くても、その悪条件がかえつてひとつの刺激になつて、りつぱな人間が出てくるということさえ見られるのであります。そういう点では、ご存じのように二宮尊徳とか、あるいは吉田松陰など、こういう人たちは経済な条件には非常に恵まれませんでしたけれども、親に対する関係、先生に対する関係――そういうつながりにおいては非常に恵まれていたのであります。

そういう問題をあれこれ考え、特に学習の問題に近づけて考えてみますときに、子供たちが先生と心のつながりをもち、友だち同志の関係が和やかであるとき、学習は、それこそ最もよき効果をあげるのであります。

これは、私自身の経験を申し上げてみたいと思うのでありますが、私が外国にまいりましたときに、話をしてくれと頼まれた。ところが、私の英語は頼むに足りません。そこで、どうしたらいいものかと思つて、頼まれた以上は何とかしなくてはならないというので、原稿を書いてその席に臨んでみますと、よけい来ておらねばいいのに、二百名ぐらい来ている。しかも女の先生が非常にたくさん来ている。はなはだ具合が悪い。どうしようかと思つておりましたところ、その顔色を見てとつたのでしょうか、頼んだ人が私の所へやつてきて、「あなたは何も心配することはない、何も恐れることはない、ユックリ話してくれ」と、こう言いましたので、それで私の心の釣り合いが、ちょつと回復いたしたのでしょうか、立つて話しましたところ、ともかく一通りわかつたのでしょうか、話を終えますと、やはりオセジでもありましょうが、みんな一応拍手をしてくれたのであります。そのとき、私は、やはり同じような準備をしていても心の安定が保たれ、心のつながりが保たれているときには、やはりその結果が違うもんだということを、身にしみて感じさせられたのであります。

およそ、よき学習効果をあげている先生は、必ず子供との間、あるいは子供同志の間に、心のよきつながりを保つように努力している先生であります。

そういう点よりいたしまして、特に皆様方にお考え願いたいと思いますことは、道徳教育の場合にもそれでありまして、道徳教育は最初は何としても外から教えて行為を指導していくという、そういう他律的な面を欠くことはできません。そういう意味で道徳教育は、まず習慣づけによつて始まる。また、その面が非常に重大である。よき習慣づけを、家庭において、学校においてするということは、道徳教育の場合に非常に重大であります。

しかしながら、それだけに止まるわけにいかないやはり子供たち自身が、そのなさねばならないワケアイをよく理解して、自分自身の見識をもつて行うようになる。いいかえますと、自律的な人格にならなければなりません。それは、また新しい教育の重要なネライでもあります。

それでは、その他律的な習慣づけから、子供たち自身が自発的、自律的になるようにするためには、どういうことが必要であるか、それはやはり先生と生徒の間、親と子供との間に心のつながりがなくてはならない。

これは例を引いて申し上げます。大阪府下のある小学校で児童会をやつている。その児童会は非常にうまくいつている。のちほど申し上げます問題解決的な児童会を、実にみごとに運営している。私はつくづく感心しながら見ていました。子供たちは、あらゆる角度から考えて協力して、自分たちの生活の問題を考え抜いて、力を合わせて解こうとしているそうした授業ーー学習活動といいますか、クラブ活動といいますかを一時間ジックリ見ました。そうして、のちほど廊下でこどもたちと会いました。その学校では、お客様に礼をするようにという習慣づけが行われている。これは学校のほうから、そういうふうに、いわば他律的に子供たちに言つてきかせてやらせている。ところが一時間子供たちといつしよに、いろんなことを聞いたり見たりしておりますと、私と子供たちの間に、どこか心のつながりができたのでありましよう。のちほど会つたときに、子供たちは、何人かニッコリ笑つて、それこそ教えられているから、そういうふうに習慣づけられているからやるというのではなく、それこそ、よそよそしくするのではなくて、ほんとうに打ちとけて、子供たち自身が礼をするという態度になつていることが私に感じられたのであります。

これは、やはり他律的な指導、習慣づけというものも、情緒的なつながりがあるときには、進んで自律的なものになるということを、私は感ぜずにはおられなかつたのであります。そういう点よりいたしまして、私は道徳教育の立場からいたしましても、学習の立場からいたしましても、情緒的なつながりというものが非常にたいせつであるということを申し上げずにはおれないのであります。

これは情緒的なつながりを失いますときに、われわれはよく経験しておりますように、英語の先生は虫が好かない、したがつて英語までイヤになる、何も英語を恨みにする必要はないのでありますが、英語の先生と心のつながりが失われていたために、英語そのものができないという学習効果にも関係する、そういうことを皆様方はご経験になつたことが、あるいはおありかもしれませんが、そういう意味で学習面からいいましても、しつけ面からいいましても、教育の前提といたしましてアリフレタことでありますが、情緒的つながりということを、まず申し上げずにはおれないのであります。

特に、そういう点よりいたしましてお考え願いたいと思いますことは、その教師の、あるいは親の精神衛生の状態というものは、子供の精神衛生の状態に非常に影響をもつ、子供たちの精神衛生をよくするためには、親あるいは教師が精神衛生を自分でよくしなくてはならないということであります。

それは裏返していいますと、われわれ自身が情緒的な安定性を失いまして、すぐカンを立てる、そうすると、子供たちはそれを敏感に反映して、一言でいいますと、先生や親がヒステリーを起すと、そのヒステリーは、すぐ子供に伝染するということであります。

これは例を引いて申し上げますと、神戸市のある小学校で授業を参観した。ところが、外へ出て付添の先生に、「あの先生はヒステリーではないですか」と聞きました。「どうして先生それがおわかりですか」といつて付添の先生が目をむきますから、「いやいや、あの先生の態度、あのイライラしている生徒の動きを見ていると、どうしてもあの先生がヒステリーであると思わずにはおれない」といつたら「そのとおりです」との返事でした。

もうひとつ例を申し上げます。これは松本にいる非常にいい先生です。その先生は夜おそくまで研究する。そうすると翌日睡眠不足となる。そういうような場合には、ついカンを立ててヒステリーを起すということを、自分でよく自覚している。だから、子供に向けて、先生がおこりそうになつたら「睡眠不足」といつてくれと、こういい渡してある。こりや、なかなかこの先生はえらい。ヒステリーを起そうというときに、ちよつとのユトリを持つように自分で反省をして、そこで自分の心の釣り合いを取りもどそうとする。その配慮が、この先生にはある。ともかく、そういうふうなことを自分でくふうしているのであります。

これは何を意味するか、われわれは何もハレモノにさわるように、子供たちのキゲンをとれとか、ニヤニヤしておれ、というふうなことを決して申し上げるのではありません。叱るべきときには叱らなければなりません。指導すべきときには指導しなければなりません。

しかしながら、ヒステリーを起して子供にヒステリーを伝染させるのと、指導すべくして指導し、おこるべくしておこることとは違う、子供は、それが非常に敏感にわかるのであります。そこを、ひとつお考え願いたい。

このことは、きわめて微妙なことのようでありますが、これが非常にたいせつなことでありまして、これも鳥取県のある教師の授業を見たのでありますその先生は、決してニヤニヤ、ニコニコはしない、むしろほとんど微笑を浮べないで授業をしている。ムダなことは言わないけれども、子供たちと気心がピタ―ッと合つている。打つ手、打つ手が、ことごとく生きている。そうすると、子供たちは問題学習などに取り組んで、キチッと、それこそ緊張と同時に安定感をもつて授業を進めていく。だから、先生はたくさんは言いませんけれども、その学習指導の中心に立つて子供との心のつながりをチャンとつかんでいる。だから、その学習効果は非常にあがつている。

そういうふうな例をいろいろ考えてみまして、そうしてまた先ほど申し上げましたように、ときには人生の危機に立つたときに、何よりも心のつながりが、いかに教育上重大であるかということを考えますときに、私は以上のようなことを申し上げずにはおれないのであります。

皆さんもご存じの九州の水俣市から出ました徳富蘆花が、青年時代に、それこそシクジリまして、故郷の水俣に帰つた。そのときに親類の者、家族の者みんな冷い眼で迎えました。というのは、兄徳富蘇峰は、すでに国民新聞の大記者として令名をほしいままにしているのに、弟はグズだ、こういう眼でみんな彼を冷く迎えたとき、絶望になり自暴自棄になろうとしていた蘆花を、ひとり、それこそ優しく迎えたのは、おばの竹崎順子であります。この人は明治の女流教育家として最も偉大な人のひとりだ、と私は思つておりますが、その竹崎順子おばさんだけは、「何のその、よかよか」といつて迎えた。そこに蘆花は、もう一度人生において再出発をする心を取りもどすことができたのであります。そうして、のちほど、あれほどの仕事をしたのである。おばさんに対する感謝の念やみがたく、彼は、のちほどあの大きな「竹崎順子」という伝記を残しているのであります。

このことをとつて考えてみますと、われわれは心のつながり、情緒のつながりというものが、いかに教育上重大であるか、だれしも気がついておられることであろうと思いますけれども、最近の精神病学精神衛生学の知見にささえられて、この点が非常に近代学習においては重大であると考えまするからして最初に相当詳しく申しあげた次第であります。

（2）問題學習と基礎學習

以上のように、何かと申しあげますと、われわれは何だか、いかにも子供をいたわる一点ばりのように思われるかもしれませんが、何としても力動的恒常性とか、あるいは動的な釣り合いを保つている人間であるから、まだ成長がじゆうぶん遂げられていなくて、浮世の波風に打たれていない子供たちに対しては、「心のつながり」の面が非常に必要であるということを申しあげましたが、そういうふうに釣り合いが破れるということは、どういうことであるか、それは釣り合いが破れたということを、絶えずわれわれは意識して、釣り合いを取りもどそうとしているところに、人間精神の根本の動きがあるのであります。

われわれは、ああ心の釣り合いが破れたな、といつて雲烟過眼的にかまえていることができるのは、よほど大悟徹底した人でなかつたならば、精神病者である。われわれは心の釣り合いが破れたときには常に痛みを感じ、苦しみを感じ、もう一度その釣り合いを取りもどそうとする。それが実は問題解決ということになるわけであります。

そこにわれわれは一方からいえば、いたわると言いますか、心のつながりを持つようにするとともに他方からいえば、子供たちが釣り合いを失つたときに、その釣り合いを取りもどしていくように、積極的に戦つていく強い面を持たさなければならないのであります。

そういうところよりして、われわれの考察は次第に問題解決というふうな学習法に向かつていくわけでありますが、その前提として申しあげたいと思いますことは、いわゆる生活カリキユラム、生活学習の立場、その場合そういう学習型態として、いわゆる単元学習というものが考えられている、そのことを少し考えまして申しあげたい。

単元学習をとるようになつた理由が、実は二つある。ひとつは、近代社会の発達とともに近代社会の機構、構造、機能というものが非常に複雑になつてきた。かつて、この村が封建時代のときには、もう村のことはカレコレ教えられんでも、みんなわかつていた。もうミソもショウユも、何もかもみんな村で作る。そうして村の人間関係のごときは、こと細かに皆知つている。生活は変化が少ない。そういう封鎖的な社会と異なりまして、今日われわれの生活というものは、もうこの村は、すぐ日本の大きな工業地帯のひとつである、この北九州の炭鉱ならびに工業街に直接につながつている。それは、また同時に世界の経済につながつている。そういうことになりますと、われわれは、もとの地理科のような、ただの体系的な教科学習をやつているだけではすまないような事情が出てくる。

それは、体系的に組織的にやる学習というものはどの部分も一応平等の重さをもつて扱うのであります。これは歴史をやりますと、平安時代であろうと鎌倉時代であろうと、これは体系的組織的にいえば同じ重さを持つている。ところが、今日の、この村の産業を考えるとき、この村の交通を考えるとき、そういうときには、ひとつのところにしぼつて、それを中心にして重点をおいてやらなくてはならなくなつてくる。

たとえてみますと、理科の場合、水のことを同じく理科の立場から体系的組織的に教えていく、これが、これまでの教科なのであります。ところが、この村の生活で、水道なら水道ということを考えなくてはならない、そうすると水道ということに重点をおいて、水道をめぐるいろんなことを、ひとつにまとめて教えなくてはならない。

言いかえれば「社会的な価値」、そういう見地からいたしまして、われわれは体系的な同じような重さを持つて教えていく立場でなくして、その社会にとつて一番たいせつなテーマを取りあげて、それに関係しているものをまとめて教える。これが単元学習であります。そういう意味で教材の内容と社会生活における重大性を中心にして、いわゆる単元を作つていくということが、単元学習の起つてきた重大な理由であります。ここに社会科などが、いままでの教科のワクを破つて出てきたゆえんがある。これは、やはり一言でいえば教育社会学的理由であります。

しかしながら、近代の教育学としては、教育社会学と同時に教育心理学の面が重大でありまして、すなわち、ただ教えるというのではなくて、子供たち自身が自分の胸で感じ、自分の頭で考えて、自分の手足で取つ組んでいく――こういうふうな、それこそ統合、全人格的な打ちこみが行われるような学習これが学習上効果をあげるということがいわれているのであります。

そういうものが、実は広い意味の「問題」なのであります。

それで水道なら水道と、交通なら交通という、この村にバスが通るようになつて、どういうふうに村は変化したであろうか――そういう問題のとき、子供たちは、あらゆる角度から考え合わせて、その問題を解こうとする――そういうふうにするときに、子供たちは、ほんとうに自分の頭で考えるようになる。そこから、ほんとうに考えたうえで行動をするそうなるときに、ただメクラメツポウに動くのではなくて、その人の全体の行為そのものが新しくなるその人格そのものが新しく組織されるようになる。

今日は、よく皆さんがお聞きになりますように、学習とは、その人の生活経験そのものが新しく組織しなおされること、人間全体が、どこか新しくなること、これが学習の真の意味であると考えられる。たとえば、身近な問題として、子供たちは、足をどういうふうにして洗つて入れば土がつかなく、教場がよごれなくなるか、こういうことを、真剣に考えるようになる。それから子供たちの行動そのものが新しくなり、生活様式そのものが新しくなる。人間そのものが、ある意味で新しくなつてくるというところがある。それが、ほんとうの意味の学習である。

そういう学習であるためには、子供たち自身の問題に、ほんとうに取り組むときに、それがほんとうにできることになる。これは皆さん、よくお考えになれば、このことは明らかである。

いままでノンキに勉強していました高等学校の生徒が、大学に行こうという問題に取つ組んでまいりますときに、子供たちの勉強の態度が明らかに変わる。子供たちは新しい生活様式を持つようになる。いままでノンキにしておりました青少年が、恋愛なら恋愛、結婚なら結婚という問題にぶつつかつたといたしますと、ヨソゴトではない、「自分自身の問題」でありますから、子供たちは、そういう青少年は、親に相談したり、書物を読んだり、いろいろ自分で考えるようになる。こういうような場合においてこそ、ほんとうの学習ができるのであります。

それですから、視野をもう少し広げて申しますなら青少年時代に、いかなる問題を、いかにつかんだかそれによつて、実はその人の生涯が決まることにもなるのである。学校において、あるりつぱな先生に出会つた、先生というものは実によいものであると考えるようになり、それで自分は先生になろうと、こういう問題を子供がつかんだときには、明らかに子供の生涯は教育者という方向に決められていくのである。

頼山陽が十四才のとき「十有三春秋、逝クモノスデニ水ノ如シ、天地始終ナク、人生生死アリ、イズクンゾ古人ニ類シ得テ、千載青史ニ列セン」とよみましたが、このときに頼山陽は自分の生涯の問題をハッキリつかんだわけであります。だから五十二才ですか、日本政記の稿まさにならんとしてメガネをかけたまま死ぬるまで、ともかく、いろいろな批評を受けながら、あれだけの歴史的人物になつたのは十四才のときにどういう問題をつかんだかによつて決まつたのです。これは明らかに頼山陽の生活様式考え方、人間そのものが新しくなつた。これは道元についても同じであります。

問題にほんとうに取つ組むときには、そういうふうに根源的な学習ができるようになるのでありますそこに人格全体の統合活動、人間の中心にシンがシヤンとしてくる。そういうことができるのが、問題学習であります。

そういう意味で、単元学習は、本来的には、まさしく問題学習でなければならない。

これは、何も形だけを「……であろうか」と疑問の形にしたから問題学習になるのではない。子供たち自身が自分で考え、自分でくふうし、自分で感じて、自分の手足で動いていくようになるという、そういうのが、ほんとうの学習であり、その限り、学習は本来的には、みな広い意味の問題学習であるわけであります。そういう点よりいたしまして、単元学習というのは、一方には社会的に必要なテーマを教える、取り上げる、他方では、いまのような問題の性格をもつたものを取り上げていきたい、こういう立場に立つのが近代学習の立場であります。

そういう際、特に問題学習というか、単元学習というものは、どこか統合し、すべてをまとめて教えるということがなくてはならない。ところが、村の消防というふうなことを、ただまとめて、何でも消防について教えるんだ、と考えるようになつたら、それはマチガイです。何でもひとつに合わせて教えさえすれば総合学習であり、いわゆるコア・カリキユラムであると考えられるならば、それは見当ちがいもはなはだしい。

その点について、私がよくヘラズ口をきくのでありますが、そんなものは全くゾウスイ・カリキユラムであり、ゴッタニ・カリキユラムである。そんなものを、いくらガチヤガチヤ教えても、焦点をしぼらず、ほんとうにツクべきところを、つかなかつたならば、それこそ何を教えたかワケのわからないような学習になりまして、その結果学力低下、しつけのふじゆうぶんということが起るのは、当然であります。

これは、たとえてみますと、「消防」の単元をある小学校でやつていた、どういう点に焦点をしぼつていたかというと、その部落の家の位置をツブサに調べまして、消防車がどこまで入り、どれだけのホースの長さがあるか、これを綿密に調べたのであります。もともと、子供たちは、ひとたび火事が起れば自分たちが生涯苦労したものが、一朝にしてフイになる、ここに消防という問題を取り上げなければならない根本の理由がひとつあつたわけでありますその際消防車のポンプがどこまで届くかという、その長さを教師はタンネンに調べさせている。そうなつてくると、子供たちにとつても、この単元の生きた問題の中心が端的に迫つてくるのであります。この点にしぼられて、理科の知識も、等々の知識が、みんな統べ生かされてくるのであります。

そういうことを考えて、問題というものは、すべてのものを統べ生かす性質を持つていなくてはならないのである、ということをくれぐれもよくお考えいただきたいのであります。

そういう点よりいたしまして、私は、ここから特にお考え願いたいと思いますのは、いわゆる基礎学力の基礎学習と単元学習の関係の問題であります。

これは、われわれは、そういう総合学習、問題学習を尊重するといたしましても、基礎学力を無視するということは、いけない。これは私が「生活教育の根本問題」という書物をあらわしましてから、終始一貫申し上げていることであります。もともと終戦後、新教育が説かれたとき、いままでの教育は反復練習、暗記を中心にした他律的な外からの学習であつた、だから、そういう学習をやるとドレイ的な人間ができるからいけない。新教育は自学自習、子供たち自身の表現と活動と理解を重んじていかなければならない……、そういうふうに説かれました。そのスジは、私も全体としてまちがつていないと思います。しかしながら、それでは新教育は自己表現自己活動等々を重んじ、それをやるのが主で、反復練習とか暗記とかいうものを退けてしまうと考えるならば、ユユシキまちがいである、と言わざるをえない。

中正な立場で近代的学習論を説く学者は、「反復練習に訴え、暗記に訴えて効果があると思われるものについては、それこそ機械的に、いつせい的に、他律的に、外からやる学習も決して退けてはいけない。それを、やはり、やらなければいけない」と、ハッキリ説いているのであります。これは、たいせつな点であります。

いわゆる総合学習、あるいは単元学習というものが、いろいろな活動を含んでいる。事実、それには次に申し上げますように――然るべき理由がある。しかしながら、ただ活動だけしている、どの時間もどの時間も、生徒は活動しているはよいが、日本の教場を見ていると、これはアメリカの教場などと非常にちがうところですが――日本の単元学習の時間が非常にヤカマシイということである。もう、それこそガヤガヤガヤガヤ、やかましい。ああいうことをしていたならば、子供は、ほんとうに考えたり学習したりする余裕はない、と言わなければならない

そういう意味で、思い切つて切り替え、古い型のそれこそ、たんねんに計算練習をするというようなことをやれば、子供たちは、落ちついて、いろいろ考えたり、操作することを身につけるようになる。そういうことも非常にたいせつであると申し上げずにはおれないのであります。

そういう点で基礎学力を見直さなければならないということがひとつ、もうひとつは、皆さんもお考えになつておりましょうが、基礎学習を問題化することです。

こういう総合学習を生活単元的にやりますときにたとえば分数の計算ができないとする、そのためにその単元の問題が解けない、その単元学習をやろうにも、当用漢字を知つていなくてはどうにもならない……そういう行きづまり、すなわち「問題」が――問題学習なり単元学習をやつているうちに――ハッキリと先生にも生徒にも自覚されるときに、そういう基礎学習そのものが、実は新しい意味で問題となつたわけです。総合学習、単元学習をやつているうちに、基礎学力の不足ということ自体が、ハッキリと先生にも生徒児童にも自覚されるときに、ここに、それがひとつの問題となつたわけであります。その必要感がハッキリ自覚されるときに、基礎学習そのものが、ひとつの問題として出てくるわけであります。

そうなると、いま申しましたような形でやりますということは、広い意味では、その必要感を子供たちがハッキリ自覚してやつているのでありますからその基礎学習そのものが、実は問題学習という性格をおびてきたといつてよろしい。すなわち、その必要感をハッキリ自覚して基礎学習をやるということは、実はその基礎学習がその性格において問題学習に転換しているということができるわけであります

そういうふうにして基礎学力をつけまして、こんどは、また生活の問題学習に帰つていく、ここに私は基礎学習単元と学習ないし問題学習の相互動機づけという概念を提唱したいのであります。

これは、ご承知のように、これまで中心は集約し周辺は拡充する、というふうなことばで言われたことがらでありましょう。けれども、私は、どちらも広い意味で問題であると、そういうふうにハッキリ自覚するところに成り立つものとして、相互動機づけという概念で、基礎学習と問題学習との関係をお互に生かし合つていくという立場に立つべきであると考えるのであります。

そういうふうにいたしまして、古い形の反復練習、あるいは暗記ということも、できるだけ「問題」という性格をもたせてということは必要であります。操作の上からいえば、反復練習、暗記もまた必要で問題学習になるべきであるということをハッキリ申し上げたい。

これは特に外国語なんかを持ちまして、私自身も若干の経験を持つている。これはドイツ語などを高等学校の生徒に教えますときに、彼らの自学自習にまち、彼らの人格を尊重するなどといつたら、百年清河です。ですから、私は「きようは君らにこれを覚えてもらう、この変化を覚えてもらう、十分間内に覚えろ、十分間したらこれを消してとびとびに当てる」とこう言うと、アクタレどもも「問題」をつきつけられて、ブツブツ言いながら覚えてしまう。彼らの人格を尊重してそれをやらないでいたら、いつまでも力はつきません。これは、ハッキリ考えておくべきでしょう。

そういうことを一方では申し上げ、他方では、こういうふうにして、当用漢字や公式や基礎形式などを覚えましたところで、それだけでは学習の目的は達成できない。それは、どういうことかと言いますと、そういうものを、すべてまとめて活用する、そういう意味で単元学習的なものが、どうしても必要

なのです。

これは、この点については精神病のことを、ちよつと申し上げたい。精神病というものは、これは精神病者の最後まで基礎学力は残る、ちやんと「いろは」もかける、漢字も覚えている、あるいは文法も忘れはしない、にもかかわらず、それをまとめてまとまつた文章を作ることができない。これが精神病なのです。これは精神病の人を見てごらんなさい。私もだんだん見ているが、この私のほうの大学の近くに、ほとんど毎日のように出勤している女の人がいる、その人は歌をうたう、ハツキリ演説をするのです。だから、そのひとつひとつは、みんなハツキリしている、ところが全体をまとめてみたらメチヤクチヤだ。何のことかわからない。これが精神病なのです。

すなわち、要素的なものは、みんなできても、それをまとめて縦横に生かす力が出てこなかつたら、それは正常であるとはいえない。われわれの活動がほんとうに人格全体の活動でありますためには、要素的な基礎学習的なものを、まとめて生かす統合の力をどうしても伸ばさなければならない。だから、当用漢字を教え、文法を教える等々の国語教育は、たとえていいますと、作文という活動において全面的に統合され、当用漢字を縦横に活用し、文法を活用するところにこなくてはならない。あるいは図工の場合、遠近法を教える、陰影法を教える、色のぬり方を教える、そういう要素的な基礎学力を、どうしてもつけなければならない。しかしながら、それをまとめて、写生をし絵をかくという意味で、構成活動がどうしても入つてこなければならない。

実に、単元学習というか問題解決学習というものは、そうした総合的全体的な活動なのであります。すなわち、いろいろな知識を、基礎要素的なものをまとめて、これを活用に転じて、縦横に生かして行動するという働きにまで統合され、統一されなくてはならぬ。そこに単元学習、社会科などにおいて問題解決的な統合学習が何としてもたいせつになるのです。あるいは、プロゼクトを重んずるワケアイもまたここにあるのでありまして、そういうふうになるときに、人格全体の活動がそこに出てくるのであります。そこに、ほんとうの意味での行為全体が新しくなり、経験が再組織せられ、人間の中心にシヤンとしたものが出てきて、独立した人格になるということが出てくるのであります。

その点よりいたしまして、私は、ここまでまいりますと、学習活動が人格の中心をシヤンと確立するという意味で、全人格的活動を含み、それは、やがて同時に広い意味の道徳教育になる、と言わなければならない。

（3） 道徳教育について

と申しますのは、そういうふうに人格の統一が出てくるというのは、いいかえれば、ほんとうの自律人格になるということであります。そこまでわれわれの学習活動が考えられていきますときに、これは同時に学習活動は人間そのものを作る道徳教育の意味を持つわけであります。

その点よりいたしまして、特に新教育の場合は、このあらゆる学習が、同時に自他に対する人間関係をまともに打ち立てる、という道徳教育の意味を持つのであります。

これは、いまのように全人格的に取り組んでいくようになりますときに、ひとことで言いますと、子供たち自身が、自分で責任を果たし、義務を尽くして自律人格になるということであります。

それが、この道徳教育の非常に重大な見地でありまして、その点よりして、ひとこと道徳教育に、ごく簡単にふれておきます。

これは新しい道徳教育の立場では、あくまで自由人格になるということであります。すなわち、先ほどから申し上げておりますように、外から他律的に習慣づけを行われるのも、それは、やがては自分が自分で、すなわち、掃除をするように親にしつけられ、学校で習慣づけられる、しかしながら、それがもうひとつ進んでは、自分で掃除をしなくては気持が悪い、なるほどしなくてはならない、とハツキリ自覚して、自分自身の見識をもつて、自分自身の主義を持つて行動するようにならなくてはならないのであります。

そうなるときに、ほんとうの意味で人間ができてくるのであります。そこに自分自身が責任を尽くすといいますか、務めを果たす人格になる。そういう意味で、自分で務めを果たし、責任を尽くすからして、外からいろいろヤイヤイ言われなくても、外から支配されなくても、やつていけるような自主的な自律的な人格となるとき、いわゆる基本人権を主張しうることができるようになるのであります。

この点はことに道徳教育の場合に――これは学習の場合においてもそうでありますが――ハツキリさせ、自由と責任、権利と義務の観念をハツキリつか、まえておく必要があるわけであります。これは例を引いて申し上げます。

かつて、われわれの教育界には視学という存在があつた。この視学という存在は、私が経験しております限りにおいては非常に強力な存在であつた。ひとたび視学が学校に現われるや、校庭のスミズミまで、ことごとくキレイになる。子供は、たちまち行儀よくなる。先生の身の回り、たちまち改まる。実に強力な存在でありました。実は、若い先生方などは、一度くらいは視学の味を知つてもらうのも、よい人生経験になるかもしれません。そのくらい強力な統制をもつていたのです。ところが、終戦後そんなものは外からの他律的封建的な統制であるといつて、それをやめて指導主事という非常にわかりのいい存在が、これにかわつたのであります。ところが京都府下のある先生いわく、いまごろは、指導主事には人事権も監督権もない。来ても、やかましいことは何も言わない、よろしくほめて帰られる、そうして、いまは、おまけに定期昇給である。遊んでおろうと、やつておろうと同じく月給は上るのであるこんなにノンキな教員生活というものは、これまでかつてなかつた。こういつて、実はアグラをかいている。――そうなつたときに、学力低下、しつけの低下ということは、必然の現象として出てくるわけであります。そうなつたならば、社会は多かれ少なかれそれに対して圧力を加えてくる。そこに、もう一度視学的統制を外から呼びおこしてくるようなサソイ水を、教育界自体がもつている、といわれても仕方がない面がないとは言えない。

そうしたわけですから、われわれ教師たるものがわれわれは外から統制されんでも、チャンと教育の研究はして、われわれのやるべきことをやるんだ、だから視学的統制は、いらないんだ。すなわち、自分たちは自分で責任を果たし、義務を尽くすからして、外から統制されないで自由を受けることができ基本人権をもつて立つことができるんだ……。こうなつてこそ、ほんとうの道徳教育ができるわけでしよう。そうあつてこそ、子供たちが、ほんとうの自律的な人格、自ら子供たちが責任を負つて義務を果たす、そういう人間になるような教育ができる、これが日本を近代化していくために非常に必要な点である。

福井県の惜陰小学校に、非常にりつぱなモデル建築ができた。そのときに屋上が広くあいている。子供たちは、そこで遊びたいという気持を起した。そういう要求をもつた。ところが、学校は危いと思つて許さない。子供たちは遊びたくてたまらないから重ねて学校に対して卒直に――新教育のいいところです――希望を提出した。そうすると、子供たちは遊びたいが遊べない。そこに問題を持つたわけであります。子供たちの要求はここで押さえられることになる、それをのりこえていこうとして、子供たちは「問題」に直面したわけです。

そのときに学校は、非常にいい指導をした。それでは、上で遊べるためには、どうしたらいいか考えてごらんと言つた。それで、子供たちは何回も会議をした。これと、これと、これだけのことを守るようにしようと、自分たちでキマリを立てた。そうして、そのキマリを学校に提出した。そのキマリを学校が　べてみると、それはよかろう、というんで許した。その後、子供たちは自分の立てたキマリをチャンと守つていて、私がまいりましたとき、もう一年以上もたつていましたが一度も事故がない、という。　そこに、子供たちは自らオキテを立てて、自らオキテを守り、言いかえますと、そういう点で責任を果たし、義務を尽くすから、屋上で遊ぶという権利ないし自由を獲得した、といつてよろしいのであります。

こういうふうになつてこそ、ほんとうの道徳教育ができる、そのことが同時に、もうひとつ他のほうから言えば、子供たち自身が自分の問題を解決したここに問題解決学習というものが再び浮かび上つてくるわけでありまして、私は最後に重ねて問題解決学習について若干のことを申し上げておきたいと思います。

（４）　社会的知性の教育

これは、この近代社会の要求といたしまして、われわれが、もし上から統制せられて、それにただ追随していくというような、いわゆる少数の支配者によつて、ドレイ的に率いられていくという立場、それは封建的な立場、あるいは全体主義的立場、そういうものに甘んずることができないなら、われわれは、どうしても一人一人が自律的な人格になつて、ともに協力して相携えて問題を解決していくというそういう人間にならなくてはならないのであります

もうひとつ、日本の現状に近づけて言いますならば、封建的なものに逆もどりするのでなく、また自分自身の問題を日本人が解決できないで、外国の植民地や衛生国などによつて、それでいいと考えるな

らば、すなわちやみであります。われわれは、封建的な立場に逆もどりしたくもなく、自分自身の問題を解決しないで外から植民地や衛生国にされて、いい気になつておれないならば、どうしても、われわれは、われわれ自身の問題を解決しなければならない。われわれ自身の問題を解決することなくして、何の独立、何の平和であるか、個人としても家庭としても、村としても、われわれ自身の問題を、われわれの力で解決する、そうなくては個人の独立も一家の独立も、村の独立も国家の独立も、できるはずはない。

　われわれが自律人格をやかましく言つた。福沢先生が言いましたように、「独立心ナキ者ハ愛国心ナシ」というべきです。われわれは、ほんとうに自律人格になるという、われわれの家を背負つて立つ、あるいは手近なところでは自分自身を背負つて立つあるいは自分の村を、自分の町を、自分の国をよくしていく、そうして、自分自身のものにしていく。ここの教室は、自分たちの教室だということが非常に強く言つてある。これは自分たちの教室は、自分たちでりつぱにやつていくという精神の現われだろうと思う。そういう現われこそは、ほんとうの意味で日本を独立国家にする、そうして、やがて世界の平和に貢献するという、そういうことに道を開くものである。

　そこに、われわれが特に必要なことは、一人一人が見識をもつて、ハツキリ自分で考えると同時に、ただ一人がそれではダメで、今日のように分業が進んでいる社会においては、お互に努力しなければダメです。みんなが相携えて考え協力するという「社会的知性」というものが支えている。これを目ざして、われわれの教育はすすんでいる。これが真の近代的教育というものです。近代社会においては、どうしても一人一人の知性を伸ばし、一人一人の見識を伸ばし、一人一人の自律性を確立し、それがみんな相携えて問題を解決していくという、そういう立場を確立していかなくてはならないのであります。「社会的知性」の教育こそは、ほんとうの意味での近代的立場を代表するということができます。

　そこで社会的知性が伸びるために、われわれの近代的学習の立場をおしすすめるのです。あるいは児童会をやる、あるいは討議をやる等々をして、相携えて共通の問題を解決する。そういうことによつて次第に築き上げていかないと、そういうことをやつたことのない代議士などは乱闘をやることにもなります。われわれは、そこで社会的知性を伸ばすためには、問題解決をやりますが、その社会的知性を伸ばす目的は問題解決であります。問題解決をやることによつて社会的知性を伸ばし、社会的知性を伸ばすことによつて問題解決をやる。そういうことにして、それは長いこと歩んでかかつて質実に築き上げていかなければならない。

　教育というものは、長いことかかつて除々に築き上げてこそ、ほんとうの力を出すのです。政治は一挙に、外科手術的に効果を現わしますが、しかしながら、教育の裏づけがなければ、どんないい政治もほんものにならない。特に今日のようにマス・コミユニケーションが発達したときにおいては、教育の力は、社会に全面的に浸透する力が出てくるのでありまして、そこによき政治、よき教育というものがいつでも協力しなければならないユエンのものがあるのであります。

　ほんとうによき政治をする、その基盤を作るのが社会科等に代表せられる近代的な立場であります。

　そういうものを、われわれは問題解決学習において考えていくのであります。しかしながら、ひとこと申し上げますが、何でも問題解決、問題解決といえば、それですむと考えてはなりません。これは先ほど申し上げましたように、ほんとうに子供たち自身が、自分で考えて、自分で取り組んでいくという広い意味での問題を考えていただきたいのであります。そういう点よりして、基礎学習も、その必要感からして問題学習の性格にまで高めていただきたいそういうふうなとらえ方をしていただきたいと、こう思うわけであります。

　私は日本を封建的なものに逆もどりさせたくない植民地にしたくない、衛星国にしたくない、そう考えれば、どうしてもお互に相携えて問題を解決していく――日本の食糧問題をどうするか、日本の貿易の問題をどうするか、そういうふうなことは、みんな日本国民が力を合わせて考えるよりほかには解決の道はない。それを目ざして基礎陶冶をやるのが、われわれの教育であり、そこに問題学習の位置もあることをお考え願つて、子供たちが、ほんとうに生活の問題に取り組み、子供たち自身が、自分たちで考えて、くふうして解決するような問題単元学習が一つでも二つでも一年のうちにできればいいぐらいの、そういつた落ち着いた質実な態度で考えて、手をつけていただきたいと思うのであります。

　そういう際に、子供たちが、はんとうに問題をつかむ態勢というものは、あるいは作文によつて、あるいは児童会の発言によつて、あるいは子供と話をする間に、子供自身の問題をさがしあて、つかんでくるわけでありますが、この際に最も重要な態度は一人一人の子供とともに喜び、ともに悩むという精神であります。

私は、ほんとうの子供たちの自主性を伸ばすものは、教師の自主性であると思いますが、教師の自主性というものが、ほんとうの自主性であるためには子供たちとともに喜び、ともに悩むという、生活の場において出てくるということを申し上げたいのであります。

これは、子供たちの教師に望むことを調べてみますと、子供たちが最も望んでいる教師は、どういう教師であるかといいますと、やはり先生が、子供といつしよに遊び、いつしよに勉強し、ともに悩む先生、そういう広い意味で生活をともにする教師を最も求めているのであります。

そこに、ほんとうの意味で教育の源泉がある。それがやがて最初に申し上げました、子供たちと心のつながりをもつユエンでもある。心のつながりをもつということ、情緒面のつながりをもつということは、子供たちとともに喜び、ともに悩む教師の心、そのものであると、こう申し上げたいのであります

(5) 日に新たなもの

最後に、教師は、そういう意味で、子供とともに喜び、ともに悲しみつつ、日々これ新たなる一面を特たなければならない、ということを申し上げたいのであります。

われわれは、とかく教師としての年が重なるにつれて、とかく惰性で動いていくようになります。しかしながら、教師が惰性によつて動かされ、教師がただ説教するだけに自己満足を見出していくようになるならば、これ、病コウモウに入れるものであると言わざるをえない。教師は、とかく説教することを楽しむようになるものであります。説教するよりも、まず自分自ら何物か新しいものを求めていく、こういう態度をどこまでも失いたくないのであります。これが実は、われわれのあらゆる学習に対して、それこそ現実に魂を入れるものであるとすら言いたい。そういうことを、私は最後に皆様にお持ち願いたいと希望したいのであります。

これは私が、やはり前の学校において授業を持つておりましたときに、講義といいますか、ノートを取らせます前に、五分ないし十分間、ちよつとした話をいたしました。新聞で読みましたり、雑誌で知りました、あるいは歴史の本、あるいは小説、あるいは身辺のできごとなどで、自分なりに考えさせられたことを話しました。そうすると、そのときは非常によく聞いてくれる。のちほど、先生の話は講義より、あのほうがよかつたなどと言う。そうしてある学生はこう書きました。「先生は、いつも新しいという感じがする云々」と。それは、私としては非常にありがたい過分のことばであつたと思つております。

とかく惰性に流れやすいことも、また特に五時間も六時間も授業をすれば、どれだけ足がダルクなるか、痛くなるかということも、私は中学教師の経験からしてよく知つております。しかしながら、「願わくば、この時間において、これだけのことは、子供たちに伝えたいという何物かをもつて教場に臨みたい」、これが私の願いであります。

そうあるとき、子供たちの胸に、必ず何物かが響いていく。そこで私は最後に、日本の精神史において最も偉大なる天才であつて、あまりにも偉大なる天才であるから後継者がなかつたともいうべき、かの弘法大師の空海が、「即身成仏儀」の中で、「自他受用、日にいよいよ新たなり」、こういうことばを残しております。真言秘密の宇宙の真理を、自分と人も、ともに受け持ち、日にいよいよ新たなり、こういうことばを残しておりますが、これはまさに天才弘法にふさわしいことばである、と私は常々思つておるのでありますが、私も最後に、このことばを引かせていただきまして、話を結ばせていただきたいと思います。すなわち、子供たちとともに自他一味の真実なるものを生かして、日々いよいよ新たなる教師こそ、真に日本をになう人間を教育し得るのであると、言われましょう。

附記　拙著「近代学習原論」（黎明書房）「社会的知性の教育」（同上）参照

（教育福岡より）

教科以外の活動の計畫と指導

＝文部省初等教育パンフレットより＝

（その五）

第八　教科以外の活動の評価

教科以外の活動が、教育課程の一部として教育目標の達成に寄与する以上その活動の進歩の状況が評価されねばならない。絶えざる評価によつて、活動の組織や指導法にも改善が加えられることになろう

教科以外の活動の評価といつても、特に変つた評価の方法があるわけではない。教科以外の活動は多方面にわたり、あらゆる教科の活動とも直接関係している。したがつて、一般に用いられている評価のうちのあるものは、そのままここにも用いられるといえる。しかし、この活動は、さきに述べたように教科の学習活動とはおのずから異つた性質をもつている。したがつて、評価にあたつての教師の態度や評価の観点や評価の方法は、この活動の性質に応じたものでなければならないであろう。ここでは教科以外の活動の評価にあたつて、特に留意すべき点について述べておこう。

一、教科以外の活動の組織や運営についての評価

組織や運営は、最初から完全なものとすることは困難である。最初よいと考えて出発したものでも、実際に実行してみると、いくつかの欠点が現われてくるものである。したがつて、実際の活動の指導に当りながら、常に組織や運営についての評価を行いしだいにこれを完全なものにしてゆくように努めねばならない。

教科以外の活動の組織や運営についての評価の観点としては、次のようなものが考えられる。

（イ）組織は簡単で要を得、活動につごうよくできているか。

（ロ）児童会各部や各クラブの構成員の数は、仕事の内容や指導の教師の数から見て適切であるか。

（ハ）児童会各部や各クラブは、こどもの意見を入れて民主的に作られたか。

（ニ）全校児童会の組織や活動と、学級児童会の組織や活動とが密接に関連しているか。

（ホ）児童は喜んで参加し、部やクラブの活動はしだいに進歩しているか。

（ヘ）会の運営が民主的になされ、児童が積極的に問題の解決に当つているか。

（ト）生活に切実な問題が選ばれ、実行の見通しをつけて決議しているか。

（チ）教師は助言者としてよい指導をしているか

（リ）同じ児童が何回も役員に選ばれることはないか。

（ヌ）設備や施設は、児童の活動に適すようじゅうぶん整えているか。

組織や運営についての評価に当つては、関係教師や校長がしばしば会合して、各自の意見をじゆうぶん交換することが必要である。また他校の実施状況を見学して、これを参考にすることもよいことである。しかし、評価は教師や校長だけの評価にとどまつてはならない。児童は、実際にその組織の中で活動しているのであるから、児童は、その組織や運営について、いろいろな意見をもつているであろう。したがつて児童の評価も尊重されねばならない。

二、児童の進歩についての評価

組織や運営が適切になされ、児童が喜んで参加しているならば、おそらく児童は望ましく成長しつつあるといえる。しかし、児童の成長発達を確実に助けてやるためには、このようなばくとした評価だけでは不満足である。したがつて、児童の活動のようすをいつそう詳細に評価する必要がある。児童の活動の評価にあたつては、教師は前もつて、次のことを考えておかねばならないであろう。

（イ）こどものひとりひとりの成長を観察する。

この活動は、こどもたち自身の発意と企画に基きかれらの自主的な活動であるところにその基本的な性格がある。教科の学習のように、学年ごとに予定された学習内容があり、その習得を要請されているわけではない。

したがつて、一定の基準に照して、その到達の程度を他のこどもとの比較によつてみようとする相対的な評価ではなくて、ひとりひとりのそのこどもなりの活動の状態を見て進歩の状態を評価するいわゆる絶対的な評価であることが望ましい。

そのためには、ひとりひとりのこどもについてのじゆうぶんな理解とその活動の観察とを必要とするであろう。

（ロ）グループ全体の進歩の程度にも着目する必要がある。

個人個人のこどもの成長を観察するとともに、グループ全体としての進歩の程度もよく観察する必要がある。個人個人の進歩はひいてグループの進歩を来たすであろう。しかし、全体としてどのように民主的な生活が営まれ、グループの調和がとれるようになつたか、したがつて、こどもたちの生活はどのように楽しく豊かに営まれるようになつたかということに対する観察は、実際生活の向上をめざす教科以外の活動の指導においては欠くことができないであろう。

（ハ）連続的な観察、多面的な資料の収集検討が必要である。

現在もつている知識や理解の程度を知るだけならば、特定の問題についての一時的なテストによることもできよう。しかし、教科以外の活動の評価においては、そのような知識や理解よりも、むしろ行動の変化や興味の発達が強調されねばならない。したがつて、一時的なテストでなく、連続的な観察が必要であり、ある限られた問題についてではなく、教科の学習状態やその他の学校生活のいろいろな場面の活動状況や、家庭や校外生活における態度など、多面的な資料を収集して そのこどもの進歩の状況を判断しなければならない。

（ニ）関係教師の協力を必要とする。

このような連続的な観察、多面的な資料について評価されねばならないとすれば、関係する多くの教師の協力を必要とするであろう。すなわち、児童会活動やクラブ活動の指導に当つている教師は、その所属のこどもの評価にあたつては、前学年の学級担任の教師、本年の学級担任の教師、その他のこどものことを知つている教師などの援助をうることによつて、評価は適切なものとなるであろう。またときには、父母や地域社会の人々の協力をうることも必要である。このように多くの人々の協力なしでは、そのこどもの実情に即した正確な判断はできないのである。

（ホ）常にこどもの発達程度を考えて評価する。

児童会活動にしても、クラブ活動にしても、学年の相違するこどもたちのグループによつて活動が行われる場合が多い。したがつて、ひとりひとりのこどもについてその学年なりの活動に眼をつけて評価しなくてはならない。これは、その趣旨においてはさきにひとり〳〵の成長を観察すべきであるといつたこととも通ずることである。

（ヘ）こどもの総合的な働きに重点をおいて評価する。

児童会活動やクラブ活動においては、具体的な生活問題の解決策やその実践、および興味に基く自由な学習が強調せられる。こどもたちは、すべての教科で学習したこと、および学校以外で学習したり経験したこと、すなわち、自分が現在もつている力のすべてをあげて、生活問題の解決や特定の題目の研究に当るであろう。このようにして教科以外の活動は、生きて働く総合的な力を発揮する場であるといえる。したがつて、教師は、人間としての全体的な働きに眼をつけ、果してこどもは、このような働きを示すかどうか、それはどのように進歩していくかをよく観察する必要があろう。

以上述べた、六つの事項は、一つことを各方面から述べたものであるといえる。要するに、教師は常にこどもの全体的、行動的な発達について、こどもとともに行じながら、その成長を観察するといつた態度をもつことが肝要であろう。

さて、こどもの実際の活動は具体的全体的である。しかし、その活動を全体としてとらえ、それを評価することは困難であり、かつ不正確になりやすいから、予め種々な角度からする評価の観点を定めておいて評価を実施し、その後にこれを総合的に考えることがよいであろう。評価の観点のあげ方は種々になされうるであろうが、教科以外の活動の指導の目標に照して、次のように考えてみることもできるであろう。

（イ）社会性の進歩の程度

。学校生活を楽しむようになつたか。
。自分たちの学校やグループをよりよくしようとしているか。
。学校や学級のできごとに関心をもつているか
。自分たちで定めたきまりを守ることができるか。
。一度決めたきまりを守ることができるか。
。礼儀を重んずるようになつたか。
。他人の立場を理解し、それを尊重することができるようになつたか。
。議長と参加者との任務と責任が理解され、よく協力できるか。

。各個人のもつ社会的責任の自覚が高まつたか
。公衆の安全や衛生についての理解ができたか
（ロ）実践性の進歩の程度
。問題の解決に進んで寄与するか。
。自分の意見や考え方を発表する能力は高められたか。
。他人とよく協力して仕事に当るようになつたか。
。他によく奉仕するようになつたか。
。仕事にあたつての計画は正確に、綿密になしうるようになつたか。
。自分に興味のあることをたゆまず最後まで研究し続けるか。
。自分が現在もつている力をよく応用することができるようになつたか。
（ハ）自主性の進歩の程度
。自分のことは自分でしようとするか。
。進んで共同の仕事に参加しようとするか。
。よりよいことをしようとする要求水準が高まつたか。
。楽しんで自己の特性を伸ばそうとするか。
。自己の興味や趣味を高めたり広めたりする機会には進んで参加しようとするか。
。自己評価がよくできるようになつたか。
（ニ）技能の進歩の程度
。会議を能率的に、しかも巧みに運営できるようになつたか。
。会議の結果を簡潔にまとめて、これを発表することができるようになつたか。
。いろいろな技術を早く正確に用いることができるようになつたか。
。書いたり、歌つたり、縫つたり、作つたりする自己表現の技能が巧みになつたか。

以上の評価の観点は、教科以外の活動の特性から考えて、是認せられるものであろう。しかし、教師のうちには、これでは評価の観点が多過ぎて、複雑に過ぎると感ずる人もあろう。さような場合には、これを参考としてさらに少い項目とするのもよいであろう。また、あらかじめ、評価の観点を児童会活動とクヲブ活動との二つに分けておくのもよいであろう。それぞれの学校で、便宜なヤリ方をくふうされることが望ましい。

たとえば、昭和二十五年に行われた近畿地区の小学校幼稚園研究集会においては、児童会活動の評価の観点とその尺度を次のように定めている。

（イ）積極的に自分の問題として考えているか。
・積極的で関心が集つている。
・関心がうすい。
・無関心である。
（ロ）われわれの会という自覚が見られるか。
・きわめてよく見られる。
・少し見られる。
・全然見られない。
（ハ）何事もみなで相談して決める気風がある。
・何事もみなで相談する。
・個人で決めるときもある。
・特定の個人により決められる。
（ニ）決議されたことが正しく実践に移されているか。
・決議されたことがよく実践される。
・実践しないこともある。
・決議されているが実践しない。
（ホ）活動内容が豊富である。
・いろいろの問題をとりあげて活発に活動している。
・活動範囲が限られている。
・ほとんど活動していない。
（ヘ）活動の計画が綿密周到であるか。
・綿密周到である。
・ときに粗雑なこともある。
・粗雑である。

また愛知県額田郡福岡小学校では、それぞれの児童会各部の活動、クラブ活動ごとに評価の観点を定め、それに記入してゆくやり方をしている。その記録の様式を、珠算クラブに例をとつて次頁に紹介しておこう。

このように、活動の種類の異なるに応じて、評価の観点を定めることは、最も具体的であり、評価を容易にするものであろう。この例のような詳細なものは、どこの学校でも行えるとはいえないかもしれない。しかしなんらかの評価の観点を定めて、教師の観察を記入したり、特定のことについては、活動の事例をも書き入れるようにすることは必要なことであろう。

三　教師の評価と児童自身の評価

評価は、評価する主体から考えれば、これを大きく分けて、教師の評価と児童たち自身の評価との二つに分けることができよう。

教師の評価は、この活動の性質から考えて、行動や

技術の観察記録や作品の点検、事例的研究などがその主たるものとなろう。知識や理解程度をみるいわゆるテストは、ここではさして重要ではなかろう。

なお、この種の活動の評価にあたつて、注意すべきことは、できあがつた結果を重視しての評価ではなく、その活動の過程における評価がたいせつであるということである。すなわち、教師の評価は、指導助言と結びついた評価であることが望ましい。

もちろん、さきにも述べたように、評価にあたつては、関係教師の協力が必要であるから、時々関係教師は会合して、運営上の問題や個々のこどもの活動状況などについて相互に評価し合うことが必要であろう。また、前期末や学年末などには、各部やクラブの担当教師の評価の原案を中心として、関係教師の間でよく相談して、その学期なり、学年なりの評価を決定することが望ましい。

次の児童たち自身の評価は、この活動の特性からいつてたいせつである。すなわちこの活動が自主的な活動であるといわれるかぎりそれは自己評価を伴わなければならないのである。児童たち自身の評価は児童相互間の評価と個々の児童の自己評価とに分けられる。児童に相互に評価し合うことによつて、お互にその長所を認め合うことができるし、またそれは自己反省の機会ともなる。また、自己が自己を評価することは、一方では自己尊敬の意識を強めることになり、他方では、自己の欠点を自覚して、それを改めようとする自律的活動ともなるであろう。

児童の相互評価のためには、各部や各クラブの記録や作品について話し合つたり、あるいはそれぞれの部や班で反省会を開いたりすることが必要である。また、この

福岡小学校クラブ活動の評価記録

指導者名　　　　　　　　　　印

評価の記録	氏名	所属	珠算
項目／月	月	月	月
楽しんで参加する	早く来て練習している		
進んで討議に参加する	算法をよく考えて発表する		
発言は建設的である	算法をよく比較している		
協力してやる	問題を出し合つてよくけいこしている		
責任をもつてやる	問題の作製は正確である		
規律をよく守る	算盤の始末がよい		
指導力を持つ	引込思案である		
他人の意見を尊重する	お互の約束をよく守る		
礼儀が正しい	言葉づかいがていねいである		
全体の健康や衛生に注意する	姿勢に注意している		
進んで奉仕に参加する	準備をよくする		
問題をよくとらえる（よく計画を立てる）	定位点に注意して問題を知るようになつた		
仕事を熱心に続ける	根気よく毎日けいこしている		
自分のよい点を伸ばそうとする	除法に励んでいる		
技能の向上（仕事をうまく処理する）	減法は特に上達		
鑑賞する力			
自己の反省	言葉がはきはきしない		
他人からの批評	行儀よくおとなしい		
その他	基本練習を毎日五十回ずつけいこしているから、加減ともに三十秒以内でできるようになつた。 珠の扱い方が正確になつた。 興味が出てよく励んでいる。		

話し合いや反省会の結果を全体の児童に報告し、お互に激励し合うこともよいであろう。

個々の児童の自己評価のためには、各人にその活動の状況をつねに記録させ　それを随時にみずから点検させるとか、あるいは作品を保存しておいて、これを比較させるとかいった方法で行いうる。しかし、児童の自己自身による評価は、その発達程度から考えて最も困難であり、じゅうぶんにはなし得ないであろう。したがって、自己評価のために教師の適切な助言を欠くことはできないのである。

評価の結果は、児童指導要録に記入して学校に保存し、次の指導の資料にしたり、また家庭の協力を求める必要がある。

（完結）

本土出張余録

島袋全幸

（一）

五月廿一日から約一ヶ月本土へ出張をした。目的は育英会東京事務所や文部省との打合せ、それに五月二十八、九両日熊本大学で催された第二回九州地区大学琉球学生会への出席のためであつたが、かたがた九州中国、四国の各大学を歴訪し、沖縄学生の勉学状況を視察して来た。

この出張ほど愉快なのはなかつた。行く先々の駅頭に大学生の一団が歓迎してくれ、晩は彼等と愉快な座談会がもてたからである。日本々土の主要都市にはそれぞれ大学があり、各大学には契約学生や公費学生が配置されているのであるから、何れの土地へ行つてもわれわれは学生にとりまかれる。育英事業に携わるものの有難さであり、幸福さであつた。

が、ここにはそれらの主要任務以外の、旅での随感随想といつたものを書いてみたい。

（二）

初夏五月。鹿児島に下り立つて先ず目にしみたのは城山の欝蒼たる青葉若葉であつた。まことにめざめるばかりである。これはその後何処でも目について感じたことであるが、なるほど樹木はうるおいのある景観を作り、人の心を和ませ、しつとりとした落ちつきを与えるものだ、戦後の沖縄が、殊に那覇がホコリッぽく干からびてガサガサしているのは、これなきためであつたのだ。日本は山国であり、随つて都市の背景に青山があり、街を綴どるに清流を以てして風光を明媚ならしめている。

自然が明媚であるばかりではない。住宅も亦生垣の中に庭を構え、手入れのゆき届いた植込があつて風流雅致を凝らしたのが多い。生活にゆとりがあるためでもあろうが、性格や嗜好的なところがあることは、零細な民家でも夕方には水をうつて箒目あざやかに家の周辺をよく清掃しているのでも窺える。

旅館でもそうだ。道後の鮒屋は庭に自然の川をとり入れて清流がコンコンと流れ、その川に面して四阿風の別棟が三軒うまくあしらつてある。松、槇、楓、公孫樹、桜、椿等があつて四季何れにも適するような工夫がある。これは一例だが、われわれの泊つたいずれの宿屋も木石をあしらつた庭園のないところはなかつた。琉球ホテルの一流どころに庭園らしいのがあるかどうかを思い浮べてみて下さい。

（三）

大学所在の地方主要都市は繁華さからは那覇ぐらいのゝが多い。道路が舗装され、自動車が多い点では、まだ那覇の方がましである。でもこの程度の都市なら何処でも児童遊園地、小公園、運動場といつたものが必ずあつて子供らが嬉々と遊び廻つているのが目についた。

「子供を守れ」は徒なかけ声ではいけない。政策となり、施設となつて実現されなければならない。「道路で遊ぶな」と云つたところで、遊び場がなければ、危険を冒してもボールを投げ、石蹴りもしましよう。何処にもひけを取らぬ堂々たる映画館はあつても公園のない那覇は確にイビツである。

これらの公園や遊園地には何れも植込があつて四季折々の花が咲く。われわれは丁度ツツジの候に際会し色とりどりの燃えたつツツジに接したわけだが、ある学生が「ここでは色々の花が咲いても、ちぎるものはいません。」と説明をした。当り前な話で、それをとりたてて説明する学生は未だ同化度が浅いと思つたが然し私は曾つて学校の庭園に植えつけた花弁がいつか民家に移植されていたことを思い浮べて、それをすなおにうべなつた。

(四)

大学の特色を知るには、先ずその背景をなす所在地を知らねばならぬ。背景たる都市の概要を知るのに最も便利なのは観光バスである。車窓から遷りゆく景観を眺めつつ、案内嬢の玉を転すような囀りを聞くのは楽しいものであり、いつしかいろいろの知識も身につく。

それにつけてもわが沖縄にこの観光バスは成立たぬものかと思う。夜の御座敷の舞踊ばかりを唯一の売物にせず、健康で清純な美しい乙女に説明役をさせて廻れば、観光客もぐつと増えはしないであろうか。

(五)

弊衣破帽、腰に汚れタオルをぶら下げ、朴の高足駄をつつかけ、肩で風を切つて…というのは、旧制高校生の姿であつた。これは一種の英雄の姿で、中学生の憧れの対象であつたが、戦後十年民主の精神は服装にも著しく反映している。

中学生は大体制服制帽でキチンとしている。都会より田舎の方に制服は多く、都会地の特に女子は矢張りいろいろ身についた自由な服をしたのが多いようだつた。

大学生は、洗濯のきいた真白なワイシャツを袖までまくり、開襟。それに黒サージのスボンで、さつぱりと清々しい軽快である。全国の大学申し合せたようによく揃つていた。角帽は被らずバッチで所属大学を標示しているのも多かつた。

高校生は服装でも中学と大学との中間であり、白ワイシャツ組が多いが然し帽子はいずれもキチンと被つていた。

(六)

鉄道時間表にない時刻に列車がゴウと通過する。オヤツと思つて見ると修学旅行の生徒を満載した臨時列車である。一瞬子供特有の弾んだガヤガヤの声が喧しい。五、六月のシーズンとあつて都会地も、海浜も、山も到るところ修学旅行。宿屋もこの小さな併し多数のお客でゴッタガエシのところが多い。

人間一生の楽しい思い出となり、生きた社会科の勉学となり、体得となるとあつては、げに紫雲丸事件も問題にならぬらしい。

修学旅行で気がついたことは、揃いの制服を着用させ、腕章をつけたり、小旗をもたせたりして事故防止の配慮がよく覗えたことと、中学のチンピラどもまであれだ、これだ、あつちを向いてこつちを向いてなど一つぱしのことを云いつついじくり廻すすばらしいキヤメラ熱のことである。目鏡とキャメラはほんとに日本人の特色であるようだ。

宮崎から大分に行く列車で、この小さな然し多数のお客さんと一緒になつたが、川に浮んだ小船を見て、「あれあれ、船だ、船だ。」と大さわぎ、海が見えたら「見えた、見えた。」で又一騒ぎするこの山の子供らに接して、なるほど世の中は広いものだと思つた。

或る大学生はこう語つた。「殆ど全国から集つた学生ですから話題が豊富でいろいろなことをよく知つています。それで最初の中は調子を合すのに苦労します」と。読書と旅行などで知識豊富な彼等と、狭い地域に閉じ籠められた沖縄学生とを思い較べて、この告白は実感を以てうけ入れられた。

沖縄の学徒諸君もいつからこうやつて本土旅行が出来るのであろうか。

(七)

大学の先生方はさすがに沖縄に対する認識が深く、基地の問題としての土地問題、経済問題、風紀問題、思想問題等質問も鋭く、一家の見識を持たれた方も多いが、学生諸君や一般には飛んでもないのがいたりする。その実例を二、三。

(一)公費学生は文部省が各大学に配置するのであるが、大学によつては更に試験をするところがある。T大学ではインドネシヤ、タイ、ホンコン、フィリツピンの外国留学生と一諸に試験をしたそうであるが、その際の係官（多分事務職員）が沖縄学生に向つて、

「日本語が分りますか。」

と聞いたから堪らない、A君憤然として

「何を仰つしやいます。もとは沖縄県ですよ。」

とやつて、

「どうも失礼致しました。」

と詫びさせたという。

(二)I君は色白く高尚な風貌の公費学生であるが。

「私は沖縄人だといつても信じないのです。それで沖縄の高等学校には土人も入れるかとか、土人は日本語が分るのかとか失敬なことをいうのです。」

と語つた。

(三)これは私が徳島を訪れた時の話。K君のいる素人下宿のおかみさんは

「沖縄からのお客さんと聞いて多分日本語がるま分

い迷惑をかけてもいけないと思つてろくに挨拶もしなかつたら、後で大へん上手なことを知つて、まことに失礼なことになつた。よくお詫び申し上げて下さい。」
と云つたということだ。

(八)

早慶野球と文楽を見ることが出来たことは、両先生の御厚情による幸運であつた。

職業野球、都市対抗野球などに華かさを奪われているようだが、伝統の下、早慶戦はやつぱり六大学野球の圧巻であり、両雄相対峙すれば、特殊な気魄が自ずと場内に充満する。

前夜から頑張つて入場するものもあると云うこの神宮球場に、われわれは大浜早大総長のお世話で、ネット裏近くの稲門クラブで悠々と観戦した。それにしては一球々々繰り出す妙味、策戦上のかけひきなど細かく味う能力乏しく、むしろ応援団の展開する力と美のショウに多くたんのうする。

片や緑とえび茶の小さな日傘を持たせれば、片や赤（表）青（裏）のうちわを以て対抗する。「若き血に燃ゆるもの」、「都の西北」ブラスバンドによる献酬飛行機の花束投下。鳩群の乱舞。相変らず賑やかである。閉戦と同時に勝者側からパツト投げられる色とりどりのテープや花吹雪は始めてみるが、恐らく歌劇あたりからのヒツトであろう。

民主、自由の世にあつてこれは又美事な統制美の発揮でもあつた。画く人文学。綾なす色彩。応援団長の指揮はマイクを通じ長く尾を引く。

青空の下での興奮、声援は、健康な青春の謳歌であり、横溢する活気の発散である。私も久しぶり若々しい健康な感激にひたつた。有難いスポーツの功徳だ。

学生時代から是非一度はと思いつつ終に今日までその機会がなかつたが、これは仲原先生の御厚意で折よく三越劇場で催された三和会の文楽を観ることができた。

これで感じたことは、浄瑠璃、三味線、人形遣い－その人形遣いも三人のものがピツタリ呼吸を合せ、一つのかたまりとなつて熱演していたこと。人形には生身の人間と違つた情趣や美しさがあつて面白かつたこと。浄瑠璃を語る太夫たちが流汗りんり、紅潮し、身をふるわせ、膝をのりだし、それこそ火を吹くような真剣なその気魄に打たれたことであつた。

何事にまれあれだけ熱烈に真剣になり、一致協力すれば成功しないことはあるまい。われわれはこの古典芸術を見つ感激した。無形文化財に指定されたことは当然なことであろう。

学生スポーツ、古典芸術と文武の粋を味つたが、さらに科学の粋シネラマを帝国劇場で見た。これは糸嶺氏の案内である。シネラマはシネマスコープより一層立体感がでるし、それに音楽効果のすばらしさはどうだまるで真実そこで歌い、叫んでいるか如き迫力があつた。なまじ、ストーリー劇でなく、各国の情調豊かな実写であつたのが一層印象強く、欧米を一巡したような錯覚におちいつた。（琉球育英会）

中央教育委員会だより

第二十八回（定例）

会期　七月十一日

上程案件並びに実施事項

議案第一号

一九五六年度校舎建築割当方針（可決）

議案第二号

一九五六年度暫定予算による校舎建築割当（可決）

議案第三号

一九五六年度校舎建築及修理要項（可決）

議案第四号

一九五六年度公立学校建設及び修繕補助金交付要領（可決）

▲第二十九回（臨時）

自八月四日　至八月九日

議案第一号

学校の設置廃止認可について

(1) 大浜区平真小学校開南分校設置について（否決）

(2) 私立海星幼稚園設置について（保留）

(3) 私立相愛幼稚園設置について（保留）

(4) 那覇区垣花小学校奥武山分校廃止について

（可決）
議案第二号
学級編成基準について（可決）
議案第三号
教育公務員法（案）（可決）
議案第四号
政府立学校職員及び教育長の勤務時間の割振に関する規則の一部を改正する規則（可決）
議案第五号
幼稚園保育料徴収規則の一部改正認可について（可決）
議案第六号
地方教育補助法案（原案一部修正可決）
議案第七号
一九五六年度使用教科書目録（決定）
議案第八号
一九五六年度予算による校舎建築割当（可決）
議案第九号
職員人事（可決）
議案第十号
公立学校修理認可について（可決）
議案第十一号
教室規格変更について（可決）
議案第十二号
私立屋嘉小学校、同中学校の設置認可について（可決）
報告、混血児童の調査について
〃〃　一九五六年度文教局予算について

第三十回（定例）
自九月十九日　至九月二十二日

議案第一号
一九五六度文教局年間事業計画（決定）
議案第二号
幼稚園設置基準について（可決）
議案第三号
私立海星幼稚園設置認可について（可決）
議案第四号
私立相愛幼稚園設置認可について（可決）
議案第五号
伊野田小学校同中学校明石分校設置認可について（可決）
議案第六号
川崎小学校同中学校宇堅分校移転認可について（可決）
議案第七号
校舎建築追加割当について（可決）
議案第八号
文教局組織規則の一部を改正する規則（可決）
議案第九号
職員人事（可決）
報告
1、一九五四学年度小中学校学力水準調査について
2、北、中、南三農高校における琉球大学の教育実習について
3、沖縄水産高等学校の日本への遠洋航海実習について
陳情の処理
嵩田分校独立認可の陳情（八重山石垣区教委）について

政府立職業高校視祭（九月二十日、九月二十二日）

（三十七頁より）

※習字は最近の書道熱で去年の作品とは一段の向上が見られ一点一劃精神を打ち込んだ作品が勢揃いして力強く思つた。これは日頃の同好クラブの熱心な修練の結果だとよろこんでいる。

※社会科は資料収集、統計図表、歴史年表、地図作製等の作品が多く精密な統計類年表は驚くような作品があり、特に地図模型で二ヵ月も根気よく仕上げた二年呉屋安明君の作品は美事であつた。多数の生徒の中には大急ぎで間に合わせ式の作品があつたのは残念に思つた。

学校としては直ちに職員、生徒合同の反省を催し向後の指導に邁進すると共に、尚父兄とも懇談の機会をつくつて万全を期したいと思つている。

推せん図書

「沖縄の地位」

沖縄の問題は、国際的に大きな関心の的になつている。特に当の我々沖縄住民にとつては切実深刻な問題である。

国際法学会が昨年京都における大会で「沖縄の地位」を綜合テーマとして取上げ、外交史、国際法、国際私法、国際経済の各方面から研究報告を行い、討論を行つた。本書はこれらの研究報告を基礎としたもので、「沖縄の地位」に関する歴史的、法律的、経済的か綜合研究である。本書は、沖縄一般住民にとつても、又教育関係者にとつても貴重な文献である。

特に学校における社会科や、琉球歴史の指導に当つてはよき参考資料であり、学校図書として又、個人の図書として価値高い文献である。

目下、那覇市崎間書店、外二、三の書店で一九〇円（B円）で販売中である。

=あ と が き=

※楽しい夏の休みもおえて、二学期を迎える子供らの生き〱とした瞳が学園にみなぎつています。学校に於ける周到な夏季教育計画の成果は、個性豊かに伸び〱と子供らの作品の中によくあらわれていました。

作品は創意と工夫に富み、実用的なもの、教材、教具として利用価値のあるのが目立ち、夏季施設の成果は大きかつたようです。

※地域社会の施設と直結して、教育の場の充実に、生徒の実習、実技の習得に力を注いでいる。水産高校の教育的施設、環境を写真で紹介します。

※経済振興第一次五ヵ年計画に即応する教育のあり方については、今後の沖縄教育の重要な課題であると思います。夏季講習で教育課程第一班（石川会場）の研究討議の結果を掲載して研究の契機にしていただきたいと思います。

※京都大学教育学部教授、下程勇吉先生の「近代学習の立場」を抜すいいたしました。教壇実践、学習指導上の位置づけがはつきりいたします。この精神が学習面にひろく反映するよう切望します。

※いつもながら御寄稿を感謝申し上げます。

K・T

投稿案内

一、教育に関する論説、実践記録、研究発表、特別教育活動、我が校の歩み、学校経営社会教育活動、P・T・A活動の状況、その他（原稿用紙五〇〇字詰一〇枚以内）

一、短歌、俳句、川柳、※五首以上

一、随筆、詩、その他

※原稿用紙（四百字詰）五枚以内

一、原稿は毎月十日締切り

一、原稿の取捨は当課に一任願います。（御了承の程を）

一、原稿は御返し致しません。

一、宛先　文教局研究調査課係

一九五五年九月二十一日　印刷
一九五五年九月三十日　発行

文教時報（第十七號）
（非売品）

発行所　琉球政府文教局
研究調査課

印刷所　旭堂印刷所
那覇市四区十五組
（電話 六五五番）

日本本土における高校入學選抜法

文部省編「日本教育のしくみ」より

一　高等學校へ入學するには、その手続はどうするか

右の図は、公立の高等学校への進学がどのような方法で行われているかを、図によつて表わしたものである。高等学校への入学のための選抜方法については、文部省は一般的方針だけしか示さないので、全国一律の方式は採用されていない。したがつて都道府県によつて幾分の差異はあるが、現在もつとも多くの都道府県が採用しているもの、すなわち、最大公約数ともいうべきものをこの図に取り入れた。これは結局、文部省の指示した一般方針とほぼ合致しているものである。

(1)　高等学校に進学できる者は、中学校を卒業した者が大部分であるが、中学校に準ずる学校を卒業した者、またはこれと同等以上の学力があるとみとめられた者も入学することができる。

(2)　都道府県が一せいに実施する学力検査とは、いわゆるアチーブメント・テストであつて、その本来の目的は、中学校生徒の学力を調べることにあり、高等学校へ進学するものの選抜のためばかりではないが、高等学校へ進学を希望するものは必ずこの学力検査を受けなければならないことになつている府県が多い。

(3)　身体検査は、「学校身体検査規程」によつて、その年の1月以降に中学校側で実施するのである。(2)の学力検査の結果とは、中学校長が高等学校長に提出する報告書に記載される。

(4)　中学校は、生徒の志願する高等学校の校長に対して、その生徒に関する報告書を作成し提出する。報告書の内容は図に示したとおりであるが、これ以外に、学級または学年の成績一覧表が加えられる場合がある。

(5)　高等学校への入校志願者が募集人員を超過した場合は、高等学校では、中学校からの報告書に基いて選抜を行う。

以上のべた以外に高等学校入学者選抜にあたつては、ほとんど全部の都道府県において通学区域制が採用されている。これは都道府県内をいくつかの学区に分けて、その学区内の中学校の生徒はその学区内にある高等学校にしか志願できない制度である。この制度は、教育の機会均等、高等学校教育と地域社会との結合、入学競争の弊害排除等の観点から、必要とされている。

中学校卒業者のうち、現実に高等学校にどのくらい進学しているかを示せば下記のとおりである（昭和27年3月現在）

男	46%
女	39%
計	43%

参考法規　　学校教育法　学校教育法施行規則

二　高等学校への進学

注。　右の文中の(3)の二行目の……(2)の学力検査の結果とは……を……(2の学力検査の成績と、この身体検査の結果とは……に訂正する。

復刻版 文教時報（ぶんきょうじほう） 第1回配本
（第1巻～第3巻＋別冊）

2017年9月25日 第1刷発行
揃定価（本体64、000円＋税）

編・解説者 藤澤健一・近藤健一郎
発行者 小林淳子
発行所 不二出版
東京都文京区向丘1-2-12
TEL 03（3812）4433
印刷所 栄光
製本所 青木製本
乱丁・落丁はお取り替えいたします。

第3巻 ISBN978-4-8350-8066-6
第1回配本（全4冊 分売不可 セットISBN978-4-8350-8063-5）